DIREITO DO SEGURO

Ernesto Tzirulnik
Paulo de Tarso Sanseverino
João Nuno Calvão da Silva
Inaê Siqueira de Oliveira
(Organizadores)

DIREITO DO SEGURO

II Congresso Internacional de Direito do Seguro (CJF-STJ) e VIII Fórum José Sollero Filho (IBDS)

Tradução
João Carlos Mettlach

São Paulo
2022

RONCARATI EDITORA

instituto brasileiro de direito do seguro

CONTRACORRENTE

CONTRACORRENTE

EDITORA CONTRACORRENTE
ALAMEDA ITU, 852, 1º ANDAR
01421-002, SÃO PAULO/SP
TEL: +55 11 3675-4796

WWW.LOJA-EDITORACONTRACORRENTE.COM.BR
CONTATO@EDITORACONTRACORRENTE.COM.BR

RONCARATI EDITORA

EDITORA RONCARATI
AVENIDA NOVE DE JULHO, 5.049, SALA 5D
01407-200 – SÃO PAULO/SP
TEL: +55 11 3071-1086

WWW.EDITORARONCARATI.COM.BR
CONTATO@EDITORARONCARATI.COM.BR

DADOS INTERNACIONAIS DE CATALOGAÇÃO NA PUBLICAÇÃO (CIP)
(CÂMARA BRASILEIRA DO LIVRO, SP, BRASIL)

ALINE GRAZIELE BENITEZ – BIBLIOTECÁRIA – CRB-1/3129

Direito do seguro: II Congresso internacional de Direito do Seguro (CJF-STJ) e VIII Fórum José Solleto Filho (IBDS) / organização Ernesto Tzirulnik, Paulo de Tarso Sanseverino, João Nuno Calvão da Silva, Inaê Siqueira de Oliveira. – 1. ed. – São Paulo: Editora Contracorrente, 2022.

Bibliografia.
ISBN 978-65-5396-066-4

1. Seguro – Contratos e especificações 2. Seguro – Leis e legislação – Brasil I. Tzirulnik, Ernesto. II. Sanseverino, Paulo de Tarso. III. Silva, João Nuno Calvão da. IV. Oliveira, Inaê Siqueira de.

22-128852 CDD-368.981

ÍNDICES PARA CATÁLOGO SISTEMÁTICO:

1. Brasil: Seguros 368.981

Sumário

Apresentação 9
Ernesto Tzirulnik, Paulo de Tarso Sanseverino, João Nuno Calvão da Silva e Inaê Siqueira de Oliveira

- ABERTURA -

Ernesto Tzirulnik, João Nuno Calvão da Silva, Min. Paulo Moura Ribeiro, Min. Paulo de Tarso Sanseverino, Min. Humberto Martins 11

- HOMENAGENS -

José Carlos Moitinho de Almeida, Hubert Groutel, João Calvão da Silva (in memoriam) e Ruy Rosado de Aguiar Junior (in memoriam) 27

- ESCULTURA -

Still Life (2021), Wojtek Kostrzewa 39

- PALESTRAS -

Contrato de seguro: sujeição, interpretação e execução sob as diretrizes da boa-fé e da função social 45
Humberto Theodoro Júnior

Uncertainty and insurance law 67
Tom Baker

A incerteza e o direito dos seguros 85
Tom Baker

Conflicting actions of insurance companies in the global heating crisis 105
Aaron Doyle and Mathieu Charbonneau

Atuações conflitantes das seguradoras na crise do aquecimento global. 121
Aaron Doyle e Mathieu Charbonneau

- PAINÉIS -

REGULAÇÃO DE SINISTRO

Wrongful claims handling by insurers: a comparative overview of remedies available to the insured. 141
Delphine A. Sirks and Willem H. van Boom

Tratamento indevido de pedidos de indenização pelas seguradoras: uma perspectiva comparada das tutelas disponíveis ao segurado 157
Delphine A. Sirks e Willem H. van Boom

Fundamentos da regulação do sinistro no contrato de seguro 175
Luiza Petersen

A regulação de sinistro como fase, dever e prestação no seguro 201
Ernesto Tzirulnik e Luca Giannotti

SEGURO GARANTIA E CONTRATOS PÚBLICOS

Seguro-garantia com cláusula de retomada na nova lei de licitações e contratos: impactos e vantagens para a execução dos contratos de obras públicas 229
Irene Patrícia Nohara

El deber de garantía de los riesgos derivados del incumplimiento de las obligaciones en el contrato estatal. Efectividad a través del ejercicio de potestades públicas unilaterales. 245
Jaime Orlando Santofimio Gamboa

O dever de garantir os riscos decorrentes do descumprimento das obrigações em um contrato administrativo. Eficácia mediante o exercício de poderes públicos unilaterais 275
Jaime Orlando Santofimio Gamboa

Seguro garantia e contratos públicos 307
Rafael Valim

ACESSO AO SEGURO: DESENVOLVIMENTO E DISCRIMINAÇÃO

The data-driven personalisation of insurance 315
Liz McFall

A personalização baseada em dados aplicada aos seguros 339
Liz McFall

Big data y discriminación de los asegurados 365
María Luisa Muñoz Paredes

Grandes dados e a discriminação dos segurados 403
María Luisa Muñoz Paredes

Acesso ao seguro: desenvolvimento e discriminação 441
Jorge Cesa Ferreira da Silva

SEGURO SAÚDE

L'effettività del risarcimento tra scelte di *public policy* e modelli di gestione del rischio 451
Lydia Velliscig

A efetividade do ressarcimento entre escolhas de políticas públicas e modelos de gestão do risco 471
Lydia Velliscig

O seguro de saúde na perspetiva do doente/segurado 491
André Dias Pereira

Seguro saúde 511
Ana Frazão

RESSEGURO

El *fronting* y el reglamento de reaseguros de la superintendencia peruana 523
Luis Alberto Meza Carbajal

O *fronting* e o regulamento dos resseguros da superintendência peruana 561
Luis Alberto Meza Carbajal

Resseguro 603
Paulo Botti

A participação de resseguradores em regulações de sinistro 611
Inaê Siqueira de Oliveira

AGRAVAMENTO DO RISCO

L'aggravation de risque en droit français 625
Anne Pélissier

O agravamento do risco no direito francês 653
Anne Pélissier

Agravamento intencional do risco em contrato de seguro: critérios interpretativos para a perda da garantia 681
Carlos Nelson Konder

La necesidad de revisar el régimen tradicional del agravamiento del riesgo 697
José María Muñoz Paredes

A necessidade de rever o regime tradicional do agravamento de risco 715
José María Muñoz Paredes

FORMAÇÃO DO CONTRATO DE SEGURO

Formação do contrato 735
Paulo Mota Pinto

Formação do contrato 745
Judith Martins-Costa

Contrato de seguro formado por adesão 753
Maria Inês de Oliveira Martins

ACADEMIA SINO-LUSÓFONA: A EXPERIÊNCIA CHINESA E OUTROS TEMAS

O *compliance* na atividade seguradora 795
Pedro Maia

Panorama do Direito do Seguro em Cabo Verde 839
Anderson Barbosa

Chinese Insurance Law: legislation and practice 847
Xia Xiaoxiong

Lei de Seguros Chinesa: legislação e prática 853
Xia Xiaoxiong

CONTRATO DE SEGURO DE GRANDES RISCOS

L'assurance pour les grands risques: droit français et europeen 861
Luc Mayaux

O seguro para os grandes riscos: direito francês e europeu 875
Luc Mayaux

Seguro de grandes riscos: disciplina jurídica no direito brasileiro atual 889
Bruno Miragem

Seguro de grandes riscos e desenvolvimento nacional: a ordem econômica constitucional como vetor de integração normativa 913
Alessandro Octaviani

CONTRATO DE SEGURO: PRINCÍPIO INDENITÁRIO, PRESCRIÇÃO E SUB-ROGAÇÃO

Assicurazione parametrica e principio indennitario 925
Alberto Monti

Seguro paramétrico e princípio indenitário 931
Alberto Monti

A prescrição de direitos emergentes de um contrato de seguro em Portugal e no Brasil 937
Margarida Lima Rego

Sub-rogação nos contratos de seguro: o termo inicial do prazo de prescrição 957
Gustavo de Medeiros Melo

– ENCERRAMENTO –

Ernesto Tzirulnik e Min. Paulo de Tarso Sanseverino 969

Apresentação

De 23 a 26 de novembro de 2021, o Instituto Brasileiro de Direito do Seguro (IBDS) e o Centro de Estudos Judiciários do Conselho da Justiça Federal (CEJ-CJF), com apoio do Superior Tribunal de Justiça (STJ), da Escola Nacional de Formação e Aperfeiçoamento de Magistrados (ENFAM) e da Academia Sino-Lusófona da Universidade de Coimbra (ASL-UC), realizaram o II Congresso Internacional de Direito do Seguro do CJF-STJ em conjunto com o VIII Fórum José Sollero Filho. O evento, transmitido ao vivo, reuniu mais de 50 convidados, de 13 países, em 3 palestras magnas e 10 painéis, com palestras que chegaram a contar com mais de mil assistentes.

Como o I Congresso Internacional de Direito do Seguro do CJF-STJ e os Fóruns do IBDS, os temas foram discutidos por juristas e outros especialistas com perspectivas independentes, críticas e criativas voltadas à consolidação de um Direito do Seguro verdadeiramente sintonizado com os objetivos republicanos, voltado às necessidades brasileiras, à proteção da vida pessoal e das atividades empresariais.

Por serem exemplo desse modo de pensar livre, crítico e criativo, foram homenageados os juristas José Carlos Moitinho de Almeida, Hubert Groutel, João Calvão da Silva (*in memoriam*) e Ruy Rosado de Aguiar Júnior (*in memoriam*).

Entre as manifestações culturais, que se reiteram há mais de vinte anos, caracterizando os congressos, o evento foi aberto com a execução ao vivo de versão do Hino Nacional em viola caipira, preparada pelos músicos Neymar Dias e João Paulo Amaral Pinto. Os homenageados e apoiadores receberam um exemplar da obra Amazônia (Taschen, 2021), especialmente dedicado e autografado pelo seu autor, o fotógrafo Sebastião Salgado. Assim como os palestrantes, também foram agraciados com esculturas originais em bronze do artista plástico polonês Wojtek Kostrzewa, residente em São Paulo, que simbolizam o respeito às vítimas da COVID-19. A série "Still Life" foi idealizada e produzida especialmente para homenageá-los.

As palestras magnas foram proferidas por Humberto Theodoro Junior (*A importância da jurisprudência para o desenvolvimento do contrato de seguro*), Tom Baker

(*Incerteza e risco*) e Aaron Doyle (*Seguro e mudança climática*). Os moderadores foram, respectivamente, Walter Polido, Alessandro Octaviani e Jessica Bastos.

No painel *Regulação de Sinistro*, presidido pelo Min. Paulo de Tarso Sanseverino e moderado por Fábio Ulhoa Coelho, palestraram Willem H. van Boom, Luiza Petersen e Ernesto Tzirulnik.

No painel *Seguro Garantia e contratos públicos*, presidido por Wolf Ejzenberg e moderado por Juliana Lopes Amaral Decoussau Machado, palestraram Irene Patrícia Nohara, Jaime Orlando Santofimio Gamboa e Rafael Valim.

No painel *Acesso ao seguro: desenvolvimento e discriminação*, presidido pelo Min. Paulo Moura Ribeiro e moderado por Paulo Marraccini, palestraram Liz McFall, Maria Luísa Muñoz Paredes e Jorge Cesa Ferreira da Silva.

No painel *Seguro saúde*, presidido pelo Min. Marco Buzzi e moderado por Tiago Moraes Gonçalves, palestraram Ana Frazão, Lydia Velliscig e André Dias Pereira.

No painel *Resseguro*, presidido pelo Min. Ricardo Villas Bôas Cueva e moderado por Marcio Coriolano, palestraram Paulo Botti, Luis Alberto Meza Carbajal e Inaê Siqueira de Oliveira.

No painel *Agravamento de risco*, presidido pelo Min. Marco Aurélio Bellizze e moderado por Luca Giannotti, palestraram Anne Pelissier, José Maria Muñoz Paredes e Carlos Nelson Konder.

No painel *Formação do contrato de seguro*, presidido pelo Min. Luis Felipe Salomão e moderado por Paulo Luiz de Toledo Piza, palestraram Judith Martins-Costa, Maria Inês de Oliveira Martins e Paulo Mota Pinto.

No painel *Academia Sino-Lusófona: a experiência chinesa e outros temas*, presidido pelo Min. Paulo de Tarso Sanseverino e moderado por Filipe Albuquerque Matos, palestraram Xia Xiaoxiong, Pedro Maia e Anderson Barbosa.

No painel *Contrato de seguro de grandes riscos*, presidido pelo Min. Raul Araújo e moderado por Raphael Miranda, palestraram Bruno Miragem, Luc Mayaux e Alessandro Octaviani.

No painel *Contrato de seguro: princípio indenitário, prescrição e sub-rogação*, presidido pelo Min. Antonio Carlos Ferreira e moderado por Carlos Harten, palestraram Margarida Lima Rego, Alberto Monti e Gustavo de Medeiros Melo.

Esta obra registra todo o conteúdo do encontro. Certamente será de imensa utilidade não apenas para os juristas, mas para todos os estudiosos do setor público e do privado que se relacionam com o seguro e o resseguro, seus contratos e suas políticas.

Os organizadores

- ABERTURA -

Ernesto Tzirulnik

João Nuno Calvão da Silva

Min. Paulo Moura Ribeiro

Min. Paulo de Tarso Sanseverino

Min. Humberto Martins

Veja a abertura

Cerimônia de Abertura do II Congresso Internacional de Direito do Seguro e VIII Fórum José Sollero Filho

Com a palavra, o presidente do Instituto Brasileiro de Direito do Seguro (IBDS), professor doutor Ernesto Tzirulnik

Ernesto Tzirulnik: Agradeço a todos pela organização de cada detalhe, especialmente à Dra. Inaê Siqueira de Oliveira e à Tayla Tzirulnik. À Dra. Debora de Melo Moreira, à professora Maria Inês de Oliveira Martins, e aos integrantes do cerimonial do Superior Tribunal de Justiça. Agradeço ao artista plástico Wojtek Kostrzewa, ao fotógrafo Sebastião Salgado e aos músicos Neymar Dias e João Paulo do Amaral Pinto, pelas lindas magias que nos oferecem.

Para homenagear professores saudosos e também para presentear os palestrantes e moderadores, o IBDS foi presenteado com uma série esculturas de máscaras cirúrgicas do Wojtek Kostrzewa. São máscaras, dessas que são jogadas no chão, recuperadas das suas valas públicas e transformadas em objetos de bronze, dando-lhes dignidade, fazendo uma homenagem a estas que foram as nossas grandes armas contra a pandemia. O Sebastião Salgado também, para os homenageados – e para suas famílias – enviou o novo livro dele, *Amazônia*, autografado, registrando a oportunidade deste II Congresso Internacional de Direito de Seguro do Conselho de Justiça Federal e do Superior Tribunal de Justiça e o nosso VIII Fórum do IBDS. E finalmente a música, os senhores já começaram a ver como será, não é? Muito obrigado, Neymar e João Paulo pela maravilhosa abertura musical.

Agradeço o apoio das editoras Roncarati e Contracorrente, do IREE, do Conjur e do Instituto dos Magistrados Brasileiros, além de todos os demais que permitiram este grande evento ser tão belo e gratuito. Aos nossos colegas de escritório e às nossas famílias que suportaram nossa ausência nestes últimos meses, muito obrigado a todos.

Saúdo finalmente os já agora mais de 500 inscritos destas acaloradas jornadas, reunindo mais de 30 refrescantes horas de palestras preparadas cuidadosamente em 13 diferentes países. Eu estou certo de que todos aproveitarão, todos aproveitaremos, na realidade. Para o IBDS, é uma imensa honra esta cooperação; o Conselho de Justiça Federal é o responsável pelas vitoriosas jornadas de Direito Civil e de Direito Comercial. O Superior Tribunal de Justiça, por sua vez, o principal responsável não apenas pela solução de conflitos de interesses entre as partes dos contratos de seguro, mas a instituição que fortalece a dogmática contratual securitária produzida democraticamente, escoimando-a dos eventuais abusos do poder econômico e da administração pública. Oxalá estejamos participando da segunda de muitas jornadas brasileiras de Direito de Seguro envolvendo essas entidades e instituições.

Como todos sabem, o Brasil atravessa momentos tormentosos. Estamos de luto pelas mais de 600 mil vítimas da Covid e pelo clima de animosidade que se instalou no seio da nossa sociedade, tudo agravando uma das mais dramáticas crises econômicas e sociais da história que tem jogado muitas pessoas nas ruas. Por isso, é natural que a temática deste congresso envolva as questões essenciais do Direito do Seguro, sem perder o foco para o desenvolvimento econômico, social e tecnológico, o aperfeiçoamento das "vacinas" contra a discriminação e as ameaças maiores que a humanidade já pode antever. Muito obrigado, ministro Paulo de Tarso Sanseverino, por toda cooperação e dedicação à vida. Muito obrigado.

Com a palavra, neste momento, o vice-reitor para Relações Externas da Universidade de Coimbra, Prof. Dr. João Nuno Calvão da Silva.

PROF. DR. JOÃO NUNO CALVÃO DA SILVA: Bom dia a todos em nosso país irmão, boa tarde para os que nos seguem aqui de Portugal. Estou certo de que boa noite para aqueles que de outras paragens, principalmente China, da região especial de Macau, que nos acompanham também, com um profundo voto de gratidão e de honra pela Universidade de Coimbra ter sido envolvida neste prestigiado II Congresso Internacional de Direito do Seguro, organizado pelo Conselho de Justiça Federal e pelo Superior Tribunal de Justiça, e o VIII Fórum José Sollero Filho, solenemente organizado pelo Instituto Brasileiro de Direito do Seguro. Neste sentido, minha primeira palavra é de felicitar de um modo vivo, profundo e sentido o ministro Humberto Martins, presidente do Superior Tribunal de Justiça, o ministro Jorge Mussi e junto com a apresentação também da instituição, do STJ, o ministro e incrível amigo Paulo Moura Ribeiro. Um amigo da universidade de Coimbra com uma estrada de referência que há muito conheço, de prestigiosas organizações de nossa universidade.

Permitam-me duas palavras especiais, com afeto especial ao magistrado, prestigiado que move fronteiras Paulo de Tarso Sanseverino, também grande amigo, e ao

Ernesto Tzirulnik, presidente do IBDS, advogado conceituado, árbitro de referência, mas, acima de tudo, um grande mestre. Porque esta parte da ciência e da ciência prática do Direito é uma humanidade fora do vulgar, constituindo por isso seguramente um dos maiores legados que recebi do meu pai.

E é nele que agradeço a todos em homenagem, também, aqui, a quem tanto devo; agradeço com especial emoção.

Naturalmente, de um ponto institucional, a Academia Sino-Lusófona da Universidade de Coimbra, projeto especial da reitoria, não podia deixar de abraçar essa parceria quando nos foi sugerida pelo presidente do IBDS. Somos uma instituição, a Universidade de Coimbra, com praticamente 732 anos, próximo dia 1° de março faremos esse aniversário, somos uma das cinco universidades classificadas pela Unesco como patrimônio mundial, mas a única dessas cinco que é também pelo lado imaterial, pela valorização que sempre demos à língua portuguesa, que nos une aos dois povos irmãos aqui hoje tão bem representados.

E regozijo por isso mesmo, por estarmos aqui em um congresso internacional, global, mas através da língua portuguesa a comunicar. Somos também a maior universidade do Brasil fora do Brasil em termos de número de estudantes – cerca de 2.600 estudantes, que estudam entre nós em Coimbra, e naturalmente por isso, a Academia Sino-lusófona da Universidade de Coimbra não podia deixar de se dizer presente. Sobretudo porque trataremos nestes dias que seguem de temas absolutamente decisivos, à volta do escuro. Absolutamente decisivos à vida financeira, mas também, evidentemente, para fins econômicos e sociais dos vários países que não apenas Brasil e Portugal; diria, para toda a vida internacional. E por isso mesmo em temas absolutamente tão decisivos, solicitamos também, lançamos também aqui, a excelência dos vários painéis de oradores, convocando saberes mais teóricos, de índole mais acadêmica e convocando simultaneamente saberes de índole mais prática. Com os magistrados, naturalmente aqui há uma preponderância, sobretudo do Superior Tribunal de Justiça. Convocando os oradores do Brasil, mas também, os portugueses que mais estudam essas matérias, em especial, obviamente, os da nossa universidade e da nossa faculdade de Direito. Mas mundializando a discussão, abrangendo a África Lusófona, designadamente Cabo Verde; abrangendo República Popular da China, nomeadamente através de uma das nossas parceiras de referência, a Academia de Ciências Sociais.

A fala já vai longa e deixamos apenas um desafio: que no próximo ano o evento seja ainda maior, se isto for possível. Porque temos o pretexto dos 200 anos da independência do Brasil e que a Universidade de Coimbra, com todo seu histórico, não deixará de querer associar. Continuaremos, se for também a vossa vontade, como vossos parceiros no evento, se possível, ainda maior e melhor. E quem sabe seja essa possibilidade efetiva – por causa da pandemia, não sabemos exatamente dizer – de um modo presencial e quem sabe, talvez já em Coimbra. Serão aqui, seguramente, muito bem acolhidos e será para nós uma honra dupla essa parceria. Contem conosco, nós contamos convosco. Viva a Universidade de Coimbra, viva Portugal, viva o Brasil. Obrigado a todos.

Com a palavra, neste momento, o ministro do Superior Tribunal de Justiça, Paulo Moura Ribeiro.

MIN. PAULO MOURA RIBEIRO: Bom dia a todos. É uma alegria muito grande poder participar desse II Congresso Internacional do Direito de Seguro pelas mãos do nosso CJF, do Superior Tribunal de Justiça que ontem, pela primeira vez, depois de tanto tempo, abriu as portas para um primeiro encontro que aqui tivemos do STJ e cidadania. É bom ver essas pessoas e ver essa casa cheia novamente, isso nos anima e nos emociona muito, muito mesmo. Eu saúdo com muita alegria o presidente da nossa casa, o ministro Humberto Martins, o colega e presidente da Terceira Turma, meu xará Paulo de Tarso Vieira Sanseverino, o Dr. Ernesto Tzirulnik, que já conheço há bastante tempo, desde antes de chegar a esta casa. E também saúdo, com extrema alegria do coração, o nosso estimado, magnífico vice-reitor João Nuno Calvão da Silva. Fazia algum tempo que já falamos, mas não nos vimos. Então uma alegria imensa poder ver vossa magnificência aqui tão perto de nós e com esse sorriso agradável que nos anima o coração.

Eu fui advogado do IRB por um tempo antes de chegar à magistratura paulista, que era o que eu realmente queria fazer da minha vida – depois de três concursos, no terceiro só que fui aprovado... não fui assim tão bem nos meus estudos, mas sabe lá Deus por quê, o anjo da guarda pegou na minha mão, ou o meu Santo Antônio, e me trouxeram aqui. O seguro sempre foi para mim tão importante, convivi muito tempo com o seguro.

Então, na História, as notícias de seguro são muitas. Shakespeare tem uma peça, *O Mercador de Veneza*, em que Antônio queria ajudar seu amigo Bassânio a conquistar Pórcia, mas ele não podia gastar dinheiro, porque todos os seus navios estavam armados em viagens, mas ele não fez seguro naquela ocasião. E ele foi conseguir dinheiro emprestado com Shylock, um judeu que vivia de juros, e depois de trocarem alguns desaforos ele acabou conseguindo os 3 mil ducados para emprestar ao seu amigo Bassânio, que foi se casar com Pórcia. Acontece que a empreitada de Antônio naufragou e ele não tinha seguro, perdeu todo o dinheiro, e Shylock resolveu executar a cláusula penal inserida no título de crédito: gramas de sua carne, de qualquer lugar do corpo. E não fosse Pórcia travestida de Baltazar, aquela mulher que apareceu lá com o Doge, para ajudar no resultado da demanda, que falou: "Não, o senhor pode cortar, sim. Pode cortar. Né? Está escrito. Corte. Desde que não sangre. Se sangrar um veneziano, vai ter multa, vai sofrer as consequências disso". Um abuso de direito que se mostrava naquela ocasião, porque ele não queria receber nem sequer 10 vezes mais que a dívida. O abuso de direito ali consagrado, tudo por falta de um seguro, que se tivesse seguro, estava resolvido.

Então, o seguro faz parte da nossa vida e praticamente não há sessão de julgamento em que não tenhamos um caso de seguro em jogo, e todas as amplas gamas do seguro, de modo que acontecimentos como esse no Tribunal da Cidadania merecem todo aplauso, merecem todo incentivo da nossa presidência e do nosso estimado Paulo de Tarso Viera Sanseverino, mestre em Direito do Consumidor.

Ernesto Tzirulnik, muito obrigado, meus parabéns pela atividade, e vamos prosseguir nesta jornada, esperando – conforme falou o nosso magnífico vice-reitor –, quem sabe, encontrarmo-nos lá para rabiscar algumas coisas a respeito do tema. Muito obrigado, meus parabéns. Bom dia a todos.

Com a palavra, neste momento, o ministro do Superior Tribunal de Justiça e coordenador científico deste congresso, Paulo de Tarso Vieira Sanseverino.

Min. Paulo de Tarso Sanseverino: Muito bom dia a todos, inicialmente a minha saudação aos integrantes da mesa, são todos queridos amigos, começando pelo nosso presidente, ministro Humberto Martins, que tem feito um trabalho magnifico em tempos de crise.

Ontem, nós estávamos num evento, e aí, lembrei – o ministro Humberto é muito religioso – um pensamento: "Deus dá as maiores batalhas aos seus melhores guerreiros". Assim foi, uma grande batalha durante esse um ano e meio de luta contra a Covid, muito obrigado por tudo.

Também, a minha saudação ao meu querido colega, amigo, ministro Paulo Dias de Moura Ribeiro, o STJ nos uniu, e coincidentemente estamos na mesma turma, na mesma sessão, e uma amizade cada vez maior com o tempo que passa.

Uma saudação, também, ao nosso professor doutor João Nuno Calvão da Silva, Vice-Reitor da Universidade de Coimbra e presidente da Academia Sino-Lusófona de Direito da Universidade, que também tem feito um trabalho magnífico envolvendo todos os povos de Língua Portuguesa. Um trabalho extraordinário; muitas vezes não se dimensiona a importância que teve a Universidade de Coimbra para o Brasil e para o mundo. Particularmente para o Brasil, atribui-se a unidade brasileira exatamente aos nossos estudantes regressos de Coimbra, que retornavam para a antiga colônia e que mantinham os laços de amizade unindo Norte, Sul, Leste e Oeste; e ao mesmo tempo, a Academia Sino-Lusófona mantém esses laços envolvendo os diferentes povos, diferentes países de língua portuguesa e todo o mundo. Parabéns pelo trabalho, obrigado, aqui, pela presença.

E também, uma saudação muito especial ao nosso professor doutor Ernesto Tzirulnik, que é, na verdade, o grande coordenador científico deste evento; depois eu faço mais umas referências para ele.

Saudação, também, a todo o público aqui presente e também a todo o público virtual, que nos acompanha pelas diferentes redes sociais.

Grant Gilmore, professor norte-americano, em sua obra clássica sobre Direito Contratual, escrita em 1974 e denominada, provocativamente, de *A Morte do Contrato*, analisa criticamente as profundas mudanças havidas no modelo clássico de contrato na sua passagem do século XIX para o século XX. Se ainda fosse vivo, Grant Gilmore talvez escrevesse sobre a morte do contrato de seguro e a superação do modelo clássico de seguro, inclusive aquele regulado pelo Código Civil Brasileiro de 1916 e de 2002. Basta observar, por exemplo, os valores cada vez mais expressivos das franquias a cargo dos segurados, seja nos seguros tradicionais, como automóveis, imóveis, seja nos seguros de grandes riscos.

Na realidade, o contrato de seguro, um dos mais importantes na atualidade em todos os setores na vida social, segue em profunda transformação, distanciando-se, cada vez mais, do modelo clássico, conforme regulado pelo Código Civil e estudado nas Faculdades de Direito. E por isso, há necessidade de discutir, cada vez mais, essas novas facetas do Direito do Seguro, que é exatamente o objetivo do presente Congresso.

Serão discutidos temas como a importância da jurisprudência para o desenvolvimento do contrato de seguro; a formação do contrato de seguro; as noções de incerteza e risco no seguro; o princípio indenitário; a prescrição; a sub-rogação; a regulação do sinistro; o seguro garantia nos contratos públicos; o acesso ao contrato de seguro; o seguro-saúde; o resseguro; o agravamento do risco; os seguros de grandes riscos; a experiência estrangeira em treze países do mundo, com destaque para a regulamentação do seguro no Direito chinês; o seguro e as mudanças climáticas, um tema extremamente atual. Enfim, através das palestras magnas e através dos diferentes painéis, com painelistas de todo o mundo, procura-se dar uma visão panorâmica do estágio atual do Direito do Seguro no Brasil e no mundo.

Também serão homenageados no presente Congresso, por sua notável contribuição ao Direito do Seguro, os professores José Carlos Moitinho de Almeida, Hubert Groutel, Ruy Rosado de Aguiar Júnior e João Calvão da Silva, sendo estes dois últimos queridos amigos em memória. Essas homenagens serão prestadas na sequência e vou evitar fazer qualquer tipo de spoiler neste momento.

Gostaria apenas de fazer, neste momento, uma homenagem especial ao nosso professor e doutor Ernesto Tzirulnik, principal coordenador científico deste evento, pelo seu empenho e dedicação ao estudo e aperfeiçoamento do contrato de seguro no Direito brasileiro. Poucas pessoas no Brasil conhecem tão profundamente a teoria e a prática do Direito de Seguro como o professor Ernesto Tzirulnik. Além de atuar fundamentalmente na área securitária, advogando tanto para segurados como para seguradoras, ou para resseguradoras, também tem concentrado seus estudos teóricos sobre o tema em sede acadêmica, seja através do IBDS, o Instituto Brasileiro de Direito do Seguro, que ele ajudou a fundar, sendo responsável pela elaboração do anteprojeto de Lei para a Regulamentação do Contrato de Seguro, em tramitação no Congresso Nacional desde 2004, atualmente constituindo o PLC 29/2017. Trata-se de um idealista incorrigível, que tem contribuído de forma inestimável ao estudo crítico do Direito do Seguro no Brasil.

Quando começamos a discutir a realização do presente Congresso, confesso que tive o afã de deixá-lo mais concentrado em função das vicissitudes da época, em que a pandemia da Covid-19 limitou a realização de eventos deste porte. Entretanto, lendo e relendo a programação projetada, não tive coragem de cometer este crime contra as gerações atuais e as gerações futuras que vão se debruçar sobre o estudo do Direito do Seguro, pois, aproveitando-se da ampla utilização dos webinários, a um custo muito baixo teremos a participação dos principais especialistas, brasileiros e internacionais, em um dos melhores congressos realizados sobre o tema no mundo. O mérito é de nosso coordenador científico que, acrescentando seu profundo gosto pelo Direito do Seguro, possui uma capacidade ímpar de fazer amigos em todos os lugares por onde passa. Faço questão de fazer esse reconhecimento público no início dos nossos trabalhos, pois foi essa extraordinária rede internacional de contatos que viabilizou o presente congresso. Muito obrigado, Ernesto, por mais esta oportunidade, oferecida ao Tribunal da Cidadania: discutir o estágio da ciência do Direito do Seguro no Brasil e no mundo, e mostrar ao Brasil e ao mundo que com certeza o contrato de seguro não morreu e nem corre o risco de morrer tão cedo, estando apenas a sua regulamentação sendo renovada pelos ventos da primavera, como diria Grant Gilmore, e como teremos oportunidade de conferir ao longo deste Congresso.

Muito obrigado a todos e bom congresso para todos nós. Muito obrigado.

Para seu pronunciamento no II Congresso Internacional de Direito do Seguro, CJF-STJ, e VIII Fórum de Direito do Seguro José Sollero Filho, com a palavra o senhor presidente do Superior Tribunal de Justiça e do Conselho da Justiça Federal, ministro Humberto Martins.

MIN. HUMBERTO MARTINS: Bom dia a todas, bom dia a todos. Inicialmente, eu quero saudar o ministro do Superior Tribunal de Justiça e coordenador científico deste Congresso, o nosso queridíssimo amigo Paulo de Tarso Sanseverino.

Também quero saudar, sempre presente em eventos jurídicos, com uma colaboração ímpar em todos os eventos do Superior Tribunal de Justiça e do Conselho da Justiça Federal, o nosso querido amigo e professor, Ministro Moura Ribeiro.

Queremos saudar o vice-reitor para relações externas da Universidade de Coimbra, nosso queridíssimo professor doutor João Calvão da Silva, o nosso presidente do Instituto Brasileiro de Direito do Seguro – IBDS, doutor Ernesto Tzirulnik, o nosso Secretário-Geral da Presidência, representando todos os servidores desta casa, colaboradores, o doutor Jadson Santana de Sousa. Não poderia deixar de saudar todos que participaram, direta ou indiretamente para a realização deste evento, através do Centro de Estudos Judiciários do Conselho da Justiça Federal e do Instituto Brasileiro de Direito do Seguro, que teve o apoio do STJ, da Academia Sino-Lusófona da Universidade de Coimbra, da Escola Nacional de Aperfeiçoamento de Magistrado – Enfam, sob a coordenação dos ministros Jorge Mussi, Paulo de Tarso Sanseverino, também do IBDS, do doutor Ernesto, e do professor João Nuno Calvão da Silva.

Amigos e amigas da cidadania: não poderia, como sempre destaco ao querido amigo Sanseverino, realizar e abrir este encontro, meu querido professor Ernesto, sem destacar que estamos a vivenciar o tempo do crescimento espiritual. Estamos a vivenciar e a ver luzes que estamos vencendo esta pandemia que afetou o Brasil e o mundo. É tempo de fé; é tempo de crescimento; é tempo de esperança. Tudo passa, estamos passando a pandemia, mas contamos sempre com a misericórdia de Deus e com a união dos homens. Por isso que estamos, agora, realizando alguns eventos já de forma presencial e híbrida, e tenho a certeza, porque há tempo para todas as coisas, que logo, logo estaremos fazendo totalmente de forma presencial. Precisamos desse calor humano; o homem foi feito para viver próximo do outro, dando as mãos, comunicando-se, dialogando... por isso que é o ser mais maravilhoso da criação. Por isso que eu digo, sempre, que deem graças, porque o nosso criador é bom e o seu amor dura para sempre.

Então, é com alegria que cumprimento o presidente do Instituto Brasileiro de Seguro, cumprimento os nossos ministros presentes, Paulo Moura e Sanseverino.

Também cumprimento todas as autoridades que compõem esta mesa inaugural de forma virtual, os nossos queridíssimos professor João Nuno Calvão da Silva, da Universidade de Coimbra, e a todos que assistem a este evento de forma virtual, em especial os nossos professores, palestrantes e alunos.

Este encontro é de grande significação. É uma honra acompanhar este II Congresso Internacional de Seguro e o VIII Fórum José Sollero Filho, organizado pelo Centro de Estudos Judiciários, do Conselho da Justiça Federal, pelo IBDS, STJ e também pela Academia Sino-Lusófona da Universidade de Coimbra.

O grande jurista Antônio Menezes Cordeiro, em sua clássica e sempre atual obra, *Direito dos Seguros*, diz com bastante sapiência que o desenvolvimento harmonioso de qualquer atuação humana, no plano coletivo ou individual, pressupõe a eliminação do risco ou, pelo menos, o seu controle. Os últimos acontecimentos no planeta demonstram que o intercâmbio de experiências na disciplina do Direito do Seguro é cada vez mais necessário e de uma importância para o crescimento e para o desenvolvimento de qualquer país.

Os meandros da sociedade complexa estão permeados de riscos e os seguros são inevitavelmente chamados a contribuir para a segurança de cada um de nós. E por que não se falar da coletividade? Assim, o debate de matriz securitária deve ser dinâmico, deve ser constante, porque, não bastassem os riscos corriqueiros, há riscos velhos que surgem com novas roupagens e há riscos que aparecem sob novas modalidades.

A pandemia da Covid-19, que, com certeza – porque há tempo para todas as coisas – já está passando, é um desses acontecimentos que atesta o quanto estamos sujeitos aos riscos materializados em sinistros. Situações estas, muitas vezes, seguráveis, como a cobertura de lucros cessantes empresariais e o seguro de vida. Isso, sem falar nos severos atentados das últimas décadas, nos acidentes nucleares e ambientais, na preocupação com a segurança biotecnológica e, claro, nos riscos mais simples embutidos na vida contemporânea de todo cidadão.

Os seguros deixaram de estar vinculados a um viés econômico para ligarem-se, também, à confiabilidade e à paz social, evitando, prevenindo, precavendo ou compensando danos aos cidadãos e à sociedade. Contribuem para o crescimento, o desenvolvimento e a segurança social, por isso que precisamos do Tribunal da Cidadania também com relação à segurança jurídica.

Em um mundo cada vez mais tecnológico, sem fronteiras e dada inovação, os seguros são não apenas imperativos, como, também, altamente essenciais ao cenário global. Tornar a disciplina dos seguros, na prática e na teoria, cada vez mais eficiente é tarefa de cada um de nós, e por isso estamos aqui dispostos a esta salutar troca de conhecimentos e de informação, com a participação do Tribunal da Cidadania, do Conselho da Justiça Federal e da Escola Nacional de Formação de Magistrados.

O Direito do Seguro está em constante movimento, é dinâmico e cada vez mais dele é exigido. Este II Congresso Internacional de Direito do Seguro vem, portanto, como um alento para todos nós, integrantes de diversos países, entre eles, Portugal e o Brasil, unidos, de mãos dadas, para melhor compreensão desta quadra de tantas e tão rápidas transformações, que passa nosso planeta através do sistema cibernético.

Excelente Congresso, desejo a todos. Sucesso; este já é patente. Vitória; será realizada. Então, temos que agradecer a todos os organizadores e destacar "todo caminho do homem é reto aos seus olhos, mas a confiança sonda os nossos corações". Segurança; confio nas pessoas, acredito nas instituições. Brasil, humanidade, meu bem querer.

Obrigado a todos.

II Congresso Internacional de Direit
Seguro (CJF - STJ)
Fórum José Sollero
(IBDS)

ional de Direito do Seguro (CJF - STJ)
José Sollero Filho (IBDS)

II Congresso Internacional de Direito do Seguro (CJF - STJ)
VIII Fórum José Sollero Filho (IBDS)

II Congresso Internacional de Direito do Seguro (CJF - STJ)
VIII Fórum José Sollero Filho (IBDS)

II Congresso Internacional de Direito do Seguro (CJF - STJ)
VIII Fórum José Sollero Filho (IBDS)

Dr. Ernesto Tzirulnik, Min. Humberto Martins, Min. Paulo de Tarso Sanseverino e Min. Paulo Moura Ribeiro.

Neymar Dias e João Paulo Amaral Pinto.

Fotos: Guilherme Carvalho dos Santos

– HOMENAGENS –

José Carlos Moitinho de Almeida

Hubert Groutel

João Calvão da Silva (*in memoriam*)

Ruy Rosado de Aguiar Junior (*in memoriam*)

Veja as homenagens

A JOSÉ CARLOS MOITINHO DE ALMEIDA,
por *Judith Martins-Costa*

Foi com imensa alegria que recebi o convite do IBDS para saudar o Professor José Carlos Moitinho de Almeida – esse amigo do IBDS, amigo do Brasil, profundo conhecedor do Direito dos Seguros e que tanto tem contribuído para com o projeto de Lei de Contrato de Seguro.

Desconfio que, para a imensa maioria dos que aqui estão, eu não precisaria justificar essas afirmativas. Mas, ainda assim, contarei uma história – que explicará bem, creio eu, o que afirmei.

A amizade de Moitinho de Almeida com o IBDS e com Ernesto, e sua contribuição para o PL 3555/2004 nasceram de um desencontro – desses tantos que a vida nos traz.

Sabendo que Moitinho de Almeida estaria a falar em um congresso no Brasil sobre o Direito dos Seguros – e desejoso de ouvi-lo, já que conhecedor de sua obra (O Contrato de Seguro no Direito Português e Comparado), Ernesto se inscreveu para assisti-lo. Mas lá não o encontrou – o motivo de sua ausência, contou-me Ernesto, era que o Professor não seria suficientemente crítico ao PL!

Essa liberdade de espírito foi o combustível para reverter o desencontro – e transformá-lo num profícuo encontro – de ideias, pessoas, projetos, contribuições. Logo, em 2009, Moitinho de Almeida aceitou convite do IBDS para proferir memoráveis palestras em Belo Horizonte, na UFMG, e em Canela, no IEC.

Nesse eu tive a honra de recepcioná-lo, e a sua esposa, Dona Maria de Lourdes, e ali, entre os pinheiros as serra gaúcha, saborear seu conhecimento tão sólido e perspicaz sobre a relação securitária; apreciar os elogios, e também as criticas – essas, fundadas e construtivas – que fazia sobre o PL 3555, e que serviram a aprimorá-lo.

Tanto assim que em 2012, voltou ao Brasil para dar seu depoimento como jurisconsulto na audiência pública realizada pela Comissão Especial do PL 3.555/2004, no Congresso Nacional.

Foi um depoimento da maior relevância, no qual nosso Homenageado, fiado em sua experiência como Procurador Geral da República junto do Tribunal da Relação de Lisboa; chefe de gabinete do Ministro da Justiça; adjunto do Procurador Geral da República; diretor do Gabinete de Direito Europeu; professor de Direito Comunitário (Lisboa); e juiz no Tribunal de Justiça português; embasado no conhecimento que expressara em seus estudos doutrinários sobre o Contrato de Seguro, pode afirmar ser aquele um projeto sem erudições, equilibrado, moderno, voltado para a sociedade, elogiado pela comunidade internacional e que "reflete a preocupação de sujeitar este contrato a uma disciplina moderna que, por um lado, garanta a segurança jurídica indispensável ao exercício da atividade seguradora e não estabeleça burocracias que desproporcionadamente a onerem e, por outro, proteja os legítimos interesses dos segurados".

Penso que, com essa breve história, justifiquei adequadamente as afirmações que fiz. Só me resta, portanto, dizer "obrigada" ao Professor José Carlos Moitinho de Almeida pelo tanto de amizade que tem ao IBDS, à cultura jurídica do Brasil, pelas lições que conosco tem compartido sobre o Direito dos Seguros e por toda a contribuição dada ao projeto de Lei de Contrato de Seguro.

A HUBERT GROUTEL,
por *Ernesto Tzirulnik*

Lamentavelmente dificuldades de saúde impediram o Professor Groutel e o Professor José Carlos Moitinho de Almeida de estarem conosco neste VIII Fórum do IBDS e II Congresso Internacional de Direito do seguro do Conselho da Justiça Federal, acolhidos no Superior Tribunal de Justiça e tão bem dirigidos pelos Ministros Jorge Mussi e Paulo de Tarso Vieira Sanseverino, ambos, como eu, admiradores de longa data desses juristas incomuns, parceiros solidários e desinteressados, desses dois homens tão raros que felizmente haverão de voltar ao brasil em 2023 e participar presencialmente do IX Fórum do IBDS e III Congresso Internacional de Direito do Seguro do Conselho da Justiça Federal e do Superior Tribunal de Justiça, agora também da EFAN Escola Nacional de Formação e Aperfeiçoamento de Magistrados.

Longny-au-Perche é uma pequena cidade situada no departamento de Orne, na Normandia. É uma região bastante bucólica costeada pelo Atlântico nas imediações de Paris. No Perche fica um lindo parque natural e os vilarejos são invariavelmente rodeados pelas culturas agrícolas e criações de cavalos. É difícil imaginar um lugar melhor para se viver feliz e sem sobressaltos. Hubert Groutel nasceu e cresceu ali.

Uma das construções mais antigas de Longny-au-Perche é a capela de Saint--Hubert, que talvez tenha inspirado o nome do nosso tão querido homenageado. Na contra esquina da praça da prefeitura, "Place de l'hotel de ville" encontram-se a Rue de la Liberté com a Rue Leon Groutel.

O dia D, o desembarque das tropas aliadas, em junho de 1944, foi bem perto dali. Os dias seguintes à queda da Muralha do Atlântico construída pelos alemães continuariam tensos no Perche. As forças nazistas não parariam de perseguir os inimigos no caminho de retirada.

Com 36 anos de idade o artesão Leon Groutel integrava as Forças Francesas do Interior, a chamada FFI. Ele havia cooperado para a organização da resistência na região e havia atuado na preparação do desembarque dos aliados.

No mês de agosto as coisas estavam se acalmando, depois de tanto sofrimento. Os soldados americanos logo chegariam no Perche, no dia 15 de agosto. Três dias antes dessa festa tão aliviada, em 12 de agosto, Hubert, então com 9 anos de idade, perderia seu pai. O resistente Leon Groutel foi fuzilado pela divisão Panzer 12, pela SS, a polícia especial de Hitler.

Como Leon Groutel, o herói do Perche, Hubert também é herói de uma grande guerra. Ele é um dos ícones da grande guerra travada para que o seguro e o Direito do Seguro não sejam regressistas e antidemocráticos.

Georges Durry, ao prefaciar um liber amicorum sobre responsabilidade civil e seguro dedicado a Hubert Groutel, conta que nosso homenageado havia sido um aluno muito particular na Faculdade de Direito de Poitiers.

Primeiro, Hubert mal frequentava as aulas porque trabalhava durante período integral numa seguradora estabelecida em Le Mans, a 200 quilômetros de distância.

Depois, no quarto ano, como relata o decano de seguro da Paris II, Hubert organizou-se para frequentar as aulas e surpreendeu os professores ao revelar domínio invulgar do Direito civil quando incumbiu-se de comentar o arrêt Frécon, uma importante decisão sobre a relatividade dos efeitos das obrigações.

Embora sua docência e produção doutrinária profícuas avancem sobre a responsabilidade civil, o direito do trabalho e a previdência social, Hubert Groutel é um dos principais responsáveis por boa parte dos avanços do Direito do Seguro francês contemporâneo.

Foi professor em Tours, Poitiers, Pau e Bordeaux. Fundou e dirigiu o programa DASS, Diploma de Estudos Superiores Especializados em Seguros de Bordeaux. Dirigiu o Instituto de Seguros de Bordeaux e, entre suas joias, além de centenas de artigos, estão alguns livros como "As grandes decisões de Direito do Seguro", "O contrato de seguro" e, sobretudo, o "Tratado de direito dos seguros".

Atualmente, Hubert Groutel é Professor Emérito da Universidade de Bordeaux IV além de também Presidente Honorário do Instituto pelo Direito Europeu da Circulação.

A razão desta homenagem, porém, não é apenas o maravilhoso currículo desse nosso querido amigo e magnífico jurista.

Entre os maravilhosos presentes ganhos pelo IBDS e pelos trabalhos de aperfeiçoamento do Projeto de Lei de Contrato de Seguro brasileiro está o fato do Professor Luc Mayaux ter-nos apresentado Hubert Groutel, um homem genial e muito simples que revela instantaneamente uma inspiradora e muito grande paixão pela vida, a mais surpreendente franqueza e honestidade sem nenhum tipo de temor, muito bom humor, e que, além de ser amante dos vinhos e das boas traduções, arregaça as mangas para ajudar os amigos, como ninguém.

Groutel apaixonou-se pelo Projeto de Lei Especial de Contrato de Seguro brasileiro. Escreveu que o Brasil produz leis com a mesma qualidade que Bordeaux produz vinhos. Ele não mediu esforços para comparecer aos nossos fóruns de 2003, 2004 e 2014.

Em 2003 palestrou e ofereceu artigo inédito para publicação sobre a Teoria Geral do Contrato de Seguro, um estudo de direito comparado franco-brasileiro. Ensinou-nos que "a característica essencial do contrato de seguro terrestre é de ser este de ordem pública" nos termos do artigo L. 11-2 do Código de Seguros francês. De volta a Bordeaux, imediatamente publicou na revista Responsabilité Civile et Assurance, revista que criou e dirige, um artigo com o título "Le contrat d'assurance... ailleurs", examinando a situação dogmática brasileira do contrato de seguro e comparando-a com a francesa.

Em 2004 voltou para o IV Fórum do IBDS e contribuiu com palestra e artigo abordando, desta vez, os temas da formação, duração e prova do contrato de seguro, assim prestando ao Brasil e ao Projeto de Lei de Contrato de Seguro brasileiro sua inestimável contribuição, dizendo-nos: "Desejo terminar com uma nota de otimismo, assim esclarecendo que, se eu pude me mostrar crítico em relação a certas disposições do Projeto, foi apenas com o fim de trazer, na medida dos meus meios, uma contribuição suplementar para o aperfeiçoamento de uma lei que, ao menos pelo que estudei, apresenta-se como um êxito e deveria marcar duravelmente o Direito Securitário brasileiro".

Sempre encantando o público, os integrantes dos painéis e intérpretes do francês, italiano, espanhol e inglês, tornando-se por unanimidade o rei da empatia, Groutel voltou ao Brasil em 2014 para mais uma vez contribuir com o nosso Direito do Seguro e a tentativa de outorga de lei especial de contrato de seguro. Nessa terceira oportunidade, Hubert Groutel cooperou com palestra e artigo sobre o interesse segurável e o dano material no direito francês, esclarecendo que o seguro não garante os bens da vida em si e sim a afetação do patrimônio do interessado nesses bens.

Além das palestras e dos artigos doutrinários inéditos, da alegria, do humor afiado, e das paixões contagiantes, Groutel fez questão de preparar um atinado relato sobre suas impressões aos membros da Comissão de Desenvolvimento Econômico, Indústria e Comércio da Câmara dos Deputados que examinava a Lei de Contrato de Seguro, terminando por pedir aos parlamentares o acolhimento do PL 3.555/2004 porque "Um grande Estado como o Brasil falhará em sua missão caso deixe de dotar-se de uma legislação moderna sobre o contrato de seguro".

Groutel, nosso amado Hubert Groutel é como seu pai Leon, um homem original, persistente e corajoso. Um homem da resistência contra a discriminação e o abuso que longe de acontecerem somente em momentos bélicos extremados, sucedem no cotidiano das sociedades e precisam ser enfrentados por quem tem energia suficiente para, com mais de oitenta anos de idade, ser o autor solitário de revista periódica quando outros, muito atarefados, não conseguem contribuir.

Professor Hubert Groutel, parceiro Hubert Groutel, amigo Hubert Groutel, muito obrigado por tudo. Como seu pai o senhor sempre será lembrado. Que o mundo se inspire em você e tenhamos os Huberts e Leons que precisamos para as Forças que lutam, com as armas do Direito, por um mundo melhor e mais justo.[1]

A RUY ROSADO DE AGUIAR JÚNIOR (*in memoriam*), por *Inaê Siqueira de Oliveira*

Fiquei muito honrada com o convite para participar dessa homenagem ao Min. Ruy Rosado de Aguiar Júnior.

É grande a saudade do Professor Ruy, mas também grande a presença – ela está nos ensinamentos que deixou, e esses ensinamentos são muitos. São lições que começam no direito e se estendem para a vida, pelo exemplo de homem íntegro, trabalhador, justo e generoso que ele foi. Ter sido assistente do Professor Ruy é um privilégio pelo qual eu serei para sempre agradecida.

Poderia dar um depoimento longo sobre as virtudes e os feitos do homenageado, mas creio que isso é notório. Estaria repetindo o que todos os que o conheceram – seja pessoalmente, seja por meio dos votos e textos – já sabem: o Ministro Ruy foi um jurista extraordinário, vocacionado à magistratura e devotado ao aprimoramento do direito.

Para não repetir aquilo que é sabido, gostaria de falar sobre a contribuição do Professor Ruy ao do Direito do Seguro especificamente, área pela qual me interessei graças ao período em que convivi com ele, auxiliando na pesquisa para pareceres e artigos.

---

1 Groutel faleceu em 07 de setembro de 2022.

Embora suas contribuições a outras áreas do direito privado, como resolução contratual e boa-fé, sejam mais conhecidas, o Professor Ruy tem textos primorosos sobre questões de Direito do Seguro, como (i) o que é interesse segurável, (ii) o que configura agravamento de risco e (iii) quais os deveres do regulador de sinistro. Também deu pareceres em questões como (i) os limites ao reajuste do prêmio no seguro saúde e (ii) a sujeição da seguradora sub-rogada à jurisdição arbitral, dentre outros temas de seguro que fazem parte do cotidiano e cuja solução é difícil.

Creio que, dentre as várias qualidades do homenageado, há três que explicam como ele pôde contribuir tanto ao desenvolvimento do Direito do Seguro.

O Professor Ruy mobilizava a teoria para responder a problemas da prática, como é próprio dos grandes juristas. Foi um dos primeiros a ver, por exemplo, que o seguro é um contrato comutativo, razão pela qual a seguradora tem uma obrigação de garantia, desde a formação do contrato, e não mera obrigação de indenização, nascida em caso de sinistro.

Além disso, como fazem os grandes magistrados, o Ministro Ruy via com clareza, em meio a um emaranhado de fatos, o que importa para a solução do problema. Por mais que os fatos fossem complexos e os autos, extensos, ele sempre se detinha no elemento relevante do ponto de vista jurídico. Em 2017, por exemplo, proferiu palestra sobre os grandes riscos e o contrato de adesão, concluindo que seguros de grandes riscos podem, sim, ser contratos de adesão, já que essa classificação se liga ao modo de formação do contrato e não à grandeza do risco ou do segurado.

O Ministro Ruy também tinha o dom de explicar questões difíceis com simplicidade, algo que eu atribuo aos anos de magistratura e ao esforço para ser entendido pelo cidadão. Dentre os vários conselhos que recebi dele, sempre evitar palavras difíceis é uma máxima que tento aplicar no dia a dia. Em uma área como o Direito do Seguro, em que há uma "linguagem de mercado" – muito familiar, mas pouco precisa – falar de modo simples, como fazia o Ministro Ruy nos votos e textos, significa ter clareza a respeito de conceitos fundamentais.

A contribuição do homenageado ao Direito do Seguro também foi impulsionada pela ligação com o IBDS, ao qual era associado. O Ministro Ruy inclusive participou da versão anterior deste evento – do I Congresso Internacional de Direito do Seguro do CJF-STJ e VI Fórum José Sollero Filho, ocorrido em maio de 2014, no auditório do STJ, com uma exposição sobre lesão ao interesse segurado nos seguros de riscos de engenharia.

A falta deixada pela partida do Professor Ruy não possa ser suprida, mas seu legado é muito vasto. Dona Diva, sua esposa, e seus filhos Ana, Alice, Vera Lúcia e Ruy Neto, recebam essa homenagem póstuma e a nossa saudação, com a certeza de que são muitas as razões pelas quais o Ruy será sempre lembrado com admiração e saudade.

A JOÃO CALVÃO DA SILVA (*in memoriam*), por *Min. Paulo de Tarso Sanseverino*

Falar sobre a vida e a obra do meu querido amigo João Calvão da Silva não é tarefa fácil pelo sentimento de saudades que logo nos invade.

Conheci primeiro a obra do Professor João Calvão para depois conhecer a pessoa do João Calvão, e hoje tenho dificuldades de estabelecer quem foi maior.

O primeiro livro do Professor João Calvão que li foi a sua Dissertação de Doutoramento na Faculdade de Direito da Universidade de Coimbra, publicada pela editora Almedina em 1990, denominada "Responsabilidade Civil do Produtor", que ainda hoje é a melhor obra em língua portuguesa sobre o tema.

Na época, estava pesquisando para o meu Mestrado na Universidade Federal do Rio Grande do Sul e encontrei essa obra notável na Livraria do Advogado em Porto Alegre, tendo escolhido esse tema posteriormente para a minha Dissertação de Mestrado.

Tive o privilégio de conhecer pessoalmente o Professor João Calvão, em 2012, em um seminário realizado na Faculdade de Direito de Coimbra e logo nos tornamos grandes amigos.

Dias depois, convidou a minha esposa e eu para irmos a sua casa, em Coimbra, para jantar, tendo então conhecido toda a sua maravilhosa família: a Ana Maria, sua esposa e companheira de uma vida, os seus filhos João Nuno, João Paulo e a Joana, as noras, o genro, os netos...

Tive oportunidade de conhecer, então, uma figura humana espetacular, com um senso de humor especial, mesclando Portugal e Brasil, com uma inteligência impar e um raciocínio rápido.

Desenvolveu a sua atividade acadêmica na Faculdade de Direito da Universidade de Coimbra, onde foi Professor Catedrático, sempre ligado ao Direito Civil Patrimonial (Contratos e Responsabilidade Civil), ao Direito Comercial, e ao Direito Bancário, da Bolsa e dos Seguros, sempre pautado por um profundo rigor científico e acadêmico.

Além disso, foi Presidente do BBS – Instituto de Direito Bancário, da Bolsa e dos Seguros, membro da Academia Brasileira de Direito Civil, Jurisconsulto e Vice-Presidente do Centro de Arbitragem da Associação Comercial e Industrial de Lisboa, com larga experiência em Arbitragens.

Autor de inúmeras obras jurídicas em Direito Privado e dos Negócios, e especialista de Direito Bancário, da Bolsa e dos Seguros, estabeleceu uma aliança de saber teórico com experiência prática de administrador não executivo de duas Instituições de Crédito e de uma Companhia de Seguros, em uma interessante práxis jurídica.

E, particularmente, no Direito dos Seguros, que foi uma das suas principais áreas de interesse, Calvão, como grande civilista e estudioso do fenômeno da financeirização dos contratos, iluminou o Direito do Seguro brasileiro oferecendo inúmeros pareceres sobre a matéria, participando como árbitro em arbitragens brasileiras sobre o assunto.

Participou do V Fórum de Direito do Seguro do IBDS, no ano de 2009, ministrando palestra "O novo regime jurídico do contrato de seguro em Portugal e na União Europeia".

Depois, novamente em 2014, participou do VI Fórum de Direito do Seguro do IBDS em conjunto com o I Congresso Internacional de Direito do Seguro do Conselho da Justiça Federal e do Superior Tribunal de Justiça, evento que que discutiu o PLC 29/2017 sob o lema "Por um Direito do Seguro para todos", proferindo a palestra "Semelhanças e diferenças do regime jurídico do contrato de seguro no Brasil e em Portugal".

Contribuiu intensamente com a discussão para o aprimoramento do Projeto de Lei de Contrato de Seguro, originalmente PL 3.555/2004, hoje PLC 29/2017.

Associou-se ao IBDS e, como dirigente do BBS, vinculado à Universidade de Coimbra, organizou cos Colóquios Luso-Brasileiros de Direito do Seguro para discutir o projeto de lei de contrato de seguro brasileiro no curso de pós graduação Banca, Bolsa e Seguros da Faculdade de Direito da Universidade de Coimbra, em maio de 2010 e em julho de 2017.

Dedicou-se também a outras atividades, não apenas na advocacia com pareceres e arbitragem, mas também como administrador de grandes empresas, bem como integrante de conselhos, como a Comissão de Fiscalização da TAP e o Conselhos Superiores da Magistratura e do Ministério Público de Portugal.

Finalmente, também se dedicou à política, que era uma das suas paixões, tendo sido, inclusive, Deputado pelo PSD (Partido Social Democrata) e Ministro da Administração Interna.

Após a sua morte precoce, em 2018, foi concedido, postumamente, pelo Governo português, o título de Grande-Oficial da Ordem do Infante Dom Henrique, recebido por sua família das mãos do Presidente da República de Portugal (Marcelo Rebelo de Souza).

Encerro com um poema de Fernando Pessoa, que ele declamou para nós em sua casa, quando já havia descoberto a doença que o vitimou:

"Eu sei que não sou nada e talvez nunca tenha tudo. A par disso, tenho em mim todos os sonhos do mundo..."

Enfim, foi um sonhador, que viveu intensamente a sua vida pessoal e profissional, foi um grande amigo de seus amigos, agindo sempre com a maior correção, deixando para todos nós muitas saudades e o legado de uma postura ética que sempre pautou toda a sua vida!

Obra Amazônia (Taschen, 2021), especialmente dedicada e autografada pelo autor aos homenageados e suas famílias.

– ESCULTURA –

Still Life (2021), *Wojtek Kostrzewa*

Veja o depoimento do artista

A escultura original do artista plástico polonês WOJTEK KOSTRZEWA, residente em São Paulo, simboliza o respeito às vítimas da COVID-19. A série foi idealizada e produzida especialmente para homenagear os participantes dos congressos.

- PALESTRAS -

Contrato de seguro: sujeição, interpretação e execução sob as diretrizes da boa-fé e da função social

Humberto Theodoro Júnior

Veja o painel

Uncertainty and insurance law (original)

A incerteza e o direito dos seguros (tradução)

Tom Baker

Veja o painel

Conflicting actions of insurance companies in the global heating crisis (original)

Atuações conflitantes das seguradoras na crise do aquecimento global (tradução)

Aaron Doyle e Mathieu Charbonneau

Veja o painel

CONTRATO DE SEGURO: SUJEIÇÃO, INTERPRETAÇÃO E EXECUÇÃO SOB AS DIRETRIZES DA BOA-FÉ E DA FUNÇÃO SOCIAL

Humberto Theodoro Júnior[1]

1. A JURISPRUDÊNCIA NO CAMPO DAS FONTES DO DIREITO

Originariamente, os dois mais importantes ramos do Direito – o *civil law* e o *common law* – identificaram-se pela distinta delimitação daquilo que seriam, para cada sistema, as fontes emanadoras das normas jurídicas, ou seja, daquilo que configuraria a essência da regulação típica e autônoma da ordem jurídica. Enquanto o *civil law* se organizaria basicamente na lei como fonte do Direito, o *common law,* em função de suas raízes consuetudinárias, valorizaria sobretudo os precedentes judiciais como a principal fonte do ordenamento jurídico. Dizia-se, em síntese, que o *civil law* era um sistema de leis e o *common law,* um sistema de precedentes.

Na atualidade, porém, a ciência jurídica atingiu um patamar em que não mais se pode recusar à jurisprudência, mesmo dentro do sistema de *civil law*, a categoria de fonte do direito, ainda que supletiva, em razão da inegável prevalência da lei. É que a realidade revela que a experiência concreta da vida dinamiza e integra a norma legal, segundo o tempo e as condições de sua aplicação pelos órgãos judicantes. Por meio da jurisprudência, portanto, o direito *vive* e se *desenvolve*, permitindo a identificação de um Direito decorrente da prática interpretativa advinda da jurisprudência e dos precedentes judiciais. Esse Direito vivo ("*vivente*", na linguagem doutrinária italiana) assume

1 Professor titular aposentado da Faculdade de Direito da UFMG. Desembargador aposentado do TJMG. Membro da Academia Brasileira de Letras Jurídicas, da Academia Mineira de Letras Jurídicas, do Instituto dos Advogados de Minas Gerais, do Instituto de Direito Comparado Luso-Brasileiro, do Instituto Brasileiro de Direito Processual, do Instituto Ibero-Americano de Direito Processual e da International Association of Procedural Law, da Association Henri Capitant des Amis de la Culture Juridiques Française. Doutor em Direito. Advogado.

sem dúvida "contexto substancial ou real em contraposição àquele formal, que advém da norma escrita e suas fontes formais, sendo este o *diritto vigente*".[2]

O direito *vivo*, revelado pelo Poder Judiciário, agrega-se ao direito *vigente* estabelecido pelo Poder Legislativo, pouco importando que o regime seja o do *common law* ou o do *civil law*. Sem embargo da formal separação dos poderes estatais, a realidade é bem diferente, mesmo em países como a Itália e os demais que se agrupam sob o sistema normativista do *civil law*: cada vez mais a realidade é que, de fato, a jurisprudência cria direito, principalmente naqueles segmentos do ordenamento nos quais a intervenção do Legislativo falta ou é insuficiente. Assim, não é mais errado falar da jurisprudência como fonte normativa de fato, ou como fonte supletiva.[3]

2. *IUS SCRIPTUM* E *IUS NON SCRIPTUM*

Segundo a natural força normativa da jurisprudência, ao lado e em desenvolvimento da função originária da lei, a doutrina italiana construiu a teoria das fontes do Direito compostas do *ius scriptum* (oriunda da fonte estatal, a cargo dos órgãos legislativos) e o *ius non scriptum* (gerado complementarmente pelos costumes e pela prática jurisprudencial).

> Nessa esteira, se indica que os precedentes, inclusive os vinculantes [no caso do direito processual brasileiro], com força semelhante à de norma legal, se enquadrariam no cenário ou na tipologia do 'direito não escrito' em contraposição com o 'direito escrito', de fonte legislativa, até porque a forma de estruturação do precedente é tendencionalmente vinculada na origem a um caso concreto, enquanto a lei é formulada em caráter geral e abstrato.[4]

---

2 "Le norme giuridiche nascono dall'esperienza del com-vivere e – in modi che sono necessariamente influenzati dalle caratteristi del caso concreto – sono funzionali ad indirizzarla e a correggerne le distorsioni". MARINELLI, Vincenzo. Precedente giudiziario. *In:* ENCICLOPEDIA DEL DIRITTO, v. VI. Milão: Giuffrè, 2002.

3 COMOGLIO, Luígi Paolo; CARNEVALE, Valentina. Il ruolo della giurisprudenza e i metodi di uniformazione del diritto in Italia. *Rivista di Diritto Processuale,* n. 4, pp. 1037ss, 2004.

4 THEODORO JR, Humberto; ANDRADE, Érico. *Precedentes no processo brasileiro.* Rio de Janeiro: Forense, 2021, p. 37. Ensina Calzolaio: "*I precedenti giudiciali possono dunque avere valore 'vinculante', come norme di legge, ma la loro qualificazione in termini di 'diritto non scritto' sta próprio ad indicarne la differenza rispetto al diritto di fonte legislativa, formulato in modo generale ad astratto, mentre i precedenti conservano la struttura di decisioni di casi particular e hanno natura argomentativa*". CALZOLAIO, Ermanno. Riforma del processo di cassazione e precedente giudiziale: riflessione nella prospettiva dela comparazione "civil law – common law. *Rivista trimestrale di diritto e procedura civile,* n. 3, p. 1012, 2009.

Diante da evidência de que a jurisprudência, ao lado da doutrina, participa da formação do ordenamento jurídico, os juristas contemporâneos apontam para pelo menos três fontes coligadas a que os italianos denominam "formantes" da norma jurídica: o "*formante legale*", o "*formante doutrinale*" e o "*formante giurisprudenziale*". A posição de proeminência de um ou outro "formante" não é uniforme em todos os povos, variando significativamente nos diversos ordenamentos.[5]

Mas, onde o constitucionalismo, como no Brasil, passou a dominar com primazia todos os segmentos do Direito Positivo, sem dúvida a jurisprudência assume papel relevantíssimo, já que ao Poder Judiciário se atribui a função de intérprete e guardião da Constituição, naquilo que se refere à solução dos conflitos estabelecidos, seja no âmbito do Direito Público ou do Privado.

3. A CONSTITUCIONALIZAÇÃO DE TODO O ORDENAMENTO JURÍDICO

A lei, como projeto do modo como no futuro deverá ser o comportamento das pessoas em seus relacionamentos jurídicos, como é óbvio, jamais conseguirá ser completa e exauriente, diante da grande e imprevisível mutabilidade das condições socioeconômicas, dos costumes e dos valores morais e éticos, características do natural dinamismo próprio da convivência humana em comunidades civilizadas. Mudado o ambiente em que a lei deverá atuar, haverá de existir algum organismo que interprete e defina como a lei escrita em tempos diversos do contemporâneo, poderá ser atualizada. É ao Poder Judiciário que o Estado Democrático de Direito atribui essa função integrativa da ordem jurídica.

Mas é não só ao trabalho de interpretar as regras legais e de preencher as lacunas do ordenamento legislado que se resume a função institucional do Judiciário. Desde que se centralizou todo o Direito Positivo em torno do primado da Constituição, a tarefa principal de todos os juízes passou a ser a de concretizar os princípios e valores constitucionais na aplicação contenciosa da ordem jurídica, seja público ou privado o segmento do Direito em que o conflito se instaurou.

A relevância maior da jurisprudência, em nosso tempo decorre da inserção na ordem jurídica de princípios e valores de alto teor moral, revestidos de força normativa

---

5 SACCO, Rodolfo. Formante. *Leggi d'Italia.* Disponível em: https://www.leggiditaliaprofessionale.it/ – acesso restrito. Acesso em: 28.12.2020.

imediata, malgrado a incompletude e a imprecisão conceitual de que se revestem normas de semelhantes características.

A elevação dos *direitos* e *garantias fundamentais à categoria de normas jurídicas cogentes*, obrigou o legislador a atuar no sentido de concretizar os princípios ético - constitucionais também na regulação das relações privadas, levando ao reconhecimento da existência de um dever estatal de proteção, "que decorreria do especial significado objetivo dos Direitos Fundamentais para a ordem jurídica objetiva".[6]

Nesse clima constitucional de prestígio aos princípios e valores, o legislador se viu também compelido a utilizar cláusulas gerais na legislação ordinária. Se a jurisprudência sempre foi influente no campo da interpretação do Direito Positivo, seu papel atualmente assume proporções muito maiores diante de ordenamentos jurídicos ostensivamente harmonizados com a principiologia e os valores preconizados pela Constituição.[7] Reconhece-se, assim, que "há uma relação direita entre a presença de cláusulas gerais em determinado ordenamento jurídico e o papel representado pelos juízes, no sentido de que, a partir de sua adoção, o magistrado terá um incremento na sua função de interpretação nos negócios jurídicos privados".[8]

Decorre, portanto, desse regime normativo, um ensejo à valorização da atividade jurisdicional, já que produz a "ampliação da margem interpretativa conferida aos juízes em razão da abertura do sistema a fatos que ante a ele eram externos".[9]

O principal, no entanto, é a permissão autorizada pelas cláusulas gerais a que "princípios fundamentais previstos na Constituição Federal desçam à órbita infraconstitucional", bem como "direitos fundamentais irradiem efeitos para todas as relações privadas, inclusive as contratuais, conferindo, no entanto, maior poder de reflexão e interpretação ao julgador".[10] Pela largueza da cláusula geral adotada, a lei transfere ao

---

6 MENDES, Gilmar. Direitos fundamentais: eficácia das Garantias constitucionais nas relações privadas. *Revista de Direito do Consumidor*, n. 90, p. 17, nov-dez/2013; CARLINI, Angélica. *Judicialização da saúde pública e privada*. Porto Alegre: Livraria do Advogado, 2014, p. 125.

7 "É que a lei, de tempos a esta parte, tem se ocupado em escala sempre crescente de incorporar princípio éticos em suas normas, aproximando em grande volume regras jurídicas de preceitos e valores morais. Com isso, tornaram-se bastante frequentes enunciados legais que contém cláusulas gerais e que positivam normas principiológicas". THEODORO JR., Humberto. *Curso de Direito Processual Civil*. 53. ed., v. III, n. 609. Rio de Janeiro: Forense, 2020, p. 748.

8 MENKE, Fabiano. A interpretação das cláusulas gerais: a subsunção e a concreção dos conceitos. *Revista de Direito do Consumidor*, v. 50, p. 11.

9 FERMANN, Rodrigo Papaléo. A interpretação das cláusulas gerais: dificuldades para a concreção de conceitos abertos. *Revista Síntese – Direito Civil e Processual Civil*, v. 116, p. 104.

10 FERMANN, Rodrigo Papaléo. A interpretação das cláusulas gerais: dificuldades para a concreção de conceitos abertos. *Revista Síntese – Direito Civil e Processual Civil*, v. 116, p. 111.

juiz a tarefa de completar a própria norma legal, a fim de precisar-lhe o sentido a prevalecer na aplicação ao caso concreto submetido a julgamento.

A respeito, por exemplo, da cláusula da boa-fé e da lealdade, ou da função social do contrato, haverá sempre margem para o juiz considerar uma conduta alcançada ou não pelo preceito, em razão da vaguidade proposital da expressão usada pelo legislador.[11]

O contrato de seguro, nessa ordem de ideias, enseja oportunidade a que a jurisprudência exerça expressiva atividade integrativa na operação de definir a regra concreta de solução do conflito com base nos princípios da boa-fé e da função social, em virtude da profunda vinculação desse negócio jurídico com aqueles princípios evidenciada tanto pelo Código Civil como pelo Código de Defesa do Consumidor (CDC).

4. O CONTRATO DE SEGURO E A FUNÇÃO SOCIAL

O contrato de seguro, em suas várias modalidades de risco acobertadas, inclui-se, por sua própria natureza, no âmbito em que atua o sistema legal de proteção aos interesses dos consumidores, instituído em cumprimento de expressa determinação constitucional (CF, art. 5º, inc. XXXII, e art. 170, *caput* e inc. V). O CDC, por sua vez, qualifica, explicitamente, como relação de consumo a estabelecida entre segurador e segurado (art. 3º, §2º). Mais do que isso: "Os contratos de seguro – na visão doutrinária – são, atualmente, os contratos mais importantes do ponto de vista econômico e de prevenção de riscos pelos consumidores".[12]

Vigoram, por isso, na disciplina do regime jurídico do seguro, com evidência, os ditames norteadores da função social atribuída aos contratos da espécie, bem delineada no art. 4º do CDC:

> A política nacional das relações de consumo tem por objetivo o atendimento das necessidades dos consumidores, o respeito à sua dignidade, saúde e segurança, a proteção dos seus interesses econômicos, a melhoria da sua qualidade de vida, bem como a transparência e harmonia das relações de consumo, atendidos os seguintes princípios: I – reconhecimento da vulnerabilidade do consumidor no mercado de consumo; II – ação governamental no sentido de proteger efetivamente o consumidor (...); III – harmonização dos interesses dos participantes das relações de consumo (...), sempre com base na boa-fé e equilíbrio econômico nas relações entre consumidores e fornecedores (...).

---

11 COELHO, Fábio Ulhoa. *Curso de direito civil* - contratos. São Paulo: Saraiva, 2010, v. III, p. 48.

12 MIRAGEM, Bruno. *Curso de direito do consumidor*. 8. ed. São Paulo: Ed. RT, 2019.

A relação de consumo, como se vê, estabelece-se sob a tutela e controle de uma efetiva política pública, o que submete o contrato praticado entre fornecedor e consumidor a uma função social severamente imposta por legislação de ordem pública. É, portanto, sob regime de limitação da autonomia negocial e de critérios de legitimação e interpretação imposta pela política de defesa do consumidor, que os contratos de consumo haverão de ser validamente convencionados, interpretados e cumpridos, bem como revisionados ou invalidados, quando questionados em juízo.

Particularmente no caso do seguro, a segurança jurídica almejada pelos contratantes se manifesta pelo duplo objetivo de proporcionar lucro à atividade profissional do segurador e de socializar o risco mediante formação de um fundo com recursos fornecidos pelos próprios segurados e gerido pelo segurador; fundo esse capaz de garantir a reparação do eventual dano suportado individualmente por algum segurado no caso de consumação do risco assumido contratualmente pelo segurador.[13]

O mutualismo é, dessa maneira, erigido à categoria de princípio fundamental da relação securitária, funcionando como "norma básica", capaz de suprir lacunas, orientar condutas, influenciar na criação de outras normas além das expressamente enunciadas no contrato, e, além de tudo, de se prestar à fundamentação de decisões judiciais nos conflitos entre segurado e segurador.[14]

5. O CONTRATO DE SEGURO E O PRINCÍPIO DA BOA-FÉ

A boa-fé é um dos princípios fundamentais do Direito Contratual em geral (Código Civil, art. 421) e assume maior relevância no regime do Código de Defesa do Consumidor (art. 4º, inc. III), particularmente na regulação do contrato típico de seguro (Código Civil, art. 765):

---

13 COELHO, Fábio Ulhoa. *Curso de direito civil:* contratos, 6. ed. São Paulo: Saraiva, 2013, p. 357.

14 MELO, Marco Aurélio Bezerra de. *Direito civil:* contratos, 3. ed. Rio de Janeiro: Forense, 2019, p. 778. Destaca o autor: "A segurança jurídica e econômica do sistema securitário está vinculada ao esforço mútuo de todos os segurados na formação de um *fundo financeiro sólido* para pôr cobro aos gastos a que forem chamados a suportar. Desse fundo serão sacadas as verbas necessárias para pagar os segurados ou beneficiários vitimados por algum sinistro. A repartição dos riscos assumidos pelas companhias seguradoras, gestoras desse fundo mutual, somente se torna possível pelo *princípio do mutualismo* que representa o alicerce de qualquer operação securitária." (MELO, Marco Aurélio Bezerra de. *Direito civil:* contratos, 3. ed. Rio de Janeiro: Forense, 2019, p. 779). Ressalta-se, ainda, que "o fundo financeiro que se forma com o mutualismo pertence a todos e a nenhum de seus membros em particular" (MELO, Marco Aurélio Bezerra de. *Direito civil:* contratos, 3. ed. Rio de Janeiro: Forense, 2019, p. 779).

O segurado e o segurador – determina o art. 765 do Código Civil – são obrigados a guardar na conclusão e na execução do contrato, a mais estrita *boa-fé* e *veracidade*, tanto a respeito do objeto como das circunstâncias e declarações a ele concernentes" (grifo nosso).

A cláusula geral da boa-fé objetiva, por sua vez, exerce tríplice função no campo do direito das obrigações e contratos: (i) a *hermenêutica*, na operação de bem e justamente interpretar a declaração da vontade negocial; (ii) a *integrativa*, que permite detectar e impor deveres acessórios aos contratantes, como os de veracidade, segurança e cooperação; e, ainda, (iii) a *limitadora* do exercício abusivo dos direitos subjetivos.

O que, nesse quadro, decorre da boa-fé objetiva, por sua função principiológica, é a exigência de um comportamento honesto e leal entre os contratantes, que deve prevalecer durante todo o tempo que se inicia com as negociações preliminares, passa pela conclusão do contrato, perdura na sua interpretação e execução e se impõe até mesmo após a extinção da relação contratual no tocante aos efeitos dela advindos. Em todo esse ambiente, as atitudes das partes serão avaliadas segundo um *standard* de comportamento *leal*, com base na *confiança*, que respeite os padrões dos bons costumes e resguarde as justas expectativas das partes.

6. INTERPRETAÇÃO E CUMPRIMENTO DO CONTRATO DE SEGURO

Entre os vários princípios que incidem sobre o direito dos contratos civis, manifestam-se, com acentuada relevância, a boa-fé e a função social, princípios que, aliás, atuam quase sempre em conjunto, dada a complementariedade recíproca existente entre os dois.

A mais estrita boa-fé é imposta expressamente pelo art. 765 do Código Civil, tanto ao segurado como ao segurador, desde a contratação até a execução do seguro. A socialidade está, também, na essência desse contrato, seja porque os riscos pessoais ou patrimoniais acobertados pelo seguro afetam a comunidade e só podem ser contornados por solução também coletiva. Assim encarado, o contrato de seguro opera através do *mutualismo*, criando um fundo com recursos do próprio grupo dos que correm o mesmo risco, o qual é gerido pelo segurador e se presta a reparar o dano individual, na eventualidade de ocorrer o sinistro previsto no contrato.

Nítido, de tal sorte, o papel social desempenhado pelo seguro no que diz com o interesse coletivo de superar riscos que intranquilizam a coletividade, bem assim como a forma grupal com que a segurança é proporcionada aos segurados pelo sistema da mutualidade inerente ao contrato em causa.

Nesse quadro, alguns critérios hermenêuticos são importantes para se realizar a adequada interpretação e a justa execução do contrato de seguro. Destacam-se os da boa-fé e os dos deveres acessórios dela derivados (lealdade, confiança, cooperação, transparência e equilíbrio contratual), os próprios do contrato de adesão e os ligados à finalística contratual.

Dentre os problemas que mais frequentemente atormentam a jurisprudência, nessa matéria, figuram os da ampliação do risco pelo segurado e o da exclusão de risco pelo segurador, ambos comprometedores, em potencial, do equilíbrio econômico e da segurança jurídica esperados da cobertura securitária.

6.1 Boa-fé e veracidade

Sendo essencial o equilíbrio econômico entre o risco coberto e o prêmio a ser pago ao segurador pela cobertura contratada, a boa-fé e a veracidade correspondem a dever fundamental imposto pela lei, tanto ao segurado como ao segurador. Com lealdade e confiança devem ser declarados pelo segurado todos os dados identificadores do interesse segurado e todas as circunstâncias que possam influenciar no dimensionamento do risco acobertado pelo contrato. De outro lado, o segurador, com clareza e precisão, deve descrever todas as condições e dimensões das obrigações contraídas por força do seguro ajustado.

Induvidosamente, o contrato de seguro assenta-se na boa-fé, como fundamento da conduta negocial das partes que o pactuam.

> Nesse sentido, reconhece-se um dever de veracidade das partes, tanto do segurado nas declarações que fizer ao segurador para que este faça a correta avaliação do risco, quanto do segurador nas informações quanto ao valor e extensão da cobertura e cláusulas de exclusão ou limitação da responsabilidade do segurador.[15]

Se, portanto, as declarações do segurado forem inexatas ou omitirem circunstâncias que poderiam influir na aceitação da proposta ou na taxa do prêmio, a sanção aplicável será a perda da garantia securitária, como prevê o art. 766 do Código Civil. Por parte do segurador, se houver omissão, falta de clareza ou abusividade nas cláusulas delimitadoras ou restritivas da cobertura, a sanção aplicável será a nulidade da cláusula

15 MIRAGEM, Bruno. *Curso de direito do consumidor.* 8. ed. São Paulo: Ed. RT, 2019, p. 586.

abusiva (CDC, art. 51) ou sua intepretação no sentido mais benéfico para o segurado, como se prevê os contratos de adesão (Código Civil, art. 423).[16]

6.2 Mutualismo, boa-fé e função social: proporcionalidade observada pela jurisprudência

O postulado da proporcionalidade desempenha importantíssimo papel no plano da interpretação e aplicação do direito, uma vez que os princípios gerais e as normas principiológicas, pela imprecisão de seus limites e pela flexibilidade de seus preceitos, acabam por se superpor em diversas circunstâncias. A máxima da proporcionalidade é a ferramenta de que o aplicador do direito se serve não para anular um princípio em caráter definitivo, mas para estabelecer o modo prático de convivência entre os princípios aparentemente conflitantes. Por seu intermédio se consegue definir quando um princípio tem incidência maior ou preferencial em caso concreto, e, consequentemente quando outro princípio deixa de ser adequado ao mesmo caso concreto.

Na interpretação e aplicação dos princípios básicos do contrato de seguro, a jurisprudência, não raras vezes, depara-se na prática com os princípios do mutualismo, da boa-fé e da função social do contrato em rota de colisão. E quando isso se *dá*, a tendência dos Tribunais se posiciona hermeneuticamente, na solução dos casos complexos e duvidosos, ponderando com preferência em favor da interpretação benéfica ao segurado, por ser não só a que melhor tutela os interesses do consumidor, como também a que melhor se harmoniza com os ditames da boa-fé e da função social reconhecida ao contrato de seguro, no que se passa na superação dos riscos a que se submetem as pessoas, seus negócios e seu patrimônio.

É certo que o mutualismo censura liberalidades e favoritismos exorbitantes em face da cobertura convencionada de maneira clara e precisa. As surpresas da vida do contrato, no entanto, são inevitáveis e, com frequência, ensejam dificuldades sérias no que toca ao enquadramento ou não dos fatos supervenientes na cobertura ajustada. É aí que a jurisprudência, a toda hora, vê-se compelida a estabelecer juízos construídos à luz da proporcionalidade, dentro de limites que, obviamente, não comprometam a economia, a natureza e a funcionalidade do contrato.

---

16 O contrato de seguro é contrato de adesão: "Devido a esse caráter, incidem à hipótese os arts. 46 e 47 do Código do Consumidor (Lei nº 8078/1990), que determinam a interpretação mais favorável do contrato ao segurado, bem como supletivamente os arts. 423 e 424 do Código Civil, que protegem o aderente no contrato de adesão" (PEREIRA, Caio Mário da Silva. *Instituições de direito civil - III- contratos,* 22. Ed. Atualizada por Caitlin Mulholland. Rio de Janeiro: Forense, 2018, n. 264, p. 428).

Em seguida, analisaremos o posicionamento de numerosos precedentes de nossos Tribunais, principalmente do STJ, em que esse critério de julgamento prevaleceu.

6.3 Provocação ou agravamento do risco pelo segurado

Por infração da boa-fé e lealdade, bem como do equilíbrio econômico do seguro, nulo será o contrato se o risco for intencionalmente provocado ou agravado pelo próprio segurado (arts. 762 e 768 do Código Civil). Tanto, porém, no caso de declarações inverídicas ou omissas como no agravamento do risco, só perde o segurado o direito à cobertura contratada se tiver agido de má-fé, como se depreende dos próprios termos dos referidos dispositivos do Código Civil.

Além disso, está assente em reiterados acórdãos do STJ que, mesmo sendo lícita a exclusão de certos riscos pela apólice, ou mesmo que de fato tenha ocorrido potencialmente o agravamento indevido do risco, não perderá o segurado o direito à cobertura contratada, se a infração em nada tiver concorrido para o sinistro. Essa tese tem prevalecido, por exemplo, em casos como o da direção do veículo segurado por condutor embriagado ou daquele que tenha dirigido o veículo em velocidade excessiva ou tenha praticado outras infrações graves às leis de trânsito. Segundo tal entendimento, para que o segurado venha a perder o direito ao seguro, é indispensável o nexo causal entre a infração e o sinistro.

A jurisprudência é rica em exemplos que consagram esse entendimento:

I – Seguro de vida. Doença preexistente (CC, art. 766):

a) Não pode a seguradora eximir-se do dever de indenizar, alegando omissão de informação por parte do associado, se dele não exigiu exames clínicos prévios" (STJ, 4ª Turma, REsp. 402.457/RO, Relator Ministro Barros Monteiro, ac.20.02.2003, DJU 05.05.2003, p. 304);

b) In casu, a não exigência de exames prévios, bem como a longevidade da segurada que perdurou por vinte e quatro anos da contratação inicial até o óbito, sendo renovado periodicamente, não elide a responsabilidade da seguradora em pagar o seguro, porque, em verdade, a suposta omissão de procedimento cirúrgico anterior à ultima renovação não é suficientemente relevante para induzir a má-fé da segurada, mormente se a seguradora auferiu vantagem por duas décadas sem exigir, repiso, exames clínicos nas sucessivas renovações do contrato (STJ, 4ª Turma, REsp. 543.089/MG, Relator Ministro Honildo Amaral de Mello Castro, ac. 01.12.2009, DJe 14.12.2009).

c) Segundo orientação jurisprudencial desta Corte, a recusa da seguradora ao pagamento da indenização contratada, sob a alegação de doença preexistente, pressupõe a realização de exame médico antes da contratação ou a comprovação de que o contrato de seguro foi celebrado pelo segurado com má-fé.
d) Acrescente-se que a jurisprudência do Superior Tribunal de Justiça tem reiteradamente afastado a má-fé do contratante de seguro de vida que omite, no questionário integrante da proposta, a preexistência de moléstias graves – e até mesmo incuráveis – quando este sobrevive por vários anos, aparentando estado de saúde e de vida praticamente normais (AgInt no AREsp 1.355.356/PR, Rel. Ministro Ricardo Villas Bôas Cueva, 3ª Turma, julgado em 19/8/2019, DJe 27/8/2019). (STJ, 3. Turma, AREsp 1.788.274/SP, Rel. Min. Marco Aurélio Bellizze, ac. 10.05.2021, DJe 13.05.2021).

II – Seguro de vida. Acidente automobilístico. Embriaguez do segurado:
1. Nos termos do art. 768 do Código Civil: "O segurado perderá o direito à garantia se agravar intencionalmente o risco objeto do contrato".
2. Inaplicabilidade dessa norma aos casos de embriaguez do segurado no seguro de vida, a teor da Súmula 620/STJ, segundo a qual: "A embriaguez do segurado não exime a seguradora do pagamento da indenização prevista em contrato de seguro de vida".
3. Limitação das hipóteses de exclusão de cobertura por agravamento do risco no seguro de vida apenas aos casos de suicídio durante o período de carência (art. 798 CC), sendo descabida a exclusão de cobertura com base em outros fatores de agravamento de risco. Precedentes desta Corte Superior.
4. Irrelevância, para fins de cobertura, da alegada má-fé do segurado no agravamento do risco, pois a má-fé que justifica a exclusão de cobertura é somente aquela manifestada na fase pré-contratual, a exemplo da prestação de informação falsa no questionário de risco, ou a já mencionada hipótese de suicídio.
Precedente específico desta Turma. (STJ, 3ª Turma, REsp 1866860/RS, Rel. Min. Paulo de Tarso Sanseverino, ac. 15.09.2020, DJe 30.09.2020)

III – Seguro de vida. Suicídio premeditado (CC, art. 792):
Durante os dois primeiros anos de vigência do contrato de seguro de vida, o suicídio é risco não coberto (...). Após o período de carência de dois anos, portanto, a seguradora será obrigada a indenizar mesmo diante da prova mais cabal de premeditação (STJ, 2ª Seção, REsp. 1.334.005/GO, Relator p/ ac. Ministra Maria Isabel Gallotti, ac. 08.04.2015, DJe 23.06.2015).

IV – Seguro de responsabilidade civil. Exclusão do risco por embriaguez:

1. É lícita, no contrato de seguro de automóvel, a cláusula que prevê a exclusão de cobertura securitária para o acidente de trânsito (sinistro) advindo da embriaguez do segurado ou de preposto que, alcoolizado, assumiu a direção do veículo. Configuração do agravamento essencial do risco contratado, a afastar a indenização securitária. Precedentes.

2. Deve ser dotada de ineficácia para terceiros (garantia de responsabilidade civil) a cláusula de exclusão da cobertura securitária na hipótese de o acidente de trânsito advir da embriaguez do segurado ou de a quem este confiou a direção do veículo, visto que solução contrária puniria não quem concorreu para a ocorrência do dano, mas as vítimas do sinistro, as quais não contribuíram para o agravamento do risco.

3. A garantia de responsabilidade civil não visa apenas proteger o interesse econômico do segurado relacionado com seu patrimônio, mas, em igual medida, também preservar o interesse dos terceiros prejudicados à indenização.

4. O seguro de responsabilidade civil se transmudou após a edição do Código Civil de 2002, de forma que deixou de ostentar apenas uma obrigação de reembolso de indenizações do segurado para abrigar também uma obrigação de garantia da vítima, prestigiando, assim, a sua função social.

5. É inidônea a exclusão da cobertura de responsabilidade civil no seguro de automóvel quando o motorista dirige em estado de embriaguez, visto que somente prejudicaria a vítima já penalizada, o que esvaziaria a finalidade e a função social dessa garantia, de proteção dos interesses dos terceiros prejudicados à indenização, ao lado da proteção patrimonial do segurado.

(STJ, 3ª Turma, REsp 1.738.247/SC, Rel. Min. Ricardo Villas Bôas Cueva, ac. 27.11.2018, DJe 10.12.2018) No mesmo sentido: AgInt no REsp 1.850.766/SC, 3ª Turma, Rel. Min. Paulo de Tarso Sanseverino, ac. 30.08.2021, DJe. 02.09.2021.

NOTA: consta do voto do Ministro Paulo de Tarso Sanseverino a observação de que: "Na prática, a seguradora deverá efetuar o pagamento da indenização nos limites da apólice do contrato de seguro à vítima do sinistro, podendo exercer o seu direito de regresso contra o segurado em momento posterior nos próprios autos ou em ação regressiva. Não há, portanto, nenhum benefício ao segurado que causou dano por ingestão de álcool, mas efetiva proteção ao terceiro, vítima inocente do sinistro gerado pela embriaguez ao volante do segurado".

V – Cláusula de exclusão de risco. Interpretação restritiva:

a) Acidente aéreo fatal (cinco vítimas). Negativa da seguradora ré embasada na alegação de agravamento do risco. Suposto táxi aéreo irregular. R. sentença de improcedência, reformada, por maioria de votos, após julgamento estendido. Ausência de provas quanto à irregularidade do voo, que não pode ser presumida. Relevante decisão administrativa da ANAC. Fundamentado Acórdão unanime do Estado do Paraná. Indenizações devidas. (TJSP, 27. Câmara de Direito Privado, embargos de declaração cível 1044738-96.2013.8.26.0100, Rel. Des. Campos Petroni, ac. 25.09.2018, DjeSP 26.09.2018).

b) O contrato de seguro rege-se pela lei e pelos termos de sua apólice, que limita os riscos assumidos pela seguradora e as restrições impostas ao segurado. Contudo, devem-se interpretar restritivamente as cláusulas contratuais que implicam em perda ou diminuição dos direitos do segurado. (TJMG, 17ª Câmara Cível, Ap. 1.0702.00.025462-4/001, Rel. Des. Irmar Ferreira Campos, ac. 01.11.2006, DJeMG 15.11.2006)

VI - Provocação ou agravamento do dano. Má-fé. Prova (CC, arts. 766,768,769 e 787):

a) A boa-fé é sempre pressuposta, ao passo que a má-fé deve ser comprovada (STJ, 3ª Turma, REsp. 959.618/RS, ac. 07.12.2010, Relator p/ ac. Ministra Nancy Andrighi, DJe. 20.06.2011).

b) As normas jurídicas não são estanques, ao revés, sofrem influências mútuas, pelo que a melhor interpretação do parágrafo 2° do art. 787 do Código Civil é de que, embora sejam defesos, o reconhecimento da responsabilidade, a confissão da ação ou a transação não retiram do segurado, que estiver de boa-fé e tiver agido com probidade, o direito à indenização e ao reembolso, sendo os atos apenas ineficazes perante a seguradora (enunciados n. 373 e 546 das Jornadas de Direito Civil). Desse modo, a perda da garantia securitária apenas se dará em caso de prejuízo efetivo ao ente segurador, a exemplo de fraude (conluio entre segurado e terceiro) ou de ressarcimento de valor exagerado (superfaturamento) ou indevido, resultantes de má-fé do próprio segurado. 3. Se não há demonstração de que a transação feita pelo segurado e pela vítima do acidente de trânsito foi abusiva, infundada ou desnecessária, mas, ao contrário, sendo evidente que o sinistro de fato aconteceu e o acordo realizado foi em termos favoráveis tanto ao segurado quanto à seguradora, não há razão para erigir a regra do art. 787, § 2º, do CC em direito absoluto a afastar o ressarcimento do segurado (STJ, 3ª Turma, REsp. 1.133.459/RS, Rel. Ministro Ricardo Villas Bôas Cueva, ac. 21.08.2014, DJe 03.09.2014).

VII - Seguro de automóvel. Embriaguez (CC, art. 768):

a) Consoante o art. 768 do Código Civil, "o segurado perderá o direito à garantia se agravar intencionalmente o risco objeto do contrato". Logo, somente uma conduta imputável ao segurado, que, por dolo ou culpa grave, incremente o risco contratado, dá azo à perda da indenização securitária (...). Contudo, "constatado que o condutor do veículo estava sob influência do álcool (causa direta ou indireta) quando se envolveu em acidente de trânsito – fato este que compete à seguradora comprovar –, há presunção relativa de que o risco da sinistralidade foi agravado, a ensejar a aplicação da pena do art. 768 do CC. Por outro lado, a indenização securitária deverá ser paga se o segurado demonstrar que o infortúnio ocorreria independentemente do estado de embriaguez (como culpa do outro motorista, falha do próprio automóvel, imperfeições na pista, animal na estrada, entre outros)". (STJ, 3ª Turma, REsp. 1.485.717/SP, Relator Ministro Ricardo Villas Bôas Cueva, ac. 22.11.2016, DJe 14.12.2016). Nota: em nome da boa-fé objetiva e da função social do contrato de seguro, decidiu o STJ que mesmo havendo cláusula excludente de cobertura para o caso de motorista embriagado, a exclusão não prevalecerá se inexistir nexo de causalidade entre o sinistro e a embriaguez do segurado ou do terceiro motorista.

b) "A embriaguez do segurado não é causa, por si só, para configurar o agravamento do risco e afastar da seguradora a obrigação de ágar o capital segurado no caso de acidente. Precedentes". (AgInt no AREsp 997.988/SP, Rel. Min. Maria Isabel Gallotti, 4ª Turma, julgado em 04/05/2017, DJe 09/05/2017). O Tribunal de origem, após a análise do conjunto probatório dos autos, chegou à conclusão de que a embriaguez do condutor segurado não foi a condição determinante para o agravamento do risco e a ocorrência do acidente de trânsito. (STJ, 4ª Turma, AgInt no AREsp 1.433.132/RS, Rel. Min. Luis Felipe Salomão, ac. 28.05.2019, DJe 03.06.2019).

VIII – Falta de comunicação imediata do sinistro à seguradora. (CC, art. 771):

O fato de o segurado não comunicar o sinistro imediatamente não afasta da seguradora o dever de indenizar. A falta de comunicação imediata do sinistro, por si só, não pode levar à perda da cobertura securitária. Perda total do bem segurado. Indenização com base na apólice. A teor das regras previstas no Código de Defesa do Consumidor, art. 47, a interpretação das regras contratuais deve ser feita de maneira mais favorável ao consumidor. (TJRS, 6ª Câmara Cível, Ap. Civ. 70073974610, Rel. Des. Ney Wiedemann Neto, ac. 20.07.2017). Nota: também aqui é necessário que a falta ou atraso da comunicação do seguro tenha ensejado, concretamente, algum prejuízo para a seguradora, como a não oportunidade de tomar medidas contra a progressiva ampliação dos efeitos danosos do sinistro após a sua ocorrência. A propósito, registra Bruno Miragem que "corretamente a jurisprudência vem moderando essa sanção [a do art. 771 do CC], considerando que a perda total da indenização não deve ter lugar 'quando a não comunicação em nada tenha aumentado os riscos da seguradora/ apelante".[17]

---

17 MIRAGEM, Bruno. *Curso de direito do consumidor.* 8. ed. São Paulo: Ed. RT, 2019, p. 600.

7. CLÁUSULA DE EXCLUSÃO DE COBERTURA

Como meio de delimitar o objeto do seguro, isto é, o risco assegurado, é lícita a cláusula que preveja a exclusão de certo dano da cobertura contratada, de modo a bem limitar a obrigação contraída pela seguradora.

O que, pela natureza do contrato, não se admite, é que a cl*á*usula da espécie seja *abusiva*, ou seja, *confusa* ou *imprecisa* em seu alcance restritivo.

À luz do art. 51 do CDC, a cláusula de exclusão de risco incorrerá, por exemplo, em nulidade, quando desequilibrar a relação contratual, colocando o segurado em situação de manifesta e excessiva desvantagem perante a seguradora, incompatível com a boa-fé e a função social que o seguro deve cumprir. Não vale, portanto, restringir obrigação que integre a própria natureza do contrato, e que, assim ameace o seu objetivo institucional e acarrete-lhe um grave desequilíbrio contratual (CDC, art. 51, §1º, II).

Ademais, não só por se tratar de um contrato ordinariamente de consumo, mas também por ser um contrato de adesão, mesmo quando ajustado entre empresários, a seguradora, como estipulante da cláusula restritiva de cobertura, tem o dever de ser clara e precisa no respectivo enunciado. À vista disso, as cláusulas abusivas incorrem em nulidade, enquanto as cláusulas vagas ou de sentido dúbio, bem como as que envolvem conceitos e distinções não perceptíveis pelo contratante leigo ou não profissional, submetem-se à interpretação favorável à parte aderente, no caso, o segurado.

Elucidativa, a respeito do assunto, é a jurisprudência, sobretudo do STJ:

> I – Cobertura limitada ao risco de furto qualificado:
>
> Para a jurisprudência do STJ, a identificação do risco garantido "deve ser precisa, evitando deflagrar um alto nível de conflituosidade por ocasião da identificação do sinistro e reclamação da indenização"[18]. Viola, portanto, o dever de esclarecimento do segurado e, com isso, incorre em nulidade, a cláusula restritiva que "exclui a cobertura de indenização de furto *simples*, limitando-se a cobertura ao furto *qualificado*, diante da ausência de conhecimento jurídico específico [do segurado] para compreender a distinção"[19] (STJ, 3ª Turma, REsp.1.293.006/SP, Rel. Min. Massami Uyeda, ac. 21.06.2012, DJe 29.06.2012).

---

18 Cf. MIRAGEM, Bruno, *Curso de direito do consumidor*. 8. ed. São Paulo: Ed. RT, 2019, p. 598; POLIDO, Walter. *Contrato de seguro*: novos paradigmas. São Paulo: Roncarati, 2010, pp. 245ss.

19 Cf. MIRAGEM, Bruno, *Curso de direito do consumidor*. 8. ed. São Paulo: Ed. RT, 2019, p. 598, nota 814.

II – Seguro de furto e roubo de veículo. Extensão ao delito de extorsão:

"A mera remissão a conceitos e artigos do Código Penal contida em cláusula [restritiva] de contrato de seguro não se compatibiliza com a exigência do art. 54, §4º, do CDC, uma vez que materializa informação insuficiente, que escapa à compreensão do homem médio, incapaz de distinguir entre o crime de roubo e o delito de extorsão, dada a sua aproximação topográfica, conceitual e da forma probatória. Dever de cobertura caracterizado.[20] Nota: O STJ aplicou, na espécie, a premissa hermenêutica que impõe a interpretação mais favorável ao consumidor (CDC, art. 47), a nulidade de cláusulas que atenuem a responsabilidade do fornecedor, ou redundem em renúncia ou disposição de direitos pelo consumidor (art. 51, I), ou desvirtuem direitos fundamentais inerentes à natureza do contrato (art. 51, §1º, II) (...). As cláusulas contratuais, uma vez delimitadas, não escapam da interpretação daquele que ocupa a outra extremidade da relação jurídica, a saber, o consumidor, especialmente em face de manifestações volitivas materializadas em disposições *dúbias, lacunosas, omissivas* ou que comportem vários sentidos (STJ, 4ª Turma, Resp. 1.106.827/SP, Rel. Min. Marco Buzzi, ac. 16.10.2012, DJe 23.10.2012).

8. SEGURO – SAÚDE E PLANOS DE SAÚDE

São contratos de consumo tanto o plano de saúde como o seguro-saúde, os quais apresentam característica peculiares, na medida em que: (a) revestem-se de grande importância social, dado o caráter vital da prestação principal do fornecedor; (b) seu interesse útil revela-se na promoção e preservação da vida e da saúde do consumidor, vinculando-se por isso com a própria proteção da pessoa humana; (c) durante a execução do contrato, em muitas situações percebe-se a vulnerabilidade agravada do consumidor, em vista de enfermidade e a necessidade de obtenção de meios para seu tratamento.[21]

Por mais relevante, entretanto, que seja a prestação de serviço ajustada com o plano de saúde, por maior que seja a intervenção estatal nessa relação negocial, o que se tem juridicamente é um contrato, sobre a proteção do CDC e da legislação específica (Lei n. 9.656/1998). E como tal, tem seus *limites* vinculados ao objeto ajustado pela convenção estabelecida entre as partes, assim como aos ditames dos princípios da mutualidade e do equilíbrio econômico. Em outros termos, ao contrato de plano de saúde incumbe relevantíssima função social, que, todavia, não se confunde com a assistência social própria do Estado e de seus organismos específicos de previdência e saúde pública.

---

20 MIRAGEM, Bruno, *Curso de direito do consumidor*. 8. ed. São Paulo: Ed. RT, 2019, p. 600.

21 MIRAGEM, Bruno. *Curso de direito do consumidor*. 8. ed. São Paulo: Ed. RT, 2019, p. 562.

Portanto, o regime instituído pela Lei n. 9.656/1998, destina-se, sem dúvida, à proteção dos interesses do consumidor que negocia os serviços de um plano de saúde, mas essa tutela não desqualifica a natureza contratual do ajuste, e sim visa proteger o equilíbrio contratual e assegurar a satisfação do interesse útil do consumidor em tal espécie de contratação. Essa intervenção estatal se dá principalmente na determinação de exigências mínimas a se respeitar em cada produto ofertado aos consumidores e a estipulação do respectivo preço e sua revisão periódica, bem como no controle de cláusulas abusivas.

O caráter de ordem pública do regime do contrato do plano de saúde e a presença dominante de normas principiológicas fazem com que o papel normativo da jurisprudência assuma acentuadas proporções. Para exemplificar, basta lembrar o posicionamento adotado pelo STJ a propósito dos dois mais palpitantes questionamentos suscitados nos tempos atuais: (i) o da coparticipação do beneficiário no custeio dos serviços hospitalares disponibilizados pelo plano de saúde, em cada modalidade de cobertura e (ii) o do reajuste do preço devido pelo consumidor por mudança de faixa etária. Eis os precedentes do STJ assentados sobre esta matéria:

> I – Sistema de coparticipação:
>
> 1. A Lei 9.656/98, principal diploma legal regulador dos planos de assistência à saúde, admite a existência de cláusula de *coparticipação* pelo beneficiário no custeio de intervenção hospitalar em unidade clínica, para todos os procedimentos utilizados.
>
> 2. *In casu,* o percentual de coparticipação do segurado, fixado originalmente no contrato, atinge o elevado montante de 90% (noventa por cento) dos custos de internação, o que cria limitação excessiva que quase subtrai os efeitos práticos da cobertura, inviabilizando o próprio tratamento.
>
> 3. Cabe, então, reduzir-se a coparticipação para o montante mínimo de 50% (cinquenta por cento), percentual esse admitido em Resolução Normativa editada pela Agência Nacional de Saúde.
>
> 4. Recurso especial parcialmente provido (STJ, 4ª Turma. REsp. 1.551.031/DF, Rel. p/ ac. Min. Raul Araújo, ac. 28.06.2016, *DJe* 07.02.2017). No mesmo sentido: STJ, 3ª Turma. AgInt no REsp 1938146/CE, Rel. Min. Nancy Andrighi, ac. 20/09/2021, DJe 22/09/2021.

> II – Cláusula de reajuste por mudança de faixa etária:
>
> 1. A variação das contraprestações pecuniárias dos planos privados de assistência à saúde em razão da idade do usuário deverá estar prevista no contrato, de forma clara, bem como todos os grupos etários e os percentuais de reajuste correspondente, sob pena de não ser aplicada (arts. 15, *caput,* e 16, IV, da Lei n. 9.656/98).

2. A cláusula de aumento de mensalidade de plano de saúde conforme mudança de faixa etária do beneficiário encontra fundamento no *mutualismo* (regime de repartição simples) e na solidariedade intergeracional, além de ser regra atuarial e assegudora de riscos.
3. Os gastos de tratamento médico-hospitalar de pessoas idosas são geralmente mais altos que os de pessoas mais jovens, isto é, o risco assistencial varia consideravelmente em função da idade. Com vistas a obter maior equilíbrio financeiro ao plano de saúde, foram estabelecidos preços fracionários em grupos etários a fim de que tanto os jovens quanto os de idade mais avançada paguem um valor compatível com os seus perfis de utilização dos serviços de atenção à saúde (...).
4. A norma do art. 15, §3º, da Lei 10.741/2003, que veda a discriminação do idoso nos planos de saúde pela cobrança de valores diferenciados em razão da idade, apenas inibe o reajuste que consubstanciar discriminação desproporcional ao idoso, ou seja, aquele sem pertinência alguma com o incremento do risco assistencial acobertado pelo contrato.
5. Para evitar abusividades (Súmula n. 469/STJ) nos reajustes das contraprestações pecuniárias dos planos de saúde, alguns parâmetros devem ser observados, tais como (i) a expressa previsão contratual; (ii) não serem aplicados índices de reajuste desarrazoados ou aleatórios, que onerem em demasia o consumidor, em manifesto confronto com a equidade e as cláusulas gerais de boa-fé objetiva e da especial proteção ao idoso, dado que aumentos excessivamente elevados, sobretudo para essa última categoria, poderão, de forma discriminatória, impossibilitar a sua permanência no plano; e (iii) respeito às normas expedidas pelos órgãos governamentais (...).
6. A abusividade dos aumentos das mensalidades de plano de saúde por inserção do usuário em nova faixa de risco, sobretudo de participantes idosos, deverá ser aferida em cada caso concreto. Tal reajuste será adequado e razoável sempre que o percentual de majoração for *justificado atuarialmente*, a permitir a continuidade contratual tanto de jovens quanto de idosos, bem como a sobrevivência do próprio fundo mútuo e da operadora, que visa comumente o lucro, o qual não pode ser predatório, haja vista a natureza da atividade econômica explorada: serviço publico impróprio ou atividade privada regulamentada, complementar, no caso, ao Serviço Único de Saúde (SUS), de responsabilidade do Estado.
7. Se for reconhecida a abusividade do aumento praticado pela operadora de plano de saúde em virtude da alteração de faixa etária do usuário, para não haver desequilíbrio contratual, faz-se necessária, nos termos do art. 51, § 2º, do CDC, a apuração de percentual adequado e razoável de majoração da mensalidade em virtude da inserção do consumidor na nova faixa de risco, o que deverá ser feito por meio de cálculos atuariais na fase de cumprimento de sentença (...). (STJ, 2ª Seção, REsp. 1.568.244/RJ, Rel. Min. Ricardo Villas Bôas Cueva, ac. 14.12.2016, DJe 19.12.2016).

III – Falta de pagamento do prêmio (Lei n. 9.656, art. 13, parágrafo único, II):

a) A jurisprudência desta Corte Superior é firme no sentido de que, nos termos do art. 13, parágrafo único, II, da Lei 9.656/98, é obrigatória a notificação prévia ao cancelamento do contrato por inadimplemento, sendo ônus da seguradora notificar o segurado.

b) Na hipótese, o acórdão recorrido consignou expressamente o descumprimento, por parte da operadora de saúde, da obrigação de notificação prévia em caso de rescisão contratual por inadimplência do segurado. Infirmar a referida conclusão encontraria óbice na Súmula 7 do STJ. (STJ, 4ª Turma, AgInt no AREsp 1.824.542/SP, Rel. Min. Raul Araújo, ac. 09.08.2021, DJe 31.08.2021).

c) Nos termos da jurisprudência desta Corte, o atraso no pagamento de parcela do prêmio do contrato de seguro não acarreta a sua extinção automática, porquanto imprescindível a prévia notificação específica do segurado para a sua constituição em mora. Incidência do óbice da Súmula 83/STJ. (STJ, 4ª Turma, AgInt no AREsp 1.698.713/SP, Rel. Min. Marco Buzzi, ac. 24.05.2021, DJe 28.05.2021).

d) É abusiva a conduta da operadora de plano de saúde que resolve relação contratual sob o argumento de que teria sido inadimplida uma única prestação, se aceitou o pagamento das mensalidades subsequentes, aplicando-se ao caso a vedação do ao venire contra factum proprium, consubstanciada na boa-fé objetiva. (TJMG, 13 a Câmara Cível, ap. cível 1.0000.18.050986-1/001, Rel. Des. Rogério Medeiros, ac. 08.11.2018, DJeMG 09.11.2018).

9. ALGUMAS CONCLUSÕES IMPORTANTES

a) Os contratos de seguro em geral e os planos de saúde em particular são disciplinados por lei e ajustados por convenções nas quais as cláusulas gerais e os conceitos indeterminados são de emprego recorrente, a exemplo da boa-fé, da lealdade e da confiança, sem falar dos princípios da proteção do consumidor e da repressão às cláusulas abusivas e desequilibradoras da relação contratual.

b) Cabe, por isso, importante papel à jurisprudência que assume a função de fonte de direito complementar ou integrativa, não só para preencher lacunas das regras legisladas, mas principalmente para interpretá-las e adaptá-las ao concreto da experiência prática, tarefa que se realça no caso do seguro, diante do caráter largamente ético e principiológico da disciplina normatizadora do contrato de seguro.

c) Por sua vez, o papel tutelar da jurisprudência desenvolvida em benefício do segurado é uma imposição que decorre da inserção do contrato de seguro nas relações de consumo e, independentemente disso, da circunstância de se tratar de um contrato de adesão, em que o estipulante (o segurador) é um profissional altamente técnico e o segurado, um leigo, em regra desprovido do conhecimento técnico necessário para bem e fielmente conscientizar-se das exatas dimensões da convenção a que adere.

d) Assim, todas as disposições da lei ou do contrato que se revelem complexar, lacunosas ou de compreensão polêmica, deverão ser objeto de interpretação benéfica ao segurado de boa-fé.

e) Por outro lado, em respeito à função social do contrato de seguro, nem mesmo as infrações cometidas pelo segurado contra o dever de não agravar o risco e de evitar os riscos excluídos por cláusula válida de limitação de cobertura, acarretam fatalmente a perda da indenização convencionada, se inexistir nexo de causalidade entre a conduta irregular e o sinistro.

f) O caráter tutelar do direito securitário, todavia, não autoriza o segurado a comportar-se de maneira contrária à boa-fé, à lealdade e à confiança. A má-fé, a desonestidade, a fraude e o falseamento da verdade são sempre punidos energicamente pelo Direito, podendo, conforme a gravidade da falta cometida pelo segurado, levar à perda do direito à cobertura securitária, principalmente quando a conduta ilícita do segurado tiver provocado o sinistro ou aumentado suas consequências danosas.

BIBLIOGRAFIA

CALZOLAIO, Ermanno. Riforma del processo di cassazione e precedente giudiziale: riflessione nella prospettiva dela comparazione "civil law – common law. *Rivista trimestrale di diritto e procedura civile*, n. 3, p. 1012, 2009.

CARLINI, Angélica. *Judicialização da saúde pública e privada*. Porto Alegre: Livraria do Advogado, 2014.

COELHO, Fábio Ulhoa. *Curso de direito civil*: contratos. São Paulo: Saraiva, 2010, v. III.

COELHO, Fábio Ulhoa. Curso de direito civil: contratos, 6. ed. São Paulo: Saraiva, 2013.

COMOGLIO, Luígi Paolo; CARNEVALE, Valentina. Il ruolo della giurisprudenza e i metodi di uniformazione del diritto in Italia. *Rivista di Diritto Processuale*, n. 4, pp. 1037ss, 2004.

FERMANN, Rodrigo Papaléo. A interpretação das cláusulas gerais: dificuldades para a concreção de conceitos abertos. *Revista Síntese* – Direito Civil e Processual Civil, v. 116.

MARINELLI, Vincenzo. Precedente giudiziario. *In*: ENCICLOPEDIA DEL DIRITTO, v. VI. Milão: Giuffrè, 2002.

MELO, Marco Aurélio Bezerra de. *Direito civil*: contratos, 3. ed. Rio de Janeiro: Forense, 2019.

MENKE, Fabiano. A interpretação das cláusulas gerais: a subsunção e a concreção dos conceitos. *Revista de Direito do Consumidor*, v. 50, p.11.

MENDES, Gilmar. Direitos fundamentais: eficácia das Garantias constitucionais nas relações privadas. *Revista de Direito do Consumidor*, n. 90, p. 17, nov-dez/2013.

MIRAGEM, Bruno. *Curso de direito do consumidor*. 8. ed. São Paulo: Ed. RT, 2019.

POLIDO, Walter. *Contrato de seguro*: novos paradigmas. São Paulo: Roncarati, 2010,

SACCO, Rodolfo. Formante. *Leggi d'Italia*. Disponível em: https://www.leggiditaliaprofessionale.it/ – acesso restrito. Acesso em: 28.12.2020.

THEODORO JR., Humberto. *Curso de Direito Processual Civil*. 53. ed, v. III, n. 609. Rio de Janeiro: Forense, 2020.

THEODORO JR., Humberto; ANDRADE, Érico. *Precedentes no processo brasileiro*. Rio de Janeiro: Forense, 2021.

Jurisdição

BRASIL. Superior Tribunal de Justiça. 4ª Turma. AgInt no AREsp 997.988/SP. Rel. Min. Maria Isabel Gallotti, julgado em 04/05/2017, DJe 09/05/2017.

BRASIL. Superior Tribunal de Justiça. 3ª Turma. AgInt no AREsp 1.355.356/PR. Rel. Ministro Ricardo Villas Bôas Cueva, julgado em 19/8/2019, DJe 27/8/2019.

BRASIL. Superior Tribunal de Justiça. 4ª Turma. AgInt no AREsp 1.433.132/RS, Rel. Min. Luis Felipe Salomão, ac. 28.05.2019, DJe 03.06.2019.

BRASIL. Superior Tribunal de Justiça. 4ª Turma. AgInt no AREsp 1.698.713/SP. Rel. Min. Marco Buzzi, ac. 24.05.2021, DJe 28.05.2021.

BRASIL. Superior Tribunal de Justiça. 4ª Turma. AgInt no AREsp 1.824.542/SP. Rel. Min. Raul Araújo, ac. 09.08.2021, DJe 31.08.2021.

BRASIL. Superior Tribunal de Justiça. 3ª Turma. AgInt no REsp 1.938.146/CE. Rel. Min. Nancy Andrighi, ac. 20/09/2021, DJe 22/09/2021.

BRASIL. Superior Tribunal de Justiça. 3ª Turma. AREsp 1.788.274/SP, Rel. Min. Marco Aurélio Bellizze, ac. 10.05.2021, DJe 13.05.2021.

BRASIL. Superior Tribunal de Justiça. 4ª Turma. REsp. 402.457/RO. Relator Ministro Barros Monteiro, ac.20.02.2003, DJU 05.05.2003.

BRASIL. Superior Tribunal de Justiça. 4ª Turma. REsp. 543.089/MG. Relator Ministro Honildo Amaral de Mello Castro, ac. 01.12.2009, DJe 14.12.2009.

BRASIL. Superior Tribunal de Justiça. 3ª Turma. REsp. 959.618/RS, ac. 07.12.2010, Relator p/ ac. Ministra Nancy Andrighi, DJe. 20.06.2011.

BRASIL. Superior Tribunal de Justiça. 4ª Turma. Resp. 1.106.827/SP. Rel. Min. Marco Buzzi, ac. 16.10.2012, DJe 23.10.2012.

BRASIL. Superior Tribunal de Justiça. 3ª Turma. REsp. 1.133.459/RS, Rel. Ministro Ricardo Villas Bôas Cueva, ac. 21.08.2014, DJe 03.09.2014.

BRASIL. Superior Tribunal de Justiça. 2ª Seção. REsp. 1.334.005/GO, Relator p/ ac. Ministra Maria Isabell Gallotti, ac. 08.04.2015, DJe 23.06.2015.

BRASIL. Superior Tribunal de Justiça. 4ª Turma. REsp. 1.551.031/DF. Rel. p/ ac. Min. Raul Araújo, ac. 28.06.2016, DJe 07.02.2017.

BRASIL. Superior Tribunal de Justiça. 2ª Seção. REsp. 1.568.244/RJ. Rel. Min. Ricardo Villas Bôas Cueva, ac. 14.12.2016, DJe 19.12.2016.

BRASIL. Superior Tribunal dc Justiça. 3ª Turma. REsp 1.738.247/SC, Rel. Min. Ricardo Villas Bôas Cueva, ac. 27.11.2018, DJe 10.12.2018.

BRASIL. Superior Tribunal de Justiça. 3ª Turma. REsp. 1.485.717/SP. Relator Ministro Ricardo Villas Bôas Cueva, ac. 22.11.2016, DJe 14.12.2016.

BRASIL. Superior Tribunal de Justiça. 3ª Turma. AgInt no REsp 1.850.766/SC. Rel. Min. Paulo de Tarso Sanseverino, ac. 30.08.2021, DJe. 02.09.2021.

MINAS GERAIS. Tribunal de Justiça de Minas Gerais. 13ª Câmara Cível. Ap. cível 1.0000.18.050986-1/001. Rel. Des. Rogério Medeiros, ac. 08.11.2018, DJeMG 09.11.2018.

MINAS GERAIS. Tribunal de Justiça de Minas Gerais. 17ª Câmara Cível, Ap. 1.0702.00.025462-4/001. Rel. Des. Irmar Ferreira Campos, ac. 01.11.2006, DJeMG 15.11.2006.

SÃO PAULO (Estado). Tribunal de Justiça de São Paulo. 27ª Câmara de Direito Privado. Embargos de declaração cível 1044738-96.2013.8.26.0100. Rel. Des. Campos Petroni, ac. 25.09.2018, DJeSP 26.09.2018.

RIO GRANDE DO SUL. Tribunal de Justiça do Rio Grande do Sul. 6ª. Câmara Cível, Ap. Civ. 70073974610, Rel. Des. Ney Wiedemann Neto, ac. 20.07.2017.

Legislação

BRASIL. Constituição (1988). Constituição da República Federativa do Brasil. Disponível em: http://www.planalto.gov.br/ccivil_03/constituicao/constituicao.htm.

BRASIL. Lei n. 8.078, de 11 de setembro de 1990. Código de Defesa do Consumidor. Dispõe sobre a proteção do consumidor e dá outras providências. Disponível em: http://www.planalto.gov.br/ccivil_03/Leis/L8078.htm.

BRASIL. Lei n. 10.406, de 10 de janeiro de 2002. Institui o Código Civil. *Diário Oficial da União*: seção 1, Brasília, DF, ano 139, n. 8, p. 1-74, 11 jan. 2002.

Uncertainty and insurance law[1]

Tom Baker[2]

My topic today is the uncertain nature of the insurance business, and the significance of that uncertainty for insurance law. I acknowledge that it hardly seems necessary today to remind anyone of the extent of the uncertainty we face in this world. If the pandemic has taught us anything, it is the truth of the Yiddish adage, "*Mann Tracht, Un Gott Lacht*" – "Man plans and God laughs".

But even though we surely all see the many uncertainties in our own lives, when we turn our attention to insurance, whether as lawyers or legal scholars, we often act as if the insurance industry has transcended those uncertainties. We act as if insurance inhabited the world of "risk" in Knightian terms, rather than the world of "uncertainty" in which we live.[3] This matters because insurance ideas, practices, and metaphors inform legal thought. From the loss spreading that powered the expansion of tort liability, to the moral hazard that haunts financial services regulation, and even to theories of distributive justice, an insurance idea or metaphor often lies at the core of the legal analysis.[4] Legal scholars in diverse fields, such as civil procedure, torts, corporations,

1 This essay is an abridged version of work previously published as BAKER, Tom. Uncertainty > Risk: Lessons for Legal Thought from the Insurance Runoff Market, *Boston College l. Rev.*, v. 62, pp. 59-108, 2021.

2 William Maul Measey Professor at the University of Pennsylvania, where he is on the faculty of the Carey Law School and the Wharton School of Business.

3 KNIGHT, Frank H. Risk, Uncertainty and Profit. Boston and New York: Houghton Mifflin Company, 1921, pp. 22-51(delineating between risk, which can be measured by profitability, and uncertainty, which cannot be measured).

4 On loss spreading and torts, see, for example, CALABRESI, Guido. Some Thoughts on Risk Distribution and the Law of *Torts*. *Yale L.J.*, v. 70, n. 4, pp. 543-544, 1961 (arguing that one justification of enterprise liability is that the employer is best situated to obtain insurance); PRIEST, George L. The Current Insurance Crisis and Modern Tort Law. *Yale L.J.*, v. 96, n. 7, pp. 1521-1525, 1987 ("This insurance rationale suffuses our modern civil law..."). On moral hazard and financial services regulation, see, for example, JUDGE, Kathryn. The First Year: The Role of a Modern Lender of Last Resort, *Colum. L. Rev.*, v. 116, n. 3, pp. 843-905, 2016 (discussing the relation between insurance policies and credit default swaps); see also BAKER, Tom. On the Genealogy of

contracts, and employment law, use insurance practices as a window through which to see the law in action.[5] Legal historians study private insurance to learn about the origins of the welfare state.[6] And recent legal scholarship reveals insurers to be, among other things, soft-law makers extraordinaire, private regulators of public police, and enablers of securities fraud.[7]

Despite this widespread use of insurance ideas, metaphors, and practices in legal thought, the dominant image of insurance that appears in legal writing is a caricature. Almost without exception, the insurance that appears in legal scholarship is an ideal type that involves the fixed-in-advance distribution of determinable risks – in which insurance companies sell protection against defined categories of losses whose total cost can be accurately predicted and, therefore, priced with confidence when insurance is sold.[8]

Moral Hazard. *Tex. L. Rev.*, v. 75, n. 2, pp. 237; 244–267, 1996 (explaining the origins of the term "moral hazard" in the insurance trade). On insurance metaphors in distributive justice, see, for example, DWORKIN, Ronald. *Sovereign Virtue*: The Theory and Practice of Equality. Cambridge: Harvard University Press, 2000, pp. 73-83 (developing a distributional theory using a hypothetical insurance market); MARKOVITS, Daniel. How Much Redistribution Should There Be? *Yale L.J.* 2291, v. 112, n. 8, pp. 2304-2305, 2003 (using Dworkin's model to reveal limits to redistribution).

5 See, *e.g.*, BLACK, Bernard *et al.* Stability, Not Crisis: Medical Malpractice Claim Outcomes in Texas, 1988–2002. *J. Empirical Legal Stud.*, v. 2, n. 2, p. 252, 2005 (using insurance claims data to study medical malpractice); ENGSTROM, Nora Freeman. Sunlight and Settlement Mills. *N.Y.U. L. Rev.*, v. 86, n. 4, pp 839-840, 2011 (noting how insurance practices combined with attributes of settlement mills serve to depress tort claim value); GRIFFITH, Sean J. Deal Insurance: Representation and Warranty Insurance in Mergers and Acquisitions. *Minn. L. Rev.*, v. 104, pp. 1875-1886, 2020 (discussing how representation and warranty insurance affects contract drafting); YEAZELL, Steven C. Re-financing Civil Litigation. *DePaul L. Rev.*, v. 51, p. 183, pp. 186-198, 2001 (discussing how the large expansion of consumer insurance in the United States over several decades created more opportunities for profitable litigation and thus led to changes in tort law that have substantially improved plaintiff recovery).

6 See WITT, John Fabian. *The Accidental Republic*: Crippled Workingmen, Destitute Widows, and the Remaking of American Law. Cambridge: Harvard University Press, pp. 71-103, 2006 (tracing the history of early industrial era industrial accident insurance and discussing how it created the patterns of thinking of later era social policy makers).

7 See generally BAKER, Tom; GRIFFITH, Sean J. *Ensuring Corporate Misconduct*: How Liability Insurance Undermines Shareholder Litigation. Chicago: University of Chicago Press, 2010 (discussing how directors' and officers' liability insurance undermines shareholder litigation); BEN-SHAHAR, Omri; LOGUE, Kyle D. Outsourcing Regulation: How Insurance Reduces Moral Hazard. *Mich. L. Rev.*, v. 111, p. 197, 2012 (exploring the potential value of insurance as a substitute for government regulation in consumer protection, food safety, and financial statements); RAPPAPORT, John. How Private Insurers Regulate Public Police. *Harv. L. Rev.*, v. 130, p. 1539, 2017 (describing how liability insurers can create meaningful change within the law enforcement agencies they insure); TALESH, Shauhin, Legal Intermediaries: How Insurance Companies Construct the Meaning of Compliance with Antidiscrimination Laws. *Law & Pol'y*, v. 37, p. 209, 2015 (suggesting that insurance companies, through regulation of policy holders, influence the meaning of antidiscrimination laws).

8 See, e.g., DWORKIN, Ronald. Sovereign Virtue: The Theory and Practice of Equality. Cambridge: Harvard University Press, pp. 78-79, 2000 (discussing the "value of insurance" in ways that imply a fixed-in-advance distribution of determinable risks); ABRAHAM, Kenneth S. Environmental Liability and the Limits of Insurance. *Colum. L. Rev.*, v. 88, p. 942, pp. 946-947, 1988 ("Insurance operates most comfortably with stochastic events, in which the probability of the frequency and magnitude of insured losses that will be suffered by a

As any private law scholar can attest, this ideal type has great normative appeal. If insurers can accurately assess risk and price insurance on that basis, then liability insurance allows tort law to achieve in practice the deterrence and compensation objectives of tort theory. Risk-based pricing serves as the cost-internalization mechanism that provides the classic deterrence justification for strict products liability. Meanwhile the liability insurance claims process serves the compensation function, assessing and paying for tort losses and then feeding those payments back into the risk assessment and pricing process.

The appeal of this ideal type extends beyond tort law, however. If insurance companies sell protection against defined categories of loss whose cost can be accurately predicted and, therefore, priced with confidence when insurance is sold, then risk-based pricing is not only efficient, it is, at least in most circumstances, fair. Those prices accurately represent the expected value of the insurance to the people who buy it, such that private insurance arrangements satisfy in practice the principles of what Travis Pantin refers to as "preservative redistribution".[9] Legal scholars recognize that the classic information problems of adverse selection and moral hazard complicate insurers' ability to achieve that ideal type, but those problems are typically understood as (manageable) constraints on insurers' ability to price and select risks with precision, not as a challenge to this fundamental conception of insurance.[10]

---

group of policyholders is highly predictable."); CALABRESI, Guido. Some Thoughts on Risk Distribution and the Law of Torts. *Yale L.J.*, v. 70, n. 4, pp. 529-530, 1961 (explaining how strict liability would shift unforeseeable risks in a way that could not be priced in market insurance and would become among the "uninsurable risks" that entrepreneurs would assume under a strict liability regime); PRIEST, George L. The Current Insurance Crisis and Modern Tort Law. *Yale L.J.*, v. 96, n. 7, pp.1539-1540, 1987 ("Insurance... requires that the loss be probabilistic, either as to whether or not it occurs at all [for example, whether one's house burns down] or as to when the loss occurs [for example, whether one dies before or after full life expectancy]"); WADE, John W. On the Effect in Product Liability of Knowledge Unavailable Prior to Marketing. *N.Y.U. L. Rev.*, v. 58, p. 755, 1983 ("How does one spread the potential loss of an unknowable hazard? How can insurance premiums be figured for this purpose? Indeed, will insurance be available at all?"); cf. HANSMANN, Henry. The Organization of Insurance Companies: Mutual Versus Stock. *J.L. Econ. & Org.*, v. 1, pp. 148-149, 1985 (treating the fixed-in-advance distribution of determinable risks as the ideal type for commercial insurance and explaining that the inability to satisfy this ideal type for certain risks helps to explain the strong presence of the mutual form of insurance organization in the mid-nineteenth century).

9 See PANTIN, Travis Luis. *A Theory of Insurance Law as Preservative Redistribution*, pp. 2-3; p. 29, 2020 (unpublished manuscript) (on file with the author) (explaining the scheme and mechanics of "preservative redistribution," which is similar in some ways to ideas connected with "actuarial fairness," but more carefully drawn from moral and political theory); see also STONE, Deborah A. The Struggle for the Soul of Health Insurance. *J. Health Pol. Pol'y & Law*, v. 18, n. 2, p. 290, 1993 (criticizing the "actuarial fairness" vision of insurance); cf. ABRAHAM, Kenneth S. *Distributing Risk*: Insurance, Legal Theory, and Public Policy. New Haven: Yale University Press, pp. 64-101, 1986 (discussing fairness and efficiency in insurance pricing).

10 See, e.g., BAKER, Tom. Containing the Promise of Insurance: Adverse Selection and Risk Classification. *In*: ERICSON, Richard V.; DOYLE, Aaron (Ed.). *Risk and Morality*. Toronto: University of Toronto Press, p. 263,

There is just one field of research that seriously questions this description of insurance. Researchers in a branch of sociology initiated in the early 1990s by students of Michel Foucault have discovered insurance practices that are more varied and multi-faceted than simple loss distribution.[11] Legal scholarship has incorporated, and even extended, one of the central findings of this research: insurers often serve as private regulators of the people and entities that they insure, as illustrated most prominently in recent legal scholarship by John Rappaport's investigation of how private insurers regulate public police.[12] This "insurance as governance" idea fits easily in legal scholarship because it gives shape to the moral hazard management function of liability insurance posited in Steven Shavell's influential early work on tort law and economics, and it helps explains how tort law's noisy deterrence signals translate into loss prevention efforts on the ground.[13]

Legal scholarship has not yet adequately acknowledged, however, let alone incorporated, a second major finding from this branch of sociological research: the ideal type of a fixed-in-advance, distribution of determinable risks does not match the reality of insurance markets. As Richard Ericson and his collaborators have shown, even life insurance, which would be expected to be the paradigmatic example of this ideal type in action because of the availability of public and private mortality data going

---

2003 (describing tools that insurers have used to manage moral hazard); SIEGELMAN, Peter. Adverse Selection in Insurance Markets: An Exaggerated Threat. *Yale L.J.*, v. 113, pp. 1274-1277, 2004 (explaining that adverse selection is "an exaggerated threat. Put another way, the concern that moral hazard and adverse selection make insurance "reactive" and, thus, difficult to price typically operates under an assumption that there is some underlying determinable risk that can be fixed in advance if the problems of moral hazard and adverse selection can be addressed.

11 The first significant results from this research reported in English appeared in BURCHELL, Graham; GORDON, Colin; MILLER, Peter (Ed.). *The Foucault Effect*: Studies in Governmentality. Chicago: The University of Chicago Press, 1991, pp. 35-40; p. 44; pp. 197-211. A sample of the subsequent research includes ERICSON, Richard V. *et al. Insurance as Governance*. Toronto: University of Toronto Press, 2003; LOBO-GUERRERO, Luis. *Insuring War*: Sovereignty, Security and Risk. London: Routledge, 2012; O'MALLEY, Pat. Risk, *Uncertainty and Government*. London: Routledge-Cavendish, 2004; VAN HOYWEGHEN, Ine. *Risks in the Making*: Travels in Life Insurance and Genetics. Amsterdam: Amsterdam University Press, 2007; BOUGEN, Philip D. Catastrophe Risk. *Econ. & Soc'y*, v. 32, n. 2, p. 253, 2003; LEHTONEN, Turo-Kimmo. Picturing How Life Insurance Matters. *J. Cultural Econ.*, v. 7, n. 3, p. 308, 2014.

12 See RAPPAPORT, John. How Private Insurers Regulate Public Police. *Harv. L. Rev.*, v. 130, n. 6, pp. 1542-1550. 2017.

13 *See* BAKER, Tom; SIEGELMAN, Peter. The Law and Economics of Liability Insurance: A Theoretical and Empirical Review. *In*: ARLEN, Jennifer (Ed.). *Research Handbook on the Economics of Torts*. Cheltenham: Edward Elgar Publishing, 2013, pp. 169-170 (describing that insurers use contracts with policy holders to manage moral hazard that help give effect to the deterrence function of tort law); SHAVELL, Steven. On Liability and Insurance, *Bell J. Econ.*, v. 13, p. 127, 1982 (noting that liability insurers can monitor prevention action and structure terms depending on that level of activity); cf. ABRAHAM, Kenneth S. Four Conceptions of Insurance. *U. Pa. L. Rev.*, v. 161, n. 3, pp. 683-697, 2013 (describing "insurance as governance" as one of the four conceptions of insurance).

back hundreds of years, turns out to be riddled with uncertainty.[14] Everywhere they looked, the sociologists found insurance practices that deviated from this ideal type: insurance that went beyond the data, potential insured losses that could easily swamp the available assets of the industry, insured losses that defied prediction, and on-the-fly, after-the-sale adjustments to unforeseen circumstance.[15]

My recent article on the insurance runoff market, from which this talk is adapted, brings this second finding and the challenge it poses into legal scholarship, while also extending the underlying qualitative empirical research, by investigating the rise of insurance runoff, a thriving sector of the insurance market whose *raison d'etre* has been managing losses that proved to be indeterminable.[16] Together with the sociological research, my research challenges the accuracy of the prevailing insurance ideal type, as well as the legal and policy conclusions that depend on that descriptive accuracy. Insurers may well try to price based on their best assessment of the frequency and severity of future losses,[17] but the sociological research provides so many reasons why insurers so rarely hit that pricing nail on the head that legal scholars and insurance law professionals should stop thinking and acting as if insurers regularly could do so.[18]

---

14 ERICSON, Richard V.; DOYLE, Aaron. *Uncertain Business*: Risk, Insurance and the Limits of Knowledge, 2004, pp. 46-94 (discussing the uncertainty underlying life insurance).

15 See ERICSON, Richard V.; DOYLE, Aaron. *Uncertain Business*: Risk, Insurance and the Limits of Knowledge, 2004, pp. 46-94 (noting uncertainty in multiple areas of insurance). For an insightful, insurance-industry-insider account of the uncertainty that permeates the insurance business, see generally FITZPATRICK, Sean M. Fear Is the Key: A Behavioral Guide to Underwriting Cycles. *Conn. Ins. L.J.*, v. 10, n. 2, p. 255, 2004 (highlighting the role that human behavior plays in underwriting cycles).

16 See BAKER, Tom. Uncertainty > Risk: Lessons for Legal Thought from the Insurance Runoff Market, *Boston College l. Rev.*, v. 62, pp. 59-108, 2021. For prior legal and actuarial practitioner articles about insurance run-off, see, for example, WHEAR, David; HAKEN, Bob. Closing Books of Business: The Challenge of Fairness and Finality. *In*: BURLING, Julian; LAZARUS, Kevin (Ed.). *Research Handbook on International Insurance Law and Regulation*. Cheltenham: Edward Elgar Publishing, 2011, p. 167; CARTER, Stephen *et al.* Exit Strategies in the Run-off Market. *Fed'n Def. & Corp. Couns. Q.*, v. 56, p. 221, 2006; RUSS, Jason L.; RYAN, Thomas A. The Runoff Environment – Considerations for the Reserving Actuary. *Cas. Actuarial Soc'y F.*, pp. 287-303, 2002. Available at: http://www.casact.org/pubs/forum/02fforum/02ff287.pdf.

17 See, e.g., LOBO-GUERRERO, Luis. *Insuring War*: Sovereignty, Security and Risk. London: Routledge, 2012, pp. 6-7 (discussing the use of a reasonable calculus); cf. BAKER, Tom; GRIFFITH, Sean J. Predicting Corporate Governance Risk: Evidence from the Directors' & Officers' Liability Insurance Market. *Univ. Chi. L. Rev.*, v. 74, n. 2, pp. 489-490, 2007 (describing how directors' and officers' insurers attempt to price based on risk).

18 For examples of legal scholarship that treat tort law rules that make hitting that nail on the head more difficult as a problem that suggests lawmakers should do something, see, for example, GEISTFELD, Mark A. Legal Ambiguity, Liability Insurance, and Tort Reform. *DePaul L. Rev.*, v. 60, n. 2, p. 549, 2011 (describing the insurance underwriting cycle as the product of "forecasting errors" attributable to "legal ambiguity" and arguing that "the protection of individual tort rights in mass markets has led to a marked increase in legal ambiguity."); PRIEST, George L. The Current Insurance Crisis and Modern Tort Law. *Yale L.J.*, v. 96, n. 7, pp. 1561-1563; 1574-1578, 1987 (arguing that the rise of increased tort liability led to the 1980s liability insurance crisis); and, arguably, BAKER, Tom. Insuring Liability Risks. *Geneva Papers on Risk & Ins.* v. 29, n. 1, pp. 142-143, 2004 (describing how legal uncertainty poses a threat to the insurability of liability risks).

Instead, we should start learning more about how insurers manage the uncertainty that the research reveals.

The insurance usage of "runoff" can be traced back at least as far as the 17th century marine insurance market at Lloyd's coffee shop.[19] At Lloyd's, individual merchants agreed to underwrite a share of the risks of a voyage, in return for a share of the insurance premium. They earned their share as soon as they had "run" the risk, meaning that the ship sailed.[20] Once the voyage was over and any claims paid, the risk was fully "run" and the potential liability came "off" the portion of the merchant's ledger book that listed liabilities, with the difference between the premium and any claim payments recorded as profit or loss.[21] This accounting process became known as "running off" the risk, a feature of insurance accounting that continues today.[22]

Over time, the underwriters working at Lloyd's organized syndicates that underwrote risks for their members (including passive investors, known as Names) for a period of one year.[23] At the end of three years (the year in which policies were sold plus two years), a syndicate would close by reinsuring with a new syndicate all the risks that had not already run off and declaring and distributing the profit (or loss) to its members.[24] This process became known as "reinsurance to close," and the new syndicate that offered the reinsurance to close often included some or all of the same

---

19 See generally WRIGHT, Charles; FAYLE, C. Ernest. *A History of Lloyd's*: From the Founding of Lloyd's Coffee House to the Present Day. New York: Macmillan And Company Limited, 1928 (telling the story of the rise, development, and operation of Lloyd's).

20 PARK, James Allan. *A System of the Law of Marine Insurances*: With Three Chapters on Bottomry; on Insurances on Lives; and on Insurances Against Fire. New Jersey: The Lawbook Exchange, Ltd., 1790, pp. 367-3688 ("The principle, upon which the whole of this doctrine depends, is simple and plain, admitting of no doubt or ambiguity. The risk or peril is the consideration for which the premium is to be paid: if the risk be not run, the consideration for the premium fails...").

21 MARRYAT, Joseph. *Observations upon the Report of the Committee on Marine Insurance*. 2 ed. London: J.M. Richardson, 1810, pp. 50-51.

22 See, *e.g.*, RUSS, Jason L.; RYAN, Thomas A. The Runoff Environment – Considerations for the Reserving Actuary. *Cas. Actuarial Soc'y F.*, pp. 288-89, fall 2002.

23 See NATIONAL ASSOCIATION OF INSURANCE COMMISSIONERS. Lloyd's: A Review by U.S. Report of the Examination Team to the Surplus Lines (E) Task Force, 1998. Available at: http://www.uniset.ca/lloydata/Lloyds_Report_Final_091498.pdf [https://perma.cc/4KCQ-NZJN].

24 NATIONAL ASSOCIATION OF INSURANCE COMMISSIONERS. Lloyd's: A Review by U.S. Report of the Examination Team to the Surplus Lines (E) Task Force, 1998, p. 5. Available at: http://www.uniset.ca/lloydata/Lloyds_Report_Final_091498.pdf [https://perma.cc/4KCQ-NZJN]. This three-year cycle was born from: the one year of active underwriting and a two-year run-off period in which the syndicate waited for the risk to run and pay out any claims. NATIONAL ASSOCIATION OF INSURANCE COMMISSIONERS. *Lloyd's*: A Review by U.S. Report of the Examination Team to the Surplus Lines (E) Task Force, 1998, p. 28. Available at: http://www.uniset.ca/lloydata/Lloyds_Report_Final_091498.pdf [https://perma.cc/4KCQ-NZJN].

underwriters and Names as the closing syndicate.[25] As long as that new syndicate fulfilled those responsibilities, the merchants who purchased insurance from Lloyd's syndicates could safely remain oblivious to the opening and closing of the syndicates that issued the policies sold at Lloyd's.

Occasionally, a syndicate would be unable to reinsure to close, presumably because the underwriters and Names were unwilling (or unable) to form a new syndicate that would reinsure the old syndicate to close, and they were unwilling (or unable) to pay the reinsurance-to-close premium that other syndicates demanded.[26] Such syndicates remained "open," and they could not close until all the risks had run off or they found a syndicate willing to reinsure-to-close at a price that the members were able and willing to pay.[27] The only business of a syndicate that remained open after three years, then, was running off the risks and seeking reinsurance-to-close. The open syndicate was said to be "in runoff," a use of that term that continues through today.[28]

As this brief description illustrates, there has long been an active runoff market at Lloyds. The runoff market remained a quiet, mostly-at-Lloyds' phenomenon until the late 20th Century, when Lloyds itself nearly failed.[29] Recently created or discovered legal liabilities – most significantly related to asbestos and environmental contamination – and newly catastrophic property damage losses hit old Lloyds' policies hard.[30]

---

25 NATIONAL ASSOCIATION OF INSURANCE COMMISSIONERS. *Lloyd's*: A Review by U.S. Report of the Examination Team to the Surplus Lines (E) Task Force, 1998, pp. 5; 18; 22-23, 28. Available at: http://www.uniset.ca/lloydata/Lloyds_Report_Final_091498.pdf [https://perma.cc/4KCQ-NZJN]. (describing the three-year accounting system, reinsurance-to-close, and the security of tenure of Names in their respective syndicates). To be clear, there would be no dollar limit on the reinsurance to close. See NATIONAL ASSOCIATION OF INSURANCE COMMISSIONERS. *Lloyd's*: A Review by U.S. Report of the Examination Team to the Surplus Lines (E) Task Force, 1998, pp. 22-23, 28. Available at: http://www.uniset.ca/lloydata/Lloyds_Report_Final_091498.pdf [https://perma.cc/4KCQ-NZJN].

26 See ALDRED, Carolyn. Lloyd's to Make First Claim on Central Fund's Cover; Claim Will Exhaust Reinsurance Program's Annual Limit. *Bus. Ins.*, p. 17, 2002 (describing an inability to reinsure after the financial uncertainty caused by 9/11). For example, a member of the syndicate who has declared bankruptcy or is insolvent would have no interest in paying additional premiums to close a syndicate. And because the other members are liable only for their shares, they wouldn't have the same incentive to reinsure to close that they would have if they had full liability.

27 See ALDRED, Carolyn. Lloyd's to Make First Claim on Central Fund's Cover; Claim Will Exhaust Reinsurance Program's Annual Limit. *Bus. Ins.*, p. 17, 2002 (describing a "surge" in open years at Lloyd's following the September 11 attacks).

28 NATIONAL ASSOCIATION OF INSURANCE COMMISSIONERS. *Lloyd's*: A Review by U.S. Report of the Examination Team to the Surplus Lines (E) Task Force, 1998, p. 29. Available at: http://www.uniset.ca/lloydata/Lloyds_Report_Final_091498.pdf [https://perma.cc/4KCQ-NZJN].

29 See INGRASSIA, Lawrence; MILBANK, Dana. Market at Risk: Hit by Huge Losses, Lloyd's of London Struggles to Survive – Insurance Exchange Seeks to Raise Money and End Disputes with Investors – It's Like a Rubik's Cube. *Wall St. J.*, p. A1, 1995.

30 INGRASSIA, Lawrence; MILBANK, Dana. Market at Risk: Hit by Huge Losses, Lloyd's of London Struggles to Survive – Insurance Exchange Seeks to Raise Money and End Disputes with Investors – It's Like a Rubik's Cube. *Wall St. J.*, p. A1, 1995.

Underwriters had priced those policies based on assumptions that turned out to be dramatically wrong. "*Mann Tracht, Un Gott Lacht*" – Man plans and God laughs.

Through a concerted effort by regulators, legislators, courts, and market participants Llloyds was rescued.[31] The rescue plan, known as Lloyds' Reconstruction and Renewal, culminated in a massive runoff transaction in which a newly formed entity, Equitas, acquired Lloyds' legacy liabilities and, through a newly enacted and closely supervised legal procedure, Lloyds' ceased to have any obligations for those liabilities.[32]

There are important details that distinguish the Lloyds'/Equitas transaction from the transactions that take place in the runoff market today, and those other transactions can take various forms. But they all share essential features that, together, transform the uncertainties of the past into the tradeable risks of today. Insurance runoff underwriting reprices legacy liabilities with the benefit of hindsight; runoff policy management consolidates those liabilities, develops relevant expertise, and identifies and executes operational efficiencies; runoff asset management takes calculated risks that encourage additional providers of capital to enter the runoff market; and runoff finance facilitates lower cost planning for the process of the runoff. Runoff specialists undoubtedly do not execute any of these activities with perfection, but they have a decent claim to better execution than is possible inside an active insurance company, for which the liabilities in runoff are a dwindling and unpleasant reminder of the underwriting mistakes of the past.

Insurance runoff also operates through a rhetorical and organizational process that begins long before the runoff market transaction takes place. This process reconceptualizes a large, diverse number of individual insurance relationships into segregable books of legacy insurance liabilities that can be managed distinctly from those of the insurer's active business.

This reconceptualization happens slowly. As the time when the insurer sold the policies recedes into the past, insurance company personnel increasingly understand and categorize the policies in terms of the claims presented and the liabilities carried on the company's financial statements, as opposed to the identities, activities, or other distinguishing features of individual policyholders that company underwriters considered during the sales process. Company actuaries track the financial results of the policies using statistics like the underwriting ratio, which compares the premiums

31 NATIONAL ASSOCIATION OF INSURANCE COMMISSIONERS. *Lloyd's*: A Review by U.S. Report of the Examination Team to the Surplus Lines (E) Task Force, 1998, pp. 10-11. Available a: http://www.uniset.ca/lloydata/Lloyds_Report_Final_091498.pdf [https://perma.cc/4KCQ-NZJN].

32 See *In re* The Names at Lloyd's for the 1992 & Prior Years of Acct., [2009] EWHC (Ch) 1595, [1]–[4] (UK), 2009 WL 1949482.

collected for blocks of policies to the losses incurred under those blocks of policies. Gradually, the actuaries develop and propagate the understanding that a particular block of policies–understood as an aggregate–was a losing proposition for the company, and, therefore, that this group of policyholders got more than they paid for.[33]

At some point in this process, company underwriters decide not to sell new policies into this market (or not to cover these kinds of risks on an ongoing basis), confirming what the people involved in managing the claims and reserves already knew: this book of policies is non-core, unwanted business that does not represent the future of the company.[34] Indeed, this book of policies might even threaten the financial health of the company, making work on the book perilous to the careers of the people in the company who are responsible in the ordinary course for managing claims and setting reserves. Identifying the book as being "in runoff," and shifting the management of that book to runoff specialists mitigates that career risk. The rhetoric and organizational logic of runoff normalizes that process.[35]

This transition to runoff is an extension of the process that routinely occurs in the insurance business as policyholders transition from the sales side of the insurance relationship to the claims side of that relationship.[36] As prior work has shown, insurers tell different sets of stories about insurance when communicating with policyholders during the sales and claims processes:

> In the first set of stories – the sales stories – insurance companies promise complete protection from the risks addressed by any given line of insurance. In the second set of stories – the claims stories – insurance companies explain why it is that "complete protection"

---

33 See, *e.g.*, WEST, John. *Managing the Past in the Future.* U.S.: AIRROC Matters, 2013, pp. 12-13 (describing a typical run-off situation as follows: "There is no premium flow to offset the cost of those staff members. The loss ratio on the original business has long since exceeded 200%. Of the $20 million in outstanding reserves, investment income is currently generating about 3.5% per year. That equates to $700,000. Those 10 staff members and their associated costs could total $1.14 million per year. Just on the face of it, there is a huge disparity between the income and the outgo on this aged business!").

34 For a stylized parable of how this can happen, see FITZPATRICK, Sean M. Fear Is the Key: A Behavioral Guide to Underwriting Cycles. *Conn. Ins. L.J.*, v. 10, n. 2, pp. 270-273, 2004.

35 MANEVAL, Andrew. *Why We Work in "Run-off"*. EUA: AIRROC Matters, 2014, pp. 9-10: "Run-off" is an organic, positive necessary part of a healthy (re)insurance industry. Businesses need to test new markets and products; often, the outcome is "run-off." Ultimately, most relationships end. What happens? Run-off. Customer requirements and demands change. Results? Run-off. Specialists and dedicated professionals are needed to deal with the most volatile–and therefore the most important–of the insurance industry's protections against catastrophe.

36 BAKER, Tom. Constructing the Insurance Relationship: Sales Stories, Claims Stories, and Insurance Contract Damages, *Tex. L. Rev.*, v. 72, p. 1397, 1994.

sometimes amounts to a little less; why it is, in other words, that some risks are *not* shifted to the insurance company.[37]

The sales stories highlight policyholders' vulnerability and dependence, and they convey the message that insurers can be trusted to fulfill their promise to be there in time of need. By contrast, the claims stories stress the limits of the insurance contract, the insurance company's responsibility to future claimants, and the need to protect the insurance pool from policyholders who take unfair advantage.[38]

Insurers reduce the opportunity for these two sets of stories to come directly into conflict "by separating the organizational responsibility for the narration of the two sets of stories".[39] The companies' marketing departments articulate the sales stories, meanwhile the claims departments convey the claims stories. The sales stories help persuade people to buy insurance. The claims stories help people accept that there are limits on the protection that insurance provides.[40]

The transition to runoff involves a third set of stories, told by people with yet another organizational responsibility: the runoff professionals.[41] These runoff stories refer to "legacy liabilities" that represent a "drag" on insurance performance and that "trap capital" that could otherwise be put to better use.[42] Unlike the individualized promises of the sales stories and the contractual obligations of the claims stories, legacy liabilities are actuarial representations of contingent future payments to an abstract collectivity. Unlike these promises and obligations, legacy liabilities can be accelerated and compromised, and, perhaps, delayed and denied. Compromising and accelerating those liabilities can be a fair thing to do, at least for large commercial policyholders and for reinsurance cedents (insurance companies that bought reinsurance), because, with

---

37 BAKER, Tom. Constructing the Insurance Relationship: Sales Stories, Claims Stories, and Insurance Contract Damages, *Tex. L. Rev.*, v. 72, p. 1400, 1994.

38 BAKER, Tom. Constructing the Insurance Relationship: Sales Stories, Claims Stories, and Insurance Contract Damages, *Tex. L. Rev.*, v. 72, pp. 1407-1413, 1994.

39 BAKER, Tom. Constructing the Insurance Relationship: Sales Stories, Claims Stories, and Insurance Contract Damages, *Tex. L. Rev.*, v. 72, pp. 1415-1416, 1994.

40 BAKER, Tom. Constructing the Insurance Relationship: Sales Stories, Claims Stories, and Insurance Contract Damages, *Tex. L. Rev.*, v. 72, pp. 1414-1416, 1994.

41 As with the prior work on sales and claims stories, I am in this retelling simply reporting the stories, not endorsing them. See BAKER, Tom. Constructing the Insurance Relationship: Sales Stories, Claims Stories, and Insurance Contract Damages, *Tex. L. Rev.*, v. 72, p. 1400, 1994. (presenting, objectively, the claims and sales stories).

42 See, *e.g.*, RESOLUTION LIFE. *About Us:* How We Operate. Available at: https://resolutionlife.com/about-us/how-we-operate/ [https://perma.cc/MWN8-DQFR] ("Many life insurance companies are reorganising their business and divesting non-core, less profitable or capital-intensive business units, and books of business... We acquire and consolidate life insurance businesses and apply our expertise... to improve their performance and achieve operational efficiencies").

the benefit of hindsight, the policyholders/cedents who bought that (re)insurance got far more than they paid for.[43]

The rise of the runoff market has expanded insurers' options for managing their legacy liabilities. Whether that development benefits policyholders and (re)insurance companies equally remains an open question. I conclude that the benefits to the insurance market are real, especially when it comes to the runoff of reinsurance obligations, but there also are real countervailing concerns, especially for consumer and small to medium enterprise policyholders.

Assessing the benefits and costs of the runoff market is work for another day. For today, we should learn three things. First, insurers are more actively involved in managing uncertainty than the ideal type of the fixed-in-advance distribution of determinable risks would suggest. Second, insurance markets have the capacity to innovate in response to shocks: shocks from legal change, such as the asbestos and environmental liability experience that started the rise of runoff; shocks on the asset side of the balance sheet, such as the prolonged, extreme decline in interest rates that led to the rise of runoff in the life and pension business; and shocks from major changes in end of life care that, along with the decline in interest rates, may lead to a rise in the long-term-care runoff market, recognizing that careful analysis of long-term-care runoff awaits future work. Third, as a result of insurers' experience managing uncertainty and insurance markets' capacity to innovate, those markets are far more resilient in the face of legal change and other sources of uncertainty than the prevailing ideal type would suggest.

Indeed, the rise of insurance runoff suggests that we may have learned exactly the wrong lesson from the insurance industry's harrowing asbestos and environmental liability experience.[44] That experience involved retroactive, strict liability for activities undertaken on a widespread basis for decades. For asbestos miners and manufacturers, the unanticipated liabilities came from common law innovations in the 1960s and 1970s.[45] For hazardous waste producers and transporters and for the owners

---

43 See FITZPATRICK, Sean M. Fear Is the Key: A Behavioral Guide to Underwriting Cycles. *Conn. Ins. L.J.*, v. 10, n. 2, p. 272, 2004 (exemplifying that after years of claim payouts it becomes certain the company will lose money on all years of the policies issued). Note that the run-off trade literature and the run-off market participants that I interviewed exclusively employ this reasoning in relation to cedents and large commercial policyholders, not retail insurance customers, though my suspicion is that long-term-care insurers may be different.

44 See STEMPEL, Jeffrey W. Assessing the Coverage Carnage: Asbestos Liability and Insurance After Three Decades of Dispute, *Conn. Ins. L.J.*, v. 12, pp. 464-466, 2006 (discussing the outcomes and lessons learned for insurers from the asbestos liability experience, particularly to be more alert and react swiftly to constrict coverage of budding mass torts).

45 See, *e.g.*, UNITED STATES COURT OF APPEALS. 5th Circ. *Borel v. Fibreboard Paper Prods.* Corp., 493 F.2d 1076, 1103, 1973 (recognizing a duty to warn of foreseeable dangers of products for manufactures of those

of hazardous waste sites, the unanticipated liabilities came from statutory liabilities adopted in the early 1980s.[46] These liabilities landed on liability insurers through the promises they made in insurance policies they sold to asbestos miners and manufacturers, hazardous wastes producers and transporters, and property owners dating back to the 1940's–promises that could not be repriced and for which the insurance industry had not anticipated anything like the extensive losses that resulted.[47] Those unanticipated insurance liabilities lead to massive losses for the leading liability insurance companies and, eventually, one of the most significant innovations in the liability insurance market in the 20th century: the rise of insurance runoff.[48]

The right lesson to draw from this experience is not that insurance markets need legal certainty, but rather that insurance markets are resilient and innovative enough to handle even extreme legal uncertainties.[49] If the liability insurance market can absorb widespread, retroactive, and truly strict liability for asbestos injuries and the costs of cleaning up hazardous waste, then legal scholars, judges, and legislators can safely focus more on identifying the just distribution of legal rights and obligations and less on the destabilizing impact that moving toward that distribution might have on insurance markets.

In that regard, it is important not to exoticize insurance runoff transactions. The rise of runoff did not create insurers' need or capacity to manage uncertainty. It simply helps bring that need into clearer view and provides another demonstration of that capacity to manage it. Every insurance policy goes into a kind of runoff the moment it is sold. The promises made in all insurance policies get bundled and reconceptualized into sets of liabilities that are valued and revalued, further combined and recombined

---

products and applying this duty to an asbestos manufacture).

46 See CHANG, Howard F. Developments in the Law: Toxic Waste Litigation, *Harv. L. Rev.*, v. 99, pp. 1470-1477; 1511-1517, 1986.

47 See, *e.g.*, STEMPEL, Jeffrey W. Assessing the Coverage Carnage: Asbestos Liability and Insurance After Three Decades of Dispute, *Conn. Ins. L.J.*, v. 12, pp. 416-417, 2006 (describing some insolvencies and drag on earnings of insurers because of asbestos coverage).

48 See STEMPEL, Jeffrey W. Assessing the Coverage Carnage: Asbestos Liability and Insurance After Three Decades of Dispute, *Conn. Ins. L.J.*, v. 12, pp. 416-417, 2006 (discussing insolvencies, drags on earnings, and the most famous insurance run-off transaction, Lloyd's Reconstruction and Renewal).

49 Cf. ABRAHAM, Kenneth S. Environmental Liability and the Limits of Insurance. *Colum. L. Rev.*, v. 88, n.5, pp. 946-947, 1988 ("Insurance operates most comfortably with stochastic events, in which the probability of the frequency and magnitude of insured losses that will be suffered by a group of policyholders is highly predictable"); BAKER, Tom. Insuring Liability Risks. *Geneva Papers on Risk & Ins.*, v. 29, n. 1, pp. 130-142, 2004 (providing a context for understanding how uncertainty has impacted insurance markets through liability development risks); GEISTFELD, Mark A. Legal Ambiguity, Liability Insurance, and Tort Reform. *DePaul L. Rev.*, v. 60, n. 2, p. 549, 2011 (discussing how legal ambiguity within tort law increases uncertainty and intersects insurance and tort reform).

over time. Some sets of liabilities perform better than expected; others perform worse. Insurers use profits earned on the better performing sets to offset losses on the worse performing sets, and if too many sets perform too badly, insurers must raise prices on their new policies. Insurers back the promises and contractual obligations featured in their sales and claims stories with large, general accounts precisely so that they can make these kinds of adjustments across sets of liabilities and assets over time.

These adjustments take place not just for the long term, legacy insurance obligations traded in the runoff insurance market. Even short-term insurance obligations like private passenger auto and homeowners policies face significant uncertainties from factors such as changes in underwriting and risk classification technologies, new entries into the insurance market (think insurtech today), changes in legal rules regarding residual markets, changes in the mix or risk appetite of reinsurers in a market, changes in auto and home construction technology, and, of course, changes in the legal rules regarding liability or insurance.[50] The runoff market targets longer term obligations, not because they are uniquely uncertain, but rather because their longer duration provides greater opportunities for specialists to earn a return through financial engineering or liability management.[51]

The dynamic that produced the insurance runoff market is as old as the insurance business. Insurers have always extended protection against losses whose frequency and magnitude were unknown, whether by engaging in the obviously innovative act of creating a new insurance product to cover a new set of risks (happening with cyber and digital asset insurance today),[52] by revising a standard-form insurance policy, or, even, by continuing to sell exactly the same insurance policies in the real-world insurance market.[53] Competition among insurers changes the shape of the insurance market, the

---

50 See generally BAKER, Tom. Insuring Liability Risks. *Geneva Papers on Risk & Ins.* v. 29, n. 1, pp. 142-143, 2004 (surveying different risk factors that contribute to the overall uncertainty of insurance).

51 See BAKER, Tom. Insuring Liability Risks. *Geneva Papers on Risk & Ins.* v. 29, n. 1, pp. 142-143, 2004 (noting that the length of liability does not create uncertainty, but rather, it magnifies it).

52 See, *e.g.*, BAKER, Tom. Back to the Future of Cyber Insurance, *PLUS J.*, Q3, pp. 4-5, 2019 (providing preliminary answers to the question, "[h]ow have insurers managed for over twenty years to sell insurance against cyber risks that their underwriters don't (and can't) fully understand?"); ZUCKERMAN, Adam. Bitcoin Insurance? The Emerging Market for Digital Asset Insurance. *PLUS J.*, Q2, p. 12, 2020 (remarking on the market for digital asset insurance regardless of the general uncertainty in the area).

53 See, *e.g.*, ERICSON, Richard V.; DOYLE, Aaron. *Uncertain Business*: Risk, Insurance and the Limits of Knowledge, 2004, pp. 212-284 (describing their thesis that uncertainty is everywhere and thus insurance is an uncertain business); JAFFEE, Dwight M.; RUSSELL, Thomas. Catastrophe Insurance, Capital Markets, and Uninsurable Risks, *J. Risk & Ins.*, v. 64, pp. 205-230, 1997 (describing–in a more nuanced understanding of insurance than typically reflected in law and economics literature–how marine insurers historically addressed large, uncertain losses); see also JAFFEE, Dwight. Monoline Restrictions, with Applications to Mortgage Insurance and Title Insurance. *Rev. Indus. Org.*, v. 28, n. 2, pp. 105-106, 2006 (explaining that monoline insurance

creative destruction of the underlying insured activity changes the risks transferred in that market, and there is always the possibility of change in the governing legal rules.[54] In practice, there is no such thing as the fixed-in-advance distribution of fully determinable risks.[55] Insurance is an uncertain business.[56]

When we act as if insurance markets require determinable risks whose distribution can be fixed in advance, we fail to see the many ways that insurance organizations manage uncertainty. We lose sight of the resilience in insurance markets and of the flexibility and innovation that produce that resilience. Keeping that resilience more firmly in mind, we should give less weight to theoretical arguments that this or that liability reform will undermine insurance markets.

It is time for legal thought to update its insurance ideas and metaphors, and its use of insurance practices, to this more realistic understanding of insurance. Insurance markets always and everywhere trade in uncertainty, and insurance markets always and everywhere develop ways to transform that uncertainty into manageable risk. With this more realistic understanding of insurance, legal thought can lessen its concern about the impact of legal change on insurance markets, even if we regard those markets as essential, because we can be more confident that those markets will manage through legal change.[57] Insurance already involves so much uncertainty, and insurers have so many ways to manage it, that the most likely result will always be that they will continue to muddle through.

---

manages cases of extreme loss through insolvency and that legal rules requiring certain kinds of insurance to be conducted through monoline insurance protect the larger insurance pool from that risk of extreme loss). As Ericson and Doyle have shown, even selling a tried and true insurance policy into a well-established market can be a voyage into uncertainty, because of the dynamism of insurance markets and insured risks. ERICSON, Richard V.; DOYLE, Aaron. *Uncertain Business*: Risk, Insurance and the Limits of Knowledge, 2004, p. 47 ("Beneath the veneer of certainty, life insurance is a very uncertain business").

54 ERICSON, Richard V.; DOYLE, Aaron. *Uncertain Business*: Risk, Insurance and the Limits of Knowledge, 2004, pp. 46-93; see also ERICSON, Richard V.; DOYLE, Aaron. *Uncertain Business*: Risk, Insurance and the Limits of Knowledge, 2004, pp. 133-134 (discussing "legal developments risk").

55 See FITZPATRICK, Sean M. Fear Is the Key: A Behavioral Guide to Underwriting Cycles. *Conn. Ins. L.J.*, v. 10, n. 2, p. 260, 2004 ("The bottom line is that pricing uncertainty is... built into the very nature of insurance").

56 ERICSON, Richard V.; DOYLE, Aaron. *Uncertain Business*: Risk, Insurance and the Limits of Knowledge, 2004, p. 47.

57 Cf. SUPREME COURT OF CALIFORNIA. *Anderson v. Owens-Corning Fiberglas Corp.*, 810 P.2d 549, 557–59, 561–63 (Cal. 1991) (en banc) (explicitly structuring the warning defect aspect of product liability law so that it "rings of negligence" because truly strict liability would inefficiently make distributors the insurers of their own products, with a partial dissent from the last remaining justice of the California Supreme Court from the expansive Traynor era, Justice Stanley Mosk).

BIBLIOGRAPHY

ABRAHAM, Kenneth S. *Distributing Risk*: Insurance, Legal Theory, and Public Policy. New Haven: Yale University Press, 1986.

ABRAHAM, Kenneth S. Environmental Liability and the Limits of Insurance. *Colum. L. Rev.*, v. 88, n. 5, pp. 942-988, 1988.

ABRAHAM, Kenneth S. Four Conceptions of Insurance. *U. Pa. L. Rev.*, v. 161, n. 3, pp. 653-698, 2013.

ALDRED, Carolyn. Lloyd's to Make First Claim on Central Fund's Cover; Claim Will Exhaust Reinsurance Program's Annual Limit. *Bus. Ins.*, p. 17, 2002.

BAKER, Tom. Containing the Promise of Insurance: Adverse Selection and Risk Classification. *In*: ERICSON, Richard V.; DOYLE, Aaron (Ed.). *Risk and Morality*. Toronto: University of Toronto Press, 2003.

BAKER, Tom. Constructing the Insurance Relationship: Sales Stories, Claims Stories, and Insurance Contract Damages, *Tex. L. Rev.*, v. 72, pp. 1395-1433, 1994.

BAKER, Tom; GRIFFITH, Sean J. *Ensuring Corporate Misconduct*: How Liability Insurance Undermines Shareholder Litigation. Chicago: University of Chicago Press, 2010.

BAKER, Tom. Insuring Liability Risks. *Geneva Papers on Risk & Ins.* v. 29, n. 1, pp. 128-149, 2004.

BAKER, Tom. On the Genealogy of Moral Hazard. *Tex. L. Rev.*, v. 75, n. 2, pp. 237-292, 1996.

BAKER, Tom; GRIFFITH, Sean J. Predicting Corporate Governance Risk: Evidence from the Directors' & Officers' Liability Insurance Market. *Univ. Chi. L. Rev.*, v. 74, n. 2, pp. 487-544, 2007.

BAKER, Tom; SIEGELMAN, Peter. The Law and Economics of Liability Insurance: A Theoretical and Empirical Review. *In*: ARLEN, Jennifer (Ed.). *Research Handbook on the Economics of Torts*. Cheltenham: Edward Elgar Publishing, 2013.

BAKER, Tom. Uncertainty > Risk: Lessons for Legal Thought from the Insurance Runoff Market, *Boston College l. Rev.*, v. 62, pp. 59-108, 2021.

BEN-SHAHAR, Omri; LOGUE, Kyle D. Outsourcing Regulation: How Insurance Reduces Moral Hazard. *Mich. L. Rev.*, v. 111, p. 197, 2012.

BOUGEN, Philip D. Catastrophe Risk. *Econ. & Soc'y*, v. 32, n. 2, pp. 253-274, 2003.

BLACK, Bernard *et al.* Stability, Not Crisis: Medical Malpractice Claim Outcomes in Texas, 1988–2002. *J. Empirical Legal Stud.*, v. 2, n. 2, pp. 207-252, 2005.

BURCHELL, Graham; GORDON, Colin; MILLER, Peter (Ed.). *The Foucault Effect*: Studies in Governmentality. Chicago: The University of Chicago Press, 1991.

CALABRESI, Guido. Some Thoughts on Risk Distribution and the Law of Torts. *Yale L.J.*, v. 70, n. 4, pp. 499-553, 1961.

CARTER, Stephen *et al.* Exit Strategies in the Run-off Market. *Fed'n Def. & Corp. Couns. Q.*, v. 56, p. 219, 2006.

CHANG, Howard F. Developments in the Law: Toxic Waste Litigation. *Harv. L. Rev.*, v. 99, pp. 1458-1661, 1986.

DWORKIN, Ronald. *Sovereign Virtue*: The Theory and Practice of Equality. Cambridge: Harvard University Press, pp. 73-83, 2000.

ENGSTROM, Nora Freeman. Sunlight and Settlement Mills. *N.Y.U. L. Rev.*, v. 86, n. 4, p. 805; 2011.

ERICSON, Richard V. *et al. Insurance as Governance*. Toronto: University of Toronto Press, 2003.

ERICSON, Richard V.; DOYLE, Aaron. *Uncertain Business*: Risk, Insurance and the Limits of Knowledge, 2004.

FITZPATRICK, Sean M. Fear Is the Key: A Behavioral Guide to Underwriting Cycles. *Conn. Ins. L.J.*, v. 10, n. 2, pp. 487-544, 2004.

GEISTFELD, Mark A. Legal Ambiguity, Liability Insurance, and Tort Reform. *DePaul L. Rev.*, v. 60, n. 2, pp. 539-571, 2011.

GRIFFITH, Sean J. Deal Insurance: Representation and Warranty Insurance in Mergers and Acquisitions. *Minn. L. Rev.*, v. 104, pp. 1839-1920, 2020.

HANSMANN, Henry. The Organization of Insurance Companies: Mutual Versus Stock. *J.L. Econ. & Org.*, v. 1, n. 1, pp. 125-153, 1985.

INGRASSIA, Lawrence; MILBANK, Dana. Market at Risk: Hit by Huge Losses, Lloyd's of London Struggles to Survive – Insurance Exchange Seeks to Raise Money and End Disputes with Investors – It's Like a Rubik's Cube. *Wall St. J.*, p. A1, 1995.

JAFFEE, Dwight M.; RUSSELL, Thomas. Catastrophe Insurance, Capital Markets, and Uninsurable Risks, *J. Risk & Ins.*, v. 64, pp. 205-230, 1997.

JAFFEE, Dwight. Monoline Restrictions, with Applications to Mortgage Insurance and Title Insurance. *Rev. Indus. Org.*, v. 28, pp. 83-108, 2006.

JUDGE, Kathryn. The First Year: The Role of a Modern Lender of Last Resort. *Colum. L. Rev.*, v. 116, n. 3, pp. 843-905, 2016.

KNIGHT, Frank H. Risk, *Uncertainty and Profit*. Boston and New York: Houghton Mifflin Company, 1921.

LEHTONEN, Turo-Kimmo. Picturing How Life Insurance Matters. *J. Cultural Econ.*, v. 7, n. 3, pp. 308-333, 2014.

LOBO-GUERRERO, Luis. *Insuring War*: Sovereignty, Security and Risk. London: Routledge, 2012.

MARKOVITS, Daniel. How Much Redistribution Should There Be? *Yale L.J.*, v. 112, n. 8, pp. 2291-2329, 2003.

MARRYAT, Joseph. *Observations upon the Report of the Committee on Marine Insurance*. 2 ed. London: J.M. Richardson, 1810.

NATIONAL ASSOCIATION OF INSURANCE COMMISSIONERS. *Lloyd's*: A Review by U.S. Report of the Examination Team to the Surplus Lines (E) Task Force, 1998. Available at: http://www.uniset.ca/lloydata/Lloyds_Report_Final_091498.pdf [https://perma.cc/4KCQ-NZJN].

O'MALLEY, Pat. *Risk, Uncertainty and Government*. London: Routledge-Cavendish, 2004.

PANTIN, Travis Luis. *A Theory of Insurance Law as Preservative Redistribution*, 2020. On file with the author.

PARK, James Allan. *A System of the Law of Marine Insurances*: With Three Chapters on Bottomry; on Insurances on Lives; and on Insurances Against Fire. New Jersey: The Lawbook Exchange, Ltd., 1790.

PRIEST, George L. The Current Insurance Crisis and Modern Tort Law. *Yale L.J.*, v. 96, n. 7, pp. 1521-1590, 1987.

RAPPAPORT, John. How Private Insurers Regulate Public Police. *Harv. L. Rev.*, v. 130, n. 6, pp. 1539-1614, 2017.

RESOLUTION LIFE. *About Us*: How We Operate. Available at: https://resolutionlife.com/about-us/how-we-operate/ [https://perma.cc/MWN8-DQFR].

RUSS, Jason L.; RYAN, Thomas A. The Runoff Environment – Considerations for the Reserving Actuary. *Cas. Actuarial Soc'y F.*, pp. 287-303, 2002. Available at: http://www.casact.org/pubs/forum/02fforum/02ff287.pdf.

SHAVELL, Steven. On Liability and Insurance, *Bell J. Econ.*, v. 13, pp. 120-132, 1982.

SIEGELMAN, Peter. Adverse Selection in Insurance Markets: An Exaggerated Threat. *Yale L.J.*, v. 113, n. 6, pp. 1223-1281, 2004.

STEMPEL, Jeffrey W. Assessing the Coverage Carnage: Asbestos Liability and Insurance After Three Decades of Dispute. *Conn. Ins. L.J.*, v. 12, p. 349, 2006.

STONE, Deborah A. The Struggle for the Soul of Health Insurance. J. *Health Pol. Pol'y & Law*, v. 18, n. 2, pp. 287-317, 1993.

TALESH, Shauhin, Legal Intermediaries: How Insurance Companies Construct the Meaning of Compliance with Antidiscrimination Laws. *Law & Pol'y*, v. 37, p. 209, 2015.

VAN HOYWEGHEN, Ine. *Risks in the Making*: Travels in Life Insurance and Genetics. Amsterdam: Amsterdam University Press, 2007.

WADE, John W. On the Effect in Product Liability of Knowledge Unavailable Prior to Marketing. *N.Y.U. L. Rev.*, v. 58, pp. 734-763, 1983.

WEST, John. *Managing the Past in the Future*. U.S.: AIRROC Matters, 2013.

WHEAR, David; HAKEN, Bob. Closing Books of Business: The Challenge of Fairness and Finality. *In*: BURLING, Julian; LAZARUS, Kevin (Ed.). *Research Handbook on International Insurance Law and Regulation*. Cheltenham: Edward Elgar Publishing, 2011.

WITT, John Fabian. *The Accidental Republic*: Crippled Workingmen, Destitute Widows, and the Remaking of American Law. Cambridge: Harvard University Press, 2006.

WRIGHT, Charles; FAYLE, C. Ernest. *A History of Lloyd's*: From the Founding of Lloyd's Coffee House to the Present Day. New York: Macmillan And Company Limited, 1928.

YEAZELL, Steven C. Re-financing Civil Litigation. *DePaul L. Rev.*, v. 51, n. 2, pp. 183-217, 2001.

Case law

EWHC. Ch. 1595. *The Names at Lloyd's for the 1992 & Prior Years of Acct*, pp. 1-4. UK, 2009, WL 1949482.

SUPREME COURT OF CALIFORNIA. *Anderson v. Owens-Corning Fiberglas Corp.*, 810 P.2d 549, 557-559, 561-563 (Cal. 1991).

UNITED STATES COURT OF APPEALS. 5th Circuit. *Borel v. Fibreboard Paper Prods. Corp.*, 493 F.2d 1076, 1103, 1973.

A INCERTEZA E O DIREITO DOS SEGUROS[1]

Tom Baker[2]

O tema de que tratarei hoje diz respeito à natureza da atividade securitária, bem como ao significado da incerteza para o direito dos seguros. Eu reconheço que hoje mal parece necessário relembrar o grau de incerteza que enfrentamos no mundo. Se a pandemia nos ensinou algo, isso pode ser resumido no provérbio iídiche: "*Mann Tracht, Un Gott Lacht*" - "O homem planeja, e Deus ri".

Porém, mesmo que nós decerto enfrentemos muitas incertezas em nossas vidas, quando dedicamos nossa atenção aos seguros, seja como advogados, seja como estudiosos do direito, nós frequentemente agimos como se o setor de seguros tivesse ultrapassado tais incertezas. Nós agimos como se os seguros habitassem o mundo do "risco" em termos da incerteza knightiana, e não o mundo das "incertezas" nos quais nós vivemos.[3] Isso é relevante, pois as ideias, práticas e metáforas sobre seguros conformam o pensamento jurídico. Da noção de disseminação do dano ao risco moral que atormenta a regulação de serviços financeiros, passando por teorias sobre justiça distributiva, frequentemente subjaz ao cerne da apreciação jurídica alguma ideia ou metáfora.[4]

---

1 Este ensaio é uma versão encurtada do trabalho previamente publicado em BAKER, Tom. Uncertainty > Risk: Lessons for Legal Thought from the Insurance Runoff Market, *Boston College l. Rev.*, v. 62, pp. 59-108, 2021.

2 Professor William Maul Measey na Universidade da Pensilvânia, onde integra as Faculdades Carey Law School e Wharton School of Business.

3 KNIGHT, Frank H. Risk, Uncertainty and Profit. Boston e Nova York: Houghton Mifflin Company, 1921, pp. 22-51 (distinguindo risco, que pode ser medido pela sua capacidade de lucro, da imprevisibilidade, que não pode ser medida).

4 A respeito da disseminação das perdas e dos atos ilícitos, cf., por exemplo, CALABRESI, Guido. Some Thoughts on Risk Distribution and the Law of *Torts*. *Yale L.J.*, v. 70, n. 4, pp. 543-544, 1961(defendendo que uma justificativa para a responsabilidade empresarial está no fato de o empregador estar em melhores condições de obter um seguro); PRIEST, George L. The Current Insurance Crisis and Modern Tort Law. *Yale L.J.*, v. 96, n. 7, pp. 1521-1525, 1987. ("Este raciocínio dos seguros sufoca nosso direito civil moderno..."). A respeito do risco moral e da regulação de serviços financeiros, cf., por exemplo, JUDGE, Kathryn. The First Year: The Role of a Modern Lender of Last Resort, *Colum. L. Rev.*, v. 116, n. 3, pp. 843-905, 2016 (debatendo a relação entre as apólices de seguro e *swaps* de inadimplência de crédito); cf., também, BAKER, Tom. On the Genealogy of Moral Hazard. *Tex. L. Rev.*, v. 75, n. 2, pp. 244–67, 1996 (explicando as origens do termo "risco moral" no mercado de seguros). Sobre metáforas securitárias na justiça distributiva, cf., por exemplo, DWORKIN, Ronald. Sovereign Virtue: The Theory and Practice of Equality. Cambridge: Harvard University Press, pp. 73-83, 2000 (desenvolvendo uma teoria distribucional usando um mercado securitário hipotético); MARKOVITS, Daniel. How Much

Doutrinadores dos mais diversos campos, como processo civil, responsabilidade civil extracontratual, societário, contratos e direito do trabalho, empregam práticas securitárias como uma fresta pela qual se pode observar o direito em ação.[5] Historiadores do direito dedicam-se ao estudo dos seguros privados para compreender as origens do estado de bem-estar social.[6] A doutrina jurídica mais recente, por sua vez, aponta que as seguradoras, entre outras coisas, funcionam como reguladoras extraordinárias de *soft law*, como reguladoras privadas de políticas públicas e facilitadoras de fraudes securitárias.[7]

Malgrado o amplo emprego de ideias, metáforas e práticas sobre seguro no estudo do direito, a imagem prevalecente revelada pelas obras jurídicas é caricatural. O seguro que aparece na doutrina jurídica é, quase sem exceção, um tipo ideal que envolve distribuição pré-fixada de riscos determináveis, de forma que a companhia seguradora oferece proteção contra categorias definidas de danos, cujo montante total

---

Redistribution Should There Be? *Yale L.J.* 2291, v. 112, n. 8, pp. 2304-2305, 2003 (usando o modelo de Dworkin para revelar os limites da redistribuição).

5 Cf., por exemplo, BLACK, Bernard *et al.* Stability, Not Crisis: Medical Malpractice Claim Outcomes in Texas, 1988–2002. *J. Empirical Legal Stud.*, v. 2, n. 2, p. 252, 2005 (usando dados de pedidos de indenização securitários para estudar a negligência médica); ENGSTROM, Nora Freeman. Sunlight and Settlement Mills. *N.Y.U. L. Rev.*, v. 86, n. 4, pp. 839-840, 2011 (observando como as práticas securitárias combinadas com os atributos das fábricas de acordos servem para diminuir o valor dos pedidos de indenização); GRIFFITH, Sean J. Deal Insurance: Representation and Warranty Insurance in Mergers and Acquisitions. *Minn. L. Rev.*, v. 104, p. 1839; pp. 1875-86, 2020 (debatendo como a representação e o seguro de garantia afetam a elaboração do contrato); YEAZELL, Steven C. Re-financing Civil Litigation. *DePaul L. Rev.*, v. 51, n. 2, pp. 186-98, 2001 (debatendo como a grande expansão do seguro aos consumidores nos EUA ao longo de várias décadas criou mais oportunidades para litígios lucrativos e, assim, levou a mudanças legais a respeito dos atos ilícitos civis que, por sua vez, melhoraram substancialmente a situação dos autores das demandas).

6 Cf. WITT, John Fabian. *The Accidental Republic*: Crippled Workingmen, Destitute Widows, and the Remaking of American Law. Cambridge: Harvard University Press, pp. 71-103, 2006 (traçando a história do seguro de acidentes industriais do início da era industrial e discutindo como isso criou os padrões de pensamento dos formuladores de políticas sociais da época seguinte).

7 Cf., em geral, BAKER, Tom; GRIFFITH, Sean J. *Ensuring Corporate Misconduct*: How Liability Insurance Undermines Shareholder Litigation. Chicago: University of Chicago Press, 2010 (debatendo como o seguro de responsabilidade de diretores e funcionários enfraquece o litígio entre acionistas); BEN-SHAHAR, Omri; LOGUE, Kyle D. Outsourcing Regulation: How Insurance Reduces Moral Hazard. *Mich. L. Rev.*, v. 111, p. 197, 2012 (explorando o valor potencial do seguro como substituto da regulamentação governamental nas áreas de proteção ao consumidor, segurança alimentar e demonstrativos financeiros); RAPPAPORT, John. How Private Insurers Regulate Public Police. *Harv. L. Rev.*, v. 130, n. 6, p. 1539, 2017 (descrevendo como as seguradoras de responsabilidade civil podem criar mudanças significativas dentro das agências de regulação que asseguram); TALESH, Shauhin, Legal Intermediaries: How Insurance Companies Construct the Meaning of Compliance with Antidiscrimination Laws. *Law & Pol'y*, v. 37, p. 209, 2015 (sugerindo que as seguradoras, por meio da regulamentação dos segurados, influenciam o significado das leis antidiscriminação).

pode ser previsto com precisão e, portanto, precificado confiavelmente no momento da contratação do seguro.[8]

Como todo estudioso do Direito Privado sabe, esse tipo ideal tem grade apelo normativo. Se as seguradoras podem avaliar com precisão o risco e, com base nele, o preço do seguro, então a responsabilidade criada pelo seguro permite à responsabilidade civil extracontratual obter, na prática, os fins de dissuasão e de indenização previstos na teoria da responsabilidade civil. A precificação feita com base na estimação do risco serve ao mecanismo de internalização dos custos, que embasa a justificação clássica da dissuasão no que diz respeito à responsabilidade objetiva sobre mercadorias. Ao mesmo tempo, o processo de responsabilização securitária serve à função de indenização, ao avaliar e pagar pelos danos ilícitos e ao realimentar, com tais pagamentos, o processo de avaliação e precificação de riscos.

O apelo desse tipo ideal estende-se, porém, para além da responsabilidade civil. Afinal, se as seguradoras vendem proteção contra determinadas categorias de danos cujo custo pode ser estimado precisamente e, por conseguinte, ter seu preço avaliado com segurança, então o estabelecimento de preços baseados no risco não é apenas eficiente, mas também se mostra justo na maior parte das circunstâncias. Tais valores representam com precisão o esperado pelo seguro para as pessoas que o contratam, de forma que os contratos privados de seguro concretizam, na prática, os princípios daquilo a que Travis Pantin se referiu como "redistribuição preservativa".[9] Os doutri-

---

8 Cf., por exemplo, DWORKIN, Ronald. Sovereign Virtue: The Theory and Practice of Equality. Cambridge: Harvard University Press, pp. 78-79, 2000 (discutindo o "valor do seguro" de forma a implicar uma distribuição pré-fixada de riscos determináveis); ABRAHAM, Kenneth S. Environmental Liability and the Limits of Insurance. *Colum. L. Rev.*, v. 88, n.5, pp. 946-947, 1988 ("O seguro opera mais confortavelmente com eventos estocásticos, nos quais a probabilidade da frequência e da magnitude das perdas que serão sofridas por determinado grupo de segurados é altamente previsível."); CALABRESI, Guido. Some Thoughts on Risk Distribution and the Law of Torts. *Yale L.J.*, v. 70, n. 4, pp. 529-530, 1961 (explicando como a responsabilidade objetiva deslocaria riscos imprevisíveis de uma forma que não poderia ser tarifada no mercado de seguros, e tornar-se-ia um dos "riscos não seguráveis" que os empresários assumiriam sob um regime de responsabilidade objetiva); PRIEST, George L. The Current Insurance Crisis and Modern Tort Law. *Yale L.J.*, v. 96, n. 7, pp. 1539-1540, 1987 ("O seguro [...] supõe que a perda seja probabilística, seja relativo à sua ocorrência [por exemplo, se a casa de determinada pessoa pegará fogo], seja relativo à quando ocorrerão as perdas [por exemplo, se alguém morre antes ou depois da expectativa de vida]"); WADE, John W. On the Effect in Product Liability of Knowledge Unavailable Prior to Marketing. *N.Y.U. L. Rev.*, v. 58, p. 755, 1983 ("Como se distribui o prejuízo potencial de um risco incognoscível? Como se podem calcular os prêmios de seguro para esse fim? De fato, será que o seguro estará disponível?"); cf. HANSMANN, Henry. The Organization of Insurance Companies: Mutual Versus Stock. *J.L. Econ. & Org.*, v. 1, n. 1, p. 125, pp. 148-49, 1985 (tratando a distribuição de riscos determináveis de forma prefixada como o tipo ideal dos seguros comerciais, e explicando que a incapacidade de satisfazer este tipo ideal para certos riscos ajuda a explicar a forte presença de formas de mutualidade na organização de seguros em meados do séc. XIX).

9 Cf. PANTIN, Travis Luis. A Theory of Insurance Law as Preservative Redistribution. pp. 2-3, p. 29, 2020 (manuscrito não publicado) (explicando os planos e a mecânica da "redistribuição preservacionista", que é

nadores reconhecem que os clássicos problemas de seleção adversa e de risco moral tornam complexa a possibilidade de que as seguradoras alcancem o tipo ideal, mas tais problemas são costumeiramente entendidos como limites (gerenciáveis) à possibilidade das seguradoras de estabelecer o preço e selecionar riscos com precisão, e não como um desafio a essa concepção básica de seguro.[10]

Há apenas um campo de pesquisa que questiona realmente essa descrição dos seguros. Pesquisas na área de sociologia iniciadas, no início dos anos 90, por pupilos de Michel Foucault, descobriram a existência de práticas securitárias mais variadas e multifacetadas que as descritas pela mera distribuição das perdas.[11] A doutrina jurídica incorporou uma das principais descobertas desta pesquisa, ampliando-a: as seguradoras funcionam comumente como reguladoras privadas em face das pessoas e entes que elas asseguram, tal como notoriamente demonstrado, no campo da doutrina jurídica recente, pelas investigações de John Rappaport a respeito do funcionamento das seguradoras privadas como reguladoras de políticas públicas.[12] Essa ideia do "seguro como governança" quadra bem na doutrina jurídica, pois ela concretiza a função de administração de riscos morais da responsabilidade securitária postulada na influente obra de juventude de Steven Shavell sobre responsabilidade civil e economia, ajudando

---

semelhante, de certa forma, às ideias ligadas à "justiça atuarial", mas mais cuidadosamente extraída da teoria moral e política); cf. também STONE, Deborah A. The Struggle for the Soul of Health Insurance. *J. Health Pol. Pol'y & Law*, v. 18, n. 2, p. 287; p. 290, 1993 (criticando a visão de "justiça atuarial" dos seguros); cf. ABRAHAM, Kenneth S. *Distributing Risk*: Insurance, Legal Theory, and Public Policy. New Haven: Yale University Press, pp. 64-101, 1986 (debatendo a justiça e a eficiência na fixação de preços nos seguros).

10 Cf., por exemplo, BAKER, Tom. Containing the Promise of Insurance: Adverse Selection and Risk Classification. *In*: ERICSON, Richard V.; DOYLE, Aaron (Ed.). *Risk and Morality*. Toronto: University of Toronto Press, 2003, p. 263 (descrevendo ferramentas que as seguradoras têm usado para administrar o risco moral); SIEGELMAN, Peter. Adverse Selection in Insurance Markets: An Exaggerated Threat. *Yale L.J.*, v. 113, pp. 1274-1277, 2004 (explicando que a seleção adversa é uma "ameaça exagerada". Em outras palavras, a preocupação de que o risco moral e a seleção adversa tornam o seguro "reativo" e, portanto, difícil de fixar o preço normalmente funciona sob a suposição de que existe algum risco determinável subjacente que poderia ser fixado antecipadamente se os problemas de risco moral e seleção adversa pudessem ser resolvidos).

11 O primeiro resultado dessas pesquisas em língua inglesa apareceu em BURCHELL, Graham; GORDON, Colin; MILLER, Peter (Ed.). *The Foucault Effect*: Studies in Governmentality. Chicago: The University of Chicago Press, 1991, pp. 35-40; p. 44; pp. 197-211. Exemplos da pesquisa que se seguiu incluem ERICSON, Richard V. *et al. Insurance as Governance*. Toronto: University of Toronto Press, 2003; LOBO-GUERRERO, Luis. *Insuring War*: Sovereignty, Security and Risk. Londres: Routledge, 2012; O'MALLEY, Pat. Risk, *Uncertainty and Government*. Londres: Routledge-Cavendish, 2004; VAN HOYWEGHEN, Ine. *Risks in the Making*: Travels in Life Insurance and Genetics. Amsterdam: Amsterdam University Press, 2007; BOUGEN, Philip D. Catastrophe Risk. *Econ. & Soc'y*, v. 32, n. 2, p. 253, 2003; LEHTONEN, Turo-Kimmo. Picturing How Life Insurance Matters. *J. Cultural Econ.*, v. 7, n. 3, p. 308, 2014.

12 Cf. RAPPAPORT, John. How Private Insurers Regulate Public Police. *Harv. L. Rev.*, v. 130, n. 6, pp. 1542-1550. 2017.

a explicar de que forma os claros indicadores de dissuasão se convertem, na prática, em esforços de prevenção de perdas.[13]

Todavia, a doutrina jurídica ainda não reconheceu adequadamente - muito menos incorporou - a segunda maior descoberta desse campo de pesquisa sociológica: o tipo ideal da distribuição previamente fixada de determinados riscos não se coaduna com a realidade do mercado de seguros. Como Richard Ericson e seus colaboradores demonstraram, até mesmo o seguro de vida - caso no qual se poderia esperar o exemplo paradigmático desse tipo ideal funcionando em razão da disponibilidade de dados públicos e privados de mortalidade que abrangem séculos - é, na verdade, envolto em incerteza.[14] Para onde quer que olhassem, os sociólogos descobriram práticas securitárias que desviavam do tipo ideal: seguros que iam além dos dados, perdas eventuais asseguradas que poderiam sobrecarregar os recursos disponíveis do mercado, perdas asseguradas que não podiam ser previstas, e ajustes feitos apressadamente, após a venda, para considerar circunstâncias imprevistas.[15]

Meu recente artigo a respeito do mercado de seguros *runoff*, que adaptei para este trabalho, incorpora essa segunda descoberta e os desafios impostos à doutrina jurídica, ao mesmo tempo em que estende a pesquisa empírica qualitativa subjacente ao investigar o surgimento do seguro *runoff*, área florescente do mercado securitário, cuja *raison d'être* tem sido administrar perdas que se revelaram indetermináveis.[16] Junto à pesquisa

---

13 Cf. BAKER, Tom; SIEGELMAN, Peter The Law and Economics of Liability Insurance: A Theoretical and Empirical Review. *In*: ARLEN, Jennifer (Ed.). *Research Handbook on the Economics of Torts*. Cheltenham: Edward Elgar Publishing, 2013, pp. 169-170 (afirmando que as seguradoras utilizam contratos com segurados como forma de gerenciar os riscos morais que ajudam a fazer cumprir a função dissuasiva da responsabilidade civil); SHAVELL, Steven. On Liability and Insurance, *Bell J. Econ.*, v. 13, p. 127, 1982 (observando que as seguradoras de responsabilidade civil podem monitorar as ações de prevenção e estruturar cláusulas, dependendo do nível da atividade); cf. ABRAHAM, Kenneth S. Four Conceptions of Insurance. *U. Pa. L. Rev.*, v. 161, n. 3, pp. 683-697, 2013 (afirmando que o "seguro como governança" é uma das quatro concepções de seguro).

14 ERICSON, Richard V.; DOYLE, Aaron. *Uncertain Business*: Risk, Insurance and the Limits of Knowledge, 2004, pp. 46-94 (discutindo a incerteza subjacente ao seguro de vida).

15 Cf. ERICSON, Richard V.; DOYLE, Aaron. *Uncertain Business*: Risk, Insurance and the Limits of Knowledge, 2004, pp. 46-94 (apontando a incerteza em múltiplas áreas do seguro). Para um relato perspicaz e esclarecedor da incerteza que permeia os negócios securitários, cf., em geral, FITZPATRICK, Sean M. Fear Is the Key: A Behavioral Guide to Underwriting Cycles. *Conn. Ins. L.J.*, v. 10, n. 2, p. 255, 2004 (destacando o papel que o comportamento humano desempenha nos ciclos de subscrição).

16 Cf. BAKER, Tom. Uncertainty > Risk: Lessons for Legal Thought from the Insurance Runoff Market, *Boston College l. Rev.*, v. 62, pp. 59-108, 2021. Para artigos jurídicos e atuariais prévios sobre o seguro de *run-off*, cf., por exemplo, WHEAR, David; HAKEN, Bob. Closing Books of Business: The Challenge of Fairness and Finality. *In*: BURLING, Julian; LAZARUS, Kevin (Ed.). *Research Handbook on International Insurance Law and Regulation*. Cheltenham: Edward Elgar Publishing, 2011, p. 167; CARTER, Stephen *et al*. Exit Strategies in the Run-off Market. *Fed'n Def. & Corp. Couns. Q.*, v. 56, p. 221, 2006; RUSS, Jason L.; RYAN, Thomas A. The Runoff Environment - Considerations for the Reserving Actuary. *Cas. Actuarial Soc'y F.*, pp. 287-303, outono de 2002. Disponível em: http://www.casact.org/pubs/forum/02fforum/02ff287.pdf.

sociológica, a minha pesquisa desafia a precisão do tipo ideal de seguros prevalecente, bem como as conclusões jurídicas e políticas que dependem dessa precisão descritiva. As seguradoras podem tentar estabelecer um preço baseado na sua avaliação a respeito da probabilidade e da gravidade das perdas futuras,[17] mas a pesquisa sociológica fornece tantas razões pelas quais as seguradoras muito raramente acertam o preço que doutrinadores e profissionais do Direito Securitário devem parar de pensar e agir como se as seguradoras pudessem ordinariamente fazer isso.[18] Em vez disso, deveríamos estudar melhor como as seguradoras administram as incertezas que a pesquisa revela.

A prática dos seguros *runoff* pode ser encontrada no mercado de seguros marítimos, ainda no séc. XVII, no Lloyd's.[19] Ali, cada comerciante assentia em subscrever uma cota sobre os riscos da viagem, recebendo em contrapartida uma quota do prêmio securitário. Eles adquiriam a cota logo que "corriam" (*run*) o risco, isto é, quando o navio zarpava.[20] Finda a viagem e pagos os créditos, os riscos cessavam, e a eventual responsabilidade saía da parte do livro de registro comercial que listava as dívidas, registrando o saldo havido entre o prêmio e os créditos como lucro ou prejuízo.[21] Esse

17 Cf., por exemplo, LOBO-GUERRERO, Luis. *Insuring War*: Sovereignty, Security and Risk. Londres: Routledge, 2012, pp. 6-7 (discutindo o uso de um cálculo razoável); cf. BAKER, Tom; GRIFFITH, Sean J. Predicting Corporate Governance Risk: Evidence from the Directors' & Officers' Liability Insurance Market. *Univ. Chi. L. Rev.*, v. 74, n. 2, pp. 489-490, 2007 (observando como as seguradoras de diretores e funcionários tentam fixar os preços com base no risco).

18 Para exemplos de doutrina jurídica que trata de regras de responsabilidade civil que tornam mais difícil acertar em cheio como um problema que sugere que os legisladores deveriam fazer algo, veja, por exemplo, GEISTFELD, Mark A. Legal Ambiguity, Liability Insurance, and Tort Reform. *DePaul L. Rev.*, v. 60, n. 2, p. 549, 2011 (descrevendo o ciclo de subscrição de seguros como o produto de "erros de previsão" atribuíveis à "incerteza jurídica" e argumentando que "a proteção dos direitos individuais de responsabilidade civil em mercados massificados levou ao aumento acentuado da incerteza jurídica"); PRIEST, George L. The Current Insurance Crisis and Modern Tort Law. *Yale L.J.*, v. 96, n. 7, pp. 1561–1563; 1574–1578, 1987 (argumentando que o aumento da responsabilidade civil levou à crise do seguro de responsabilidade civil na década de 1980); e, sem dúvida, BAKER, Tom. Insuring Liability Risks. *Geneva Papers on Risk & Ins.* v. 29, n. 1, pp. 142-143, 2004 (descrevendo como a incerteza jurídica representa uma ameaça à segurabilidade dos riscos de responsabilidade).

19 Cf., em geral, WRIGHT, Charles; FAYLE, C. Ernest. *A History of Lloyd's*: From the Founding of Lloyd's Coffee House to the Present Day. Nova York: Macmillan And Company Limited, 1928 (contando a história da ascensão, desenvolvimento e operação do Lloyd's).

20 PARK, James Allan. *A System of the Law of Marine Insurances*: With Three Chapters on Bottomry; on Insurances on Lives; and on Insurances Against Fire. Nova Jersey: The Lawbook Exchange, Ltd., 1790, pp. 367-68 ("O princípio, do qual depende toda esta doutrina, é básico e simples, não admitindo dúvida ou ambiguidade. O risco ou perigo é a causa pela qual o prêmio deve ser pago: caso não se corra o risco, a causa do prêmio desaparece...").

21 MARRYAT, Joseph. *Observations upon the Report of the Committee on Marine Insurance*. 2 ed. Londres: J.M. Richardson, 1810, pp. 50-51.

processo contábil tornou-se conhecido como fugir (*run off*) do risco, uma característica da contabilidade securitária que permanece até hoje.[22]

Com o tempo, os subscritores que trabalhavam nos consórcios organizados no Lloyd's passaram a subscrever riscos em favor de seus membros – inclusive investidores passivos, conhecidos como Names – pelo prazo de um ano.[23] Ao cabo de três anos – isto é, dois anos após a venda das apólices – o consórcio findava e ressegurava com um novo consórcio todos os riscos que ainda não haviam cessado, declarando e distribuindo os lucros (ou os prejuízos) aos seus membros.[24] Esse processo veio a ser conhecido como resseguro para fechamento (*reinsurance to close*). Já o novo consórcio, que oferecia o resseguro para fechamento, frequentemente tinha entre seus membros alguns ou todos os subscritores e Names do consórcio que findava.[25] Desde que o novo consórcio cumprisse suas obrigações, os comerciantes que adquiriam seguros dos consórcios do Lloyd's podiam, com segurança, manter-se alheios à abertura e ao fechamento de consórcios que emitiam apólices vendidas no Lloyd's.

Por vezes, certo consórcio não estava apto a ser extinto, geralmente em razão de os subscritores e os Names não quererem (ou não poderem) formar o novo consórcio que resseguraria o consórcio que se extinguia; eles não queriam ou não poderiam pagar o prêmio do resseguro para fechamento que o outro consórcio exigia.[26] Tais consórcios

---

22 Cf., por exemplo, RUSS, Jason L.; RYAN, Thomas A. The Runoff Environment – Considerations for the Reserving Actuary. *Cas. Actuarial Soc'y F.*, pp. 288-89, 2002.

23 Cf. NATIONAL ASSOCIATION OF INSURANCE COMMISSIONERS. Lloyd's: A Review by U.S. Report of the Examination Team to the Surplus Lines (E) Task Force, 1998. Disponível em: http://www.uniset.ca/lloydata/Lloyds_Report_Final_091498.pdf [https://perma.cc/4KCQ-NZJN].

24 NATIONAL ASSOCIATION OF INSURANCE COMMISSIONERS. *Lloyd's*: A Review by U.S. Report of the Examination Team to the Surplus Lines (E) Task Force, 1998, p. 5. Disponível em: http://www.uniset.ca/lloydata/Lloyds_Report_Final_091498.pdf [https://perma.cc/4KCQ-NZJN]. Esse ciclo de três anos nasceu do seguinte: um ano de subscrição ativa e um período de dois anos em que o consórcio esperou correr o risco e pagar as indenizações. NATIONAL ASSOCIATION OF INSURANCE COMMISSIONERS. *Lloyd's*: A Review by U.S. Report of the Examination Team to the Surplus Lines (E) Task Force, 1998, p. 28. Disponível em: http://www.uniset.ca/lloydata/Lloyds_Report_Final_091498.pdf [https://perma.cc/4KCQ-NZJN].

25 NATIONAL ASSOCIATION OF INSURANCE COMMISSIONERS. *Lloyd's*: A Review by U.S. Report of the Examination Team to the Surplus Lines (E) Task Force, 1998, pp. 5, 18, 22-23, 28. Disponível em: http://www.uniset.ca/lloydata/Lloyds_Report_Final_091498.pdf [https://perma.cc/4KCQ-NZJN] (descrevendo o sistema contábil de três anos, o resseguro para fechamento, e a garantia da continuidade dos Names em seus respectivos consórcios). Para ser claro, não haveria limite para o resseguro para fechamento. Cf. NATIONAL ASSOCIATION OF INSURANCE COMMISSIONERS. *Lloyd's*: A Review by U.S. Report of the Examination Team to the Surplus Lines (E) Task Force, 1998, pp. 22-23, 28. Disponível em: http://www.uniset.ca/lloydata/Lloyds_Report_Final_091498.pdf [https://perma.cc/4KCQ-NZJN].

26 Cf. ALDRED, Carolyn. Lloyd's to Make First Claim on Central Fund's Cover; Claim Will Exhaust Reinsurance Program's Annual Limit. *Bus. Ins.*, p. 17, 2002 (descrevendo a dificuldade de se fazer resseguro após a incerteza financeira causada pelo 11 de setembro). Por exemplo, um membro do consórcio que tenha declarado falência ou esteja insolvente não teria interesse em pagar prêmios adicionais para fechar o consórcio. E como os outros

permaneciam "abertos", não podendo ser fechados até que todos os riscos tivessem corrido (*run off*) ou até que encontrassem um consórcio disposto a oferecer o resseguro para fechamento por um preço que os membros do consórcio pudessem e estivessem dispostos a pagar.[27] A única atividade de um consórcio que permanecia aberto por mais de três anos, portanto, era fugir (*run off*) dos riscos buscando um resseguro para fechamento. Dizia-se que o consórcio que permanecia aberto estava "em fuga" (*in runoff*), termo que segue sendo utilizado atualmente.[28]

Como ilustra esta breve descrição, já havia há muito tempo um mercado de seguros de *runoff* no Lloyd's. Tal mercado permaneceu um fenômeno sem ressonância, praticamente limitado ao Lloyd's até o final do séc. XX, quando o próprio Lloyd's praticamente faliu.[29] Obrigações legais criadas ou descobertas recentemente – sobretudo relacionadas ao asbesto e à contaminação ambiental – e os recentes prejuízos catastróficos ligados à violação da propriedade atingiram duramente as apólices do Lloyd's.[30] Com efeito, os subscritores estabeleceram um preço para tais apólices baseando-se em pressupostos que se mostraram absolutamente incorretos. "*Mann Tracht, Um Gott Lacht*": o homem planeja, e Deus ri.

Por meio de um esforço conjunto de reguladores, legisladores, tribunais e membros do mercado, o Lloyd's foi salvo.[31] O plano de recuperação, conhecido por "Lloyds' Reconstruction and Renewal", revelou-se uma significativa operação de *runoff* na qual uma entidade constituída recentemente, Equitas, adquiriu as dívidas do Lloyd's e, por meio de um procedimento legal recentemente aprovado e rigorosamente supervisionado, o Lloyd's deixou de ter qualquer responsabilidade por tais dívidas.[32]

---

membros são responsáveis apenas por suas participações, eles não teriam o mesmo incentivo para contratar o resseguro para fechamento que teriam se tivessem responsabilidade ilimitada.

27 Cf. ALDRED, Carolyn. Lloyd's to Make First Claim on Central Fund's Cover; Claim Will Exhaust Reinsurance Program's Annual Limit. *Bus. Ins.*, p. 17, 2002 (descrevendo um "aumento repentino" no Lloyds após os ataques de 11 de setembro).

28 NATIONAL ASSOCIATION OF INSURANCE COMMISSIONERS. *Lloyd's*: A Review by U.S. Report of the Examination Team to the Surplus Lines (E) Task Force, 1998, p. 29. Disponível em: http://www.uniset.ca/lloydata/Lloyds_Report_Final_091498.pdf [https://perma.cc/4KCQ-NZJN].

29 Cf. INGRASSIA, Lawrence; MILBANK, Dana. Market at Risk: Hit by Huge Losses, Lloyd's of London Struggles to Survive – Insurance Exchange Seeks to Raise Money and End Disputes with Investors – It's Like a Rubik's Cube. *Wall St. J.*, p. A1, 1995.

30 INGRASSIA, Lawrence; MILBANK, Dana. Market at Risk: Hit by Huge Losses, Lloyd's of London Struggles to Survive – Insurance Exchange Seeks to Raise Money and End Disputes with Investors – It's Like a Rubik's Cube. *Wall St. J.*, p. A1, 1995.

31 NATIONAL ASSOCIATION OF INSURANCE COMMISSIONERS. *Lloyd's*: A Review by U.S. Report of the Examination Team to the Surplus Lines (E) Task Force, 1998, pp. 10-11. Disponível em: http://www.uniset.ca/lloydata/Lloyds_Report_Final_091498.pdf [https://perma.cc/4KCQ-NZJN].

32 Cf., a respeito, EWHC. Ch 1595. *The Names at Lloyd's for the 1992 & Prior Years of Acct*, pp. 1-4. Reino Unido, 2009, WL 1949482.

Há importantes aspectos que distinguem a transação havia entre o Lloyd's e a Equitas das transações que ocorrem atualmente no mercado de *runoff*, tendo essas outras operações diversas formas. No entanto, todas elas compartilham características fundamentais que, em seu conjunto, transformam as incertezas do passado em riscos negociáveis do presente. A subscrição de seguros *runoff* estabelece novo preço para as dívidas, com a vantagem da análise retrospectiva: a administração das apólices de *runoff* consolidam tais dívidas, desenvolvem expertise relevante, identificam e executam rendimentos operacionais. A gestão de ativos de *runoff* assume riscos calculados que estimulam novos fornecedores de capital a adentrar o mercado de *runoff*. Além disso, o financiamento de *runoff* facilita o planejamento a custo mais baixo do processo de *runoff*. Não há dúvida de que os especialistas em *runoff* não executam nenhuma dessas atividades com perfeição, mas eles podem fundadamente afirmar executá-las melhor do que é feito dentro das seguradoras em atividade, para as quais as obrigações em *runoff* são um lembrete desagradável e diminuto dos erros pretéritos de subscrição.

O seguro de *runoff* atua também por meio de um processo retórico e organizacional que se inicia muito antes do estabelecimento do mercado de operações de *runoff*. Esse processo dá nova conceituação a uma quantidade grande e diversificada de relações securitárias individuais, segregando-as em livros separados de passivos securitários havidos no patrimônio que podem ser administrados de forma distinta daquela usada para os negócios ativos da seguradora.

Essa reconceitualização se dá lentamente. Conforme se afasta o momento em que a seguradora emitiu as apólices, os funcionários da seguradora passam a analisar e categorizar as apólices progressivamente conforme os pedidos de indenização e as obrigações assumidas nos demonstrativos financeiros da empresa, em oposição à identidade, atividade e outros aspectos distintivos de cada detentor de apólice que os subscritores da empresa levaram em consideração durante o processo de venda. Profissionais de atuária da empresa controlam os resultados financeiros dos seguros usando estatísticas, como a taxa de subscrição, que compara os prêmios cobrados por blocos de apólices aos prejuízos havidos nestes mesmos blocos. Progressivamente, os profissionais de atuária desenvolvem e propagam a conclusão de que certo bloco específico de apólices – entendido como um conjunto – revelou-se causa de perdas para a empresa e, por conseguinte, que esse grupo de detentores de apólices recebeu mais do que pagou.[33]

---

33 Cf., por exemplo, WEST, John. *Managing the Past in the Future*. EUA: AIRROC Matters, 2013, pp. 12-13 (descrevendo uma situação típica de *runoff* da seguinte forma: "Não há como compensar o custo de pessoal. A taxa de perda do negócio original já ultrapassou há muito tempo 200%. Dos 20 milhões de dólares em reservas existentes, a renda de investimentos está atualmente em cerca de 3,5% por ano. Isso equivale a US$ 700.000. Já

Em algum momento desse processo, os subscritores da empresa decidem não mais vender apólices para esse mercado (ou não cobrir esses tipos de riscos continuamente), confirmando aquilo que as pessoas envolvidas na administração dos pedidos de indenização e das reservas já sabiam: que esse catálogo de apólices não é essencial, tratando-se de um negócio indesejado que não corresponde ao futuro da empresa.[34] Com efeito, esse catálogo de apólices pode até mesmo ameaçar a saúde financeira da empresa, tornando a atividade sobre o catálogo perigosa para os responsáveis, na empresa, pela gestão de indenizações e constituição de reservas. Identificar tal catálogo como "*in runoff*", passando a sua administração a especialistas em *runoff*, mitiga o risco. A retórica e a lógica organizacional do *runoff* torna normal tal processo.[35]

A transição para o *runoff* é uma extensão do processo que ocorre frequentemente nos negócios securitários, na medida em que os detentores de apólices passam, na relação securitária, do momento da venda ao da indenização.[36] Como trabalhos anteriores mostraram, as seguradoras usam diferentes tipos de narrativas a respeito do seguro quando entram em contato com os detentores de apólice durante as vendas e, depois, durante o processo de indenização.

> No primeiro grupo de narrativas – as de venda – as seguradoras prometem proteção integral dos riscos abrangidos por qualquer linha de seguros. No segundo grupo de narrativas – as de indenização –, as seguradoras explicam por qual razão a "proteção integral" abrange, na verdade, um pouco menos. Ou, em outras palavras, que certos riscos não são transferidos à seguradora.[37]

---

esses 10 membros e seus custos associados poderiam totalizar US$1.14 milhão por ano. Já à primeira vista, há uma enorme disparidade entre a renda e a despesa deste negócio antiquado").

34 Para uma alegoria de como isso pode acontecer, cf. FITZPATRICK, Sean M. Fear Is the Key: A Behavioral Guide to Underwriting Cycles. *Conn. Ins. L.J.*, v. 10, n. 2, pp. 270-273, 2004.

35 MANEVAL, Andrew. *Why We Work in "Run-off"*. EUA: AIRROC Matters, 2014, pp. 9-10: O "*run-off*" é uma parte orgânica e necessária de uma indústria saudável de (re)seguros. As empresas precisam testar novos mercados e produtos; muitas vezes, o resultado é um "*runoff*". Em última análise, a maioria das relações se extingue. O que acontece? *Runoff*. As demandas e exigências dos clientes mudam. Resultados? *Runoff*. Especialistas e profissionais dedicados são necessários para lidar com as proteções mais voláteis – e, portanto, mais importantes – da indústria de seguros contra catástrofes.

36 BAKER, Tom. Constructing the Insurance Relationship: Sales Stories, Claims Stories, and Insurance Contract Damages, *Tex. L. Rev.*, v. 72, p. 1397, 1994.

37 Texto original: "*In the first set of stories – the sales stories – insurance companies promise complete protection from the risks addressed by any given line of insurance. In the second set of stories – the claims stories – insurance companies explain why it is that 'complete protection' sometimes amounts to a little less; why it is, in other words, that some risks are not shifted to the insurance company*". BAKER, Tom. Constructing the Insurance Relationship: Sales Stories, Claims Stories, and Insurance Contract Damages, *Tex. L. Rev.*, v. 72, p. 1400, 1994.

As narrativas de venda destacam a vulnerabilidade e a dependência dos segurados, transmitindo a mensagem de que as seguradoras são dignas de confiança no que diz respeito à promessa de oferecer auxílio quando necessário. Por outro lado, as narrativas de indenização realçam os limites do contrato de seguro, a responsabilidade da seguradora em face daqueles que sofrerão o sinistro futuramente e a necessidade de proteger o conjunto dos segurados contra determinados segurados que obtenham vantagens injustas.[38]

As seguradoras reduzem a probabilidade de que esses dois conjuntos de narrativas entrem diretamente em conflito "separando a responsabilidade, dentro da organização, pela divulgação dos dois conjuntos de narrativas".[39] Os departamentos de marketing da empresa articulam as narrativas de venda, ao passo que os departamentos de indenização divulgam as narrativas de indenização. As narrativas de venda persuadem o público a comprar o seguro, ao passo que as narrativas de indenização contribuem para fazer com que as pessoas aceitem que há limites na proteção oferecida pelas seguradoras.[40]

A transição para o *runoff* abrange ainda um terceiro conjunto de narrativas, divulgadas por funcionários com outro conjunto de responsabilidades na organização: os profissionais de *runoff*.[41] As narrativas de *runoff* fazem referência às "obrigações herdadas" que representam um "entrave" no desempenho das atividades securitárias e a que o "capital retido" poderia ser, de outra forma, melhor utilizado.[42] Diferentemente das promessas individuais das narrativas de venda e as obrigações contratuais das narrativas de indenização, as obrigações herdadas constituem uma representação atuarial dos eventuais pagamentos futuros a uma coletividade abstrata. Diferentemente dessas promessas e obrigações, pode-se antecipar e transigir sobre obrigações herdadas e,

38 BAKER, Tom. Constructing the Insurance Relationship: Sales Stories, Claims Stories, and Insurance Contract Damages, *Tex. L. Rev.*, v. 72, pp. 1407-1413, 1994.

39 BAKER, Tom. Constructing the Insurance Relationship: Sales Stories, Claims Stories, and Insurance Contract Damages, *Tex. L. Rev.*, v. 72, pp. 1415-1416, 1994.

40 BAKER, Tom. Constructing the Insurance Relationship: Sales Stories, Claims Stories, and Insurance Contract Damages, *Tex. L. Rev.*, v. 72, pp. 1414-1416, 1994.

41 Tal como no trabalho anterior sobre vendas e indenizações, eu estou simplesmente relatando as narrativas, não as endossando. Cf. BAKER, Tom. Constructing the Insurance Relationship: Sales Stories, Claims Stories, and Insurance Contract Damages, *Tex. L. Rev.*, v. 72, p. 1400, 1994 (apresentando, objetivamente, as narrativas de indenização e de vendas).

42 Cf., por exemplo, RESOLUTION LIFE. *About Us:* How We Operate. Disponível em: https://resolutionlife.com/about-us/how-we-operate/ [https://perma.cc/MWN8-DQFR] ("Muitas seguradoras de vida estão reorganizando seus negócios e alienando unidades secundárias, menos rentáveis ou que exigem capital maior, bem como carteiras de negócios (...). Nós adquirimos e consolidamos seguradoras de vida, aplicando nossa expertise (...) para melhorar seu desempenho, alcançando eficiência operacional").

talvez, atrasá-las ou inadmiti-las. Transigir ou antecipar o pagamento dessas obrigações pode ser algo justo a se fazer, ao menos no caso de grandes empresas seguradas e nas cessões de resseguro (seguradoras que compram resseguro), pois, com a vantagem da retrospectiva, os segurados (cedentes) que compraram determinado (res)seguro obtiveram muito mais do que pagaram.[43]

A ascensão do mercado de *runoff* ampliou as opções das seguradoras para a administração de suas obrigações pretéritas. Saber se esse desenvolvimento beneficiou as seguradoras e as (res)seguradoras é uma questão ainda em aberto. Eu concluo que os benefícios para o mercado de seguro são efetivos, especialmente no que se refere ao *runoff* de obrigações de resseguros; porém, também há, em compensação, questões que geram preocupação, especialmente para segurados como o consumidor ou pequenas e médias empresas.

Avaliar os benefícios e os custos do mercado de *runoff* é questão para outro trabalho. Hoje, temos de reter três coisas. Em primeiro lugar, as seguradoras envolvem-se mais ativamente na administração das incertezas do que o tipo ideal da distribuição pré-fixada de riscos determinados poderia sugerir. Em segundo lugar, os mercados de seguro têm capacidade de inovação para responder a certas surpresas, como as advindas de mudança da lei – assim, por exemplo, a situação do asbesto e da responsabilidade ambiental, que iniciaram a ascensão do *runoff*; surpresas nos ativos do balanço financeiro, tal como a diminuição prolongada e extrema das taxas de juros, que levaram à ascensão do *runoff* no mercado de seguros de vida e de previdência; e, ainda, surpresas advindas de grandes mudanças nos cuidados terminais que, juntamente com a diminuição das taxas de juros, pode levar à ascensão de um mercado de *runoff* para os cuidados médicos de longa duração, mesmo que se reconheça que a análise pormenorizada do *runoff* de cuidados médicos de longa duração aguarda ainda ser objeto de estudo. Em terceiro lugar, como resultado da experiência das seguradoras em administrar incertezas e da capacidade do mercado de seguros em inovar, tais mercados são muito mais resilientes à mudança da lei e outras fontes de incerteza do que o tipo ideal prevalecente poderia sugerir.

---

43 Cf. FITZPATRICK, Sean M. Fear Is the Key: A Behavioral Guide to Underwriting Cycles. *Conn. Ins. L.J.*, v. 10, n. 2, p. 272, 2004 (exemplificando que, após anos de pagamento de indenizações, torna-se certo que a seguradora perderá dinheiro em todos os anos das apólices emitidas). Observe-se que a literatura sobre o mercado de *runoff* e os participantes do mercado de *runoff* que entrevistei empregam exclusivamente esse raciocínio em relação a cedentes e a grandes empresas seguradas, mas não a segurados de varejo, embora minha suspeita seja de que o caso das seguradoras de longo prazo pode ser diverso.

De fato, a ascensão dos seguros de *runoff* sugere que nós talvez tenhamos aprendido a lição errada a partir da experiência pela qual passou a indústria de seguros em relação ao asbesto e à responsabilidade ambiental.[44] Essa experiência envolveu responsabilidade objetiva e retroativa por atividades amplamente postas em prática ao longo de décadas. Para os mineiros e fabricantes de amianto, a responsabilidade imprevista sobreveio por inovações legais ao longo das décadas de 1960 e 1970.[45] Já para os produtores e transportadores de resíduos perigosos, a responsabilidade imprevista sobreveio com a criação da previsão de responsabilidade no começo dos anos 80.[46] Essas responsabilidades recaíram sobre as seguradoras de responsabilidade civil em razão das promessas que elas fizeram em apólices de seguros, datadas dos anos 40, vendidas a mineiros e fabricantes de amianto, a produtores e transportadores de resíduos perigosos, e a proprietários em geral – promessas que não podiam ser novamente precificadas, e para as quais a indústria de seguros não havia previsto nada parecido com as extensas perdas que daí resultaram.[47] Essas obrigações securitárias imprevistas levaram a extensas perdas para as principais seguradoras de responsabilidade civil. Definitivamente, uma das mais importantes inovações do mercado de seguros de responsabilidade civil ao longo do séc. XX é a ascensão dos seguros de *runoff*.[48]

A verdadeira lição que se deve tirar dessa experiência não é a de que os mercados de seguros precisam de absoluta segurança jurídica, mas a de que tais mercados são suficientemente resilientes e inovadores a ponto de conseguir lidar até mesmo com absoluta incerteza jurídica.[49] Se o mercado de seguros de responsabilidade civil pode

---

44 Cf. STEMPEL, Jeffrey W. Assessing the Coverage Carnage: Asbestos Liability and Insurance After Three Decades of Dispute, *Conn. Ins. L.J.*, v. 12, pp. 464-466, 2006 (discutindo os resultados e as lições aprendidas pelas seguradoras com a responsabilidade civil pelo asbesto, particularmente as de estar mais alerta e reagir rapidamente para restringir a cobertura de ilícitos massificados.).

45 Cf., por exemplo. UNITED STATES COURT OF APPEALS. 5º Circuito. *Borel v. Fibreboard Paper Prods. Corp.*, 493 F.2d 1076, 1103, 1973 (reconhecendo o dever de alertar sobre os perigos previsíveis dos produtos, que incumbe aos seus fabricantes, e aplicando esse dever a uma fábrica de asbesto).

46 Cf. CHANG, Howard F. Developments in the Law: Toxic Waste Litigation, *Harv. L. Rev.*, v. 99, pp. 1470-1477; 1511-17, 1986.

47 Cf., por exemplo STEMPEL, Jeffrey W. Assessing the Coverage Carnage: Asbestos Liability and Insurance After Three Decades of Dispute, *Conn. Ins. L.J.*, v. 12, pp. 416-417, 2006 (descrevendo certos casos de insolvência e comprometimento do lucro das seguradoras por causa da cobertura dos casos de asbesto).

48 Cf. STEMPEL, Jeffrey W. Assessing the Coverage Carnage: Asbestos Liability and Insurance After Three Decades of Dispute, *Conn. Ins. L.J.*, v. 12, pp. 416-17, 2006 (discutindo casos de insolvência, comprometimento do lucro, e a mais famosa transação de seguros *runoff*, *Lloyd's Reconstruction and Renewal*).

49 Cf. ABRAHAM, Kenneth S. Environmental Liability and the Limits of Insurance. *Colum. L. Rev.*, v. 88, n.5, pp. 946-947, 1988 ("O seguro lida mais facilmente com eventos estocásticos, nos quais a probabilidade da frequência e a magnitude das perdas seguradas, que serão sofridas por um grupo de segurados, são altamente previsíveis"); BAKER, Tom. Insuring Liability Risks. *Geneva Papers on Risk & Ins.*, v. 29, n. 1, pp. 130-142, 2004 (fornecendo o contexto para entender como a incerteza impactou os mercados de seguros por meio dos riscos

absorver os custos oriundos da responsabilidade objetiva e retroativa por danos causados por amianto e os custos de limpeza de resíduos perigosos, então os estudiosos do direito, os juízes e os legisladores podem concentrar-se na identificação do ponto justo de distribuição de direitos e deveres, e menos no impacto de desestabilização que tal distribuição pode acarretar no mercado securitário.

Nesse aspecto, é importante não considerar exóticas as operações de seguro de *runoff*. A ascensão do *runoff* não criou a necessidade ou a capacidade das seguradoras em administrar a imprevisibilidade. Tal seguro apenas auxiliou a pôr tal aspecto em relevo, fornecendo mais uma demonstração da sua capacidade de administrá-la. Cada apólice de seguro entra em um tipo de *runoff* no momento em que é vendida. As obrigações assumidas em cada apólice são agrupadas e reconceitualizadas dentro de certos conjuntos de responsabilidade, que são avaliados, reavaliados, combinados e recombinados ao longo do tempo. Alguns grupos de responsabilidade têm um desempenho melhor que o esperado; outros, pior. As seguradoras usam os lucros obtidos nos grupos de melhor desempenho para compensar as perdas sofridas nos grupos de pior desempenho. Caso haja muitos grupos com mau desempenho, as seguradoras deverão elevar o preço de suas novas apólices. As seguradoras apoiam suas promessas e obrigações contratuais divulgadas nas suas narrativas de venda e de indenização em cálculo gerais, de forma que elas são capazes de realizar esse tipo de ajuste entre grupos de ativos e passivos ao longo do tempo.

Tais ajustes não são feitos exclusivamente tendo por objeto as obrigações securitárias pretéritas de longo prazo comercializadas no mercado de seguros de *runoff*. Até mesmo obrigações securitárias de curto prazo, como seguros de automóvel e de casa, lidam significativamente com a imprevisibilidade por causa de mudanças nas tecnologias de subscrição e de classificação de risco, inovações no mercado de seguros (por ex., *insurtech*), mudanças nas regras jurídicas de mercados residuais, mudanças na composição ou aceitação de riscos por parte das resseguradoras em determinado mercado, mudanças nas tecnologias de construção de casas e automóveis, e, sem dúvida, mudanças nas regras jurídicas ligadas à responsabilidade securitária.[50] O mercado de *runoff* mira em obrigações de longo prazo não por elas serem especialmente imprevisíveis,

---

de ampliação da responsabilidade civil); GEISTFELD, Mark A. Legal Ambiguity, Liability Insurance, and Tort Reform. *DePaul L. Rev.*, v. 60, n. 2, p. 549, 2011 (discutindo como a incerteza jurídica da responsabilidade civil aumenta a indefinição e interfere na reforma legislativa a respeito dos seguros e da responsabilidade civil).

50 Cf., em geral, BAKER, Tom. Insuring Liability Risks. *Geneva Papers on Risk & Ins.* v. 29, n. 1, pp. 142-143, 2004 (levantando diferentes fatores de risco que contribuem para a incerteza geral dos seguros).

mas antes por sua longa duração fornecer aos especialistas maiores oportunidades de retorno por meio de engenharia financeira ou administração de responsabilidade.[51]

A dinâmica que produziu o mercado de seguros de *runoff* é tão antiga quanto os próprios negócios securitários. As seguradoras sempre ampliaram sua proteção contra prejuízos cuja frequência e magnitude eram desconhecidas, seja dedicando-se a inovar, criando uma nova espécie de seguro para cobrir um novo grupo de riscos - é o que acontece hoje com o seguro de cyber-ativos e ativos digitais),[52] seja revisando a forma padrão das apólices ou, ainda, mantendo a venda das mesmas apólices no mercado securitário do mundo real.[53] A competição praticada entre seguradoras modifica a forma do mercado de seguros; a destruição criativa da atividade assegurada modifica o risco transferido para aquele mercado, e há sempre a possibilidade de mudança das regras jurídicas.[54] Na prática, não há nada parecido com a distribuição pré-fixada de riscos plenamente determináveis.[55] Os negócios securitários são sempre imprevisíveis.[56]

---

51 Cf. BAKER, Tom. Insuring Liability Risks. *Geneva Papers on Risk & Ins.*, v. 29, n. 1, pp. 142-143, 2004 (observando que a abrangência da responsabilidade não cria incertezas, mas, na verdade, as amplia).

52 Cf., por exemplo, BAKER, Tom. Back to the Future of Cyber Insurance, *PLUS J.*, Q3, pp. 4-5, 2019 (fornecendo respostas preliminares à questão de "como as seguradoras conseguiram, por mais de vinte anos, vender seguros contra riscos cibernéticos que seus subscritores não compreendiam [e não podiam compreender] completamente?"); ZUCKERMAN, Adam. Bitcoin Insurance? The Emerging Market for Digital Asset Insurance. *PLUS J.*, Q2, p. 12, 2020 (comentando sobre o mercado de seguros de ativos digitais, independentemente da incerteza geral na área).

53 Cf., por exemplo, ERICSON, Richard V.; DOYLE, Aaron. *Uncertain Business*: Risk, Insurance and the Limits of Knowledge, 2004, pp. 212-284 (expondo sua tese de que a incerteza está em toda parte e, portanto, o seguro é um negócio de incertezas); JAFFEE, Dwight M.; RUSSELL, Thomas. Catastrophe Insurance, Capital Markets, and Uninsurable Risks, *J. Risk & Ins.*, v. 64, pp. 205-230, 1997 (descrevendo - numa compreensão mais matizada de seguros do que a tipicamente havida na literatura jurídica e econômica - como as seguradoras marítimas trataram historicamente de perdas grandes e incertas); cf. também JAFFEE, Dwight. Monoline Restrictions, with Applications to Mortgage Insurance and Title Insurance. *Rev. Indus. Org.*, v. 28, n. 2, pp. 105-106, 2006 (explicando que o seguro *monoline* administra casos de perda extrema por insolvência e que as regras jurídicas que exigem que certos tipos de seguro sejam realizados como seguro *monoline* protegem o grupo maior de seguros contra esse risco de perda extrema). Como Ericson e Doyle demonstraram, mesmo a venda de uma apólice de seguro testada e comprovada num mercado bem estabelecido pode ser uma viagem rumo à incerteza, devido ao dinamismo dos mercados de seguros e dos riscos segurados. ERICSON, Richard V.; DOYLE, Aaron. *Uncertain Business*: Risk, Insurance and the Limits of Knowledge, 2004, p. 47 ("Sob o verniz da certeza, o seguro de vida é um negócio muito incerto.").

54 ERICSON, Richard V.; DOYLE, Aaron. *Uncertain Business*: Risk, Insurance and the Limits of Knowledge, 2004, pp. 46-93; cf. também ERICSON, Richard V.; DOYLE, Aaron. *Uncertain Business*: Risk, Insurance and the Limits of Knowledge, 2004, pp. 133-134 (discutindo o "risco de mudança jurídica").

55 Cf. FITZPATRICK, Sean M. Fear Is the Key: A Behavioral Guide to Underwriting Cycles. *Conn. Ins. L.J.*, v. 10, n. 2, p. 260, 2004 ("O resultado final é de que a incerteza na fixação dos preços [...] está embutida na própria natureza do seguro").

56 ERICSON, Richard V.; DOYLE, Aaron. *Uncertain Business*: Risk, Insurance and the Limits of Knowledge, 2004, p. 47.

Quando nós agimos como se o mercado securitário exigisse riscos determináveis cuja distribuição pudesse ser fixada antecipadamente, nós deixamos de ver as diversas formas com que as seguradoras lidam com a imprevisibilidade. Nós perdemos de vista a resiliência que há nos mercados de seguros, bem como a flexibilidade e a inovação que produzem essa resiliência. Tendo tal resiliência sempre em vista, nós devemos dar menos valor aos argumentos teóricos de que esta ou aquela modificação da responsabilidade civil minará o mercado de seguros.

É hora de os estudos jurídicos atualizarem suas ideias e metáforas sobre seguros, bem como o uso feito das práticas securitárias, em prol de uma compreensão mais realista dos seguros. Os mercadores de seguros, em toda época e local, praticavam o comércio lidando com a imprevisibilidade, e tais mercados desenvolveram formas de transformar a imprevisibilidade em risco administrável. Com esta percepção mais realista dos seguros, os estudos jurídicos podem minimizar suas preocupações a respeito do impacto das mudanças jurídicas no mercado de seguros, ainda que consideremos essenciais tais mercados, pois nós ficaremos mais confiantes de que tais mercados administrarão a mudança jurídica.[57] Os negócios securitários envolvem sempre tanta imprevisibilidade, e as seguradoras dispõem de tantas formas para lidar com ela, que o resultado mais provável será sempre o de que elas continuarão a se adaptar.

BIBLIOGRAFIA

ABRAHAM, Kenneth S. *Distributing Risk*: Insurance, Legal Theory, and Public Policy. New Haven: Yale University Press, 1986.

ABRAHAM, Kenneth S. Environmental Liability and the Limits of Insurance. *Colum. L. Rev.*, v. 88, n. 5, pp. 942-988, 1988.

ABRAHAM, Kenneth S. Four Conceptions of Insurance. *U. Pa. L. Rev.*, v. 161, n. 3, pp. 653-698, 2013.

ALDRED, Carolyn. Lloyd's to Make First Claim on Central Fund's Cover; Claim Will Exhaust Reinsurance Program's Annual Limit. *Bus. Ins.*, p. 17, 2002.

BAKER, Tom. Containing the Promise of Insurance: Adverse Selection and Risk Classification. *In*: ERICSON, Richard V.; DOYLE, Aaron (Ed.). *Risk and Morality*. Toronto: University of Toronto Press, 2003.

57 Cf. SUPREME COURT OF CALIFORNIA. *Anderson v. Owens-Corning Fiberglas Corp.*, 810 P.2d 549, 557–559, 561–563 (Cal. 1991) (Tribunal pleno) (estruturando explicitamente o vício de informação das regras de responsabilidade pelo produto como "soando à negligência", pois uma responsabilidade verdadeiramente objetiva tornaria os distribuidores, de forma ineficiente, em seguradores dos seus próprios produtos; houve dissensão parcial do último juiz da Suprema Corte da Califórnia oriundo da era Traynor, tipicamente expansiva, o juiz Stanley Mosk).

BAKER, Tom. Constructing the Insurance Relationship: Sales Stories, Claims Stories, and Insurance Contract Damages, *Tex. L. Rev.*, v. 72, pp. 1395-1433, 1994.

BAKER, Tom; GRIFFITH, Sean J. *Ensuring Corporate Misconduct*: How Liability Insurance Undermines Shareholder Litigation. Chicago: University of Chicago Press, 2010.

BAKER, Tom. Insuring Liability Risks. *Geneva Papers on Risk & Ins.* v. 29, n. 1, pp. 128-149, 2004.

BAKER, Tom. On the Genealogy of Moral Hazard. *Tex. L. Rev.*, v. 75, n. 2, pp. 237-292, 1996.

BAKER, Tom; GRIFFITH, Sean J. Predicting Corporate Governance Risk: Evidence from the Directors' & Officers' Liability Insurance Market. *Univ. Chi. L. Rev.*, v. 74, n. 2, pp. 487-544, 2007.

BAKER, Tom; SIEGELMAN, Peter. The Law and Economics of Liability Insurance: A Theoretical and Empirical Review. *In*: ARLEN, Jennifer (Ed.). *Research Handbook on the Economics of Torts*. Cheltenham: Edward Elgar Publishing, 2013.

BAKER, Tom. Uncertainty > Risk: Lessons for Legal Thought from the Insurance Runoff Market, *Boston College l. Rev.*, v. 62, pp. 59-108, 2021.

BEN-SHAHAR, Omri; LOGUE, Kyle D. Outsourcing Regulation: How Insurance Reduces Moral Hazard. *Mich. L. Rev.*, v. 111, p. 197, 2012.

BOUGEN, Philip D. Catastrophe Risk. *Econ. & Soc'y*, v. 32, n. 2, pp. 253-274, 2003.

BLACK, Bernard *et al.* Stability, Not Crisis: Medical Malpractice Claim Outcomes in Texas, 1988–2002. *J. Empirical Legal Stud.*, v. 2, n. 2, pp. 207-252, 2005.

BURCHELL, Graham; GORDON, Colin; MILLER, Peter (Ed.). *The Foucault Effect*: Studies in Governmentality. Chicago: The University of Chicago Press, 1991.

CALABRESI, Guido. Some Thoughts on Risk Distribution and the Law of Torts. *Yale L.J.*, v. 70, n. 4, pp. 499-553, 1961.

CARTER, Stephen *et al.* Exit Strategies in the Run-off Market. *Fed'n Def. & Corp. Couns. Q.*, v. 56, p. 219, 2006.

CHANG, Howard F. Developments in the Law: Toxic Waste Litigation. *Harv. L. Rev.*, v. 99, pp. 1458-1661, 1986.

DWORKIN, Ronald. *Sovereign Virtue*: The Theory and Practice of Equality. Cambridge: Harvard University Press, pp. 73-83, 2000.

ENGSTROM, Nora Freeman. Sunlight and Settlement Mills. *N.Y.U. L. Rev.*, v. 86, n. 4, p. 805; 2011.

ERICSON, Richard V. *et al. Insurance as Governance.* Toronto: University of Toronto Press, 2003.

ERICSON, Richard V.; DOYLE, Aaron. *Uncertain Business*: Risk, Insurance and the Limits of Knowledge, 2004.

FITZPATRICK, Sean M. Fear Is the Key: A Behavioral Guide to Underwriting Cycles. *Conn. Ins. L.J.*, v. 10, n. 2, pp. 487-544, 2004.

GEISTFELD, Mark A. Legal Ambiguity, Liability Insurance, and Tort Reform. *DePaul L. Rev.*, v. 60, n. 2, pp. 539-571, 2011.

GRIFFITH, Sean J. Deal Insurance: Representation and Warranty Insurance in Mergers and Acquisitions. *Minn. L. Rev.*, v. 104, pp. 1839-1920, 2020.

HANSMANN, Henry. The Organization of Insurance Companies: Mutual Versus Stock. *J.L. Econ. & Org.*, v. 1, n. 1, pp. 125-153, 1985.

INGRASSIA, Lawrence; MILBANK, Dana. Market at Risk: Hit by Huge Losses, Lloyd's of London Struggles to Survive – Insurance Exchange Seeks to Raise Money and End Disputes with Investors – It's Like a Rubik's Cube. *Wall St. J.*, p. A1, 1995.

JAFFEE, Dwight M.; RUSSELL, Thomas. Catastrophe Insurance, Capital Markets, and Uninsurable Risks, *J. Risk & Ins.*, v. 64, pp. 205-230, 1997.

JAFFEE, Dwight. Monoline Restrictions, with Applications to Mortgage Insurance and Title Insurance. *Rev. Indus. Org.*, v. 28, pp. 83-108, 2006.

JUDGE, Kathryn. The First Year: The Role of a Modern Lender of Last Resort. *Colum. L. Rev.*, v. 116, n. 3, pp. 843-905, 2016.

KNIGHT, Frank H. Risk, *Uncertainty and Profit*. Boston e Nova York: Houghton Mifflin Company, 1921.

LEHTONEN, Turo-Kimmo. Picturing How Life Insurance Matters. *J. Cultural Econ.*, v. 7, n. 3, pp. 308-333, 2014.

MARKOVITS, Daniel. How Much Redistribution Should There Be? *Yale L.J.*, v. 112, n. 8, pp. 2291-2329, 2003.

MARRYAT, Joseph. *Observations upon the Report of the Committee on Marine Insurance*. 2 ed. Londres: J.M. Richardson, 1810.

NATIONAL ASSOCIATION OF INSURANCE COMMISSIONERS. *Lloyd's*: A Review by U.S. Report of the Examination Team to the Surplus Lines (E) Task Force, 1998. Disponível em: http://www.uniset.ca/lloydata/Lloyds_Report_Final_091498.pdf [https://perma.cc/4KCQ-NZJN].

O'MALLEY, Pat. *Risk, Uncertainty and Government*. Londres: Routledge-Cavendish, 2004.

PANTIN, Travis Luis. *A Theory of Insurance Law as Preservative Redistribution*, 2020. Arquivado com o autor.

PARK, James Allan. *A System of the Law of Marine Insurances*: With Three Chapters on Bottomry; on Insurances on Lives; and on Insurances Against Fire. Nova Jersey: The Lawbook Exchange, Ltd., 1790.

PRIEST, George L. The Current Insurance Crisis and Modern Tort Law. *Yale L.J.*, v. 96, n. 7, pp. 1521-1590, 1987.

RAPPAPORT, John. How Private Insurers Regulate Public Police. *Harv. L. Rev.*, v. 130, n. 6, pp. 1539-1614, 2017.

RESOLUTION LIFE. *About Us*: How We Operate. Disponível em: https://resolutionlife.com/about-us/how-we-operate/ [https://perma.cc/MWN8-DQFR].

RUSS, Jason L.; RYAN, Thomas A. The Runoff Environment – Considerations for the Reserving Actuary. *Cas. Actuarial Soc'y F.*, pp. 287-303, outono de 2002. Disponível em: http://www.casact.org/pubs/forum/02fforum/02ff287.pdf.

SHAVELL, Steven. On Liability and Insurance, *Bell J. Econ.*, v. 13, pp. 120-132, 1982.

SIEGELMAN, Peter. Adverse Selection in Insurance Markets: An Exaggerated Threat. *Yale L.J.*, v. 113, n. 6, pp. 1223-1281, 2004.

STEMPEL, Jeffrey W. Assessing the Coverage Carnage: Asbestos Liability and Insurance After Three Decades of Dispute. *Conn. Ins. L.J.*, v. 12, p. 349, 2006.

STONE, Deborah A. The Struggle for the Soul of Health Insurance. J. *Health Pol. Pol'y & Law*, v. 18, n. 2, pp. 287-317, 1993.

TALESH, Shauhin, Legal Intermediaries: How Insurance Companies Construct the Meaning of Compliance with Antidiscrimination Laws. *Law & Pol'y*, v. 37, p. 209, 2015.

VAN HOYWEGHEN, Ine. *Risks in the Making*: Travels in Life Insurance and Genetics. Amsterdam: Amsterdam University Press, 2007.

WADE, John W. On the Effect in Product Liability of Knowledge Unavailable Prior to Marketing. *N.Y.U. L. Rev.*, v. 58, pp. 734-763, 1983.

WEST, John. *Managing the Past in the Future*. EUA: AIRROC Matters, 2013.

WHEAR, David; HAKEN, Bob. Closing Books of Business: The Challenge of Fairness and Finality. *In*: BURLING, Julian; LAZARUS, Kevin (Ed.). *Research Handbook on International Insurance Law and Regulation*. Cheltenham: Edward Elgar Publishing, 2011.

WITT, John Fabian. *The Accidental Republic*: Crippled Workingmen, Destitute Widows, and the Remaking of American Law. Cambridge: Harvard University Press, 2006.

WRIGHT, Charles; FAYLE, C. Ernest. *A History of Lloyd's*: From the Founding of Lloyd's Coffee House to the Present Day. Nova York: Macmillan And Company Limited, 1928.

YEAZELL, Steven C. Re-financing Civil Litigation. *DePaul L. Rev.*, v. 51, n. 2, pp. 183-217, 2001.

Jurisprudência

EWHC. Ch. 1595. *The Names at Lloyd's for the 1992 & Prior Years of Acct*, pp. 1-4. Reino Unido, 2009, WL 1949482.

SUPREME COURT OF CALIFORNIA. *Anderson v. Owens-Corning Fiberglas Corp.*, 810 P.2d 549, 557-559, 561-563 (Cal. 1991).

UNITED STATES COURT OF APPEALS. 5º Circuito. *Borel v. Fibreboard Paper Prods. Corp.*, 493 F.2d 1076, 1103, 1973.

CONFLICTING ACTIONS OF INSURANCE COMPANIES IN THE GLOBAL HEATING CRISIS

Aaron Doyle[1]
Mathieu Charbonneau[2]

INTRODUCTION

It was an honour to be part of the Congress and Forum again, and it is an honour to be part of this volume. Thank you very much to the Brazilian Institute of Insurance Law (IBDS) and to Doctor Ernesto Tzirulnik for the invitation. As I have said before, the IBDS offers a great model for other countries. We need more organizations like this around the world which are independent, not run by the industry, to work for the public good.

This talk builds on a chapter[3] that I wrote with my colleague Doctor Mathieu Charbonneau, who is currently a postdoctoral fellow at the University of Montreal. Our paper discusses the contradictory positions of the insurance industry in the era of climate change.

I am going to start by presenting a vision of insurance because it underlies the rest of this paper. I have discussed this in another previous work with Johannes Brinkmann.[4] As Professor Brinkmann and I have argued, insurance is not just another business. Instead insurance occupies a very special social role. We call this idea insurance exceptionalism. Insurance is an ingenious way of producing mutual help and building a community of support against many of our worst fears and threats. Insurance has a

---

1 Associate Professor at the Department of Sociology and Anthropology, Carleton University (Ottawa, Canada).

2 Postdoctoral Fellow at the Karl Polanyi Institute of Political Economy, Concordia University (Montreal, Canada).

3 CHARBONNEAU, Mathieu; DOYLE, Aaron. The Contradictory Roles of the Insurance Industry in the Era of Climate Change. *In*: HOLLEY, Cameron, PHELAN, Liam; SHEARING, Clifford (Ed.). *Criminology and Climate*: Insurance, Finance, and the Regulation of Harmscapes. Abingdon, UK: Routledge, 2021.

4 DOYLE, A.; BRINKMANN, J. "Notes Toward A New Ethics of Insurance". *In*: TZIRULNIK, Ernesto; BLANCO, Ana Maria; CAVALCANTI, Carolina; XAVIER, Vitor Boaventura (Ed.). *Direito do Seguro Contemporâneo* – Edição Comemorativa dos Anos do IBDS. IBDS: São Paulo, 2021.

distinctive place as a central social institution, like other key institutions, as the law, medicine, and the news media. Lawyers are not just business people, but officers of the court with a public duty to the law and justice. Medical doctors have duties of care to patients that are not just about earning money. The news is not simply a business but is crucial to democracy. My proposition here is that insurance is and should be more than a business. This proposition is aspirational – it is stating an ideal. As Professor Brinkmann and I argued, too often in our current global business environment, insurance has moved a considerable distance from its original idealistic roots.[5] Climate change is becoming the greatest test of this proposition.

Insurers have been planning for climate change for many years. Global warming became a public issue in the late 1980s. Long before that, Munich Reinsurance first warned about climate change. A Munich Re brochure on flood inundation way back in 1973 called attention to "the rising temperature of the earth's atmosphere (as a result of which glaciers and the polar caps recede ...). ... and (said)... its conceivable impact on the long-range risk trend has hardly been examined.[6] So, insurers were among the first to know about climate change.

Brazil saw extreme weather events in 2021 including the floods and drought. In November 2021, as I gave this address, in my home province of British Columbia on the West coast of Canada, where my mother and sister and brother live, extreme weather was leading to catastrophic flooding. Vital highways and railroads to the City of Vancouver were destroyed or incapacitated and some would not reopen for months, threatening the food supply. People died trapped in their cars. Just several months earlier we had record-breaking 40 degree temperatures and a season of infernal forest fires, fires that were incinerating whole towns, reducing them to ashes in minutes. Thus, we had very different catastrophes months apart.[7] In Canada, the cost of claims due to catastrophic natural events has increased by four times since 2009, a dramatic shift which insurers attribute to climate change.[8] Canada's Prime Minister Justin Trudeau

---

5 DOYLE, A.; BRINKMANN, J. "Notes Toward A New Ethics of Insurance". *In*: TZIRULNIK, Ernesto; BLANCO, Ana Maria; CAVALCANTI, Carolina; XAVIER, Vitor Boaventura (Ed.). *Direito do Seguro Contemporâneo* – Edição Comemorativa dos Anos do IBDS. IBDS: São Paulo, 2021.

6 MUNICH RE (1973), quoted from STAHEL, W. In Favour of a Proactive Insurance Approach to Climate Change. *Geneva Papers on Risk and Insurance* – Issues Practice, v. 34, p. 321, 2019. DOI: https://doi.org/10.1057/gpp.2009.17.

7 WATSON, C.; SHEEHY, F.; GUEST, P. How bad is the British Columbia and Pacific Northwest flooding and what caused it? *The Guardian*, 18 nov. 2021. Available at: https://www.theguardian.com/environment/2021/nov/17/pacific-north-west-flooding-british-columbia-washington-state-canada.

8 ROSANES, Mark. How climate change is impacting home insurance rates in Canada. *Insurance Business*, 28 dec. 2021.

said that the impacts of climate change have arrived sooner than expected, and they are devastating.[9] People feel like we have entered a new and very frightening era in which the long-predicted global disaster has already begun to unfold.

Tom Baker's paper in the Congress talked about how insurers could find ways to insure about anything, even in the absence of actuarial data, which is something that Richard Ericson and I argued in our book *Uncertain Business*.[10] I find one of the most scary signs is that I read a report from the Insurance Institute of Canada recently that said that if business as usual continues with climate change, by the end of the century, there will be severe weather damage that will be uninsurable.[11]

What can insurers do in this time of great challenge? I've been thinking about causes of inaction on climate change, causes of the lack of movement by governments, business, and other actors. Some of these causes are related to problems of collective action, problems of getting individuals and organizations to work together in the common good, and especially getting different nations to work together. Some of the causes of inaction are challenges around time and temporality, problems of getting various actors to respond to challenges with long temporal horizons.[12] Some of the causes of inaction are to do with uncertainty and limited risk knowledge. All of these challenges are challenges that insurance is well suited to address. Insurance is fundamentally about the collective working together, insurance is a global industry that works across national borders, insurance is about managing risks with uncertain temporality with very extended time horizons, and insurance is fundamentally about managing threats in conditions of uncertainty.

Insurers have various roles in relation to climate change and I will sketch these roles while showing how they exist in tension with one another. Underlying this are tensions about whether insurance retains its original normative core as a mechanism of social solidarity for the collective good. One key tension once insurance is demutualized is tension between the solidarity of the original collective and a second pool in

9 STOBER, E; BOYNTON, S. Trudeau says B.C. flooding shows climate change impacts have arrived "sooner than expected". *Global News*, 24 nov. 2021. Available at: https://globalnews.ca/news/8399294/bc-flooding-canada-emergency-debate/. Accessed: 30 mar. 2022.

10 ERICSON, R. V.; DOYLE, A. *Uncertain Business*. Risk, Insurance, and the Limits of Knowledge. Toronto: University of Toronto Press, 2004.

11 INSURANCE BUREAU OF CANADA (IBC). *Climate Risks*: Implications for the Insurance Institute of Canada. Available at: https://www.insuranceinstitute.ca/-/media/CIP-Society/2020-Climate-Risks-Report/IIC-2020-ClimateRisks-Report.pdf?la=en&hash=D7C1F4CF5BD68952FB61CFF14985CD97. Accessed: 30 mar. 2022.

12 ELLIOTT, R. Insurance and the temporality of climate ethics: Accounting for climate change in US flood insurance. *Economy and Society*, v. 50, n. 2, pp. 173-195, 2021.

publicly owned companies, which is the shareholder pool. Thus, the original risk pool is pitted against the doctrine of shareholder value.

The conventionally understood role of insurers is as financial protector through paying compensation for losses. The ways this role plays out in specific insurance contexts is negotiated in tandem with state institutions. A first point is that only some problems can be fixed with money. If climate change kills, money cannot help. Beyond that, insurers' protector role may be constrained by the profit motive and pursuing shareholder value, given that, unlike the state, private insurers have no formal mandate to protect all citizens. There is however an unstated imperative to strive to protect all consumers inherent in the notion of insurance exceptionalism, the idea that insurance is not just another business.[13] Private insurance can operate as a profound mechanism of social solidarity, socialising risk among the insured in an inclusive risk pool. However, the extent to which private insurance socializes risk in practice varies from insurance pool to insurance pool, depending on decisions of the insurer about who is included and at what premium. Indeed, especially in the neo-liberal era, private insurance has been marked by the unpooling of risk, segmentation, and inequality among populations.[14] Insurers increase premiums for the more risky, and may simply exclude the bad risks in certain pools, or insurers may decide to step out of some markets, partially or altogether. For example, facing $24 billion US dollars in losses due to unprecedented climate-change-driven wildfires in California in 2017 and 2018, insurers refused to renew tens of thousands of home insurance policies. Insurers dropped so many policies that the California government had to introduce a moratorium on cancelling home insurance policies.[15] Many other California homes saw massive premium increases. Thus growing numbers of California residents, especially those most at risk, one out of every 12 homes in California is now at high risk of wildfire. This is occurring at a time when insurers also see climate change as a time of great growth and opportunity. For example, a new report from Swiss Re said "Climate risks will be a main driver of the growth in property insurance. We estimate that climate risks will

---

13 DOYLE, A.; BRINKMANN, J. "Notes Toward A New Ethics of Insurance". *In*: TZIRULNIK, Ernesto; BLANCO, Ana Maria; CAVALCANTI, Carolina; XAVIER, Vitor Boaventura (Ed.). *Direito do Seguro Contemporâneo – Edição Comemorativa dos Anos do IBDS*. IBDS: São Paulo, 2021.

14 ERICSON, R. V., DOYLE, A.; BARRY, D. *Insurance as Governance*. Toronto: Toronto University Press, 2003.

15 CALIFORNIA DEPARTMENT OF INSURANCE (CDI). *New data shows insurance is becoming harder to find as a result of wildfires*. Los Angeles: California Department of Insurance, 2019. Available at: http://www.insurance.ca.gov/0400-news/0100-press-releases/2019/release063-2019.cfm. Accessed 25 may 2020; STONE, A. Insurers struggle to address climate risk. *Forbes*, 30 jan. 2020. Available at: https://www.forbes.com/sites/andystone/2020/01/30/climate-change-will-make-more-of-the-world-uninsurable/#61ba207655a5. Accessed: 25 may 2020.

grow the global property risk pool by 33-41%, generating USD 149-183 billion of new premiums by 2040".[16]

The situation with flood insurance is similar. Private flood insurance could increasingly be limited to "high reward areas where insurance is available to those with the ability to pay rising premiums",[17] "leaving...the high risks to the state".[18] Climate risk insurance will become too expensive for the poorer segments. Flood insurance regimes are negotiated between insurers and governments, and the availability of flood insurance is very uneven across and within different nations. At a time of massive flooding, private flood insurance coverage remains very limited in Canada.[19] As the Insurance Bureau of Canada reports, flood insurance is likely unaffordable for the 10% of homeowners who need it the most: those living on floodplains and in other areas at high risk of flooding...[20] As we are now seeing, many Canadian policy-holders assume they are covered by flood insurance when they are not. Also flood risk is spreading geographically and many homeowners are not realizing they now live in flood prone areas and may need flood insurance.

In an ideal model, lack of insurance or rising premiums might incentivize or force consumers to relocate to safer areas or take other preventive measures. This ideal world does not exist. It is based on a series of faulty assumptions: that consumers are rational – often no – that consumers understand their insurance coverage – often no – that consumers have the choice and the resources to move – often no – that there are available measures that could mitigate climate related risks – often no.

As Rebecca Elliott notes

> as other risks, currently privately underwritten, intensify under climate change, like wind and wildfire, increasing premiums may mean that more and more people cannot afford to buy their way into private networks of risk sharing. These people may be left to the state

---

16 HOLZHEU, Thomas. *Sigma 4/2021* – More risk: the changing nature of P&C insurance opportunities to 2040. Swiss Re, 6 sep. 2021. Available at: https://www.swissre.com/institute/research/sigma-research/sigma-2021-04.html Accessed: 30 mar. 2022.

17 JOHNSON, L. Catastrophic fixes: Cyclical devaluation and accumulation through climate change impacts. *Environment and Planning A*, v. 47, n. 12, p. 2503, 2015. DOI: https://doi.org/10.1177/0308518X15594800.

18 ELLIOTT, R. Who Pays for the Next Wave? The American Welfare State and Responsibility for Flood Risk. *Politics & Society*, v. 45, n. 3, p. 434, 2017. DOI: https://doi.org/10.1177/0032329217714785.

19 LAMOND, J. and PENNING-ROWSELL, E. The robustness of flood insurance regimes given changing risk resulting from climate change. *Climate Risk Management*, v. 2, pp. 1-10, 2014. DOI: https://doi.org/10.1016/j.crm.2014.03.001.

20 INSURANCE BUREAU OF CANADA (IBC). *Facts of the Property and Casualty Insurance Industry in Canada 2016*, p. 45. Available at: http://assets.ibc.ca/Documents/Facts%20Book/Facts_Book/2016/Facts-Book-2016.pdf.

to handle, and a "splintering protectionism" generated, in which increasing burdens are unequally felt by different citizens.[21]

Marginalised people who experience various kinds of inequality – for example, the poor or racialized – tend to be more impacted by climate change to start with, for many reasons.[22] Inequalities in the availability of insurance compound these harms to poor and racialized people.

Covering climate risks is of course increasingly risky for insurers themselves and reinsurance becomes ever more crucial. Climate change-induced catastrophes generate potential "risk aggregation" or "hyper-correlation" issues for insurers: catastrophic risks that, because of their engulfing multidimensional nature, threaten to swamp front-line insurers who may be providing multiple lines of insurance in affected regions. As Tom Baker was saying to the Congress in his paper, insurance is frequently working outside of ideal-typical circumstances, operating in conditions of uncertainty without reliable actuarial calculations. Ideally, insured risks must be independent in space and across different insurance markets to be manageably underwritten, in order to avoid insurers being overwhelmed by a causally-related wave of claims in different types of insurance.[23] Extreme weather catastrophes, for example major hurricanes like hurricane Katrina in 2005 or hurricane Ida in 2021, can trigger massive claims over large geographical areas and across many insurance lines (like, life, home, car, business interruption, liability and so on.) Another market-based response has been transfer of risks through catastrophe bonds[24] which may use parametric insurance, in which an environmental index value is used to trigger insurance payouts.

Beyond simply compensating policy holders, a second very important role of insurance is as a resistor of and mitigator of climate change. Insurers have incentives not simply to cover risks; insurers can also intervene actively in the risk environment and try to reduce the effects of climate change. Insurance functions in many ways as

21 ELLIOTT, R. Who Pays for the Next Wave? The American Welfare State and Responsibility for Flood Risk. *Politics & Society*, v. 45, n. 3, p. 431, 2017. DOI: https://doi.org/10.1177/0032329217714785.

22 OPPENHEIMER, M. *et al.* (Ed.) *Climate Change 2014*: Impacts, Adaptation, and Vulnerability. Part A: Global and Sectoral Aspects. Contribution of Working Group II to the Fifth Assessment Report of the Intergovernmental Panel of Climate Change. New York: Cambridge University Press, pp. 1039-1099, 2014.

23 FREEMAN, P. K.; SCOTT, K. Catastrophic Risks and Insurance. *In*: MESSY, F.-A. Messy; OECD (Ed.). *Comparative analysis of large scale catastrophe compensation schemes*. Paris: Organisation for Economic Co-operation and Development, pp.187-234, 2005.

24 KEUCHEYAN, R. Insuring Climate Change: New Risks and the Financialization of Nature: Debate: Insuring Climate Change. *Development and Change*, v. 49, n. 2, pp. 489-492, 2018. DOI: https://doi.org/10.1111/dech.12367.

a form of governance beyond the state, negotiating different risk regimes with the state,[25] and this is apparent in the governance of climate change. Insurers have various motivations: insurers have all the same reasons as ordinary citizens to resist climate change, insurers have children and grandchildren like the rest of us, although insurers' expert knowledge may make them even more aware of the effects of global heating as the legacy they pass on to their children. Many in the industry do have a sense that insurers have a special social responsibility and insurance is not just a business. Fighting climate change also helps promote positive public perceptions of the industry at a time when the industry faces reputational risks. Beyond that, insurance claims operations may also be more profitable if climate-change-related claims are minimised, especially in particular contexts if insurers are constrained in their ability to raise premiums. At the same time, insurers talk about climate change as a moment of great opportunity for the industry.[26]

Reinsurers in particular have the motivation, resources, expertise, and global reach to play a significant role in fighting climate change. As Turo-Kimmo Lehtonen[27] notes, "reinsurance companies are leading global actors in enlightening governments, investors and stakeholders about the horrors of climate change". However, the existence of reinsurance to some extent creates incentives which may inhibit insurers from pursuing loss prevention initiatives more thoroughly. Insurance arrangements may feature what Richard Ericson and myself called "moral risk". "Moral risk" is the tendency by which insurance may sometimes paradoxically encourage risky behaviour. Insurance arrangements not only lead to risky behaviour by insured parties – which is well known as "moral hazard". Insurance can also encourage risky behaviour by insurers themselves. Part of the social duty of insurers as an exceptional social institution is to guard against it. As Leigh Johnson[28] has argued, insurance and reinsurance can have the paradoxical effect of supporting the status quo when its absence might force various forms of adaptation, including fighting climate change or mitigating its effects.[29]

---

25 ERICSON, R. V., DOYLE, A.; BARRY, D. *Insurance as Governance*. Toronto: Toronto University Press, 2003; ERICSON, R. V.; DOYLE, A. *Uncertain Business*. Risk, Insurance, and the Limits of Knowledge. Toronto: University of Toronto Press, 2004.; BAKER, T. Insurance in Sociolegal Research. *Annual Review of Law and Social Science*, v. 6, pp. 433-447, 2010.

26 LEHTONEN, T.-K. Objectifying Climate Change: Weather-Related Catastrophes as Risks and Opportunities for Reinsurance. *Political Theory*, v. 45, n. 1, pp. 32-51, 2017. DOI: https://doi.org/10.1177/0090591716680684.

27 LEHTONEN, T.-K. Objectifying Climate Change: Weather-Related Catastrophes as Risks and Opportunities for Reinsurance. *Political Theory*, v. 45, n. 1, pp. 32-51, 2017. DOI: https://doi.org/10.1177/0090591716680684.

28 JOHNSON, L. Catastrophic fixes: Cyclical devaluation and accumulation through climate change impacts. *Environment and Planning A*, v. 47, n. 12, pp. 2503-2521, 2015. DOI: https://doi.org/10.1177/0308518X15594800.

29 O'HARE, P. A.; WHITE, I.;CONNELLY, A. Insurance as maladaptation: Resilience and the 'business as usual' paradox. Environment and Planning C: *Government and Policy*, v. 34, n. 6, pp. 1175-1193, 2015.

For example, with financial risk transfer mechanisms in place, insurers and reinsurers might not feel directly incentivised to promote and contribute to the adaptation of buildings, infrastructures and the environment to climate change.[30]

Even so, insurers have often been active in the fight against climate change. For example the Insurance Bureau of Canada, the Canadian property and casualty insurance industry trade association, are pushing to foster "climate resilience"[31] working with governments in flood risk reduction and climate change adaptation, including six steps: "Educate and empower consumers to mitigate"; "Improve land-use planning"; "Make targeted infrastructure investments"; "Improve building codes"; "Share data"; and "Preserve and restore wetlands".[32] Similarly, through its involvement in the Munich Climate Insurance Initiative, for example, the industry works with research institutes and non-governmental agencies and attempts to help adaptation to climate change globally, including in developing countries with little insurance coverage.[33]

Insurers also use insurance arrangements to compel insured people to take further preventive measures. For example, in America, coverage subsidized by the National Flood Insurance Program incentivizes communities implementing measures, such as floodplain management and building standards.[34] Insurers can also use rebates on catastrophe bonds to incentivize governments to take preventive measures.

However, insurer loss prevention efforts can also sometimes be selective and exclude some people. For example, with California wildfires, insurers have employed their own private fire crews to try to reduce damage and cut claims.[35] Private fire crews travel into evacuation zones in trucks equipped with water tanks and hoses – though their sole task is to protect specific insured homes.[36] No insurance, no help from the private fire fighters.

---

30 JOHNSON, L. Catastrophic fixes: Cyclical devaluation and accumulation through climate change impacts. *Environment and Planning A*, v. 47, n. 12, pp. 2503-2521, 2015. DOI: https://doi.org/10.1177/0308518X15594800.

31 See, e.g., INSURANCE BUREAU OF CANADA (IBC). *2018 Facts of the Property and Casualty Insurance Industry in Canada*. Available at: http://assets.ibc.ca/Documents/Facts%20Book/Facts_Book/2018/IBC-Fact-Book-2018.pdf. Accessed: 25 may 2020.

32 INSURANCE BUREAU OF CANADA (IBC). *2018 Facts of the Property and Casualty Insurance Industry in Canada*, p. 49. Available at: http://assets.ibc.ca/Documents/Facts%20Book/Facts_Book/2018/IBC-Fact-Book-2018.pdf. Accessed: 25 may 2020.

33 MUNICH CLIMATE INSURANCE INITIATIVE. Available at: https://climate-insurance.org/. Accessed: 30 mar. 2022.

34 FEMA. *Community Rating System*. Available at: https://www.fema.gov/floodplain-management/community-rating-system. Accessed 30 mar. 2022.

35 VARIAN, E. While California Fires Rage, The Rich Hire Private Firefighters. *New York Times*, 26 out. 2019. Available at: https://www.nytimes.com/2019/10/26/style/private-firefighters-california.html. Accessed: 25 may 2020.

36 CAGLE, S.; HO, V. "Not our mission": private fire crews protect insured, not the public. *The Guardian*, 3 nov. 2019. Available at: https://www.theguardian.com/us-news/2019/nov/03/not-our-mission-private-fire-crews-protect-the-insured-not-the-public.

A third role of insurers is they have a very important position on the public and media stage as 'objective' risk experts. When advocates want to demonstrate that climate change is a reality, advocates will do this by pointing out that the insurance industry treats climate change as real. Climate change is real because insurance companies say it is real. Insurers thus have an important symbolic role, insurers have a particular kind of symbolic capital, in the fight against climate change. As Jessica Weinkle notes, climate scientists, frustrated by a lack of international policy movement on climate change, have tried to ally with the insurance industry to help promote recognition of the seriousness of climate change risk.[37] With this important symbolic role as climate risk experts, insurers also have a global responsibility. It is revealing about contemporary modes of truth that scientists today must rely on business to claim that their position is objective. The relationship between the insurance industry and climate science is complex and politicised. Jessica Weinkle[38] argues,

> The extent to which the insurance industry directs, funds, and validates the production and use of science for estimating risk is itself a full blown political enterprise that functions to prioritize industry interests in views of hurricane risk and potentially narrow the broader discussion of disaster losses to the single solution of insurance pricing....the science of hurricane behavior is uncertain and vast enough that scientists can create modeled risk estimates to suit the needs of insurers depending on what they wish to accomplish as they compete against one another in the market and interact with regulators.

INSURANCE AS FACILITATOR OF CLIMATE CHANGE

So far I have discussed how insurers work to compensate for, and mitigate against climate change, and how insurers can take on a key symbolic role as climate change experts. Another very different type of role in tension with all that, is that insurers are also major facilitators of climate change that they are guarding against. To give a simple example, auto insurance is a product that indirectly but centrally fuels climate change. Auto insurance makes driving happen. In Canada, our government has introduced a carbon tax on gasoline to disincentivize driving. In the same way, auto insurance could also be priced to discourage driving, especially with pay per mile or pay per kilometre insurance.

---

37 WEINKLE, J. Experts, regulatory capture, and the "governor's dilemma": The politics of hurricane risk science and insurance. *Regulation and Governance*, pp. 1-16, may 2019.

38 WEINKLE, J. Experts, regulatory capture, and the "governor's dilemma": The politics of hurricane risk science and insurance. *Regulation and Governance*, pp. 1; 8, may 2019.

Beyond that, the availability of various insurance coverage is also one of the key financial conditions enabling the development of fossil fuel projects, such as offshore oil rigs or oil sands extraction and oil pipeline projects in Canada. These oil projects depend on insurance. In our chapter I talked about how major insurance companies Chubb and Zurich increased their coverage of Canada's controversial Trans Mountain oil pipeline. As one environmental activist said, "Any (insurance) company that claims to care about the climate and human rights cannot insure (the) Trans Mountain (oil pipeline) while it presses ahead with plans to enable a huge expansion of some of the world's dirtiest oil".[39] However, after our chapter was published, at the US Open Tennis tournament in September 2021, Chubb was a co-sponsor, and at the tennis tournament the activist group Insure Our Future unveiled a 15 foot inflatable balloon doll of the Chubb Chief Executive Officer Evan Greenberg along with signs saying "Stop Insuring Dirty Fossil Fuels". A week later Chubb withdrew its insurance coverage of the pipeline project.[40] As the Canadian Press reports, "in the past three years, 23 major global insurance companies have adopted policies that end or limit insurance for the coal industry, and nine insurers have ended or limited insurance for the Canadian oilsands".[41]

Another key role is that insurers also provide liability insurance coverage for corporations as well as their directors and officers who may be sued for contributing to climate change. Massive law suits against companies or groups of companies for knowingly contributing to climate change have become increasingly common. As KMPG notes,

> recent estimates suggest that there have been close to 1,000 climate change related class action lawsuits filed in 25 countries. The American state of Rhode Island, for example, filed a suit that alleges 21 companies knowingly contributed to climate change and failed to adequately warn citizens about the risks posed by their products.[42]

---

39 COHN, C., JESSOP, S.; HUSSAIN, N. Major insurers increase cover for Trans-Mountain oil pipeline – filings. *Reuters*, 12 may 2020. Available at: https://www.reuters.com/article/canada-pipeline-climate-insurance/major-insurers-increase-cover-for-trans-mountain-oil-pipeline-filings-idUSL8N2CP83Q. Accessed 25 may 2020.

40 BREAKING: Trans Mountain Loses 16th Insurer as Industry Giant Chubb Walks Away. *The Energy Mix*, 14 sep. 2021. Available at: https://www.theenergymix.com/2021/09/14/breaking-trans-mountain-loses-16th-insurer-as-industry-giant-chubb-walks-away/.

41 STEPHENSON, A. Insurance industry limiting fossil fuel exposure amid growing climate threat. *Global News*, 23 aug. 2021. Available at: https://globalnews.ca/news/8134754/insurance-industry-limiting-fossil-fuel-exposure-climate-threat/. Accessed: 30 mar. 2022.

42 KPMG. *Combating Climate Risks*: The Future of Insurance. Available at: https://home.kpmg/xx/en/home/insights/2019/03/combating-climate-risks-the-future-of-insurance-fs.html. Accessed 25 may 2020.

Such lawsuits are one way in which governments may finance the costs of dealing with climate change. There are many unresolved legal questions about whether these lawsuits would be covered by their liability insurance.

The industry journal *Canadian Underwriter* reports:

> This liability coverage will likely be tested in the courts... particularly by the major energy producers that are likely to be subject to repeated legal action. Insurers may be challenged when they refuse to defend policyholders (who are sued for contributing to climate change)... it remains to be seen whether climate liability risk will represent the next asbestos or tobacco liability risk for the insurance industry.[43]

A new report from Swiss Re predicted that climate liability is going to be a massive exposure for the industry.[44]

INSURANCE AS INVESTOR IN CLIMATE CHANGE

A final type of role in tension with the others is that insurers are massive investors in oil and other fossil fuels. The insurance industry is one of the largest global investors and controls vast oceans of capital from premiums collected.[45] A massive piece of these investments is in oil, and other fossil fuels. Their vast financial holdings mean that private insurers potentially might exert considerable power, as shareholders, over the governance of these enterprises. They also can withdraw the money.

Critics say the insurance industry is slow to divest relative to other institutional investors. Critics also say that oil and other fossil fuel investments are becoming increasingly financially risky. Trillions of dollars in carbon reserves will have to remain unused in order to limit climate change and so fossil fuel investments that may not have a future.

On 1st July 2019, major insurer, Chubb Ltd., became "the first U.S. insurer to phase out its coal investments and insurance policies [by 2022], saying [...] it will no longer

43 GAMBRILL, D. How climate change may heat up your liability lines. *Canadian Underwriter*, 7 feb. 2020. Available at: https://www.canadianunderwriter.ca/climate-change/how-climate-change-may-heat-up-your-liability-lines-1004173608/. Accessed 25 may 2020.

44 VISCHER, Anja. Liability premiums to soar 150% by 2040 due to social trends, tech and climate change. *Swiss Re*, 28 oct. 2021. Available at: https://www.swissre.com/institute/research/sigma-research/Economic-Insights/social-trends-emerging-risks-drive-liability-exposure-growth.html Accessed: 30 mar. 2022.

45 ERICSON, R. V., DOYLE, A.; BARRY, D. *Insurance as Governance*. Toronto: Toronto University Press, 2003.

invest in companies that make more than 30% of their revenue from coal mining".[46] In general insurance companies have been better at divesting from coal than oil.

In June of 2021, the US state of Connecticut became the first jurisdiction to legislate that their insurance regulator will have the mandate to push insurers to bring their investments and underwriting in line with science-based emissions reduction targets.[47] I think we can expect a lot more of that from governments.

In July 2021, eight of the world's largest insurance companies – including Swiss Re, Zurich Insurance Group and Aviva – committed to transitioning their portfolios to net-zero greenhouse gas emissions by 2050.[48] 2050 is a long way off, though.

CONCLUSION

To conclude, this chapter has talked about five contradictory roles of insurance in relation to climate change, these different roles of insurers are in tension with each other, and reflect underlying tensions in the institution itself. It is perhaps not surprising, given the size and complexity of the insurance industry, and the ways in which insurance is intertwined with so many aspects of contemporary societies, that there are tensions. There are also many tensions and contradictory tendencies in government.

Insurers are in a great position to lead the climate change fight because of their ability to work in partnership with the state to provide coverage and mitigation for climate risks, because of their specialized knowledge of climate risks and their symbolic position on the public stage as risk experts, and their ability to apply pressure to fossil fuel industries through various pressure points such as limiting coverage of oil and coal projects, limiting liability coverage for climate risks, and divesting from fossil fuels.

However, there are specific features of the insurance industry that may hinder their responses to climate change including the fact that insurers' risk management efforts may be constrained by the profit motive and the tension between the broad collective it originally served and the new collective of shareholders, that insurers are not broadly publicly accountable unlike governments, and that private insurance is

46 VOLCOVICI, V.; NAIR, S. S. U.S. insurer Chubb pulls back from coal. *Reuters*, 1st jul. 2019. Available at: https://www.reuters.com/article/us-chubb-ltd-ch-coal-policy-idUSKCN1TW3I2. Accessed: 25 may 2020.

47 IN GLOBAL FIRST, Connecticut Passes Bill Addressing Insurers' Participation in Risky Fossil Fuel Finance. *Citizen.org*, 21 jun. 2021. Available at: https://www.citizen.org/news/in-global-first-connecticut-passes-bill-addressing-insurers-participation-in-risky-fossil-fuel-finance/. Accessed: 30 mar. 2022.

48 BIG INSURANCE COMPANIES launch net-zero climate alliance. *The Economic Times*, 11 jul. 2021. Available at: https://economictimes.indiatimes.com/industry/banking/finance/insure/big-insurance-companies-launch-net-zero-climate-alliance/articleshow/84318266.cms?from=mdr.

marked by iatrogenic tendencies – the dark side of insurance – that create moral risks even as it guards against other risks.

These tendencies could undermine the insurance industry's potential role in leading the fight, but they do not have to undermine it. An interesting unresolved question for me I did not have time to get into in the talk is around temporality and the relative ability of insurers or governments to deal with risk with a long horizon.

We very urgently all need to do more to fight climate change, you and I, but also and especially insurance companies. Insurers need to do more, urgently. Insurance is not just another business but occupies a special place as a global risk manager. Insurance can and should be a leader in this fight.

BIBLIOGRAPHY

BAKER, T. Insurance in Sociolegal Research. *Annual Review of Law and Social Science*, v. 6, pp. 433-447, 2010.

BIG INSURANCE COMPANIES launch net-zero climate alliance. *The Economic Times*, 11 jul. 2021. Available at: https://economictimes.indiatimes.com/industry/banking/finance/insure/big-insurance-companies-launch-net-zero-climate-alliance/articleshow/84318266.cms?from=mdr.

BREAKING: Trans Mountain Loses 16th Insurer as Industry Giant Chubb Walks Away. *The Energy Mix*, 14 sep. 2021. Available at: https://www.theenergymix.com/2021/09/14/breaking-trans-mountain-loses-16th-insurer-as-industry-giant-chubb-walks-away/.

CAGLE, S.; HO, V. "Not our mission": private fire crews protect insured, not the public. *The Guardian*, 3 nov. 2019. Available at: https://www.theguardian.com/us-news/2019/nov/03/not-our-mission-private-fire-crews-protect-the-insured-not-the-public.

CALIFORNIA DEPARTMENT OF INSURANCE (CDI). *New data shows insurance is becoming harder to find as a result of wildfires*. Los Angeles: California Department of Insurance, 2019. Available at: http://www.insurance.ca.gov/0400-news/0100-press-releases/2019/release063-2019.cfm. Accessed 25 may 2020.

CHARBONNEAU, Mathieu; DOYLE, Aaron. The Contradictory Roles of the Insurance Industry in the Era of Climate Change. *In*: HOLLEY, Cameron, PHELAN, Liam; SHEARING, Clifford (Ed.). *Criminology and Climate*: Insurance, Finance, and the Regulation of Harmscapes. Abingdon, UK: Routledge, 2021.

COHN, C., JESSOP, S.; HUSSAIN, N. Major insurers increase cover for Trans-Mountain oil pipeline – filings. *Reuters*, 12 may 2020. Available at: https://www.reuters.com/article/canada-pipeline-climate-insurance/major-insurers-increase-cover-for-trans-mountain-oil--pipeline-filings-idUSL8N2CP83Q. Accessed 25 may 2020.

DOYLE, A.; BRINKMANN, J. "Notes Toward A New Ethics of Insurance". *In*: TZIRULNIK, Ernesto; BLANCO, Ana Maria; CAVALCANTI, Carolina; XAVIER, Vitor Boaventura (Ed.). *Direito do Seguro Contemporâneo* – Edição Comemorativa dos Anos do IBDS. IBDS: São Paulo, 2021.

ELLIOTT, R. Who Pays for the Next Wave? The American Welfare State and Responsibility for Flood Risk. *Politics & Society*, v. 45, n. 3, pp. 415-440, 2017. DOI: https://doi.org/10.1177/0032329217714785.

ELLIOTT, R. Insurance and the temporality of climate ethics: Accounting for climate change in US flood insurance. *Economy and Society*, v. 50, n. 2, pp. 173-195, 2021.

ERICSON, R. V.; DOYLE, A. *Uncertain Business*. Risk, Insurance, and the Limits of Knowledge. Toronto: University of Toronto Press, 2004.

ERICSON, R. V., DOYLE, A.; BARRY, D. *Insurance as Governance*. Toronto: Toronto University Press, 2003.

FEMA. *Community Rating System*. Available at: https://www.fema.gov/floodplain-management/community-rating-system. Accessed 30 mar. 2022.

FREEMAN, P. K.; SCOTT, K. Catastrophic Risks and Insurance. *In*: MESSY, F.-A. Messy; OECD (Ed.). *Comparative analysis of large scale catastrophe compensation schemes*. Paris: Organisation for Economic Co-operation and Development, pp.187-234, 2005.

GAMBRILL, D. How climate change may heat up your liability lines. *Canadian Underwriter*, 7 feb. 2020. Available at: https://www.canadianunderwriter.ca/climate-change/how-climate--change-may-heat-up-your-liability-lines-1004173608/. Accessed 25 may 2020.

HOLZHEU, Thomas. Sigma 4/2021 – More risk: the changing nature of P&C insurance opportunities to 2040. *Swiss Re*, 6 sep. 2021. Available at: https://www.swissre.com/institute/research/sigma-research/sigma-2021-04.html Accessed: 30 mar. 2022.

IN GLOBAL FIRST, Connecticut Passes Bill Addressing Insurers' Participation in Risky Fossil Fuel Finance. *Citizen.org*, 21 jun. 2021. Available at: https://www.citizen.org/news/in-global-first-connecticut-passes-bill-addressing-insurers-participation-in-risky-fossil-fuel-finance/. Accessed: 30 mar. 2022.

INSURANCE BUREAU OF CANADA (IBC). *Facts of the Property and Casualty Insurance Industry in Canada 2016*. Available at: http://assets.ibc.ca/Documents/Facts%20Book/Facts_Book/2016/Facts-Book-2016.pdf. Accessed: 25 may 2020.

INSURANCE BUREAU OF CANADA (IBC). *2018 Facts of the Property and Casualty Insurance Industry in Canada*. Available at: http://assets.ibc.ca/Documents/Facts%20Book/Facts_Book/2018/IBC-Fact-Book-2018.pdf. Accessed: 25 may 2020.

INSURANCE BUREAU OF CANADA (IBC). *Climate Risks*: Implications for the Insurance Institute of Canada. Available at: *https://www.insuranceinstitute.ca/-/media/CIP-Society/2020-Climate-Risks-Report/IIC-2020-ClimateRisks-Report.pdf?la=en&hash=D7C1F4CF5B-D68952FB61CFF14985CD97*. Accessed: 30 mar. 2022.

JOHNSON, L. Catastrophic fixes: Cyclical devaluation and accumulation through climate change impacts. *Environment and Planning A*, v. 47, n. 12, pp. 2503–2521, 2015. DOI: https://doi.org/10.1177/0308518X15594800.

KEUCHEYAN, R. Insuring Climate Change: New Risks and the Financialization of Nature: Debate: Insuring Climate Change. *Development and Change*, v. 49, n. 2, pp. 484–501, 2018. DOI: https://doi.org/10.1111/dech.12367.

KPMG. *Combating Climate Risks*: The Future of Insurance. Available at: https://home.kpmg/xx/en/home/insights/2019/03/combating-climate-risks-the-future-of-insurance-fs.html. Accessed 25 may 2020.

LAMOND, J. and PENNING-ROWSELL, E. The robustness of flood insurance regimes given changing risk resulting from climate change. *Climate Risk Management*, v. 2, pp. 1-10, 2014. DOI: https://doi.org/10.1016/j.crm.2014.03.001.

LEHTONEN, T.-K. Objectifying Climate Change: Weather-Related Catastrophes as Risks and Opportunities for Reinsurance. *Political Theory*, v. 45, n. 1, pp. 32–51, 2017. DOI: https://doi.org/10.1177/0090591716680684.

MUNICH CLIMATE INSURANCE INITIATIVE. Available at: https://climate-insurance.org/. Accessed: 30 mar. 2022.

O'HARE, P. A.; WHITE, I.;CONNELLY, A. Insurance as maladaptation: Resilience and the 'business as usual' paradox. *Environment and Planning C: Government and Policy*, v. 34, n. 6, pp. 1175-1193, 2015.

OPPENHEIMER, M. *et al.* (Ed.) *Climate Change 2014:* Impacts, Adaptation, and Vulnerability. Part A: Global and Sectoral Aspects. Contribution of Working Group II to the Fifth Assessment Report of the Intergovernmental Panel of Climate Change. New York: Cambridge University Press, pp. 1039-1099, 2014.

ROSANES, Mark. How climate change is impacting home insurance rates in Canada. *Insurance Business*, 28 dec. 2021.

STAHEL, W. In Favour of a Proactive Insurance Approach to Climate Change. *Geneva Papers on Risk and Insurance* - Issues Practice, v. 34, pp. 319–322, 2019. DOI: https://doi.org/10.1057/gpp.2009.17.

STEPHENSON, A. Insurance industry limiting fossil fuel exposure amid growing climate threat. *Global News*, 23 aug. 2021. Available at: https://globalnews.ca/news/8134754/insurance-industry-limiting-fossil-fuel-exposure-climate-threat/. Accessed: 30 mar. 2022.

STOBER, E; BOYNTON, S. Trudeau says B.C. flooding shows climate change impacts have arrived "sooner than expected". *Global News*, 24 nov. 2021. Available at: https://globalnews.ca/news/8399294/bc-flooding-canada-emergency-debate/. Accessed: 30 mar. 2022.

STONE, A. Insurers struggle to address climate risk. *Forbes*, 30 jan. 2020. Available at: https://www.forbes.com/sites/andystone/2020/01/30/climate-change-will-make-more-of-the-world-uninsurable/61ba207655a5. Accessed: 25 may 2020.

VARIAN, E. While California Fires Rage, The Rich Hire Private Firefighters. *New York Times*, 26 out. 2019. Available at: https://www.nytimes.com/2019/10/26/style/private-firefighters-california.html. Accessed: 25 may 2020.

VISCHER, Anja. Liability premiums to soar 150% by 2040 due to social trends, tech and climate change. *Swiss Re*, 28 oct. 2021. Available at: https://www.swissre.com/institute/research/sigma-research/Economic-Insights/social-trends-emerging-risks-drive-liability-exposure-growth.html Accessed: 30 mar. 2022.

VOLCOVICI, V.; NAIR, S. S. U.S. insurer Chubb pulls back from coal. *Reuters*, 1st jul. 2019. Available at: https://www.reuters.com/article/us-chubb-ltd-ch-coal-policy-idUSKCN1TW3I2. Accessed: 25 may 2020.

WATSON, C.; SHEEHY, F.; GUEST, P. How bad is the British Columbia and Pacific Northwest flooding and what caused it? *The Guardian*, 18 nov. 2021. Available at: https://www.theguardian.com/environment/2021/nov/17/pacific-north-west-flooding-british-columbia-washington-state-canada.

WEINKLE, J. Experts, regulatory capture, and the "governor's dilemma": The politics of hurricane risk science and insurance. *Regulation and Governance*, pp. 1-16, may 2019.

Atuações conflitantes das seguradoras na crise do aquecimento global

Aaron Doyle[1]
Mathieu Charbonneau[2]

INTRODUÇÃO

Foi uma honra fazer parte do Congresso e do Fórum novamente, assim como também é uma honra fazer parte deste volume. Muito obrigado ao Instituto Brasileiro de Direito de Seguros (IBDS) e ao Dr. Ernesto Tzirulnik pelo convite. Como disse antes, o IBDS oferece um grande exemplo para outros países. Precisamos de mais organizações como essa no mundo inteiro, isto é, que sejam independentes, e não coordenadas pelo próprio setor, para trabalhar pelo bem público.

Essa palestra se baseia num capítulo[3] que escrevi com meu colega, Dr. Mathieu Charbonneau, que atualmente é pós-doutorando na Universidade de Montreal. Nosso trabalho discute as posições contraditórias do setor de seguros na era da mudança climática.

Vou começar apresentando uma visão de seguro, uma vez que ela subjaz a todo esse trabalho. Discuti isso em outro trabalho anterior com Johannes Brinkmann.[4] Como o professor Brinkmann e eu argumentamos, os seguros não são apenas mais um negócio. Em vez disso, eles ocupam um papel social muito destacado. Chamamos a essa visão dos seguros *excepcionalismo*. Os seguros são uma forma engenhosa de

1 Professor Associado ao Departamento de Sociologia e Antropologia, Universidade de Carleton (Ottawa, Canadá).

2 Pesquisador de Pós-Doutorado no Instituto Karl Polanyi de Economia Política, Universidade de Concórdia (Montreal, Canadá).

3 CHARBONNEAU, Mathieu; DOYLE, Aaron. The Contradictory Roles of the Insurance Industry in the Era of Climate Change. *In*: HOLLEY, Cameron, PHELAN, Liam; SHEARING, Clifford (Ed.). *Criminology and Climate: Insurance, Finance, and the Regulation of Harmscapes*. Abingdon, UK: Routledge, 2021.

4 DOYLE, A.; BRINKMANN, J. "Notes Toward A New Ethics of Insurance". *In*: TZIRULNIK, Ernesto; BLANCO, Ana Maria; CAVALCANTI, Carolina; XAVIER, Vitor Boaventura (Ed.). *Direito do Seguro Contemporâneo* – Edição Comemorativa dos Anos do IBDS. IBDS: São Paulo, 2021.

produzir ajuda mútua e construir uma comunidade de apoio contra muitos de nossos piores medos e ameaças. Os seguros têm um lugar próprio, na qualidade de instituição social central, tal como outras instituições-chave, a exemplo do direito, da medicina e da imprensa. Os advogados não são meros empresários, mas também agem junto a tribunais com deveres públicos perante a lei e a justiça. Os médicos têm deveres de cuidado em relação aos pacientes, que tampouco se resumem apenas a ganhar dinheiro. A mídia, por sua vez, não é simplesmente um negócio, mas desempenha papel crucial para a democracia. Minha proposta aqui é que o seguro é e deve ser mais do que um mero negócio. Essa proposta é *aspiracional*, isso é, ela declara um ideal. Como o professor Brinkmann e eu argumentamos, com demasiada frequência em nosso atual ambiente global de negócios, os seguros se distanciaram consideravelmente de suas raízes idealistas originais.[5] A mudança climática está se tornando o maior teste desta afirmação.

As seguradoras têm se planejado para a mudança climática há muitos anos. O aquecimento global tornou-se uma questão pública no final dos anos 80. Ainda antes disso, a Munich Reinsurance advertiu pela primeira vez sobre a mudança climática. Um folheto da Munich Re sobre inundações, em 1973, chamou a atenção para "o aumento da temperatura da atmosfera terrestre" (razão pela qual as geleiras e as calotas polares recuam (...). (...) e [disse que] "(...) seu possível impacto na tendência do risco a longo prazo pouco fora averiguado".[6] Portanto, as seguradoras estavam entre as primeiras a saber sobre a mudança climática.

O Brasil assistiu a eventos climáticos extremos em 2021, incluindo enchentes e seca. Em novembro de 2021, ao dar essa conferência, a minha província natal, British Columbia, na costa oeste do Canadá, onde minha mãe, minha irmã e meu irmão vivem, viu a situação climática extrema levar a inundações catastróficas. Rodovias e ferrovias vitais para a cidade de Vancouver foram destruídas ou danificadas, de modo que algumas não reabriram durante meses, pondo em risco o fornecimento de alimentos. Pessoas morriam presas em seus carros. Apenas alguns meses antes tivemos temperaturas recordes de 40 graus e uma estação de incêndios florestais infernais, incêndios esses que incineraram cidades inteiras, reduzindo-as a cinzas em minutos.

---

5 DOYLE, A.; BRINKMANN, J. "Notes Toward A New Ethics of Insurance". *In*: TZIRULNIK, Ernesto; BLANCO, Ana Maria; CAVALCANTI, Carolina; XAVIER, Vitor Boaventura (Ed.). *Direito do Seguro Contemporâneo* – Edição Comemorativa dos Anos do IBDS. IBDS: São Paulo, 2021.

6 MUNICH RE (1973), citado por STAHEL, W. In Favour of a Proactive Insurance Approach to Climate Change. *Geneva Papers on Risk and Insurance* – Issues Practice, v. 34, p. 321, 2019. DOI: https://doi.org/10.1057/gpp.2009.17. 321.

Assim, tivemos catástrofes muito diferentes a meses de distância.[7] No Canadá, o custo das indenizações devidas por eventos naturais catastróficos aumentou quatro vezes desde 2009, uma modificação dramática que as seguradoras atribuem à mudança climática.[8] O primeiro-ministro canadense, Justin Trudeau, disse que os impactos da mudança climática chegaram mais cedo do que o esperado, e são devastadores.[9] As pessoas sentem como se tivéssemos entrado numa era nova e muito assustadora, na qual o desastre global, de há muito previsto, já começou a se desdobrar.

O trabalho de Tom Baker no Congresso versou sobre como as seguradoras poderiam encontrar formas de segurar quaisquer riscos, mesmo na ausência de dados atuariais, o que é algo que Richard Ericson e eu abordamos em nosso livro *Uncertain Business*.[10] Acho que um dos sinais mais assustadores é que li recentemente um relatório do Instituto de Seguros do Canadá que dizia que se os negócios continuarem na forma que têm atualmente, haverá, com as mudanças climáticas até o final do século, graves danos climáticos que não poderão ser assegurados.[11]

O que as seguradoras podem fazer nesse momento de grande desafio? Tenho pensado nas causas da inércia diante da mudança climática, seja por parte dos governos, seja das empresas ou ainda de outros atores. Algumas dessas causas estão relacionadas a problemas de ação coletiva, como a tarefa de levar a que indivíduos e organizações trabalhem juntos pelo bem comum, e, especialmente, a de conseguir que nações diferentes trabalhem juntas. Algumas das causas da inércia são os desafios em torno do tempo e da temporalidade e de conseguir que vários atores respondam a desafios com horizontes temporais extensos.[12] Algumas das causas da inércia têm a ver, por sua vez, com a incerteza e a limitação do conhecimento sobre os riscos. Todos esses são desafios que os seguros enfrentam com adequação. Os seguros compõem-se

---

7 WATSON, C.; SHEEHY, F.; GUEST, P. How bad is the British Columbia and Pacific Northwest flooding and what caused it? *The Guardian*, 18 nov. 2021. Disponível em: https://www.theguardian.com/environment/2021/nov/17/pacific-north-west-flooding-british-columbia-washington-state-canada.

8 ROSANES, Mark. How climate change is impacting home insurance rates in Canada. *Insurance Business*, 28 dez. 2021.

9 STOBER, E; BOYNTON, S. Trudeau says B.C. flooding shows climate change impacts have arrived "sooner than expected". *Global News*, 24 nov. 2021. Disponível em: https://globalnews.ca/news/8399294/bc-flooding--canada-emergency-debate/. Acesso em: 30 mar. 2022.

10 ERICSON, R. V.; DOYLE, A. *Uncertain Business*. Risk, Insurance, and the Limits of Knowledge. Toronto: University of Toronto Press, 2004.

11 INSURANCE BUREAU OF CANADA (IBC). *Climate Risks*: Implications for the Insurance Institute of Canada. Disponível em: https://www.insuranceinstitute.ca/-/media/CIP-Society/2020-Climate-Risks-Report/IIC-2020-ClimateRisks-Report.pdf?la=en&hash=D7C1F4CF5BD68952FB61CFF14985CD97. Acesso em: 30 mar. 2022.

12 ELLIOTT, R. Insurance and the temporality of climate ethics: Accounting for climate change in US flood insurance. *Economy and Society*, v. 50, n. 2, pp. 173-195, 2021.

fundamentalmente de trabalho coletivo: são uma indústria global que trabalha além das fronteiras nacionais, envolvendo gerenciamento de riscos com temporalidade incerta e com horizontes de tempo muito estendidos. Em suma, os seguros dizem respeito fundamentalmente ao gerenciamento de ameaças em condições de incerteza.

As seguradoras exercem vários papéis em relação à mudança climática, e eu vou esboçar tais papéis enquanto mostro como eles se mantêm em tensão uns com os outros. Subjacentes, há tensões que dizem respeito à manutenção do núcleo normativo original dos seguros como um mecanismo de solidariedade social para o bem coletivo. Trata-se de uma tensão-chave, uma vez que o fato de o seguro ser não mutualista representa uma tensão entre a solidariedade da coletividade original e um segundo grupo, nas empresas de capital aberto, que é o grupo dos acionistas. Assim, o grupo de risco original é posto contra a teoria do valor do acionista.

O papel convencionalmente atribuído às seguradoras é o de proteção financeira por meio do pagamento de indenizações em caso de perdas. As formas com que esse papel é desempenhado em contextos específicos de seguros são objeto de negociação em conjunto com as instituições públicas. Um primeiro ponto é que apenas alguns problemas podem ser resolvidos com dinheiro. Se a mudança climática mata, o dinheiro não pode ajudar. Além disso, o papel de proteção das seguradoras pode ser limitado pela busca do lucro e pela busca da maximização do valor do acionista, dado que, ao contrário do Estado, as seguradoras privadas não têm formalmente o dever de proteger todos os cidadãos. Há, no entanto, um mandamento implícito de buscar proteger todos os consumidores, o que é inerente à noção do *excepcionalismo* dos seguros, isto é, a ideia de que o seguro não é apenas mais um mero negócio.[13]

Os seguros privados podem operar como um profundo mecanismo de solidariedade social, socializando o risco entre os segurados em um agrupamento de risco inclusivo. Entretanto, a medida com que o seguro privado socializa o risco na prática varia de um grupo de seguros para outro, dependendo das decisões da seguradora sobre quem está incluído e o valor do prêmio. De fato, especialmente na era neoliberal, o seguro privado tem sido marcado pela desintegração do risco, pela segmentação e pela desigualdade entre as populações.[14] As seguradoras aumentam os prêmios para os grupos de maior risco, e podem simplesmente excluir os riscos ruins em certos grupos, ou, ainda, as seguradoras podem decidir sair de alguns mercados, parcial ou totalmente.

13 DOYLE, A.; BRINKMANN, J. "Notes Toward A New Ethics of Insurance". *In*: TZIRULNIK, Ernesto; BLANCO, Ana Maria; CAVALCANTI, Carolina; XAVIER, Vitor Boaventura (Ed.). *Direito do Seguro Contemporâneo – Edição Comemorativa dos Anos do IBDS*. IBDS: São Paulo, 2021.

14 ERICSON, R. V., DOYLE, A.; BARRY, D. *Insurance as Governance*. Toronto: Toronto University Press, 2003.

Por exemplo, ao enfrentar US$ 24 bilhões em perdas devido a incêndios florestais sem precedentes na Califórnia em 2017 e 2018, as seguradoras se recusaram a renovar dezenas de milhares de apólices de seguro residencial. As seguradoras recusaram tantas propostas de seguro que o governo da Califórnia teve que declarar moratória sobre o cancelamento de apólices de seguro residencial.[15] Muitas outras residências da Califórnia viram um aumento significativo dos prêmios. Assim, há um número crescente de moradores da Califórnia em áreas de alto risco: mais precisamente, uma em cada 12 casas na Califórnia está agora sob alto risco de incêndio. Isso está ocorrendo num momento em que as seguradoras também veem a mudança climática como uma época de grande crescimento e oportunidade. Por exemplo, um novo relatório da Swiss Re afirmou: "Os riscos climáticos serão um dos principais motores do crescimento dos seguros de imóvel. Estimamos que os riscos climáticos farão crescer o grupo global de riscos imobiliários em 33-41%, gerando US$ 149 a 183 bilhões de novos prêmios até 2040".[16]

A situação do seguro contra enchentes é semelhante. O seguro privado contra enchentes poderia ser cada vez mais limitado a "áreas de alto valor, onde o seguro está disponível para aqueles com capacidade de pagar prêmios crescentes",[17] "deixando (...) os altos riscos para o Estado".[18] O seguro contra riscos climáticos se tornará muito caro para os segmentos mais pobres. Os regimes de seguro contra inundações são negociados entre seguradoras e governos, e a disponibilidade de seguros contra inundações é muito desigual entre e dentro de diferentes nações. Numa época de grandes inundações, a cobertura de seguro privado contra inundações permanece muito limitada no Canadá.[19] Como informa o Insurance Bureau of Canada, o seguro contra enchentes é

---

15 CALIFORNIA DEPARTMENT OF INSURANCE (CDI). *New data shows insurance is becoming harder to find as a result of wildfires.* Los Angeles: California Department of Insurance, 2019. Disponível em: http://www.insurance.ca.gov/0400-news/0100-press-releases/2019/release063-2019.cfm. Acesso em: 25 maio 2020; STONE, A. Insurers struggle to address climate risk. *Forbes*, 30 jan. 2020. Disponível em: https://www.forbes.com/sites/andystone/2020/01/30/climate-change-will-make-more-of-the-world-uninsurable/#61ba207655a5. Acesso em: 25 maio 2020.

16 Texto original: "Climate risks will be a main driver of the growth in property insurance. We estimate that climate risks will grow the global property risk pool by 33-41%, generating USD 149-183 billion of new premiums by 2040". HOLZHEU, Thomas. Sigma 4/2021 – More risk: the changing nature of P&C insurance opportunities to 2040. Swiss Re, 6 set. 2021. Disponível em: https://www.swissre.com/institute/research/sigma-research/sigma-2021-04.html Acesso em: 30 mar. 2022.

17 JOHNSON, L. Catastrophic fixes: Cyclical devaluation and accumulation through climate change impacts. Environment and Planning A, v. 47, n. 12, p. 2503, 2015. DOI: https://doi.org/10.1177/0308518X15594800.

18 ELLIOTT, R. Who Pays for the Next Wave? The American Welfare State and Responsibility for Flood Risk. *Politics & Society*, v. 45, n. 3, p. 434, 2017. DOI: https://doi.org/10.1177/0032329217714785.

19 LAMOND, J. and PENNING-ROWSELL, E. The robustness of flood insurance regimes given changing risk resulting from climate change. *Climate Risk Management*, v. 2, pp. 1-10, 2014. DOI: https://doi.org/10.1016/j.crm.2014.03.001.

provavelmente inacessível aos 10% dos proprietários que mais precisam dele: aqueles que vivem em planícies aluviais e em outras áreas com alto risco de enchentes (...).[20] Como estamos vendo agora, muitos segurados canadenses assumem que estão cobertos por seguros contra inundações quando, na verdade, não estão. Também o risco de inundação está se espalhando geograficamente, e muitos proprietários não estão percebendo que agora vivem em áreas propensas a inundações, podendo vir a precisar de seguro contra inundações.

Num modelo ideal, a falta de seguro ou o aumento dos prêmios poderia incentivar ou forçar os consumidores a se mudarem para áreas mais seguras ou a tomarem outras medidas preventivas. Esse mundo ideal não existe. Ele se baseia numa série de suposições errôneas: por exemplo, que os consumidores são racionais, mas frequentemente não o são; que os consumidores compreendem a cobertura de seu seguro, mas frequentemente não compreendem; que os consumidores têm a escolha e os recursos para se mudar, mas frequentemente não os têm; e, por fim, que há medidas disponíveis que poderiam mitigar os riscos relacionados ao clima, mas frequentemente não as há.

Como observa Rebecca Elliott:

> como outros riscos, atualmente segurados de forma privada, se intensificam com a mudança climática, tal como os de furacão e de incêndio, o aumento dos prêmios pode significar que mais e mais pessoas não possam se dar ao luxo de comprar sua entrada em redes privadas de compartilhamento de riscos. Essas pessoas podem ser deixadas a cargo do Estado, gerando um "protecionismo fragmentado", no qual ônus crescentes são desigualmente suportados por diferentes cidadãos.[21]

As pessoas marginalizadas que experimentam vários tipos de desigualdade – por exemplo, pessoas pobres ou de cor – tendem a ser mais afetadas pelas mudanças climáticas, por diversas razões.[22] A desigualdade na disponibilidade de seguros agrava esses danos às pessoas pobres e de cor.

---

20 INSURANCE BUREAU OF CANADA (IBC). *Facts of the Property and Casualty Insurance Industry in Canada 2016*, p. 45 Disponível em: http://assets.ibc.ca/Documents/Facts%20Book/Facts_Book/2016/Facts-Book-2016.pdf. Acesso em: 25 maio 2020.

21 Texto original: "as other risks, currently privately underwritten, intensify under climate change, like wind and wildfire, increasing premiums may mean that more and more people cannot afford to buy their way into private networks of risk sharing. These people may be left to the state to handle, and a 'splintering protectionism' generated, in which increasing burdens are unequally felt by different citizens". ELLIOTT, R. Who Pays for the Next Wave? The American Welfare State and Responsibility for Flood Risk. Politics & Society, v. 45, n. 3, p. 431, 2017. DOI: https://doi.org/10.1177/0032329217714785.

22 OPPENHEIMER, M. *et al.* (Ed.) *Climate Change 2014*: Impacts, Adaptation, and Vulnerability. Part A: Global and Sectoral Aspects. Contribution of Working Group II to the Fifth Assessment Report of the Intergovernmental Panel of Climate Change. Nova York: Cambridge University Press, pp. 1039-1099, 2014.

A cobertura dos riscos climáticos é, naturalmente, cada vez mais arriscada para as próprias seguradoras, tornando-se o resseguro cada vez mais essencial. As catástrofes produzidas pelas mudanças climáticas geram questões potenciais de "agregação de riscos" ou "hipercorrelação" para as seguradoras: riscos catastróficos que, devido à sua natureza multidimensional, ameaçam sobrecarregar as seguradoras da linha de frente que podem estar disponibilizando múltiplas linhas de seguro nas regiões afetadas. Como Tom Baker disse ao Congresso em seu trabalho, o seguro está frequentemente trabalhando fora das circunstâncias ideais, isto é, operando em condições de incerteza sem cálculos atuariais confiáveis. Idealmente, os riscos segurados devem ser independentes no espaço e em diferentes mercados de seguros, para serem subscritos de forma gerenciável, a fim de evitar que as seguradoras sejam sobrecarregadas por uma onda de indenizações pela mesma causa em diferentes tipos de seguros.[23] Catástrofes climáticas extremas como os grandes furacões Katrina, em 2005, ou o Ida, em 2021, podem desencadear sinistros imensos em grandes áreas geográficas e em muitas linhas de seguro (como os de vida, de imóvel, de automóvel, de negócios, de responsabilidade civil etc.). Outra resposta voltada ao mercado tem sido a transferência de riscos por meio de títulos de catástrofe,[24] que podem utilizar seguros paramétricos, nos quais o valor de índice ambiental é usado para desencadear o pagamento do seguro.

Além de simplesmente indenizar os segurados, o segundo papel muito importante dos seguros é o de resistência e mitigação da mudança climática. As seguradoras têm incentivos não apenas para cobrir riscos: elas também podem intervir ativamente no ambiente de risco, tentando reduzir os efeitos da mudança climática. O seguro funciona, de diversas maneiras, como forma de governança para além do Estado, negociando diferentes regimes de risco com o Estado,[25] o que é evidente na governança da mudança climática. As seguradoras têm várias motivações: elas têm as mesmíssimas razões que os cidadãos comuns para resistir às mudanças climáticas: os seguradores têm filhos e netos como o resto de nós, embora o conhecimento especializado dos seguradores possa torná-los ainda mais conscientes dos efeitos do aquecimento global como legado que

---

23 FREEMAN, P. K.; SCOTT, K. Catastrophic Risks and Insurance. *In*: MESSY, F.-A. Messy; OECD (Ed.). *Comparative analysis of large scale catastrophe compensation schemes*. Paris: Organisation for Economic Co-operation and Development, pp.187-234, 2005.

24 Cf. KEUCHEYAN, R. Insuring Climate Change: New Risks and the Financialization of Nature: Debate: Insuring Climate Change. *Development and Change*, v. 49, n. 2, pp. 489-492, 2018. DOI: https://doi.org/10.1111/dech.12367.

25 ERICSON, R. V., DOYLE, A.; BARRY, D. *Insurance as Governance*. Toronto: Toronto University Press, 2003; ERICSON, R. V.; DOYLE, A. *Uncertain Business*. Risk, Insurance, and the Limits of Knowledge. Toronto: University of Toronto Press, 2004; BAKER, T. Insurance in Sociolegal Research. *Annual Review of Law and Social Science*, v. 6, pp. 433-447, 2010.

transmitem aos seus filhos. Muitos no setor têm a sensação de que as seguradoras têm uma responsabilidade social especial, e de que o seguro não é apenas um negócio. O combate às mudanças climáticas também ajuda a promover publicamente uma percepção positiva do setor num momento em que ele enfrenta riscos na sua reputação. Além disso, as operações de indenizações securitárias também podem ser mais lucrativas se as indenizações relacionadas às mudanças climáticas forem minimizadas, especialmente em contextos particulares, se as seguradoras forem limitadas na sua capacidade de aumentar os prêmios. Ao mesmo tempo, as seguradoras falam das mudanças climáticas como um momento de grande oportunidade para o setor.[26]

As resseguradoras, em particular, têm a motivação, os recursos, a experiência e o alcance global para desempenhar um papel significativo no combate à mudança climática. Como observa Turo-Kimmo Lehtonen, "as resseguradoras são líderes globais no esclarecimento de governos, investidores e partes interessadas sobre os horrores da mudança climática".[27] Entretanto, a existência de resseguros, até certo ponto, cria incentivos que podem inibir as seguradoras de buscar iniciativas de prevenção de perdas de forma mais completa. Os acordos de seguro podem apresentar o que Richard Ericson e eu mesmo chamamos de "risco moral". O "risco moral" é a tendência com base na qual os seguros podem, por vezes e paradoxalmente, encorajar comportamentos de risco. Os planos de seguro não apenas levam ao comportamento arriscado por parte dos segurados, o que é bem conhecido como "risco moral". O seguro também pode encorajar o comportamento arriscado nas próprias seguradoras. Parte do dever social das seguradoras, como instituição social excepcional, é se precaver contra isso. Como Leigh Johnson[28] argumentou, seguros e resseguros podem ter o efeito paradoxal de apoiar o *status quo* quando sua ausência forçar várias formas de adaptação, incluindo o combate às mudanças climáticas ou a mitigação de seus efeitos.[29] Por exemplo, com mecanismos de transferência de riscos financeiros em vigor, seguradoras e resseguradoras podem não se sentir diretamente incentivadas a

---

26 LEHTONEN, T.-K. Objectifying Climate Change: Weather-Related Catastrophes as Risks and Opportunities for Reinsurance. *Political Theory*, v. 45, n. 1, pp. 32–51, 2017. DOI: https://doi.org/10.1177/0090591716680684.

27 Texto original: "reinsurance companies are leading global actors in enlightening governments, investors and stakeholders about the horrors of climate change". LEHTONEN, T.-K. Objectifying Climate Change: Weather--Related Catastrophes as Risks and Opportunities for Reinsurance. Political Theory, v. 45, n. 1, pp. 32–51, 2017. DOI: https://doi.org/10.1177/0090591716680684.

28 JOHNSON, L. Catastrophic fixes: Cyclical devaluation and accumulation through climate change impacts. *Environment and Planning A*, v. 47, n. 12, pp. 2503–2521, 2015. DOI: https://doi.org/10.1177/0308518X15594800.

29 Ver também O'HARE, P. A.; WHITE, I.; CONNELLY, A. Insurance as maladaptation: Resilience and the 'business as usual' paradox. *Environment and Planning C: Government and Policy*, v. 34, n. 6, pp. 1175–1193, 2015.

promover e contribuir para a adaptação de edifícios, das infraestruturas e do meio ambiente às mudanças climáticas.[30]

Mesmo assim, as seguradoras têm desempenhado frequentemente um papel ativo na luta contra a mudança climática. Por exemplo, o Insurance Bureau of Canada e a Canadian Property and Casualty Insurance Industry Trade Association estão pressionando para promover a "resiliência climática",[31] trabalhando com os governos na redução de riscos de inundações e adaptação às mudanças climáticas, o que inclui seis etapas: "Educar e capacitar os consumidores para a mitigação"; "Melhorar o planejamento do uso da terra"; "Fazer investimentos direcionados em infraestrutura"; "Melhorar as práticas de construção"; "Compartilhar dados"; e "Preservar e restaurar áreas úmidas".[32] Da mesma forma, por meio de seu envolvimento na Munich Climate Insurance Initiative, por exemplo, a indústria trabalha com institutos de pesquisa e agências não governamentais, tentando ajudar na adaptação às mudanças climáticas em todo o mundo, inclusive nos países em desenvolvimento com pouca cobertura de seguro.[33]

As seguradoras também utilizam contratos de seguro para obrigar os segurados a tomar outras medidas preventivas. Por exemplo, na América, a cobertura subsidiada pelo Programa Nacional de Seguro contra Inundações incentiva as comunidades a implementar medidas, tais como gerenciamento de planícies de inundação e normas de construção.[34] As seguradoras também podem utilizar descontos em títulos de catástrofe para incentivar os governos a tomar medidas preventivas.

Entretanto, os esforços de prevenção de perdas da seguradora também podem, às vezes, ser seletivos, excluindo algumas pessoas. Por exemplo, com os incêndios florestais na Califórnia, as seguradoras empregaram suas próprias equipes privadas de bombeiros para tentar reduzir os danos e diminuir os sinistros.[35] As equipes de

---

30 JOHNSON, L. Catastrophic fixes: Cyclical devaluation and accumulation through climate change impacts. *Environment and Planning A*, v. 47, n. 12, pp. 2503-2521, 2015. DOI: https://doi.org/10.1177/0308518X15594800.

31 Ver, por exemplo, INSURANCE BUREAU OF CANADA (IBC). *2018 Facts of the Property and Casualty Insurance Industry in Canada*. Disponível em: http://assets.ibc.ca/Documents/Facts%20Book/Facts_Book/2018/IBC-Fact-Book-2018.pdf. Acesso em: 25 maio 2020.

32 INSURANCE BUREAU OF CANADA (IBC). *2018 Facts of the Property and Casualty Insurance Industry in Canada*, p. 49. Disponível em: http://assets.ibc.ca/Documents/Facts%20Book/Facts_Book/2018/IBC-Fact-Book-2018.pdf. Acesso em: 25 maio 2020.

33 MUNICH CLIMATE INSURANCE INITIATIVE. Disponível em: https://climate-insurance.org/. Acesso em: 30 mar. 2022.

34 FEMA. *Community Rating System*. Disponível em: https://www.fema.gov/floodplain-management/community-rating-system. Acesso em 30 mar. 2022.

35 VARIAN, E. While California Fires Rage, The Rich Hire Private Firefighters. *New York Times*, 26 out. 2019. Disponível em: https://www.nytimes.com/2019/10/26/style/private-firefighters-california.html. Acesso em: 25 maio 2020.

bombeiros particulares viajam para zonas de evacuação em caminhões equipados com tanques de água e mangueiras, embora sua única tarefa seja proteger casas específicas seguradas.[36] Sem seguro, não há a ajuda dos bombeiros particulares.

Um terceiro papel das seguradoras é que elas têm uma posição muito importante na esfera pública e na mídia na qualidade de especialistas em riscos "objetivos". Quando seus defensores quiserem demonstrar que a mudança climática é uma realidade, eles farão isso apontando que o setor de seguros trata a mudança climática como real. A mudança climática é real porque as seguradoras dizem que ela é real. Assim, as seguradoras desempenham um importante papel simbólico, dispondo de um tipo particular de capital simbólico na luta contra a mudança climática. Como Jessica Weinkle observa, os cientistas do clima, frustrados pela falta de um movimento político internacional sobre mudança climática, tentaram aliar-se ao setor de seguros para ajudar a promover o reconhecimento da gravidade do risco da mudança climática.[37] Com esse importante papel simbólico na qualidade de especialistas em riscos climáticos, as seguradoras também exercem uma responsabilidade global. É revelador a respeito da concepção contemporânea da verdade o fato de os cientistas de hoje terem de confiar em negócios para afirmar a objetividade de sua posição. A relação entre a indústria de seguros e a ciência climática é complexa e politizada. Jessica Weinkle argumenta que

> A medida em que a indústria de seguros direciona, financia e valida a produção e o uso da ciência para estimar o risco é, em si mesma, um empreendimento político completo que funciona para priorizar os interesses da indústria nas análises de risco de furacões, restringindo potencialmente toda a discussão sobre perdas por desastres à solução única do preço dos prêmios (...); a ciência do comportamento dos furacões é incerta e vasta o suficiente para que os cientistas possam criar estimativas de risco modeladas para atender as necessidades das seguradoras, dependendo do que elas desejam fazer enquanto competem umas com as outras no mercado e interagem com os reguladores.[38]

---

36 CAGLE, S.; HO, V. "Not our mission": private fire crews protect insured, not the public. *The Guardian*, 3 nov. 2019. Disponível em: https://www.theguardian.com/us-news/2019/nov/03/not-our-mission-private-fire-crews-protect-the-insured-not-the-public.

37 WEINKLE, J. Experts, regulatory capture, and the "governor's dilemma": The politics of hurricane risk science and insurance. *Regulation and Governance*, pp. 1-16, maio 2019.

38 Texto original: "The extent to which the insurance industry directs, funds, and validates the production and use of science for estimating risk is itself a full blown political enterprise that functions to prioritize industry interests in views of hurricane risk and potentially narrow the broader discussion of disaster losses to the single solution of insurance pricing....the science of hurricane behavior is uncertain and vast enough that scientists can create modeled risk estimates to suit the needs of insurers depending on what they wish to accomplish as they compete against one another in the market and interact with regulators". WEINKLE, J. Experts, regulatory

O SEGURO COMO FACILITADOR DA MUDANÇA CLIMÁTICA

Até agora, discuti a forma com que as seguradoras trabalham para compensar e mitigar a mudança climática e como elas podem desempenhar um papel simbólico fundamental como especialistas em mudança climática. Outra espécie muito distinta de papel, que guarda relação de tensão com tudo isso, é que as seguradoras também são grandes facilitadoras das mudanças climáticas contra as quais elas estão se protegendo. Para dar um exemplo simples, o seguro de automóvel é um produto que indiretamente, mas de forma centralizada, alimenta a mudança climática. O seguro de automóvel fomenta a utilização de carros. No Canadá, nosso governo introduziu um imposto de carbono sobre a gasolina para desestimular a direção. Da mesma forma, o seguro de automóvel também poderia ter um preço para desestimular a utilização dos carros, especialmente com seguros de pagamento por milha ou por quilômetro.

Além disso, a disponibilidade de várias coberturas de seguro é também uma das principais condições financeiras que permite o desenvolvimento de projetos de combustíveis fósseis, tais como plataformas *offshore*, a extração de areias petrolíferas e os projetos de oleodutos no Canadá. Estes projetos de petróleo dependem dos seguros. No nosso capítulo, discuti como as principais seguradoras – Chubb e Zurique – aumentaram sua cobertura do controverso oleoduto Trans Mountain do Canadá. Como disse um ativista ambiental: "Qualquer empresa (de seguros) que preze pelo clima e pelos direitos humanos não pode assegurar (o oleoduto) Trans Mountain prosseguindo com seus planos de permitir uma enorme expansão de alguns dos oleodutos mais sujos do mundo".[39] Entretanto, depois da publicação do nosso capítulo, no torneio US Open Tennis, em setembro de 2021, a Chubb foi copatrocinadora. No torneio de tênis, o grupo ativista Insure Our Future exibiu um balão inflável de 15 pés (aproximadamente 4,5 metros) retratando o diretor executivo Evan Greenberg, juntamente com os dizeres "Pare de conceder seguros a combustíveis fósseis sujos". Uma semana depois, Chubb retirou sua cobertura de seguro do projeto do gasoduto.[40]

---

capture, and the "governor's dilemma": The politics of hurricane risk science and insurance. Regulation and Governance, pp. 1; 8, maio 2019.

39 Texto original: "Any (insurance) company that claims to care about the climate and human rights cannot insure (the) Trans Mountain (oil pipeline) while it presses ahead with plans to enable a huge expansion of some of the world's dirtiest oil". COHN, C., JESSOP, S.; HUSSAIN, N. Major insurers increase cover for Trans-Mountain oil pipeline – filings. Reuters, 12 maio 2020. Disponível em: https://www.reuters.com/article/canada-pipeline-climate-insurance/major-insurers-increase-cover-for-trans-mountain-oil-pipeline-filings-idUSL8N2CP83Q. Acesso em 25 maio 2020.

40 BREAKING: Trans Mountain Loses 16th Insurer as Industry Giant Chubb Walks Away. *The Energy Mix*, 14 set. 2021. Disponível em: https://www.theenergymix.com/2021/09/14/breaking-trans-mountain-loses-16th-insurer-as-industry-giant-chubb-walks-away/.

Como relata a imprensa canadense, "nos últimos três anos, 23 grandes seguradoras globais adotaram seguros que extinguem ou limitam a cobertura para a indústria do carvão, e nove seguradoras extinguiram ou limitaram a cobertura para as areias petrolíferas canadenses".[41]

Outro papel fundamental é que as seguradoras também oferecem cobertura de seguro de responsabilidade civil para corporações, bem como para seus diretores e funcionários, que podem ser processados por contribuírem para a mudança climática. Têm se tornado cada vez mais comuns processos judiciais imensos contra empresas ou grupos de empresas por contribuírem conscientemente para a mudança climática. Como observa a KMPG,

> estimativas recentes sugerem que houve cerca de 1.000 processos de ação coletiva relacionados à mudança climática propostos em 25 países. O estado americano de Rhode Island, por exemplo, entrou com uma ação alegando que 21 empresas contribuíram conscientemente para a mudança climática, não alertando adequadamente os cidadãos sobre os riscos gerados pelos seus produtos.[42]

Tais processos são uma maneira para que os governos possam financiar os custos da mudança climática. Há muitas questões jurídicas não resolvidas a respeito da cobertura desses processos pelo seu seguro de responsabilidade civil.

A revista especializada *Canadian Underwriter* afirma:

> A cobertura do seguro de responsabilidade civil provavelmente será alegada perante os tribunais (...) particularmente pelos principais produtores de energia que, provavelmente, estarão sujeitos a ações judiciais repetidas. As seguradoras podem sofrer contestação quando se recusam a defender os segurados processados por contribuírem para a mudança climática (...). Resta saber se o risco de responsabilidade civil climática

41 Texto original: "In the past three years, 23 major global insurance companies have adopted policies that end or limit insurance for the coal industry, and nine insurers have ended or limited insurance for the Canadian oilsands". STEPHENSON, A. Insurance industry limiting fossil fuel exposure amid growing climate threat. Global News, 23 ago. 2021. Disponível em: https://globalnews.ca/news/8134754/insurance-industry-limiting-fossil-fuel-exposure-climate-threat/. Acesso em: 30 mar. 2022.

42 Texto original: "Recent estimates suggest that there have been close to 1,000 climate change related class action lawsuits filed in 25 countries. The American state of Rhode Island, for example, filed a suit that alleges 21 companies knowingly contributed to climate change and failed to adequately warn citizens about the risks posed by their products". KPMG. Combating Climate Risks: The Future of Insurance. Disponível em: https://home.kpmg/xx/en/home/insights/2019/03/combating-climate-risks-the-future-of-insurance-fs.html. Acesso em 25 maio 2020.

representará o próximo risco de responsabilidade civil do asbesto ou do tabaco para o setor de seguros.[43]

Um novo relatório do Swiss Re previu que a responsabilidade climática será um imenso desafio para a indústria.[44]

O SEGURO COMO INVESTIDOR NA MUDANÇA CLIMÁTICA

O último tipo de papel em tensão com os outros é que as seguradoras são grandes investidoras de petróleo e outros combustíveis fósseis. A indústria de seguros é um dos maiores investidores globais, controlando vastos capitais a partir dos prêmios cobrados.[45] Uma grande parte desses investimentos é feito em petróleo e outros combustíveis fósseis. Suas vastas participações financeiras significam que as seguradoras privadas podem exercer um poder considerável, como acionistas, sobre a governança dessas empresas. Eles também podem retirar delas o seu dinheiro.

Os críticos dizem que o setor de seguros é lento para desinvestir, se comparado a outros investidores institucionais. Os críticos também dizem que os investimentos em petróleo e outros combustíveis fósseis estão se tornando cada vez mais arriscados financeiramente. Trilhões de dólares em reservas de carbono terão que permanecer sem uso para controlar a mudança climática e, portanto, os investimentos em combustíveis fósseis podem não ter futuro.

Em 1º de julho de 2019, a maior seguradora, Chubb Ltd., tornou-se "a primeira seguradora americana a eliminar gradualmente seus investimentos e sua cobertura securitária do setor de carvão (até 2022), dizendo que (...) não mais investirá em empresas que auferem mais de 30% de sua receita com a mineração de carvão".[46] Em geral, as seguradoras têm sido melhores em desinvestir no carvão do que no petróleo.

---

43 Texto original: "This liability coverage will likely be tested in the courts... particularly by the major energy producers that are likely to be subject to repeated legal action. Insurers may be challenged when they refuse to defend policyholders (who are sued for contributing to climate change)....it remains to be seen whether climate liability risk will represent the next asbestos or tobacco liability risk for the insurance industry". GAMBRILL, D. How climate change may heat up your liability lines. Canadian Underwriter, 7 fev. 2020. Disponível em: https://www.canadianunderwriter.ca/climate-change/how-climate-change-may-heat-up-your-liability-lines-1004173608/. Acesso em 25 maio 2020.

44 VISCHER, Anja. Liability premiums to soar 150% by 2040 due to social trends, tech and climate change. *Swiss Re*, 28 out. 2021. Disponível em: https://www.swissre.com/institute/research/sigma-research/Economic-Insights/social-trends-emerging-risks-drive-liability-exposure-growth.html Acesso em: 30 mar. 2022.

45 ERICSON, R. V., DOYLE, A.; BARRY, D. *Insurance as Governance*. Toronto: Toronto University Press, 2003.

46 Texto original: "the first U.S. insurer to phase out its coal investments and insurance policies [by 2022], saying [...] it will no longer invest in companies that make more than 30% of their revenue from coal mining".

Em junho de 2021, o estado americano de Connecticut tornou-se o primeiro estado a legislar de modo que seu regulador de seguros tenha o dever de pressionar as seguradoras a alinhar seus investimentos e subscrições às metas de redução de emissões baseadas na ciência.[47] Acho que podemos esperar muito mais disso dos governos.

Em julho de 2021, oito das maiores seguradoras do mundo – incluindo a Swiss Re, a Zurich Insurance Group e a Aviva – comprometeram-se a fazer uma transição de suas carteiras em direção à emissão zero de gases de efeito estufa até 2050.[48] No entanto, até 2050 há ainda um longo caminho a percorrer.

CONCLUSÃO

Para concluir, este capítulo tratou dos cinco papéis contraditórios dos seguros em relação às mudanças climáticas, estando esses diferentes papéis em tensão entre si, de modo a refletir tensões subjacentes ao próprio instituto. Talvez não seja surpreendente que haja tensões, dado o tamanho e a complexidade do setor de seguros, bem como as formas com que os seguros estão interligados com tantos aspectos das sociedades contemporâneas. Há também muitas tensões e tendências contraditórias no Estado.

As seguradoras estão numa posição privilegiada para liderar a luta contra a mudança climática devido à sua capacidade de trabalhar em parceria com o Estado para fornecer cobertura e mitigação dos riscos climáticos; ao seu conhecimento especializado dos riscos climáticos; à sua posição simbólica na esfera pública como especialistas em riscos; e, por fim, à sua capacidade de fazer pressão sobre as indústrias de combustíveis fósseis por meio de vários pontos, tais como limitar a cobertura de projetos de petróleo e carvão ou de responsabilidade pelos riscos climáticos, e, ainda, desinvestir dos combustíveis fósseis.

Entretanto, há características específicas do setor de seguros que podem dificultar suas respostas às mudanças climáticas, incluindo o fato de que os esforços das seguradoras na gestão de riscos podem ser vinculados à busca do lucro e pela tensão entre a ampla coletividade, a que serviu originalmente, e a nova coletividade de acionistas.

VOLCOVICI, V.; NAIR, S. S. U.S. insurer Chubb pulls back from coal. Reuters, 1o jul. 2019. Disponível em: https://www.reuters.com/article/us-chubb-ltd-ch-coal-policy-idUSKCN1TW3I2. Acesso em: 25 maio 2020.

47 IN GLOBAL FIRST, Connecticut Passes Bill Addressing Insurers' Participation in Risky Fossil Fuel Finance. *Citizen.org*, 21 jun. 2021. Disponível em: https://www.citizen.org/news/in-global-first-connecticut-passes-bill-addressing-insurers-participation-in-risky-fossil-fuel-finance/. Acesso em: 30 mar. 2022.

48 BIG INSURANCE COMPANIES launch net-zero climate alliance. *The Economic Times*, 11 jul. 2021. Disponível em: https://economictimes.indiatimes.com/industry/banking/finance/insure/big-insurance-companies-launch-net-zero-climate-alliance/articleshow/84318266.cms?from=mdr.

Além disso, as seguradoras não são publicamente responsáveis, diferentemente dos governos, e os seguros privados são marcados por tendências iatrogênicas (o lado obscuro dos seguros) que criam riscos morais mesmo quando protegem contra outros riscos.

Essas tendências podem minar o papel potencial do setor de seguros na liderança da luta, mas não têm necessariamente de fazê-lo. Uma questão interessante e não resolvida para mim, e que não tive tempo de entrar nesta conferência, refere-se à temporalidade e à capacidade relativa das seguradoras e dos governos de lidar com riscos de horizonte temporal longo.

Todos nós precisamos urgentemente fazer mais para combater a mudança climática, você e eu, mas isso inclui especialmente as seguradoras. Elas precisam fazer mais, urgentemente. O seguro não é apenas mais um negócio, mas ocupa um lugar especial como gerente de risco global. O seguro pode e deve ser um líder nesta luta.

BIBLIOGRAFIA

BAKER, T. Insurance in Sociolegal Research. *Annual Review of Law and Social Science*, v. 6, pp. 433-447, 2010.

BIG INSURANCE COMPANIES launch net-zero climate alliance. *The Economic Times*, 11 jul. 2021. Disponível em: https://economictimes.indiatimes.com/industry/banking/finance/insure/big-insurance-companies-launch-net-zero-climate-alliance/articleshow/84318266.cms?from=mdr.

BREAKING: Trans Mountain Loses 16th Insurer as Industry Giant Chubb Walks Away. *The Energy Mix*, 14 set. 2021. Disponível em: https://www.theenergymix.com/2021/09/14/breaking-trans-mountain-loses-16th-insurer-as-industry-giant-chubb-walks-away/.

CAGLE, S.; HO, V. "Not our mission": private fire crews protect insured, not the public. *The Guardian*, 3 nov. 2019. Disponível em: https://www.theguardian.com/us-news/2019/nov/03/not-our-mission-private-fire-crews-protect-the-insured-not-the-public.

CALIFORNIA DEPARTMENT OF INSURANCE (CDI). *New data shows insurance is becoming harder to find as a result of wildfires*. Los Angeles: California Department of Insurance, 2019. Disponível em: http://www.insurance.ca.gov/0400-news/0100-press-releases/2019/release063-2019.cfm. Acesso em: 25 maio 2020.

CHARBONNEAU, Mathieu; DOYLE, Aaron. The Contradictory Roles of the Insurance Industry in the Era of Climate Change. *In*: HOLLEY, Cameron, PHELAN, Liam; SHEARING, Clifford (Ed.). *Criminology and Climate*: Insurance, Finance, and the Regulation of Harmscapes. Abingdon, UK: Routledge, 2021.

COHN, C., JESSOP, S.; HUSSAIN, N. Major insurers increase cover for Trans-Mountain oil pipeline – filings. *Reuters*, 12 maio 2020. Disponível em: https://www.reuters.com/article/canada-pipeline-climate-insurance/major-insurers-increase-cover-for-trans-mountain-oil--pipeline-filings-idUSL8N2CP83Q. Acesso em: 25 maio 2020.

DOYLE, A.; BRINKMANN, J. "Notes Toward A New Ethics of Insurance". *In*: TZIRULNIK, Ernesto; BLANCO, Ana Maria; CAVALCANTI, Carolina; XAVIER, Vitor Boaventura (Ed.). *Direito do Seguro Contemporâneo* – Edição Comemorativa dos Anos do IBDS. IBDS: São Paulo, 2021.

ELLIOTT, R. Who Pays for the Next Wave? The American Welfare State and Responsibility for Flood Risk. *Politics & Society*, v. 45, n. 3, pp. 415-440, 2017. DOI: https://doi.org/10.1177/0032329217714785.

ELLIOTT, R. Insurance and the temporality of climate ethics: Accounting for climate change in US flood insurance. *Economy and Society*, v. 50, n. 2, pp. 173-195, 2021.

ERICSON, R. V.; DOYLE, A. *Uncertain Business*. Risk, Insurance, and the Limits of Knowledge. Toronto: University of Toronto Press, 2004.

ERICSON, R. V., DOYLE, A.; BARRY, D. *Insurance as Governance*. Toronto: Toronto University Press, 2003.

FEMA. *Community Rating System*. Disponível em: https://www.fema.gov/floodplain-management/community-rating-system. Acesso em: 30 mar. 2022.

FREEMAN, P. K.; SCOTT, K. Catastrophic Risks and Insurance. *In*: MESSY, F.-A. Messy; OECD (Ed.). *Comparative analysis of large scale catastrophe compensation schemes*. Paris: Organisation for Economic Co-operation and Development, pp.187-234, 2005.

GAMBRILL, D. How climate change may heat up your liability lines. *Canadian Underwriter*, 7 fev. 2020. Disponível em: https://www.canadianunderwriter.ca/climate-change/how-climate-change-may-heat-up-your-liability-lines-1004173608/. Acesso em 25 maio 2020.

HOLZHEU, Thomas. Sigma 4/2021 – More risk: the changing nature of P&C insurance opportunities to 2040. *Swiss Re*, 6 set. 2021. Disponível em: https://www.swissre.com/institute/research/sigma-research/sigma-2021-04.html Acesso em: 30 mar. 2022.

IN GLOBAL FIRST, Connecticut Passes Bill Addressing Insurers' Participation in Risky Fossil Fuel Finance. *Citizen.org*, 21 jun. 2021. Disponível em: https://www.citizen.org/news/in-global-first-connecticut-passes-bill-addressing-insurers-participation-in-risky-fossil-fuel-finance/. Acesso em: 30 mar. 2022.

INSURANCE BUREAU OF CANADA (IBC). *Facts of the Property and Casualty Insurance Industry in Canada 2016*. Disponível em: http://assets.ibc.ca/Documents/Facts%20Book/Facts_Book/2016/Facts-Book-2016.pdf. Acesso em: 25 maio 2020.

INSURANCE BUREAU OF CANADA (IBC). *2018 Facts of the Property and Casualty Insurance Industry in Canada*. Disponível em: http://assets.ibc.ca/Documents/Facts%20Book/Facts_Book/2018/IBC-Fact-Book-2018.pdf. Acesso em: 25 maio 2020.

INSURANCE BUREAU OF CANADA (IBC). *Climate Risks*: Implications for the Insurance Institute of Canada. Disponível em: *https://www.insuranceinstitute.ca/-/media/CIP-Society/2020-Climate-Risks-Report/IIC-2020-ClimateRisks-Report.pdf?la=en&hash=D7C1F4CF5B-D68952FB61CFF14985CD97*. Acesso em: 30 mar. 2022.

JOHNSON, L. Catastrophic fixes: Cyclical devaluation and accumulation through climate change impacts. *Environment and Planning A*, v. 47, n. 12, pp. 2503–2521, 2015. DOI: https://doi.org/10.1177/0308518X15594800.

KEUCHEYAN, R. Insuring Climate Change: New Risks and the Financialization of Nature: Debate: Insuring Climate Change. *Development and Change*, v. 49, n. 2, pp. 484–501, 2018. DOI: https://doi.org/10.1111/dech.12367.

KPMG. *Combating Climate Risks:* The Future of Insurance. Disponível em: https://home.kpmg/xx/en/home/insights/2019/03/combating-climate-risks-the-future-of-insurance-fs.html. Acesso em 25 maio 2020.

LAMOND, J. and PENNING-ROWSELL, E. The robustness of flood insurance regimes given changing risk resulting from climate change. *Climate Risk Management*, v. 2, pp. 1-10, 2014. DOI: https://doi.org/10.1016/j.crm.2014.03.001.

LEHTONEN, T.-K. Objectifying Climate Change: Weather-Related Catastrophes as Risks and Opportunities for Reinsurance. *Political Theory*, v. 45, n. 1, pp. 32–51, 2017. DOI: https://doi.org/10.1177/0090591716680684.

MUNICH CLIMATE INSURANCE INITIATIVE. Disponível em: https://climate-insurance.org/. Acesso em: 30 mar. 2022.

O'HARE, P. A.; WHITE, I.;CONNELLY, A. Insurance as maladaptation: Resilience and the 'business as usual' paradox. *Environment and Planning C: Government and Policy*, v. 34, n. 6, pp. 1175–1193, 2015.

OPPENHEIMER, M. *et al.* (Ed.) *Climate Change 2014:* Impacts, Adaptation, and Vulnerability. Part A: Global and Sectoral Aspects. Contribution of Working Group II to the Fifth Assessment Report of the Intergovernmental Panel of Climate Change. Nova York: Cambridge University Press, pp. 1039-1099, 2014.

ROSANES, Mark. How climate change is impacting home insurance rates in Canada. *Insurance Business*, 28 dez. 2021.

STAHEL, W. In Favour of a Proactive Insurance Approach to Climate Change. *Geneva Papers on Risk and Insurance* – Issues Practice, v. 34, pp. 319–322, 2019. DOI: https://doi.org/10.1057/gpp.2009.17.

STEPHENSON, A. Insurance industry limiting fossil fuel exposure amid growing climate threat. *Global News*, 23 ago. 2021. Disponível em: https://globalnews.ca/news/8134754/insurance--industry-limiting-fossil-fuel-exposure-climate-threat/. Acesso em: 30 mar. 2022.

STOBER, E; BOYNTON, S. Trudeau says B.C. flooding shows climate change impacts have arrived "sooner than expected". *Global News*, 24 nov. 2021. Disponível em: https://globalnews.ca/news/8399294/bc-flooding-canada-emergency-debate/. Acesso em: 30 mar. 2022.

STONE, A. Insurers struggle to address climate risk. *Forbes*, 30 jan. 2020. Disponível em: https://www.forbes.com/sites/andystone/2020/01/30/climate-change-will-make-more-of-the--world-uninsurable/61ba207655a5. Acesso em: 25 maio 2020.

VARIAN, E. While California Fires Rage, The Rich Hire Private Firefighters. *New York Times*, 26 out. 2019. Disponível em: https://www.nytimes.com/2019/10/26/style/private-firefighters--california.html. Acesso em: 25 maio 2020.

VISCHER, Anja. Liability premiums to soar 150% by 2040 due to social trends, tech and climate change. *Swiss Re*, 28 out. 2021. Disponível em: https://www.swissre.com/institute/research/sigma-research/Economic-Insights/social-trends-emerging-risks-drive-liability-exposure--growth.html Acesso em: 30 mar. 2022.

VOLCOVICI, V.; NAIR, S. S. U.S. insurer Chubb pulls back from coal. *Reuters*, 1° jul. 2019. Disponível em: https://www.reuters.com/article/us-chubb-ltd-ch-coal-policy-idUSKCN1TW3I2. Acesso em: 25 maio 2020.

WATSON, C.; SHEEHY, F.; GUEST, P. How bad is the British Columbia and Pacific Northwest flooding and what caused it? *The Guardian*, 18 nov. 2021. Disponível em: https://www.theguardian.com/environment/2021/nov/17/pacific-north-west-flooding-british-columbia-washington-state-canada.

WEINKLE, J. Experts, regulatory capture, and the "governor's dilemma": The politics of hurricane risk science and insurance. *Regulation and Governance*, pp. 1-16, maio 2019.

- PAINÉIS -
REGULAÇÃO DE SINISTRO

Veja o painel

Wrongful claims handling by insurers:
a comparative overview of remedies available to the insured (original)

Tratamento indevido de pedidos de indenização pelas seguradoras:
uma perspectiva comparada das tutelas disponíveis ao segurado (tradução)

Delphine A. Sirks and Willem H. van Boom

Fundamentos da regulação do sinistro no contrato de seguro

Luiza Petersen

A regulação de sinistro como fase, dever e prestação no seguro

Ernesto Tzirulnik e Luca Giannotti

WRONGFUL CLAIMS HANDLING BY INSURERS: A COMPARATIVE OVERVIEW OF REMEDIES AVAILABLE TO THE INSURED

Delphine A. Sirks
Willem H. van Boom[1]

INTRODUCTION

Insureds depend on the behaviour of their insurance companies for a swift resolution of the claims they submit. If an insurer wrongfully delays, denies or handles a claim, the consequences may be of great impact for an insured. Not only is the latter denied a much-needed payment, but the insurer's wrongful behaviour may also inflict additional damage to the insured. What is the legal position of the insured? Can he claim additional damages beyond the scope of the policy? Or do the insurance policy terms box him in and effectively shield the insurer from any additional liability for his wrongful claims handling?

Any act which constitutes unjustified denial of coverage, unnecessary delay in resolving claims or another violation of the rights of the insured under the policy, calls for an appropriate remedy. But what is appropriate? Given that most standard policies may be used to deflect any responsibilities beyond the primary cover, the question is whether and how legislatures and courts counter this out-balanced relationship between insurer and insured. Therefore, this contribution explores how legal systems deal with wrongful claims handling by an insurer. more specifically, we look into the approach taken in English law, German law and USA law. These major legal systems take distinct approaches to wrongful claims handling. By comparing these three, we aim to gain further insight in the various ways of shaping the remedies available to wronged insureds.[2] We proceed simply as follows: after reviewing the developments in

---

1 Delphine Sirks is lecturer and Willem van Boom is professor, both at the Leiden Institute of Private Law, Leiden, the Netherlands.

2 Cf. VAN BOOM, Willem H. Do Insurers Have to Pay for Bad Behaviour in Settling Claims? Legal Aspects of Insurers' Wrongful Claims Handling. *Journal of European Tort Law*, n.1, pp. 82-88, 2011, for an overview

English law, German law and U.S.A. law, we briefly summarize and compare the stance taken in these three legal systems.

1. ENGLISH LAW

English common law originally offered only damages for the actual loss in the form of interest but this position has recently been revisited. Changes in the law have now introduced a remedy against late payment as well in the form of a right to damages beyond the interest due. Therefore, this paragraph first sketches the original position in the English common law and the problems that arose as a result, and then moves on to discuss the current position in English law.

1.1 Original position in English common law

The case of Sprung v Royal Insurance (UK) Ltd. is often used to illustrate the problems that arise in indemnity insurance contract law in relation to the late payment of damages.[3] In this case, Mr. Sprung was the owner of a factory that he had insured against the risk of "sudden and unforeseen damage". In 1986, he found that the dominant firm in the market was willing to buy his family business. In April of the same year, however, vandals trespassed and broke into his factory; they wrecked the machinery. The insurance company initially denied the insured his subsequent claim, only to pay out his claim three-and-a-half years later. As Mr. Sprung was unable to raise the money he needed to make repairs, he was unable to operate or sell the factory in the meantime. Although Mr. Sprung eventually did receive payment due under the policy plus simple interest, he was denied payment of further damages for the loss of the opportunity to sell his business.[4]

The original idea behind this restrictive approach of the common law is that the indemnity insurance contract is to "hold the insured harmless", that is to protect the

---

consisting of and a comparison between the European Union, England and Wales, Germany, France and the Principles of European Insurance Contract Law.

3 [1999] 1 Lloyd's Rep IR 111; [1997] CLC 70. See also VAN BOOM, Willem H. Do Insurers Have to Pay for Bad Behaviour in Settling Claims? Legal Aspects of Insurers' Wrongful Claims Handling. *Journal of European Tort Law*, n.1, p. 85, 2011; BIRDS, John. *Birds' Modern Insurance Law*, 10· ed. London: Sweet & Maxwell, 2016, p. 303; THE LAW COMMISSION AND THE SCOTTISH LAW COMMISSION. *Insurance Contract Law*. Issues Paper 6. Damages for Late Payment and the Insurers' Duty of Good Faith, March 2010 (referred to in this paper as ICL 6), pp. 2-3, nrs. 1.6-1.13.

4 [1999] 1 Lloyd's Rep IR 111; [1997] CLC 70.

insured from loss. Seen from this theoretical perspective, an insurer's primary obligation is to prevent loss from happening, and not to pay a claim. As soon as a loss occurs, the insurer is in breach of the insurance contract and an action for damages arises. Yet these damages were limited to the policy limit plus simple interest, because of the general principle that damages are not awarded for a failure in paying damages.[5]

What alternative remedy is available to an insured in such a case? Insurance contracts include a mutual duty of good faith for the insurer and the insured. If either is in breach of that duty, the remedy available to the other party was avoidance, which meant that the contract is thought to be void from the beginning. Such is expressed in, for example, the original wordings of section 17 of the Marine Insurance Act 1906:

> 17 Insurance is uberrimae fidei
> A contract of marine insurance is a contract based upon the utmost good faith, and, if the utmost good faith be not observed by either party, the contract may be avoided by the other party.

Thus, if the late payment by an insurer due to wrongful delay and/or denial is viewed as a breach of the duty of good faith, the insured may avoid the insurance contract. Yet this remedy will not bring the insured much satisfaction: avoidance implies that the contract is not binding on either party and therefore, instead of paying any damages, the insurer will simply return the paid premium. Avoidance of the indemnity insurance contract is therefore called a one-sided remedy.[6]

1.2 Current position in English common law

The restrictive stance of the English common law was long considered unsatisfactory. In March 2010, the Law Commission and the Scottish Law Commission published a joint paper titled "Damages for Late Payment and the Insurers' Duty of Good Faith".[7]

---

5 VAN BOOM, Willem H. Do Insurers Have to Pay for Bad Behaviour in Settling Claims? Legal Aspects of Insurers' Wrongful Claims Handling. *Journal of European Tort Law*, n.1, p. 83; BIRDS, John. *Birds' Modern Insurance Law*, 10 ed. London: Sweet & Maxwell, 2016, pp. 301-302; see also ICL 6 (fn. 2), p. 10-13, nr. 2.28ff.

6 VAN BOOM, Willem H. Do Insurers Have to Pay for Bad Behaviour in Settling Claims? Legal Aspects of Insurers' Wrongful Claims Handling. *Journal of European Tort Law*, n.1, p. 85, 2011; ICL 6 (fn. 2), p. 34, nr. 4.22ff. See also BIRDS, John. *Birds' Modern Insurance Law*, 10 ed. London: Sweet & Maxwell, 2016, p. 166. Cf. VAN BOOM, Willem H. Do Insurers Have to Pay for Bad Behaviour in Settling Claims? Legal Aspects of Insurers' Wrongful Claims Handling. *Journal of European Tort Law*, n.1, pp. 85-87, 2011, for other remedies at law which are not discussed here.

7 ICL 6 (fn. 2).

In this joint paper, the commissions revisited the then applicable law and concluded that statutory reform was needed to address the unsatisfactory situation. This call for change was repeated in their Consultation Paper of December 2011 and in their Report of 2014.[8] However, the Insurance Bill that later became the Insurance Act 2015 did not include the provisions on damages for late payment.[9] Possibly, the subject was considered too controversial at the time.[10] However, the Enterprise Act 2016, which came in effect 4th May 2017, fixed this omission, adding sections 13A and 16A to the Insurance Act 2015.[11]

Before discussing sections 13A and 16A, we must note section 14 of the Insurance Act 2015. In this section, the remedy of avoidance in case of breach of the duty of good faith is abolished, simultaneously adjusting the wordings of section 17 of the Marine Insurance Act 1906:

> 14 Good faith
>
> (1) Any rule of law permitting a party to a contract of insurance to avoid the contract on the ground that the utmost good faith has not been observed by the other party is abolished.
>
> (...)
>
> (3) Accordingly–
>
> (a) in section 17 of the Marine Insurance Act 1906 (marine insurance contracts are contracts of the utmost good faith), the words from ", and" to the end are omitted, and
>
> (b) the application of that section (as so amended) is subject to the provisions of this Act and the Consumer Insurance (Disclosure and Representations) Act 2012.
>
> (...)

Section 14 removes avoidance as a potential remedy, which was necessary to ensure that the other remedies introduced by the Insurance Act 2015 would not be undermined by the existence of this remedy and the reference to it in section 17 of the Marine Insurance Act 1906.[12] One of these other remedies is offered in section 13A, which introduces an implied term concerning the timely payment of claims:

---

8 BIRDS, John. *Birds' Modern Insurance Law*, 10 ed. London: Sweet & Maxwell, 2016, p. 304.

9 TETTENBORN, Andrew. Late payments of claims: better, but by no means perfect. *In*: CLARKE, Malcolm Clarke; SOYER, Baris (Ed.). *The Insurance Act 2015*. A new regime for commercial and marine insurance law. Abingdon/New York: Informa Law from Routledge, pp. 78-93, p. 81, 2017.

10 BIRDS, John. *Birds' Modern Insurance Law*, 10 ed. London: Sweet & Maxwell, 2016, p. 305.

11 TETTENBORN, Andrew. Late payments of claims: better, but by no means perfect. *In*: CLARKE, Malcolm Clarke; SOYER, Baris (Ed.). *The Insurance Act 2015*. A new regime for commercial and marine insurance law. Abingdon/New York: Informa Law from Routledge, pp. 78-93 (fn. 8), p. 81, 2017.

12 SOYER, B. The insurer's duty of good faith: is the path now clear for the introduction of new remedies? *In*: CLARKE, Malcolm; SOYER, Baris (Ed.). *The Insurance Act 2015*. A new regime for commercial and marine

13A Implied term about payment of claims

(1) It is an implied term of every contract of insurance that if the insured makes a claim under the contract, the insurer must pay any sums due in respect of the claim within a reasonable time.

(2) A reasonable time includes a reasonable time to investigate and assess the claim.

(3) What is reasonable will depend on all the relevant circumstances, but the following are examples of things which may need to be taken into account–

(a) the type of insurance,

(b) the size and complexity of the claim,

(c) compliance with any relevant statutory or regulatory rules or guidance,

(d) factors outside the insurer's control.

(4) If the insurer shows that there were reasonable grounds for disputing the claim (whether as to the amount of any sum payable, or as to whether anything at all is payable)–

(a) the insurer does not breach the term implied by subsection (1) merely by failing to pay the claim (or the affected part of it) while the dispute is continuing, but

(b) the conduct of the insurer in handling the claim may be a relevant factor in deciding whether that term was breached and, if so, when.

(5) Remedies (for example, damages) available for breach of the term implied by subsection (1) are in addition to and distinct from–

(a) any right to enforce payment of the sums due, and

(b) any right to interest on those sums (whether under the contract, under another enactment, at the court's discretion or otherwise).

Section 13A (1) introduces an implied term to insurance contracts, obliging the insurer to make payment within a reasonable time. Subsections (2) and (3) further explain which procedures and circumstances are included and used in determining whether the time used has been reasonable. Moreover, subsection (4) reveals that if an insurer shows that he had reasonable grounds to dispute the claim, he is not in breach of the implied term. In addition, however, his conduct whilst handling the disputed claim may be of relevance in determining if the implied term was breached. Finally, subsection (5) adds the possibility of claiming damages for late payment – thus if not paid within a reasonable time – as a remedy in addition to damages for the actual losses

insurance law. Abingdon/New York: Informa Law from Routledge, pp. 38-53, p. 39, 2017, who discusses this development in the light of new proportionate remedies available to the insurer.

and interest. Thus, damages for late payment may now be claimed separate from the original claim for payment and interest due.[13]

Some authors have raised the question whether the concept of a 'reasonable time' is concerned with the time taken to pay, or with the conduct of the insurer in taking that time.[14] In the first situation, the courts must take into account the time that has passed, and judge whether that time has been objectively reasonable, whereas in the second situation, the courts must look at the conduct of the insurer and assess whether he has been at fault for a late payment. Tettenborn notes that this may matter in cases where the time passed was objectively unreasonable but not at the fault of the insurer,[15] and he goes on to say that although a case may be made for both views, the objective approach is marginally preferable,[16] resulting in a strict liability of sorts, or rather it may be seen as a duty of care.

Section 16A of the Insurance Act 2015 adds the following:

> 16A Contracting out of the implied term about payment of claims: consumer and non--consumer insurance contracts
>
> (1) A term of a consumer insurance contract, or of any other contract, which would put the consumer in a worse position as respects any of the matters provided for in section 13A than the consumer would be in by virtue of the provisions of that section (so far as relating to consumer insurance contracts) is to that extent of no effect.
>
> (2) A term of a non-consumer insurance contract, or of any other contract, which would put the insured in a worse position as respects deliberate or reckless breaches of the term implied by section 13A than the insured would be in by virtue of that section is to that extent of no effect.
>
> (3) For the purposes of subsection (2) a breach is deliberate or reckless if the insurer–
>
> (a) knew that it was in breach, or
>
> (b) did not care whether or not it was in breach.

---

13 BIRDS, John. *Birds' Modern Insurance Law*, 10 ed. London: Sweet & Maxwell, 2016, p. 311, n. 15-03. See also PADFIELD, Alison. *Insurance Claims*. 5. ed. London: Bloomsbury Professional, 2021, p. 159.

14 TETTENBORN, Andrew. Late payments of claims: better, but by no means perfect. *In*: CLARKE, Malcolm Clarke; SOYER, Baris (Ed.). *The Insurance Act 2015*. A new regime for commercial and marine insurance law. Abingdon/New York: Informa Law from Routledge, pp. 78-93 (fn. 8), p. 84, 2017.

15 TETTENBORN, Andrew. Late payments of claims: better, but by no means perfect. *In*: CLARKE, Malcolm Clarke; SOYER, Baris (Ed.). *The Insurance Act 2015*. A new regime for commercial and marine insurance law. Abingdon/New York: Informa Law from Routledge, pp. 78-93 (fn. 8), p. 85, 2017.

16 TETTENBORN, Andrew. Late payments of claims: better, but by no means perfect. *In*: CLARKE, Malcolm Clarke; SOYER, Baris (Ed.). *The Insurance Act 2015*. A new regime for commercial and marine insurance law. Abingdon/New York: Informa Law from Routledge, pp. 78-93 (fn. 8), p. 85, 2017.

> (4) A term of a non-consumer insurance contract, or of any other contract, which would put the insured in a worse position as respects any of the other matters provided for in section 13A than the insured would be in by virtue of the provisions of that section (so far as relating to non-consumer insurance contracts) is to that extent of no effect, unless the requirements of section 17 have been satisfied in relation to the term.
>
> (5) In this section references to a contract include a variation.
>
> (6) This section does not apply in relation to a contract for the settlement of a claim arising under an insurance contract.

According to s. 16A (1), the implied term of s. 13A is mandatory in consumer insurance contracts. In other insurance contracts, however, parties may contract out of the implied term, to the extent allowed by the provisions in subsections (2), (3), and (4). If an insurer is in deliberate or reckless breach of the implied term any opt-out of the implied term is of no effect. What is understood as a deliberate or reckless breach, is explained in subsection (3).[17] Furthermore, if parties choose to contract out of the implied term, such must be done in accordance with section 17, which sets forth transparency requirements for insurance contract terms.[18] Therefore, it seems possible that parties in a commercial insurance context may include a term to limit the reasonable time to a certain period of time, such as, say, two years.

The additional damages are qualified as contractual in nature and therefore fall under the general law of contract,[19] which would suggest that the implied term of section 13A may be subject to liquidated damages. Indeed, Padfield notes that in a situation where parties are allowed to contract out of the implied term, they may opt to limit their liability rather than to insert a complete exclusion of the implied term.[20]

17 See also TETTENBORN, Andrew. Late payments of claims: better, but by no means perfect. *In*: CLARKE, Malcolm Clarke; SOYER, Baris (Ed.). *The Insurance Act 2015*. A new regime for commercial and marine insurance law. Abingdon/New York: Informa Law from Routledge, pp. 78-93 (fn. 8), pp. 92-93, 2017, who raises two questions regarding section 16A.

18 BIRDS, John. *Birds' Modern Insurance Law*, 10 ed. London: Sweet & Maxwell, 2016, p. 311, n. 15-03; PADFIELD, Alison. *Insurance Claims*. 5. ed. London: Bloomsbury Professional, 2021, fn. 12, p. 159.

19 TETTENBORN, Andrew. Late payments of claims: better, but by no means perfect. *In*: CLARKE, Malcolm Clarke; SOYER, Baris (Ed.). *The Insurance Act 2015*. A new regime for commercial and marine insurance law. Abingdon/New York: Informa Law from Routledge, pp. 78-93 (fn. 8), p. 88, 2017.

20 PADFIELD, Alison. *Insurance Claims*. 5. ed. London: Bloomsbury Professional, 2021 (fn. 12), p. 161, fn. 21.

2. GERMANY

In the German Insurance Contract Act, the *Versicherungsvertragsgesetz* (VVG), § 14 (1) states the main rule that payment of a claim is due once the investigation and assessment period of the claim has been closed.[21] In that sense, this subsection obligates the insurer to perform the mentioned investigation and assessment.[22] § 14 (2) adds that in case the investigation and assessment have not yet been closed one month after the submission of the claim, the insured is entitled to payment of the uncontested part of the claim.[23]

In case an insurer (wrongfully) delays a claim, it is generally accepted that an insured may claim additional damages for delay according to § 286 BGB.[24] Likewise, in case an insurer wrongfully denies a claim, it is also generally accepted that the insured may claim additional damages for delay according to § 280 (1) in junction with § 286 BGB.[25] For the application of § 286 BGB it is required that payment of the claim is due (*fällig*). Since in the two mentioned situations the claim cannot technically be due – in the first instance concerning a wrongful delay because the claim is still being investigated, and in the second instance concerning a wrongful denial because the claim is denied right away – a fictional due date is used.[26] This fictional due date is determined by applying the objective standard.[27] Upon the due date, the insured has to send the insurer a formal letter of notification of default (*Mahnung*), unless according to § 286 (2) sub 3 BGB the insurer seriously and definitively refuses to pay.[28]

21 Cf. VAN BOOM, Willem H. Do Insurers Have to Pay for Bad Behaviour in Settling Claims? Legal Aspects of Insurers' Wrongful Claims Handling. *Journal of European Tort Law*, n.1, pp. 88-92, 2011; WANDT, Manfred. *Versicherungsrecht*. 6. ed. Munich: Vahlen 2016, p. 374, nr. 975.

22 LANGHEID, Theo; WANDT, Manfred; FAUSTEN, Thomas. *Münchener Kommentar zum VVG*. 2. ed. Munich: C.H. Beck, 2016, VVG § 14 Rn. 2.

23 For some types of insurances, other rules apply, such as § 91 VVG for property insurance, § 187 VVG for accident insurance, and § 106 VVG for liability insurance, see VAN BOOM, Willem H. Do Insurers Have to Pay for Bad Behaviour in Settling Claims? Legal Aspects of Insurers' Wrongful Claims Handling. *Journal of European Tort Law*, n.1, pp. 90-91, 2011.

24 LANGHEID, Theo; WANDT, Manfred; FAUSTEN, Thomas. *Münchener Kommentar zum VVG*. 2. ed. Munich: C.H. Beck, 2016, VVG § 14 Rn. 68.

25 LANGHEID, Theo; WANDT, Manfred; FAUSTEN, Thomas. *Münchener Kommentar zum VVG*. 2. ed. Munich: C.H. Beck, 2016, VVG § 14 Rn. 73-74.

26 LANGHEID, Theo; WANDT, Manfred; FAUSTEN, Thomas. *Münchener Kommentar zum VVG*. 2. ed. Munich: C.H. Beck, 2016, VVG § 14 Rn. 68, 74.

27 VAN BOOM, Willem H. Do Insurers Have to Pay for Bad Behaviour in Settling Claims? Legal Aspects of Insurers' Wrongful Claims Handling. *Journal of European Tort Law*, n.1, p. 89, 2011.

28 VAN BOOM, Willem H. Do Insurers Have to Pay for Bad Behaviour in Settling Claims? Legal Aspects of Insurers' Wrongful Claims Handling. *Journal of European Tort Law*, n.1, p. 89, fn. 37, 2011.

Exceptionally, there may be no claim for additional damages. This may be the case when an insurer refuses to pay because certain legal issues have not yet been settled. If a court later finds in favor of the insured, it may conclude that the refusal was excusable in these circumstances.[29] Furthermore, it must be noted that it is not possible for parties to contract out of the right to additional damages, although it is possible to alter the moment of § 14 (1) VVG after which payment is due.[30]

As aforementioned, if the insurer delays paying out the claimed insurance sum, he is liable for any damages ensuing from the delay. In addition, he is liable for the interest on the claimed sum (*Verzugszinsen*) in accordance with § 288 (1) BGB. It is, however, not possible to claim compound interest according to § 289 BGB. The simple interest accrues distinct from the actual loss suffered by the insured, yet if an insured claims damages that exceed the fixed interest, the latter will be considered and might even be subtracted from the actual loss.[31] Note that these rules apply irrespective of whether the insured is acting as consumer or in a commercial capacity.

Finally, it should be noted that in Germany liability insurers may be held liable in certain third-party liability cases through the tortious liability of its insured. In these instances, the compensation for non-pecuniary loss is topped up with a further liability of the insurer if the handling of the claim by the insurer is held to be wrongful. These instances can be found primarily in personal injury litigation.[32]

3. UNITED STATES OF AMERICA

A system that offers various remedies is the United States of America common law, which, broadly speaking, has seen a shift from awarding damages based on breach of contract to damages based on a tort of bad faith. Thus, there is a concurrence of remedies available to the insured. Yet, as the individual states of the United States each have their own jurisdiction, the law on the tort of bad faith resembles somewhat of a patchwork.[33] What we present here, is the common denominator of these jurisdictions.

---

29 VAN BOOM, Willem H. Do Insurers Have to Pay for Bad Behaviour in Settling Claims? Legal Aspects of Insurers' Wrongful Claims Handling. *Journal of European Tort Law*, n.1, p. 89, 2011.

30 VAN BOOM, Willem H. Do Insurers Have to Pay for Bad Behaviour in Settling Claims? Legal Aspects of Insurers' Wrongful Claims Handling. *Journal of European Tort Law*, n.1, p. 89, 2011.

31 VAN BOOM, Willem H. Do Insurers Have to Pay for Bad Behaviour in Settling Claims? Legal Aspects of Insurers' Wrongful Claims Handling. *Journal of European Tort Law*, n.1, p. 89, 2011.

32 VAN BOOM, Willem H. Do Insurers Have to Pay for Bad Behaviour in Settling Claims? Legal Aspects of Insurers' Wrongful Claims Handling. *Journal of European Tort Law*, n.1, pp. 91-92, 2011.

33 Recently, the developments concerning the tort of bad faith in the case of wrongful delay or denial by the insurer in the United States have been researched thoroughly by MIDLIGE, Suzanne; RE, Robert; HOFFMAN,

In the United States, all contracts include an implied term of good faith and fair dealing. The implied term is recognized by the courts to be included in insurance policies as well.[34] This obligation of good faith and fair dealing opened the path for extra-contractual damages,[35] and the breach of the implied term forms the basis for the tort of bad faith.[36] Furthermore, regarding third-party insurance, courts recognized that an insurer acts as an agent for the insured, becoming a fiduciary of its insured.[37] The idea behind a separate tort of bad faith apart from the breach of contract cause of action is to address the "unequal bargaining power inherent in the relationship between an insured and its insurer",[38] using tort liability to deter insurers from wrongful behavior.[39] Any contract remedy would be tied to the policy limits and offer little incentive for insurers to perform their obligations according to the duty of good faith and fair dealing.[40]

William. 6 Claims: an overview of the US tort of "bad faith" – a common law approach to regulating insurer claims handling and settlements. *In*: BURLING, Julian; LAZARUS, Kevin (Ed.). *Research handbook on international insurance law and regulation.* Cheltenham: Edward Elgar Publishing Ltd. 2012, pp. 120-145. See also RICHMOND, Douglas R. An Overview of Insurance Bad Faith Law and Litigation. *Seton Hall Law Review* 25, n.1, pp. 74-140, 1994.

34 MIDLIGE, Suzanne; RE, Robert; HOFFMAN, William. 6 Claims: an overview of the US tort of "bad faith" – a common law approach to regulating insurer claims handling and settlements. *In*: BURLING, Julian; LAZARUS, Kevin (Ed.). *Research handbook on international insurance law and regulation.* Cheltenham: Edward Elgar Publishing Ltd. 2012, pp. 120-145, pp. 124, p. 127.

35 MIDLIGE, Suzanne; RE, Robert; HOFFMAN, William. 6 Claims: an overview of the US tort of "bad faith" – a common law approach to regulating insurer claims handling and settlements. *In*: BURLING, Julian; LAZARUS, Kevin (Ed.). *Research handbook on international insurance law and regulation.* Cheltenham: Edward Elgar Publishing Ltd. 2012, pp. 120-145, p. 125.

36 MIDLIGE, Suzanne; RE, Robert; HOFFMAN, William. 6 Claims: an overview of the US tort of "bad faith" – a common law approach to regulating insurer claims handling and settlements. *In*: BURLING, Julian; LAZARUS, Kevin (Ed.). *Research handbook on international insurance law and regulation.* Cheltenham: Edward Elgar Publishing Ltd. 2012, pp. 120-145, p. 127.

37 MIDLIGE, Suzanne; RE, Robert; HOFFMAN, William. 6 Claims: an overview of the US tort of "bad faith" – a common law approach to regulating insurer claims handling and settlements. *In*: BURLING, Julian; LAZARUS, Kevin (Ed.). *Research handbook on international insurance law and regulation.* Cheltenham: Edward Elgar Publishing Ltd. 2012, pp. 120-145, p. 125.

38 MIDLIGE, Suzanne; RE, Robert; HOFFMAN, William. 6 Claims: an overview of the US tort of "bad faith" – a common law approach to regulating insurer claims handling and settlements. *In*: BURLING, Julian; LAZARUS, Kevin (Ed.). *Research handbook on international insurance law and regulation.* Cheltenham: Edward Elgar Publishing Ltd. 2012, pp. 120-145, p. 126.

39 MIDLIGE, Suzanne; RE, Robert; HOFFMAN, William. 6 Claims: an overview of the US tort of "bad faith" – a common law approach to regulating insurer claims handling and settlements. *In*: BURLING, Julian; LAZARUS, Kevin (Ed.). *Research handbook on international insurance law and regulation.* Cheltenham: Edward Elgar Publishing Ltd. 2012, pp. 120-145, p. 131.

40 MIDLIGE, Suzanne; RE, Robert; HOFFMAN, William. 6 Claims: an overview of the US tort of "bad faith" – a common law approach to regulating insurer claims handling and settlements. *In*: BURLING, Julian; LAZARUS, Kevin (Ed.). *Research handbook on international insurance law and regulation.* Cheltenham: Edward Elgar Publishing Ltd. 2012, pp. 120-145, p. 127.

Concerning third-party insurance, where a liability insurer takes on the duty to defend its insured, the tort of bad faith is recognized as a remedy in most states.[41] For first-party insurance, where an insurer is liable for its insured's own losses, the tort of bad faith is recognized in at least 31 states as an independent tort.[42] In addition, some states that view first-party insurer's bad faith as contractual in nature have broadened the range of damages, which may allow for punitive damages.[43]

The interpretation of bad faith varies per state as there is no universal definition of the legal concept.[44] It does appear, however, that most United States courts require "intentional wrongdoing" by the insurer to assume bad faith, whereas only a minority of states simply require that the insurer did not apply ordinary care and prudence whilst handling a claim.[45] Bad faith claims in first-party insurance arise commonly in relation to "inadequate claim investigation, deliberate misrepresentation of policy language to avoid coverage, unreasonable or coercive litigation conduct and unreasonable delay in resolving claims".[46] In third-party insurance, bad faith claims arise often with regards to "wrongful denial of defense or indemnity and the failure of an insurer to settle within policy limits".[47]

---

41 MIDLIGE, Suzanne; RE, Robert; HOFFMAN, William. 6 Claims: an overview of the US tort of "bad faith" – a common law approach to regulating insurer claims handling and settlements. *In*: BURLING, Julian; LAZARUS, Kevin (Ed.). *Research handbook on international insurance law and regulation*. Cheltenham: Edward Elgar Publishing Ltd. 2012, pp. 120-145, p. 129.

42 MIDLIGE, Suzanne; RE, Robert; HOFFMAN, William. 6 Claims: an overview of the US tort of "bad faith" – a common law approach to regulating insurer claims handling and settlements. *In*: BURLING, Julian; LAZARUS, Kevin (Ed.). *Research handbook on international insurance law and regulation*. Cheltenham: Edward Elgar Publishing Ltd. 2012, pp. 120-145, p. 128.

43 MIDLIGE, Suzanne; RE, Robert; HOFFMAN, William. 6 Claims: an overview of the US tort of "bad faith" – a common law approach to regulating insurer claims handling and settlements. *In*: BURLING, Julian; LAZARUS, Kevin (Ed.). *Research handbook on international insurance law and regulation*. Cheltenham: Edward Elgar Publishing Ltd. 2012, pp. 120-145, p. 128.

44 MIDLIGE, Suzanne; RE, Robert; HOFFMAN, William. 6 Claims: an overview of the US tort of "bad faith" – a common law approach to regulating insurer claims handling and settlements. *In*: BURLING, Julian; LAZARUS, Kevin (Ed.). *Research handbook on international insurance law and regulation*. Cheltenham: Edward Elgar Publishing Ltd. 2012, pp. 120-145, p. 129.

45 MIDLIGE, Suzanne; RE, Robert; HOFFMAN, William. 6 Claims: an overview of the US tort of "bad faith" – a common law approach to regulating insurer claims handling and settlements. *In*: BURLING, Julian; LAZARUS, Kevin (Ed.). *Research handbook on international insurance law and regulation*. Cheltenham: Edward Elgar Publishing Ltd. 2012, pp. 120-145, pp. 130-131.

46 MIDLIGE, Suzanne; RE, Robert; HOFFMAN, William. 6 Claims: an overview of the US tort of "bad faith" – a common law approach to regulating insurer claims handling and settlements. *In*: BURLING, Julian; LAZARUS, Kevin (Ed.). *Research handbook on international insurance law and regulation*. Cheltenham: Edward Elgar Publishing Ltd. 2012, pp. 120-145, p. 128.

47 MIDLIGE, Suzanne; RE, Robert; HOFFMAN, William. 6 Claims: an overview of the US tort of "bad faith" – a common law approach to regulating insurer claims handling and settlements. *In*: BURLING, Julian; LAZARUS, Kevin (Ed.). *Research handbook on international insurance law and regulation*. Cheltenham: Edward Elgar Publishing Ltd. 2012, pp. 120-145, p. 129. See also in more detail MIDLIGE, Suzanne; RE, Robert; HOFFMAN,

Midlige *et al.* do discern three general rules regarding the presence of bad faith, the first being that the question of whether an insurer acted in bad faith depends on the facts of the case.[48] Second, they note that the question of whether an insurer acted in bad faith must be considered within the circumstances which existed at the time.[49] Third, for punitive damages to be awarded, the insured must prove malicious intent. This heightened standard also applies to those states that treat bad faith as negligence.[50]

Most United States courts maintain that there can be no bad faith if there is no coverage due under the policy. Midlige *et al.* view this as a logical stance, considering that the tort of bad faith is developed out of and based on the contractual implied term of good faith and fair dealing. However, they note that in exceptional cases some courts have accepted bad faith claims in cases where coverage was not owed under the policy.[51]

By means of an example of how states define bad faith, in the state of California eight factors have been created to determine whether an insurer breached his duty of good faith when refusing to settle a claim:

> the strength of the injured claimant's case on the issues of liability and damages; attempts by the insurer to induce the insured to contribute to a settlement; failure of the insurer to properly investigate the circumstances so as to ascertain the evidence against the insured; the insurer's rejection of advice of its own attorney or agent; failure of the insurer to inform the insured of a compromise offer; the amount of financial risk to which each party is exposed in the event of a refusal to settle; the fault of the insured in inducing the insurer's

---

William. 6 Claims: an overview of the US tort of "bad faith" – a common law approach to regulating insurer claims handling and settlements. *In*: BURLING, Julian; LAZARUS, Kevin (Ed.). *Research handbook on international insurance law and regulation*. Cheltenham: Edward Elgar Publishing Ltd. 2012, pp. 120-145, pp. 133-139.

48 MIDLIGE, Suzanne; RE, Robert; HOFFMAN, William. 6 Claims: an overview of the US tort of "bad faith" – a common law approach to regulating insurer claims handling and settlements. *In*: BURLING, Julian; LAZARUS, Kevin (Ed.). *Research handbook on international insurance law and regulation*. Cheltenham: Edward Elgar Publishing Ltd. 2012, pp. 120-145, p. 131.

49 MIDLIGE, Suzanne; RE, Robert; HOFFMAN, William. 6 Claims: an overview of the US tort of "bad faith" – a common law approach to regulating insurer claims handling and settlements. *In*: BURLING, Julian; LAZARUS, Kevin (Ed.). *Research handbook on international insurance law and regulation*. Cheltenham: Edward Elgar Publishing Ltd. 2012, pp. 120-145, p. 131.

50 MIDLIGE, Suzanne; RE, Robert; HOFFMAN, William. 6 Claims: an overview of the US tort of "bad faith" – a common law approach to regulating insurer claims handling and settlements. *In*: BURLING, Julian; LAZARUS, Kevin (Ed.). *Research handbook on international insurance law and regulation*. Cheltenham: Edward Elgar Publishing Ltd. 2012, pp. 120-145, pp. 132-133. Cf. RICHMOND, Douglas R. Truly "Extracontractual" Liability: Insurer Bad Faith in the Absence of Coverage. *Tort & Insurance Law Journal*, v. 29, n.4, pp. 740-760, 1994.

51 MIDLIGE, Suzanne; RE, Robert; HOFFMAN, William. 6 Claims: an overview of the US tort of "bad faith" – a common law approach to regulating insurer claims handling and settlements. *In*: BURLING, Julian; LAZARUS, Kevin (Ed.). *Research handbook on international insurance law and regulation*. Cheltenham: Edward Elgar Publishing Ltd. 2012, pp. 120-145, pp. 144-145.

rejection of the compromise offer by misleading it as to the facts; and any other factors tending to establish or negate bad faith on the part of the insurer.[52]

The tort of bad faith allows an insured to recover damages beyond policy limits, for example in liability insurance when a judgment exceeds the original policy limits, or when punitive damages are awarded.[53] Extracontractual damages have been awarded as well by some courts for mental suffering, emotional distress, and economic loss. Although it is generally accepted that an insured may recover punitive damages, Midlige *et al.* note that there is no consensus between courts concerning the recovery of attorney's fees and interest.[54]

FINAL CONSIDERATIONS

The three legal systems discussed in this paper represent various ways in which legislators or courts deal with insurers (wrongfully) delaying the payment of claims. Of these three systems, the English common law has recently been changed, and the current position holds that based on an implied term, an insured may claim damages in addition to and distinct from the underlying insurance claim. This means that the additional damages stand separate from any interest awarded as well.[55] However, unless it concerns a business-to-consumer contract, parties may contract out of this implied term or adjust the liability of the insurer as long as the contract adheres to the transparency requirements, and only to a certain extent. The additional damages follow the standard rules for contractual damages. It will be interesting to see how this implied term develops over time in the courts.

---

52 *Brown v Guarantee Ins. Co.*, 319 P.2d 69, 75 (Cal. Ct. App. 1957). Some courts have adopted these factors as well, see MIDLIGE, Suzanne; RE, Robert; HOFFMAN, William. 6 Claims: an overview of the US tort of "bad faith" - a common law approach to regulating insurer claims handling and settlements. *In*: BURLING, Julian; LAZARUS, Kevin (Ed.). *Research handbook on international insurance law and regulation*. Cheltenham: Edward Elgar Publishing Ltd. 2012, pp. 120-145, p. 130.

53 MIDLIGE, Suzanne; RE, Robert; HOFFMAN, William. 6 Claims: an overview of the US tort of "bad faith" - a common law approach to regulating insurer claims handling and settlements. *In*: BURLING, Julian; LAZARUS, Kevin (Ed.). *Research handbook on international insurance law and regulation*. Cheltenham: Edward Elgar Publishing Ltd. 2012, pp. 120-145, p. 132.

54 MIDLIGE, Suzanne; RE, Robert; HOFFMAN, William. 6 Claims: an overview of the US tort of "bad faith" - a common law approach to regulating insurer claims handling and settlements. *In*: BURLING, Julian; LAZARUS, Kevin (Ed.). *Research handbook on international insurance law and regulation*. Cheltenham: Edward Elgar Publishing Ltd. 2012, pp. 120-145, p. 132.

55 TETTENBORN, Andrew. Late payments of claims: better, but by no means perfect. *In*: CLARKE, Malcolm Clarke; SOYER, Baris (Ed.). *The Insurance Act 2015*. A new regime for commercial and marine insurance law. Abingdon/New York: Informa Law from Routledge, p. 91, 2017.

Because of the English statutory reform, the English and German systems have become more alike, as the German civil code, too, generally allows for both interest and additional damages. However, the interest according to German law is simple and restricted by the provisions of the German civil code, whereas interest according to English common law may be awarded at the discretion of the court.[56]

Cut from a different cloth is the American common law approach, which offers not one but two remedies, both contractual and extra-contractual. In this paper, the extra-contractual tort of bad faith has been discussed. Since each state in the United States has its own jurisdiction, there is no uniformity to the tort of bad faith, as can be seen, for example, in the way United States courts define bad faith. Some developments are shared by the various states, nevertheless, such as that it is generally accepted that punitive damages are allowed, meaning that the damages awarded by a court may exceed the original policy limit.

All in all, that is exactly what these three large legal systems have in common, namely that legislators and courts have each in their own way enabled in principle an insured to claim additional damages beyond policy limits and interest.

BIBLIOGRAPHY

BIRDS, John. *Birds' Modern Insurance Law*, 10· ed. London: Sweet & Maxwell, 2016.

LANGHEID, Theo; WANDT, Manfred; FAUSTEN, Thomas. *Münchener Kommentar zum VVG*. 2. ed. Munich: C.H. Beck, 2016.

MIDLIGE, Suzanne; RE, Robert; HOFFMAN, William. 6 Claims: an overview of the US tort of "bad faith" – a common law approach to regulating insurer claims handling and settlements. *In*: BURLING, Julian; LAZARUS, Kevin (Ed.). *Research handbook on international insurance law and regulation*. Cheltenham: Edward Elgar Publishing Ltd. 2012, pp. 120-145.

PADFIELD, Alison. *Insurance Claims*. 5. ed. London: Bloomsbury Professional, 2021.

RICHMOND, Douglas R. An Overview of Insurance Bad Faith Law and Litigation. *Seton Hall Law Review* 25, n.1, pp. 74-140, 1994.

RICHMOND, Douglas R. Truly "Extracontractual" Liability: Insurer Bad Faith in the Absence of Coverage. *Tort & Insurance Law Journal*, v. 29, n.4, pp. 740-760, 1994.

SOYER, B. The insurer's duty of good faith: is the path now clear for the introduction of new remedies? *In*: CLARKE, Malcolm; SOYER, Baris (Ed.). *The Insurance Act 2015*. A new regime for commercial and marine insurance law. Abingdon/New York: Informa Law from Routledge, pp. 38-53, 2017.

---

56 Cf. VAN BOOM, Willem H. Do Insurers Have to Pay for Bad Behaviour in Settling Claims? Legal Aspects of Insurers' Wrongful Claims Handling. *Journal of European Tort Law*, n.1, p. 98, 2011. See also TETTENBORN, Andrew. Late payments of claims: better, but by no means perfect. *In*: CLARKE, Malcolm Clarke; SOYER, Baris (Ed.). *The Insurance Act 2015*. A new regime for commercial and marine insurance law. Abingdon/New York: Informa Law from Routledge, p. 91, 2017.

TETTENBORN, Andrew. Late payments of claims: better, but by no means perfect. *In*: CLARKE, Malcolm Clarke; SOYER, Baris (Ed.). *The Insurance Act 2015*. A new regime for commercial and marine insurance law. Abingdon/New York: Informa Law from Routledge, pp. 78-93, 2017.

VAN BOOM, Willem H. Do Insurers Have to Pay for Bad Behaviour in Settling Claims? Legal Aspects of Insurers' Wrongful Claims Handling. *Journal of European Tort Law*, n.1, 2011.

WANDT, Manfred. *Versicherungsrecht*. 6. ed. Munich: Vahlen 2016.

Case Law

[1999] 1 Lloyd's Rep IR 111; [1997] CLC 70.

Brown v Guarantee Ins. Co., 319 P.2d 69, 75 (Cal. Ct. App. 1957).

THE LAW COMMISSION AND THE SCOTTISH LAW COMMISSION. *Insurance Contract Law*. Issues Paper 6. Damages for Late Payment and the Insurers' Duty of Good Faith, March 2010 (referred to in this paper as ICL 6), pp. 2-3, nrs. 1.6-1.13.

TRATAMENTO INDEVIDO DE PEDIDOS DE INDENIZAÇÃO PELAS SEGURADORAS: UMA PERSPECTIVA COMPARADA DAS TUTELAS DISPONÍVEIS AO SEGURADO

Delphine A. Sirks
Willem H. van Boom[1]

INTRODUÇÃO

Os segurados dependem do comportamento das seguradoras para obter uma resolução rápida dos pedidos de indenização que eles apresentam. Se a seguradora atrasar, negar ou analisar indevidamente o pedido de indenização, as consequências podem ter grande impacto para o segurado. Não apenas se nega a este o pagamento de que ele tanto necessita, como também o comportamento indevido da seguradora pode lhe causar danos adicionais. Qual é a situação jurídica do segurado? Pode ele exigir danos adicionais para além do previsto na apólice? Ou será que o teor da apólice de seguro lhe impõe verdadeiros limites, protegendo efetivamente a seguradora de toda responsabilidade adicional pelo tratamento indevido dispensado aos pedidos de indenização?

Todo ato que constitui recusa injustificada de cobertura, atraso desnecessário na resolução dos pedidos de indenização ou outra violação dos direitos do segurado segundo o previsto na apólice exige uma tutela jurídica adequada. No entanto, o que seria apropriado? Dado que a maioria das apólices padronizadas pode ser empregada para impedir o reconhecimento de qualquer responsabilidade que vá além da cobertura principal, a questão está em saber se e como os legisladores e os tribunais enfrentam essa relação de desequilíbrio entre a seguradora e o segurado. Assim, este estudo explora a forma com que os sistemas jurídicos lidam com o tratamento indevido dos pedidos de indenização pelas seguradoras. Mais especificamente, analisamos

---

1 Delphine Sirks é Professora Associada e Willem van Boom é Professor Titular, ambos no Instituto de Direito Privado de Leiden, em Leiden, Países Baixos.

a abordagem adotada na lei inglesa, na alemã e na americana. Esses grandes sistemas jurídicos lidam diferentemente com o tratamento indevido dos pedidos de indenização. Ao comparar esses três sistemas, pretendemos nos aprofundar nas várias formas de moldar as tutelas jurídicas disponíveis para os segurados tratados indevidamente.[2] Procedemos basicamente da seguinte forma: após repassar o desenvolvimento do direito inglês, do alemão e do americano, resumimos brevemente e comparamos a solução tomada por esses três sistemas jurídicos.

1. DIREITO INGLÊS

A *common law* inglesa só concedia, de início, indenização pela perda efetiva sob a forma de juros, mas essa solução foi recentemente revista. Alterações legais introduziram agora uma tutela contra atrasos no pagamento, bem como direito à indenização para além dos juros devidos. Assim, esta seção começa esboçando a solução original da *common law* inglesa e os problemas que dela surgiram, passando depois à discussão sobre a solução atual na lei inglesa.

1.1 Solução original da *common law* inglesa

O caso *Sprung v Royal Insurance (UK) Ltd.* é frequentemente citado para ilustrar os problemas que surgem no Direito Contratual relativo aos seguros de responsabilidade civil no que diz respeito ao pagamento tardio dos pedidos de indenização.[3] Neste caso, o Sr. Sprung era o proprietário de uma fábrica assegurada contra o risco de "danos repentinos e imprevistos". Em 1986, ele descobriu que a empresa dominante no mercado estava disposta a comprar o seu negócio familiar. Em abril do mesmo ano, porém, vândalos invadiram e se apossaram de sua fábrica, destruindo a maquinaria. A seguradora inicialmente negou ao segurado o seu pedido de indenização, realizando tal pagamento apenas três anos e meio mais tarde. Como o Sr. Sprung não conseguiu

---

2 Cf. VAN BOOM, Willem H. Do Insurers Have to Pay for Bad Behaviour in Settling Claims? Legal Aspects of Insurers' Wrongful Claims Handling. *Journal of European Tort Law*, n.1, pp. 82-88, 2011, para uma visão global e comparativa do direito da União Europeia, da Inglaterra e País de Gales, da Alemanha, da França e dos Princípios de Direito Contratual Securitário Europeu.

3 EWCA. Sprung v Royal Insurance. CLC 70, 1997. *Lloyd's Law Reports, Insurance & Reinsurance*, v. 1, p. 111, 1999. Ver também VAN BOOM, Willem H. Do Insurers Have to Pay for Bad Behaviour in Settling Claims? Legal Aspects of Insurers' Wrongful Claims Handling. Journal of European Tort Law, n. 1, p. 85, 2011; BIRDS, John. *Birds' Modern Insurance Law*, 10. ed. Londres: Sweet & Maxwell, 2016, p. 303; THE LAW COMMISSION AND THE SCOTTISH LAW COMMISSION. Damages for Late Payment and the Insurers' Duty of Good Faith. *Insurance Contract Law* – Issues Paper 6, pp. 2-3, n. 1.6-1.13, mar. 2010.

reunir o dinheiro de que necessitava para fazer os reparos, ele não pôde nem operar nem vender a fábrica nesse ínterim. Embora o Sr. Sprung tenha recebido o pagamento devido segundo a apólice acrescido de juros simples, foi-lhe negado o pagamento de indenização adicional pela perda da chance de vender sua empresa.[4]

A ideia original por detrás dessa abordagem restritiva da *common law* é de que o contrato de seguro de responsabilidade civil serve para "manter o segurado indene", ou seja, proteger o segurado contra a perda. Vendo-se por essa perspectiva teórica, a obrigação principal da seguradora é evitar a ocorrência do prejuízo, e não a de pagar indenização. Assim que ocorre o prejuízo, a seguradora viola o contrato de seguro, surgindo a pretensão à indenização. No entanto, esses danos eram circunscritos ao limite previsto na apólice, acrescidos de juros simples, em razão do princípio de que não se reconhece a existência de dano pelo mero inadimplemento do pagamento de indenização.[5]

Qual tutela alternativa está à disposição do segurado em tal caso? Os contratos de seguro incluem o dever mútuo de boa-fé tanto para a seguradora como para o segurado. Se uma das partes violar esse dever, a tutela disponível para a outra parte seria a anulação, o que significa considerar que o contrato é nulo *ex tunc*. Isto é expresso, por exemplo, na formulação original da seção 17 da Lei de Seguro Marítimo de 1906:

> 17. O contrato de seguro é *uberrimae fidei*
> O contrato de seguro marítimo é baseado na mais estrita boa-fé, e, se esta não for observada por alguma das partes, o contrato pode ser anulado pela outra.[6]

Assim, se o atraso no pagamento por parte da seguradora – seja devido ao retardamento ilícito, seja devido à recusa à indenização – for considerado violação do dever de boa-fé, o segurado pode anular o contrato de seguro. Contudo, essa tutela não satisfará ao segurado: a anulação leva a que o contrato não produza efeitos entre as partes e, portanto, em vez de pagar perdas e danos, a seguradora simplesmente devolverá o

---

4 EWCA. Sprung v Royal Insurance. CLC 70, 1997. *Lloyd's Law Reports, Insurance & Reinsurance*, v. 1, p. 111, 1999.

5 VAN BOOM, Willem H. Do Insurers Have to Pay for Bad Behaviour in Settling Claims? Legal Aspects of Insurers' Wrongful Claims Handling. *Journal of European Tort Law*, n. 1, p. 83, 2011; BIRDS, John. *Birds' Modern Insurance Law*, 10 ed. Londres: Sweet & Maxwell, 2016, pp. 301-302; cf. também THE LAW COMMISSION AND THE SCOTTISH LAW COMMISSION. Damages for Late Payment and the Insurers' Duty of Good Faith. *Insurance Contract Law* - Issues Paper 6, pp. 10-13, n. 2.28ss., mar. 2010.

6 Texto original: "*17 Insurance is uberrimae fidei. A contract of marine insurance is a contract based upon the utmost good faith, and, if the utmost good faith be not observed by either party, the contract may be avoided by the other party*".

prêmio pago. A anulação do contrato de seguro de responsabilidade civil é, por esta razão, chamada tutela unilateral.[7]

1.2 Situação atual da *common law* inglesa

A situação restritiva da *common law* inglesa foi durante muito tempo considerada deficiente. Em março de 2010, a Law Commission e a Scottish Law Commission publicaram um documento conjunto intitulado "*Damages for Late Payment and the Insurers' Duty of Good Faith*" (Indenização pelo atraso no pagamento e o dever de boa-fé da seguradora).[8] Neste documento conjunto, as comissões analisaram a lei então aplicável e concluíram que era necessária uma reforma legal para resolver a situação insatisfatória. Essa sugestão de mudança foi reafirmada no *Consultation Paper* de dezembro de 2011 e também no *Report* de 2014.[9] Contudo, o Projeto de Lei dos Seguros, que mais tarde se tornaria a Lei dos Seguros (*Insurance Act*) de 2015, não incluía disposições sobre a indenização devida pela demora no pagamento,[10] talvez pelo fato de o assunto ter sido considerado demasiado controverso à altura.[11] No entanto, a Lei das Empresas (*Enterprise Act*) de 2016, que entrou em vigor em 4 de maio de 2017, supriu essa lacuna, acrescentando as seções 13A e 16A à Lei dos Seguros de 2015.[12]

Antes de discutirmos as seções 13A e 16A, devemos tomar nota da seção 14 da Lei dos Seguros de 2015. Neste artigo, extinguiu-se a possibilidade de anulação em caso de violação do dever de boa-fé, alterando-se simultaneamente a redação da seção 17 da Lei de Seguros Marítimos (*Marine Insurance Act*) de 1906:

---

7 VAN BOOM, Willem H. Do Insurers Have to Pay for Bad Behaviour in Settling Claims? Legal Aspects of Insurers' Wrongful Claims Handling. *Journal of European Tort Law*, n.1, p. 85, 2011; THE LAW COMMISSION AND THE SCOTTISH LAW COMMISSION. Damages for Late Payment and the Insurers' Duty of Good Faith. *Insurance Contract Law* – Issues Paper 6, p. 34, n. 4.22ss., mar. 2010. Cf. também BIRDS, John. *Birds' Modern Insurance Law*, 10 ed. Londres: Sweet & Maxwell, 2016, p. 166. Cf. VAN BOOM, Willem H. Do Insurers Have to Pay for Bad Behaviour in Settling Claims? Legal Aspects of Insurers' Wrongful Claims Handling. *Journal of European Tort Law*, n. 1, pp. 85-87, 2011, para outras tutelas jurídicas aqui não discutidas.

8 THE LAW COMMISSION AND THE SCOTTISH LAW COMMISSION. Damages for Late Payment and the Insurers' Duty of Good Faith. *Insurance Contract Law* – Issues Paper 6, mar. 2010.

9 BIRDS, John. *Birds' Modern Insurance Law*, 10 ed. Londres: Sweet & Maxwell, 2016, p. 304.

10 TETTENBORN, Andrew. Late payments of claims: better, but by no means perfect. *In*: CLARKE, Malcolm Clarke; SOYER, Baris (Ed.). *The Insurance Act 2015.* A new regime for commercial and marine insurance law. Abingdon/Nova York: Informa Law from Routledge, pp. 78-93, p. 81, 2017.

11 BIRDS, John. *Birds' Modern Insurance Law*, 10 ed. Londres: Sweet & Maxwell, 2016, p. 305.

12 TETTENBORN, Andrew. Late payments of claims: better, but by no means perfect. *In*: CLARKE, Malcolm Clarke; SOYER, Baris (Ed.). *The Insurance Act 2015.* A new regime for commercial and marine insurance law. Abingdon/Nova York: Informa Law from Routledge, pp. 78-93, p. 81, 2017.

14 Boa-fé

(1) Extingue-se toda regra de direito que permita às partes, no contrato de seguro, anular o contrato com o fundamento de que a outra parte não tenha observado a mais estrita boa-fé.

(...)

(3) Assim,

(a) no art. 17 da Lei de Seguros Marítimos de 1906 (contratos de seguros marítimos são contratos da mais estrita boa-fé), omitem-se as palavras a partir do termo "e" até o final, e

(b) a aplicação deste artigo, na sua nova formulação, está sujeita às previsões desta Lei e da Consumer Insurance (Disclosure and Representations) Act [Lei de Seguros consumerícios] de 2012.

(...)[13]

A seção 14 exclui a anulação como tutela jurídica, o que se mostrou necessário para assegurar que as outras tutelas introduzidas pela Lei dos Seguros de 2015 não fossem comprometidas pela existência desta tutela e da menção a ela feita na seção 17 da Lei de Seguros Marítimos de 1906.[14] Uma das tutelas introduzidas está na seção 13A, que introduz uma cláusula tácita relativa ao pagamento tempestivo de indenizações:

13A Cláusula tácita de pagamento de indenizações

(1) Considera-se tácita, em todo contrato de seguro, a cláusula de que, se o segurado pedir certa indenização com base no contrato, a seguradora deve pagar a soma devida, relativa ao pedido, dentro de prazo razoável.

(2) Considera-se incluído no prazo razoável o período necessário para investigar e avaliar o pedido de indenização.

---

13 Texto original: "*14 Good faith*

(1) Any rule of law permitting a party to a contract of insurance to avoid the contract on the ground that the utmost good faith has not been observed by the other party is abolished.

(...)

(3) Accordingly-

(a) in section 17 of the Marine Insurance Act 1906 (marine insurance contracts are contracts of the utmost good faith), the words from ", and" to the end are omitted, and

(b) the application of that section (as so amended) is subject to the provisions of this Act and the Consumer Insurance (Disclosure and Representations) Act 2012.

(...)"

14 SOYER, B. The insurer's duty of good faith: is the path now clear for the introduction of new remedies? *In*: CLARKE, Malcolm; SOYER, Baris (Ed.), *The Insurance Act 2015*. A new regime for commercial and marine insurance law. Abingdon/Nova York: Informa Law from Routledge, pp. 38-53, p. 39, 2017, discutindo este desenvolvimento à luz das novas tutelas disponíveis à seguradora.

(3) A determinação do prazo razoável depende de diversas circunstâncias relevantes, mas as seguintes constituem exemplos de circunstâncias que podem ter de ser levadas em consideração:

(a) o tipo de seguro;

(b) a dimensão e a complexidade do pedido de indenização;

(c) o cumprimento de previsões e orientações legais e regulamentares;

(d) circunstâncias alheias ao controle da seguradora.

(4) Se a seguradora demonstrar que há motivos razoáveis para contestar o pedido de indenização (seja o montante, seja o dever de pagamento),

(a) a seguradora não viola a cláusula implícita na subseção (1) apenas por não providenciar o pagamento do pedido de indenização, ou de parte do montante, enquanto prosseguir contestando-o; porém

(b) o comportamento da seguradora durante a análise do pedido de indenização pode constituir um fator relevante ao se decidir se a cláusula foi ou não violada; e caso tenha havido violação, na definição do seu momento de ocorrência.

(5) As tutelas à disposição em caso de violação da cláusula implícita prevista no inc. I não excluem, nem se confundem:

(a) com o direito a exigir o pagamento das somas devidas; nem

(b) com o direito de exigir juros sobre tais quantias (seja com base no contrato ou em outra lei, seja na discrição judicial ou de outra forma).[15]

---

15 "*13A Implied term about payment of claims*

(1) It is an implied term of every contract of insurance that if the insured makes a claim under the contract, the insurer must pay any sums due in respect of the claim within a reasonable time.

(2) A reasonable time includes a reasonable time to investigate and assess the claim.

(3) What is reasonable will depend on all the relevant circumstances, but the following are examples of things which may need to be taken into account–

(a) the type of insurance,

(b) the size and complexity of the claim,

(c) compliance with any relevant statutory or regulatory rules or guidance,

(d) factors outside the insurer's control.

(4) If the insurer shows that there were reasonable grounds for disputing the claim (whether as to the amount of any sum payable, or as to whether anything at all is payable)–

(a) the insurer does not breach the term implied by subsection (1) merely by failing to pay the claim (or the affected part of it) while the dispute is continuing, but

(b) the conduct of the insurer in handling the claim may be a relevant factor in deciding whether that term was breached and, if so, when.

(5) Remedies (for example, damages) available for breach of the term implied by subsection (1) are in addition to and distinct from–

(a) any right to enforce payment of the sums due, and

(b) any right to interest on those sums (whether under the contract, under another enactment, at the court's discretion or otherwise)."

A seção 13A (1) introduz uma cláusula implícita nos contratos de seguro, obrigando a seguradora a efetuar o pagamento dentro de um prazo razoável. As subseções (2) e (3) explicam mais detalhadamente quais procedimentos e circunstâncias são levados em consideração para determinar se o tempo empregado foi razoável. Além disso, a subseção (4) dispõe que se uma seguradora demonstrar que tinha motivos razoáveis para contestar o pedido de indenização, não se deve considerar que ela esteja violando a cláusula implícita. Além disso, por outro lado, sua conduta na análise do pedido de indenização contestado pode ser relevante para determinar se a cláusula implícita foi violada. Por fim, a subseção (5) acrescenta a possibilidade de exigir indenização por atraso de pagamento – isto é, por não haver pagamento dentro de um prazo razoável – como reparação, além das perdas efetivas e dos juros. Assim, os danos causados pelo atraso no pagamento podem agora ser exigidos separadamente do pedido original de pagamento da indenização e dos juros devidos.[16]

Alguns autores levantaram a questão de saber se o conceito de "prazo razoável" diz respeito ao tempo necessário para pagar, ou à conduta da seguradora ao empregar esse período.[17] Na primeira situação, os tribunais devem levar em consideração o tempo decorrido, decidindo se esse tempo foi objetivamente razoável, ao passo que, na segunda situação, os tribunais devem analisar a conduta da seguradora e avaliar se ela agiu com culpa em relação ao atraso no pagamento. Tettenborn observa que isso pode ser importante nos casos em que o tempo decorrido não foi objetivamente razoável, mas não por culpa da seguradora.[18] O autor prossegue dizendo que, embora a questão possa ser duvidosa, a abordagem objetiva é ligeiramente preferível,[19] resultando numa espécie de responsabilidade objetiva, ou melhor, num dever de cuidado.

A Seção 16A da Lei dos Seguros de 2015 acrescenta o seguinte:

> 16A Afastamento da clausula tácita sobre pagamento de indenizações: contratos de seguros consumerícios e não consumerícios.

---

16 BIRDS, John. *Birds' Modern Insurance Law*, 10 ed. Londres: Sweet & Maxwell, 2016, p. 311, n 15-03. Cf., também, PADFIELD, Alison. *Insurance Claims*. 5. ed. Londres: Bloomsbury Professional 2021, p. 159.

17 TETTENBORN, Andrew. Late payments of claims: better, but by no means perfect. *In*: CLARKE, Malcolm Clarke; SOYER, Baris (Ed.). *The Insurance Act 2015*. A new regime for commercial and marine insurance law. Abingdon/Nova York: Informa Law from Routledge, pp. 78-93, p. 84, 2017.

18 TETTENBORN, Andrew. Late payments of claims: better, but by no means perfect. *In*: CLARKE, Malcolm Clarke; SOYER, Baris (Ed.). *The Insurance Act 2015*. A new regime for commercial and marine insurance law. Abingdon/Nova York: Informa Law from Routledge, pp. 78-93, p. 85, 2017.

19 TETTENBORN, Andrew. Late payments of claims: better, but by no means perfect. *In*: CLARKE, Malcolm Clarke; SOYER, Baris (Ed.). *The Insurance Act 2015*. A new regime for commercial and marine insurance law. Abingdon/Nova York: Informa Law from Routledge, pp. 78-93, p. 85, 2017.

(1) Cláusulas de contrato de seguro consumerício, ou de qualquer outra espécie de contrato, que ponham o consumidor, em relação aos temas tratados na seção 13A, numa posição pior que a que ele teria em virtude das previsões daquela seção (desde que se trate de contratos de seguro consumerício) são, nessa medida, desprovidos de efeito.

(2) A cláusula de contrato de seguro não consumerício, ou de qualquer outro contrato, que ponha o segurado, no que diz respeito a violações intencionais ou imprudentes da cláusula implícita prevista na seção 13A, numa posição pior que a que teria em virtude das disposições desta seção é, nesta medida, desprovida de efeito.

(3) Para os objetivos da subseção (2), considera-se deliberada ou imprudente aquela em que a seguradora:

(a) sabia ser violação;

(b) não se importou se o ato era ou não uma violação.

(4) A cláusula de contrato de seguros não consumerício, ou de qualquer outro tipo de contrato, que poria o segurado em uma posição menos favorável que as previstas em qualquer das previsões da seção 13A se comparada à que o segurado teria em virtude das disposições daquela seção (desde que se relacionam com contratos de seguro não consumerício) é, nesta medida, desprovido de efeito, exceto se os requisitos da seção 17 tiverem sido preenchidos em relação a esta cláusula.

(5) Nesta seção, as referências feitas aos contratos incluem também aos aditivos.

(6) Esta seção não se aplica ao contrato que leve à resolução da lide que nasceu de um contrato de seguro.[20]

---

20 Texto original: "*16A Contracting out of the implied term about payment of claims: consumer and non-consumer insurance contracts*

(1) A term of a consumer insurance contract, or of any other contract, which would put the consumer in a worse position as respects any of the matters provided for in section 13A than the consumer would be in by virtue of the provisions of that section (so far as relating to consumer insurance contracts) is to that extent of no effect.

(2) A term of a non-consumer insurance contract, or of any other contract, which would put the insured in a worse position as respects deliberate or reckless breaches of the term implied by section 13A than the insured would be in by virtue of that section is to that extent of no effect.

(3) For the purposes of subsection (2) a breach is deliberate or reckless if the insurer–

(a) knew that it was in breach, or

(b) did not care whether or not it was in breach.

(4) A term of a non-consumer insurance contract, or of any other contract, which would put the insured in a worse position as respects any of the other matters provided for in section 13A than the insured would be in by virtue of the provisions of that section (so far as relating to non-consumer insurance contracts) is to that extent of no effect, unless the requirements of section 17 have been satisfied in relation to the term.

(5) In this section references to a contract include a variation.

(6) This section does not apply in relation to a contract for the settlement of a claim arising under an insurance contract."

De acordo com a seção 16A (1), a cláusula implícita da seção 13A é obrigatória nos contratos de seguro consumerício. No entanto, noutros contratos de seguro, as partes podem afastar a aplicação das cláusulas implícitas, na medida em que as disposições das subseções (2), (3) e (4) o permitam. Se a seguradora cometer deliberada ou imprudentemente violação da cláusula implícita, toda renúncia à tal cláusula é ineficaz. Aquilo que se considera violação deliberada ou imprudente está previsto na subseção (3).[21] Além disso, se as partes optarem por contratar sem obedecer às cláusulas implícitas, isto só poderá ser feito dentro dos limites da seção 17, que estabelece requisitos de transparência para as cláusulas do contrato de seguro.[22] Por conseguinte, parece lícito às partes, no contexto de seguro comercial, incluir cláusulas para limitar o prazo tido por razoável a determinado período, como, por exemplo, dois anos.

A indenização adicional é considerada contratual e, por conseguinte, é abrangida pela teoria geral dos contratos,[23] o que leva a que a cláusula implícita da seção 13A possa estar sujeita a cláusula de pré-liquidação. De fato, Padfield observa que na situação em que é lícito às partes afastar a aplicação cláusulas implícitas, elas podem preferir limitar a sua responsabilidade, excluindo completamente a aplicação das cláusulas implícitas.[24]

2. ALEMANHA

Na lei alemã sobre contratos de seguro, a *Versicherungsvertragsgesetz* (VVG), o § 14 (1) estabelece uma regra fundamental, a de que o pagamento da indenização é devido uma vez encerrado o período de investigação e avaliação do sinistro.[25] Nesse sentido, esse parágrafo obriga a seguradora a efetuar a referida investigação e a avaliação.[26] O § 14 (2) acrescenta que, caso a investigação e a avaliação não se encerrem

---

21 Cf., também, TETTENBORN, Andrew. Late payments of claims: better, but by no means perfect. *In*: CLARKE, Malcolm Clarke; SOYER, Baris (Ed.). *The Insurance Act 2015.* A new regime for commercial and marine insurance law. Abingdon/Nova York: Informa Law from Routledge, pp. 78-93, pp. 92-93, 2017, que tece duas questões ligadas à seção 16A.

22 BIRDS, John. *Birds' Modern Insurance Law*, 10 ed. Londres: Sweet & Maxwell, 2016, p. 311, n. 15-03; PADFIELD, Alison. *Insurance Claims*. 5. ed. Londres: Bloomsbury Professional 2021, p. 159.

23 TETTENBORN, Andrew. Late payments of claims: better, but by no means perfect. *In*: CLARKE, Malcolm Clarke; SOYER, Baris (Ed.). *The Insurance Act 2015.* A new regime for commercial and marine insurance law. Abingdon/Nova York: Informa Law from Routledge, pp. 78-93, p. 88, 2017.

24 PADFIELD, Alison.*Insurance Claims*. 5. ed. Londres: Bloomsbury Professional 2021, p. 161, nr. 21.

25 Cf. VAN BOOM, Willem H. Do Insurers Have to Pay for Bad Behaviour in Settling Claims? Legal Aspect s of Insurers' Wrongful Claims Handling. *Journal of European Tort Law*, n.1, pp. 88-92, 2011; WANDT, Manfred. *Versicherungsrecht*. 6. ed. Munique: Vahlen 2016, p. 374, n. 975.

26 LANGHEID, Theo; WANDT, Manfredt; FAUSTEN, Thomas. *Münchener Kommentar zum VVG*. 2. ed. Munique: C.H. Beck 2016, VVG § 14 Rn. 2.

dentro de um mês após a comunicação do sinistro, o segurado tem direito ao pagamento da parte incontroversa da indenização.[27]

No caso de a seguradora atrasar indevidamente o pagamento da indenização, aceita-se, em geral, que o segurado possa exigir indenização adicional por mora com base no § 286 BGB.[28] Do mesmo modo, no caso de a seguradora denegar indevidamente o pagamento da indenização, admite-se que o segurado possa exigir indenização adicional em razão da mora, de acordo com § 280 (1) combinado com o § 286, BGB.[29] Para a aplicação do § 286 BGB, exige-se que o pagamento do sinistro seja exigível (*fällig*). Uma vez que nas duas situações mencionadas a indenização não é, do ponto de vista técnico, exigível – afinal, no primeiro exemplo, relativo ao atraso indevido por a reclamação ainda estar sendo investigada; e, no segundo exemplo, relativo à recusa indevida por o pedido de indenização ser imediatamente negado –, emprega-se uma data de vencimento fictícia,[30] que é determinada por meio da aplicação de um padrão objetivo.[31] Na data de vencimento, o segurado tem de enviar à seguradora uma carta formal de notificação de interpelação (*Mahnung*), a menos que, de acordo com o § 286 (2), 3, BGB, a seguradora se recuse peremptória e definitivamente a pagar.[32]

Excepcionalmente, pode não haver direito à indenização adicional. Esse pode ser o caso quando a seguradora se recusa a pagar porque certas questões legais ainda não foram resolvidas. Se mais tarde o tribunal decidir a favor do segurado, pode ele concluir que a recusa foi escusável nessas circunstâncias.[33] Além disso, deve-se notar que não é possível às partes afastar o direito à indenização adicional, embora seja lícito alterar o momento previsto no § 14 (1), VVG, após o qual o pagamento é devido.[34]

---

27 Para alguns tipos de seguro, aplicam-se outras regras; é o caso do §91, VVG, para o seguro de propriedade; do § 187, VVG, para o seguro de acidentes; e do § 106, VVG, para o seguro de responsabilidade civil. Cf. VAN BOOM, Willem H. Do Insurers Have to Pay for Bad Behaviour in Settling Claims? Legal Aspects of Insurers' Wrongful Claims Handling. *Journal of European Tort Law*, n.1, pp. 90-91, 2011.

28 LANGHEID, Theo; WANDT, Manfredt; FAUSTEN, Thomas. *Münchener Kommentar zum VVG*. 2. ed. Munique: C.H. Beck 2016, VVG § 14.Rn. 68.

29 LANGHEID, Theo; WANDT, Manfredt; FAUSTEN, Thomas. *Münchener Kommentar zum VVG*. 2. ed. Munique: C.H. Beck 2016, VVG § 14 Rn. 73-74.

30 LANGHEID, Theo; WANDT, Manfredt; FAUSTEN, Thomas. *Münchener Kommentar zum VVG*. 2. ed. Munique: C.H. Beck 2016, VVG § 14 Rn. 68, 74.

31 VAN BOOM, Willem H. Do Insurers Have to Pay for Bad Behaviour in Settling Claims? Legal Aspects of Insurers' Wrongful Claims Handling. *Journal of European Tort Law*, n.1, p. 89, 2011.

32 VAN BOOM, Willem H. Do Insurers Have to Pay for Bad Behaviour in Settling Claims? Legal Aspects of Insurers' Wrongful Claims Handling. *Journal of European Tort Law*, n.1, nr. 37, 2011.

33 VAN BOOM, Willem H. Do Insurers Have to Pay for Bad Behaviour in Settling Claims? Legal Aspects of Insurers' Wrongful Claims Handling. *Journal of European Tort Law*, n.1, p. 89, 2011.

34 VAN BOOM, Willem H. Do Insurers Have to Pay for Bad Behaviour in Settling Claims? Legal Aspects of Insurers' Wrongful Claims Handling. *Journal of European Tort Law*, n.1, p. 89, 2011.

Como mencionado anteriormente, se a seguradora atrasar o pagamento do montante da indenização exigida, ela se torna responsável por todos os danos resultantes da mora. Além disso, ela também é responsável pelos juros sobre o montante exigido (*Verzugszinsen*), de acordo com o § 288, (1), BGB. Não é, contudo, possível exigir juros compostos segundo o § 289, BGB. Os juros simples têm montante distinto do dano efetivamente sofrido pelo segurado, mas, caso o segurado exija indenização excedente aos juros fixos, estes serão levados em consideração, podendo mesmo ser subtraídos aos danos efetivos.[35] Note-se que essas regras se aplicam independentemente de o segurado agir como consumidor ou empresário.

Finalmente, deve-se apontar que, na Alemanha, as seguradoras de responsabilidade civil podem ser responsabilizadas, em determinados casos de responsabilidade civil de terceiro, pela responsabilidade extracontratual do seu segurado. Nestes casos, a indenização por danos não pecuniários é complementada pela outra responsabilidade da seguradora caso o tratamento do pedido de indenização pela seguradora seja considerado indevido. Esses casos ocorrem sobretudo em litígios de danos pessoais.[36]

3. ESTADOS UNIDOS

Um sistema que oferece diversas tutelas é a *common law* dos Estados Unidos, que, em termos gerais, tem sofrido uma mudança, migrando do reconhecimento de indenização por violação contratual em direção à indenização por ato doloso. Assim, há concorrência de tutelas jurídicas à disposição do segurado. No entanto, como os estados americanos têm jurisdição própria, as previsões sobre atos dolosos assemelham-se a uma colcha de retalhos.[37] O que se expõe aqui é o denominador comum destas jurisdições.

Nos Estados Unidos, todos os contratos incluem uma cláusula implícita de boa-fé e de negociação justa. A cláusula implícita está, segundo os tribunais, inclusa também

35 VAN BOOM, Willem H. Do Insurers Have to Pay for Bad Behaviour in Settling Claims? Legal Aspects of Insurers' Wrongful Claims Handling. *Journal of European Tort Law*, n.1, p. 89, 2011.

36 VAN BOOM, Willem H. Do Insurers Have to Pay for Bad Behaviour in Settling Claims? Legal Aspects of Insurers' Wrongful Claims Handling. *Journal of European Tort Law*, n.1, pp. 91-92, 2011.

37 Recentemente, o desenvolvimento dos atos ilícitos dolosos ligados aos casos de atraso ou recusa indevida da seguradora nos Estados Unidos foi objeto de pesquisa profunda. Cf. MIDLIGE, Suzanne; RE, Robert; HOFFMAN, William. 6 Claims: an overview of the US tort of "bad faith" - a common law approach to regulating insurer claims handling and settlements. *In*: BURLING, Julian; LAZARUS, Kevin (Ed.). *Research handbook on international insurance law and regulation*. Cheltenham: Edward Elgar Publishing Ltd. 2012, pp. 120-145. See also RICHMOND, Douglas R. An Overview of Insurance Bad Faith Law and Litigation. *Seton Hall Law Review* 25, n.1, pp. 74-140, 1994.

nas apólices de seguros.[38] Esse dever de boa-fé e de negociação justa abriu o caminho para a responsabilidade extracontratual,[39] e a violação da cláusula implícita constitui a base para o ato doloso.[40] Além disso, relativamente ao seguro de responsabilidade civil, os tribunais reconheceram que a seguradora atua como agente do segurado, tornando-se fiduciária dele.[41] A ideia subjacente ao ato doloso como conceito separado da violação contratual, na qualidade de fundamento para agir, é lidar com a "desigualdade no poder de negociação que é inerente à relação entre segurado e seguradora",[42] de modo que se emprega a responsabilidade civil extracontratual para dissuadir as seguradoras de comportamentos ilícitos.[43] As tutelas contratuais estariam sempre vinculadas aos limites previstos na apólice, pouco estimulando as seguradoras a cumprir suas prestações de acordo com o dever de boa-fé e de negociação justa.[44]

Relativamente ao seguro de responsabilidade civil contra terceiros, em que a seguradora assume o dever de proteger seu segurado, o ato doloso é reconhecido como fundamento de tutela jurídica na maioria dos estados americanos.[45] No que diz respeito

---

38 MIDLIGE, Suzanne; RE, Robert; HOFFMAN, William. 6 Claims: an overview of the US tort of "bad faith" – a common law approach to regulating insurer claims handling and settlements. *In*: BURLING, Julian; LAZARUS, Kevin (Ed.). *Research handbook on international insurance law and regulation*. Cheltenham: Edward Elgar Publishing Ltd. 2012, pp. 124, 127.

39 MIDLIGE, Suzanne; RE, Robert; HOFFMAN, William. 6 Claims: an overview of the US tort of "bad faith" – a common law approach to regulating insurer claims handling and settlements. *In*: BURLING, Julian; LAZARUS, Kevin (Ed.). *Research handbook on international insurance law and regulation*. Cheltenham: Edward Elgar Publishing Ltd. 2012, p. 125.

40 MIDLIGE, Suzanne; RE, Robert; HOFFMAN, William. 6 Claims: an overview of the US tort of "bad faith" – a common law approach to regulating insurer claims handling and settlements. *In*: BURLING, Julian; LAZARUS, Kevin (Ed.). *Research handbook on international insurance law and regulation*. Cheltenham: Edward Elgar Publishing Ltd. 2012, p. 127.

41 MIDLIGE, Suzanne; RE, Robert; HOFFMAN, William. 6 Claims: an overview of the US tort of "bad faith" – a common law approach to regulating insurer claims handling and settlements. *In*: BURLING, Julian; LAZARUS, Kevin (Ed.). *Research handbook on international insurance law and regulation*. Cheltenham: Edward Elgar Publishing Ltd. 2012, p. 125.

42 MIDLIGE, Suzanne; RE, Robert; HOFFMAN, William. 6 Claims: an overview of the US tort of "bad faith" – a common law approach to regulating insurer claims handling and settlements. *In*: BURLING, Julian; LAZARUS, Kevin (Ed.). *Research handbook on international insurance law and regulation*. Cheltenham: Edward Elgar Publishing Ltd. 2012, p. 126.

43 MIDLIGE, Suzanne; RE, Robert; HOFFMAN, William. 6 Claims: an overview of the US tort of "bad faith" – a common law approach to regulating insurer claims handling and settlements. *In*: BURLING, Julian; LAZARUS, Kevin (Ed.). *Research handbook on international insurance law and regulation*. Cheltenham: Edward Elgar Publishing Ltd. 2012, p. 131.

44 MIDLIGE, Suzanne; RE, Robert; HOFFMAN, William. 6 Claims: an overview of the US tort of "bad faith" – a common law approach to regulating insurer claims handling and settlements. *In*: BURLING, Julian; LAZARUS, Kevin (Ed.). *Research handbook on international insurance law and regulation*. Cheltenham: Edward Elgar Publishing Ltd. 2012, p. 127.

45 MIDLIGE, Suzanne; RE, Robert; HOFFMAN, William. 6 Claims: an overview of the US tort of "bad faith" – a common law approach to regulating insurer claims handling and settlements. *In*: BURLING, Julian; LAZARUS,

ao seguro de responsabilidade civil em que a seguradora é responsável apenas pelos prejuízos do seu segurado, o ato doloso é reconhecido, em pelo menos 31 estados, como ato ilícito autônomo.[46] Além disso, alguns estados que consideram o dolo da seguradora de responsabilidade civil como sendo de natureza contratual alargaram o leque de danos reconhecidos, o que pode permitir a concessão de danos punitivos.[47]

A interpretação do conceito de dolo varia conforme o estado, uma vez que não há definição universal do conceito.[48] Parece, contudo, que a maioria dos tribunais americanos exige que a seguradora assuma o dolo, ao passo que apenas poucos estados se contentam simplesmente com que a seguradora não tenha empregado cuidado e prudência normais no tratamento do pedido de indenização.[49] Pedidos de indenização maculados por dolo em seguros a primeiro risco relativo surgem normalmente em casos de "investigação inadequada de pedidos de indenização, de deturpação intencional da linguagem da apólice para evitar cobertura, de conduta litigiosa injustificada ou coercitiva e atraso injustificado na resolução de pedidos de indenização".[50] Nos seguros contra terceiros, pedidos maculados por dolo ocorrem frequentemente em casos de "denegação indevida de defesa ou de indenização, bem como no de malogro da seguradora em manter-se dentro dos limites da apólice".[51]

Kevin (Ed.). *Research handbook on international insurance law and regulation.* Cheltenham: Edward Elgar Publishing Ltd. 2012, p. 129.

46 MIDLIGE, Suzanne; RE, Robert; HOFFMAN, William. 6 Claims: an overview of the US tort of "bad faith" - a common law approach to regulating insurer claims handling and settlements. *In*: BURLING, Julian; LAZARUS, Kevin (Ed.). *Research handbook on international insurance law and regulation.* Cheltenham: Edward Elgar Publishing Ltd. 2012, p. 128.

47 MIDLIGE, Suzanne; RE, Robert; HOFFMAN, William. 6 Claims: an overview of the US tort of "bad faith" - a common law approach to regulating insurer claims handling and settlements. *In*: BURLING, Julian; LAZARUS, Kevin (Ed.). *Research handbook on international insurance law and regulation.* Cheltenham: Edward Elgar Publishing Ltd. 2012, p. 128.

48 MIDLIGE, Suzanne; RE, Robert; HOFFMAN, William. 6 Claims: an overview of the US tort of "bad faith" - a common law approach to regulating insurer claims handling and settlements. *In*: BURLING, Julian; LAZARUS, Kevin (Ed.). *Research handbook on international insurance law and regulation.* Cheltenham: Edward Elgar Publishing Ltd. 2012, p. 129.

49 MIDLIGE, Suzanne; RE, Robert; HOFFMAN, William. 6 Claims: an overview of the US tort of "bad faith" - a common law approach to regulating insurer claims handling and settlements. *In*: BURLING, Julian; LAZARUS, Kevin (Ed.). *Research handbook on international insurance law and regulation.* Cheltenham: Edward Elgar Publishing Ltd. 2012, pp. 130-131.

50 MIDLIGE, Suzanne; RE, Robert; HOFFMAN, William. 6 Claims: an overview of the US tort of "bad faith" - a common law approach to regulating insurer claims handling and settlements. *In*: BURLING, Julian; LAZARUS, Kevin (Ed.). *Research handbook on international insurance law and regulation.* Cheltenham: Edward Elgar Publishing Ltd. 2012, p. 128.

51 MIDLIGE, Suzanne; RE, Robert; HOFFMAN, William. 6 Claims: an overview of the US tort of "bad faith" - a common law approach to regulating insurer claims handling and settlements. *In*: BURLING, Julian; LAZARUS, Kevin (Ed.). *Research handbook on international insurance law and regulation.* Cheltenham: Edward Elgar Publishing Ltd. 2012, p. 129. Cf., em mais detalhes, MIDLIGE, Suzanne; RE, Robert; HOFFMAN, William.

Midlige *et al.* elaboraram três regras gerais para verificar a presença de dolo. A primeira reza que saber se a seguradora agiu dolosamente depende dos elementos fáticos do caso.[52] Em segundo lugar, observam que a questão sobre se a seguradora agiu dolosamente ou não deve ser considerada à luz das circunstâncias que existiam na altura.[53] Em terceiro lugar, para que os danos punitivos sejam concedidos, o segurado tem de provar o dolo. Esse padrão mais rigoroso se aplica também nos estados que tratam o dolo como negligência.[54]

A maioria dos tribunais americanos considera não haver dolo se não houver cobertura devida segundo a apólice. Midlige *et al.* julgam lógica tal conclusão, uma vez que o dolo nasce da violação contratual da cláusula implícita de boa-fé e negociação justa. Contudo, eles observam que, em casos excepcionais, certos tribunais acataram pedidos indenizatórios em razão de ato doloso mesmo não havendo cobertura devida segundo os termos da apólice.[55]

Com base num exemplo de como os estados definem o dolo, no estado da Califórnia foram criados oito critérios para determinar se uma seguradora violou o dever de boa-fé ao se recusar a solucionar um pedido de indenização:

> a força da argumentação do autor em termos de responsabilidade civil e de danos; as tentativas da seguradora de induzir o segurado a cooperar para a realização de acordo; a incapacidade da seguradora de investigar devidamente as circunstâncias, de modo a apurar as provas contra o segurado; a recusa da seguradora de aceitar o conselho de seu próprio

---

6 Claims: an overview of the US tort of "bad faith" – a common law approach to regulating insurer claims handling and settlements. *In*: BURLING, Julian; LAZARUS, Kevin (Ed.). *Research handbook on international insurance law and regulation*. Cheltenham: Edward Elgar Publishing Ltd. 2012, pp. 133-139.

52 MIDLIGE, Suzanne; RE, Robert; HOFFMAN, William. 6 Claims: an overview of the US tort of "bad faith" – a common law approach to regulating insurer claims handling and settlements. *In*: BURLING, Julian; LAZARUS, Kevin (Ed.). *Research handbook on international insurance law and regulation*. Cheltenham: Edward Elgar Publishing Ltd. 2012, p. 131.

53 MIDLIGE, Suzanne; RE, Robert; HOFFMAN, William. 6 Claims: an overview of the US tort of "bad faith" – a common law approach to regulating insurer claims handling and settlements. *In*: BURLING, Julian; LAZARUS, Kevin (Ed.). *Research handbook on international insurance law and regulation*. Cheltenham: Edward Elgar Publishing Ltd. 2012, p. 131.

54 MIDLIGE, Suzanne; RE, Robert; HOFFMAN, William. 6 Claims: an overview of the US tort of "bad faith" – a common law approach to regulating insurer claims handling and settlements. *In*: BURLING, Julian; LAZARUS, Kevin (Ed.). *Research handbook on international insurance law and regulation*. Cheltenham: Edward Elgar Publishing Ltd. 2012, pp. 132-133. Cf. RICHMOND, Douglas R. Truly "Extracontractual" Liability: Insurer Bad Faith in the Absence of Coverage. *Tort & Insurance Law Journal*, v. 29, n.4, pp. 740-760, 1994.

55 MIDLIGE, Suzanne; RE, Robert; HOFFMAN, William. 6 Claims: an overview of the US tort of "bad faith" – a common law approach to regulating insurer claims handling and settlements. *In*: BURLING, Julian; LAZARUS, Kevin (Ed.). *Research handbook on international insurance law and regulation*. Cheltenham: Edward Elgar Publishing Ltd. 2012, pp. 144-145.

advogado ou de seu agente; o fato de a seguradora não comunicar ao segurado a oferta de acordo; o montante do risco financeiro a que cada parte está exposta em caso de recusa de acordo; a culpa do segurado em induzir a seguradora a rejeitar a oferta de compromisso, levando-a a erro quanto aos fatos; e quaisquer outros fatores que tendam a estabelecer ou a negar o dolo por parte da seguradora.[56]

O ato doloso permite ao segurado obter indenização em montante que extrapola os limites da apólice. Assim, por exemplo, no seguro de responsabilidade civil, quando a condenação judicial excede os limites originais da apólice, ou quando há condenação por danos punitivos.[57] Também houve condenação por danos morais nalguns tribunais, em razão de sofrimento mental, de angústia e de perdas econômicas. Embora seja geralmente aceito que o segurado possa reaver os danos punitivos, Midlige *et al.* notam que não há consenso nos tribunais a respeito dos honorários advocatícios e dos juros.[58]

CONCLUSÕES

Os três sistemas jurídicos aqui expostos representam formas diversas por meio das quais os legisladores e tribunais lidam com as seguradoras que atrasam indevidamente o pagamento dos pedidos de indenização. Desses três sistemas, a *common law* inglesa foi recentemente alterada, e sua posição atual prevê que, com base numa cláusula implícita, o segurado pode exigir indenização adicional, distinta da indenização

---

56 "*(...) the strength of the injured claimant's case on the issues of liability and damages; attempts by the insurer to induce the insured to contribute to a settlement; failure of the insurer to properly investigate the circumstances so as to ascertain the evidence against the insured; the insurer's rejection of advice of its own attorney or agent; failure of the insurer to inform the insured of a compromise offer; the amount of financial risk to which each party is exposed in the event of a refusal to settle; the fault of the insured in inducing the insurer's rejection of the compromise offer by misleading it as to the facts; and any other factors tending to establish or negate bad faith on the part of the insurer*". COURT OF APPEAL OF CALIFORNIA. *Brown v Guarantee Ins. Co.*, Dez. 3, 1957. *California Appellate Reports*, 2ª Série, v. 155, p. 659. Outros tribunais também aplicaram esses critérios, cf. MIDLIGE, Suzanne; RE, Robert; HOFFMAN, William. 6 Claims: an overview of the US tort of "bad faith" - a common law approach to regulating insurer claims handling and settlements. *In*: BURLING, Julian; LAZARUS, Kevin (Ed.). *Research handbook on international insurance law and regulation*. Cheltenham: Edward Elgar Publishing Ltd. 2012, p. 130.

57 MIDLIGE, Suzanne; RE, Robert; HOFFMAN, William. 6 Claims: an overview of the US tort of "bad faith" - a common law approach to regulating insurer claims handling and settlements. *In*: BURLING, Julian; LAZARUS, Kevin (Ed.). *Research handbook on international insurance law and regulation*. Cheltenham: Edward Elgar Publishing Ltd. 2012, p. 132.

58 MIDLIGE, Suzanne; RE, Robert; HOFFMAN, William. 6 Claims: an overview of the US tort of "bad faith" - a common law approach to regulating insurer claims handling and settlements. *In*: BURLING, Julian; LAZARUS, Kevin (Ed.). *Research handbook on international insurance law and regulation*. Cheltenham: Edward Elgar Publishing Ltd. 2012, p. 132.

do seguro em questão.[59] Isso significa que as perdas e danos adicionais estão também separados dos juros concedidos. No entanto, a menos que se trate de contrato entre empresa e consumidor, as partes podem afastar a cláusula implícita ou limitar a responsabilidade da seguradora, desde que o contrato cumpra os requisitos de transparência, e apenas até certo ponto. A indenização adicional segue as regras aplicáveis às indenizações contratuais. Será interessante observar como essa cláusula implícita se desenvolverá ao longo do tempo nos tribunais.

Devido à reforma da lei inglesa, os sistemas inglês e alemão tornaram-se mais parecidos, uma vez que o BGB também concede, em geral, tanto os juros como a indenização adicional. No entanto, os juros, de acordo com a lei alemã, são simples e limitados pelas disposições do BGB, ao passo que os juros, de acordo com a *common law* inglesa, podem ser concedidos a critério do tribunal.[60]

Muito distinta destas é a abordagem da *common law* americana, que oferece não apenas uma, mas duas tutelas, tanto contratual como extracontratual. Neste artigo, foi discutida a responsabilidade extracontratual por dolo. Uma vez que cada estado americano tem sua própria jurisdição, não há uniformidade no tratamento do dolo, como se pode ver, por exemplo, na forma com que os tribunais americanos definem o conceito. No entanto, certos aspectos são compartilhados pelos estados; assim, aceita-se, em geral, que os danos punitivos são admissíveis, o que significa, por sua vez, que a indenização concedida pelo tribunal pode exceder o limite original da apólice.

Em suma, é exatamente isso que estes três grandes sistemas jurídicos têm em comum, a saber: que legisladores e tribunais têm, cada um à sua maneira, permitido ao segurado, em princípio, exigir indenização adicional que exceda os limites e os juros previstos na apólice.

BIBLIOGRAFIA

BIRDS, John. *Birds' Modern Insurance Law*. 10. ed. Londres: Sweet & Maxwell, 2016.

LANGHEID, Theo; WANDT, Manfred; FAUSTEN, Thomas. *Münchener Kommentar zum VVG*. 2. ed. Munique: C.H. Beck, 2016.

59 TETTENBORN, Andrew. Late payments of claims: better, but by no means perfect. *In*: CLARKE, Malcolm Clarke; SOYER, Baris (Ed.). *The Insurance Act 2015*. A new regime for commercial and marine insurance law. Abingdon/Nova York: Informa Law from Routledge, pp. 78-93, p. 91, 2017.

60 VAN BOOM, Willem H. Do Insurers Have to Pay for Bad Behaviour in Settling Claims? Legal Aspects of Insurers' Wrongful Claims Handling. *Journal of European Tort Law*, n.1, p. 98, 2011. Cf., também, TETTENBORN, Andrew. Late payments of claims: better, but by no means perfect. *In*: CLARKE, Malcolm Clarke; SOYER, Baris (Ed.). *The Insurance Act 2015*. A new regime for commercial and marine insurance law. Abingdon/Nova York: Informa Law from Routledge, pp. 78-93, p. 91, 2017.

MIDLIGE, Suzanne; RE, Robert; HOFFMAN, William. 6 Claims: an overview of the US tort of "bad faith" - a common law approach to regulating insurer claims handling and settlements. *In*: BURLING, Julian; LAZARUS, Kevin (Ed.). *Research handbook on international insurance law and regulation*. Cheltenham: Edward Elgar Publishing Ltd. 2012, pp. 120-145.

PADFIELD, Alison. *Insurance Claims*. 5. ed. Londres: Bloomsbury Professional, 2021.

RICHMOND, Douglas R. An Overview of Insurance Bad Faith Law and Litigation. *Seton Hall Law Review* 25, n.1, pp. 74-140, 1994.

RICHMOND, Douglas R. Truly "Extracontractual" Liability: Insurer Bad Faith in the Absence of Coverage. *Tort & Insurance Law Journal*, v. 29, n.4, pp. 740-760, 1994.

SOYER, B. The insurer's duty of good faith: is the path now clear for the introduction of new remedies? *In*: CLARKE, Malcolm; SOYER, Baris (Ed.). *The Insurance Act 2015*. A new regime for commercial and marine insurance law. Abingdon/Nova York: Informa Law from Routledge, pp. 38-53, 2017.

TETTENBORN, Andrew. Late payments of claims: better, but by no means perfect. *In*: CLARKE, Malcolm Clarke; SOYER, Baris (Ed.). *The Insurance Act 2015*. A new regime for commercial and marine insurance law. Abingdon/Nova York: Informa Law from Routledge, pp. 78-93, 2017.

VAN BOOM, Willem H. Do Insurers Have to Pay for Bad Behaviour in Settling Claims? Legal Aspects of Insurers' Wrongful Claims Handling. *Journal of European Tort Law*, n.1, 2011.

WANDT, Manfred. *Versicherungsrecht*. 6. ed. Munique: Vahlen 2016.

Jurisprudência

COURT OF APPEAL OF CALIFORNIA. Brown v Guarantee Ins. Co. Dez. 3, 1957. *California Appellate Reports*, 2ª Série, v. 155, p. 659.

EWCA. Sprung v Royal Insurance. CLC 70, 1997. *Lloyd's Law Reports, Insurance & Reinsurance*, v. 1, p. 111, 1999.

THE LAW COMMISSION AND THE SCOTTISH LAW COMMISSION. Damages for Late Payment and the Insurers' Duty of Good Faith. *Insurance Contract Law* – Issues Paper 6, pp. 2-3, n. 1.6-1.13, mar. 2010.

FUNDAMENTOS DA REGULAÇÃO DO SINISTRO NO CONTRATO DE SEGURO

Luiza Petersen[1]

INTRODUÇÃO

A regulação do sinistro é um dos momentos mais relevantes da execução do contrato de seguro. Constitui procedimento conduzido pelo segurador para determinar a existência de garantia para o sinistro avisado pelo segurado (beneficiário), assim como para apurar a extensão dessa mesma garantia, com a mensuração dos danos e da prestação devida ao segurado (beneficiário). Ao término, resulta no posicionamento do segurador quanto ao direito do segurado (beneficiário) à garantia e, sendo o caso, no adimplemento da sua prestação, que, em geral, consiste no pagamento de uma soma em dinheiro, de uma indenização, nos seguros de danos, e do capital segurado, nos seguros de pessoas.[2]

A regulação do sinistro se insere no processo obrigacional do contrato de seguro. É etapa contratual subsequente ao aviso do sinistro e que antecede a prestação de pagamento do segurador. Situa-se entre os momentos da exigibilidade do crédito (sinistro) e do seu adimplemento (pagamento de soma em dinheiro). Por sinistro, compreende-se a concretização do risco garantido, a realização plena ou parcial do evento desfavorável ao interesse legítimo do segurado previsto no contrato. Trata-se do evento futuro e incerto, cuja ocorrência torna exigível a prestação principal do segurador.[3] O aviso do sinistro, por sua vez, consiste no modo pelo qual o segurado (beneficiário)

---

1 Doutora e Mestre em Direito pela Universidade Federal do Rio Grande do Sul. Foi pesquisadora bolsista do *Max Planck Institute for Comparative and International Private Law*. Advogada.

2 O presente texto corresponde à versão parcial (resumida e revisada) do seguinte artigo publicado em coautoria: MIRAGEM, Bruno; PETERSEN, Luiza. Regulação do sinistro: pressupostos e efeitos na execução do contrato de seguro. *In*: TZIRULNIK, Ernesto; BLANCO, Ana Maria; XAVIER, Vítor Boaventura (Org.). *Direito do seguro contemporâneo*. Edição comemorativa dos 20 anos do IBDS. São Paulo: Contracorrente-Roncarati, 2021, v. 1, pp. 445ss.

3 MIRAGEM, Bruno. O Direito dos Seguros no Sistema Jurídico Brasileiro: uma introdução. *In*: MIRAGEM, Bruno; CARLINI, Angélica (Org.). *Direito dos Seguros:* fundamentos de direito civil, direito empresarial e

interpela o segurador a respeito da ocorrência do evento que torna exigível a prestação de garantia (art. 771 do Código Civil).[4]

Uma vez informado sobre a ocorrência de evento identificado como sinistro, o cumprimento da prestação do segurador não ocorre de imediato, sendo antecedido pela regulação do sinistro. O presente estudo busca apresentar os fundamentos da regulação do sinistro. Para tanto, serão analisadas sua função, natureza jurídica e estrutura.

1. FUNÇÃO DA REGULAÇÃO DO SINISTRO

A regulação do sinistro integra a fase de execução do contrato de seguro. Constitui etapa contratual voltada ao adimplemento, que se desenvolve para que seja determinada a existência de garantia para os fatos narrados no aviso de sinistro e sua extensão, com a mensuração do valor a indenizar ou do capital segurado a ser pago ao segurado (beneficiário). Sua função precípua é preparar o cumprimento da prestação principal do segurador, definindo o *an debeatur* e o *quantum debeatur*.

Na regulação do sinistro, o segurador identifica e qualifica determinada situação de fato. Como observa Ernesto Tzirulnik, "a regulação de sinistro é uma atividade voltada à revelação (existência e conteúdo), quantificação e cumprimento de eventual obrigação indenizatória que exsurge da obrigação de garantia a cargo do segurador". Constitui, portanto, uma atividade complexa, na qual o fato comunicado pelo segurado como sinistro será confrontado com a realidade e com as garantias contratadas: "o fato avisado será comparado com a realidade. Em seguida é processado o confronto entre o fato ocorrido e o risco assegurado. Este passo contém o cotejo causa e efeito. A comparação entre o dano e o interesse segurado permitirá conhecer o prejuízo: a deste com a garantia contratada, revelará o prejuízo indenizável e daí por diante".[5]

Nesses termos, o procedimento de regulação do sinistro se desenvolve por meio de uma sucessão de atos pelo quais se analisa, inicialmente, a conformidade dos fatos narrados no aviso do sinistro com os fatos ocorridos e, em seguida, a conformidade dos fatos ocorridos com o risco garantido, o que determinará a qualificação dos fatos como sinistro garantido. A partir daí apura-se o valor a ser pago em conformidade com a extensão dos danos, o interesse e o capital segurado. Todas essas etapas formam um processo

---

direito do consumidor. São Paulo: Revista dos Tribunais, 2015, pp. 25-64, pp. 43-44; PETERSEN, Luiza. *O risco no contrato de seguro*. São Paulo: Revista dos Tribunais, 2018, p. 51, pp. 87-88.

4 "Art. 771. Sob pena de perder o direito à indenização, o segurado participará o sinistro ao segurador, logo que o saiba, e tomará as providências imediatas para minorar-lhe as consequências".

5 TZIRULNIK, Ernesto. *Regulação do sinistro*. 3. ed. São Paulo: Max Limonad. 2001, pp. 31 e 83.

único e contínuo, mas nem sempre podem ser totalmente distinguidas e eventualmente sobrepõem-se, sem prejuízo da precisa definição das finalidades de cada uma delas.

1.1 Qualificação do evento como sinistro garantido

A qualificação do evento como sinistro garantido pressupõe uma série de medidas de verificação. Inicialmente, os fatos narrados no aviso de sinistro são confrontados com a realidade, momento em que será apurado se o evento efetivamente ocorreu e identificada a sua causa (*fase de análise da conformidade dos fatos narrados no aviso do sinistro com os fatos ocorridos*). A minuciosa análise dos fatos assume relevância para apuração de eventuais fraudes cometidas pelo segurado. Nesse particular, situação muito comum envolve justamente a prestação de informações inverídicas, em que os fatos ocorridos não correspondem à narrativa constante do aviso de sinistro. Assim, há situações em que o dano ocorreu, mas não pela causa - ou na extensão - informada, como no caso da simulação do sinistro, em que o próprio segurado atenta contra o interesse sobre o qual recai a garantia, provocando dolosamente o dano. Nessa fase, portanto, os esforços do segurador envolvem, em grande medida, a identificação da efetiva causa do evento, com a análise do nexo de causalidade entre os fatos verificados e a causa declarada no aviso de sinistro.

Superada essa questão, na sequência, com a finalidade de determinar a existência de garantia, os fatos apurados são confrontados com a garantia contratada, o que envolve uma minuciosa análise das cláusulas contratuais (*fase de análise da conformidade dos fatos ocorridos com o risco garantido)*. Nessa etapa, poderão ser identificadas situações que desobrigam o segurador ao pagamento, configurando a perda do direito à garantia, como ocorre no caso de agravamento intencional do risco. Compreende também situações não incluídas na garantia, porque afastadas expressamente por cláusula contratual. Nessas hipóteses, assume relevância a causa do evento, pois uma das técnicas de seleção do risco no seguro consiste justamente a exclusão de riscos em consideração à causa do sinistro (assim, por exemplo, o segurador poderá garantir incêndio decorrente de curto-circuito, mas não de queda de raio). Da mesma forma, analisa-se a existência de garantia no tempo e no espaço, considerando a data do evento e o período de vigência da apólice, assim como a perspectiva territorial da garantia, entre outros tantos aspectos.[6] Será todo esse processo que permitirá ao segurador qualificar o evento como sinistro garantido.

---

6 DONATI, Antigono. *Trattato del Diritto delle Assicurazioni Private*. V. II. Milão: Giuffrè, 1952, pp. 430-433.

1.2 Determinação do valor a indenizar ou do capital segurado a ser pago

Confirmada a existência de sinistro, o passo seguinte consiste na apuração do valor a indenizar ou do capital segurado a ser pago, mediante a identificação da extensão do sinistro garantido (*fase de apuração do valor a indenizar em conformidade com a extensão dos danos, com o interesse segurado e o capital segurado*). Nessa etapa, também denominada de liquidação do sinistro, o valor a ser pago será determinado considerando tanto a extensão dos danos quanto o valor do interesse segurado e a extensão da garantia, assim, observando o valor do capital segurado, o tipo de seguro – se total ou parcial – de danos ou de pessoas, bem como eventual participação obrigatória do segurado.[7]

Nesse particular, observa-se que a prestação do segurador não corresponderá, necessariamente, ao limite máximo do capital segurado previsto na apólice, tampouco à integralidade dos danos suportados pelo segurado. Nos seguros de danos, que se submetem ao princípio indenitário, a indenização é calculada em função dos prejuízos suportados pelo segurado, não podendo superar esse valor. Ademais, nessa modalidade, "a indenização não pode ultrapassar o valor do interesse segurado no momento do sinistro, e, em hipótese alguma, o limite máximo fixado na apólice, salvo em caso de mora do segurador" (art. 781, CC). Assim, em caso de sinistro parcial, que atinja apenas uma parcela do interesse coberto, a prestação do segurador não corresponderá ao limite máximo do capital segurado. Apenas em caso de sinistro total, que atinja a totalidade do interesse, é que poderá corresponder ao limite máximo previsto na apólice. Em qualquer caso, contudo, a indenização não poderá ultrapassar o valor do interesse segurado no momento do sinistro, de modo que deve ser apurado o valor do bem, com o cálculo de eventual depreciação.[8]

Igualmente, a prestação do segurador não corresponderá necessariamente à integralidade dos danos suportados, situação que se verifica no caso de seguro parcial, em que o capital segurado contratado é inferior ao valor do interesse segurado. Assim,

---

7 DONATI, Antigono. *Trattato del Diritto delle Assicurazioni Private*. V. II. Milão: Giuffrè, 1952, pp. 433-437.

8 Observa-se, nesse sentido, que o Superior Tribunal de Justiça já se manifestou no sentido de que a indenização securitária deve ser calculada considerando o valor do bem na data do sinistro, e não na data da liquidação: REsp 1546163/GO, Rel. Min. Ricardo Villas Bôas Cueva, 3ª Turma, j. 05/05/2016, DJe 16/05/2016. Nos termos da decisão: "É abusiva a cláusula contratual do seguro de automóvel que impõe o cálculo da indenização securitária com base no valor médio de mercado do bem vigente na data de liquidação do sinistro, pois onera desproporcionalmente o segurado, colocando-o em situação de desvantagem exagerada, indo de encontro ao princípio indenitário" (...) "A cláusula do contrato de seguro de automóvel a qual adota, na ocorrência de perda total, o valor médio de mercado do veículo como parâmetro para a apuração da indenização securitária deve observar a tabela vigente na data do sinistro e não a data do efetivo pagamento (liquidação do sinistro)".

também deverá ser analisado o tipo de garantia, se total ou parcial, observando a regra segundo a qual "o seguro de um interesse por menos do que valha acarreta a redução proporcional da indenização, em caso de sinistro parcial" (art. 783, CC).[9] Da mesma forma, mesmo no tocante a certas modalidades de seguro de pessoas, a quantia a ser paga pelo segurador nem sempre corresponderá ao limite máximo do capital segurado. Esse é o caso do seguro de acidentes pessoais, com cobertura para invalidez, em que a indenização é calculada conforme grau de invalidez do segurado, observando os percentuais ajustados no contrato, conforme a tabela do Conselho Nacional de Seguros Privados (CNSP).

Nesse sentido, o procedimento de regulação do sinistro terá, como um dos seus principais efeitos, tornar líquida a prestação do segurador.[10] Como bem se sabe, as obrigações líquidas são aquelas em que "há certeza quanto à existência da dívida e seu exato conteúdo".[11] "O crédito diz-se líquido (ou diz-se líquida a dívida) quando, além de ser claro e manifesto", "dispensa qualquer elemento extrínseco para se lhe saber o importe". "Sabe-se *que é* e *o que é*".[12] Salvo situações como a dos seguros de vida, em que, como regra, é dispensada a liquidação dos danos, uma vez que o valor a ser pago corresponderá à integralidade do capital segurado, nos demais seguros, com a ocorrência do sinistro, surge para o segurado o direito à indenização, que, todavia, deverá ser objeto de liquidação. Trata-se, no caso, de procedimento que terá efeitos tanto em relação ao momento de cumprimento da prestação de pagamento[13] quanto em relação à caracterização da mora.[14]

---

9 Registra-se, contudo, que a jurisprudência tende afastar a aplicação da cláusula de rateio, por abusividade, em relações securitárias de consumo: TJRS, Apelação Cível 70079982310, Rel. Jorge Luiz Lopes do Canto, 5ª Câmara Cível, j. 18/12/2018; TJSP, Apelação Cível 0105207-04.2008.8.26.0003; Rel. Caetano Lagrasta; 8ª Câmara de Direito Privado, j. 31/07/2013; p. 09/08/2013.

10 THEODORO JÚNIOR, Humberto. *O contrato de seguro e a regulação do sinistro*. Disponível em: http://www.ibds.com.br/artigos/OContratodeSeguroeaRegulacaodoSinistro. Acesso em: mar. 2020.

11 MIRAGEM, Bruno. *Direito civil: direito das obrigações*. 2ª ed. São Paulo: Saraiva, 2018, p. 506.

12 PONTES DE MIRANDA, Francisco. *Tratado de Direito Privado*. Atual. Nelson Nery Jr. e Rosa Maria de Andrade Nery. t. XXIV. São Paulo: Revista dos Tribunais, 2012, p. 263.

13 THEODORO JÚNIOR, Humberto. *O contrato de seguro e a regulação do sinistro*. Disponível em: http://www.ibds.com.br/artigos/OContratodeSeguroeaRegulacaodoSinistro. Acesso: mar. 2020.

14 ALMEIDA COSTA, Mário Júlio de. *Direito das Obrigações*. 9. ed. Coimbra: Almedina, 2006, p. 1050. Observa-se que "para que se caracterize o inadimplemento, necessariamente, a prestação deve ser exigível, ou seja, estar em condições de ser realizada pelo devedor e, caso não o seja, objeto de pretensão do credor. Deve ser prestação certa, líquida e que já possa ser pretendida pelo credor. Não há mora, portanto, se ainda não venceu o prazo em benefício do devedor, dentro do qual está definido que pode cumprir" (MIRAGEM, Bruno. *Direito civil:* direito das obrigações. 2ª ed. São Paulo: Saraiva, 2018, p. 503).

1.3 Adoção de medidas de salvamento e de atenuação dos danos

A função da regulação do sinistro, como procedimento voltado ao adimplemento, deve ser compreendida em sentido amplo, envolvendo tanto os atos preparatórios ao pagamento da indenização ou do capital segurado como a adoção de medidas preventivas, de salvamento, destinadas a evitar ou atenuar as consequências do sinistro. Por isso sustenta-se que a regulação do sinistro também poderá desempenhar função preventiva. A rigor, embora não seja tão frequente, "a intervenção regulatória pode até mesmo anteceder a plena caraterização do sinistro. Quando iminente a ocorrência, poderá ser necessária uma especial regulação preventiva, que em última análise ficará a cargo da prestação devida pelo segurador".[15]

Essa função preventiva, contudo, terá maior relevância nos seguros de dano, em que a intervenção do segurador antes, ou imediatamente após a ocorrência do sinistro, terá maior aptidão para atenuar ou evitar os prejuízos. Manifesta-se, igualmente, pela adoção de medidas de salvamento e de atenuação dos prejuízos tanto pelo segurador, após a notificação do sinistro, quanto pelo segurado, sendo que as despesas "correm à conta do segurador, até o limite fixado no contrato", nos termos do art. 771, par. único, do Código Civil.[16] Para que sejam exigíveis, as medidas de salvamento e atenuação dos danos devem ser necessárias, adequadas e proporcionais, verificando-se a iminência do dano (ou seu agravamento), a eficácia da medida aos fins a que se destina e o seu caráter não excessivo, levando em conta os fins do contrato.[17]

---

15 TZIRULNIK, Ernesto. *Regulação do sinistro*. 3. ed. São Paulo: Max Limonad. 2001, pp. 95-96.

16 Em relação ao custeio das despesas de salvamento, segundo a interpretação do par. único do art. 771 do CC, estabeleceu-se, no direito brasileiro, certa divergência quanto à extensão da obrigação do segurador naqueles casos em que as partes não ajustaram no contrato limite específico para o reembolso dessas despesas. Especialmente com o advento da Circular 256/2004 da Susep, que dispõe sobre a "estruturação mínima das Condições Contratuais e das Notas Técnicas Atuariais dos Contratos de Seguros de Danos", e previu em seu art. 31, §2º, que: "na ausência de cobertura específica, o limite máximo da garantia contratada deverá ser também utilizado, até a sua totalidade, para cobrir despesas de salvamento e os valores referentes aos danos materiais de que trata o inciso II deste artigo". Desta regra se aparta parcela significativa da doutrina, sustentando que, em tais casos, o reembolso das despesas de salvamento não estaria limitado ao valor da importância segurada. Nesse sentido, por todos: THEODORO JÚNIOR, Humberto. Seguro de danos – despesas de salvamento e despesas de contenção: regime jurídico. *In*: *Estudos de Direito do Seguros* – Vol. XIII. VI Fórum de Direito do Seguro José Sollero Filho – IBDS. Brasília: Roncarti, 2014, pp. 157-181. Sob a vigência do CC de 1916: ALVIM, Pedro. *O Contrato de Seguro*. 2.ed. Rio de Janeiro: Forense, 1986, p. 402.

17 Nas palavras de Pontes de Miranda, "o interessado pode exigir do segurador os meios para o salvamento, ou para atenuação dos prejuízos, desde que iminente o sinistro e em verdade suscetível de medidas diminutivas dos danos" (MIRAGEM, Bruno. *Tratado de Direito Privado*. Atual. t. XLV. São Paulo: Revista dos Tribunais, 2012, p. 502).

2. NATUREZA JURÍDICA DA REGULAÇÃO DO SINISTRO

A respeito da natureza jurídica da regulação do sinistro, dois são os aspectos principais a serem considerados: a) sua qualificação dentro do processo obrigacional do contrato de seguro como espécie de dever do segurador; e b) sua realização de forma consensual pelas partes.

2.1 Regulação do sinistro como dever acessório do segurador

A regulação do sinistro integra a relação obrigacional como um dever do segurador. Constitui uma obrigação acessória, cuja função é preparar o adimplemento, tanto da prestação principal do segurador de pagamento quanto da prestação de salvamento.[18] Ademais, caracteriza-se como obrigação de fazer, consistente na adoção das medidas preparatórias ao adimplemento, cujo conteúdo envolve a tomada das medidas necessárias à apuração da existência de sinistro garantido e do valor a indenizar, com o posicionamento do segurador ao final, assim como a adoção de medidas de salvamento e de atenuação dos prejuízos, custeadas "até o limite fixado no contrato" (art. 771, par. único, Código Civil).

Nesse sentido, a regulação do sinistro terá, ao mesmo tempo, *função instrumental* para o cumprimento, bem como será ela própria *parte do cumprimento* do contrato.[19] Caracteriza-se, ainda, como obrigação condicional (art. 332, do Código Civil), de modo que sua exigibilidade, assim como a da prestação principal, depende da ocorrência do sinistro – ou sua iminência, tomando em conta a função preventiva –, sendo deflagrada a partir do aviso ao segurador. Para ser executada, a regulação exige tempo razoável,[20] sendo geralmente estabelecido um prazo.[21] É implementada por ato do segurador, mediante a atuação de um funcionário seu ou pela contratação de um terceiro prestador de serviços. Em caso de descumprimento da obrigação, no tempo e de modo adequado, por fato imputável ao segurador, este responderá pelo

---

18 MIRAGEM, Bruno. *Direito civil:* direito das obrigações. 2ª ed. São Paulo: Saraiva, 2018, pp. 43-46.

19 TZIRULNIK, Ernesto. *Regulação do sinistro*. 3. ed. São Paulo: Max Limonad. 2001, p. 35.

20 MIRAGEM, Bruno. *Direito civil:* direito das obrigações. 2ª ed. São Paulo: Saraiva, 2018, p. 509.

21 "Não se deve confundir, entretanto, o nascimento da obrigação por decorrência do implemento da condição (*dies cedit*), com o dia do vencimento da obrigação (*dies venit*). Portanto, o art. 322 do CC/2002 deve ser interpretado no sentido de que o credor de obrigação sob condição terá direito à sua imediata execução, se se tratar de obrigação sem prazo. Nas estipulações com prazo, o simples advento da condição não opera a exigibilidade da dívida, que depende do termo 'que muitas vezes se estende além da data do implemento da condição" (PONTES DE MIRANDA, Francisco. Tratado de Direito Privado. Atual. Nelson Nery Jr. e Rosa Maria de Andrade Nery. t. XXIV. São Paulo: Revista dos Tribunais, 2012. p. 202).

inadimplemento, inclusive pelas perdas e danos suportados pelo segurado e demais encargos (art. 389 do Código Civil).[22]

2.2 Consensualidade da regulação do sinistro e seus limites

É muito frequente na doutrina a qualificação da regulação do sinistro como um procedimento consensual.[23] Essa noção resulta da compreensão de que o procedimento se desenvolve no interesse comum do segurado e do segurador de que o regulador do sinistro deve atuar para a obtenção de um acordo entre as partes sobre o valor a indenizar, ou, ainda, com base na possibilidade de instauração de uma "perícia contratual" para resolver eventuais divergências quanto ao valor a indenizar. Essa afirmação, contudo, deve ser compreendia em termos, sobretudo porque não serve para explicar a natureza jurídica da regulação do sinistro.

A regulação do sinistro não tem a natureza de uma transação, tampouco tem por função a busca de um acordo entre as partes, com concessões recíprocas quanto ao valor a indenizar.[24] Ao contrário, sua finalidade é preparar o adimplemento da prestação do segurador, nos exatos termos acordados. Por isso, deve observar os termos do contrato, e não a vontade das partes na fase de regulação. Isso não significa que, ao final, segurado e segurador não possam chegar a um consenso quanto o valor a ser pago. Porém, essa não é uma característica intrínseca do procedimento; pode ou não estar presente. Igualmente, não significa que os contratantes e o regulador do sinistro não devam cooperar para que se desenvolva de forma harmoniosa, sem litígios, inclusive com a possibilidade de instauração de uma "perícia contratual" (ou "arbitral") em caso de divergência das partes quanto ao valor a indenizar. A possibilidade desse procedimento, que recebe especial atenção da doutrina[25] e da legislação estrangeira,[26] e

---

22 MIRAGEM, Bruno. *Direito civil: direito das obrigações*. 2ª ed. São Paulo: Saraiva, 2018, pp. 479-484.

23 Nesse sentido, por todos: THEODORO JÚNIOR, Humberto. *O contrato de seguro e a regulação do sinistro*. Disponível em: http://www.ibds.com.br/artigos/OContratodeSeguroeaRegulacaodoSinistro. Acesso em: mar./2020. p. 10.

24 PONTES DE MIRANDA, Francisco. *Tratado de Direito Privado*. Atual. Nelson Nery Jr. e Rosa Maria de Andrade Nery. t. XXV. São Paulo: Revista dos Tribunais, 2012, pp. 179-180.

25 Especialmente da doutrina italiana: ROSSETTI, Marco. *Il Diritto delle Assicurazioni*, v. 1. Milão: CEDAM, 2011, pp. 937-951; BALLARANI, Gianni. *Le Assicurazioni* (a cura di LA TORRE, Antonio). IV Ed. Milão: Giuffrè. 2018, pp. 213-215. No direito português e espanhol: REGO, Margarida Lima; LÓPEZ, Fernando Pena. *Regulação do contrato de seguro em Portugal e em Espanha:* análise comparada. Editorial Fundación Inade: Santiago de Compostela, 2019, pp. 50ss.; pp. 128ss.

26 Assim, por exemplo, dispõe o art. 50 do Decreto-Lei n. 72/2008 em Portugal: "1. Em caso de divergência na determinação das causas, circunstâncias e consequências do sinistro, esse apuramento pode ser cometido a peritos árbitros nomeados pelas partes, nos termos previstos no contrato ou em convenção posterior". No

frequentemente consta de cláusula contratual específica, não descaracteriza, contudo, a obrigação do segurador de execução da regulação do sinistro com a finalidade de apurar o exato valor a indenizar.[27]

Nesse sentido, a regulação do sinistro poderá ter natureza consensual apenas em situações pontuais, como quando expressamente convencionado pelas partes, o que pode ser útil nos casos de sinistros cuja regulação apresente maior complexidade, a ponto de gerar dúvida razoável sobre a existência de garantia e a extensão dos danos, ou mesmo em relação aos critérios a serem empregados para apuração do valor a indenizar. Em qualquer caso, contudo, essa possível natureza consensual da regulação do sinistro deve ser interpretada restritivamente. Embora fosse uma realidade adequada até meados da segunda metade do século XX, e assim reconhecida pela doutrina da época,[28] atualmente não parece se adequar à realidade dos contratos massificados, tampouco às necessidades e expectativas legítimas dos contratantes. Terá lugar apenas nos contratos paritários, que comportam certo grau de negociação justamente porque as partes estão em certa posição de igualdade para negociar, se não as cláusulas do contrato, ao menos os valores e as condições do pagamento.

Registre-se, contudo, que a afirmação de que não há uma finalidade consensual intrínseca à regulação do sinistro, salvo quando assim expressamente acordado, não significa que as partes não possam, em caso de divergência quanto ao valor a indenizar, pôr fim ao litígio mediante transação, como facultado pelo art. 840 do Código Civil. Essa possibilidade, contudo, é limitada, por expressa previsão legal, aos seguros de danos. Dispõe o art. 795 do Código Civil: "é nula, no seguro de pessoas, qualquer transação para pagamento reduzido do capital segurado". Ademais, observa o regime geral do Código Civil: as transações interpretam-se restritivamente (art. 843), sendo anuláveis em caso de erro, dolo ou coação (art. 849). No caso das relações de consumo, sujeitam-se às normas especiais de controle do negócio previstas no Código de Defesa do Consumidor, em particular ao princípio da vulnerabilidade (art. 4, I),[29] que justifica

---

mesmo sentido, dispõe o art. 38 da Lei n. 50/1980 na Espanha: "*Si no se lograse el acuerdo dentro del plazo previsto en el artículo dieciocho, cada parte designará un Perito, debiendo constar por escrito la aceptación de éstos*" (...) "*En caso de que los Peritos lleguen a un acuerdo, se reflejará en un acta conjunta, en la que se harán constar las causas del siniestro, la valoración de los daños, las demás circunstancias que influyan en la determinación de la indemnización, según la naturaleza del seguro de que se trate y la propuesta del importe líquido de la indemnización. Cuando no haya acuerdo entre los peritos, ambas partes designarán un tercer perito de conformidade*" (...).

27 Nesse sentido, por todos: ROSSETTI, Marco. *Il Diritto delle Assicurazioni*, v. 1. Milão: CEDAM, 2011, p. 937.

28 DONATI, Antigono. *Trattato del Diritto delle Assicurazioni Private*, v. II. Milão: Giuffrè, 1952, pp. 437ss.

29 MIRAGEM, Bruno. *Curso de direito do consumidor*. 8. ed. São Paulo: RT, 2019, pp. 198ss.

a proteção do consumidor diante do desequilíbrio da relação, e às disposições específicas relativas às práticas (art. 39) e cláusulas abusivas (art. 51).

Desse modo, não poderá o segurador, na fase de regulação do sinistro, valer-se da posição de maior poder econômico, assim como da condição de especialista e controlador do procedimento, para constranger o segurado ou o terceiro interessado – que, em geral, se encontra em uma posição de vulnerabilidade agravada em razão das perdas geradas pelo sinistro[30] – a firmar transação para o pagamento da cobertura securitária em valor inferior ao devido. Essa prática deve ser considerada abusiva, uma vez que caracterize exigência de vantagem manifestamente excessiva e aproveitamento da condição de vulnerabilidade do consumidor (art. 39, V e IV), mas também pode assim ser reconhecida nos seguros em geral, civis ou empresariais, caracterizados por uma manifesta assimetria entre as partes (art. 421-A, CC) e submetidos às regras especiais dos contratos de adesão (arts. 423 e 424, CC). Desse modo, eventual transação ou simples acordo celebrado na regulação do sinistro não vincula o segurado em caso de abuso do direito (art. 187, CC), o que deverá ser analisado no caso concreto, a partir das circunstâncias particulares em que se deu a transação (e.g. caráter de adesão do termo de acordo, vulnerabilidade técnica e capacidade do segurado de compreensão das consequências jurídicas do acordo firmado, representação do segurado por advogado, registro do contrato em Tabelião, valor pago, entre outros aspectos).[31]

Neste particular, prática muito comum, ao final do procedimento de regulação do sinistro – mais especificamente no ato de pagamento da indenização – é a assinatura de um termo pelo qual o segurado confere quitação ao segurador, renunciando a outras eventuais pretensões relacionadas ao sinistro. Não se deve confundir, entretanto, o ato de quitação e a transação em si, ainda que o possa ser firmado com essa denominação. Diferentemente da transação, que se caracteriza como o negócio jurídico por meio do qual as partes, mediante renúncias e concessões recíprocas, decidem pôr fim a um litígio, a quitação tem por função a prova do adimplemento, constituindo o ato jurídico em sentido estrito por meio do qual o credor declara a satisfação do crédito,

---

30 MARQUES, Claudia Lima. *Contratos no Código de Defesa do Consumidor:* o novo regime das relações contratuais. 8. ed. São Paulo: Revista dos Tribunais, 2016, pp. 324ss.

31 Assim, por exemplo, em relação securitária empresarial, na qual o segurado e o segurador, para liquidação do valor a ser pago a título de indenização securitária, firmaram transação perante o Tabelião de Notas, na modalidade de autenticidade, a Quinta Câmara Cível do Tribunal de Justiça do Estado do Rio Grande do Sul entendeu pela validade do acordo, uma vez que caracterizada a "manifestação expressa e inequívoca do segurado no sentido de liquidar o evento danoso e receber o valor da indenização" (TJRS, Apelação Cível 70082074790, Rel. Jorge Luiz Lopes do Canto, 5ª Câmara Cível, j. 04/10/2019).

e um direito do devedor (art. 319 CC).[32] Ademais, conforme tem se posicionado a jurisprudência,[33] a declaração de quitação emitida pelo segurado implica a quitação tão somente do valor efetivamente pago pelo segurador, não impedindo o exercício de pretensão judicial para eventual complementação da indenização securitária ou outras parcelas não abrangidas pela quitação dentro do prazo prescricional previsto em lei.

3. ESTRUTURA DA REGULAÇÃO DO SINISTRO

O procedimento de regulação do sinistro deve ser compreendido a partir da sua função: preparar o adimplemento da prestação principal do segurador. Isso quer dizer que toda a sua estrutura e funcionamento devem ser interpretados visando ao adimplemento, à satisfação do interesse útil do segurado (beneficiário) na garantia. Assim, deverá ser desenvolvido de modo adequado, segundo procedimentos técnicos acreditados, que permitam identificar os fatos tal como ocorreram e sua repercussão na caracterização do sinistro de acordo com o contrato, assim como em tempo razoável, sem demora injustificada que leve ao atraso do pagamento da indenização ou do capital segurado.

Nesse sentido, deverá ser estruturado em atenção aos princípios gerais que presidem o pagamento: *princípio da identidade*, segundo o qual o pagamento tem de observar estritamente os termos do objeto da obrigação (tempo, lugar e modo) (art. 313 do Código Civil); o *princípio da integralidade*, que traz a exigência de que o pagamento deve ser feito por inteiro, não podendo o credor ser obrigado a receber em partes, se assim não foi convencionado (art. 314 do Código Civil); e o *princípio da boa-fé*, que incide para qualificar a conduta concreta das partes, assim como para identificar e tutelar o interesse legítimo na realização da prestação (art. 422 do Código Civil).[34]

Deve, também, respeitar os princípios e regras específicos que presidem o pagamento no contrato de seguro. São eles: o *princípio indenitário*, segundo o qual, nos seguros de dano, a indenização securitária tem por função a reparação dos danos suportados pelo segurado, não podendo superar esse valor, e o *princípio da seleção do risco*, que limita a obrigação do segurador aos riscos predeterminados no contrato,

---

32 PONTES DE MIRANDA, Francisco. *Tratado de Direito Privado*. Atual. Nelson Nery Jr. e Rosa Maria de Andrade Nery. t. XXV e XXIV. São Paulo: Revista dos Tribunais, 2012, pp. 179-180 e pp. 203-204.

33 TJRS, Apelação Cível 70076423391, Rel. Ney Wiedemann Neto, 6ª Câmara Cível, j. 29/03/2018; Apelação Cível 70038804936, Rel. Gelson Rolim Stocker, 5ª Câmara Cível, j. 18/05/2011; STJ, AgRg no REsp 909.552/GO, Rel. Min. Humberto Gomes de Barros, 3ª Turma, j. 21/06/2007, DJ 29/06/2007, p. 622.

34 MIRAGEM, Bruno. *Direito civil:* direito das obrigações. 2ª ed. São Paulo: Saraiva, 2018, p. 298-300.

inclusive ao capital segurado previsto na apólice (art. 757 do Código Civil). Da mesma forma observará as regras do *pagamento em dinheiro*, salvo se convencionada a reposição da coisa (art. 776 do Código Civil); a *limitação da indenização*, nos seguros de dano, ao valor do interesse segurado (art. 781 do Código Civil); a *redução proporcional da indenização*, em caso de seguro e sinistro parcial (art. 783 do Código Civil); a *legitimidade dos beneficiários* no seguro de vida (art. 792 do Código Civil), entre outras normas.

O princípio da boa-fé – como fonte autônoma de deveres anexos (art. 422 do Código Civil), limite ao exercício de direitos subjetivos (art. 187 do Código Civil), critério de interpretação e integração do negócio jurídico (art. 113 do Código Civil) e princípio que impõe especial dever de cooperação no contrato de seguro, notadamente no tocante ao risco e sua gestão[35] (art. 765 do Código Civil) – terá especial relevância para a conformação da estrutura do procedimento de regulação do sinistro. No direito brasileiro, na ausência de disciplina legal da regulação do sinistro, a boa-fé informa o intérprete na definição do que seja o modo adequado e o tempo razoável de desenvolvimento do procedimento diante das expectativas legítimas do segurado e do beneficiário, assim justificando o reconhecimento de deveres de conduta não apenas ao segurador, mas também ao regulador do sinistro. Da mesma forma, orienta a identificação e a tutela das expectativas legítimas do próprio segurador diante do comportamento esperado do segurado (beneficiário).

3.1 Modo da regulação do sinistro

A regulação do sinistro inicia com o aviso de sinistro, devidamente acompanhado das informações e documentos necessários à instauração do procedimento, e termina com a formalização da posição do segurador a respeito da existência de garantia e do valor a indenizar. O rito da regulação do sinistro não se encontra disciplinado em lei no direito brasileiro. Não havendo norma legal a respeito, desenvolve-se segundo as normas administrativas expedidas pelo ente supervisor e regulador, as disposições contratuais, que dispõem, de forma detalhada, sobre sua execução, assim como segundo os usos e costumes, notadamente para a solução de questões não previstas em outras fontes (contratual ou regulamentar).

A regulação do sinistro, como obrigação do segurador, desenvolve-se sob sua responsabilidade, podendo ser executada tanto por um empregado seu quanto como por terceiro contratado para esse fim, também denominado de regulador de sinistro.

35 Veja-se, por todos, PICARD; BESSON. *Les Assurances Terrestres*, t. I. 4. ed. Paris: L.G.D.J, 1975, p. 71.

Ao empregado do segurador ou ao regulador do sinistro contratado, cabe a análise dos fatos ocorridos e das coberturas securitárias, a fim de determinar a existência de garantia e o valor a indenizar. No primeiro caso, desenvolve-se por ato do próprio segurador, mediante atuação de preposto; no segundo, por ato de terceiro contratado, sem vínculo de subordinação.[36]

Em geral, o regulador do sinistro contratado é profissional que presta serviços especializados de regulação de sinistros, com expertise nos mais diversos ramos de seguro, justificando-se a sua atuação, especialmente, naqueles casos que demandam conhecimentos específicos e atividades mais complexas de verificação, como a realização de vistoria no local do sinistro, de perícia técnica ou de atividades investigatórias. O regulador do sinistro, nesse caso, atua por conta do segurador, mas não em nome dele. Assim, a rigor, não constitui mandatário do segurador, mas um prestador de serviço.[37] Sua contratação se justifica para a condução do procedimento, devendo apresentar, ao final, um relatório com a descrição detalhada das atividades realizadas e dos fatos apurados, acompanhado de um parecer, fundamentando o cabimento ou não da cobertura securitária, o valor a ser pago, assim como a indicação dos critérios empregados para a decisão. Nesses termos, o objetivo da atividade do regulador é dar ao segurador os subsídios necessários para a tomada de decisão sobre a existência de sinistro indenizável e o valor a indenizar.

Para além da figura do regulador do sinistro, a regulação do sinistro poderá contar com a participação de peritos, o que é comum no caso de eventos complexos, que demandam a intervenção de um *expert* para o esclarecimento dos fatos e apuração dos danos, assim como quando há divergência entre o segurado e o segurador sobre a extensão dos danos e o valor da indenização. Nesses casos de divergência entre as partes, é possível a instauração de uma "perícia contratual" (ou "perícia arbitral"), com a

---

36 AGUIAR JÚNIOR, Ruy Rosado de. Seguro regulação: a função do regulador e a boa-fé. *In*: LUPION, Ricardo; ARAÚJO, Fernando (Org.). *15 anos do Código Civil:* direito de empresa, contratos e sociedades. Porto Alegre: Fi, 2018, p. 192.

37 Como explica Ruy Rosado Aguiar Júnior: "Discute-se sobre a natureza jurídica da relação estabelecida entre a seguradora e o regulador. As aparências fazem crer que se trata de um mandatário da seguradora. Mas, na verdade, o regulador é um prestador de serviços, empregado ou profissional autônomo (ou pessoa jurídica constituída para esse fim), contratado pela seguradora para o fim específico da regulação, mediante remuneração". (AGUIAR JÚNIOR, Ruy Rosado de. Seguro regulação: a função do regulador e a boa-fé. *In*: LUPION, Ricardo; ARAÚJO, Fernando (Org.). *15 anos do Código Civil:* direito de empresa, contratos e sociedades. Porto Alegre: Fi, 2018, p. 192). No mesmo sentido, no direito argentino: HALPERIN, Isaac. *El contrato de seguro (seguros terrestres).* Buenos Aires: Tipografica Editora Argentina, 1946, p. 310. Analisando a controvérsia no direito francês: NICOLAS, Véronique. Le règlement du sinistre: la détermination de la dette de l'assureur. *In*: BIGOT, Jean (Coord.). *Le contrat d'assurance*, t. 3. Paris: L.G.D.J. 2002, pp. 1060-1063.

designação de um perito ou de um corpo de peritos para a resolução da questão.[38] Esse procedimento costuma constar de cláusula contratual, sendo comum, por exemplo, nos seguros de acidentes pessoais com cobertura para invalidez, em que se preveja a avaliação de uma junta médica para apuração do grau de invalidez do segurado.

No direito brasileiro, salvo manifestação de vontade inequívoca em sentido contrário, os contratantes e os terceiros interessados na garantia não estão vinculados às conclusões, pareceres e laudos do regulador do sinistro e do perito contratado, embora constituam importantes meios de prova em caso de litígio.[39] Assim, na hipótese de discordância sobre as conclusões da regulação do sinistro, o segurado e o terceiro interessado poderão reclamar em juízo o valor que entendam devido, independentemente do que contiverem os laudos e pareceres da regulação, mesmo que produzidos com a sua anuência ou participação.

Em outros sistemas jurídicos, há aqueles que dispõem expressamente sobre a possibilidade de o segurado exigir em juízo no caso de desconformidade do exame do sinistro por ocasião da regulação. No direito alemão, por exemplo, quando a regulação determine a quantificação dos danos que se desvie consideravelmente da realidade do prejuízo decorrente do sinistro, será considerada como não vinculante, permitindo o exercício de pretensão do segurado em juízo ("*ist die getroffene Feststellung nicht verbindlich, wenn sie offenbar von der wirklichen Sachlage erheblich abweicht*" (...), §84, 1, VVG).[40] Outros sistemas, contudo, vinculam as partes às conclusões do regulador ou do perito. Em Portugal, de acordo com o art. 50, alínea 2, do Decreto-Lei 72/2008, "salvo convenção em contrário, a determinação pelos peritos árbitros das causas, cir-

---

38 Não se devem confundir, entretanto, os procedimentos de "perícia contratual" ou "perícia arbitral" com a regulação do sinistro que se desenvolve pelo procedimento da arbitragem (ROSSETTI, Marco. *Il Diritto delle Assicurazioni*, v. 1. Milão: CEDAM, 2011, pp. 937-951). Embora não seja comum, a regulação do sinistro também poderá assumir natureza arbitral, observando, nesse caso, as normas especiais relativas ao procedimento (Lei n°. 9.307/96), naqueles casos que assim convencionado pelas partes, seja por cláusula compromissória, seja por compromisso arbitral. Sendo o seguro um contrato de adesão, "a cláusula compromissória só terá eficácia se o aderente tomar a iniciativa de instituir a arbitragem ou concordar, expressamente, com a sua instituição, desde que por escrito em documento anexo ou em negrito, com a assinatura ou visto especialmente para essa cláusula" (art. 4, § 2º, da Lei n°. 9.307/96). Ademais, tratando-se de relação de consumo, serão abusivas as cláusulas contratuais "que determinem a utilização compulsória de arbitragem" (art. 51, VII, do CDC).

39 Nesse sentido, por todos: AGUIAR JÚNIOR, Ruy Rosado de. Seguro regulação: a função do regulador e a boa-fé. *In*: LUPION, Ricardo; ARAÚJO, Fernando (Org.). *15 anos do Código Civil:* direito de empresa, contratos e sociedades. Porto Alegre: Fi, 2018, pp. 180-181 e 192-194. No Direito argentino: HALPERIN, Isaac. *El contrato de seguro (seguros terrestres)*. Buenos Aires: Tipografica Editora Argentina, 1946, p. 307.

40 Como explica a doutrina, é necessário um "desvio significativo", "evidente como tal". Ademais, "não se trata de atribuição de culpa". O importante é o "estado de conhecimento do especialista no momento da elaboração do laudo". Tradução livre. ARMBRÜSTER, Christian; PRÖLSS, Erich R.; VOIT, Wolfgang. VVG §84 Schadensversicherung. Allgemeine Vorschriften. *In*: PRÖLSS, Erich R.; MARTIN, Anton (Coord.). Versicherungsvertragsgesetz. Volume 14. Munique: Verlag C.H. Beck, 2010, pp. 616-617.

cunstâncias e consequências do sinistro é vinculativa para o segurador, para o tomador do seguro e para o segurado". Na Espanha, o art. 38 da Lei 50/1980 dispõe:

> el dictamen de los Peritos, por unanimidad o por mayoría, se notificará a las partes de manera inmediata y en forma indubitada, siendo vinculante para éstos, salvo que se impugne judicialmente por alguna de las partes, dentro del plazo de treinta días, en el caso del asegurador y ciento ochenta en el del asegurado, computados ambos desde la fecha de su notificación.

A não vinculação do segurador às conclusões do regulador, contudo, deve ser interpretada restritivamente: tem lugar apenas em relação ao parecer do regulador do sinistro contratado (terceiro) que não atue como preposto ou funcionário do segurador. Em tais casos, havendo um prestador de serviço contratado, seu parecer constitui um subsídio para a tomada de decisão, podendo o segurador divergir das conclusões apresentadas desde que por razões de ordem técnica e de modo fundamentado. Outra será a situação no caso em que a regulação do sinistro se realize por ato do próprio segurador, mediante atuação de preposto ou funcionário que o represente. Nesse caso, o segurador não poderá voltar atrás nos próprios atos, contradizendo as conclusões da regulação, sem que haja o advento de fato novo que justifique a decisão, sob pena de caracterizar-se comportamento contraditório inadmissível (*venire contra factum proprium*), atraindo a incidência do art. 187 do Código Civil (abuso do direito).

O modo e a complexidade da regulação do sinistro variam conforme a natureza do sinistro e a modalidade de seguro. No seguro de vida, por exemplo, a tendência é que a regulação ocorra de forma bastante simplificada, sendo realizada pelo próprio funcionário do segurador mediante mero cotejo dos fatos registrados na documentação apresentada pelo beneficiário com as coberturas contratadas; não envolve, em geral, maiores diligências. Em seguros de danos com cobertura de incêndio, como os empresariais, por sua vez, a regulação poderá ter maior complexidade, exigindo a realização de perícia técnica, com a contratação do regulador e de um corpo de peritos não apenas para a investigação da causa do sinistro, mas também da extensão dos danos. Nesses casos, os danos geralmente podem se relacionar ao estabelecimento comercial como um todo, abrangendo o prédio e os bens que o guarnecem, desde o maquinário até mercadorias em estoque e, inclusive, lucros cessantes.

Assim, a regulação do sinistro poderá envolver desde a simples análise documental até a realização de perícia no bem ou na pessoa segurada, bem como assumir natureza investigatória, com o depoimento de testemunhas e a realização de buscas junto a órgãos administrativos. Inclusive pode dar causa à instauração de processo de sindicância pelo segurador, muito comum naqueles casos em que há suspeita de fraude, sendo necessária a adoção de uma série de medidas de investigação para o esclarecimento dos fatos. Conforme a natureza do sinistro e a modalidade de seguro, poderá envolver uma série de medidas de salvamento e atenuação dos danos. Mais recentemente percebe-se o uso crescente das novas tecnologias na regulação do sinistro, desde a utilização de robôs que realizam vistoria no bem segurado ou no local do sinistro, entre outras funções, até o recurso ao *blockchain* e outros instrumentos de coleta da informação, os quais conferem celeridade e eficiência à regulação, muitas vezes levando ao imediato pagamento.

Ao final do procedimento, após a apresentação do parecer do regulador e a prática de todos os atos necessários ao esclarecimento dos fatos, caberá ao segurador se posicionar, perante o segurado ou beneficiário, acerca da existência de garantia e do valor a indenizar. Nesse particular, da incidência do princípio da boa-fé resulta a exigência de que a decisão do segurador deva ser clara e fundamentada, expondo, em caso de recusa, o motivo pelo qual a garantia não é devida, e, em caso de reconhecimento do direito à garantia, os critérios empregados para a quantificação do valor a ser pago.[41] Assim, o segurador deverá indicar com precisão os motivos da sua decisão, sem recorrer a expressões e argumentos genéricos.[42]

Antes da conclusão da regulação do sinistro, poderão ser realizados adiantamentos do valor a indenizar diante das circunstâncias particulares do sinistro, como nos casos em que há urgência no recebimento da quantia – o que ocorre quando a garantia destina-se à recomposição do patrimônio de empresa que depende da indenização securitária para o reestabelecimento das suas atividades. Para tanto, além da necessidade da medida para a preservação do interesse legítimo do segurado, é necessária uma prévia convicção sobre o cabimento da indenização. O adiantamento constitui prática usual em determinados ramos de seguro, encontrando previsão na legislação estrangeira,[43] no Código Comercial Brasileiro, na parte ainda em vigor, no tocante aos seguros marítimos,[44] assim como no projeto de lei sobre o contrato de seguro em tramitação

---

41 STIGLITZ, Rubén. *Derecho de Seguros*. t. II. 3. ed. Buenos Aires: Abeledo-Perrot, 2001, p. 174.

42 Nesse sentido, é de justiça destacar a correta previsão do Projeto de Lei 29/2017, que dispõe sobre proposição de nova lei para o contrato de seguro, e, em seu art. 90 § 4º, define: "a recusa da cobertura ou do pagamento da indenização ou do capital reclamado deve ser expressa e motivada" (...).

43 Assim, por exemplo, na lei de seguros da Argentina, sob a denominação de "*pago a cuenta*" (art. 51, Lei de Seguros n. 17.418, de 1967).

44 Art. 721. Nos casos de naufrágio ou varação, presa ou arresto de inimigo, o segurado é obrigado a empregar toda a diligência possível para salvar ou reclamar os objetos seguros, sem que para tais atos se faça necessária a procuração do segurador, do qual pode o segurado exigir o adiantamento do dinheiro preciso para a reclamação

no Congresso Nacional (PLC 29/2017).[45] Outrossim, resulta da própria concretização do princípio da boa-fé, constituindo importante medida de preservação do interesse útil do segurado na garantia e, portanto, de tutela das suas expectativas legítimas.

Todos os atos praticados na regulação do sinistro deverão ser registrados em relatório. Da mesma forma, todos os documentos coletados e produzidos na regulação deverão ser considerados comuns às partes (segurado/beneficiário e segurador), se relevantes para a tomada da decisão a respeito da garantia e tenham sido coletados e produzidos com a participação de ambas as partes. Ressalvam-se apenas aqueles considerados confidenciais ou sigilosos.[46] A exigência resulta do dever de informação e transparência decorrente do princípio da boa-fé (art. 422 c/c 765 do Código Civil).

Em caso de dúvida durante o procedimento, seja quanto à existência de garantia segundo a interpretação das cláusulas contratuais, seja acerca dos critérios utilizados para apuração do valor a indenizar, incidem o art. 47 do CDC, caso se trate de relações de consumo, e o art. 423 do Código Civil, nos demais contratos de seguro que se caracterizem como contrato de adesão,[47] impondo a interpretação mais favorável ao segurado. Da mesma forma, deve ter lugar a regra geral de interpretação do negócio jurídico "conforme a boa-fé e os usos" prevista no Código Civil (art. 113, §1º).[48]

3.2 Tempo da regulação do sinistro

A regulação do sinistro deverá ser executada em tempo adequado. Na ausência de previsão legal quanto ao tempo que o segurador dispõe para o cumprimento da

---

intentada ou que se possa intentar, sem que o mau sucesso desta prejudique ao embolso do segurado pelas despesas ocorridas.

45 Art. 79, §1º: Apurada a existência de sinistro e de quantias parciais devidas ao segurado ou ao beneficiário, a seguradora deve adequar suas provisões e efetuar, em no máximo trinta dias, adiantamentos por conta do pagamento final ao segurado ou beneficiário.

46 No PLC 29/2017, inclusive, há previsão de que "o relatório de regulação e liquidação do sinistro é documento comum às partes" (art. 84) e que "negada a garantia, no todo ou em parte, a seguradora deverá entregar ao segurado, ou ao beneficiário, os documentos produzidos ou obtidos durante a regulação e liquidação do sinistro que fundamentem a decisão" (art. 86).

47 Orientação semelhante é encontrada no art. 83 do PLC 29/2017: "Em caso de dúvida sobre os critérios e fórmulas destinados à apuração do valor da dívida da seguradora, serão adotados aqueles que forem mais favoráveis ao segurado ou ao beneficiário".

48 "Art. 113. Os negócios jurídicos devem ser interpretados conforme a boa-fé e os usos do lugar de sua celebração. § 1º A interpretação do negócio jurídico deve lhe atribuir o sentido que: I – for confirmado pelo comportamento das partes posterior à celebração do negócio; II – corresponder aos usos, costumes e práticas do mercado relativas ao tipo de negócio; III – corresponder à boa-fé; IV – for mais benéfico à parte que não redigiu o dispositivo, se identificável; e V – corresponder a qual seria a razoável negociação das partes sobre a questão discutida, inferida das demais disposições do negócio e da racionalidade econômica das partes, consideradas as informações disponíveis no momento de sua celebração".

obrigação, o prazo costuma ser objeto de disposição contratual e de normas administrativas expedidas pelo órgão regulador. É comum a previsão do prazo de 30 dias para a regulação do sinistro. Contudo, poderá variar conforme o tipo de seguro. Quanto aos seguros de pessoas, a Resolução 117/2004 do Conselho Nacional de Seguros Privados prevê o prazo máximo de 30 dias para a liquidação do sinistro, o qual inicia com a entrega, pelo segurado ou beneficiário, de todos os documentos básicos previstos nas condições gerais contratuais, podendo ser suspenso em caso de necessidade de documentos complementares, e voltar a correr a partir da sua entrega (art. 50, §1º e §2º). No mesmo sentido, quanto aos seguros de danos, a Circular da Susep 256/2004 estabelece o mesmo prazo máximo de 30 dias, contados a partir da entrega de todos os documentos, e com a possibilidade de suspensão, no caso de serem necessários documentos complementares (art. 33, §1º e §2º). Em relação aos seguros marítimos, o art. 730 do Código Comercial prevê a obrigação do segurador efetuar o pagamento da indenização no prazo máximo de 15 dias, salvo convenção em sentido contrário· Em relação ao seguro DPVAT, dispõe o art. 5, §1º, da Lei 6.194/1974, o prazo de 30 dias.

Na ausência de prazo no contrato, em norma regulamentar ou em lei especial, este deverá ser determinado "conforme os usos e a boa-fé" (art. 113, §1º, CC), observando a modalidade de seguro e a complexidade da regulação do sinistro. Assim, mesmo não havendo prazo ajustado, não seria possível sustentar o cumprimento imediato da prestação do segurador. Como é próprio das obrigações em geral, "o caráter imediato do cumprimento e sua exigência se interpretam conforme os usos. Poderão as partes não convencionar prazo, mas ainda assim não ser razoável, segundo as características do negócio, exigir o cumprimento imediato. A própria natureza da obrigação, mesmo sem prazo, pode exigir que se protele a exigência".[49] Este é o caso do contrato de seguro, cuja regulação do sinistro, com a adoção de atos preparatórios para o cumprimento da prestação principal, realiza-se em prazo razoável, caracterizando obrigação cuja execução exige tempo (art. 134 do Código Civil), não sendo possível o cumprimento de imediato, tão logo do aviso do sinistro.

Em qualquer caso, o prazo estipulado – seja por previsão contratual, seja por norma regulamentar, ou arbitrado conforme os usos – deverá ser razoável, observando não apenas a complexidade da regulação do sinistro, mas também a celeridade que se exige do procedimento para a satisfação do interesse útil do segurado. Assim, eventual prazo ajustado em desacordo com o tempo razoável esperado deverá ser afastado em prol das expectativas legítimas tuteladas pela boa-fé (arts. 187, 422 c/c 765, do Código Civil).

---

49 MIRAGEM, Bruno. *Direito civil:* direito das obrigações. São Paulo: Saraiva, 2017, p. 362.

O Projeto de Lei 29/2017, da Câmara dos Deputados, que dispõe sobre nova disciplina para o contrato de seguro, estabelece prazo para regulação e liquidação do sinistro. Como regra geral, prevê "o prazo máximo de 90 dias, contado da apresentação da reclamação do sinistro pelo interessado" (art. 90). Ademais, limita o exercício do direito do segurador de recusa da cobertura ao prazo de 30 dias, contados "da apresentação da reclamação ou do aviso de sinistro pelo interessado, acompanhada de todos os elementos de que dispuser a respeito do fato reclamado, incluídos os documentos previstos no contrato necessários para a decisão" (art. 89). De outro lado, em norma especial, estabelece o prazo máximo de 30 dias para a regulação do sinistro em seguros de veículos automotores, vida e integridade física, e em todos os demais cuja quantia segurada exceda quinhentos salários-mínimos (art. 90, §1º). Assim, o Projeto de Lei adota interessante técnica legislativa. Ao mesmo tempo em que traz segurança à relação, com a definição de prazos claros, não deixa de observar as especificidades das diferentes modalidades de seguro. Prevê tanto uma regra geral, com prazo mais extenso, destinada a abarcar seguros cuja regulação é mais complexa, quanto uma norma especial, com prazo reduzido, incidente nos seguros cuja regulação, em geral, é mais simples. Permite, desse modo, a satisfação do interesse legítimo do segurado em prazo razoável, compatível com a natureza de cada relação securitária.

A regulação do sinistro deverá ser executada de forma célere, com a maior brevidade possível, de modo a garantir a utilidade da prestação do segurador e que o contrato cumpra com a sua função.[50] A demora injustificada, por fato imputável ao segurador, caracteriza inadimplemento do contrato. Não sendo concluída a regulação do sinistro no prazo ajustado, por culpa do segurador, restará configurada a mora, devendo responder por eventuais perdas e danos causados ao segurado ou ao beneficiário e pelos demais encargos (art. 395, Código Civil).[51] Da mesma forma, responde

---

50 Como reconhece Rubén Stiglitz: "*sobre el particular cabe señalar que si tiene decidido que la satisfacción de la necesidad generada en el daño que sufrira el asegurado como consecuencia del siniestro habrá de procurarse de la manera más rápida y eficaz que resulte posible. Que a ello se enderezan las reglas de los artículos 46, 49 a 51, 56 y concordantes, Ley de Seguros, pues sólo a través de la diligencia puesta en la liquiación del siniestro mantiene el seguro a función que le es inherentes (...) el asegurador no debe utilizar las atribuiciones que la ley le ortoga de una manera antifuncional, esto es, más allá de su razonable necesidad de conocer sobre la exitencia y las demás circunstancias del siniestro, así como acerca de los daños y su extension. El asegurador debe poner el mayor empeño para que la etapa liquidatoria del daño se realice en el menor tempo para satisfacer cuanto antes sus obligaciones. Al referido empeño habrá que añadir la buena fe debida en etapa de pago del débito*". STIGLITZ, Ruben. *Derecho de Seguros*. t. II. 3. ed. Buenos Aires: Abeledo-Perrot, 2001, pp. 443-444.

51 Nesse sentido, já se manifestou o Superior Tribunal de Justiça, reconhecendo a responsabilidade do segurador pelos lucros cessantes suportados pelo segurado em caso de mora: REsp 285.702/RS, Rel. Min. Ruy Rosado de Aguiar, 4ª Turma, j. 29/05/2001, DJ 20/08/2001, p. 474; REsp 593.196/RS, Rel. Min. Hélio Quaglia Barbosa, 4ª Turma, j. 04/12/2007, DJ 17/12/2007, p. 176.

o segurador, perante o segurado, por eventual demora injustificada causada pelo regulador do sinistro por ele contratado.[52] O simples advento do termo final do prazo, porém, constitui de pleno direito o segurador em mora, não sendo necessária uma segunda interpelação, para além do aviso do sinistro (art. 397, Código Civil).

Na contagem do prazo da regulação do sinistro, considera-se, como termo inicial, a data do recebimento do aviso de sinistro, acompanhada da entrega de todos os documentos preliminares necessários, conforme previsto no contrato. Não sendo, porém, apresentados conjuntamente o aviso de sinistro e a documentação, conta-se o prazo do que ocorrer por último. Ademais, aplica-se o disposto no art. 132 do Código Civil: "salvo disposição legal ou convencional em contrário, computam-se os prazos, excluído o dia do começo, e incluído o do vencimento", observando que "se o dia do vencimento cair em feriado, considerar-se-á prorrogado o prazo até o seguinte dia útil" (§2º, art. 132).

Outra questão diz respeito às possíveis causas de suspensão do prazo da regulação do sinistro. Como já mencionado, a solicitação de documentação complementar, devidamente fundamentada pelo segurador, é causa de suspensão do prazo em geral admitida, desde que não exercida de modo abusivo, com a finalidade de procrastinar o procedimento. Neste caso, o prazo é suspenso com o requerimento do segurador, voltando a correr com a apresentação dos novos documentos. Por outro lado, questão bastante controvertida, especialmente considerando o disposto no art. 200 do Código Civil ("quando a ação se originar de fato que deva ser apurado no juízo criminal, não correrá a prescrição antes da respectiva sentença definitiva"), diz respeito à possibilidade de suspensão do prazo da regulação do sinistro quando há inquérito policial ou ação penal em andamento com a finalidade de apurar os fatos narrados no aviso de sinistro; situação muito comum naqueles casos em que há indícios de fraude ou da prática de ilícito penal, cujas investigações em curso poderiam contribuir para afastar eventual dúvida sobre a existência de cobertura securitária. A rigor, porém, entende-se que a celeridade exigida da regulação do sinistro é incompatível com a sua suspensão pelo longo período de tempo que esses procedimentos investigatórios exigem em geral, ainda que militem em sentido contrário argumentos em favor da busca pela certeza do direito do segurado.

---

52 AGUIAR JÚNIOR, Ruy Rosado de. Seguro regulação: a função do regulador e a boa-fé. In: LUPION, Ricardo; ARAÚJO, Fernando (Org.). *15 anos do Código Civil:* direito de empresa, contratos e sociedades. Porto Alegre: Fi, 2018, pp. 182 e 191.

Relevantes, ainda, são os efeitos da regulação do sinistro no tempo, e sua repercussão sobre a prescrição. Segundo o entendimento corrente, o prazo de um ano para o exercício da pretensão do segurado contra o segurador (art. 206, §1º, II, b, do Código Civil), que tem início com a ciência do sinistro pelo segurado, deve ser suspenso com o aviso de sinistro, assim permanecendo durante todo o procedimento de regulação, e retomado no seu término, com a ciência do segurado a respeito da decisão do segurador sobre a existência de cobertura e ao valor a indenizar (Súmula 229 do STJ: "o pedido do pagamento de indenização à seguradora suspende o prazo de prescrição até que o segurado tenha ciência da decisão").[53] A rigor, contudo, o prazo prescricional da pretensão do segurado contra o segurador não tem início com sinistro, mas apenas com a negativa do segurador em indenizar, ou, conforme o caso, com o pagamento da indenização a menor ou o transcurso do prazo da regulação do sinistro sem qualquer manifestação do segurador.[54] Apenas nesse momento, caracterizado o inadimplemento, é que há violação do direito do segurado à cobertura securitária e, portanto, nascimento da pretensão contra o segurador, segundo o disposto no art. 189 do Código Civil ("violado o direito, nasce para o titular a pretensão, a qual se extingue, pela prescrição, nos prazos que aludem os arts. 205 e 206"). Antes, não há prescrição, pelo simples fato de ainda não ter nascido a pretensão que se deve extinguir pelo não exercício.

CONSIDERAÇÕES FINAIS

A regulação do sinistro integra a fase de execução do contrato de seguro. Sua função, natureza jurídica e estrutura podem ser sintetizadas nos seguintes termos:

a) *Função:* a regulação do sinistro constitui etapa contratual voltada ao adimplemento. Nesse sentido, exerce dupla função. Sua função precípua é preparar o cumprimento da prestação principal do segurador de pagamento, definindo o *an debeatur* e o *quantum debeatur*. Envolve, assim, um complexo de atos de verificação, voltados à qualificação do evento como sinistro garantido e à determinação do valor a indenizar

53 De acordo com a jurisprudência do STJ, a apresentação de pedido de reconsideração da decisão do segurador, contudo, não suspende novamente o prazo prescricional: AgInt no AREsp 338.354/SP, Rel. Min. Raul Araújo, 4ª Turma, j. 02/02/2017, DJe 13/02/2017; AgRg no Ag 1312098/MT, Rel. Min. Luis Felipe Salomão, 4ª Turma, j. 21/06/2011, DJe 18/08/2011; REsp 247.295/SP, Rel. Min. Carlos Alberto Menezes Direito, 3ª Turma, j. 29/03/2001, DJ 04/06/2001, p. 171. Ademais, já decidiu o STJ que a reclamação administrativa formulada pelo segurado junto à Susep suspende o prazo prescricional: AgRg no Ag 711.879/RJ, Rel. Min. Humberto Gomes de Barros, 3ª Turma, j. 14/11/2007, DJ 26/11/2007, p. 165.

54 PETERSEN, Luiza. A prescrição e a decadência no contrato de seguro. A prescrição da pretensão do segurado contra o segurador e o aviso do sinistro ao segurador. *Revista CILA*, Sep.-Dez. 3/2015, pp. 98-116.

ou do capital segurado a ser pago ao segurado (beneficiário). Inicialmente, analisa-se a conformidade dos fatos narrados no aviso do sinistro com os fatos ocorridos; em seguida, a conformidade dos fatos ocorridos com o risco garantido. A partir daí apura-se o valor a indenizar em conformidade com a extensão dos danos, o interesse e o capital segurado. Por outro lado, a regulação do sinistro também visa à adoção de medidas preventivas, de salvamento, destinadas a evitar ou atenuar as consequências do sinistro.

b) *Natureza jurídica*: a regulação do sinistro integra o processo obrigacional do contrato de seguro. Constitui obrigação acessória do segurador, de fazer, que se desenvolve por meio de um procedimento e cujo conteúdo consiste na execução das medidas preparatórias ao adimplemento, tanto necessárias à apuração da existência de sinistro e do valor a indenizar quanto de salvamento e atenuação dos danos. Caracteriza, ainda, obrigação condicional; sua exigibilidade depende da ocorrência do sinistro – ou da sua iminência, tomando em conta a função preventiva –, sendo deflagrada a partir do aviso ao segurador. Ademais, sua execução não é imediata; pressupõe tempo razoável para o cumprimento. Em caso de descumprimento da obrigação de regulação do sinistro, no tempo e modo adequado, por fato imputável ao segurador, este responde pelo inadimplemento.

c) *Estrutura*: a regulação do sinistro inicia com o aviso de sinistro, acompanhado das informações e documentos necessários à instauração do procedimento, e termina com a formalização da posição do segurador a respeito da existência de garantia e do valor a indenizar. Seu rito não é disciplinado em lei no direito brasileiro. Nesse sentido, desenvolve-se segundo as normas administrativas expedidas pelo ente supervisor e regulador, as disposições contratuais e os usos e costumes. A ausência de disciplina legal acentua a importância do princípio da boa-fé para a conformação do procedimento. Nesse particular, a boa-fé guia o intérprete na definição do que seja o modo e o tempo adequado da regulação do sinistro em consideração às expectativas legítimas do segurado (beneficiário). Também orienta a identificação e a tutela das expectativas legítimas do segurador diante do comportamento esperado do segurado (beneficiário).

d) *Modo e tempo*: a regulação do sinistro se desenvolve sob a responsabilidade do segurador, podendo ser executada por empregado seu (preposto) ou por terceiro contratado (prestador de serviço sem vínculo de subordinação). Também poderá contar com a participação de peritos. Da incidência do princípio da boa-fé nesta fase resulta, entre outros aspectos, a impossibilidade de o segurador voltar atrás nos próprios atos, contradizendo as conclusões apresentadas, sem que haja o advento de fato novo que justifique; a exigência de que a sua decisão final seja clara e fundamentada;

o direito do segurado (beneficiário) de acesso aos documentos e relatórios produzidos na regulação do sinistro. A regulação do sinistro deve ser executada em tempo razoável, sem demora injustificada que leve ao atraso do pagamento. Em geral, as normas administrativas estabelecem o prazo de 30 dias, o qual pode ser suspenso em caso de necessidade de documentos complementares. Não sendo concluída no prazo previsto, por ato imputável ao segurador, restará configurada a mora.

BIBLIOGRAFIA

AGUIAR JÚNIOR, Ruy Rosado de. Seguro regulação: a função do regulador e a boa-fé. *In*: LUPION, Ricardo; ARAÚJO, Fernando (Org.). *15 anos do Código Civil*: direito de empresa, contratos e sociedades. Porto Alegre: Fi, 2018, pp. 179-195.

ALMEIDA COSTA, Mário Júlio de. *Direito das Obrigações*. 9. ed. Coimbra: Almedina, 2006.

ALVIM, Pedro. *O Contrato de Seguro*. 2. ed. Rio de Janeiro: Forense, 1986.

ARMBRÜSTER, Christian; PRÖLSS, Erich R.; VOIT, Wolfgang. VVG §84 Schadensversicherung. Allgemeine Vorschriften. *In*: PRÖLSS, Erich R.; MARTIN, Anton (Coord.). Versicherungsvertragsgesetz. Band 14. Munique: Verlag C.H. Beck, 2010.

BALLARANI, Gianni. *Le Assicurazioni* (a cura di LA TORRE, Antonio). IV Ed. Milão: Giuffrè. 2018.

BEVILÁQUA, Clóvis. *Código Civil dos Estados Unidos do Brasil*. Comentado por Clóvis Beviláqua. 5ª tiragem. Rio de Janeiro: Ed. Rio, 1973.

BRÖMMELMEYER, Christoph. VVG §31 Auskunftspflicht des Versicherungsnehmers. *In*: BRUCK, Ernst; MÖLLER, Hans (Coord.). *Versicherungsvertragsgesetz*. Erster Band. §§1-31. Berlim: De Gruyter Recht: 2008.

BRUCK, Ernst; MÖLLER, Hans (Coord.). *Versicherungsvertragsgesetz*. Erster Band. §§1-31. Berlim: De Gruyter Recht: 2008.

COMPARATO, Fábio Konder. *Ensaios e pareceres de direito empresarial*. Rio de Janeiro: Forense, 1978.

COUTO E SILVA, Clóvis do. *A Obrigação como processo*. Rio de Janeiro: Ed. FGV, 2007.

DIAS, Daniel. *Mitigação dos danos na responsabilidade civil*. São Paulo: RT, 2020.

DONATI, Antigono. *Trattato del Diritto delle Assicurazioni Private*. V. II. Milão: Giuffrè, 1952.

EGGERS, Peter; PICKEN, Simon; FOSS, Patrick. *Good Faith and Insurance Contracts*. Londres: LLP, 2004.

HALPERIN, Isaac. *El contrato de seguro* (seguros terrestres). Buenos Aires: Tipografica Editora Argentina, 1946.

KOCH, Robert. *Insurance Law in Germany*. Países Baixos: Wolters Kluwer, 2018.

MARQUES, Claudia Lima. *Contratos no Código de Defesa do Consumidor*: o novo regime das relações contratuais. 8. ed. São Paulo: Revista dos Tribunais, 2016.

MARTINS-COSTA, Judith. Boa-fé e regulação do sinistro. *In*: *Lei de contrato de seguro*: solidariedade ou exclusão? VII Fórum de Direito do Seguro José Sollero Filho – IBDS. São Paulo: Roncarti, 2018, pp. 201ss.

MARTINS-COSTA, Judith. *A boa-fé no direito privado*: critérios para a sua aplicação. São Paulo: Marcial Pons, 2015.

MELO, Gustavo de Medeiros. O pedido de reconsideração nos processos de regulação do sinistro. *Revista Brasileira da Advocacia*, v. 2, n. 6, pp. 43-50, jul./set. 2017.

MENEZES CORDEIRO, António. *Direito dos Seguros*. Lisboa: Almedina, 2016.

MIRAGEM, Bruno. Direito civil: direito das obrigações. 2ª ed. São Paulo: Saraiva, 2018.

MIRAGEM, Bruno. O Direito dos Seguros no Sistema Jurídico Brasileiro: uma introdução. *In*: MIRAGEM, Bruno; CARLINI, Angélica (Org.). *Direito dos Seguros*: fundamentos de direito civil, direito empresarial e direito do consumidor. São Paulo: Revista dos Tribunais, 2015, pp. 25-64.

MIRAGEM, Bruno. Os direitos do segurado e os deveres do segurador no direito brasileiro atual e no projeto de lei do contrato de seguro (PCL 29/2017) exame crítico. *Revista De Direito do Consumidor*. São Paulo, v. 27, pp. 97-141, n. 117, maio/jun. 2018.

MIRAGEM, Bruno. *Curso de direito do consumidor*. 8. ed. São Paulo: Revista dos Tribunais, 2019.

MONTI, Alberto. *Buona Fede e Assicurazione*. Milão: Giuffrè, 2002.

NICOLAS, Véronique. Le règlement du sinistre: la détermination de la dette de l'assureur. *In*: BIGOT, Jean (direction). *Le contrat d'assurance*, t. 3. Paris: L.G.D.J. 2002.

PICARD; BESSON. *Les Assurances Terrestres*, t. I. 4. ed. Paris: L.G.D.J, 1975.

PETERSEN, Luiza. *O risco no contrato de seguro*. São Paulo: Revista dos Tribunais, 2018.

PETERSEN, Luiza. Diálogo das fontes e interpretação sistemática no direito dos seguros. *In*: MARQUES, Claudia Lima; MIRAGEM, Bruno (Org.). *Diálogo das fontes*: novos estudos sobre a coordenação e aplicação das normas no direito brasileiro. São Paulo: Revista dos Tribunais, 2020, pp. 349ss.

PETERSEN, Luiza. A prescrição e a decadência no contrato de seguro. A prescrição da pretensão do segurado contra o segurador e o aviso do sinistro ao segurador. *Revista CILA*, Sep.-Dez. 3/2015, pp. 98-116.

PETERSEN, Luiza. Expectativas legítimas tuteladas pela boa-fé: critérios para qualificação. *Revista de Direito Privado* (São Paulo), v. 105/2020, pp. 119-142, 2020.

PONTES DE MIRANDA, Francisco. *Tratado de Direito Privado*. Atual. Bruno Miragem, t. XLV e XLVI. São Paulo: Revista dos Tribunais, 2012.

PONTES DE MIRANDA, Francisco. Francisco. *Tratado de Direito Privado*. Atual. Nelson Nery Jr. e Rosa Maria de Andrade Nery, t. XXIV e XXV. São Paulo: Revista dos Tribunais, 2012.

PONTES DE MIRANDA, Francisco. *Tratado de Direito Privado*. Atual. Ruy Rosado de Aguiar Júnior e Nelson Nery Jr., t. XXVI. São Paulo: Revista dos Tribunais, 2012.

REGO, Margarida Lima; LÓPEZ, Fernando Pena. *Regulação do contrato de seguro em Portugal e em Espanha*: análise comparada. Editorial Fundación Inade: Santiago de Compostela, 2019.

ROSSETTI, Marco. *Il Diritto delle Assicurazioni*, v. 1. Milão: CEDAM, 2011.

STIGLITZ, Rubén. *Derecho de Seguros*, t. II. 3. ed. Buenos Aires: Abeledo-Perrot, 2001.

THEODORO JÚNIOR, Humberto. O contrato de seguro e a regulação do sinistro. Disponível em: http://www.ibds.com.br/artigos/OContratodeSeguroeaRegulacaodoSinistro. Acesso em: mar. 2020.

THEODORO JÚNIOR, Humberto. Seguro de danos – despesas de salvamento e despesas de contenção: regime jurídico. *In*: *Estudos de Direito do Seguros* – Vol. XIII. VI Fórum de Direito do Seguro José Sollero Filho – IBDS. Brasília: Roncarti, 2014, pp. 157/181.

TZIRULNIK, Ernesto. *Regulação do sinistro*. 3. ed. São Paulo: Max Limonad. 2001.

TZIRULNIK, Ernesto; CAVALCANTI, Flávio; PIMENTEL, Ayrton. *O Contrato de Seguro*. 3. ed. São Paulo: Roncarati, 2016.

Jurisprudência

BRASIL. STJ. 3ª Turma. REsp 247.295/SP, Rel. Min. Carlos Alberto Menezes Direito, j. 29/03/2001, DJ 04/06/2001, p. 171.

BRASIL. STJ. 4ª Turma. REsp 593.196/RS. Rel. Min. Hélio Quaglia Barbosa, j. 04/12/2007. DJ 17/12/2007, p. 176.

BRASIL. STJ. 3ª Turma. REsp 1546163/GO Rel. Min. Ricardo Villas Bôas Cueva, j. 05/05/2016, DJe 16/05/2016.

RIO GRANDE DO SUL. TJRS. 5ª Câmara Cível. AC 70038804936, Rel. Gelson Rolim Stocker j. 18/05/2011.

RIO GRANDE DO SUL. TJRS. 5ª Câmara Cível. AC 70079982310. Rel. Jorge Luiz Lopes do Canto, j. 18/12/2018.

RIO GRANDE DO SUL. TJRS. 6ª Câmara Cível. AC 70076423391. Rel. Ney Wiedemann Neto, j. 29/03/2018.

SÃO PAULO. TJSP. 8ª Câmara de Direito Privado. AC 0105207-04.2008.8.26.0003. Rel. Caetano Lagrasta, j. 31/07/2013; p. 09/08/2013.

Legislação

BRASIL. Lei nº 8.078, de 11 de setembro de 1990. Código de Defesa do Consumidor. Dispõe sobre a proteção do consumidor e dá outras providências. Disponível em: http://www.planalto.gov.br/ccivil_03/Leis/L8078.htm.

BRASIL. Lei nº 10.406, de 10 de janeiro de 2002. Institui o Código Civil. Diário Oficial da União: seção 1, Brasília, DF, ano 139, n. 8, p. 1-74, 11 jan. 2002.

BRASIL. Senado Federal. PLC 29/2017. Dispõe sobre normas de seguro privado; revoga dispositivos da Lei nº 10.406, de 10 de janeiro de 2002 (Código Civil); e dá outras providências. Disponível em: https://legis.senado.leg.br/sdleg-getter/documento?dm=5235535&ts=1630440577824&disposition=inline.

A REGULAÇÃO DE SINISTRO COMO FASE, DEVER E PRESTAÇÃO NO SEGURO

Ernesto Tzirulnik[1]
Luca Giannotti[2]

INTRODUÇÃO

O tema da regulação do sinistro é negligenciado no Direito brasileiro. Os cursos e manuais de direito civil e de direito comercial, assim como os livros específicos sobre o contrato de seguro, costumam passar ao largo do assunto.

A regulação do sinistro precisa ser estudada para prevenir os muitos conflitos que nascem nessa fase importante da vida dos contratos de seguro, em que costumam surgir conflitos muitas vezes arrasadores da segurança que o seguro deve transmitir ao mercado.

Com a preocupação de suprir essa lacuna, há mais de trinta anos, em 1999, em coautoria com o Professor Alessandro Octaviani, então estudante e estagiário no escritório, publicamos o primeiro ensaio brasileiro sobre o assunto, num opúsculo intitulado *Regulação de Sinistro (ensaio jurídico)*.

Em 2004, inserimos um capítulo específico no Anteprojeto de Lei Especial de Contrato de Seguro. Atualmente o Projeto está aprovado na Câmara dos Deputados e é examinado no Senado Federal.

Também em 2004, o saudoso professor Luis de Angulo Rodriguez, um dos autores da Lei espanhola de contrato de seguro, palestrou sobre esse capítulo do projeto no IV Fórum do IBDS, em Brasília. Sua palestra foi publicada nos anais do IV Fórum.

Depois disso, o saudoso Ministro Ruy Rosado de Aguiar Junior, o Professor Humberto Theodoro Junior, a Professora Judith Martins-Costa, o Professor Paulo Luiz

---

1 Advogado. Doutor em Direito Econômico pela Universidade de São Paulo (USP). Presidente do Instituto Brasileiro de Direito do Seguro (IBDS). Coordenou a elaboração dos anteprojetos de Lei de Contrato de Seguro (PLC n. 29/2017). Presidente da Comissão Especial de Direito do Seguro e Resseguro da OAB-SP e consultor da Comissão de Infraestrutura do Conselho Federal da OAB para o triênio (2022 a 2024).

2 Advogado. Doutorando em Direito Civil na Universidade de São Paulo (USP). Membro do Instituto Brasileiro de Direito do Seguro (IBDS) e do Instituto de Estudos Culturalistas (IEC).

de Toledo Piza e o Professor Fábio Ulhoa Coelho, bem experimentados no exame de casos concretos, também proferiram palestras e publicaram artigos sobre a regulação.

Além desses textos, merecem ser mencionadas as palestras do saudoso Flávio Queiroz de Bezerra Cavalcanti, um dos coautores do Anteprojeto, e do professor argentino Felipe Aguirre, ambas publicadas nos anais do V Fórum do IBDS. Por fim, menciono os artigos publicados por Bruno Miragem e Luiza Moreira Petersen, Carlos Eduardo Staudacher Leal de Carvalho e Sharon Tennyson, publicados na obra comemorativa dos 20 anos do Instituto Brasileiro de Direito do Seguro (IBDS), intitulada *Direito do Seguro Contemporâneo*, e artigo de Pedro Ivo de Mello.

Para não ser injusto nesta arqueologia, farei duas menções a textos antigos. No início do século XX, o jurista Carvalho Santos dedicou duas páginas e meia ao assunto e, em 1958, o corretor de seguros e advogado José Francisco de Miranda Fontana, então funcionário do Instituto de Resseguros do Brasil (IRB), o ressegurador monopolista, escreveu um curso de regulação e liquidação de sinistro do ramo incêndio para a Sociedade Brasileira de Ciências do Seguro, obra de valor histórico cedida ao IBDS e que se encontra no prelo na Editora Roncarati.

O fato inegável é que o assunto foi menosprezado pela doutrina jurídica brasileira e praticamente toda a produção está relacionada com o movimento provocado pelo Projeto de Lei de Contrato de Seguro, iniciado em 2004.

1. A REGULAÇÃO DE SINISTRO E O SEGURO BRASILEIRO

Muito bem. Qualquer aspecto do seguro, para ser compreendido adequadamente, precisa levar em conta a história do funcionamento do mercado e das suas operações.

Os modelos legislativos dos diferentes países são bons pontos de marcação para navegarmos com segurança, mas não trazem as respostas definitivas. Como todos os negócios jurídicos, o seguro e o mercado de seguro são forjados pela experiência concreta e continuada. Não existe um seguro na lei e outro na realidade.

Diferentemente dos países desenvolvidos, cujos sistemas tendem a ser modelos para todo o mundo, a experiência concreta do seguro brasileiro foi construída, durante quase 70 anos, sobre as estruturas de política voltada à superação do subdesenvolvimento.

Por mais que alguns queiram apagar esse passado, chamando-o de autoritário em contraposição a uma idealizada liberdade, o seguro e o resseguro brasileiros foram continuadamente moldados com as ferramentas da política desenvolvimentista. A política nacional de seguros, inicialmente lançada pelo regime político intervencionista, foi paulatinamente assimilada de forma quase natural pelo mercado, estabelecendo-se conceitos e práticas bastante caros para o bom funcionamento dos seguros brasileiros.

Como pressuposto básico do sistema, reconheceu-se no artigo 4º do Decreto-lei n. 73/1966 que o resseguro e as retrocessões se integram nas operações de seguro, formando um todo indissociável do ponto de vista jurídico funcional e econômico. Além disso, o risco de falta de garantia de seguro e resseguro era prevenido pelo artigo 44, I, alíneas "b", "c" e "d", ora revogadas, que compeliam o monopolista a aceitar todo e qualquer resseguro obrigatório e facultativo, retendo total ou parcialmente a responsabilidade, ou seja, vedando a transferência integral da responsabilidade para o mercado internacional, via retrocessões, salvo quando os riscos não fossem tecnicamente asseguráveis no Brasil ou sua retenção não conviesse aos interesses nacionais.

De forma a preservar no país a execução e o controle das regulações e liquidações de sinistro, as alíneas "g" e "i" do dispositivo mencionado – o art. 44, I – atribuíam ao ressegurador monopolista a competência (i) para proceder à liquidação de sinistros, "de conformidade com os critérios traçados pelas normas de cada ramo de seguro" e (ii) para "representar as retrocessionárias nas liquidações de sinistros amigáveis ou judiciais".

A amplitude do dever de subscrição de riscos e a concentração no ressegurador monopolista dos poderes para traçar as normas essenciais dos diferentes ramos de seguro e para atuar por si e pelas retrocessionárias durante essa fase da execução do contratos de seguro, especialmente nas apurações de causa e prejuízos seguintes ao aviso de sinistro, foram medidas que garantiram o desenvolvimento dos contratos de seguro brasileiros com certa autonomia e independência do mercado internacional, notadamente os seguros de grandes riscos.

A praxe do mercado seria definida durante esse período incubador. Penetraria nas apólices de seguros de danos a *teoria do interesse*: os seguros garantem os interesses sobre o patrimônio e as necessidades econômicas decorrentes da afetação desses interesses, ainda que mera utilidade, e não apenas os casos de destruição física das coisas.

Também viria a constituir a praxe mais estável, denotando o alto grau de consensualidade do seguro, a aceitação da proposta pela mera ausência de recusa expressa da seguradora, prática salutar amplamente aceita no mercado brasileiro, embora incomode algumas seguradoras e resseguradoras.

O setor segurador e ressegurador desenvolveria, especialmente ao longo das décadas de 40 a 80, conforto para o atraso no pagamento dos prêmios, condicionando a suspensão da garantia ou a resolução do contrato de seguro à prévia de notificação do devedor, abrindo-lhe oportunidade para purgação da mora. Seria também forte no mercado, especialmente no momento das apurações do sinistro, a aplicação do princípio de interpretação *in dubio pro segurado*.

As apólices comercializadas também viriam a prevenir a banalização dos seguros a risco relativo, com isso evitando ou reduzindo a chance da sempre conflituosa aplicação da chamada cláusula de rateio proporcional.

Ao longo dos anos 1990, prenunciou-se a quebra do monopólio do resseguro. A mobilização dos interesses foi enorme e o sistema amadurecido ao longo de meio século acabou sendo fragilizado.

As resseguradoras internacionais, então retrocessionárias, passariam a impor clausulados adrede escritos para os países periféricos da América Latina. Livres do comando do ressegurador monopolista, elas também passariam a interpretar as apólices segundo sua própria cultura técnica e jurídica. Isso tudo acabou conduzindo, na prática, ao comando, pelas resseguradoras, das políticas de subscrição, dos núcleos dos clausulados, e, igualmente, das regulações dos sinistros, quase duas décadas antes do advento do mercado livre.

Por mais que hoje se tenha perdido a memória das benesses do regime que vigorou a partir de 1939, é necessário resgatá-la. Afinal, nesse período foram obtidos e consolidados inúmeros ganhos de conteúdo e de práticas. O seguro brasileiro pode dizer "fui melhorando, melhorando, eu mesmo me ensinando", como relata a magnífica ceramista Dona Izabel, do vale do Jequitinhonha, a respeito da sua formação artística.

Assim como por todo o mundo a arte popular e o primitivismo enfrentam certos preconceitos, a cultura técnica e jurídica brasileira sobre seguro e resseguro tem sido equivocadamente taxada de segunda linha, a exigir pretensamente maior aproximação das matrizes europeia e norte-americana. Mas, no fundo, a questão é de regramento. O mercado foi escancarado sem o mínimo cuidado.

É verdade que em 2002 o Brasil passou a contar com um novo Código Civil. Embora ele contenha capítulo sobre o contrato de seguro, suas normas são insuficientes e, não raras vezes, anacrônicas, pois, trazem de volta polêmicas abandonadas ou já superadas naturalmente no mercado. Além disso, o novo Código não se preocupou com a regulação e a liquidação do sinistro, nem com os impactos que a abertura do mercado ressegurador, já cogitado desde a década de 1990, logo teria para a formação, o conteúdo e a execução dos contratos de seguro.

A Lei Complementar n. 126/2007, que extinguiu o monopólio de resseguro no Brasil e regula a atividade resseguradora, também foi completamente omissa quanto às salvaguardas para o bom funcionamento das regulações de sinistro.

No final das contas, ao mesmo tempo em que o país acolheu o oligopólio ressegurador internacional, nos vimos desaparelhados para garantir o equilíbrio entre os agentes do mercado. Hoje todos – segurados, seguradores e intermediários – dependemos desses resseguradores.

Ficamos dependentes em tudo. Primeiro, quanto à subscrição de riscos, porque os resseguradores internacionais passaram a declinar ou restringir as aceitações, que antes eram obrigatórias para o IRB. Surgem, assim, riscos declináveis aos montes.

Depois, dependentes quanto aos conteúdos contratuais, uma vez que as condições das apólices comercializadas pelas seguradoras naturalmente atendem aos requisitos dos seus resseguradores. Perdemos a uniformidade dos conteúdos e das interpretações dos textos securitários. Uma torre de Babel na qual a língua dos resseguradores impõe-se, disfarçada de veículo para a liberdade.

Como o Ministro Paulo de Tarso Sanseverino salientou na abertura deste painel, nos seguros de grandes riscos, as seguradoras são meras fachadas, praticando o chamado *fronting* e cedendo todo o risco aos seus resseguradores. Isso quando não atuam sem qualquer retenção no chamado intragrupo, criando-se uma espécie de simulação de seguro para servir de interface para o resseguro.

Por último, também somos dependentes no campo das regulações de sinistros. As regulações de grandes e médios sinistros hoje são dirigidas pelos resseguradores. Eles se organizam em comitês de direção (*steering committees*), também lembrados pelo Ministro Paulo de Tarso, e decidem quem serão os reguladores, os peritos e os advogados que comandarão os trabalhos.

Em resumo, apesar das alterações estruturais ocorridas nas duas últimas décadas, a regulação de sinistro continua ao relento.

Enquanto isso, os órgãos da Administração Pública, a Susep e o Conselho Nacional de Seguros Privados, despejaram mais de trezentas normas regulatórias do seguro e do resseguro. Isso apenas nos últimos dois anos e meio.

Nessa enxurrada normativa também foi solenemente esquecida a fase da regulação e liquidação do sinistro. O assunto foi resvalado no artigo 46 da circular Susep n. 621/2021.[3] Nem vale a pena conferi-lo.

---

3 A Circular n. 621/2021 oferece apenas uma regra com silhueta de vantagem para os segurados e beneficiários: "Art. 46. Caso o processo de regulação de sinistros conclua que a indenização não é devida, o segurado deverá ser comunicado formalmente, com a justificativa para o não pagamento, dentro do prazo previsto no art. 43." Entretanto isso nada mais é do que dizer que a seguradora está obrigada a escrever uma carta de negativa motivada, o que sempre acontece, embora as motivações em geral costumem ser vazias ou telegráficas: "nos termos da cláusula y, entre outras da apólice...". O Projeto vai muito adiante: "Art. 90 (...) § 4º A recusa da cobertura ou do pagamento da indenização ou capital reclamado deve ser expressa e motivada, não podendo a seguradora

A única exceção a essa aridez do cenário brasileiro é o Projeto de Lei de Contrato de Seguro, o PLC n. 29/2017. Ele contém um capítulo especial sobre essa atividade típica da fase de execução do contrato de seguro seguinte ao sinistro. É o capítulo XIII, intitulado "Da Regulação e Liquidação de Sinistros". Como já se observou na doutrina especializada, o regime da regulação de sinistro é o avanço mais significativo trazido pelo Projeto.[4]

O Projeto, no art. 77,[5] define a regulação como *prestação de serviços* devida pela seguradora. Pouco importa a que título eventual terceiro regulador se vincule com a seguradora, mas a regulação é um serviço que *ela* deve ao segurado. Com o objetivo de evitar que a seguradora abra mão de seu dever e o repasse aos resseguradores, o art. 78[6] prevê que a regulação do sinistro é dever indelegável da seguradora. O art. 82 e seus incisos[7] prestigiam a independência dos reguladores de sinistro.

O art. 80[8] rege a responsabilidade civil dos reguladores de sinistro. O art. 81,[9] por sua vez, de forma a tornar eficaz a disposição anterior, veda a chamada regulação mercenária, aquela em que o terceiro regulador ganha conforme economize para a seguradora ou retarde o seu dever de indenizar. O art. 83[10] impõe a adoção dos critérios de apuração das perdas mais favoráveis ao segurado. Finalmente, os arts. 84 e 86[11] são

---

inovar o fundamento posteriormente, salvo quando depois da recusa vier a tomar conhecimento de fatos que anteriormente desconhecia."

4 COELHO, Fábio Ulhoa. Os avanços do projeto de lei 29/2017. *In:* VII FÓRUM DE DIREITO DO SEGURO JOSÉ SOLLERO FILHO. *Anais.* São Paulo: Roncarati, p. 28. Disponível em: https://www.ibds.com.br/wp-content/uploads/2021/04/v.-17_VII-Forum-de-Direito-do-Seguro_Jose-Sollero-Filho.pdf. A palestra do Prof. Fabio Ulhoa Coelho também está registrada em vídeo (https://youtu.be/8dnAyTQvA4U).

5 "Art. 77. A reclamação de pagamento por sinistro feita pelo segurado, beneficiário ou terceiro prejudicado determinará a prestação dos serviços de regulação e liquidação que têm por objetivo identificar as causas e os efeitos do fato avisado pelo interessado e quantificar em dinheiro os valores devidos pela seguradora, salvo quando convencionada reposição em espécie."

6 "Art. 78. Cabem exclusivamente à seguradora a regulação e a liquidação do sinistro."

7 "Art. 82. Cumpre ao regulador e ao liquidante de sinistro: I – exercer suas atividades com probidade e celeridade; II – informar aos interessados todo o conteúdo de suas apurações, quando solicitado; III – empregar peritos especializados, sempre que necessário."

8 "Art. 80. O regulador e o liquidante do sinistro devem prontamente informar à seguradora as quantias apuradas a fim de que possam ser efetuados os pagamentos devidos ao segurado ou beneficiário. Parágrafo único. O descumprimento dessa obrigação acarretará a responsabilidade solidária do regulador e do liquidante pelos danos decorrentes da demora."

9 "Art. 81. O regulador e o liquidante de sinistro atuam por conta da seguradora. Parágrafo único. É vedada a fixação da remuneração do regulador, do liquidante, dos peritos, dos inspetores e dos demais auxiliares com base na economia proporcionada à seguradora."

10 "Art. 83. Em caso de dúvida sobre critérios e fórmulas destinados à apuração do valor da dívida da seguradora, serão adotados aqueles que forem mais favoráveis ao segurado ou ao beneficiário, vedado o enriquecimento sem causa."

11 "Art. 84. O relatório de regulação e liquidação do sinistro é documento comum às partes."; "Art. 86. Negada a garantia, no todo ou em parte, a seguradora deverá entregar ao segurado, ou ao beneficiário, os documentos produzidos ou obtidos durante a regulação e liquidação do sinistro que fundamentem a decisão."

regras de transferência, estipulando o dever de revelar aos segurados e beneficiários do seguro todos os atos praticados no âmbito da regulação.

Ninguém duvida de que há muito a fazer para ajustar os reclamos da funcionalidade obrigacional à praxe de regulação de sinistro desenvolvida no Brasil.

Embora estejamos falando de regulações mais complexas, e não automatizadas, como tendem a ser as regulações dos seguros automobilísticos, eventualmente sem nem mesmo intervir a figura humana, os princípios gerais são os mesmos. Os softwares devem equivaler em rapidez, adequação, imparcialidade e transparência.

Feitas essas considerações iniciais, tentaremos dizer o que é a regulação do sinistro no direito brasileiro.

2. CONCEITO DE REGULAÇÃO DE SINISTRO

Quanto à expressão, o Brasil sofreu influência francófona. Na língua francesa, ajustar é *régler*, e por isso se diz *réglement du sinistre.*[12] Nos países de línguas inglesa e espanhola, a *regulação* é chamada *loss adjustment* ou *ajustamento del siniestro.*

Se examinarmos o Decreto-lei n. 73/1966, notaremos que as averiguações do sinistro feitas pela seguradora são chamadas de "liquidação de sinistro". Para José Francisco de Miranda Fontana, a palavra "liquidação" teria sido colocada de lado porque, ao serem procurados pelo liquidador, os segurados ficavam assustados imaginando que algum funcionário do órgão ressegurador oficial se apresentava para liquidar o negócio[13] e fechar o estabelecimento.[14]

Na verdade, a mudança de 'liquidação" para "regulação" é mais do que uma maneira de fugir da homonímia, que ainda existe em outros países, como a Itália.[15] A regulação de sinistro, embora *resulte* idealmente na liquidação da obrigação de

12 *Régler*, em francês, é uma palavra ainda mais plurívoca do que o "regular" em português. Ela junta sentidos tão diversos como "marcar", "organizar", "definir", "estabelecer", "concluir", "disciplinar", "pagar" e "regular". A regulação compreende todos esses sentidos: além de estabelecer a existência de um sinistro, ela define a extensão dos prejuízos indenizáveis sofridos pelo segurado. Quando se fala no dever de indenizar o segurado, os tratados usam *règlement de l'indemnité d'assurance.*

13 A expressão "liquidar o negócio" é usada como sinônimo do procedimento da falência em que um empresário escolhe transformar ativos em dinheiro para pagar sua massa de credores ou é forçado a isso por decisão judicial.

14 *Curso de Liquidação de Sinistro Incêndio.* Apostila de 1958 elaborada por José Francisco de Miranda Fontana para a Sociedade Brasileira de Ciência do Seguro. No prelo pelo IBDS/Roncarati.

15 ROSSETTI, Marco. *Il diritto delle assicurazioni.* V. 1. CEDAM: Padova, 2011, p. 934.

indenizar o segurado, porque ela confirma a existência e descobre a extensão da dívida da seguradora,[16] é muito mais do que isso.[17]

A regulação do sinistro é a fase da execução do contrato de seguro destinada, em primeiro lugar, a apurar as causas e as consequências do evento avisado como realização do tipo de risco predeterminado no contrato de seguro (sinistro). Além disso, a regulação serve para a delimitar e quantificar dos prejuízos indenizáveis. Em suma, a regulação serve para averiguar o *an e o quantum debeatur* da seguradora. É principalmente esse aspecto da regulação de sinistro que a doutrina brasileira privilegia.[18]

Além de etapa no processo obrigacional do contrato de seguro, a regulação é (i) um dever da seguradora para com o segurado, voltado à investigação do evento avisado como sinistro e (ii) a prestação de um especialista em regulação de sinistro, realizada para que a seguradora cumpra adequadamente seu dever de regular.

Trataremos de cada sentido de regular o sinistro, ou seja, da regulação-fase do contrato de seguro, da regulação-dever da seguradora e da regulação-prestação do regulador de sinistro.

2.1 Regulação enquanto fase do contrato de seguro

Em primeiro lugar, falemos da regulação-fase. Uma das obras mais célebres do Direito Privado brasileiro – *A obrigação como processo*, de Clóvis do Couto e Silva – enfatiza que a relação obrigacional deve ser compreendida como um processo, ou seja, um conjunto de fases "que surgem no desenvolvimento da relação obrigacional e que se ligam com interdependência"[19] para satisfazer o interesse do credor.[20]

---

16 "Obrigação líquida é aquela em que já está apurado o montante da prestação". MARTINS-COSTA, Judith. *Comentários ao novo Código Civil*. 2. ed,, t. 2. Rio de Janeiro: Forense, 2009, p. 401.

17 Esse aspecto era negligenciado pela doutrina nacional até pouco tempo atrás, mesmo a mais refinada (cf., por exemplo, COMPARATO, Fábio Konder. *O seguro de crédito*. São Paulo: RT, 1968, p. 145). Como a regulação de sinistro envolve discussão sobre causas da lesão ao interesse e incidência do contrato de seguro ao evento, ela também ocorre em seguros de pessoas (no mesmo sentido, MARTINEZ, Pedro Romano *et al*. *Lei do contrato de seguro anotada*. 3. ed. Coimbra: Almedina, 2016, p. 368).

18 A definição de regulação de sinistro sempre parte da ideia de procedimento de apuração em obras nacionais. Por todos, CAVALCANTI, Flávio de Queiroz B. Regulação de sinistro no projeto de lei n. 3.555/04. *Revista Brasileira de direito de seguro e da responsabilidade civil*, v. 1, n. 2, p. 50, dez.-2009; MIRAGEM, Bruno; PETERSEN, Luiza. Regulação do sinistro: pressupostos e efeitos na execução do contrato de seguro. *In*: TZIRULNIK, Ernesto *et al*. (Org.). *Direito do seguro contemporâneo*. V. 1. São Paulo: Contracorrente; Roncarati, 2021, p. 445. Estes autores, no entanto, também abordam brevemente o aspecto de dever da seguradora da regulação em parte do artigo.

19 COUTO E SILVA, Clóvis V. do. *A obrigação como processo*. Rio de Janeiro: FGV, 2005, p. 19.

20 "A obrigação, vista como processo, compõe-se, em sentido largo, do conjunto de atividades necessárias à satisfação do interesse do credor". COUTO E SILVA, Clóvis V. do. *A obrigação como processo*. Rio de Janeiro: FGV, 2005, p. 20.

A regulação de sinistro é uma etapa da execução do contrato de seguro, marcando a transição da garantia prestada pela seguradora para o adimplemento do dever de indenizá-lo.

Ela se justifica como fase autônoma, entre outros motivos porque, muitas vezes, abarca terceiros estranhos ao contrato do seguro – os reguladores e peritos de sinistros. Além disso, sua autonomia se caracteriza porque envolve deveres específicos das partes, cujo cumprimento marca o fim da fase meramente instrumental à satisfação dos interesses do segurado ao entrar no contrato do seguro: (i) o interesse de ter o patrimônio garantido contra riscos predeterminados e (ii) caso um desses riscos predeterminados venha a se concretizar, ou seja, ocorrendo um sinistro, o interesse de ser indenizado à medida dos prejuízos que sofreu.

A fase da regulação pode ter início se e quando a materialização do risco ainda é iminente, situação na qual há aviso de expectativa de sinistro. Ela também pode ter início quando o sinistro acabou de se concretizar. Finalmente, ela pode iniciar depois de verificado o sinistro, desde que existam elementos que permitam a investigação pela seguradora, seja direta ou indireta, como ocorre com as perícias em geral.

O fato de o aviso poder ocorrer muito depois do sinistro pode parecer estranho. Contudo, é justamente por reconhecer e acolher esse fenômeno que pode ser motivado pelas mais diferentes causas, que as seguradoras são obrigadas a constituir as provisões IBNR, sigla que vem de *incurred but not reported*, ou seja, o sinistro ocorreu, mas sua existência ainda é desconhecida.[21]

A principal razão pela qual a regulação de sinistro existe é a preservação da operação de seguro durante a execução dos contratos de seguro.[22] Para que a seguradora consiga gerir adequadamente a comunhão de riscos formada com a massa de prêmios arrecada dos segurados, é necessário que as indenizações pagas não superem os prejuízos sofridos pelo segurado. Caso contrário, oneraria desnecessariamente a garantia que é fornecida a todos. Não se trata de admitir que a seguradora representa ou gere fundos formados pela coletividade de segurados no interesse dessa coletividade. Ela atua como empresa capitalista, maneja suas próprias economias com fim de lucro e é esse manejo que requer cuidado para que a rentabilidade da atividade empresarial não

21 Cf., sobre o tema, PIZA, Paulo Luiz de Toledo. Provisão de sinistros ocorridos e não avisados, aviso de sinistro e cômputo do prazo prescricional da pretensão do segurado em face do segurador. *Revista Brasileira de Direito Comercial*, Porto Alegre: Magister, n.3, p. 32, fev-mar/2015.

22 Outra função fundamental da regulação de sinistro é auxiliar o segurado no salvamento e na contenção do sinistro, como reconhecem MIRAGEM, Bruno; PETERSEN, Luiza. Regulação do sinistro: pressupostos e efeitos na execução do contrato de seguro. *In*: TZIRULNIK, Ernesto *et al.* (Org.). *Direito do seguro contemporâneo.* V. 1. São Paulo: Contracorrente; Roncarati, 2021, p. 453.

seja desnecessariamente reduzida pelo pagamento de indenizações ou capitais indevidos ou em quantias maiores do que as devidas.

Isso se apresenta no chamado princípio indenitário, regra de ouro do contrato de seguro[23] e paralelo do princípio da reparação integral previsto no art. 944 do Código Civil.[24] Como o crédito de indenização do seguro assemelha-se apenas em nome ao crédito que surge do ato ilícito,[25] não podemos simplesmente aplicar a regra básica de que o dever de indenizar se mede pelo dano.

Muitas vezes, no seguro, a indenização não tem perfeita equivalência com o prejuízo sofrido pelo segurado. Para ilustrar essa não equivalência, basta lembrar (i) da franquia, (ii) dos prejuízos excluídos da garantia, embora decorrentes de riscos assegurados, (iii) dos seguros a valores estimados ou (iv) dos seguros de lucros cessantes por fórmula.

O que ocorre é que, como a seguradora se obrigou a assumir o risco de uma lesão ao interesse legítimo segurado, a responsabilidade patrimonial que lhe é imposta sempre guarda relação com o prejuízo efetivamente sofrido pelo segurado. Desse modo, havendo vínculo entre a extensão do prejuízo e a indenização do seguro, deve atuar como norte o princípio da reparação integral.

Assumir que existe uma proporção entre prejuízo sofrido e indenização do seguro nos leva a outras regras para garantir que o princípio da reparação integral ocorra na prática.

O Ministro Paulo de Tarso Sanseverino desdobra o princípio da reparação integral em três funções básicas: o lesante deve reparar a totalidade do dano (função compensatória), o lesado não pode enriquecer por meio da lesão (função indenitária) e a extensão do prejuízo demanda uma avaliação concreta dos prejuízos efetivamente sofridos pelo lesado (função concretizadora).[26] No seguro, a função indenitária tem especial relevo, como demonstra o art. 781.[27]

---

23 "*The nature of responsibility is to restore, as exactly as possible, the equilibrium destroyed by the damage, and to place the victim in the situation in which he would have found himself if the act causing the loss had not taken place'. The principle of full reparation, this 'golden rule', is regularly reaffirmed by the Cour de Cassation.*" RADÉ, Christophe; BLOCH, Laurent. Compensation for pure economic loss under French Law. *In*: VAN BOOM, Willem H. *et al* (Org.) *Pure economic loss*. Springer: Viena, Nova York, p. 43.

24 "Art. 944. A indenização mede-se pela extensão do dano."

25 Como observa Menezes Cordeiro, "Em rigor, não estamos aqui (na indenização), sempre, perante o instituto da responsabilidade civil, mas apenas face do funcionamento de um contrato." MENEZES CORDEIRO, António. *Direito dos seguros*. Coimbra: Almedina, 2013, p. 700.

26 SANSEVERINO, Paulo de Tarso. *Princípio da reparação integral*. São Paulo: Saraiva, 2010, p. 57: "Decompondo-se o conteúdo do princípio da reparação integral, podem-se identificar as suas três funções fundamentais: a) reparação da totalidade do dano (função compensatória); b) vedação de enriquecimento injustificado do lesado (função indenitária); c) avaliação concreta dos prejuízos efetivamente sofridos (função concretizadora)".

27 "Art. 781. A indenização não pode ultrapassar o valor do interesse segurado no momento do sinistro, e, em hipótese alguma, o limite máximo da garantia fixado na apólice, salvo em caso de mora do segurador." É interessante notar como Comparato, ao tratar do princípio indenitário, dá especial ênfase ao aspecto limitativo da

Para que não se supere, em concreto, o limite imposto pelo interesse segurado e pela extensão da lesão, o seguro exige a fase da regulação de sinistro como instrumento.

A semelhança de princípios, isto é, do princípio indenizatório com o da reparação integral, não é casual. Como explica François Ewald, o seguro é uma espécie de sucedâneo da responsabilidade civil. Ele é um instrumento econômico desenvolvido em razão da insuficiência da responsabilidade civil para propiciar indenizações.[28]

O seguro, reunindo economias individuais, consegue atingir aquilo que não está ao alcance da responsabilidade civil: prover indenização para além do patrimônio do responsável e sem o prejudicado sofrer o calvário probatório típico dos processos estatais ou privados.

Além disso, graças ao seguro, o próprio risco tem sua definição bastante ampliada. Ele sai do âmbito restrito da contradição entre os homens e destes com a natureza. Tudo que pode criar necessidade econômica passa a ser risco passível de asseguramento. O chamado *infortúnio* consequentemente também perde força na ideia de *acidente*.

Sem assumir riscos e proteger-se das necessidades econômicas surgidas com os acidentes, não haverá ousadia e o desenvolvimento tecnológico será limitado. Das aventuras marítimas nas Índias às do Vale do Silício, o seguro joga papel importante na formação de reserva destinada a estimular a ousadia tecnológica. Afinal um simples lapso de programação pode parar as redes sociais e prejudicar atividades econômicas, causando impactos bilionários.

Inegável que a antiga definição de acidente como infortúnio súbito e involuntário é insuficiente e limitadora para compreender o significado dos riscos assegurados.

O risco não será uma eventualidade necessariamente negativa sequer. Pode ser uma vantagem, como a sobrevida ou o atingimento da idade escolar. Basta lembrarmos dos seguros de sobrevida ou dos educacionais. O risco poderá ser também o não atingimento de vantagem apenas planejada e almejada, como certas espécies de lucros cessantes ou de perdas financeiras.

Dessa forma, risco assegurado é aquele que como tal for predeterminado no contrato de seguro.

Por isso, por essa expansão da ideia de risco propiciada pela técnica econômica da empresa seguradora, os seguros tendem à mais ampla garantia dos interesses

---

indenização (COMPARATO, Fábio Konder. *O seguro de crédito*. São Paulo: RT, 1968, p. 145). A lógica por detrás é garantir a inexistência de lucro com o seguro, tornando-o uma operação especulativa.

28 EWALD, François. *L'État providence*. Paris: Bernard Grasset, 1986, *passim*.

assegurados.[29] Os seguros, mesmo alguns dos chamados seguro de risco nominado, tendem à garantia integral dos interesses contra todos os riscos, salvo os expressamente excluídos no contrato.[30]

A função social e econômica do seguro somente é atingida quando se obtém não apenas a mais completa, como também a mais ágil reposição do interesse segurado.[31] Ao proporcionar rapidez na indenização dos sinistros, o seguro minimiza os efeitos secundários potencialmente negativos para a esfera do patrimônio dos interessados no contrato, incluindo a interrupção ao atendimento às necessidades básicas, do emprego e da produção.[32]

Será por meio da regulação do sinistro que os contratos de seguro terão a implementação desses objetivos: a indenização plena e rápida, nos limites validamente fixados pelas partes.

2.2 Regulação enquanto dever secundário da seguradora

Com isso, chegamos à estrutura jurídica específica do dever de regular da seguradora. A regulação-dever é um dever imposto à seguradora subordinado, ou acessório, ao dever de garantir o legítimo interesse do segurado.

Sem a regulação, que é atividade especializada, a seguradora não consegue informar ao credor a respeito da existência e dos limites do seu crédito, nem consegue dar exato cumprimento ao primeiro limite fixado no artigo 781 do Código Civil, ou seja, à avaliação do interesse no momento do sinistro.

Entretanto, a regulação é mais do que a mera liquidação do crédito. Ao contrário do que ocorre em boa parte dos países europeus, em que a regulação de sinistro é uma

---

29 O Congresso Nacional, como sabemos, não se deixou seduzir pela proposta de parágrafo único para o atual artigo 757, o artigo que define o seguro, que pretendia restringir a garantia aos riscos *especificados* no contrato (Cf. COMPARATO, Fábio K. Notas explicativas ao substitutivo ao capítulo referente ao contrato de seguro no anteprojeto do Código Civil. *RDM*, ano XI, n. 5, 1972, pp. 143-152).

30 Por todos, PONTES DE MIRANDA, Francisco C. *Tratado de direito privado.* 3. ed., v. 45. São Paulo: Revista dos Tribunais, 1984, p. 44: "O contrato de seguros de bens conclui-se para se cobrir qualquer prejuízo, inclusive perda total do bem segurado. É a regra. Para que tal *princípio do risco integral* não incida, é preciso que o contrato o afaste."

31 MORANDI, Juan Carlos Félix. *El riesgo en el contrato de seguro*. Buenos Aires: Astrea, 1974, p. 27: "*Este tema de la función social del seguro nos obliga a efectuar una somera referencia, aunque más no sea, a la importancia de la institución, ya para la economía nacional, en cuanto permite la nueva posta en marcha de las fuentes de producción, ya para la estabilidad social, al movilizar las fuentes de trabajo afectadas por el evento, ya para las economías individuales y privadas, en tanto el seguro recupera para el siniestrado las pérdidas sufridas*".

32 TENNYSON, Sharon. Seguro e captura regulatória. *In:* VII FÓRUM DE DIREITO DO SEGURO JOSÉ SOLLERO FILHO. *Anais*. São Paulo: Roncarati, 2017, p. 541.

atividade conduzida com certo grau de coparticipação dos segurados que resulta no arbitramento vinculante do valor devido pela seguradora,[33] a regulação de sinistro no Brasil sempre foi uma atividade inquisitiva, do IRB e da seguradora, com baixa carga vinculante – na verdade, nula no que tange ao credor da indenização.

Essa é herança deixada pelo monopólio do resseguro, cujo regime atribuía ao ressegurador oficial a competência para regular os sinistros. A Argentina também contou com o monopólio estatal do resseguro e, não por outro motivo, o sistema argentino é o que mais se aproxima ao nosso.[34]

A intervenção na relação securitária antes feita pelo ressegurador monopolista era como a de um terceiro. Investigava-se o evento, avaliava-se se ele estava coberto por uma das garantias oferecidas no contrato de seguro e apurava-se o prejuízo sofrido pelo segurado. A seguradora intervinha como simples assistente na missão de regular o sinistro. No final, o ressegurador emitia a ALS, autorização para a seguradora efetuar o pagamento da indenização ou capital segurado.

É sobre esse modelo que a prática e a doutrina brasileira desenvolveram a regulação de sinistro como um serviço oferecido ao segurado.

Com o fim do monopólio, as seguradoras sucederam ao IRB na tarefa de regular o sinistro. Nessa nova conformação, a regulação se coloca como um dever secundário ou subordinado ao de garantir interesse legítimo do segurado contra riscos predeterminados.[35]

Toda obrigação tem por objeto uma prestação – uma conduta do devedor voltada à consecução de um resultado:[36] a satisfação de um interesse do credor. Conduta e satisfação são meio e fim. O interesse do segurado, na regulação, é ser informado adequadamente sobre a existência e a extensão de seu direito. O meio a ser empregado

---

33 ROSSETTI, Marco. *Il diritto delle assicurazioni*. V. 1. CEDAM: Padova, 2011, pp. 934ss.; BECKMANN, Roland M.; MATUSCHE-BECKMANN, Annemarie. *Versicherungsrechts-Handbuch*. 2. ed. Munique: C.H. Beck, 2009, p. 1013; BIGOT, J. (Ed.). *Traité de droit des assurances*, t. 3. Paris: LGDJ, 2014, pp. 921ss.; MARTINEZ, Pedro Romano *et al*. *Lei do contrato de seguro anotada*. 3. ed. Coimbra: Almedina, 2016, p. 255. Parecem existir exceções: em ROSSETTI, Marco. *Il diritto delle assicurazioni*. V. 1. CEDAM: Padova, 2011, p. 935, observa-se que, na remotíssima da apólice não prever algo distinto, caberia à seguradora regular o sinistro, por força da boa-fé objetiva.

34 STIGLITZ, Rubén. *Derecho de seguros*. 5. ed., v. 2. Buenos Aires: La Ley, 2008, p. 290.

35 Diz-se "dever secundário" ou "subordinado" porque depende conceitualmente de e se desenvolve a partir de outro dever prestacional, a saber: a garantia (GERNHUBER, Joachim. *Das Schuldverhältnis*. Tübingen: Mohr Siebeck, 1989, pp. 15ss.). Classifica a obrigação de regular dessa forma MIRAGEM, Bruno; PETERSEN, Luiza. Regulação do sinistro: pressupostos e efeitos na execução do contrato de seguro. *In*: TZIRULNIK, Ernesto *et al*. (Org.). *Direito do seguro contemporâneo*. V. 1. São Paulo: Contracorrente; Roncarati, 2021, p. 454, não obstante, ligam esse dever à indenização. Parece-nos que, diante da finalidade de proteger a higidez das garantias prestadas pela seguradora, e de a regulação dever ser prestada mesmo que não exista o dever de indenizar, o dever de regular está funcionalmente ligado ao dever de garantir.

36 Definição de LARENZ, Karl. *Lehrbuch des Schuldrechts*. 14. ed. Munique: C.H. Beck, 1987, pp. 7ss.

pela seguradora é a apuração das circunstâncias relacionadas ao evento percebido e avisado como sinistro.

Iniciada a fase de regulação com o aviso do sinistro ou de sua expectativa, surge para a seguradora o dever de mobilizar forças para fazer as devidas averiguações. O prazo para que a seguradora cumpra seu dever é fixado em norma administrativa,[37] representando o costume pacífico do mercado: a seguradora deve informar o segurado sobre seu direito em no máximo 30 dias após o momento em que recebe todos os documentos necessários para fazer um juízo sobre a cobertura do evento pelo seguro.

Ao cumprir seu dever de regular o sinistro, a seguradora produz um relatório de regulação de sinistro e informa ao segurado sua decisão sobre a indenização (art. 46, Circular SUSEP n. 621/2021).[38] Nesse relatório, a seguradora, ou o regulador de sinistro em seu lugar, informa o segurado sobre a existência e a extensão de seu direito à indenização, trazendo argumentos de ordem jurídica e técnica para enquadrar ou afastar o evento nas garantias do seguro, bem como as premissas fáticas e probatórias utilizadas.

Ao contrário do que ocorre em alguns países da Europa,[39] o segurado e seguradora não estão vinculados à apuração promovida pela ou à custa da seguradora. Evidentemente, a boa-fé objetiva, principalmente por meio da vedação ao *venire contra factum proprium*, assume um papel fundamental nesses casos: é necessário que a seguradora tenha boas razões para contrariar as conclusões técnicas que apresentou previamente.[40]

Existindo a figura do regulador de sinistro, de que trataremos um pouco mais tarde, há uma nova etapa dentro dessa fase: ao receber o relatório de regulação do

---

37 Circular Susep n. 256/2004, art. 33; Circular Susep n. 621/2021, art. 43: Art. 43. Deverá ser estabelecido prazo para a liquidação dos sinistros, limitado a trinta dias, contados a partir da entrega de todos os documentos básicos previstos no art. 41.

38 "Art. 46. Caso o processo de regulação de sinistros conclua que a indenização não é devida, o segurado deverá ser comunicado formalmente, com a justificativa para o não pagamento, dentro do prazo previsto no art. 43."

39 Cf., por todos, BIGOT, J. (Ed.). *Traité de droit des assurances,* t. 3. Paris: LGDJ, 2014, pp. 911ss. É notável o disposto no §84 da lei de seguros alemã (VVG) – havendo processo de apuração, as partes apenas podem se afastar das conclusões encontradas caso sobre a existência e a extensão da pretensão do segurado se elas "evidentemente se distanciarem de forma substancial da verdadeira situação de fato". A jurisprudência concretizou em vários aspectos esse dispositivo. No que diz respeito ao valor da indenização, por exemplo, entende-se que destoa de forma substancial uma variação de 15-20%: HÖRA, Knut (Org.). *Münchener Anwalts Handbuch:* Versicherungsrecht. 3. ed. Munique: C.H. Beck, 2013, p. 104. Seguiu o mesmo caminho o direito português (art. 50, RJCS – MARTINEZ, Pedro Romano *et al. Lei do contrato de seguro anotada*. 3. ed. Coimbra: Almedina, 2016, p. 255), mas tornou a vinculabilidade facultativa. De toda forma, não há novidade com a positivação dessas mudanças: esse sistema existe há muito tempo – DONATI, Antigono. *Trattato del diritto delle assicurazioni private.* V. 2. Milano: Giuffrè, 1954, pp. 437ss.

40 LEAL DE CARVALHO, Carlos S. O princípio da boa-fé e a impossibilidade de a seguradora modificar, em sede judicial, os motivos de seu entendimento manifestado após a regulação de sinistro. *In*: TZIRULNIK, Ernesto *et al.* (Org.). *Direito do seguro contemporâneo.* V. 1. São Paulo: Contracorrente; Roncarati, 2021, pp. 481ss., posição que encontra amparo em decisão recente do Tribunal de Justiça de São Paulo (TJSP. AC 1033533-60.2019.8.26.0100. 32ª C. D. Privado, rel. Des. Ruy Coppola, j. em 25.02.2021).

regulador, a seguradora pode concordar com suas conclusões técnicas ou rejeitá-las, apresentando, sempre, as razões para tanto. Eventuais dúvidas sobre idoneidade do regulador, evidente descompasso entre os documentos apresentados pelo segurado e a conclusão do relatório e desconsideração de cláusulas previstas na apólice são razões que permitiriam a desconsideração das conclusões do relatório pela seguradora. Nesses casos, a seguradora avoca para si o cumprimento do dever de regular e apresenta suas próprias conclusões ao segurado.

Isso é o que deveria acontecer. Muitos desvios costumam surgir no caminho.

O primeiro deles é o atraso na abertura da regulação de sinistro. Avisada de um potencial sinistro, a seguradora pode ficar omissa e não iniciar a regulação de sinistro, iniciá-la e abortá-la, ou simplesmente manifestar-se de pronto sobre a cobertura dos eventos nos termos das garantias do seguro. A não ser em casos extremos,[41] como a patente inexistência da relação contratual de seguro, a seguradora deve informar a quem lhe avisou o sinistro sobre a existência ou não da garantia.

Diante disso, deve-se aplicar o regime do inadimplemento antecipado ao dever de regular pela seguradora. Negar-se a regular assemelha-se ao caso da manifestação inequívoca do devedor, ainda que tácita, de que não irá cumprir sua obrigação no momento devido.[42] No caso do seguro, no já mencionado prazo de trinta dias.

Nessas situações, há violação antecipada do crédito, fazendo surgir a pretensão à regulação do segurado. Isso se manifesta, basicamente, no direito do segurado a exigir da seguradora o cumprimento da obrigação de regular o sinistro no momento acordado, razão pela qual ela deve dar sequência à fase de regulação de sinistro.[43]

É importante observar que, se a seguradora ainda se recusar a indicar o regulador ou promover a regulação ela própria, deve incidir o art. 249 do Código Civil:[44] o segurado pode nomear um regulador de sinistro às custas da seguradora e promover a regulação. Se isso for feito mesmo sem a anuência da seguradora, haveria inadimplemento

---

41 STIGLITZ, Rubén. *Derecho de seguros*. 5. ed., v. 2. Buenos Aires: La Ley, 2008, pp. 290ss. arrola uma série de exceções ao dever da seguradora de informar o segurado sobre seus direitos, mas reconhece o papel da boa-fé em mitigar grande parte delas.

42 Cf., sobre a figura, TERRA, Aline. *Inadimplemento anterior ao termo*. Rio de Janeiro: Renovar, 2009.

43 É discutível se geraria mora – Cf. FERREIRA DA SILVA, Jorge Cesa. *Inadimplemento das obrigações*. São Paulo: RT, 2007, p. 46. Tende-se à resposta negativa, pela ausência da expectativa do credor em receber antecipadamente a prestação: a violação antecipada tem função de preservar o credor, seja tutelando a satisfação do crédito no momento oportuno, seja permitindo a resolução do contrato quando não há possibilidade de realização tempestiva da prestação.

44 "Art. 249. Se o fato puder ser executado por terceiro, será livre ao credor mandá-lo executar à custa do devedor, havendo recusa ou mora deste, sem prejuízo da indenização cabível."

absoluto de seu dever de regular. Dessa forma, o segurado seria indenizado dos prejuízos que teve com a necessidade de regular o sinistro sozinho.

Além de remédios indenizatórios, a doutrina há muito reconhece a possibilidade de se opor a exceção de contrato não cumprido em razão do inadimplemento do dever de regular: caso o dever de regular não seja cumprido, o segurado pode se recusar a pagar o prêmio ainda devido.[45]

O segundo desvio de caminho é o que se costuma chamar mora da seguradora. Na regulação administrativa vigente, determina-se que o segurado deve ser indenizado em até trinta dias após a entrega dos documentos necessários para que a seguradora realize a regulação.[46] O lapso do prazo é suspenso caso a seguradora demande mais informações, de forma justificada.[47] Caso a regulação não se encerre dentro desse prazo, diz-se que a seguradora está em mora com relação a seu dever de indenizar o segurado, com todos seus efeitos.[48]

Não é de se estranhar que o inadimplemento de um dever acarrete a incidência da mora em outro. O fato é que a data do cumprimento do dever de indenizar o segurado é determinado a partir da regulação de sinistro, e a seguradora não pode ser beneficiada pelo atraso em determinar a existência e grandeza do credor se agiu de forma negligente, violando o prazo fixado na regulamentação. O ordenamento assume que ela está postergando negligentemente a data do cumprimento, e força a incidência da mora.[49]

---

45 COMPARATO, Fábio Konder. *O seguro de crédito*. São Paulo: RT, 1968, pp. 147-148: "*Quid juris* se a segurado cair em mora do cumprimento deste dever [de liquidar a dívida]? Entendemos que o segurado tem o direito de lhe opor a exceção de contrato não cumprido, recusando-se por sua vez a efetuar o pagamento dos prêmios mensais enquanto esta liquidação não se ultimar". No mesmo sentido, PICARD, M.; BESSON, A. *Les assurances terrestres*. 5. ed., v. 1. Paris: LGDJ, 1982, p. 230. Essa conclusão se torna muito mais útil à média que a doutrina contemporânea expande substancialmente o âmbito de incidência da exceção de contrato não cumprido: em relações duradouras e em contratos coligados, o inadimplemento do dever de regular pode justificar a recusa do pagamento do prêmio em outro contrato de seguro. Cf., por todos, GERNHUBER, Joachim. *Das Schuldverhältnis*. Tübingen: Mohr Siebeck, 1989, §14, pp. 328ss.; MARINO, Francisco. *Contratos coligados no direito brasileiro*. São Paulo: Saraiva, 2009, pp. 198ss.

46 Circular Susep n. 621/2021: Art. 43. Deverá ser estabelecido prazo para a liquidação dos sinistros, limitado a trinta dias, contados a partir da entrega de todos os documentos básicos previstos no art. 41.
Art. 41. Deverão ser informados os procedimentos para comunicação, regulação e liquidação de sinistros, incluindo a listagem dos documentos básicos previstos a serem apresentados para cada cobertura, facultando-se às sociedades seguradoras, no caso de dúvida fundada e justificável expressamente informada ao segurado, a solicitação de outros documentos.

47 Circular Susep n. 621/2021: art. 43, § 1º Deverá ser estabelecido que, no caso de solicitação de documentação complementar, na forma prevista no art. 41, o prazo de que trata o caput será suspenso, voltando a correr a partir do dia útil subsequente àquele em que forem atendidas as exigências.

48 Essa solução não é distinta da encontrada em outros sistemas. A maioria é semelhante, mas o sistema alemão (§14, lei do contrato de seguro), é rigorosamente igual: a indenização deve ser paga após a regulação, e, se esta não estiver concluída em 30 dias, juros incidem (BECKMANN, Roland M.; MATUSCHE-BECKMANN, Annemarie. *Versicherungsrechts-Handbuch*. 2. ed. Munique: C.H. Beck, 2009, pp. 1110ss.).

49 Essa é uma solução bastante comum: o art. 129, que lida com condições, parte da mesma lógica, e a doutrina há muito antecipa o início do prazo prescricional ao momento em que o titular da pretensão poderia ter feito

Além da incidência dos juros previstos no art. 406 do Código Civil – com certeza, o efeito mais relevante da mora no pagamento pelo seguro –, a mora também imputa à seguradora todos os prejuízos causados pela inexatidão no cumprimento do dever de regular e de indenizar.[50] Isso permite que o segurado seja indenizado para além do limite de indenização previsto no contrato.[51]

Um bom exemplo da responsabilidade pelos danos causados pela mora pode ser colhido nos seguros de Responsabilidade Civil. Havendo atribuição de responsabilidade ao segurado por uma vítima, um acordo para encerrar a disputa poderá ser vantajoso. Como o segurado será levado a esperar a anuência expressa da seguradora sobre o acordo,[52] é possível que ela demore ou recuse indevidamente a aquiescer. O devedor, assim, perde a oportunidade de encerrar o litígio preventivamente e acaba sendo condenado a indenizar a vítima em um montante superior ao limite garantido pelo seguro. Nesses casos, como a mora da seguradora lesou o segurado, a indenização do seguro deve ser complementada pela indenização – essa, verdadeira indenização – do dano causado pela mora.

Outra hipótese é a conclusão infundada da regulação de sinistro. Essa situação ocorre quando a seguradora chega a uma conclusão prematura e infundada sobre as causas do sinistro e a extensão do direito do segurado. A obrigação de regular é de meio, não de resultado:[53] a seguradora não descumpre seu dever se falhar ao avaliar as causas do sinistro, ou se estimar de forma inadequada os prejuízos. Ela inadimple se não adotar a diligência razoavelmente exigida de acordo com os usos do mercado ao executar seu dever.

Caso, por exemplo, a seguradora deixe de nomear um regulador qualificado para examinar um sinistro complexo ou com alta tecnicidade, ou se apressadamente fizer incidir uma cláusula de exclusão de garantia manifestamente improcedente, ela viola seu dever de regular, sujeitando-se, em primeiro lugar, à nomeação de um regulador substituto à escolha do segurado, nos termos do art. 249 do Código Civil, e,

---

surgir a pretensão, mas postergou culposamente (PONTES DE MIRANDA, Francisco C. *Tratado de direito privado.* 3. ed., v. 6. São Paulo: Revista dos Tribunais, 1984, § 670).

50 "Art. 395. Responde o devedor pelos prejuízos a que sua mora der causa, mais juros, atualização dos valores monetários segundo índices oficiais regularmente estabelecidos, e honorários de advogado."

51 BIGOT, J. (Ed.). *Traité de droit des assurances*, t. 3. Paris: LGDJ, 2014, pp. 972ss.

52 "Art. 787. No seguro de responsabilidade civil, o segurador garante o pagamento de perdas e danos devidos pelo segurado a terceiro. (...) § 2º É defeso ao segurado reconhecer sua responsabilidade ou confessar a ação, bem como transigir com o terceiro prejudicado, ou indenizá-lo diretamente, sem anuência expressa do segurador."

53 Sobre a distinção, cf. COMPARATO, Fábio Konder. Obrigações de meios, de resultado e de garantia. *In:* COMPARATO, Fábio Konder. *Ensaios e pareceres de direito empresarial.* Forense: Rio de Janeiro, 1978, pp. 522-539; MARTINS-COSTA, Judith. A obrigação de diligência: sua configuração na obrigação de prestar melhores esforços e efeitos do seu inadimplemento. *Católica Law Review,* v. 4, n. 2, pp. 65-98, mai-2020.

em segundo lugar, à mora e seus efeitos, pela circular Susep n. 621, de 2021 e art. 394, também do Código Civil, porque não prestou da forma adequada.[54] Entre os efeitos dessa mora, é de especial relevância a responsabilização da seguradora pelos prejuízos que causou ao segurado. Por exemplo, se foi necessário ao segurado contratar assessores especializados para avaliar e contestar o relatório impróprio, a seguradora deve indenizar os gastos a título de prejuízo decorrente da mora.

Por fim, finalizada a investigação promovida pela seguradora ou pelo regulador de sinistro, ela deve entregar o relatório de regulação de sinistro ao segurado e informá-lo sobre sua decisão quanto à eficácia indenizatória do contrato de seguro. O relatório de regulação de sinistro é documento complexo, composto do relatório propriamente dito – em que o regulador avalia a incidência do seguro aos fatos – e dos elementos que lhe serviram de premissa (e.g., laudos técnicos). Esses documentos são comuns às partes, e sua entrega ao segurado-credor é ato necessário para o cumprimento do dever de regular.[55]

Um efeito prático relevantíssimo dessa exibição é a mitigação do ônus de prova do sinistro, ordinariamente atribuído ao segurado,[56] e de suas consequências. Se o relatório alcançou seu objetivo, ou seja, se a seguradora cumpriu seu dever de regular, a prova do direito à indenização e da extensão dos prejuízos é muito facilitada: o regulador coletou os documentos pertinentes e já estimou com perícia os prejuízos do segurado.[57] A lide, nesse caso, tende se formar apenas em questões de direito.

---

54 Como define o art. 394: "Considera-se em mora o devedor que não efetuar o pagamento e o credor que não quiser recebê-lo no tempo, lugar e forma que a lei ou a convenção estabelecer". A doutrina brasileira tende a ler esses requisitos de forma ampla. Por todos, MARTINS-COSTA, Judith. *Comentários ao novo Código Civil*. 2. ed, t. 2. Rio de Janeiro: Forense, 2009, pp. 323ss.

55 ZOPPA, Carlos Roberto de. Regulação de Sinistro e Resseguro. *In*: VII FÓRUM DE DIREITO DO SEGURO JOSÉ SOLLERO FILHO. *Anais*. São Paulo: Roncarati, p. 193. A jurisprudência adota essa posição: TJSP. AI 9041241-20.2008.8.26.0000, 1ª C. D. privado, rel. Des. De Santi Ribeiro, j. em 07.04.2009; TJSP. AC 0101343-16.2012.8.26.0100, 5ª C. D. privado, rel. Des. James Siano, j. em 08.05.20133; TJSP. AC. 1023953-11.2016.8.26.0100, 5ª C. D. privado, rel. Des. A.C. Mathias Coltro, j. em 28.06.2017.

56 Prevê o Decreto-lei n. 73/66, em dispositivo desnecessário diante do sistema processual, que "Art. 11 [...] § 1º Sobrevindo o sinistro, a prova da ocorrência do risco coberto pelo seguro e a justificação de seu valor competirão ao segurado ou beneficiário." De fato, em princípio, o ônus de prova seria do segurado, porque o sinistro e a extensão da lesão ao interesse são fatos constitutivos do seu direito (seja na existência, seja na grandeza). Se a seguradora, após o aviso, sequer regular o sinistro, caberá ao autor promover medida cominatória, para que ela cumpra esse dever ou, optando pelo exercício da pretensão condenatória, deverá fazer prova em juízo da realização do risco realizado e dos prejuízos que sofreu com isso. O ônus probatório será distribuído equitativamente pelo juiz. Em situações normais, afinal, o regime jurídico do contrato de seguro mitiga o rigor da prova do segurado, exigindo que a seguradora proceda à investigação do sinistro para indenizá-lo na medida de seus prejuízos (art. 781).

57 THEODORO JÚNIOR, Humberto. A regulação do sinistro no direito atual e no projeto de lei n. 3.555, de 2004 *In*: IV FÓRUM DE DIREITO DO SEGURO JOSÉ SOLLERO FILHO. *Anais*. São Paulo: MP, 2004, pp. 206-207: "Trata-se de um mecanismo menos enérgico do que o dos processos judiciais, porquanto ao regulador e liquidante compete diretamente o empenho de apurar o dano e sua ressarcibilidade, e, para esse desiderato, ambos os

2.3 Regulação enquanto prestação de um especialista

O último aspecto da regulação de sinistro é a regulação-prestação. O dever de regular, que cabe à seguradora, normalmente é cumprido por meio de um terceiro: o regulador de sinistro, que em geral presta serviços habituais à seguradora. Ao ocupar esse papel, o regulador de sinistro coloca-se, ao menos em tese, numa posição de agente imparcial, a serviço de ambas as partes.

Muito se discute que tipo de relação jurídica liga o regulador com a seguradora.[58] O primeiro aspecto relevante para definir o tipo contratual que abrangeria a regulação de sinistro é reconhecer que não há nenhuma relação de representação ou de autorização entre regulador e seguradora.[59] Prova disso é que nenhum ato praticado pelo regulador de sinistro vincula a seguradora. Em outras palavras, ele não é capaz de afetar diretamente a esfera jurídica da companhia de seguros que o remunera: não atua nem em nome, nem à conta da seguradora. Assim, a preposição[60] e, segundo alguns autores,[61] o mandato, não se adequam à figura.

Um segundo aspecto relevante decorre dos interesses geridos pelo regulador de sinistro. Como o regulador não administra apenas os interesses da seguradora, e

---

contratantes têm o dever de cooperação oriundo do princípio da boa-fé e lealdade. (...) Se a regulação e liquidação não alcançam o seu objetivo natural, que é o de fixar, por acordo, o direito à indenização e respectivo valor, servirá, nada obstante, como importante fonte de provas para ulterior solução do litígio em juízo. Nesse âmbito, merecem destaque: as perícias, mesmo sendo realizadas extrajudicialmente; os documentos coletados pelo regulador; e os atos próprios praticados pelas partes (segurado ou segurador) durante o mesmo procedimento".

58 Cf., por todos, BIGOT, J. (Ed.). *Traité de droit des assurances*, t. 3. Paris: LGDJ, 2014, pp. 921ss.

59 Representação é a possibilidade de praticar um ato jurídico por outrem, que passa a ser figurante e se sujeita aos efeitos desse ato (PONTES DE MIRANDA, Francisco C. *Tratado de direito privado*. 3. ed., v. 3. São Paulo: Revista dos Tribunais, 1984, p. 310). Em primeiro lugar, o regulador não se envolve na relação de seguro para praticar qualquer ato jurídico; além disso, nenhuma conduta do regulador ele coloca como se estivesse no lugar da seguradora. Autorização é a atribuição do poder de disposição do titular a outra pessoa (FLUME, Werner. *Das Rechtsgeschäft*. 4. ed. Berlim: Springer, 1992, p. 143). Os casos clássicos no direito brasileiro são o contrato estimatório e a comissão. Ela ocorreria caso o regulador pudesse vender os salvados a terceiros à conta da seguradora ou do segurado, ou até adquiri-los do segurado para a seguradora. Sobre a figura, HAICAL, Gustavo. *A autorização no direito privado*. São Paulo: RT, 2020.

60 COELHO, Fábio Ulhoa. Os avanços do projeto de lei 29/2017. *In*: VII FÓRUM DE DIREITO DO SEGURO JOSÉ SOLLERO FILHO. *Anais*. São Paulo: Roncarati, pp. 32ss. Disponível em: https://www.ibds.com.br/wp-content/uploads/2021/04/v.-17_VII-Forum-de-Direito-do-Seguro_Jose-Sollero-Filho.pdf. Além de faltar a representação, a preposição supõe relação de subordinação com quem exerce a empresa à qual é integrado, o que o regulador não estabelece com a seguradora (PONTES DE MIRANDA, Francisco C. *Tratado de direito privado*. 3. ed., v. 48. São Paulo: Revista dos Tribunais, 1984, § 5.130, §5.140ss.). Para uma visão moderna da figura, cf. VASCONCELOS, Pedro Pais de. *A preposição*. Coimbra: Almedina, 2017, pp. 19ss.

61 São os autores que leem o Código Civil de forma mais francesa, tomando como requisito essencial do mandato a representação. Cf., por todos, BEVILÁQUA, Clóvis. *Código Civil dos Estados Unidos do Brasil comentado*. 9. ed., v. 5. Rio de Janeiro: Freitas Bastos, 1954, p. 24. Não parece ser a leitura mais adequada, à luz do art. 663 do Código Civil e da tradição portuguesa – cf. PONTES DE MIRANDA, Francisco C. *Tratado de direito* privado. 3. ed., v. 43. São Paulo: Revista dos Tribunais, 1984, § 4.675.

não se obriga a praticar um ato juridicamente relevante, mas elaborar uma análise do sinistro,[62] representada no relatório de regulação, a hipótese de mandato parece fora de questão, a menos que a conduta do regulador se desvie do que se deve esperar.

Além disso, a falta de subordinação jurídica entre regulador e seguradora afasta a relação de emprego.[63] Dessa forma, a regulação de sinistro cai no tipo geral dos contratos relacionados a obrigações de fazer. Sobram, desse modo, apenas duas figuras: a empreitada e a prestação de serviços.

É importante reconhecer que a atividade do regulador se liga a um fim específico: a análise do evento reclamado como sinistro diante do seguro, registrando no relatório de regulação de sinistro as causas do evento, a extensão dos danos sofridos e o enquadramento do evento e dos prejuízos reclamados nas condições do seguro. Com isso, o tipo contratual mais próximo parece ser o da empreitada, porque ele se obriga a produzir uma obra,[64] como o advogado que se obriga a elaborar um contrato; o escritor, um livro, e o perito, seu estudo.

A análise do regulador não precisa retratar perfeitamente a realidade para que o especialista cumpra seu dever: o que ele deve é atuar com diligência e probidade na apuração das causas e dos danos e prejuízos do sinistro, e apresentar suas conclusões técnicas a ambas as partes do contrato. Isso será suficiente para cumprir sua obrigação de apresentar sua opinião técnica sobre a extensão da garantia securitária ao evento avisado como sinistro. No entanto, caso informe ambas as partes do contrato de seguro

62 Por todos, PONTES DE MIRANDA, Francisco C. *Tratado de direito privado.* 3. ed., v. 43. São Paulo: Revista dos Tribunais, 1984, § 4.675. Pensando o mandatário como um administrador de interesses alheios, a proximidade do regulador é grande. O que diferencia uma figura da outra é o interesse do credor: no mandato, busca-se a prática de um ato; na prestação de serviços, o desenvolvimento de uma atividade. Essa proximidade faz PONTES DE MIRANDA, Francisco C. *Tratado de direito privado.* 3. ed., v. 43. São Paulo: Revista dos Tribunais, 1984, §4.681 determinar a aplicação analógica das regras do mandato nesse tipo de prestação de serviço.

63 Subordinação é "situação jurídica derivada do contrato de trabalho, pela qual o empregado compromete-se a acolher o poder de direção empresarial no modo de realização de sua prestação de serviços" (DELGADO, Maurício Godinho. *Curso de direito do trabalho.* 18. ed. São Paulo: LTr, 2019, p. 349). O modo é de especial relevância nesse aspecto. O regulador tem autonomia técnica, como o advogado e o médico. Ele, enquanto especialista, não deve se sujeitar ao comando da seguradora em suas apurações – o modo como apura é de sua técnica. Apesar disso, infelizmente, a subordinação econômica é fato recorrente na prática.

64 Obra é qualquer criação, modificação ou extinção de um bem (PONTES DE MIRANDA, Francisco C. *Tratado de direito privado.* 3. ed., v. 44. São Paulo: Revista dos Tribunais, 1984, §4.844. Pontes de Miranda retira essa definição do BGB (§631), que contém um complemento importante: "como também pode ser [obra] qualquer outro fim atingível pelo trabalho". Em outros termos, a obrigação do empreiteiro é intervir no mundo, obrigando-se a atingir um fim específico com seu trabalho: a análise do sinistro frente ao seguro. Nesse sentido, a definição de Orlando Gomes é adequada "[obra s]ignifica todo resultado a se obter pela atividade ou pelo trabalho, como a produção ou modificação de coisas, o transporte de pessoas ou de mercadorias, a realização de trabalho científico ou a criação de obra artística, material ou imaterial". GOMES, Orlando. *Contratos.* 26. ed. Rio de Janeiro: Forense, 2007, p. 362.

erroneamente por culpa ou dolo, responde pelos prejuízos que causou seja à seguradora, seja ao segurado.[65]

Entre ser nomeado e entregar seu relatório, o regulador deve desenvolver sua atividade com independência. Como o regulador de sinistro chega à cena no preciso momento do contrato de seguro em que a seguradora é chamada a apurar sua própria dívida e o segurado se encontra em posição particularmente desvantajosa, pois acaba de sofrer o sinistro, a lealdade e cooperação esperadas do regulador são bastante acentuadas.

O regulador deve, nas palavras de Ruy Rosado de Aguiar Jr., agir conforme os seguintes princípios: imparcialidade, igualdade, lealdade, veracidade, probidade, celeridade, informação, consenso e diligência, resumidos em cumprir seu dever com boa-fé e agir com lealdade.[66]

Judith Martins-Costa[67] organiza os deveres vinculados à atuação do regulador em três grupos: em primeiro lugar, o dever de isenção, que lhe impõe uma atuação de intermediário entre seguradora e segurado, buscando uma solução amigável – uma utópica força de paz na "guerra do contrato de seguro"[68] –; em segundo, o de veracidade, exigindo que ele chegue a conclusões de forma transparente, técnica e fundamentada;[69] por fim, os informativos, segundo os quais o regulador deve questionar e prestar informações e esclarecimentos ao segurado, ao longo da investigação.

Além dos deveres ligados à produção do relatório de regulação de sinistros, o regulador de sinistro ainda deve cumprir outras obrigações. Ele deve informar a seguradora sobre as provisões que devem ser constituídas para eventualmente efetuar o pagamento devido ao segurado já que, se não houver provisão suficiente, a seguradora

---

65 AGUIAR JR., Ruy Rosado. A função do regulador e a boa-fé. *In*: LUPION, Ricardo; ARAÚJO, Fernando (org.). *15 anos de Código Civil.* Porto Alegre: Fi, 2018, p. 191, invocando analogicamente o disposto no art. 158 do Código de Processo Civil.

66 AGUIAR JR., Ruy Rosado. A função do regulador e a boa-fé. *In*: LUPION, Ricardo; ARAÚJO, Fernando (org.). *15 anos de Código Civil.* Porto Alegre: Fi, 2018, pp. 188-189.

67 MARTINS-COSTA, Judith. *A boa-fé no direito privado.* 2. ed. São Paulo: Saraiva, 2018, pp. 378ss. Cf., também, COELHO, Fábio Ulhoa. Os avanços do projeto de lei 29/2017. *In:* VII FÓRUM DE DIREITO DO SEGURO JOSÉ SOLLERO FILHO. *Anais.* São Paulo: Roncarati, pp. 32ss. Disponível em: https://www.ibds.com.br/wp-content/uploads/2021/04/v.-17_VII-Forum-de-Direito-do-Seguro_Jose-Sollero-Filho.pdf e THEODORO JÚNIOR, Humberto. A regulação do sinistro no direito atual e no projeto de lei n. 3.555, de 2004 *In*: IV FÓRUM DE DIREITO DO SEGURO JOSÉ SOLLERO FILHO. *Anais.* São Paulo: MP, 2004, *passim.*

68 PÉLISSIER, Anne. Contrat d'assurance – La mise en œuvre de la garantie d'assurance. Les actes. *Responsabilité civile et assurances*, v. 27, n. 9, p. 1, set. 2016.

69 Sobre esse tema, cabe indagar se o regulador advogado, muito comum nos seguros-garantia e D&O, está jungido ao dever de sigilo ou se ele também deve revelar suas apurações e informações relevantes aos segurados e beneficiários. Nossa opinião é a de que sim, ele atua como regulador e é circunstancialmente advogado. Pouco importa a especialização do regulador, que o regime será sempre o mesmo.

estará mal estruturada para prestar e terá dificuldade em preparar as chamadas recuperações de resseguro. Nesse caso, ela correrá risco de crédito e muito dificilmente adiantará seu capital para solucionar ou amenizar os prejuízos do segurado ou beneficiário. Assim, tanto a seguradora quanto o segurado podem ser impactados.

O regulador, além disso, deve recomendar a realização de adiantamentos, medida devida para amenizar os efeitos do sinistro à medida que sejam apuradas as circunstâncias do evento e a extensão dos prejuízos do segurado. Como especialista em risco, ele também deve sugerir medidas de contenção e salvamento perante o segurado, e orientar a recuperação dos salvados do sinistro.[70]

A atuação do regulador também impõe deveres de proteção relevantíssimos para com o segurado, seja informando-o sobre o andamento da regulação, seja permitindo sua participação na investigação, seja não causando qualquer prejuízo ao segurado em razão de suas apurações.

O regulador terá cumprido mal suas atribuições se, por exemplo, informar mal a seguradora sobre o valor a provisionar para prestar ao segurado, produzir um relatório técnico insuficiente, gerando uma negativa indevida, ou faltar com o seu dever de recomendar medidas de contenção do sinistro, casos em que responde pelo prejuízo que causar à seguradora e ao segurado.

Em todos esses casos, a seguradora também é responsável perante o segurado, por ser um risco específico de sua atividade. Afinal, a fase de regulação de sinistro, e a eventual nomeação do regulador, só se dá pelas características específicas da operação de seguro.[71]

O regulador de sinistros encontrado no mercado, salvo em raros casos, é um pouco distante dessa figura. Mesmo nos países desenvolvidos, a captura dos prestadores do serviço de regulação de sinistro é inevitável.[72]

---

70 Como observa Pedro Alvim, a regulação do sinistro propicia "a assistência [...] ao segurado ou às autoridades nas medidas de salvamento e proteção dos bens atingidos, sobretudo, quando se trata de sinistros vultosos que demandem despesas extraordinárias para circunscreve a área atingida, restringir a extensão dos danos e, consequentemente, diminuir os prejuízos." ALVIM, Pedro. *O contrato de seguro*. 3. ed. Rio de Janeiro: Forense, 1999, p. 394.

71 "Art. 927. Aquele que, por ato ilícito (arts. 186 e 187), causar dano a outrem, fica obrigado a repará-lo. Parágrafo único. Haverá obrigação de reparar o dano, independentemente de culpa, nos casos especificados em lei, ou quando a atividade normalmente desenvolvida pelo autor do dano implicar, por sua natureza, risco para os direitos de outrem". Sobre a extensão do parágrafo único, cf. MENEZES DIREITO, Carlos A.; CARVALIERI, Sergio. *Comentários ao novo Código Civil*. Rio de Janeiro: Forense, 2004, p. 144.

72 PÉLISSIER, Anne. Contrat d'assurance – La mise en œuvre de la garantie d'assurance. Les actes. *Responsabilité civile et assurances*, v. 27, n. 9, set. 2016, p. 5. No original: "*S'agissant des experts habitués à travailler avec les assureurs, ils ont développé des modèles de rapport d'expertise dans lesquels les informations sont presque codées. En outre, beaucoup de rapports font apparaître un dépassement de la mission de l'expert. Appelé pour ses compétences*

Os empresários da regulação de sinistro, em geral, têm como fonte de negócios as seguradoras e os resseguradores, que também pagam suas remunerações pelos serviços prestados. Além disso, são profissionais egressos do setor de seguro e resseguro. O entrosamento social e a dependência econômica são naturais. Não poderia ser diferente, pois os segurados e beneficiários terão envolvimento em um ou poucos sinistros, enquanto as seguradoras e resseguradores experimentarão centenas, milhares ou milhões de ocorrências. Dessa forma, acontece com os reguladores de sinistro o mesmo fenômeno de captura que sucede com os agentes de controle e fiscalização do mercado.

Sharon Tennyson observa que, além da corrupção e do fenômeno da *porta giratória*, "as teorias relacionais da captura têm como foco a assimilação social ou cultural dos reguladores". A estudiosa conclui que "como os reguladores interagem muito mais frequentemente com os representantes da indústria do que com o público em geral, a recorrência dessas interações profissionais e sociais pode levar a um viés inconsciente."[73]

Esse fenômeno coincide no mercado brasileiro de regulação de sinistro,[74] como lembram em artigo publicado recentemente o presidente e o líder da equipe de grandes riscos da Crawford Brasil Reguladora de Sinistros, a maior reguladora do país, pertencente ao grupo que lidera o setor mundialmente.[75]

---

techniques, la mission de l'expert devrait logiquement se limiter à identifier l'ampleur matérielle du dommage et à chiffrer son indemnisation. Or, de trop nombreux rapports font état d'un avis de l'expert sur l'application de la garantie ou sur les recours envisageables, ce qui relève d'une analyse juridique qui ne leur appartient pas et qui influence ensuite l'appréhension de l'assureur. Une troisième remarque a trait aux modalités de l'expertise et, plus précisément, au respect du principe du contradictoire. La simple présence des parties aux opérations d'expertise et leur possibilité d'exprimer leur position ne suffit pas, selon nous, à totalement respecter le principe du contradictoire. Il faut encore que l'assuré puisse connaître les conclusions de l'expert".

73 TENNYSON, Sharon. Seguro e captura regulatória. *In:* VII FÓRUM DE DIREITO DO SEGURO JOSÉ SOLLERO FILHO. *Anais.* São Paulo: Roncarati, 2017, pp. 546-557.

74 A propósito desse tema, examinamos a norma Sereg n. 2.428/2007, por meio da qual o IRB monopolista mudava radical e pejorativamente, na perspectiva dos segurados e beneficiários, o regime dos seguros de riscos de engenharia, banindo a teoria do interesse e muitas outras conquistas da praxe securitária até então desenvolvidas naquele ramo: TZIRULNIK, Ernesto. *Seguro de riscos de engenharia:* instrumento do desenvolvimento. São Paulo Roncarati/IBDS, 2015, pp. 181-85.

75 SEMENOVITCH, Leonardo; MACKENZIE, Derrick. Regulação de sinistros de grandes riscos. *In:* GOLDBERG, Ilan; JUNQUEIRA, Thiago (coord.). *Temas atuais de direito dos seguros.* São Paulo: Revista dos Tribunais, v. 1, pp. 795ss: "Os Reguladores de Sinistros do IRB ingressavam na instituição através de concursos com processos seletivos bastante rigorosos e atuavam como "Agentes" do Governo Federal, com atribuições amplas e acesso a áreas restritas. Apenas no final da década de 1990, com a chegada ao Brasil de grandes empresas de Regulação de Sinistros multinacionais, o cenário começou a mudar. Alguns reguladores de renome e larga experiência saíram do IRB e se juntaram a empresas de Regulação independentes no início dos anos 2000. Diante da impossibilidade de realizar novos concursos ou processos de seleção de novos profissionais, o IRB decidiu fazer um amplo credenciamento de prestadores para atuar em conjunto com eles na Regulação dos

3. CONCLUSÕES

A realidade enfrentada no mercado brasileiro desde a abertura do setor de resseguro torna ainda necessária a criação de um regime jurídico específico à regulação de sinistro. Por isso, um regime jurídico específico para a regulação de sinistro no direito brasileiro é um dos maiores avanços que o projeto de lei do contrato de seguro.

A futura lei virá a reconhecer – e não criar – o modelo de regulação particular do Brasil e os deveres impostos ao regulador para bem conduzir essa fase tão importante contrato de seguro.

BIBLIOGRAFIA

AGUIAR JR., Ruy Rosado. A função do regulador e a boa-fé. *In*: LUPION, Ricardo; ARAÚJO, Fernando (org.). *15 anos de Código Civil*. Porto Alegre: Fi, 2018, p. 191.

AGUIAR JR., Ruy Rosado. A função do regulador e a boa-fé. *In*: LUPION, Ricardo; ARAÚJO, Fernando (org.). *15 anos de Código Civil*. Porto Alegre: Fi, 2018, pp. 188-189.

ALVIM, Pedro. *O contrato de seguro*. 3. ed. Rio de Janeiro: Forense, 1999.

BECKMANN, Roland M.; MATUSCHE-BECKMANN, Annemarie. *Versicherungsrechts-Handbuch*. 2. ed. Munique: C.H. Beck, 2009.

BEVILÁQUA, Clóvis. *Código Civil dos Estados Unidos do Brasil comentado*. 9. ed., v. 5. Rio de Janeiro: Freitas Bastos, 1954.

BIGOT, J. (Ed.). *Traité de droit des assurances*, t. 3. Paris: LGDJ, 2014.

CAVALCANTI, Flávio de Queiroz B. Regulação de sinistro no projeto de lei n. 3.555/04. *Revista Brasileira de direito de seguro e da responsabilidade civil*, v. 1, n. 2, p. 50, dez.-2009.

COELHO, Fábio Ulhoa. Os avanços do projeto de lei 29/2017. *In:* VII FÓRUM DE DIREITO DO SEGURO JOSÉ SOLLERO FILHO. *Anais*. São Paulo: Roncarati, p. 28. Disponível em: https://www.ibds.com.br/wp-content/uploads/2021/04/v.-17_VII-Forum-de-Direito-do--Seguro_Jose-Sollero-Filho.pdf.

COMPARATO, Fábio K. Notas explicativas ao substitutivo ao capítulo referente ao contrato de seguro no anteprojeto do Código Civil. *RDM*, ano XI, n. 5, 1972.

COMPARATO, Fábio Konder. *O seguro de crédito*. São Paulo: RT, 1968, p. 145.

COMPARATO, Fábio Konder. Obrigações de meios, de resultado e de garantia. *In:* COMPARATO, Fábio Konder. *Ensaios e pareceres de direito empresarial*. Forense: Rio de Janeiro, 1978, pp. 522-539.

Sinistros, exigindo apenas condições técnicas e financeiras mínimas. A metodologia foi controversa e algumas escolhas discutíveis, no entanto, ficou evidente a necessidade cada vez mais de formação e especialização de técnicos para atender às demandas do mercado. A proximidade do fim do monopólio do Resseguro atraiu uma infinidade de empresas ao brasil confiantes em relação ao potencial de crescimento nos anos subsequentes. As perspectivas otimistas se confirmaram e muitas oportunidades surgiram. O segmento de Regulação de Sinistros ficou competitivo com o surgimento de novos players e disputas entre o painel local e os Resseguradores. Durante alguns anos, tivemos de conviver com certa desconfiança do mercado Internacional, e passou a ser comum a atuação de mais de um Regulador no mesmo sinistro, o que dificultava a liquidação de alguns casos e acirrava os ânimos e a competição entre os Reguladores."

COUTO E SILVA, Clóvis V. do. *A obrigação como processo*. Rio de Janeiro: FGV, 2005.

DELGADO, Maurício Godinho. *Curso de direito do trabalho*. 18. ed. São Paulo: LTr, 2019, p. 349.

DONATI, Antigono. *Trattato del diritto delle assicurazioni private*. V. 2. Milano: Giuffrè, 1954.

EWALD, François. *L'État providence*. Paris: Bernard Grasset, 1986.

FLUME, Werner. *Das Rechtsgeschäft*. 4. ed. Berlim: Springer, 1992.

FONTANA, José Francisco de Miranda (Org.). *Curso de Liquidação de Sinistro Incêndio*. Sociedade Brasileira de Ciência do Seguro, 1958 (no prelo pelo IBDS/Roncarati).

GERNHUBER, Joachim. *Das Schuldverhältnis*. Tübingen: Mohr Siebeck, 1989.

GOMES, Orlando. *Contratos*. 26. ed. Rio de Janeiro: Forense, 2007, p. 362.

HAICAL, Gustavo. *A autorização no direito privado*. São Paulo: RT, 2020.

HÖRA, Knut (Org.). *Münchener Anwalts Handbuch:* Versicherungsrecht. 3. ed. Munique: C.H. Beck, 2013.

LARENZ, Karl. *Lehrbuch des Schuldrechts*. 14. ed. Munique: C.H. Beck, 1987.

LEAL DE CARVALHO, Carlos S. O princípio da boa-fé e a impossibilidade de a seguradora modificar, em sede judicial, os motivos de seu entendimento manifestado após a regulação de sinistro. *In*: TZIRULNIK, Ernesto *et al*. (Org.). *Direito do seguro contemporâneo*. V. 1. São Paulo: Contracorrente; Roncarati, 2021.

MARINO, Francisco. *Contratos coligados no direito brasileiro*. São Paulo: Saraiva, 2009.

MARTINEZ, Pedro Romano *et al*. *Lei do contrato de seguro anotada*. 3. ed. Coimbra: Almedina, 2016, p. 368.

MARTINS-COSTA, Judith. *A boa-fé no direito privado*. 2. ed. São Paulo: Saraiva, 2018.

MARTINS-COSTA, Judith. A obrigação de diligência: sua configuração na obrigação de prestar melhores esforços e efeitos do seu inadimplemento. *Católica Law Review*, v. 4, n. 2, pp. 65-98, mai-2020.

MARTINS-COSTA, Judith. *Comentários ao novo Código Civil*. 2. ed, t. 2. Rio de Janeiro: Forense, 2009, p. 401.

MENEZES CORDEIRO, António. *Direito dos seguros*. Coimbra: Almedina, 2013.

MENEZES DIREITO, Carlos A.; CARVALIERI, Sergio. *Comentários ao novo Código Civil*. Rio de Janeiro: Forense, 2004.

MIRAGEM, Bruno; PETERSEN, Luiza. Regulação do sinistro: pressupostos e efeitos na execução do contrato de seguro. *In*: TZIRULNIK, Ernesto *et al*. (Org.). *Direito do seguro contemporâneo*. V. 1. São Paulo: Contracorrente; Roncarati, 2021, p. 445.

PÉLISSIER, Anne. Contrat d'assurance – La mise en œuvre de la garantie d'assurance. Les actes. *Responsabilité civile et assurances*, v. 27, n. 9, set. 2016.

PICARD, M.; BESSON, A. *Les assurances terrestres*. 5. ed., v. 1. Paris: LGDJ, 1982.

PIZA, Paulo Luiz de Toledo. Provisão de sinistros ocorridos e não avisados, aviso de sinistro e cômputo do prazo prescricional da pretensão do segurado em face do segurador. *Revista Brasileira de Direito Comercial*, Porto Alegre: Magister, n.3, p. 32, fev-mar/2015.

MORANDI, Juan Carlos Félix. *El riesgo en el contrato de seguro*. Buenos Aires: Astrea, 1974.

PONTES DE MIRANDA, Francisco C. *Tratado de direito privado*. 3. ed. São Paulo: Revista dos Tribunais, 1984.

RADÉ, Christophe; BLOCH, Laurent. Compensation for pure economic loss under French Law. *In*: VAN BOOM, Willem H. *et al* (Org.) *Pure economic loss*. Springer: Viena, Nova York.

ROSSETTI, Marco. *Il diritto delle assicurazioni*. V. 1. CEDAM: Padova, 2011.

SANSEVERINO, Paulo de Tarso. *Princípio da reparação integral*. São Paulo: Saraiva, 2010, p. 57.

SEMENOVITCH, Leonardo; MACKENZIE, Derrick. Regulação de sinistros de grandes riscos. *In*: GOLDBERG, Ilan; JUNQUEIRA, Thiago (coord.). *Temas atuais de direito dos seguros.* São Paulo: Revista dos Tribunais, v. 1, pp. 795ss.

STIGLITZ, Rubén. *Derecho de seguros*. 5. ed., v. 2. Buenos Aires: La Ley, 2008.

TENNYSON, Sharon. Seguro e captura regulatória. *In:* VII FÓRUM DE DIREITO DO SEGURO JOSÉ SOLLERO FILHO. *Anais*. São Paulo: Roncarati, 2017.

THEODORO JÚNIOR, Humberto. A regulação do sinistro no direito atual e no projeto de lei n. 3.555, de 2004 *In*: IV FÓRUM DE DIREITO DO SEGURO JOSÉ SOLLERO FILHO. *Anais*. São Paulo: MP, 2004.

TZIRULNIK, Ernesto. *Seguro de riscos de engenharia: instrumento do desenvolvimento*. São Paulo Roncarati/IBDS, 2015.

VASCONCELOS, Pedro Pais de. *A preposição*. Coimbra: Almedina, 2017.

ZOPPA, Carlos Roberto de. Regulação de Sinistro e Resseguro. *In*: VII FÓRUM DE DIREITO DO SEGURO JOSÉ SOLLERO FILHO. *Anais*. São Paulo: Roncarati, 193.

Jurisprudência

SÃO PAULO. TJSP. 1ª C. D. Privado. AI 9041241-20.2008.8.26.0000. Rel. Des. De Santi Ribeiro, j. em 07/04/2009.

SÃO PAULO. TJSP. 5ª C. D. Privado. AC 0101343-16.2012.8.26.0100. Rel. Des. James Siano, j. em 08/05/20133.

SÃO PAULO. TJSP. 5ª C. D. Privado. AC. 1023953-11.2016.8.26.0100. Rel. Des. A.C. Mathias Coltro, j. em 28/06/2017.

SÃO PAULO. TJSP. 32ª C. D. Privado. AC 1033533-60.2019.8.26.0100. Rel. Des. Ruy Coppola, j. 25/02/2021.

Legislação

BRASIL. Superintendência de Seguros Privados – Susep. Circular Susep n. 256, de 16 de junho de 2004. Dispõe sobre a estruturação mínima das Condições Contratuais e das Notas Técnicas Atuariais dos Contratos de Seguros de Danos e dá outras providências. Disponível em: https://www2.susep.gov.br/safe/scripts/bnweb/bnmapi.exe?router=upload/4245.

BRASIL. Superintendência de Seguros Privados – Susep. Circular n. 621, de 12 de fevereiro de 2021. Dispõe sobre as regras de funcionamento e os critérios para operação das coberturas dos seguros de danos. *Diário Oficial da União*, 17 fev. 2021. Disponível em: https://www.in.gov.br/en/web/dou/-/circular-susep-n-621-de-12-de-fevereiro-de-2021-303756056.

SEGURO GARANTIA E CONTRATOS PÚBLICOS

Veja o painel

Seguro-garantia com cláusula de retomada na nova Lei de Licitações e Contratos: impactos e vantagens para a execução dos contratos de obras públicas

Irene Patrícia Nohara

El deber de garantía de los riesgos derivados del incumplimiento de las obligaciones en el contrato estatal. Efectividad a través del ejercicio de potestades públicas unilaterales (original)

O dever de garantir os riscos decorrentes do descumprimento das obrigações em um contrato administrativo. Eficácia mediante o exercício de poderes públicos unilaterais (tradução)

Jaime Orlando Santofimio Gamboa

Seguro garantia e contratos públicos (transcrição)

Rafael Valim

SEGURO-GARANTIA COM CLÁUSULA DE RETOMADA NA NOVA LEI DE LICITAÇÕES E CONTRATOS: IMPACTOS E VANTAGENS PARA A EXECUÇÃO DOS CONTRATOS DE OBRAS PÚBLICAS

Irene Patrícia Nohara[1]

INTRODUÇÃO

A Nova Lei de Licitações representa um avanço em relação à Lei n. 8.666/93, ao estabelecer alterações no sistema de garantia para reforçar o cumprimento e execução das obras públicas. Houve, para obras e serviços de grande vulto, a previsão de seguro-garantia com cláusula de retomada, em que a seguradora, diante do inadimplemento pelo contratado, deve assumir a execução e concluir o objeto do contrato.

Trata-se de mecanismo que objetiva impedir obras públicas inacabadas. Neste sentido, objetiva-se expor, a partir do diagnóstico do Tribunal de Contas da União, os impactos e externalidades das paralisações e extinções das obras públicas, como condição para sensibilização da importância da existência de um sistema de seguro-garantia que viabilize a conclusão da obra pública em caso de inadimplemento da contratada.

Não obstante, serão abordadas as complexidades do sistema de seguro-garantia com cláusula de retomada diante dos inúmeros fatores que interferem na mensuração do risco que representa garantir a execução das obras públicas no cenário brasileiro, sobretudo em face do desafio que é avaliar os custos diante da instabilidade institucional, passando pelo próprio pagamento dos precatórios, e, ainda, compulsando diversos fatores que contribuem por desafiar a atratividade do mercado de seguro-garantia para obra pública de grande vulto.

---

1 Livre-Docente e Doutora em Direito do Estado pela USP; Professora-Pesquisadora do Programa de Direito Político e Econômico da Universidade Presbiteriana Mackenzie; Advogada Parecerista, Conferencista e Gestora do Site DireitoAdm.com.br. Email: irene.nohara@uol.com.br.

Será exposta a previsão legal do sistema de seguro-garantia com cláusula de retomada, qual a posição jurídica da seguradora, quando ela deve concluir e como pode proceder diante do inadimplemento do contratado, compulsando as hipóteses previstas na Lei n. 14.133/2021, para, ao cabo, após mensurar riscos e oportunidades, ser enfatizado o papel que a seguradora pode ter no incremento do monitoramento da execução do contrato, dada aptidão de suprir falha de fiscalização que é corrente nas diversas Administrações Públicas, contribuindo para evitar superfaturamentos e outras fraudes na execução contratual.

Pretende-se, com o presente escrito, contribuir com a reflexão do tema do seguro-garantia nos contratos públicos, conforme previsão da nova lei, ao ensejo da realização do II Congresso Internacional de Direito do Seguro do Conselho da Justiça Federal, em conjunto com o Superior Tribunal de Justiça, e VIII Fórum de Direito do Seguro José Sollero Filho, procurando problematizar os impactos do fomento e dos consequentes estímulos à utilização do novo mecanismo que intenta evitar a presença dos chamados "elefantes brancos" e, simultaneamente, enfocar os benefícios do uso do seguro por sua aptidão em aprimorar a execução contratual que objetiva garantir.

1. DESAFIOS DAS OBRAS E PROJETOS DE ENGENHARIA NO SETOR PÚBLICO

Um dos maiores desafios das obras públicas é criar um mecanismo apto a estimular a conclusão, para que não haja os apelidados "elefantes brancos". Esses são a expressão figurada ou o símbolo das obras inacabadas, isto é, da ineficiência e do desperdício de recursos públicos.[2] Além do desperdício direto de recursos que a paralisação ou interrupção de obra gera, há também externalidades no crescimento econômico.

Segundo estimativa do Tribunal de Contas da União, de 10 bilhões de reais[3] aplicados em obras paralisadas, sem que tenham sido gerados benefícios, as consequências econômicas e sociais são multiplicadas por mais de dez, chegando, então, à cifra de 130 bilhões que deixam de ser impulsionados, devido à paralisação direta e indireta de empregos e serviços e, portanto, da interrupção da criação de inúmeras atividades.

Em exemplos específicos, em levantamento expedido do TCU, quando houve a paralisação de obras de creches do Programa Proinfância, 75 mil vagas deixaram de ser criadas e oferecidas à população. No caso de paralisação de 192 obras de Unidades

---

2 NOHARA, Irene Patrícia Diom. *Nova Lei de Licitações e Contratos*. São Paulo: Revista dos Tribunais, 2021, p. 417.

3 TCU. Relatório de Auditoria: Diagnóstico de Obras Paralisadas, TC 011.196/2018-1, Acórdão 1079/2019, p. 54.

Básicas de Saúde, 250 equipes de saúde de família deixaram de realizar atendimento. Note-se que, em havendo obra pública, quando a infraestrutura se relaciona com a disposição de serviço público, há ainda prejuízos incalculáveis no atendimento mais direto às demandas essenciais da população.

A SeinfraUrbana, do TCU, analisou bancos de dados do PAC, sistema que permitia a disponibilização de informações organizadas envolvendo dispêndios da ordem de 725 bilhões de reais.[4] Numa amostragem de 2.914 obras do PAC, os motivos de paralisação apontados foram, conforme ilustração a seguir:

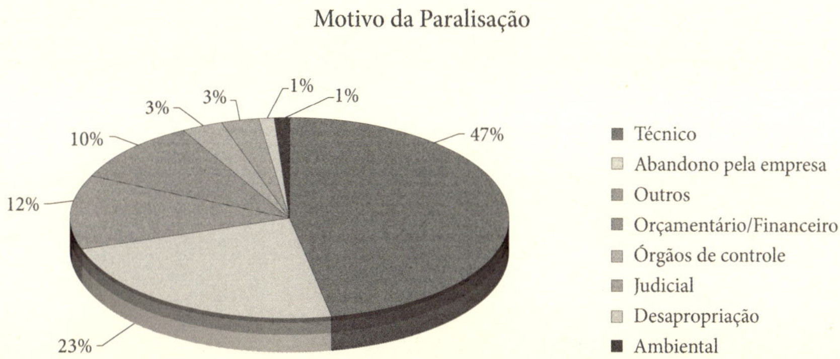

Elaboração própria, com base na tabela do Acórdão TCU 1079/2019 (SeinfraUrbana).

Assim, percebe-se que as principais causas de paralisação identificadas foram: (1) *contratação com base em projeto básico insuficiente*; (2) *insuficiência de recursos financeiros de contrapartida*: por exemplo, no programa Minha Casa, Minha Vida, para que houvesse financiamento de contrapartida requerida dos tomadores do projeto PAC, houve depois ampliação de recursos do Fundo de Garantia para continuidade, pois havia uma lacuna de tempo da assinatura do instrumento até o início das obras, ou seja, orçava-se um custo para ser pago, mas, pela demora, a contrapartida se mostrava insuficiente para continuidade; e (3) *dificuldade dos entes subnacionais (estados, Distrito Federal e municípios) em gerir os recursos recebidos*, por carência de pessoa especializado para elaborar projetos e gerir contratos, burocracia na resolução de pendências e falhas de fiscalização.

4 Trata-se de universo significativo em termos de recursos absolutos empregados, pois se estima que das 14 mil obras paralisadas, 91% dos recursos estão no PAC, contudo, como o rito aplicado ao PAC foi diferente de demais obras, pode ser que haja alguma diferença se o universo fosse das obras sem o rito acelerado. Cf. TCU. Acórdão 1079/2019, p. 54.

Assim, ao se analisar os desafios que se fazem fundamentais para suprir os gargalos que impedem a conclusão de obras públicas, há a necessidade de se enfrentar um elemento de alta complexidade, abrangendo fatores como: falta de recursos materiais e humanos em diversos órgãos públicos, o que impede um projetamento adequado a fazer frente às modelagens tecnicamente ajustadas aos projetos de infraestrutura de obras públicas, dificuldades burocráticas para agilização do início das obras, o que gera impactos na aptidão das contrapartidas pagas às construtoras no momento posterior da execução da obra, sendo ainda exigidas das licenças e desapropriações e falhas na fiscalização.

Como mudanças de paradigmas para tentar agilizar a conclusão, diante da assimetria técnica, houve aos poucos a modelagem de contratação integrada, acoplada ao RDC e, posteriormente, deslocada para a Lei n. 14.133/2021, pois se delega o projetamento para a iniciativa privada, desonerando o Poder Público de aditamentos diante de falhas técnicas, e dando maior celeridade, inclusive pelo repasse à empresa da execução de desapropriações. Também a abertura dada pela nova lei de licitações para contratação mais célere de empresas e profissionais para o assessoramento técnico da Administração pode ser um fator legal apto a colaborar para enfrentar essa deficiência humana e material apontada.

Contudo, o foco principal do presente escrito é a aptidão do seguro-garantia com a cláusula de retomada, para que, por meio desse novo instrumento, positivado pela Lei n. 14.133/2021, haja possibilidade de evitar essa dispendiosa realidade dos "elefantes brancos". Note-se que, não obstante, para que funcione adequadamente, também a seguradora terá de averiguar essas mesmas causas de paralisação, para poder mensurar o risco do oferecimento dessa nova modalidade de seguro-garantia.

Nos Estados Unidos, que inspiraram o advento da cláusula *step in* em seguro garantia de obra pública, as obras são concluídas com o auxílio de um avançado sistema de seguro-garantia denominado *performance bond*, no qual a seguradora pode ser instada a terminar a obra. O marco foi, em 1935, o Miller Act, em que a presença de *performance bond* passou a ser obrigatória para contratações públicas de maior vulto, o que evita a paralisação em face do inadimplemento contratual.[5]

No mercado norte-americano os seguros, em sua maioria, ultrapassam o valor de 50%, alcançando os 100% em diversos Estados, sendo atribuído o poder de fiscalização permanente à seguradora tanto no local de execução da obra (canteiro), como também do equilíbrio econômico-financeiro contratual.

---

5 BELÉM, Bruno; CARVALHO, Matheus; CHARLES, Ronny. *Temas controversos da nova lei de licitações e contratos*. São Paulo: JusPodivm, 2021, p. 167.

Ocorre que o sistema do *common law* aproxima o regime privado da disciplina dos contratos públicos, diferentemente do Brasil, em que vigora um regime peculiar de exorbitância, inspirado em sua origem no contencioso administrativo. Contudo, atualmente, tal regime de exorbitância vem sendo paulatinamente alterado numa distribuição mais equitativa de riscos, dada previsão de matriz de riscos na Nova Lei de Licitações, conforme será visto.

Assim, existem questões próprias derivadas de inexecução de obras quando o cenário é o dos contratos públicos (em comparação à realidade das obras contratadas pela iniciativa privada), sendo que essa realidade, parcialmente mapeada pelo Tribunal de Contas da União, indica complexidades próprias ao mercado de seguro-garantia de obras públicas quando do projetamento dos possíveis sinistros.

Ademais, reitere-se que interferem na atratividade, no preço e na mensuração de custos do sistema de seguros de obras públicas também a temperatura de estabilidade institucional, possíveis prejuízos ao pagamento de precatórios, a celeridade ou morosidade do Poder Judiciário[6] para resolver as pendências e a qualidade de segurança jurídica que é ofertada pela interpretação dos órgãos de controle quanto ao projetamento dos contratos de obras públicas, o que pode ter impacto também na execução.

Quanto mais instável e movediço se mostrar o terreno no qual se pisa, mais caro acaba saindo, como regra, o sistema de seguro, o que provoca efeitos negativos no sentido do encarecimento dos custos, pois a contratação de um seguro-garantia caro acaba encarecendo a obra pública que é paga pelo erário.

Assim, o seguro se articula na prática a partir de múltiplos aspectos econômicos de acentuada complexidade. Conforme expõe Luís Fernando Massonetto,[7] a regulação da atividade econômica pressupõe um sistema econômico complexo, que articula estruturas financeiras (mercados e instituições de crédito), componentes estruturais da acumulação (capital produtivo) e recursos que compõem o capital de empréstimo. O Direito exerce, então, um papel no sentido de criar condições de ajuste e de estabilização, contudo, as reflexões acerca do financiamento da infraestrutura necessária ao desenvolvimento por vezes esbarram na limitação da visão do positivismo jurídico para raciocinar sobre o funcionamento de estruturas regulatórias complexas que estabelecem relações não lineares entre distintas partes e intervenientes.

---

6 Colaboram para esse fator a possibilidade de arbitragem e também a previsão do comitê de resolução de disputas (que auxilia no controle e fiscalização concomitante ao desenvolvimento da obra).

7 MASSONETTO, Luís Fernando. Aspectos macrojurídicos do financiamento da infraestrutura. *In*: BERCOVICI, Gilberto; VALIM, Rafael. *Elementos de Direito da Infraestrutura*. São Paulo: Contracorrente, 2015, p. 28.

2. INDUÇÃO À FORMAÇÃO DE UM MERCADO DE SEGURO-GARANTIA EM OBRAS PÚBLICAS

Um dos pontos que travou o desenvolvimento mais célere do projeto que iria se transformar na nova lei de licitações foi justamente a questão da contatação de seguro-garantia. No final dos amplos debates, que congregaram vários setores econômicos, houve a previsão de seguro-garantia no valor de 30%, dado que o Brasil não possui ainda estrutura de mercado apta a segurar de 50 a 100%, como nos Estados Unidos, mas não se deixou de prever o mecanismo associado à cláusula de retomada, estabelecida no art. 102 da Lei n. 14.133/2021.

A decisão foi acertada, pois a previsão legal pode ter a aptidão de criar ou de estimular a criação de um mercado, ainda que ele antes não existisse em tais moldes, sendo de se elogiar que houve a previsão da facultatividade, pois não é qualquer obra ou serviço que necessita ser sempre segurada dessa forma, dado que a aposição de seguro-garantia gera um custo adicional, isto é, encarece as contratações de obras do Poder Público. Se fosse obrigatória, a previsão não daria oportunidade a que a Administração ponderasse os custos e benefícios da opção pelo seguro-garantia.

É corrente, em determinada tradição liberal da análise econômica, o reducionismo no sentido de que o Estado teria o papel regulatório, isto é, voltado apenas a reequilibrar assimetrias de concorrência do mercado existente, dentro de uma visão propagada de subsidiariedade[8] do Estado em relação ao mercado, sendo então desprestigiada a ação mais intensiva e intervencionista do Estado para criar mercados,[9] por meio de suas políticas econômicas e demais instrumentos existentes.

Ocorre que a Constituição, que é quem determina ao Estado os seus papeis, estabelece no art. 174 que como agente normativo e regulador da atividade econômica, o

---

8 Mito propagandeado sem maiores amparos na sistemática constitucional. Aliás, para Caroline Bitencourt e Emerson Gabardo, o mito da subsidiariedade procura estabelecer uma ordenação da relação entre Estado e sociedade, intentando redefinir qual seria o papel e o tamanho do Estado, sendo, mais do que um equívoco de interpretação constitucional, uma forma propositadamente articulada de desmanche das conquistas do Estado de Bem-Estar Social. BITENCOURT, Caroline Müller; GABARDO, Emerson. O mito da subsidiariedade e as Reformas do Estado Social: um brainstorm sobre o governo e a administração no Brasil atual. *In*: SIQUEIRA NETO, José Francisco (Coord.); NOHARA, Irene Patrícia; SALGADO, Rodrigo Oliveira (Orgs.). *Gestão Pública, Infraestrutura e Desenvolvimento*: 20 anos do Programa de Direito Político e Econômico da Universidade Presbiteriana Mackenzie. São Paulo: Thomson Reuters, 2021. pp. 32-33. Também: BERCOVICI, Gilberto. O princípio da subsidiariedade e o autoritarismo. *Conjur*. Disponível em: https://www.conjur.com.br/2015-nov-08/estado-economia-principio-subsidiariedade-autoritarismo. Acesso em 30 nov. 2021.

9 Destaca-se a obra de Mariana Mazzucato, *O Estado Empreendedor*, que exalta a inovação incentivada pelo Estado em criar produtos/serviços e inovar mercados. MAZZUCATO, Mariana. *O Estado Empreendedor*: o mito do setor público vs. setor privado. São Paulo: Portfolio-Penguin, 2014.

Estado exercerá, na forma da lei, as funções de fiscalização, incentivo e planejamento, sendo este determinante para o setor público e indicativo para o setor privado.

O universo das contratações públicas é emblemático nesse sentido, pois ele abarca simultaneamente uma situação em que há de haver um planejamento determinante para as atividades que são próprias do Estado, mas que, por implicar o relacionamento entre público e privado, acaba sendo também indicativa ao setor privado, pois é a partir daquilo que o Estado demanda, pelas modelagens que produz nos editais de licitações, que ele induz a formação de um mercado fornecedor de determinados produtos e serviços.

As contratações públicas envolvem um dos maiores mercados do mundo, pois os Estados praticamente são os maiores compradores existentes. É, portanto, amplo o potencial do mercado das compras governamentais.[10] De acordo com dados de 2017, coletados pelo Sebrae, o poder de compras governamentais, tanto na aquisição como na contratação, no Brasil, é correspondente a cerca de 10 a 15% do PIB Nacional, atingindo a cifra de 500 bilhões de reais ao ano, ao se considerar a realidade nacional, constituída de distintos entes.

O Brasil, enquanto Estado federativo, é integrado pela União, o Distrito Federal, 26 Estados-membros e 5.570 Municipalidades que necessitam contratar para suprir suas necessidades na realização de suas políticas públicas e deveres. Assim, o setor de compras governamentais é um segmento atrativo às empresas, sendo a regulação e o planejamento das compras governamentais uma atividade em que o Estado não apenas induz o mercado, mas ele pode criar mercados próprios de fornecedores.

Assim, o país deve usar suas estruturas públicas em prol da inovação, que passou a ser também um objetivo expresso no art. 11 da Lei n. 14.133/2021 (Nova Lei de Licitações e Contratos). A partir das alterações legislativas e de políticas econômicas e de crédito e financiamento, o Estado pode criar programas e uma rede de incentivos para formar um novo mercado, o que se dá com o apoio de políticas econômicas específicas para promover desenvolvimento nacional sustentável (outro objetivo presente no rol de objetivos da licitação).

No caso do seguro-garantia com cláusula de retomada, houve sua previsão para o valor de até 30% do contrato, conforme será visto. Trata-se de dispositivo que foi criado pela Nova Lei de Licitações, sendo que até 2021 não havia valor de seguro-garantia com cláusula de retomada no Brasil para as obras públicas nessas condições e que no mercado privado da construção de obras o seguro-garantia para fiel cumprimento do

10 NOHARA, Irene Patrícia. Poder de compra governamental como fator de indução do desenvolvimento – faceta extracontratual das licitações. *Revista Fórum de Direito Financeiro e Econômico*, v. 6, pp. 155-172, 2015.

contrato já existia, mas num valor mais baixo, que variava a partir de 5% do valor do contrato. Considera-se ainda que a utilização de 30% era menos comum e derivada de uma boa oferta de construtoras.

O seguro-garantia faz parte de uma regulação que foca no sinistro, sendo estruturado com base em apólices pormenorizadas que preveem exclusões e ressalvas contratuais. Assim, de acordo com a sistemática legal e aptidão regulatória da Susep, que é a Superintendência de Seguros Privados responsável pelo controle do mercado de seguro (e também de resseguros), o seguro-garantia terá suas extensões submetidas a um espectro amplo de regulações, pautadas no comportamento desse novo mercado que se abre às contratações de obras públicas, sendo tal movimento importante para que as seguradoras tenham aptidão de assumir os riscos do seguro-garantia com cláusula de retomada.

3. DISCIPLINA JURÍDICA DO SEGURO-GARANTIA COM CLÁUSULA *STEP-IN*: *PERFORMANCE BOND*

No tocante às garantias, no geral, a Nova Lei de Licitações e Contratos (Lei n. 14.133/2021) manteve praticamente o mesmo sistema da Lei n. 8.666/1993. Assim, o art. 96 da Lei n. 14.133/2021 estabelece que, a critério da autoridade competente, em cada caso, poderá ser exigida, mediante previsão no edital, a prestação da garantia nas contratações de obras, serviços e fornecimentos.

Se houver a garantia estabelecida, a critério da Administração, cabe ao contratado, de acordo com o § 1º do art. 96 da lei, optar por uma das seguintes modalidades: (1) caução em dinheiro ou título da dívida pública, emitidos sob a forma escritural; (2) seguro-garantia; e (3) fiança bancária.

Note-se que se houver suspensão do contrato por ordem ou inadimplemento da Administração, o contratado ficará desobrigado de renovar a garantia ou de endossar a apólice do seguro até a ordem de reinício da execução ou do inadimplemento da Administração, para desonerá-lo de custos de situações que não foram por ele provocadas.

Quando o particular optar pela modalidade seguro-garantia, o edital fixará o prazo mínimo de um mês, contado da homologação da licitação e anterior à assinatura do contrato, para a prestação da garantia pelo contratado.

A disciplina do seguro-garantia está descrita no art. 97 da Lei n. 14.133/2021, que dispõe ter por objetivo garantir o fiel cumprimento das obrigações assumidas pelo contratado perante à Administração,[11] inclusive as multas, os prejuízos e as indenizações

11 Reiterando a definição contida no art. 6º, XIV, da Lei n. 14.133/2021, no sentido de que seguro-garantia é: "seguro que garante o fiel cumprimento das obrigações assumidas pelo contratado".

decorrentes de inadimplemento, observadas as seguintes regras: (1) o prazo de vigência da apólice será igual ou superior ao prazo estabelecido no contrato principal e deverá acompanhar as modificações referentes à vigência deste mediante a emissão do respectivo endosso pela seguradora; e (2) o seguro-garantia continuará em vigor mesmo se o contratado não tiver pago o prêmio nas datas convencionadas.

Os valores gerais de seguro-garantia foram mantidos, sendo de 5% do valor inicial do contrato, e de até 10%, desde que justificada mediante análise da complexidade técnica e dos riscos envolvidos, conforme redação do art. 98 da Lei n. 14.133/2021.

A novidade inserida nas contratações públicas foi, portanto, o seguro-garantia com cláusula de retomada para obras e serviços de engenharia de grande vulto, previsto no art. 99 da Lei n. 14.133/2021 no percentual equivalente a até 30% do valor inicial do contrato. De acordo com o art. 6º, XXII, da Lei n. 14.133/2021, obras, serviços e fornecimentos de grande vulto são aqueles cujo valor estimado supera duzentos milhões de reais, sendo, portanto, este o limite para consideração de obra e serviço de engenharia de grande vulto, para fins de utilização do seguro-garantia com cláusula de retomada.

Discutia-se, quando do trâmite do projeto, se o Brasil teria estrutura de negócios na área de seguro capaz de absorver uma proposta similar aos Estados Unidos, tendo em vista o fato de que, conforme visto, naquele país os seguros-garantia com cláusula de retomada chegam a 100% do valor do contrato. A opção no Brasil foi no sentido da inovação, mas menos radical, pois o Estado deu um passo legislativo no sentido de induzir a criação deste mercado fornecedor na área de seguro, mas não em caráter de obrigatoriedade, sendo a opção legal no sentido de que a ampliação do valor de seguro-garantia, com a previsão de cláusula de retomada, se desse no limite de 30% do valor do contrato.

A cláusula de retomada é associada ao seguro *performance bond*, que é o seguro-garantia em que a seguradora avalia o cumprimento das cláusulas e pode ser provocada, em caso de inadimplemento, a finalizar o projeto, tal qual a sistemática prevista na Nova Lei de Licitações.

Assim, no *performance bond* (ligado ou associado ao desempenho), previsto no parágrafo único do art. 102 da lei, na hipótese de inadimplemento do contratado, serão observadas as seguintes disposições: (1) caso a seguradora execute e conclua o objeto do contrato, estará isenta da obrigação de pagar a importância segurada indicada na apólice; e (2) caso a seguradora não assuma a execução do contrato, pagará a integralidade da importância segurada indicada na apólice. Caso ocorra o sinistro, isto é, diante do inadimplemento da contratada, a seguradora poderá subcontratar a conclusão do contrato, total ou parcialmente.

A presença da seguradora no contrato auxilia na fiscalização da execução contratual, pois, para ela, é próprio da lucratividade do mercado em que atua que o contratado consiga executar a contento as obrigações assumidas, sem ter de acionar a seguradora. Ela será um coadjuvante da integridade e do estímulo a um bom desenrolar da execução contratual, ao atuar como interveniente anuente do contrato e de seus aditivos. Mesmo que não haja o sinistro, que é o que todos esperam da contratação de seguro, ainda assim a presença da seguradora pode ser um garante de reforço na execução contratual, reforçando eventuais omissões na fiscalização contratual, conforme diagnosticado pelo Tribunal de Contas da União.[12]

4. VANTAGENS E POTENCIALIDADES DE APRIMORAMENTOS NA FISCALIZAÇÃO DA EXECUÇÃO CONTRATUAL PELA PRESENÇA DA SEGURADORA

Conforme exposto, é facultativa a exigência de seguro-garantia com cláusula da retomada pela Administração Pública nos contratos de obras e serviços de engenharia de grande vulto. Enfatiza Marcos Nóbrega que uma vantagem do seguro-garantia seria contribuir para mitigar a assimetria de informações e fornecer os incentivos necessários para a execução do objeto contratual.[13]

Nesta perspectiva, a contratação de seguro-garantia com cláusula de retomada representa uma quebra de paradigma comparável à ocorrida nos sistemas de financiamento mais complexos das parcerias público-privadas. Assim como nas Parcerias Público-Privadas, a inserção dos financiadores gerou um reforço de monitoramento na execução do contrato, auxiliando, como consequência, no seu cumprimento. No caso da previsão do seguro-garantia com cláusula de retomada, a presença da seguradora terá o potencial de impactar a execução contratual, pois será um elemento adicional de monitoramento, para além das atividades fiscalizatórias do Poder Público.

A seguradora apenas irá embarcar no risco de uma contratação de seguro-garantia se analisar o risco do projeto e a capacidade financeira da contratada para conduzir a realização da obra ou serviço de engenharia de grande vulto até o seu término. No entanto, será a Administração Pública que deverá modelar o contrato, já especificando quando

12 TCU. Acórdão 1079/2019, p. 54.

13 NOBREGA, Marcos; OLIVEIRA NETTO, Pedro Dias. O seguro-garantia na nova lei de licitação e os problemas de seleção adversa e moral hazard. *Instituto Rui Barbosa*. Disponível em: https://irbcontas.org.br/artigo/o-seguro-garantia-na-nova-lei-de-licitacao-e-os-problemas-de-selecao-adversa-e-moral-hazard/. Acesso em 15 out. 2021.

do planejamento e da divulgação do edital as características do seguro mais adequado. Para isso, há a matriz de riscos, cuja presença é obrigatória no edital, conforme art. 22, § 3º, da Lei n. 14.133/2021, quando a contratação se referir a obras e serviços de grande vulto ou forem adotados os regimes de contratação integrada e semi-integrada. Logo, há de haver matriz de risco quando for modelado um edital de contratação de obras e serviços de engenharia de grande vulto, que é a situação em que há a alternativa de exigência da prestação de garantia de modalidade seguro-garantia com cláusula de retomada, conforme o regime estabelecido no art. 102 da Lei n. 14.133/2021.

A matriz de alocação de riscos entre o contratante e o contratado deve calcular o valor estimado da contratação considerando a taxa de risco compatível com o objeto da licitação e com os riscos atribuídos ao contratado, de acordo com metodologia predefinida do ente federativo.

Note-se que, como é novo esse segmento que estimula a exigência de seguro-garantia no percentual de 30% do valor para obras públicas, é muito provável que inúmeros entes federativos tenham de se amparar na contratação de *expertise* da iniciativa privada, o que é permitido na nova lei, para, a partir de estudos técnicos que sondam o mercado local e a experiência prévia, desenvolverem uma metodologia predefinida adequada às peculiaridades estruturais locais ou regionais.

Na matriz de risco deve haver a alocação eficiente dos riscos de cada contrato em função das responsabilidades de cada uma das partes, sendo imprescindível que haja mecanismos que afastem a ocorrência do sinistro e mitiguem os seus efeitos, caso este ocorra na execução contratual. Logo, a matriz é fundamental ao desenho dos seguros obrigatórios previamente definidos no contrato, o que implica integração do custo de contratação ao preço ofertado.

Assim, ao modelar a licitação e estabelecer a matriz de risco, a Administração deve analisar quais são os fatores que mais contribuem para a inexecução contratual em dada obra ou serviço de engenharia, sendo que quanto mais ela reforça o papel do seguro em garantir dada ocorrência, diante da projeção do cenário dos possíveis sinistros, maior o custo do seguro e, consequentemente, o valor da contratação.

Se a Administração embute, portanto, o valor máximo de 30%, também o contrato terá de ter um valor aumentado correspondentemente a tal exigência, o que, em tese, dependeria da estrutura de mercado de seguros a ser incentivada, sendo impactada, conforme dito, por fatores complexos que são influenciados pelos custos e morosidade dos litígios, até a conformação do sistema de precatórios.

Ademais, uma questão jurídica relevante é que o seguro-garantia tem por objetivo garantir o cumprimento das obrigações assumidas pelo contratado e inclui, nos moldes do art. 97 da Lei n. 14.133/2021: "inclusive multas, os prejuízos e as indenizações decorrentes de inadimplemento".

Essa abrangência irá provocar a necessidade de adaptação do padrão de seguro-garantia do mercado de seguros para atender a tais necessidades incluídas e que se relacionam com a realidade de execução dos contratos administrativos. Ora, será que o valor da apólice, em 30%, será apto a absorver também as mencionadas exigências para além da finalização da obra, conforme o art. 97, ou seja, multas, prejuízos e indenizações do inadimplemento? Qual a discricionariedade no desenho da apólice em restringir ou limitar tais itens, se a própria Lei de Licitações os estabelece como requisitos expressamente incluídos?

Trata-se de ponto relevante para ser ponderado em termos práticos e em conjunto com as determinantes consequencialistas e de ponderação da LINDB, aplicáveis à interpretação do Direito Público, conforme alteração feita pela Lei n. 13.655/2018, que reforça a necessidade de exigências proporcionais e que não causem ônus ou perdas anormais e excessivos.

Então, a Administração também deve envidar esforços para entender os desafios do mercado de seguro-garantia ao fazer as exigências de cada edital para que fomente a presença de *players* capazes de atender às exigências previstas na lei, pois se ela exagerar e exigir demasiadamente, é provável que inviabilize o objetivo de criar um mercado apto a atuar no segmento. Ainda, tudo o que ela inserir adicionalmente enquanto risco a ser assumido para a seguradora pode ter o potencial de aumento do preço no contrato de seguro-garantia e, por consequência, encarecer a própria contratação principal, que terá de ser agregada ao contrato de seguro enquanto "obrigação adicional".

Contudo, reitere-se que, do ponto de vista de impactos positivos, a presença da seguradora terá o potencial de incrementar o monitoramento da execução do contrato. Para tanto, determina o art. 102 da Lei n. 14.133/2021 que, na contratação de seguro-garantia com cláusula de retomada (isto é, com obrigação de a seguradora, em caso de inadimplemento do contratado, assumir a execução e concluir o objeto do contrato), a seguradora deverá firmar o contrato como *interveniente anuente*, e poderá: (a) ter livre acesso às instalações em que for executado o contrato principal; (b) acompanhar a execução do contrato principal; (c) ter acesso a auditoria técnica e contábil; (d) requerer esclarecimentos ao responsável técnico pela obra ou pelo fornecimento.

A presença da seguradora certamente será um fator adicional no controle da execução contratual, contribuindo inclusive na prevenção de fraudes como superfaturamentos, sendo definidos, no art. 6º, LVII, da Lei n. 14.133/2021, como danos provocados por medição de quantidades superiores às efetivamente executadas ou fornecidas; (b) deficiência na execução de obras e de serviços de engenharia que resulte em diminuição da sua qualidade, vida útil ou segurança; (c) alterações no orçamento de obras e de serviços de engenharia que resulte em diminuição da sua qualidade, vida útil ou segurança; (c) alterações no orçamento de obras e de serviços de engenharia que causem desequilíbrio econômico-financeiro do contrato em favor do contratado; (d) outras alterações de cláusulas financeiras que gerem recebimentos contratuais antecipados, distorção do cronograma físico-financeiro, prorrogação injustificada do prazo contratual com custos adicionais para a Administração ou reajuste irregular de preços.

5. CONCLUSÕES

Quando uma obra pública é paralisada ou interrompida, ficando seu esqueleto ou ossatura (nas estruturas branco-acinzentadas) à mostra das intempéries, além do custo de desmobilização e do imediato desperdício diretamente derivado da não continuidade ou da interrupção do processo, há empregos que não são gerados e também serviços que deixam de ser prestados.

O seguro-garantia com cláusula de retomada foi realidade criada na Lei n. 14.133/2021 para evitar a existência de obras públicas inacabadas. Até então, inexistia, via de regra, no Brasil um mercado de seguro-garantia para absorver os riscos de inexecução de obras públicas em valores maiores do que o máximo de 10%, que era o limite do diploma anterior para obras, serviços e fornecimentos de grande vulto envolvendo alta complexidade técnica e riscos financeiros consideráveis.

O mercado dos Estados Unidos, por sua vez, apontava para seguros-garantias com cláusula de retomada em percentuais elevados (de 50% até 100% do valor do contrato) e que seriam inadequados ao mercado cuja formação se pretende induzir com a previsão da nova lei. Assim, a Lei n. 14.133/2021 previu, conforme exposto, o seguro-garantia com cláusula de retomada em caráter facultativo e no percentual de até 30% do valor inicial do contrato.

O mercado de seguro de obras públicas é articulado com múltiplos aspectos econômicos, sendo que a sua regulação deve considerar estruturas financeiras (mercados e instituições de crédito), a aptidão das construtoras, a capacidade técnica das administrações que modelam os contratos, a segurança e a estabilidade do controle e inúmeras questões envolvendo financiamento da infraestrutura, a partir de uma intricada teia de relações regulatórias complexas.

A Nova Lei de Licitações altera a sistemática de responsabilidades anterior ao dar foco à matriz de riscos na modelagem contratual, sendo ela obrigatória para contratação de obras e serviços de grande vulto, nos termos do art. 22, § 3º, da Lei n. 14.133/2021. Como a matriz irá alocar os riscos de cada contrato em função das responsabilidades assumidas por cada parte, sua análise é fundamental para verificar as consequências derivadas da ocorrência do sinistro e os efeitos de mitigação e responsabilidades também do segurador, diante do inadimplemento do contratado.

Assim, conforme a nova lei torna mais customizados os contratos de obra e serviço de engenharia de grande vulto, o mercado de seguro-garantia com cláusula de retomada tenderá a desenhar apólices customizadas e adequadas, portanto, aos moldes específicos. As Administrações Públicas, por sua vez, acabam tendo um papel fundamental na modelagem reflexa dos seguros acoplados, pois quanto mais repassam sinistros para responsabilidade da seguradora, certamente que irão encarecer a oferta do seguro-garantia, o que terá inclusive o efeito de encarecer o custo da obra, dada contratação do seguro pela construtora, daí a exigência de um conhecimento técnico acurado.

Certamente que ainda haverá muitas demandas gravitando em torno da abrangência dada pelo art. 97 da Lei n. 14.133/2021, que inclui no seguro-garantia a responsabilidade da seguradora pelo impacto inclusive das multas, prejuízos e indenizações decorrentes de inadimplemento, o que suscitará ampliação dos percentuais de valor da apólice para o fito de absorver as exigências adicionais legais, sendo indagada se tal previsão não teria, na prática, aptidão de gerar ônus excessivos e desnecessários, conforme abordado.

Contudo, ainda é cedo para qualquer consideração mais perene, até porque a nova lei acabou de criar o mecanismo, que suscitará muitas controvérsias, mas se espera que consiga fomentar a existência de um mercado fornecedor (de seguro-garantia com cláusula de retomada) capaz de evitar a presença de obras inacabadas e que funcione como coadjuvante reflexo no aprimoramento da qualidade da execução das obras públicas, pelo reforço (interessado) no seu monitoramento.

BIBLIOGRAFIA

BELÉM, Bruno; CARVALHO, Matheus; CHARLES, Ronny. *Temas controversos da nova lei de licitações e contratos*. São Paulo: JusPodivm, 2021.

BERCOVICI, Gilberto. O princípio da subsidiariedade e o autoritarismo. *Conjur*. Disponível em: https://www.conjur.com.br/2015-nov-08/estado-economia-principio-subsidiariedade-autoritarismo. Acesso em 30 nov. 2021.

BERCOVICI, Gilberto; VALIM, Rafael. *Elementos de Direito da Infraestrutura*. São Paulo: Contracorrente, 2015.

MAZZUCATO, Mariana. *O Estado Empreendedor*: o mito do setor público vs. setor privado. São Paulo: Portfolio-Penguin, 2014.

NOBREGA, Marcos; OLIVEIRA NETTO, Pedro Dias. O seguro-garantia na nova lei de licitação e os problemas de seleção adversa e moral hazard. *Instituto Rui Barbosa*. Disponível em: https://irbcontas.org.br/artigo/o-seguro-garantia-na-nova-lei-de-licitacao-e-os-problemas-de-selecao-adversa-e-moral-hazard/. Acesso em 15 out. 2021.

NOHARA, Irene Patrícia. Poder de compra governamental como fator de indução do desenvolvimento – faceta extracontratual das licitações. *Revista Fórum de Direito Financeiro e Econômico*, v. 6, pp. 155-172, 2015.

NOHARA, Irene Patrícia Diom. *Nova Lei de Licitações e Contratos*. São Paulo: Revista dos Tribunais, 2021.

SIQUEIRA NETO, José Francisco (Coord.); NOHARA, Irene Patrícia; SALGADO, Rodrigo Oliveira (Org.). *Gestão Pública, Infraestrutura e Desenvolvimento*: 20 anos do Programa de Direito Político e Econômico da Universidade Presbiteriana Mackenzie. São Paulo: Thomson Reuters, 2021.

Jurisprudência

BRASIL. Tribunal de Contas da União. Acórdão 1079/2019. Plenário. Relator: Ministro Vital do Rêgo. Sessão de 15/5/2019. Disponível em: https://pesquisa.apps.tcu.gov.br//redireciona/acordao-completo/%22ACORDAO-COMPLETO-2351843%22. Acesso em 28.04.2022.

Legislação

BRASIL. Lei n. 14.133, de 1º de abril de 2021. Lei de Licitações e Contratos Administrativos. Disponível em http://www.planalto.gov.br/ccivil_03/_ato2019-2022/2021/lei/L14133.htm. Acesso em 28.04.2022.

El deber de garantía de los riesgos derivados del incumplimiento de las obligaciones en el contrato estatal. Efectividad a través del ejercicio de potestades públicas unilaterales

Jaime Orlando Santofimio Gamboa[1]

INTRODUCCIÓN

La administración pública, o más concretamente, todos aquellos entes y sujetos que ejercen funciones públicas administrativas se encuentran obligados, de manera permanente, a sujetarse a un singular y estricto principio de legalidad, que los habilita tanto para la adopción de actos administrativos, caracterizados por su unilateralidad, exorbitancia y ejecutoriedad, como también para la celebración de contratos estatales, conforme a los intereses generales.[2]

Bajo esta perspectiva, a la par de los procedimientos y actuaciones administrativas que sustentan el acto administrativo unilateral – el cual, dicho sea de paso, se ha constituido en el instrumento ordinario dentro del Estado de derecho para el cumplimiento de sus propósitos –, se hace imprescindible que todos los servidores públicos entiendan que existe, igualmente, la figura del contrato como mecanismo fundamental para la realización efectiva de los cometidos a cargo del Estado.

---

1 Postdoctorado en Derecho por las Universidades Carlos III de Madrid y Externado de Colombia. Doctorado en Derecho por la Universidad Carlos III de Madrid – España. Master en Gobierno Municipal de la Universidad Externado de Colombia. Especialización en Derecho Administrativo en esta misma casa de estudios. Especialización en Administración Pública del Instituto Brasileiro de Administración Municipal-IBAM. Titulado en Derecho por la Universidad Externado de Colombia. Profesor en Maestrías y en el Doctorado de Derecho en la Universidad Externado de Colombia. Ex-director del Departamento de Derecho Administrativo de la Universidad Externado. Exmagistrado del Consejo de Estado de la República de Colombia.

2 BREWER-CARIAS, A. R. *Contratos administrativos*. Colección Estudios Jurídicos, n. 44. Caracas: Jurídica Venezolana, 1992. GIL, R. E. *Teoría general de los contratos de la administración pública*. Bogotá: Legis, 1999. EXPÓSITO VÉLEZ, J. C. *La configuración del contrato de la administración pública en el derecho colombiano y español*. Bogotá: Universidad Externado de Colombia, 2002. GARCÍA DE ENTERRÍA, E. La figura del contrato administrativo. *Revista de Administración Pública*. Madrid, n. 41 y 42, pp. 99ss, 1963.

Lo anterior implica, dado el origen privado de la institución, reconocer su inmensa complejidad conceptual, ideológica y política cuando una de las partes es un sujeto de derecho público, fenómeno que da lugar al surgimiento de una especial categoría negocial a partir de los contratos de los entes públicos, que se caracteriza por articular de manera permanente su doble naturaleza de instrumento básico para el cumplimiento de los fines estatales y la satisfacción del interés general, y de fuente de obligaciones conforme a las elaboraciones del derecho privado (civil y comercial).[3]

Esto significa que el estudio de la institución desde la perspectiva estatal invita a reconocer su ámbito integrador de conceptos y principios tanto de derecho público como privado, en algunos casos extraños entre sí, pero que se moldean para definirla y hacerla viable dentro del tráfico jurídica ordinario, brindando en consecuencia respuestas a los fenómenos propios del consentimiento que surgen cuando se trata de los negocios jurídicos entre entidades públicas o entre algunas de estas y los particulares, donde lo característico es el predominio del interés general.

Esta característica integradora de ordenamientos jurídico en procura del cumplimiento de las finalidades públicas adquiere enorme importancia cuando se trata de definir el contenido de estos contratos, en especial en lo relativo a las cláusulas que por mandato legal hacen parte de su naturaleza, en concreto al definir en virtud del principio de responsabilidad los deberes que le asisten al contratista del Estado de garantizar el cumplimiento de las prestaciones que le correspondan objetivamente en virtud del negocio en los eventos en que los riesgos propios del incumplimiento de lo pactado surjan a la vida jurídica e impacten el contrato.

En hipótesis como éstas es evidente que la figura del contrato del Estado se ve permeada y fortalecida por las construcciones históricas del derecho comercial, principalmente, por la figura del seguro que surge como instrumento vital para garantizar la integridad patrimonial del Estado y de los demás entes públicos contratantes.

Es deber ineludible de todo contratista ofrecer las garantías suficientes relativas al cumplimiento de obligaciones y prestaciones en los contratos estatales como presupuesto para garantizar la integridad patrimonial de las entidades en los contratos estatales. Lo que significa como principio de la relación entre las partes negociales el de la proscripción del incumplimiento de obligaciones y prestaciones a cargo del contratista en la contratación estatal, al igual que otro fundamental, el del incumplimiento como

---

3 MARTÍN-RETORTILLO BAQUER, S. *El derecho civil en la génesis del derecho administrativo y de sus instituciones*. Madrid: Civitas, 1996.

riesgo que afecta el patrimonio de las entidades en la contratación estatal, aspectos todos estos que deben ser tratados a la luz del derecho comercial.[4]

1. EL CONTRATO ESTATAL EN EL CONTEXTO DEL ESTADO SOCIAL Y DEMOCRÁTICO DE DERECHO

Conforme lo expresado en los párrafos introductorios, cualesquiera aproximaciones a un concepto de contrato del Estado o simplemente a la estructuración jurídica de un concepto operativo de contrato estatal, o por lo menos cualquier aproximación que se intente en torno a la figura reconociéndole su carácter de mecanismo fundamental para la realización efectiva de los cometidos a cargo del Estado, no solo conlleva complicaciones formales y normativas, sino que también, dado el origen privado de la institución, significa admitir su naturaleza compleja.

De una parte (i) la de instrumento básico para el cumplimiento de los fines estatales y la satisfacción del interés general, que por lo demás debe ser preservado en la economía del contrato mismo, por lo tanto, sumida inevitablemente en conceptos que involucran compromisos con los intereses de la comunidad y, por otra, (ii) la de fuente de obligaciones conforme a las elaboraciones del derecho privado, pero, como se advierte, bajo consideraciones inmanentes con los intereses públicos y comunitarios, esto es, en absoluta posición dicotómica respecto de los contenidos individualistas y subjetivos, derivadas de las corrientes clásicas sustentadoras del derecho privado.[5]

Implica esto, inexorablemente, en la hora actual de la disciplina, la articulación de normas, reglas y principios derivados del subsistema jurídico positivo privatista en interrelación permanente con principios, reglas e incluso normas inspiradas en el mantenimiento y preservación de intereses públicos y generales vinculados necesariamente al carácter social de nuestro Estado de derecho, en lo que podríamos denominar la configuración de un peculiar régimen jurídico y conceptual de contrato estatal, que no recoge los extremos fundamentalistas de la pretendida sustantividad del contrato estatal, ni la de la exclusiva sujeción del mismo a los parámetros de los principios privatistas nugatorios de lo público.

Se trata de abordar una problemática poco pacífica para la doctrina, no solo en razón de los intereses que la materia involucra, sino también en virtud de las radicales

4 SANTOFIMIO GAMBOA, J. O. *Compendio de derecho administrativo*. Bogotá: Universidad Externado de Colombia, 2017.

5 SANTOFIMIO GAMBOA, J. O. *Compendio de derecho administrativo*. Bogotá: Universidad Externado de Colombia, 2017.

transformaciones que se han consolidado en el derecho administrativo en los últimos años, producto de la evolución de la economía y de las concepciones filosóficas y políticas en torno a lo público, y el papel de los privados en la atención de todo aquello susceptible de contenido económico, bajo conceptos de economía de mercado y competencia que plantean un retomar de los contenidos privatistas contractuales para los asuntos negociales del Estado.

Bajo esta idea integradora, el contrato estatal se configura, a la luz de nuestro ordenamiento jurídico, como el instrumento más importante y expedito en la hora actual de nuestras instituciones constitucionales y administrativas, para hacer viable los propósitos y finalidades estatales.[6]

Dentro de este contexto de profundas dificultades jurídicas y de necesidad de una clara hermenéutica tendiente a ofrecer respuestas adecuadas a los conflictos y situaciones que afectan la estructuración de los contratos en tratándose de las relaciones entre Estado contratante y contratistas ante las posibles contingencias derivas de los incumplimientos de estos últimos, se hace inevitable acudir al derecho comercial de los seguros en búsqueda de la tranquilidad pública y la seguridad del patrimonio público.

2. EL RIESGO DE INCUMPLIMIENTO DE LAS PRESTACIONES A CARGO DEL CONTRATISTA EN EL DESARROLLO Y EJECUCIÓN DEL CONTRATO ESTATAL

La regla general y básica en materia de ejecución de los contratos es el cumplimiento de las prestaciones pactadas:

> Los contratos, amén de regular o extinguir una relación jurídica de contenido económico, también pueden crear relaciones obligacionales y como quiera que en las relaciones jurídicas de esta estirpe una de las partes (el deudor) debe desplegar una conducta (la prestación) en favor de la otra (el acreedor), se sigue que el comportamiento desplegado por el deudor en favor del acreedor sólo puede ser tenido como satisfacción de la prestación (pago) en la medida en que se ajuste plenamente a lo convenido. No otra cosa se deduce de lo preceptuado en los artículos 1626, 1627 y 1649 del Código Civil al disponer, respectivamente, que el "pago efectivo es la prestación de lo que se debe", que "el pago se hará bajo todos los respetos en conformidad al tenor de la obligación; sin perjuicio de lo que en los casos

6 SANTOFIMIO GAMBOA, J. O. *Compendio de derecho administrativo*. Bogotá: Universidad Externado de Colombia, 2017.

> especiales dispongan las leyes" y que "el deudor no puede obligar al acreedor a que reciba por partes lo que se le deba, salvo el caso de convención contraria, y sin perjuicio de lo que dispongan las leyes en casos especiales. En consecuencia, se estará en presencia de un incumplimiento si la prestación no se satisface en la forma y en la oportunidad debida y si además esa insatisfacción es imputable al deudor...[7]

Se trata de un planteamiento elemental fundada en los principios de *Pacta Sum Servanda* y buena fe objetiva, que de desconocerse por algunas de las partes, para el caso en estudio por el contratista, acarrea consecuencias no solo en relación con suerte del contrato mismo (resolución tácita), sino en relación con la responsabilidad patrimonial del contratista en tratándose de contratos estatales (multas, cláusula penal, caducidad).[8]

En relación con la primera situación, esto es, la resolución tácita de los contratos con ocasión de su incumplimiento, basta recordar que el artículo 1546 del Código Civil, establece que: "en los contratos bilaterales va envuelta la condición resolutoria en caso de no cumplimiento por uno de los contratantes de lo pactado". Puede, en estos casos, el contratante cumplido o quien se hubiere allanado a cumplir solicitar la terminación o resolución del contrato, o su cumplimiento, al igual que la indemnización consecuente de los perjuicios que se le hubieren causado con el incumplimiento. Para la Corte Suprema de Justicia, se trata de "sanciones destinadas a dotar las obligaciones de cualidad coercitiva".[9]

La resolución tácita del contrato por incumplimiento es considerada un modo de resolver los mismos: "Estos son privados total o parcialmente de su eficacia, a causa del incumplimiento culposo de las obligaciones a cargo de una de las partes, si el contrato es bilateral (...) o del incumplimiento de la única parte obligada por el contrato unilateral".[10] En estos eventos, se requiere de pronunciamiento judicial, que declare el incumplimiento y ordene la terminación o resolución del contrato,[11] salvo que el incumplimiento sea de aquellos que de lugar a caducidad del contrato, en los cuales

7 COLOMBIA. Consejo de Estado, Sala de lo Contencioso Administrativo, Sección Tercera, Sentencia del 20 de octubre de 2014, Expediente 24809; Sentencia del 24 de julio de 2013, Expediente 25131; Sentencia del 26 de marzo de 2014, Expediente 22831.

8 SANTOFIMIO GAMBOA, J. O. *Tratado de Derecho Administrativo*. Bogotá: Universidad Externado de Colombia, Tomo III, 2004.

9 COLOMBIA. Corte Suprema de Justicia, Sala de Casación Civil, Sentencia del 2 de noviembre de 1964.

10 COLOMBIA. Consejo de Estado, Sala de lo Contencioso Administrativo, Sección Tercera, Sentencia del 2 de octubre de 2003, Expediente 14394.

11 OSPINA Fernández, G.; Ospina Acosta, E. *Teoría general del contrato y de los demás actos o negocios jurídicos*. Bogotá: Temis, 1994, p. 550. El artículo 1546 "abona la tesis doctrinaria de que la acción resolutoria es un derecho de los acreedores, tan principal como lo son la acción ejecutiva y la de indemnización de perjuicios".

una de las posibilidades es que el acto correspondiente que la declare determine la terminación y liquidación del mismo.[12]

El incumplimiento culposo de las obligaciones contractuales por una de las partes o de la que resulte obligada si el contrato es de los calificados como unilaterales por el Código Civil, esto es, que a partir de criterios unilaterales una de las partes incurre en desconocimiento de sus obligaciones en perjuicio de la otra, conlleva, por lo tanto, la mora del contratante demandado, o retardo culpable y renuente de una de las partes a cumplir lo pactado. Sin embargo, el carácter culposo en el incumplimiento excluye la procedencia de la pretensión en los casos en que la inejecución del contrato hubiere sido producida por situaciones riesgosas como el caso fortuito y la fuerza mayor.[13]

Por otra parte, es importante resaltar en aras de la claridad que no puede existir incumplimiento, ni culpa en el contratante, cuando la otra parte no ha cumplido lo que le corresponde, caso en el cual se estructura la figura legal de la excepción de contrato no cumplido[14] a que hace relación el artículo 1609 del Código Civil, evento ese en donde se supone, si se prueba el incumplimiento de la otra parte, la inexistencia de culpa en quien se abstiene de cumplir por esta causa.[15] Esta excepción, en tratándose de la administración contratante como incumplida, tiene una interesante evolución en la jurisprudencia administrativa del Consejo de Estado.

La jurisprudencia contencioso administrativa ha acogido los trabajos de iusprivatistas en torno de la denominada *exceptio non adimpleti contractus* (excepción de contrato no cumplido);[16] no obstante, su aplicación se ha considerado atemperada por el principio del interés público o general, que conforme al artículo 3º de la Ley 80 de 1993 rige los contratos estatales. Según la tesis del Consejo de Estado,[17] el principio del artículo 1609 del Código Civil sería procedente en materia de contratos estatales única y exclusivamente cuando: "las consecuencias económicas que se desprendan del incumplimiento de la administración se genere una razón de imposibilidad de cumplir

12 SANTOFIMIO GAMBOA, J. O. *Tratado de Derecho Administrativo*. Bogotá: Universidad Externado de Colombia, Tomo III, 2004.

13 SANTOFIMIO GAMBOA, J. O. *Tratado de Derecho Administrativo*. Bogotá: Universidad Externado de Colombia, Tomo III, 2004.

14 COLOMBIA. Consejo de Estado. Sala de lo Contencioso Administrativo, Sección Tercera, Sentencia del 7 de septiembre de 2015, Expediente 47720; Sentencia del 29 de julio de 2015, Expediente 40271; Sentencia del 29 de julio de 2015, Expediente 41891; Sentencia del 29 de abril de 2015, Expediente 36090.

15 OSPINA Fernández, G.; Ospina Acosta, E. *Teoría general del contrato y de los demás actos o negocios jurídicos*. Bogotá: Temis, 1994, p. 556-558.

16 COLOMBIA. Consejo de Estado. Sección Tercera, Sentencia del 6 de mayo de 2015, Expediente 35766.

17 COLOMBIA. Consejo de Estado. Sala de lo Contencioso Administrativo, Sección Tercera, Auto del 14 de septiembre de 2000, Expediente 13530.

para la parte que se allanare a cumplir, pues un principio universal de derecho enseña que a lo imposible nadie está obligado".[18]

En todos los demás casos, opera la regla general de que el contratista está obligado a cumplir las obligaciones, así se presente incumplimiento que no impida la ejecución. Esta posición ha sido reiterada en los últimos años y reconducida al cumplimiento de cuatro propósitos fundamentales para estructurar la excepción: que se trate de contratos sinalagmáticos; que el incumplimiento de la administración sea cierto y real; que tenga una gravedad ostensible y considerable que imposibilite el cumplimiento, y que quien la invoca no haya dado lugar al incumplimiento de la otra.[19] Si se demuestran estos presupuestos, la administración perdería cualquier posibilidad de imponer multas o de aplicar las cláusulas de excepción como la de caducidad al contratista.[20]

En relación con la segunda situación, esto es, la que involucra sanciones derivadas de un ámbito de responsabilidad y patrimonial del contratista, en tratándose de contratos estatales (multas, cláusula penal, caducidad), por incumplimiento, nos encontramos ante una típica situación de consecuencias establecidas legalmente, de manera especial para los contratos estatales, reconociendo poderes y facultades unilaterales (multas, cláusula penal) y, en otros casos excepcionales (caducidad) que le permiten declarar administrativamente esta situación contractual y proceder a la liquidación del contrato, o hacer uso de su poder de coacción y vigilancia, que le conceden los artículos 4º y 14 de la Ley 80 de 1993, e incluso imponer multas cuando hubieren sido pactadas.[21]

3. LAS SANCIONES EN MATERIA DE CONTRATACIÓN ESTATAL CON OCASIÓN DE LOS INCUMPLIMIENTOS

Las sanciones que se pueden imponer en razón de los incumplimientos en materia de contratos estatales son tres: Las multas, la efectividad de la cláusula penal y la caducidad, todas ellas autorizadas por el legislador en el ámbito del ejercicio de las facultades configuradoras del orden jurídico en materia de contratación pública,

18 COLOMBIA. Consejo de Estado. Sala de lo Contencioso Administrativo, Sección Tercera, Sentencia del 31 de enero de 1991, Expediente 5951.

19 COLOMBIA. Consejo de Estado. Sala de lo Contencioso Administrativo, Sección Tercera, Sentencia del 13 de septiembre de 2001, Expediente 12722.

20 COLOMBIA. Consejo de Estado. Sala de lo Contencioso Administrativo, Sección Tercera, Sentencia del 21 de febrero de 2011, Expediente 16.105; Sentencia del 8 de junio de 2011, Expediente 17858; Sentencia del 25 de julio de 2011, Expediente 19150; Sentencia del 9 de mayo de 2012, Expediente 22395; Sentencia del 7 de junio de 2012, Expediente 22277; Sentencia del 24 de abril de 2013, Expediente 24637.

21 SANTOFIMIO GAMBOA, J. O. *Tratado de Derecho Administrativo*. Bogotá: Universidad Externado de Colombia, Tomo III, 2004.

conforme a lo ordenado en las artículos 150 y 352 de la Constitución Política, pero que se concretan en cada caso por la administración en virtud de sus facultades de estructuración negocial y ordenación, que debe ejercer en los términos y condiciones de la Ley de Contratación Pública, conforme a las explicaciones que se harán para cada una de estas hipótesis.[22]

3.1 Multas

En materia de contratación estatal, las multas son sanciones pecuniarias de naturaleza administrativa, autorizadas por el legislador de manera general en la Ley de Contratación Pública (Ley 1150 de 2007), descritas de manera concreta en cada contrato por la administración (lo que desde luego también ha debido ser previsto al planificar y estructurar el respectivo negocio jurídico, en los términos del artículo 40 de la Ley 80 de 1993), e impuestas de manera unilateral por la administración mediante un acto administrativo, previa verificación de los supuestos de incumplimiento descritos en ella y con plena observancia y garantía del debido proceso.[23]

Conforme a lo expuesto, corresponden a una especial y particular configuración sancionatoria derivado de las especificidades y problemáticas de la contratación estatal colombiana, en la cual la administración tiene una carga funcional importante y trascedente en la estructuración de los negocios del Estado, por lo tanto, en la determinación de sus contenidos esenciales, naturales y accidentales, lo que hace que en relación con el alcance de los principios definidos a propósito de la actividad sancionadora administrativa existan algunas variaciones fundamentales que pasamos a expresar.

En relación con el debido proceso, la Ley 1150 de 2007 introduce modificaciones sustanciales al tema de las actuaciones administrativas sancionatorias en materia contractual ordenando el agotamiento de un proceso sancionatorio. El régimen sancionatorio debe regirse en todo y de manera sustancial por el concepto del derecho fundamental y garantía constitucional del debido proceso.

Indica precisamente el artículo 17 de la ley en comento que el debido proceso será un principio rector en materia sancionatoria de las actuaciones contractuales. Para la consolidación de esta regla de manera imperativa, se determina en la ley que la decisión

---

22 Apartes tomados del artículo: HERNÁNDEZ, A. P. et al. Potestad Sancionadora de la Administración en Materia de Contratación Estatal. *Contratos Públicos*: Problemas, Perspectivas y Prospectivas. XVIII Jornadas Internacionales de Derecho Administrativo. Bogotá: Universidad Externado de Colombia, 2017.

23 COLOMBIA. Consejo de Estado. Sala de lo Contencioso Administrativo, sección Tercera, Sentencia del 26 de noviembre de 2015, Expediente 53877; Sentencia del 29 de julio de 2015, Expediente 42494.

tanto de multa como de imposición de cláusula penal deberá en todos los casos y sin excepción alguna, estar precedida de audiencia del afectado que deberá tener un procedimiento mínimo que garantice el derecho al debido proceso del contratista.

Advierte de manera imperativa el decreto reglamentario que, en todo caso, no se podrá imponer multa alguna sin que se hubiere surtido el procedimiento señalado. Esto es, establece una clara prohibición al desconocimiento al debido proceso y, en consecuencia, la configuración de una clara causal de nulidad del acto correspondiente de haberse omitido esta obligación y deber administrativo.

En cuanto se refiere a la legalidad y tipicidad de la multa, se infiere de la Ley 1150 de 2007 que ella deviene de una facultad unilateral y, por lo tanto, excepcional de la administración derivada del deber de control y vigilancia que le corresponde a la administración contratante en los términos establecidos en el artículo 14 de la Ley 80 de 1993. Se destaca precisamente en el inciso segundo del artículo 17 de la Ley 1150 de 2007 que, con fundamento en el deber de control y vigilancia sobre los contratos que corresponde a las entidades sometidas al Estatuto General de Contratación de la Administración Pública, tendrán la facultad de imponer las multas que hayan sido pactadas con el objeto de conminar al contratista a cumplir con sus obligaciones.

A este respecto, agrega el parágrafo del artículo en comento que la cláusula penal y las multas así impuestas se harán efectivas directamente por las entidades estatales, pudiendo acudir para el efecto entre otros a los mecanismos de compensación de las sumas adeudadas al contratista, cobro de la garantía o a cualquier otro medio para obtener el pago, incluyendo el de la jurisdicción coactiva. Por su parte, la Ley 1474 de 2011 – Estatuto Anticorrupción – en su artículo 86, consagra la facultad que radica en cabeza de las entidades públicas de declarar el incumplimiento, cuantificar los perjuicios derivados del mismo, el imponer las multas y sanciones pactadas en el contrato.

Respecto del alcance del principio de legalidad referido a la sanción y a la naturaleza de la misma, las multas, si bien tienen naturaleza sancionatoria, también participan de una característica preponderantemente conminatoria, es decir, que constriñen al cumplimiento. Con otras palabras, el objeto de las mismas será ante todo la de conminar al contratista a cumplir con sus obligaciones.[24]

En este aspecto, el decreto reglamentario destaca la imposibilidad de imponer sanción de multa si previamente no se ha conminado y el contratista no ha cumplido lo establecido en la conminación e, igualmente, la imposibilidad de sancionar al

---

24 COLOMBIA. Consejo de Estado. Sala de lo Contencioso Administrativo, Sección Tercera, Sentencia del 1° de julio de 2015, Expediente 38797.

conminado que ha cumplido lo indicado en el llamamiento correspondiente. Esta la razón para disponer que no se podrá multar al contratista que haya ejecutado la obligación pendiente, así este hubiere estado en situación de incumplimiento, pero se hubiere allanado a las exigencias de la administración, obviamente exigencias conminatorias al cumplimiento pleno y adecuado de lo pactado.[25]

En lo atinente a la *non reformatio in pejus*, tanto en relación con las multas como con las demás sanciones administrativas contractuales, es de resaltar que su observancia no encuentra acá terreno para abonar por la elemental pero contundente razón de que en el derecho colombiano solo procede el recurso de reposición contra los actos administrativos sancionatorios y aquella garantía se circunscribe al de apelación, razón esta más que suficiente para no entrar en mayores consideraciones.

Por lo que respecta a la procedencia del principio de proporcionalidad en los términos expuestos en el acápite pertinente, debe tenerse de presente la metodología que se utilice en la redacción de la sanción de multa. Si la tipificación de la conducta infractora al igual que la sanción correspondiente está medida de alguna manera por juicios de discrecionalidad de la administración, resulta inevitable la configuración del test de proporcionalidad analizado para efectos con el fin de evitar la arbitrariedad administrativa y la lesión desmedida o insuficiente de los derechos subjetivos del contratista.

Al contrario, si la descripción de la multa incorporada en el contrato es estricta en la descripción de la conducta de incumplimiento de las prestaciones contractuales y la sanción consecuente no admite juicio o margen alguno de apreciación por el juzgador, nos encontramos ante una clara hipótesis de responsabilidad objetiva en relación con esa multa, situación que impide la operación del principio en cuestión.

3.2 Cláusula penal

En materia de contratación estatal, hacer efectiva la cláusula penal configura una sanción pecuniaria de naturaleza administrativa por el incumplimiento objetivo de las obligaciones pactadas o por la declaratoria de caducidad de contrato, diferente a la multa,[26] a través de la cual el contratista se obliga a pagar a título de tasación anticipada de perjuicios, la cuantía que contractualmente se haya determinado, sin que sea necesario demostrar el perjuicio percibido por la administración, sanción autorizada

25 COLOMBIA. Consejo de Estado. Sala de lo Contencioso Administrativo, Sección Tercera, Sentencia del 1º de julio de 2015, Expediente 38797.

26 COLOMBIA. Consejo de Estado. Sala de lo Contencioso Administrativo, Sección Tercera, Sentencia del 13 de noviembre de 2008, Expediente 17009.

por la ley civil y comercial (artículos 1592 a 1601 del Código Civil y 867 del Código de Comercio), e integrada a la Ley de Contratación Pública, en virtud de los artículos 13 y 40 de la Ley 80 de 1993 y 17 de la Ley 1150 de 2007, descrita de manera concreta en cada contrato por la administración (lo que desde luego también ha debido ser previsto al planificar y estructurar el respectivo negocio jurídico, en los términos del artículo 40 de la Ley 80 de 1993), y exigible de manera unilateral por la misma, bajo criterios de proporcionalidad[27] dentro de los límites pactados cuando sea procedente,[28] mediante un acto administrativo, previa verificación objetiva del incumplimiento de las prestaciones convenidas o de la declaratoria de caducidad,[29] y con plena observancia y garantía del debido proceso.

3.3 Caducidad

En materia de contratación estatal, la caducidad del contrato es la máxima sanción de naturaleza administrativa, a través de la cual se castiga el incumplimiento grave y directo de las obligaciones pactadas en los eventos en que se pueda comprobar la posibilidad de que se paralice del objeto contractual,[30] autorizadas por el legislador en la Ley de Contratación Pública (Ley 80 de 1993, artículo 18), con la concurrencia de determinados requisitos;[31] incorporadas en todo contrato estatal que así la ley lo indique e impuestas de manera unilateral por la administración mediante un acto administrativo, previa verificación de los supuestos de incumplimiento descritos por el legislador y con plena observancia y garantía del debido proceso. La sanción se concreta en la terminación irremediable del contrato, la liquidación del mismo y la consecuente inhabilidad para el contratista incumplido para contratar con el Estado durante cinco años.[32] Declarada la caducidad, no habrá lugar a pago de indemnización

27 COLOMBIA Consejo de Estado. Sala de lo Contencioso Administrativo, Sección Tercera, Sentencia del 29 de julio de 2015, Expediente 42494; Sentencia del 13 de noviembre de 2008, Expediente 17009.

28 COLOMBIA. Consejo de Estado. Sala de lo Contencioso Administrativo, Sección Tercera, Sentencia del 26 de noviembre de 2015, Expediente 48892.

29 COLOMBIA. Consejo de Estado. Sala de lo Contencioso Administrativo, Sección Tercera, Sentencia del 19 de octubre de 2005, Expediente 1501.

30 COLOMBIA. Consejo de Estado. Sala de lo Contencioso Administrativo, Sección Tercera, Sentencia de 29 de julio de 2015, Expediente 41891.

31 COLOMBIA. Consejo de Estado. Sala de lo Contencioso Administrativo, Sección Tercera, Sentencia de 29 de julio de 2015, Expediente 41891.

32 COLOMBIA. Consejo de Estado. Sala de lo Contencioso Administrativo, Sección Tercera, Sentencia del 6 de mayo de 2015, Expediente 35766.

alguna al contratista. La declaratoria de caducidad será constitutiva del siniestro de incumplimiento.[33]

La jurisprudencia del Consejo de Estado de tiempo atrás ha señalado en consonancia con los presupuestos normativos reguladores de la figura que el término para la imposición de la sanción es el comprendido dentro de la ejecución del contrato, en el sentido de que una vez expirado el mismo, no es posible decretar la caducidad.[34]

La declaratoria de caducidad no impedirá que la entidad contratante tome posesión de la obra o continúe inmediatamente la ejecución del objeto contratado, bien sea a través del garante o de otro contratista, a quien a su vez se le podrá declarar la caducidad, cuando a ello hubiere lugar.

La sanción de caducidad por razones de mérito u oportunidad, dada la importancia del objeto contratado para la colectividad o del patrimonio público, puede dejar de imponerse, cuando la entidad contratante llegue a la conclusión que es posible concluir la ejecución de lo pactado a través de medidas administrativas de dirección, control e intervención en relación con el contratista.[35] Se trata de decisión motivada, derivada de juicios fundados de manera técnica que permitan sustentar la posibilidad de una acción de esta naturaleza, de por sí absolutamente excepcional en el ordenamiento jurídico colombiano. Para el legislador, vale más una medida administrativa que haga eficaz y eficiente la ejecución del contrato, que una sanción, que de por sí podría demorar en cumplimiento del objeto contractual que el interés general reclama.

4. EL DEBER DE GARANTÍA DE CUMPLIMIENTO OBJETO, FINALIDAD, EFECTIVIDAD

La garantía de cumplimiento de las prestaciones debidas por parte de los contratistas en los contratos estatales constituye una exigencia imperativa, de orden público tendiente a la protección del patrimonio público y demás bienes vinculados con el interés público que se vean afectados por la ocurrencia de contingencias derivadas de los riesgos amparados en cada uno de los contratos correspondientes. Se cumple en los términos de la Ley de Contratación Pública en concordancia con el Código de

33 COLOMBIA. Consejo de Estado. Sala de lo Contencioso Administrativo, Sección Tercera, Sentencia de 29 de julio de 2015, Expediente 41891.

34 COLOMBIA. Consejo de Estado. Sala de lo Contencioso Administrativo, Sección Tercera, Sentencia del 12 de julio de 2012, Expediente 15024.

35 COLOMBIA. Consejo de Estado. Sala de lo Contencioso Administrativo, Sección Tercera, Sentencia del 6 de mayo de 2015, Expediente 35766.

Comercio, en cuanto se trata de un contrato de seguro con elementos sustancialmente diferentes a los celebrados por particulares, especialmente en lo que tiene que ver con la reclamación ante la aseguradora.[36]

El deber se traslada a la estructuración de todo contrato estatal a nivel de una cláusula propia de su contenido y destinada a ser cumplida por el contratista como presupuesto para la ejecución del contrato previa aprobación de su legalidad y suficiencia por parte de la entidad pública contratante. Este requisito es obligatorio y de orden público, como lo he advertido, dado que constituye un instrumento para salvaguardar los fines de la contratación estatal tales como la satisfacción del interés general, al asegurar la ejecución del objeto del contrato y el correcto uso del patrimonio público, al proteger al patrimonio del Estado del perjuicio que se derivaría de un eventual incumplimiento del contratista.[37]

De manera concreta, la garantía amparó lo siguiente:

> (i) buen manejo y correcta inversión del anticipo o pago anticipado, (ii) cumplimiento del contrato, (iii) pago de salarios, prestaciones sociales e indemnizaciones (donde se requiera personal para ejecutar las obligaciones), (iv) estabilidad de la obra, (v) calidad del bien o servicio y (vi) correcto funcionamiento de los equipos (en el caso de los suministros, por ejemplo). El tomador del seguro en este tipo de contratos no hace cosa distinta que trasladar el riesgo del incumplimiento de las obligaciones contractuales a su cargo a la compañía aseguradora, de modo que, cuando se presenta el hecho constitutivo de incumplimiento a cargo del deudor y ese incumplimiento ocasiona daños que afectan el patrimonio del acreedor (generalmente la entidad estatal contratante), surge la obligación de la compañía aseguradora de resarcir los daños ocasionados al beneficiario, hasta la concurrencia de la suma asegurada.[38]

El seguro de cumplimiento de contratos estatales constituye una especial modalidad del seguro de daños, en los términos del artículo 1083 del Código de Comercio, en cuanto que lo que busca es ante todo proteger el patrimonio público del daño o del perjuicio que le puede ocasionar a la entidad pública el incumplimiento de las

36 COLOMBIA. Consejo de Estado. Sala de lo Contencioso Administrativo, Sección Tercera, Sentencia del 12 de febrero de 2015, Expediente 28278.

37 COLOMBIA. Consejo de Estado. Sala de lo Contencioso Administrativo, Sección Tercera, Sentencia del 12 de febrero de 2015, Expediente 28278.

38 COLOMBIA. Consejo de Estado. Sala de lo Contencioso Administrativo, Sección Tercera, Sentencia del 12 de febrero de 2015, Expediente 28278.

obligaciones por parte del contratista. El seguro de cumplimiento de contratos estatales es un seguro de daños, de carácter patrimonial.[39]

Adicionalmente, no olvidemos para estos efectos que conforme al artículo 1082 del Código de Comercio, los seguros de daños pueden ser reales o patrimoniales, los primeros son aquellos cuyo objeto recae sobre una cosa determinada o determinable, susceptible de valoración en dinero y los segundos son los que amparan el débito que produce la ocurrencia del siniestro en el patrimonio del asegurado, lo que significa que indemnizan los perjuicios patrimoniales derivados del hecho constitutivo del siniestro, esto es, la falta de cumplimiento, total o parcial, por parte del contratista, de la obligación asegurada (en alguno de sus amparos), lo cual guarda coherencia con lo dispuesto en el artículo 1088 del Código de Comercio, según el cual respecto del asegurado, este tipo de seguro es contrato de mera indemnización y no puede constituir fuente de enriquecimiento.[40]

> ...A la luz del mencionado artículo 1088 del Código de Comercio, el seguro de cumplimiento tiene las siguientes características generales: (i) es una especie del seguro de daños patrimoniales, (ii) dada la naturaleza meramente indemnizatoria de los seguros de daños, no basta para la efectividad del seguro que el hecho constitutivo del siniestro haya acaecido, sino que resulta indispensable que éste haya causado un daño al patrimonio del acreedor, pues es obvio que si no hay daño en el patrimonio del beneficiario no se abre paso la indemnización, iii) por ser un seguro de mera indemnización y no de indemnización plena, el monto a indemnizar por parte del asegurador no necesariamente debe corresponder al valor asegurado, sino que debe ser aquel que resulte del daño o perjuicio efectivamente ocasionado al patrimonio del acreedor, sin que el valor a indemnizar pueda ser mayor a la suma asegurada mediante la póliza de garantía, razón por la cual el seguro de cumplimiento no puede constituir fuente de enriquecimiento para el asegurado o beneficiario. Sin perjuicio de lo anterior, no se debe olvidar que, en materia de contratación estatal, la póliza de seguro de cumplimento funge como garantía única de las obligaciones emanadas del contrato y ello implica, como se dijo párrafos atrás, que cada amparo deba analizarse de manera independiente, acorde con la naturaleza del riesgo que asume el asegurador y, por ende, en algunos casos muy específicos no tiene aplicación el principio de indemnización y el principio de proporcionalidad, como

39 COLOMBIA. Consejo de Estado. Sala de lo Contencioso Administrativo, Sección Tercera, Sentencia del 12 de febrero de 2015, Expediente 28278.

40 COLOMBIA. Consejo de Estado. Sala de lo Contencioso Administrativo, Sección Tercera, Sentencia del 12 de febrero de 2015, Expediente 28278.

> sucede, por citar solo un ejemplo, en los casos de exigibilidad de la garantía por imposición de multas, sencillamente porque las multas tienen naturaleza conminatoria -sancionatoria y no indemnizatoria...[41]

El artículo 25, numeral 19, de la Ley 80 de 1993, estableció el deber de avalar el cumplimiento de las obligaciones surgidas de los contratos del Estado, a través del otorgamiento de una "garantía única" que, a la luz de las disposiciones de la mencionada ley, podía consistir en póliza de seguros o en garantía bancaria. Hoy día, el régimen general de garantías de los contratos estatales, y en general de la actividad contractual del Estado, está previsto en el artículo 7 de la Ley 1150 de 2007, norma que, a pesar de que conservó la estructura general del mencionado artículo 25, numeral 19, de la Ley 80, introdujo algunas modificaciones que merecen ser destacadas, a saber: (i) autorizó al Gobierno Nacional para crear mecanismos de cobertura distintos a las pólizas y a las garantías bancarias y (ii) autorizó al Gobierno Nacional para señalar los casos en los que, por las características y la complejidad del contrato, la garantía puede ser dividida de acuerdo con las etapas o los riesgos relativos a la ejecución del contrato. Para el caso específico, conviene precisar únicamente las particularidades de la garantía consistente en póliza de seguros, conocida como seguro de cumplimiento contractual.

Conforme con lo expuesto y haciendo un análisis sistemático de las normas comerciales vigentes en Colombia proponemos para entender el alcance de las garantías en los contratos estatales el siguiente análisis a partir de sus principios fundantes y las reglas que se desprenden de los mismos.

El primer principio, de la integridad patrimonial de las entidades estatales en la contratación pública, que a su vez comprende las siguientes reglas: (i) El cumplimiento de obligaciones y prestaciones en los contratos estatales como presupuesto para garantizar la integridad patrimonial de las entidades, en los contratos estatales. Artículo 2.2.1.2.3.1.1 del Decreto 1082 del 2015; (ii) La proscripción del incumplimiento de obligaciones y prestaciones a cargo del contratista, en la contratación estatal. Necesidad de garantías; (iii) Los contratistas prestarán garantía única para el cumplimiento de las obligaciones surgidas del contrato. Los proponentes prestarán garantía de seriedad de los ofrecimientos hechos (Ley 1150 del 2007, artículo 7); (iv) Eficacia jurídica de la declaratoria del siniestro. El acaecimiento del siniestro que las garantías amparan será comunicado por la entidad pública al respectivo asegurador

41 COLOMBIA. Consejo de Estado. Sala de lo Contencioso Administrativo, Sección Tercera, Sentencia del 12 de febrero de 2015, Expediente 28278.

mediante la notificación del acto administrativo que así lo declare; (v) Las garantías de los contratos están sujetas a preceptos de seguridad jurídica, estabilidad, y permanencia, que se concretan en las siguientes subreglas; (vi) Garantía precontractual: de seriedad de la oferta. En la etapa precontractual, los bienes, intereses y patrimonio de las entidades estatales puede verse afectado en las etapas de selección de contratistas; (vii) Garantías contractuales: garantía única de cumplimiento. En el marco de la ejecución del contrato estatal, los intereses, el patrimonio y bienes de las entidades estatales, pueden verse afectados por el incumplimiento del contratista; (viii) Garantía de responsabilidad civil: en el marco de la ejecución del contrato estatal, los intereses, el patrimonio y bienes de las entidades estatales, pueden verse afectados por la producción de daños a terceros, por lo cual se exige al contratista cubrir a los asegurados (entidad estatal) para estos efectos.

El segundo principio, la exigencia de garantía no está excluida de los contratos de entidades estatales que se rigen por el derecho privado.

El tercer principio, las entidades estatales gozan del privilegio de la unilateralidad para exigir la ejecución del objeto contratado, imponer sanciones y declarar los siniestros que puedan suscitarse durante la ejecución del contrato, durante la etapa previa y de ejecución del contrato.

El cuarto principio, los actos administrativos que hacen efectivas las garantías son controlables ante la jurisdicción de lo contencioso administrativo.

5. LA POTESTAD SANCIONADORA DE LA ADMINISTRACIÓN EN MATERIA DE CONTRATOS ESTATALES Y LA EFECTIVIDAD DE LAS GARANTÍAS DE CUMPLIMIENTO

En el contexto del Estado social y democrático de derecho y conforme a la configuración garante del constituyente y del legislador, la administración pública en determinados y concretos ámbitos de su actividad goza de una definida potestad ordenadora de la actividad de los asociados y de otros entes jurídicos públicos, que puede de manera excepcional concretarse en el ejercicio de una clara y evidente potestad sancionadora en relación con estos mismos sujetos, por violaciones o desconocimientos del ordenamiento jurídico. Esta idea se hace manifiesta en las relaciones negociales del Estado, en donde, en clara excepción al principio de igualdad que demarca la regla general en estas relaciones, la administración pública contratante goza excepcionalmente de potestades para disciplinar y sancionar al contratista incumplido y hacer efectivas las sanciones directamente, tanto al contratista como al garante, sin necesidad de acudir a la jurisdicción para tales efectos.[42]

El legislador, en tratándose del régimen jurídico de la contratación pública, atribuye el ejercicio del *ius puniendi* a las entidades públicas contratantes para que con sujeción al marco normativo y de principios de ese ordenamiento y en clara articulación con lo pactado lo ejerza, de manera equilibrada y proporcional. Significa esto, que en materia sancionatoria contractual, el ejercicio de esta potestad no puede en manera alguna circunscribirse a un marco de aceptada arbitrariedad de la administración. Todo lo contrario, tratándose de una actividad propia de un poder público, el principio de legalidad debe resplandecer por completo.

Lo anterior implica que la lectura del ejercicio de la actividad administrativa sancionadora contractual no puede reducirse a una simple constatación del cumplimiento de un marco normativo, al despliegue de la discrecionalidad, teniéndose que examinar los principios que son operativos en el régimen administrativo sancionador, en especial aquellos que fijan límites, de tal manera que el operador administrativo tenga que observar un ejercicio ponderado de su actividad y no se permite excesos constitutivos de situaciones patológicas, o constitutivas de violaciones convencionales, constitucionales y legales. De ahí que se propone elaborar toda una metodología y una dosimetría sancionatoria, con la que se permita a la administración pública, al operador jurídico, el ejercicio de la actividad sancionadora de forma proporcionalidad, razonada, razonable y propia a una justicia distributiva. Siendo de esta manera, por lo tanto, absolutamente excepcionales, las hipótesis de responsabilidad objetiva del contratista.

Como lo advertimos en nuestro trabajo sobre la potestad administrativa sancionatoria,[43] el ejercicio de la función pública administrativa del Estado contiene, inevitablemente, como se advirtió, el desarrollo concreto y específico de facultades de intervención administrativa, enmarcadas dentro del clásico concepto de policía administrativa o de limitación de actividades y derechos,[44] idea rediseñada por el moderno derecho administrativo de corte continental europeo, en cuanto al componente de

42 Apartes tomados del artículo: HERNÁNDEZ, A. P. *et al.* Potestad Sancionadora de la Administración en Materia de Contratación Estatal. *Contratos Públicos*: Problemas, Perspectivas y Prospectivas. XVIII Jornadas Internacionales de Derecho Administrativo. Bogotá: Universidad Externado de Colombia, 2017.

43 SANTOFIMIO GAMBOA, J. O. *Reflexiones en torno a la potestad administrativa sancionadora*: aplicación en el sector energético, ambiental, de telecomunicaciones y en otros sectores. Colección de Estudios en Derecho Minero y Energético. Bogotá: Universidad Externado de Colombia, 2014.

44 ALEJANDRO NIETO. Algunas precisiones sobre el concepto de policía. *Revista de Administración Pública*, n. 81, 1976, pp. 35-75; PARADA, R. *Derecho administrativo*. Madrid: Marcial Pons, Tomo I. 2000, pp. 408ss.

intervención[45] y limitación en la actividad de los particulares, por los senderos doctrinales del concepto de administración ordenadora,[46] lo cual resulta a todas luces evidente en tratándose de las actividades de dirección general, control, vigilancia en la ejecución del contrato que el legislador le asigna de manera imperativa a las entidades públicas contratantes, y al reconocimiento expreso y directo, con fundamento en estas atribuciones de sancionar con la imposición de multas, haciendo efectiva la cláusula penal, o decretando la caducidad del contrato.

La actividad de ordenación es aquella que se ocupa de evitar peligros.[47] Vigila, reacciona ante situaciones concretas de crisis. En este sentido, la administración interviene mediante órdenes, prohibiciones, controles previos. En materia de contratos estatales, estas hipótesis de actividad unilateral tan solo son admisibles sobre la base de una estricta legalidad y con sujeción objetiva a lo pactado, es decir, sobre la base de una clara y evidente buena fe objetiva, que busca, ante todo, que lo pactado se cumpla tal y como se acordó entre las partes.

La actividad ordenadora tiene como bases para sus decisiones, regulaciones normativas imperativas. Por su caracterización teórica, la actividad ordenadora es típicamente restrictiva de derechos, sin embargo, en la reciente literatura jurídica, se amplía el marco de acción de la ordenación incluyendo actividades de prevención de peligros y riesgos en desarrollo de las actividades por los particulares. Así las cosas, se observa a la administración no solo regulando, sino también accionando, mediante técnicas de advertencias y recomendaciones, acuerdos previos y entendimientos con los particulares para evitar el acaecimiento de males a la comunidad, lo que en materia contractual se traduce en la posibilidad que tiene la administración a través de los interventores, gerentes de proyectos etc. de advertir, tanto al contratista como a la misma administración, de todas las dificultades y aleas que se adviertan paulatinamente y que afecten o pongan en riesgo los proyectos en ejecución, con el propósito y finalidad de que se adopten los correctivos que correspondan, deslindando estos de los casos evidentes de incumplimiento que dan lugar a la responsabilidad consecuente de los contratistas.

El régimen sancionador administrativo, y dentro de este el que desarrollan las autoridades responsables de la contratación pública estatal en la ejecución de los contratos, está llamado a someterse a un juicio de pleno sometimiento al ordenamiento

---

45 MAURER, H. *Derecho administrativo.* Parte general. Madrid: Marcial Pons, 2011, p. 156.

46 GARCÍA DE ENTERRÍA, E.; FERNÁNDEZ, T. R. *Curso de derecho administrativo*. Madrid: Civitas, Tomo II, 1999, p. 103.

47 SCHMIDT-ASSMANN, E. *Teoría general del derecho administrativo como sistema*. Madrid: Marcial Pons, 2005, pp. 176-177.

jurídico, comprendiendo dentro de éste las normas y principios fundados en la esfera de la convencionalidad,[48] en la medida en que corresponde a las autoridades competentes brindar las garantías y respetar los mandatos imperativos de las convenciones de carácter económico que comprometen a los países en materia de contratos, intercambio de productos, o acuerdos comerciales relativos a obras o productos de interés para el Estado, al igual que sobre derechos humanos reconocidos, integrados y protegidos en el ordenamiento jurídico colombiano, teniendo en cuenta tanto la Convención Americana de Derechos Humanos, como los principios propios del procedimiento sancionatorio, emanados del artículo 29 constitucional, tales como los de legalidad y dentro de este los de reserva de ley, tipicidad de la infracción y de la sanción; debido proceso en sus manifestaciones de contradicción, no *reformatio in pejus, non bis in ídem*; al igual que los de razonabilidad, motivación, ponderación, proporcionalidad de la sanción, entre otros.

5.1 Las potestades sancionadoras en materia de contratación estatal como ruptura al principio de igualdad

La regla general de toda relación negocial es la de su sujeción al principio de igualdad. En cuanto tiene que ver con los contratos del Estado, esta es la regla dominante y principal de las relaciones entre la administración y el contratista, tan solo rompiéndose, por estricto mandato legal, para la materialización de cláusulas de excepción, dentro de las cuales se ubica una modalidad sancionatoria como la caducidad e, igualmente, para el ejercicio del *Ius Puniendi* negocial, o la imposición de sanciones administrativas de manera unilateral por la administración en los eventos que el legislador lo permite y dispone.

En Colombia, a partir de la vigencia de la Ley 80 de 1993, al romperse la concepción clásica francesa que diferenciaba entre contratos de derecho administrativo y los propiamente privados de la administración, se consolidó a la igualdad como principio, y a la unilateralidad de la administración como una excepción de aplicación altamente restrictiva a casos taxativamente señalados en la ley, esto a través de la determinación de un nuevo régimen de cláusulas denominadas propiamente como excepcionales y no en la jerga clásica del contrato administrativo francés como exorbitantes[49] y al mantenerse

---

48 FERRER MAC-GREGOR, E. Reflexiones sobre el control difuso de convencionalidad a la luz del caso Cabrera García y Montiel Flores vs. México. *Boletín Mexicano de Derecho Comparado*, Ciudad de México, n. 131, 2011, p. 920.

49 COLOMBIA. Corte Constitucional. Sentencia C-400 del 2 de junio de 1999.

la idea de que paralelamente a la existencia de cláusulas de excepción podían existir otras facultades unilaterales de la administración dentro de la ejecución del contrato como las relativas a multas y hacer efectiva la cláusula penal, lo cual resulta palmario y evidente, sobre todo, a partir de la entrada en vigencia de la Ley 1150 de 2007.

Recordemos que bajo el anterior régimen contractual, esto es, el influenciado por los trabajos franceses en la materia, hacían del contrato propiamente administrativo, el ámbito de aplicación de la llamada exorbitancia pública que se traducía en cláusulas no pactadas, sino imperativamente impuestas en los contratos y que facilitaban el ejercicio del poder público unilateral sobre el contrato y el contratista, esto como presupuesto fundamental y justificativo de la pregonada sustantividad del contrato administrativo, marcando con esto fronteras y diferencias entre el contrato público y el propio de los particulares y justificando, por lo tanto, un régimen diferente de derecho público para el mismo.

Bajo este esquema conceptual, el régimen sancionatorio en materia de contratación pública se ubica en un ámbito de estricta legalidad y excepcionalidad, fundado en actividad unilateral de la administración que se proyecta al mundo jurídico a través de actos administrativos sancionatorios, esto es, acudiendo a instrumentos diferentes a los del consenso y el acuerdo entre partes, que sería lo usual en un ámbito material negocial, o sometiendo sus diferencias, entre ellas las relativas a posibles incumplimientos del contrato al juez del contrato.

5.2 Sujeción estricta al principio de la buena fe objetiva

El ámbito de la actividad sancionatoria de la administración en materia de contratos estatales está configurado precisamente por el contrato y su cumplimiento, lo cual de por sí configura un importante restrictor garante de la sustantividad objeto de análisis y discusión para efectos sancionatorios, determinador, por lo tanto, del ámbito de la normatividad involucrada en la discusión sancionatoria, de aquí que, cualquier aproximación a la problemática que se plantee a nivel de cargos contra el contratista, o su defensa, esté medida de manera principal por el principio de buena fe objetiva y no las creencias subjetivas y unilaterales de las partes en relación con el negocio, su contenido, alcance y ejecución.[50]

---

50 COLOMBIA. Consejo de Estado. Sala de lo Contencioso Administrativo, Sección Tercera, Sentencia del 10 de diciembre de 2015, Expediente 51489; Sentencia del 3 de diciembre de 2015, Expediente 46736; Sentencia del 26 de noviembre de 2015, Expediente 4563; Sentencia del 26 de noviembre de 2015, Expediente 53877; Sentencia del 26 de noviembre de 2015, Expediente 52423; Sentencia del 22 de octubre de 2015, Expediente 48061;

La buena fe objetiva es pues un instrumento de seguridad jurídica negocial con trascendencia en el ejercicio de la potestad sancionatoria que corresponde a la administración en relación con el contratista y que se interpone de manera perentoria ante cualquier hipótesis de subjetivismo o especulación en la determinación de lo pactado. Contrarresta en el contexto del conflicto sobre incumplimiento emanado de la ejecución del contrato Estatal a la buena fe subjetiva, entendida como aquel:

> ...Estado de convencimiento o creencia de estar actuando conforme a derecho, que es propia de las situaciones posesorias, y que resulta impropia en materia de las distintas fases negociales pues en estas lo relevante no es la creencia o el convencimiento del sujeto sino su efectivo y real comportamiento ajustado al ordenamiento y a los postulados de la lealtad y la corrección, en lo que se conoce como buena fe objetiva...[51]

En esta dirección, el precedente de unificación de la Sección Tercera del Consejo de Estado permite visualizar la importancia del principio en ejercicios fundamentales como el de la materialización de sanciones por incumplimiento dentro de la ejecución del contrato estatal. Al respeto, la Corporación ha determinado que es la:

> ...buena fe objetiva que debe imperar en el contrato tiene sus fundamentos en un régimen jurídico que no es estrictamente positivo, sino que se funda también en los principios y valores que se derivan del ordenamiento jurídico superior ya que persiguen preservar el interés general, los recursos públicos, el sistema democrático y participativo, la libertad de empresa y la iniciativa privada mediante la observancia de los principios de planeación, transparencia y selección objetiva, entre otros, de tal manera que todo se traduzca en seguridad jurídica para los asociados...[52]

Así que entonces, la buena fe objetiva:

Sentencia del 7 de septiembre de 2015, Expediente 43769; Sentencia del 31 de agosto de 2015, Expediente 44475; Sentencia del 31 de agosto de 2015, Expediente 43041; Sentencia del 29 de julio de 2015, Expediente 38509; Sentencia del 19 de noviembre de 2012, Expediente 22043.

51 COLOMBIA. Consejo de Estado. Sala de lo Contencioso Administrativo, Sección Tercera, Sentencia de Unificación del 19 de noviembre de 2012, Expediente 24.897; Sentencia del 22 de junio de 2011, Expediente 18.836; Sentencia del 18 de julio de 2012, Expediente 22.221; Sentencia del 8 de agosto de 2012, Expediente 23.044; Sentencia del 19 de noviembre de 2012, Expediente 22.043.

52 COLOMBIA. Consejo de Estado. Sala de lo Contencioso Administrativo, Sección Tercera, Sentencia de Unificación del 19 de noviembre de 2012, Expediente 24.897.

> que consiste fundamentalmente en respetar en su esencia lo pactado, en cumplir las obligaciones derivadas del acuerdo, en perseverar en la ejecución de lo convenido, en observar cabalmente el deber de informar a la otra parte,[53] y, en fin, en desplegar un comportamiento que convenga a la realización y ejecución del contrato sin olvidar que el interés del otro contratante también debe cumplirse y cuya satisfacción depende en buena medida de la lealtad y corrección de la conducta propia.

> Es fundamental y relevante en materia negocial y

> por lo tanto, en sede contractual no interesa la convicción o creencia de las partes de estar actuando conforme a derecho, esto es la buena fe subjetiva, sino, se repite, el comportamiento que propende por la pronta y plena ejecución del acuerdo contractual,[54]

cuestión esta que desde luego también depende del cumplimiento de las solemnidades que la ley exige para la formación del negocio. Y esto que se viene sosteniendo encuentra un mayor reforzamiento si se tiene en cuenta además que esa buena fe objetiva, que es inherente a todas las fases negociales, supone la integración en cada una de ellas de las normas imperativas correspondientes, tal como claramente se desprende de lo preceptuado en el artículo 871 del Código de Comercio, con redacción similar al artículo 1603 del Código Civil, que prevé que los contratos deben:

> celebrarse y ejecutarse de buena fe, y en consecuencia, obligarán no sólo a lo pactado expresamente en ellos, sino a todo lo que corresponda a la naturaleza de los mismos, según la ley, la costumbre o la equidad natural.[55]

5.3 Ruptura de la reciprocidad en el ejercicio de la potestad sancionadora

La potestad sancionadora es unilateral y en cabeza de la administración. Se trata del ejercicio de una potestad administrativa que el legislador reconoce única y de manera exclusiva a la administración responsable de la contratación pública. En este

---

53 En este sentido, consultar NEME VILLARREAL, M. L. Buena fe subjetiva y buena fe objetiva. *Revista de Derecho Privado*, Bogotá, n. 17, p. 73, 2009.

54 COLOMBIA. Consejo de Estado. Sala de lo Contencioso Administrativo, Sección Tercera, Sentencia del 22 de junio de 2011, Expediente 18836.

55 COLOMBIA. Consejo de Estado. Sala de lo Contencioso Administrativo, Sección Tercera, Sentencia de Unificación del 19 de noviembre de 2012, Expediente 24.897.

sentido, no es recíproca. El contratista carece en absoluto de algún tipo de habilitación legal para sancionar a la parte contratante. En la ejecución de un determinado contrato o negocio jurídico de carácter estatal, es totalmente inaceptable que el contratista en su calidad de colaborador adopte cualquier tipo de actitud unilateral, mucho menos la sancionatoria a la administración. En esta hipótesis, estaría incumpliendo en esencia lo acordado y con ello estaría vulnerando el principio de buena fe objetiva que debe regir todo contrato o negocio jurídico de carácter estatal.[56] El contratista no podría constreñir unilateralmente a la administración al cumplimiento de lo pactado, sino a la declaratoria de su responsabilidad como incumplida y a obtener las condenas correspondientes a su favor de acuerdo a lo demostrado, esto con fundamento en el texto del artículo 87 del Código Contencioso Administrativo, es decir, judicialmente.

5.4 Vincularidad de los garantes al cumplimiento de las sanciones

El ejercicio de la potestad sancionadora de la administración en materia de contratación pública conlleva de manera irremediable la suerte de los garantes del contratista,[57] no como sancionados, sino como avalistas en casos de incumplimiento y conforme a las garantías otorgadas y aceptadas válidamente en la relación negocial. Precisamente, si entendemos que el fundamento de la actividad punitiva de la administración gira en torno a los incumplimientos del contratista, la declaración de la administración en este sentido implica, sustancialmente, la declaratoria de un siniestro que abruma el cumplimiento normal de lo pactado.

La declaratoria de siniestros y su cuantía con el propósito de hacer efectiva la garantía única que ampara las obligaciones del contrato debe ser objeto de pronunciamiento dentro de la actuación sancionatoria con convocatoria previa del garante. En estos eventos, nos encontramos ante la presencia de un acto contractual, que no obstante no provenir del ejercicio de una facultad exorbitante de la administración, sí lo es del ejercicio de una facultad que habilita a la administración para hacerlo unilateralmente.

Ha reiterado históricamente el Consejo de Estado que las entidades estatales se encuentran habilitadas para declarar unilateralmente la ocurrencia de siniestros y su cuantía, cuando se trate de las garantías aportadas por el contratista para la legalización

56 COLOMBIA. Consejo de Estado., Sala de lo Contencioso Administrativo, Sección Tercera, Sentencia del 9 de septiembre de 2013, Expediente 25.681; Sentencia del 22 de octubre de 2015, Expediente 48.061.

57 COLOMBIA. Consejo de Estado. Sentencia del 3 de diciembre de 2015, Expediente 52678.

del negocio.[58] No se trata por lo tanto de una facultad general que comprenda a todos los siniestros asegurados por la entidad, se trata de una atribución exclusivamente destinada a hacer efectiva la garantía única que avala los contratos celebrados por las entidades estatales. En este sentido, ante el siniestro ocurrido respecto de bienes asegurados por la entidad distintos de los destinados a la relación contractual, su tratamiento queda sujeto integralmente a las normas del Código de Comercio y, en caso de litigio con la aseguradora, la entidad carecería por completo de facultad unilateral alguna, debiendo el asunto ser resuelto por la justicia ordinaria.

La Ley 1437 de 2011 – Código de Procedimiento Administrativo y de lo Contencioso Administrativo – en el artículo 99, al consagrar que constituye título ejecutivo a favor del Estado "los contratos y documentos en que constan sus garantías, junto con el acto administrativo que declara su incumplimiento o la caducidad" y también las garantías prestadas por cualquier concepto, junto con el "acto administrativo ejecutoriado que declare la obligación".

El legislador habilita de manera indiscutible a la administración para reconocer la existencia del siniestro, la cuantía del perjuicio y requerir al asegurador a cumplir la obligación indemnizatoria, es decir, asumir las materias y asuntos dispuestos en el artículo 1077 del Código de Comercio, esto es, se le otorgaba a la administración el poder indiscutible para romper las vías judiciales frente a un siniestro asegurado en materia contractual y, en razón del interés general, decidir lo que correspondiera en coherencia con los hechos relativos al incumplimiento y al derecho aplicable.[59]

Esa decisión queda dotada como todo acto administrativo de las cualidades presuntas de legalidad y de fuerza ejecutoria, dando lugar, como lo hemos sostenido, al surgimiento de un verdadero acto contractual objeto de la acción de controversias contractuales para debatir su legalidad y los derechos subjetivos vulnerados con su expedición y, por otra parte, a la acción ejecutiva ante la misma jurisdicción contencioso administrativa para hacer efectivo lo dispuesto en ellos, según lo ha reconocido el Consejo de Estado[60] y la misma Corte Constitucional en la Sentencia C-666 de 2000.

La decisión en cuestión debe ser adoptada dentro del término de prescripción de dos años que para el efecto establece el Código de Comercio y únicamente comprender

---

58 COLOMBIA. Consejo de Estado. Sala de lo Contencioso Administrativo, Sección Tercera, Sentencia del 28 de enero de 2015, Expediente 29.431; Sentencia del 28 de enero de 2015, Expediente 30.292; Sentencia del 6 de julio de 2015, Expediente 40.789.

59 COLOMBIA. Consejo de Estado. Sala de lo Contencioso Administrativo, Sección Tercera, Sentencia del 11 de diciembre de 2002, Expediente 22511.

60 COLOMBIA. Consejo de Estado. Sentencia del 28 de enero de 2015, Expediente 29.431; Sentencia del 28 de enero de 2015, Expediente 30.292; Sentencia del 6 de julio de 2015, Expediente 40.789.

siniestros acaecidos durante la vigencia de la póliza.[61] De conformidad con los artículos 1072 y 1131, la realización del riesgo asegurado, esto es, el hecho externo imputable al asegurado debe necesariamente acaecer dentro del plazo del contrato. Hasta dicho término, el contratista tiene la posibilidad de cumplir a cabalidad sus compromisos. Es entonces a partir de dicho momento final cuando la administración, al encontrar demostrado el incumplimiento del contratista, o sea el siniestro amparado, debe proceder a hacer efectiva la fianza y es a partir de este instante cuando comienzan a contarse los términos de prescripción para efectos de hacer cesar la responsabilidad del asegurador.

5.5 Concreción a través de una decisión administrativa de contenido individual

La actividad sancionatoria de la administración dentro de la actividad contractual del Estado se deriva, como ha quedado dicho, del ejercicio de potestades unilaterales de la administración en relación con el contratista y se concreta en la expedición de actos administrativos de contenido individual y que afecta de manera directa los derechos subjetivos del contratista incumplido a través de la sanción impuesta que puede consistir en una multa, hacer efectiva la cláusula penal, o la caducidad misma del contrato.

En el caso de la caducidad, además de devenir el acto del desarrollo de una facultad sancionatoria unilateral, el acto encuentra sus fundamentos en el derecho colombiano en el ejercicio de una de las cláusulas de excepción definidas taxativamente por el legislador. Se trata de un típico acto contractual surgido del ejercicio igualmente autorizado de unilateralidad en los casos de aplicación de las cláusulas de excepción. Estarían comprendidos todos aquellos actos producidos durante la ejecución del contrato estatal que derivan su existencia de la ejecución de las cláusulas de excepción, obviamente incorporadas dentro de los contratos en los cuales, de conformidad con lo dispuesto en el artículo 14.2 de la Ley 80 de 1993 y parágrafo de la misma disposición, en concordancia con el 32 del mismo ordenamiento, es posible incorporar estas cláusulas sin violar el principio de legalidad.

Las multas y la efectividad de cláusula penal, por el contrario, no se ubican en el ámbito de las cláusulas de excepción, su razón y justificación jurídica está dada de manera exclusiva en el reconocimiento legal de potestades sancionatorias unilaterales a

61 COLOMBIA. Consejo de Estado. Sentencia del 3 de diciembre de 2015, Expediente 52678; Sentencia del 26 de noviembre de 2015, Expediente 53914.

la administración. El tema tiene importancia en relación con los actos contractuales, en razón a que su decreto por vía de acto administrativo no de discute hoy dada la claridad de los mandatos de la Ley 1150 de 2007.

6. PROCEDIMIENTO SANCIONADOR EN MATERIA DE CONTRATACIÓN Y LA GARANTÍA PLENA DEL DEBIDO PROCESO

Con el fin de materializar las disposiciones anteriormente expuestas en relación con la vigencia y aplicación del debido proceso, el legislador, mediante la Ley 1150 de 2007, estableció en su artículo 17 que el debido proceso es un principio rector de las actuaciones administrativas sancionatorias, lo cual implica, sin lugar a dudas, que esta garantía opera en todas las actuaciones administrativas, pues afirmar lo contrario sería abiertamente inconstitucional.

Al regular el procedimiento que deben seguir las actuaciones sancionatorias, hace referencia específica al derecho de audiencia, garantizando siempre la sujeción al debido proceso, con el fin de desarrollar esta disposición y materializar la mencionada garantía. La Ley 1474 de 2011 – Estatuto Anticorrupción – en su artículo 86, establece el procedimiento específico que se debe seguir en estos eventos;[62] por su parte, el

62 COLOMBIA. Ley 1474 de 2011.
Artículo 86: Las entidades sometidas al Estatuto General de Contratación de la Administración Pública podrán declarar el incumplimiento, cuantificando los perjuicios del mismo, imponer las multas y sanciones pactadas en el contrato, y hacer efectiva la cláusula penal. Para tal efecto observarán el siguiente procedimiento:
a) Evidenciado un posible incumplimiento de las obligaciones a cargo del contratista, la entidad pública lo citará a audiencia para debatir lo ocurrido. En la citación, hará mención expresa y detallada de los hechos que la soportan, acompañando el informe de interventoría o de supervisión en el que se sustente la actuación y enunciará las normas o cláusulas posiblemente violadas y las consecuencias que podrían derivarse para el contratista en desarrollo de la actuación. En la misma se establecerá el lugar, fecha y hora para la realización de la audiencia, la que podrá tener lugar a la mayor brevedad posible, atendida la naturaleza del contrato y la periodicidad establecida para el cumplimiento de las obligaciones contractuales. En el evento en que la garantía de cumplimiento consista en póliza de seguros, el garante será citado de la misma manera;
b) En desarrollo de la audiencia, el jefe de la entidad o su delegado presentará las circunstancias de hecho que motivan la actuación, enunciará las posibles normas o cláusulas posiblemente violadas y las consecuencias que podrían derivarse para el contratista en desarrollo de la actuación. Acto seguido se concederá el uso de la palabra al representante legal del contratista o a quien lo represente, y al garante, para que presenten sus descargos, en desarrollo de lo cual podrá rendir las explicaciones del caso, aportar pruebas y controvertir las presentadas por la entidad;
c) Hecho lo precedente, mediante resolución motivada en la que se consigne lo ocurrido en desarrollo de la audiencia y la cual se entenderá notificada en dicho acto público, la entidad procederá a decidir sobre la imposición o no de la multa, sanción o declaratoria de incumplimiento. Contra la decisión así proferida sólo procede el recurso de reposición que se interpondrá, sustentará y decidirá en la misma audiencia. La decisión sobre el recurso se entenderá notificada en la misma audiencia;

CPACA en su artículo 47[63] consagra el régimen general del procedimiento administrativo sancionatorio, comenzando por una etapa de investigación preliminar, la cual, si culmina con el convencimiento de la autoridad sobre la existencia de méritos para el procedimiento sancionatorio, debe notificarse al interesado personalmente, exponiendo con claridad y precisión los motivos de la decisión, quien tendrá un término de 15 días para ejercer su derecho de defensa mediante la formulación de descargos, solicitar y/o aportar pruebas.

CONCLUSIÓN

La configuración constitucional y legal de la actividad contractual del Estado involucra de manera excepcional poderes sancionatorios a las autoridades administrativas que detenten responsabilidades y capacidad decisoria en relación con la ejecución y cumplimiento de los contratos celebrados. Se trata de facultades administrativas fundadas en los deberes de dirección general, control y vigilancia de la ejecución del contrato, que la Ley General de Contratación - Ley 80 de 1993 - le asigna en sus artículos 4º y 14 a los servidores públicos vinculados a la relación negocial, con el fin de hacer prevalecer los intereses generales, sin afectar de manera injustificada o desproporcional los intereses subjetivos de los contratistas, cuando estos han incurrido en claras y evidentes situaciones de incumplimiento de lo pactado.

---

d) En cualquier momento del desarrollo de la audiencia, el jefe de la entidad o su delegado podrá suspender la audiencia cuando de oficio o a petición de parte, ello resulte en su criterio necesario para allegar o practicar pruebas que estime conducentes y pertinentes, o cuando por cualquier otra razón debidamente sustentada, ello resulte necesario para el correcto desarrollo de la actuación administrativa. En todo caso, al adoptar la decisión, se señalará fecha y hora para reanudar la audiencia. La entidad podrá dar por terminado el procedimiento en cualquier momento, si por algún medio tiene conocimiento de la cesación de situación de incumplimiento.

63 COLOMBIA. Ley 1437 de 2011.

Artículo 47: Los procedimientos administrativos de carácter sancionatorio no regulados por leyes especiales o por el Código Disciplinario Único se sujetarán a las disposiciones de esta Parte Primera del Código. Los preceptos de este Código se aplicarán también en lo no previsto por dichas leyes.

Las actuaciones administrativas de naturaleza sancionatoria podrán iniciarse de oficio o por solicitud de cualquier persona. Cuando como resultado de averiguaciones preliminares, la autoridad establezca que existen méritos para adelantar un procedimiento sancionatorio, así lo comunicará al interesado. Concluidas las averiguaciones preliminares, si fuere del caso, formulará cargos mediante acto administrativo en el que señalará, con precisión y claridad, los hechos que lo originan, las personas naturales o jurídicas objeto de la investigación, las disposiciones presuntamente vulneradas y las sanciones o medidas que serian procedentes Este acto administrativo deberá ser notificado personalmente a los investigados. Contra esta decisión no procede recurso.

Los investigados podrán, dentro de los quince (15) días siguientes a la notificación de la formulación de cargos, presentar los descargos y solicitar o aportar las pruebas que pretendan hacer valer. Serán rechazadas de manera motivada, las inconducentes, las impertinentes y las superfluas y no se atenderán las practicadas ilegalmente.

PARÁGRAFO. Las actuaciones administrativas contractuales sancionatorias, incluyendo los recursos, se regirán por lo dispuesto en las normas especiales sobre la materia.

La potestad sancionatoria en materia contractual se traduce la expedición de actos administrativos de sanción, previo el agotamiento de procedimientos garantes del debido proceso, del derecho de defensa, de la contradicción y demás principios fundamentales de toda actuación sancionatoria, cuando esté debidamente probado y acreditado el incumplimiento de la relación negocial por culpa atribuible al contratista.

Las sanciones que el ordenamiento jurídico configura para ser impuestas por la administración en ejercicio de esta facultad son la multa, la efectividad de la cláusula penal y la caducidad, que proceden en los eventos establecidos por el legislador y conforme a las circunstancias derivadas de los incumplimientos probados. Las conductas objeto de sanción están fundadas en principios de estricta legalidad y concretadas a través de lo que se pruebe en la actuación administrativa sancionatoria en relación con los incumplimientos.

Si bien es cierto de manera general las relaciones negociales se rigen por el principio de igualdad, en materia de contratación estatal, dicho principio se rompe a favor del interés general, al otorgarse a la administración facultades unilaterales sancionatorias, como en el caso de la multa y la efectividad de la cláusula penal, o las de imponer unilateralmente la cláusula de excepción de caducidad frente a incumplimientos graves del contratista. En este sentido, tanto la regulación de sanciones en el ámbito negocial, como el ejercicio de actividad administrativa tendiente a su comprobación, declaración e imposición, debe darse signados bajo criterios de excepcionalidad y restricción, privilegiándose, en todos los casos en que sea imposible el actuar unilateral de la administración, la resolución de conflictos de manera directa o por el juez del contrato.

La activación de las garantías que amparan los riesgos derivados del incumplimiento de las prestaciones por parte de los contratistas le corresponde a la administración contratante previo agotamiento de procedimientos administrativos sancionatorios, razón por la cual los garantes conforme a la ley deben ser obligatoriamente convocados a dichos procesos administrativos.

BIBLIOGRAFIA

BREWER-CARIAS, A. R. *Contratos administrativos*. Colección Estudios Jurídicos, n. 44. Caracas: Jurídica Venezolana, 1992.

EXPÓSITO VÉLEZ, J. C. *La configuración del contrato de la administración pública en el derecho colombiano y español*. Bogotá: Universidad Externado de Colombia, 2002.

FERRER MAC-GREGOR, E. Reflexiones sobre el control difuso de convencionalidad a la luz del caso Cabrera García y Montiel Flores vs. México. *Boletín Mexicano de Derecho Comparado*. Ciudad de México, n. 131, 2011, p. 920.

GARCÍA DE ENTERRÍA, E. La figura del contrato administrativo. *Revista de Administración Pública*. Madrid, n. 41 y 42, pp. 99ss, 1963.

GARCÍA DE ENTERRÍA, E.; FERNÁNDEZ, T. R. *Curso de derecho administrativo*. Madrid: Civitas, Tomo II, 1999, p. 103.

GIL, R. E. *Teoría general de los contratos de la administración pública*. Bogotá: Legis, 1999.

HERNÁNDEZ, A. P. et al. Potestad Sancionadora de la Administración en Materia de Contratación Estatal. *Contratos Públicos*: Problemas, Perspectivas y Prospectivas. XVIII Jornadas Internacionales de Derecho Administrativo. Bogotá: Universidad Externado de Colombia, 2017.

MARTÍN-RETORTILLO BAQUER, S. *El derecho civil en la génesis del derecho administrativo y de sus instituciones*. Madrid: Civitas, 1996.

MAURER, H. *Derecho administrativo*. Parte general. Madrid: Marcial Pons, 2011, p. 156.

NEME VILLARREAL, M. L. Buena fe subjetiva y buena fe objetiva. *Revista de Derecho Privado*. Bogotá, n. 17, p. 73, 2009.

NIETO, ALEJANDRO. Algunas precisiones sobre el concepto de policía. *Revista de Administración Pública*, n. 81, 1976, pp. 35-75.

OSPINA FERNÁNDEZ, G.; OSPINA ACOSTA, E. *Teoría general del contrato y de los demás actos o negocios jurídicos*. Bogotá: Temis, 1994.

PARADA, R. *Derecho administrativo*. Madrid: Marcial Pons, Tomo I. 2000, pp. 408ss.

SANTOFIMIO GAMBOA, J. O. *Compendio de derecho administrativo*. Bogotá: Universidad Externado de Colombia, 2017.

SANTOFIMIO GAMBOA, J. O. *Reflexiones en torno a la potestad administrativa sancionadora*: aplicación en el sector energético, ambiental, de telecomunicaciones y en otros sectores. Colección de Estudios en Derecho Minero y Energético. Bogotá: Universidad Externado de Colombia, 2014.

SANTOFIMIO GAMBOA, J. O. *Tratado de Derecho Administrativo*. Bogotá: Universidad Externado de Colombia, Tomo III, 2004.

SCHMIDT-ASSMANN, E. *Teoría general del derecho administrativo como sistema*. Madrid: Marcial Pons, 2005, pp. 176-177.

Jurisprudencia

COLOMBIA Consejo de Estado. Sala de lo Contencioso Administrativo, Sección Tercera:

Auto del 14 de septiembre de 2000, Expediente 13530;

Sentencia del 31 de enero de 1991, Expediente 5951;

Sentencia del 13 de septiembre de 2001, Expediente 12722;

Sentencia del 11 de diciembre de 2002, Expediente 22511;

Sentencia del 2 de octubre de 2003, Expediente 14394;

Sentencia del 19 de octubre de 2005, Expediente 1501;

Sentencia del 13 de noviembre de 2008, Expediente 17009;

Sentencia del 21 de febrero de 2011, Expediente 16.105;

Sentencia del 8 de junio de 2011, Expediente 17858;

Sentencia del 22 de junio de 2011, Expediente 18.836;

Sentencia del 25 de julio de 2011, Expediente 19150;

Sentencia del 9 de mayo de 2012, Expediente 22395;

Sentencia del 7 de junio de 2012, Expediente 22277;
Sentencia del 12 de julio de 2012, Expediente 15024;
Sentencia del 18 de julio de 2012, Expediente 22.221;
Sentencia del 8 de agosto de 2012, Expediente 23.044;
Sentencia del 19 de noviembre de 2012, Expediente 22.043;
Sentencia de Unificación del 19 de noviembre de 2012, Expediente 24.897;
Sentencia del 24 de abril de 2013, Expediente 24637;
Sentencia del 24 de julio de 2013, Expediente 25131;
Sentencia del 9 de septiembre de 2013, Expediente 25.681;
Sentencia del 26 de marzo de 2014, Expediente 22831;
Sentencia del 20 de octubre de 2014, Expediente 24809;
Sentencia del 28 de enero de 2015, Expediente 29.431;
Sentencia del 28 de enero de 2015, Expediente 30.292;
Sentencia del 12 de febrero de 2015, Expediente 28278;
Sentencia del 29 de abril de 2015, Expediente 36090;
Sentencia del 6 de mayo de 2015, Expediente 35766;
Sentencia del 1º de julio de 2015, Expediente 38797;
Sentencia del 6 de julio de 2015, Expediente 40.789;
Sentencia del 29 de julio de 2015, Expediente 38509;
Sentencia del 29 de julio de 2015, Expediente 40271;
Sentencia del 29 de julio de 2015, Expediente 41891;
Sentencia del 29 de julio de 2015, Expediente 42494;
Sentencia del 31 de agosto de 2015, Expediente 43041;
Sentencia del 31 de agosto de 2015, Expediente 44475;
Sentencia del 7 de septiembre de 2015, Expediente 43769;
Sentencia del 7 de septiembre de 2015, Expediente 47720;
Sentencia del 22 de octubre de 2015, Expediente 48061;
Sentencia del 26 de noviembre de 2015, Expediente 4563;
Sentencia del 26 de noviembre de 2015, Expediente 48892;
Sentencia del 26 de noviembre de 2015, Expediente 52423;
Sentencia del 26 de noviembre de 2015, Expediente 53877;
Sentencia del 26 de noviembre de 2015, Expediente 53914;
Sentencia del 3 de diciembre de 2015, Expediente 46736;
Sentencia del 3 de diciembre de 2015, Expediente 52678;
Sentencia del 10 de diciembre de 2015, Expediente 51489.
COLOMBIA. Corte Constitucional. Sentencia C-400 del 2 de junio de 1999.
COLOMBIA. Corte Suprema de Justicia. Sentencia del 2 de noviembre de 1964.

Legislación

COLOMBIA. Ley 1437 de 18 enero de 2011. Disponible en: https://www.funcionpublica.gov.co/eva/gestornormativo/norma.php?i=41249.

COLOMBIA. Ley 1474 12 de julio de 2011. Disponible en: https://www.funcionpublica.gov.co/eva/gestornormativo/norma.php?i=43292.

O DEVER DE GARANTIR OS RISCOS DECORRENTES DO DESCUMPRIMENTO DAS OBRIGAÇÕES EM UM CONTRATO ADMINISTRATIVO. EFICÁCIA MEDIANTE O EXERCÍCIO DE PODERES PÚBLICOS UNILATERAIS

Jaime Orlando Santofimio Gamboa[1]

INTRODUÇÃO

A Administração Pública ou, mais especificamente, todos aqueles entes e sujeitos que exercem funções administrativas públicas estão permanentemente submetidos a um específico e estrito princípio de legalidade, que lhes permite tanto adotar atos administrativos, caracterizados por sua natureza unilateral, por sua exorbitância e por sua executoriedade, como celebrar contratos administrativos, de acordo com o interesse público.[2]

Sob essa perspectiva, além dos procedimentos e das ações administrativas de apoio ao ato administrativo unilateral - que, aliás, tornou-se o instrumento ordinário dentro do Estado de direito para o cumprimento de seus próprios objetivos –, é essencial que

1 Pós-Doutorado em Direito pelas Universidades Carlos III de Madrid e Externado de Colombia. Doutorado em Direito pela Universidad Carlos III de Madrid - Espanha. Mestrado em Administração Municipal pela Universidad Externado de Colombia. Especialização em Direito Administrativo pela mesma instituição. Especialização em Administração Pública pelo Instituto Brasileiro de Administração Municipal-IBAM. Bacharel em Direito pela Universidad Externado de Colombia. Professor nos cursos de mestrado e doutorado em Direito na Universidad Externado de Colombia. Ex-diretor do Departamento de Direito Administrativo da Universidad Externado. Ex-magistrado do Conselho de Estado da República da Colômbia.

2 BREWER-CARIAS, A. R. *Contratos administrativos*. Colección Estudios Jurídicos, n. 44. Caracas: Jurídica Venezolana, 1992; GIL, R. E. *Teoría general de los contratos de la administración pública*. Bogotá: Legis, 1999. EXPÓSITO VÉLEZ, J. C. *La configuración del contrato de la administración pública en el derecho colombiano y español*. Bogotá: Universidad Externado de Colombia, 2002. GARCÍA DE ENTERRÍA, E. La figura del contrato administrativo. *Revista de Administración Pública*. Madri, n. 41 e 42, pp. 99ss., 1963.

todos os servidores públicos entendam que existe também a figura do contrato como mecanismo fundamental para o cumprimento efetivo das tarefas do Estado.

O que acaba de se assentar implica, dada a origem privada do instituto, reconhecer sua imensa complexidade conceitual, ideológica e política quando uma das partes é um sujeito de Direito Público, fenômeno que acarreta o surgimento de uma categoria negocial especial baseada nos contratos dos entes públicos, caracterizada por articular permanentemente sua natureza dual como instrumento básico para o cumprimento dos propósitos estatais e para a satisfação do interesse público, e como fonte de obrigações de acordo com as noções do Direito Privado (civil e comercial).[3]

Isso significa que o estudo do instituto a partir da perspectiva do Estado nos convida a reconhecer seu escopo integrador de conceitos e princípios de direito público e privado, em alguns casos conflitantes entre si, mas que devem ser moldados para defini-lo e torná-lo viável no tráfego jurídico ordinário, dando assim respostas aos fenômenos próprios do consentimento que surgem quando se trata de transações jurídicas entre entes públicos ou entre alguns deles e os particulares, transações em que é característica a predominância do interesse público.

Essa característica integradora de ordenamentos jurídicos em busca do cumprimento de fins públicos adquire enorme importância quando se trata de definir o conteúdo desses contratos, especialmente no que diz respeito às cláusulas que fazem parte de sua natureza por determinação legal, especificamente ao definir, em virtude do princípio da responsabilidade, os deveres do particular de garantir o cumprimento das prestações que lhe cabem objetivamente em virtude do negócio, diante de casos em que os riscos inerentes ao descumprimento do contrato se imponham na vida jurídica e impactem o contrato.

Em hipóteses assim, é evidente que a figura do contrato administrativo é permeada e reforçada pelas construções jurídicas históricas do direito comercial, principalmente pela figura do seguro, que surge como um instrumento vital para garantir a integridade patrimonial do Estado e dos outros entes públicos contratantes.

É dever incontornável de todos os particulares oferecer garantias suficientes relativamente ao cumprimento das obrigações e prestações nos contratos administrativos como condição prévia para garantir a integridade dos bens dos entes nos contratos administrativos. Isso significa, como princípio da relação entre as partes negociadoras, a proibição do descumprimento das obrigações e prestações pelo contratante

---

3 MARTÍN-RETORTILLO BAQUER, S. *El derecho civil en la génesis del derecho administrativo y de sus instituciones*. Madri: Civitas, 1996.

nos contratos administrativos, bem como outro princípio fundamental, a saber, o do descumprimento como risco que afeta o patrimônio dos entes nos contratos administrativos, aspectos que devem ser tratados à luz do direito comercial.[4]

1. O CONTRATO ADMINISTRATIVO NO CONTEXTO DO ESTADO SOCIAL E DEMOCRÁTICO DE DIREITO

Como expresso nos parágrafos introdutórios, toda abordagem de um conceito de contrato administrativo ou conformação jurídica de um conceito operacional de contrato administrativo, ou ainda, ao menos, toda abordagem que se tente do conceito reconhecendo-o como um mecanismo fundamental para o desempenho efetivo das tarefas do Estado, não só implica complicações formais e normativas, mas ainda, dada a origem privada do instituto, significa admitir sua natureza complexa.

Por um lado (i) a natureza de um instrumento básico para a realização de objetivos estatais e para a satisfação do interesse geral, que, além disso, deve ser preservado na economia do próprio contrato, encontrando-se, portanto, inevitavelmente imerso em conceitos que envolvem compromissos com os interesses da comunidade; por outro lado, (ii) a natureza de uma fonte de obrigações em conformidade com as construções jurídicas do direito privado, mas, como se pode ver, sob considerações imanentes aos interesses públicos e comunitários, ou seja, numa posição absolutamente dicotômica em relação aos conteúdos individualistas e subjetivos em que se assentam as correntes clássicas do direito privado.[5]

Isso implica inarredavelmente, no momento atual da disciplina, a articulação de normas, regras e princípios derivados do subsistema jurídico positivo de direito privado em permanente interrelação com princípios, regras e normas inspirados pela manutenção e pela preservação dos interesses públicos e gerais necessariamente ligados ao caráter social do nosso Estado de direito, no que poderíamos chamar a configuração de um regime jurídico e conceitual peculiar de contrato administrativo, que não inclui o extremo da alegada substantividade do contrato administrativo, nem o de sua sujeição exclusiva aos parâmetros dos princípios de direito privado que desprezam a esfera pública.

---

4 SANTOFIMIO GAMBOA, J. O. Compendio de derecho *administrativo*. Bogotá: Universidad Externado de Colombia, 2017.

5 SANTOFIMIO GAMBOA, J. O. Compendio de derecho *administrativo*. Bogotá: Universidad Externado de Colombia, 2017.

Trata-se de abordar um problema que não é isento de polêmica na doutrina, não só devido aos interesses envolvidos, mas também em virtude das transformações radicais que se consolidaram no direito administrativo nos últimos anos, resultado da evolução da economia e das concepções filosóficas e políticas da esfera pública, assim como do papel do setor privado no tratamento de tudo quanto é suscetível de ter conteúdo econômico, sob conceitos de economia de mercado e de concorrência que propõem um regresso a conteúdos contratuais de direito privado para os negócios do Estado.

À luz dessa ideia estruturante, o contrato administrativo se configura, em nosso sistema jurídico, como o instrumento mais importante e eficiente, no atual momento de nossas instituições constitucionais e administrativas, para tornar viáveis os objetivos e propósitos do Estado.[6]

Nesse contexto de profundas dificuldades jurídicas e de necessidade de uma hermenêutica clara destinada a oferecer respostas adequadas aos conflitos e situações que afetam a estruturação dos contratos nas relações entre o Estado contratante e os particulares face a eventuais contingências decorrentes do descumprimento por parte dos últimos, é inevitável recorrer ao direito comercial dos seguros em busca da tranquilidade pública e da segurança do patrimônio público.

2. O RISCO DE DESCUMPRIMENTO DAS OBRIGAÇÕES DO PARTICULAR NO DESENVOLVIMENTO E EXECUÇÃO DO CONTRATO ADMINISTRATIVO

A regra geral e básica para a execução dos contratos é o cumprimento das prestações contratadas:

> Os contratos, além de regularem ou extinguirem uma relação jurídica de conteúdo econômico, podem também criar relações obrigatórias; uma vez que nas relações jurídicas desse tipo uma das partes (o devedor) deve realizar uma conduta (a prestação) em favor da outra (o credor), daí decorre que a conduta realizada pelo devedor em favor do credor só pode ser considerada como satisfação da prestação (pagamento) na medida em que esteja totalmente de acordo com o que foi acordado. Nada mais decorre das disposições dos arts. 1626, 1627 e 1649 do Código Civil, que preveem, respectivamente, que "o pagamento

6 SANTOFIMIO GAMBOA, J. O. *Compendio de derecho administrativo*. Bogotá: Universidad Externado de Colombia, 2017.

> efetivo é a prestação do que é devido", que "o pagamento deve ser efetuado em todos os aspectos em conformidade com o teor da obrigação, sem prejuízo das previsões legais para casos especiais" e que "o devedor não pode obrigar o credor a receber o que lhe é devido em partes, exceto em caso de acordo em contrário, e sem prejuízo das previsões legais para casos especiais". Consequentemente, haverá descumprimento se a prestação não for feita na forma e no devido tempo e se, além disso, essa ausência de satisfação for imputável ao devedor...[7]

Trata-se de uma exposição elementar baseada nos princípios dos *pacta sunt servanda* e da boa-fé objetiva, que, se não forem respeitados por qualquer das partes - e, neste caso, pelo particular - implicam consequências não só em relação ao destino do próprio contrato (resolução tácita), mas também em relação à responsabilidade do particular em se tratando de contratos administrativos (multas, cláusula penal, caducidade).[8]

Em relação à primeira situação, ou seja, a resolução tácita dos contratos por ocasião do descumprimento, basta recordar que o artigo 1.546 do Código Civil estabelece que, "nos contratos bilaterais, a condição resolutiva é implícita no caso de descumprimento por uma das partes contratantes do que foi acordado".[9] Nesses casos, a parte contratante que cumpriu sua prestação ou aquela que concordou em cumprir sua prestação pode pedir a rescisão ou a resolução do contrato, ou o seu cumprimento, assim como a devida indenização pelos danos causados pelo descumprimento. Para a *Corte Suprema de Justicia*, essas são "sanções concebidas para dotar as obrigações de

---

7 Texto original: "*Los contratos, amén de regular o extinguir una relación jurídica de contenido económico, también pueden crear relaciones obligacionales y como quiera que en las relaciones jurídicas de esta estirpe una de las partes (el deudor) debe desplegar una conducta (la prestación) en favor de la otra (el acreedor), se sigue que el comportamiento desplegado por el deudor en favor del acreedor sólo puede ser tenido como satisfacción de la prestación (pago) en la medida en que se ajuste plenamente a lo convenido. No otra cosa se deduce de lo preceptuado en los artículos 1626, 1627 y 1649 del Código Civil al disponer, respectivamente, que el "pago efectivo es la prestación de lo que se debe", que "el pago se hará bajo todos los respectos en conformidad al tenor de la obligación; sin perjuicio de lo que en los casos especiales dispongan las leyes" y que "el deudor no puede obligar al acreedor a que reciba por partes lo que se le deba, salvo el caso de convención contraria, y sin perjuicio de lo que dispongan las leyes en casos especiales. En consecuencia, se estará en presencia de un incumplimiento si la prestación no se satisface en la forma y en la oportunidad debida y si además esa insatisfacción es imputable al deudor...*". COLÔMBIA. Conselho de Estado. Sala do Contencioso Administrativo. Seção Terceira. Sentença de 20 de outubro de 2014. Expediente 24809; Sentença de 24 de julho de 2013. Expediente 25131; Sentença de 26 de março de 2014. Expediente 22831.

8 SANTOFIMIO GAMBOA, J. O. *Tratado de Derecho Administrativo*. Tomo III. Bogotá: Universidad Externado de Colombia, 2004.

9 Texto original: "*en los contratos bilaterales va envuelta la condición resolutoria en caso de no cumplimiento por uno de los contratantes de lo pactado*".

força coercitiva".[10] A resolução tácita do contrato por descumprimento é considerada uma forma de resolver os contratos: "Estes [os contratos] são total ou parcialmente privados da sua eficácia devido ao descumprimento culposo das obrigações de uma das partes, se o contrato for bilateral (...) ou do descumprimento da única parte vinculada pelo contrato unilateral".[11]

Nesses casos, é necessário um pronunciamento judicial que declare o descumprimento e determine a rescisão ou a resolução do contrato,[12] a menos que o descumprimento seja uma das hipóteses que dão origem à caducidade do contrato, caso em que uma das possibilidades é que o ato correspondente que o declare determine a rescisão e a liquidação do contrato.[13]

O descumprimento culposo das obrigações contratuais por uma das partes ou pelo devedor se o contrato for um dos qualificados como unilateral pelo Código Civil - ou seja, que, com base em critérios unilaterais, uma das partes incorre em desrespeito das suas obrigações em detrimento da outra - implica, portanto, a mora do contratante requerido, ou um atraso culposo e relutante por uma das partes em cumprir o que foi acordado. Contudo, a natureza culposa do descumprimento exclui o acolhimento da pretensão nos casos em que a inexecução do contrato tenha sido resultado de situações de risco, tais como o caso fortuito ou a força maior.[14]

Por outro lado, é importante salientar, para fins de clareza, que não pode haver violação ou culpa da parte contratante quando a outra parte não cumpriu as suas obrigações, caso em que se estrutura a figura jurídica da exceção do contrato não cumprido,[15] referida no artigo 1.609 do Código Civil; nesse caso, presume-se, se for

---

10 Texto original: "*sanciones destinadas a dotar las obligaciones de cualidad coercitiva*". COLÔMBIA. Corte Suprema de Justiça. Sentença de 2 de novembro de 1964.

11 Texto original: "*Estos son privados total o parcialmente de su eficacia, a causa del incumplimiento culposo de las obligaciones a cargo de una de las partes, si el contrato es bilateral (...) o del incumplimiento de la única parte obligada por el contrato unilateral*". COLÔMBIA. Conselho de Estado. Sala do Contencioso Administrativo. Seção Terceira. Sentença de 2 de outubro de 2003. Expediente 14394.

12 OSPINA FERNÁNDEZ, G.; OSPINA ACOSTA, E. *Teoría general del contrato y de los demás actos o negocios jurídicos*. Bogotá: Temis, 1994, p. 550. O artigo 1.546 "abona a tese doutrinária de que a ação resolutiva é um direito dos credores tão fundamental quanto a ação executiva e a indenizatória" ("*abona la tesis doctrinaria de que la acción resolutoria es un derecho de los acreedores, tan principal como lo son la acción ejecutiva y la de indemnización de perjuicios*").

13 SANTOFIMIO GAMBOA, J. O. *Tratado de Derecho Administrativo*. Tomo III. Bogotá: Universidad Externado de Colombia, 2004.

14 SANTOFIMIO GAMBOA, J. O. *Tratado de Derecho Administrativo*. Tomo III. Bogotá: Universidad Externado de Colombia, 2004.

15 COLÔMBIA. Conselho de Estado. Sala do Contencioso Administrativo. Seção Terceira. Sentença de 7 de setembro de 2015. Expediente 47720; Sentença de 29 de julho de 2015. Expediente 40271; Sentença de 29 de julho de 2015. Expediente 41891; Sentença de 29 de abril de 2015. Expediente 36090.

provada a violação da outra parte, a inexistência de culpa da parte que se abstém de cumprir por esse motivo.[16] Essa exceção, no caso da administração contratante como inadimplemento, tem uma evolução interessante na jurisprudência administrativa do Conselho de Estado.

A jurisprudência do contencioso administrativo aceitou o trabalho dos privatistas sobre a chamada *exceptio non adimpleti contractus* (exceção de contrato não cumprido);[17] contudo, tem-se considerado sua aplicação temperada pelo princípio do interesse público, ou geral, que, de acordo com o artigo 3º da Lei n. 80 de 1993, rege os contratos administrativos. De acordo com a tese do Conselho de Estado,[18] o princípio do artigo 1.609 do Código Civil seria aplicável aos contratos administrativos apenas e exclusivamente quando: "as consequências econômicas do descumprimento por parte da administração produzam uma razão de impossibilidade de cumprimento para a parte que concorda em cumprir, pois um princípio universal do direito ensina que ninguém é obrigado a fazer o impossível".[19]

Em todos os outros casos, aplica-se a regra geral de que o particular é obrigado a cumprir as obrigações, mesmo em caso de descumprimento que não impeça a execução. Essa posição tem sido reiterada nos últimos anos e tem sido reconduzida à presença de quatro requisitos fundamentais para estruturar a exceção: que os contratos sejam sinalagmáticos; que o descumprimento por parte da administração seja certo e real; que tenha uma gravidade ostensiva e considerável, tornando impossível o cumprimento; e que a parte que a invoca não tenha dado origem ao descumprimento da outra parte.[20] Se essas condições forem provadas, a administração perderia qualquer possibilidade de impor multas ou de aplicar as cláusulas de exceção, tais como a cláusula de caducidade ao empreiteiro.[21]

---

16 OSPINA FERNÁNDEZ, G.; OSPINA ACOSTA, E.. *Teoría general del contrato y de los demás actos o negocios jurídicos*. Bogotá: Temis, 1994, pp. 556-558.

17 COLÔMBIA. Conselho de Estado. Sala do Contencioso Administrativo. Seção Terceira. Sentença de 6 de maio de 2015. Expediente 35766.

18 COLÔMBIA. Conselho de Estado. Sala do Contencioso Administrativo. Seção Terceira: auto de 14 de setembro de 2000. Expediente 13530.

19 Texto original: "*las consecuencias económicas que se desprendan del incumplimiento de la administración se genere una razón de imposibilidad de cumplir para la parte que se allanare a cumplir, pues un principio universal de derecho enseña que a lo imposible nadie está obligado*". COLÔMBIA. Conselho de Estado. Sala do Contencioso Administrativo. Seção Terceira. Sentença de 31 de janeiro de 1991. Expediente 5951.

20 COLÔMBIA. Conselho de Estado. Sala do Contencioso Administrativo. Seção Terceira. Sentença de 13 de setembro de 2001. Expediente 12722.

21 COLÔMBIA. Conselho de Estado. Sala do Contencioso Administrativo. Seção Terceira. Sentença de 21 de fevereiro de 2011. Expediente 16.105; Sentença de 8 de junho de 2011. Expediente 17858; Sentença de 25 de julho de 2011. Expediente 19150; Sentença de 9 de maio de 2012. Expediente 22395; Sentença de 7 de junho de 2012. Expediente 22277; Sentença de 24 de abril de 2013. Expediente 24637.

Em relação à segunda situação, ou seja, aquela que envolve sanções derivadas da responsabilidade e do patrimônio do particular, no caso de contratos administrativos (multas, cláusula penal, caducidade), por descumprimento, estamos perante uma situação típica de consequências determinadas por lei, especialmente para os contratos administrativos, reconhecendo poderes e faculdades unilaterais (multas, cláusula penal), bem como outros casos excepcionais (caducidade), que lhe permitam declarar administrativamente essa situação contratual e proceder à liquidação do contrato ou fazer uso do seu poder de coerção e vigilância, concedido pelos artigos 4º e 14 da Lei n. 80 de 1993, incluindo a imposição multas quando elas tiverem sido acordadas.[22]

3. SANÇÕES POR DESCUMPRIMENTO NOS CONTRATOS ADMINISTRATIVOS

Há três sanções que podem ser impostas por descumprimento em matéria de contratos administrativos: multas, aplicação da cláusula penal e caducidade, todas autorizadas pelo legislador no âmbito do exercício das faculdades características da regulação jurídica em matéria de contratação pública, em conformidade com o quanto determinam os artigos 150 e 352 da Constituição Política, mas concretizadas em cada caso pela administração em virtude dos seus poderes de estruturação e ordenação negocial, que se devem exercer nos termos e nas condições da Lei dos Contratos Públicos, de acordo com as explicações que se farão para cada uma dessas hipóteses.[23]

3.1 Multas

Em matéria de contratação administrativas, as multas são sanções pecuniárias de natureza administrativa, autorizadas pelo legislador de forma geral na Lei dos Contratos Públicos (Lei n. 1.150 de 2007), especificamente previstas em cada contrato pela administração (o que naturalmente também deve ter sido previsto no planejamento e na estruturação do respectivo negócio jurídico, nos termos do artigo 40 da Lei n. 80 de 1993), e impostas unilateralmente pela administração mediante um ato administrativo,

---

22 SANTOFIMIO GAMBOA, J. O. *Tratado de Derecho Administrativo*. Tomo III. Bogotá: Universidad Externado de Colombia, 2004.

23 Apontamentos tomados do seguinte artigo: HERNÁNDEZ, A. P. *et al.* Potestad Sancionadora de la Administración en Materia de Contratación Estatal. *Contratos Públicos*: Problemas, Perspectivas y Prospectivas. XVIII Jornadas Internacionales de Derecho Administrativo. Bogotá: Universidad Externado de Colombia, 2017.

após verificação dos pressupostos de descumprimento aí descritos e com plena observância e garantia do devido processo legal.[24]

De acordo com o quanto se expôs, as multas correspondem a uma sanção especial e particular derivada das especificidades e dos problemas da contratação estatal colombiana, na qual a administração tem uma carga funcional importante na estruturação dos negócios administrativos e assim na determinação dos seus conteúdos essenciais, naturais e acidentais, o que significa que, em relação ao alcance dos princípios definidos em relação à atividade sancionatória administrativa, existem algumas variações fundamentais que passaremos a destrinçar.

Em relação ao devido processo legal, a Lei n. 1.150 de 2007 introduz modificações de relevo na questão dos atos administrativos sancionatórios em matéria contratual, determinando que se perfaça um processo sancionatório. O regime sancionatório deve ser regido completa e substancialmente pelo conceito de direito fundamental e da garantia constitucional do devido processo legal.

O art. 17 da lei em tela indica precisamente que o devido processo legal será um princípio orientador em matéria de sanções nas condutas contratuais. A fim de consolidar essa regra de forma imperativa, a lei determina que a decisão tanto sobre multa como sobre a imposição de uma cláusula penal deve, em todos os casos e sem exceção, ser precedida da manifestação da parte afetada, a que se põe à disposição um procedimento mínimo que garanta o direito do particular ao devido processo legal.

O decreto regulamentar adverte imperativamente que, em todo caso, nenhuma multa pode ser imposta sem que seja seguido o procedimento acima referido. Por outras palavras, estabelece uma proibição clara contra o desrespeito ao devido processo legal e, consequentemente, a configuração de uma causa clara de nulidade do ato correspondente em caso de omissão dessa obrigação e dever administrativo.

No que diz respeito à legalidade e à tipicidade da multa, deduz-se da Lei n. 1.150 de 2007 que ela deriva de um poder unilateral e, portanto, excepcional da administração, proveniente do dever de controle e vigilância que cabe à administração contratante, nos termos estabelecidos no artigo 14 da Lei n. 80 de 1993. O segundo parágrafo do artigo 17 da Lei n. 1.150 de 2007 determina que, com base no dever de controle e vigilância sobre contratos que cabem aos entes sujeitos ao Estatuto Geral de Contratação da Administração Pública, tais entes terão o poder de impor multas que tenham sido acordadas a fim de obrigar o particular a cumprir suas obrigações.

---

24 COLÔMBIA. Conselho de Estado. Sala do Contencioso Administrativo. Seção Terceira. Sentença de 26 de novembro de 2015. Expediente 53877; Sentença de 29 de julho de 2015. Expediente 42494.

A esse respeito, o parágrafo do artigo em questão acrescenta que a cláusula penal e as multas assim impostas serão aplicadas diretamente pelos entes estatais, que poderão recorrer aos mecanismos de compensação dos montantes devidos ao contratante, à cobrança da seguradora ou a qualquer outro meio para obter o pagamento, incluindo a jurisdição coercitiva. A seu turno, a Lei n. 1.474 de 2011 – Estatuto Anticorrupção –, em seu artigo 86, consagra o poder dos entes públicos de declarar o descumprimento, quantificar os danos dele decorrentes e impor as multas e as penalidades acordadas no contrato.

No que respeita ao alcance do princípio da legalidade referente à sanção e à natureza da sanção, as multas, embora sejam de natureza sancionatória, têm também um caráter preponderantemente cominatório, ou seja, constrangem ao cumprimento. Por outras palavras, o objetivo das multas é sobretudo obrigar o particular a cumprir as suas obrigações.[25]

A esse respeito, o decreto regulamentar sublinha a impossibilidade de impor uma multa se o particular não tiver sido previamente instado ao cumprimento e não tiver descumprido os termos da cominação; da mesma forma, sublinha a impossibilidade de impor uma multa a um particular que tenha cumprido os termos da cominação em questão. Essa é a razão para determinar que o empreiteiro que cumpriu a obrigação pendente não pode ser multado, mesmo que tenha estado numa situação de descumprimento, desde que tenha cumprido as exigências da administração, que evidentemente consistem no cumprimento integral e adequado do acordado.[26]

No que diz respeito à *non reformatio in pejus*, tanto em relação a multas como em relação a outras sanções administrativas contratuais, deve-se notar que não se encontra aqui nenhum fundamento para embasá-la, pela razão elementar, mas contundente, de que, no direito colombiano, há unicamente o recurso de reconsideração contra atos administrativos sancionatórios, circunscrevendo-se essa garantia ao direito de recorrer contra a decisão, razão mais do que suficiente para não entrar em maiores considerações.

No que diz respeito à procedência do princípio da proporcionalidade nos termos estabelecidos na seção pertinente, deve-se ter em mente a metodologia a ser empregada na redação da cláusula relativa à sanção de multa. Se a tipificação da conduta infratora, bem como a correspondente sanção, for de alguma forma medida por juízos

25 COLÔMBIA. Conselho de Estado. Sala do Contencioso Administrativo. Seção Terceira. Sentença de 1º de julho de 2015. Expediente 38797.

26 COLÔMBIA. Conselho de Estado. Sala do Contencioso Administrativo. Seção Terceira. Sentença de 1º de julho de 2015. Expediente 38797.

discricionários da administração, torna-se inevitável o recurso ao teste de proporcionalidade, analisado com o objetivo de evitar arbitrariedades administrativas e lesão desproporcional ou insuficiente aos direitos subjetivos do particular.

Ao contrário, se a descrição da multa incorporada no contrato for estrita na caracterização da conduta de descumprimento das prestações contratuais e a consequente sanção não admitir nenhum juízo ou margem de apreciação por parte do juiz, estamos perante uma clara hipótese de responsabilidade objetiva em relação a essa multa, uma situação que impede a incidência do princípio em questão.

3.2 Cláusula penal

Em matéria de contratação administrativa, a aplicação da cláusula penal consiste em uma sanção pecuniária de natureza administrativa pelo descumprimento objetivo das obrigações acordadas ou pela declaração de caducidade do contrato, diferente da multa,[27] por meio da qual o particular se compromete a pagar, a título de avaliação antecipada dos danos, o montante contratualmente estipulado, sem que seja necessário provar o dano recebido pela administração. Essa sanção é autorizada pelo direito civil e comercial (artigos 1592 a 1601 do Código Civil e 867 do Código Comercial) e está integrada na Lei dos Contratos Públicos, em virtude dos artigos 13 e 40 da Lei n. 80 de 1993 e 17 da Lei n. 1.150 de 2007, sendo descrita concretamente em cada contrato pela administração (o que naturalmente também deve ter sido previsto no planejamento e na estruturação do respectivo negócio jurídico, nos termos do artigo 40 da Lei n. 80 de 1993). podendo ser coativamente exigida de modo unilateral pela administração, segundo critérios de proporcionalidade[28] dentro dos limites acordados, quando apropriado,[29] mediante ato administrativo, após verificação objetiva do descumprimento das prestações acordadas ou após a declaração de caducidade,[30] e com plena observância e garantia do devido processo legal.

---

27 COLÔMBIA. Conselho de Estado. Sala do Contencioso Administrativo. Seção Terceira. Sentença de 13 de novembro de 2008. Expediente 17009.

28 COLÔMBIA. Conselho de Estado. Sala do Contencioso Administrativo. Seção Terceira. Sentença de 29 de julho de 2015. Expediente 42494; Sentença de 13 de novembro de 2008. Expediente 17009.

29 COLÔMBIA. Conselho de Estado. Sala do Contencioso Administrativo. Seção Terceira. Sentença de 26 de novembro de 2015. Expediente 48892.

30 COLÔMBIA. Conselho de Estado. Sala do Contencioso Administrativo. Seção Terceira. Sentença de 19 de outubro de 2005. Expediente 1501.

3.3 Caducidade

Em matéria de contratação administrativa, a caducidade do contrato é a sanção máxima de natureza administrativa, por meio da qual o descumprimento grave e direto das obrigações acordadas é punido nos casos em que se possa comprovar a possibilidade de paralisação do objeto do contrato,[31] autorizada pelo legislador na Lei de Contratação Pública (Lei n. 80 de 1993, artigo 18), observada a concomitância de determinados requisitos;[32] tal sanção é incorporada a todo contrato administrativo quando a lei assim determinar e pode ser imposta unilateralmente pela administração mediante ato administrativo, após verificação dos requisitos de descumprimento descritos pelo legislador e com plena observância e garantia do devido processo legal. A sanção se concretiza com a extinção irremediável do contrato, sua liquidação e a consequente inabilitação do particular para contratar com o Estado durante cinco anos.[33] Uma vez declarada a caducidade, não será paga nenhuma indenização ao particular. A declaração de caducidade será constitutiva do sinistro de descumprimento.[34]

A jurisprudência do Conselho de Estado há muito indica, em consonância com os pressupostos normativos que regulam a figura, que o prazo para a imposição da sanção é aquele compreendido na execução do contrato, de tal sorte que, uma vez expirado esse prazo, não é possível decretar a caducidade.[35]

A declaração de caducidade não impede o ente contratante de tomar posse da obra ou de prosseguir imediatamente a execução do objeto do contrato, quer por meio da seguradora, quer por meio de outro particular, que poderá, por sua vez, ser alvo da sanção de decretação da caducidade se for o caso.

A sanção de caducidade, por razões de mérito ou de oportunidade, dada a importância do objeto contratado para a comunidade ou para o patrimônio público, não pode ser imposta quando o ente contratante chegar à conclusão de que é possível concluir a execução do que foi acordado por meio de medidas administrativas de

---

31 COLÔMBIA. Conselho de Estado. Sala do Contencioso Administrativo. Seção Terceira. Sentença de 29 de julho de 2015. Expediente 41891.

32 COLÔMBIA. Conselho de Estado. Sala do Contencioso Administrativo. Seção Terceira. Sentença de 29 de julho de 2015. Expediente 41891.

33 COLÔMBIA. Conselho de Estado. Sala do Contencioso Administrativo. Seção Terceira. Sentença de 6 de maio de 2015. Expediente 35766.

34 COLÔMBIA. Conselho de Estado. Sala do Contencioso Administrativo. Seção Terceira. Sentença de 29 de julho de 2015. Expediente 41891.

35 COLÔMBIA. Conselho de Estado. Sala do Contencioso Administrativo. Seção Terceira. Sentença de 12 de julho de 2012. Expediente 15024.

direção, controle e intervenção na relação com o particular.[36] Trata-se de uma decisão fundamentada, derivada de julgamentos tecnicamente embasados que permitem sustentar a possibilidade de uma ação dessa natureza, o que, em si mesmo, é absolutamente excepcional no ordenamento jurídico colombiano. Para o legislador, uma medida administrativa que torne a execução do contrato eficaz e eficiente vale mais do que uma sanção, que, por si só, poderia atrasar o cumprimento do objeto contrato exigido pelo interesse público.

4. O DEVER DE ASSEGURAR O CUMPRIMENTO: OBJETO, FINALIDADE, EFICÁCIA

A garantia do cumprimento das prestações devidas pelos particulares nos contratos administrativos é uma exigência imperativa da ordem pública destinada a proteger os bens públicos e outros bens ligados ao interesse público que são afetados pela ocorrência de contingências decorrentes dos riscos próprios a cada um dos contratos em questão. Cumpre-se tal garantia nos termos da Lei de Contratação Pública e em conformidade com o Código Comercial, isto é, mediante um contrato de seguro com elementos substancialmente diferentes dos celebrados por particulares, especialmente no que tem a ver com a abertura do sinistro perante a seguradora.[37]

O dever é transferido para a estruturação de qualquer contrato administrativo ao nível de uma cláusula específica do seu conteúdo, destinando-se a ser cumprida pelo particular como requisito para a execução do contrato após aprovação da sua legalidade e suficiência pelo ente público contratante. Essa exigência é obrigatória e de ordem pública, como já apontei, dado que constitui um instrumento para salvaguardar os objetivos da contratação administrativa, tais como a satisfação do interesse público, assegurando a execução do objeto do contrato, e a correta utilização do patrimônio, protegendo o patrimônio do Estado do prejuízo que resultaria de um possível descumprimento por parte do particular.[38]

Concretamente, a garantia compreende o seguinte:

36 COLÔMBIA. Conselho de Estado. Sala do Contencioso Administrativo. Seção Terceira. Sentença de 6 de maio de 2015. Expediente 35766.

37 COLÔMBIA. Conselho de Estado. Sala do Contencioso Administrativo. Seção Terceira. Sentença de 12 de fevereiro de 2015. Expediente 28278.

38 COLÔMBIA. Conselho de Estado. Sala do Contencioso Administrativo. Seção Terceira. Sentença de 12 de fevereiro de 2015. Expediente 28278.

> (i) boa gestão e investimento correto do adiantamento ou do pagamento antecipado, (ii) cumprimento do contrato, (iii) pagamento de salários, benefícios sociais e indenizações (quando é necessária a contratação de pessoal para cumprir as obrigações), (iv) estabilidade do trabalho, (v) qualidade do bem ou serviço e (vi) funcionamento correto das equipes (no caso de subcontratações, por exemplo). O segurado, nesse tipo de contrato, nada mais faz do que transferir o risco de descumprimento das obrigações contratuais para a companhia de seguros, de modo que, quando ocorre o evento que constitui descumprimento pelo devedor e esse descumprimento causa danos que afetam o patrimônio do credor (geralmente o ente estatal contratante), surge a obrigação da seguradora de ressarcir os danos causados ao beneficiário, até ao montante segurado.[39]

O seguro de cumprimento de contratos administrativos constitui modalidade especial de seguro de danos, nos termos do artigo 1.083 do Código Comercial, na medida em que o que pretende é, acima de tudo, proteger o patrimônio público dos danos e prejuízos que possam ser causados ao ente público pelo descumprimento das obrigações por parte do particular. O seguro de cumprimento de contratos administrativo é um seguro de danos, de caráter patrimonial.[40]

Ademais, não esqueçamos, para tanto, que, segundo o artigo 1.082 do Código Comercial, os seguros de danos podem ser reais ou patrimoniais, os primeiros sendo aqueles cujo objeto recai sobre coisa determinada ou determinável, suscetível de avaliação em dinheiro, e os segundos são aqueles que cobrem o débito produzido pela ocorrência do dano no patrimônio do segurado, o que significa que indenizam os prejuízos patrimoniais decorrentes do fato constitutivo do sinistro, ou seja, a falta de cumprimento, total ou parcial, pelo particular, da obrigação segurada (em alguma de suas coberturas), o que é coerente com as disposições do artigo 1.088 do Código

---

39 Texto original: "*(i) buen manejo y correcta inversión del anticipo o pago anticipado, (ii) cumplimiento del contrato, (iii) pago de salarios, prestaciones sociales e indemnizaciones (donde se requiera personal para ejecutar las obligaciones), (iv) estabilidad de la obra, (v) calidad del bien o servicio y (vi) correcto funcionamiento de los equipos (en el caso de los suministros, por ejemplo). El tomador del seguro en este tipo de contratos no hace cosa distinta que trasladar el riesgo del incumplimiento de las obligaciones contractuales a su cargo a la compañía aseguradora, de modo que, cuando se presenta el hecho constitutivo de incumplimiento a cargo del deudor y ese incumplimiento ocasiona daños que afectan el patrimonio del acreedor (generalmente la entidad estatal contratante), surge la obligación de la compañía aseguradora de resarcir los daños ocasionados al beneficiario, hasta la concurrencia de la suma asegurada.*" COLÔMBIA. Conselho de Estado. Sala do Contencioso Administrativo. Seção Terceira. Sentença de 12 de fevereiro de 2015. Expediente 28278.

40 COLÔMBIA. Conselho de Estado. Sala do Contencioso Administrativo. Seção Terceira. Sentença de 12 de fevereiro de 2015. Expediente 28278.

Comercial, segundo o qual, em relação ao segurado, esse tipo de seguro é um contrato de mera indenização e não pode constituir uma fonte de enriquecimento.[41]

> ...À luz do referido artigo 1.088 do Código Comercial, o seguro de adimplemento tem as seguintes características gerais: (i) ***é*** um tipo de seguro de danos patrimoniais, (ii) dado o caráter meramente indenizatório do seguro de danos, não é suficiente para a eficácia do seguro que o fato constitutivo do sinistro tenha ocorrido, mas é essencial que tenha causado danos ao patrimônio do credor, uma vez que é ***óbvio*** que, se não houver danos ao patrimônio do beneficiário, a indenização não será paga; (iii) uma vez que se trata de um seguro de mera indenização, e não de um seguro de indenização integral, o montante a indenizar pela seguradora não tem necessariamente de corresponder ao valor segurado, mas deve ser aquele que resulta do dano ou prejuízo efetivamente causado ao patrimônio do credor, sem que o valor a indenizar seja superior ao montante segurado mediante a apólice, razão pela qual o seguro de adimplemento não pode constituir uma fonte de enriquecimento para o segurado ou beneficiário. Sem prejuízo do que se acaba de expor, não se deve esquecer que, em matéria de contratação administrativa, a apólice de seguro de adimplemento funciona como a única garantia das obrigações decorrentes do contrato, e isso implica, como acima referido, que cada cobertura deve ser analisada independentemente, de acordo com a natureza do risco assumido pela seguradora e, portanto, em alguns casos muito específicos, o princípio da indenização e o princípio da proporcionalidade não se aplicam, como acontece, para citar apenas um exemplo, nos casos de exigibilidade da garantia devido à imposição de multas, simplesmente porque as multas são de natureza cominatória-sancionatória, e não indenizatória...[42]

---

41 COLÔMBIA. Conselho de Estado. Sala do Contencioso Administrativo. Seção Terceira. Sentença de 12 de fevereiro de 2015. Expediente 28278.

42 Texto original: "*...A la luz del mencionado artículo 1088 del Código de Comercio, el seguro de cumplimiento tiene las siguientes características generales: (i) es una especie del seguro de daños patrimoniales, (ii) dada la naturaleza meramente indemnizatoria de los seguros de daños, no basta para la efectividad del seguro que el hecho constitutivo del siniestro haya acaecido, sino que resulta indispensable que éste haya causado un daño al patrimonio del acreedor, pues es obvio que si no hay daño en el patrimonio del beneficiario no se abre paso la indemnización, iii) por ser un seguro de mera indemnización y no de indemnización plena, el monto a indemnizar por parte del asegurador no necesariamente debe corresponder al valor asegurado, sino que debe ser aquel que resulte del daño o perjuicio efectivamente ocasionado al patrimonio del acreedor, sin que el valor a indemnizar pueda ser mayor a la suma asegurada mediante la póliza de garantía, razón por la cual el seguro de cumplimiento no puede constituir fuente de enriquecimiento para el asegurado o beneficiario. Sin perjuicio de lo anterior, no se debe olvidar que, en materia de contratación estatal, la póliza de seguro de cumplimento funge como garantía única de las obligaciones emanadas del contrato y ello implica, como se dijo párrafos atrás, que cada amparo deba analizarse de manera independiente, acorde con la naturaleza del riesgo que asume el asegurador y, por ende, en algunos casos muy específicos no tiene aplicación el principio de indemnización y el principio de proporcionalidad, como sucede, por citar solo un ejemplo, en los casos de exigibilidad de la garantía por imposición de multas, sencillamente porque las multas tienen naturaleza conminatoria -sancionatoria y no indemnizatoria...*". COLÔMBIA. Conselho de Estado. Sala do Contencioso Administrativo. Seção Terceira. Sentença de 12 de fevereiro de 2015. Expediente 28278.

O artigo 25, § 19, da Lei n. 80 de 1993 estabeleceu o dever de garantir o cumprimento das obrigações decorrentes dos contratos administrativos, por meio da concessão de uma "garantia única" que, à luz das disposições da referida lei, poderia consistir numa apólice de seguro ou numa garantia bancária. Atualmente, o regime geral de garantias para os contratos administrativos, e, em geral, para a atividade contratual do Estado, está previsto no artigo 7º da Lei n. 1.150, de 2007, que, embora mantenha a estrutura geral do referido artigo 25, § 19, da Lei n. 80, introduziu algumas modificações que merecem ser destacadas, nomeadamente: (i) autorizou o Governo Nacional a criar outros mecanismos de cobertura que não apólices e garantias bancárias e (ii) autorizou o Governo Nacional a indicar os casos em que, devido às características e à complexidade do contrato, a garantia pode ser dividida de acordo com as fases ou os riscos relacionados com a execução do contrato. Na situação em tela, convém especificar apenas as particularidades da garantia consistente numa apólice de seguro, conhecida como seguro de adimplemento contratual.

Em conformidade com o acima exposto, e fazendo uma análise sistemática das normas comerciais em vigor na Colômbia, propomos a seguinte análise para compreender o alcance das garantias nos contratos administrativos, com base nos seus princípios fundamentais e nas regras que deles decorrem.

O primeiro princípio é o da integridade patrimonial dos entes estatais nos contratos públicos, que por sua vez compreende as seguintes regras: (i) o cumprimento de obrigações e prestações nos contratos administrativos como requisito para garantir a integridade patrimonial dos entes em contratos administrativos. Artigo 2.2.1.2.3.1.1 do Decreto n. 1.082, de 2015; (ii) a proscrição do descumprimento das obrigações e prestações a cargo do particular, em contratos administrativos. Necessidade de garantias; (iii) os particulares devem fornecer uma garantia única para o cumprimento das obrigações decorrentes do contrato. Os concorrentes devem fornecer uma garantia da seriedade das ofertas feitas (Lei n. 1.150 de 2007, artigo 7º); (iv) eficácia jurídica da declaração de sinistro. A ocorrência do sinistro amparado pelas garantias será comunicada pelo ente público à respectiva seguradora por meio de notificação do ato administrativo que declare aquela ocorrência; (v) as garantias dos contratos estão sujeitas aos preceitos de segurança jurídica, estabilidade e permanência, que se concretizam nas seguintes sub-regras; (vi) garantia pré-contratual: da seriedade da oferta. Na fase pré-contratual, os bens, interesses e o patrimônio dos entes estatais podem ser afetados nas etapas de seleção dos particulares; (vii) garantias contratuais: garantia única de cumprimento. No âmbito da execução do contrato administrativo, os interesses, o patrimônio e os bens dos entes estatais podem ser afetados pelo descumprimento do particular; (viii) garantia de responsabilidade civil: no **âmbito da execução do contrato** administrativo, os interesses, o patrimônio e os bens dos entes estatais podem ser afetados pela produção de danos a terceiros, razão pela qual o particular é obrigado a cobrir o segurado (ente estatal) para tais casos.

O segundo princípio, a exigência de uma garantia, não está excluído para contratos de entes estatais regidas pelo direito privado.

O terceiro princípio é o de que os entes estatais gozam do privilégio da unilateralidade para exigir a execução do objeto contratado, impor sanções e declarar os sinistros que possam surgir durante a execução do contrato, durante a fase preliminar e na execução do contrato.

O quarto princípio é o de que os atos administrativos que dão efeito às garantias são controláveis pela jurisdição do contencioso administrativo.

5. O PODER SANCIONADOR DA ADMINISTRAÇÃO EM MATÉRIA DE CONTRATOS ADMINISTRATIVOS E A EFICÁCIA DAS GARANTIAS DE CUMPRIMENTO

No contexto do Estado social e democrático de direito e em conformidade com as determinações do constituinte e do legislador, a administração pública, em determinadas e específicas áreas de sua atividade, goza de um poder definido para regular a atividade de seus parceiros e outros entes jurídicos públicos, que pode excepcionalmente se concretizar pelo exercício de um poder sancionatório claro e evidente em relação a esses mesmos sujeitos, por violações ou desrespeito ao ordenamento jurídico. Essa ideia se manifesta nas relações negociais do Estado, em que, numa clara exceção ao princípio da igualdade, que é a regra geral nessas relações, a administração pública contratante goza excepcionalmente de poderes para disciplinar e sancionar o particular que tenha descumprido o contrato e para aplicar as sanções diretamente, tanto ao particular como ao segurador, sem necessidade de recorrer ao Judiciário para tais fins.[43]

O legislador, no regime jurídico dos contratos públicos, atribui o exercício do *jus puniendi* aos entes públicos contratantes de modo a que, em obediência aos quadros normativos e aos princípios desse ordenamento e em clara articulação com o acordado, o exerça de forma equilibrada e proporcional. Isso significa que, em matéria de sanções

---

43 Apontamentos retirados ao seguinte artigo: HERNÁNDEZ, A. P. *et al.* Potestad Sancionadora de la Administración en Materia de Contratación Estatal. *Contratos Públicos*: Problemas, Perspectivas y Prospectivas. XVIII Jornadas Internacionales de Derecho Administrativo. Bogotá: Universidad Externado de Colombia, 2017.

contratuais, o exercício desse poder não pode, de forma alguma, ser limitado a um quadro de arbitrariedade se exercida pela administração. Ao contrário, o princípio da legalidade deve ser plenamente respeitado no caso de atividade própria de um poder público.

O que se acaba de expor implica que a interpretação do exercício da atividade administrativa sancionatória em matéria contratual não pode ser reduzida a uma simples verificação do cumprimento de um quadro normativo, implementando-se a discricionariedade, sendo antes imperativo examinar os princípios reguladores do regime administrativo sancionatório, especialmente os que estabelecem limites, de modo a que o operador administrativo tenha de observar um exercício ponderado da sua atividade, não se permitindo excessos que constituam situações patológicas ou que constituam violações negociais, constitucionais e legais. É por isso que propomos elaborar toda uma metodologia e uma dosimetria sancionatória que permita à Administração Pública e ao operador do direito exercer a atividade sancionatória de forma proporcional, fundamentada, razoável e compatível com a justiça distributiva. As hipóteses de responsabilidade objetiva do particular são, portanto, absolutamente excepcionais.

Como notamos em nosso trabalho sobre o poder administrativo sancionatório,[44] o exercício da função pública administrativa do Estado contém, inevitavelmente, como advertimos, o desenvolvimento concreto e específico dos poderes de intervenção administrativa, enquadrados no conceito clássico de poder de polícia ou limitação de atividades e direitos.[45] Essa é uma ideia redimensionada pelo direito administrativo moderno de matriz europeia continental, no que diz respeito ao componente de intervenção[46] e à limitação da atividade dos indivíduos, mediante a discussão doutrinária em torno do conceito de administração ordenadora,[47] que se mostra de maneira evidente no caso das atividades de direção geral, controle e vigilância na execução do contrato que o legislador atribui imperativamente aos entes públicos contratantes, resultando no reconhecimento expresso e direto, com base nessas atribuições, da sanção com a imposição de multas, aplicação da cláusula penal ou a decretação da caducidade do contrato.

---

44 SANTOFIMIO GAMBOA, J. O. *Reflexiones en torno a la potestad administrativa sancionadora*: aplicación en el sector energético, ambiental, de telecomunicaciones y en otros sectores. Colección de Estudios en Derecho Minero y Energético. Bogotá: Universidad Externado de Colombia, 2014.

45 ALEJANDRO NIETO. Algunas precisiones sobre el concepto de policía. *Revista de Administración Pública*, n. 81, 1976, pp. 35-75; PARADA, R. *Derecho administrativo*. Tomo I. Madri: Marcial Pons, 2000, pp. 408ss.

46 MAURER, H. *Derecho administrativo*. Parte general. Madri: Marcial Pons, 2011, p. 156.

47 GARCÍA DE ENTERRÍA, E.; FERNÁNDEZ, T. R. *Curso de derecho administrativo*. Tomo II. Madri: Civitas, 1999, p. 103.

A atividade de ordenação é aquela que se ocupa da prevenção de riscos.[48] Ela monitora e reage a situações concretas de crise. Nesse sentido, a administração intervém por meio de ordens, proibições e controles prévios. Em matéria de contratos administrativos, essas hipóteses de atividade unilateral só são admissíveis com base numa estrita legalidade e no cumprimento objetivo do que foi acordado, ou seja, com base numa clara e evidente boa-fé objetiva, que procura, acima de tudo, assegurar que o que foi acordado seja cumprido exatamente conforme acordado entre as partes.

Para sua tomada de decisão, a atividade ordenadora se fundamenta em regulamentos normativos de caráter imperativo. Teoricamente, a atividade ordenadora é tipicamente restritiva dos direitos; contudo, na literatura jurídica recente, o âmbito da ação ordenadora foi alargado para incluir atividades destinadas a prevenir perigos e riscos no desenvolvimento de atividades pelos particulares. Assim, a administração não só regula, mas também atua mediante avisos e recomendações, acordos e entendimentos prévios com os particulares para evitar a ocorrência de danos à comunidade, o que se traduz contratualmente na possibilidade de a administração, por meio de auditores, gestores de projeto etc. alertar o particular, e mesmo a própria administração, de todas as dificuldades e riscos que paulatinamente surjam e que afetem ou ponham em risco os projetos em execução, com a finalidade e o objetivo de adotar as medidas corretivas apropriadas, separando essas situações dos casos evidentes de descumprimento que dão origem à consequente responsabilidade dos particulares.

O regime administrativo sancionador e, em seu interior, aquele que é desenvolvido pelas autoridades responsáveis pelos contratos públicos administrativos na execução de contratos, é chamado a submeter-se inteiramente ao ordenamento jurídico, incluindo as normas e princípios baseados na esfera negocial.[49] Cabe às autoridades competentes fornecer as garantias e respeitar as determinações imperativas das convenções de natureza econômica que sujeitam os países na seara contratual e no que tange ao intercâmbio de produtos e os acordos comerciais relativos a obras ou produtos de interesse do estado, bem como aos direitos humanos reconhecidos, integrados e protegidos no ordenamento jurídico colombiano, tendo em conta tanto a Convenção Americana dos Direitos Humanos como os princípios do procedimento sancionatório, emanados do artigo 29 da Constituição, tais como os da legalidade e, dentro dele, os da reserva legal, da tipicidade da infração e da sanção; devido processo legal em suas

---

48 SCHMIDT-ASSMANN, E. *Teoría general del derecho administrativo como sistema.* Madri: Marcial Pons, 2005, pp. 176-177.

49 FERRER MAC-GREGOR, E. Reflexiones sobre el control difuso de convencionalidad a la luz del caso Cabrera García y Montiel Flores vs. México. *Boletín Mexicano de Derecho Comparado.* Cidade do México, n. 131, 2011, p. 920.

manifestações de contraditório, proibição da *reformatio in pejus*, mandamento do *non bis in idem*, bem como de razoabilidade, motivação, ponderação, proporcionalidade da sanção, entre outras.

5.1 Os poderes sancionatórios em matéria de contratação administrativa como violação do princípio da igualdade

A regra geral de qualquer relação negocial é que ela está sujeita ao princípio da igualdade. No que diz respeito aos contratos administrativos, essa é a regra dominante e principal na relação entre a administração e o particular, só se rompendo, por estrita determinação legal, quando incidem as cláusulas de exceção, dentre as quais se encontra uma modalidade de sanção como a caducidade e igualmente para o exercício do *ius puniendi* negocial ou ainda para a imposição de sanções administrativas de modo unilateral pela administração, nos casos em que o legislador assim faculte e determine.

Na Colômbia, desde a entrada em vigor da Lei n. 80 de 1993, ao romper com a concepção clássica francesa que distinguia entre contratos de direito administrativo e os contratos propriamente privados da administração, a igualdade foi consolidada como princípio, assim como também se consolidou a unilateralidade da administração como exceção de aplicação extremamente restritiva, em casos taxativamente assinalados na lei, por meio da criação de um novo regime de cláusulas apropriadamente nomeadas "excepcionais" e não, no jargão clássico do contrato administrativo francês, "exorbitantes".[50] Isso se deu por meio da manutenção da ideia de que, paralelamente à existência de cláusulas de exceção, poderiam existir outros poderes unilaterais da administração no âmbito da execução do contrato, tais como os relativos a multas e à aplicação da cláusula penal, o que é evidente, especialmente desde a entrada em vigor da Lei n. 1150, de 2007.

Recordemos que, no regime contratual anterior, ou seja, aquele influenciado pelas obras francesas sobre o assunto, o próprio contrato administrativo era o âmbito de aplicação da chamada "exorbitância pública", traduzindo-se em cláusulas não acordadas, mas imperativamente impostas aos contratos e que facilitavam o exercício do poder público unilateral sobre o contrato e o particular; esse foi um pressuposto fundamental a justificar a proclamada substantividade do contrato administrativo, marcando assim limites e diferenças entre o contrato público e o contrato próprio aos particulares, justificando, com isso, um regime de direito público diferente para este.

---

50 COLÔMBIA. Corte Constitucional. Sentença C-400 de 2 de junho de 1999.

Ao abrigo desse esquema conceitual, o regime sancionatório em matéria de contratos públicos situa-se numa área de estrita legalidade e excepcionalidade, baseando-se na atividade unilateral da administração que se projeta no mundo jurídico mediante atos administrativos sancionatórios, ou seja, recorrendo a outros instrumentos que não o consenso e o acordo entre as partes, o que seria a norma no âmbito negocial material, ou submetendo as suas diferenças, incluindo as relacionadas com possíveis violações de contrato, ao juiz do contrato.

5.2 Sujeição estrita ao princípio da boa-fé objetiva

O âmbito da atividade sancionatória da administração em matéria de contratos administrativos é configurado precisamente pelo contrato e por seu cumprimento, o que por si só configura uma importante restrição para garantir a substantividade objeto de análise e discussão para efeitos sancionatórios, determinante, portanto, do âmbito de normatividade envolvida na discussão sancionatória. Assim, toda abordagem ao problema formulado relativamente às acusações contra o particular, ou à sua defesa, é sobretudo medida pelo princípio da boa-fé objetiva, e não pelas crenças subjetivas e unilaterais das partes em relação ao negócio, ao seu conteúdo, alcance e execução.[51]

A boa-fé objetiva é, portanto, um instrumento de segurança jurídica negocial relevante no exercício do poder sancionatório da administração em face do particular e que se impõe de forma peremptória perante qualquer hipótese de subjetivismo ou especulação na determinação do que foi acordado. No contexto do conflito sobre o descumprimento resultante da execução do contrato do Estado, contrapõe-se à boa-fé subjetiva, entendida como aquele:

> ...estado de convicção ou crença de agir em conformidade com a lei, que é típico das situações possessórias e que é inadequado nas diferentes fases da negociação, pois nestas o fator relevante não é a crença ou convicção do sujeito, mas o seu comportamento efetivo e

51 COLÔMBIA. Conselho de Estado. Sala do Contencioso Administrativo. Seção Terceira. Sentença de 10 de dezembro de 2015. Expediente 51489; Sentença de 3 de dezembro de 2015. Expediente 46736; Sentença de 26 de novembro de 2015. Expediente 4563; Sentença de 26 de novembro de 2015. Expediente 53877; Sentença de 26 de novembro de 2015. Expediente 52423; Sentença de 22 de outubro de 2015. Expediente 48061; Sentença de 7 de setembro de 2015. Expediente 43769; Sentença de 31 de agosto de 2015. Expediente 44475; Sentença de 31 de agosto de 2015. Expediente 43041; Sentença de 29 de julho de 2015. Expediente 38509; Sentença de 19 de novembro de 2012. Expediente 22043.

real de acordo com a lei e os princípios da lealdade e correção, no que é conhecido como boa-fé objetiva...[52]

Nesse sentido, o precedente de uniformização da Terceira Seção do Conselho de Estado permite-nos constatar a importância do princípio em matérias fundamentais como o da materialização de sanções por descumprimento no âmbito da execução do contrato administrativo. A esse respeito, a Corporação determinou que é a:

> ...boa-fé objetiva que deve prevalecer no contrato [; ela] tem os seus fundamentos num regime jurídico que não é estritamente positivo, mas que se baseia também nos princípios e valores que derivam do ordenamento jurídico superior, uma vez que procuram preservar o interesse ***público, os recursos públicos, o sistema democrático e participativo, a*** liberdade de empreendimento e a iniciativa privada mediante a observância dos princípios de planejamento, transparência e seleção objetiva, entre outros, de modo a que tudo se traduza em segurança jurídica para os parceiros...[53]

Por isso, a boa-fé objetiva:

> consiste fundamentalmente em respeitar a essência do que foi acordado, em cumprir as obrigações decorrentes do acordo, em perseverar na execução do que foi acordado, em observar plenamente o dever de informar a outra parte,[54] e, finalmente, em comportar-se

52 Texto original: "...*Estado de convencimiento o creencia de estar actuando conforme a derecho, que es propia de las situaciones posesorias, y que resulta impropia en materia de las distintas fases negociales pues en estas lo relevante no es la creencia o el convencimiento del sujeto sino su efectivo y real comportamiento ajustado al ordenamiento y a los postulados de la lealtad y la corrección, en lo que se conoce como buena fe objetiva...*" COLÔMBIA. Conselho de Estado. Sala do Contencioso Administrativo. Seção Terceira. Sentença de Unificação de 19 de novembro de 2012. Expediente 24.897; Sentença de 22 de junho de 2011. Expediente 18.836; Sentença de 18 de julho de 2012. Expediente 22.221; Sentença de 8 de agosto de 2012. Expediente 23.044; Sentença de 19 de novembro de 2012. Expediente 22.043.

53 Texto original: "...*buena fe objetiva que debe imperar en el contrato tiene sus fundamentos en un régimen jurídico que no es estrictamente positivo, sino que se funda también en los principios y valores que se derivan del ordenamiento jurídico superior ya que persiguen preservar el interés general, los recursos públicos, el sistema democrático y participativo, la libertad de empresa y la iniciativa privada mediante la observancia de los principios de planeación, transparencia y selección objetiva, entre otros, de tal manera que todo se traduzca en seguridad jurídica para los asociados...*". COLÔMBIA. Conselho de Estado. Sala do Contencioso Administrativo. Seção Terceira. Sentença de Unificação de 19 de novembro de 2012. Expediente 24.897.

54 Sobre esse ponto, cf. NEME VILLARREAL, M. L. Buena fe subjetiva y buena fe objetiva. *Revista de Derecho Privado*. Bogotá, n. 17, p. 73, 2009. Trecho original em espanhol: "*que consiste fundamentalmente en respetar en su esencia lo pactado, en cumplir las obligaciones derivadas del acuerdo, en perseverar en la ejecución de lo convenido, en observar cabalmente el deber de informar a la otra parte, y, en fin, en desplegar un comportamiento que convenga a la realización y ejecución del contrato sin olvidar que el interés del otro contratante también debe cumplirse y cuya satisfacción depende en buena medida de la lealtad y corrección de la conducta propia*".

> de uma forma apropriada à realização e à execução do contrato sem esquecer que o interesse da outra parte contratante também deve ser cumprido e cuja satisfação depende em grande medida da lealdade e da correção da sua própria conduta.

Ela é fundamental e relevante na negociação e,

> portanto, em sede contratual, não é a convicção ou a crença das partes de que estão a agir em conformidade com a lei, ou seja, a boa-fé subjetiva, que interessa, mas, repete-se, o comportamento que visa à pronta e integral execução do acordo contratual.[55]

Isso, naturalmente, depende também do cumprimento das solenidades exigidas por lei para a formação do negócio. O que se está propondo aqui ganha mais força se tivermos também em conta que essa boa-fé objetiva, inerente a todas as fases negociais, pressupõe a integração, em cada uma delas, das normas imperativas cabíveis, como resulta claramente das disposições do artigo 871 do Código Comercial, com uma redação semelhante à do artigo 1.603 do Código Civil, que prevê que os contratos devem:

> ser celebrados e executados de boa-fé e, consequentemente, obrigarão não só ao que vem expressamente neles pactuado, mas a tudo o que seja adequado à sua natureza, de acordo com a lei, o costume ou a equidade natural.[56]

5.3 Violação da reciprocidade no exercício do poder sancionatório

O poder sancionatório é unilateral e está nas mãos da administração. É o exercício de um poder administrativo que o legislador reconhece única e exclusivamente à administração responsável pelos contratos públicos. Nesse sentido, não é recíproco. O particular não tem nenhuma autoridade legal para impor uma sanção à contraparte contratante. Na execução de determinado contrato ou negócio jurídico de caráter administrativo, é totalmente inaceitável que o particular adote qualquer tipo de atitude

---

55 Texto original: "*por lo tanto, en sede contractual no interesa la convicción o creencia de las partes de estar actuando conforme a derecho, esto es la buena fe subjetiva, sino, se repite, el comportamiento que propende por la pronta y plena ejecución del acuerdo contractual.*" COLÔMBIA. Conselho de Estado. Sala do Contencioso Administrativo. Seção Terceira. Sentença de 22 de junho de 2011. Expediente 18836.

56 Texto original: "*celebrarse y ejecutarse de buena fe, y, en consecuencia, obligarán no sólo a lo pactado expresamente en ellos, sino a todo lo que corresponda a la naturaleza de los mismos, según la ley, la costumbre o la equidad natural.*" COLÔMBIA. Conselho de Estado. Sala do Contencioso Administrativo. Seção Terceira. Sentença de Unificação de 19 de novembro de 2012. Expediente 24.897.

unilateral, muito menos a de sancionar a administração. Nessa hipótese, estaria essencialmente a violar o que foi acordado e estaria assim a violar o princípio da boa-fé objetiva que deveria reger todo contrato ou negócio jurídico de natureza administrativa.[57] O particular não poderia unilateralmente obrigar a administração a cumprir o acordado, mas apenas a obter a declaração da responsabilidade da administração pelo descumprimento e, assim, obter as condenações correspondentes em seu próprio favor, de acordo com o que ficou demonstrado, com base no texto do artigo 87 do Código do Contencioso Administrativo, ou seja, judicialmente.

5.4 Vinculação dos seguradores ao cumprimento das sanções

O exercício do poder sancionatório da administração em matéria de contratos administrativos implica irremediavelmente a sorte dos seguradores do particular,[58] não como partes sancionadas, mas como garantidores em casos de descumprimento e em conformidade com as garantias validamente concedidas e aceitas na relação negocial. Precisamente, se compreendermos que o fundamento da atividade punitiva da administração são as violações do particular, a declaração da administração nesse sentido implica, substancialmente, a declaração de um sinistro que põe em xeque o cumprimento normal do que foi acordado.

A declaração dos sinistros e sua quantificação para efeitos de excutir a garantia única que cobre as obrigações do contrato deve ser objeto de um pronunciamento no âmbito da atuação sancionatória com citação prévia da seguradora. Nesses casos, estamos em presença de um ato contratual, que, embora não provenha do exercício de um poder exorbitante da administração, advém do exercício de um poder que permite à administração agir unilateralmente.

O Conselho de Estado tem historicamente reiterado que os entes estatais têm poderes para declarar unilateralmente a ocorrência de sinistros e sua quantificação, quando se trata das garantias fornecidas pelo particular para a adequação do negócio ao molde legal.[59] Não é, portanto, um poder geral que compreenda todos os sinistros segurados para o ente; é uma atribuição que visa exclusivamente à execução da garantia

57 COLÔMBIA. Conselho de Estado. Sala do Contencioso Administrativo. Seção Terceira. Sentença de 9 de setembro de 2013. Expediente 25.681; Sentença de 22 de outubro de 2015. Expediente 48.061.

58 COLÔMBIA. Conselho de Estado. Sala do Contencioso Administrativo. Seção Terceira. Expediente 52678.

59 COLÔMBIA. Conselho de Estado. Sala do Contencioso Administrativo. Seção Terceira. Sentença de 28 de janeiro de 2015. Expediente 29.431; Sentença de 28 de janeiro de 2015. Expediente 30.292; Sentença de 6 de julho de 2015. Expediente 40.789.

única que avaliza os contratos celebrados pelos entes estatais. Nesse sentido, no caso de ocorrer um sinistro relativo a bens segurados pelo ente que não os destinados à relação contratual, o seu tratamento está plenamente sujeito às regras do Código Comercial e, em caso de litígio com a seguradora, o ente não teria nenhum poder unilateral, devendo a questão ser resolvida pela jurisdição ordinária.

A Lei n. 1.437 de 2011 – o Código de Processo Administrativo e do Contencioso Administrativo –, em seu artigo 99, declara que constituem título executivo a favor do Estado: "os contratos e documentos contendo as suas garantias, juntamente com o ato administrativo que declara seu descumprimento ou caducidade", as garantias previstas a qualquer título, bem como com o "ato administrativo executivo que declara a obrigação".[60]

O legislador habilita indiscutivelmente a administração a reconhecer a existência do sinistro, o montante do prejuízo e a exigir à seguradora o cumprimento da obrigação de indenização, ou seja, a assumir as matérias previstas no artigo 1.077 do Código Comercial. Isto é, foi concedido à administração o poder indiscutível de romper as vias judiciais face a um dano segurado em matéria contratual e, devido ao interesse público, de decidir o que seria adequado à luz dos fatos relativos ao descumprimento e ao direito aplicável.[61]

Essa decisão, como todo ato administrativo, é dotada das qualidades presumidas de legalidade e executoriedade, dando origem, de um lado, como temos defendido, à emergência de um verdadeiro ato contratual sujeito à ação de controvérsias contratuais para debater a sua legalidade e os direitos subjetivos violados por sua expedição e, de outro lado, à ação executiva perante a mesma jurisdição do Contencioso Administrativo para executar as suas determinações, tal como reconhecido pelo Conselho de Estado[62] e pela própria Corte Constitucional no decisão C-666 de 2000.

A decisão em questão deve ser adotada dentro do prazo prescricional de dois anos estabelecido pelo Código Comercial e abranger apenas os sinistros que tenham se verificado durante o período de vigência da apólice.[63] De acordo com os artigos 1.072

60 *"los contratos y documentos en que constan sus garantías, junto con el acto administrativo que declara su incumplimiento o la caducidad"*; *"acto administrativo ejecutoriado que declare la obligación"*.

61 COLÔMBIA. Conselho de Estado. Sala do Contencioso Administrativo. Seção Terceira. Sentença de 11 de dezembro de 2002. Expediente 22511.

62 COLÔMBIA. Conselho de Estado. Sala do Contencioso Administrativo. Seção Terceira. Sentença de 28 de janeiro de 2015. Expediente 29.431; Sentença de 28 de janeiro de 2015. Expediente 30.292; Sentença de 6 de julho de 2015. Expediente 40.789.

63 COLÔMBIA. Conselho de Estado. Sala do Contencioso Administrativo. Seção Terceira. Sentença de 3 de dezembro de 2015. Expediente 52678; Sentença de 26 de novembro de 2015. Expediente 53914.

e 1.131, a verificação do risco segurado, ou seja, o fato externo imputável ao segurado, deve necessariamente ocorrer dentro do prazo do contrato. Até o termo final desse prazo, o particular tem a possibilidade de cumprir suas obrigações integralmente. É então a partir desse momento que a administração, ao verificar o descumprimento pelo particular, ou seja, o sinistro segurado, deve proceder para tornar a garantia efetiva, e é a partir de então que os prazos prescricionais começam a ser contados para efeitos de cessação da responsabilidade da seguradora.

5.5 Concretização por meio de uma decisão administrativa com conteúdo individual

A atividade sancionatória da administração no âmbito da atividade contratual do Estado deriva, como já foi dito, do exercício de poderes unilaterais da administração em relação ao particular, e assume a forma de emissão de atos administrativos de conteúdo individual que afetam diretamente os direitos subjetivos do particular que descumpriu o contrato por meio da sanção imposta, que pode consistir numa multa, na aplicação da cláusula penal ou na própria caducidade do contrato.

Em caso de caducidade, para além de o ato ser derivado de um poder sancionatório unilateral, no direito colombiano o ato encontra seus fundamentos no exercício de uma das cláusulas de exceção definidas taxativamente pelo legislador. Trata-se de um ato contratual típico resultante do exercício igualmente autorizado da unilateralidade em casos de aplicação das cláusulas de exceção. Compreender-se-iam todos os atos produzidos durante a execução do contrato administrativo que derivam a sua existência da execução das cláusulas de exceção, obviamente incorporadas nos contratos em que, em conformidade com o disposto no artigo 14.2 da Lei n. 80 de 1993 e em seu parágrafo único, combinados com o artigo 32 da mesma lei, é possível incorporar essas cláusulas sem violar o princípio da legalidade.

As multas e a aplicação da cláusula penal, ao contrário, não estão abrangidas pelo âmbito das cláusulas de exceção; sua razão e justificação jurídica se encontram exclusivamente no reconhecimento legal dos poderes sancionatórios unilaterais da administração. A questão é importante em relação aos atos contratuais, uma vez que sua decretação por meio de um ato administrativo não é hoje contestada, dada a clareza dos dispositivos da Lei n. 1.150, de 2007.

6. PROCEDIMENTO SANCIONATÓRIO EM MATÉRIA DE CONTRATAÇÃO E GARANTIA TOTAL DO DEVIDO PROCESSO LEGAL

A fim de materializar as disposições expostas acima em relação à vigência e à aplicação do devido processo legal, mediante a Lei n. 1.150 de 2007, o legislador determinou, em seu artigo 17, que o devido processo legal é um princípio orientador das atuações administrativas de caráter sancionatório, o que implica, sem dúvida, que essa garantia é operante em todas as atuações administrativas, uma vez que afirmar o contrário seria flagrantemente inconstitucional.

Ao regulamentar o procedimento que deve ser seguido nos processos disciplinares, a lei faz referência específica ao direito de ser ouvido, garantindo sempre o devido processo legal, a fim de desenvolver esse dispositivo e materializar a referida garantia. O artigo 86 da Lei n. 1474 de 2011 - o Estatuto Anticorrupção - estabelece o procedimento específico a ser seguido nesses casos;[64] a seu turno, o artigo 47 do

---

64 COLÔMBIA, Lei n. 1.474, de 2011:

"Artigo 86: Os entes sujeitos ao Estatuto Geral de Contratação da Administração Pública podem declarar o descumprimento, quantificando os prejuízos dele decorrentes, impor as multas e sanções acordadas no contrato e aplicar a cláusula penal. Para tanto, devem observar o seguinte procedimento:

a) Caso se evidencie um possível descumprimento das obrigações do contratante, o ente público intimará o contratante para uma audiência para discutir o ocorrido. Na intimação, fará menção expressa e detalhada dos fatos que a embasam, acompanhada do relatório de auditoria ou de supervisão em que o procedimento se baseia, indicando as normas ou cláusulas possivelmente violadas e as consequências que poderão surgir para o particular no decurso do procedimento. Na intimação se determinará o local, a data e a hora da audiência, que poderá realizar-se o mais cedo possível, tendo em conta a natureza do contrato e a periodicidade estabelecida para o cumprimento das obrigações contratuais. No caso de a garantia do cumprimento consistir numa apólice de seguro, a seguradora deve ser igualmente intimada;

b) No decurso da audiência, o chefe do ente ou o seu delegado apresentará as circunstâncias factuais que motivam o procedimento, indicará as normas ou cláusulas possivelmente violadas e as consequências que poderão surgir para o particular no decurso do procedimento. O representante legal do particular ou quem o represente e a seguradora terão então a palavra para apresentar os seus argumentos, durante os quais poderão dar explicações, fornecer provas e controverter as provas apresentadas pelo ente;

c) Após os atos acima referidos, por meio de uma decisão fundamentada que indique o que ocorreu no decurso da audiência e que se terá por publicada no referido ato público, o ente deve proceder à decisão de impor ou não a multa, sanção ou declaração de descumprimento. Só pode ser interposto recurso de reconsideração contra a decisão assim proferida, que será apresentado, sustentado e decidido na mesma audiência. A decisão sobre o recurso deve ser notificada na mesma audiência;

d) Em qualquer momento durante a audiência, o chefe do ente ou o seu delegado pode suspender a audiência quando, por sua própria iniciativa ou a pedido de uma parte, for necessário, na sua opinião, reunir ou examinar provas que considere relevantes e pertinentes, ou quando, por qualquer outra razão devidamente fundamentada, for necessária a suspensão para a boa condução do processo administrativo. Em todo caso, ao tomar tal decisão, deve ser fixada data e hora para o reinício da audiência. O ente pode terminar o procedimento em qualquer altura, se por qualquer meio tomar conhecimento da cessação da situação de descumprimento."

Texto original: (COLOMBIA. Ley 1474 de 2011. *Artículo 86: Las entidades sometidas al Estatuto General de Contratación de la Administración Pública podrán declarar el incumplimiento, cuantificando los perjuicios del*

CPACA[65] estabelece o regime geral do procedimento administrativo sancionatório, começando com uma fase de investigação preliminar, que, se culminar com o convencimento da autoridade sobre a existência de fundamento para o procedimento sancionatório, deve então ser notificada pessoalmente ao interessado, expondo clara e precisamente as razões da decisão; o interessado terá então um prazo de 15 dias para exercer o seu direito de defesa mediante a formulação de artigos de defesa, bem como solicitando ou produzindo provas.

---

mismo, imponer las multas y sanciones pactadas en el contrato, y hacer efectiva la cláusula penal. Para tal efecto observarán el siguiente procedimiento:

a) Evidenciado un posible incumplimiento de las obligaciones a cargo del contratista, la entidad pública lo citará a audiencia para debatir lo ocurrido. En la citación, hará mención expresa y detallada de los hechos que la soportan, acompañando el informe de interventoría o de supervisión en el que se sustente la actuación y enunciará las normas o cláusulas posiblemente violadas y las consecuencias que podrían derivarse para el contratista en desarrollo de la actuación. En la misma se establecerá el lugar, fecha y hora para la realización de la audiencia, la que podrá tener lugar a la mayor brevedad posible, atendida la naturaleza del contrato y la periodicidad establecida para el cumplimiento de las obligaciones contractuales. En el evento en que la garantía de cumplimiento consista en póliza de seguros, el garante será citado de la misma manera;

b) En desarrollo de la audiencia, el jefe de la entidad o su delegado presentará las circunstancias de hecho que motivan la actuación, enunciará las posibles normas o cláusulas posiblemente violadas y las consecuencias que podrían derivarse para el contratista en desarrollo de la actuación. Acto seguido se concederá el uso de la palabra al representante legal del contratista o a quien lo represente, y al garante, para que presenten sus descargos, en desarrollo de lo cual podrá rendir las explicaciones del caso, aportar pruebas y controvertir las presentadas por la entidad;

c) Hecho lo precedente, mediante resolución motivada en la que se consigne lo ocurrido en desarrollo de la audiencia y la cual se entenderá notificada en dicho acto público, la entidad procederá a decidir sobre la imposición o no de la multa, sanción o declaratoria de incumplimiento. Contra la decisión así proferida sólo procede el recurso de reposición que se interpondrá, sustentará y decidirá en la misma audiencia. La decisión sobre el recurso se entenderá notificada en la misma audiencia;

d) En cualquier momento del desarrollo de la audiencia, el jefe de la entidad o su delegado podrá suspender la audiencia cuando de oficio o a petición de parte, ello resulte en su criterio necesario para allegar o practicar pruebas que estime conducentes y pertinentes, o cuando por cualquier otra razón debidamente sustentada, ello resulte necesario para el correcto desarrollo de la actuación administrativa. En todo caso, al adoptar la decisión, se señalará fecha y hora para reanudar la audiencia. La entidad podrá dar por terminado el procedimiento en cualquier momento, si por algún medio tiene conocimiento de la cesación de situación de incumplimiento).

65 COLÔMBIA, Lei n. 1.437, de 2011

"Artigo 47: Os procedimentos administrativos de natureza punitiva não regulados por leis especiais ou pelo Código Disciplinar Único sujeitar-se-ão às determinações desta Parte I do Código. As disposições do presente Código são igualmente aplicáveis às matérias não previstas nessas leis.

Os procedimentos administrativos de natureza sancionatória podem ser iniciados ex officio ou a pedido de qualquer pessoa. Quando, como resultado de inquéritos preliminares, a autoridade estabelecer que existem fundamentos para iniciar um procedimento sancionatório, deve informar o interessado. Uma vez concluídas as averiguações preliminares, se for o caso, formulará acusações por meio de um ato administrativo no qual indicará, com precisão e clareza, os fatos que lhes dão origem, as pessoas naturais ou jurídicas objeto das investigações, as disposições alegadamente infringidas e as sanções ou medidas cabíveis. Não cabe recurso contra essa decisão.

As partes investigadas podem, no prazo de quinze (15) dias após a notificação das acusações, apresentar sua defesa e solicitar ou fornecer as provas que pretendem alegar. As provas inconclusivas, impertinentes e supérfluas serão rejeitadas de maneira motivada, e as provas que tenham sido produzidas ilegalmente não serão tidas em conta.

CONCLUSÃO

A estruturação constitucional e legal da atividade contratual do Estado envolve excepcionalmente poderes sancionatórios para as autoridades administrativas que têm responsabilidade e capacidade decisória em relação à execução e ao cumprimento dos contratos celebrados. Trata-se de poderes administrativos baseados nos deveres de direção geral, controle e supervisão da execução do contrato, que a Lei Geral de Contratação - Lei n. 80 de 1993 - atribui, nos seus artigos 4º e 14, aos funcionários públicos ligados à relação negocial, a fim de fazer prevalecer os interesses gerais, sem afetar de forma injustificada ou desproporcional os interesses subjetivos dos particulares, quando eles tenham incorrido em situações claras e evidentes de descumprimento do contrato.

O poder sancionatório em matéria contratual traduz-se na emissão de atos administrativos sancionatórios, após o esgotamento dos procedimentos que garantem o devido processo legal, o direito de defesa, o contraditório e outros princípios fundamentais de toda atuação sancionatória, quando esteja devidamente comprovado e reconhecido que o descumprimento da relação da relação negocial é imputável ao particular.

As sanções que o sistema legal erige para serem impostas pela administração no exercício desse poder são a multa, a aplicação da cláusula penal e a caducidade, que incidem nos casos estabelecidos pelo legislador e de acordo com as circunstâncias derivadas dos descumprimentos comprovados. As condutas sujeitas a sanção baseiam-se

---

PARÁGRAFO: As autuações administrativas contratuais sancionatórias, incluindo os recursos, são regidas pelas disposições das normas especiais na matéria." Texto original: (COLOMBIA. Ley 1437 de 2011. *Artículo 47: Los procedimientos administrativos de carácter sancionatorio no regulados por leyes especiales o por el Código Disciplinario Único se sujetarán a las disposiciones de esta Parte Primera del Código. Los preceptos de este Código se aplicarán también en lo no previsto por dichas leyes.*
Las actuaciones administrativas de naturaleza sancionatoria podrán iniciarse de oficio o por solicitud de cualquier persona. Cuando como resultado de averiguaciones preliminares, la autoridad establezca que existen méritos para adelantar un procedimiento sancionatorio, así lo comunicará al interesado. Concluidas las averiguaciones preliminares, si fuere del caso, formulará cargos mediante acto administrativo en el que señalará, con precisión y claridad, los hechos que lo originan, las personas naturales o jurídicas objeto de la investigación, las disposiciones presuntamente vulneradas y las sanciones o medidas que serian procedentes Este acto administrativo deberá ser notificado personalmente a los investigados. Contra esta decisión no procede recurso.
Los investigados podrán, dentro de los quince (15) días siguientes a la notificación de la formulación de cargos, presentar los descargos y solicitar o aportar las pruebas que pretendan hacer valer. Serán rechazadas de manera motivada, las inconducentes, las impertinentes y las superfluas y no se atenderán las practicadas ilegalmente.
PARÁGRAFO. Las actuaciones administrativas contractuales sancionatorias, incluyendo los recursos, se regirán por lo dispuesto en las normas especiales sobre la materia).

em princípios de estrita legalidade e são especificadas por meio do que está provado no processo administrativo sancionatório em relação aos descumprimentos.

Embora seja verdade que, em geral, as relações negociais são regidas pelo princípio da igualdade, em matéria de contratação pública esse princípio é afastado em favor do interesse público, quando a administração dispõe de poderes sancionatórios unilaterais, como no caso da multa e da aplicação da cláusula penal, ou do poder de impor unilateralmente a cláusula de exceção de caducidade em caso de descumprimentos graves por parte do particular. Nesse sentido, tanto a regulamentação das sanções na esfera contratual como o exercício da atividade administrativa destinada a sua verificação, declaração e imposição devem se dar segundo critérios de excepcionalidade e restrição, dando prioridade, em todos os casos em que seja impossível à administração atuar unilateralmente, à resolução de conflitos diretamente ou pelo juiz do contrato.

A excussão das garantias que cobrem os riscos derivados do descumprimento das prestações pelos particulares é da responsabilidade da administração contratante após o esgotamento dos procedimentos administrativos sancionatórios, razão pela qual, de acordo com a lei, as seguradoras devem ser obrigatoriamente intimadas para esses processos administrativos.

BIBLIOGRAFIA

BREWER-CARIAS, A. R. *Contratos administrativos*. Colección Estudios Jurídicos, n. 44. Caracas: Jurídica Venezolana, 1992.

EXPÓSITO VÉLEZ, J. C. *La configuración del contrato de la administración pública en el derecho colombiano y español*. Bogotá: Universidad Externado de Colombia, 2002.

FERRER MAC-GREGOR, E. Reflexiones sobre el control difuso de convencionalidad a la luz del caso Cabrera García y Montiel Flores vs. México. *Boletín Mexicano de Derecho Comparado*. Cidade do México, n. 131, 2011, p. 920.

GARCÍA DE ENTERRÍA, E. La figura del contrato administrativo. Revista de Administración Pública. Madri, n. 41 y 42, pp. 99ss., 1963.

GARCÍA DE ENTERRÍA, E.; FERNÁNDEZ, T. R. *Curso de derecho administrativo*. Tomo II. Madri: Civitas, 1999, p. 103.

GIL, R. E. *Teoría general de los contratos de la administración pública*. Bogotá: Legis, 1999.

HERNÁNDEZ, A. P. *et al*. Potestad Sancionadora de la Administración en Materia de Contratación Estatal. *Contratos Públicos*: Problemas, Perspectivas y Prospectivas. XVIII Jornadas Internacionales de Derecho Administrativo. Bogotá: Universidad Externado de Colombia, 2017.

MARTÍN-RETORTILLO BAQUER, S. *El derecho civil en la génesis del derecho administrativo y de sus instituciones*. Madri: Civitas, 1996.

MAURER, H. *Derecho administrativo*. Parte general. Madri: Marcial Pons, 2011, p. 156.

NEME VILLARREAL, M. L. Buena fe subjetiva y buena fe objetiva. *Revista de Derecho Privado*. Bogotá, n. 17, p. 73, 2009.

NIETO, Alejandro. Algunas precisiones sobre el concepto de policía. *Revista de Administración* Pública, n. 81, 1976, pp. 35-75.

OSPINA FERNÁNDEZ, G.; OSPINA ACOSTA, E. *Teoría general del contrato y de los demás actos o negocios jurídicos*. Bogotá: Temis, 1994.

PARADA, R. *Derecho administrativo*. Tomo I. Madri: Marcial Pons, 2000, pp. 408ss.

SANTOFIMIO GAMBOA, J. O. *Compendio de derecho administrativo*. Bogotá: Universidad Externado de Colombia, 2017.

SANTOFIMIO GAMBOA, J. *Reflexiones en torno a la potestad administrativa sancionadora*: aplicación en el sector energético, ambiental, de telecomunicaciones y en otros sectores. Colección de Estudios en Derecho Minero y Energético. Bogotá: Universidad Externado de Colombia, 2014.

SANTOFIMIO GAMBOA, J. *Tratado de Derecho Administrativo*. Tomo III. Bogotá: Universidad Externado de Colombia, 2004.

SCHMIDT-ASSMANN, E. *Teoría general del derecho administrativo como sistema*. Madri: Marcial Pons, 2005, pp. 176-177.

Jurisprudência

COLÔMBIA. Conselho de Estado. Sala do Contencioso Administrativo. Seção Terceira: auto de 14 de setembro de 2000. Expediente 13530;

Sentença de 31 de janeiro de 1991. Expediente 5951;

Sentença de 13 de setembro de 2001. Expediente 12722;

Sentença de 11 de dezembro de 2002. Expediente 22511;

Sentença de 2 de outubro de 2003. Expediente 14394;

Sentença de 19 de outubro de 2005. Expediente 1501;

Sentença de 13 de novembro de 2008. Expediente 17009;

Sentença de 21 de fevereiro de 2011. Expediente 16.105;

Sentença de 8 de junho de 2011. Expediente 17858;

Sentença de 22 de junho de 2011. Expediente 18.836;

Sentença de 25 de julho de 2011. Expediente 19150;

Sentença de 9 de maio de 2012. Expediente 22395;

Sentença de 7 de junho de 2012. Expediente 22277;

Sentença de 12 de julho de 2012. Expediente 15024;

Sentença de 18 de julho de 2012. Expediente 22.221;

Sentença de 8 de agosto de 2012. Expediente 23.044;

Sentença de 19 de novembro de 2012. Expediente 22.043;

Sentença de Unificação de 19 de novembro de 2012. Expediente 24.897;

Sentença de 24 de abril de 2013. Expediente 24637;

Sentença de 24 de julho de 2013. Expediente 25131;

Sentença de 9 de setembro de 2013. Expediente 25.681;

Sentença de 26 de março de 2014. Expediente 22831;

Sentença de 20 de outubro de 2014. Expediente 24809;

Sentença de 28 de janeiro de 2015. Expediente 29.431;

Sentença de 28 de janeiro de 2015, Expediente 30.292;
Sentença de 12 de fevereiro de 2015. Expediente 28278;
Sentença de 29 de abril de 2015. Expediente 36090;
Sentença de 6 de maio de 2015. Expediente 35766;
Sentença de 1º de julho de 2015. Expediente 38797;
Sentença de 6 de julho de 2015. Expediente 40.789;
Sentença de 29 de julho de 2015. Expediente 38509;
Sentença de 29 de julho de 2015. Expediente 40271;
Sentença de 29 de julho de 2015. Expediente 41891;
Sentença de 29 de julho de 2015. Expediente 42494;
Sentença de 31 de agosto de 2015. Expediente 43041;
Sentença de 31 de agosto de 2015. Expediente 44475;
Sentença de 7 de setembro de 2015. Expediente 43769;
Sentença de 7 de setembro de 2015. Expediente 47720;
Sentença de 22 de outubro de 2015. Expediente 48061;
Sentença de 26 de novembro de 2015. Expediente 4563;
Sentença de 26 de novembro de 2015. Expediente 48892;
Sentença de 26 de novembro de 2015. Expediente 52423;
Sentença de 26 de novembro de 2015. Expediente 53877;
Sentença de 26 de novembro de 2015. Expediente 53914;
Sentença de 3 de dezembro de 2015. Expediente 46736;
Sentença de 3 de dezembro de 2015. Expediente 52678;
Sentença de 10 de dezembro de 2015. Expediente 51489;
COLÔMBIA. Corte Constitucional. Sentença C-400 de 2 de junho de 1999.
COLÔMBIA. Corte Suprema de Justiça. Sentença de 2 de novembro de 1964.

Legislação

COLÔMBIA. Lei 1437 de 18 janeiro de 2011. Disponível em: https://www.funcionpublica.gov.co/eva/gestornormativo/norma.php?i=41249.

COLÔMBIA. Lei 1474 12 de julho de 2011. Disponível em: https://www.funcionpublica.gov.co/eva/gestornormativo/norma.php?i=43292.

Seguro garantia e contratos públicos

Rafael Valim[1]

É uma enorme satisfação participar desse notável congresso. Nossa querida Irene [Patrícia Nohara] já salientou, a impressionante organização é a cara do Ernesto, fazer tudo com o máximo de cuidado, de atenção e de sofisticação. Então, é uma alegria participar desse que é o mais importante evento do Direito do Seguro no Brasil, e seguramente do mundo, agradecer ao meu querido amigo Ernesto Tzirulnik o honroso convite para estar entre securitaristas. Aqui nós somos – né, Irene? – peixe fora d'água. Vamos dar nossos pitacos e compartilhar essa mesa com a doutora Juliana [Lopes Amaral], com o doutor Wolf [Ejzenberg] e com meu querido amigo, professor Jaime Orlando Santofimio Gamboa, sem favor algum, um dos maiores administrativistas da América Latina e um dos nossos raros tratadistas. O professor Jaime Orlando Santofimio Gamboa é um dos raros professores que ainda conseguem escrever tratados; ele tem um tratado de Direito Administrativo muito importante, cuja leitura eu recomendo vivamente a todos.

Muito bem, já imaginava o risco de falar depois da Irene, porque devo registrar também aqui a minha imensa admiração. A Irene é uma administrativista respeitadíssima e que trata sempre os temas com riqueza de detalhes, sempre prepara muito bem suas posições, e hoje não foi diferente. Portanto, ela me liberou de falar de diversos temas e eu vou tentar problematizar e me concentrar em alguns aspectos que eu reputo importantes. Claro que vai ser a visão de um administrativista, e não de um securitarista. Como o Ernesto também diz, "Se é que existem". Será que existe essa figura do securitarista? Muito bem, eu devo também dizer que o Ernesto, que é o nosso grande especialista no tema dos seguros, produziu um artigo duro sobre o novo regime de garantias da Lei de Licitações.

---

1 Doutor e Mestre em Direito Administrativo pela Pontifícia Universidade Católica de São Paulo (PUC-SP), onde lecionou de 2015 a 2018. É Diretor do Instituto para a Reforma das Relações entre Estado e Empresa – IREE, Presidente do IREE INFRA, membro do Instituto Internacional de Derecho Administrativo, do Foro Iberoamericano de Derecho Administrativo e do Instituto Brasileiro de Direito Administrativo. Advogado.

Eu vou tentar dialogar um pouco com essas críticas ácidas do Ernesto a esse novo regime; claro que eu aprendi com as visões dele, mas vou também dar um pouco da minha visão de administrativista. Eu sei que há também no mercado de seguros – a doutora Juliana seguramente vai nos ilustrar isso – uma divisão em relação à própria perspectiva desse novo regime, alguns adotando um tom mais otimista, outros nem tanto. Sei que há uma divisão de óticas, de prismas, do ponto de vista mercadológico, mas eu vou tentar ser rigorosamente técnico para, de maneira muito modesta, contribuir com o exame da questão.

A nova Lei de Licitações, no artigo 96, em contratos administrativos, estabelece uma maneira clara para que a exigência de garantias nas contratações públicas se inclua na esfera de discricionariedade da Administração Pública, ou seja, ela constitui o exercício discricionário de uma competência administrativa.

O artigo 96 fala que, a critério da autoridade competente, poderá ser exigida a prestação de garantia naquelas modalidades a que aludiu a professora Irene, caução em dinheiro, títulos da dívida pública, fiança bancária e seguro garantia que é o objeto da nossa atenção. Quem trabalha nesse mercado e tem intimidade com ele, sabe que há uma circular Susep n. 477/2013 que disciplina o seguro garantia firmado em contratações públicas e privadas. No caso das contratações públicas, define o seguro garantia como aquele que objetiva garantir o fiel cumprimento das obrigações assumidas pelo tomador perante o segurado, em razão de participação em licitação em contrato principal pertinentes a obras, serviços, inclusive de publicidade, compras, concessões ou permissões no âmbito dos poderes da União, Estados, Distrito Federal e dos municípios.

Então essa é uma definição que nós temos dentro da Susep. No artigo 97 da nova Lei de Licitações, a que também fez referência a professora Irene, nós temos o adensamento do regime jurídico do seguro garantia, colocando que ele também tem por objetivo garantir o fiel cumprimento das obrigações assumidas pelo contratado perante a Administração Pública, inclusive as multas, prejuízos, indenizações decorrentes de inadimplemento, que é realmente uma questão interessante e em que se vislumbra polêmica.

Mais adiante, nós temos o artigo 98, que estabelece que nas contratações de obras, serviços e fornecimentos a garantia poderá ser de 5 até 10%, ou seja, há também uma certa discricionariedade, que varia segundo a complexidade técnica e os riscos, para na sequência, no [artigo] 99, nas contratações de vulto, de grande vulto, nos termos da nova Lei de Licitações, pode ser exigido o seguro garantia no percentual equivalente até 30% do valor inicial do contrato, com uma cláusula chamada "cláusula de retomada", que depois é disciplinada no artigo 102 da mesma lei.

Também nesse ponto há uma discussão no artigo 99: se, nessas obras e serviços de engenharia de grande vulto, o seguro garantia teria essa conformação e ainda seria o caso de o administrado – no caso, o contratado – optar por uma das modalidades de seguro ou no caso de ele ser obrigatório, a administração pública imporia o seguro garantia. Me parece que há uma imposição, porque não faria qualquer sentido se oferecer uma opção entre fiança, caução, nos termos do artigo 98, de 5 a 10%, e o seguro garantia até 30%, não faria qualquer sentido uma intelecção dessa natureza.

E aí depois nós entramos no interessantíssimo exame da chamada cláusula de retomada, que é uma inovação significativa do novo regime. Feito esse panorama, vamos a algumas reflexões.

Em primeiro lugar, o objetivo dessa chamada cláusula de retomada, ou seja, da possibilidade de a seguradora concluir a execução da obra. Há vários aspectos envolvidos nessa experiência que é muito conhecida fora do Brasil, muito utilizada, e que agora se pretende utilizar nas contratações públicas. Em primeiro lugar, essa ideia foi colocada pela professora Irene, de uma preocupação com um fenômeno lamentável no Brasil: as obras inacabadas. Ou seja, essa ideia de que por meio de um arranjo contratual, de uma solução contratual, poder-se-ia enfrentar esse problema crônico no Brasil. O problema é que também esse fenômeno das obras inacabadas no Brasil não se deve tão somente à desídia ou a faltas ou a culpa dos contratados; ele também se deve à falta de orçamento, à falta de planejamento do Estado, entre outras causas, mas há, sim, esse propósito nessa cláusula de retomada.

E também há um aspecto que me parece importante, talvez até mais efetivo, de que as empresas – as seguradoras – avaliem a empresa e a possibilidade de execução contratual antes de se engajar numa relação dessa, e isso pode ajudar a combater o fenômeno. O outro fenômeno que é muito comum – todo mundo que trabalha com contratações públicas conhece e vê isso diariamente – é o mergulho nas licitações, ou seja, descontos muitas vezes exagerados, irreais, que depois resultam em obras inacabadas. Essa necessidade de se socorrer de uma seguradora, que não vai se engajar numa relação contratual sem qualquer avaliação, pode melhorar a própria qualidade das propostas, e isso pode ser algo interessante – claro que isso depois também resulta em qualidade na execução da obra e assim por diante.

Por outro lado, o que se imagina, até por conta desse aumento, da ampliação do limite do percentual do valor do seguro – um aumento no custo da obra –, é que vai haver uma precificação desse custo do seguro. Eu não digo que isso é um efeito adverso, porque a gente também tem que avaliar não só o custo que será embutido no preço, mas o custo total. Uma obra paralisada é a mais cara de todas, porque no final se investiu e depois terá que se fazer uma nova licitação. Ou seja, a obra mais cara que existe é aquela que não se conclui. Portanto, talvez esse aumento de um custo, digamos nominal, no final das contas se traduza em ganhos de eficiência para a administração.

Muito bem; algumas questões sobre as quais parece interessante refletir. Em primeiro lugar, a importância do edital de licitação. O edital tem uma importância central no seguro garantia nas licitações públicas; há muitos pontos lacunosos não respondidos pela lei e a Administração Pública, na fase interna da licitação, preparatória, deve minudenciar essa disciplina – se adotado o seguro garantia, sobretudo nessas obras de grande vulto – inclusive com a minuta do seguro. É fundamental que isso esteja previsto com pormenores no edital.

A professora Irene também já fez referência à matriz de risco, que é obrigatória em obras de grande vulto, e me parece que nessa matriz de risco deve estar retratada a responsabilidade da Administração por eventuais despesas decorrentes de prorrogação do contrato ou por próprio descumprimento do contrato, e que gerem aumento nos custos do seguro garantia. Isso me parece um item obrigatório da matriz de risco.

Eu julgo importante que esses custos do seguro garantia não estejam incorporados ao BDI, aquela porcentagem de benefício de despesas indiretas, ainda que seja uma mera porcentagem ali dentro que constitui um item de planilha de modo a facilitar também esses eventuais reequilíbrios no curso da execução contratual. Isso é o que eu gostaria de dizer a propósito do edital.

Outro aspecto que é também interessante é o próprio significado jurídico dessa assunção da execução contratual. O que é isso? Quando a seguradora exerce essa cláusula de retomada, ela a exerce em que termos? Qual o significado jurídico disso? É uma cessão contratual simplesmente? É uma hipótese de contratação direta? Ou seja, ela assumiu aquele contrato de maneira indireta sem ter que se submeter a um procedimento licitatório? Isso me parece que é a pergunta fundamental nesse tema, porque dela deriva uma série de consequências jurídicas.

Muito bem, a lei diz claramente que há cláusula de retomada exercida diante de um descumprimento do contratado, ou seja, há uma inexecução contratual que precede, que justifica ou que dá nascimento à possibilidade de exercício dessa cláusula, portanto, não se trata de modo algum de cessão contratual. Não é que haja uma cessão de posição contratual entre a seguradora e o contratado, e essa cessão contratual, como todos nós sabemos, implicaria até numa transmissão, digamos assim, de um acervo de direitos e deveres. Quando a seguradora tem condições de exercer essa cláusula de retomada, logicamente devemos admitir que esse contrato foi rescindido por culpa do contratado, portanto, aqui o que nós temos nessa hipótese é o que mais se aproxima daquela hipótese de contratação direta de remanescente de obra. Aqui todos seguramente já enfrentaram essa situação; há uma possibilidade aberta pela lei de que a seguradora assuma o remanescente da obra e, portanto, há "uma novação contratual", um novo contrato que emerge dessa situação e isso, reitero, tem uma série de consequências jurídicas. Por exemplo, tentar inserir nesse novo contrato vícios ou a correção de vícios do contrato anterior - toda e qualquer inserção de itens, por exemplo de planilha, que, é claro, depende do regime contratual - deve ser precedido de alteração contratual. Há até uma outra discussão; recentemente eu vi até o próprio ministro Benjamin Zymler, entre outros, discutindo a natureza desse novo contrato, que se entretém entre a Administração Pública e segurador. Parece que não há dúvidas de que é um contrato administrativo, com todo o seu regime exorbitante, ou seja, incidem todas as prerrogativas da Administração Pública. Não se saca daí um contrato de Direito Privado; há um novo contrato administrativo que obedece às mesmas cláusulas, e isso também deve ser levado em consideração pelas seguradoras no momento de escolher entre pagar os 30% - vamos supor que seja estipulado. Me parece que, como tudo no Brasil, quando se põe como valor máximo 30%, a Administração Pública sempre vai por 30%.

Mas imagine que no momento em que se dá essa situação, o momento de escolha da seguradora, ter-se-á de levar em consideração todos os riscos a que ela estará exposta ao assumir um contrato administrativo ou o remanescente de um contrato de obra pública, com todos os riscos inclusive de inadimplemento da Administração Pública. Então esse me parece um ponto importantíssimo.

Em relação à subcontratação, a lei coloca de uma maneira equivocada, ela fala na verdade que a seguradora poderia fazer uma subcontratação parcial ou total. Aqui faço eco à crítica do Ernesto, e me parece que sempre será total essa subcontratação; uma seguradora não tem como seu objeto social execução de obra pública, portanto, veja que aqui também é uma situação peculiar, porque a lei sempre fala ou estabelece de uma maneira clara que só se permite subcontratação parcial de obras dos objetos contratuais. É uma situação em que sempre haverá uma subcontratação total, e emergem disso outras tantas discussões entre as quais podemos colocar a questão dos requisitos da subcontratada e as responsabilidades. É claro que aqui a seguradora ficará responsável solidariamente com a subcontratada por toda execução contratual, e a subcontratada deverá demonstrar os requisitos jurídicos, técnicos e sobretudo a regularidade fiscal. Isso a lei até diz que precisará apresentar esses requisitos para que seja admitida a execução do contrato e para que ela possa também receber os valores decorrentes da execução contratual.

Muito bem! Eu acho que eram essas algumas das reflexões que eu gostaria de compartilhar com vocês. Agradeço a atenção de todos e registro uma vez mais a satisfação de participar desse notável congresso.

ACESSO AO SEGURO: DESENVOLVIMENTO E DISCRIMINAÇÃO

Veja o painel

The data-driven personalisation of insurance (original)

A personalização baseada em dados aplicada aos seguros (tradução)

Liz McFall

Big data y discriminación de los assegurados (original)

Grandes dados e a discriminação dos segurados (tradução)

María Luisa Muñoz Paredes

Acesso ao seguro: desenvolvimento e discriminação (transcrição)

Jorge Cesa Ferreira da Silva

THE DATA-DRIVEN PERSONALISATION OF INSURANCE

Liz McFall[1]

INTRODUCTION

The application of personalised, behavioural, data-driven techniques to private, commercial insurance has exposed the sector to renewed public, political and regulatory scrutiny. New big data forms – data that can be intimate and super-massive, dynamic and historical, scattered and integrated – combined with Machine Learning and Artificial Intelligence (ML/AI) represent a global, societal challenge for governments and regulators. Empirical research on the adoption of data-driven techniques in insurance is increasing[2] but it is still outflanked by critical commentary on the threats posed to privacy and social inclusion on the one hand[3] and by positive commentary on the potential for efficiency and service gains on the other.[4] Public understanding and

---

1 Liz McFall is Chancellor's Fellow based in the Edinburgh Futures Institute and Sociology at the University of Edinburgh. She co-edited Markets and the arts of attachment with Franck Cochoy and Joe Deville (Routledge, 2017), is author of Devising consumption: Cultural economies of insurance, credit and spending (Routledge, 2014) and Advertising: A cultural economy (Sage, 2004). She is Co-Editor in-Chief of the Journal of Cultural Economy.

2 See for example BARRY, L.; CHARPENTIER, A. Personalization as a promise: Can Big Data change the practice of insurance? *Big Data & Society*, v. 7, n. 1, 2020. DOI:10.1177/2053951720935143; CEVOLINI, A.; ESPOSITO, E. From pool to profile: Social consequences of algorithmic prediction in insurance. *Big Data & Society*, v. 7 n. 2, 2020; MCFALL, L; MEYERS, G; HOYWEGHEN, I.V. Editorial: The personalisation of insurance: Data, behaviour and innovation. *Big Data & Society*, v. 7 n. 2, 2020.

3 KRÜGER, S; NÍ BHROIN, N. Vital signs: Innovations in self-tracking health insurance and social change. The *Journal of Media Innovations*, v. 6, n. 1, pp. 93-108, 2020; ZUBOFF, S. *The Age of Surveillance Capitalism*. London: Profile Books, 2019; LUPTON, D. *The Quantified Self*: A Sociology of Self-tracking. Cambridge: Polity, 2016; O'NEIL, C. *Weapons of Math Destruction*. New York: Crown, 2016.

4 ERNST AND YOUNG. *Introducing Pay-As-You-Live Insurance*: Insurance that rewards a healthier lifestyle, 2015; IBM INSTITUTE FOR BUSINESS VALUE. Disruption in the Insurance Industry: Here Comes the Internet of Things. *ExpertInsights@IBV*, nov. 2017. Available at: https://www.ibm.com/downloads/cas/WVG1B-PYW; HALES, Mark; BHARDWAJ, Neeti. *The Internet of Things*: Opportunities for Insurers. *Kearney*. Available at: https://www.kearney.com/financial-services/article/?/a/the-internet-of-things-opportunity-for-insurers; MCKINSEY. Insurers Need to Plug into the Internet of Things – or risk falling behind. 15 sep. 2016. Available

debate however have been hampered both by the pace of change and by the difficulty of establishing the role new technologies play in commercial insurance practice.

Personalisation itself is a fuzzy concept. In medicine and healthcare, "personalisation seems to be an attractive way to deliver services and goods" promising to target individual characteristics and needs while sparing people and societies the costs and side-effects of unsuitable interventions.[5] In practice, personalised healthcare can mean the stratification of people into smaller groups in ways that challenge the solidaristic principle of universal healthcare without delivering care tailored to individual needs. Similar concerns are provoked by the idea of personalised insurance. The concept of personalisation can be traced back to the marketing literature of the 1990s, but it became much more influential from the 2000s onwards as the implications of customer relationship management systems in the context of big data began to be appreciated.[6] The ascendance of the "big tech, big data" business models exemplified by Facebook, Apple, Amazon, Netflix and Google (FAANG)[7] framed a mode of practice based on clustering internet and sales transactions in ways that produce individual profiles or "data doubles" that can be traded in data markets. This is both related to – and distinct from – the way personalisation has been taken up in the context of insurance technology. Here personalisation is linked even more directly to surveillance, particularly through the incorporation of platforms and Internet of Things (IoT) devices that calculate risk using individual level, behavioural data.

Thus, in Shoshanna Zuboff's widely circulated analysis of surveillance capitalism, insurers are using behavioural underwriting as a means of reducing their risk through machine processes that are designed to modify behaviour by triggering financial penalties.[8] In this, she identifies three main characteristics – personalisation, the use of

---

at: https://www.mckinsey.com/industries/financial-services/our-insights/insurers-need-to-plug-into-the-internet-of-things-or-risk-falling-behind.

5 PRAINSACK, B.; VAN HOYWEGHEN, I. *Shifting Solidarities*: Personalisation in Insurance and Medicine. *In*: VAN HOYWEGHEN, I.; PULIGNANO, V.; MEYERS, G. (Ed.). Shifting Solidarities: Trends and Developments in European Societies. Palgrave Macmillan, 2020, p. 128.

6 SAVAGE, M.; BURROWS, R. The Coming Crisis of Empirical Sociology. *Sociology*, v. 41, n. 5, pp. 885-899, 2007; BURROWS, R.; SAVAGE, M. After the crisis? Big Data and the methodological challenges of empirical sociology. *Big Data & Society*, v. 1, n. 1, 2014; BOYD, D.; CRAWFORD, K. Critical Questions For Big Data. *Information, Communication & Society*, v. 15, n. 5, pp. 662-679, 2012; KNOX, H.; O'DOHERTY, D.; VURDUBAKIS, T.; WESTRUP, C. The Devil and Customer Relationship Management. *Journal of Cultural Economy*, v. 3, n. 3, pp. 339-359, 2010.

7 Now Meta, Apple, Amazon, Netflix and Alphabet or MAANA.

8 ZUBOFF, S. *The Age of Surveillance Capitalism*. London: Profile Books, 2019; see also LUPTON, D. *The Quantified Self*: A Sociology of Self-tracking. Cambridge: Polity, 2016; O'NEIL, C. *Weapons of Math Destruction*. New York: Crown, 2016.

individual behavioural data and individual risk pricing. These three issues are certainly the core of new techniques. The problem is that there is a lack of clarity about what each issue means in practice, how they relate to each other and whether they amount to a coherent and sustainable insurance model. Addressing these questions is essential to any informed understanding and regulatory response to the implications insurance personalisation has for fairness and non-discrimination.[9]

In what follows I offer a brief discussion of the context in which data-driven personalisation and the phenomenon of insurtech[10] emerged in the insurance industry and the challenges they present to questions of fairness. I then move on to consider two of the most controversial recent cases drawn from two sectors of the industry – health/life and home insurance. The first case focuses on Vitality and Oscar Health, two enterprises known for incorporating self-tracking in their "interactive" health and life policies, the second case concerns Lemonade, an insurtech unicorn start-up known for its personalised approach and incorporation of AI.

1. THE CONTEXT OF INSURANCE PERSONALISATION

Insurance, whether organised along privatised lines, socialised lines, or, as is now common in national health insurance schemes, a hybrid of the two, has been defined historically by its collective or social character. It can be thought of as an organizational form of solidarity that allows payment responsibility for the risks of illness, injury, death, accident, crime, etc. to be shared. While prices or contributions charged to individuals vary, they vary by group, not individual, characteristics. As Swedloff puts it

9 On the history of, and opposition to, recent AI regulatory efforts in the European Union see EUROPEAN UNION. Proposal for a regulation of the European parliament and of the council laying down harmonised rules on artificial intelligence (artificial intelligence act) and amending certain union legislative acts. *EUR-Lex*. Available at: https://eur-lex.europa.eu/legal-content/EN/TXT/?uri=CELEX%3A52021PC0206; HUMANS RIGHT WATCH. How the EU's Flawed Artificial Intelligence Regulation Endangers the Social Safety Net: Questions and Answers. Available at: https://www.hrw.org/news/2021/11/10/how-eus-flawed-artificial-intelligence-regulation-endangers-social-safety-net. For insurance specifically EIOPA – EUROPEAN INSURANCE AND OCCUPATIONAL PENSIONS AUTHORITY. Artificial intelligence Governance principles: Towards ethical and Trustworthy artificial Intelligence in the European insurance Sector. Available at: https://www.eiopa.europa.eu/sites/default/files/publications/reports/eiopa-ai-governance-principles-june-2021.pdf and SMITH, Ian. Data Machine – the insurers using AI to reshape the industry. *Financial Times.* 16 sep. 21. Available at: https://www.ft.com/content/d3bd46cb-75d4-40ff-a0cd-6d7f33d58d7f; GARRIGA, G. Is the future of insurance fairer with AI? Available at: https://www.linkedin.com/pulse/future-insurance-fairer-ai-gemma-garriga-phd/.

10 The term insurtech has no fixed definition. It is sometimes used to refer in general to the incorporation of big data predictive analytics techniques across the industry. I use it here to refer to the phenomena of new entrants who have made technological disruption' part of their signature.

> insurers set prices by predicting the probability that any group of observationally identical individuals will suffer a loss...[they] individuate those prices by determining whether the particular observable characteristics of a particular insured correlate with particular harms.[11]

The adoption of data-driven, personalised techniques suggests the possibility of something different–a means of pricing based, not on observed, group characteristics, but on algorithms, apps and devices tracking individual behaviour. This possibility is at odds with the infrastructures, that is, the conceptual and classificatory logics, the regulatory environment and the working practices, that have characterised insurance up till now. In private insurance it is accepted that prices offered to individuals vary according to criteria including, for example, age, health conditions, location/zipcode/postcode, claims history etc. that can be shown to have a bearing on risk in accordance with "actuarial" conceptions of fairness.[12] In socialised insurance, fairness has been defined less by actuarial standards and more by political and societal values including inclusiveness, public welfare and non-discrimination. In all forms of insurance, changes in the application of risk criteria tend to provoke public concern and sometimes regulatory responses resulting, for example, in Genetic Non-discrimination Acts and the introduction of gender-neutral pricing. Such changes are significant and raise questions about the fairness of risk classification methods but have not challenged the foundational logic of risk pooling.

The insurance theorist Francois Ewald once argued that risk "only becomes something calculable when it is spread over a population. The work of the insurer is, precisely, to constitute that population by selecting and dividing risks".[13] Any individual risk profile is therefore derived from group membership – it is the selection and division of risk groups that configures insurance. In Kenneth Abraham's analysis of risk classification, purely distributive forms of insurance, in which no individual characteristics are admitted is possible in theory but not seen in practice. Instead, assessment is

---

11 SWEDLOFF, R. Risk classification's big data (R)evolution. *Connecticut Insurance Law Journal*, v. 21, n. 1, pp. 339-374, p. 342, 2015.

12 ARROW, K. J. Uncertainty and the welfare economics of medical care. *The American Economic Review*, v. 53, n. 5, pp. 941-973, 1963; ABRAHAM, K. S. Efficiency and fairness in insurance risk classification. *Virginia Law Review*, v. 71, pp. 403-451, 1985; ERICSON, R.; BARRY, D.; DOYLE, A. The moral hazards of neo-liberalism: Lessons from the private insurance industry. *Economy and Society*, v. 29, n. 4, pp. 532-558, 2000. DOI: https://doi.org/10.1080/03085140050174778; MEYERS, G.; VAN HOYWEGHEN, I. Enacting actuarial fairness in insurance: From fair discrimination to behaviour-based fairness. *Science as Culture*, v. 27, n. 4, pp. 413-438, 2018.

13 EWALD, F. Insurance and risk. *In*: GRAHAM, B. *et al.* (Ed.). *The Foucault Effect. Studies in Governmentality*. London: Harvester Wheatsheaf, 1991, pp. 197-210.

the driving factor and this "necessarily limits the amount of risk distribution achieved by an insurance arrangement, because it uses knowledge about risk expectancies to set different prices for members of different groups".[14] These risk groups were becoming progressively smaller even before the contemporary dynamic set in.[15] Still whether the industry can function as insurance, and not some other kind of financial instrument, with truly individual risk classification remains unresolved. When Abraham wrote that no risk classification system "can classify and price individual risks with anything near complete accuracy; the future is too uncertain for that"[16] it was 1985, long before data-driven personalisation dynamics had begun to manifest. The most recent developments question what the limits of individual risk classification are.

> Recent techniques of algorithmic prediction are raising high expectations in insurance, but also putting under pressure its probabilistic model of risk calculation and distribution. As a consequence of procedures using machine learning and Big Data, new forms of prediction are spreading in different areas of our society. Approaches like Predictive Analytics claim to use machine learning to give precise indications about the future of a single event or individual, overcoming the limitations of current statistical techniques that only address averages and general trends.[17]

Some of the drivers and the tensions underlying the current state of affairs originate in the industry's recent financial history. Until around forty years ago the profitability of insurance, particularly life insurance, derived substantially from investment not premium income.[18] The pattern varies between sector and over time, but most life insurers were cushioned from variations in premium income by fixed asset

---

14 ABRAHAM, K. S. Efficiency and fairness in insurance risk classification. *Virginia Law Review*, v. 71, pp. 403-451, 1985, p. 405.

15 ERICSON, R.; BARRY, D.; DOYLE, A. The moral hazards of neo-liberalism: Lessons from the private insurance industry. *Economy and Society*, v. 29, n. 4, pp. 532-558, 2000. DOI: https://doi.org/10.1080/03085140050174778; VAN DER HEIDE, A. Making financial uncertainty count: Unit-linked insurance, investment and the individualisation of financial risk in British life insurance. *The British Journal of Sociology*, v. 71, n. 5, pp. 985-999, 2020.

16 ABRAHAM, K. S. Efficiency and fairness in insurance risk classification. *Virginia Law Review*, v. 71, pp. 403-451, 1985, p. 405.

17 CEVOLINI, A.; ESPOSITO, E. From pool to profile: Social consequences of algorithmic prediction in insurance. *Big Data & Society*, v. 7 n. 2, 2020, p.1.

18 ERICSON, R.; BARRY, D.; DOYLE, A. The moral hazards of neo-liberalism: Lessons from the private insurance industry. *Economy and Society*, v. 29, n. 4, pp. 532-558, 2000. DOI: https://doi.org/10.1080/03085140050174778; VAN DER HEIDE, A. Making financial uncertainty count: Unit-linked insurance, investment and the individualisation of financial risk in British life insurance. *The British Journal of Sociology*, v. 71, n. 5, pp. 985-999, 2020; RALPH, O. Identity Crisis: the insurers moving away from insurance. *Financial Times*, 7 aug. 2018. Available at: https://www.ft.com/content/2916c128-918d-11e8-b639-7680cedcc421.

investments. This changed after the 1970s as the availability of new computational technologies combined with trends in financial risk and investment practices to prompt the development of new types of policy. As a result, traditional "with profits" policies began to be displaced by the now dominant "unit-linked" policies.[19]

> In unit linked insurance, financial risk becomes something to be factored into insurance pricing rather than something that is dealt with at the level of the company... in other words, actuarial calculation, discretion and prudence (i.e., actuarial expertise) have been displaced by explicit risk quantification and the logic of risk-based capital. Financial risk is dealt with not through organised solidarity but in a "bipolar," risk-based relation between a policyholder and the company's shareholders who provide the capital to face the uncertainty.[20]

This is a significant change in how life insurance works. As investment returns declined in the 1990s, insurance enterprises were pushed further towards using the methods of financial economics developed by investment banks. The restructured industry that emerged is more diverse, more competitive and much more prone to disruption from outside than its twentieth century form. As a result, what has historically been a slow moving, conservative industry with substantial entry barriers has become increasingly receptive to innovations for example, in pricing, product design, services and branding and increasingly subject to competition from insurtech start-ups. In this context, techniques that promise a solution to insurance's entrenched issues – low brand differentiation, customer satisfaction and loyalty –have particular appeal. Data driven personalisation and algorithmic prediction techniques take shape as varied, fuzzy responses to these problems rather than as part of an inevitable journey to personalised, microscopic risk calculation.

Public controversies surrounding personalisation proceed from general assumptions that predictive analytics allow companies to "zoom in" on individual risk, price more accurately and profit accordingly. This glosses over the multiple contingencies on which the commercial viability of insurance enterprises depends. Accurate calculation of risk has never guaranteed profitability in an industry that faces multiple markets – consumers, investors, reinsurers. Investment practices and returns matter hugely and

19 VAN DER HEIDE, A. Making financial uncertainty count: Unit-linked insurance, investment and the individualisation of financial risk in British life insurance. *The British Journal of Sociology*, v. 71, n. 5, pp. 985-999, 2020.

20 VAN DER HEIDE, A. Making financial uncertainty count: Unit-linked insurance, investment and the individualisation of financial risk in British life insurance. *The British Journal of Sociology*, v. 71, n. 5, pp. 985-999, p. 990, 2020.

they are inextricably caught up with the valuation of assets and liabilities at a scale and complexity that, particularly after the adoption of financial economic, obscured the solvency issues for decades even before the Global Financial Crises of 2007-8. Insurance companies calculate risk, but they also write it. Legally and technically, risk is underwritten but commercially, risk is written more like a narrative, a story. Throughout history, insurance companies have told stories to audiences including customers and investors, governments and regulators, about how carefully they calculate risk. This has not changed with the arrival of predictive analytics. This means, quite simply, that the stories insurance and insurtech companies tell about their risk technologies should not be taken at face value. In the remainder of the paper I consider how this context has shaped self-tracking initiatives and customer-facing AI.

2. PERSONALISATION THROUGH SELF-TRACKING

The incorporation of self-tracking data in health and life insurance has been interpreted as a peculiarly intimate way of seeing the person. Where a traditional assessment may have incorporated questions about body-mass-index, alcohol, tobacco and drug use, dangerous leisure activities and occupations, self-tracking data seems to offer direct, unmediated insight. Behavioural self-tracking through smartphone apps and devices or "wearables" has drawn a lot of attention from scholars, journalists, regulators and other commentators concerned about their potential for causing individual and social harms. The use of wearables, for some, forecasts a world of "real-time rate hikes and financial penalties" with concomitant consequences for access to healthcare.[21] Yet the principles of behavioural insurance long predate the appearance of fitness trackers, smartphones and watches. The market leading brand, Vitality, is owned by Discovery Limited, a South African financial services group founded in 1992 by Adrian Gore.

21 ZUBOFF, S. *The Age of Surveillance Capitalism*. London: Profile Books, 2019, p. 215; see also authors in note 3.

Figure 1: PruHealth Bus-stop campaign, JC Decaux, 2004.

Vitality was conceived from the outset as a health promotion program built around a system of financial and non-financial incentives and rewards. It was based on the proposition that healthier behaviour would lower rates of health care consumption allowing the insurer to reduce prices and finance rewards.[22] Vitality became the centrepiece of Discovery's international expansion in the early 2000s. It was implemented in the UK in 2004 through a joint venture with Prudential Assurance and marketed under the umbrella of PruHealth as a "unique way of rewarding you for actively looking after your health throughout the year".[23] Vitality points were awarded initially for healthy activities – participating in a smoking cessation programme, visiting a gym, shopping for fresh fruit and vegetables, completing regular health screens, and demonstrating improvements in BMI. The scheme was introduced with promotional campaigns, including the bus-stops dispensing oranges and tennis balls shown in figure 1. The Prudential-UK joint venture ended in 2014. Discovery now operates the scheme through the subsidiary brand names Vitality Health Insurance, Vitality Life Insurance and Vitality Invest. In the last decade Discovery has reached more than 20 million customers through franchise and partnership arrangements in 30 global markets including Ping An in China; AIA in Australia, Sri Lanka, Taiwan, Thailand, South-Korea, Hong Kong, Singapore, Malaysia, Vietnam and Philippines; the US, the

22 GORE, A. How the powerful science of behaviour change can make us healthier. *World Economic Forum.* 28 nov. 2018. Available at: https://www.weforum.org/agenda/2018/11/science-incentivize-behaviour-change-vitality-physical-exercise/. Accessed nov. 2021.

23 FRENCH, S.; KNEALE, J. Excessive financialisation: Insuring lifestyles, enlivening subjects, and everyday spaces of biosocial excess. *Environment and Planning D: Society and Space*, v. 27, n. 6, pp. 1030-1053, p. 1041, 2009.

UK, with Generali in France, Germany and Austria; with Manulife in Canada, Sumitomo Life in Japan. In June 2021, the partnership *Prudential do Brasil* was announced.[24]

Vitality

Prudential and Vitality launch unprecedented well-being program in Brazil

23 June 2021

Starting in June 2021, Prudential do Brasil – the largest independent insurer in Brazil in the individual insurance market – will make available the largest behavior change program in the world, Vitality, for its customers. Based on behavioral science and clinical studies, Prudential Vitality is focused on stimulation of health habits and adoption of regular medical care and physical activity, which are rewarded based on weekly goals reached over time. [...]

Figure 2: Prudential and Vitality Brazil launch, June 2021.

> This partnership represents the expansion of Vitality's program to our 30th market. Vitality and its partnership network of Shared Value Insurance are recognized globally for their impact on helping people become healthier. In a study made by Harvard Medical School and Cape Town University, research shows that more engaged Vitality members showed a 10% decrease in hospital admissions, 10-30% reduction in health expenses and 25% less hospitalization time, when compared to less engaged members. With this partnership with Prudential do Brasil, we are one step closer to reaching our commitment with the WHO to make 100 million people 20% more active by 2025.[25]

There is a lot of variation in the Vitality offer across these markets – in some it is health insurance, in some, including *Prudential do Brasil*, it is life, and in others both are offered. Vitality schemes may be sold direct to consumers, to employers, or both. In the US, John Hancock sells Vitality branded life policies direct to individuals through a partnership arrangement while Discovery's US subsidiary, Vitality Group, sells health insurance direct to employers and through brokers.

---

24 VITALITY REACHES a global network of partner insurers. Vitality. Available at: https://vitality.international/about-vitality/global-vitality-network.html; VITALITY. Available at: https://www.vitalitygroup.com/; PRUDENTIAL AND VITALITY launch unprecedented well-being program in Brazil. *Vitality*. Available at: https://vitality.international/our-insights/news/prudential-and-vitality-launch-unprecedented-well-being-program-in-brazil.html.

25 PRUDENTIAL AND VITALITY launch unprecedented well-being program in Brazil. *Vitality*. Available at: https://vitality.international/our-insights/news/prudential-and-vitality-launch-unprecedented-well-being-program-in-brazil.html.

Despite having been around for almost thirty years, the Vitality's incentive-based program, only really began to court controversy after wearable self-tracking was introduced. John Hancock's announcement in September 2018 that it would no longer underwrite traditional life insurance and instead offer only its Vitality branded policies, for example, was controversial enough to be covered in *The New York Times, The Washington Post, Forbes, CNBC* and the *BBC*. This echoed an earlier spate of media interest when a much smaller health insurance company, Oscar Health, trading in the US's "Obamacare" markets launched its self-tracking scheme. In August 2014, Oscar announced it would begin offering members a free Misfit fitness wearable plus Amazon gift-card rewards for those who met individualized, algorithmically determined step-targets. Steven Bertoni's article in *Forbes* was typical of the response.

> What if thanks to wearables, health insurance began to work like car insurance where every health infraction (say a bar bender, Thanksgiving feast or sedentary Sunday of Netflix binge) hurt your health score and rocketed your health premiums?[26]

If insurers issue wearables, the argument goes, it must be because they want direct, unmediated access to just how healthy their policyholders are, and ultimately to charge them accordingly. But does this necessarily follow? Oscar certainly uses incentives to reward activity, the free Misfit wearable offer ended in 2016 but the company still offers an Amazon giftcard "dollar a day" schemes as a reward for meeting fitness goals. Vitality schemes are more elaborate and offer a range of different incentives in different markets. Almost all Vitality versions have three main phases: behavioural assessment, improvement and reward. The first step centres on completing health checks and reviews. These include standard health assessments including BMI, waist-hip ratio, blood pressure, cholesterol and blood sugar combined with the Vitality Health Review of individual nutrition and wellness habits, vaccinations, dental and cancer screenings. Vitality points are awarded for completing each of these actions. Based on these reviews, customers are advised of their "Vitality age" presented as a "scientific calculation that assesses the impact of your lifestyle on your health". To access program rewards, members must accumulate points to obtain status positions variously labelled as blue, bronze, silver, gold, platinum, diamond, etc. Completing reviews earns initial

26 BERTONI, S. Oscar Health gets $400 million and a $2.7 billion valuation from Fidelity. *Forbes*, 22 feb. 2016. Available at: https://www.forbes.com/sites/stevenbertoni/2016/02/22/oscar-health-gets-400-million-and-a-2-7-billion-valuation-from-fidelity/.

points, but the centrepiece is *Improve your Health*. This is where behavioural data starts to acquire value. Members can earn points by self-tracking blood pressure, blood sugar, weight, heart rate and especially activity. By earning points, Vitality members improve their status and unlock rewards.

Like the Oscar scheme most of the rewards are incentives. In most markets, discounts are offered on sports goods, groceries, hotels, cinemas, Starbucks, Amazon and the flagship reward, a heavily discounted Apple Watch. Premium rebates are the most controversial rewards, and they are not offered in all markets. They are offered in some British, South African and North American markets but regulatory prohibitions and market resistance are obstacles in others. In France, for example, the use of individual tariffs in health insurance is prohibited under the1989 *Loi E'vin* while Germany prohibits behaviour-based risk-rating. In the US's individual markets, companies offer rewards but not premium discounts as this would contravene Obamacare regulations prohibiting price discrimination on the grounds of pre-existing conditions.[27] Oscar CEO Mario Schlosser pointed this out in his response to criticism arguing that their target was risk reduction, not assessment: "if we can really get people to walk more, it will almost for sure have a huge impact on population health, and eventually health care costs, and that's certainly worth investing in".[28]

The situation is more complicated in group health, where employers can negotiate premium discounts for introducing self-tracking, but this is a group not an individual discount. It is worth noting too that even where premium discounts are not explicitly prohibited by law, regulations governing, for example, cross-subsidy between high and low risk members, can limit insurers' economic incentive for adopting them. Social and political resistance is common in territories with social insurance-based universal healthcare and market resistance also figures – talking about a *bonus* is one thing but a *malus* is another. As far as I can determine neither Vitality or Oscar's schemes use self-tracking data to price individual health risk.[29] If self-tracking data is not linked to

---

27 MCFALL, Liz. Personalizing solidarity? The role of self-tracking in health insurance pricing. *Economy and society*, v. 48, n.1, pp. 52-76, 19 mar. 2019. Doi:10.1080/03085147.2019.1570707.

28 FISCHER, B. Oscar passing out fitness trackers, incentives to members. *New York Business Journal*, 2014. Available at: https://www.bizjournals.com/newyork/blog/techflash/2014/12/oscar-passing-out-fitness-trackersincentives-to.html. Accessed 20 jan. 2021.

29 EIOPA – EUROPEAN INSURANCE AND OCCUPATIONAL PENSIONS AUTHORITY. *Big Data Analytics in Motor and Health Insurance*: A Thematic Review. Frankfurt: EIOPA, 2019; MCCREA, M.; FARRELL, M. A conceptual model for pricing health and life insurance using wearable technology. *Risk Management and Insurance Review*, v. 21, n. 3, pp. 389-411, 2018.

individual risk modelling it raises the question of why insurers like Vitality and Oscar placed use it.

One possible answer is the importance of cultivating market or brand attachment in insurance. Insurance companies historically have invested heavily in marketing to overcome resistance and build loyalty. This usually involved some combination of "explaining" their technical approach to risk and exploiting sentiment, especially fear. Most insurers struggle with this: brand loyalty, recognition and differentiation are all low and the sector is heavily reliant on price competition where there is annual renewal and in customer inertia where there isn't. There is then competitive advantage to having a distinctive set of attributes to build a brand identity around. Making behaviour a central brand value sets Vitality and Oscar apart. It is interesting too that both companies chose internationally renowned brands including Amazon, Starbucks and Apple as reward partners. Apple is widely reckoned the world's most valuable brand and its customers are notoriously loyal. Partnering with Apple might be expected to accrue some transferrable brand value but there is more at stake.

The capacity to provoke a particular version of healthy behaviour is as much at the core of the Apple Watch as it is of Vitality. Vitality's 2019 Apple Watch Series 5 promotion offered a potential saving of up to £300. This could only be achieved by members who accumulate 160 points per month over 24 months. The scale slides down to members who accumulate less than 40 points and have to pay the full RRP. Earning 160 activity points per month averages means taking over 10000 steps, 30-59 exercise minutes at 60% maximum heart rate, a parkrun, etc. To meet monthly targets, every month, demands consistently active behaviour. The Apple Watch is fairly successful at capturing users and algorithmically gaming them into closing activity circles with its ambient interface and Apple packaging. It fits Vitality perfectly not only because of Apple's allure but because it is the best available means for provoking the kind of behaviour the company has a proprietary stake in.

Turning back to Oscar – their scheme could function as a data learning exercise, as Schlosser claimed, enabling it to model relationships between wearable data and health care costs.[30] This seems plausible but there are problems with it. Health risk assessment is much more complicated than driving risk assessment. While telematics in car insurance have provided data-sets demonstrating correlations between accidents

30 FISCHER, B. Oscar passing out fitness trackers, incentives to members. *New York Business Journal*, 2014. Available at: https://www.bizjournals.com/newyork/blog/techflash/2014/12/oscar-passing-out-fitness-trackersincentives-to.html. Accessed 20 jan. 2021.

and a limited set of variables in individual driving behaviour, for example, number of hours driven, time of journey, speed, late braking, etc. Wearables and apps provide partial data that approximate movement, and often heart rate, from accelerometers and other sensors. The data are partial, because users don't always carry their devices, falsifiable because trackers don't know who or what is carrying the device, and of limited risk assessment value because there is no clinically established relationship between movement data and health. There is data, much of it gathered by Discovery Ltd., that supports a relationship between activity tracking and health outcomes but this, like risk more generally, is more meaningful at population than individual level. So why is Oscar interested? Here too promotion seems important and for reasons that are particular to insurance.

Writing in *Wired*, Steven Levy noted that everything from Oscar's url (hioscar.com) to its Apple-esque packaging "sends out a millennial dog whistle: Come to me, my mobile-first darlings".[31] The Misfit tracker and the Amazon gift-cards target younger, hipper buyers – a group with a lower probability of ill-health. Oscar claimed to have "run the numbers" demonstrating that self-tracking could lower health costs but conceded that they hadn't found a "water-tight" connection.[32] But if the promotion succeeded in attracting younger, fitter customers this could well create risk selection benefits in a market that prohibits risk selection. Making profits in health insurance means pricing to cover the projected costs of healthcare services consumed, at a level that attracts enough of the right sort of customers and is compliant with policy regulation. That is a much tougher order than combining wearables and slick branding.

3. THE CASE OF LEMONADE

Lemonade Inc. was formed in New York in 2015 initially offering home and renters insurance before adding pet insurance and life insurance in 2020. It also acquired Metromile, a car insurer specialising in telematics in November 2021.[33] Lemonade

31 LEVY, S. Oscar is disrupting health care in a hurricane. *Wired*, 6 jan. 2017. Available at: https://www.wired.com/2017/01/oscar-is-disrupting-health-care-in-a-hurricane/.

32 FISCHER, B. Oscar passing out fitness trackers, incentives to members. *New York Business Journal*, 2014. Available at: https://www.bizjournals.com/newyork/blog/techflash/2014/12/oscar-passing-out-fitness-trackersincentives-to.html. Accessed 20 jan. 2021.

33 LEMONADE AGREES to acquire Metromile at an implied equity value of $500 million. *FT Partners Fintech Industry Research*. Available at: https://ftpartners.docsend.com/view/9mf4mdcyiqs9dkad.

launched on the stock market with an Initial Public Offering (IPO) in July 2020.[34] In a YouTube video published at the time, co-founder Daniel Schreiber explained the core proposition – that machine learning and predictive data would transform insurance by microscopically "zooming in on risk".

> At twenty data points much of humanity looks alike so you price and underwrite large numbers of people as if they are a uniform, monolithic group but we found that the data we were gathering, that hundred X digital zoom we have, it showed us that groups our competitors seemed to consider to be monolithic were actually made up of predictable subgroups with over 600 percent variation in their likelihood to file a claim.[35]

Lemonade positions itself as a pioneer in this new data science of risk measurement and this narrative is targeted at investors, at least as much as consumers. Insurtech business models rely on inward investment and that demands a growth narrative. Lemonade's narrative helped secure a unicorn valuation and doubling of share value on the first day of trading – even though the company is loss making, and a very small player in its core markets.[36] In the tradition of tech start-ups, Lemonade's investor story centres on their disruptive potential, specifically the claim that granularized risk assessment means greater efficiencies and better performance. This claim has currency among tech sector funders conditioned to expect long, accretive "paths to profitability". Even so, it is not the only element of the story.

The YouTube IPO video starts with a series of word association customer vox pops – insurance is "boring", "complicated", "a rip-off" "like a trigger word", "evil". Schreiber cuts in to explain that Lemonade was founded to be a different kind of insurance company "with an entirely different word cloud associated with it – a lot of people talk about Lemonade as being delightful, aligned, socially impactful, words like trust and love, those are the kinds of words that consumers have come to associate

---

34 See TOP EMERGING Internet First Insurance Platforms Startups – 2020. *Tracxn*. Available at: https://tracxn.com/d/emerging-startups/top-internet-first-insurance-startups-2020.; INSURANCE/LEMONADE: pipping their rivals. *Financial Times*. Available at: https://www.ft.com/content/58c42412-3e91-46d4-833e-1e11806c5057.

35 Lemonade is 5 Years Old! Here's Our Strategy and Results to Date; SCHREIBER, Daniel. LEMONADE IS 5 YEARS OLD! Here's Our Strategy and Results to Date. Available at: https://www.youtube.com/watch?v=-j7Q8SyuHWc0&t=25s.

36 RALPH, O. Insurance experts put premium on start-ups reaching the big time. *Financial Times*, 5 jul. 2020. Available at: https://www.ft.com/content/47faafe0-1252-48a7-a6d5-899833629f50.

with Lemonade". Delighting customers then drives the fast growth that drives the predictive data that drives machine learning in a "Virtuous Wheel" animated in the video (figure 3).

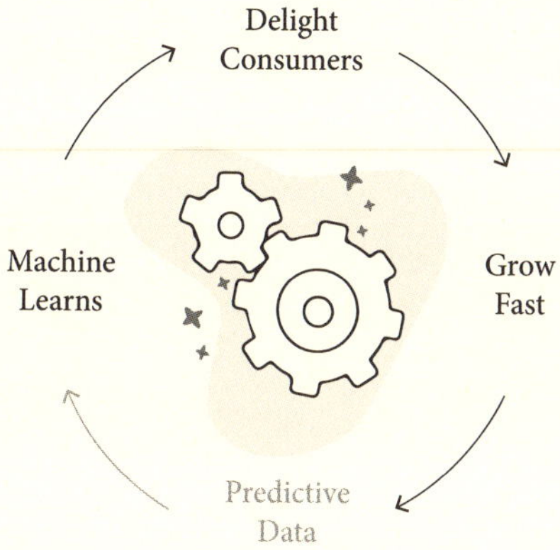

Figure 3: Lemonade's virtuous wheel.

Lemonade conveys these informal, friendly, conversational values across their brand and they are followed through in the business structure. The company is registered as a B corporation that supports "social good" through their giveback policy – "Lemonade takes a flat fee and treats the rest of the money as yours, not ours. We use it to pay claims, and give what's left to charities you choose, so we never fight over the same coin".[37] This supports a claim that Lemonade is socially responsible, that it shares customers' values and this in turn is repeated and recirculated on social media platforms. Lemonade has 39.5k Instagram followers and since 2019 has posted a combination of themed video art and brand messages. Shortly after the IPO the account began to be used exclusively to feature the work of commissioned artists hit by the Covid-19 pandemic because "we wanted to support artists in our community and create art that delights and distracts". The content is largely soft messaging, but customers sometimes reply with service complaints. Complaints are posted more often on Twitter among the usual social media traffic of branding, promotional posts, sporadic conversation and customer service apologies. This took a different turn in May 2021 when the company posted the thread shown in figure 4.

37 THE LEMONADE GIVEBACK. Available at: https://www.lemonade.com/giveback.

Lemonade Twitter thread, 24th May 2021

@Lemonade_Inc

Lemonade is built on a digital substrate – we use bots and machine learning to make insurance instant, seamless, and delightful.

This puts us at a data advantage – in fact, we collect about 100X more data than traditional insurance carriers. Here's why that matter. (1/7)

@Lemonade_Inc

A typical homeowners policy form has 20-40 fields (name, address, bday...), so traditional insurers collect 20-40 data points per user.

AI Maya asks just 13 Q's but collects over 1,600 data points, producing nuanced profiles of our users and remarkably predictive insights. (2/7)

@Lemonade_Inc

This data helps us understand the level of risk each customer brings, which improves our underwriting, customer acquisition, and fraud detection. (3/7)

@Lemonade_Inc

For example, when a user files a claim, they record a video on their phone and explain what happened.

Our AI carefully analyzes these videos for signs of fraud. It can pick up non-verbal cues that traditional insurers can't, since they don't use a digital claims process. (4/7)

@Lemonade_Inc

This ultimately helps us lower our loss ratios (aka, how much we pay ut in claims vs. how much we take in), and our overall operating costs.

In Q1 2017, our loss ratio was 368% (friggin' terrible), and in Q1 2021 it stood at 71%! (5/7)

@Lemonade_Inc

As our library of predictive data grows, our machine learning crunches data to make our platform better at evaluating risk and delighting customers. This furthers growth, which leads to more data... and so on. (6/7)

@Lemonade_Inc

This creates a system that learns as it goes, extending these advantages with every turn of the flywheel. (7/7)

Figure 4: Lemonade Twitter thread, 24th May 2021.

The thread provoked an immediate backlash followed by several press articles.[38] Two days later Lemonade deleted the thread and published a detailed blog to deny that

38 MORRISON, Sarah. A disturbing, viral Twitter thread reveals how AI-powered insurance can go wrong. *Vox*, 27 may 2021. Available at: https://www.vox.com/recode/22455140/lemonade-insurance-ai-twitter; REYES, Max. Insurer's Use of AI to Study Claims Provokes Uproar After Tweet. *Bloomberg*, 26 may 20221. Available

they were using an AI powered version of phrenology for fraud detection and explain what they really meant (figure 5).[39] As a direct result of the tweets a class action lawsuit was filed against Lemonade in New York in August 2021. Complainant Mark Pruden claims Lemonade "collected, stored, analyzed and used the biometric data of thousands of its customers without authorization or consent".[40]

Lemonade retraction, 26th May 2021

@Lemonade_Inc

So, we deleted this awful thread which caused more confusion than anything else.

TL; DR: We do not use, and we're not trying to build AI that uses physical or personal features to deny claims (phrenology/physiognomy) (1/4)

@Lemonade_Inc

We never let AI auto-decline claims (2/4)

@Lemonade_Inc

Our systems don't evaluate claims based on background, gender, appearance, skin tone, disability, or any physical characteristics (nor do we evaluate any of these by proxy) (3/4)

Figure 5: Lemonade retraction, 26th May 2021.

Share value also plunged after the episode in what was already a volatile year. Not much can be concluded from short-term fluctuations in share value but the investor activity surrounding the volatility is worth considering. Lemonade had already been targeted by short-sellers earlier in the year. In January, a short-selling fund, Citron

---

at: https://www.bloomberg.com/news/articles/2021-05-26/lemonade-s-use-of-ai-to-study-claims-brings-up-roar-after-tweet; FEATHERS, Todd; ROSE, Janus. An Insurance Startup Bragged It Uses AI to Detect Fraud. It Didn't Go Well. *Vice*, 26 may 2021. Available at: https://www.vice.com/en/article/z3x47y/an-insurance-startup-bragged-it-uses-ai-to-detect-fraud-it-didnt-go-well; VANIAN, Jonathan. Insurance firm Lemonade backtracks on claims it uses A.I. to scan customer faces for hints of fraud. *Fortune*, 26 may 2021. Available at: https://fortune.com/2021/05/26/lemonade-insurance-ai-face-scanning-fraud/; MCKENNA, Frank. Lemonade Under Fire For Using AI To Stop Fraud. *Frankonfraud*, 27 may 2021. Available at: https://frankonfraud.com/fraud-trends/lemonade-under-fire-for-using-ai-to-stop-insurance-fraud/.

39 LEMONADE. Lemonade's claim automation. Available at: https://www.lemonade.com/blog/lemonades-claim-automation/.

40 https://dockets.justia.com/docket/new-york/nysdce/1:2021cv07070/565408; JEWETT, Abraham. Lemonade Insurance Company Collects Faceprints Without Permission, Says Class Action. *Top Class Actions*, 24 aug. 2021. Available at: https://topclassactions.com/lawsuit-settlements/privacy/1029853-lemonade-insurance-company-collects-faceprints-without-permission-says-class-action/; BOTT, Celeste. Policyholders Say Insurer Violated Biometric Privacy. *Law360*. Available at: https://www.law360.com/articles/1404330/ill-policyholders-say-insurer-violated-biometric-privacy.

Research, provoked an 11% drop in value with a negative tweet, while just before the Twitter episode, another activist investor Muddy Waters Research, made a short call that had little effect on value. Interestingly, both calls, cited weaknesses in Lemonade's technology as their underlying motivation. Citron Research accused the company of employing "empty marketing tactics" to lie to their customers and investors about the distinctiveness of their technology and their claims about social responsibility. Lemonade's technology, Citron claimed, was no different to that used by legacy insurers while Muddy Waters claimed to have found security leaks in its data handling.[41]

These investor stories are interesting because they expose the dynamic algebra of technique and sentiment that underpins insurance business in general and personalization narratives in particular. In short, disruption is a narrative designed to provoke market sentiments that may, or may not, have a basis in distinctive technique. Both the marketing and the negativity publicity surrounding insurtech centres on the technical precision of new techniques of risk assessment. Much less has been written about how this fits into the operational practices that determine costs.

Like all enterprises, insurance companies must balance costing and pricing. Costing involves the statistical analysis of an insurers' historical "experience" of loss, but it also involves a host of other costs – including branding. Pricing is the commercial process of setting prices that the market will bear. Historically this has included offering variable prices to attract different customer groups with new customers targeted for reduced prices. Big data analytics have extended the scope of variable pricing with dynamic, "pricewalking" and more recently "settlement walking" techniques.[42] These techniques use correlations in "alternate customer" data – from browser habits to device use and search histories – to infer behaviour including propensity to buy, accept a settlement, make fraudulent claims etc. The detail of how this works, what

41 KATJE, Chris. Short Seller Andrew Left Goes Sour on Lemonade, Says Company Lies to Shareholders. *Yahoo! Finance*, 16 jan. 2021. Available at: https://finance.yahoo.com/news/short-seller-andrew-left-goes-162820199.html; FINEMAN, Joshua. Lemonade gains despite new short call from Muddy Waters. *Seeking Alpha*, 23 may 2021. Available at: https://seekingalpha.com/news/3695916-lemonade-falls-on-new-short-call-from-muddy-waters; MUDDY WATERS RESEARCH. Open Letter to Lemonade: Egregious Security Vulnerability (LMND US). Available at: https://www.muddywatersresearch.com/research/lmnd/open-letter/; SHEEHAN, Matt. Activist short seller claims Lemonade has leaked customer data. *Reinsurance News*, 13 may 2021. Available at: https://www.reinsurancene.ws/activist-short-seller-claims-lemonade-has-leaked-customer-data/.

42 MINTY, D. Could price optimisation soon be banned in the UK insurance market? *Ethics and insurance*, 21 oct. 2015. Available at: https://ethicsandinsurance.info/2015/10/21/price-optimisation-soon-banned/; MINTY, D. Price optimisation: will insurers face new rules? *Ethics and insurance*, 15 may 2016. Available at: https://ethicsandinsurance.info/2016/03/15/price-optimisation-rules/.; MINTY, D. Is settlement walking now part of UK insurance? *Ethics and insurance*, 18 mar. 2021. Available at: https://ethicsandinsurance.info/2021/03/18/settlement-walking/.

datapoints are used, how they are analysed, what outcomes result etc. is largely obscure to customers and to a certain extent to regulators seeking to address algorithmic practices. Operational practice is further complicated because insurance companies trade in multi-sided markets facing funders and consumers but also reinsurers. Insurance companies negotiate with reinsurers who pay a commission to companies to receive premium income and cover claims. Lemonade, for example, takes a fee from each policy that it sells and cedes the rest of its premium income to third-party reinsurers to cover the claims. It restructured its reinsurance deals in the third quarter of 2020 to keep 25% of premia and hand over the remainder and again in 2021 to retain 30% of premia.[43] Reinsurance deals in turn become part of the narrative told to investors to illustrate financial performance. Lemonade's experience this year is a case study in the importance and fragility of this narrative and its dependence on juggling sentiment and technique.

CONCLUSION

Insurance risk historically is calculated on pools. These pools vary in size and character – for rough example across societies in social insurance and across groups classified by age, gender, health status in private life insurance. Personalisation dynamics have been interpreted as a rapid acceleration away from pools and towards microscopic, individualized zoom with discriminatory consequences. If this is how insurers see the future of risk calculation accomplishing it will involve negotiating a delicate balancing act between what is possible technically, what is tolerable commercially and permissible legally. While the incorporation of techniques such as self-tracking and predictive analytics can clearly be read as part of a drive to risk personalisation it is difficult to gauge their role independently of the commercial and regulatory environments companies operate in. Legally and technically, risk is underwritten but commercially, risk is written more like a narrative, a story. Throughout history, insurance companies have told stories to audiences including customers and investors, governments and regulators, about how carefully they calculate risk. This has not changed with the arrival of predictive analytics. This means that what insurance companies choose to share about their risk technologies should not be taken at face value.

43 LEMONADE. Legal Stuff. Available at: https://www.lemonade.com/legal-stuff; JENNEWINE, Trevor. How Lemonade Could Change Insurance. *The Motley Fool*, 10 dez. 2020. Available at: https://www.fool.com/investing/2020/12/10/how-lemonade-could-change-insurance/.

BIBLIOGRAPHY

ABRAHAM, K. S. Efficiency and fairness in insurance risk classification. *Virginia Law Review*, v. 71, pp. 403-451, 1985.

ARROW, K. J. Uncertainty and the welfare economics of medical care. *The American Economic Review*, v. 53, n. 5, pp. 941-973, 1963.

BARRY, L.; CHARPENTIER, A. Personalization as a promise: Can Big Data change the practice of insurance? *Big Data & Society*, v. 7, n. 1, 2020. DOI:10.1177/2053951720935143.

BERTONI, S. Oscar Health gets $400 million and a $2.7 billion valuation from Fidelity. *Forbes,* 22 feb. 2016. Available at: https://www.forbes.com/sites/stevenbertoni/2016/02/22/oscar-health-gets-400-million-and-a-2-7-billion-valuation-from-fidelity/.

BOTT, Celeste. Policyholders Say Insurer Violated Biometric Privacy. *Law360*. Available at: https://www.law360.com/articles/1404330/ill-policyholders-say-insurer-violated-biometric-privacy.

BOYD, D.; CRAWFORD, K. Critical Questions For Big Data. *Information, Communication & Society*, v. 15, n. 5, pp. 662-679, 2012.

BURROWS, R.; SAVAGE, M. After the crisis? Big Data and the methodological challenges of empirical sociology. *Big Data & Society*, v. 1, n. 1, 2014.

CEVOLINI, A.; ESPOSITO, E. From pool to profile: Social consequences of algorithmic prediction in insurance. *Big Data & Society,* v. 7 n. 2, 2020.

EIOPA – EUROPEAN INSURANCE AND OCCUPATIONAL PENSIONS AUTHORITY. Artificial intelligence Governance principles: Towards ethical and Trustworthy artificial Intelligence in the European insurance Sector. Available at: https://www.eiopa.europa.eu/sites/default/files/publications/reports/eiopa-ai-governance-principles-june-2021.pdf.

EIOPA – EUROPEAN INSURANCE AND OCCUPATIONAL PENSIONS AUTHORITY. *Big Data Analytics in Motor and Health Insurance*: A Thematic Review. Frankfurt: EIOPA, 2019.

ERICSON, R.; BARRY, D.; DOYLE, A. The moral hazards of neo-liberalism: Lessons from the private insurance industry. *Economy and Society*, v. 29, n. 4, pp. 532-558, 2000. DOI: https://doi.org/10.1080/03085140050174778.

ERNST AND YOUNG. *Introducing Pay-As-You-Live Insurance*: Insurance that rewards a healthier lifestyle, 2015.

EUROPEAN UNION. Proposal for a regulation of the European parliament and of the council laying down harmonised rules on artificial intelligence (artificial intelligence act) and amending certain union legislative acts. *EUR-Lex*. Available at: https://eur-lex.europa.eu/legal-content/EN/TXT/?uri=CELEX%3A52021PC0206.

EWALD, F. Insurance and risk. *In*: GRAHAM, B. *et al.* (Ed.). *The Foucault Effect.* Studies in Governmentality. London: Harvester Wheatsheaf, 1991, pp. 197-210.

FEATHERS, Todd; ROSE, Janus. An Insurance Startup Bragged It Uses AI to Detect Fraud. It Didn't Go Well. *Vice*, 26 may 2021. Available at: https://www.vice.com/en/article/z3x47y/an-insurance-startup-bragged-it-uses-ai-to-detect-fraud-it-didnt-go-well.

FINEMAN, Joshua. Lemonade gains despite new short call from Muddy Waters. *Seeking Alpha*, 23 may 2021. Available at: https://seekingalpha.com/news/3695916-lemonade-falls-on-new-short-call-from-muddy-waters.

FISCHER, B. Oscar passing out fitness trackers, incentives to members. *New York Business Journal*, 2014. Available at: https://www.bizjournals.com/newyork/blog/techflash/2014/12/oscar-passing-out-fitness-trackersincentives-to.html. Accessed 20 jan. 2021.

FRENCH, S.; KNEALE, J. Excessive financialisation: Insuring lifestyles, enlivening subjects, and everyday spaces of biosocial excess. *Environment and Planning D: Society and Space,* v. 27, n. 6, pp. 1030-1053, p. 1041, 2009.

GARRIGA, G. Is the future of insurance fairer with AI? Available at: https://www.linkedin.com/pulse/future-insurance-fairer-ai-gemma-garriga-phd/.

GEIGER, S. Silicon Valley, disruption, and the end of uncertainty. *Journal of Cultural Economy,* v. 13, n. 2, pp. 169-184, 2019. DOI: 10.1080/17530350.2019.1684337.

GORE, A. How the powerful science of behaviour change can make us healthier. *World Economic Forum.* 28 nov. 2018. Available at: https://www.weforum.org/agenda/2018/11/science-incentivize-behaviour-change-vitality-physical-exercise/. Accessed nov. 2021.

HALES, Mark; BHARDWAJ, Neeti. *The Internet of Things*: Opportunities for Insurers. *Kearney*. Available at: https://www.kearney.com/financial-services/article/?/a/the-internet-of-things-opportunity-for-insurers.

HUMANS RIGHT WATCH. How the EU's Flawed Artificial Intelligence Regulation Endangers the Social Safety Net: Questions and Answers. Available at: https://www.hrw.org/news/2021/11/10/how-eus-flawed-artificial-intelligence-regulation-endangers-social-safety-net.

IBM INSTITUTE FOR BUSINESS VALUE. Disruption in the Insurance Industry: Here Comes the Internet of Things. *ExpertInsights@IBV*, nov. 2017. Available at: https://www.ibm.com/downloads/cas/WVG1BPYW.

INSURANCE/LEMONADE: pipping their rivals. *Financial Times*. Available at: https://www.ft.com/content/58c42412-3e91-46d4-833e-1e11806c5057.

JEANNINGROS, H., MCFALL, L. The value of sharing: Branding and behaviour in a life and health insurance company. *Big Data & Society*, v. 7, n. 2, 2020. DOI: https://doi.org/10.1177/2053951720950350.

JEWETT, Abraham. Lemonade Insurance Company Collects Faceprints Without Permission, Says Class Action. *Top Class Actions*, 24 aug. 2021. Available at: https://topclassactions.com/lawsuit-settlements/privacy/1029853-lemonade-insurance-company-collects-faceprints-without-permission-says-class-action/.

JENNEWINE, Trevor. How Lemonade Could Change Insurance. *The Motley Fool*, 10 dez. 2020. Available at: https://www.fool.com/investing/2020/12/10/how-lemonade-could-change-insurance/.

KATJE, Chris. Short Seller Andrew Left Goes Sour on Lemonade, Says Company Lies to Shareholders. *Yahoo! Finance,* 16 jan. 2021. Available at: https://finance.yahoo.com/news/short-seller-andrew-left-goes-162820199.html.

KNOX, H.; O'DOHERTY, D.; VURDUBAKIS, T.; WESTRUP, C. The Devil and Customer Relationship Management. *Journal of Cultural Economy*, v. 3, n. 3, pp. 339-359, 2010.

LEMONADE. Legal Stuff. Available at: https://www.lemonade.com/legal-stuff.

LEMONADE. Lemonade's claim automation. Available at: https://www.lemonade.com/blog/lemonades-claim-automation/.

LEMONADE AGREES to acquire Metromile at an implied equity value of $500 million. *FT Partners Fintech Industry Research*. Available at: https://ftpartners.docsend.com/view/9mf4mdcyiqs9dkad.

LEVY, S. Oscar is disrupting health care in a hurricane. *Wired*, 6 jan. 2017. Available at: https://www.wired.com/2017/01/oscar-is-disrupting-health-care-in-a-hurricane/.

LUPTON, D. *The Quantified Self*: A Sociology of Self-tracking. Cambridge: Polity, 2016.

MCCREA, M.; FARRELL, M. A conceptual model for pricing health and life insurance using wearable technology. *Risk Management and Insurance Review*, v. 21, n. 3, pp. 389-411, 2018.

MCFALL, Liz. Personalizing solidarity? The role of self-tracking in health insurance pricing. *Economy and society*, v. 48, n.1, pp. 52-76, 19 mar. 2019. Doi:10.1080/03085147.2019.1570707.

MCFALL, L; MEYERS, G; HOYWEGHEN, I.V. Editorial: The personalisation of insurance: Data, behaviour and innovation. *Big Data & Society*, v. 7 n. 2, 2020.

MCKENNA, Frank. Lemonade Under Fire For Using AI To Stop Fraud. *Frankonfraud*, 27 may 2021. Available at: https://frankonfraud.com/fraud-trends/lemonade-under-fire-for-using--ai-to-stop-insurance-fraud/.

MCKINSEY. Insurers Need to Plug into the Internet of Things – or risk falling behind. 15 sep. 2016. Available at: https://www.mckinsey.com/industries/financial-services/our-insights/insurers-need-to-plug-into-the-internet-of-things-or-risk-falling-behind.

MEYERS, G.; VAN HOYWEGHEN, I. Enacting actuarial fairness in insurance: From fair discrimination to behaviour-based fairness. *Science as Culture*, v. 27, n. 4, pp. 413-438, 2018.

MEYERS, G.; VAN HOYWEGHEN, I. "Happy failures": Experimentation with behaviour-based personalisation in car insurance. *Big Data & Society*, v. 7, n. 1, 2020. DOI: https://doi.org/10.1177/2053951720914650.

MINTY, D. Could price optimisation soon be banned in the UK insurance market? *Ethics and insurance*, 21 oct. 2015. Available at: https://ethicsandinsurance.info/2015/10/21/price-optimisation-soon-banned/.

MINTY, D. Is settlement walking now part of UK insurance? *Ethics and insurance*, 18 mar. 2021. Available at: https://ethicsandinsurance.info/2021/03/18/settlement-walking/.

MINTY, D. Price optimisation: will insurers face new rules? *Ethics and insurance*, 15 may 2016. Available at: https://ethicsandinsurance.info/2016/03/15/price-optimisation-rules/.

MORRISON, Sarah. A disturbing, viral Twitter thread reveals how AI-powered insurance can go wrong. *Vox*, 27 may 2021. Available at: https://www.vox.com/recode/22455140/lemonade-insurance-ai-twitter.

MUDDY WATERS RESEARCH. Open Letter to Lemonade: Egregious Security Vulnerability (LMND US). Available at: https://www.muddywatersresearch.com/research/lmnd/open-letter/.

O'BRIEN, C. Perspectives: The Downfall of Equitable Life in The United Kingdom: The Mismatch Of Strategy. *Risk Management and Insurance Review*, v. 9, n. 2, 2006.

O'NEIL, C. *Weapons of Math Destruction*. New York: Crown, 2016.

PRAINSACK, B.; VAN HOYWEGHEN, I. *Shifting Solidarities*: Personalisation in Insurance and Medicine. *In*: VAN HOYWEGHEN, I.; PULIGNANO, V.; MEYERS, G. (Ed.). Shifting Solidarities: Trends and Developments in European Societies. Palgrave Macmillan, 2020, p. 128.

PRUDENTIAL AND VITALITY launch unprecedented well-being program in Brazil. *Vitality*. Available at: https://vitality.international/our-insights/news/prudential-and-vitality-launch-unprecedented-well-being-program-in-brazil.html.

RALPH, O. Insurance experts put premium on start-ups reaching the big time. *Financial Times*, 5 jul. 2020. Available at: https://www.ft.com/content/47faafe0-1252-48a7-a6d5-899833629f50.

RALPH, O. Identity Crisis: the insurers moving away from insurance. *Financial Times*, 7 aug. 2018. Available at: https://www.ft.com/content/2916c128-918d-11e8-b639-7680cedcc421.

REYES, Max. Insurer's Use of AI to Study Claims Provokes Uproar After Tweet. *Bloomberg*, 26 may 20221. Available at: https://www.bloomberg.com/news/articles/2021-05-26/lemonade-s-use-of-ai-to-study-claims-brings-uproar-after-tweet.

SAVAGE, M.; BURROWS, R. The Coming Crisis of Empirical Sociology. *Sociology*, v. 41, n. 5, pp. 885-899, 2007.

SCHREIBER, Daniel. LEMONADE IS 5 YEARS OLD! Here's Our Strategy and Results to Date. Available at: https://www.youtube.com/watch?v=j7Q8SyuHWc0&t=25s.

SHEEHAN, Matt. Activist short seller claims Lemonade has leaked customer data. *Reinsurance News*, 13 may 2021. Available at: https://www.reinsurancene.ws/activist-short-seller-claims-lemonade-has-leaked-customer-data/.

SMITH, Ian. Data Machine – the insurers using AI to reshape the industry. *Financial Times*. 16 sep. 21. Available at: https://www.ft.com/content/d3bd46cb-75d4-40ff-a0cd-6d7f33d58d7f.

SWEDLOFF, R. Risk classification's big data (R)evolution. *Connecticut Insurance Law Journal*, v. 21, n. 1, pp. 339-374, 2015.

THE LEMONADE GIVEBACK. Available at: https://www.lemonade.com/giveback.

TOP EMERGING Internet First Insurance Platforms Startups – 2020. *Tracxn*. Available at: https://tracxn.com/d/emerging-startups/top-internet-first-insurance-startups-2020.

VAN DER HEIDE, A. *Dealing with Uncertainty*: A Historical Sociology of Evaluation Practices in UK Life Insurance, 1971-Present. PhD Dissertation, University of Edinburgh.

VAN DER HEIDE, A. Making financial uncertainty count: Unit-linked insurance, investment and the individualisation of financial risk in British life insurance. *The British Journal of Sociology*, v. 71, n. 5, pp. 985–999, 2020.

VANIAN, Jonathan. Insurance firm Lemonade backtracks on claims it uses A.I. to scan customer faces for hints of fraud. *Fortune*, 26 may 2021. Available at: https://fortune.com/2021/05/26/lemonade-insurance-ai-face-scanning-fraud/.

VITALITY. Available at: https://www.vitalitygroup.com/.

VITALITY REACHES a global network of partner insurers. *Vitality*. Available at: https://vitality.international/about-vitality/global-vitality-network.html.

ZUBOFF, S. *The Age of Surveillance Capitalism*. London: Profile Books, 2019.

Case Law

US DISTRICT COURT FOR THE SOUTHERN DISTRICT OF NEW YORK. Pruden v. Lemonade, Inc. *et al. Justia Dockets & Fillings*. Available at: https://dockets.justia.com/docket/new-york/nysdce/1:2021cv07070/565408.

A personalização baseada em dados aplicada aos seguros

Liz McFall[1]

INTRODUÇÃO

A aplicação de técnicas personalizadas, comportamentais e baseadas em dados a seguros privados e comerciais expôs o setor a novo escrutínio público, político e regulamentar. Novas formas de grandes dados – isto é, dados que podem ser pessoais e massivos, dinâmicos e históricos, dispersos e integrados – combinados com *machine learning* e inteligência artificial representam um desafio global e social para governos e reguladores. A investigação empírica sobre a adoção de técnicas baseadas em dados nos seguros está aumentando,[2] mas continua a ser rodeada por comentários críticos sobre ameaças, por um lado, à privacidade e à inclusão social[3] e, por outro, por comentários positivos sobre o potencial de eficiência e ganhos de serviços.[4] O debate público tem sido,

---

1 LizMcFall é Chancellor's Fellow no Edinburgh Futures Institute and Sociology da Universidade de Edimburgo. Ela coeditou a obra *Markets and the arts of attachment* junto com Franck Cochoy e Joe Deville (Routledge, 2017), é autora de *Devising consumption: Cultural economies of insurance, credit and spending* (Routledge, 2014) e de *Advertising: A cultural economy* (Sage, 2004). É coeditora-chefe do *Journal of Cultural Economy*.

2 Cf., por exemplo, BARRY, L.; CHARPENTIER, A. (2020). Personalization as a promise: Can Big Data change the practice of insurance? *Big Data & Society*, v. 7, n. 1, 2020. DOI:10.1177/2053951720935143; CEVOLINI, A.; ESPOSITO, E. From pool to profile: Social consequences of algorithmic prediction in insurance. *Big Data & Society*, v. 7 n. 2, 2020; MCFALL, L; MEYERS, G; VAN HOYWEGHEN, I. Editorial: The personalisation of insurance: Data, behaviour and innovation. *Big Data & Society*, v. 7 n. 2, 2020.

3 KRÜGER, S; NÍ BHROIN, N. Vital signs: Innovations in self-tracking health insurance and social change. The *Journal of Media Innovations*, v. 6, n. 1, pp. 93-108, 2020; ZUBOFF, S. *The Age of Surveillance Capitalism*. Londres: Profile Books, 2019; LUPTON, D. *The Quantified Self*: A Sociology of Self-tracking. Cambridge: Polity, 2016; O'NEIL, C. *Weapons of Math Destruction*. Nova York: Crown, 2016.

4 ERNST AND YOUNG. *Introducing Pay-As-You-Live Insurance*: Insurance that rewards a healthier lifestyle, 2015; IBM INSTITUTE FOR BUSINESS VALUE. Disruption in the Insurance Industry: Here Comes the Internet of Things. *ExpertInsights@IBV*, nov. 2017. Disponível em: https://www.ibm.com/downloads/cas/WVG1BPYW; HALES, Mark; BHARDWAJ, Neeti. The Internet of Things: Opportunities for Insurers. *Kearney*. Disponível em: https://www.kearney.com/financial-services/article/?/a/the-internet-of-things-opportunity-for-insurers; MCKINSEY. Insurers Need to Plug into the Internet of Things – or risk falling behind. 15 set. 2016. Disponível em: https://www.mckinsey.com/industries/financial-services/our-insights/insurers-need-to-plug-into-the-internet-of-things-or-risk-falling-behind.

contudo, dificultado tanto pelo ritmo da mudança como pela dificuldade de estabelecer o papel que as novas tecnologias desempenham na prática comercial dos seguros.

A personalização em si é um conceito difuso. Na medicina e nos sistemas de saúde, "a personalização parece ser uma forma atrativa de fornecer serviços e bens", prometendo levar em consideração características e necessidades individuais, ao mesmo tempo em que poupa às pessoas e à sociedade os custos e efeitos colaterais de intervenções inadequadas.[5] Na prática, os sistemas de saúde personalizados podem levar à divisão das pessoas em grupos menores, de forma a desafiar o princípio solidário dos sistemas de saúde universais, sem a prestação de cuidados adaptados às necessidades individuais. Preocupações semelhantes surgem com a ideia de seguros personalizados. O conceito de personalização tem raízes na literatura sobre marketing dos anos 90, mas se tornou muito mais influente a partir dos anos 2000, à medida que as implicações dos sistemas de gestão das relações com os clientes no contexto dos grandes dados começaram a ser analisadas.[6] A ascensão dos modelos de negócio *big tech, big data*, exemplificados por Facebook, Apple, Amazon, Netflix e Google (FAANG),[7] formaram uma prática baseada na conjunção de internet e de vendas, de forma a produzir perfis individuais ou "duplicações de dados" que podem ser comercializados em mercados de dados. Isso está relacionado às formas com que a personalização tem sido empregada no contexto da tecnologia de seguros – ao passo que também se distingue delas. Aqui, a personalização está ligada ainda mais diretamente à vigilância, particularmente por meio da incorporação de plataformas e dispositivos da Internet das Coisas (IoT), que calculam o risco utilizando dados individuais e comportamentais.

Assim, na análise amplamente difundida de Shoshanna Zuboff sobre o capitalismo de vigilância, as seguradoras estão empregando garantias comportamentais como meio de reduzir o seu risco por meio de processos mecânicos concebidos para modificar o comportamento, desencadeando sanções financeiras.[8] Nisso, ela identifica

---

5 PRAINSACK, B.; VAN HOYWEGHEN, I. *Shifting Solidarities*: Personalisation in Insurance and Medicine. *In*: VAN HOYWEGHEN, I.; PULIGNANO, V.; MEYERS, G. (Ed.). Shifting Solidarities: Trends and Developments in European Societies. Palgrave Macmillan, 2020, p. 128.

6 SAVAGE, M.; BURROWS, R. The Coming Crisis of Empirical Sociology. *Sociology*, v. 41, n. 5, pp. 885-899, 2007. BURROWS, R.; SAVAGE, M. After the crisis? Big Data and the methodological challenges of empirical sociology. *Big Data & Society*, v. 1, n. 1, 2014; BOYD, D.; CRAWFORD, K. Critical Questions For Big Data. *Information, Communication & Society*, v. 15, n. 5, pp. 662-679, 2012; KNOX, H.; O'DOHERTY, D.; VURDUBAKIS, T.; WESTRUP, C. The Devil And Customer Relationship Management. *Journal of Cultural Economy*, v. 3, n. 3, pp. 339-359, 2010.

7 Hoje Meta, Apple, Amazon, Netflix e Alphabet ou MAANA.

8 ZUBOFF, S. *The Age of Surveillance Capitalism*. Londres: Profile Books, 2019; ver também LUPTON, D. *The Quantified Self*: A Sociology of Self-tracking. Cambridge: Polity, 2016; O'NEIL, C. *Weapons of Math Destruction*. Nova York: Crown, 2016, para análises similares.

três características principais: a personalização, a utilização de dados comportamentais individuais e a precificação do risco individual. Essas três características formam certamente o cerne das novas técnicas. O problema é que há certa falta de clareza sobre o que cada característica significa na prática, como se relacionam umas com as outras, e se equivalem a um modelo de seguro coerente e sustentável. A abordagem dessas questões é essencial para toda compreensão e regulação adequadas às implicações que a personalização dos seguros tem no que diz respeito à justiça e à não discriminação.[9]

A seguir, faço uma breve discussão sobre o contexto em que a personalização baseada em dados e o fenômeno da tecnologia aplicada a seguros (*insurtech*)[10] surgiram no setor de seguros, bem como sobre os desafios que eles representam às questões de justiça. Passo então a considerar dois casos recentes bastante controversos, retirados de dois setores da indústria: o de seguros de saúde ou vida, e o de habitação. O primeiro caso gira em torno da Vitality e Oscar Health, duas empresas conhecidas por incorporar o autorrastreio nas suas apólices "interativas" de saúde e vida, ao passo que o segundo caso diz respeito à Lemonade, uma *startup* unicórnio, conhecida pela sua abordagem personalizada e pela incorporação de inteligência artificial.

1. O CONTEXTO DA PERSONALIZAÇÃO DOS SEGUROS

Os seguros, organizados em termos individualizados, socializados ou, como é agora comum nos sistemas nacionais de seguros de saúde, em um híbrido de ambos, foram definidos historicamente pelo seu caráter coletivo ou social. Eles podem ser considerados uma forma de organização solidária, que permite a partilha da

---

9 A respeito da história e a oposição às recentes tentativas de regulação da inteligência artificial na União Europeia, cf. UNIÃO EUROPEIA. Proposal for a regulation of the european parliament and of the council laying down harmonised rules on artificial intelligence (artificial intelligence act) and amending certain union legislative acts. *EUR-Lex.* Disponível em: https://eur-lex.europa.eu/legal-content/EN/TXT/?uri=-CELEX%3A52021PC0206; HUMANS RIGHT WATCH. How the EU's Flawed Artificial Intelligence Regulation Endangers the Social Safety Net: Questions and Answers. Disponível em: https://www.hrw.org/news/2021/11/10/how-eus-flawed-artificial-intelligence-regulation-endangers-social-safety-net. Especificamente sobre seguros, cf. EIOPA – EUROPEAN INSURANCE AND OCCUPATIONAL PENSIONS AUTHORITY.. Artificial intelligence Governance principles: Towards ethical and Trustworthy artificial Intelligence in the European insurance Sector. Disponível em: https://www.eiopa.europa.eu/sites/default/files/publications/reports/eiopa-ai-governance-principles-june-2021.pdf e SMITH, Ian. Data Machine – the insurers using AI to reshape the industry *Financial Times.* 16 set. 21. Disponível em: https://www.ft.com/content/d3bd46cb-75d-4-40ff-a0cd-6d7f33d58d7f; GARRIGA, G. Is the future of insurance fairer with AI? Disponível em: https://www.linkedin.com/pulse/future-insurance-fairer-ai-gemma-garriga-phd/.

10 O termo *insurtech* não tem definição precisa. Ele se refere, por vezes, à incorporação genérica das técnicas de análise preditiva de grandes dados pela indústria securitária. Aqui, eu o utilizo para fazer referência aos fenômenos que fizeram da revolução tecnológica parte da sua fama.

responsabilidade pelo pagamento relativo aos riscos de doenças, ferimentos, morte, acidentes, crimes etc. Embora os preços ou prêmios cobrados dos indivíduos variem, a variação se dá segundo características de grupo, e não por características individuais. Como diz Swedloff:

> as seguradoras estabelecem os preços prevendo a probabilidade de um grupo de indivíduos idênticos, em termos observacionais, sofrer um dano (...). (Elas) individualizam esses preços, determinando se as características particulares observáveis de determinado segurado estão correlacionadas a danos específicos.[11]

A adoção de técnicas personalizadas baseadas em dados sugere a possibilidade de algo diferente, isto é, de um meio de fixação de preços baseado não em características observacionais de certo grupo, mas em algoritmos, aplicativos e dispositivos que rastreiam o comportamento individual. Essa possibilidade está em desacordo com as lógicas conceitual e classificatória, o ambiente regulatório e as práticas de trabalho que têm caracterizado os seguros até hoje. Nos seguros privados, é aceito que os preços oferecidos aos indivíduos variem de acordo com critérios que incluem, por exemplo, idade, condições de saúde, local, histórico de sinistros etc., podendo-se demonstrar haver influência no risco de acordo com as concepções "atuariais" de justiça.[12] Nos seguros socializados, a justiça é definida menos por regras atuariais e mais por valores políticos e sociais, como a inclusão, o bem-estar público e a não discriminação. Em todas as formas de seguros, as alterações na aplicação de critérios de risco tendem a despertar preocupação pública e, por vezes, respostas regulatórias, resultando, por exemplo, em leis de vedação à discriminação genética e na equiparação de preços para ambos os gêneros. Tais mudanças são significativas, levantando questões sobre a justiça empregada pelos métodos de classificação de riscos, mas, ainda assim, não desafiaram a lógica do compartilhamento de riscos, fundamental à área.

O teórico dos seguros François Ewald argumentou que o risco "só se torna passível de cálculo quando é repartido entre determinada população. O trabalho da

---

11 Texto original: "*insurers set prices by predicting the probability that any group of observationally identical individuals will suffer a loss...[they] individuate those prices by determining whether the particular observable characteristics of a particular insured correlate with particular harms.*" SWEDLOFF, R. Risk classification's big data (r) evolution. *Connecticut Insurance Law Journal*, v. 21, n. 1, pp. 339-374, p. 342, 2015.

12 ARROW, K. J. Uncertainty and the welfare economics of medical care. *The American Economic Review*, v. 53, n. 5, pp. 941-973, 1963; ABRAHAM, K. S. Efficiency and fairness in insurance risk classification. *Virginia Law Review*, v. 71, pp. 403-451, 1985; ERICSON, R.; BARRY, D.; DOYLE, A. The moral hazards of neo-liberalism: Lessons from the private insurance industry. *Economy and Society*, v. 29, n. 4, pp. 532-558, 2000; MEYERS, G.; VAN HOYWEGHEN, I. Enacting actuarial fairness in insurance: From fair discrimination to behaviour-based fairness. *Science as Culture*, v. 27, n. 4, pp. 413-438, 2018.

seguradora está especificamente em constituir essa população por meio da seleção e divisão dos riscos".[13] Qualquer perfil de risco individual deriva, portanto, do pertencimento a um grupo, de modo que é a seleção e a divisão dos grupos de risco que configuram o seguro. Na análise de Kenneth Abraham sobre classificação de riscos, formas puramente distributivas de seguro, nas quais nenhuma característica individual é levada em consideração, são possíveis na teoria, mas não são encontradas na prática. Em vez disso, a avaliação é o fator impulsionador, e é isso que "necessariamente limita a quantidade de distribuição de risco obtida por determinado contrato de seguro, uma vez que se emprega o conhecimento sobre as expectativas de risco para fixar preços diferentes para membros de grupos diferentes".[14] Esses grupos de riscos já estavam se tornando cada vez menores, mesmo antes da introdução das práticas atuais.[15] Saber, porém, se a indústria pode funcionar como seguro, e não como outro tipo de instrumento financeiro, e com uma classificação de risco verdadeiramente individual, segue sendo uma questão em aberto. Quando Abraham afirmou que nenhum sistema de classificação de riscos "pode classificar e fixar os preços dos riscos individuais com precisão quase completa; o futuro é demasiado incerto para isso",[16] estávamos em 1985, isto é, muito antes de as dinâmicas de personalização baseadas em dados terem começado a surgir. A evolução mais recente faz questionar quais são os limites da classificação individualizada de riscos.

> Técnicas recentes de previsão por algoritmos estão criando grandes expectativas no setor de seguros, mas também pressionam o modelo probabilístico de cálculo e de distribuição de riscos. Como consequência de procedimentos que utilizam *machine learning* e de grandes dados, novas formas de previsão estão se difundindo em diferentes áreas da nossa sociedade. Abordagens como a análise preditiva afirmam utilizar *machine learning* para

---

13 EWALD, F. Insurance and risk. *In*: GRAHAM, B. *et al.* (Ed.). *The Foucault Effect.* Studies in Governmentality. Londres: Harvester Wheatsheaf, 1991, pp. 197-210.

14 ABRAHAM, K. S. Efficiency and fairness in insurance risk classification. *Virginia Law Review*, v. 71, pp. 403-451, p. 405, 1985.

15 ERICSON, R.; BARRY, D.; DOYLE, A. The moral hazards of neo-liberalism: Lessons from the private insurance industry. *Economy and Society*, v. 29, n. 4, pp. 532-558, 2000; VAN DER HEIDE, A. Making financial uncertainty count: Unit-linked insurance, investment and the individualisation of financial risk in British life insurance. *The British Journal of Sociology*, v. 71, n. 5, pp. 985-999, 2020.

16 ABRAHAM, K. S. Efficiency and fairness in insurance risk classification. *Virginia Law Review*, v. 71, pp. 403-451, p. 405, 1985.

dar indicações precisas sobre o futuro de determinado evento ou indivíduo, superando as limitações das técnicas estatísticas atuais, que apenas abordam tendências médias e gerais.[17]

Certos fatores e certas tensões subjacentes ao estado atual de coisas têm origem na história financeira recente da indústria. Até cerca de quarenta anos atrás, a rentabilidade dos seguros, particularmente dos seguros de vida, derivava substancialmente dos investimentos, e não do rendimento dos prêmios.[18] O padrão variava consoante o setor e o momento, mas a maioria das seguradoras de vida amorteceram as variações nos rendimentos dos prêmios por meio de investimentos em ativos fixos. Isso mudou após os anos 70, à medida que a disponibilidade de novas tecnologias informáticas, combinadas com as tendências de risco financeiro e com as práticas de investimento, estimularam o desenvolvimento de novos tipos de apólices. Como resultado, os tradicionais seguros participativos começaram a ser desbancados pelos seguros – ora dominantes – "ligados a fundos de investimento".[19]

> Nos seguros ligados a fundos de investimento, o risco passa a ser considerado no preço dos seguros, e não como algo a ser considerado apenas a nível da empresa (...). Em outras palavras, o cálculo atuarial, os critérios e a prudência (isto é, a expertise atuarial) foram substituídos pela quantificação explícita do risco e pela lógica do capital baseado no risco. O risco financeiro é tratado não por meio da solidariedade organizada, mas numa relação "bilateral" e baseada no risco, havida entre um segurado e os acionistas da empresa que fornecem capital para enfrentar a incerteza.[20]

---

17 Texto original: "*Recent techniques of algorithmic prediction are raising high expectations in insurance, but also putting under pressure its probabilistic model of risk calculation and distribution. As a consequence of procedures using machine learning and Big Data, new forms of prediction are spreading in different areas of our society. Approaches like Predictive Analytics claim to use machine learning to give precise indications about the future of a single event or individual, overcoming the limitations of current statistical techniques that only address averages and general trends.*" CEVOLINI, A.; ESPOSITO, E. From pool to profile: Social consequences of algorithmic prediction in insurance. *Big Data & Society*, v. 7 n. 2, p. 1, 2020.

18 ERICSON, R.; BARRY, D.; DOYLE, A. The moral hazards of neo-liberalism: Lessons from the private insurance industry. *Economy and Society*, v. 29, n. 4, pp. 532-558, 2000; VAN DER HEIDE, A. Making financial uncertainty count: Unit-linked insurance, investment and the individualisation of financial risk in British life insurance. *The British Journal of Sociology*, v. 71, n. 5, pp. 985-999, 2020; RALPH, O. Identity Crisis: the insurers moving away from insurance. *Financial Times*, 7 ago. 2018. Disponível em: https://www.ft.com/content/2916c-128-918d-11e8-b639-7680cedcc421.

19 VAN DER HEIDE, A. Making financial uncertainty count: Unit-linked insurance, investment and the individualisation of financial risk in British life insurance. *The British Journal of Sociology*, v. 71, n. 5, pp. 985-999, 2020.

20 Texto original: "*In unit linked insurance, financial risk becomes something to be factored into insurance pricing rather than something that is dealt with at the level of the company... in other words, actuarial calculation, discretion and prudence (i.e., actuarial expertise) have been displaced by explicit risk quantification and the logic of risk-based capital. Financial risk is dealt with not through organised solidarity but in a "bipolar," risk-based relation*

Essa é uma mudança significativa na forma com que o seguro de vida funciona. À medida que os retornos do investimento diminuíram nos anos 90, as seguradoras foram levadas à adoção de métodos da economia financeira desenvolvidos pelos bancos de investimento. A indústria reestruturada que daí emergiu é mais diversificada, mais competitiva e muito mais propensa a revoluções externas do que no século XX. Como resultado, aquilo que historicamente se considerava uma indústria lenta e conservadora, com obstáculos substanciais à entrada, tornou-se cada vez mais receptiva a inovações, por exemplo, em matéria de preços, de criação de produtos, de serviços e de marcas, estando cada vez mais sujeita à concorrência das *startups* de tecnologia dos seguros. Nesse contexto, as técnicas que prometem soluções para as questões enraizadas nos seguros – como baixa diferenciação da marca, satisfação dos clientes e lealdade – têm um apelo particular. As técnicas de personalização e de previsão algorítmica baseadas em dados se tornam respostas variadas e difusas a esses problemas, em vez de passar ao cálculo personalizado e microscópico do risco.

As controvérsias públicas em torno da personalização resultam do pressuposto geral de que a análise preditiva permite às empresas dar um zoom no risco individual, no preço mais exato e, assim, no lucro. Isso encobre as múltiplas contingências das quais depende a viabilidade comercial das seguradoras. O cálculo exato do risco nunca garantiu rentabilidade a um setor que enfrenta múltiplos mercados, tais como os de consumidores, investidores e resseguradoras. As práticas de investimento e os seus retornos são extremamente importantes, sendo invariavelmente influenciados pela avaliação de ativos e passivos numa escala e complexidade que, particularmente após a adoção da economia financeira, obscureceu as questões de solvência durante décadas, mesmo antes das crises financeiras mundiais de 2007 e 2008. As seguradoras calculam o risco, mas também o garantem. Jurídica e tecnicamente, o risco é subscrito; comercialmente, porém, o risco é escrito mais como uma narrativa, uma história. Ao longo do tempo, as seguradoras têm contado narrativas ao público, que incluem clientes e investidores, governos e reguladores, a respeito do cuidado com que calculam o risco. Isso não se alterou com a chegada da análise preditiva, o que significa simplesmente que as narrativas que as seguradoras e as empresas de tecnologia dos seguros contam sobre as suas tecnologias de risco não devem ser consideradas verdades absolutas.

---

between a policyholder and the company's shareholders who provide the capital to face the uncertainty." VAN DER HEIDE, A. Making financial uncertainty count: Unit-linked insurance, investment and the individualisation of financial risk in British life insurance. *The British Journal of Sociology*, v. 71, n. 5, pp. 985-999, p. 990, 2020.

A seguir, passo a considerar a forma com que esse contexto moldou as iniciativas de autorrastreamento e a inteligência artificial voltada para o cliente.

2. PERSONALIZAÇÃO POR MEIO DO AUTORRASTREAMENTO

A incorporação de dados de autorrastreamento nos seguros de saúde e de vida tem sido interpretada como uma forma peculiarmente íntima de analisar o indivíduo. Se a avaliação tradicional incorporou questões sobre o índice de massa corporal, uso de álcool, de tabaco e de drogas, bem como a prática de atividades de lazer ou profissões de risco, os dados de autorrastreamento parecem permitir uma análise mais direta e isenta de mediação. O autorrastreamento comportamental por meio de aplicativos e dispositivos smartphone ou portáteis tem atraído muita atenção de estudiosos, jornalistas, reguladores e outros analistas preocupados com o seu potencial de danos individuais e sociais. Para alguns, a utilização de dispositivos portáteis profetiza um mundo de "aumento de taxas e penalizações financeiras em tempo real", com consequências também para o acesso aos serviços de saúde.[21] No entanto, os princípios do seguro comportamental são muito anteriores ao surgimento de aparelhos de rastreio fitness, smartphones e relógios. A empresa líder do mercado, Vitality, é propriedade da Discovery Limited, um grupo sul-africano de serviços financeiros fundado em 1992 por Adrian Gore.

Figura 1: campanha PruHealth Bus-stop, JCDecaux, 2004.

21 ZUBOFF, S. *The Age of Surveillance Capitalism*. Londres: Profile Books, 2019, p. 215; cf. também os autores mencionados na nota 3.

A Vitality foi concebida desde o início como um programa de promoção da saúde construído em torno de um sistema de incentivos e recompensas, financeiras e não financeiras. Baseou-se na ideia de que um comportamento mais saudável reduziria as taxas de utilização dos serviços de saúde, permitindo à seguradora reduzir preços e financiar recompensas.[22] A *Vitality* tornou-se a peça central da expansão internacional da Discovery no início dos anos 2000. Foi implementada no Reino Unido em 2004 por uma empresa conjunta com a Prudential Assurance, comercializada como parte da PruHealth na qualidade de "uma forma única de te recompensar por cuidar ativamente da sua saúde ao longo do ano".[23] Foram inicialmente atribuídos pontos da Vitality a atividades saudáveis, como participação em programa de cessação do tabagismo, visita a uma academia de ginástica, compra de fruta e vegetais frescos, preenchimento de monitores de saúde regulares e demonstração de melhorias no IMC. O programa foi introduzido com campanhas promocionais, incluindo paradas de ônibus fornecendo laranjas e bolas de tênis, como mostrado na figura 1. A *joint venture* Prudential-UK terminou em 2014. A Discovery opera agora por meio das marcas subsidiárias Vitality Health Insurance, Vitality Life Insurance e Vitality Invest. Na última década, a Discovery atingiu mais de 20 milhões de clientes por meio de acordos de franquia e parcerias em 30 mercados globais, incluindo Ping An na China; AIA na Austrália, Sri Lanka, Taiwan, Tailândia, Coreia do Sul, Hong Kong, Singapura, Malásia, Vietnã e Filipinas; os EUA, o Reino Unido, com a Generali em França, Alemanha e Áustria; com a Manulife no Canadá, Sumitomo Life no Japão. Em junho de 2021, foi anunciada a parceria Prudential do Brasil.[24]

---

22 GORE, A. How the powerful science of behaviour change can make us healthier. *World Economic Forum*. 28 nov. 2018. Disponível em: https://www.weforum.org/agenda/2018/11/science-incentivize-behaviour-change--vitality-physical-exercise/. Acesso em nov. 2021.

23 FRENCH, S.; KNEALE, J. Excessive financialisation: Insuring lifestyles, enlivening subjects, and everyday spaces of biosocial excess. *Environment and Planning D: Society and Space*, v. 27, n. 6, pp. 1030-1053, p. 1041, 2009.

24 VITALITY REACHES a global network of partner insurers. *Vitality*. Disponível em https://vitality.international/about-vitality/global-vitality-network.html; VITALITY. Disponível em: https://www.vitalitygroup.com/; PRUDENTIAL AND VITALITY launch unprecedented well-being program in Brazil. *Vitality*. Disponível em: https://vitality.international/our-insights/news/prudential-and-vitality-launch-unprecedented-well-being-program-in-brazil.html.

> Prudential e Vitality lançam programa inovador de bem-estar no Brasil] A partir de junho de 2021, a Prudential do Brasil – a maior seguradora independente do Brasil no mercado de seguros individuais – disponibilizará o maior programa de mudança comportamental do mundo, a Vitality, para os seus clientes. Baseado na ciência comportamental e em estudos clínicos, a Prudential Vitality se centra no estímulo de hábitos saudáveis e na adoção regular de cuidados médicos e exercícios físicos, que, por sua vez, são recompensados conforme as metas semanais alcançadas ao longo do tempo. [...]

Figura 2: lançamento da Prudential e da Vitality Brasil, junho de 2021.

> Essa parceria representa a expansão do programa da Vitality para o nosso 30º mercado. A Vitality e a sua rede de parcerias de seguro de valor compartilhado são reconhecidas globalmente pelo seu impacto em ajudar pessoas a se tornar mais saudáveis. Num estudo realizado pela Harvard Medical School e pela Universidade da Cidade do Cabo, mostra-se que os membros mais empenhados da Vitality exibiram uma diminuição de 10% nas admissões hospitalares, uma redução de 10% a 30% nas despesas de saúde e tiveram 25% menos tempo de hospitalização, quando comparados com os membros menos empenhados. Com esta parceria com a Prudential do Brasil, estamos um passo mais perto de alcançar o nosso compromisso com a OMS de tornar 100 milhões de pessoas 20% mais ativas até 2025.[25]

Existe uma grande variação na oferta de produtos da Vitality nesses mercados – em alguns, ela oferece seguro de saúde; em outros, incluindo o Brasil, oferece seguro de vida; em outros, ainda, ambos são oferecidos. Os planos da Vitality podem ser vendidos diretamente aos consumidores, aos empregadores, ou a ambos. Nos EUA, John Hancock vende seguros de vida com a marca Vitality diretamente a indivíduos por meio de uma parceria, ao passo que a subsidiária americana da Discovery, Vitality Group, vende seguros de saúde tanto diretamente a empregadores como por meio de corretores.

Apesar de já existir há quase trinta anos, o programa baseado em incentivos da Vitality só começou realmente a suscitar controvérsia depois de ter sido introduzido o autorrastreio móvel. O anúncio de John Hancock, feito em setembro de 2018, de que deixaria de subscrever seguros de vida tradicionais e, em vez disso, ofereceria apenas

25 Texto original: "*This partnership represents the expansion of Vitality's program to our 30th market. Vitality and its partnership network of Shared Value Insurance are recognized globally for their impact on helping people become healthier. In a study made by Harvard Medical School and Cape Town University, research shows that more engaged Vitality members showed a 10% decrease in hospital admissions, 10-30% reduction in health expenses and 25% less hospitalization time, when compared to less engaged members. With this partnership with Prudential do Brasil, we are one step closer to reaching our commitment with the WHO to make 100 million people 20% more active by 2025.*" PRUDENTIAL AND VITALITY launch unprecedented well-being program in Brazil. *Vitality*. Disponível em: https://vitality.international/our-insights/news/prudential-and-vitality-launch-unprecedented-well-being-program-in-brazil.html.

seus seguros com a marca Vitality, por exemplo, foi tão controverso que saiu no *The New York Times*, *The Washington Post*, *Forbes*, *CNBC* e na *BBC*. Isto faz lembrar o interesse dos meios de comunicação social, já demonstrado no passado, quando uma seguradora de saúde muito menor, a Oscar Health, que operava nos mercados "Obamacare" dos EUA, lançou o seu esquema de autorrastreio. Em agosto de 2014, Oscar anunciou que começaria a oferecer aos seus membros uma recompensa gratuita para os que se cumprissem uma meta de passos individual, determinada por algoritmo. O artigo de Steven Bertoni na *Forbes* ilustra a reação típica.

> E se, graças aos aparelhos móveis, o seguro de saúde começasse a funcionar como o seguro de automóvel, em que cada infração de saúde (digamos uma bebedeira, uma festa de Ação de Graças ou um domingo sedentário de Netflix) prejudica a sua avaliação de saúde, aumentando os seus prêmios de seguro-saúde? [26]

Argumenta-se da seguinte maneira: se as seguradoras lançam aparelhos portáteis, isso se dá porque querem acesso direto e não mediado à saúde dos seus segurados, o que fazem, em última análise, para cobrar valores em conformidade. Mas será que é necessariamente assim? A Oscar certamente utiliza incentivos para recompensar atividades, já a distribuição gratuita de artigos portáteis Misfit terminou em 2016, mas a empresa ainda oferece um plano de "dólares por dia" de cartão de presente da Amazon como recompensa pelo cumprimento dos objetivos *fitness*. Os planos da Vitality são mais elaborados, oferecendo uma gama de diferentes incentivos em diferentes mercados. Quase todos os planos da Vitality têm três fases principais: avaliação comportamental, progresso e recompensa. A primeira fase enfoca a conclusão de exames e avaliações de saúde. Estes incluem avaliações de saúde padrão, como IMC, relação cintura-quadril, pressão arterial, colesterol e glicemia, combinados com a Vitality Health Review de hábitos individuais de nutrição e bem-estar, vacinas, exames dentários e de câncer. São atribuídos pontos Vitality pela realização de cada uma dessas ações. Com base nessas avaliações, os clientes são avisados da sua "idade Vitality" apresentada como um "cálculo científico que avalia o impacto do seu estilo de vida na sua saúde". Para obter as recompensas do programa, os membros devem acumular pontos para

---

26 Texto original: "*What if thanks to wearables, health insurance began to work like car insurance where every health infraction (say a bar bender, Thanksgiving feast or sedentary Sunday of Netflix binge) hurt your health score and rocketed your health premiums?*". BERTONI, S. Oscar Health gets $400 million and a $2.7 billion valuation from Fidelity. *Forbes*, 22 fev. 2016. Disponível em: https://www.forbes.com/sites/stevenbertoni/2016/02/22/oscar-health-gets-400-million-and-a-2-7-billion-valuation-from-fidelity/.

obter posições de status rotuladas como azul, bronze, prata, ouro, platina, diamante etc. A conclusão das avaliações faz ganhar pontos iniciais, mas o ponto central é "*Improve your Health*". É aqui que os dados comportamentais começam a ter valor. Os membros podem ganhar pontos por meio do autorrastreio da pressão arterial, glicemia, peso, ritmo cardíaco e especialmente de atividades físicas. Ao ganharem pontos, os membros da Vitality melhoram o seu status e obtêm recompensas.

Tal como o plano Oscar, a maior parte das recompensas são incentivos. Na maioria dos mercados, são oferecidos descontos em artigos desportivos, mercearias, hotéis, cinemas, Starbucks, Amazon e a recompensa principal, um Apple Watch com grande desconto. Os descontos premium são as recompensas mais controversas, não sendo oferecidos em todos os países. São oferecidos em alguns mercados, como o britânico, o sul-africano e o norte-americano, mas as proibições regulamentares e a resistência em certos países são obstáculos. Na França, por exemplo, a utilização de tarifas individuais nos seguros de saúde é proibida ao abrigo da *Loi E'vin* de 1989, ao passo que a Alemanha proíbe a classificação de risco baseada no comportamento. Especificamente nos EUA, as empresas oferecem recompensas, mas não descontos nos prêmios, uma vez que isso iria contra os regulamentos do Obamacare, que proíbem a discriminação de preços com base em condições pré-existentes.[27] Mario Schlosser, CEO da Oscar, salientou isso na sua resposta às críticas, argumentando que o seu alvo era a redução do risco, não a avaliação: "se conseguirmos realmente que as pessoas andem mais, quase certamente haverá um enorme impacto na saúde da população, e eventualmente nos custos dos sistemas de saúde, valendo certamente a pena investir nisso".[28]

A situação é mais complicada quando se trata da saúde de todo um grupo, isto é, quando empregadores negociam descontos premium para a adoção do autorrastreio; no entanto, nesse caso, trata-se de um grupo, e não de um desconto individual. Vale a pena notar também que mesmo que os descontos nos prêmios não sejam explicitamente proibidos pela lei, os regulamentos que regem, por exemplo, o subsídio cruzado entre membros de alto e de baixo risco podem limitar o incentivo econômico das seguradoras para os adotarem. A resistência social e política é comum em locais com sistemas universais de saúde, e a resistência do mercado também existe: falar de um *bonus* é uma coisa, mas de *malus* é outra. Tanto quanto sei, nem os planos da Vitality nem os da Oscar

27 MCFALL, Liz. Personalizing solidarity? The role of self-tracking in health insurance pricing. *Economy and society*, v. 48, n.1, pp. 52-76, 19 mar. 2019. doi:10.1080/03085147.2019.1570707.

28 FISCHER, B. Oscar passing out fitness trackers, incentives to members. *New York Business Journal*, 2014. Disponível em: https://www.bizjournals.com/newyork/blog/techflash/2014/12/oscar-passing-out-fitness-trackersincentives-to.html. Acesso em 20 jan. 2021.

utilizam dados de autorrastreio para fixar o preço do risco individual de saúde.[29] Se os dados de autorrastreio não estiverem ligados à modelagem do risco individual, pode-se questionar por qual razão seguradoras como Vitality e Oscar os utilizam.

Uma resposta possível está na importância de cultivar a ligação do mercado ou da marca aos seguros. Historicamente, as seguradoras têm investido fortemente em publicidade como forma de superar a resistência e fomentar a fidelização. Isso geralmente envolvia alguma combinação para "explicar" a sua abordagem técnica em relação ao risco, explorando certos sentimentos, especialmente o medo. A maioria das seguradoras luta contra isso: a fidelidade à marca, o reconhecimento e a diferenciação são baixas, e o setor é fortemente dependente da concorrência de preços quando há renovação anual, e da inércia do cliente quando não há. Há, então, uma vantagem competitiva em ter um conjunto distinto de atributos para construir a identidade de marca. Fazer do comportamento um valor central da marca distingue a Vitality e a Oscar. É também interessante que ambas as empresas tenham escolhido marcas de renome internacional, incluindo a Amazon, o Starbucks e a Apple, como parceiros de recompensa. A Apple é amplamente considerada a marca mais valiosa do mundo, e os seus clientes são notoriamente fidelizados. Pode-se esperar que a parceria com a Apple agregue algum valor de marca transferível, mas há mais em jogo.

A capacidade de provocar determinado comportamento saudável está tanto no cerne do Apple Watch como da Vitality. A promoção do Apple Watch Series 5 da Vitality, feita em 2019, ofereceu descontos de até £300. Tal desconto era acessível apenas a membros que tivessem acumulado 160 pontos por mês, ao longo de 24 meses. A tabela vai até a faixa de membros que acumularam menos de 40 pontos, tendo de pagar o RRP completo. Ganhar 160 pontos de atividade por mês significa dar mais de 10000 passos, ou 30 a 59 minutos de exercício a 60% de frequência cardíaca máxima, ou uma corrida no parque etc. Para cumprir os objetivos mensais todos os meses, exige-se um comportamento consistentemente ativo. O Apple Watch é razoavelmente bem-sucedido em capturar usuários, estimulando-os, por meio de algoritmos, a bater metas de atividades físicas com a sua interface Apple. Isso combina perfeitamente com a Vitality não só devido ao fascínio exercido pela Apple, mas também por ser o melhor meio disponível para induzir o tipo de comportamento que interessa à empresa.

29 EIOPA - EUROPEAN INSURANCE AND OCCUPATIONAL PENSIONS AUTHORITY. Big Data Analytics in Motor and Health Insurance: A Thematic Review. Frankfurt: EIOPA, 2019; MCCREA, M.; FARRELL, M. A conceptual model for pricing health and life insurance using wearable technology. *Risk Management and Insurance Review*, v. 21, n. 3, pp. 389-411, 2018.

Voltando à Oscar, pode-se dizer que o seu plano poderia funcionar como um exercício de aprendizagem de dados, como Schlosser afirmou, permitindo-lhe modelar as relações entre os dados de dispositivos portáteis e os custos dos cuidados de saúde.[30] Isso parece plausível, mas há problemas no argumento. A avaliação dos riscos de saúde é muito mais complicada que a avaliação dos riscos de direção. Embora a telemática do seguro de automóveis tenha fornecido um conjunto de dados que demonstra correlações entre acidentes e um conjunto limitado de variáveis no comportamento individual de direção – como, por exemplo, número de horas de condução, tempo de viagem, velocidade, frenagem tardia, os dispositivos portáteis e os aplicativos fornecem dados parciais que informam aproximadamente o movimento e frequentemente o ritmo cardíaco a partir de acelerômetros e outros sensores. Os dados são parciais, porque os utilizadores nem sempre levam consigo os seus dispositivos; falsificáveis, porque os rastreadores não sabem quem ou o que está levando o dispositivo; por fim, para fins de avaliação de risco, são de valor limitado, porque não existe uma relação clinicamente estabelecida entre os dados de movimento e a condição de saúde. Existem dados, muitos deles recolhidos pela Discovery Ltd., que apoiam uma relação entre o rastreio de atividades e os resultados de saúde, mas isso, tal como o risco em geral, é mais relevante em nível populacional que individual. Então, por qual razão a Oscar está interessada? Também nesse ponto a publicidade da empresa é importante, e por razões particulares aos seguros.

Escrevendo na *Wired*, Steven Levy observou que tudo, desde a URL da Oscar ('hioscar.com') até a sua embalagem no estilo da Apple "soa como um apito de cachorro para a geração *millennial*: 'Venham até mim, meus caros aficionados em dispositivos móveis'".[31] O rastreador Misfit e os cartões-presente da Amazon foram feitos para compradores mais jovens e descolados – isto é, um grupo com probabilidade mais baixa de doença.[32] A Oscar alegou ter "calculado os números", demonstrando que o autorrastreio automático poderia baixar os custos de saúde, mas admitiu que não tinham encontrado uma ligação inequívoca. No entanto, se a publicidade conseguisse atrair clientes mais jovens e em melhor forma, isso poderia criar benefícios de seleção

30 FISCHER, B. Oscar passing out fitness trackers, incentives to members. *New York Business Journal*, 2014. Disponível em: https://www.bizjournals.com/newyork/blog/techflash/2014/12/oscar-passing-out-fitness-trackersincentives-to.html. Acesso em 20 jan. 2021.

31 LEVY, S. Oscar is disrupting health care in a hurricane. *Wired*, 6 jan. 2017. Disponível em: https://www.wired.com/2017/01/oscar-is-disrupting-health-care-in-a-hurricane/.

32 FISCHER, B. Oscar passing out fitness trackers, incentives to members. *New York Business Journal*, 2014. Disponível em: https://www.bizjournals.com/newyork/blog/techflash/2014/12/oscar-passing-out-fitness-trackersincentives-to.html. Acesso em 20 jan. 2021.

de risco num mercado que proíbe a seleção de risco. Obter lucros em seguros de saúde significa fixar preços de modo a cobrir os custos previstos dos serviços de saúde consumidos a um nível que atraia o número suficiente de membros do tipo certo de clientes, e que esteja em conformidade com a regulamentação dos seguros. Isso é algo muito mais difícil que a combinação de dispositivos portáteis e que a promoção ardilosa da marca.

3. CASO LEMONADE

A Lemonade Inc. foi formada em Nova York em 2015, oferecendo inicialmente seguros de habitação e de locação, acrescentando posteriormente, em 2020, seguros de animais de estimação e seguros de vida. Ela adquiriu também a Metromile, uma seguradora de automóveis especializada em telemática em novembro de 2021.[33] A Lemonade lançou-se na Bolsa de Valores com uma oferta pública inicial de ações (IPO) em julho de 2020.[34] Num vídeo do YouTube publicado naquela altura, o cofundador Daniel Schreiber explicou a proposta central, que consistia em que a *machine learning* e os dados prognósticos transformariam os seguros por meio de um microscópio "que desse um *zoom* no risco".

> Em vinte dos pontos havidos nos dados, grande parte da humanidade parece semelhante. Então, você precifica e garante um grande número de pessoas como se formassem um grupo monolítico uniforme. Porém, descobrimos que os dados que estávamos recolhendo, com o zoom digital de 100x que nós temos, nos mostraram que os grupos que os nossos concorrentes pareciam considerar monolíticos eram, na realidade, constituídos por subgrupos, em termos de previsão, com mais de 600% de variação na probabilidade de exigir uma indenização.[35]

A Lemonade se diz a pioneira nessa nova ciência de cálculo de riscos, dirigindo essa narrativa aos investidores tanto quanto aos consumidores. Os modelos de negócio

---

33 LEMONADE AGREES to acquire Metromile at an implied equity value of $500 million. *FT Partners Fintech Industry Research*. Disponível em: https://ftpartners.docsend.com/view/9mf4mdcyiqs9dkad.

34 Veja TOP EMERGING Internet First Insurance Platforms Startups – 2020. *Tracxn*. Disponível em: https://tracxn.com/d/emerging-startups/top-internet-first-insurance-startups-2020; INSURANCE/LEMONADE: pipping their rivals. *Financial Times*. Disponível em: https://www.ft.com/content/58c42412-3e91-46d4-833e-1e11806c5057.

35 Texto original: "*At twenty data points much of humanity looks alike so you price and underwrite large numbers of people as if they are a uniform, monolithic group but we found that the data we were gathering, that hundred X digital zoom we have, it showed us that groups our competitors seemed to consider to be monolithic were actually made up of predictable subgroups with over 600 percent variation in their likelihood to file a claim.*" SCHREIBER, Daniel. LEMONADE IS 5 YEARS OLD! Here's Our Strategy and Results to Date. Disponível em: https://www.youtube.com/watch?v=j7Q8SyuHWc0&t=25s.

de tecnologia de seguros dependem de investimento interno, o que exige uma narrativa de crescimento. A narrativa da Lemonade ajudou a assegurar a valorização da startup unicórnio, além da duplicação do valor das ações no primeiro dia de negociação, apesar de a empresa estar gerando perdas, dispondo de uma participação muito reduzida nos seus mercados principais.[36] Na tradição das startups tecnológicas, a história dirigida aos investidores da Lemonade enfoca o seu potencial revolucionário, especificamente a afirmação de que a avaliação de risco individualizada leva a maior eficiência e a melhor desempenho. Essa alegação é corrente entre os financiadores do setor tecnológico, habituados a trilhar longos e graduais caminhos para a obtenção de lucro. Mesmo assim, esse não é o único elemento da história.

O vídeo da IPO no YouTube começa com uma série de associações de termos, em que se ouve a voz dos consumidores dizendo coisas como: seguros são "chatos", "complicados", "uma enganação", "a palavra é um gatilho", "malignos" etc. Schreiber intervém para explicar que a Lemonade foi fundada para ser um tipo diferente de seguradora "com um conjunto de termos totalmente diferentes associados a ela: muitas pessoas falam da Lemonade como sendo encantadora, coerente, de impacto social; palavras como confiança e amor, esses são os tipos de palavras que os consumidores passaram a associar à Lemonade". Encantar os clientes conduz então ao crescimento rápido, o que, impulsionando os dados preditivos, impulsiona, por sua vez, a *machine learning* num "círculo virtuoso" animada em vídeo (figura 3).

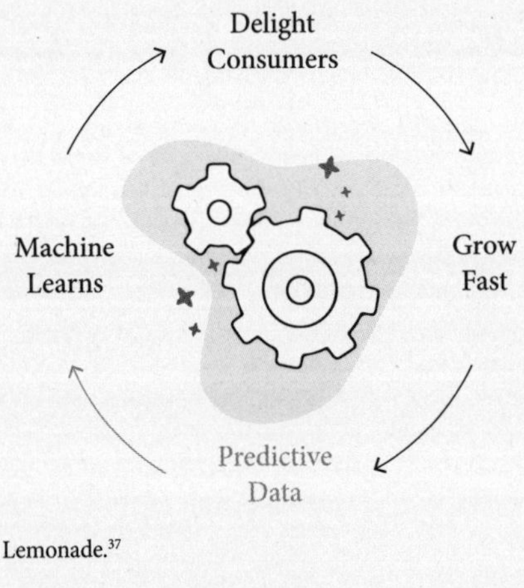

Figura 3: círculo virtuoso da Lemonade.[37]

36 RALPH, O. Insurance experts put premium on start-ups reaching the big time. *Financial Times*, 5 jul. 2020. Available at: https://www.ft.com/content/47faafe0-1252-48a7-a6d5-899833629f50.

37 Tradução do texto da imagem: "Agradar clientes > Crescer rapidamente > Dados prognósticos > machine learning >...".

A Lemonade transmite esses valores informais, amigáveis e em termos coloquiais pela sua marca, sendo aplicados a toda a estrutura do negócio. A empresa está registrada como empresa B, que apoia o "bem comum" com a sua política de retorno: "A Lemonade recebe uma taxa fixa e trata o resto do dinheiro como se fosse seu, não nosso. Nós a empregamos para pagar as indenizações, doando o restante a instituições de caridade à sua escolha, de forma que nunca brigamos pelo mesmo valor".[38] Isso corrobora a afirmação de que a Lemonade é socialmente responsável, partilhando dos valores dos clientes, o que, por sua vez, é repetido e divulgado em plataformas de redes sociais. A Lemonade tem 39.500 seguidores no Instagram e, desde 2019, tem publicado uma combinação de videoartes temáticas e mensagens da marca. Pouco depois da IPO, a conta começou a ser utilizada exclusivamente para apresentar o trabalho dos artistas atingidos pela pandemia de Covid-19 porque "queríamos apoiar os artistas da nossa comunidade, criando arte que encanta e distrai". O conteúdo é, em grande parte, composto de mensagens leves, mas os clientes respondem, por vezes, com reclamações a respeito dos serviços. As reclamações são enviadas mais frequentemente pelo Twitter em meio às publicações usuais de promoção da marca, a posts promocionais, a conversas esporádicas e pedidos de desculpas a determinado cliente. Isso tomou um rumo diferente em maio de 2021, quando a empresa publicou as mensagens mostradas na figura 4.

O conjunto de mensagens provocou uma reação imediata, seguida por vários artigos na imprensa.[39] Dois dias depois, a Lemonade apagou a publicação e divulgou uma postagem detalhada negando utilizar uma versão de frenologia alimentada por inteligência artificial para detecção de fraude, explicando o que realmente pretendiam (figura 5).[40] Como resultado direto dos tweets, uma ação coletiva foi movida contra a Lemonade em Nova York em agosto de 2021. O autor, Mark Pruden, alegou que a

---

38 Texto original: "*Lemonade takes a flat fee and treats the rest of the money as yours, not ours. We use it to pay claims, and give what's left to charities you choose, so we never fight over the same coin*". THE LEMONADE GIVEBACK. Disponível em: https://www.lemonade.com/giveback.

39 MORRISON, Sarah. A disturbing, viral Twitter thread reveals how AI-powered insurance can go wrong. *Vox*, 27 maio 2021. Disponível em: https://www.vox.com/recode/22455140/lemonade-insurance-ai-twitter; REYES, Max. Insurer's Use of AI to Study Claims Provokes Uproar After Tweet. *Bloomberg*, 26 maio 20221. Disponível em: https://www.bloomberg.com/news/articles/2021-05-26/lemonade-s-use-of-ai-to-study--claims-brings-uproar-after-tweet; FEATHERS, Todd; ROSE, Janus. An Insurance Startup Bragged It Uses AI to Detect Fraud. It Didn't Go Well. *Vice*, 26 maio 2021. Disponível em: https://www.vice.com/en/article/z3x47y/an-insurance-startup-bragged-it-uses-ai-to-detect-fraud-it-didnt-go-well; VANIAN, Jonathan. Insurance firm Lemonade backtracks on claims it uses A.I. to scan customer faces for hints of fraud. *Fortune*, 26 maio 2021. Disponível em: https://fortune.com/2021/05/26/lemonade-insurance-ai-face-scanning-fraud/; MCKENNA, Frank. Lemonade Under Fire For Using AI To Stop Fraud. *Frankonfraud*, 27 maio 2021. Disponível em: https://frankonfraud.com/fraud-trends/lemonade-under-fire-for-using-ai-to-stop-insurance-fraud/.

40 LEMONADE. Lemonade's claim automation. Disponível em: https://www.lemonade.com/blog/lemonades--claim-automation/.

Conjunto de mensagens da Lemonade no Twitter em 24 de maio de 2021

@Lemonade_Inc

A Lemonade tem uma base digital: nós utilizamos bots e machine learning para tornar os seguros imediatos, integrados e agradáveis. Isto nos põe numa posição vantajosa em termos de dados: com efeito, nós coletamos cem vezes mais dados que as seguradoras tradicionais. E aqui está por qual razão isto importa. (1/7)

@Lemonade_Inc

O seguro típico dos proprietários de imóvel contem entre 20 e 40 campos (nome, endereço, aniversário...), de forma que as seguradoras tradicionais coletam de 20 a 40 dados por usuário. A inteligência artificial Maya faz apenas 13 perguntas, mas coleta mais de 1.600 dados, produzindo perfis com mais nuances a respeito de nossos usuários, além de um conhecimento fortemente preditivo. (2/7)

@Lemonade_Inc

Estes dados nos ajudam a entender o nível de risco trazido por cada consumidor, o que melhora nossas políticas de subscrição, aquisição de clientes e detecção de fraudes. (3/7)

@Lemonade_Inc

Por exemplo, quando um usuário exige uma indenização, ele grava um vídeo no seu celular explicando o que aconteceu. Nosso sistema de inteligência artificial analisa com cuidado esse vídeo, buscando sinais de fraude. Ele pode detectar sinais não verbais, que as seguradoras tradicionais não captam, já que não utilizam processos digitais de indenização. (4/7)

@Lemonade_Inc

Isto nos auxilia a baixar nossa taxa de perda (isto é, quanto nós pagamos nas indenizações vs. quanto nós arrecadamos), e também nossos custos operacionais. No primeiro trimestre de 2017, nossa taxa de perda foi de 368% (absurdamente terrível) e, no primeiro trimestre de 2021, ela ficou em 71%. (5/7)

@Lemonade_Inc

Conforme nossa biblioteca de dados preditivos cresce, a técnica de machine learning processa os dados para melhorar a plataforma, avaliar os riscos, e agradar nossos clientes. E assim segue crescendo, o que leva a haver mais dados... e assim por diante. (6/7)

@Lemonade_Inc

Assim, cria-se um sistema que vai aprendendo conforme analisa os dados, aumentando as vantagens a cada giro do círculo. (7/7)

Figura 4: conjunto de mensagens da Lemonade no Twitter em 24 de maio de 2021.

Lemonade "coletou, armazenou, analisou e utilizou os dados biométricos de milhares de seus clientes sem autorização ou consentimento".[41]

---

41 US DISTRICT COURT FOR THE SOUTHERN DISTRICT OF NEW YORK. Pruden v. Lemonade, Inc. *et al. Justia Dockets & Fillings*. Disponível em: https://dockets.justia.com/docket/new-york/nysdce/1:2021cv07070/565408; JEWETT, Abraham. Lemonade Insurance Company Collects Faceprints Without Permission, Says Class Action. *Top Class Actions*, 24 ago. 2021. Disponível em: https://topclassactions.com/lawsuit-settlements/privacy/1029853-lemonade-insurance-company-collects-faceprints-without-permission-says-class-action/; BOTT,

Retratação da Lemonade em 26 de maio de 2021

@Lemonade_Inc

Então, nós deletamos aquele conjunto horroroso de mensagens, que só causou confusão. Resumo: nós não usamos nem estamos tentando desenvolver técnica de inteligência artificial que empregue características físicas ou pessoas para negar indenização (frenologia/fisiognomia) (1/4)

@Lemonade_Inc

Nós nunca permitimos que a inteligência artificial recusasse, por si só, pedidos de indenização. (2/4)

@Lemonade_Inc

Nossos sistemas não julgam os pedidos de indenização baseando-se em histórico, gênero, aparência, tom de pele, deficiência ou outra característica física (nem avaliamos nenhum desses critérios por *proxy*) (3/4)

Figura 5: retratação da Lemonade em 26 de maio de 2021.

O valor das ações também caiu após o episódio, num ano já volátil. Não se podem tirar grandes conclusões a partir das flutuações de curto prazo do valor das ações, mas vale a pena considerar a atividade do investidor diante da volatilidade. A Lemonade já tinha sido alvo de vendas a descoberto no início do ano. Em janeiro, um fundo de venda a descoberto, Citron Research, provocou uma queda de 11% de valor com um tweet negativo, ao passo que, pouco antes do episódio do Twitter, outra investidora ativista, a Muddy Waters Research, fez a venda de uma opção de compra que teve pouco efeito em termos de valor. Curiosamente, ambas as vendas mencionaram pontos fracos na tecnologia da Lemonade como sua motivação subjacente. A Citron Research acusou a empresa de empregar "táticas de marketing vazias" para mentir aos seus clientes e investidores sobre o caráter diferenciado de sua tecnologia e de suas reivindicações de responsabilidade social. A tecnologia da Lemonade, alegou a Citron, não era diferente da utilizada pelas seguradoras antigas, ao passo que a Muddy Waters afirmava ter encontrado problemas de segurança na manipulação de dados.[42]

Celeste. Policyholders Say Insurer Violated Biometric Privacy. *Law360*. Disponível em: https://www.law360.com/articles/1404330/ill-policyholders-say-insurer-violated-biometric-privacy.

42 KATJE, Chris. Short Seller Andrew Left Goes Sour On Lemonade, Says Company Lies To Shareholders. *Yahoo! Finance*, 16 jan. 2021. Disponível em: https://finance.yahoo.com/news/short-seller-andrew-left-goes-162820199.html; FINEMAN, Joshua. Lemonade gains despite new short call from Muddy Waters. *Seeking Alpha*, 23 maio 2021. Disponível em: https://seekingalpha.com/news/3695916-lemonade-falls-on-new-short-call-from-muddy-waters; MUDDY WATERS RESEARCH. Open Letter to Lemonade: Egregious Security Vulnerability (LMND US). Disponível em: https://www.muddywatersresearch.com/research/lmnd/open-letter/; SHEEHAN, Matt. Activist short seller claims Lemonade has leaked customer data. *Reinsurance News*, 13 maio 2021. Disponível em: https://www.reinsurancene.ws/activist-short-seller-claims-lemonade-has-leaked-customer-data/.

Essas narrativas de investidores são interessantes porque expõem a dinâmica da técnica e do sentimento que sustenta o negócio dos seguros em geral, e, em particular, as narrativas de personalização. Em suma, a ruptura é o fio condutor de narrativas concebidas para provocar determinados sentimentos no mercado, podendo ou não ter base em técnicas distintas. Tanto o marketing como a publicidade negativa que envolvem os centros de tecnologia voltada a seguros enfocam a precisão técnica das novas técnicas de avaliação de risco. Muito pouco tem sido escrito sobre como isso se enquadra nas práticas operacionais que determinam os custos.

Como todas as empresas, as seguradoras devem equilibrar custos e preços. O cálculo dos custos envolve a análise estatística da "experiência" histórica de perdas da seguradora, mas também envolve uma série de outros custos, incluindo os ligados à marca. A determinação de preços é o processo comercial de fixação dos preços que o mercado poderá suportar. Historicamente, isso tem incluído a oferta de preços variáveis para atrair diferentes grupos de clientes, com novos clientes pagando preços reduzidos. As análises de grandes dados alargaram o âmbito da fixação de preços variáveis com técnicas dinâmicas, de "*pricewalking*" e, mais recentemente, de "*settlement walking*".[43] Essas técnicas utilizam correlações de dados de clientes – desde hábitos de navegação na internet ao uso de dispositivos e históricos de pesquisa – para inferir comportamentos, incluindo a propensão para comprar, aceitar um acordo, exigir indenizações fraudulentas etc. A forma específica com que isso funciona, quais dados são utilizados, como são analisados, a que resultados chegam etc. é, em grande parte, obscuro para os clientes e, em certa medida, também para os reguladores que procuram abordar as práticas algorítmicas. A prática operacional é ainda mais complicada porque as seguradoras comercializam seus produtos em mercados multifacetados, em que enfrentam não só financiadores e consumidores, mas também as resseguradoras. As seguradoras negociam com resseguradoras, que, por sua vez, pagam uma comissão às seguradoras para receber os rendimentos dos prêmios e cobrir os sinistros. A Lemonade, por exemplo, recebe uma comissão de cada seguro que vende, cedendo o restante dos seus rendimentos de prêmios a resseguradoras como forma de cobrir os sinistros. Ela reestruturou as suas operações de resseguro no terceiro trimestre de 2020

43 MINTY, D. Could price optimisation soon be banned in the UK insurance market? *Ethics and insurance*, 21 out. 2015. Disponível em: https://ethicsandinsurance.info/2015/10/21/price-optimisation-soon-banned/; MINTY, D. Price optimisation: will insurers face new rules? *Ethics and insurance*, 15 maio 2016. Disponível em: https://ethicsandinsurance.info/2016/03/15/price-optimisation-rules/; MINTY, D. Is settlement walking now part of UK insurance? *Ethics and insurance*, 18 mar. 2021. Disponível em: https://ethicsandinsurance.info/2021/03/18/settlement-walking/.

para manter 25% dos prêmios e ceder o restante; fê-lo novamente em 2021 para reter 30% dos prêmios.[44] As negociações de resseguro, por sua vez, tornam-se parte da narrativa contada aos investidores para ilustrar o desempenho financeiro. A experiência da Lemonade este ano é um estudo de caso sobre a importância e fragilidade dessa narrativa, bem como sua dependência de sentimentos voláteis e da técnica.

CONCLUSÃO

O risco do seguro é historicamente calculado por grupos. Tais grupos variam em tamanho e natureza – por exemplo, entre sociedades, em caso de seguro social, e entre grupos de idade, sexo e estado de saúde, em caso de seguros relativos à vida privada. A dinâmica de personalização tem sido interpretada como um rápido afastamento de tais grupos em direção a um zoom microscópico e individualizado, com consequências discriminatórias. Se é assim que as seguradoras enxergam o futuro do cálculo do risco, sua realização implicará negociar um delicado equilíbrio entre o que é possível tecnicamente, o que é tolerável comercialmente e o que é permitido juridicamente. Embora a incorporação de técnicas como o autorrastreio e a análise preditiva possa ser claramente vista como parte de um esforço de personalização do risco, é difícil avaliar o seu papel independentemente dos ambientes comerciais e regulamentares em que as empresas operam. Jurídica e tecnicamente, o risco é subscrito, mas comercialmente o risco é descrito mais como uma narrativa, uma história. Ao longo da história, as seguradoras têm contado narrativas ao público, incluindo clientes, investidores, governos e reguladores, a respeito do cuidado com que calculam os riscos – o que não mudou com a chegada da análise preditiva. Isso significa que o que as seguradoras escolhem compartilhar a respeito das suas tecnologias de risco não deve ser tomado como verdade absoluta.

BIBLIOGRAFIA

ABRAHAM, K. S. Efficiency and fairness in insurance risk classification. *Virginia Law Review*, v. 71, pp. 403-451, 1985.

ARROW, K. J. Uncertainty and the welfare economics of medical care. *The American Economic Review*, v. 53, n. 5, pp. 941-973, 1963.

BARRY, L.; CHARPENTIER, A. Personalization as a promise: Can Big Data change the practice of insurance? *Big Data & Society*, v. 7, n. 1, 2020. DOI:10.1177/2053951720935143.

---

44 LEMONADE. Legal Stuff. Disponível em: https://www.lemonade.com/legal-stuff; JENNEWINE, Trevor. How Lemonade Could Change Insurance. *The Motley Fool*, 10 dez. 2020. Disponível em: https://www.fool.com/investing/2020/12/10/how-lemonade-could-change-insurance/.

BERTONI, S. Oscar Health gets $400 million and a $2.7 billion valuation from Fidelity. *Forbes,* 22 fev. 2016. Disponível em: https://www.forbes.com/sites/stevenbertoni/2016/02/22/oscar-health-gets-400-million-and-a-2-7-billion-valuation-from-fidelity/.

BOTT, Celeste. Policyholders Say Insurer Violated Biometric Privacy. *Law360.* Disponível em: https://www.law360.com/articles/1404330/ill-policyholders-say-insurer-violated-biometri-c-privacy.

BOYD, D.; CRAWFORD, K. Critical Questions For Big Data. *Information, Communication & Society*, v. 15, n. 5, pp. 662-679, 2012.

BURROWS, R.; SAVAGE, M. After the crisis? Big Data and the methodological challenges of empirical sociology. *Big Data & Society*, v. 1, n. 1, 2014.

CEVOLINI, A.; ESPOSITO, E. From pool to profile: Social consequences of algorithmic prediction in insurance. *Big Data & Society*, v. 7 n. 2, 2020.

EIOPA – EUROPEAN INSURANCE AND OCCUPATIONAL PENSIONS AUTHORITY. Artificial intelligence Governance principles: Towards ethical and Trustworthy artificial Intelligence in the European insurance Sector. Disponível em: https://www.eiopa.europa.eu/sites/default/files/publications/reports/eiopa-ai-governance-principles-june-2021.pdf.

EIOPA – EUROPEAN INSURANCE AND OCCUPATIONAL PENSIONS AUTHORITY. *Big Data Analytics in Motor and Health Insurance*: A Thematic Review. Frankfurt: EIOPA, 2019.

ERICSON, R.; BARRY, D.; DOYLE, A. The moral hazards of neo-liberalism: Lessons from the private insurance industry. *Economy and Society*, v. 29, n. 4, pp. 532-558, 2000. Disponível em: https://doi.org/10.1080/03085140050174778.

ERNST AND YOUNG. *Introducing Pay-As-You-Live Insurance*: Insurance that rewards a healthier lifestyle, 2015.

EWALD, F. Insurance and risk. *In*: GRAHAM, B. *et al.* (Ed.). *The Foucault Effect.* Studies in Governmentality. Londres: Harvester Wheatsheaf, 1991, pp. 197-210.

FEATHERS, Todd; ROSE, Janus. An Insurance Startup Bragged It Uses AI to Detect Fraud. It Didn't Go Well. *Vice*, 26 maio 2021. Disponível em: https://www.vice.com/en/article/z3x47y/an-insurance-startup-bragged-it-uses-ai-to-detect-fraud-it-didnt-go-well.

FINEMAN, Joshua. Lemonade gains despite new short call from Muddy Waters. *Seeking Alpha*, 23 maio 2021. Disponível em: https://seekingalpha.com/news/3695916-lemonade-falls-on--new-short-call-from-muddy-waters.

FISCHER, B. Oscar passing out fitness trackers, incentives to members. *New York Business Journal*, 2014. Disponível em: https://www.bizjournals.com/newyork/blog/techflash/2014/12/oscar-passing-out-fitness-trackersincentives-to.html. Acesso em 20 jan. 2021.

FRENCH, S.; KNEALE, J. Excessive financialisation: Insuring lifestyles, enlivening subjects, and everyday spaces of biosocial excess. *Environment and Planning D: Society and Space,* v. 27, n. 6, pp. 1030-1053, p. 1041, 2009.

GARRIGA, G. Is the future of insurance fairer with AI? Disponível em: https://www.linkedin.com/pulse/future-insurance-fairer-ai-gemma-garriga-phd/.

GEIGER, S. Silicon Valley, disruption, and the end of uncertainty. *Journal of Cultural Economy*, v. 13, n. 2, pp. 169-184, 2019. DOI: 10.1080/17530350.2019.1684337.

GORE, A. How the powerful science of behaviour change can make us healthier. *World Economic Forum.* 28 nov. 2018. Disponível em: https://www.weforum.org/agenda/2018/11/science-incentivize-behaviour-change-vitality-physical-exercise/. Acesso em nov. 2021.

HALES, Mark; BHARDWAJ, Neeti. *The Internet of Things*: Opportunities for Insurers. *Kearney*. Disponível em: https://www.kearney.com/financial-services/article/?/a/the-internet-of-things-opportunity-for-insurers.

HUMANS RIGHT WATCH. How the EU's Flawed Artificial Intelligence Regulation Endangers the Social Safety Net: Questions and Answers. Disponível em: https://www.hrw.org/news/2021/11/10/how-eus-flawed-artificial-intelligence-regulation-endangers-social-safety-net.

IBM INSTITUTE FOR BUSINESS VALUE. Disruption in the Insurance Industry: Here Comes the Internet of Things. *ExpertInsights@IBV*, nov. 2017. Disponível em: https://www.ibm.com/downloads/cas/WVG1BPYW.

INSURANCE/LEMONADE: pipping their rivals. *Financial Times*. Disponível em: https://www.ft.com/content/58c42412-3e91-46d4-833e-1e11806c5057.

JEANNINGROS, H., MCFALL, L. The value of sharing: Branding and behaviour in a life and health insurance company. *Big Data & Society*, v. 7, n. 2, 2020. DOI: https://doi.org/10.1177/2053951720950350.

JEWETT, Abraham. Lemonade Insurance Company Collects Faceprints Without Permission, Says Class Action. *Top Class Actions*, 24 ago. 2021. Disponível em: https://topclassactions.com/lawsuit-settlements/privacy/1029853-lemonade-insurance-company-collects-faceprints-without-permission-says-class-action/.

JENNEWINE, Trevor. How Lemonade Could Change Insurance. *The Motley Fool*, 10 dez. 2020. Disponível em: https://www.fool.com/investing/2020/12/10/how-lemonade-could-change-insurance/.

KATJE, Chris. Short Seller Andrew Left Goes Sour on Lemonade, Says Company Lies to Shareholders. *Yahoo! Finance*, 16 jan. 2021. Disponível em: https://finance.yahoo.com/news/short-seller-andrew-left-goes-162820199.html.

KNOX, H.; O'DOHERTY, D.; VURDUBAKIS, T.; WESTRUP, C. The Devil and Customer Relationship Management. *Journal of Cultural Economy*, v. 3, n. 3, pp. 339-359, 2010.

LEMONADE. Legal Stuff. Disponível em: https://www.lemonade.com/legal-stuff.

LEMONADE. Lemonade's claim automation. Disponível em: https://www.lemonade.com/blog/lemonades-claim-automation/.

LEMONADE AGREES to acquire Metromile at an implied equity value of $500 million. *FT Partners Fintech Industry Research*. Disponível em: https://ftpartners.docsend.com/view/9mf4mdcyiqs9dkad.

LEVY, S. Oscar is disrupting health care in a hurricane. *Wired*, 6 jan. 2017. Disponível em: https://www.wired.com/2017/01/oscar-is-disrupting-health-care-in-a-hurricane/.

LUPTON, D. *The Quantified Self*: A Sociology of Self-tracking. Cambridge: Polity, 2016.

MCCREA, M.; FARRELL, M. A conceptual model for pricing health and life insurance using wearable technology. *Risk Management and Insurance Review*, v. 21, n. 3, pp. 389-411, 2018.

MCFALL, Liz. Personalizing solidarity? The role of self-tracking in health insurance pricing. *Economy and society*, v. 48, n.1, pp. 52-76, 19 mar. 2019. Doi:10.1080/03085147.2019.1570707.

MCFALL, L; MEYERS, G; HOYWEGHEN, I.V. Editorial: The personalisation of insurance: Data, behaviour and innovation. *Big Data & Society*, v. 7 n. 2, 2020.

MCKENNA, Frank. Lemonade Under Fire For Using AI To Stop Fraud. *Frankonfraud*, 27 maio 2021. Disponível em: https://frankonfraud.com/fraud-trends/lemonade-under-fire-for-using-ai-to-stop-insurance-fraud/.

MCKINSEY. Insurers Need to Plug into the Internet of Things – or risk falling behind. 15 set. 2016. Disponível em: https://www.mckinsey.com/industries/financial-services/our-insights/insurers-need-to-plug-into-the-internet-of-things-or-risk-falling-behind.

MEYERS, G.; VAN HOYWEGHEN, I. Enacting actuarial fairness in insurance: From fair discrimination to behaviour-based fairness. *Science as Culture*, v. 27, n. 4, pp. 413-438, 2018.

MEYERS, G.; VAN HOYWEGHEN, I. "Happy failures": Experimentation with behaviour-based personalisation in car insurance. *Big Data & Society*, v. 7, n. 1, 2020. DOI: https://doi.org/10.1177/2053951720914650.

MINTY, D. Could price optimisation soon be banned in the UK insurance market? *Ethics and insurance*, 21 out. 2015. Disponível em: https://ethicsandinsurance.info/2015/10/21/price-optimisation-soon-banned/.

MINTY, D. Is settlement walking now part of UK insurance? *Ethics and insurance*, 18 mar. 2021. Disponível em: https://ethicsandinsurance.info/2021/03/18/settlement-walking/.

MINTY, D. Price optimisation: will insurers face new rules? *Ethics and insurance*, 15 maio 2016. Disponível em: https://ethicsandinsurance.info/2016/03/15/price-optimisation-rules/.

MORRISON, Sarah. A disturbing, viral Twitter thread reveals how AI-powered insurance can go wrong. *Vox*, 27 maio 2021. Disponível em: https://www.vox.com/recode/22455140/lemonade-insurance-ai-twitter.

MUDDY WATERS RESEARCH. Open Letter to Lemonade: Egregious Security Vulnerability (LMND US). Disponível em: https://www.muddywatersresearch.com/research/lmnd/open-letter/.

O'BRIEN, C. Perspectives: The Downfall of Equitable Life in The United Kingdom: The Mismatch Of Strategy. *Risk Management and Insurance Review*, v. 9, n. 2, 2006.

O'NEIL, C. *Weapons of Math Destruction*. Nova York: Crown, 2016.

PRAINSACK, B.; VAN HOYWEGHEN, I. *Shifting Solidarities*: Personalisation in Insurance and Medicine. *In*: VAN HOYWEGHEN, I.; PULIGNANO, V.; MEYERS, G. (Ed.). Shifting Solidarities: Trends and Developments in European Societies. Palgrave Macmillan, 2020, p. 128.

PRUDENTIAL AND VITALITY launch unprecedented well-being program in Brazil. *Vitality*. Disponível em: https://vitality.international/our-insights/news/prudential-and-vitality-launch-unprecedented-well-being-program-in-brazil.html.

RALPH, O. Insurance experts put premium on start-ups reaching the big time. *Financial Times*, 5 jul. 2020. Disponível em: https://www.ft.com/content/47faafe0-1252-48a7-a6d5-899833629f50.

RALPH, O. Identity Crisis: the insurers moving away from insurance. *Financial Times*, 7 ago. 2018. Disponível em: https://www.ft.com/content/2916c128-918d-11e8-b639-7680cedcc421.

REYES, Max. Insurer's Use of AI to Study Claims Provokes Uproar After Tweet. *Bloomberg*, 26 maio 20221. Disponível em: https://www.bloomberg.com/news/articles/2021-05-26/lemonade-s-use-of-ai-to-study-claims-brings-uproar-after-tweet.

SAVAGE, M.; BURROWS, R. The Coming Crisis of Empirical Sociology. *Sociology*, v. 41, n. 5, pp. 885-899, 2007.

SCHREIBER, Daniel. LEMONADE IS 5 YEARS OLD! Here's Our Strategy and Results to Date. Disponível em: https://www.youtube.com/watch?v=j7Q8SyuHWc0&t=25s.

SHEEHAN, Matt. Activist short seller claims Lemonade has leaked customer data. *Reinsurance News*, 13 maio 2021. Disponível em: https://www.reinsurancene.ws/activist-short-seller-claims-lemonade-has-leaked-customer-data/.

SMITH, Ian. Data Machine – the insurers using AI to reshape the industry. *Financial Times*. 16 set. 21. Disponível em: https://www.ft.com/content/d3bd46cb-75d4-40ff-a0cd-6d7f33d58d7f.

SWEDLOFF, R. Risk classification's big data (R)evolution. *Connecticut Insurance Law Journal*, v. 21, n. 1, pp. 339-374, 2015.

THE LEMONADE GIVEBACK. Disponível em: https://www.lemonade.com/giveback.

TOP EMERGING Internet First Insurance Platforms Startups - 2020. *Tracxn*. Disponível em: https://tracxn.com/d/emerging-startups/top-internet-first-insurance-startups-2020.

UNIÃO EUROPEIA. Proposal for a regulation of the European parliament and of the council laying down harmonised rules on artificial intelligence (artificial intelligence act) and amending certain union legislative acts. *EUR-Lex*. Disponível em: https://eur-lex.europa.eu/legal-content/EN/TXT/?uri=CELEX%3A52021PC0206.

VAN DER HEIDE, A. *Dealing with Uncertainty*: A Historical Sociology of Evaluation Practices in UK Life Insurance, 1971-Present. Dissertação de PhD, Universidade de Edimburgo.

VAN DER HEIDE, A. Making financial uncertainty count: Unit-linked insurance, investment and the individualisation of financial risk in British life insurance. *The British Journal of Sociology*, v. 71, n. 5, pp. 985–999, 2020.

VANIAN, Jonathan. Insurance firm Lemonade backtracks on claims it uses A.I. to scan customer faces for hints of fraud. *Fortune*, 26 maio 2021. Disponível em: https://fortune.com/2021/05/26/lemonade-insurance-ai-face-scanning-fraud/.

VITALITY. Disponível em: https://www.vitalitygroup.com/.

VITALITY REACHES a global network of partner insurers. *Vitality*. Disponível em: https://vitality.international/about-vitality/global-vitality-network.html.

ZUBOFF, S. *The Age of Surveillance Capitalism*. Londres: Profile Books, 2019.

Jurisprudência

US DISTRICT COURT FOR THE SOUTHERN DISTRICT OF NEW YORK. Pruden v. Lemonade, Inc. *et al. Justia Dockets & Fillings*. Disponível em: https://dockets.justia.com/docket/new-york/nysdce/1:2021cv07070/565408.

Big data y discriminación de los asegurados

María Luisa Muñoz Paredes[1]

1. MÁS INFORMACIÓN PARA LAS ASEGURADORAS Y MEJOR PRECISIÓN DEL RIESGO

Uno de los efectos que se asocian al uso de las nuevas tecnologías ligadas al *Big Data* en el ámbito del seguro es la posibilidad de que se produzca un mayor riesgo de discriminación en materia de precios entre los asegurados, esto es, que, en igualdad de circunstancias, se ofrezca a un solicitante de un seguro un precio distinto que a otro. Está claro que el seguro siempre ha operado sobre la base de datos y en este sentido la aplicación del *Big Data*, en particular de la inteligencia artificial (IA),[2] en este sector encaja de manera completamente natural, pero el riesgo de discriminación en materia de precios sí es más elevado que antes, entre otras razones porque las compañías cuentan ahora con mucha más información sobre los potenciales asegurados o quienes ya lo son, lo que les permite afinar más los precios que pueden ofrecerles.

Procede aclarar que cuando hablamos de IA aplicada al seguro nos referimos al análisis matemático (algorítmico) de grandes cantidades de datos (*Big Data*); datos que hasta hace poco pasaban inadvertidos o bien eran almacenados, pero no aprovechados. Por definición, ese análisis permite obtener información que lleva a distinguir donde hasta ahora se aplicaba un trato equivalente y uniforme, o a racionalizar determinadas decisiones que hasta ahora se basaban en intuiciones personales. Por tanto, el trato desigual o diferenciado a los asegurados a nivel publicitario, comercial y/o contractual es algo esencial a la IA aplicada al seguro y también encaja muy bien con la tendencia

---

1 Profesora Titular de Derecho Mercantil (Universidad de Oviedo, España).

2 Entendiendo por tal el concepto acuñado por la Propuesta de Reglamento de la Comisión Europea en materia de inteligencia artificial (Ley de Inteligencia Artificial) COM (2021) 206 final, https://eur-lex.europa.eu/legal-content/ES/TXT/HTML/?uri=CELEX:52021PC0206&from=ES. Sobre este texto prelegislativo, v., por todos, Huergo, A. El proyecto de Reglamento sobre la Inteligencia Artificial. *Almacén de Derecho*, 17 abr. 2021. Disponible en: https://almacendederecho.org/el-proyecto-de-reglamento-sobre-la-inteligencia-artificial.

actual a la individualización del seguro, esto es, a la adaptación de las pólizas a las necesidades concretas de los asegurados.

Piénsese que hasta ahora la contratación (por lo menos en el ámbito de los seguros de riesgos personales y de daños, pero no industriales, ya que éstos presentan otras características), se hacía fundamentalmente sobre la base de la información que le proporcionaba el propio solicitante en el momento en que se presentaba a la compañía o al mediador tratando de obtener un seguro y en contestación al cuestionario que aquélla o éste le sometieran. Las averiguaciones que hacía la compañía en ese momento dependían del tipo de seguro y de su cuantía, entre otras razones. Así, por ejemplo, en seguros de vida con una suma asegurada que no fuera elevada, la aseguradora con frecuencia renunciaba a efectuar incluso un examen médico que sirviera para corroborar la declaración del tomador, sabiendo que, llegado el siniestro, podía proceder a pedir toda la información sobre el historial médico del asegurado y fundamentar así el rechazo al pago, si resultaba evidente que el solicitante no había descrito el riesgo con realismo, con independencia de que hubiera actuado, o no, con dolo o culpa grave. Para ello la aseguradora se ocupaba de incluir en los condicionados una cláusula por la que el asegurado permitía a la compañía acceder en caso de siniestro a todo su historial médico.

En definitiva, la aseguradora podía perfectamente no trabar un conocimiento exacto del riesgo hasta que recibiera la comunicación del siniestro porque el riesgo de mentir o callar lo asumía, muchas veces sin darse cuenta de ello, el propio asegurado, porque ponía en juego el cobro de toda la prestación o de una parte proporcional de ella en aplicación del régimen previsto en el artículo 10, párrafo 3º de la Ley 50/1980, de Contrato de Seguro (en adelante, LCS).

Si nos fijamos en un seguro de hogar, la situación no era muy distinta, pues los seguros se contrataban (y en muchos casos se sigue haciendo así) también sobre la base de la información catastral y algún dato más proporcionado por el tomador en cuanto al continente, que es el elemento de la póliza más estándar, en la medida en que el contenido varía mucho de asegurado a asegurado y requiere una mayor precisión. Eso sí, las aseguradoras no solían ponerse en contacto con el asegurado para actualizar la información dada en el período precontractual durante el curso del contrato, por lo que podía darse el caso de que los bienes declarados en su momento (de haberse hecho una declaración de bienes) ya no estuvieran en su poder o se hubieran sustituido por otros, lo que no es nada raro en la mayoría de enseres domésticos. En tal caso, nuevamente el riesgo lo asume el tomador, pues a él le incumbe la prueba de la preexistencia de los bienes en el lugar del siniestro (art. 38 LCS) y porque, en caso de inexactitud en la declaración del riesgo, de agravación del riesgo o de infraseguro, va a ser él quien pueda ver recortada la prestación, atendiendo a lo dispuesto en los artículos 10, ya citado, y 12 LCS, respectivamente.

Ahora, gracias al uso de medios tecnológicos ligados al *Big Data*, la situación ha cambiado, pues la aseguradora puede contar con información a través de otras fuentes distintas, que combina, claro está, con las tradicionales. Y estas nuevas fuentes tienen la característica de permitir a la compañía no sólo un acceso fácil a datos útiles de sus ya o potenciales asegurados, sino de hacerlo al margen del sujeto afectado, que puede incluso no ser consciente de la información que la aseguradora está obteniendo. Eso ocurre con los datos que la compañía puede encontrar en las redes sociales del asegurado, como Instagram o Facebook, colgados por el usuario de la red social para compartir sus experiencias vitales con otros usuarios, pero que pueden ser utilizados fácilmente para fines relacionados con el seguro, como detectar fraudes o agravaciones del riesgo. Piénsese en casos como la práctica de actividades deportivas peligrosas en un asegurado de vida, o la conducción temeraria, que sería agravante del riesgo en varios tipos de seguros, sin perjuicio de ser infracción administrativa y penal, o la realización de alguna actividad deportiva incompatible con una lesión física que se haya alegado a una aseguradora (por ejemplo, por un tercero que ha reclamado daños en la columna vertebral derivados de un accidente de tráfico y que sale a correr y lo comparte con sus seguidores). Por no hablar de los datos que el propio usuario deja en sus contactos con la compañía a través de cualquier medio de comunicación, por ejemplo, a través de una simple búsqueda en la web de la aseguradora.

Más problemático aún es que la compañía compre datos a empresas como Google, contando así con el acceso a búsquedas por internet del asegurado que puedan revelar hechos que sean trascendentes desde la perspectiva del seguro. De hecho, es sabido que el análisis del comportamiento *online* puede permitir a las aseguradoras captar clientes enviándoles ofertas personalizadas.[3]

Con frecuencia, el propio asegurado consiente en la cesión de sus datos sin darse cuenta, como ocurre cuando se usan ciertas aplicaciones (apps) de pago (o gratuitas), permitiendo que puedan inferirse sus hábitos de compra, las actividades que realiza y su modo de vida.

En fin, sabido es que el uso del teléfono móvil permite reconstruir todos los movimientos de una persona, sin olvidar los sistemas de videovigilancia repartidos por toda

---

3 Técnica a la que hace referencia expresa EIOPA en su reciente informe "Artificial intelligence governance principles: towards ethical and trustworthy artificial intelligence in the european insurance sector", publicado el 17 de junio de 2021 (https://www.eiopa.europa.eu/sites/default/files/publications/reports/eiopa-ai-governance-principles-june-2021.pdf), p. 10.

la geografía y que permiten identificar el paso de personas y vehículos concretos, por no olvidar los rastros que se dejan en los sistemas de identificación biométrica.

En ocasiones, se produce el fenómeno contrario, esto es, el propio asegurado consiente que la aseguradora tenga un control constante del riesgo a través del uso de dispositivos (IoT), como es común en seguros de automóviles y de vida y salud. Si antes señalábamos que en el seguro de vida tradicional la aseguradora no se ocupaba generalmente del seguimiento del riesgo durante el curso del contrato y se limitaba a obtener información del solicitante en la fase precontractual y cuando se producía un siniestro, la monitorización del asegurado a través de pulseras de actividad y de apps en las que el propio asegurado va introduciendo hasta cada alimento que ingiere, le permite no sólo conocer el riesgo en tiempo real, sino incluso inducir a su reducción, con el ofrecimiento al asegurado de descuentos en la prima y otras ventajas ligadas a una mejoría en sus condiciones físicas. Con el control de bienes a través de dispositivos, por ejemplo, en el hogar, la compañía no sólo puede controlar el riesgo, sino anticiparse a la producción de un siniestro (por ejemplo, por la detección de humo o de una incipiente inundación) o, por lo menos, evitar que los daños sean mayores, actuando con rapidez. Por no hablar de la colocación de estos dispositivos en automóviles que registran las distancias recorridas, las zonas por las que se conduce y la forma de conducir del asegurado.[4-5]

En consecuencia, como ya expuse en otra ocasión,[6] ya no se da esa asimetría informativa bilateral que explica la regulación legal de la fase precontractual en nuestro sistema, puesto que ahora la asimetría es más bien unilateral y en contra del asegurado: ya no es el dueño del conocimiento del riesgo que le afecta, puesto que puede conocerlo

---

4 Gracias a esto, la función económica del seguro, como puede observarse, varía o incluso, si se quiere, se perfecciona, pues pasa de cumplir una finalidad meramente reparadora a otra preventiva, al anticiparse al daño (por ejemplo, en hogares conectados) o retrasar la producción del siniestro, si este es inevitable (como el fallecimiento del asegurado en un seguro de vida).

5 Una comparativa de las fuentes de información tradicionales y nuevas, v. EIOPA – EUROPEAN INSURANCE AND OCCUPATIONAL PENSIONS AUTHORITY. *Big data analytics in motor and health insurance: a thematic review*, p. 9. Disponible en: https://www.eiopa.europa.eu/content/big-data-analytics-motor-and-health-insurance_en?source=search, que es una adaptación de la clasificación de datos incluida en el Apéndice del informe de The Geneva Association titulado "Big Data and Insurance: Implications for Innovation, Competition and Privacy", de marzo de 2018, https://www.genevaassociation.org/sites/default/files/research-topics-document-type/pdf_public/big_data_and_insurance_-_implications_for_innovation_competition_and_privacy.pdf, y con detalle, en la doctrina, v. MCGURK, B. *Data Profiling and Insurance Law*. Oxford: Bloomsbury, 2019, pp. 14ss., y para la aplicación del *Big Data* en otros ramos más especilizados y el uso de herramientas para la gestión de riesgos asociados a edificios, v. BOOBIER, T. *Analytics for Insurance*: The Real Business of Big Data. Reino Unido: Wiley, 2016, pp. 52ss.

6 V. MUÑOZ PAREDES, M. L. El 'Big Data' y la transformación del contrato de seguro. *In*: VEIGA, A. B. *Dimensiones y desafíos del seguro de responsabilidad civil*. Cizur Menor: Aranzadi, 2021, pp. 1017-1051, espec. 1027.

más la aseguradora que él mismo, en particular en los seguros con uso de dispositivos que son opacos al asegurado. Y lo que no ha variado, en cambio, es el déficit de conocimientos de la técnica del seguro que pesa sobre este último cuando es un asegurado medio. Por eso, hay una preocupación creciente por el uso ético de las tecnologías ligadas al *Big Data* en el seguro y el reto confesado a que se enfrentan los supervisores europeos es que el sector del seguro aproveche las ventajas que la economía digital le ofrece, protegiéndose al mismo tiempo los intereses de los consumidores, en particular evitando que estos últimos sean objeto de prácticas discriminatorias.[7]

Una conclusión que se deriva muy fácilmente de la realidad expuesta hasta ahora es que las aseguradoras, actualmente, gracias al aumento de fuentes de información y al uso de las herramientas ligadas al *Big Data*, pueden individualizar el riesgo con mucha más exactitud y también precisar mucho más a la hora de fijar la prima exigible a cada asegurado, no sólo en el momento de la selección del riesgo, sino durante toda la vida del contrato.

El sistema tradicional consistía en elaborar un perfil de cada potencial asegurado a efectos de incluirlo en un grupo de riesgo que presentara características de riesgo similares, pero no se producía una individualización del riesgo perfecta, lo que suponía que a la hora de seleccionar los riesgos no se produjeran en muchas ocasiones exclusiones de riesgos altos, que quedaban compensados por el exceso de prima pagado por los riesgos más bajos del mismo grupo. La situación ha cambiado con la introducción de la tecnología asociada al *Big Data*, pues, al precisar mucho más los riesgos y, en consecuencia, las primas a cargo de los asegurados, algunas personas pueden ver cómo se les deniega el seguro o se les ofrece en condiciones tan onerosas que no les compensa contratarlo. A la vez, los asegurados de riesgo bajo tendrían que beneficiarse de esta situación, mediante una reducción de la cuantía de sus primas. Por otro lado, otra de las ventajas que se asocian al uso del *Big Data* en el seguro y que está relacionada con ésta es que permite un mayor conocimiento de las necesidades de los asegurados y, por ello, es posible que las aseguradoras confeccionen seguros más adaptados a las concretas necesidades de sus clientes y también que podrán ser más efectivas a la hora de lanzar la publicidad de sus productos, enfocando la de cada producto (por ejemplo, un seguro de mascotas) a sectores de población que, por reunir una característica

---

7 V. EIOPA – EUROPEAN INSURANCE AND OCCUPATIONAL PENSIONS AUTHORITY. *Artificial intelligence governance principles*: towards ethical and trustworthy artificial intelligence in the european insurance sector, p. 11. Disponible en: https://www.eiopa.europa.eu/sites/default/files/publications/reports/eiopa-ai-governance-principles-june-2021.pdf.

común (por ejemplo, ser dueño de mascotas), puedan estar interesadas por él y no al público en general.[8]

Otra diferencia que ahora se produce es que antes esas decisiones las tomaba una persona y ahora las puede tomar un ordenador aplicando un algoritmo a una gran masa de datos. Si antes las decisiones podían ser erróneas por subjetivas, también cabe el error cuando las decisiones las toma un algoritmo. De hecho, se ha convertido en un lugar común la afirmación de que los algoritmos están sesgados, cuestión en la que no voy a entrar porque ya la he estudiado en otros trabajos.[9] Baste decir aquí por ahora que el problema no está tanto en el algoritmo en sí, que es una fórmula neutra, como en los datos sobre los que se aplica, que si son incompletos o incorrectos pueden originar resultados igualmente incorrectos y, en su caso, discriminatorios. El problema, por tanto, son los datos sobre los que se aplica el algoritmo, lo que obliga a efectuar un control *ex ante* de su fiabilidad y otro control *ex post*, una vez aplicado, para comprobar si el resultado que arroja no está desviado. Este control es necesario porque el algoritmo es una herramienta que sirve para hallar correlaciones, muchas más de las que encuentra la mente humana, pero una correlación no implica causación y, por ello, los resultados pueden ofrecer errores que hay que eliminar.[10]

2. ESPECIALES RIESGOS DE DISCRIMINACIÓN EN MATERIA DE PRECIOS EN EL SEGURO LIGADOS AL *BIG DATA*

2.1 Relación entre los principios de justicia y de no-discriminación

La discriminación en materia de precios, que consiste básicamente en que un cliente en iguales circunstancias que otro pueda obtener del mismo empresario un

---

8 A la vez, el hecho de que la contratación y el resto de comunicaciones con las compañías aseguradoras sea cada vez más *online* y menos cara a cara puede hacer pensar al asegurado que no existe tal personalización. Por eso las compañías aseguradoras tratan de compensar esa imagen de lejanía para que el asegurado perciba que pueden resolver sus problemas de manera individualizada, aunque no necesariamente esto suponga un contacto personal. V. CAPPIELLO, A. *Technology and the Insurance Industry*: Re-configuring the Competitive Landscape. Reino Unido: Palgrave-Macmillan; EUA: Springer; Suíça: Charm, 2018, pp. 105ss.

9 V., por ejemplo, MUÑOZ PAREDES, M. L. 'Big Data' y contrato de seguro: los datos generados por los asegurados y su utilización por los aseguradores. *In*: HUERGO, A. (Ed.). *La regulación de los algortimos*. Cizur Menor: Aranzadi, 2020, pp. 129-162, espec. 151.

10 Sobre la relación entre correlación y causación, v., por ejemplo, SCANTAMBURLO, T.; CHARLESWORTH, A.; CRISTIANINI, N. Machine Decisions and Human Consequences. *In*: YEUNG, K.; LODGE, M. (Ed.). *Algorithmic Regulation*. Oxford: Oxford University Press, 2019, pp. 49-81, espec. p. 56, y EBERS, M. Regulating AI Robotics: Ethical and Legal Challenges. *In*: EBERS M.; NAVAS, S. (Ed.). *Algorithms and Law*. Cambridge: Cambridge University Press, 2020, pp. 37-97, espec. pp. 45-46.

precio más favorable que este último sin que haya causa objetiva que lo justifique, es un riesgo que existe en todos los sectores del tráfico, no sólo en el ámbito del seguro y, aun en este, tampoco es un riesgo que haya nacido con la introducción del *Big Data.* Pero sí es cierto que los avances que éste proporciona incrementan los riesgos de discriminación y, sobre todo, de que ésta sea muy difícil de detectar y no sólo para los asegurados, sino incluso para las propias aseguradoras. Por eso, dentro de la preocupación por la aplicación ética del *Big Data* y la inteligencia artificial, que constituye uno de los grandes temas de nuestro tiempo,[11-12] ocupa un puesto relevante la evitación del trato discriminatorio entre los asegurados y también la necesidad de una actuación transparente por parte de las empresas en la aplicación de los algoritmos para fijar precios que permita detectar cualquier desviación injusta.

Cuando hablamos de discriminación en el sector del seguro no nos estamos refiriendo al fenómeno del aumento de inasegurables, esto es, de la aparición de más personas que se quedan sin seguro como consecuencia de una política más precisa de fijación de precios. Esto es una consecuencia natural de la posibilidad antes descrita de afinar más en el conocimiento de los riesgos y en el cálculo de la prima correspondiente. Será una consecuencia indeseable desde una perspectiva social y económica, cuyos efectos deberán compensarse, por ejemplo, por la vía de ofrecer seguros más

---

11 Sabido es que en las *Directrices Éticas para una IA fiable*, redactadas por el Grupo de Expertos de alto nivel sobre inteligencia artificial nombrados por la Comisión Europea en junio de 2018 y presentadas el 8 de abril de 2019, se sostiene que "la fiabilidad de la inteligencia artificial (IA) se apoya en tres componentes que deben satisfacerse a lo largo de todo el ciclo de vida del sistema: a) la IA debe ser lícita, es decir, cumplir todas las leyes y reglamentos aplicables; b) ha de ser ética, de modo que se garantice el respeto de los principios y valores éticos; y c) debe ser robusta, tanto desde el punto de vista técnico como social, puesto que los sistemas de IA, incluso si las intenciones son buenas, pueden provocar daños accidentales" (disponible en https://op.europa.eu/es/publication-detail/-/publication/d3988569-0434-11ea-8c1f-01aa75ed71a1, p. 2).

12 Hasta el punto de que proliferan las publicaciones sobre este particular, caso de KEARNS, M.; ROTH, A. *The Ethical Algorithm*: The Science of Socially Aware Algorithm Design. New York: Oxford University Press, 2020; YEUNG, K. Why worry about Decision-Making by Machine?. *In*: YEUNG, K.; LODGE, M. (Ed.). *Algorithmic Regulation.* Oxford: Oxford University Press, 2019, pp. 21-48; SCANTAMBURLO, T.; CHARLESWORTH, A.; CRISTIANINI, N. Machine Decisions and Human Consequences. *In*: YEUNG, K.; LODGE, M. (Ed.). *Algorithmic Regulation.* Oxford: Oxford University Press, 2019, *passim*; DANAHER, J. The Ethics of Algorithmic Outsourcing in Everyday Life. *In*: YEUNG, K.; LODGE, M. (Ed.). *Algorithmic Regulation.* Oxford: Oxford University Press, 2019, pp. 98-117; EBERS, M. Regulating AI Robotics: Ethical and Legal Challenges. *In*: EBERS M.; NAVAS, S. (Ed.). *Algorithms and Law.* Cambridge: Cambridge University Press, 2020, pp. 37-97, *passim*; PASQUALE, F. *New Laws of Robotics*: Defending Human Expertise in the Age of AI. Cambridge (Massachusetts): The Belknap Press of Harvard University Press, 2020; FREZAL, S.; BARRY, L. Fairness in uncertainty: Some limits and misinterpretations of actuarial fairness. *Journal of Business Ethics*, 2019, pp. 1-10; HOLLAND, C.P.; MULLINS, M.; CUNNEEN, M. *Creating Ethics Guidelines for Artificial Intelligence (AI) and Big Data Analytics*: The Case of the European Consumer Insurance Market, 29 mar. 2021. Disponible en: https://papers.ssrn.com/sol3/papers.cfm?abstract_id=3808207; Keller, B. Promoting Responsible Artificial Intelligence in Insurance. *The Geneva Association*, 16 jan. 2020. Disponible en: https://www.genevaassociation.org/research-topics/new-technologies-and-data/promoting-responsible-artificial-intelligence-insurance, entre otras.

básicos en coberturas y con un precio módico,[13] si el riesgo que se desea cubrir se entiende que afecta de una manera directa al bienestar de esas personas y son de por sí ya vulnerables, pero no significa que haya discriminación. Habrá insolidaridad, en el sentido de que las personas que antes asumían (sin saberlo) primas más altas para compensar el exceso de riesgo de éstas que ahora quedan sin seguro, pero, en la medida en que el resultado del cálculo de la prima sea exacto, porque responda a la realidad del riesgo, no cabe hablar propiamente de trato discriminatorio.

Además, la mayor precisión del riesgo y las posibilidades con que cuentan ahora las aseguradoras de controlarlo durante todo el curso del contrato, en particular a través del uso de dispositivos telemáticos (IoT), permite que ciertos asegurados que antes eran inasegurables, por entender las compañías que el riesgo que comportaban era demasiado elevado, puedan beneficiarse ahora de la creación de productos específicos para ellos y en condiciones económicamente asumibles, en particular cuando los propios asegurados se involucran en la reducción del riesgo o, por lo menos, en su control. Un ejemplo claro de esta nueva tendencia son los seguros de auto para jóvenes con colocación de dispositivos telemáticos en sus automóviles que controlen el uso que hacen del coche y su forma de conducir.[14] Piénsese que en nuestro mercado este problema está solucionado por la obligación a cargo del Consorcio de Compensación de Seguros de ofrecer cobertura para la responsabilidad civil obligatoria derivada del uso del automóvil a los conductores a los que dos compañías privadas denieguen un seguro, pero en otros sistemas no cuentan con una vía semejante.

En este sentido, creemos que no cabe observar una parte de la realidad, la aparición de nuevos sujetos inasegurables, sin contemplar el hecho de que también desciende el número de inasegurables en ciertos ramos gracias al control del riesgo. Quizás la visión más equilibrada sea entender que el efecto que hay que evitar, en la

---

13 Medida de inserción social que, entre otras, propone EIOPA – EUROPEAN INSURANCE AND OCCUPATIONAL PENSIONS AUTHORITY. *Artificial intelligence governance principles*: towards ethical and trustworthy artificial intelligence in the european insurance sector, p. 26. Disponible en: https://www.eiopa.europa.eu/sites/default/files/publications/reports/eiopa-ai-governance-principles-june-2021.pdf.

14 Lo mismo ocurre con los enfermos de diabetes tipo 2, que pueden acceder a seguros hasta ahora inalcanzables para ellos a cambio de portar brazaletes que midan sus constantes y permitan así a sus aseguradoras el acceso a sus datos de manera continuada. A estas ventajas de la aplicación del *Big Data* en el seguro se refiere EIOPA – EUROPEAN INSURANCE AND OCCUPATIONAL PENSIONS AUTHORITY. *Artificial intelligence governance principles*: towards ethical and trustworthy artificial intelligence in the european insurance sector, p. 10. Disponible en: https://www.eiopa.europa.eu/sites/default/files/publications/reports/eiopa-ai-governance-principles-june-2021.pdf. A este doble efecto del *Big Data* (excluyente de ciertos asegurados e inclusivo de otros nuevos) se refiere también entre nosotros GÓMEZ SANTOS, M. Big data y discriminación de precios en el sector asegurador. *RDM*, v. 314, 2019, pp. 265-288, espec. pp. 283-284.

medida de lo posible, es que crezca el número de inasegurables en los sectores más vulnerables de la población, para permitir que el seguro siga asumiendo la función social y económica que siempre ha cumplido; es decir, que sirva (i) como instrumento para el acceso a los bienes básicos de las personas (por ejemplo, las viviendas, para cuya adquisición con financiación bancaria suele exigirse un seguro de vida como garantía del pago, y otro de incendios y otros riesgos, como garantía de la conservación del bien); (ii) en general, para los propietarios de bienes de uso, como vía alternativa al ahorro privado para hacer frente a los siniestros que obliguen a reparar o reconstruir tales bienes y (iii) como medio de ahorro alternativo a otros, tal como hace el seguro de vida, entre otros fines.

Para evitar el fenómeno temido del incremento del número de personas inasegurables, en particular en los sectores más desfavorecidos de la población, se están comenzando a implantar medidas de diverso tipo, en muchos casos de forma voluntaria por las propias empresas del sector asegurador. Así, la Dutch Association of Insurers ha creado y utiliza el llamado "Monitor de la Solidaridad" para controlar el impacto en las primas resultante de la creciente granulación en la evaluación de los riesgos en el mercado holandés, ante la perspectiva de que pueda aumentar el número de inasegurables, bien sea por rechazo de las compañías o por exigencia de primas muy altas que conduzcan a la renuncia a la cobertura del propio cliente.[15] Eiopa[16] también señala otras iniciativas nacidas en el seno del propio sector asegurador, como, en Reino Unido, la celebración de pactos entre las compañías para restringir el uso de datos genéticos de los asegurados en la selección de riesgos de los seguros de salud y vida. Añade en este sentido la propia entidad supervisora que es recomendable que las compañías permitan al asegurado conocer el riesgo que corre y aprender a controlarlo, por ejemplo, esforzándose por mejorar la conducción o asumiendo hábitos de vida más saludables, y que pueda obtener de esta manera unas primas más bajas, pero, a la vez, también indica, y por ello aprueba la decisión de esas aseguradoras británicas, que quien no esté

15 V. su funcionamiento con todo detalle y las últimas conclusiones publicadas en DUTCH ASSOCIATION OF INSURERS. *Solidarity monitor*. The 2nd measurement. 2018". Disponible en: https://www.verzekeraars.nl/media/5732/solidariteitsmonitor-2018-eenmeting-versie-22-oktober-2018_eng.pdf.

16 EIOPA - EUROPEAN INSURANCE AND OCCUPATIONAL PENSIONS AUTHORITY. *Artificial intelligence governance principles*: towards ethical and trustworthy artificial intelligence in the european insurance sector, p. 25. Disponible en: https://www.eiopa.europa.eu/sites/default/files/publications/reports/eiopa-ai-governance-principles-june-2021.pdf.

en condiciones o simplemente no quiera comunicar sus datos más sensibles, no vea vedada la contratación de seguros de salud o vida.[17-18]

Ahora bien, aunque la preocupación de aumento de inasegurables pone su atención fundamentalmente en aquellas personas que pueden verse sin cobertura por ser de alto riesgo, cabe también que la condición de inasegurable se adquiera por otras vías. En particular, se estima que las personas que sufren algún tipo de vulnerabilidad, como la avanzada edad, la pobreza, el padecimiento de discapacidades físicas o mentales, pueden encontrarse en peores condiciones para obtener un seguro que otras personas más integradas en el tejido social y esa vulnerabilidad puede ser exacerbada por la digitalización. En efecto, la creciente digitalización del seguro, como la de otros sectores, puede suponer que personas con escaso acceso o habilidades en el terreno digital se vean perjudicadas a la hora de contratar un seguro.[19] El problema aquí ya no es que el riesgo que deseen trasladar a una aseguradora sea alto, sino que carecen de los medios que les permiten acceder a ciertas ofertas o comunicarse con las compañías.[20]

---

17 Otra cosa es la valoración que merezcan tales pactos desde la perspectiva del mantenimiento de la libre competencia en el mercado. Si se llegaran a implantar acuerdos semejantes en nuestro sistema, en la medida en que sean restrictivos de la competencia, tendrían que ajustarse a lo dispuesto en la Ley 15/2007, de 3 de julio, de Defensa de la Competencia, y, en particular, reunir los requisitos del art. 1.3.

18 La personalización de precios que permite el *Big Data* no es por sí algo negativo, pues permite que cada asegurado soporte su propia carga. Esa idea, en un sentido más amplio, no aplicada específicamente al seguro, puede encontrarse en algunos autores [como PATTI, F. P. Personalization of the Law and Unfair Terms in Consumer Contracts. *In*: BUSCH, C.; DE FRANCESCHI, A. (Ed.). *Algorithmic Regulation and Personalized Law*. Munique: Beck; Oxford: Bloomsbury, 2021, pp. 221-235, espec., pp. 232-233, y ahí más referencias]. El problema surge fundamentalmente, por un lado, por el hecho de que el seguro es un contrato que cumple una función económica y social que trasciende el plano individual y, por el otro, porque esa personalización puede derivar en discriminación si se exige al asegurado no la prima que habría de pagar para cubrir el riesgo que le afecta, sino la que el asegurador estima que estaría dispuesto a pagar.

19 Es una realidad que se da en todas las esferas de la vida cotidiana cada vez con más intensidad. Hay ciudades, por ejemplo, en el Reino Unido, en las que para aparcar un coche es necesario utilizar ciertos aparcamientos de uso público carentes de personal y contar con un *smartphone*, pues la contratación del servicio y el pago se hace a través de una app cuyo manejo, además, no es sencillo. Es evidente que quien no tenga ni un teléfono de este tipo ni sepa bajar una app y manejarla tendrá serias dificultades para acceder a este servicio, que es algo elemental.

20 Como se dice en el informe de la OECD. *Challenges to consumer policy in the digital age*, pp. 34-35. Disponible en https://www.oecd.org/sti/consumer/challenges-to-consumer-policy-in-the-digital-age.pdf, para contratar en el *e-commerce*, los consumidores necesitan, por un lado, tener acceso a infraestructuras de comunicación asequibles y de calidad y, por el otro, contar con las competencias necesarias para navegar en el entorno online. En 2016, alrededor del 83% de la población adulta en la OECD tenía acceso a internet y el 73 % lo usaba diariamente (OECD. *Digital Economy Outlook*. Paris: OECD Publishing, 2017, p. 167. DOI: https://dx.doi.org/10.1787/9789264276284-en). Sin embargo, añade, existe una diferencia significativa entre las zonas rurales y las urbanas en términos de acceso a internet, con áreas rurales tendentes a quedarse atrás en el acceso a internet de banda ancha a una velocidad razonable (OECD. *Key Issues Paper*: Meeting of the Council at Ministerial Level Paris: OECD Publishing, 2019. Disponible en: http://www.oecd.org/mcm/documents/). Incluso se observa disparidad por sexos, estimando que, aunque por media en la OECD el número de mujeres que usan internet es ligeramente inferior al de hombres, el salto es mucho mayor en algunos países, debido

Eiopa[21] apunta, como muestra de esta realidad, que un informe de la *Financial Conduct Authority* (en adelante, FCA) de Reino Unido[22] concluyó que uno de cada tres consumidores de seguros que pagaban primas más altas presentaban algún tipo de vulnerabilidad, como baja resistencia financiera, y que los asegurados con ingresos más bajos pagaban primas más altas de seguro de hogar (de continente y contenido) que los de ingresos más altos.

Pero, la idea que deseo trasladar es que el hecho de que aumente el número de personas inasegurables no supone por sí discriminación, siempre que la fijación de primas se haga con criterios objetivos. Por ejemplo, la edad es un factor de riesgo evidente en los seguros de vida, entre otros ramos, por lo que el hecho de que se tenga en cuenta para fijar la prima y también para excluir a las personas que superen una determinada edad, como se ha hecho siempre, generará un cupo de inasegurables, pero no de personas discriminadas. Discriminación se produce cuando el precio del seguro, como el de cualquier otro producto o servicio, se modula atendiendo a criterios subjetivos y no objetivos. Concretamente, en el seguro, este efecto se produce si la aseguradora fija las primas sobre la base de factores que no afectan al riesgo, esto es, que no influyen en la probabilidad de que se produzca el siniestro cubierto por la póliza o en la intensidad de los daños que puedan derivarse del mismo. Un caso clásico es el uso de la calificación

---

a una serie de factores, incluyendo acceso, carácter asequible, falta de conocimientos tecnológicos y razones socio-culturales (OECD. *Bridging the digital gender divide*: Include, upskill, innovate. Paris: OECD Publishing, 2018. Disponible en: http://www.oecd.org/going-digital/bridging-the-digital-gender-divide.pdf). La falta de acceso y/o la falta de conocimientos tecnológicos puede generar una brecha digital, según otro informe (OECD. *How's Life in the Digital Age*? Opportunities and Risks of the Digital Transformation for People's Well-being. Paris: OECD Publishing 2019. DOI: https://dx.doi.org/10.1787/9789264311800-en), que tiende a penalizar a los habitantes de zonas rurales, ancianos, personas de economías emergentes, con peor nivel educativo, con menos recursos y discapacitados (SHENGLIN, Ben *et al.* Digital Infrastructure: Overcoming the digital divide in emerging economies. *G2O Insights*. Disponible en: https://www.g20-insights.org/wp-content/uploads/2017/05/Digital_Overcoming-Digital-Divide-II.pdf; UK CMA. *Consumer vulnerability*: challenges and potential solutions, 2019. Disponible en: https://www.gov.uk/government/publications/consumer-vulnerability-challenges-and-potential-solutions; OECD. *Digital Economy Outlook*. Paris: OECD Publishing, 2017. DOI: https://dx.doi.org/10.1787/9789264276284-en; OECD. *Bridging the digital gender divide*: Include, upskill, innovate. Paris: OECD Publishing, 2018. Disponible en: http://www.oecd.org/going-digital/bridging-the-digital-gender-divide.pdf y OECD. *Key Issues Paper*: Meeting of the Council at Ministerial Level Paris: OECD Publishing, 2019. Disponible en: http://www.oecd.org/mcm/documents/). Es más, se concluye, estos grupos puede estar en desventaja por el hecho de que las empresas no siempre diseñan productos o servicios digitales que contemplen las necesidades especiales de grupos minoritarios.

21 V. EIOPA – EUROPEAN INSURANCE AND OCCUPATIONAL PENSIONS AUTHORITY. *Artificial intelligence governance principles*: towards ethical and trustworthy artificial intelligence in the european insurance sector, pp. 25-26. Disponible en: https://www.eiopa.europa.eu/sites/default/files/publications/reports/eiopa-ai-governance-principles-june-2021.pdf.

22 V. FCA – FINANCIAL CONDUCT AUTHORITY. *General insurance pricing practices*. Interim Report, 2019, p. 4. Disponible en: https://www.fca.org.uk/publication/market-studies/ms18-1-2-interim-report.pdf.

crediticia de los asegurados para fijar la prima en los seguros de automóvil, que dio lugar a un movimiento de rechazo en Estados Unidos, tras la averiguación hecha por la Asociación Consumer Reports en 2015 de que se atendía más a ese factor que a otros más influyentes en el riesgo, como es el historial de conducción del asegurado.[23] La posibilidad de adoptar este criterio como factor de cálculo de la prima en seguros como el de auto sería incluso limitada o prohibida en varios Estados desde entonces, aunque hay aseguradoras que insisten en que los asegurados con peor calificación crediticia provocan más siniestros de automóvil.

Otro ejemplo máximo son los problemas que se han planteado en ese mismo país con la utilización del factor raza para la fijación de las primas, cuyo uso aún hoy se sigue denunciando. El origen del uso de este factor se remonta a unas revueltas callejeras que afectaron en 1967 a varios barrios poblados fundamentalmente por afroamericanos y que obligaron en múltiples ocasiones a que interviniera la policía. La consecuencia de estos hechos fue fatal para los habitantes de estos barrios, pues las compañías aseguradoras practicaron el llamado *redlining*, consistente en rodear de rojo en un mapa las zonas afectadas, que pasaron a ser consideradas demasiado peligrosas para su aseguramiento. Al quedar sin posibilidad de obtener seguros, sus habitantes se veían sin opción de reconstruir sus inmuebles o reparar sus muebles, no sólo ya por no contar con indemnizaciones de las aseguradoras, sino porque la ausencia de un seguro les privaba del acceso a financiación bancaria para hacer frente a esos gastos. Así, esos barrios, que ya eran pobres, se hundían todavía más. Al constatar esta realidad, en época del presidente Lyndon Johnson se prohibió la técnica del *redlining* y se dio incentivos a las compañías aseguradoras para que invirtieran en esas zonas, pero el *redlining* continuó y las compañías justificaron su posición de denegar seguros o exigir primas muy elevadas a los habitantes de esos suburbios apoyándose en que el riesgo que les afectaba era objetivamente más elevado,[24] por lo que se llega a una situación similar a la de las calificaciones crediticias.

Partiendo de esta perspectiva, Eiopa,[25] como autoridad supervisora del seguro, considera que las aseguradoras deben ajustar su modo de actuar en relación con el

---

23 Cuyas conclusiones recogería en un informe, disponible en CONSUMER REPORTS. *The secret score behind your rates*. 30 jul. 2015. Disponible en: https://www.consumerreports.org/cro/car-insurance/credit-scores-affect-auto-insurance-rates/index.htm.

24 V. ITO, J. Supposedly 'Fair' Algorithms Can Perpetuate Discrimination. How the use of AI runs the risk of re-creating the insurance industry's inequities of the previous century. *Wired*, 2 maio 2019. Disponible en: https://www.wired.com/story/ideas-joi-ito-insurance-algorithms.

25 V. EIOPA – EUROPEAN INSURANCE AND OCCUPATIONAL PENSIONS AUTHORITY. *Artificial intelligence governance principles*: towards ethical and trustworthy artificial intelligence in the european insurance

uso de IA a los principios de justicia y de no-discriminación, no sólo atendiendo a este último. Así, como parte de su responsabilidad social corporativa, deben tener en cuenta problemas de inclusión financiera y considerar vías para evitar el incremento de desigualdades preexistentes, especialmente para productos que son socialmente beneficiosos. Esto incluye la evaluación y el desarrollo de medidas para mitigar el impacto de la inclusión de factores de cálculo de la prima como la calificación crediticia y evitar el uso de ciertas prácticas de optimización de precios como aquellas que tratan de maximizar el número de asegurados que están dispuestos a pagar más. También estima que deberían hacer esfuerzos razonables para mitigar la existencia de desviaciones en los datos y en los sistemas de IA, lo que incluye usar algoritmos más fácilmente explicables o desarrollar métricas de desarrollo de igualdad y de no discriminación en aplicaciones de IA de alto impacto. En fin, recomienda también que desarrollen su sentido de la justicia y guarden registro de las medidas puestas en marcha para asegurar la justicia y la no-discriminación. De este modo vemos cómo, aunque la no-discriminación y la justicia son principios distintos, están muy relacionados entre sí.

2.2 Cómo se fijan las primas y qué límites legales tienen las aseguradoras

Las aseguradoras, para calcular las primas que deben exigir a los tomadores, deben, en primer lugar, confeccionar la tasa de prima. Para hallarla, hay que tomar en consideración los siguientes componentes: (i) el costo que les supondrá atender al pago de las prestaciones aseguradas en caso de siniestro, más los gastos de peritación, abogados y otros derivados del mismo. Deberá tenerse en cuenta también el rendimiento financiero obtenido del hecho de que las primas se ingresan por adelantado al inicio de los efectos del contrato; (ii) el costo de los gastos de administración necesarios para poder desarrollar su actividad (sueldos, alquileres, amortizaciones, tecnología etc.) y (iii) los costes de comercialización, esto es, de hacer llegar a los consumidores el producto. Su cuantía dependerá de la estrategia comercial de la empresa aseguradora: comisiones, premios de producción, gastos de promoción, costes del personal comercial etc.

La tasa de prima se calcula, así, por fases. Cuando se contempla sólo el primero de los componentes citados se denomina "tasa de prima de riesgo o pura", porque es la que necesita el asegurador para asumir las consecuencias del riesgo que se le traslada,

---

sector, p. 21. Disponible en: https://www.eiopa.europa.eu/sites/default/files/publications/reports/eiopa-ai-governance-principles-june-2021.pdf.

atendiendo a las particulares características del mismo. Cuando a este elemento se le suma el segundo componente, al resultado se le denomina "tasa de prima de inventario" y si se suma a esto el tercer componente se halla la llamada "tasa de prima comercial", llamada también tasa "de tarifa" o "bruta", conforme a lo dispuesto en el artículo 118.1, *f)* en relación con el artículo 117.4 del Real Decreto 1060/2015, de 20 de noviembre, de ordenación, supervisión y solvencia de las entidades aseguradoras y reaseguradora (ROSSEAR).

La tasa de prima es un porcentaje (o tanto por mil) que se aplica sobre la suma asegurada u otro parámetro (facturación, valor de la edificación, por ejemplo) para hallar la "prima neta", pero ésta todavía no es la cantidad que le exige la aseguradora al cliente, sino que sobre ella aplica recargos (en nuestro sistema legal, el de la cobertura de riesgos extraordinarios, el de la responsabilidad civil obligatoria del automóvil y el correspondiente a la financiación de la actividad liquidadora de las entidades aseguradoras), además de impuestos. A la cantidad resultante de sumar la prima neta con los recargos e impuestos es a los que se llama "prima total", que es la que, en teoría exige la compañía al cliente.[26] Pero, lo cierto es que hay estudios que demuestran que las compañías no cobran la misma prima por cubrir los mismos riesgos a asegurados que presenten el mismo perfil, sino que ajustan más o menos el margen de ganancia que esperan obtener de cada uno en función de distintas estrategias comerciales, cuestión sobre la que luego volveremos.[27]

En nuestro ordenamiento, las compañías tienen libertad a la hora de configurar sus tarifas, pero no es una libertad absoluta. Los artículos 94 y 95 de la Ley 20/2015, de 14 de julio, de ordenación, supervisión y solvencia de las entidades aseguradoras y reaseguradoras (LOSSEAR), desarrollados por los artículos 117 y siguientes del ROSSEAR, ya mencionados, establecen que las tarifas de primas no estarán sujetas a autorización administrativa, bastando con que estén a disposición de la Dirección General de Seguros y Fondos de Pensiones. Además, deben ser suficientes, según hipótesis actuariales razonables, para permitir a la entidad aseguradora satisfacer el conjunto de las obligaciones derivadas de los contratos de seguro y, en particular, constituir las provisiones técnicas adecuadas. Por añadidura, deben respetar los principios de equidad, indivisibilidad e invariabilidad.

---

26 V. CECAS – Centro de Estudios del Consejo General de los Colegios de Mediadores de Seguros. *Manual del mediador de seguros*, v. I. Recurso on-line, 2019, pp. 39-40.

27 V., por ejemplo, el citado de la FCA – FINANCIAL CONDUCT AUTHORITY. *General insurance pricing practices.* Interim Report, 2019, p. 5. Disponible en: https://www.fca.org.uk/publication/market-studies/ms18-1-2-interim-report.pdf.

La exigencia de que las primas sean equitativas se conculcaría si se diera a los asegurados en idéntica situación de riesgo un trato diferente. Pero, con independencia de este pronunciamiento más general, y que encuentra su fundamento último en el artículo 14 de la Constitución Española, hay en nuestro ordenamiento distintas prohibiciones concretas del trato discriminatorio entre asegurados, cada una con su propio origen y alcance.

Por un lado, en el artículo 94.1, párr. 2° LOSSEAR se ha introducido la prohibición de usar el sexo como factor de cálculo de las primas, cosa que hasta la sentencia *Test-Achats* del Tribunal de Justicia de la UE de 1 de marzo de 2011[28] se hacía regularmente en Europa en general. En nuestra Ley, concretamente, sólo se salvan de esta prohibición las excepciones previstas en la propia Ley, que son los seguros vinculados a una relación laboral (art. 94.1 párr. 3 LOSSEAR). Así, por ejemplo, en un seguro de automóvil el factor del género no puede ser introducido como factor de cálculo de las primas, dando lugar a primas distintas para hombre y mujeres, ni aunque actuarialmente esté demostrado que ellas generan menos riesgo al volante. Si nos fijamos en el seguro de vida, sus tarifas de prima podrán tener como factor de cálculo la edad, el estado de salud o los hábitos del potencial tomador, pero no la condición de hombre o mujer del solicitante.

Ahora bien, aunque efectivamente no se pueda tomar en consideración el género de las personas directamente como factor de cálculo de las primas, la Comisión Europea ha publicado sus *Guidelines on the application of Council Directive 2004/113/EC to insurance, in the light of the judgment of the Court of Justice of the European Union in Case C-236/09 (Test-Achats)*,[29] y ahí admite el uso de factores de cálculo que sean correlativos con el género y que puedan, por tanto, causar discriminación indirecta, siempre que sean por sí mismos auténticos factores de riesgo.[30]

Por su parte, la LCS (D.A. 4ª y 5ª), aunque prohíbe la discriminación a efectos de la contratación por sufrir una discapacidad, tener sida o ser portador de VIH "u otras condiciones de salud", no lo hace de forma absoluta, permitiendo que se tenga en

28 Asunto C 236/09.

29 DOUE 2012/C 11/01, https://eur-lex.europa.eu/LexUriServ/LexUriServ.do?uri=OJ:C:2012:011:0001:0011:en:PDF.

30 A efectos de la aplicación de la Directiva del Consejo 2004/113/CE, de 13 de diciembre de 2004 (DOUE L 373/37), https://eur-lex.europa.eu/legal-content/ES/TXT/HTML/?uri=CELEX:32004L0113&from=EN, se entiende por "discriminación directa" (art. 2.a): "la situación en que una persona haya sido o pudiera ser tratada de manera menos favorable que es, ha sido o sería tratada otra en una situación comparable, por razón de sexo"; y por "discriminación indirecta" (art. 2.b): "la situación en que una disposición, criterio o práctica aparentemente neutros sitúa a personas de un sexo determinado en desventaja particular con respecto a personas del otro sexo, salvo que dicha disposición, criterio o práctica pueda justificarse objetivamente con una finalidad legítima y salvo que los medios para alcanzar dicha finalidad sean adecuados y necesarios".

cuenta este factor por causas "justificadas, proporcionadas y razonables, que se hallen documentadas previa y objetivamente".

Eso supone que es perfectamente lícito considerar el padecimiento del sida y de cualquier otra dolencia como agravante del riesgo en aquellos seguros en que efectivamente lo sea, como son, por razones evidentes, los que cubren gastos sanitarios o el riesgo de fallecimiento, pero no en los seguros en que esta u otra dolencia no tenga influencia alguna sobre el riesgo, como el de viaje, el de robo o el de inundación del hogar.[31] Esto sí originaría un trato discriminatorio prohibido expresamente por la Ley.

En fin, desde la perspectiva de la regulación de la competencia en el mercado, hay que tener en cuenta la distinción entre *diferenciación* en materia de precios y *discriminación*, pues cabe que se apliquen condiciones distintas a diferentes clientes sin incurrir en modo alguno en discriminación. De hecho, en el seguro, se tiende cada vez más a la individualización del riesgo, que supone definir el perfil de riesgo de cada potencial asegurado de manera más precisa, y a ofrecer productos confeccionados a medida de cada cliente o colectivo unido por una característica común, siendo esta práctica perfectamente compatible con el principio de igualdad de trato, siempre que se haga siguiendo unos mismos criterios objetivos y de manera razonable y no arbitraria. El mismo artículo 16 de la Ley 3/1991, de Competencia Desleal, en coherencia con el artículo 14 de la Constitución Española, prohíbe los actos de discriminación de los consumidores en el precio y otras condiciones del contrato, pero no la diferenciación. Es más, la prohibición de discriminación ni siquiera se hace de forma absoluta, al dar cabida a la posibilidad de que esté justificada.[32]

2.3 Optimización de precios y otras prácticas potencialmente discriminatorias

Dentro de los límites vistos, en principio, las aseguradoras pueden fijar las primas que estimen adecuadas y, aunque, en principio, a igual riesgo, idéntica prima, la práctica demuestra que no se da tal equivalencia y que una misma aseguradora en

31 Ahora bien, la exigencia legal de que la mayor onerosidad esté fundada en una causa no sólo justificada, proporcionada y razonable, sino también documentada de forma previa y objetiva, podrá servir en el caso concreto para entender que este requisito formal no se ha cumplido.

32 Sobre la distinción entre diferenciación de precios y discriminación, v. Porfirio Carpio, L. J. *La discriminación de consumidores como acto de competencia desleal*. Madrid: Marcial Pons, 2002, pp. 86 y 96ss. En el mismo sentido dice DÍEZ ESTELLA, F. *La discriminación de precios en el Derecho de la competencia*. Madrid: Civitas, 2003, p. 187, que "a falta de justificación objetiva, la discriminación de precios u otras condiciones de venta es desleal *per se*".

ocasiones ofrece distintos precios a sus asegurados, no atendiendo a factores objetivos, sino puramente subjetivos.

En efecto, el uso de algoritmos para la fijación de precios permite a los empresarios adaptar automáticamente los precios para obtener el máximo beneficio y es particularmente común en el ámbito, no sólo del seguro, sino de otros sectores, como la venta de billetes de avión o las reservas de hotel. En comparación con la fijación de precios estándar, los algoritmos de fijación de precios se aplican sobre un gran volumen de datos y pueden ir cambiando los precios rápidamente, de manera automática, adaptándolos a los cambios que se producen en el mercado (por ejemplo, a la demanda existente, a los precios de los competidores etc.), de modo que los precios resultantes son dinámicos. Por otro lado, este tipo de algoritmos no sólo permiten que los precios fluctúen constantemente, atendiendo a factores generales del mercado, sino que pueden calcular diferentes precios a los consumidores en función de sus características personales, y más concretamente a lo que se estima que estén dispuestos a pagar, lo que explica perfectamente el resultado de desigualdad en el trato entre consumidores del mismo perfil de riesgo a que antes me refería.[33]

Esta práctica, que se conoce en la práctica como "optimización de precios" y cuya máxima manifestación se encuentra en la táctica de ofrecer un precio más bajo al asegurador que la compañía cree que tiene más propensión a comparar precios e irse a la competencia o en cobrar más a quien es menos proclive a no hacer ese esfuerzo y quedarse, no necesariamente está ligada al uso del *Big Data* (de hecho, es anterior), pero con los recursos que el *Big Data* ofrece se ha visto potenciada en todos los sectores, no sólo en el seguro (el de venta de viajes de avión es un ejemplo claro).

En Estados Unidos, ya en 2015 la National Association of Insurance Commissioners (NAIC) publicó un "libro blanco sobre optimización de precios", en el que ofrece recomendaciones regulatorias a los Estados y que dio lugar a que varios de ellos tomaran medidas, prohibiendo o restringiendo este tipo de prácticas.[34] Sólo un año antes, en ese país la Federación Estadounidense de Consumidores había denunciado ante la autoridad de control de las aseguradoras de Wisconsin a la compañía Allstate

33 V. OECD. *Algorithms and Collusion*: Competition Policy in the Digital Age. Paris: OECD Publishing, 2017, p. 16. Disponible en: www.oecd.org/competition/algorithms-collusion-competition-policy-in-the-digital-age.htm.

34 V. NAIC. *Price Optimization White Paper*. Disponible en: https://naic.org/documents/index_committees_price_opt_white_ppr.pdf. Según se recoge en este documento de NAIC, la práctica de que la prima se fije atendiendo más a lo que un cliente esté dispuesto a pagar que a factores técnicos, permitiendo a las aseguradoras cobrar más prima a los asegurados que son menos proclives a buscar mejores precios en la competencia, es, a juicio de asociaciones de consumidores de Estados Unidos, un trato discriminatorio de los asegurados con menos ingresos, que comparan menos los precios que asegurados con una situación financiera más saneada.

por su política de optimización de precios en el seguro de auto. Básicamente, la aseguradora, según se alegaba en la denuncia, tenía un sistema de fijación de precios muy segmentado, atendiendo no a criterios de riesgo, sino a cuánto se podía esperar que pagase cada cliente, y así, sobre esa base, había asegurados que podían disfrutar de un descuento de hasta un 90% en la tarifa media de prima, mientras otros sufrían un incremento del 800%.[35]

En Europa, Eiopa ha estudiado la incidencia de esta práctica en los sectores de motor y vida, cuyas conclusiones publicó en un informe en 2019, pero de las respuestas de las aseguradoras que colaboraron con ella no se derivan resultados determinantes, pues sólo 19 de las 220 participantes en las encuestas que sirvieron de base para el informe reconocieron que iban a usar herramientas de *Big Data* para optimizar precios, aunque Eiopa estimaba previsible que aumentara su uso a medida que se fueran introduciendo y sofisticando más las herramientas de *Big Data*.[36] Ahora bien, el riesgo evidentemente existe y en todos los ramos.[37] Por ello la propia Eiopa acaba de publicar (en junio de 2021) una guía de actuación dirigida a las aseguradoras para que, sin mermar completamente su capacidad para decidir sus políticas comerciales, hagan un buen uso de los medios ligados al *Big Data* y restrinjan, en concreto, prácticas que puedan originar discriminación entre los asegurados, en particular, la optimización de precios.[38] Sin perjuicio de las medidas que recomienda, de las que nos ocuparemos a

---

35 El caso de Allstate, tan significativo, lo cuenta con todo detalle O'NEIL, C. *Armas de destrucción matemática*. Madrid: Capitán Swing, 2017, pp. 204-205, y ahí más referencias.

36 V. EIOPA – EUROPEAN INSURANCE AND OCCUPATIONAL PENSIONS AUTHORITY. *Big data analytics in motor and health insurance: a thematic review*, pp. 39-40. Disponible en: https://www.eiopa.europa.eu/content/big-data-analytics-motor-and-health-insurance_en?source=search.

37 Y no sólo en el sector asegurador. El problema se plantea en el mercado en general. Hay autores que defienden que actualmente, gracias al conocimiento que puede tener un empresario de cada cliente merced al *Big Data*, la fijación completamente individualizada de precios (lo que se conoce en la literatura económica como discriminación "de primer grado"), es actualmente, frente a épocas pasadas en que el empresario carecía de medios le permitieran conocer el máximo precio que estuviera dispuesto a pagar cada individuo, una posibilidad real. V. así, SCHILLER, B. R. *First Degree Price Discrimination Using Big Data*. Brandeys University, Working Paper Series 2013/58. Disponible en: https://www.brandeis.edu/economics/RePEc/brd/doc/Brandeis_WP58R.pdf. En el mismo sentido, v. STRAHILEVITZ, L. J. Reputation Nation: Law in an Era of Ubiquitous Personal Information. *Northwestern University Law Review*, v. p. 72, 2008. University of Chicago Law & Economics, Olin Working Paper n. 371; University of Chicago, Public Law Working Paper, n. 190. Disponible en https://papers.ssrn.com/sol3/papers.cfm?abstract_id=1028875, y ahí más citas. Sobre los tres grados de discriminación de precios, v., por ejemplo, por su claridad, TOWNLEY, C.; MORRISON, E.; YEUNG, K. Big Data and Personalized Price Discrimination in EU Competition Law. *Yearbook of European Law*, v. 36, n. 1, pp. 683–748, especialmente pp. 689ss., 2017. Disponible en: https://papers.ssrn.com/sol3/papers.cfm?abstract_id=3048688.

38 Me refiero a la contenida en el tantas veces citado informe EIOPA – EUROPEAN INSURANCE AND OCCUPATIONAL PENSIONS AUTHORITY. *Artificial intelligence governance principles*: towards ethical and trustworthy artificial intelligence in the european insurance sector. Disponible en: https://www.eiopa.europa.eu/sites/default/files/publications/reports/eiopa-ai-governance-principles-june-2021.pdf, *passim*, espec. p. 36.

continuación, la autoridad supervisora ha identificado en el mercado varios tipos de optimización de precios que pueden distorsionar profundamente la forma de fijar los precios y sus resultados y alejar netamente el precio final del que resultaría adecuado atendiendo a criterios de riesgo. Son las siguientes:

– A través de estudios de mercado y otras técnicas, adaptar sus tarifas a las condiciones del mercado; en definitiva, tratar, a través del precio, de ganar terreno a sus competidores más directos, incluyendo el lanzamiento de campañas de marketing dirigidas a los grupos de clientes tipo de sus competidoras, con inclusión, por ejemplo, de descuentos en la prima (*market research* y *market competition analysis*);

– Mediante modelos matemáticos con inclusión de sistemas de IA, identificar a los clientes que estimen que están en riesgo de abandonar la compañía. Así, los asegurados que se prevea que no van a renovar automáticamente la póliza a su vencimiento, sino que van a comparar precios, podrían obtener un descuento en el precio de su seguro (*churn models*);

– Usar modelos matemáticos con inclusión de sistemas de IA para calcular los gastos en reclamaciones que ha producido un cliente a lo largo de toda su relación con la aseguradora y lo que ha abonado en primas (incluyendo *up-selling*, esto es, las veces que ha asumido pagar por un producto mejor que el que inicialmente iba a contratar, y *cross-selling*, lo que en el seguro sería la contratación de productos distintos, como un seguro de vida y el de hogar), para así, de esta forma, identificar a los clientes a los que interesa ofrecer un descuento comercial (*customer life time value estimation models*);

– Usando métodos matemáticos incluyendo sistemas de IA, identificar el precio máximo que un cliente estaría dispuesto a pagar. Esto podría ser utilizado tanto en el momento de la suscripción de la póliza como en el de la renovación y permitiría obtener de él el máximo beneficio (*price elasticity models*);

– Averiguar el precio que un cliente habría pagado a otra compañía aseguradora, bien sea a través de la simple búsqueda por webs o preguntándole directamente al cliente sobre las ofertas que tiene de sus competidoras para así saber el precio máximo que estaría dispuesto a pagar o para seleccionar a las personas que aceptarían el descuento más bajo (*individual real-time price comparison*).[39]

39 Otras formas de discriminar a los consumidores mediante prácticas que alteran el precio, no específicas del seguro, v., por ejemplo, ARMSTRONG, M. *Price Discrimination*. University Library of Munich, Alemanha, MPRA Paper n. 4693, 2006. Disponible en https://mpra.ub.uni-muenchen.de/4693/.; BOTTA, M.; WIEDEMANN, K. To discriminate or not to discriminate? Personalised pricing in online markets as exploitative abuse of dominance. *European Journal of Law and Economics*, v. 50, pp. 381-404, 2020. DOI: https://doi.org/10.1007/s10657-019-09636-3.

En todos estos casos, se ve que el precio final que se exige a un cliente no responde a los costes asociados a la cobertura de su riesgo, sino a cuánto está dispuesto a pagar, por lo que el riesgo de un trato discriminatorio de los consumidores está servido. Pero, hay también que tener presente que, en otras ocasiones, la desigualdad de trato entre consumidores no obedece a que la compañía ponga en marcha una práctica comercial dirigida a obtener el máximo precio posible de cada asegurado, sino que es un resultado derivado indirectamente de la incidencia de otros factores. Por ejemplo, en Estados Unidos, en el sector del seguro de automóvil, se denuncia discriminación de los consumidores con ingresos más bajos, en cuyos automóviles, por su antigüedad, no puede instalarse un dispositivo telemático, por lo que tienen vedado el acceso a los descuentos en las primas asociados a los seguros basados en el uso del bien asegurado.[40] En este caso, es la vulnerabilidad de esas personas lo que las coloca en una peor situación a efectos de encontrar un seguro en condiciones económicamente equiparables a quienes tienen ingresos más altos, problema que se enmarca en el más general del incremento del número de personas inasegurables entre los sectores de la sociedad más desfavorecidos, arriba explicado.

3. MEDIDAS DIRIGIDAS A EVITAR LA DISCRIMINACIÓN DE LOS ASEGURADOS Y EL AUMENTO DE INASEGURABLES

Teniendo presente la amplia libertad con que cuentan en nuestro sistema legal las aseguradoras a la hora de fijar sus primas y las distorsiones que pueden producirse en contra de los intereses de los asegurados, es especialmente útil conocer qué medidas se están adoptando en otros países por la vía legal o bien recomendando por las autoridades reguladoras de la actividad aseguradora en Estados Unidos o, más directamente, en Europa, por Eiopa (partiendo de las recomendaciones procedentes de la propia Comisión Europea), para evitar que el uso de esa libertad tenga como efecto directo o indirecto, aunque no sea buscado, el trato discriminatorio a este tipo de consumidores que son los asegurados, así como un incremento indeseado del número de personas carentes de seguro, especialmente entre las clases más desfavorecidas.

---

40 V. NAIC. *Big data and insurance*, pp. 3-4. Disponible en: https://www.naic.org/cipr_newsletter_archive/vol16_big_data.pdf.

3.1 Sobre la calidad e integridad de las bases de datos

Una de las vías fundamentales para evitar el trato discriminatorio a los asegurados es controlar que las bases de datos sobre las que se aplican los algoritmos para la fijación de los precios no estén sesgadas. La calidad y suficiencia de la masa de datos que se vaya a utilizar es elemental para evitar resultados indeseables. En este sentido, en las *Directrices éticas para una IA fiable*, auspiciadas por la Comisión Europea, se insiste en que se eliminen sesgos sociales, imprecisiones y errores de las bases de datos antes de su uso y en su puesta a prueba en todas las fases de los procesos, ya se trate de un sistema de IA que se haya creado en el seno de la empresa o proceda de otra de la que se haya adquirido.[41] Si bien el control de la calidad de los datos debe hacerse de manera repetida en el proceso de su aplicación, es especialmente relevante que se realice ya en el momento de la recopilación de la información, pues los datos que se utilizan pueden contener sesgos históricos inadvertidos y es preciso evitar que se perpetúen, pudiendo causar "prejuicios y discriminación (in)directos e involuntarios contra determinados grupos o personas, lo que podría agravar los estereotipos y la marginación".[42] Por el contrario, para evitar sesgos injustos, las bases de datos deben ser lo más inclusivas posibles, de manera que estén representados los diferentes grupos de población y que se respete a las personas y grupos potencialmente vulnerables.[43]

Por su parte, Eiopa,[44] siguiendo lo dispuesto en el artículo 231 del Reglamento Delegado 2015/35, en desarrollo del artículo 121 (3) de la Directiva Solvencia II, estima

---

41 V. COMISIÓN EUROPEA. Dirección General de Redes de Comunicación, Contenido y Tecnologías. *Directrices éticas para una IA fiable.* Oficina de Publicaciones, 2019, p. 22, n. marginal 73. DOI: https://data.europa.eu/doi/10.2759/14078. La integridad de los datos también es una exigencia de la citada Propuesta de Reglamento UE para los sistemas de IA de alto riesgo, si bien ese proyecto, al menos por ahora, no incluye al seguro en la lista de sistemas de alto riesgo.

42 V. COMISIÓN EUROPEA. Dirección General de Redes de Comunicación, Contenido y Tecnologías. *Directrices éticas para una IA fiable.* Oficina de Publicaciones, 2019, p. 23, n. marginal 80. DOI: https://data.europa.eu/doi/10.2759/14078.

43 V. COMISIÓN EUROPEA. Dirección General de Redes de Comunicación, Contenido y Tecnologías. *Directrices éticas para una IA fiable.* Oficina de Publicaciones, 2019, p. 13, n. marginal 44. DOI: https://data.europa.eu/doi/10.2759/14078. Téngase presente, para la interpretación de estas Directrices, que su perspectiva en torno al efecto que puede causar el uso de la IA en las personas es que se debe "garantizar por igual el respeto del valor moral y la dignidad de todos los seres humanos" y que este requisito, se indica en el documento, "va más allá de la no discriminación, que tolera el establecimiento de distinciones entre situaciones diferentes sobre la base de justificaciones objetivas. En el contexto de la IA, la igualdad implica que el funcionamiento de este tipo de sistemas no debe generar resultados injustamente sesgados". No es la premisa de la que partimos en este trabajo, centrado en el ámbito del seguro y no en cualquier uso de la IA. Nuestra visión es que no es discriminatorio el trato distinto de los asegurados basado en criterios objetivos, que en el ámbito de fijación de precios se cumple cuando la prima se fija sobre la base de verdaderos factores de riesgo.

44 EIOPA – EUROPEAN INSURANCE AND OCCUPATIONAL PENSIONS AUTHORITY. *Artificial intelligence governance principles*: towards ethical and trustworthy artificial intelligence in the european insurance

que los requisitos que deben reunir los datos utilizados en IA de alto impacto son los siguientes: (i) Precisión: que supone que no deben contener errores materiales, deben ser objeto de un uso lógico y coherente y recogidos de forma duradera; (ii) Integridad: con manejo de suficiente información histórica, uso de todos los parámetros relevantes y que no se excluyan datos relevantes sin justificación; (iii) Carácter apropiado: que sean coherentes con el propósito con el que van a ser usados, que las estimaciones basadas en datos no incluyan errores graves de estimación y que los datos sean coherentes con las premisas que subyacen a los modelos técnicos.[45]

3.2 Sobre la elección de los factores de cálculo de las primas

Recordemos que tras la sentencia de "Test-Achats", la Comisión Europea[46] afirma que no puede utilizarse el factor del sexo de las personas para el cálculo de las primas de cualquier seguro y que esto supondría un caso de discriminación directa, pero la propia Comisión admite la posibilidad de que se usen factores de cálculo que estén correlacionados con el género, aunque ello suponga discriminación indirecta, cuando "esté objetivamente justificado por un fin legítimo" y "los medios sean apropiados y necesarios", lo que se traduce por la propia Comisión en que sean "auténticos factores de riesgo por sí solos".

Extrapolando este criterio, nacido sólo para la discriminación por razón de género, a otros posibles factores de cálculo de la prima, para los que no hay una regulación específica a nivel de la legislación de la UE, Eiopa[47] ha elaborado una guía sobre la valoración del carácter "necesario" y "apropiado" de los factores de cálculo de la prima en general. Y, así, entiende por "necesario" que exista una clara correlación entre cada factor de cálculo elegido y su influencia en la posibilidad de que se produzca un siniestro, y por "apropiado" que haya una relación causal, que es lógicamente un plus de

---

sector, p. 57. Disponible en: https://www.eiopa.europa.eu/sites/default/files/publications/reports/eiopa-ai-governance-principles-june-2021.pdf.

45 Sobre las técnicas que pueden emplearse para detectar la existencia de discriminación indirecta en los datos y en las decisiones tomadas por algoritmos, v. CRIADO, N.; SUCH, J. M. Digital Discrimination. *In*: YEUNG, K.; LODGE, M. (Ed.). *Algorithmic Regulation*. Oxford: Oxford University Press, 2019, pp. 82-97, espec. pp. 89ss.

46 En COMISIÓN EUROPEA. Guidelines on the application of Council Directive 2004/113/EC to insurance, in the light of the judgment of the Court of Justice of the European Union in Case C-236/09 (Test-Achats). *Official Journal of the European Union*, 11. ene. 2012. Disponible en: https://eur-lex.europa.eu/LexUriServ/LexUriServ.do?uri=OJ:C:2012:011:0001:0011:en:PDF.

47 V. EIOPA – EUROPEAN INSURANCE AND OCCUPATIONAL PENSIONS AUTHORITY. *Artificial intelligence governance principles*: towards ethical and trustworthy artificial intelligence in the european insurance sector, pp. 33ss. Disponible en: https://www.eiopa.europa.eu/sites/default/files/publications/reports/eiopa-ai-governance-principles-june-2021.pdf.

exigencia (se entiende que por ser más difícil de demostrar la existencia de una relación de causalidad que una simple correlación, por "clara" que ésta deba ser).

Partiendo de esta premisa, la autoridad supervisora estima que las aseguradoras deberían desarrollar medidas para mitigar el impacto sobre los sectores de la población más vulnerables que tiene el uso de ciertos factores de cálculo, como las calificaciones crediticias, ubicación del riesgo, ingresos, puesto de trabajo o nivel educativo en aquellos seguros en que, aunque tales factores tengan correlación con el riesgo cubierto, sin embargo, presenten una relación de causalidad muy limitada con los potenciales siniestros que puedan acaecer. Por ejemplo, la calificación crediticia puede tener una correlación con la reclamación del pago de siniestros (porque las personas con una calificación crediticia peor den más partes de siniestros que las que tienen una calificación crediticia mejor), pero la utilización de este factor puede no ser "apropiada" en ciertos ramos en que haya una relación de causalidad limitada con la posible producción de siniestros (por ejemplo, en un seguro de inundación).

La inclusión de factores como la calificación crediticia ha tenido, sin duda, a mi juicio, un efecto muy perturbador, porque salvo que tenga una relación directa con el riesgo (por ejemplo, en el seguro de caución), no debería tomarse en consideración. La solvencia del cliente puede influir en el riesgo de que no pague la prima, pero no afecta a los riesgos de inundación, robo o accidente de tráfico, que son los cubiertos por los seguros de inundación, robo o auto.

Siguiendo con los factores que tradicionalmente se han usado por las compañías para calcular las primas, se apunta que la edad o el código postal son factores de cálculo habitual para el seguro de auto y de salud que, sin embargo, a juicio de la entidad supervisora, son un buen ejemplo de factores en los que existe correlación con el riesgo pero limitada causalidad, pues no sirve para distinguir buenos y malos conductores o personas que llevan vida sana de aquellas que no tienen hábitos saludables. Por ello, propone que se use más la IA para identificar con más precisión los riesgos, por ejemplo, a través del uso de dispositivos telemáticos en seguros de vida y auto, para ir reduciendo el peso de otros factores, como la mera edad biológica de los asegurados.

3.3 Sobre la optimización de precios

En Estados Unidos supuso un hito la publicación en 2015 del ya mencionado "libro blanco sobre optimización de precios" de NAIC, que, partiendo de la inexistencia de un concepto universalmente admitido del fenómeno conocido en el ámbito económico como "optimización de precios", estudia las diferentes modalidades que pueden entenderse englobadas bajo ese término y valora si son compatibles o no con la regulación estatal en materia de elaboración de primas de seguros personales.[48] Partiendo de una norma que prohíbe que las primas sean "inadecuadas, excesivas o injustamente discriminatorias", NAIC llegó a la conclusión de que varias de las formas de optimización utilizadas habitualmente por las aseguradoras incurrían en esta prohibición, en particular, que eran injustamente discriminatorias, entre ellas, las que buscan determinar el máximo precio que estaría dispuesto a pagar un cliente, la propensión de un cliente a comparar precios y marchar o la propensión a hacer preguntas o quejarse. La respuesta de las autoridades de control del seguro fue casi inmediata y en poco más de un año más de veinte Estados habían adoptado algún tipo de medida para frenar el uso de estas concretas prácticas.[49] Piénsese que el clima era muy propicio para la toma de decisiones de este tipo, al coincidir en el tiempo con el revuelo que causó la publicación del informe de Consumer Reports sobre las primas de los seguros de auto y la denuncia de compañías de ese mismo sector, como Allstate, por optimizar precios.

El problema es universal, como lo son las prácticas que se recogen bajo el amplio paraguas de la optimización de precios. En Reino Unido, por ejemplo, preocupa especialmente la modalidad (muy extendida en los seguros de auto y hogar) de cobrar cada año más a los asegurados que no cambian de compañía en comparación con los nuevos clientes. Se apunta como ejemplo, en este sentido, que un asegurado de hogar que permanence cinco años con una misma aseguradora, paga, como media, un 70% más que uno nuevo.[50] Ante esta situación, la Financial Conduct Authority (FCA) lanzó una consulta en septiembre de 2020 sobre optimización de precios y acaba de anunciar que la penalización al "asegurado leal" frente al nuevo va a estar prohibida a partir del 1 de enero de 2022.[51]

Esta cuestión se ha debatido en el seno del "Grupo Consultivo de Expertos en Ética Digital" (GDE, sus siglas en inglés) de Eiopa y no todos sus miembros están de

48 A falta de otra definición, NAIC acuña la siguiente, que es de la que parte: "'[P]rice optimization' refers to the process of maximizing or minimizing a business metric using sophisticated tools and models to quantify business considerations. Examples of business metrics include marketing goals, profitability and policyholder retention".

49 La lista de los Estados que en otoño de 2016 ya habían adoptado medidas contra esta práctica puede consultarse aquí COTTER, Daniel A. Status of the price optimization debate. *FORC Journal*. Disponible en: https://www.forc.org/Public/Journals/2016/Articles/Fall/2016FallArticle2.aspx.

50 Minty, D. The new pricing principles for insurance: origins, impacts and ideas. *Ethics and Insurance*, 9 maio 2018. Disponible en: https://ethicsandinsurance.info/2018/05/09/pricing-principles/.

51 V. la noticia, por ejemplo, en SEWRAZ, Reena. FCA to ban car and home insurance "loyalty penalty" in January: will you save money? *Which?*, 28 maio 2021. Disponible en: https://www.which.co.uk/news/2021/05/fca-to-ban-car-and-home-insurance-loyalty-penalty-in-january-will-you-save-money/.

acuerdo con la adopción de medidas prohibitivas o represivas como las adoptadas en Estados Unidos o en Reino Unido.[52] Por el contrario, algunos de sus miembros consideran que, atendiendo al principio de libertad de empresa, las compañías aseguradoras deberían ser libres para ofrecer descuentos comerciales para atraer clientela o para mantenerla. Que este tipo de descuentos se guían por múltiples factores, como la estrategia empresarial de la aseguradora, la voluntad de los agentes o corredores de maximizar la cartera de clientes fijos aplicando un descuento extra a los que consideran que están en situación de alto riesgo de cambiar a otra compañía, asegurar una relación a largo plazo con sus clientes y, en general, evitar que los asegurados de "riesgo bajo", esto es, los que previsiblemente generan menos siniestralidad, se marchen a la competencia. Es más, el volumen de la cartera de clientes es fundamental para que las compañías trabajen bien y la captación de nuevos clientes es un proceso caro, por lo que la retención de clientes es económicamente relevante. Por otro lado, se apunta que el uso de modelos para fijar las primas en relación con las de los competidores es una característica básica de los mercados competitivos y, en fin, que algunas aseguradoras ofrecen una prima reducida a los nuevos clientes durante la etapa inicial de la relación y que la van ajustando en los períodos de seguro siguientes, a medida que van conociendo mejor su perfil de riesgo.

En ese sentido, en lugar de una política totalmente restrictiva, en el seno de ese Grupo de Expertos se aboga por una solución de compromiso consistente en lo siguiente: para los ramos esenciales de seguro, se propone que deberían evitarse las modalidades de optimización consistentes en averiguar el máximo precio que estaría dispuesto a pagar un cliente (los llamados *price elasticity models*) y las técnicas de averiguación del máximo precio que pagaría un concreto cliente a través del conocimiento en tiempo real de lo que estaría dispuesto a pagar a la competencia, por ejemplo, preguntándole por sus otras ofertas (*individual real-time comparison models*), tanto en la fase de captación de un nuevo cliente como en la de renovación de los contratos, y ello por motivos éticos, de justicia e incluso concurrenciales.

Por otro lado, el GDE considera que los modelos de retención de clientes en alto riesgo de abandono de la compañía (*churn models*), las prácticas ligadas a favorecer a los clientes que a juicio de la aseguradora lo merezcan atendiendo a su relación de años con ella (*customer life time estimation models*), las campañas dirigidas a un cierto

52 V. EIOPA – EUROPEAN INSURANCE AND OCCUPATIONAL PENSIONS AUTHORITY. *Artificial intelligence governance principles*: towards ethical and trustworthy artificial intelligence in the european insurance sector, p. 37. Disponible en: https://www.eiopa.europa.eu/sites/default/files/publications/reports/eiopa-ai-governance-principles-june-2021.pdf.

colectivo ("*targeted marketing campaigns*") y las investigaciones de mercado (*market competition analysis*) deberían admitirse, pero las aseguradoras deberían esforzarse en evitar que no comporten desventajas desproporcionadas a grupos vulnerables. Por otro lado, los *churn models* se cree que no deberían usarse para aumentar la prima de los asegurados "leales". En este sentido, se apunta que los incrementos de la prima en cada renovación del contrato sólo deberían basarse en incrementos del riesgo o incrementos de costes, no en otras razones (para evitar situaciones como la antes expuesta de las primas del seguro de hogar de Reino Unido), pero, en cambio, sí se estiman admisibles los descuentos comerciales con la salvaguarda de lo arriba expuesto. En definitiva, sería admisible, desde este punto de vista, ofrecer descuentos a los clientes nuevos, pero no subir la prima a los clientes antiguos para compensarlo.

4. MEDIDAS DE TRANSPARENCIA

Todas estas medidas tendentes a evitar que los asegurados puedan sufrir un trato discriminatorio, en el sentido de que se aparte de la premisa de a igual riesgo, igual prima, no serían efectivas si no fueran complementadas por otras dirigidas a dar transparencia a la actuación de las aseguradoras en materia de precios. Difícilmente puede un asegurado defenderse de un tratamiento discriminatorio si no sabe que lo está sufriendo.

4.1 En la aplicación de sistemas de IA en general

Este es un problema común al uso del algoritmo para fijar precios (y otras condiciones contractuales) en todos los sectores, no sólo en el del seguro, y genera una desconfianza completamente justificable entre el público consumidor. En este sentido, en las citadas *Directrices Éticas para una IA fiable*, redactadas por encargo de la Comisión Europea y publicadas en 2019, se acuña el principio de "explicabilidad", como instrumento fundamental para conseguir que los usuarios confíen en los sistemas de IA:[53] La explicabilidad significa, con carácter general, (i) "que los procesos han de ser transparentes", (ii) "que es preciso comunicar abiertamente las capacidades y la finalidad de los sistemas de IA" y (iii) "que las decisiones deben poder explicarse –en la medida de lo

53 V. COMISIÓN EUROPEA. Dirección General de Redes de Comunicación, Contenido y Tecnologías. *Directrices éticas para una IA fiable*. Oficina de Publicaciones, 2019, p. 16, n. marginal 53. DOI: https://data.europa.eu/doi/10.2759/14078.

posible– a las partes que se vean afectadas por ellas de manera directa o indirecta, para que puedan impugnar adecuadamente una decisión". Hay casos en que no es posible explicar los resultados ni la combinación de factores que condujeron al mismo, porque el proceso es tan complejo que ni el propio programador puede explicarlo. En tales hipótesis, conocidas como los algoritmos de "caja negra", el principio de exigibilidad debe adaptarse y exigirse, se señala, por ejemplo, "la trazabilidad, la auditabilidad y la comunicación transparente sobre las prestaciones del sistema, siempre y cuando el sistema en su conjunto respete los derechos fundamentales". El grado de explicabilidad, se añade, no necesariamente ha de ser el mismo en todos los casos, sino que "depende en gran medida del contexto y la gravedad de las consecuencias derivadas de un resultado erróneo o inadecuado".

Otra obligación más concreta en el terreno de la transparencia en el uso de la IA es que se informe a los usuarios, cuando sea el caso, de que en el proceso en el que están envueltos no están interactuando con un humano o que la decisión se toma de manera automática, sin control humano. Si nos fijamos en la regulación de la protección de datos, el artículo 22 *c)* del Reglamento (UE) 2016/679, de protección de datos de carácter personal (en adelante, RGPD),[54] exige que cuando una persona sea objeto de una decisión basada en el tratamiento automatizado de sus datos, ni siquiera basta con que se le comunique este hecho, sino que ha de consentirlo de manera explícita. Con carácter general se reconoce a todo interesado el derecho a no ser objeto de una decisión basada únicamente en el tratamiento automatizado, incluida la elaboración de perfiles, que produzca efectos jurídicos en él o le afecte significativamente de modo similar. Por eso, para que pueda tomarse una decisión de este tipo, sin intervención humana, se precisa el consentimiento expreso del interesado, salvo que concurra otra de las excepciones previstas en esta norma.[55]

---

54 PARLAMENTO EUROPEO Y CONSEJO DE LA UNIÓN EUROPEA. REGLAMENTO (UE) 2016/679 relativo a la protección de las personas físicas en lo que respecta al tratamiento de datos personales y a la libre circulación de estos datos y por el que se deroga la Directiva 95/46/CE (Reglamento general de protección de datos). *DOUE*, L 119/1, p. 1. Disponible em: https://eur-lex.europa.eu/legal-content/ES/TXT/PDF/?uri=CELEX:32016R0679&from=IT.

55 En aplicación del artículo 22 c) RGPD hay aseguradoras que reconocen usar ficheros de datos de origen diverso y calcular la prima utilizando un algoritmo. Pero, a la vez, niegan que el resultado sea exclusivamente automático y para ello reconocen al tomador el derecho a que intervenga una persona en la fijación de la prima y a impugnar su cuantía, si no está de acuerdo. Es el caso de AXA con su póliza de seguro de caución para agencias de viajes (núm. 62709521), que puede consultarse en AXA. *Póliza de Seguro de Caución* – Agencias de Viajes / Viajes Combinados- Servicios de Viajes Vinculados. Disponible en: https://www.estiber.com/pdf/poliza-62709521.pdf.

En las citadas *Directrices éticas para una IA fiable*,[56] impulsadas por la Comisión Europea, uno de los requisitos (junto con la explicabilidad, entre otros) que se consideran fundamentales para alcanzar la fiabilidad de la IA es precisamente la intervención humana. Por ello, se dice (i) que los sistemas de IA "no deberían presentarse a sí mismos como humanos ante los usuarios", sino identificarse como tales; (ii) que debería informarse al usuario de las "capacidades y limitaciones" del sistema de IA e incluso, "cuando sea necesario", (iii) ofrecer al usuario la posibilidad de decidir si prefiere interactuar con un sistema de IA o con una persona. En la misma línea, la citada Propuesta de Reglamento del Parlamento Europeo y del Consejo por el que se establecen normas armonizadas en materia de inteligencia artificial, en su artículo 52.1, obliga a los proveedores de sistemas de IA a garantizar que "los sistemas de IA destinados a interactuar con personas físicas estén diseñados y desarrollados de forma que dichas personas estén informadas de que están interactuando con un sistema de IA, excepto en las situaciones en las que esto resulte evidente debido a las circunstancias y al contexto de utilización".[57]

4.2 En el uso de sistemas de IA en el campo del seguro

4.2.1 *La situación de nuestro ordenamiento en su entorno jurídico*

Centrando la atención en el ámbito del seguro, el principio de transparencia y explicabilidad está presente en varias normas. En el ámbito de la distribución, el artículo 20 de la Directiva UE 2016/97, de Distribución de Seguros[58] (en adelante, DDS), como el artículo 175 del Decreto-ley 3/2020, de 4 de febrero, por el que aquélla se transpone a nuestro ordenamiento, obliga a todos los distribuidores de seguros a proporcionar al cliente "información objetiva acerca del producto de seguros de forma comprensible, de modo que el cliente pueda tomar una decisión con conocimiento de causa". También en el ámbito del contrato de seguro, el artículo 3 LCS impone al asegurador redactar las

56 V. COMISIÓN EUROPEA. Dirección General de Redes de Comunicación, Contenido y Tecnologías. *Directrices éticas para una IA fiable*. Oficina de Publicaciones, 2019, p. 18, n. marginal 58, y p. 22, n. marginal 78. DOI: https://data.europa.eu/doi/10.2759/14078.

57 COMISIÓN EUROPEA. Propuesta di reglamento del Parlamento Europeo y del Consejo por el que se establecen normas armonizadas en materia de inteligencia artificial (Ley de Inteligencia Artificial) y se modifican determinados actos legislativos de la unión. *COM*, 2021, 206 final. Disponible en: https://eur-lex.europa.eu/legal-content/ES/TXT/HTML/?uri=CELEX:52021PC0206&from=ES.

58 COMISIÓN EUROPEA. Directiva (UE) 2016/97, del Parlamento Europeo y del Consejo de 20 de enero de 2016 sobre la distribución de seguros, *DOUE*, L 26/19. Disponible en: https://www.boe.es/doue/2016/026/L00019-00059.pdf.

condiciones generales y particulares "de forma clara y precisa" y entregar un ejemplar del condicionado general con la proposición del seguro si la hubiere. Pero, en ambos casos, la información es sobre el producto, más que sobre la forma en que se ha fijado el precio que exige la compañía al cliente para su contratación, que parece escapar a esta obligación. En fin, tampoco aporta nada en este sentido la obligación a cargo del distribuidor de seguros de entregar al tomador el documento de información sobre el producto de seguro (DIPS), que se regula, aparte de en el citado Decreto-ley 3/2020 (art. 176), en el Reglamento de ejecución de la DDS [(UE) 2017/1469],[59] pues en este documento, cuyo contenido está normalizado, la única información en materia de primas es la relativa al pago [art. 6.1.h) del Reglamento].

Esta deficiencia no se ve tampoco colmada con las obligaciones de información que están previstas en la regulación de control (LOSSEAR y ROSSEAR). En España, la LOSSEAR (art. 95) permite a las aseguradoras no hacer públicas sus tarifas, bastando (como quedó dicho) con que las tengan a disposición de la autoridad de control, y no están obligadas a informar a los clientes sobre cómo las elaboran, incluidos los factores de cálculo, salvo para ciertos ramos, como son los de decesos y enfermedad (art. 96.4 LOSSEAR y 125 y 126 ROSSEAR).[60] Por eso, hacer una labor comparativa, se use o no *Big Data*, es complicado, pues el asegurado puede saber la prima que le cobran a él, así como la prima que le piden otras aseguradoras si, como es aconsejable, solicita varias ofertas, pero lo que no sabe es la prima que le exige cualquiera de esas compañías a otro asegurado que tenga su mismo perfil de riesgo. Y eso ocurre tanto en el momento de la contratación como en el de las sucesivas renovaciones del contrato. La dificultad aumenta por el hecho evidente de que, en el seguro, para tomar una decisión acertada sobre su contratación o renovación, no basta con comparar precios, sino que hay que comparar a la vez precios y coberturas, y las compañías tampoco están obligadas a

59 Reglamento de Ejecución (UE) 2017/1469 de la Comisión, de 11 de agosto de 2017, por el que se establece un formato de presentación normalizado para el documento de información sobre productos de Seguro, DOUE L-2017-81659, https://www.boe.es/buscar/doc.php?id=DOUE-L-2017-81659.

60 En efecto, en el seguro de decesos, las compañías están obligadas a proporcionar al tomador de una póliza de decesos cierta información, que incluye [art. 125., párr. 1°, *c)* ROSSEAR] la "[i]dentificación de los *factores de riesgo objetivos* a considerar en la tasa de prima a aplicar en las *sucesivas renovaciones* de la póliza: edad del asegurado, variaciones en el capital asegurado o evolución en los costes de los servicios funerarios"; y similar es la obligación a cargo de aseguradoras en el ramo de enfermedad, pues deben informar al tomador sobre [art. 126.1.*a)* ROSSEAR] la "[i]dentificación de los *factores de riesgo objetivos* a considerar en la tasa de prima a aplicar en las *sucesivas renovaciones* de la póliza, en cualquiera de las modalidades de cobertura del seguro de enfermedad". Esto es, sólo se prevé para ciertos ramos y a efectos de renovación, no para informar a potenciales tomadores. Con todo, en el ramo de enfermedad, sí se les exige a las compañías que hagan públicas en sus webs "las tarifas de primas estándar aplicables para todos los tramos de edad o que se delimiten en función de cualquier otro criterio objetivo de adscripción de los asegurados" (art. 126.2 ROSSEAR).

hacer públicas sus condiciones generales, que están sometidas al mismo régimen de publicidad que las tarifas. De hecho, aunque, como hemos apuntado, debieran entregar los condicionados generales al solicitante de un seguro en la fase precontractual para que decida con conocimiento de causa si contratar o no, con frecuencia no los entregan hasta que se firma la póliza, en claro incumplimiento de lo que impone el artículo 3 LCS.

Difícilmente, pues, puede, en nuestro sistema legal, un asegurado defenderse contra un trato discriminatorio, si ni siquiera puede saber que lo está sufriendo. El problema que surge aquí, como quedó arriba apuntado, no es que el asegurado carezca de medios legales para defenderse de un tratamiento discriminatorio en materia de precios, sino que no cuenta con medios para saber si el resultado es o no discriminatorio, porque carece de datos que le permitan hacer una labor comparativa entre la prima que le ofrecen a él y la que ofrecen a otros sujetos que reúnan sus mismas condiciones de riesgo. Esto plantea la cuestión de si debe exigirse legalmente a las aseguradoras mayor transparencia en la fijación de los precios e incluso si debe mantenerse la libertad en la fijación de precios de las aseguradoras.

También es cierto que la falta de transparencia en la fijación de precios puede perjudicar a la aseguradora, pues sobre ella recae la carga de probar en caso de litigio que hay razones objetivas para cobrar una prima más alta a un asegurado que a otro y, si la prima se calcula por un algoritmo de manera automática, puede no saber ni ella misma, como antes apuntábamos a propósito de las llamadas "cajas negras", por qué se llegó a ese resultado.[61-62]

Teniendo todo esto presente, y como he apuntado ya en otras publicaciones sobre la materia,[63] habría que plantearse si, además de hacer públicas sus tarifas, esto es, los precios de su servicio, es exigible a las aseguradoras que hagan públicos los factores

---

61 No puede extrañar que las propias aseguradoras reconozcan abiertamente el problema que tienen para responder a las quejas de discriminación en materia de precios que reciben de sus clientes. Sobre esto, v. los informes de CAPGEMINI RESEARCH INSTITUTE. *Smart money*. Disponible en: https://www.capgemini.com/es-es/wp-content/uploads/sites/16/2020/11/Report-AI-in-CX-FS.pdf, p. 25, y CAPGEMINI RESEARCH INSTITUTE. *Why addressing ethical questions in AI will benefit organizations*. Disponible en: https://www.capgemini.com/ch-en/research/why-addressing-ethical-questions-in-ai-will-benefit-organizations/.

62 Es más, como señala EIOPA – EUROPEAN INSURANCE AND OCCUPATIONAL PENSIONS AUTHORITY. *Artificial intelligence governance principles*: towards ethical and trustworthy artificial intelligence in the european insurance sector, p. 41. Disponible en: https://www.eiopa.europa.eu/sites/default/files/publications/reports/eiopa-ai-governance-principles-june-2021.pdf, el problema de los sistemas de IA considerados "cajas negras" no se detiene en las dificultades de opacidad para los asegurados y para las propias aseguradoras en el caso concreto, en la medida en que quede fuera de su alcance proporcionar la información necesaria al asegurado sobre cómo se han fijado los precios; el problema va más allá, porque compromete la posibilidad de auditar el sistema en su conjunto, en el sentido de que es difícil detectar si el modelo de fijación de precios de la aseguradora es correcto o no.

63 En particular en MUÑOZ PAREDES, M. L. El 'Big Data' y la transformación del contrato de seguro. *In*: VEIGA, A. B. *Dimensiones y desafíos del seguro de responsabilidad civil*. Cizur Menor: Aranzadi, 2021, pp. 1017-1051, p. 1043.

de riesgo que utilizan para su cálculo, así como el peso que ha tenido cada factor en el cálculo de la prima. A mi juicio, ambas cuestiones deberían responderse de manera afirmativa, pues su conocimiento es determinante para comprobar si existe alguna discriminación en la fijación de precios.

De hecho, en otros ordenamientos ya se están implantando obligaciones de información a cargo de las aseguradoras sobre los métodos que utilizan para la fijación de las primas más exigentes que en España. Es el caso de Bélgica, cuya regulación en el ámbito del seguro ha sido no sólo puntera, sino acertada, en no pocas ocasiones, y que constituye un buen espejo en el que mirarnos. En efecto, en su Ley relativa a los seguros de 2014[64] se obliga (§§ 45 y 46 en relación con el § 43) a las compañías aseguradoras a publicar en sus webs los criterios de selección de riesgos y los factores de cálculo de las primas en varios ramos: responsabilidad civil del automóvil, incendios, responsabilidad civil extracontractual, individual de vida, salud y asistencia legal. Además, si el solicitante de un seguro es consumidor, en su oferta de seguro la compañía tiene que mencionar los criterios de segmentación que ha utilizado para determinar las tarifas del contrato y la extensión de la garantía. Esta información tiene que proporcionarse de forma individual, clara y comprensible al tomador y en su explicación relativa a los criterios de segmentación utilizados debe distinguirse entre los criterios utilizados para fijar las condiciones al inicio del contrato y aquellos que sean susceptibles de tener en el futuro un impacto sobre las condiciones del contrato.

Ahora bien, esta exigencia de transparencia hay que cohonestarla con otra realidad con la que necesariamente hay que contar y que, en general, aunque tiene sus riesgos, ofrece evidentes ventajas para los asegurados: me refiero a la tendencia cada vez más acusada a la creación de pólizas muy flexibles, que se adapten a las necesidades de cada asegurado, como ocurre con los seguros *on-demand*,[65] que permiten que el asegurado los tome o deje cuando le convenga, y los que se adaptan durante el curso del contrato y de manera automática a las variaciones del riesgo, caso de los seguros *pay-as-you-drive* o *pay-as-you-live*, que eran una excepción en nuestro mercado, pero que cada vez van ganando más terreno, debido, por un lado, al aumento de la contratación online y, por el otro, a la crisis del coronavirus, que puso de manifiesto, con la imposición de confinamientos, toques de queda y cierres perimetrales, la utilidad de

64 El texto completo de esta Ley puede consultarse en. http://www.ejustice.just.fgov.be/cgi_loi/change_lg.pl?language=nl&la=F&table_name=loi&cn=2014040423.

65 Una aproximación a esta figura, v. BRAUN, A.; HAAS, M. On-Demand Insurance: A relevant alternative to standard products?. *In*: EKSTEIN, A.; FUNK-MÜNCHMEYER, A.; LIEBETRAU, A. (Ed.). *Innovation in the European insurance industry*. Karlsruhe: VVW, 2019, pp. 183-188.

seguros que se adapten realmente al riesgo existente y que no estén cubriendo, por ejemplo, el de conducción de un vehículo que en realidad no puede salir de un garaje.

4.2.2 *Recomendaciones recientes de Eiopa en materia de transparencia en el seguro con especial referencia a la fijación de primas*

A falta de una regulación específica más exigente (por ahora) para las aseguradoras, adquieren una trascendencia evidente las recomendaciones que, en materia de transparencia y explicabilidad en el seguro, acaba de publicar Eiopa,[66] y que siguen de cerca, desarrollándolos ampliamente, los trazos gruesos marcados por las *Directrices éticas para una IA fiable* impulsadas por la Comisión Europea publicadas en 2019 y tantas veces citadas en este trabajo.

Las recomendaciones son de diversa naturaleza y, en síntesis, son las siguientes:

a) Las explicaciones a cargo de la aseguradora deben adaptarse a los casos específicos de usos de IA. Esta recomendación supone:

   (i) Que el nivel de detalle de la explicación a cargo de la aseguradora debe acomodarse a la situación concreta, por ejemplo, que ha de ser mayor si quien pide información es la autoridad de supervisión que si la pide un consumidor, o que si quien pide información es un consumidor no es lo mismo que la pida en el trámite de la suscripción de la póliza que cuando la aseguradora está tratando de detectar un fraude. En el uso de IA para la detección de fraudes incluso sería admisible que la aseguradora pudiera ocultar información a asegurados precisamente para evitar que fracasase la operación;

   (ii) Que los datos que han de proporcionarse no tienen que ser los mismos para todos los interesados. Así, por ejemplo, a las autoridades de control y auditores es más apropiado que se les dé una información general sobre la lógica interna del sistema de IA y sus componentes (características, parámetros e interacciones, por ejemplo), pues de este modo les será más fácil detectar bajo qué circunstancias un modelo puede hacer predicciones incorrectas; en cambio, al asegurado (o potencial asegurado) le puede ser más útil conocer (además de las condiciones

---

66 V. EIOPA – EUROPEAN INSURANCE AND OCCUPATIONAL PENSIONS AUTHORITY. *Artificial intelligence governance principles*: towards ethical and trustworthy artificial intelligence in the european insurance sector, pp. 40ss. Disponible en: https://www.eiopa.europa.eu/sites/default/files/publications/reports/eiopa-ai-governance-principles-june-2021.pdf.

generales del contrato) los factores de cálculo de la prima, como aquí mantenemos. De esta manera el potencial asegurado puede conocer qué aspectos debe mejorar para obtener una prima mejor, aunque también existe el riesgo de que, conociendo tales factores, haya asegurados que traten de falsear datos para obtener una prima más baja, por lo que las compañías deben vigilar con cuidado la veracidad de la información aportada por el cliente.[67] A todos estos efectos, las aseguradoras deben facilitar a los mediadores toda la información que precisen para explicar los factores de cálculo de la prima a los clientes cuando intervengan en la contratación (y también, hay que entender, para que controlen los posibles intentos de fraude a que acabamos de referirnos).

b) Las aseguradoras deben esforzarse por usar modelos de IA susceptibles de explicación, sobre todo en casos de uso de IA de alto impacto. Esto implica lo siguiente:
   (i) Hay sistemas de IA más fáciles de explicar, como la regresión lineal o los árboles de decisión, que otros como las redes neuronales, que, sin embargo, pueden ser más exactos en sus resultados. En el conflicto entre explicabilidad y exactitud deber prevalecer, según Eiopa, la explicabilidad;
   (ii) Si una aseguradora usa "cajas negras" debería compensar su opacidad con el uso complementario de herramientas que permitan ofrecer una explicación.

c) El uso de cajas negras debe combinarse con otras medidas de gobernanza para compensar la falta de explicabilidad del sistema opaco, como son:
   (i) Que haya un control humano intenso durante todo el ciclo de uso del sistema, lo que supone que, si se opta por sistemas automatizados con escaso control humano, debe optarse por modelos que sean fácilmente explicables;
   (ii) Que haya, adicionalmente, una robusta gestión de las bases de datos para controlar que no haya incorrecciones en ellos que eventualmente puedan generar discriminación.

67 El riesgo de que el asegurado trate de mejorar falsamente su perfil hasta el punto de que pueda llegar a pagar a empresas que valoran la reputación de clientes fue destacado ya en el ESAs – EUROPEAN SUPERVISION AUTHORITIES. Joint Committee Final Report Big Data. *JC*, pp. 12-13, abr. 2018. Disponible en: https://www.esma.europa.eu/sites/default/files/library/jc-2018-04_joint_committee_final_report_on_big_data.pdf.

d) Las compañías deben ofrecer explicaciones inteligibles del funcionamiento de sus sistemas de IA a los receptores de su información, más técnicas si son, por ejemplo, auditores, más sencillas si son consumidores. Siendo solicitantes del seguro los que requieren la información, debe ser lo suficientemente completa (por ejemplo, sobre los factores de cálculo de la prima) para que puedan tomar decisiones con conocimiento de causa.

e) Las aseguradoras deben comunicar de forma transparente los datos usados en sus modelos de IA, siguiendo lo dispuesto en el RGPD y, además:
   (i) A efectos de la contratación, los clientes tienen que conocer los factores de cálculo de la prima y los datos que juegan un papel esencial en la decisión de la aseguradora sobre la celebración del contrato;
   (ii) Deben informar a sus clientes de los ciberataques que afecten a sus datos personales.

f) Aunque la individualización del riesgo y la consiguiente personalización de los productos haga difícil la comparación de productos por el potencial asegurado, hay herramientas que pueden servir para efectuarla:
   (i) Las webs de comparación y los DIPS, entre otras;
   (ii) Como las webs de comparación privadas suelen atender más a la comparación de precios que de coberturas, se propone la creación de webs de comparación públicas que realicen bien la doble comparación precios/coberturas.

g) Que se informe al cliente de que no está interactuando con un humano (comúnmente, un *chatbot* o un *robo-advisor*), y además:
   (i) Que se le expliquen las capacidades y las limitaciones del sistema con el que está actuando y, si es un robo-advisor, y, por tanto, recomienda productos al cliente, que se le expliquen los algoritmos que están detrás de las recomendaciones que haga;
   (ii) En fin, algo fundamental: que el cliente pueda pedir que intervenga una persona en alguna fase del proceso.

Por último, a modo de conclusión,[68] se estima que las aseguradoras deberían ser capaces de explicar a las autoridades de control que los principios que están detrás del

68 V. EIOPA – EUROPEAN INSURANCE AND OCCUPATIONAL PENSIONS AUTHORITY. *Artificial intelligence governance principles*: towards ethical and trustworthy artificial intelligence in the european insurance sector, p. 46. Disponible en: https://www.eiopa.europa.eu/sites/default/files/publications/reports/eiopa-ai-governance-principles-june-2021.pdf.

modelo de tarifa son sólidos y los consumidores deberían ser informados de los factores que influyen en el cálculo de la prima para generar confianza en los sistemas de IA, permitirles adaptar su comportamiento y adoptar decisiones informadas.

BIBLIOGRAFIA

ARMSTRONG, M. *Price Discrimination*. University Library of Munich, Alemanha, MPRA Paper n. 4693, 2006. Disponible en https://mpra.ub.uni-muenchen.de/4693/.

AXA. *Póliza de Seguro de Caución* – Agencias de Viajes / Viajes Combinados – Servicios de Viajes Vinculados. Disponible en: https://www.estiber.com/pdf/poliza-62709521.pdf.

BOOBIER, T. *Analytics for Insurance*: The Real Business of Big Data. Reino Unido: Wiley, 2016.

BOTTA, M.; WIEDEMANN, K. To discriminate or not to discriminate? Personalised pricing in online markets as exploitative abuse of dominance. *European Journal of Law and Economics*, v. 50, pp. 381-404, 2020. DOI: https://doi.org/10.1007/s10657-019-09636-3.

BRAUN, A.; HAAS, M. On-Demand Insurance: A relevant alternative to standard products?. *In*: EKSTEIN, A.; FUNK-MÜNCHMEYER, A.; LIEBETRAU, A. (Ed.). *Innovation in the European insurance industry*. Karlsruhe: VVW, 2019, pp. 183-188.

CAPGEMINI RESEARCH INSTITUTE. *Smart money*. Disponible en: https://www.capgemini.com/es-es/wp-content/uploads/sites/16/2020/11/Report-AI-in-CX-FS.pdf.

CAPGEMINI RESEARCH INSTITUTE. *Why addressing ethical questions in AI will benefit organizations*. Disponible en: https://www.capgemini.com/ch-en/research/why-addressing-ethical-questions-in-ai-will-benefit-organizations/.

CAPPIELLO, A. *Technology and the Insurance Industry:* Re-configuring the Competitive Landscape. Reino Unido: Palgrave-Macmillan; EUA: Springer; Suíça: Charm, 2018, pp. 105ss.

CECAS – Centro de Estudios del Consejo General de los Colegios de Mediadores de Seguros. *Manual del mediador de seguros*, v. I. Recurso on-line, 2019.

COMISIÓN EUROPEA. Dirección General de Redes de Comunicación, Contenido y Tecnologías. *Directrices éticas para una IA fiable*. Oficina de Publicaciones, 2019. DOI: https://data.europa.eu/doi/10.2759/14078.

COMISIÓN EUROPEA. Guidelines on the application of Council Directive 2004/113/EC to insurance, in the light of the judgment of the Court of Justice of the European Union in Case C-236/09 (Test-Achats). *Official Journal of the European Union*, 11. ene. 2012. Disponible en: https://eur-lex.europa.eu/LexUriServ/LexUriServ.do?uri=OJ:C:2012:011:0001:0011:en:PDF.

CONSUMER REPORTS. *The secret score behind your rates*. 30 jul. 2015. Disponible en: https://www.consumerreports.org/cro/car-insurance/credit-scores-affect-auto-insurance-rates/index.htm.

COTTER, Daniel A. Cotter. Status of the price optimization debate. *FORC Journal*. Disponible en: https://www.forc.org/Public/Journals/2016/Articles/Fall/2016FallArticle2.aspx.

CRIADO, N.; SUCH, J. M. Digital Discrimination. *In*: YEUNG, K.; LODGE, M. (Ed.). *Algorithmic Regulation*. Oxford: Oxford University Press, 2019, pp. 82-97.

DANAHER, J. The Ethics of Algorithmic Outsourcing in Everyday Life. *In*: YEUNG, K.; LODGE, M. (Ed.). *Algorithmic Regulation*. Oxford: Oxford University Press, 2019, pp. 98-117.

DÍEZ ESTELLA, F. *La discriminación de precios en el Derecho de la competencia*. Madrid: Civitas, 2003.

DUTCH ASSOCIATION OF INSURERS. *Solidarity monitor*. The 2nd measurement. 2018". Disponible en: https://www.verzekeraars.nl/media/5732/solidariteitsmonitor-2018-eenmeting-versie-22-oktober-2018_eng.pdf.

EBERS, M. Regulating AI Robotics: Ethical and Legal Challenges. *In*: EBERS M.; NAVAS, S. (Ed.). *Algorithms and Law*. Cambridge: Cambridge University Press, 2020, pp. 37-97.

EIOPA – EUROPEAN INSURANCE AND OCCUPATIONAL PENSIONS AUTHORITY. *Artificial intelligence governance principles*: towards ethical and trustworthy artificial intelligence in the european insurance sector. Disponible en: https://www.eiopa.europa.eu/sites/default/files/publications/reports/eiopa-ai-governance-principles-june-2021.pdf.

EIOPA – EUROPEAN INSURANCE AND OCCUPATIONAL PENSIONS AUTHORITY. *Big data analytics in motor and health insurance*: a thematic review. Disponible en: https://www.eiopa.europa.eu/content/big-data-analytics-motor-and-health-insurance_en?source=search.

ESAs – European Supervision Authorities. Joint Committee Final Report Big Data. *JC*, abr. 2018. Disponible en: https://www.esma.europa.eu/sites/default/files/library/jc-2018-04_joint_committee_final_report_on_big_data.pdf.

FCA – FINANCIAL CONDUCT AUTHORITY. *General insurance pricing practices*. Interim Report, 2019. Disponible en: https://www.fca.org.uk/publication/market-studies/ms18-1-2-interim-report.pdf.

FREZAL, S.; BARRY, L. Fairness in uncertainty: Some limits and misinterpretations of actuarial fairness. *Journal of Business Ethics*, 2019, pp. 1-10.

GENEVA ASSOCIATION (The). Big Data and Insurance: Implications for Innovation, Competition and Privacy. Disponible en: https://www.genevaassociation.org/sites/default/files/research-topics-document-type/pdf_public/big_data_and_insurance_-_implications_for_innovation_competition_and_privacy.pdf.

GÓMEZ SANTOS, M. Big data y discriminación de precios en el sector asegurador. *RDM*, v. 314, 2019, pp. 265-288.

HOLLAND, C.P.; MULLINS, M.; CUNNEEN, M. *Creating Ethics Guidelines for Artificial Intelligence (AI) and Big Data Analytics*: The Case of the European Consumer Insurance Market, 29 mar. 2021. Disponible en: https://papers.ssrn.com/sol3/papers.cfm?abstract_id=3808207.

HUERGO, A. El proyecto de Reglamento sobre la Inteligencia Artificial. *Almacén de Derecho*, 17 de abril de 2021. Disponible en: https://almacendederecho.org/el-proyecto-de-reglamento-sobre-la-inteligencia-artificial.

ITO, J. Supposedly 'Fair' Algorithms Can Perpetuate Discrimination. How the use of AI runs the risk of re-creating the insurance industry's inequities of the previous century. *Wired*, 2 maio 2019. Disponible en: https://www.wired.com/story/ideas-joi-ito-insurance-algorithms.

KELLER, B. Promoting Responsible Artificial Intelligence in Insurance. *The Geneva Association*, 16 jan. 2020. Disponible en: https://www.genevaassociation.org/research-topics/new-technologies-and-data/promoting-responsible-artificial-intelligence-insurance.

KEARNS, M.; ROTH, A. *The Ethical Algorithm:* The Science of Socially Aware Algorithm Design. New York: Oxford University Press, 2020.

MCGURK, B. *Data Profiling and Insurance Law*. Oxford: Bloomsbury, 2019.

MINTY, D. The new pricing principles for insurance: origins, impacts and ideas. *Ethics and Insurance*, 9 maio 2018. Disponible en: https://ethicsandinsurance.info/2018/05/09/pricing-principles/.

MUÑOZ PAREDES, M. L. 'Big Data' y contrato de seguro: los datos generados por los asegurados y su utilización por los aseguradores. *In*: HUERGO, A. (Ed.). *La regulación de los algortimos*. Cizur Menor: Aranzadi, 2020, pp. 129-162.

MUÑOZ PAREDES, M. L. El 'Big Data' y la transformación del contrato de seguro. *In*: VEIGA, A. B.: *Dimensiones y desafíos del seguro de responsabilidad civil.* Cizur Menor: Aranzadi, 2021, pp. 1017-1051.

NAIC. *Price Optimization White Paper*. Disponible en: https://naic.org/documents/index_committees_price_opt_white_ppr.pdf.

NAIC. *Big data and insurance*. Disponible en: https://www.naic.org/cipr_newsletter_archive/vol16_big_data.pdf.

OECD. *Challenges to consumer policy in the digital age*. Disponible en https://www.oecd.org/sti/consumer/challenges-to-consumer-policy-in-the-digital-age.pdf.

OECD. *Digital Economy Outlook*. Paris: OECD Publishing, 2017. DOI: https://dx.doi.org/10.1787/9789264276284-en.

OECD. *Algorithms and Collusion*: Competition Policy in the Digital Age. Paris: OECD Publishing, 2017. Disponible en: www.oecd.org/competition/algorithms-collusion-competition-policy-in-the-digital-age.htm.

OECD. *Key Issues Paper*: Meeting of the Council at Ministerial Level Paris: OECD Publishing, 2019. Disponible en: http://www.oecd.org/mcm/documents/.

OECD. *Bridging the digital gender divide*: Include, upskill, innovate. Paris: OECD Publishing, 2018. Disponible en: http://www.oecd.org/going-digital/bridging-the-digital-gender-divide.pdf.

OECD. *How's Life in the Digital Age?* Opportunities and Risks of the Digital Transformation for People's Well-being. Paris: OECD Publishing 2019. DOI: https://dx.doi.org/10.1787/9789264311800-en.

O'NEIL, C. *Armas de destrucción matemática*. Madrid: Capitán Swing, 2017.

PASQUALE, F. *New Laws of Robotics:* Defending Human Expertise in the Age of AI. Cambridge (Massachusetts): The Belknap Press of Harvard University Press, 2020.

PATTI, F. P. Personalization of the Law and Unfair Terms in Consumer Contracts. *In*: BUSCH, C.; DE FRANCESCHI, A. (Ed.). *Algorithmic Regulation and Personalized Law*. Munique: Beck; Oxford: Bloomsbury, 2021, pp. 221-235.

PORFIRIO CARPIO, L. J. *La discriminación de consumidores como acto de competencia desleal.* Madrid: Marcial Pons, 2002.

SCANTAMBURLO, T.; CHARLESWORTH, A.; CRISTIANINI, N. Machine Decisions and Human Consequences. *In*: YEUNG, K.; LODGE, M. (Ed.). *Algorithmic Regulation*. Oxford: Oxford University Press, 2019.

SCHILLER, B. R. *First Degree Price Discrimination Using Big Data*. Brandeys University, Working Paper Series 2013/58. Disponible en: https://www.brandeis.edu/economics/RePEc/brd/doc/Brandeis_WP58R.pdf.

SEWRAZ, Reena. FCA to ban car and home insurance "loyalty penalty" in January: will you save money? *Which?*, 28 maio 2021. Disponible en: https://www.which.co.uk/news/2021/05/fca-to-ban-car-and-home-insurance-loyalty-penalty-in-january-will-you-save-money/.

SHENGLIN, Ben *et al.* Digital Infrastructure: Overcoming the digital divide in emerging economies. *G20 Insights*. Disponible en: https://www.g20-insights.org/wp-content/uploads/2017/05/Digital_Overcoming-Digital-Divide-II.pdf.

STRAHILEVITZ, L. J. Reputation Nation: Law in an Era of Ubiquitous Personal Information. *Northwestern University Law Review*, v. p. 72, 2008. University of Chicago Law & Economics, Olin Working Paper n. 371; University of Chicago, Public Law Working Paper, n. 190. Disponible en https://papers.ssrn.com/sol3/papers.cfm?abstract_id=1028875.

TOWNLEY, C.; MORRISON, E.; YEUNG, K. Big Data and Personalized Price Discrimination in EU Competition Law. *Yearbook of European Law*, v. 36, n. 1, pp. 683–748, especialmente pp. 689ss., 2017. Disponible en: https://papers.ssrn.com/sol3/papers.cfm?abstract_id=3048688.

UK CMA. *Consumer vulnerability*: challenges and potential solutions, 2019. Disponible en: https://www.gov.uk/government/publications/consumer-vulnerability-challenges-and-potential-solutions.

YEUNG, K. Why worry about Decision-Making by Machine?. *In*: YEUNG, K.; LODGE, M. (Ed.). *Algorithmic Regulation*. Oxford: Oxford University Press, 2019, pp. 21-48.

Legislación

BÉLGICA. Belgisch Staatsblad. Wet Betreffende de Verzekeringen (Ley relativa a los seguros), 30 abr. 2014. Disponible en: http://www.ejustice.just.fgov.be/mopdf/2014/04/30_1.pdfPage75.

COMISIÓN EUROPEA. Propuesta di reglamento del Parlamento Europeo y del Consejo por el que se establecen normas armonizadas en materia de inteligencia artificial (Ley de Inteligencia Artificial) y se modifican determinados actos legislativos de la unión. *COM*, 2021, 206 final. Disponible en: https://eur-lex.europa.eu/legal-content/ES/TXT/HTML/?uri=CELEX:52021PC0206&from=ES.

COMISIÓN EUROPEA. Directiva (UE) 2016/97, del Parlamento Europeo y del Consejo de 20 de enero de 2016 sobre la distribución de seguros, *DOUE*, L 26/19. Disponible en: https://www.boe.es/doue/2016/026/L00019-00059.pdf.

COMISIÓN EUROPEA. Reglamento de Ejecución (UE) 2017/1469 de la Comisión, de 11 de agosto de 2017, por el que se establece un formato de presentación normalizado para el documento de información sobre productos de seguro. *DOUE*, L 209/19. Disponible en: https://www.boe.es/buscar/doc.php?id=DOUE-L-2017-81659.

CONSEJO DE LA UNIÓN EUROPEA. Directiva del Consejo 2004/113/CE, de 13 de diciembre de 2004. *DOUE*, L 373/37. Disponible en: https://eur-lex.europa.eu/legal-content/ES/TXT/HTML/?uri=CELEX:32004L0113&from=EN.

ESPAÑA. Ley 20/2015, de 14 de julio, de ordenación, supervisión y solvencia de las entidades aseguradoras y reaseguradoras. *BOE*, n. 168, 15 jul. 2015. Disponible en: https://www.boe.es/eli/es/l/2015/07/14/20/con.

ESPAÑA. Real Decreto 1060/2015, de 20 de noviembre, de ordenación, supervisión y solvencia de las entidades aseguradoras y reaseguradoras. *BOE*, n. 288, 2 dic. 2015. Disponible en: https://www.boe.es/eli/es/rd/2015/11/20/1060/con.

PARLAMENTO EUROPEO Y CONSEJO DE LA UNIÓN EUROPEA. Directiva 95/46/CE relativa a la protección de las personas físicas en lo que respecta al tratamiento de datos personales y a la libre circulación de estos datos. *DOUE*, L 281, pp. 31-50. Disponible em: https://eur-lex.europa.eu/legal-content/ES/TXT/HTML/?uri=LEGISSUM:l14012.

PARLAMENTO EUROPEO Y CONSEJO DE LA UNIÓN EUROPEA. REGLAMENTO (UE) 2016/679 relativo a la protección de las personas físicas en lo que respecta al tratamiento de datos personales y a la libre circulación de estos datos y por el que se deroga la Directiva 95/46/CE (Reglamento general de protección de datos). *DOUE*, L 119/1. Disponible em: https://eur-lex.europa.eu/legal-content/ES/TXT/PDF/?uri=CELEX:32016R0679&from=IT.

Grandes dados e a discriminação dos segurados

María Luisa Muñoz Paredes[1]

1. MAIS INFORMAÇÕES PARA AS SEGURADORAS E MAIOR PRECISÃO DO RISCO

Um dos efeitos associados à utilização de novas tecnologias ligadas aos grandes dados (*Big Data*) no domínio dos seguros é a possibilidade de que se crie um risco maior de discriminação de preços entre os segurados, ou seja, que, tudo o mais permanecendo igual, seja oferecido a quem solicita um seguro um preço diferente daquele oferecido a outrem. É evidente que os seguros sempre funcionaram com base em dados e, nesse sentido, a aplicação dos grandes dados, em particular a inteligência artificial (IA),[2] nesse setor constitui um ajuste perfeitamente natural, mas o risco de discriminação de preços é maior do que anteriormente, entre outras razões porque as empresas têm agora muito mais informações sobre os segurados potenciais ou existentes, o que lhes permite afinar os preços que podem oferecer.

É necessário esclarecer que, quando falamos de IA aplicada a seguros, estamos a referir-nos à análise matemática (algorítmica) de grandes quantidades de dados (*Big Data*); dados que até há pouco tempo passavam despercebidos ou eram armazenados, mas não utilizados. Por definição, essa análise permite obter informações que levam a distinguir pontos aos quais até agora era aplicado um tratamento indistinto e uniforme ou a racionalizar certas decisões que até agora se baseavam na intuição pessoal. Portanto, o tratamento desigual ou diferenciado dos segurados em nível publicitário, comercial ou contratual é essencial à IA aplicada aos seguros e também se enquadra

1 Professora Titular de Direito Comercial (Universidade de Oviedo, Espanha).

2 Entendendo como tal o conceito cunhado pela Proposta de Regulamento da Comissão Europeia em matéria de inteligência artificial (Lei de Inteligência Artificial) COM (2021) 206 final, https://eur-lex.europa.eu/legal-content/ES/TXT/HTML/?uri=CELEX:52021PC0206&from=ES. Sobre esse texto pré-legislativo, cf., por todos, Huergo, A. El proyecto de Reglamento sobre la Inteligencia Artificial. *Almacén de Derecho*, 17 abr. 2021. Disponível em: https://almacendederecho.org/el-proyecto-de-reglamento-sobre-la-inteligencia-artificial.

muito bem na atual tendência para a individualização dos seguros, ou seja, para a adaptação das apólices às necessidades concretas dos segurados.

Reflita-se que, até agora, a contratação (pelo menos no domínio dos seguros de riscos e danos pessoais, mas não dos seguros industriais, uma vez que estes têm outras características) baseava-se basicamente nas informações fornecidas pelo próprio proponente no momento em que se apresentava à empresa ou ao corretor tentando obter um seguro, respondendo ao questionário que a empresa ou o corretor lhe apresentava. As averiguações feitas pela empresa nessa altura dependiam do tipo de seguro e de seu montante, entre outras razões. Assim, por exemplo, num seguro de vida com um baixo montante segurado, a seguradora renunciava frequentemente ao exame médico que serviria para corroborar a declaração do titular da apólice, sabendo que, uma vez surgido o sinistro, poderia solicitar todas as informações sobre o histórico médico do segurado e, assim, justificar a rejeição do pagamento se fosse evidente que o requerente não tinha descrito o risco de forma realista, independentemente de ter ou não agido com dolo ou culpa grave. Para tanto, a seguradora incluiria nas condições uma cláusula segundo a qual o segurado permitiria à companhia o acesso a todo o seu histórico médico em caso de sinistro.

Em suma, a seguradora não podia granjear com perfeição um conhecimento exato do risco até receber a notificação do sinistro, porque ela assumia o risco da declaração falsa e da omissão, muitas vezes sem se aperceber disso, já que estava a pôr em questão o pagamento da totalidade da prestação ou de uma parte proporcional da mesma, aplicando o regime previsto no artigo 10, § 3º, da Lei n. 50/1980, dos Contratos de Seguro (daqui em diante, LCS).

Se considerarmos o seguro residencial, a situação não foi muito diferente, uma vez que o seguro foi (e em muitos casos ainda é) também contratado com base nas informações cadastrais e em algumas informações adicionais fornecidas pelo segurado relativamente ao imóvel, que é o elemento mais padronizado da apólice, na medida em que o conteúdo varia muito de segurado para segurado e exige maior precisão. No entanto, as seguradoras não costumavam contactar o segurado para atualizar as informações prestadas no período pré-contratual durante o curso do contrato, pelo que poderia acontecer que os bens declarados naquela altura (se uma declaração de bens tivesse sido feita) já não estivessem em sua posse ou tivessem sido substituídos por outros, o que não é incomum quanto à maioria dos bens domésticos. Nesse caso, mais uma vez, o risco é assumido pelo segurado, uma vez que lhe compete provar a preexistência dos bens no local do sinistro (art. 38 LCS) e porque, em caso de inexatidão na declaração do risco, de agravamento do risco ou de subseguro, será ele quem poderá ter reduzido o seu benefício, de acordo com as disposições dos artigos 10, já mencionado, e 12, da LCS, respectivamente.

Agora, graças à utilização de meios tecnológicos ligados aos grandes dados, a situação mudou, uma vez que a seguradora pode contar com informações de outras fontes, que ela combina, naturalmente, com as tradicionais. E essas novas fontes têm a característica de permitir à empresa não só fácil acesso a dados úteis sobre seus atuais ou potenciais segurados, mas também de o fazer independentemente do sujeito afetado, que pode nem sequer ter conhecimento da informação que a seguradora está obtendo. É o caso dos dados que a empresa pode encontrar nas redes sociais dos segurados, tais como Instagram ou Facebook, publicados pelo utilizador da rede social para compartilhar as suas experiências de vida com outros utilizadores, mas que podem ser facilmente utilizados para fins relacionados com seguros, tais como a detecção de fraude ou agravamento do risco. Pense em casos como a prática de atividades esportivas perigosas numa apólice de seguro de vida, ou a condução imprudente, que agravariam o risco em vários tipos de seguros, sem prejuízo de ser uma infração administrativa e criminal; ou a prática de alguma atividade esportiva incompatível com um dano físico que tenha sido alegado a uma seguradora (por exemplo, por um terceiro que tenha reclamado danos na coluna resultantes de um acidente de trânsito e que, indo correr, compartilhe isto com os seus seguidores). Para não mencionar os dados que o próprio utilizador deixa nos seus contatos com a empresa mediante qualquer meio de comunicação, como, por exemplo, uma simples pesquisa no website da seguradora.

Já mais problemático é que a empresa compre dados de empresas como o Google, tendo assim acesso às pesquisas dos segurados na internet, as quais podem revelar fatos importantes do ponto de vista dos seguros. De fato, é bem conhecido que a análise do comportamento on-line pode permitir às seguradoras captar clientes, enviando-lhes ofertas personalizadas.[3]

Muitas vezes, o próprio indivíduo consente com a transferência dos seus dados sem perceber, tal como quando utiliza certos aplicativos (*apps*) pagos (ou gratuitos), permitindo que os seus hábitos de compra, atividades e estilo de vida sejam inferidos.

Finalmente, é bem sabido que a utilização de telefones celulares permite reconstruir todos os movimentos de uma pessoa, para não falar dos sistemas de vigilância por câmeras espalhados pelo país, que permitem identificar a passagem de pessoas e veículos específicos, para não falar, e, ainda, dos vestígios deixados pelos sistemas de identificação biométrica.

3 Técnica a que a EIOPA se refere expressamente em seu informe recente "Artificial intelligence governance principles: towards ethical and trustworthy artificial intelligence in the european insurance sector", publicado em 17 de junho de 2021 (https://www.eiopa.europa.eu/sites/default/files/publications/reports/eiopa-ai-governance-principles-june-2021.pdf), p. 10.

Por vezes, ocorre o fenômeno oposto, ou seja, o próprio tomador do seguro consente com que a seguradora tenha um controle constante do risco por meio da utilização de dispositivos (IoT), como é comum nos seguros de carros, de vida e de saúde. Se assinalamos anteriormente que, no seguro de vida tradicional, a seguradora não controlava geralmente o risco durante a vigência do contrato e limitava-se a obter informações do requerente na fase pré-contratual e quando da ocorrência de um sinistro, o acompanhamento do segurado por meio de pulseiras de atividade e de aplicativos em que o próprio segurado registra até mesmo cada alimento que come permite-lhe não só conhecer o risco em tempo real, mas até induzir a sua redução, com a oferta ao segurado de descontos no prêmio e outras vantagens ligadas à melhoria das suas condições físicas. Com a monitoração dos bens por meio de dispositivos, por exemplo em casa, a empresa pode não só controlar o risco, mas também antecipar a ocorrência de um sinistro (por exemplo, detectando fumo ou uma inundação incipiente) ou, pelo menos, evitar maiores danos agindo rapidamente, para não mencionar a instalação de tais dispositivos em automóveis que registram as distâncias percorridas, as áreas conduzidas e o comportamento do segurado na direção.[4-5]

Consequentemente, como já expliquei noutra ocasião,[6] a assimetria informativa bilateral que explica a regulação jurídica da fase pré-contratual no nosso sistema já não existe, uma vez que agora a assimetria é bastante unilateral e contra o segurado: já não é o proprietário do conhecimento do risco que o afeta, uma vez que a seguradora pode conhecê-lo mais do que ele mesmo, em particular nos seguros, com a utilização de dispositivos que são pouco transparentes para o segurado. O que não mudou, por outro lado, é a falta de conhecimento da técnica do seguro que pesa sobre este último quando se trata de um

4 Graças a isso, a função econômica do seguro, como se pode observar, varia, ou mesmo, caso se prefira, aperfeiçoa-se, pois passa de cumprir uma finalidade meramente reparativa a uma finalidade preventiva, antecipando-se ao dano (por exemplo, em residências conectadas) ou atrasando a ocorrência do sinistro se ele é inevitável (como o falecimento do assegurado em um seguro de vida).

5 Para um comparativo das fontes tradicionais e novas de informação, cf. EIOPA – EUROPEAN INSURANCE AND OCCUPATIONAL PENSIONS AUTHORITY. *Big data analytics in motor and health insurance*: a thematic review. Disponível em: https://www.eiopa.europa.eu/content/big-data-analytics-motor-and-health-insurance_en?source=search, p. 9, que é uma adaptação da classificação de dados incluída no apêndice do informe de The Geneva Association, intitulado "Big Data and Insurance: Implications for Innovation, Competition and Privacy", de março de 2018 (disponível em https://www.genevaassociation.org/sites/default/files/research-topics-document-type/pdf_public/big_data_and_insurance_-_implications_for_innovation_competition_and_privacy.pdf), e, com detalhe, na doutrina. cf. MCGURK, B. *Data Profiling and Insurance Law*. Oxford: Bloomsbury, 2019, pp. 14ss., e, para a aplicação dos grandes dados em outros ramos mais especializados e o uso de ferramentas para a gestão de riscos associados a edifícios, cf. BOOBIER, T. *Analytics for Insurance*: The Real Business of Big Data. Reino Unido: Wiley, 2016, pp. 52ss.

6 Cf. Muñoz Paredes, M. L. El 'Big Data' y la transformación del contrato de seguro. *In*: VEIGA, A. B. *Dimensiones y desafíos del seguro de responsabilidad civil*. Cizur Menor: Aranzadi, 2021, pp. 1017-1051, especialmente 1027.

segurado médio. Existe, portanto, uma preocupação crescente relativamente à utilização ética das tecnologias ligadas aos grandes dados nos seguros, e o desafio confesso que os supervisores europeus enfrentam é que o setor dos seguros tire partido dos benefícios que a economia digital lhe oferece, protegendo ao mesmo tempo os interesses dos consumidores e, em particular, impedindo que sejam submetidos a práticas discriminatórias.[7]

Uma conclusão que decorre evidentemente da realidade até agora exposta é que as seguradoras, hoje em dia, graças ao aumento das fontes de informação e à utilização de ferramentas ligadas aos grandes dados, podem individualizar o risco com muito mais precisão e serem muito mais precisas na fixação do prêmio a ser pago por cada segurado, não só no momento da seleção do risco, mas ao longo de todo o curso do contrato.

O sistema tradicional consistia em traçar o perfil de cada potencial segurado com o objetivo de os incluir num grupo de risco com características de risco semelhantes, mas isso não resultava numa individualização perfeita do risco, o que significava que, ao selecionar os riscos, não havia frequentemente exclusões de riscos elevados, que eram compensados pelo prêmio em excesso pago por riscos mais baixos no mesmo grupo. A situação mudou com a introdução da tecnologia associada aos grandes dados, uma vez que os riscos e, consequentemente, os prêmios a pagar pelos segurados se tornaram muito mais precisos, de modo que algumas pessoas podem descobrir que o seguro lhes é recusado ou lhes é oferecido em condições tão onerosas que, para elas, não vale a pena contratá-lo. Ao mesmo tempo, os segurados de baixo risco teriam de se beneficiar dessa situação, reduzindo o montante dos seus prêmios. Por outro lado, outra vantagem associada à utilização de grandes dados nos seguros e que está relacionada com isso é que tais dados permitem um maior conhecimento das necessidades dos segurados, tornando-se, portanto, possível às seguradoras criar apólices de seguros mais adaptadas às necessidades específicas de seus clientes e também ser mais eficazes quando se trata de lançar publicidade para os seus produtos, direcionando a publicidade de cada produto (por exemplo, seguros de animais de estimação) para setores da população que, por compartilharem uma característica comum (por exemplo, serem proprietários de animais de estimação), podem estar interessados nela, e não para o público em geral.[8]

---

7 Cf. EIOPA - EUROPEAN INSURANCE AND OCCUPATIONAL PENSIONS AUTHORITY. *Artificial intelligence governance principles*: towards ethical and trustworthy artificial intelligence in the european insurance sector, p. 11. Disponível em: https://www.eiopa.europa.eu/sites/default/files/publications/reports/eiopa-ai-governance-principles-june-2021.pdf.

8 Por sua vez, o fato de que a contratação e o resto das comunicações com as seguradoras seja cada vez mais on-line e menos dispendiosa pode fazer o segurado pensar que não existe essa personalização. Por isso, as seguradoras tratam de compensar essa imagem de distanciamento para que o segurado perceba que podem resolver seus problemas de modo individualizado, ainda que isso não necessariamente pressuponha um contato pessoal.

Outra diferença é que essas decisões eram anteriormente tomadas por uma pessoa, mas agora podem ser tomadas por um computador, aplicando um algoritmo a uma grande massa de dados. Se antes as decisões podiam estar erradas por serem subjetivas, também há margem para erro quando as decisões são tomadas por um algoritmo. De fato, tornou-se comum afirmar que os algoritmos são tendenciosos, uma questão que não vou abordar aqui, porque já a estudei noutros trabalhos.[9] Basta dizer aqui, por ora, que o problema não é tanto com o algoritmo em si, que é uma fórmula neutra, mas com os dados com os quais o algoritmo atua, que, se incompletos ou incorretos, podem dar origem a resultados igualmente incorretos, e mesmo discriminatórios. O problema, portanto, são os dados sobre os quais o algoritmo é aplicado, o que torna necessário efetuar uma verificação *ex ante* da sua confiabilidade e uma verificação *ex post*, após a aplicação do algoritmo, para verificar se o resultado produzido não é tendencioso. Esse controle é necessário porque o algoritmo é um instrumento utilizado para encontrar correlações, muito mais do que as encontradas pela mente humana, mas uma correlação não implica uma causa e, portanto, os resultados podem oferecer erros que devem ser eliminados.[10]

2. RISCOS ESPECIAIS DE DISCRIMINAÇÃO EM MATÉRIA DE PREÇOS NO SEGURO LIGADOS AOS GRANDES DADOS

2.1 Relação entre os princípios de justiça e de não discriminação

A discriminação em matéria de preços – que consiste basicamente na situação em que um cliente, nas mesmas circunstâncias que outro, obtenha, do mesmo empresário preço mais favorável, sem que haja uma causa objetiva para tanto – é um risco que existe em todos os setores comerciais, não só no domínio dos seguros e, mesmo neste, não é um risco que tenha nascido com a introdução dos grandes dados. Porém, é verdade que os avanços que eles proporcionam aumentam os riscos de discriminação e,

---

Cf. CAPPIELLO, A. *Technology and the Insurance Industry:* Re-configuring the Competitive Landscape. Reino Unido: Palgrave-Macmillan; EUA: Springer; Suíça: Charm, 2018, pp. 105ss.

9 Cf., por exemplo, MUÑOZ PAREDES, M. L. 'Big Data' y contrato de seguro: los datos generados por los asegurados y su utilización por los aseguradores. *In*: HUERGO, A. (Ed.). *La regulación de los algortimos*. Cizur Menor: Aranzadi, 2020, pp. 129-162, especialmente p. 151.

10 Sobre a relação entre correlação e causação, cf., por exemplo, SCANTAMBURLO, T.; CHARLESWORTH, A.; CRISTIANINI, N. Machine Decisions and Human Consequences. *In*: YEUNG, K.; LODGE, M. (Ed.). *Algorithmic Regulation*. Oxford: Oxford University Press, 2019, pp. 49-81, especialmente p. 56; EBERS, M. Regulating AI Robotics: Ethical and Legal Challenges. *In*: EBERS M.; NAVAS, S. (Ed.). *Algorithms and Law*. Cambridge: Cambridge University Press, 2020, pp. 37-97, especialmente pp. 45-46.

sobretudo, de que a discriminação seja muito difícil de detectar, não só para os segurados, mas até mesmo para as próprias seguradoras. Por essa razão, no escopo da preocupação pela aplicação ética dos grandes dados e da inteligência artificial, que é uma das grandes questões de nosso tempo,[11-12] ocupam uma posição de relevo a prevenção ao tratamento discriminatório entre os segurados e a necessidade de as empresas agirem de forma transparente na aplicação de algoritmos de fixação de preços que permitam detectar qualquer desvio injusto.

Quando falamos de discriminação no setor dos seguros, não nos referimos ao fenômeno do aumento do número de não seguráveis, ou seja, do surgimento de mais pessoas que ficam sem seguro como resultado de uma política de preços mais precisa. Essa é uma consequência natural da possibilidade acima descrita de refinar o conhecimento dos riscos e o cálculo do prêmio correspondente. Trata-se de uma consequência indesejável sob perspectiva social e econômica, cujos efeitos terão de ser compensados, por exemplo, oferecendo uma cobertura de seguro mais básica a um preço modesto,[13] se o risco a ser coberto for entendido como capaz de afetar diretamente o bem-estar dessas pessoas, que já são vulneráveis. Porém, isso não significa que haja discriminação. Haverá falta de solidariedade, no sentido de que as pessoas anteriormente assumiam (inconscientemente)

---

11 É sabido que, nas *Orientações Éticas para uma IA de Confiança*, redigidas pelo Grupo de Especialistas de alto nível sobre inteligência artificial nomeados pela Comissão Europeia em junho de 2018 e apresentadas em 8 de abril de 2019, sustenta-se que "a confiabilidade da inteligência artificial (AI) está fundamentada em três componentes que devem se satisfazer ao logo de todo o ciclo de vida do sistema: a) a IA deve ser lícita, quer dizer, cumprir todas as leis e regulamentos aplicáveis; b) deve ser ética, de modo que se garanta o respeito aos princípios e valores éticos; e c) deve ser robusta, tanto do ponto de vista técnico como social, já que os sistemas de IA, mesmo se as intenções forem boas, podem provocar danos acidentais" (página 2, disponível em https://op.europa.eu/pt/publication-detail/-/publication/d3988569-0434-11ea-8c1f-01aa75ed71a1/language-pt).

12 Ao ponto de proliferarem as publicações sobre esse particular, caso de KEARNS, M.; ROTH, A. *The Ethical Algorithm:* The Science of Socially Aware Algorithm Design. Nova York: Oxford University Press, 2020; yeung, k. Why worry about Decision-Making by Machine?. *In*: YEUNG, K.; LODGE, M. (Ed.). *Algorithmic Regulation*. Oxford: Oxford University Press, 2019, pp. 21-48; SCANTAMBURLO, T.; CHARLESWORTH, A.; CRISTIANINI, N. Machine Decisions and Human Consequences. *In*: YEUNG, K.; LODGE, M. (Ed.). *Algorithmic Regulation*. Oxford: Oxford University Press, 2019, *passim*; DANAHER, J. The Ethics of Algorithmic Outsourcing in Everyday Life. *In*: YEUNG, K.; LODGE, M. (Ed.). *Algorithmic Regulation*. Oxford: Oxford University Press, 2019, pp. 98-117; EBERS, M. Regulating AI Robotics: Ethical and Legal Challenges. *In*: EBERS M.; NAVAS, S. (Ed.). *Algorithms and Law*. Cambridge: Cambridge University Press, 2020, pp. 37-97, *passim*; PASQUALE, F. *New Laws of Robotics:* Defending Human Expertise in the Age of AI. Cambridge (Massachusetts): The Belknap Press of Harvard University Press, 2020; Frezal, S.; Barry, L. Fairness in uncertainty: Some limits and misinterpretations of actuarial fairness. *Journal of Business Ethics*, 2019, pp. 1-10; Holland, C.P.; Mullins, M.; Cunneen, M. *Creating Ethics Guidelines for Artificial Intelligence (AI) and Big Data Analytics*: The Case of the European Consumer Insurance Market, 29 mar. 2021. Disponível em: https://papers.ssrn.com/sol3/papers.cfm?abstract_id=3808207; Keller, B. Promoting Responsible Artificial Intelligence in Insurance. *The Geneva Association*, 16 jan. 2020. Disponível em: https://www.genevaassociation.org/research-topics/new-technologies-and-data/promoting-responsible-artificial-intelligence-insurance, entre outras.

13 Medida de inserção social proposta, entre outras, pela EIOPA, em "Artificial intelligence governance principles: towards ethical and trustworthy artificial intelligence in the european insurance sector", na página 26. Documento disponível em: https://www.eiopa.europa.eu/sites/default/files/publications/reports/eiopa-ai-governance-principles-june-2021.pdf.

prêmios mais elevados para compensar o excesso de risco daqueles que agora ficam sem seguro. Contudo, na medida em que o resultado do cálculo dos prêmios seja exato, respondendo à realidade do risco, não há tratamento discriminatório como tal.

Além disso, a maior precisão do risco e as possibilidades que as seguradoras têm agora de controlá-lo ao longo do contrato, em particular valendo-se de dispositivos telemáticos (IoT), significa que certos segurados que anteriormente não tinham seguro, porque as empresas consideravam o risco que suportavam demasiado elevado, podem agora se beneficiar da criação de produtos específicos para eles e em condições economicamente aceitáveis, em particular quando os próprios segurados estão envolvidos na redução do risco ou, pelo menos, no seu controle. Um exemplo claro dessa nova tendência é o seguro de carro para jovens com dispositivos telemáticos colocados nos seus carros para monitorar seu uso e comportamento ao volante.[14] Pense-se que no nosso mercado esse problema é resolvido pela obrigação do Consórcio de Compensação de Seguros de oferecer cobertura de responsabilidade civil obrigatória derivada da utilização do carro aos condutores a quem é recusado o seguro por duas empresas privadas. Todavia, noutros sistemas, essa solução não existe.

Nesse sentido, acreditamos que não é cabível observar uma parte da realidade, isto é, o aparecimento de novos indivíduos não seguráveis, sem contemplar o fato de que o número de não seguráveis em certos ramos também está a diminuir graças ao controle do risco. Talvez a visão mais equilibrada seja compreender que o efeito a evitar, na medida do possível, é que o número de não seguráveis nos setores mais vulneráveis da população deva crescer, a fim de permitir que o seguro continue a assumir a função social e econômica que sempre cumpriu; isto é, ele deve servir (i) como instrumento de acesso das pessoas a bens básicos (por exemplo, casas, cuja compra com financiamento bancário requer normalmente um seguro de vida para garantir o pagamento, e de incêndio e outros riscos para garantir a preservação do bem); (ii) em geral, para os proprietários de bens de uso, como alternativa à poupança privada para cobrir sinistros

---

14 O mesmo se dá com os doentes de diabetes de tipo 2, que podem obter seguros até há pouco inalcançáveis para eles em troca de portar braceletes que meçam seus dados e permitam assim às suas seguradoras o acesso a tais dados de maneira continuada. A EIOPA refere-se a essas vantagens de aplicação dos grandes dados aos seguros em "Artificial intelligence governance principles: towards ethical and trustworthy artificial intelligence in the european insurance sector", na página 10. Documento disponível em: https://www.eiopa.europa.eu/sites/default/files/publications/reports/eiopa-ai-governance-principles-june-2021.pdf. Refere-se, também entre nós, a esse duplo efeito dos grandes dados (excludente de certos segurados e inclusivo de outros) GÓMEZ SANTOS, M. Big data y discriminación de precios en el sector asegurador. *RDM*, v. 314, 2019, pp. 265-288, especialmente pp. 283-284.

que requeiram conserto ou reconstrução de tais bens; e (iii) como meio de poupança alternativa a outros, como faz o seguro de vida, entre outros fins.

A fim de evitar o temido fenômeno de um aumento do número de pessoas não seguráveis, particularmente nos setores mais desfavorecidos da população, medidas de vários tipos começam a ser implementadas, em muitos casos de forma voluntária, pelas próprias companhias de seguros. Por exemplo, a Dutch Association of Insurers criou e utiliza o chamado "Monitor de Solidariedade" para monitorar o impacto nos prêmios resultante da crescente granulação da avaliação do risco no mercado holandês, tendo em conta a perspectiva de que o número de não seguráveis pode aumentar, quer porque as empresas se recusam a segurar, quer devido a exigências de prêmios muito elevados que levam à renúncia do próprio cliente à cobertura.[15] A Eiopa[16] aponta também outras iniciativas nascidas no próprio setor de seguros, tais como, no Reino Unido, a celebração de acordos entre empresas para restringir a utilização de dados genéticos dos segurados na seleção de riscos em seguros de saúde e de vida. Nesse sentido, o próprio órgão de supervisão acrescenta que é aconselhável que as empresas permitam aos segurados conhecer o risco que correm e aprender a controlá-lo, por exemplo, fazendo um esforço para melhorar a sua direção ou adotando hábitos de vida mais saudáveis, e, dessa forma, obter prêmios mais baixos. Porém, ao mesmo tempo, indica também, e por conseguinte aprova a decisão dessas seguradoras britânicas, de que aqueles que não estão em condições ou simplesmente não desejam comunicar os seus dados mais sensíveis, não devem ser impedidos de adquirir seguros de saúde ou de vida.[17-18]

---

15 Ver seu funcionamento com todo detalhe e as últimas conclusões publicadas em DUTCH ASSOCIATION OF INSURERS. *Solidarity monitor*. The 2nd measurement. 2018. Disponível em: https://www.verzekeraars.nl/media/5732/solidariteitsmonitor-2018-eenmeting-versie-22-oktober-2018_eng.pdf.

16 EIOPA – EUROPEAN INSURANCE AND OCCUPATIONAL PENSIONS AUTHORITY. Artificial intelligence governance principles: towards ethical and trustworthy artificial intelligence in the european insurance sector, p. 25. Disponível em: https://www.eiopa.europa.eu/sites/default/files/publications/reports/eiopa-ai-governance-principles-june-2021.pdf.

17 Outra coisa é a valoração que tais pactos merecem sob a perspectiva da manutenção da livre concorrência no mercado. Caso se chegasse a implementar acordos semelhantes em nosso sistema jurídico, na medida em que sejam restritivos da concorrência, teriam de se ajudar ao quanto determina a Lei 15/2007, de 3 de julho, sobre a Defesa da Concorrência, e especialmente reunir os requisitos do art. 1.3.

18 A personalização dos preços permitida pelos grandes dados não é em si mesma algo negativo, pois permite que cada segurado suporte seu próprio fardo. Essa ideia, em um sentido mais amplo, ainda que não aplicada especificamente ao seguro, pode-se encontrar em alguns autores (como PAtti, F. P. Personalization of the Law and Unfair Terms in Consumer Contracts. *In*: BUSCH, C.; DE FRANCESCHI, A. (Ed.). *Algorithmic Regulation and Personalized Law*. Munique: Beck; Oxford: Bloomsbury, 2021, pp. 221-235, espec., pp. 232-233, onde se encontrarão mais referências). O problema surge, fundamentalmente, por um lado, pelo fato de que o seguro é um contrato que cumpre uma função econômica e social que transcende o plano individual e, por outro, porque essa personalização pode descambar em discriminação caso se exija do segurado não o prêmio que teria de pagar para cobrir o risco que o afeta, mas aquele que o segurador estima que ele estaria disposto a pagar.

Entretanto, embora a preocupação com o aumento de pessoas não seguráveis se concentre principalmente naquelas que podem não estar seguradas por serem de alto risco, é também possível que a condição de não segurável possa ser adquirida de outras formas. Em particular, acredita-se que as pessoas que sofrem de alguma forma de vulnerabilidade, tais como velhice, pobreza, deficiências físicas ou mentais, podem ser menos capazes de obter seguros do que outras mais integradas no tecido social, e essa vulnerabilidade pode ser exacerbada pela informatização. De fato, a crescente informatização dos seguros, tal como a de outros setores, pode significar que as pessoas com pouco acesso ou competências digitais podem estar em desvantagem quando se trata de adquirir um seguro.[19] O problema aqui já não é que o risco que desejam transferir para uma seguradora seja elevado, mas que lhes faltam os meios para acessar certas ofertas ou para se comunicar com as empresas.[20] A Eiopa[21] aponta, como exemplo

---

19 É uma realidade que se dá em todas as esferas da vida cotidiana cada vez com maior intensidade. Há cidades, por exemplo no Reino Unido, em que, para estacionar um carro, é necessário utilizar certos estacionamentos sem pessoal e contar com um smartphone, pois a contratação do serviço e o pagamento se dão por meio de um aplicativo cujo uso, ademais, não é simples. É evidente que quem não tenha um telefone desse tipo e não saiba baixar um aplicativo e manejá-lo terá sérias dificuldades para acessar esse serviço, que é de primeira importância.

20 Como se diz no informe da OCDE (OECD. *Challenges to consumer policy in the digital age.* Disponível em https://www.oecd.org/sti/consumer/challenges-to-consumer-policy-in-the-digital-age.pdf, pp. 34-35), para contratar no e-commerce, os consumidores precisam, de um lado, ter acesso a infraestruturas de comunicação acessíveis e de qualidade e, de outro, contar com as competências necessárias para navegar no ambiente on-line. Em 2016, por volta de 83% da população adulta na OCDE tinha acesso à internet e 73% a usava diariamente (OECD. *Digital Economy Outlook.* Paris: OECD Publishing, 2017, p. 167. DOI: https://dx.doi.org/10.1787/9789264276284-en). Entretanto, acrescenta, existe uma diferença significativa entre as zonas rurais e as urbanas em termos de acesso à internet, com áreas rurais tendentes a ficar para trás no acesso à internet de banda larga com uma velocidade razoável (OECD. *Key Issues Paper*: Meeting of the Council at Ministerial Level Paris: OECD Publishing, 2019. Disponível em: http://www.oecd.org/mcm/documents/). Inclusive se observa uma disparidade por sexo, estimando-se que, ainda que, na média, o número de mulheres na OCDE que utilizam a internet seja ligeiramente inferior ao de homens, a distância é muito maior em alguns países, devido a uma série de fatores, incluindo acesso, falta de conhecimentos tecnológicos e fatores socioculturais (OECD. *Bridging the digital gender divide*: Include, upskill, innovate. Paris: OECD Publishing, 2018. Disponível em: http://www.oecd.org/going-digital/bridging-the-digital-gender-divide.pdf). A falta de acesso ou a falta de conhecimentos tecnológicos pode gerar uma brecha digital segundo outro informe (OECD. *How's Life in the Digital Age*? Opportunities and Risks of the Digital Transformation for People's Well-being. Paris: OECD Publishing 2019. DOI: https://dx.doi.org/10.1787/9789264311800-en), que tende a penalizar os habitantes de zonas rurais, idosos, pessoas de economias emergentes, com nível educacional inferior, com menos recursos e deficientes (SHENGLIN, Ben *et al.* Digital Infrastructure: Overcoming the digital divide in emerging economies. *G20 Insights.* Disponível em: https://www.g20-insights.org/wp-content/uploads/2017/05/Digital_Overcoming-Digital-Divide-II.pdf; UK CMA. *Consumer vulnerability*: challenges and potential solutions, 2019. Disponível em: https://www.gov.uk/government/publications/consumer-vulnerability-challenges-and-potential-solutions; OECD. *Digital Economy Outlook.* Paris: OECD Publishing, 2017, p. 167. DOI: https://dx.doi.org/10.1787/9789264276284-en; OECD. *Bridging the digital gender divide*: Include, upskill, innovate. Paris: OECD Publishing, 2018. Disponível em: http://www.oecd.org/going-digital/bridging-the-digital-gender-divide.pdf; OECD. *Key Issues Paper*: Meeting of the Council at Ministerial Level Paris: OECD Publishing, 2019. Disponível em: http://www.oecd.org/mcm/documents/). Ademais, conclui-se, esses grupos podem estar em desvantagem pelo fato de que as empresas nem sempre desenham produtos ou serviços digitais que contemplem as necessidades especiais de grupos minoritários.

21 Cf. EIOPA – EUROPEAN INSURANCE AND OCCUPATIONAL PENSIONS AUTHORITY. *Artificial intelligence governance principles*: towards ethical and trustworthy artificial intelligence in the european insurance

dessa realidade, que um relatório da Financial Conduct Authority do Reino Unido (de agora em diante designada FCA)[22] constatou que um em cada três consumidores de seguros que pagavam prêmios mais elevados tinha alguma forma de vulnerabilidade, tal como baixa capacidade financeira, e que os segurados com rendimentos mais baixos pagavam prêmios de seguro de habitação (do continente e do conteúdo) mais elevados do que os que tinham rendimentos mais elevados.

Contudo, a ideia que desejo transmitir é que o fato de o número de pessoas não seguráveis estar aumentando não implica, por si só, discriminação, desde que os prêmios sejam fixados de acordo com critérios objetivos. Por exemplo, a idade é um fator de risco óbvio nos seguros de vida entre outros ramos, pelo que o fato de se ter em conta na fixação do prêmio e a exclusão de pessoas acima de uma determinada idade, como sempre foi feito, gerará uma quota de pessoas não seguráveis, mas não de pessoas que são discriminadas. A discriminação ocorre quando o preço do seguro, como o de qualquer outro produto ou serviço, é modulado de acordo com critérios subjetivos e não objetivos. Especificamente, nos seguros, esse efeito ocorre se a seguradora fixar os prêmios com base em fatores que não afetam o risco, ou seja, que não influenciam a probabilidade da ocorrência da perda coberta pela apólice ou a intensidade do dano que dela possa resultar. Um caso clássico é a utilização da classificação de crédito dos segurados para fixar o prêmio do seguro de carro, o que levou a um movimento de rejeição nos Estados Unidos após a associação Consumer Reports ter constatado, em 2015, que esse fator foi levado em consideração mais fortemente do que outros fatores mais determinantes para o risco, tais como o histórico de direção do segurado.[23] A possibilidade de adotar esse critério como fator de cálculo de prêmios em seguros como o seguro de carro veio a ser efetivamente limitada ou proibida em vários estados desde então, embora existam seguradoras que insistem em que os segurados com má classificação de crédito provoquem mais sinistros.

Outro exemplo importante são os problemas que surgiram naquele mesmo país com a utilização do fator raça na fixação de prêmios, cuja utilização ainda hoje é objeto de denúncias. A origem da utilização desse fator pode ser rastreada até as revoltas de 1967 em vários bairros povoados principalmente por afro-americanos, o que obrigou

---

sector, pp. 25-26. Disponível em: https://www.eiopa.europa.eu/sites/default/files/publications/reports/eiopa-ai-governance-principles-june-2021.pdf.

22 Cf. FCA – FINANCIAL CONDUCT AUTHORITY. *General insurance pricing practices*. Interim Report, 2019, p. 4. Disponível em: https://www.fca.org.uk/publication/market-studies/ms18-1-2-interim-report.pdf.

23 Cujas conclusões se encontram em um informe: CONSUMER REPORTS. *The secret score behind your rates*. 30 jul. 2015. Disponível em: https://www.consumerreports.org/cro/car-insurance/credit-scores-affect-auto-insurance-rates/index.htm.

a polícia a intervir em várias ocasiões. A consequência desses acontecimentos foi fatal para os habitantes desses bairros, uma vez que as seguradoras passaram a praticar o chamado *redlining* – isto é, contornar em vermelho, num mapa, as áreas afetadas, que eram então consideradas demasiado perigosas para segurar. Sem a possibilidade de obter um seguro, os habitantes ficaram sem a opção de reconstruir os seus imóveis ou reparar os seus bens móveis, não só porque não podiam obter uma indenização das seguradoras, mas também porque a falta de seguro os privou do acesso ao financiamento bancário para cobrir essas despesas. Como consequência, esses bairros já pobres tornaram-se ainda mais pobres. No tempo do Presidente Lyndon Johnson, a técnica do *redlining* foi proibida, e as seguradoras receberam incentivos para investir nessas áreas, mas o *redlining* continuou e as companhias justificaram a sua posição de negar seguros ou exigir prêmios muito elevados aos habitantes desses subúrbios com o argumento de que o risco para eles era objetivamente mais elevado,[24] conduzindo assim a uma situação semelhante à das classificações de crédito.

Partindo dessa perspectiva, a Eiopa,[25] como autoridade de supervisão de seguros, considera que as seguradoras devem alinhar as suas ações em relação à utilização de IA com os princípios de justiça e de não discriminação, e não apenas atendendo ao segundo. Assim, como parte da sua responsabilidade social, as empresas devem levar em conta questões de inclusão financeira e considerar formas de evitar o aumento das desigualdades pré-existentes, especialmente para produtos que são socialmente benéficos. Isso inclui avaliar e desenvolver medidas para mitigar o impacto da inclusão de fatores de cálculo de prêmios, tais como a classificação de crédito, e evitar a utilização de certas práticas de otimização de preços, tais como as que procuram maximizar o número de segurados que estão dispostos a pagar mais. Também entende que as seguradoras deveriam envidar esforços razoáveis para mitigar a existência de vieses nos sistemas de dados e de IA, incluindo a utilização de algoritmos mais facilmente explicáveis ou o desenvolvimento de métricas para desenvolver a igualdade e a não discriminação em aplicativos de IA de alto impacto. Finalmente, recomenda também que as seguradoras desenvolvam o seu senso de justiça e mantenham registros das medidas postas em prática para garantir

---

24 Cf. ITO, J. Supposedly 'Fair' Algorithms Can Perpetuate Discrimination. How the use of AI runs the risk of re-creating the insurance industry's inequities of the previous century. *Wired*, 2 maio 2019. Disponível em: https://www.wired.com/story/ideas-joi-ito-insurance-algorithms.

25 Cf. EIOPA – EUROPEAN INSURANCE AND OCCUPATIONAL PENSIONS AUTHORITY. Artificial intelligence governance principles: towards ethical and trustworthy artificial intelligence in the european insurance sector, p. 21. Disponível em: https://www.eiopa.europa.eu/sites/default/files/publications/reports/eiopa-ai-governance-principles-june-2021.pdf.

a justiça e a não discriminação. Assim, vemos como, embora a não discriminação e a justiça sejam princípios distintos, estão intimamente relacionados.

2.2 Como se determinam os prêmios e quais limites jurídicos têm as seguradoras

Para que as seguradoras possam calcular os prêmios que devem cobrar dos segurados, devem primeiro calcular a taxa do prêmio. A fim de calcular a taxa do prêmio, devem ser levados em consideração os seguintes componentes: (i) o custo para eles de pagar as prestações seguradas em caso de sinistro, mais as despesas periciais, jurídicas e outras decorrentes do sinistro. Deve também ser levado em conta o retorno financeiro do fato de que os prêmios são pagos antecipadamente, no início dos efeitos do contrato; (ii) o custo das despesas administrativas necessárias para poderem desenvolver os seus negócios (salários, aluguéis, amortizações, tecnologia etc.) e (iii) os custos de comercialização, ou seja, de levar o produto aos consumidores. A quantia dependerá da estratégia comercial da companhia de seguros: comissões, prêmios de produção, despesas de promoção, custos de pessoal etc.

A taxa de prêmio é calculada, assim, em fases. Quando apenas o primeiro dos componentes acima é considerado, é chamado "taxa de prêmio pura", porque é a taxa que a seguradora precisa para assumir as consequências do risco que lhe é transferido, tendo em conta as características particulares do risco. Quando o segundo componente é adicionado a esse elemento, o resultado é denominado "taxa de prêmio comercial", e se o terceiro componente for acrescido, chega-se à chamada "taxa de prêmio total", também denominada taxa "bruta", em conformidade com o disposto no artigo 118.1, *f)* combinado com o artigo 117.4 do Decreto Real 1.060/2015, de 20 de novembro, sobre a regulamentação, supervisão e solvência das entidades seguradoras e resseguradoras (ROSSEAR).

A taxa de prêmio é uma porcentagem (ou permilagem) aplicada ao montante segurado ou outro parâmetro (volume de negócios, valor do imóvel, por exemplo) para encontrar o "prêmio líquido", mas esse ainda não é o montante que a seguradora exige ao cliente, aplicando a ele sobretaxas (no nosso sistema jurídico, a da cobertura de riscos extraordinários, a da responsabilidade civil obrigatória do automóvel e a correspondente ao financiamento da atividade de liquidação das seguradoras), bem como impostos. O montante resultante da adição do prêmio líquido e das sobretaxas e impostos é denominado "prêmio total", que é o que, em teoria, a empresa exige do cliente.[26] No entanto, a verdade é que existem estudos que demonstram que as empresas não cobram o mesmo prêmio pela cobertura dos mesmos riscos aos segurados com o mesmo perfil, mas ajustam mais ou menos a margem de lucro que esperam obter de cada um de acordo com estratégias comerciais diferentes, uma questão à qual voltaremos mais tarde.[27]

No nosso ordenamento jurídico, as empresas são livres para fixar as suas tarifas, mas não se trata de uma liberdade absoluta. Os artigos 94 e 95 da Lei n. 20/2015, de 14 de julho de 2015, sobre a regulamentação, supervisão e solvência das companhias de seguros e resseguros (LOSSEAR), especificados pelos artigos 117 e seguintes da ROSSEAR anteriormente mencionados, estabelecem que as tarifas de prêmios não estão sujeitas a autorização administrativa, sendo suficiente que estejam à disposição da Direção Geral dos Seguros e Fundos de Pensões. Além disso, devem ser suficientes, com base em pressupostos atuariais razoáveis, para permitir à seguradora cumprir todas as suas obrigações ao abrigo dos contratos de seguro e, em particular, estabelecer provisões técnicas adequadas. Além disso, devem respeitar os princípios de equidade, indivisibilidade e invariabilidade.

A exigência de que os prêmios sejam equitativos seria violada se os segurados na mesma situação de risco fossem tratados de forma diferente. Porém, independentemente desse esclarecimento genérico, que encontra sua base no artigo 14 da Constituição espanhola, existem diferentes proibições específicas no nosso sistema jurídico ao tratamento discriminatório dos segurados, cada uma com a sua própria origem e alcance.

Por um lado, o artigo 94.1, § 2º da LOSSEAR introduz uma proibição do uso do sexo como fator no cálculo dos prêmios, o que até a prolação do acórdão *Test-Achats* do Tribunal de Justiça da União Europeia, de 1º de março de 2011,[28] era uma prática regular na Europa em geral. Em nossa lei, apenas as exceções previstas na própria lei estão isentas dessa proibição, ou seja, os seguros ligados a uma relação de trabalho (Art. 94.1, § 3º, da LOSSEAR). Assim, por exemplo, no seguro de carros, o gênero não pode ser introduzido como fator no cálculo dos prêmios, resultando em prêmios diferentes para homens e mulheres, mesmo que se prove atuarialmente que as mulheres geram

26 Cf. CECAS – Centro de Estudios del Consejo General de los Colegios de Mediadores de Seguros. *Manual del mediador de seguros*, v. I. Recurso on-line, 2019, pp. 39-40.

27 Cf., por exemplo, o citado FCA – FINANCIAL CONDUCT AUTHORITY. *General insurance pricing practices.* Interim Report, 2019, p. 5. Disponível em: https://www.fca.org.uk/publication/market-studies/ms18-1-2-interim-report.pdf.

28 Assunto C 236/09.

menos riscos ao volante. Se considerarmos o seguro de vida, os prêmios podem ser calculados com base na idade, estado de saúde ou hábitos do potencial segurado, mas não com base no fato de o candidato ser homem ou mulher.

No entanto, embora o gênero dos indivíduos não possa ser tomado diretamente em consideração como fator de cálculo dos prêmios, a Comissão Europeia publicou as suas *Guidelines on the application of Council Directive 2004/113/EC to insurance, in the light of the judgment of the Court of Justice of the European Union in Case C-236/09 (Test-Achats)*,[29] e nelas admite a utilização de fatores de cálculo que estão correlacionados com o gênero e que podem, portanto, causar discriminação indireta, desde que sejam, em si mesmos, verdadeiros fatores de risco.[30]

A seu turno, a LCS (D.A. 4ª e 5ª), embora proíba a discriminação para efeitos de contratação pelo fato de o indivíduo ser portador de uma incapacidade, ter AIDS, ser portador do HIV "ou outras condições de saúde", não o faz de maneira absoluta, permitindo que esse fator seja levado em conta em causas "justificadas, proporcionais e razoáveis, que estejam prévia e objetivamente documentadas".

Isso significa que é perfeitamente legal considerar a AIDS ou qualquer outra doença como agravante do risco nos seguros em que seja efetivamente o caso, tais como, por razões óbvias, os que cobrem despesas de saúde ou o risco de morte, mas não nos seguros em que essa ou qualquer outra doença não tem influência sobre o risco, tais como seguros de viagem, seguros de roubo ou seguros de inundação do domicílio.[31] Isso sim causaria um tratamento discriminatório expressamente proibido pela lei.

Finalmente, na perspectiva da regulação da concorrência no mercado, a distinção entre *diferenciação* de preços e *discriminação* deve ser levada em conta, uma vez que condições diferentes podem ser aplicadas a clientes diferentes sem nenhum tipo de

---

29 COMISSÃO EUROPEIA. Guidelines on the application of Council Directive 2004/113/EC to insurance, in the light of the judgment of the Court of Justice of the European Union in Case C-236/09 (Test-Achats). *Official Journal of the European Union*, 11. Jan. 2012. Disponível em: https://eur-lex.europa.eu/LexUriServ/LexUriServ.do?uri=OJ:C:2012:011:0001:0011:en:PDF.

30 Para efeitos de aplicação da Diretiva do Conselho 2004/113/CE, de 13 de dezembro de 2004 (CONSELHO DA UNIÃO EUROPEIA. Diretiva do Conselho 2004/113/CE. *Jornal Oficial da União Europeia*, 21 dez. 2004. Disponível em: https://eur-lex.europa.eu/legal-content/PT/TXT/PDF/?uri=CELEX:32004L0113&from=PL), entende-se por "discriminação direta" (art. 2.a): "sempre que, em função do sexo, uma pessoa seja sujeita a tratamento menos favorável do que aquele que é, tenha sido ou possa vir a ser dado a outra pessoa em situação comparável", e por discriminação indireta (art. 2.b): "sempre que uma disposição, critério ou prática aparentemente neutra coloque pessoas de um dado sexo numa situação de desvantagem comparativamente com pessoas de outro sexo, a não ser que essa disposição, critério ou prática se justifique objectivamente por um objectivo legítimo e que os meios utilizados para o alcançar sejam adequados e necessários".

31 Porém, a exigência legal de que a maior onerosidade esteja baseada em uma causa não apenas justificada, proporcional e razoável, mas também documentada de forma prévia e objetiva, poderá servir, no caso concreto, para entender que esse requisito formal não foi cumprido.

discriminação. De fato, nos seguros, a tendência é cada vez mais para a individualização do risco, o que significa definir com maior precisão o perfil de risco de cada potencial segurado e oferecer produtos sob medida para cada cliente ou para cada grupo unido por uma característica comum, sendo essa prática perfeitamente compatível com o princípio da igualdade de tratamento, desde que isso se dê segundo os mesmos critérios objetivos, de forma razoável e não arbitrária. O próprio artigo 16 da Lei n. 3/1991, sobre concorrência desleal, em concordância com o artigo 14 da Constituição Espanhola, proíbe atos de discriminação contra os consumidores no preço e em outras condições do contrato, mas não a diferenciação. Além disso, a proibição de discriminação não é sequer absoluta, uma vez que permite a possibilidade de ser justificada.[32]

2.3 Otimização de preços e outras práticas potencialmente discriminatórias

Dentro dos limites vistos, as seguradoras podem, em princípio, fixar os prêmios que considerem apropriados e, embora, em tese, para o mesmo risco haja o mesmo prêmio, a prática mostra que tal equivalência não ocorre e que a mesma seguradora oferece por vezes preços diferentes aos seus segurados, não com base em fatores objetivos, mas puramente subjetivos.

De fato, o uso de algoritmos para a fixação de preços permite aos empresários adaptar automaticamente os preços para maximizar o lucro e é particularmente comum não só no âmbito dos seguros, mas também noutros setores, tais como a venda de passagens de avião ou reservas de hotel. Em comparação com os preços normais, os algoritmos de fixação de preços são aplicados a um grande volume de dados e podem alterar os preços rapidamente, de modo automático, adaptando-os às mudanças no mercado (por exemplo, à demanda existente, aos preços dos concorrentes etc.), de modo que os preços resultantes sejam dinâmicos. Por outro lado, tais algoritmos não só permitem que os preços flutuem constantemente, tendo em conta fatores gerais de mercado, como também calculam preços diferentes para os consumidores de acordo com suas características pessoais, e mais especificamente com o que se pensa que eles estejam dispostos a pagar, o que explica perfeitamente o resultado de um

32 Sobre a distinção entre diferenciação de preços e discriminação, cf. Porfirio Carpio, L. J. *La discriminación de consumidores como acto de competencia desleal*. Madri: Marcial Pons, 2002, pp. 86, 96ss. No mesmo sentido, afirma Díez Estella, F. *La discriminación de precios en el Derecho de la competencia*. Madri: Civitas, 2003, p. 187, que "a falta de justificação objetiva, a discriminação de preços ou outras condições de venda é desleal *per se*".

tratamento desigual entre consumidores com o mesmo perfil de risco a que me referi anteriormente.[33]

Essa prática, conhecida como "otimização de preços" – e cuja máxima manifestação se encontra na tática de oferecer um preço mais baixo à seguradora que a empresa acredita ser mais suscetível de comparar preços e mudar para a concorrência, ou cobrar mais daquela que tem maior tendência de não fazer esse esforço e permanecer – não está necessariamente ligada à utilização de grandes dados (de fato, é anterior a eles), mas com os recursos que os grandes dados oferecem foi aprimorada em todos os ramos, e não apenas nos seguros (a venda de passagens aéreas é um exemplo claro).

Nos Estados Unidos, já em 2015, a National Association of Insurance Commissioners (NAIC) publicou um "livro branco sobre a otimização dos preços", no qual oferece recomendações regulatórias aos Estados, o que levou vários deles a tomar medidas, proibindo ou restringindo esse tipo de prática.[34] Apenas um ano antes, a Federação Americana de Consumidores tinha apresentado uma reclamação junto ao regulador de seguros de Wisconsin contra a empresa Allstate pela sua política de otimização de preços no seguro de carros. Basicamente, a seguradora, de acordo com a denúncia, tinha um sistema de preços altamente segmentado, baseado não em critérios de risco, mas em quanto se podia esperar que cada cliente pagasse, e assim havia segurados que podiam usufruir de um desconto de até 90% sobre a taxa média de prêmios, enquanto outros sofriam um aumento de 800%.[35]

Na Europa, a Eiopa estudou a incidência dessa prática nos setores seguros de carro e de vida e publicou suas conclusões num relatório em 2019, mas as respostas das seguradoras que colaboraram com ela não produzem resultados cabais, pois apenas 19 dos 220 participantes que constituíram a base do relatório reconheceram que utilizariam as ferramentas dos grandes dados para otimizar os preços, embora a Eiopa tivesse por previsível que sua utilização aumentasse à medida que as ferramentas dos

33 Cf. OECD. *Algorithms and Collusion*: Competition Policy in the Digital Age. Paris: OECD Publishing, 2017, p. 16. Disponível em: www.oecd.org/competition/algorithms-collusion-competition-policy-in-the-digital-age.htm.

34 Cf. NAIC. *Price Optimization White Paper*. Disponível em: https://naic.org/documents/index_committees_price_opt_white_ppr.pdf.. Segundo se lê nesse documento do NAIC, a prática de fixar o prêmio mais com base no que um cliente esteja disposto a pagar do que com lastro em fatores técnicos, permitindo às seguradoras cobrarem maiores prêmios aos segurados menos tendentes a buscar melhores preços na concorrência, é, a juízo de associações de consumidores dos Estados Unidos, um tratamento discriminatório dos segurados com menos rendas, que comparam menos os preços do que segurados com uma situação financeira superior.

35 O caso da Allstate, tão significativo, é contado com todo detalhe por O'NEIL, C. *Armas de destrucción matemática*. Madri: Capitán Swing, 2017, pp. 204-205, em que se encontrarão mais referências.

grandes dados fossem introduzidas e se tornassem mais sofisticadas.[36] No entanto, o risco existe obviamente em todos os setores.[37] É por isso que a própria Eiopa acaba de publicar (em junho de 2021) um guia de atuação para as seguradoras, de modo a que, sem prejudicar completamente a sua capacidade de decidir as suas políticas comerciais, façam bom uso dos meios ligados aos grandes dados e restrinjam, em particular, as práticas que possam levar à discriminação entre os segurados, sobretudo a otimização dos preços.[38] Sem prejuízo das medidas que recomenda, que serão discutidas a seguir, a autoridade de supervisão identificou vários tipos de otimização de preços no mercado que podem distorcer profundamente a forma com que os preços são fixados e os seus resultados, podendo levar a que o preço final se afaste muito do que seria apropriado de acordo com critérios de risco. São os seguintes:

– Por meio de estudos de mercado e outras técnicas, adaptar as suas tarifas às condições de mercado; em suma, tentar, por meio do preço, ganhar terreno face a seus concorrentes mais diretos, incluindo o lançamento de campanhas publicitárias dirigidas aos grupos de clientes típicos dos seus concorrentes, incluindo, por exemplo, descontos no prêmio (*market research* e *market competition analysis*);

– Por meio de modelos matemáticos que incluem sistemas de IA, identificar clientes que talvez considerem abandonar a empresa. Assim, os segurados que a empresa julga que não renovarão automaticamente a apólice quando ela expirar, mas antes compararão preços, poderiam obter um desconto no preço do seu seguro (*churn models*);

---

36 Cf. EIOPA – EUROPEAN INSURANCE AND OCCUPATIONAL PENSIONS AUTHORITY. *Big data analytics in motor and health insurance*: a thematic review, pp. 39-40. Disponível em: https://www.eiopa.europa.eu/content/big-data-analytics-motor-and-health-insurance_en?source=search.

37 E não apenas no setor de seguros. O problema se coloca para o mercado em geral. Há autores que defendem que atualmente, graças ao conhecimento que um empresário pode ter de cada cliente em razão dos grandes dados, a fixação inteiramente individualizada de preços (o que se conhece, na literatura econômica, como discriminação "de primeiro grau") é atualmente, em comparação com épocas passadas, em que o empresário carecia de meios que lhe permitissem conhecer o preço máximo que cada indivíduo estaria disposto a pagar, uma possibilidade real. Cf., assim, SCHILLER, B. R. *First Degree Price Discrimination Using Big Data*. Brandeys University, Working Paper Series 2013/58. Disponível em: https://www.brandeis.edu/economics/RePEc/brd/doc/Brandeis_WP58R.pdf. No mesmo sentido, ver Strahilevitz, L. J. Reputation Nation: Law in an Era of Ubiquitous Personal Information. *Northwestern University Law Review*, v. p. 72, 2008. University of Chicago Law & Economics, Olin Working Paper n. 371; University of Chicago, Public Law Working Paper, n. 190. Disponível em https://papers.ssrn.com/sol3/papers.cfm?abstract_id=1028875, com mais referências. Sobre os três graus de discriminação de preços, cf., por exemplo, por sua clareza, Townley, C.; Morrison, E.; Yeung, K. Big Data and Personalized Price Discrimination in EU Competition Law. *Yearbook of European Law*, v. 36, n. 1, pp. 683–748, especialmente pp. 689ss., 2017. Disponível em: https://papers.ssrn.com/sol3/papers.cfm?abstract_id=3048688.

38 Eu me refiro àquela contida no informe tantas vezes citado EIOPA – EUROPEAN INSURANCE AND OCCUPATIONAL PENSIONS AUTHORITY. *Artificial intelligence governance principles*: towards ethical and trustworthy artificial intelligence in the european insurance sector. Disponível em: https://www.eiopa.europa.eu/sites/default/files/publications/reports/eiopa-ai-governance-principles-june-2021.pdf, *passim*, especialmente p. 36.

– Utilizar modelos matemáticos que incluem sistemas de IA para calcular as despesas com as indenizações de um cliente ao longo da sua relação com a seguradora e o que pagou em prêmios (incluindo *up-selling*, ou seja, o número de vezes que concordaram em pagar por um produto melhor do que aquele que iam inicialmente contratar, e *cross-selling*, que, no seguro, seria a compra de diferentes produtos, tais como seguros de vida e de domicílio), a fim de identificar clientes para quem é do seu interesse oferecer um desconto comercial (*customer life time value estimation models*);

– Utilizando métodos matemáticos que incluem sistemas de IA, identificar o preço máximo que um cliente estaria disposto a pagar. Isso poderia ser utilizado tanto no momento da subscrição como na altura da renovação e permitiria obter o máximo benefício (*price elasticity models*);

– Averiguar o preço que um cliente teria pagado a outra seguradora, quer mediante simples pesquisas na internet, quer perguntando diretamente ao cliente sobre as ofertas que tem da concorrência para descobrir o preço máximo que estaria disposto a pagar ou para selecionar as pessoas que aceitariam o desconto mais baixo (*individual real-time price comparison*).[39]

Em todos esses casos, pode-se ver que o preço final exigido a um cliente não responde aos custos associados à cobertura do seu risco, mas sim ao quanto ele está disposto a pagar, de modo que se verifica o risco de existência do tratamento discriminatório dos consumidores. No entanto, deve-se também ter em conta que, noutras ocasiões, a desigualdade de tratamento entre consumidores não é o resultado de uma prática comercial da empresa destinada a obter o preço máximo possível de cada segurado, mas é um resultado indireto da incidência de outros fatores. Por exemplo, na indústria de seguros de carro dos Estados Unidos, há denúncias de discriminação contra consumidores com rendimentos mais baixos cujos carros, devido à sua idade, não podem ser equipados com um dispositivo telemático e, por isso, é-lhes negado o acesso a descontos de prêmio associados a seguros baseados no uso do bem segurado.[40] Nesse caso, é a vulnerabilidade dessas pessoas que as coloca numa posição pior para encontrar seguros em termos economicamente comparáveis aos das pessoas

39 A respeito de outras formas de discriminar consumidores mediante práticas que alteram o preço, não específicas ao seguro, cf., por exemplo, ARMSTRONG, M. *Price Discrimination*. University Library of Munich, Alemanha, MPRA Paper n. 4693, 2006. Disponível em https://mpra.ub.uni-muenchen.de/4693/, e https://www.researchgate.net/publication/24114081_Price_discrimination; Botta, M.; Wiedemann, K. To discriminate or not to discriminate? Personalised pricing in online markets as exploitative abuse of dominance. *European Journal of Law and Economics*, v. 50, pp. 381-404, 2020. DOI: https://doi.org/10.1007/s10657-019-09636-3.

40 Cf. NAIC. *Big data and insurance*, pp. 3-4. Disponível em: https://www.naic.org/cipr_newsletter_archive/vol16_big_data.pdf.

com rendimentos mais elevados, um problema que faz parte da questão mais geral do aumento do número de pessoas não seguráveis entre os setores mais desfavorecidos da sociedade, conforme explicado acima.

3. MEDIDAS VOLTADAS A EVITAR A DISCRIMINAÇÃO DOS ASSEGURADOS E O AUMENTO DOS NÃO-SEGURÁVEIS

Tendo em conta a ampla liberdade que as seguradoras têm no nosso sistema jurídico para fixar os seus prêmios e as distorções que podem ocorrer em detrimento dos interesses dos segurados, é particularmente útil saber que medidas estão sendo adotadas noutros países por meios legais ou recomendadas pelas autoridades reguladoras de seguros nos Estados Unidos ou, mais diretamente, na Europa, pela Eiopa (com base nas recomendações da própria Comissão Europeia), para evitar que o uso dessa liberdade tenha o efeito direto ou indireto, ainda que involuntário, de tratar injustamente aquele tipo de consumidores que são os segurados, bem como um aumento indesejado do número de pessoas sem seguro, especialmente entre as classes mais desfavorecidas.

3.1 Sobre a qualidade e integridade das bases de dados

Uma das principais formas de evitar o tratamento discriminatório dos segurados é verificar se as bases de dados a que os algoritmos de fixação de preços são aplicados não são tendenciosas. A qualidade e a suficiência da massa de dados a ser utilizada é essencial para evitar resultados indesejáveis. A esse respeito, as *Orientações éticas para uma IA de confiança*, promovidas pela Comissão Europeia, insistem na remoção de preconceitos sociais, imprecisões e erros das bases de dados antes da sua utilização e em que elas sejam testadas em todas as fases dos processos, quer o sistema de IA seja desenvolvido internamente ou adquirido por outra empresa.[41] Embora o controle de qualidade dos dados deva ser feito repetidamente no processo de aplicação, é particularmente relevante que seja feito já no momento da recolha de dados, uma vez que os dados utilizados podem conter preconceitos históricos inadvertidos cuja perpetuação deve ser barrada, pois podem causar "discriminação e preconceitos (in)diretos não intencionais contra

41 Cf. COMISSÃO EUROPEIA. Direção-Geral das Redes de Comunicação, Conteúdos e Tecnologias. *Orientações éticas para uma IA de confiança*. Serviço das Publicações, 2019, p. 21, número de margem 73. DOI: doi/10.2759/2686. A integridade dos dados também é uma exigência da citada Proposta de Regulamento UE para os sistemas de IA de alto risco, embora esse projeto, ao menos por ora, não inclua o seguro na lista dos sistemas de alto risco.

determinados grupos ou pessoas, o que poderia agravar os estereótipos e a marginalização".[42] Ao contrário, para evitar preconceitos injustos, as bases de dados devem ser tão inclusivas quanto possível, de modo a que diferentes grupos da população estejam representados, e indivíduos e grupos potencialmente vulneráveis sejam respeitados.[43]

A seu turno, a Eiopa,[44] seguindo os dispositivos do artigo 231 do Regulamento Delegado 2015/35, que especifica o artigo 121 (3) da Diretiva Solvência II, considera que os requisitos que os dados utilizados pela IA de alto impacto devem cumprir são os seguintes: (i) precisão: o que implica que não devem conter erros materiais, devem ser sujeitos a uma utilização lógica e consistente e que devem ser coletados de forma duradoura; (ii) integridade: com manejo de informação histórica suficiente, uso de todos os parâmetros relevantes sem exclusão injustificada de dados relevantes; (iii) adequação: que sejam coerentes com a finalidade para a qual serão utilizados, que as estimativas baseadas em dados não incluam erros grosseiros de estimativa e que os dados sejam coerentes com os pressupostos subjacentes aos modelos técnicos.[45]

3.2 Sobre a escolha dos fatores de cálculo dos prêmios

Recordemos que, na sequência do acórdão "*Test-Achats*",[46] a Comissão Europeia afirma que o sexo dos indivíduos não pode ser utilizado como um fator no cálculo de

---

42 Cf. COMISSÃO EUROPEIA. Direção-Geral das Redes de Comunicação, Conteúdos e Tecnologias. *Orientações éticas para uma IA de confiança*. Serviço das Publicações, 2019, p. 22, número de margem 80.

43 Cf. COMISSÃO EUROPEIA. Direção-Geral das Redes de Comunicação, Conteúdos e Tecnologias. *Orientações éticas para uma IA de confiança*. Serviço das Publicações, 2019, p. 13, número de margem 44. Tenha-se presente, para a interpretação dessas diretrizes, que sua perspectiva relativamente ao efeito que o uso da IA pode causar nas pessoas é que deve "ser assegurado o respeito igualitário do valor moral e da dignidade de todos os seres humanos" e que esse requisito, conforme se indica no documento, "vai além da não discriminação, que tolera o estabelecimento de distinções entre situações diferentes com base em justificações objetivas. Num contexto de IA, a igualdade implica que as operações do sistema não podem gerar resultados injustamente tendenciosos". Não é a premissa de que partimos neste trabalho, centrado no âmbito do seguro e não em um uso qualquer da IA. Nossa perspectiva é de que não é discriminatório o tratamento distinto dos segurados com base em critérios objetivos, o que, no âmbito da fixação dos preços se cumpre quando o prêmio é fixado com base em verdadeiros fatores de risco.

44 EIOPA – EUROPEAN INSURANCE AND OCCUPATIONAL PENSIONS AUTHORITY. *Artificial intelligence governance principles*: towards ethical and trustworthy artificial intelligence in the european insurance sector, p. 57. Disponível em: https://www.eiopa.europa.eu/sites/default/files/publications/reports/eiopa-ai-governance-principles-june-2021.pdf.

45 Sobre as técnicas que se podem empregar para detectar a existência de discriminação indireta nos dados e nas decisões tomadas por algoritmos, cf. CRIADO, N.; SUCH, J. M. Digital Discrimination. *In*: YEUNG, K.; LODGE, M. (Ed.). *Algorithmic Regulation*. Oxford: Oxford University Press, 2019, pp. 82-97, especialmente pp. 89ss.

46 COMISSÃO EUROPEIA. Guidelines on the application of Council Directive 2004/113/EC to insurance, in the light of the judgment of the Court of Justice of the European Union in Case C-236/09 (Test-Achats). *Official*

quaisquer prêmios de seguro, e que este seria um caso de discriminação direta. Porém, a própria Comissão admite a possibilidade de utilizar fatores de cálculo que estejam correlacionados com o gênero, mesmo que isso implique discriminação indireta, quando "objetivamente justificados por um fim legítimo" e "os meios sejam apropriados e necessários", o que a própria Comissão traduz como "fatores de risco genuínos por si mesmos".

Extrapolando esse critério, que apenas se aplica à discriminação de gênero, a outros possíveis fatores de cálculo de prêmios, para os quais não existe regulamentação específica na legislação da União Europeia, a Eiopa[47] elaborou um guia sobre a avaliação da natureza "necessária" e "apropriada" dos fatores de cálculo dos prêmios em geral. Assim, entende por "necessário" a existência de uma correlação clara entre cada fator de cálculo escolhido e sua influência na possibilidade de ocorrência de um sinistro, e "apropriado" a existência de uma relação causal, que é logicamente um requisito mais elevado (entende-se que é mais difícil provar a existência de uma relação causal do que uma simples correlação, por mais "clara" que seja).

Com base nessa premissa, a autoridade de supervisão considera que as seguradoras devem desenvolver medidas para mitigar o impacto, nos segmentos mais vulneráveis da população, da utilização de certos fatores de cálculo, tais como qualificações de crédito, localização do risco, renda, emprego ou nível de escolaridade naqueles seguros em que, embora tais fatores estejam correlacionados com o risco coberto, tenham uma relação causal muito limitada com os potenciais sinistros que possam ocorrer. Por exemplo, a classificação de crédito pode estar correlacionada com os pedidos de indenização de sinistros (porque as pessoas com classificações de crédito mais baixas reportam mais sinistros do que aquelas com melhores classificações de crédito), mas a utilização desse fator pode não ser "apropriada" em certos ramos em que exista uma relação causal limitada com a ocorrência possível de sinistros (por exemplo, seguros contra inundações).

A inclusão de fatores como a qualificação de crédito teve certamente, a meu ver, um efeito muito perturbador, porque a menos que tenha uma relação direta com o risco (por exemplo, no seguro de caução), não deve ser tomada em consideração. A solvência do cliente pode influenciar o risco de não pagamento do prêmio, mas não

---

Journal of the European Union, 11. Jan. 2012. Disponível em: https://eur-lex.europa.eu/LexUriServ/LexUriServ.do?uri=OJ:C:2012:011:0001:0011:en:PDF.

47 Cf. EIOPA – EUROPEAN INSURANCE AND OCCUPATIONAL PENSIONS AUTHORITY. Artificial intelligence governance principles: towards ethical and trustworthy artificial intelligence in the european insurance sector, pp. 33ss. Disponível em: https://www.eiopa.europa.eu/sites/default/files/publications/reports/eiopa-ai-governance-principles-june-2021.pdf.

afeta os riscos de inundação, roubo ou acidente de trânsito, que são os riscos cobertos pelos seguros de inundação, de roubo ou de carro.

Continuando com os fatores que têm sido tradicionalmente utilizados pelas empresas para calcular os prêmios, nota-se que a idade e o código postal são fatores de cálculo comuns para o seguro de carro e de saúde, que, no entanto, na opinião da entidade de supervisão, são um bom exemplo de fatores em que existe uma correlação com o risco, mas uma causalidade limitada, pois não servem para distinguir os bons e maus condutores ou as pessoas que levam vidas saudáveis das que não têm hábitos saudáveis. Por conseguinte, propõe-se que se faça mais uso da IA para identificar os riscos com maior precisão, por exemplo, mediante da utilização de dispositivos telemáticos no seguro de vida e de carro, a fim de reduzir o peso de outros fatores, tais como a mera idade biológica do segurado.

3.3 Sobre a otimização dos preços

Um marco nos Estados Unidos foi a publicação em 2015 do já mencionado "livro branco sobre otimização de preços", do NAIC, que, partindo da inexistência de um conceito universalmente aceito do fenômeno conhecido na esfera econômica como "otimização de preços", estuda as diferentes modalidades que podem ser abrangidas por esse termo e avalia se são ou não compatíveis com a regulação estatal em matéria de fixação de prêmios de seguros pessoais.[48] Partindo de uma regra que proíbe que os prêmios sejam "inadequados, excessivos ou injustamente discriminatórios", o NAIC concluiu que várias das formas de otimização comumente utilizadas pelas seguradoras são abrangidas por essa proibição, em particular, que eram injustamente discriminatórias aquelas que procuram determinar o preço máximo que um cliente estaria disposto a pagar, a propensão de um cliente para comparar preços ou a propensão de um cliente para fazer perguntas ou reclamações. A resposta dos reguladores de seguros foi quase imediata e, em pouco mais de um ano, mais de vinte Estados tinham tomado alguma forma de ação para refrear a utilização dessas práticas concretas.[49] Note-se que o clima era muito propício para a tomada de decisões como essas, coincidindo com o tumulto

---

48 À falta de outra definição, o NAIC cunha a seguinte, da qual parte: "otimização de preços se refere ao processo de maximizar ou minimizar uma métrica comercial utilizando ferramentas e modelos sofisticados para quantificar os dados comerciais. Exemplos de métricas comerciais incluem metas de marketing, lucratividade e retenção de segurados".

49 A lista dos estados americanos que, no outono de 2016, já haviam adotado medidas contra essa prática pode ser consultada aqui: COTTER, Daniel A. Status of the price optimization debate. *FORC Journal*. Disponível em: https://www.forc.org/Public/Journals/2016/Articles/Fall/2016FallArticle2.aspx.

causado pela publicação do relatório da Consumer Reports sobre prêmios de seguros de carros e a denúncia de que companhias desse setor, como a Allstate, otimizavam preços.

O problema é universal, como o são as práticas que se enquadram no amplo âmbito da otimização de preços. No Reino Unido, por exemplo, existe uma preocupação especial com a prática (muito difundida nos seguros de carro e residencial) de cobrar mais a cada ano aos segurados que não mudam de empresa do que de novos clientes. A título de exemplo, note-se que um tomador de seguro residencial que permanece com a mesma seguradora durante cinco anos paga, em média, 70% mais do que um novo tomador de seguro.[50] Face a essa situação, a Financial Conduct Authority (FCA) lançou uma consulta em setembro de 2020 sobre otimização de preços e acaba de anunciar que a penalização do "segurado fiel" em relação ao novo segurado será proibida a partir de 1º de janeiro de 2022.[51]

Essa questão foi discutida no seio do Consultative Expert Group on Digital Ethics (GDE) da Eiopa, e nem todos os membros concordam com a adoção de medidas proibitivas ou repressivas, tais como as adotadas nos EUA ou no Reino Unido.[52] Ao contrário, alguns membros da Eiopa consideram que, de acordo com o princípio da livre-iniciativa, as seguradoras devem ser livres para oferecer descontos comerciais para atrair ou reter clientes. Consideram ainda que tais descontos são motivados por múltiplos fatores, tais como a estratégia comercial da seguradora, a vontade dos agentes ou corretores de maximizar a carteira de clientes regulares, dando um desconto extra àqueles que consideram estar em alto risco de mudar para outra empresa, para assegurar uma relação em longo prazo com os seus clientes e, em geral, para evitar que os segurados "de baixo risco", ou seja, aqueles que são suscetíveis de gerar menos sinistros, saiam para os concorrentes. Além disso, o volume da carteira de clientes é fundamental para o bom funcionamento das empresas, e a aquisição de novos clientes é um processo dispendioso, pelo que a retenção de clientes é economicamente relevante. Ademais, nota-se que a utilização de modelos para estabelecer prêmios em relação aos da concorrência é uma característica básica dos mercados competitivos e, finalmente, que

---

50 MINTY, D. The new pricing principles for insurance: origins, impacts and ideas. *Ethics and Insurance*, 9 maio 2018. Disponível em: https://ethicsandinsurance.info/2018/05/09/pricing-principles/.

51 Cf. a notícia, por exemplo, em SEWRAZ, Reena. FCA to ban car and home insurance "loyalty penalty" in January: will you save money? *Which?*, 28 maio 2021. Disponível em: https://www.which.co.uk/news/2021/05/fca-to-ban-car-and-home-insurance-loyalty-penalty-in-january-will-you-save-money/.

52 Cf. EIOPA – EUROPEAN INSURANCE AND OCCUPATIONAL PENSIONS AUTHORITY. Artificial intelligence governance principles: towards ethical and trustworthy artificial intelligence in the european insurance sector, p. 37. Disponível em: https://www.eiopa.europa.eu/sites/default/files/publications/reports/eiopa-ai-governance-principles-june-2021.pdf.

algumas seguradoras oferecem um prêmio reduzido a novos clientes durante a fase inicial da relação e ajustam-no nos períodos de seguro subsequentes à medida em que descobrem mais sobre o seu perfil de risco.

A esse respeito, em vez de uma política totalmente restritiva, esse Expert Group defende uma solução de compromisso que consiste no seguinte: para ramos essenciais de seguros, propõe-se que os métodos de otimização que consistem em descobrir o preço máximo que um cliente estaria disposto a pagar (os chamados *price elasticity models*) e as técnicas para descobrir o preço máximo que um cliente individual pagaria por meio do conhecimento em tempo real do que estaria disposto a pagar à concorrência devem ser evitados, por exemplo, perguntando-lhes sobre as suas outras ofertas (*individual real-time comparison models*), tanto na fase de captação de um novo cliente como na fase de renovação do contrato – e isso, por razões éticas, de justiça e mesmo concorrenciais.

Por outro lado, o GDE considera que os modelos de retenção de clientes que correm alto risco de abandonar a empresa (*churn models*), as práticas ligadas ao favorecimento de clientes que, segundo o juízo da seguradora, assim o mereçam, à luz de sua relação com ela durante os anos (*customer life time estimation models*), as campanhas publicitárias dirigidas a certa coletividade (*targeted marketing campaigns*) e as pesquisas de mercado (*market competition analysis*) devem ser admitidas, mas as seguradoras deveriam se esforçar para evitar que tais instrumentos não acarretem desvantagens desproporcionais a grupos vulneráveis. Por outro lado, os *churn models* não devem ser utilizados para aumentar os prêmios para os segurados "fiéis". Nesse sentido, saliente-se que os aumentos de prêmios em cada renovação do contrato só devem se basear em aumentos de risco ou de custos, não noutras razões (para evitar situações como os prêmios de seguros residenciais no Reino Unido anteriormente descritos), mas os descontos comerciais são considerados admissíveis, com as ressalvas antes expostas. Em suma, seria admissível, sob esse ponto de vista, oferecer descontos a novos clientes, mas não aumentar o prêmio dos clientes antigos para compensar isso.

4. MEDIDAS DE TRANSPARÊNCIA

Todas essas medidas destinadas a evitar que os segurados sofram um tratamento discriminatório, no sentido de um afastamento da premissa de que a um risco igual deve corresponder um prêmio igual, não seriam eficazes se não fossem complementadas por outras medidas destinadas a tornar transparente a atuação das seguradoras em matéria de preços. É difícil para uma pessoa segurada defender-se contra um tratamento discriminatório se não souber que está sofrendo tal tratamento.

4.1 Na implementação de sistemas de IA em geral

Esse é um problema comum ao uso do algoritmo para fixar preços (e outras condições contratuais) em todos os ramos, e não apenas nos seguros, gerando uma desconfiança inteiramente justificável no público consumidor. A esse respeito, as já mencionadas *Orientações éticas para uma IA de confiança*, redigidas a requerimento da Comissão Europeia e publicadas em 2019, cunham o princípio da "explicabilidade" como um instrumento fundamental para ganhar a confiança dos usuários dos sistemas de IA:[53] "explicabilidade" significa, de forma geral, (i) "que os processos devem ser transparentes", (ii) "que as capacidades e a finalidade dos sistemas de IA devem ser abertamente comunicadas" e (iii) "que as decisões – tanto quanto possível – devem ser explicáveis aos que são por elas afetados de forma direta e indireta para que possam contestar adequadamente determinada decisão". Há casos em que não é possível explicar o resultado nem a combinação de fatores que levaram a ele, porque o processo é tão complexo que nem o próprio programador pode explicá-lo. Nesses casos, conhecidos como algoritmos de "caixa-preta", o princípio da explicabilidade deve ser adaptado, exigindo-se, por exemplo, "a rastreabilidade, a auditabilidade e a comunicação transparente sobre as capacidades do sistema, desde que o sistema no seu conjunto, respeite os direitos fundamentais". O grau de explicabilidade, acrescenta, não tem necessariamente de ser o mesmo em todos os casos, mas "depende em grande medida do contexto e da gravidade das consequências de um resultado errado ou inexato".

Outra obrigação mais concreta relativa à transparência na utilização da IA é que os usuários devem ser informados, quando for o caso, de que não estão interagindo com um ser humano no processo em que estão envolvidos ou de que a decisão é tomada automaticamente, sem controle humano. Se olharmos para o regulamento de proteção de dados, o artigo 22 c) do Regulamento (UE) 2016/679 sobre a proteção de dados pessoais (doravante designado RGPD),[54] ele exige que, quando um indivíduo for objeto de uma decisão baseada no tratamento automatizado dos seus dados, não é sequer suficiente que ele seja informado deste fato, devendo consentir explicitamente nisso. Como regra geral, reconhece-se a todo interessado o direito de não ser objeto de

53 Cf. COMISSÃO EUROPEIA. Direção-Geral das Redes de Comunicação, Conteúdos e Tecnologias. *Orientações éticas para uma IA de confiança*. Serviço das Publicações, 2019, p. 16, número de margem 53.

54 PARLAMENTO EUROPEU; CONSELHO DA UNIÃO EUROPEIA. Regulamento (UE) 2016/679 de 27 de abril de 2016 relativo à proteção das pessoas físicas no que diz respeito ao tratamento de dados pessoais e à livre circulação desses dados e pelo qual se derroga a Diretiva 95/46/CE (Regulamento Geral de Proteção de Dados). Jornal Oficial da União Europeia, L 119/1, p. 1. Disponível em: https://eur-lex.europa.eu/legal-content/PT/TXT/PDF/?uri=CELEX:32016R0679.

uma decisão baseada unicamente no tratamento automatizado, incluindo a definição de perfis, que produza efeitos jurídicos sobre ela ou que a afete significativamente de um modo semelhante. Por conseguinte, para que tal decisão seja tomada sem intervenção humana, é necessário o consentimento expresso do interessado, a não ser que se aplique alguma das exceções previstas no regulamento.[55]

Nas *Orientações éticas para uma IA de confiança*,[56] promovidas pela Comissão Europeia, um dos requisitos (juntamente com a explicabilidade, entre outros) considerados fundamentais para alcançar a confiabilidade da IA é precisamente a intervenção humana. Por conseguinte, afirma-se (i) que os sistemas de IA "não se devem apresentar como seres humanos aos utilizadores", mas identificar-se como tais; (ii) que o utilizador deve ser informado das "capacidades e limitações" do sistema de IA e mesmo, "quando necessário", (iii) oferecer ao utilizador a possibilidade de decidir se prefere interagir com um sistema de IA ou com uma pessoa. Na mesma linha, a referida Proposta de Regulamento do Parlamento Europeu e do Conselho, que estabelece regras comuns no domínio da inteligência artificial, em seu artigo 52.1, obriga os fornecedores de sistemas de IA a assegurar que "os sistemas de IA destinados a interagir com pessoas singulares sejam concebidos e desenvolvidos de maneira que as pessoas singulares sejam informadas de que estão a interagir com um sistema de IA, salvo se tal se revelar óbvio dadas as circunstâncias e o contexto de utilização".[57]

4.2 No uso de sistemas de IA no campo dos seguros

4.2.1 *A situação do nosso ordenamento no seu contexto jurídico*

Centrando-se no domínio dos seguros, o princípio da transparência e da explicabilidade está presente em várias normas. No domínio da distribuição, o artigo 20 da

55 Em aplicação do artigo 22 c) RGPD, há seguradoras que reconhecem usar arquivos de dados de origens diversas e calcular o prêmio utilizando um algoritmo. Negam, contudo, que o resultado seja exclusivamente automático, e, para sustentar essa posição, admitem que o tomador tenha o direito de fazer intervir uma pessoa na fixação do prêmio e de impugnar seu valor, se não estiver de acordo. É o caso da AXA, com sua apólice de seguro de caução para agências de viagem (número 62709521), que pode ser consultada em AXA. *Póliza de Seguro de Caución* – Agencias de Viajes / Viajes Combinados- Servicios de Viajes Vinculados. Disponível em: https://www.estiber.com/pdf/poliza-62709521.pdf.

56 Cf. COMISSÃO EUROPEIA. Direção-Geral das Redes de Comunicação, Conteúdos e Tecnologias. *Orientações éticas para uma IA de confiança*. Serviço das Publicações, 2019, p. 18, número de margem 58, e p. 22, número de margem 78.

57 COMISSÃO EUROPEIA. Proposta de regulamento do Parlamento Europeu e do Conselho que estabelece regras harmonizadas em matéria de inteligência artificial (Regulamento Inteligência Artificial) e altera determinados atos legislativos da União. *COM*, 2021, 206 final. Disponível em: https://eur-lex.europa.eu/legal-content/PT/TXT/HTML/?uri=CELEX:52021PC0206&from=EN.

Diretiva UE 2016/97 sobre Distribuição de Seguros[58] (doravante, DDS), tal como o artigo 175 do Decreto-Lei 3/2020 de 4 de fevereiro, que transpõe aquela norma para a legislação espanhola, obriga todos os distribuidores de seguros a fornecer ao cliente "informações objetivas sobre o produto de seguro de uma forma compreensível, para que o cliente possa tomar uma decisão informada". Também no domínio do contrato de seguro, o artigo 3 LCS impõe à seguradora a redação das condições gerais e particulares "de forma clara e precisa" e a entrega de uma cópia das condições gerais com a proposta de seguro, caso ela venha a existir. Mas, em ambos os casos, a informação é sobre o produto, e não sobre a forma como foi fixado o preço que a empresa exige do cliente para sua contratação, o que parece escapar a esta obrigação. Finalmente, a obrigação do distribuidor de seguros de fornecer ao segurado o documento de informação sobre o produto de seguros (DIPS), que é regulamentado, ademais do referido Decreto-Lei 3/2020 (art. 176º), no Regulamento de implementação do DDS [(UE) 2017/1469],[59] também não contribui em nada a esse respeito, uma vez que, nesse documento, cujo conteúdo é padronizado, a única informação sobre prêmios é a relativa ao pagamento [art. 6.1.h) do Regulamento].

Essa deficiência também não é coberta pelas obrigações de informação previstas no regulamento de supervisão (LOSSEAR e ROSSEAR). Na Espanha, a LOSSEAR (art. 95) permite às seguradoras não tornar públicas as suas tarifas, sendo suficiente (como acima mencionado) que as disponibilizem à autoridade controladora. Elas também não são obrigadas a informar os clientes sobre a forma com que são elaboradas as tarifas, incluindo os fatores de cálculo, exceto para certos ramos, como os de morte e de doença (art. 96.4 LOSSEAR e 125 e 126 ROSSEAR).[60] Portanto, estabelecer uma comparação,

58 COMISSÃO EUROPEIA. Diretiva (UE) 2016/97, do Parlamento Europeu e do Conselho de 20 de janeiro de 2016 sobre a distribuição de seguros. *Jornal Oficial da União Europeia*, L 26/19. Disponível em: https://eur-lex.europa.eu/legal-content/PT/TXT/PDF/?uri=CELEX:32016L0097&from=PT.

59 COMISSÃO EUROPEIA. Regulamento de Execução (UE) 2017/1469 da Comissão, de 11 de agosto de 2017, pelo qual se estabelece um formato de apresentação normalizado para o documento de informação sobre produtos de seguro, *Jornal Oficial da União Europeia*, L 209/19. Disponível em: https://eur-lex.europa.eu/legal-content/PT/TXT/PDF/?uri=CELEX:32017R1469&from=PT.

60 Com efeito, no seguro de morte, as seguradoras estão obrigadas a fornecer ao tomador de uma apólice de morte informações determinadas, incluindo [art. 125, parágrafo 1º, *c)* ROSSEAR] a "identificação dos *fatores de risco objetivos* que devem ser considerados na taxa de prêmio para aplicar nas *renovações sucessivas* da apólice: idade do segurado, variações no capital segurado ou evolução nos custos dos serviços funerários; e é semelhante à obrigação a cargo das seguradoras no ramo de doenças, pois devem informar ao tomador sobre [art. 126.1 *a)* ROSSEAR] a "identificação dos *fatores de risco objetivo* a considerar na taxa de prêmios a aplicar nas *sucessivas renovações* da apólice, em qualquer das modalidades de cobertura do seguro doença". Isto é, apenas se prevê para certos ramos e para fins de renovação, não para informar potenciais tomadores. Entretanto, no ramo de saúde, exige-se das seguradoras que tornem públicas em suas páginas na internet "as tarifas de prêmios aplicáveis para todos os segmentos de idade ou que se delimitem em função de algum outro critério objetivo de classificação dos segurados" (art. 126.2 ROSSEAR).

quer se utilizem ou não grandes dados, é complicado, pois o segurado pode conhecer o prêmio que lhe é cobrado, bem como o prêmio solicitado por outras seguradoras se, como é aconselhável, solicitar várias ofertas, mas o que não sabe é o prêmio exigido por qualquer uma dessas empresas a outro segurado com o mesmo perfil de risco. E isso acontece tanto no momento da contratação como no momento das sucessivas renovações do contrato. A dificuldade aumenta ainda pelo fato óbvio de que, nos seguros, para tomar a decisão certa sobre a contratação ou a renovação, não basta comparar preços, mas é necessário comparar preços e coberturas ao mesmo tempo, e as empresas não são obrigadas a tornar públicas as suas condições gerais, que estão sujeitas ao mesmo sistema de publicidade que as tarifas. De fato, embora, como já salientamos, devam fornecer os termos e condições gerais ao candidato ao seguro na fase pré-contratual para que ele possa tomar uma decisão informada sobre a subscrição ou não da apólice, muitas vezes não os fornecem até que a apólice seja assinada, em clara violação do que é exigido pelo artigo 3º LCS.

Por conseguinte, é difícil, no nosso sistema jurídico, que um segurado se defenda contra um tratamento discriminatório, já que não pode sequer saber que está sendo submetido a tal tratamento. O problema que aqui surge, como já referido, não é que o segurado não disponha dos meios legais para se defender contra um tratamento discriminatório em termos de preços, mas que não tenha os meios para saber se o resultado é ou não discriminatório, porque lhe faltam os dados que lhe permitiriam fazer uma comparação entre o prêmio que lhe é oferecido e o que é oferecido a outros indivíduos com as mesmas condições de risco. Isso levanta a questão de saber se as seguradoras devem ser juridicamente obrigadas a ser mais transparentes nos seus preços, e até mesmo se a liberdade de preços das seguradoras deve ser mantida.

É também verdade que a falta de transparência nos preços pode ser prejudicial para a seguradora, uma vez que recai sobre ela o ônus, em caso de litígio, de provar que existem razões objetivas para cobrar um prêmio mais elevado a um segurado do que a outro e, se o prêmio for calculado automaticamente por um algoritmo, ela pode nem sequer saber, como já salientamos anteriormente em relação às chamadas "caixas-pretas", por que razão se chegou a esse resultado.[61-62]

---

61 Não se pode estranhar que as próprias seguradoras reconheçam abertamente o problema que têm para responder a reclamações de discriminação em matérias de preços recebidas da parte de seus clientes. A esse respeito, cf. os informes do Capgemini: CAPGEMINI RESEARCH INSTITUTE. *Smart money*, p. 25. Disponível em: https://www.capgemini.com/es-es/wp-content/uploads/sites/16/2020/11/Report-AI-in-CX-FS.pdf; CAPGEMINI RESEARCH INSTITUTE. *Why addressing ethical questions in AI will benefit organizations*. Disponível em: https://www.capgemini.com/ch-en/research/why-addressing-ethical-questions-in-ai-will-benefit-organizations/.

62 Ademais, como assinala EIOPA – EUROPEAN INSURANCE AND OCCUPATIONAL PENSIONS AUTHORITY. *Artificial intelligence governance principles*: towards ethical and trustworthy artificial intelligence in

Tendo tudo isso em conta, e como já salientei noutras publicações sobre o assunto,[63] deve-se perguntar se, para além de tornar públicas as suas tarifas, ou seja, os preços do seu serviço, as seguradoras devem ser obrigadas a tornar públicos os fatores de risco que utilizam no seu cálculo, bem como o peso que cada fator teve no cálculo do prêmio. Na minha opinião, ambas as perguntas devem ser respondidas afirmativamente, pois o conhecimento dessas informações é decisivo para verificar se existe alguma discriminação na fixação de preços.

De fato, outros ordenamentos jurídicos já estão implementando obrigações de informação mais exigentes para as seguradoras sobre os métodos que utilizam para fixar os prêmios do que na Espanha. É o caso da Bélgica, cuja regulamentação no domínio dos seguros tem sido não só vanguardista, mas também bem-sucedida em muitas ocasiões, constituindo um bom modelo em que podemos nos inspirar. De fato, na sua Lei de Seguros de 2014[64] (§§ 45 e 46 em conjunto com § 43), as seguradoras são obrigadas a publicar nos seus sites na internet os critérios de seleção de riscos e os fatores de cálculo de prêmios em vários ramos: responsabilidade civil automobilística, incêndio, responsabilidade civil extracontratual, seguro de vida individual, saúde e assistência jurídica. Além disso, se o candidato ao seguro for um consumidor, a empresa tem de mencionar, na sua oferta de seguro, os critérios de segmentação que utilizou para determinar as taxas contratuais e a extensão da garantia. Essas informações devem ser fornecidas individualmente, de forma clara e compreensível ao tomador do seguro, e a sua explicação dos critérios de segmentação utilizados deve distinguir entre os critérios utilizados para estabelecer as condições no início do contrato e aqueles que são suscetíveis de ter um impacto nas condições do contrato no futuro.

No entanto, essa exigência de transparência deve ser conciliada com outra realidade que deve necessariamente ser tida em conta e que, em geral, embora tenha os seus riscos, oferece vantagens óbvias aos segurados. Refiro-me à tendência cada vez mais

---

the european insurance sector. Disponível em: https://www.eiopa.europa.eu/sites/default/files/publications/reports/eiopa-ai-governance-principles-june-2021.pdf, p. 41, o problema dos sistemas de IA considerados "caixas-pretas" não se resume às dificuldades de pouca transparência para os segurados e para as próprias seguradoras no caso concreto, na medida em que esteja fora de seu alcance fornecer a informação necessária ao segurado sobre como os preços foram fixados; o problema vai mais além, pois compromete a possibilidade de auditar o sistema em seu conjunto, no sentido de que é difícil detectar se o modelo de fixação de preços da seguradora é correto ou não.

63 Especialmente em Muñoz Paredes, M. L. El 'Big Data' y la transformación del contrato de seguro. *In*: VEIGA, A. B. *Dimensiones y desafíos del seguro de responsabilidad civil*. Cizur Menor: Aranzadi, 2021, p. 1043.

64 O texto completo dessa lei pode ser consultado em: BÉLGICA. Belgisch Staatsblad. Wet Betreffende de Verzekeringen (Lei de Seguros), 30 abr. 2014. Disponível em: http://www.ejustice.just.fgov.be/mopdf/2014/04/30_1.pdf#Page75.

acentuada para a criação de apólices muito flexíveis, que se adaptam às necessidades de cada segurado, como é o caso dos seguros *on demand*,[65] que permitem ao segurado aceitá-los ou deixá-los quando lhe convém, e dos que se adaptam, durante a vigência do contrato, automaticamente às variações de risco, como é o caso do seguro *pay-as--you-drive* ou *pay-as-you-live*, que constituía uma exceção no nosso mercado, mas que está ganhando cada vez mais terreno devido, por um lado, ao aumento da contratação on-line e, por outro, à crise do coronavírus, que, com a imposição de confinamentos, toques de recolher e fechamentos de regiões, evidenciou a utilidade de seguros verdadeiramente adaptados ao risco existente e que não cobrem, por exemplo, a condução de um veículo que, na realidade, não pode sair de uma garagem.

4.2.2 *Recomendações recentes da Eiopa em matéria de transparência nos seguros, especialmente quanto à determinação dos prêmios*

Na ausência (por enquanto) de uma regulamentação específica mais exigente para as seguradoras, ganham evidente importância as recomendações sobre transparência e explicabilidade nos seguros recentemente publicadas pela Eiopa,[66] seguidas de perto, ao desenvolvê-las extensivamente, pelas linhas gerais das *Orientações Éticas para uma IA de Confiança*, promovidas pela Comissão Europeia, publicadas em 2019 e frequentemente citadas neste trabalho.

As recomendações são de natureza diversa e, em resumo, são as seguintes:

a) As explicações da seguradora devem ser adaptadas a casos específicos de utilização da IA. Essa recomendação implica:
   (i) Que o nível de detalhe da explicação a fornecer pela seguradora deve ser adaptado à situação específica. Por exemplo, deve ser mais pormenorizado se a informação for solicitada pela autoridade de supervisão do que se for solicitada por um consumidor, ou que a solicitação da informação

65 Para uma abordagem dessa figura, cf. BRAUN, A.; HAAS, M. On-Demand Insurance: A relevant alternative to standard products?. *In*: EKSTEIN, A.; FUNK-MÜNCHMEYER, A.; LIEBETRAU, A. (Ed.). *Innovation in the European insurance industry*. Karlsruhe: VVW, 2019, pp. 183-188.

66 Cf. EIOPA – EUROPEAN INSURANCE AND OCCUPATIONAL PENSIONS AUTHORITY. *Artificial intelligence governance principles*: towards ethical and trustworthy artificial intelligence in the european insurance sector. Disponível em: https://www.eiopa.europa.eu/sites/default/files/publications/reports/eiopa-ai-governance-principles-june-2021.pdf, pp. 40ss. Nesse informe, define-se (cf. p. 41) "transparência" como o "fornecimento de informação sobre o uso, a natureza ou o desenho de um sistema de IA e as variáveis de dados e parâmetros utilizados" e como "explicabilidade" a parte da transparência relativa à "capacidade de explicar os resultados de um sistema de IA a um determinado público, especialmente a relação entre peso e influência e a relação causal de uma variável ou grupo de variáveis no resultado final".

por um consumidor não é a mesma quando ele a pede no trâmite de contratação do seguro e quando a seguradora está tentando detectar uma fraude. Na utilização de IA para a detecção de fraudes, seria mesmo permitido à seguradora reter informações dos segurados precisamente para evitar que a operação redunde em fracasso;

(ii) Que os dados a serem fornecidos não precisam ser os mesmos para todos os interessados. Assim, por exemplo, é mais adequado que as autoridades de supervisão e os auditores recebam informações gerais sobre a lógica interna do sistema de IA e dos seus componentes (por exemplo, características, parâmetros e interações), uma vez que isso lhes facilitará a detecção de circunstâncias em que um modelo pode fazer previsões incorretas. Por outro lado, pode ser mais útil para o segurado (ou potencial segurado) conhecer, para além das condições gerais do contrato, os fatores de cálculo do prêmio, como sustentamos aqui. Dessa forma, o potencial segurado pode saber que aspectos deve melhorar para obter um prêmio melhor, embora haja também o risco de, conhecendo tais fatores, haver segurados que tentem falsificar dados para obter um prêmio mais baixo, pelo que as empresas devem controlar cuidadosamente a veracidade das informações fornecidas pelo cliente.[67] Para todos esses fins, as seguradoras devem fornecer aos intermediários todas as informações necessárias para explicar aos clientes os fatores de cálculo dos prêmios quando intervêm na contratação (e também, deve-se entender, para que possam controlar as possíveis tentativas de fraude a que acabamos de nos referir).

b) As seguradoras devem esforçar-se por utilizar modelos de IA suscetíveis de explicação, especialmente em casos de uso de IA de alto impacto. Isso implica o seguinte:

(i) Alguns sistemas de IA, tais como a regressão linear ou as árvores de decisão, são mais fáceis de explicar do que outros, tais como redes neurais, que podem, no entanto, ser mais precisas em seus resultados. No conflito entre explicabilidade e precisão, de acordo com a Eiopa, a explicabilidade deve prevalecer;

67 O risco de que o segurado trate de melhorar falsamente seu perfil até o ponto de pagar empresas que classificam a reputação de clientes foi destacado já em ESAs – EUROPEAN SUPERVISION AUTHORITIES. Joint Committee Final Report Big Data. *JC*, pp. 12-13, abr. 2018. Disponível em: https://www.esma.europa.eu/sites/default/files/library/jc-2018-04_joint_committee_final_report_on_big_data.pdf.

(ii) Se uma seguradora utiliza "caixas-pretas", deve compensar a pouca transparência com a utilização complementar de ferramentas que permitam fornecer explicações.

c) A utilização de caixas-pretas deve ser combinada com outras medidas de governança para compensar a falta de explicabilidade do sistema pouco transparente, como por exemplo:

(i) Que haja um forte controle humano em todo o ciclo de utilização do sistema, o que implica que, se forem escolhidos sistemas automatizados com pouco controle humano, devem ser escolhidos modelos que sejam facilmente explicáveis;

(ii) Além disso, deve haver uma gestão robusta da base de dados para assegurar que não haja imprecisões que possam levar à discriminação.

d) As empresas devem fornecer explicações inteligíveis sobre o funcionamento dos seus sistemas de IA aos destinatários das suas informações – mais técnicas se forem, por exemplo, auditores, e mais simples se forem consumidores. Caso quem requeira o seguro seja aquele que exige a informação, ela deve ser suficientemente completa (por exemplo, sobre os fatores de cálculo dos prêmios) para lhes permitir tomar decisões informadas.

e) As seguradoras devem comunicar de forma transparente os dados utilizados nos seus modelos de IA, em conformidade com as disposições do RGPD e, além disso:

(i) Para efeitos da contratação, os clientes precisam estar cientes dos fatores de cálculo do prêmio e dos dados que desempenham um papel essencial na decisão da seguradora sobre a celebração do contrato;

(ii) Devem informar os seus clientes dos ciberataques que afetem os seus dados pessoais.

f) Embora a individualização do risco e a consequente personalização dos produtos dificulte a comparação dos produtos por parte do potencial segurado, existem ferramentas que podem ser utilizadas para fazê-lo:

(i) Sites de comparação e os DIPS, entre outras;

(ii) Como os sites de comparação privados tendem a concentrar-se mais na comparação de preços do que na cobertura, propõe-se a criação de sites de comparação públicos que efetuem bem a comparação dupla, com preço e cobertura.

g) Que o cliente seja informado de que não está interagindo com um ser humano (geralmente um *chatbot* ou um *robo-adviser*), e, além disso:

(i) Explicar as capacidades e limitações do sistema com o qual está atuando e, caso se trate de um robô-consultor que recomenda produtos ao cliente, explicar os algoritmos por trás das recomendações feitas;

(ii) Finalmente, e mais importante, o cliente deve poder pedir a intervenção de uma pessoa em alguma fase do processo.

Finalmente, à guisa de conclusão,[68] considera-se que as seguradoras devem ser capazes de explicar às autoridades controladoras que os princípios subjacentes ao modelo tarifário são sólidos e que os consumidores devem ser informados dos fatores que influenciam o cálculo dos prêmios a fim de criar confiança nos sistemas de IA, permitir que eles adaptem seu comportamento e tomar decisões informadas.

BIBLIOGRAFIA

ARMSTRONG, M. *Price Discrimination*. University Library of Munich, Alemanha, MPRA Paper n. 4693, 2006. Disponível em https://mpra.ub.uni-muenchen.de/4693/.

AXA. *Póliza de Seguro de Caución* – Agencias de Viajes / Viajes Combinados – Servicios de Viajes Vinculados. Disponível em: https://www.estiber.com/pdf/poliza-62709521.pdf.

BOOBIER, T. *Analytics for Insurance*: The Real Business of Big Data. Reino Unido: Wiley, 2016.

Botta, M.; Wiedemann, K. To discriminate or not to discriminate? Personalised pricing in online markets as exploitative abuse of dominance. *European Journal of Law and Economics*, v. 50, pp. 381-404, 2020. DOI: https://doi.org/10.1007/s10657-019-09636-3.

BRAUN, A.; HAAS, M. On-Demand Insurance: A relevant alternative to standard products?. *In*: EKSTEIN, A.; FUNK-MÜNCHMEYER, A.; LIEBETRAU, A. (Ed.). *Innovation in the European insurance industry*. Karlsruhe: VVW, 2019, pp. 183-188.

CAPGEMINI RESEARCH INSTITUTE. *Smart money*. Disponível em: https://www.capgemini.com/es-es/wp-content/uploads/sites/16/2020/11/Report-AI-in-CX-FS.pdf.

CAPGEMINI RESEARCH INSTITUTE. *Why addressing ethical questions in AI will benefit organizations*. Disponível em: https://www.capgemini.com/ch-en/research/why-addressing-ethical-questions-in-ai-will-benefit-organizations/.

CAPPIELLO, A. *Technology and the Insurance Industry*: Re-configuring the Competitive Landscape. Reino Unido: Palgrave-Macmillan; EUA: Springer; Suíça: Charm, 2018, pp. 105ss.

CECAS – Centro de Estudios del Consejo General de los Colegios de Mediadores de Seguros. *Manual del mediador de seguros*, v. I. Recurso on-line, 2019.

COMISSÃO EUROPEIA. Direção-Geral das Redes de Comunicação, Conteúdos e Tecnologias. *Orientações éticas para uma IA de confiança*. Serviço das Publicações, 2019. DOI: doi/10.2759/2686.

68 Cf. EIOPA – EUROPEAN INSURANCE AND OCCUPATIONAL PENSIONS AUTHORITY. *Artificial intelligence governance principles*: towards ethical and trustworthy artificial intelligence in the european insurance sector, p. 46. Disponível em: https://www.eiopa.europa.eu/sites/default/files/publications/reports/eiopa-ai-governance-principles-june-2021.pdf.

COMISSÃO EUROPEIA. Guidelines on the application of Council Directive 2004/113/EC to insurance, in the light of the judgment of the Court of Justice of the European Union in Case C-236/09 (Test-Achats). *Official Journal of the European Union*, 11. Jan. 2012. Disponível em: https://eur-lex.europa.eu/LexUriServ/LexUriServ.do?uri=OJ:C:2012:011:0001:0011:en:PDF.

CONSUMER REPORTS. *The secret score behind your rates*. 30 jul. 2015. Disponível em: https://www.consumerreports.org/cro/car-insurance/credit-scores-affect-auto-insurance-rates/index.htm.

COTTER, Daniel A. Cotter. Status of the price optimization debate. *FORC Journal*. Disponível em: https://www.forc.org/Public/Journals/2016/Articles/Fall/2016FallArticle2.aspx.

CRIADO, N.; SUCH, J. M. Digital Discrimination. *In*: YEUNG, K.; LODGE, M. (Ed.). *Algorithmic Regulation*. Oxford: Oxford University Press, 2019, pp. 82-97.

DANAHER, J. The Ethics of Algorithmic Outsourcing in Everyday Life. *In*: YEUNG, K.; LODGE, M. (Ed.). *Algorithmic Regulation*. Oxford: Oxford University Press, 2019, pp. 98-117.

DÍEZ ESTELLA, F. *La discriminación de precios en el Derecho de la competencia*. Madri: Civitas, 2003.

DUTCH ASSOCIATION OF INSURERS. *Solidarity monitor*. The 2nd measurement. 2018. Disponível em: https://www.verzekeraars.nl/media/5732/solidariteitsmonitor-2018-eenmeting-versie-22-oktober-2018_eng.pdf.

EBERS, M. Regulating AI Robotics: Ethical and Legal Challenges. *In*: EBERS M.; NAVAS, S. (Ed.). *Algorithms and Law*. Cambridge: Cambridge University Press, 2020, pp. 37-97.

EIOPA – EUROPEAN INSURANCE AND OCCUPATIONAL PENSIONS AUTHORITY. *Artificial intelligence governance principles*: towards ethical and trustworthy artificial intelligence in the european insurance sector. Disponível em: https://www.eiopa.europa.eu/sites/default/files/publications/reports/eiopa-ai-governance-principles-june-2021.pdf.

EIOPA – EUROPEAN INSURANCE AND OCCUPATIONAL PENSIONS AUTHORITY. *Big data analytics in motor and health insurance*: a thematic review. Disponível em: https://www.eiopa.europa.eu/content/big-data-analytics-motor-and-health-insurance_en?source=search.

ESAs – European Supervision Authorities. Joint Committee Final Report Big Data. *JC*, abr. 2018. Disponível em: https://www.esma.europa.eu/sites/default/files/library/jc-2018-04_joint_committee_final_report_on_big_data.pdf.

FCA – FINANCIAL CONDUCT AUTHORITY. *General insurance pricing practices*. Interim Report, 2019. Disponível em: https://www.fca.org.uk/publication/market-studies/ms18-1-2-interim-report.pdf.

FREZAL, S.; BARRY, L. Fairness in uncertainty: Some limits and misinterpretations of actuarial fairness. *Journal of Business Ethics*, 2019, pp. 1-10.

GENEVA ASSOCIATION (The). *Big Data and Insurance*: Implications for Innovation, Competition and Privacy. Disponível em: https://www.genevaassociation.org/sites/default/files/research-topics-document-type/pdf_public/big_data_and_insurance_-_implications_for_innovation_competition_and_privacy.pdf.

GÓMEZ SANTOS, M. Big data y discriminación de precios en el sector asegurador. *RDM*, v. 314, 2019, pp. 265-288.

HOLLAND, C.P.; MULLINS, M.; CUNNEEN, M. *Creating Ethics Guidelines for Artificial Intelligence (AI) and Big Data Analytics*: The Case of the European Consumer Insurance Market, 29 mar. 2021. Disponível em: https://papers.ssrn.com/sol3/papers.cfm?abstract_id=3808207.

HUERGO, A. El proyecto de Reglamento sobre la Inteligencia Artificial. *Almacén de Derecho*, 17 de abril de 2021. Disponível em: https://almacendederecho.org/el-proyecto-de-reglamento-sobre-la-inteligencia-artificial.

ITO, J. Supposedly 'Fair' Algorithms Can Perpetuate Discrimination. How the use of AI runs the risk of re-creating the insurance industry's inequities of the previous century. *Wired*, 2 maio 2019. Disponível em: https://www.wired.com/story/ideas-joi-ito-insurance-algorithms.

KELLER, B. Promoting Responsible Artificial Intelligence in Insurance. *The Geneva Association*, 16 jan. 2020. Disponível em: https://www.genevaassociation.org/research-topics/new-technologies-and-data/promoting-responsible-artificial-intelligence-insurance.

KEARNS, M.; ROTH, A. *The Ethical Algorithm: The Science of Socially Aware Algorithm Design*. Nova York: Oxford University Press, 2020.

MCGURK, B. *Data Profiling and Insurance Law*. Oxford: Bloomsbury, 2019.

MINTY, D. The new pricing principles for insurance: origins, impacts and ideas. *Ethics and Insurance*, 9 maio 2018. Disponível em: https://ethicsandinsurance.info/2018/05/09/pricing-principles/.

MUÑOZ PAREDES, M. L. 'Big Data' y contrato de seguro: los datos generados por los asegurados y su utilización por los aseguradores. *In*: HUERGO, A. (Ed.). *La regulación de los algortimos*. Cizur Menor: Aranzadi, 2020, pp. 129-162.

MUÑOZ PAREDES, M. L. El 'Big Data' y la transformación del contrato de seguro. *In*: VEIGA, A. B. *Dimensiones y desafíos del seguro de responsabilidad civil*. Cizur Menor: Aranzadi, 2021, pp. 1017-1051.

NAIC. *Price Optimization White Paper*. Disponível em: https://naic.org/documents/index_committees_price_opt_white_ppr.pdf.

NAIC. *Big data and insurance*. Disponível em: https://www.naic.org/cipr_newsletter_archive/vol16_big_data.pdf.

OECD. *Challenges to consumer policy in the digital age*. Disponível em https://www.oecd.org/sti/consumer/challenges-to-consumer-policy-in-the-digital-age.pdf.

OECD. *Digital Economy Outlook*. Paris: OECD Publishing, 2017. DOI: https://dx.doi.org/10.1787/9789264276284-en.

OECD. *Algorithms and Collusion*: Competition Policy in the Digital Age. Paris: OECD Publishing, 2017. Disponível em: www.oecd.org/competition/algorithms-collusion-competition-policy-in-the-digital-age.htm.

OECD. *Key Issues Paper*: Meeting of the Council at Ministerial Level Paris: OECD Publishing, 2019. Disponível em: http://www.oecd.org/mcm/documents/.

OECD. *Bridging the digital gender divide*: Include, upskill, innovate. Paris: OECD Publishing, 2018. Disponível em: http://www.oecd.org/going-digital/bridging-the-digital-gender-divide.pdf.

OECD. *How's Life in the Digital Age?* Opportunities and Risks of the Digital Transformation for People's Well-being. Paris: OECD Publishing 2019. DOI: https://dx.doi.org/10.1787/9789264311800-en.

O'NEIL, C. *Armas de destrucción matemática*. Madri: Capitán Swing, 2017.

PASQUALE, F. *New Laws of Robotics:* Defending Human Expertise in the Age of AI. Cambridge (Massachusetts): The Belknap Press of Harvard University Press, 2020.

PATTI, F. P. Personalization of the Law and Unfair Terms in Consumer Contracts. *In*: BUSCH, C.; DE FRANCESCHI, A. (Ed.). *Algorithmic Regulation and Personalized Law*. Munique: Beck; Oxford: Bloomsbury, 2021, pp. 221-235.

Porfirio Carpio, L. J. *La discriminación de consumidores como acto de competencia desleal.* Madri: Marcial Pons, 2002.

SCANTAMBURLO, T.; CHARLESWORTH, A.; CRISTIANINI, N. Machine Decisions and Human Consequences. *In*: YEUNG, K.; LODGE, M. (Ed.). *Algorithmic Regulation.* Oxford: Oxford University Press, 2019.

SCHILLER, B. R. *First Degree Price Discrimination Using Big Data.* Brandeys University, Working Paper Series 2013/58. Disponível em: https://www.brandeis.edu/economics/RePEc/brd/doc/Brandeis_WP58R.pdf.

SEWRAZ, Reena. FCA to ban car and home insurance "loyalty penalty" in January: will you save money? *Which?*, 28 maio 2021. Disponível em: https://www.which.co.uk/news/2021/05/fca-to-ban-car-and-home-insurance-loyalty-penalty-in-january-will-you-save-money/.

SHENGLIN, Ben *et al.* Digital Infrastructure: Overcoming the digital divide in emerging economies. *G20 Insights.* Disponível em: https://www.g20-insights.org/wp-content/uploads/2017/05/Digital_Overcoming-Digital-Divide-II.pdf.

STRAHILEVITZ, L. J. Reputation Nation: Law in an Era of Ubiquitous Personal Information. *Northwestern University Law Review*, v. p. 72, 2008. University of Chicago Law & Economics, Olin Working Paper n. 371; University of Chicago, Public Law Working Paper, n. 190. Disponível em https://papers.ssrn.com/sol3/papers.cfm?abstract_id=1028875.

TOWNLEY, C.; MORRISON, E.; YEUNG, K. Big Data and Personalized Price Discrimination in EU Competition Law. *Yearbook of European Law*, v. 36, n. 1, pp. 683–748, especialmente pp. 689ss., 2017. Disponível em: https://papers.ssrn.com/sol3/papers.cfm?abstract_id=3048688.

UK CMA. *Consumer vulnerability*: challenges and potential solutions, 2019. Disponível em: https://www.gov.uk/government/publications/consumer-vulnerability-challenges-and-potential-solutions.

YEUNG, K. Why worry about Decision-Making by Machine?. *In*: YEUNG, K.; LODGE, M. (Ed.). *Algorithmic Regulation.* Oxford: Oxford University Press, 2019, pp. 21-48.

Legislação

BÉLGICA. Belgisch Staatsblad. Wet Betreffende de Verzekeringen (Lei de Seguros), 30 abr. 2014. Disponível em: http://www.ejustice.just.fgov.be/mopdf/2014/04/30_1.pdfPage75.

COMISSÃO EUROPEIA. Proposta de regulamento do Parlamento Europeu e do Conselho que estabelece regras harmonizadas em matéria de inteligência artificial (Regulamento Inteligência Artificial) e altera determinados atos legislativos da União. *COM*, 2021, 206 final. Disponível em: https://eur-lex.europa.eu/legal-content/PT/TXT/HTML/?uri=CELEX:52021PC0206&from=EN.

COMISSÃO EUROPEIA. Diretiva (UE) 2016/97, do Parlamento Europeu e do Conselho de 20 de janeiro de 2016 sobre a distribuição de seguros. *Jornal Oficial da União Europeia*, L 26/19. Disponível em: https://eur-lex.europa.eu/legal-content/PT/TXT/PDF/?uri=CELEX:32016L0097&from=PT.

COMISSÃO EUROPEIA. Regulamento de Execução (UE) 2017/1469 da Comissão, de 11 de agosto de 2017, pelo qual se estabelece um formato de apresentação normalizado para o documento de informação sobre produtos de seguro, *Jornal Oficial da União Europeia*, L 209/19. Disponível em: https://eur-lex.europa.eu/legal-content/PT/TXT/PDF/?uri=CELEX:32017R1469&from=PT.

CONSELHO DA UNIÃO EUROPEIA. Diretiva do Conselho 2004/113/CE. *Jornal Oficial da União Europeia*, 21 dez. 2004. Disponível em: https://eur-lex.europa.eu/legal-content/PT/TXT/PDF/?uri=CELEX:32004L0113&from=PL.

ESPANHA. Ley 20/2015, de 14 de julio, de ordenación, supervisión y solvencia de las entidades aseguradoras y reaseguradoras. *BOE*, n. 168, 15 jul. 2015. Disponível em: https://www.boe.es/eli/es/l/2015/07/14/20/con.

ESPANHA. Real Decreto 1060/2015, de 20 de noviembre, de ordenación, supervisión y solvencia de las entidades aseguradoras y reaseguradoras. *BOE*, n. 288, 2 dez. 2015. Disponível em: https://www.boe.es/eli/es/rd/2015/11/20/1060/con.

PARLAMENTO EUROPEU; CONSELHO DA UNIÃO EUROPEIA. Directiva de 24 de Outubro de 1995, relativa à protecção das pessoas singulares no que diz respeito ao tratamento de dados pessoais e à livre circulação desses dados. *Jornal Oficial da União Europeia*, L 281, pp. 31-50. Disponível em: https://eur-lex.europa.eu/legal-content/PT/TXT/PDF/?uri=CELEX:32016R0679.

PARLAMENTO EUROPEU; CONSELHO DA UNIÃO EUROPEIA. Regulamento (UE) 2016/679 de 27 de abril de 2016 relativo à proteção das pessoas físicas no que diz respeito ao tratamento de dados pessoais e à livre circulação desses dados e pelo qual se derroga a Diretiva 95/46/CE (Regulamento Geral de Proteção de Dados). *Jornal Oficial da União Europeia*, L 119/1. Disponível em: https://eur-lex.europa.eu/legal-content/PT/TXT/PDF/?uri=CELEX:32016R0679.

Acesso ao seguro: desenvolvimento e discriminação

Jorge Cesa[1]

Obrigado, Ministro Paulo Moura Ribeiro, em nome de quem saúdo a organização deste evento. Também gostaria de fazê-lo em nome do grande professor de todos nós, Paulo Marraccini, um dos grandes nomes do seguro no Brasil. Gostaria de, em nome dessas duas pessoas e também do Dr. Ernesto Tzirulnik, fazer uma saudação especial e dizer da minha enorme alegria e do meu grande orgulho por participar deste evento, que é indubitavelmente um marco no estudo do Direito do Seguro no Brasil.

O tema que nos é afeito neste painel diz respeito fundamentalmente a discriminação e seguro. Fareo, na medida do possível, uma introdução ao tema e abordarei em que medida isso deflui em relação ao seguro. Por que me interesso por essa abordagem? Fundamentalmente porque se nós olharmos as conexões entre antidiscriminação e contrato, ou antidiscriminação e seguro, nós vamos constatar a existência de um conjunto muito expressivo de questões profundas e relevantes no nosso dia a dia, por exemplo questões relativas à justiça: por hipótese, é aplicável ou não a justiça atuarial em situações que envolvam possíveis discriminações? Questões éticas: por hipótese, será que nós podemos aceitar que, em determinadas circunstâncias, aquele que é mais necessitado economicamente seja também mais penalizado, do ponto de vista de um prêmio de seguro? Discussões sobre fundamentos e finalidades da própria antidiscriminação, conexões entre o Direito e a Economia, como a aplicação da regra econômica da seleção adversa. As várias dificuldades de interpretação que normas antidiscriminatórias pressupõem, como os seus reflexos em interpretações acerca da abrangência de invalidades ou da ilicitude de determinadas condutas. Todas essas questões são postas a partir de um Direito – nós podemos chamar assim, um ramo do Direito –, que é o Direito da Antidiscriminação.

---

1 Doutor em Direito Civil pela Universidade de São Paulo (USP) e Mestre em Direito Privado pela Universidade Federal do Rio Grande do Sul (UFRGS), mesma universidade pela qual se graduou em Ciências Jurídicas e Sociais (1992). Advogado.

Do ponto de vista da história do Direito Privado, se nós quisermos fazer um corte desde Roma, é muito jovem. O Direito da Antidiscriminação, se pegarmos um momento inicial, talvez possamos dizer que é de 1954, a partir do julgamento da Suprema Corte norte-americana, do famoso caso Brown v. Board of Education. Portanto, teve um desenvolvimento a partir de então, realiza-se em grande medida ao final da década de 60 e início da década de 70 nos Estados Unidos, e isso passa para o Reino Unido, e do Reino Unido vai para a Europa. Da Europa, difunde-se ao mundo ocidental.

Nós temos então um ramo do Direito que pode ser tido como muito jovem, mas por outro lado, temos o conjunto de problemas que são já, para a solução de casos práticos, um tanto quanto antigos. Por exemplo, se olharmos a diretiva 113 de 2004 da Comunidade Europeia, que se dedica a aplicar o princípio da igualdade de tratamento entre homens e mulheres no acesso a bens e serviços e seu fornecimento, portanto, no âmbito do Direito Contratual, no âmbito do Direito Privado. Uma diretiva que tem 17 anos já.

Nós vamos encontrar no Artigo 5º a seguinte regra:

> Os Estados-Membros devem assegurar que, em todos os novos contratos celebrados, o mais tardar, depois de 21 de Dezembro de 2007, a consideração do sexo enquanto factor de cálculo dos prémios e das prestações para efeitos de seguros e outros serviços financeiros não resulte, para os segurados, numa diferenciação dos prémios e prestações.

Isso significa que a utilização do critério sexo ou gênero para a contratação de seguros é, desde então, ao menos no âmbito do Direito Europeu, tendencialmente vedado.

Não vou entrar em discussão sobre o Direito Europeu, mas esse é um marco relevante no que diz respeito à ideia de que determinados critérios nós não podemos utilizar como fator de diferenciação de prêmios ou de riscos, e, por conseguinte, de prêmios. Então, nessa nossa discussão vou tentar em primeiro lugar fazer algumas considerações a respeito do que é antidiscriminação. Depois, vou fazer algumas considerações a respeito do que é a antidiscriminação e seus reflexos nos contratos. Em terceiro lugar, eu vou tentar abordar alguns aspectos da antidiscriminação em um contrato específico, que é o que nos une hoje, que é o contrato de seguro.

Então, em primeiro lugar, para nós entrarmos talvez com mais clareza no tema, a pergunta mais relevante que se pode fazer é "Qual é o conceito de antidiscriminação?". Qual é a noção, qual é o sentido da palavra discriminação? Vejam que a palavra "discriminação" é utilizada em diversos sentidos, e isso já começa a dificultar a nossa vida quando tratamos desse assunto. Quando nós falamos em discriminação, nós temos um sentido que é absolutamente neutro, ele não é voltado a uma questão negativa. Quando, por exemplo, a Constituição nos deu o Artigo 146, inciso III-a, que fala a respeito dos impostos discriminados nessa Constituição, ela utiliza a palavra "discriminados" em um sentido absolutamente neutro, que significa simplesmente "separados", "distintos", "individualizados", "postos em evidência", separados expressamente na Constituição. Mas, se esse sentido é, diga-se de passagem, etimologicamente o mais tradicional, especialmente a partir da Segunda Guerra Mundial, ele altera-se e ganha uma característica pejorativa, uma característica negativa.

O uso da palavra "discriminação" passa a ser usada fundamentalmente no seu sentido negativo e aqui – em homenagem à professora Liz McFall, um exemplo do inglês –, passou-se a conectar a palavra discriminação à preposição contra, ou seja, "*discrimination against*", que significa fazer uma distinção contra alguém. A partir de então, temos várias noções que podemos utilizar da palavra "discriminação", como por exemplo a noção de uma ação preconceituosa. Frequentemente, ações preconceituosas independentemente do tipo de preconceito, são tidas como discriminação. Ações contrárias à igualdade – aquilo que nós entendemos ser vinculadas a uma noção de igualdade num determinado momento, quando a conduta não se vincula a esse padrão – poderiam ser entendidas como discriminação.

Muitas vezes nós temos circunstâncias de excesso nos atos de separar, como quando nós separamos crianças em times diferentes de futebol numa escola, sem nenhuma razão de ser, pode-se utilizar a palavra "discriminação" para o ato de distinguir. No entanto, como vocês podem constatar, nós temos aqui um conjunto muito expressivo de sentidos da palavra "discriminação", todas elas em um viés, num cariz negativo, todas elas corretas do ponto de vista linguístico, e que podem ensejar problemas interpretativos. Nós podemos ter uma referência correta sobre discriminação contra fumantes, discriminação contra pessoas com excesso de peso, ou discriminação contra ex-presidiários, por hipótese, sem que isso necessariamente diga respeito ao Direito da Antidiscriminação.

Do ponto de vista técnico da proteção jurídica mais estrita da discriminação, dois conceitos devem ser manipulados e conhecidos. O primeiro é o de discriminação direta, e o segundo, de discriminação indireta. Na discriminação direta, o que nós temos é uma distinção que ocorre quando uma pessoa, em razão de algum sinal protegido – como exemplo sexo, cor da pele, idade, orientação sexual, deficiência física –, é sujeita a um tratamento menos favorável do que aquele que tenha sido ou possa vir a ser dado a outra pessoa numa situação comparável, mas que não possua esse mesmo sinal.

Dois são os elementos relevantes dessa noção. Primeiro é a existência de um determinado sinal protegido. Como eu disse, é uma disposição, como, por exemplo, um prêmio estabelecido a partir de sexo ou orientação sexual, sendo que esse prêmio então é vinculado a um determinado sinal, e esse sinal pode identificar que outra pessoa não portadora do mesmo sinal tenha um tratamento diferenciado e – mais do que isso – mais favorável. Portanto, quem tem uma determinada orientação sexual, por hipótese, ou uma determinada idade, paga um preço X, ao passo que aquele que não tem essa mesma orientação sexual ou essa mesma idade, paga um prêmio inferior.

Existem exceções a essa discriminação direta, que é tradicionalmente exposta ou pela doutrina ou frequentemente pela própria legislação. Basicamente, o que nós temos como exceções, ou seja, possibilidade do uso de determinados sinais protegidos para realização de distinções normativas, estabelecem casos em que são perseguidos objetivos legítimos, como por exemplo a proteção da intimidade, a promoção da igualdade, ou exigências de cunho profissional. Assim, quando essas distinções são levadas a cabo para a proteção de grupos que demandam uma proteção social, ou seja, por hipótese, no caso de mulheres que são sub-representadas em determinadas circunstâncias, de idosos que possuem determinadas particularidades e dificuldades, e assim sucessivamente. Esses são os casos, portanto, de discriminação direta, que ocorrem quando um determinado sinal protegido é utilizado como critério de distinção.

O segundo conceito, que é de fundamental compreensão, é o de discriminação indireta, que ocorre quando não há necessariamente o uso de um determinado sinal protegido de discriminação, mas quando existe uma disposição, um critério ou uma prática aparentemente neutra que coloca a pessoa detentora de um determinado sinal protegido – de novo, sexo, cor da pele, idade, orientação sexual etc. – em uma situação de desvantagem comparativamente àqueles que não são portadores do mesmo sinal. Aqui o que nós temos não é, portanto, a escolha do sinal como um critério distintivo, é a utilização de qualquer outro critério, como eu disse, a priori, neutro, que, no entanto, enseja um efeito mais negativo a um determinado grupo protegido, como, por exemplo, negros, mulheres, homossexuais ou outro grupo que se tenha num determinado ordenamento jurídico.

Duas também são as noções relevantes nesse conceito de discriminação indireta. O primeiro, a existência de um conjunto de sinais protegidos; o segundo, a comparação entre os efeitos do critério que é utilizado. Quando o efeito é deletério a um determinado grupo protegido, nós temos a possibilidade de falarmos em discriminação indireta. Quais são as exceções, ou em que situação a discriminação indireta é viável? Novamente, a existência de um interesse legítimo perseguido, em que os meios para a persecução desse objetivo sejam razoáveis, leia-se, sejam eles adequados e necessários.

Bom, se eu falei desde sempre que quando me refiro aos conceitos técnicos de discriminação, eu necessariamente tenho que me apoiar em sinais protegidos, a pergunta que se põe é: quais são os sinais protegidos no Direito brasileiro? Em primeiro lugar, nós temos uma lista aberta, e isso é claro já pela nossa própria Constituição, cujo Artigo 3º, inciso IV, diz expressamente que é vedado qualquer tipo de distinção relativa a origem, raça, sexo, cor, idade e quaisquer outras formas de discriminação. Ou seja: aqui, desde logo, desde o Artigo 3º da Constituição Federal, e se nós formos olhar o restante do nosso ordenamento, nós vamos constatar que essa listagem é aberta.

Eu não vou entrar em discussões de pormenores, porque nosso tempo inclusive não permite, mas fazendo uma síntese daquilo que nós temos na nossa legislação e também na nossa jurisprudência, pode-se dizer que como critérios protegidos, ou como sinais protegidos, nós temos a raça – e aqui eu preciso fazer uma observação que raça, do ponto de vista técnico, é um conceito inexistente para os seres humanos, ou seja, nós não temos raça, porém, nós temos racismo, e o racismo com muita frequência é vinculado a critérios conectados à origem da pessoa, ou à sua cor da pele. Então, aquilo que se costuma chamar – não do ponto de vista correto, da biologia –, de raça, o sexo, a idade, a orientação sexual e a deficiência. Nós temos outros, mas eu vou ficar com estes como sendo aqueles sinais que corresponderiam a um núcleo duro da antidiscriminação do Direito brasileiro.

A antidiscriminação possui determinadas finalidades e determinados fundamentos. Eu vou me ater às finalidades, e aqui nós podemos distinguir pelo menos três critérios que justificam normas antidiscriminatórias do ponto de vista finalístico. O primeiro, que é mais utilizado, é a noção de igualdade. Essa noção, no entanto, deve ser relativizada, porque com muita frequência tratamentos desiguais são também incorporados pelo Direito da Antidiscriminação. O que se constata é que existe, além da igualdade, também a noção de uma liberdade – notadamente, liberdade contratual –, acesso a bens e, portanto, acesso mais amplo a bens a pessoas subpreparadas do ponto de vista social e econômico. Como disse o Ministro Moura Ribeiro no início, a proteção da dignidade humana. Com muita frequência esses conceitos não são nítidos nos casos concretos; a ascensão ou a possibilidade de utilizar-se de determinados bens ou serviços, por exemplo, ocorre a partir de uma regra de igualdade, assim como, eventualmente, a igualdade substancial pode ser atingida pela proteção da dignidade, e assim sucessivamente. Aqui, portanto, nós temos muitas vezes discussões sérias de mecanismos a respeito de como atingir esses objetivos buscados. E, quando se fala em discriminação, também nós não podemos esquecer que temos um problema sério, que é uma descrição típica desse âmbito do Direito: a assimetria. Ele não é algo que nós podemos entender como absolutamente sistemático, como nós vamos encontrar em outros ramos do Direito.

Quando nós nos voltamos para os contratos, a primeira questão que se põe é: será que nós temos um princípio antidiscriminatório no Direito brasileiro aplicável aos contratos? Vejam que essa questão é absolutamente fundamental diante de um conjunto de circunstâncias, especialmente em razões interpretativas. Por exemplo, quando o legislador... – e o nosso legislador brasileiro tem várias regras antidiscriminatórias – quando nós estamos diante de uma situação, de uma regra antidiscriminatória, ela é uma exceção à regra geral da liberdade contratual ou seria apenas uma emanação de uma determinada norma mais geral que proíbe a antidiscriminação? As hipóteses, portanto, são ampliativas da legislação brasileira ou elas devem ser restritivas na literatura? Aqui a questão que se põe, basicamente, é saber se a interpretação jurídica deve se estabelecer no âmbito de regra ou exceção. Em outras palavras, se nós temos que tratar das normas particulares dos contratos como exceção da regra geral da liberdade contratual ou se elas teriam, portanto, um caráter mais ampliativo, e, assim, poderiam ser utilizadas, por hipótese, em argumentos analógicos.

Mas aqui vem uma outra questão que diz respeito ao limite dessa amplitude. Nós temos que analisar se existe ou se não existe esse princípio; na minha compreensão, e creio eu que na compreensão da maioria da doutrina que trata desse assunto no Direito brasileiro, nós temos, sim, a adoção de um princípio antidiscriminatório, inclusive nos contratos, o que se aplica também ao contrato de seguro. A questão que se põe é saber quais são os limites dessa amplitude, os limites desse princípio da discriminação. Mas dois são os limites decorrentes, na minha compreensão, fundamentalmente, do tipo de justiça particular do Direito contratual que, diga-se de passagem, vincula-se numa relação de regra-exceção à justiça comutativa ou à justiça corretiva na terminologia aristotélica. Essa justiça comutativa ou justiça corretiva se contrapõe à justiça distributiva, que é própria do Direito da Antidiscriminação. Quando nós temos a análise do Direito da Antidiscriminação no âmbito dos contratos, e pensando na estrutura geral do Direito Contratual, que é embalada pela justiça comutativa ou corretiva, nós temos duas consequências: a primeira é de que regras antidiscriminatórias – ou melhor, o princípio antidiscriminatório nos contratos – se atêm fundamentalmente aos sinais protegidos e, portanto, não é ampliativo além dessa primeira fronteira. Em segundo lugar, salvo circunstâncias de regras específicas determinadas pelo legislador, a restrição se limita à discriminação, à vedação da discriminação direta, não abrangendo a discriminação indireta, a não ser quando o legislador assim se manifesta.

Dito isso, nós podemos nos voltar à terceira parte da minha exposição, que diz respeito à antidiscriminação ao contrato, e mais especificamente, ao contrato que nos une, que é o contrato de seguro. Aqui, existem várias circunstâncias que nós podemos tratar, como por exemplo a não aceitação de um seguro, prêmios diferenciados, a extinção prematura pela não renovação ou dados dessa ordem. Eu vou tentar me ater àquele que eu creio ser o tema mais relevante, que diz respeito a prêmios diferenciados. É tema fundamental, a que se conecta a noção de justiça atuarial versus justiça antidiscriminatória, ou a antidiscriminação como um critério de determinação da própria atuária, um critério de estabelecimento daquilo que pode ou que não pode ser utilizado em normas securitárias.

Se nós adotarmos – como me parece a resposta correta em relação ao Direito brasileiro – a existência de um princípio antidiscriminatório a iluminar todos os contratos e, por conseguinte, também os contratos de seguro, nós teríamos uma hierarquia entre antidiscriminação e justiça atuarial. A justiça atuarial, ao menos na minha interpretação, cede espaço à antidiscriminação. Quando nós olhamos a jurisprudência, casos em que isso se manifesta com muita frequência, é o que se constata também. Isso não significa que não seja possível a utilização de critérios protegidos como critérios de fixação de prêmios, de localização de riscos e, portanto, de fixação de prêmios. Aqui se estabelece um critério um pouco mais rigoroso: a utilização de sinais protegidos, para o estabelecimento de prêmios, fica vinculada à existência e à comprovação pela seguradora de uma casualidade específica, e não da utilização de um sinal antidiscriminatório ou um representante, como uma espécie de proxy necessário para o estabelecimento do prêmio.

Por exemplo, eu posso dizer que, olhando os dados no Brasil, a população negra tem uma expectativa de vida inferior à população branca. Não vou entrar no mérito se isso é bom, se isso é ruim, se é justo ou injusto, eu estou tratando exclusivamente de um fato. Eu posso utilizar o critério "cor da pele" para estabelecer valores relativos a prêmio de seguro de vida? Como afirmei antes, isso foi objeto da análise precedente da professora Liz McFall, o tema aqui diz respeito em primeiro lugar à possibilidade de nós analisarmos não a utilização de proxies, não a utilização de critérios representativos de algo que possa ser utilizado como uma mera correlação entre a existência de um sinal e um determinado efeito. Ainda que nós possamos entender que a ideia de causalidade é difícil de ser concretizada na prática, deve-se perseguir a demonstração correta de que, por exemplo, a idade no caso concreto enseja um particular efeito no momento do prêmio que não é pura e simplesmente uma correlação entre a existência da idade e um pressuposto, uma noção, de que essa idade iria aumentar necessariamente o risco.

Assim como o fato de ser mulher não significa necessariamente que vá dirigir melhor e, portanto, causar menos riscos; uma pessoa que é muito ciosa da sua atividade como motorista pode muitas vezes atuar nessa atividade com muito mais cautela do que uma mulher, essa pessoa pode ser um homem jovem como pode ser um homem já de uma certa idade. As particularidades, portanto, dos casos devem orientar fundamentalmente a ideia de causalidade isso deve ser demonstrado em caso concreto.

Portanto, é menos uma ideia de correlação e muito mais um ônus argumentativo e um ônus demonstrativo do seguro, a demonstração de que existe uma implicação necessária, ou pelo menos forte, no que diz respeito ao risco assumido. Isso significa que a ideia de correlação seria abolida do cálculo atuarial e dos seguros? A resposta, no meu sentir, é absolutamente negativa. A correlação frequentemente pode ser adequada quando ela não ofender um critério protegido, ou seja, quando ela não vier a gerar um efeito tão drástico ao ponto de afastar o acesso a seguros, a grupos protegidos, como também quando proteger um outro valor juridicamente protegido – muitos dos temas tratados pela professora Liz McFall quando se referia, por exemplo, à tutela da intimidade e às necessidades de obtenção de dados fáticos e individualizados. Nessas situações, a correlação ainda pode ser utilizada, porque ela é um mecanismo de proteção, muitas vezes antidiscriminatória.

SEGURO SAÚDE

Veja o painel

L'effettività del risarcimento tra scelte di *public policy* e modelli di gestione del rischio (original)

A efetividade do ressarcimento entre escolhas de políticas públicas e modelos de gestão do risco (tradução)

Lydia Velliscig

O seguro saúde na perspetiva do doente/segurado

André Dias Pereira

Seguro saúde (transcrição)

Ana Frazão

L'EFFETTIVITÀ DEL RISARCIMENTO TRA SCELTE DI *PUBLIC POLICY* E MODELLI DI GESTIONE DEL RISCHIO

Lydia Velliscig[1]

INTRODUZIONE

La crisi del mercato assicurativo e comunque la volatilità dei premi stimolano il ricorso a forme alternative di gestione del rischio. Il tema è di assoluta rilevanza sociale ed economica, riguardando i sistemi di risposta che ogni ordinamento giuridico appronta per fronteggiare le conseguenze del verificarsi di un evento dannoso. Restringendo l'angolo visuale di osservazione all'ambito del c.d. rischio sanitario, la questione assume profili complessi quando posta in riferimento alla responsabilità patrimoniale delle strutture sanitarie, perché solleva il problema della loro capacità di garantire la soddisfazione dei soggetti danneggiati da attività di cura. Queste considerazioni ci spingono ad inquadrare i profili della responsabilità patrimoniale delle strutture sanitarie in un'ottica di *public policy*, dal momento che la necessità di garantire l'effettività del risarcimento richiede l'elaborazione di adeguate politiche di governo del rischio sanitario, compresa l'analisi della capacità di risposta finanziaria delle strutture sanitarie stesse.

A tal riguardo, nell'ultimo secolo abbiamo assistito non solo ad una progressiva espansione della responsabilità civile, ma anche all'utilizzo sempre più frequente dello strumento assicurativo quale meccanismo di ridistribuzione dei costi.[2] Questa scelta di combinare responsabilità civile e copertura assicurativa è stata governata dall'esigenza

---

1 Ricercatrice Senior in Diritto Privato Comparato, Scuola Universitaria Superiore IUSS Pavia (Italia).

2 In generale, vedi PRIEST, George L. The Modern Expansion of Tort Liability: Its Sources, Its Effects, and Its Reform. *Journal Econ. Perspect*, v. 5, n. 3, pp. 31-50, 1991; ABRAHAM, Kenneth S. Liability Insurance and Accident Prevention: The Evolution of an Idea. *Maryland Law Review*, v. 64, n. 1-2, pp. 573-612, 2005; ABRAHAM, Kenneth S. *The Liability Century.* Insurance and Tort Law from the Progressive Era to 9/11 Cambridge, Massachusetts; London, England: Harvard University Press, 2008.

di garantire alla vittima un ristoro certo a fronte di un danno subito, e dunque di non lasciare privi di tutela i soggetti danneggiati.[3] Come noto, infatti, lo strumento assicurativo produce un'ampia mutualizzazione del rischio di responsabilità civile, ridistribuendo il carico risarcitorio tra classi di soggetti assicurati. Con ciò, l'assicurazione consente all'assicurato di disporre delle risorse necessarie a ristorare i danni e adempie alla funzione sociale di garantire il c.d. bisogno di sicurezza,[4] che costituisce il fondamento di ogni riflessione in tema di assicurazione.

In questa prospettiva, quando il sistema assicurativo non è in grado di rispondere a tale bisogno di sicurezza manifestato dall'assicurato, gli ordinamenti giuridici sono incentivati a sperimentare altre tecniche di gestione del rischio nel tentativo di delineare meccanismi di garanzia finanziaria equivalenti.[5] Peraltro, la scelta di utilizzare forme di ritenzione del rischio piuttosto che coperture assicurative implica non solo conseguenze di natura tecnica e gestionale, ma anche conseguenze giuridiche ed economiche di non poco conto, che impongono un'attenta riflessione.

Queste brevi note sono dunque dedicate ad affrontare il tema della gestione dei profili patrimoniali della responsabilità civile verso terzi delle strutture sanitarie, per i rischi legati alla prestazione di attività di cura. Al riguardo si tenterà di fornire una risposta all'interrogativo se, e in quale misura, assicurazione e la c.d. autoassicurazione possano essere considerate meccanismi equivalenti ai fini della capacità della struttura sanitaria di sopportare gli oneri risarcitori.

1. CRISI DEL MERCATO ASSICURATIVO E RICORSO AD ALTRI STRUMENTI PER IL FRONTEGGIAMENTO DEI RISCHI DI RESPONSABILITÀ CIVILE

Il tema della effettività del risarcimento richiederebbe una vasta contestualizzazione. Per abbreviare il discorso, è sufficiente partire dalla considerazione per cui ogni ordinamento giuridico stabilisce le modalità con cui il soggetto danneggiato può trovare soddisfazione nel patrimonio del soggetto che deve rispondere del danno, anche contro la volontà di quest'ultimo. Ciò però non garantisce che il danneggiato ottenga

---

3 ABRAHAM, Kenneth S. *Distributing Risks:* Insurance, Legal Theory and Public Policy. New Haven, Connecticut: Yale University Press, 1986.

4 Nella letteratura giuridica italiana, LA TORRE, Antonio. *L'assicurazione nella storia delle idee, la risposta giuridica al bisogno di sicurezza economica*: ieri e oggi. 2· ed. Milano: Giuffrè, 2000, *passim*.

5 Ad esempio, PRIEST, George L. The Current Insurance Crisis and Modern Tort Law. *Yale Law Journal* 96, n. 7, pp. 1521-1590, 1987.

il ristoro dei danni subiti. Questa considerazione solleva il tema della effettiva disponibilità patrimoniale del debitore e, infatti, in alcuni settori, gli ordinamenti giuridici possono intervenire imponendo l'obbligo di assicurazione. In questo modo, gli effetti delle ricadute economiche del verificarsi di un evento dannoso si trasferiscono all'impresa di assicurazione, la cui solvibilità è presidiata dalle regole di accesso e di esercizio dell'attività assicurativa.[6]

Ricordato questo primo aspetto, occorre precisare che ad ogni rischio di responsabilità civile non corrisponde sempre una copertura assicurativa.[7] Come noto, il contratto di assicurazione individua i rischi di responsabilità civile rispetto ai quali l'assicurato e il suo patrimonio devono essere tenuti indenni dall'assicuratore. Nell'ambito della specifica tipologia di rischio di responsabilità civile individuata dalla copertura assicurativa, come ad esempio la responsabilità civile delle strutture sanitarie, il rischio viene poi trasferito all'assicuratore nell'ambito di limiti determinati in concreto dall'autonomia delle parti. Il trasferimento del rischio dall'assicurato all'assicuratore avviene quindi nei limiti delle condizioni contrattuali, di eventuali franchigie o scoperti e del massimale. Le limitazioni contrattuali caratterizzanti il trasferimento assicurativo determinano quindi una fascia implicita di ritenzione del rischio per la parte di danno che ricade nella franchigia o nello scoperto, o che supera il massimale.[8]

Questa distanza che si crea tra l'area della responsabilità civile e quella dell'assicurazione trova spiegazione nella struttura stessa dell'attività assicurativa. Il contratto di assicurazione, e dunque anche il contratto di assicurazione di responsabilità civile, si inserisce nel contesto di un'attività imprenditoriale che viene esercitata secondo precisi criteri tecnici ed economici e, dunque, la disponibilità di coperture assicurative dipende dai singoli rischi che le imprese di assicurazione accettano di assumere e dal premio che l'assicurato accetta di pagare.

Al riguardo, è noto che l'attività dell'impresa assicuratrice si fonda su un procedimento tecnico-economico che le consente di compensare tra di loro i rischi individuali

6 In Europa, è di recente attuazione la direttiva 2009/138/UE c.d. Solvency II. Su questi temi, sia consentito rinviare a VELLISCIG, Lydia. L'accesso e l'esercizio dell'attività assicurativa tra normativa europea e normativa italiana: il modello di Solvency II. *Contratto e impresa/Europa*, pp. 357-397, 2017.

7 Sulla relazione fra assicurazione e responsabilità civile, nella letteratura giuridica italiana: CANDIAN, Aurelio D. *Responsabilità civile e assicurazione*. Milano: Egea, 1993; LANDINI, Sara. *Assicurazione e responsabilità*. Milano: Giuffrè, 2004.

8 Come noto, franchigia e scoperto individuano una quota del danno che resta a carico dell'assicurato, la prima in termini di valore, il secondo in termini di percentuale. Il massimale è, invece, l'importo massimo che l'impresa di assicurazione si impegna ad indennizzare.

assunti.[9] Tecnicamente, l'assicuratore assume il rischio di un terzo e lo inserisce in una massa di rischi omogenei ma indipendenti tra di loro. Compensando tra i rischi che si avverano e quelli per i quali l'evento aleatorio non si verifica, l'assicuratore neutralizza i rischi assunti. Nello specifico, attraverso l'applicazione della c.d. legge dei grandi numeri e del calcolo delle probabilità,[10] l'impresa di assicurazione è in grado di prevedere la probabilità che il rischio si realizzi e la presumibile grandezza delle perdite in caso di effettiva sua realizzazione. In questo modo, l'impresa assicuratrice può calcolare l'ammontare delle riserve necessarie a fronteggiare i rischi che intende assumere, ridistribuendo il costo delle possibili perdite su tutti gli assicurati e mantenendo un equilibrio economico. L'intero meccanismo assicurativo consente all'impresa assicuratrice di riuscire a sopportare gli eventi avversi con una capacità maggiore rispetto a quella di singoli soggetti, soddisfando il bisogno di sicurezza che spinge gli assicurati ad assicurarsi o l'ordinamento giuridico ad introdurre un obbligo di assicurazione.[11]

Per raggiungere la neutralizzazione dei rischi e in definitiva preservare la stabilità finanziaria,[12] le imprese di assicurazione tendono a rifiutare i rischi "non calcolabili" e

---

9 In ogni ordinamento giuridico vi è amplissima bibliografia in tema di assicurazioni. Per quello italiano, ci si limita qui a richiamare: DONATI, Antigono. *Trattato del diritto delle assicurazioni private*, v. I. Milano: Giuffrè, 1954; BUTTARO, Luca. Assicurazione in generale. *In*: ENCICLOPEDIA DEL DIRITTO, v. III. Milano: Giuffrè, 1958, pp. 427-454; GAMBINO, Agostino. *L'assicurazione nella teoria dei contratti aleatori*. Milano: Giuffrè, 1964; SANTI, Giulio. *Il contratto di assicurazione*. Roma: Jandi Sapi, 1965; GASPERONI, Nicola. Le assicurazioni. *In*: GROSSO, Giuseppe; PASSARELLI, Francesco Santoro (Ed.). *Trattato di diritto civile*. Milano: Vallardi, 1966; SALANDRA, Vittorio. Dell'assicurazione. *In*: SCIALOJA, Antonio; BRANCA, Giuseppe (Org.). *Commentario al codice civile*. 3· ed. Bologna-Roma: Il Foro italiano, 1966, pp. 172-441; FANELLI, Giuseppe. Le assicurazioni. *In*: CICU, Antonio; MESSINEO, Francesco (Ed.). *Trattato di diritto civile e commerciale*, v. XXXVI, t. I. Milano: Giuffrè, 1973; PUTZOLU, Giovanna Volpe. L'assicurazione. *In*: RESCIGNO, Pietro (Ed.). *Trattato di diritto privato*, diretto da Pietro Rescigno, v. XIII, t. 5. Torino: Utet, 1985, pp. 53-131; DE GREGORIO, Alfredo; FANELLI, Giuseppe. *Il contratto di assicurazione*. Milano: Giuffrè, 1987; SCALFI, Gianguido Scalfi. Assicurazione (contratto di). *In*: DIGESTO DISCIPLINE PRIVATISTICHE, Sez. comm., v. I. Torino: Utet, 1987, pp. 333-366; LA TORRE, Antonio. *Diritto delle assicurazioni*. Milano: Giuffrè, 1987.

10 KNIGHT, Frank H. *Risk, Uncertainty and Profit*. Boston, New York: Houghton Mifflin Co., 1921.

11 La centralità della solvibilità spiega non solo la complessità dei calcoli attuariali cui le imprese di assicurazione devono fare ricorso per raggiungere la sostenibilità finanziaria, ma anche la complessità dei presidi organizzativi che le imprese debbono porre in essere, nonché i sistemi di vigilanza cui esse sono sottoposte. Sui questi temi, CANDIAN, Albina. Il diritto delle assicurazioni, la misurazione dei rischi dell'impresa assicurativa ed il bagaglio del giurista: l'esempio di Solvency II. *In*: MATTEI, Ugo *et al.* (Org.). *Un giurista di successo. Studi in onore di Antonio Gambaro*, t. II. Milano: Giuffrè, 2017, pp. 1439-1457 e CANDIAN, Albina. Il diritto delle assicurazioni e la misurazione dei rischi dell'impresa assicurativa: l'esempio di Solvency II. *In*: GRAZIADEI, Michele; Serio, Mario. *Regolare la complessità. Giornate di studio in onore di Antonio Gambaro*. Torino: Giappichelli, 2017, pp. 93-111.

12 Ad ulteriore garanzia della solvibilità, le imprese di assicurazione sono anche protette da forme di mutualità di secondo grado grazie agli strumenti di riassicurazione, che consentono una ulteriore ridistribuzione degli oneri indennitari.

dunque quelle categorie di rischio la cui evenienza non è predicibile in base ad affidabili calcoli probabilistici oppure aumentano i premi a livelli tali da renderli poco appetibili.

Vi è dunque una distanza strutturale tra la domanda e l'offerta di coperture assicurative, e ciò dipende dal meccanismo tecnico che risponde all'esigenza delle imprese di assicurazione di preservare il proprio equilibrio finanziario, a garanzia della solvibilità.

Ecco che, quando i prezzi del trasferimento del rischio nel mercato assicurativo risultano eccessivamente elevati rispetto alle valutazioni che i singoli soggetti esposti hanno effettuato, si assiste al ricorso a forme di autoassicurazione e la stessa esperienza storica dimostra questa conclusione. A titolo esemplificativo, si può ricordare quanto è avvenuto nell'esperienza americana nella seconda metà del Novecento, quando si è assistito ad una crisi del mercato assicurativo che ha visto il ritrarsi di imprese di assicurazione da interi settori e il corrispondente incremento nell'utilizzo di forme di ritenzione del rischio.[13] Questo fenomeno si è verificato anche nel settore della c.d. *medical malpractice liability*: l'aumento considerevole delle controversie tra medici e pazienti, il maggior numero di condanne rese a favore dei danneggiati e l'incremento dei risarcimenti liquidati hanno avuto come conseguenza diretta la crescita esponenziale di sinistri liquidati dalle imprese di assicurazione, senza che si fosse potuta calcolare preventivamente una correlazione tra i premi incassati e i sinistri da liquidare, con il risultato che le imprese di assicurazione si sono trovate a subire perdite ragguardevoli.[14] La conseguenza è stato il ritrarsi delle imprese di assicurazione dal mercato con un corrispondente calo dell'offerta assicurativa o un incremento significativo dei premi.[15]

13 Sulla crisi del mercato assicurativo nel Novecento vedi, a titolo esemplificativo: ABRAHAM, Kenneth S. Making Sense of the Liability Insurance Crisis. *Ohio State Law Journal* 48, n. 2, pp. 399-412, 1987; PRIEST, George L. Puzzles of the Tort Crisis. *Ohio State Law Journal* 48, n. 2, pp. 497-502, 1987; PRIEST, George L. The Current Insurance Crisis and Modern Tort Law. *Yale Law Review* 96, n. 7, pp. 1521-1590, 1987; SUGARMAN, Stephen D. Taking Advantage of the Tort Crisis. *Ohio State Law Journal*, v. 48, n. 2, 1987, pp. 329-364, 1987; PRIEST, George L. Modern Tort Law and Its Reform. *Valparaiso University Law Review*, v. 22, n. 1, pp. 1-38, 1987; RABIN, Robert L. Tort Law in Transition: Tracing the Patterns of Sociolegal Change. *Valparaiso University Law Review*, v. 23, n. 1, pp. 1-32, 1988-1989; WEINRIB, Ernest J. Understanding Tort Law. *Valparaiso University Law Review* v. 23, n. 3, pp. 485-526, 1988-1989.

14 In generale, su questi temi, vedi almeno: SLOAN, Frank A.; BOVBJERG, Randall R.; GITHENS, Penny B. *Insuring Medical Malpractice*. New York: Oxford University Press, 1991; MELLO, Michelle M. BRENNAN, Troyen A. Deterrence of medical errors: theory and evidence for malpractice reform. *Texas Law Review*, v. 80, n. 7, pp. 1595-1638, 2002; MELLO, Michelle M. *et al.* Hospitals' Behavior in a Tort Crisis: Observations from Pennsylvania. *Health Affairs*, v. 22, n. 6, pp. 225-233, 2003; SAGE, William M. Understanding the First Malpractice Crisis of the 21st Century. *In*: GOSFIELD, Alice G. (Ed). *Health Law Handbook*. St. Paul, Minnesota: West Group, 2003, pp. 1-32; HOFFMAN, David N. The medical malpractice insurance crisis, again. *Hastings Center Report*, v. 35, n. 2, pp. 15-19, 2005; KESSLER, Daniel P. Evaluating the Medical Malpractice System and Options for Reform. *Journal of Econ. Perspect*, v. 25, n. 2, pp. 93-110, 2011.

15 BAKER, Tom. Medical Malpractice and the Insurance Underwriting Cycle. *DePaul Law Review*, v. 54, n. 2, pp. 393-438, 2005; BAKER, Tom. *The Medical Malpractice Myth*. Chicago: University of Chicago Press, 2005.

Questa fase di incertezza assicurativa ha aperto la strada ad una sperimentazione più attiva di forme alternative nella gestione degli oneri risarcitori. Esperienza, che come si vedrà, è stata poi rivissuta anche in Italia ad inizio Millennio, proprio nel settore del c.d. rischio sanitario.

2. LA C.D. AUTOASSICURAZIONE

Quando un ordinamento giuridico fissa come obiettivo di *public policy* quello di garantire nella massima misura possibile un ristoro pieno e certo dei danni subiti, occorre domandarsi se l'utilizzo di strumenti diversi dall'assicurazione possa comunque consentire di raggiungere il medesimo obiettivo. L'assicurazione infatti amplia le possibilità che il soggetto danneggiato ottenga effettivamente il risarcimento che gli spetta anche quando il soggetto chiamato a risarcire un danno è dotato di un patrimonio aggredibile modesto, salvo il caso limite di insolvenza della stessa impresa di assicurazione. E ciò è un dato di non poco conto proprio con riferimento alle strutture sanitarie le quali sono fisiologicamente dotate di un patrimonio aggredibile limitato; questo profilo è poi ancora più rilevante qualora l'ordinamento giuridico sottraesse le strutture sanitarie anche al fallimento.

In quest'ottica, occorre chiarire quali sono i tratti caratteristici della tecnica della ritenzione del rischio.

In via ricostruttiva, la tecnica della ritenzione del rischio si fonda sulla scelta del soggetto esposto al rischio di rinunciare in tutto o in parte al trasferimento del rischio all'impresa di assicurazione e di internalizzare la gestione del rischio e delle eventuali perdite. Secondo le classificazioni proposte dalla letteratura di stampo aziendalistico, la ritenzione del rischio si differenzia dalla "non assicurazione" in quanto non consiste nel subire passivamente l'eventuale avveramento del rischio, bensì è un approccio proattivo che si fonda sulla internalizzazione della gestione del rischio facendo ricorso alle proprie risorse finanziarie.[16]

In particolare è autoassicurazione quella forma di ritenzione del rischio[17] che si attua mediante una pianificazione finanziaria preventiva che si realizza tramite

---

16 RIEGEL, Robert; MILLER, Jerome S. *Insurance Principles and Practices*. New York: Prentice-Hall, 3 ed. 1947, p. 28: "This practice is not to be confused with mere passive acquiescence in risk, sometimes called self-assumption of risk. Self-insurance is a positive action to provide for possible future losses".

17 GOSHAY, Robert C. *Corporate Self-Insurance and Risk Retention Plans, With General Reference to Fire, Liability, and Workmen's Compensation Exposures*. Homewood: Richard D. Irwin, Inc., 1964, p. 14: "Retention is a method of treating risk, whereas self-insurance is a technique of retention".

accantonamenti interni da effettuarsi a seguito di una valutazione dei rischi, secondo modelli di stima attendibili.[18] L'autoassicurazione si fonda sulla ritenzione del rischio, e dunque gli effetti del verificarsi di un evento dannoso ricadono direttamente sul soggetto esposto al rischio, ma è completata non da accantonamenti generici bensì da accantonamenti calcolati sulla base di una correlazione tecnica tra l'entità delle perdite previste e gli accantonamenti effettuati.[19] In definitiva, l'autoassicurazione si fonda su un'attività di stima circa la frequenza dell'avverarsi del rischio ipotizzato e l'ammontare delle perdite probabili, che richiama i calcoli attuariali effettuati dall'impresa assicuratrice.[20] Da qui l'utilizzo del termine "autoassicurazione".

Quando è ben calcolata, l'autoassicurazione riesce ad evitare che il patrimonio del debitore sia incapiente, senza fare ricorso a terzi o facendo ricorso a terzi solo per una certa fascia di rischi le cui conseguenze in caso di avveramento potrebbero mettere a rischio la stabilità patrimoniale.[21] Guardando infatti all'esperienza statunitense (e alle scelte effettuate in Italia così come si sono e si stanno delineando nella prassi), si può osservare come tali tecniche non sono per forza modalità alternative, potendo l'autoassicurazione essere completata dal trasferimento del rischio all'esterno oltre ad una certa soglia, realizzando un meccanismo ibrido che combina gestione interna e strumento assicurativo/riassicurativo. Ed invero i modelli operativi più diffusi prevedono proprio la combinazione di queste due tecniche.

Si deve quindi osservare che il successo della autoassicurazione dipende da una mera situazione di fatto, ossia dalla adeguatezza degli accantonamenti effettuati.[22] L'autoassicurazione, pur ispirandosi ai principi tecnico-economici che sono sottesi

---

18 HUEBNER, Solomon S. *Property Insurance: Comprising Fire and Marine Insurance, Automobile Insurance, Fidelity and Surety Bonding, Title Insurance, Credit Insurance, and Miscellaneous Forms of Property Insurance.* New York-London: D. Appleton and Company, 1922, p. 79: "Self-insurance means that there is no transfer of the risk to an outside independent underwriter. In one sense the owner may be considered as "running his own risk" yet it would be more accurate to regard any real plan of self-insurance as based upon scientific considerations rather than upon haphazard guesswork".

19 Per il sistema italiano, vedi almeno: ZAPPA, Gino. *Il reddito d'impresa. Scritture doppie, conti e bilanci di aziende commerciali.* 2. ed. Milano: Giuffrè, 1946; FERRERO, Giovanni. *L'autoassicurazione nell'economia e nelle rilevazioni d'impresa.* Milano: Giuffrè, 1955; BERTINI, Umberto. *Introduzione allo studio dei rischi nell'economia aziendale.* Milano: Giuffrè, 1987.

20 Anche in autoassicurazione non si ha dunque un accantonamento di risorse a costo pieno e, rispetto al pagamento dei premi, il vantaggio è che le risorse, se non usate, possono diventare risparmio una volta esauriti per prescrizione i rischi di oneri risarcitori.

21 Occorre osservare che l'autoassicurazione richiede sin dall'inizio l'accumulo del capitale necessario, non potendolo frazionare nelle rate di premio. Peraltro in assicurazione, già dal pagamento della prima rata di premio, si ottiene la copertura indennitaria, sicché l'assicurazione rimane scelta migliore per coloro che non sono in grado di accumulare riserve idonee a breve termine.

22 GOSHAY, Robert C. *Corporate Self-Insurance and Risk Retention Plans, With General Reference to Fire, Liability, and Workmen's Compensation Exposures.* Homewood: Richard D. Irwin, Inc., 1964, p. 21: "Self-insurance is

al meccanismo assicurativo, non beneficia della mutualizzazione del rischio tipico dell'assicurazione e quindi della ridistribuzione del carico risarcitorio sulla pluralità di assicurati. Inoltre, se le risorse accantonate non si rivelano sufficienti ad assorbire le perdite, l'autoassicurazione non dispone dell'ulteriore rete di salvataggio di cui dispongono le imprese di assicurazione, rappresentato dal mercato riassicurativo, salvo quanto si è appena accennato relativamente ai modelli ibridi.

Ricordato questo primo aspetto, occorre anche evidenziare che, nel meccanismo assicurativo, i premi versati dagli assicurati confluiscono in riserve che costituiscono patrimonio separato rispetto alle altre attività detenute dall'impresa assicuratrice e gli accantonamenti sono riservati in modo esclusivo all'adempimento delle obbligazioni dalla medesima assunte. Non è invece scontato che il soggetto che opera in autoassicurazione sia in grado di evitare che le somme accantonate siano aggredite da altri creditori o che siano spese per altri fini. L'attuazione delle modalità con cui operare in autoassicurazione è infatti normalmente lasciata alla libertà decisionale del soggetto che opta per la ritenzione del rischio, non essendo previsti discipline conformative e sistemi di vigilanza pervasivi, come nel settore assicurativo.[23] D'altronde, il soggetto che opera in autoassicurazione gestisce rischi propri e non di terzi, quindi manca l'esigenza di tutelare l'affidamento che l'assicurato fa sulla solvibilità dell'assicuratore.

Richiamati per sommi capi i tratti distintivi dell'autoassicurazione, diventano giustificabili le perplessità sollevate in merito alla effettiva solvibilità dei soggetti che operano "assicurando" i propri rischi, soprattutto quando l'autoassicurazione viene utilizzata come strumento di gestione dei rischi di responsabilità civile e coinvolge gli interessi dei soggetti danneggiati.

Il tema della garanzia di solvibilità del soggetto che operi in autoassicurazione riemerge con vigore non appena si ipotizza una possibile "analogia" tra assicurazione e autoassicurazione, come sta accadendo nell'ordinamento giuridico italiano. Infatti, riconoscere una gamma di opzioni per il fronteggiamento del rischio di responsabilità civile e non prevedere presidi diretti a garantire la solvibilità del soggetto che opti per l'utilizzo di strumenti diversi dall'assicurazione può essere rilevante in settori, come quello della responsabilità civile delle strutture sanitarie, ove una loro eventuale

---

the conscious retention of risk, the level of which has been limited within the financial capacity of the firm, emanating from a distribution of exposures which permit reasonable predictions as to future loss probabilities".

23 Nella letteratura giuridica italiana, si vedano in particolare le osservazioni di ROMAGNOLI, Gianluca. Autoassicurazione delle responsabilità medica: compatibilità con i principi di diritto interno ed europeo. *Danno e responsabilità*, pp. 329-337, 2015; e ROMAGNOLI, Gianluca. Limiti di "praticabilità" della c.d. autoassicurazione della responsabilità medica da parte delle amministrazioni sanitarie. *In*: LANDINI, Sara (Org.). *Autoassicurazione e gestione del rischio.* Collana CESIFIN online, 2015, pp. 67-70.

insolvenza ricadrebbe sul soggetto danneggiato, frustrando gli obiettivi di *public policy* che l'ordinamento intende perseguire.

3. IL MODELLO ITALIANO

Il tema della responsabilità patrimoniale e della effettività del risarcimento rappresenta un problema fondamentale comune a tutte le tradizioni giuridiche. Nel campo della responsabilità sanitaria, anche in Italia, dopo la lunga stagione caratterizzata dal ricorso allo strumento dell'assicurazione, da alcuni anni si assiste ad un ricorso sempre più frequente a forme di ritenzione del rischio.[24] L'ordinamento giuridico italiano costituisce un interessante laboratorio di analisi di questa tendenza in particolare perché, dopo aver inizialmente lasciato alla scelta delle strutture sanitarie le modalità di attuazione di forme di gestione del rischio di responsabilità civile diverse dall'assicurazione, di recente il legislatore ne ha invece abbozzato una disciplina conformativa, nell'ambito di una riforma sanitaria di più ampio respiro introdotta con la legge 8 marzo 2017, n. 24.[25]

Senza scendere nel dettaglio di questo intervento legislativo, è sufficiente ricordare che, in questa riforma, il legislatore italiano si è concentrato sul concetto di sicurezza delle cure, prevedendo una serie di presidi funzionali alla prevenzione e gestione del rischio clinico. Subito in apertura, all'art. 1, il legislatore ha infatti dichiarato che la sicurezza delle cure è parte integrante del diritto alla salute, da perseguire nell'interesse dei singoli e della collettività. Ha poi sottolineato come la sicurezza delle cure si realizzi anche mediante tutte le attività finalizzate alla prevenzione e alla gestione del rischio

---

24 Per dati aggiornati si rinvia a: Bollettino statistico di IVASS. *I rischi da responsabilità civile sanitaria in Italia – 2010-2020.* Ottobre 2021, pp. 18-20 Disponibile su: https://www.ivass.it/pubblicazioni-e-statistiche/statistiche/bollettino-statistico/2021/n_11_2021/bollettino_rc_sanitaria.pdf.

25 Sul punto la bibliografia è già molto ampia. Per i primi riferimenti, *ex multis*, si veda: ALPA, Guido (Org.). *La responsabilità sanitaria.* Commento alla L. 8 marzo 2017, n. 24. Pisa: Pacini, 2017; BENCI, Luca *et al. Sicurezza delle cure e responsabilità sanitaria.* Commentario alla legge 8 marzo 2017, n. 24. E-book: Quotidiano Sanità, 2017; CARPANI, Guido; FARES, Guerino M. (Org.). *Guida alle nuove norme sulle responsabilità nelle professioni sanitarie.* Commento alla legge 8 marzo 2017, n. 24. Torino: Giappichelli, 2017; GELLI, Federico; HAZAN, Maurizio; ZORZIT, Daniela (Org.). *La nuova responsabilità sanitaria e la sua assicurazione.* Milano: Giuffrè, 2017; LOVO, Marco; NOCCO, Luca (Org.). *La nuova responsabilità sanitaria.* Le novità introdotte dalla Legge Gelli. E-book: Gruppo24Ore, 2017; MARTINI, Filippo; GENOVESE, Umberto (Org.). *La nuova responsabilità professionale in Sanità.* Commentario alla Riforma Gelli-Bianco (L. 8 marzo 2017, n. 24). Santarcangelo di Romagna: Maggioli, 2017; MEOLI, Bruno; SICA, Salvatore; STANZIONE, Pasquale (Org.). *Commentario alla legge 8 marzo 2017 n. 24.* Napoli: ESI, 2018; ROMAGNOLI, Gianluca (Org.). *La responsabilità sanitaria tra continuità e cambiamento.* Napoli: ESI, 2018.

connesso all'erogazione di prestazioni sanitarie, attività che devono essere messe in pratica da tutto il personale sanitario.[26]

Per raggiungere questo obiettivo, il legislatore ha affrontato il profilo dell'organizzazione e del controllo delle attività, ha disciplinato alcuni profili giuridici della responsabilità degli esercenti le professioni sanitarie e delle strutture sanitarie e, infine, ha regolamentato gli aspetti assicurativi.

Con specifico riferimento al profilo che qui interessa, la legge n. 24 del 2017 introduce un articolo che si dedica anche ad individuare i presidi di solvibilità che le strutture sanitarie devono adottare per gestire e fronteggiare i rischi di responsabilità civile verso terzi, anche per i danni cagionati dagli esercenti le professioni sanitarie.

L'art. 10, infatti, introduce un obbligo per le strutture sanitarie di dotarsi di presidi che consentano loro di far fronte alle obbligazioni risarcitorie, potendo scegliere tra due opzioni, l'assicurazione o l'adozione di altre misure, anche di assunzione diretta del rischio, misure che il legislatore qualifica come "analoghe". Testualmente, l'art. 10 comma 1 prevede che:

> Le strutture sanitarie e sociosanitarie pubbliche e private devono essere provviste di copertura assicurativa o di altre analoghe misure per la responsabilità civile verso terzi e per la responsabilità civile verso prestatori d'opera [...] anche per danni cagionati dal personale a qualunque titolo operante presso le strutture sanitarie o sociosanitarie pubbliche e private, compresi coloro che svolgono attività di formazione, aggiornamento nonché di sperimentazione e di ricerca clinica.

Il legislatore ritorna poi, nel comma 6, al concetto di "analoghe misure", specificando che esse possono anche consistere nella "assunzione diretta del rischio".[27] In realtà, il legislatore non fa altro che prendere atto delle prassi che già da qualche

---

26 Per alcune riflessioni in tema di gestione del rischio sanitario, si veda ad esempio: PONZANELLI, Giulio. La responsabilità medica ad un bivio: assicurazione obbligatoria, sistema residuale *no-fault o risk-management*? *Danno e responsabilità*, v. 8, f. 4, pp. 428-430, 2003; PERNA, Antonio; PERRELLA, Giuseppe; PERNA, Carmine; VACCHIANO, Giuseppe. *L'affare rischio clinico.* Trasferimento assicurativo e gestione diretta. Milano: FrancoAngeli, 2010; RODRIGUEZ, Daniele; ARSENI, Alessia. Clinical Governance e Clinical Risk Management. *In*: BELVEDERE, Andrea; RIONDATO, Silvio. *Le responsabilità in medicina.* Trattato di biodiritto. Milano: Giuffrè, 2011, pp. 85-111.

27 Su questi temi sia consentito rinviare a VELLISCIG, Lydia. *Assicurazione e "autoassicurazione" nella gestione dei rischi sanitari.* Studio di diritto comparato. Milano: Giuffrè, 2018; VELLISCIG, Lydia. L'autoassicurazione. *In*: *Diritto alla salute e contratto di assicurazione.* CORRIAS, Paoloefisio; PIRAS, Elisabetta; RACUGNO, Gabriele. Napoli: ESI, 2019, pp. 107-120; VELLISCIG, Lydia. Come garantire i danneggiati. considerazioni sul ruolo dell'assicurazione e dell'autoassicurazione. *Annuario di Diritto comparato e di Studi legislativi*, pp. 539-561, 2019.

decennio sono esistenti in Italia.[28] A partire dalla seconda metà degli anni Novanta del Secolo scorso, si sono verificati alcuni presupposti che hanno reso le condizioni del mercato assicurativo nel ramo della copertura per responsabilità per le strutture sanitarie non favorevoli. In particolare, l'incremento di controversie giudiziarie nei confronti degli operatori sanitari e il correlato aumento di sentenze di loro condanna al risarcimento dei danni hanno reso difficile, per le strutture sanitarie, il reperimento nel mercato di coperture assicurative adeguate o comunque a costi sostenibili.[29]

Questa contrazione del mercato assicurativo ha spinto le strutture sanitarie a ricercare strumenti alternativi alle coperture assicurative, e dunque a sperimentare anche forme di ritenzione del rischio.[30] Lasciando alla discrezione delle strutture sanitarie le modalità con cui attuare i programmi di gestione del rischio diversi dall'assicurazione, il risultato è che, in Italia, il panorama è lungi dall'essere omogeneo e i modelli attuati sono diversificati nelle forme. In realtà, quando si esaminano più da vicino i modelli implementati, è possibile verificare che la scelta solitamente ricade o su forme di completa ritenzione del rischio variamente organizzate o su coperture assicurative per i sinistri di maggiore entità che si combinano con franchigie più o meno ampie o con la c.d. Self Insurance Retention (SIR).[31]

Prendendo atto di questo frastagliato panorama, con la legge n. 24 del 2017 il legislatore è specificatamente intervenuto sul punto e ha deciso di consentire alle strutture sanitarie di poter scegliere tra due opzioni, l'assicurazione e le c.d. misure analoghe.[32] Inoltre, il legislatore ha accennato, seppure a livello minimo, una disciplina conformativa di entrambe le opzioni, che le strutture sanitarie devono rispettare.

---

28 Si rinvia ai dati contenuti in: LABELLA, Barbara. I risultati dell'indagine Agenas sui modelli regionali di gestione dei sinistri. *Rivista Monitor*, n. 34, pp. 12-19, 2013; ASSOCIAZIONE NAZIONALE FRA LE IMPRESE ASSICURATRICI - ANIA. *Malpractice, il grande caos.* Lug. 2014, pp. 54-62; AGENZIA NAZIONALE PER I SERVIZI SANITARI - AGENAS. *Primo rapporto annuale 2014.* Ott. 2015, p. 11.

29 Vedi i dati raccolti in: ROSSETTI, Marco. *Responsabilità sanitaria e tutela della salute.* Roma: Corte Suprema di Cassazione - Ufficio del Massimario, 2011, p. 7.

30 In generale sull'autoassicurazione nel sistema italiano, vedi: COMANDÈ, Giovanni. La riforma della responsabilità sanitaria al bivio tra conferma, sovversione, confusione e ... *no blame*-giurisprudenziale. *Rivista italiana di medicina legale e del diritto in campo sanitario*, pp. 1-28, 2016; GAGLIARDI, Maria. I riflessi dell'autoassicurazione (e dell'obbligo di assicurazione) sul mercato e sulle logiche assicurative. *Rivista italiana di medicina legale e del diritto in campo sanitario*, pp. 1219-1226, 2014; ROMAGNOLI, Gianluca. Autoassicurazione delle responsabilità medica: compatibilità con i principi di diritto interno ed europeo. *Danno e responsabilità*, pp. 329-337, 2015; LANDINI, Sara (Org.). *Autoassicurazione e gestione del rischio.* Collana CESIFIN online, 2015.

31 La SIR individua una fascia di rischio preindividuata che viene gestita internamente dalle strutture sanitarie sulla base di accordi di volta in volta presi con le imprese di assicurazione. La SIR rappresenta dunque una componente di autoassicurazione, che richiede capacità di gestione del rischio da parte delle strutture sanitarie, nell'ambito di un programma di gestione assicurativa.

32 Per una prima informazione su questi temi, vedi *ex multis*: CARBONE, Luigi. Responsabilità medica, strumenti assicurativi, danno erariale indiretto e le novità del d.d.l Gelli. *Giustamm - Rivista di Diritto Amministrativo.*

Nonostante l'art. 10 della legge n. 24 del 2017 sia rubricato "Obbligo di assicurazione", in questo settore il legislatore non introduce l'assicurazione obbligatoria, lasciando alle strutture ospedaliere la possibilità di non assicurarsi, purché però esse adottino le c.d. altre analoghe misure per la copertura della responsabilità civile. In definitiva, il legislatore consente alle strutture ospedaliere di ricorrere a forme di autoassicurazione quando le ritengano più convenienti, non consente invece semplicemente di non assicurarsi.

Inoltre, individuate le due opzioni possibili, il legislatore limita sia l'autonomia negoziale delle strutture ospedaliere sia delle imprese di assicurazione circa il contenuto del contratto assicurativo sia l'autonomia organizzativa delle strutture sanitarie quanto alle modalità di attuazione della gestione interna dei rischi, imponendo dei requisiti di solvibilità minimi a tutela dei pazienti danneggiati. Il legislatore dimostra quindi di avere chiare tanto le incertezze del mercato assicurativo quanto le criticità insite nelle forme di ritenzione del rischio e individua per via normativa le condizioni di analogia delle due opzioni, nel tentativo di superare le obiezioni da taluno sollevate all'utilizzo dell'autoassicurazione.

Peraltro, si segnala che il legislatore rinvia ad un unico decreto attuativo sia l'individuazione dei requisiti minimi di garanzia delle coperture assicurative sia l'individuazione delle condizioni generali di operatività delle c.d. altre analoghe misure. Il legislatore demanda dunque ad un'unica fonte attuativa la definizione dei contenuti

---

Anno XIII, n. 12, dic. 2016; QUADRI, Enrico. Considerazioni in tema di responsabilità medica e di relativa assicurazione nella prospettiva dell'intervento legislativo. *Responsabilità civile e previdenza*, n. 1, pp. 27-46, 2017; CORRIAS, Paoloefisio. La copertura obbligatoria dei rischi relativi alla responsabilità civile. *Corriere giuridico*, v. 34, f. 6, pp. 749-758, 2017; GAGLIARDI, Maria. Profili assicurativi della responsabilità degli enti e dei professionisti sanitari e delle garanzie di risarcimento per i danneggiati del sistema sanità. *Rivista italiana di medicina legale e del diritto in campo sanitario*, pp. 1503-1514, 2017; HAZAN, Maurizio. Alla vigilia di un cambiamento profondo: la riforma della responsabilità medica e della sua assicurazione (DDL Gelli). *Danno e responsabilità*, n. 1, pp. 75-91, 2017; MANTOVANI, Maria Paola. *L'assicurazione della responsabilità civile medico sanitaria*. Napoli: Jovene, 2017; PONZANELLI, Giulio. Medical malpractice: la legge Bianco-Gelli. *Contratto e Impresa*, v. 33, f. 2, pp. 356-363, 2017; PONZANELLI, Giulio. Medical malpractice: la legge Bianco Gelli. Una premessa. *Danno e responsabilità*, v. 22, f. 3, pp. 268-270, 2017; PARDOLESI, Roberto; SIMONE, Roberto. Nuova responsabilità medica: il dito e la luna (contro i guasti da contatto sociale?). *Foro italiano*, parte V, pp. 161-175, 2017; SELINI, Valentina. Il passato e il presente dell'obbligo assicurativo in ambito sanitario. *Danno e responsabilità*, v. 22, f. 3, pp. 301-316, 2017; FACCI, Giovanni. Gli obblighi assicurativi nella recente riforma "Gelli-Bianco". *La Nuova Giurisprudenza Civile Commentata*, v. 34, f. 1, pp. 104-114, 2018; CORRIAS, Paoloefisio. I profili di rilievo assicurativo della legge Gelli-Bianco. *Rivista di diritto privato*, v. 24, f. 1, pp. 113-134, 2019; RICCI, Cristoforo. Gli obblighi assicurativi introdotti dalla Legge 8 marzo 2017, n. 24 (c.d. "legge Gelli-Bianco"), in ambito sanitario. *Responsabilità civile e previdenza*, v. 84, n. 4, pp. 1327-1348, 2019; ROMAGNOLI, Gianluca. L'attesa per l'operatività della disciplina assicurativi della legge Gelli-Bianco. *La Nuova Giurisprudenza Civile Commentata*, v. 35, f. 6, pp. 1387-1391, 2019; ZORZIT, Daniela. La Legge Gelli e gli obblighi assicurativi: breve viaggio tra alcune questioni interpretative alla ricerca di un possibile approdo. *Danno e responsabilità*, n. 1, pp. 72-79, 2021.

tecnici e le modalità di attuazione di entrambe le opzioni, che nell'intendimento del legislatore divengono analoghe nel momento in cui anche le modalità di gestione del rischio diverse dall'assicurazione soddisfano i requisiti minimi di solvibilità che l'ordinamento giuridico richiede alle strutture ospedaliere, e ciò a protezione dei danneggiati.

Con specifico riferimento alle modalità di attuazione della gestione interna dei rischi, è previsto che le strutture ospedaliere si dotino di un fondo rischi, che individui in bilancio alcune risorse disponibili destinate ad assorbire le eventuali perdite future da sostenere in caso di danni, e di un fondo costituito dalla messa a riserva per competenza dei risarcimenti relativi ai sinistri denunciati, con la funzione di assorbire le perdite che si riferiscono alle richieste di risarcimento già ricevute ma non ancora liquidate.

Inoltre, si precisa che a tali fondi si applicano le disposizioni di cui all'articolo 1, commi 5 e 5-bis, del decreto legge 18 gennaio 1993, n. 9, convertito, già con modificazioni, dalla legge 18 marzo 1993, n. 67 ed ulteriormente modificato dall'art. 35 del decreto legge 24 aprile 2014, n. 66, convertito a sua volta dalla L. 23 giugno 2014, n. 89. Questo articolato rinvio normativo indica che le somme accantonate nei fondi individuati in bilancio ai fini dell'operatività delle misure analoghe dovrebbero essere sottratte all'azione esecutiva, al pari delle somme destinate al pagamento di stipendi e competenze del personale nonché all'erogazione di determinati servizi sanitari. Il legislatore effettua dunque una precisa scelta di *policy*, perché intende fare in modo che le somme accantonate nei fondi, a determinate condizioni, non possano essere utilizzate per soddisfare le richieste di altri creditori, ma saranno utilizzabili esclusivamente per soddisfare le richieste di risarcimento del danno promosse da parte dei danneggiati. Il legislatore mostra di voler riconoscere ai soggetti danneggiati da attività di cura una priorità nell'utilizzo delle somme accantonate nei due fondi di cui le strutture sanitarie si devono dotare se decidono di non assicurarsi.

Le strutture sanitarie che optino per l'utilizzo di misure diverse dall'assicurazione per la gestione del rischio di responsabilità civile devono quindi adottare determinati presidi che il legislatore impone, avendo consapevolezza che la strada dell'autoassicurazione, se non bene ponderata, può mettere a rischio la solvibilità della struttura sanitaria chiamata a rispondere del danno.

Il legislatore non affronta invece il tema, pur centrale, della congruità dei fondi, forse con l'intenzione di lasciare al decreto attuativo il compito di fornire le indicazioni tecniche sul procedimento di stima del valore dei due fondi.

L'art. 10 comma 4 della legge n. 24 del 2017 prevede, poi, che le strutture sanitarie rendano nota, mediante pubblicazione nel proprio sito internet, l'opzione prescelta.

Esaminato sotto questi profili il tema oggetto di questa analisi, ci si avvede facilmente delle difficoltà che si incontrano quando si intende introdurre condizioni di analogia tra assicurazione e altri strumenti, al fine di individuare una gamma di opzioni che forniscano le medesime garanzie di solvibilità.

In effetti, a distanza di più di quattro anni, il decreto di attuazione che ha il compito di sciogliere i nodi giuridici e di introdurre i dettagli tecnici non è stato ancora approvato, anche se ne è stata resa disponibile una bozza.[33]

Scorrendo velocemente la bozza di decreto, si inizi con l'osservare che, all'art. 1, lettera q), è fornita una definizione di misure analoghe, intendendo per tali quelle "misure per la copertura della responsabilità civile verso terzi e per la responsabilità civile verso prestatori d'opera che prevedono l'assunzione diretta, totale o parziale, del rischio da parte della struttura". La bozza di decreto si occupa poi di dettare la disciplina conformativa delle coperture assicurative (Titolo II) e delle misure analoghe (Titolo III). In particolare, gli articoli 8 e seguenti introducono quei requisiti che le strutture sanitarie devono rispettare se scelgono di non assicurarsi e di adottare le misure analoghe.

In apertura del Titolo III, viene subito messo in evidenza che la scelta di optare per l'adozione di misure analoghe deve essere una decisione consapevole e ponderata di gestione del rischio, tant'è che l'art. 8 prevede che "la scelta di operare mediante assunzione diretta del rischio deve risultare da apposita delibera approvata dai vertici della struttura sanitaria".

Gli articoli 9 e 10 confermano che la struttura sanitaria che scelga la strada della ritenzione del rischio dovrà procedere a realizzare il fondo rischi, e dunque appostare a bilancio somme che si riferiscono ai rischi in corso dell'anno di esercizio e che si protrarranno nell'esercizio successivo, e un fondo riserva sinistri, costituito dalla messa a riserva per competenza dei risarcimenti relativi ai sinistri denunciati negli esercizi precedenti.

Nella bozza di decreto attuativo viene anche affrontato il tema della stima dei fondi: gli articoli 11 e 14 impongono l'applicazione di specifici principi contabili di riferimento e stabiliscono che il giudizio di congruità degli accantonamenti inseriti nel fondo rischi e nel fondo riserva sinistri debba essere certificato a fine esercizio, dagli organi di controllo interni e/o revisori esterni, con la consapevolezza che il processo di stima potrebbe rendere necessarie la previsione di figure professionali e l'implementazione di tecniche di carattere attuariale.

---

33 Disponibile su: http://www.quotidianosanita.it/allegati/allegato3820021.pdf. Data di accesso: 28 ott. 2021.

L'articolo 10-bis della bozza di decreto introduce la interoperabilità tra fondi, consentendo uno spostamento contabile dal fondo rischi a quello di messa a riserva per la parte dell'accantonamento nel fondo rischi che corrisponde a eventi già oggetto di richiesta risarcitoria, così da evitare una duplicazione degli accantonamenti per uno stesso evento. Il decreto poi sembra limitare l'indisponibilità relativa ai fondi alla quota dei fondi riferita alle somme a titolo risarcitorio dovute in esito alla definizione conclusiva in sede giudiziale o stragiudiziale. Nel perseguire l'obiettivo di solvibilità delle strutture sanitarie, il legislatore sembra tentare di delineare un sistema che sia complessivamente sostenibile, in un settore ove le risorse finanziarie sono scarse e l'accantonamento di risorse nei due fondi può andare a detrimento di altre poste di bilancio, impattando su altri interessi. Parrebbe però mancare un intervento più deciso che, pur perseguendo la complessiva sostenibilità del sistema, rimarcasse la centralità del profilo della indisponibilità delle risorse accantonate, non solo nei confronti dei creditori diversi dai soggetti danneggiati, ma anche nei confronti dello stesso ente che le ha accantonate, il quale potrebbe essere tentato di utilizzare queste risorse per altri fini.[34]

Questa disciplina conformativa è poi completata da alcune prescrizioni di natura organizzativa. La bozza di decreto individua le competenze minime obbligatorie di cui dovranno dotarsi le strutture, in particolare sono indicate figure professionali con competenze di medicina legale, peritali, giuridico-legali e di risk management. È previsto poi che vengano individuate le funzioni per il governo del rischio e la gestione dei sinistri, compresa la funzione di valutazione dei sinistri, anche ai fini del corretto inserimento delle poste di bilancio per i fondi. È poi previsto che le strutture sanitarie si dotino di procedure di controllo e di risorse umane e strumentali a garanzia che i processi di valutazione dei rischi siano affidabili e effettuati su base continuativa, con obbligo di presentare annualmente, ai vertici della struttura, un piano in cui vengano identificati i principali rischi di responsabilità civile in ambito sanitario cui la struttura è esposta e le azioni proposte in un'ottica di mitigazione dei rischi stessi.[35]

---

34 Questo profilo può essere ricollegato agli studi di psicologia cognitiva e, dunque, alle percezioni delle strutture sanitarie circa l'esposizione al rischio. Dopo alcune annualità senza l'avversarsi di sinistri rilevanti, le strutture sanitarie potrebbero essere invogliate ad utilizzare le risorse accantonate per altri fini. Su questi temi, vedi MONTI, Alberto. Euristiche, bias e regole di governo del mercato assicurativo. *In:* ELGUETA, Giacomo Rojas; VERDI, Noah. *Oltre il soggetto razionale. Fallimenti cognitivi e razionalità limitata nel diritto privato.* Roma: Roma Tre-Press, 2014, pp. 241-246.

35 Completano la disciplina gli articoli 12 e 13 che disciplinano l'ipotesi di subentro contrattuale di un'impresa di assicurazione e i rapporti tra imprese di assicurazione e strutture sanitarie per la gestione dei sinistri.

CONCLUSIONI

Nell'ambito di una efficace politica di gestione del rischio, è necessario che ciascun ordinamento giuridico valuti attentamente la gamma di opzioni di cui dispone, al fine di raggiungere risultati coerenti con gli obiettivi di *public policy* dichiarati.

Con specifico riferimento alla responsabilità patrimoniale delle strutture ospedaliere, è importante che sia chiaro che assicurazione e autoassicurazione sono due tecniche di gestione del rischio che non è scontato possano avere il medesimo esito. Se, infatti, il mercato assicurativo è soggetto a specifica regolamentazione che tende a garantire la solvibilità dell'impresa di assicurazione a fronte degli oneri risarcitori assunti, l'autoassicurazione, solo quando è ben strutturata, evita di causare crisi di liquidità e di mettere a repentaglio la solvibilità del soggetto esposto al rischio e che abbia optato per la sua ritenzione.

Il legislatore italiano abbozza una disciplina conformativa che sembra replicare i tre pilastri su cui si fonda la solvibilità delle imprese di assicurazione, ossia requisiti di natura quantitativa, una componente organizzativa di *governance*, cui si aggiunge una componente di informativa e trasparenza.[36] E in effetti, seppur con scelte che paiono ancora poco mature, il legislatore italiano tenta di regolamentare i requisiti patrimoniali, accenna ad una struttura di *governance* e introduce una embrionale informativa al pubblico.[37]

L'esperienza comparatistica mostra come questa scelta effettuata dall'ordinamento italiano di prevedere una disciplina di dettaglio dell'autoassicurazione sia uno dei pochi esempi, se non l'unico, in cui c'è un tentativo esplicito di conformare uno strumento di gestione del rischio che solitamente, pur trovando ampi spazi di applicazione in diversi ordinamenti giuridici, è utilizzato in un contesto di autonomia del mercato. E infatti la disciplina conformativa italiana mostra tutti gli imbarazzi di un legislatore che interviene in una materia che tradizionalmente è lasciata alla *deregulation*. Occorrerà dunque verificare se i presidi previsti da questa disciplina di dettaglio saranno in grado di rendere l'autoassicurazione effettivamente[38] misura analoga all'assicurazione.

---

36 Il riferimento è ai tre pilastri di cui alla direttiva 2009/138/UE c.d. Solvency II.

37 Con specifico riferimento al profilo informativo, la previsione di cui all'art. 10 comma 4 della Legge n. 24 del 2017, potrebbe offrire una adeguata informativa al pubblico se venisse reso noto come il rischio è gestito in proprio. Tale *disclosure* dovrebbe dunque riguardare non solo i criteri di calcolo degli accantonamenti e le modalità di segregazione delle risorse, ma anche le modalità di gestione del rischio sotto il profilo organizzativo. In un'ottica di analisi economica del diritto, la profondità dell'informazione potrebbe costituire un ulteriore segnale al mercato circa l'affidabilità della struttura sanitaria, che mostrerebbe attenzione circa il livello di qualità di come è gestito il rischio.

38 Sulla distinzione tra regole declamate e regole operative, vedi POUND, Roscoe. Law in Books and Law in Action. *American Law Review*, v. 44, n. 1, pp. 12-36, 1910.

BIBLIOGRAFIA

ABRAHAM, Kenneth S. *Distributing Risks:* Insurance, Legal Theory and Public Policy. New Haven, Connecticut: Yale University Press, 1986.

ABRAHAM, Kenneth S. Liability Insurance and Accident Prevention: The Evolution of an Idea. *Maryland Law Review*, v. 64, n. 1-2, pp. 573-612, 2005.

ABRAHAM, Kenneth S. Making Sense of the Liability Insurance Crisis. *Ohio State Law Journal* 48, n. 2, pp. 399-412, 1987.

ABRAHAM, Kenneth S. *The Liability Century.* Insurance and Tort Law from the Progressive Era to 9/11 Cambridge, Massachusetts; London, England: Harvard University Press, 2008.

AGENZIA NAZIONALE PER I SERVIZI SANITARI - AGENAS. *Primo rapporto annuale 2014.* Ott. 2015.

ALPA, Guido (Org.). *La responsabilità sanitaria.* Commento alla L. 8 marzo 2017, n. 24. Pisa: Pacini, 2017.

ASSOCIAZIONE NAZIONALE FRA LE IMPRESE ASSICURATRICI - ANIA. *Malpractice, il grande caos.* Lug. 2014.

BAKER, Tom. Medical Malpractice and the Insurance Underwriting Cycle. *DePaul Law Review*, v. 54, n. 2, pp. 393-438, 2005.

BAKER, Tom. *The Medical Malpractice Myth.* Chicago: University of Chicago Press, 2005.

BENCI, Luca *et al. Sicurezza delle cure e responsabilità sanitaria.* Commentario alla legge 8 marzo 2017, n. 24. E-book: Quotidiano Sanità, 2017.

BERTINI, Umberto. *Introduzione allo studio dei rischi nell'economia aziendale.* Milano: Giuffrè, 1987.

BUTTARO, Luca. Assicurazione in generale. *In*: ENCICLOPEDIA DEL DIRITTO, v. III. Milano: Giuffrè, 1958, pp. 427-454.

CANDIAN, Albina. Il diritto delle assicurazioni, la misurazione dei rischi dell'impresa assicurativa ed il bagaglio del giurista: l'esempio di Solvency II. *In*: MATTEI, Ugo *et al.* (Org.). *Un giurista di successo. Studi in onore di Antonio Gambaro*, t. II. Milano: Giuffrè, 2017, pp. 1439-1457.

CANDIAN, Albina. Il diritto delle assicurazioni e la misurazione dei rischi dell'impresa assicurativa: l'esempio di Solvency II. *In*: GRAZIADEI, Michele; Serio, Mario. *Regolare la complessità. Giornate di studio in onore di Antonio Gambaro.* Torino: Giappichelli, 2017, pp. 93-111.

CANDIAN, Aurelio D. *Responsabilità civile e assicurazione.* Milano: Egea, 1993.

CARBONE, Luigi. Responsabilità medica, strumenti assicurativi, danno erariale indiretto e le novità del d.d.l Gelli. *Giustamm - Rivista di Diritto Amministrativo.* Anno XIII, n. 12, dic. 2016.

CARPANI, Guido; FARES, Guerino M. (Org.). *Guida alle nuove norme sulle responsabilità nelle professioni sanitarie.* Commento alla legge 8 marzo 2017, n. 24. Torino: Giappichelli, 2017.

COMANDÈ, Giovanni. La riforma della responsabilità sanitaria al bivio tra conferma, sovversione, confusione e ... *no blame*-giurisprudenziale. *Rivista italiana di medicina legale e del diritto in campo sanitario*, pp. 1-28, 2016.

CORRIAS, Paoloefisio. I profili di rilievo assicurativo della legge Gelli-Bianco. *Rivista di diritto privato*, v. 24, f. 1, pp. 113-134, 2019.

CORRIAS, Paoloefisio. La copertura obbligatoria dei rischi relativi alla responsabilità civile. *Corriere giuridico*, v. 34, f. 6, pp. 749-758, 2017.

DE GREGORIO, Alfredo; FANELLI, Giuseppe. *Il contratto di assicurazione.* Milano: Giuffrè, 1987.

DONATI, Antigono. *Trattato del diritto delle assicurazioni private*, v. I. Milano: Giuffrè, 1954.

FACCI, Giovanni. Gli obblighi assicurativi nella recente riforma "Gelli-Bianco". *La Nuova Giurisprudenza Civile Commentata*, v. 34, f. 1, pp. 104-114, 2018.

FANELLI, Giuseppe. Le assicurazioni. *In*: CICU, Antonio; MESSINEO, Francesco (Ed.). *Trattato di diritto civile e commerciale*, v. XXXVI, t. I. Milano: Giuffrè, 1973.

FERRERO, Giovanni. *L'autoassicurazione nell'economia e nelle rilevazioni d'impresa*. Milano: Giuffrè, 1955.

GAGLIARDI, Maria. I riflessi dell'autoassicurazione (e dell'obbligo di assicurazione) sul mercato e sulle logiche assicurative. *Rivista italiana di medicina legale e del diritto in campo sanitario*, pp. 1219-1226, 2014.

GAGLIARDI, Maria. Profili assicurativi della responsabilità degli enti e dei professionisti sanitari e delle garanzie di risarcimento per i danneggiati del sistema sanità. *Rivista italiana di medicina legale e del diritto in campo sanitario*, pp. 1503-1514, 2017.

GAMBINO, Agostino. *L'assicurazione nella teoria dei contratti aleatori*. Milano: Giuffrè, 1964.

GASPERONI, Nicola. Le assicurazioni. *In*: GROSSO, Giuseppe; PASSARELLI, Francesco Santoro (Ed.). *Trattato di diritto civile*. Milano: Vallardi, 1966.

GELLI, Federico; HAZAN, Maurizio; ZORZIT, Daniela (Org.). *La nuova responsabilità sanitaria e la sua assicurazione*. Milano: Giuffrè, 2017.

GOSHAY, Robert C. *Corporate Self-Insurance and Risk Retention Plans, With General Reference to Fire, Liability, and Workmen's Compensation Exposures*. Homewood: Richard D. Irwin, Inc., 1964.

HAZAN, Maurizio. Alla vigilia di un cambiamento profondo: la riforma della responsabilità medica e della sua assicurazione (DDL Gelli). *Danno e responsabilità*, n. 1, pp. 75-91, 2017.

HOFFMAN, David N. The medical malpractice insurance crisis, again. *Hastings Center Report*, v. 35, n. 2, pp. 15-19, 2005.

HUEBNER, Solomon S. *Property Insurance*: Comprising Fire and Marine Insurance, Automobile Insurance, Fidelity and Surety Bonding, Title Insurance, Credit Insurance, and Miscellaneous Forms of Property Insurance. New York-London: D. Appleton and Company, 1922.

ISTITUTO PER LA VIGILANZA SULLE ASSICURAZIONI – IVASS. *I rischi da responsabilità civile sanitaria in Italia – 2010-2020*. Ottobre 2021, pp. 18-20. Disponibile su: https://www.ivass.it/pubblicazioni-e-statistiche/statistiche/bollettino-statistico/2021/n_11_2021/bollettino_rc_sanitaria.pdf.

KESSLER, Daniel P. Evaluating the Medical Malpractice System and Options for Reform. *Journal of Econ. Perspect*, v. 25, n. 2, pp. 93-110, 2011.

KNIGHT, Frank H. *Risk, Uncertainty and Profit*. Boston, New York: Houghton Mifflin Co., 1921.

LA TORRE, Antonio. *Diritto delle assicurazioni*. Milano: Giuffrè, 1987.

LA TORRE, Antonio. *L'assicurazione nella storia delle idee, la risposta giuridica al bisogno di sicurezza economica*: ieri e oggi. 2· ed. Milano: Giuffrè, 2000.

LABELLA, Barbara. I risultati dell'indagine Agenas sui modelli regionali di gestione dei sinistri. *Rivista Monitor*, n. 34, pp. 12-19, 2013.

LANDINI, Sara. *Assicurazione e responsabilità*. Milano: Giuffrè, 2004.

LANDINI, Sara (Org.). *Autoassicurazione e gestione del rischio*. Collana CESIFIN online, 2015.

LOVO, Marco; NOCCO, Luca (Org.). *La nuova responsabilità sanitaria*. Le novità introdotte dalla Legge Gelli. E-book: Gruppo24Ore, 2017.

MANTOVANI, Maria Paola. *L'assicurazione della responsabilità civile medico sanitaria*. Napoli: Jovene, 2017.

MARTINI, Filippo; GENOVESE, Umberto (Org.). *La nuova responsabilità professionale in Sanità*. Commentario alla Riforma Gelli-Bianco (L. 8 marzo 2017, n. 24). Santarcangelo di Romagna: Maggioli, 2017.

MEOLI, Bruno; SICA, Salvatore; STANZIONE, Pasquale (Org.). *Commentario alla legge 8 marzo 2017 n. 24*. Napoli: ESI, 2018.

MELLO, Michelle M. BRENNAN, Troyen A. Deterrence of medical errors: theory and evidence for malpractice reform. *Texas Law Review*, v. 80, n. 7, pp. 1595-1638, 2002.

MELLO, Michelle M. *et al.* Hospitals' Behavior in a Tort Crisis: Observations from Pennsylvania. *Health Affairs*, v. 22, n. 6, pp. 225-233, 2003.

MONTI, Alberto. Euristiche, bias e regole di governo del mercato assicurativo. *In:* ELGUETA, Giacomo Rojas; VERDI, Noah. *Oltre il soggetto razionale. Fallimenti cognitivi e razionalità limitata nel diritto privato*. Roma: Roma Tre-Press, 2014, pp. 241-246.

PARDOLESI, Roberto; SIMONE, Roberto. Nuova responsabilità medica: il dito e la luna (contro i guasti da contatto sociale?). *Foro italiano*, parte V, pp. 161-175, 2017.

PERNA, Antonio; PERRELLA, Giuseppe; PERNA, Carmine; VACCHIANO, Giuseppe. *L'affare rischio clinico.* Trasferimento assicurativo e gestione diretta. Milano: FrancoAngeli, 2010.

PONZANELLI, Giulio. Medical malpractice: la legge Bianco-Gelli. *Contratto e Impresa,* v. 33, f. 2, pp. 356-363, 2017.

PONZANELLI, Giulio. Medical malpractice: la legge Bianco Gelli. Una premessa. *Danno e responsabilità*, v. 22, f. 3, pp. 268-270, 2017.

PONZANELLI, Giulio. La responsabilità medica ad un bivio: assicurazione obbligatoria, sistema residuale *no-fault o risk-management*? *Danno e responsabilità*, v. 8, f. 4, pp. 428-430, 2003.

POUND, Roscoe. Law in Books and Law in Action. *American Law Review*, v. 44, n. 1, pp. 12-36, 1910.

PRIEST, George L. Modern Tort Law and Its Reform. *Valparaiso University Law Review*, v. 22, n. 1, pp. 1-38, 1987.

PRIEST, George L. Puzzles of the Tort Crisis. *Ohio State Law Journal* 48, n. 2, pp. 497-502, 1987.

PRIEST, George L. The Current Insurance Crisis and Modern Tort Law. *Yale Law Journal* 96, n. 7, pp. 1521-1590, 1987.

PRIEST, George L. The Modern Expansion of Tort Liability: Its Sources, Its Effects, and Its Reform. *Journal Econ. Perspect*, v.5, n. 3, pp. 31-50, 1991.

PUTZOLU, Giovanna Volpe. L'assicurazione. *In*: RESCIGNO, Pietro (Ed.). *Trattato di diritto privato*, diretto da Pietro Rescigno, v. XIII, t. 5. Torino: Utet, 1985, pp. 53-131.

QUADRI, Enrico. Considerazioni in tema di responsabilità medica e di relativa assicurazione nella prospettiva dell'intervento legislativo. *Responsabilità civile e previdenza*, n. 1, pp. 27-46, 2017.

RABIN, Robert L. Tort Law in Transition: Tracing the Patterns of Sociolegal Change. *Valparaiso University Law Review*, v. 23, n. 1, pp. 1-32, 1988-1989.

RICCI, Cristoforo. Gli obblighi assicurativi introdotti dalla Legge 8 marzo 2017, n. 24 (c.d. "legge Gelli-Bianco"), in ambito sanitario. *Responsabilità civile e previdenza,* v. 84, n. 4, pp. 1327-1348, 2019.

RIEGEL, Robert; MILLER, Jerome S. *Insurance Principles and Practices.* New York: Prentice--Hall, 3. ed. 1947.

RODRIGUEZ, Daniele; ARSENI, Alessia. Clinical Governance e Clinical Risk Management. *In*: BELVEDERE, Andrea; RIONDATO, Silvio. *Le responsabilità in medicina.* Trattato di biodiritto. Milano: Giuffrè, 2011, pp. 85-111.

ROMAGNOLI, Gianluca. Autoassicurazione delle responsabilità medica: compatibilità con i principi di diritto interno ed europeo. *Danno e responsabilità*, pp. 329-337, 2015.

ROMAGNOLI, Gianluca. L'attesa per l'operatività della disciplina assicurativi della legge Gelli--Bianco. *La Nuova Giurisprudenza Civile Commentata*, v. 35, f. 6, pp. 1387-1391, 2019.

ROMAGNOLI, Gianluca. Limiti di "praticabilità" della c.d. autoassicurazione della responsabilità medica da parte delle amministrazioni sanitarie. *In*: LANDINI, Sara (Org.). *Autoassicurazione e gestione del rischio*. Collana CESIFIN online, 2015, pp. 67-70.

ROSSETTI, Marco. *Responsabilità sanitaria e tutela della salute*. Roma: Corte Suprema di Cassazione – Ufficio del Massimario, 2011.

SAGE, William M. Understanding the First Malpractice Crisis of the 21st Century. *In*: GOSFIELD, Alice G. (Ed). *Health Law Handbook*. St. Paul, Minnesota: West Group, 2003, pp. 1-32.

SALANDRA, Vittorio. Dell'assicurazione. *In*: SCIALOJA, Antonio; BRANCA, Giuseppe (Org.). *Commentario al codice civile*. 3· Ed. Bologna-Roma: Il Foro italiano, 1966, pp. 172-441.

SANTI, Giulio. *Il contratto di assicurazione*. Roma: Jandi Sapi, 1965.

SCALFI, Gianguido. Assicurazione (contratto di). *In*: DIGESTO DISCIPLINE PRIVATISTICHE, *Sez. comm*., v. I. Torino: Utet, 1987, pp. 333-366.

SELINI, Valentina. Il passato e il presente dell'obbligo assicurativo in ambito sanitario. *Danno e responsabilità*, v. 22, f. 3, pp. 301-316, 2017.

SLOAN, Frank A.; BOVBJERG, Randall R.; GITHENS, Penny B. *Insuring Medical Malpractice*. New York: Oxford University Press, 1991.

SUGARMAN, Stephen D. Taking Advantage of the Tort Crisis. *Ohio State Law Journal*, v. 48, n. 2, 1987, pp. 329-364, 1987.

VELLISCIG, Lydia. *Assicurazione e "autoassicurazione" nella gestione dei rischi sanitari*. Studio di diritto comparato. Milano: Giuffrè, 2018.

VELLISCIG, Lydia. Come garantire i danneggiati. considerazioni sul ruolo dell'assicurazione e dell'autoassicurazione. *Annuario di Diritto comparato e di Studi legislativi*, 2019, pp. 539-561.

VELLISCIG, Lydia. L'accesso e l'esercizio dell'attività assicurativa tra normativa europea e normativa italiana: il modello di Solvency II. *Contratto e impresa/Europa*, pp. 357-397, 2017.

VELLISCIG, Lydia. L'autoassicurazione. *In*: CORRIAS, Paoloefisio; PIRAS, Elisabetta; RACUGNO, Gabriele. *Diritto alla salute e contratto di assicurazione*. Napoli: ESI, 2019, pp. 107-120.

WEINRIB, Ernest J. Understanding Tort Law. *Valparaiso University Law Review* v. 23, n. 3, pp. 485-526, 1988-1989.

ZAPPA, Gino. *Il reddito d'impresa. Scritture doppie, conti e bilanci di aziende commerciali*. 2. ed. Milano: Giuffrè, 1946.

ZORZIT, Daniela. La Legge Gelli e gli obblighi assicurativi: breve viaggio tra alcune questioni interpretative alla ricerca di un possibile approdo. *Danno e responsabilità*, n. 1, pp. 72-79, 2021.

Disposizioni Legislative

ITALIA. Legge 8 marzo 2017, n. 24. Disposizioni in materia di sicurezza delle cure e della persona assistita, nonche' in materia di responsabilita' professionale degli esercenti le professioni sanitarie. *Gazzetta Ufficiale della Repubblica Italiana*, anno 158, n. 64, 17 mar. 2017. Disponibile su: https://www.gazzettaufficiale.it/eli/id/2017/03/17/17G00041/sg.

PARLAMENTO EUROPEO; CONSIGLIO DELL'UNIONE EUROPEA. Direttiva 2009/138/CE del parlamento europeo e del consiglio, del 25 novembre 2009, in materia di accesso ed esercizio delle attività di assicurazione e di riassicurazione (solvibilità II). Gazzetta ufficiale dell'Unione europea, L 335/1, 17 dic. 2009. Disponibile su: https://eur-lex.europa.eu/legal-content/IT/TXT/PDF/?uri=CELEX:32009L0138.

A EFETIVIDADE DO RESSARCIMENTO ENTRE ESCOLHAS DE POLÍTICAS PÚBLICAS E MODELOS DE GESTÃO DO RISCO

Lydia Velliscig[1]

INTRODUÇÃO

A crise no mercado dos seguros e a volatilidade dos prêmios estimulam a adoção de formas alternativas de gestão do risco. A questão é de absoluta importância social e econômica, uma vez que diz respeito aos sistemas de resposta que cada ordenamento jurídico cria para lidar com as consequências da ocorrência de um evento danoso. Restringindo a perspectiva de análise à esfera do chamado risco sanitário, a questão assume perfis complexos quando é colocada com referência à responsabilidade financeira das instituições de saúde, pois levanta o problema da sua capacidade de garantir a satisfação dos sujeitos prejudicados pelas atividades de tratamento. Essas considerações levam-nos a enquadrar os perfis da responsabilidade financeira das instituições de saúde numa perspectiva de política pública, uma vez que a necessidade de garantir a eficácia da indenização exige o desenvolvimento de políticas adequadas para a gestão do risco sanitário, incluindo a análise da capacidade de resposta financeira das próprias instituições de saúde.

A esse respeito, o último século testemunhou não só a expansão progressiva da responsabilidade civil, mas também o uso crescente do seguro como mecanismo de redistribuição de custos.[2] Essa decisão de combinar a cobertura de responsabilidade civil e de seguro foi determinada pela necessidade de garantir à vítima uma indenização

---

1 Pesquisadora sênior em Direito Privado Comparado, *Scuola Universitaria Superiore* IUSS Pavia, Itália.

2 Veja-se, em geral: PRIEST, George L. The Modern Expansion of Tort Liability: Its Sources, Its Effects, and Its Reform. *Journal Econ. Perspect*, v.5 n. 3, pp. 31-50, 1991; ABRAHAM, Kenneth S. Liability Insurance and Accident Prevention: The Evolution of an Idea. *Maryland Law Review*, v. 64, n. 1-2, pp. 573-612, 2005; ABRAHAM, Kenneth S. *The Liability Century.* Insurance and Tort Law from the Progressive Era to 9/11 Cambridge, Massachusetts; Londres, England: Harvard University Press, 2008.

certa pelos danos sofridos e, por conseguinte, não deixar os lesados sem proteção.[3] De fato, como é sabido, o seguro, como instrumento, produz um amplo compartilhamento do risco de responsabilidade, redistribuindo o ônus da indenização entre classes de segurados. Desta forma, o seguro permite ao segurado dispor dos recursos necessários para compensar os danos, cumprindo a função social de garantir a chamada necessidade de segurança,[4] que é a base de qualquer consideração sobre seguro.

Nessa perspectiva, quando o sistema de seguros não é capaz de responder a essa necessidade de segurança manifestada pelos segurados, os ordenamentos jurídicos têm um incentivo para pôr em prática outras técnicas de gestão de riscos, numa tentativa de conceber mecanismos de garantia financeira equivalentes.[5] Além disso, optar por utilizar formas de retenção de riscos em vez de cobertura de seguro leva não apenas a consequências de natureza técnica e de gestão, mas também a consequências jurídicas e econômicas de considerável importância, que exigem reflexão cuidadosa.

Essas breves notas dedicam-se, portanto, a tratar da questão da gestão dos perfis patrimoniais de responsabilidade em face de terceiros das instituições de saúde pelos riscos associados à prestação de atividades de tratamento médico. A esse respeito, tentar-se-á dar uma resposta à questão de saber se – e em que medida – o seguro e o chamado autosseguro podem ser considerados mecanismos equivalentes em termos da capacidade da instituição de saúde de suportar os custos de indenização.

1. CRISE DO MERCADO DE SEGUROS E UTILIZAÇÃO DE OUTROS INSTRUMENTOS PARA LIDAR COM OS RISCOS DE RESPONSABILIDADE CIVIL

A questão da eficácia da indenização exigiria uma contextualização extensa. Para encurtar a discussão, é suficiente partir da consideração de que cada sistema jurídico estabelece modalidades pelas quais a parte lesada pode encontrar satisfação sobre os bens do sujeito de direito que deve responder pelos danos, mesmo contra a vontade deste último. Contudo, isto não garante que a parte lesada obtenha uma indenização pelos danos sofridos. Esta consideração levanta a questão da efetiva disponibilidade

3 ABRAHAM, Kenneth S. *Distributing Risks:* Insurance, Legal Theory and Public Policy. New Haven, Connecticut: Yale University Press, 1986.

4 Na literatura jurídca italiana, cf. LA TORRE, Antonio. *L'assicurazione nella storia delle idee, la risposta giuridica al bisogno di sicurezza economica*: ieri e oggi. 2. ed. Milão: Giuffrè, 2000, *passim*.

5 Por exemplo, PRIEST, George L. The Current Insurance Crisis and Modern Tort Law. *Yale Law Journal* 96, n. 7, pp. 1521-1590, 1987.

dos bens do devedor e, por isso, em certos setores, os sistemas jurídicos podem intervir impondo a contratação obrigatória de seguro. Desta forma, o efeito das repercussões econômicas de um acontecimento danoso é transferido para a seguradora, cuja solvência é protegida pelas regras de acesso e exercício da atividade securitária.[6]

Dito isso, é importante notar que o seguro nem sempre cobre todos os riscos de responsabilidade civil.[7] Como é bem sabido, o contrato de seguro identifica os riscos de responsabilidade contra os quais o segurado e os seus bens ficam protegidos pela seguradora. No contexto específico do risco de responsabilidade especificado pela cobertura do seguro, tal como a responsabilidade civil das instituições de saúde, o risco é então transferido para a seguradora dentro de limites determinados pela autonomia das partes. A transferência de risco do segurado para a seguradora realiza-se, portanto, dentro dos limites dos termos e das condições contratuais, de eventuais franquias ou ausências de cobertura, e do limite máximo. As limitações contratuais que caracterizam tal transferência determinam, portanto, uma faixa de retenção de risco implícita para a parte do dano que recai no âmbito da franquia, da participação obrigatória do segurado, ou que excede o limite máximo.[8]

Essa distância criada entre a área da responsabilidade civil e a dos seguros é explicada pela própria estrutura do negócio securitário. O contrato de seguro – e, portanto, também o contrato de seguro de responsabilidade civil – faz parte de uma atividade empresarial que é realizada de acordo com critérios técnicos e econômicos precisos, de forma que a disponibilidade da cobertura do seguro depende tanto dos riscos individuais que as seguradoras concordam em assumir como do prêmio que o segurado concorda em pagar.

A esse respeito, é bem sabido que a atividade das seguradoras se baseia num processo técnico-econômico que lhes permite compensar os riscos individuais que assumem uns contra os outros.[9] Tecnicamente, a seguradora assume o risco de um

---

6 Na Europa, foi recentemente implantada a diretiva 2009/138/EU, chamada *Solvency II*. Sobre esses temas, cf. VELLISCIG, Lydia. L'accesso e l'esercizio dell'attività assicurativa tra normativa europea e normativa italiana: il modello di Solvency II. *Contratto e impresa/Europa*, pp. 357-397, 2017.

7 Sobre a relação entre seguro e responsabilidade civil na litertura jurídica italiana, cf. CANDIAN, Aurelio D. *Responsabilità civile e assicurazione*. Milão: Egea, 1993; LANDINI, Sara. *Assicurazione e responsabilità*. Milão: Giuffrè, 2004.

8 Como é sabido, a franquia e a participação obrigatória do segurado identificam uma parte do dano que permanece a cargo do segurado: a primeira em termos de valor, a segunda em termos de percentual. O limite máximo, por sua vez, é o montante máximo que a seguradora se compromete a indenizar.

9 Em todo ordenamento jurídico, há amplíssima literatura sobre o tema dos seguros. Para o direito italiano, basta fazer referência às seguintes obras: DONATI, Antigono. *Trattato del diritto delle assicurazioni private*, v. I. Milão: Giuffrè, 1954; BUTTARO, Luca. Assicurazione in generale. *In*: ENCICLOPEDIA DEL DIRITTO, v. III. Milão: Giuffrè, 1958, pp. 427-454; GAMBINO, Agostino. *L'assicurazione nella teoria dei contratti aleatori*. Milão:

terceiro, incorporando-o numa massa de riscos homogêneos, mas independentes entre si. Ao compensar os riscos que se tornam realidade com aqueles cujo sinistro não ocorre, a seguradora neutraliza os riscos assumidos. Especificamente, ao aplicar a lei dos grandes números e cálculos de probabilidade,[10] a seguradora é capaz de prever tanto a probabilidade de que o risco se concretize como a dimensão esperada das perdas, caso o evento ocorra. Desta forma, a seguradora pode calcular o montante das reservas necessárias para cobrir os riscos que pretende assumir, redistribuindo o custo de eventuais perdas por todos os segurados, mantendo, assim, o equilíbrio econômico. Todo o mecanismo do seguro permite à seguradora resistir a acontecimentos adversos com uma capacidade superior à dos indivíduos, satisfazendo, assim, a necessidade de segurança que leva os segurados a subscrever determinado seguro, ou o sistema jurídico a introduzir a contratação obrigatória do seguro.[11]

Para neutralizar risco e, em última análise, preservar a estabilidade financeira,[12] as seguradoras tendem a rejeitar os riscos "não calculáveis", ou seja, as categorias de risco cuja ocorrência não pode ser prevista com base em cálculos de probabilidade confiáveis; ou, então, aumentam o valor dos prêmios para níveis que os tornem pouco atrativos.

Existe, portanto, uma lacuna estrutural entre a procura e a oferta no mercado de seguros que se deve ao mecanismo técnico que satisfaz à necessidade das seguradoras de preservar o seu equilíbrio financeiro, garantindo sua solvência.

Giuffrè, 1964; SANTI, Giulio. *Il contratto di assicurazione.* Roma: Jandi Sapi, 1965; GASPERONI, Nicola. Le assicurazioni. *In*: GROSSO, Giuseppe; PASSARELLI, Francesco Santoro (Ed.). *Trattato di diritto civile.* Milão: Vallardi, 1966; SALANDRA, Vittorio. Dell'assicurazione. *In*: SCIALOJA, Antonio; BRANCA, Giuseppe (Org.). *Commentario al codice civile.* 3. ed. Bolonha-Roma: Il Foro italiano, 1966, pp. 172-441; FANELLI, Giuseppe. Le assicurazioni. *In*: CICU, Antonio; MESSINEO, Francesco (Ed.). *Trattato di diritto civile e commerciale*, v. XXXVI, t. I. Milão: Giuffrè, 1973; PUTZOLU, Giovanna Volpe. L'assicurazione. *In*: RESCIGNO, Pietro (Ed.). *Trattato di diritto privato*, diretto da Pietro Rescigno, v. XIII, t. 5. Turim: Utet, 1985, pp. 53-131; DE GREGORIO, Alfredo; FANELLI, Giuseppe. *Il contratto di assicurazione.* Milão: Giuffrè, 1987; SCALFI, Gianguido. Assicurazione (contratto di). *In*: DIGESTO DISCIPLINE PRIVATISTICHE, Sez. comm., v. I. Turim: Utet, 1987, pp. 333-366; LA TORRE, Antonio. *Diritto delle assicurazioni.* Milão: Giuffrè, 1987.

10 KNIGHT, Frank H. *Risk, Uncertainty and Profit.* Boston, Nova York: Houghton Mifflin Co., 1921.

11 A posição central da solvência explica não apenas a complexidade dos cálculos atuarias que as seguradoras têm de fazer para alcançar a sustentabilidade financeira, mas também a complexidade das salvaguardas organizacionais que as seguradoras têm de pôr em prática, bem como os sistemas de supervisão a que estão sujeitas. Sobre esses temas, cf. CANDIAN, Albina. Il diritto delle assicurazioni, la misurazione dei rischi dell'impresa assicurativa ed il bagaglio del giurista: l'esempio di Solvency II. *In*: MATTEI, Ugo *et al.* (Org.). *Un giurista di successo. Studi in onore di Antonio Gambaro*, t. II. Milão: Giuffrè, 2017, pp. 1439-1457 e CANDIAN, Albina. Il diritto delle assicurazioni e la misurazione dei rischi dell'impresa assicurativa: l'esempio di Solvency II. *In*: GRAZIADEI, Michele; Serio, Mario. *Regolare la complessità. Giornate di studio in onore di Antonio Gambaro.* Turim: Giappichelli, 2017, pp. 93-111.

12 Como garantia adicional de solvência, as seguradoras são também protegidas por formas de mutualidade de segundo grau por meio do resseguro, que permite maior redistribuição do ônus da indenização.

É por isso que, quando os preços de transferência de risco no mercado de seguros estão demasiado altos em comparação com as avaliações que as partes fizeram, recorre-se a formas de autosseguro, segundo mostra a experiência. A título de exemplo, pode-se recordar a experiência americana na segunda metade do século XX, quando houve uma crise no mercado de seguros, durante a qual se viu uma gama de seguradoras se retirando de setores inteiros, a que correspondeu um aumento na utilização de formas de retenção de riscos.[13] Esse fenômeno também ocorreu no domínio da chamada *medical malpractice liability*: o aumento considerável dos litígios entre médicos e pacientes, o maior número de sentenças proferidas em favor dos lesados e o aumento das indenizações tiveram como consequência direta o crescimento exponencial dos sinistros liquidados pelas seguradoras, sem que fosse possível calcular antecipadamente a correlação entre os prêmios cobrados e os sinistros a liquidar, com o resultado de as seguradoras se verem envolvidas em prejuízos consideráveis.[14] Como resultado, as seguradoras se retiraram do mercado, acarretando uma diminuição na oferta de seguros ou um aumento significativo dos prêmios.[15] Essa fase de incerteza dos seguros abriu o caminho para experiências inovadoras, com formas alternativas de gestão de sinistros. Foi essa experiência, que, como se há de ver, foi posteriormente reavivada na Itália no início do milênio, mais precisamente no setor do chamado risco sanitário.

---

13 A respeito da crise do mercado securitário ao longo do séc. XX, cf., por exemplo, ABRAHAM, Kenneth S. Making Sense of the Liability Insurance Crisis. *Ohio State Law Journal* 48, n. 2, pp. 399-412, 1987; PRIEST, George L. Priest. Puzzles of the Tort Crisis. *Ohio State Law Journal* 48, n. 2, pp. 497-502, 1987; PRIEST, George L. The Current Insurance Crisis and Modern Tort Law. *Yale Law Review* 96, n. 7, pp. 1521-1590, 1987; SUGARMAN, Stephen D. Taking Advantage of the Tort Crisis. *Ohio State Law Journal*, v. 48, n. 2, 1987, pp. 329-364, 1987; PRIEST, George L. Modern Tort Law and Its Reform. *Valparaiso University Law Review*, v. 22, n. 1, pp. 1-38, 1987; RABIN, Robert L. Tort Law in Transition: Tracing the Patterns of Sociolegal Change. *Valparaiso University Law Review*, v. 23, n. 1, pp. 1-32, 1988-1989; WEINRIB, Ernest J. Understanding Tort Law. *Valparaiso University Law Review* v. 23, n. 3, pp. 485-526, 1988-1989.

14 Em geral, sobre esse tema, cf.: SLOAN, Frank A.; BOVBJERG, Randall R.; GITHENS, Penny B. *Insuring Medical Malpractice*. Nova York: Oxford University Press, 1991; MELLO, Michelle M. BRENNAN, Troyen A. Deterrence of medical errors: theory and evidence for malpractice reform. *Texas Law Review*, v. 80, n. 7, pp. 1595-1638, 2002; MELLO, Michelle M. *et al.* Hospitals' Behavior in a Tort Crisis: Observations from Pennsylvania. *Health Affairs*, v. 22, n. 6, pp. 225-233, 2003; SAGE, William M. Understanding the First Malpractice Crisis of the 21st Century. *In*: GOSFIELD, Alice G. (Ed). *Health Law Handbook*. St. Paul, Minnesota: West Group, 2003, pp. 1-32; HOFFMAN, David N. The medical malpractice insurance crisis, again. *Hastings Center Report*, v. 35, n. 2, pp. 15-19, 2005; KESSLER, Daniel P. Evaluating the Medical Malpractice System and Options for Reform. *Journal of Econ. Perspect*, v. 25, n. 2, pp. 93-110, 2011.

15 BAKER, Tom. Medical Malpractice and the Insurance Underwriting Cycle. *DePaul Law Review*, v. 54, n. 2, pp. 393-438, 2005; BAKER, Tom. *The Medical Malpractice Myth*. Chicago: University of Chicago Press, 2005.

2. AUTOSSEGURO

Quando um sistema jurídico estabelece como política pública garantir, na medida do possível, indenização total e determinada pelos danos sofridos, é necessário saber se a utilização de outros instrumentos distintos do seguro pode, de todo modo, alcançar o mesmo objetivo. De fato, o seguro aumenta a possibilidade de a parte lesada obter efetivamente a indenização a que tem direito, mesmo quando a parte chamada a indenizar o dano tem apenas bens modestos que podem ser constritos, exceto no caso extremo de insolvência da própria seguradora. E esse é um caso de importância considerável em relação às instituições de saúde, sendo, por natureza, limitados os recursos seus que podem ser constritos. Tal preocupação é ainda mais relevante se o sistema jurídico também excepciona as instituições de saúde do regime da falência.

Com isso em mente, é necessário esclarecer quais são as características da técnica de retenção de riscos.

A técnica de retenção do risco se baseia na escolha da parte exposta ao risco de renunciar total ou parcialmente à transferência do risco para a seguradora, internalizando a gestão do risco e de eventuais perdas. De acordo com as classificações propostas pela doutrina comercial, a retenção do risco difere do "não seguro" na medida em que não consiste em aceitar passivamente a possível ocorrência do risco, mas é uma abordagem proativa baseada na internalização da gestão do risco utilizando os seus próprios recursos financeiros.[16]

Em particular, o autosseguro é a forma de retenção de risco[17] implementada por meio de um planejamento financeiro preventivo que prevê provisões internas a serem realizadas na sequência da avaliação de risco, de acordo com modelos de estimativa confiáveis.[18] O autosseguro baseia-se na retenção do risco, ou seja, os efeitos da

---

16 RIEGEL, Robert; MILLER, Jerome S. *Insurance Principles and Practices*. Nova York: Prentice-Hall, 3 ed. 1947, p. 28: "*This practice is not to be confused with mere passive acquiescence in risk, sometimes called self-assumption of risk. Self-insurance is a positive action to provide for possible future losses*" ("Esta prática não pode ser confundida com a mera aquiescência passiva ao risco, por vezes chamada autoassunção do risco. O autosseguro é, com efeito, providência efetiva para prever eventuais perdas futuras").

17 GOSHAY, Robert C. *Corporate Self-Insurance and Risk Retention Plans, With General Reference to Fire, Liability, and Workmen's Compensation Exposures*. Homewood: Richard D. Irwin, Inc., 1964, p. 14: "*Retention is a method of treating risk, whereas self-insurance is a technique of retention*" ("A retenção é um método de tratamento de risco, ao passo que o autosseguro é uma técnica de retenção").

18 HUEBNER, Solomon S. *Property Insurance: Comprising Fire and Marine Insurance, Automobile Insurance, Fidelity and Surety Bonding, Title Insurance, Credit Insurance, and Miscellaneous Forms of Property Insurance*. Nova York-Londres: D. Appleton and Company, 1922, p. 79: "*Self-insurance means that there is no transfer of the risk to an outside independent underwriter. In one sense the owner may be considered as "running his own risk" yet it would be more accurate to regard any real plan of self-insurance as based upon scientific considerations rather than upon haphazard guesswork*" ("O autosseguro leva a que não haja transferência do risco a um subscritor

ocorrência do evento danoso recaem diretamente sobre a parte exposta ao risco, mas é complementado não por provisões gerais, mas por provisões calculadas com base numa correlação técnica entre o montante das perdas esperadas e as provisões constituídas.[19] Em última análise, o autosseguro baseia-se numa estimativa da frequência de ocorrência do risco assumido e do montante das perdas prováveis, o que lembra os cálculos atuariais efetuados pelas seguradoras.[20] Daí a utilização do termo "autosseguro".

Quando é bem calculado, o autosseguro consegue evitar, sem a ajuda de terceiros, que o patrimônio do devedor se esgote, ou então recorrendo a terceiros apenas para certa gama de riscos, cujas consequências, em caso da sua ocorrência, poderiam pôr em risco a estabilidade do patrimônio.[21] De fato, analisando-se a experiência americana (e as escolhas feitas na Itália, tal como estavam e estão se delineando na prática), pode-se observar que tais técnicas não são necessariamente métodos alternativos, uma vez que o autosseguro pode ser complementado pela transferência externa do risco para além de um determinado limiar, criando um mecanismo híbrido que combina gestão interna e instrumentos de seguro ou resseguro. De fato, os modelos operacionais mais difundidos preveem a combinação dessas duas técnicas.

Deve-se notar, portanto, que o sucesso do autosseguro depende de uma situação puramente fática, ou seja, da adequação das provisões realizadas.[22] Embora o autosseguro se inspire nos princípios técnicos e econômicos subjacentes ao mecanismo de seguro, ele não se beneficia do compartilhamento de risco, típico do seguro, e,

---

externo independente. Em certo sentido, pode-se considerar como se o proprietário estivesse 'correndo o seu próprio risco', mas seria mais correto considerar qualquer plano real de autosseguro como baseado antes em considerações científicas que em adivinhações aleatórias").

19 Para o Direito italiano, cf., ao menos: ZAPPA, Gino. *Il reddito d'impresa. Scritture doppie, conti e bilanci di aziende commerciali*. 2. ed. Milão: Giuffrè, 1946; FERRERO, Giovanni. *L'autoassicurazione nell'economia e nelle rilevazioni d'impresa*. Milão: Giuffrè, 1955; BERTINI, Umberto. *Introduzione allo studio dei rischi nell'economia aziendale*. Milão: Giuffrè, 1987.

20 Mesmo no autosseguro não há, portanto, nenhuma provisão de recursos a custo total e, em comparação com o pagamento de prêmios, a vantagem está em que os recursos, se não forem utilizados, podem tornar-se poupança, uma vez esgotados os riscos com encargos indenizatórios em razão da prescrição.

21 Deve-se notar que o autosseguro requer a acumulação do capital necessário desde o início, uma vez ele não pode ser dividido em prestações de prêmios. No entanto, nos seguros, a cobertura indenizatória é obtida assim que a primeira prestação do prêmio é paga, pelo que o seguro continua a ser a melhor escolha para aqueles que não são capazes de acumular reservas adequadas a curto prazo.

22 GOSHAY, Robert C. *Corporate Self-Insurance and Risk Retention Plans, With General Reference to Fire, Liability, and Workmen's Compensation Exposures*. Homewood: Richard D. Irwin, Inc., 1964, p. 21: "*Self-insurance is the conscious retention of risk, the level of which has been limited within the financial capacity of the firm, emanating from a distribution of exposures which permit reasonable predictions as to future loss probabilities*" ("O autosseguro é a retenção consciente do risco, cujo nível tem sido limitado à capacidade financeira da empresa, emanando da distribuição de posições, que permite que se prevejam razoavelmente a probabilidade de perdas futuras").

portanto, da redistribuição do ônus da indenização entre os segurados. Além disso, se as provisões reservadas não forem suficientes para absorver perdas, o autosseguro não conta com a rede de segurança adicional disponível para as companhias de seguros, representada pelo mercado de resseguros, exceto o que se disse acima sobre os modelos híbridos.

Analisado esse primeiro aspecto, deve-se também salientar que, no mecanismo de seguro, os prêmios pagos pelo segurado são direcionados para reservas que constituem ativos separados dos outros ativos detidos pela seguradora, sendo as provisões reservadas exclusivamente para o cumprimento das obrigações assumidas pela mesma companhia. Por outro lado, não se ignora que o autosseguro possa evitar que as somas reservadas sejam constritas por outros credores ou sejam gastas para outros fins. De fato, a implementação de acordos de autosseguro é normalmente deixada à liberdade de decisão da parte que opta pela retenção do risco, uma vez que não existe regulamentação disciplinadora, nem sistemas de supervisão universais, tal como há no setor dos seguros.[23] Por outro lado, aquele que realiza o autosseguro gere os seus próprios riscos, e não os de terceiros, razão pela qual não há necessidade de proteger a confiança do segurado na solvência da seguradora.

Tendo relembrado brevemente as características distintivas do autosseguro, as preocupações levantadas sobre a solvência real das entidades que operam "assegurando" os seus próprios riscos tornam-se justificáveis, especialmente quando o autosseguro é utilizado como um instrumento de gestão do risco de responsabilidade civil, envolvendo os interesses das partes lesadas.

A questão de garantir a solvência da parte que opera no autosseguro ressurge fortemente quando uma possível "analogia" entre o seguro e o autosseguro é colocada como hipótese, tal como vem acontecendo no sistema jurídico italiano. Com efeito, o reconhecimento de uma série de opções para enfrentar o risco de responsabilidade, sem prever medidas destinadas a garantir a solvência da parte que opta por utilizar outros instrumentos que não o seguro, pode ser relevante em setores, tais como o da responsabilidade das instituições de saúde, nos quais a insolvência recairia sobre a parte lesada, frustrando os objetivos da política pública que o ordenamento jurídico quer fomentar.

---

23 Na literatura jurídica italiana, vejam-se, em particular, as observações de ROMAGNOLI, Gianluca. Autoassicurazione delle responsabilità medica: compatibilità con i principi di diritto interno ed europeo. *Danno e responsabilità*, pp. 329-337, 2015; e ROMAGNOLI, Gianluca. Limiti di "praticabilità" della c.d. autoassicurazione della responsabilità medica da parte delle amministrazioni sanitarie. *In*: LANDINI, Sara (Org.). *Autoassicurazione e gestione del rischio*. Collana CESIFIN online, 2015, pp. 67-70.

3. MODELO ITALIANO

A questão da responsabilidade patrimonial e da efetividade da indenização é um problema fundamental, comum a todas as tradições jurídicas. No domínio da responsabilidade das instituições de saúde, mesmo na Itália, após um longo período de utilização do seguro, já há alguns anos tem se tornado cada mais comum recorrer a formas de retenção de risco.[24] O sistema jurídico italiano é um laboratório interessante para a análise dessa tendência em particular porque, depois de ter deixado inicialmente à escolha das instituições de saúde a implementação de outras formas de gestão do risco de responsabilidade para além dos seguros, recentemente o legislador esboçou uma regulação disciplinadora como parte de uma reforma mais abrangente das instituições de saúde, introduzida pela Lei n. 24 de 8 de março de 2017.[25]

Sem entrar nos pormenores dessa intervenção legislativa, basta recordar que, nessa reforma, o legislador italiano se concentrou no conceito de segurança dos cuidados de saúde, fornecendo uma série de salvaguardas funcionais para a prevenção e gestão dos riscos. Desde o início, no art. 1º, o legislador declarou que a segurança dos cuidados de saúde é parte integrante do direito à saúde, a ser perseguida no interesse dos indivíduos e da comunidade. Sublinhou depois que a segurança dos cuidados de saúde é também alcançada por meio de todas as atividades destinadas a prevenir e gerir o risco ligado à prestação de serviços de saúde, atividades que devem ser postas em prática por todo o pessoal de saúde.[26]

---

24 Para dados atualizados, veja-se o relatório estatístico do IVASS. *I rischi da responsabilità civile sanitaria in Italia - 2010-2020* (outubro 2021), pp. 18-20. Acessível em: https://www.ivass.it/pubblicazioni-e-statistiche/statistiche/bollettino-statistico/2021/n_11_2021/bollettino_rc_sanitaria.pdf.

25 Sobre esse ponto, a bibliografia é muito ampla. A respeito do primeiro, *ex multis*, cf. ALPA, Guido (Org.). *La responsabilità sanitaria.* Commento alla L. 8 marzo 2017, n. 24. Pisa: Pacini, 2017; BENCI, Luca *et al. Sicurezza delle cure e responsabilità sanitaria.* Commentario alla legge 8 marzo 2017, n. 24. E-book: Quotidiano Sanità, 2017; CARPANI, Guido; FARES, Guerino M. (Org.). *Guida alle nuove norme sulle responsabilità nelle professioni sanitarie.* Commento alla legge 8 marzo 2017, n. 24. Turim: Giappichelli, 2017; GELLI, Federico; HAZAN, Maurizio; ZORZIT, Daniela (Org.). *La nuova responsabilità sanitaria e la sua assicurazione.* Milão: Giuffrè, 2017; LOVO, Marco; NOCCO, Luca (Org.). *La nuova responsabilità sanitaria.* Le novità introdotte dalla Legge Gelli. E-book: Gruppo24Ore, 2017; MARTINI, Filippo; GENOVESE, Umberto (Org.). *La nuova responsabilità professionale in Sanità.* Commentario alla Riforma Gelli-Bianco (L. 8 marzo 2017, n. 24). Santarcangelo di Romagna: Maggioli, 2017; MEOLI, Bruno; SICA, Salvatore; STANZIONE, Pasquale (Org.). *Commentario alla legge 8 marzo 2017 n. 24.* Nápoles: ESI, 2018; ROMAGNOLI, Gianluca (Org.). *La responsabilità sanitaria tra continuità e cambiamento.* Nápoles: ESI, 2018.

26 Para reflexões a respeito da gestão do risco sanitário, cf., por exemplo, PONZANELLI, Giulio. La responsabilità medica ad un bivio: assicurazione obbligatoria, sistema residuale *no-fault o risk-management*? *Danno e responsabilità*, v. 8, f. 4, pp. 428-430, 2003; PERNA, Antonio; PERRELLA, Giuseppe; PERNA, Carmine; VACCHIANO, Giuseppe. *L'affare rischio clinico.* Trasferimento assicurativo e gestione diretta. Milão: FrancoAngeli, 2010; RODRIGUEZ, Daniele; ARSENI, Alessia. Clinical Governance e Clinical Risk Management. *In*:

A fim de alcançar esse objetivo, o legislador abordou o perfil de organização e controle das atividades, regulamentou certos perfis jurídicos de responsabilidade dos profissionais de saúde e instituições de saúde e, por fim, regulou os aspectos do contrato de seguro.

Especificamente em relação ao perfil que aqui nos interessa, a Lei n. 24 de 2017 introduziu um artigo que também se dedica a identificar as garantias de solvência que as instituições de saúde devem adotar para gerir e enfrentar os riscos de responsabilidade civil, incluindo os danos causados por profissionais de saúde.

O art. 10, com efeito, introduziu a obrigação de as instituições de saúde adotarem medidas que lhes permitam cumprir as suas obrigações de indenização, podendo escolher entre duas opções, a saber, o seguro ou a adoção de outras medidas, o que inclui a assunção direta do risco, medidas que o legislador descreve como "semelhantes". O art. 10 (1) dispõe que:

> As instituições públicas e privadas de saúde e médico-sociais devem dispor de cobertura securitária ou outras medidas similares de responsabilidade civil em face de terceiros e de responsabilidade civil perante os trabalhadores [...] também por danos causados pelo pessoal que trabalha a qualquer título em instituições públicas e privadas de cuidados de saúde ou médico-sociais, incluindo os que realizam formação, cursos de atualização e experimentos clínicos e pesquisa.[27]

O legislador volta, no § 6º, ao conceito de "medidas semelhantes", especificando que estas podem também consistir na "assunção direta do risco".[28]

Na realidade, o legislador está apenas reconhecendo práticas que existem na Itália há várias décadas.[29] A partir da segunda metade dos anos 90, surgiram determinadas

---

BELVEDERE, Andrea; RIONDATO, Silvio. *Le responsabilità in medicina.* Trattato di biodiritto. Milão: Giuffrè, 2011, pp. 85-111.

27 Texto original: "*Le strutture sanitarie e sociosanitarie pubbliche e private devono essere provviste di copertura assicurativa o di altre analoghe misure per la responsabilità civile verso terzi e per la responsabilità civile verso prestatori d'opera [...] anche per danni cagionati dal personale a qualunque titolo operante presso le strutture sanitarie o sociosanitarie pubbliche e private, compresi coloro che svolgono attività di formazione, aggiornamento nonché di sperimentazione e di ricerca clinica*".

28 Sobre esses temas, cf. VELLISCIG, Lydia. *Assicurazione e "autoassicurazione" nella gestione dei rischi sanitari.* Studio di diritto comparato. Milão: Giuffrè, 2018; VELLISCIG, Lydia. L'autoassicurazione. *In*: *Diritto alla salute e contratto di assicurazione.* CORRIAS, Paoloefisio; PIRAS, Elisabetta; RACUGNO, Gabriele. Nápoles: ESI, 2019, pp. 107-120; VELLISCIG, Lydia. Come garantire i danneggiati. considerazioni sul ruolo dell'assicurazione e dell'autoassicurazione. *Annuario di Diritto comparato e di Studi legislativi*, pp. 539-561, 2019.

29 Cf. os dados contidos em LABELLA, Barbara. I risultati dell'indagine Agenas sui modelli regionali di gestione dei sinistri. *Rivista Monitor*, n. 34, pp. 12-19, 2013; ASSOCIAZIONE NAZIONALE FRA LE IMPRESE

situações que tornaram desfavoráveis as condições do mercado de seguros na área da cobertura de responsabilidade civil de instituições de saúde. Em particular, o aumento dos processos judiciais contra os trabalhadores da saúde e o consequente aumento das condenações ao pagamento de indenização dificultaram que as instituições de saúde encontrassem cobertura securitária adequada no mercado, ou pelo menos a custos viáveis.[30]

Essa contração do mercado de seguros levou as instituições de saúde a procurar instrumentos alternativos à cobertura securitária e, assim, a testar formas de retenção do risco.[31] Deixando a critério das instituições de saúde a implementação de programas de gestão de riscos que não sejam de seguros, o resultado é que, na Itália, o panorama está longe de ser homogêneo, sendo os modelos implementados diversos na sua forma. Na realidade, quando os modelos implementados são examinados mais de perto, é possível verificar que a escolha recai geralmente ou sobre formas de retenção completa do risco organizadas de forma variada, ou sobre a cobertura securitária para sinistros maiores combinadas com franquias mais ou menos amplas, ou ainda com o chamado *Self Insurance Retention* (SIR).[32]

Reconhecendo esse panorama irregular com a Lei n. 24 de 2017, o legislador interveio especificamente no assunto, decidindo permitir que as instituições de saúde pudessem escolher entre duas opções, o seguro e as chamadas medidas semelhantes.[33]

ASSICURATRICI - ANIA. *Malpractice, il grande caos.* Jul. 2014, pp. 54-62; AGENZIA NAZIONALE PER I SERVIZI SANITARI - AGENAS. *Primo rapporto annuale 2014.* Out. 2015, p. 11.

30 Cf. os dados recolhidos em ROSSETTI, Marco. *Responsabilità sanitaria e tutela della salute.* Roma: Corte Suprema di Cassazione - Ufficio del Massimario, 2011, p. 7.

31 A respeito do autosseguro em geral na literatura jurídica italiana, cf. COMANDÈ, Giovanni. La riforma della responsabilità sanitaria al bivio tra conferma, sovversione, confusione e ... *no blame*-giurisprudenziale. *Rivista italiana di medicina legale e del diritto in campo sanitario*, pp. 1-28, 2016; GAGLIARDI, Maria. I riflessi dell'autoassicurazione (e dell'obbligo di assicurazione) sul mercato e sulle logiche assicurative. *Rivista italiana di medicina legale e del diritto in campo sanitario*, pp. 1219-1226, 2014; ROMAGNOLI, Gianluca. Autoassicurazione delle responsabilità medica: compatibilità con i principi di diritto interno ed europeo. *Danno e responsabilità*, pp. 329-337, 2015; LANDINI, Sara (Org.). *Autoassicurazione e gestione del rischio.* Collana CESIFIN online, 2015.

32 A SIR identifica uma faixa de risco predeterminada, gerida internamente pelas instituições de saúde com base em acordos feitos de tempos em tempos com as seguradoras. A SIR representa, assim, um componente do autosseguro, que requer capacidade de gestão de riscos por parte das instalações de saúde no âmbito de um programa de gestão securitária.

33 Introduções ao tema encontram-se, *ex multis*, em CARBONE, Luigi. Responsabilità medica, strumenti assicurativi, danno erariale indiretto e le novità del d.d.l Gelli. *Giustamm - Rivista di Diritto Amministrativo.* Anno XIII, n. 12, dic. 2016; QUADRI, Enrico. Considerazioni in tema di responsabilità medica e di relativa assicurazione nella prospettiva dell'intervento legislativo. *Responsabilità civile e previdenza*, n. 1, pp. 27-46, 2017; CORRIAS, Paoloefisio. La copertura obbligatoria dei rischi relativi alla responsabilità civile. *Corriere giuridico*, v. 34, f. 6, pp. 749-758, 2017; GAGLIARDI, Maria. Profili assicurativi della responsabilità degli enti e dei professionisti sanitari e delle garanzie di risarcimento per i danneggiati del sistema sanità. *Rivista italiana di medicina legale e del diritto in campo sanitario*, pp. 1503-1514, 2017; HAZAN, Maurizio. Alla vigilia di un cambiamento profondo: la riforma della responsabilità medica e della sua assicurazione (DDL Gelli). *Danno e responsabilità*,

Além disso, o legislador sugeriu, embora num nível mínimo, a regulamentação disciplinadora de ambas as opções, que as instituições de saúde devem cumprir.

Apesar de o art. 10 da Lei n. 24 de 2017 ser intitulado "Obrigação de contratar seguro", neste campo o legislador não introduz o seguro obrigatório, deixando às instituições hospitalares a opção de não contratar seguro, desde que adotem as chamadas outras medidas semelhantes de cobertura de responsabilidade civil. Em suma, o legislador permite que os hospitais recorram a formas de autosseguro quando o considerarem mais conveniente, mas não lhes permite simplesmente não subscrever seguro nenhum.

Além disso, tendo identificado as duas opções possíveis, o legislador limita tanto a autonomia negocial dos hospitais e das seguradoras no que diz respeito ao conteúdo do contrato de seguro como a autonomia organizacional das instituições de saúde no que diz respeito aos métodos de implementação da gestão interna dos riscos, impondo requisitos mínimos de solvência para proteger os enfermos que sofreram danos. Assim, o legislador considerou claramente tanto as incertezas do mercado securitário quanto as críticas inerentes às formas de retenção de risco, identificando, por meio da legislação, as condições de analogia entre as duas opções, numa tentativa de ultrapassar as objeções levantadas por alguns à utilização do autosseguro.

Além disso, é digno de nota que o legislador remete tanto a identificação dos requisitos mínimos de garantia da cobertura do seguro quanto a identificação das condições gerais de funcionamento das chamadas outras medidas semelhantes para um único decreto regulamentar. Assim, o legislador confia a uma única fonte de regulação a definição do conteúdo técnico e dos métodos de execução de ambas as opções, que, na intenção do legislador, tornam-se semelhantes quando os métodos de gestão de riscos distintos do seguro também satisfazem os requisitos mínimos de

---

n. 1, pp. 75-91, 2017; MANTOVANI, Maria Paola. *L'assicurazione della responsabilità civile medico sanitaria*. Nápoles: Jovene, 2017; PONZANELLI, Giulio. Medical malpractice: la legge Bianco-Gelli. *Contratto e Impresa*, v. 33, f. 2, pp. 356-363, 2017; PONZANELLI, Giulio. Medical malpractice: la legge Bianco Gelli. Una premessa. *Danno e responsabilità*, v. 22, f. 3, pp. 268-270, 2017; PARDOLESI, Roberto; SIMONE, Roberto. Nuova responsabilità medica: il dito e la luna (contro i guasti da contatto sociale?). *Foro italiano*, parte V, pp. 161-175, 2017; SELINI, Valentina. Il passato e il presente dell'obbligo assicurativo in ambito sanitario. *Danno e responsabilità*, v. 22, f. 3, pp. 301-316, 2017; FACCI, Giovanni. Gli obblighi assicurativi nella recente riforma "Gelli-Bianco". *La Nuova Giurisprudenza Civile Commentata*, v. 34, f. 1, pp. 104-114, 2018; CORRIAS, Paoloefisio. I profili di rilievo assicurativo della legge Gelli-Bianco. *Rivista di diritto privato*, v. 24, f. 1, pp. 113-134, 2019; RICCI, Cristoforo. Gli obblighi assicurativi introdotti dalla Legge 8 marzo 2017, n. 24 (c.d. "legge Gelli-Bianco"), in ambito sanitario. *Responsabilità civile e previdenza*, v. 84, n. 4, pp. 1327-1348, 2019; ROMAGNOLI, Gianluca. L'attesa per l'operatività della disciplina assicurativi della legge Gelli-Bianco. *La Nuova Giurisprudenza Civile Commentata*, v. 35, f. 6, pp. 1387-1391, 2019; ZORZIT, Daniela. La Legge Gelli e gli obblighi assicurativi: breve viaggio tra alcune questioni interpretative alla ricerca di un possibile approdo. *Danno e responsabilità*, n. 1, pp. 72-79, 2021.

solvência que o sistema jurídico exige das instituições hospitalares para a proteção das pessoas lesadas.

Com referência específica ao método de execução da gestão interna do risco, as instituições hospitalares são obrigadas a criar um fundo de risco, identificando determinados recursos disponíveis no balanço para absorver as perdas futuras que incorrerão em caso de danos, e um fundo constituído pelo acúmulo de indenizações por sinistros comunicados, com a função de absorver as perdas relacionadas com sinistros já recebidos, mas ainda não regularizados.

Além disso, é esclarecido que as disposições do art. 1, §§ 5º e 5-bis, do Decreto-Lei n. 9 de 18 de janeiro de 1993, convertido, já com alterações, na Lei n. 67 de 18 de março de 1993 e alterado pelo art. 35 do Decreto-Lei n. 66 de 24 de abril de 2014, convertido, por sua vez, na Lei n. 89 de 23 de junho de 2014, aplicam-se a esses fundos. Essas complexas referências normativas indicam que os montantes reservados nos fundos identificados no balanço para efeitos do funcionamento das medidas semelhantes devem ficar imunes aos procedimentos executivos, tal como ocorre com os montantes destinados ao pagamento de salários, honorários e à prestação de certos serviços de saúde. O legislador faz, portanto, uma escolha de política pública precisa, porque pretende assegurar que as somas reservadas nos fundos, sob certas condições, não possam ser utilizadas para satisfazer os pedidos de indenização dos outros credores, podendo ser utilizadas apenas para satisfazer os pedidos de indenização apresentados pelas partes lesadas. O legislador mostra que quer dar prioridade às pessoas lesadas pelas instituições de saúde no emprego das somas reservadas nos dois fundos, que tais instituições devem constituir se decidirem não contratar seguro.

As instituições de saúde que optem por utilizar medidas distintas do seguro para gerir o risco de responsabilidade civil devem, portanto, adotar certas salvaguardas que o legislador exige, estando conscientes de que o caminho do autosseguro, se não for bem pensado, pode comprometer a solvência da instituição de saúde responsável pelos danos.

Por outro lado, o legislador não aborda a questão central da adequação dos fundos, talvez com a intenção de deixar as orientações técnicas sobre o procedimento de estimativa do valor dos dois fundos para o decreto de execução.

O art. 10, § 4º da Lei n. 24 de 2017 prevê, com efeito, que as instituições de saúde devem publicar a opção escolhida no seu *site*.

Tendo examinado o tema desta análise sob essa perspectiva, é fácil perceber a dificuldade havida na introdução de condições de analogia entre o seguro e outros instrumentos, a fim de identificar uma gama de opções que ofereçam as mesmas garantias de solvência.

Com efeito, mais de quatro anos depois, o decreto de execução, cuja tarefa é desvendar os nós jurídicos e introduzir os pormenores técnicos ainda não foi aprovado, embora já se tenha disponível um projeto.[34]

Analisado rapidamente, o decreto mostra que no art. 1, "q", dá-se uma definição das medidas semelhantes, que significam as "medidas para a cobertura da responsabilidade perante terceiros e prestadores de serviços, que prevejam a assunção direta, total ou parcial, do risco pela instituição".[35] O projeto de decreto passa, então, a prever as regras que regem a cobertura dos seguros (título II) e as medidas semelhantes (título III). Em particular, os arts. 8 e ss. introduzem os requisitos que as instituições de saúde devem cumprir se optarem por não subscrever um seguro e, assim, adotarem medidas semelhantes.

No início do título III, põe-se em evidência que a decisão de optar pela adoção de medidas semelhantes deve ser uma decisão consciente e bem ponderada em matéria de gestão do risco, prevendo o art. 8 que "a decisão de operar assumindo diretamente o risco deve resultar de uma resolução específica aprovada pela direção da instituição de saúde".

Os arts. 9 e 10 confirmam que a instituição de saúde que optar pela via de retenção de riscos terá de constituir uma provisão destinada a riscos e, por conseguinte, afetar ao balanço patrimonial montantes relacionados com riscos durante o exercício financeiro – e que continuarão no exercício financeiro seguinte – bem como uma provisão de reserva para sinistros, que consiste na reserva dos valores de indenização por sinistros comunicados em exercícios financeiros anteriores.

O projeto de decreto de execução também trata da questão da estimativa das provisões: os arts. 11 e 14 exigem a aplicação de normas contábeis específicas, estabelecendo que o julgamento da adequação das provisões incluídas na provisão para riscos e na provisão para sinistros deve ser certificado no final do exercício pelos organismos de controle interno ou por auditores externos, com a consciência de que o processo de estimativa pode exigir auxílio profissional e a implementação de técnicas atuariais.

O art. 10-bis do projeto de decreto introduz a interoperabilidade entre fundos, permitindo transferências contábeis da provisão de riscos para a provisão de reserva, que corresponde a eventos a respeito dos quais já se exigiu a indenização, a fim de evitar uma duplicação de provisões para o mesmo evento. O decreto também limita a

---

34 Disponível em: http://www.quotidianosanita.it/allegati/allegato3820021.pdf. Acesso em: 28 out. 2021.

35 Texto original: "(...) misure per la copertura della responsabilità civile verso terzi e per la responsabilità civile verso prestatori d'opera che prevedono l'assunzione diretta, totale o parziale, del rischio da parte della struttura".

indisponibilidade relativa das provisões aos montantes devidos a título de indenizações resultantes da decisão final, seja ela judicial ou extrajudicial. Perseguindo o objetivo da solvabilidade das instituições de saúde, o legislador parece estar tentando delinear um sistema que seja globalmente sustentável, num setor em que os recursos financeiros são escassos e a afetação de recursos aos dois fundos pode ser feita em detrimento de outras rubricas do balanço financeiro, com impacto sobre outros interesses. No entanto, falta uma intervenção mais incisiva que, embora buscando a sustentabilidade geral do sistema, sublinhe a centralidade do perfil da indisponibilidade dos recursos reservados, não só em relação aos credores distintos das partes lesadas, mas também em relação à própria instituição que os reservou, que poderia sentir-se tentada a utilizar esses recursos para outros fins.[36]

Esta regulação é complementada por algumas normas organizacionais. O projeto de decreto identifica as competências mínimas obrigatórias que as estruturas devem possuir; em particular, indicam-se figuras profissionais com competência forense, pericial, jurídica e de gestão de riscos. Prevê-se também que as funções de gestão de risco e gestão de sinistros sejam individualizadas, incluindo a função de avaliação de sinistros, também para efeitos da correta inclusão de rubricas financeiras para os fundos. Prevê-se igualmente que as instituições de saúde sejam dotadas de procedimentos de controle e de recursos humanos e instrumentais para assegurar que os processos de avaliação de risco sejam confiáveis e realizados de forma contínua, com a obrigação de submeter um plano anual aos superiores, identificando os principais riscos de responsabilidade civil sanitária a que a instituição está exposta, bem como as ações propostas para mitigar os riscos.[37]

CONCLUSÕES

Como parte de uma política eficaz de gestão de riscos, é necessário que cada sistema jurídico avalie cuidadosamente o leque de opções disponíveis, a fim de alcançar resultados coerentes com os objetivos de política pública declarados.

---

36 Este perfil pode ser reconduzido aos estudos de psicologia cognitiva e, portanto, à percepção das estruturas sanitárias a respeito da exposição ao risco. Após alguns anos sem grandes sinistros, as instituições de saúde podem sentir-se tentadas a utilizar os recursos reservados, empregando-os para outros fins. A respeito desses temas, cf. MONTI, Alberto. Euristiche, bias e regole di governo del mercato assicurativo. *In:* ELGUETA, Giacomo Rojas; VERDI, Noah. *Oltre il soggetto razionale. Fallimenti cognitivi e razionalità limitata nel diritto privato*. Roma: Roma Tre-Press, 2014, pp. 241-246.

37 Completa-se a regulamentação com os arts. 12 e 13, que disciplinam as hipóteses de aquisição contratual da seguradora, bem como as relações entre a seguradora e as instituições de saúde para fins de gestão de sinistros.

Especificamente em relação à responsabilidade financeira das instituições hospitalares, é importante deixar claro que o seguro e o autosseguro são duas técnicas de gestão de risco que não podem ser consideradas de igual resultado. Se, com efeito, o mercado de seguros está sujeito a regulamentações específicas que tendem a garantir a solvência da companhia de seguros contra os encargos de indenização assumidos, o autosseguro, por sua vez, apenas quando bem estruturado evita causar crises de liquidez e comprometer a solvência do sujeito exposto ao risco que tenha optado pela sua retenção.

O legislador italiano esboçou uma regulação que replica os três pilares em que se baseia a solvência das seguradoras, a saber: requisitos quantitativos, previsões de governança organizacional e de divulgação e transparência.[38] O legislador italiano tenta, com efeito, regulamentar os requisitos de capital, esboça uma estrutura de governança e introduz uma forma embrionária de divulgação pública, embora com escolhas que ainda pareçam imaturas.[39]

A experiência de direito comparado mostra que a escolha feita pelo sistema jurídico italiano ao prever uma regulamentação detalhada do autosseguro é um dos poucos exemplos, senão o único, em que existe a tentativa explícita de disciplina de um instrumento de gestão de risco que é normalmente utilizado no contexto de autonomia do mercado, embora encontre amplo espaço para aplicação em vários sistemas jurídicos. De fato, a regulamentação italiana mostra todos os embaraços de um legislador que intervém num assunto que tradicionalmente é deixado à desregulamentação. Por conseguinte, será necessário verificar se as salvaguardas fornecidas por essa disciplina detalhada serão capazes de tornar o autosseguro efetivamente[40] uma medida análoga ao seguro.

BIBLIOGRAFIA

ABRAHAM, Kenneth S. *Distributing Risks:* Insurance, Legal Theory and Public Policy. New Haven, Connecticut: Yale University Press, 1986.

---

38 Faz-se referência aos três pilares da diretiva 2009/138/EU, chamada *Solvency II*.

39 Especificamente em relação ao perfil de divulgação, a disposição do art. 10, § 4º, da Lei n. 24 de 2017 poderia oferecer divulgação adequada ao público se fosse prevista a forma com que o risco é gerido internamente. Tal divulgação deve, portanto, dizer respeito não apenas aos critérios de cálculo das provisões e à forma com que os recursos são segregados, mas também à forma com que o risco é gerido de uma perspectiva organizacional. Da perspectiva da análise econômica do Direito, a profundidade da informação poderia constituir mais um sinal para o mercado sobre a confiabilidade da estrutura das instituições de saúde, o que demonstraria atenção a respeito do nível de qualidade com que o risco é gerido.

40 Sobre a distinção entre regras proferidas e regras operativas, cf. POUND, Roscoe. Law in Books and Law in Action. *American Law Review*, v. 44, n. 1, pp. 12-36, 1910.

ABRAHAM, Kenneth S. Liability Insurance and Accident Prevention: The Evolution of an Idea. *Maryland Law Review*, v. 64, n. 1-2, pp. 573-612, 2005.

ABRAHAM, Kenneth S. Making Sense of the Liability Insurance Crisis. *Ohio State Law Journal* 48, n. 2, pp. 399-412, 1987.

ABRAHAM, Kenneth S. *The Liability Century.* Insurance and Tort Law from the Progressive Era to 9/11 Cambridge, Massachusetts; Londres, England: Harvard University Press, 2008.

AGENZIA NAZIONALE PER I SERVIZI SANITARI – AGENAS. *Primo rapporto annuale 2014.* Out. 2015.

ALPA, Guido (Org.). *La responsabilità sanitaria.* Commento alla L. 8 marzo 2017, n. 24. Pisa: Pacini, 2017.

ASSOCIAZIONE NAZIONALE FRA LE IMPRESE ASSICURATRICI – ANIA. *Malpractice, il grande caos.* Jul. 2014.

BAKER, Tom. Medical Malpractice and the Insurance Underwriting Cycle. *DePaul Law Review*, v. 54, n. 2, pp. 393-438, 2005.

BAKER, Tom. *The Medical Malpractice Myth.* Chicago: University of Chicago Press, 2005.

BENCI, Luca *et al. Sicurezza delle cure e responsabilità sanitaria.* Commentario alla legge 8 marzo 2017, n. 24. E-book: Quotidiano Sanità, 2017.

BERTINI, Umberto. *Introduzione allo studio dei rischi nell'economia aziendale.* Milão: Giuffrè, 1987.

BUTTARO, Luca. Assicurazione in generale. *In*: ENCICLOPEDIA DEL DIRITTO, v. III. Milão: Giuffrè, 1958, pp. 427-454.

CANDIAN, Albina. Il diritto delle assicurazioni, la misurazione dei rischi dell'impresa assicurativa ed il bagaglio del giurista: l'esempio di Solvency II. *In*: MATTEI, Ugo *et al.* (Org.). *Un giurista di successo. Studi in onore di Antonio Gambaro*, t. II. Milão: Giuffrè, 2017, pp. 1439-1457.

CANDIAN, Albina. Il diritto delle assicurazioni e la misurazione dei rischi dell'impresa assicurativa: l'esempio di Solvency II. *In*: GRAZIADEI, Michele; Serio, Mario. *Regolare la complessità. Giornate di studio in onore di Antonio Gambaro.* Turim: Giappichelli, 2017, pp. 93-111.

CANDIAN, Aurelio D. *Responsabilità civile e assicurazione.* Milão: Egea, 1993.

CARBONE, Luigi. Responsabilità medica, strumenti assicurativi, danno erariale indiretto e le novità del d.d.l Gelli. *Giustamm – Rivista di Diritto Amministrativo.* Anno XIII, n. 12, dez. 2016.

CARPANI, Guido; FARES, Guerino M. (Org.). *Guida alle nuove norme sulle responsabilità nelle professioni sanitarie.* Commento alla legge 8 marzo 2017, n. 24. Turim: Giappichelli, 2017.

COMANDÈ, Giovanni. La riforma della responsabilità sanitaria al bivio tra conferma, sovversione, confusione e ... *no blame*-giurisprudenziale. *Rivista italiana di medicina legale e del diritto in campo sanitario*, pp. 1-28, 2016.

CORRIAS, Paoloefisio. I profili di rilievo assicurativo della legge Gelli-Bianco. *Rivista di diritto privato*, v. 24, f. 1, pp. 113-134, 2019.

CORRIAS, Paoloefisio. La copertura obbligatoria dei rischi relativi alla responsabilità civile. *Corriere giuridico*, v. 34, f. 6, pp. 749-758, 2017.

DE GREGORIO, Alfredo; FANELLI, Giuseppe. *Il contratto di assicurazione.* Milão: Giuffrè, 1987.

DONATI, Antigono. *Trattato del diritto delle assicurazioni private*, v. I. Milão: Giuffrè, 1954.

FACCI, Giovanni. Gli obblighi assicurativi nella recente riforma "Gelli-Bianco". *La Nuova Giurisprudenza Civile Commentata*, v. 34, f. 1, pp. 104-114, 2018.

FANELLI, Giuseppe. Le assicurazioni. *In*: CICU, Antonio; MESSINEO, Francesco (Ed.). *Trattato di diritto civile e commerciale*, v. XXXVI, t. I. Milão: Giuffrè, 1973.

FERRERO, Giovanni. *L'autoassicurazione nell'economia e nelle rilevazioni d'impresa*. Milão: Giuffrè, 1955.

GAGLIARDI, Maria. I riflessi dell'autoassicurazione (e dell'obbligo di assicurazione) sul mercato e sulle logiche assicurative. *Rivista italiana di medicina legale e del diritto in campo sanitario*, pp. 1219-1226, 2014.

GAGLIARDI, Maria. Profili assicurativi della responsabilità degli enti e dei professionisti sanitari e delle garanzie di risarcimento per i danneggiati del sistema sanità. *Rivista italiana di medicina legale e del diritto in campo sanitario*, pp. 1503-1514, 2017.

GAMBINO, Agostino. *L'assicurazione nella teoria dei contratti aleatori*. Milão: Giuffrè, 1964.

GASPERONI, Nicola. Le assicurazioni. *In*: GROSSO, Giuseppe; PASSARELLI, Francesco Santoro (Ed.). *Trattato di diritto civile*. Milão: Vallardi, 1966.

GELLI, Federico; HAZAN, Maurizio; ZORZIT, Daniela (Org.). *La nuova responsabilità sanitaria e la sua assicurazione*. Milão: Giuffrè, 2017.

GOSHAY, Robert C. *Corporate Self-Insurance and Risk Retention Plans, With General Reference to Fire, Liability, and Workmen's Compensation Exposures*. Homewood: Richard D. Irwin, Inc., 1964.

HAZAN, Maurizio. Alla vigilia di un cambiamento profondo: la riforma della responsabilità medica e della sua assicurazione (DDL Gelli). *Danno e responsabilità*, n. 1, pp. 75-91, 2017.

HOFFMAN, David N. The medical malpractice insurance crisis, again. *Hastings Center Report*, v. 35, n. 2, pp. 15-19, 2005.

HUEBNER, Solomon S. *Property Insurance*: Comprising Fire and Marine Insurance, Automobile Insurance, Fidelity and Surety Bonding, Title Insurance, Credit Insurance, and Miscellaneous Forms of Property Insurance. Nova York-Londres: D. Appleton and Company, 1922.

ISTITUTO PER LA VIGILANZA SULLE ASSICURAZIONI – IVASS. *I rischi da responsabilità civile sanitaria in Italia – 2010-2020*. Outubro 2021, pp. 18-20. Disponível em: https://www.ivass.it/pubblicazioni-e-statistiche/statistiche/bollettino-statistico/2021/n_11_2021/bollettino_rc_sanitaria.pdf.

KESSLER, Daniel P. Evaluating the Medical Malpractice System and Options for Reform. *Journal of Econ. Perspect*, v. 25, n. 2, pp. 93-110, 2011.

KNIGHT, Frank H. *Risk, Uncertainty and Profit*. Boston, Nova York: Houghton Mifflin Co., 1921.

LA TORRE, Antonio. *Diritto delle assicurazioni*. Milão: Giuffrè, 1987.

LA TORRE, Antonio. *L'assicurazione nella storia delle idee, la risposta giuridica al bisogno di sicurezza economica*: ieri e oggi. 2 ed. Milão: Giuffrè, 2000.

LABELLA, Barbara. I risultati dell'indagine Agenas sui modelli regionali di gestione dei sinistri. *Rivista Monitor*, n. 34, pp. 12-19, 2013.

LANDINI, Sara. *Assicurazione e responsabilità*. Milão: Giuffrè, 2004.

LANDINI, Sara (Org.). *Autoassicurazione e gestione del rischio*. Collana CESIFIN online, 2015.

LOVO, Marco; NOCCO, Luca (Org.). *La nuova responsabilità sanitaria*. Le novità introdotte dalla Legge Gelli. E-book: Gruppo24Ore, 2017.

MANTOVANI, Maria Paola. *L'assicurazione della responsabilità civile medico sanitaria*. Nápoles: Jovene, 2017.

MARTINI, Filippo; GENOVESE, Umberto (Org.). *La nuova responsabilità professionale in Sanità*. Commentario alla Riforma Gelli-Bianco (L. 8 marzo 2017, n. 24). Santarcangelo di Romagna: Maggioli, 2017.

MEOLI, Bruno; SICA, Salvatore; STANZIONE, Pasquale (Org.). *Commentario alla legge 8 marzo 2017, n. 24*. Nápoles: ESI, 2018.

MELLO, Michelle M. BRENNAN, Troyen A. Deterrence of medical errors: theory and evidence for malpractice reform. *Texas Law Review*, v. 80, n. 7, pp. 1595-1638, 2002.

MELLO, Michelle M. *et al.* Hospitals' Behavior in a Tort Crisis: Observations from Pennsylvania. *Health Affairs*, v. 22, n. 6, pp. 225-233, 2003.

MONTI, Alberto. Euristiche, bias e regole di governo del mercato assicurativo. *In:* ELGUETA, Giacomo Rojas; VERDI, Noah. *Oltre il soggetto razionale. Fallimenti cognitivi e razionalità limitata nel diritto privato*. Roma: Roma Tre-Press, 2014, pp. 241-246.

PARDOLESI, Roberto; SIMONE, Roberto. Nuova responsabilità medica: il dito e la luna (contro i guasti da contatto sociale?). *Foro italiano*, parte V, pp. 161-175, 2017.

PERNA, Antonio; PERRELLA, Giuseppe; PERNA, Carmine; VACCHIANO, Giuseppe. *L'affare rischio clinico.* Trasferimento assicurativo e gestione diretta. Milão: FrancoAngeli, 2010.

PONZANELLI, Giulio. Medical malpractice: la legge Bianco-Gelli. *Contratto e Impresa*, v. 33, f. 2, pp. 356-363, 2017.

PONZANELLI, Giulio. Medical malpractice: la legge Bianco Gelli. Una premessa. *Danno e responsabilità*, v. 22, f. 3, pp. 268-270, 2017.

PONZANELLI, Giulio. La responsabilità medica ad un bivio: assicurazione obbligatoria, sistema residuale *no-fault o risk-management*? *Danno e responsabilità*, v. 8, f. 4, pp. 428-430, 2003.

POUND, Roscoe. Law in Books and Law in Action. *American Law Review*, v. 44, n. 1, pp. 12-36, 1910.

PRIEST, George L. Modern Tort Law and Its Reform. *Valparaiso University Law Review*, v. 22, n. 1, pp. 1-38, 1987.

PRIEST, George L. Puzzles of the Tort Crisis. *Ohio State Law Journal* 48, n. 2, pp. 497-502, 1987.

PRIEST, George L. The Current Insurance Crisis and Modern Tort Law. *Yale Law Journal* 96, n. 7, pp. 1521-1590, 1987.

PRIEST, George L. The Modern Expansion of Tort Liability: Its Sources, Its Effects, and Its Reform. *Journal Econ. Perspect*, v.5, n. 3, pp. 31-50, 1991.

PUTZOLU, Giovanna Volpe. L'assicurazione. *In*: RESCIGNO, Pietro (Ed.). *Trattato di diritto privato*, diretto da Pietro Rescigno, v. XIII, t. 5. Turim: Utet, 1985, pp. 53-131.

QUADRI, Enrico. Considerazioni in tema di responsabilità medica e di relativa assicurazione nella prospettiva dell'intervento legislativo. *Responsabilità civile e previdenza*, n. 1, pp. 27-46, 2017.

RABIN, Robert L. Tort Law in Transition: Tracing the Patterns of Sociolegal Change. *Valparaiso University Law Review*, v. 23, n. 1, pp. 1-32, 1988-1989.

RICCI, Cristoforo. Gli obblighi assicurativi introdotti dalla Legge 8 marzo 2017, n. 24 (c.d. "legge Gelli-Bianco"), in ambito sanitario. *Responsabilità civile e previdenza*, v. 84, n. 4, pp. 1327-1348, 2019.

RIEGEL, Robert; MILLER, Jerome S. *Insurance Principles and Practices*. Nova York: Prentice-Hall, 3. ed. 1947.

RODRIGUEZ, Daniele; ARSENI, Alessia. Clinical Governance e Clinical Risk Management. *In*: BELVEDERE, Andrea; RIONDATO, Silvio. *Le responsabilità in medicina.* Trattato di biodiritto. Milão: Giuffrè, 2011, pp. 85-111.

ROMAGNOLI, Gianluca. Autoassicurazione delle responsabilità medica: compatibilità con i principi di diritto interno ed europeo. *Danno e responsabilità*, pp. 329-337, 2015.

ROMAGNOLI, Gianluca. L'attesa per l'operatività della disciplina assicurativi della legge Gelli-Bianco. *La Nuova Giurisprudenza Civile Commentata*, v. 35, f. 6, pp. 1387-1391, 2019.

ROMAGNOLI, Gianluca. Limiti di "praticabilità" della c.d. autoassicurazione della responsabilità medica da parte delle amministrazioni sanitarie. *In*: LANDINI, Sara (Org.). *Autoassicurazione e gestione del rischio*. Collana CESIFIN online, 2015, pp. 67-70.

ROSSETTI, Marco. *Responsabilità sanitaria e tutela della salute*. Roma: Corte Suprema di Cassazione – Ufficio del Massimario, 2011.

SAGE, William M. Understanding the First Malpractice Crisis of the 21st Century. *In*: GOSFIELD, Alice G. (Ed). *Health Law Handbook*. St. Paul, Minnesota: West Group, 2003, pp. 1-32.

SCALFI, Gianguido. Assicurazione (contratto di). *In*: DIGESTO DISCIPLINE PRIVATISTICHE, Sez. comm., v. I. Turim: Utet, 1987, pp. 333-366.

SALANDRA, Vittorio. Dell'assicurazione. *In*: SCIALOJA, Antonio; BRANCA, Giuseppe (Org.). *Commentario al codice civile*. 3· Ed. Bolonha-Roma: Il Foro italiano, 1966, pp. 172-441.

SANTI, Giulio. *Il contratto di assicurazione*. Roma: Jandi Sapi, 1965.

SELINI, Valentina. Il passato e il presente dell'obbligo assicurativo in ambito sanitario. *Danno e responsabilità*, v. 22, f. 3, pp. 301-316, 2017.

SLOAN, Frank A.; BOVBJERG, Randall R.; GITHENS, Penny B. *Insuring Medical Malpractice*. Nova York: Oxford University Press, 1991.

SUGARMAN, Stephen D. Taking Advantage of the Tort Crisis. *Ohio State Law Journal*, v. 48, n. 2, 1987, pp. 329-364, 1987.

VELLISCIG, Lydia. *Assicurazione e "autoassicurazione" nella gestione dei rischi sanitari*. Studio di diritto comparato. Milão: Giuffrè, 2018.

VELLISCIG, Lydia. Come garantire i danneggiati. considerazioni sul ruolo dell'assicurazione e dell'autoassicurazione. *Annuario di Diritto comparato e di Studi legislativi*, 2019, pp. 539-561.

VELLISCIG, Lydia. L'accesso e l'esercizio dell'attività assicurativa tra normativa europea e normativa italiana: il modello di Solvency II. *Contratto e impresa/Europa*, pp. 357-397, 2017.

VELLISCIG, Lydia. "L'autoassicurazione". *In*: CORRIAS, Paoloefisio; PIRAS, Elisabetta; RACUGNO, Gabriele. *Diritto alla salute e contratto di assicurazione*. Nápoles: ESI, 2019, pp. 107-120.

WEINRIB, Ernest J. Understanding Tort Law. *Valparaiso University Law Review* v. 23, n. 3, pp. 485-526, 1988-1989.

ZAPPA, Gino. *Il reddito d'impresa. Scritture doppie, conti e bilanci di aziende commerciali*. 2. ed. Milão: Giuffrè, 1946.

ZORZIT, Daniela. La Legge Gelli e gli obblighi assicurativi: breve viaggio tra alcune questioni interpretative alla ricerca di un possibile approdo. *Danno e responsabilità*, n. 1, pp. 72-79, 2021.

Legislação

ITÁLIA. Legge 8 marzo 2017, n. 24. Disposizioni in materia di sicurezza delle cure e della persona assistita, nonche' in materia di responsabilita' professionale degli esercenti le professioni sanitarie. *Gazzetta Ufficiale della Repubblica Italiana*, anno 158, n. 64, 17 mar. 2017. Disponível em: https://www.gazzettaufficiale.it/eli/id/2017/03/17/17G00041/sg.

PARLAMENTO EUROPEU; CONSELHO DA UNIÃO EUROPEIA. Directiva 2009/138/CE do Parlamento Europeu e do Conselho, de 25 de Novembro de 2009, relativa ao acesso à actividade de seguros e resseguros e ao seu exercício (Solvência II). *Jornal Oficial da União Europeia*, L 335/1, 17 dic. 2009. Disponível em: https://eur-lex.europa.eu/legal-content/PT/TXT/PDF/?uri=CELEX:32009L0138&from=PT.

O SEGURO DE SAÚDE NA PERSPETIVA DO DOENTE/SEGURADO

André Dias Pereira[1]

1. O DIREITO À PRESTAÇÃO DE SAÚDE EM PORTUGAL

De acordo com a Constituição da República Portuguesa, o Serviço Nacional de Saúde (SNS) tem a incumbência de garantir o direito social à proteção da saúde. O cumprimento deste direito e dever constitucional faz com que caiba ao Estado assegurar três vertentes: a definição da política nacional de saúde, a responsabilidade direta de execução e a responsabilidade garantia do Estado – este presta ou deve garantir a prestação de cuidados de saúde.

A existência de um sistema nacional de saúde está prevista como comando constitucional desde a versão originária da Constituição da República Portuguesa, em 1976. Contudo, a data de 15 de setembro de 1979 constitui a verdadeira criação do Sistema Nacional de Saúde, pelo Ministério dos Assuntos Sociais, Dr. António Arnaut, através da Lei n. 56/79, de 15 de setembro.

Ademais, e ao contrário do artigo 3º da Convenção sobre os Direitos do Homem e a Biomedicina (Convenção de Oviedo) que somente menciona o "acesso equitativo aos cuidados de saúde", a Constituição portuguesa exige que o acesso à saúde seja efetivo, seguindo o referido modelo de Beveridge, com financiamento baseado em impostos e sendo os prestadores dominantemente públicos. Com efeito, o artigo 64º CRP[2] estabelece um modelo concreto de garantia desse direito: o chamado *sistema de Beveridge*.[3] O SNS,

---

1 Professor da Faculdade de Direito da Universidade de Coimbra. Presidente do Centro de Direito Biomédico do Instituto Jurídico da Faculdade de Direito da Universidade de Coimbra e Vice-Presidente do Conselho Nacional de Ética para as Ciências da Vida (https://orcid.org/0000-0001-9871-5298). O autor agradece a colaboração da Mestre Marta Susana Lobo, investigadora do Centro de Direito Biomédico.

2 Artigo 64 da CRP, n. 2. "O direito à proteção da saúde é realizado: a) Através de um serviço nacional de saúde universal e geral e, tendo em conta as condições económicas e sociais dos cidadãos, tendencialmente gratuito; (...)".

3 Bem sabemos que não há sistemas puros. Portugal conta também – como veremos – com uma forte presença de seguros de saúde e de saúde privada; mas o comando constitucional é claro.

que foi erguido nessa caminhada democrática, nos últimos 40 anos, proporciona a oferta de cuidados de saúde à população que se equiparam aos dos países com níveis mais elevados de salubridade. Desse modo, podemos observar a ideia de saúde como um direito público subjetivo. Por seu turno, o financiamento do SNS é feito, em grande medida, através de fontes de financiamento público.[4]

Passos importantes foram ainda estabelecidos com a atualização proporcionada pela Lei de Bases da Saúde, base estrutural e fundante do SNS, que veio tentar reforçar a eficiência deste tal como era conhecido. A Lei n. 95/2019, de 4 de setembro veio revogar a Lei n. 48/90, de 24 de agosto (alterada pelo Decreto-Lei n. 185/2002, de 20 de agosto). A lei de 2019 visa revigorar o papel central e fulcral do doente, reforçando os seus direitos e centralidade, reconhecendo-se a importância das associações de doentes e a sua representação, bem como a sua importância da realização da saúde.

A saúde é também agora sublinhada como um bem coletivo, fulcral para o desenvolvimento social e económico do país, o que conduz ao reconhecimento de que as políticas para ela vocacionadas não se esgotam na prestação de cuidados de saúde, antes se exige pensar, programar e agir com base no princípio da saúde em todas as políticas.

Cumpre ainda realçar aqui o enorme passo dado, após o 25 de abril de 1974, em matéria de democracia sanitária, isto é, a efetiva participação de todos na saúde e nas suas políticas – destaca-se aqui a importância de conceber e fortificar instituições e processos juridicamente regulados que viabilizem a participação efetiva da sociedade nas decisões do governo em matéria de saúde.[5] Esse acesso e a participação na referida área foram decisivos para a evolução ocorrida em matéria de direitos dos utentes. Releva ainda mencionar o papel fundamental da participação em organizações internacionais (como a entrada na União Europeia, em 1986) e da própria evolução de pensamento e nível da educação da sociedade portuguesa no pós-regime ditatorial.

---

4 O sistema de saúde, geral, universal e tendencialmente gratuito, é maioritariamente financiado pelos cidadãos, através das suas contribuições (pagamento de impostos), havendo, todavia, em diversas situações, lugar ao pagamento de taxas moderadoras, cujo objetivo é promover e proteger o uso eficiente dos recursos disponíveis, evitando a existência de um consumo excessivo dos cuidados de saúde disponibilizados pelo SNS.

5 A democracia sanitária apresenta-se como o instrumento fundamental para efetivar o direito universal, democrático e integral à saúde, tal como plasmado na Constituição. O Estado deve fomentar, de modo ativo, uma esfera de vasta participação democrática da sociedade na adoção de providências governamentais em matéria de saúde. Os cidadãos devem ter a possibilidade de participar na definição da delineação do direito à saúde e das garantias concretas que serão concedidas a este direito.

2. SEGUROS DE SAÚDE EM PORTUGAL

Num país onde a prestação de cuidados de saúde é assegurada pelo SNS, pode parecer estranha a existência de seguros de saúde. Contudo, encontramos, em Portugal, a existência de três sistemas diferentes, nomeadamente, (1) o Sistema Nacional de Saúde, (2) os subsistemas de saúde – sistemas de seguro social de saúde para determinados grupos profissionais como forças de segurança, trabalhadores de sectores do Estado (ADSE) e bancários (SAMS)[6] – e (3) os seguros de saúde voluntários,[7] celebrados pelos privados com seguradoras.[8] O sujeito que realiza esse contrato de seguro tem vontade ou necessidade de obter um serviço diferente, mais célere, por vezes mais qualificado e que melhor corresponde aos seus interesses e comodidades. Não existe uma verdadeira alternatividade, visto que as condições obtidas no SNS e nos hospitais/clínicas privados convencionados são bastante divergentes; temos, sim, uma escolha condicionada a uma *voluntas*.

De acordo com o Regulamento Jurídico do Contrato de Seguro (RJCS), no seu artigo 213º, "no seguro de saúde, o segurador cobre riscos relacionados com a prestação de cuidados de saúde", quer seja de seguro de doença ou despesas médicas. Existem três tipos de modalidades de contrato de seguro:

- reembolso (as despesas são suportadas pelo segurado, que pode pedir a comparticipação total ou parcial da seguradora);
- assistência (*managed care*, em que existe uma rede de prestação de serviços que as próprias seguradoras facultam e indicam ao segurado); e
- misto (uma mistura das anteriores).

Numa prospeção futura, seria exequível considerar a alteração do atual sistema, nomeadamente, a alteração da tipologia dos seguros existentes. A mesma seria substituída por seguros de cobertura normal (cumprindo o princípio da autonomia privada

6 Trata-se de uma figura originária do Modelo de Bismark. São fundos alimentados por contribuições pagas pelos seus beneficiários potenciais ou por quem é familiar destes últimos. As contribuições que fazem para um dado fundo dão acesso a estes e aos seus familiares aos cuidados de saúde de prestadores convencionados.

7 Diferentes dos seguros de saúde obrigatórios, a saber: Praticante Desportivo de Alto Rendimento (DL n. 10/2009 de 12 de janeiro), Nacionais de outros Estados-membros que pretendem residir em Portugal (Lei n. 37/2006 de 9 de agosto) e para Estrangeiros – entrada, permanência, saída e afastamento de estrangeiros do território nacional (Lei n. 23/2007 de 4 de julho).

8 A esse propósito, cumpre relembrar que um dos princípios constitucionais é a valorização da autonomia privada e da economia de mercado, pelo que os seguros de saúde são uma realidade com proteção constitucional, ocupando um papel relevante no financiamento dos cuidados de saúde de cerca de quase 30% da população.

e considerando a vontade das partes, respeitando o artigo 11º do RJCS[9]), seguros de cobertura graduada (que estatuiriam normas imperativas definidas pelo legislador) e, por último, seguros de saúde vitalícios (que não existem em Portugal, onde o teto máximo se firma nos 75 anos de idade).

a) Reembolso

O segurado paga, e posteriormente, dentro de um prazo, pede um reembolso/comparticipação, que pode ser total ou parcial, dependendo da prestação de cuidados de saúde. Não há, à partida, uma indicação de qual deve ser o médico – sendo a escolha, em princípio, livre. Neste âmbito, vários utilizadores não sabem dessa necessidade de avançar com um valor. Exige-se, para essa modalidade, que o contrato de seguro indique:

i. as percentagens máximas de comparticipação, isto é, a quota parte do valor coberta pela seguradora;
ii. o capital que se encontra disponível para cada cobertura – a seguradora pode criar *plafonds*, o que tem sido bastante discutido acerca dos tratamentos oncológicos, bastante onerosos e que esgotam esse limite;
iii. se existe ou não lugar a pagamento de uma franquia, e qual o valor da mesma;
iv. os prazos para efetuar o pedido de reembolso, contados a partir do momento em que a despesa é efetuada; deve existir uma flexibilização, considerando o estado de vulnerabilidade do doente;
v. o prazo máximo em que a seguradora deve reembolsar o tomador do seguro. Uma vez apresentado o pedido, deve existir um limite temporal fixado em contrato.

b) *Managed care*

Existe a prestação de serviços numa rede, mais ou menos fechada, facultada pela seguradora. O tomador pode recorrer ao prestador indicado, efetuando o copagamento estabelecido em contrato, ou, no caso de não existir nenhum prestador convencionado para a especialidade pretendida, pode utilizar um prestador externo e indicado pela seguradora e posteriormente pedir o reembolso.

c) Seguros de saúde *low cost*

9 Pode ler-se no texto normativo que "o contrato de seguro rege-se pelo princípio da liberdade contratual, tendo carácter supletivo as regras constantes do presente regime, com os limites indicados na presente secção e os decorrentes da lei geral".

É comummente referenciado como "plano de saúde", consubstanciando-se num cartão de saúde que garante descontos em dadas prestações de serviços de saúde, como a medicina dentária. Não é verdadeiramente um contrato de seguro de saúde.[10]

2.1 Seguros de saúde na Lei de Bases da Saúde

A propósito dessa temática, a nova Lei de Bases da Saúde prevê normas importantes:

O artigo 27º exige que

> a subscrição de um seguro ou plano de saúde deve ser precedida da prestação, pelo segurador, de informação, clara e inteligível quanto às condições do contrato, em especial no que diz respeito ao âmbito, exclusões e limites da cobertura, incluindo informação expressa quanto à eventual interrupção ou descontinuidade de prestação de cuidados de saúde caso sejam alcançados os limites de capital seguro contratualmente estabelecidos.

Por seu turno,

> os estabelecimentos de saúde informam as pessoas sobre os custos a suportar pela prestação de cuidados de saúde ao abrigo de seguros e planos de saúde, incluindo os da totalidade da intervenção proposta, salvo quando justificadamente não dispuserem dos elementos necessários à prestação dessa informação.

Reforça-se o dever de informação sobre diversos pontos do contrato do seguro, sendo a modalidade de reembolso a criadora de maiores confusões por parte do tomador de seguro, que muitas vezes julga que a despesa será totalmente coberta pelo segurador e depara-se posteriormente com a "conta" dos serviços de saúde a que recorreu. Nesse contexto, deve haver um *claro esclarecimento* acerca daquilo que se encontra coberto pelo seguro e aquilo que se encontra excluído, do modo como é realizada a comparticipação (total ou parcial), do capital disponível para cobertura, dos valores de franquia e dos prazos para pedido e processo do reembolso.

---

10 De acordo com o Relatório da Autoridade de Supervisão de Seguros e Fundos de Pensões (disponível para consulta em https://www.asf.com.pt/NR/rdonlyres/3AC24F57-5AAC-4955-9F75-7F3D4CB28E7D/0/NotadeEnquadramentoConsultaP%C3%BAblicaSegurosdeSa%C3%BAde.pdf), trata-se de um "produto que funciona dentro de uma rede de prestadores e que permite ao cliente aceder a um conjunto de serviços de saúde a um valor mais reduzido, não havendo a assunção de risco por parte da plataforma gestora do plano (ou cartão) de saúde".

As principais críticas apresentadas pela Deco (Associação Nacional para Defesa do Consumidor) prendem-se com exclusões (desconhecidas ou não compreendidas pelo segurado), franquias (cuja existência era desconhecida), períodos de carência, duração anual, *plafonds* e cláusulas abusivas.

O dever de informação engloba também esclarecimentos relativos ao critério da idade aquando da celebração de um contrato de seguro desta índole; afastados que estão os seguros de saúde vitalícios, o particular deve ser advertido de que, a partir de certa altura da sua vida, não poderá celebrar um contrato de seguro de saúde e, existindo um em vigor, o mesmo cessará sem possibilidade de renovação. Como refere a Associação Portuguesa de Seguradores:

> Regra geral, não há produtos abertos à subscrição para indivíduos com mais de 60 anos. Algumas seguradoras indicam que os seus clientes poderão continuar a renovar o seguro até aos 65 ou mais anos e, na prática, é o que tem vindo a suceder, embora esta renovação possa ser recusada a todo o momento, uma vez que é anual.[11]

Impera também a necessidade de informação visando à interrupção ou descontinuidade de prestação de cuidados de saúde caso sejam alcançados os limites de capital seguro contratualmente estabelecidos. Sobre os estabelecimentos de saúde recai também um dever de informação, para evitar "surpresas" financeiras no final do tratamento ou internamento.

Com efeito, em Portugal, é frequente os doentes terem que interromper tratamentos feitos em serviços privados por atingirem o limite do valor contratualizado com a seguradora. Cumpre perceber se a lei, a doutrina e a jurisprudência portuguesa pouco têm exigido das seguradoras de saúde.

De facto, o seguro de saúde é considerado complemento ao SNS. É frequente suplementar os serviços oferecidos pelo Serviço Nacional de Saúde (SNS) com um seguro de saúde.[12]

Segundo a Associação Portuguesa de Seguradores, o número de pessoas seguras por apólices de saúde atingiu 2.930.765. O número de pessoas seguras por apólices de saúde subiu 3,3% em 6 meses de pandemia. Por sua vez, o valor dos prémios individuais desceu 3,7% e custa agora em média 30 euros por mês.[13]

---

11 ASSOCIAÇÃO PORTUGUESA DE SEGURADORES – APS. *Os Seguros de Saúde Privados no contexto do Sistema de Saúde Português*. Disponível em: https://pns.dgs.pt/files/2010/08/aps1-ss.pdf.

12 Segundo o artigo 213º (noção) do Regime Jurídico do Contrato de Seguro, "no seguro de saúde, o segurador cobre riscos relacionados com a prestação de cuidados de saúde".

13 PORTUGUESES COM SEGUROS de saúde já são quase 3 milhões. *ECO Seguros*, 10 fev. 2021. Disponível em: https://eco.sapo.pt/2021/02/10/portugueses-com-seguros-de-saude-ja-sao-quase-3-milhoes/.

Assim, em suma, verificamos que o acesso a serviços de saúde é misto. Entre a ADSE e seguros de saúde, cerca de 40% dos portugueses encontram-se cobertos por um subsistema de saúde público (como a ADSE), privado ou por um seguro de saúde. Todavia, esse é um serviço complementar, sobretudo no que respeita aos cuidados prestados (sobretudo cirurgias e ambulatório).

Com efeito, os cuidados preventivos, a saúde pública e as grandes intervenções em saúde (em termos económicos) são sobretudo um campo de ação do SNS.

Se analisarmos no plano económico-financeiro, temos uma noção mais clara da ordem de grandeza real dos diferentes setores. Em 2020, a produção de seguro de saúde ascendeu aos 934 milhões de euros. Em outro relatório recente, a Associação Portuguesa de Seguradores já indicava que as empresas seguradoras tinham reportado custos com sinistros de 628 milhões de euros em 2020, um valor 1,2% superior em relação a 2019, apesar dos efeitos do confinamento na redução de eventos de doença não covid na população. Do ponto de vista da produção ou venda de seguros, o mercado registou um aumento de 8,3% em 2020 para quase 950 milhões de euros. A taxa de sinistralidade, que compara custos com sinistros com receitas de prémios baixou, no mesmo período de 72% em 2019 para 66,8% em 2020. Como refere o Relatório do Setor Segurador e dos Fundos de Pensões: "Em 2020, o número de pessoas seguras abrangidas por contratos do ramo Doença aumentou 11,5%, ultrapassando pela primeira vez a barreira dos três milhões, refletindo a já referida crescente preponderância destes contratos de seguro no panorama nacional".[14]

Por comparação, o orçamento (receita consolidada) do Ministério da Saúde foi de 12.565,40 milhões de euros em 2021 – ou seja, estamos a falar de valores mais de 12 vezes superiores, o que é expressivo da enorme importância do SNS na prestação de cuidados de saúde em Portugal.

Se olharmos no plano do consumidor, verificamos que indivíduos das classes mais elevadas recorrem mais à proteção do seguro de saúde. Segundo a Marktest Basef Seguros, os dados mostram ainda que existe uma *segmentação por classe social* no que diz respeito a aquisição desse tipo de seguro, observando-se que 42,5% dos indivíduos das classes mais elevadas possuem esse benefício; já entre os das classes mais baixas, o valor cai para 16,5%.

---

14 AUTORIDADE DE SUPERVISÃO DE SEGUROS E FUNDOS DE PENSÕES – ASF. *Relatório do Setor Segurador e dos Fundos de Pensões*. Disponível em: https://www.asf.com.pt/NR/rdonlyres/75A79F90-6414-447D-B928-51B54D656E4D/0/RSSFP_2020.pdf, p. 109.

No plano teleológico, podemos questionar se promover a proteção dos direitos do doente através do contrato de seguro, significa – em grande medida – promover os indivíduos das classes mais elevadas.

O papel do financiamento privada da saúde é ainda assim muito relevante em Portugal, sobretudo por força dos pagamentos diretos, designadamente no preço do medicamento: 34% dos custos em saúde são assumidos pelas famílias. Um valor muito elevado, no quadro da OCDE.

3. O SEGURADO: CIDADÃO, FUTURO DOENTE?

Apesar do referido crescimento dos seguros de saúde, importa deixar claro que – à luz da Constituição e da Lei – é ao SNS que compete a responsabilidade de prover ao acesso a cuidados de saúde. O seguro de saúde tem uma natureza complementar e não alternativa. Isso é importante para compreender que, em Portugal, mantém-se com firmeza o princípio da autonomia privada e da liberdade contratual que tem o seu reverso na regra *pacta sunt servanda.*

Isso não afasta a existência de preocupações sociais no âmbito do Direito Privado, designadamente pelo papel relevante que tem a lei das cláusulas contratuais gerais (DL n. 446/85, de 25 de outubro, com várias atualizações) e a regulação do setor de seguros, que visa (ou deveria visar) à proteção dos interesses das pessoas seguradas.

Assim, as seguradoras podem selecionar os clientes de menor risco. Importa, neste campo, sublinhar novamente os constrangimentos em relação ao teto da idade – o prestador desse serviço pode recusar a contratualização com uma contraparte de maior idade, em virtude do (pre)conceito que se associa a riscos mais elevados. No entanto, a definição do risco individual do potencial cliente acarreta custos administrativos significativos, pelo que, na prática, é limitada a utilização de mecanismos de seleção direta de clientes. É difícil encontrar produtos abertos a subscrição para indivíduos com mais de 60 anos.

Há ainda processos de autosseleção, uma vez que os grupos populacionais com um nível de risco mais elevado são, regra geral, os mais idosos e com rendimentos mais baixos e que, por isso, têm menor capacidade de comprar um seguro de saúde.

No que concerne a práticas eventualmente discriminatórias, encontramos na *Lei dos Contratos de Seguro* o artigo 15º, em que se estabelecem proibições de práticas discriminatórias que violem o princípio da igualdade.

Partindo de uma regra geral de *proibição de práticas discriminatórias* e de respeito pelo princípio da igualdade nos termos previstos no artigo 13º da Constituição, o artigo

15º prevê uma regulação mais fina para a questão da diferenciação dos prémios *em razão da deficiência ou de risco agravado de saúde.*

Nesta matéria, 2021 trouxe novidades relevantes. Recentemente foi publicada a Lei n. 75/2021, de 18 de novembro, que reforça o acesso ao crédito e contratos de seguros por pessoas que tenham superado ou mitigado situações de risco agravado de saúde ou de deficiência, proibindo práticas discriminatórias e consagrando o direito ao esquecimento, alterando a Lei n. 46/2006, de 28 de agosto, e o regime jurídico do contrato de seguro.

Esse direito, já existente em alguns países europeus (França, Países Baixos, Bélgica e Luxemburgo), era já há muito reivindicado pelos sobreviventes de cancro pediátrico e por outros doentes que tenham mitigado situações de risco agravado de saúde ou de deficiência e vem permitir o acesso a vários produtos financeiros, como seguros de vida ou créditos bancários, não sendo obrigados a declarar que tiveram uma doença com risco agravado de saúde.[15]

No que se reporta aos doentes oncológicos, na verdade, o que esse diploma nos traz é um repor de justiça quanto a doentes que, não obstante terem vencido talvez a principal batalha da sua vida contra o cancro, ficam, no entanto, marcados por essa batalha por toda a sua vida, sendo prejudicados no acesso a certos direitos que de todo não lhes devem ser negados. Como justificar a uma pessoa que venceu um cancro aos 4 anos que esse facto, aos 25 anos, impeça o acesso a determinados seguros? Tal lei termina com essa injustiça.

O diploma ora publicado proíbe práticas discriminatórias, consagra o direito ao esquecimento e permite que as/os doentes oncológicos que tenham superado ou mitigado situações de risco agravado de saúde ou de deficiência têm, na qualidade de

15 A esse propósito, verificamos que no Brasil tem ocorrido uma gradual ingerência do legislador no que concerne à estipulação do rol de coberturas feito pelas seguradoras, existindo ainda no parlamento diversos projetos de lei que almejam o aumento da cobertura oferecida pelos planos de saúde, gerando conflitos entre os poderes constituídos. Ademais, é essencial relembrar que esses seguros/planos de saúde têm a sua base alicerçada no mutualismo – e, deste modo, a maior assunção do risco pelas seguradoras encarecerá o preço dos prémios, que não poderá ser suportado pela maioria dos cidadãos, vedando-lhes o acesso a diversos serviços/prestações de saúde, piorando consequentemente o estado da mesma. Em matéria judicial, verificam-se casos em que o juiz concede coberturas que não encontram amparo na lei, criando novas obrigações para as seguradoras, o que distorce o custo dos planos. Para um maior desenvolvimento desse tema, vide Silva, José Luiz Toro da. Sustentabilidade na Saúde Suplementar. *JRS*. Disponível em: https://jrs.digital/2022/01/10/sustentabilidade-na-saude-suplementar/. A esse propósito, cumpre referir o julgamento feito pelo Supremo Tribunal de Justiça do Brasil (embargos de divergência em resp. n. 1.886.929 – SP (2020/0191677-6), disponível para consulta em https://www.migalhas.com.br/arquivos/2022/2/701041507FCEF2_EREsp1886929ADITAMENTO.pdf). No mesmo são abordadas as listas exemplificativas e taxativas de cláusulas de cobertura dos planos de saúde, concluindo pela natureza exemplificativa das mesmas.

consumidor, *direito ao esquecimento* na contratação de *crédito à habitação e crédito aos consumidores*, bem como na contratação de seguros obrigatórios ou facultativos associados aos referidos créditos, garantindo que não podem ser sujeitos a um aumento de prémio de seguro ou exclusão de garantias de contratos de seguro. Nenhuma informação de saúde relativa à situação médica que originou o risco agravado de saúde ou à deficiência pode ser recolhida ou objeto de tratamento pelas instituições de crédito ou seguradores em contexto pré-contratual.

A lei impõe alguns requisitos, nomeadamente temporais: é necessário que tenham decorridos 10 anos desde o término do protocolo terapêutico, no caso de risco agravado de saúde ou deficiência superada; cinco anos desde o término do protocolo terapêutico, no caso de a patologia superada ter ocorrido antes dos 21 anos de idade; ou 2 anos de protocolo terapêutico continuado e eficaz, no caso de risco agravado de saúde ou deficiência mitigada.

Apesar de a lei ter entrado em vigor no dia 1º de janeiro de 2022, há ainda determinados aspetos relativos à atividade seguradora que carecem de regulamentação. Essa regulamentação deve ser realizada no prazo de um ano.

Essa mesma Lei n. 75/2021 alterou o artigo 15º da Lei dos Contratos de Seguro, prevendo agora o n. 2 que são consideradas discriminatórias em *razão da deficiência ou de risco agravado de saúde* as ações ou omissões, dolosas ou negligentes, que violem o princípio da igualdade, implicando para as pessoas naquela situação um tratamento menos favorável do que aquele que seja dado a outra pessoa em situação comparável, nos termos da Lei n. 46/2006, de 28 de agosto.

Assim, não se impõe uma igualdade, mas sim uma racionalidade económica e atuarial no acesso aos seguros. Vejamos as restantes normas do art. 15º da Lei dos Contratos de Seguro.

> 3 – No caso previsto no número anterior, as práticas e técnicas de avaliação, seleção e aceitação de riscos próprias do segurador para efeitos de celebração, execução e cessação do contrato de seguro, que não estejam proibidas pelo artigo 15º-A, estão sujeitas a supervisão da Autoridade de Supervisão de Seguros e Fundos de Pensões (ASF), devendo ser objetivamente fundamentadas, tendo por base dados estatísticos e atuariais rigorosos considerados relevantes nos termos dos princípios da técnica seguradora.
>
> 4 – Sem prejuízo do disposto no número anterior, em caso de recusa de celebração de um contrato de seguro ou de agravamento do respetivo prémio em razão de deficiência ou de risco agravado de saúde, o segurador deve, com base nos dados obtidos nos termos do número anterior, prestar ao proponente, sem dependência de pedido nesse sentido,

informação sobre o rácio entre os fatores de risco específicos e os fatores de risco de pessoa em situação comparável mas não afetada por aquela deficiência ou risco agravado de saúde, nos termos dos n.os 3 a 6 do artigo 178º.

Essas normas seguem já a redação da Lei n. 75/2021 que consagra o direito ao esquecimento.

Seguem-se as normas de defesa junto da ASF:

5 – Em caso de incumprimento do dever de informação nos termos previstos no número anterior ou de discordância ou insatisfação em relação a decisão de recusa ou de agravamento, pode o proponente apresentar uma reclamação junto da ASF, que afere da observância do regime aplicável por parte do segurador.
6 – Quando comunica a decisão de recusa ou de agravamento e através do mesmo meio e suporte, deve o segurador informar o proponente da possibilidade de reclamar junto da ASF nos termos do número anterior.

Uma outra conquista de lei de 2021 é o n. 10, que prevê: "Na celebração, execução e cessação do contrato de seguro são proibidas as práticas que discriminem entre a saúde física e mental ou psíquica".

Não está em causa um tratamento completamente igual, mas sim um tratamento similar em situações similares, e procedimento diferente em situações diferentes, garantindo equidade no tratamento.

4. O PROBLEMA DA EXTRAPOLAÇÃO DO *PLAFOND*/ COBERTURA EXISTENTE

Numa das maiores operadoras do mercado nacional, os clientes particulares poderão optar entre três planos com coberturas e preços distintos, variando consoante as opções escolhidas e a idade do segurado, sendo que em cuidados de saúde hospitalar, a operadora oferece uma cobertura variável entre 15 mil e 500 mil euros. Ou seja, se os tratamentos excederem esses valores, a seguradora não é mais responsabilizada pelo pagamento dos serviços.[16] Por isso é frequente, designadamente na área da oncologia,

16 Como refere o Acórdão do Tribunal da Relação de Lisboa de 7 de junho de 2018, relatado por Maria de Deus Correia, "I- No âmbito de um contrato de seguro de saúde, a Seguradora só poderá ser responsabilizada a pagar o valor máximo dentro das coberturas existentes na apólice em questão. II- Não pode a Seguradora ser responsabilizada por danos que embora sofridos pelo Segurado não resultam do incumprimento do contrato

os doentes saírem (por vontade própria ou por imposição da entidade hospitalar privada) do internamento ou terem que abandonar o plano terapêutico que realizavam confiando no seguro de saúde, tendo depois que se sujeitar a uma eventual lista de espera nos tratamentos oferecidos de forma universal e gratuita pelo SNS.[17]

Como refere Inês Oliveira Martins:

> Pelo seguro de saúde, o segurador obriga-se a efectuar prestações 'relacionadas com a prestação de cuidados de saúde'. Esta expressão entre aspas acompanha na verdade as palavras do art. 213º do RJCS, que são amplas o bastante para acompanhar os vários tipos de cobertura que podem estar aqui em causa. Nas hipóteses mais comuns, o segurador obriga-se a reembolsar o segurado pelos gastos com cuidados de saúde que este tenha efectuado, ou mesmo a prestar esses cuidados directamente, através da sua rede de prestadores. No caso dos seguros de reembolso de despesas, o segurador também pode limitar o seu dever de prestar aos casos em que a despesa tenha sido efectuada com um prestador da sua rede.[18]

5. O PROBLEMA DA NÃO RENOVAÇÃO DO CONTRATO

No que concerne à renovação do contrato, se nada houver sido estipulado em sentido diverso, o contrato é válido pelo prazo de um ano, ocorrendo uma renovação automática se nenhuma das partes declarar a sua vontade de o fazer cessar, através de declaração escrita enviada à contraparte pelo menos 30 dias antes da data em que o contrato se renovaria (nos termos do art. 115º, n. 1, do Regime Jurídico do Contrato de Seguro). Assim sendo, se o segurador se aperceber que os riscos para a saúde do segurado se agravaram – por exemplo, porque lhe foi apresentado um pedido de reembolso de despesas de tratamento de uma patologia grave, que poderá implicar custos relevantes –, tratará de comunicar que não pretende renovar o contrato. Nessas hipóteses, releva o art. 217º do RJCS; porém, o alcance de tais regras é mais humilde do que pareceria:

---

de seguro". LISBOA. Tribunal da Relação de Lisboa. Acórdão de 7 jun. 2018. Processo n. 7983/15.4T8LSB.L1-6. Rel. Maria de Deus Correia. Disponível em: http://www.dgsi.pt/jtrl.nsf/33182fc732316039802565fa00497eec/8245afea287c078d802582ce004be73b?OpenDocument.

17 A este propósito, PEREIRA, André Dias *et al. Cadernos Lex Medicinae*. Disponível em: https://www.centrodedireitobiomedico.org/publica%C3%A7%C3%B5es/publica%C3%A7%C3%B5es-online/cadernos-da-lex-medicinae-n%C2%BA-2-cancro-e-direito.

18 PEREIRA, André Dias *et al. Cadernos Lex Medicinae*, p. 23. Disponível em: https://www.centrodedireitobiomedico.org/publica%C3%A7%C3%B5es/publica%C3%A7%C3%B5es-online/cadernos-da-lex-medicinae-n%C2%BA-2-cancro-e-direito.

> Artigo 217º – Cessação do contrato
>
> 1 – Em caso de não renovação do contrato ou da cobertura e não estando o risco coberto por um contrato de seguro posterior, o segurador não pode, nos dois anos subsequentes e até que se mostre esgotado o capital seguro no último período de vigência do contrato, recusar as prestações resultantes de doença manifestada ou outro facto ocorrido na vigência do contrato, desde que cobertos pelo seguro.
>
> 2 – Para efeito do disposto no número anterior, o segurador deve ser informado da doença nos 30 dias imediatos ao termo do contrato, salvo justo impedimento.

Daqui se infere que o segurador só prestará até que se mostre esgotado o capital seguro no último período de vigência do contrato. Como explica Inês Oliveira Martins, o artigo 217º do RJCS aplica-se aos casos em que:

> (1) o contrato não seja renovado no seu todo, ou então deixe de incluir a cobertura do risco de certas doenças, e (2) o risco não esteja coberto por um contrato de seguro posterior. Nesse caso, o segurador permanece obrigado a cobrir certos riscos, mesmo depois de o contrato cessar (...) (3) o contrato cobrisse o risco em causa – se a doença que afecta agora o segurado se encontrava prevista numa exclusão do risco, o segurador não será obrigado a prestar (...) (4) a doença ou o outro facto (por exemplo, uma gravidez) que dá lugar à cobertura se verifique durante o tempo de vigência do contrato ou daquela cobertura (...), (5) o segurador seja informado da doença ou circunstância nos trinta dias subsequentes ao termo do contrato. Acresce um limite temporal: o segurador só fica obrigado a efectuar prestações (6) durante os dois anos subsequentes ao termo do contrato ou da cobertura. E, por último, um limite quantitativo: (6) o segurador só prestará até que se mostre esgotado o capital seguro no último período de vigência do contrato. Ou seja, caso as prestações efectuadas pelo segurador no último ano de duração do contrato não tenham atingido o montante total do capital seguro, o segurador continuará obrigado a efectuar prestações até que se esgote esse remanescente. Trata-se (...) de uma proteção modesta. Além de pressupor a verificação de diversos requisitos, só garante que o segurador preste até ao montante do capital seguro ainda não consumido pelas prestações efectuadas no último ano de vigência do contrato – e, caso se detecte uma patologia grave, esse remanescente tenderá a ser consumido com rapidez.[19]

---

19 PEREIRA, André Dias *et al.* *Cadernos Lex Medicinae*, p. 24. Disponível em: https://www.centrodedireitobiomedico.org/publica%C3%A7%C3%B5es/publica%C3%A7%C3%B5es-online/cadernos-da-lex-medicinae-n%C2%BA-2-cancro-e-direito.

Compreende-se que, se não fosse por força do n. 1 do artigo 217º, o segurador jamais iria suportar esses riscos. Trata-se de uma regra específica para os contratos de seguro de saúde. Não havendo uma contratualização subsequente ou havendo, mas sem cobertura idêntica que abarque aquela doença em particular, o segurador está, por força da lei, obrigado a suportar as prestações resultantes de doenças manifestada no período de vigência daquele contrato de seguro.

6. A QUESTÃO DOS LIMITES AOS DEVERES DE INFORMAÇÃO

A esse propósito, cumpre referir os artigos 24º e 25º do RJCS. De acordo com o primeiro, quer o tomador de seguro, quer o segurado, estão obrigados a declarar todas as circunstâncias relevantes que possam ser alvo de apreciação do risco pela seguradora, em momento prévio ao da celebração do contrato de seguro, mesmo que tais circunstâncias não constem do questionário previamente disponibilizado pelo prestador deste serviço, havendo ainda a obrigação de esclarecimento acerca desse dever e das consequências do seu incumprimento, sob pena de incorrer em responsabilidade civil. Ademais, após a aceitação do contrato, nos termos do número 3 do artigo em análise, o segurador não se pode prevalecer de dados circunstancialismos para justificar o incumprimento contratual (salvo se existir dolo do segurado ou do tomador do seguro), nomeadamente

a) Da omissão de resposta a pergunta do questionário;

b) De resposta imprecisa a questão formulada em termos demasiado genéricos;

c) De incoerência ou contradição evidentes nas respostas ao questionário;

d) De facto que o seu representante, aquando da celebração do contrato, saiba ser inexacto ou, tendo sido omitido, conheça;

e) De circunstâncias conhecidas do segurador, em especial quando são públicas e notórias.

Por sua vez, o artigo 25º não pode deixar de ser interpretado isoladamente em relação ao seu antecessor, estipulando que as omissões ou inexatidões dolosas podem conduzir à anulabilidade do contrato, através de declaração enviada pelo segurador ao tomador de seguro. Se não tiver ocorrido qualquer sinistro que acionasse o seguro contratualizado, a declaração acima mencionada deve ser enviada no prazo de três meses a contar do conhecimento do incumprimento doloso – contudo, se o incumprimento for devido a dolo ou a negligência grosseira do segurador ou do seu representante, o segurador perde o direito ao prémio devido até ao fim do prazo de três meses acima referido.

De acordo com o número 3 desse artigo: "O segurador não está obrigado a cobrir o sinistro que ocorra antes de ter tido conhecimento do incumprimento doloso referido no n. 1 ou no decurso do prazo previsto no número anterior, seguindo-se o regime geral da anulabilidade". Em contraponto, se o dolo for imputável ao tomado de seguro com o objetivo de obter alguma vantagem, o mesmo deverá pagar o prémio devido até ao término do contrato.

Como refere o Acórdão de 13 de julho de 2017, relatado por Paulo Amaral,[20] "é legítima a anulação do contrato de seguro, por parte da seguradora, no caso em que a pessoa segura omitiu conscientemente dados relevantes sobre a sua saúde.". Seguindo essa orientação jurisprudencial, o Acórdão de 25 de janeiro de 2007, também daquele tribunal, relatado por Farinha Alves,[21] afirma que:

> É facto notório que a doença de diabetes é susceptível de influir nas condições de um contrato de seguro de vida Se, ao responder ao questionário sobre a sua saúde, que integrava a proposta de seguro de vida que subscreveu, o segurado omitiu, tendo disso conhecimento, que era portador de diabetes, o contrato celebrado com base em tal proposta é inválido nos termos do artº 429º do C. Comercial. Essa invalidade deve ser reconduzida à figura da anulabilidade.

Quando falamos de seguros de vida, o risco assumido pelo segurador depende da vida do segurado, sendo relevantes para a definição das condições do contrato – prémio e até a celebração do mesmo – dados como a idade e estado de saúde da pessoa segura, enquanto fatores que podem aumentar ou diminuir a probabilidade de ocorrência de um sinistro. A informação prestada pelo segurado acerca da sua situação de risco deve ser verdadeira e factual, quer seja disponibilizada através de questionário preenchido por este último, quer através do fornecimento de informações médicas adicionais ou através de "declaração de boa saúde". Cumpre realizar um juízo de razoabilidade no que concerne à prestação dessas informações, que tenha em conta o desconhecimento do segurado e as especificidades do caso concreto (como a celebração de contrato de seguro na sequência e em consequência da celebração de

20 ÉVORA. Tribunal da Relação de Évora. Acórdão de 13 jul. 2017. Processo n. 1846/13.5TBSTR.E1. Rel. Paulo Amaral. Disponível em: http://www.dgsi.pt/jtre.nsf/134973db04f39bf2802579bf005f080b/ab32124040808fae8025816a00356de3?OpenDocument.

21 LISBOA. Tribunal da Relação de Lisboa. Acórdão de 25 jan. 2007. Processo n. 10091/2006-2. Rel. Farinha Alves. Disponível em: http://www.dgsi.pt/jtrl.nsf/33182fc732316039802565fa00497eec/d72d5c3af92cb1088025728f004668a5?OpenDocument.

um contrato de crédito). A lacuna informacional será então alvo de juízo de inconformidade se respeitar circunstâncias conhecidas, mas não declaradas por qualquer uma das partes. Se o segurado vem a padecer de um problema de saúde que desconhecia à data da celebração do contrato de seguro (mesmo que já existisse algum sintoma, não existia diagnostico ainda realizado), o mesmo não pode por isso ser prejudicado. Se o segurador pretender excluir a proteção a uma dada doença, pode também fazê-lo, mas deve informar o tomador da inclusão de tal cláusula contratual.

7. A RECUSA DE REEMBOLSO COM FUNDAMENTO EM QUE OS ATOS CLÍNICOS NÃO CONSTAM DAS TABELAS

Esse é um tema que tem apaixonado a doutrina e a jurisprudência brasileira e sobre o qual não nos pronunciaremos. Em Portugal, encontramos uma decisão que aflora um problema semelhante. Neste caso, o tribunal foi favorável à pretensão do segurado (doente), como podemos verificar no Acórdão do Tribunal da Relação de Lisboa de 5 de novembro de 2019, relatado por Diogo Ravara:

> I – Uma vez que, não obstante possa ser celebrado por qualquer forma, o contrato de seguro deve ser obrigatoriamente reduzido a escrito, a sua interpretação deve fazer-se nos termos previstos nos arts. 236º e 238º do Código Civil. II – Por outro lado, sendo a apólice de seguro integrada por cláusulas contratuais gerais, a interpretação deve igualmente obedecer às regras de interpretação consagradas nos arts. 1º e 11º do Regime Jurídico das Cláusulas Contratuais Gerais. III – Se a apólice do contrato de seguro prevê o reembolso de 50% das despesas de saúde em que o segurado incorreu desde que as mesmas se justifiquem de acordo com as boas práticas médicas e dentro dos limites quantitativos estabelecidos na mesma apólice, não pode a seguradora recusar o reembolso de despesas de saúde em que o segurado incorreu, com o fundamento de que aquelas despesas se reportam a atos clínicos que não constam das suas tabelas e não foram objeto de protocolo com qualquer instituição da sua rede de cuidados de saúde, porquanto a apólice não contém nenhuma cláusula que qualifique tal circunstância como causa de exclusão do âmbito de cobertura do seguro.[22]

---

22 LISBOA. Tribunal da Relação de Lisboa. Acórdão de 5 nov. 2019. Processo n. 11619/18.3T8LSB.L1-7. Rel. Diogo Ravara. Disponível em: http://www.dgsi.pt/jtrl.nsf/33182fc732316039802565fa00497eec/8ad82b7d-806ce850802584b9004ba5d9?OpenDocument.

8. CONTRATOS DE SEGURO E CLÁUSULAS CONTRATUAIS GERAIS

A redação do contrato de seguro apoia-se, amplamente, no recurso a cláusulas contratuais gerais, elaboradas previamente pela seguradora, habitualmente designadas por condições gerais, no caso de se consolidarem a contratos de ramo ou modalidades, e condições especiais, no caso de serem relativas a condições facultativas ou suplementares à modalidade/ramo subscrito.

O recurso a esse tipo de cláusulas justifica-se se olharmos o volume de contratualização tido pelas seguradoras, que impossibilita a estipulação, caso a caso, de um contrato personalizado para cada tomador de seguro. O próprio Regime do Contrato de Seguro, no seu artigo 3º, estabelece que "o disposto no presente regime não prejudica a aplicação ao contrato de seguro do disposto na legislação sobre cláusulas contratuais gerais, sobre defesa do consumidor e sobre contratos celebrados à distância, nos termos do disposto nos referidos diplomas". Todavia, é essencial verificar se essas mesmas cláusulas não materializam cláusulas abusivas, ao serem impostas sem possibilidade de negociação ao sujeito que busca a celebração de um contrato de seguro adaptado às suas necessidades. Há uma prévia elaboração das cláusulas, que são rígidas, não podendo ser discutidas, concebidas para a contratualização em massa. De facto, "a técnica da mutualização dos riscos não é sequer pensável sem a estandardização dos clausulados a apresentar a todos os segurados que se acerquem para cobrir riscos com certas características".[23] Desse modo, pode ser convocado o regime das cláusulas contratuais abusivas, quer no âmbito do controlo da inclusão (se o segurado compreendeu a informação sobre as cláusulas) e conteúdo (por exemplo, uma cláusula que estipulasse o prazo de oito dias para efetuar o pedido de reembolso). Por outro lado, o próprio Regime do Contrato de Seguro é cauteloso em relação ao seguro de saúde, considerando o seu especial risco, prevendo algumas exigências (o que deve ser mencionado nestes contratos). O artigo 214º estabelece que:

> Artigo 214º – Cláusulas contratuais
>
> Do contrato de seguro de saúde anual renovável deve constar de forma bem visível e destacada que:
>
> a) O segurador apenas cobre o pagamento das prestações convencionadas ou das despesas efectuadas em cada ano de vigência do contrato;

---

23 MARTINS, Maria Inês de Oliveira. O controlo do conteúdo das cláusulas contratuais gerais no contrato de seguro. *Revista Thesis Juris-RTJ*. São Paulo, v. 9, n. 2, pp. 415-432, p.416, jul./dez. 2020.

b) As condições de indemnização em caso de não renovação do contrato ou da cobertura da pessoa segura respeitam ao risco coberto no contrato, de acordo com o disposto no artigo 217º.

Estamos perante uma necessidade de existirem regras específicas no clausulado contratual. O legislador preocupa-se com a regulação de aspetos problemáticos, com a compreensão do clausulado pelo tomador e regula alguns aspetos mais problemáticos, como o caso da cobertura da prestação de cuidados de saúde em caso de doenças pré-existentes:

Artigo 216º - Doenças preexistentes

1 - As doenças preexistentes, conhecidas da pessoa segura à data da realização do contrato, consideram-se abrangidas na cobertura convencionada pelo segurador, podendo ser excluídas por acordo em contrário, de modo genérico ou especificadamente.

2 - O contrato pode ainda prever um período de carência não superior a um ano para a cobertura de doenças preexistentes.

Nesse caso, sendo o risco superior, a primeira e nítida vontade do segurador seria, precisamente, não abarcar as doenças pré-existentes na cobertura do seguro. Na maioria dos contratos de seguro, se a doença pré-existente for conhecida ou devesse ser, a mesma é excluída. De acordo com o texto da lei, se nada se dissesse, as mesmas seriam abrangidas, a não ser que existisse acordo em contrário.

CONCLUSÃO

O direito português continua a confiar ao SNS a responsabilidade maior pela prestação e cuidados de saúde.

Os seguros de saúde, sendo cada vez mais frequentes na sociedade portuguesa, têm ainda muitos limites de utilização e são livremente revogáveis ao fim de um ano. Não são assim vistos como um "plano de saúde" que proteja o cidadão que venha a padecer de doenças graves e/ou crónicas.

Nessa conformidade, mas também por algum tradicionalismo jurídico, não se têm desenvolvido linhas claras de proteção do consumidor/segurado, mantendo-se os princípios gerais do direito privado, apenas corrigidos pela lei das cláusulas contratuais gerais e pela regulação do setor.

BIBLIOGRAFIA

ASSOCIAÇÃO PORTUGUESA DE SEGURADORES - APS. *Os Seguros de Saúde Privados no contexto do Sistema de Saúde Português*. Disponível em: https://pns.dgs.pt/files/2010/08/aps1-ss.pdf.

AUTORIDADE DE SUPERVISÃO DE SEGUROS E FUNDOS DE PENSÕES - ASF. *Desafios para a supervisão e regulação dos seguros de saúde em Portugal*. Disponível em: https://www.asf.com.pt/NR/rdonlyres/3AC24F57-5AAC-4955-9F75-7F3D4CB28E7D/0/NotadeEnquadramentoConsultaP%C3%BAblicaSegurosdeSa%C3%BAde.pdf.

AUTORIDADE DE SUPERVISÃO DE SEGUROS E FUNDOS DE PENSÕES - ASF. *Relatório do Setor Segurador e dos Fundos de Pensões*. Disponível em: https://www.asf.com.pt/NR/rdonlyres/75A79F90-6414-447D-B928-51B54D656E4D/0/RSSFP_2020.pdf.

MARTINS, Maria Inês de Oliveira. O controlo do conteúdo das cláusulas contratuais gerais no contrato de seguro. *Revista Thesis Juris–RTJ*. São Paulo, v. 9, n. 2, pp. 415-432, p. 416, jul./dez. 2020.

PEREIRA, André Dias *et al*. *Cadernos Lex Medicinae*. Disponível em: https://www.centrodedireitobiomedico.org/publica%C3%A7%C3%B5es/publica%C3%A7%C3%B5es-online/cadernos-da-lex-medicinae-n%C2%BA-2-cancro-e-direito.

PORTUGUESES COM SEGUROS de saúde já são quase 3 milhões. *ECO Seguros*, 10 fev. 2021. Disponível em: https://eco.sapo.pt/2021/02/10/portugueses-com-seguros-de-saude-ja-sao-quase-3-milhoes/.

Silva, José Luiz Toro da. Sustentabilidade na Saúde Suplementar. *JRS*. Disponível em: https://jrs.digital/2022/01/10/sustentabilidade-na-saude-suplementar/.

Jurisprudência

BRASIL. Supremo Tribunal de Justiça. Embargos de divergência em Resp. n. 1.886.929 - SP (2020/0191677-6). Rel. Min. Luis Felipe Salomão. Disponível em: https://www.migalhas.com.br/arquivos/2022/2/701041507FCEF2_EREsp1886929ADITAMENTO.pdf).

ÉVORA. Tribunal da Relação de Évora. Acórdão de 13 jul. 2017. Processo n. 1846/13.5TBSTR.E1. Rel. Paulo Amaral. Disponível em: http://www.dgsi.pt/jtre.nsf/134973db04f39bf2802579bf005f080b/ab32124040808fae8025816a00356de3?OpenDocument.

LISBOA. Tribunal da Relação de Lisboa. Acórdão de 7 jun. 2018. Processo n. 7983/15.4T8LSB.L1-6. Rel. Maria de Deus Correia. Disponível em: http://www.dgsi.pt/jtrl.nsf/33182fc732316039802565fa00497eec/8245afea287c078d802582ce004be73b?OpenDocument.

LISBOA. Tribunal da Relação de Lisboa. Acórdão de 25 jan. 2007. Processo n. 10091/2006-2. Rel. Farinha Alves. Disponível em: http://www.dgsi.pt/jtrl.nsf/33182fc732316039802565fa00497eec/d72d5c3af92cb1088025728f004668a5?OpenDocument.

LISBOA. Tribunal da Relação de Lisboa. Acórdão de 5 nov. 2019. Processo n. 11619/18.3T8LSB.L1-7. Rel. Diogo Ravara. Disponível em: http://www.dgsi.pt/jtrl.nsf/33182fc732316039802565fa00497eec/8ad82b7d806ce850802584b9004ba5d9?OpenDocument.

Legislação

PORTUGAL. Assembleia da República. Lei n. 95 de 4 de setembro de 2019 (Lei de Bases da Saúde). *Diário da República*, n. 169/2019. Disponível em: https://dre.pt/dre/detalhe/lei/95-2019-124417108.

PORTUGAL. Assembleia da República. Lei n. 75 de 18 de novembro de 2021. *Diário da República*, n. 224/2021. Disponível em: https://files.dre.pt/1s/2021/11/22400/0000400008.pdf.

PORTUGAL. Ministério Público. Procuradoria-Geral Distrital de Lisboa – PGDL. Regime Jurídico do Contrato de Seguro. Disponível em: https://www.pgdlisboa.pt/leis/lei_mostra_articulado.php?ficha=201&artigo_id=&nid=2657&pagina=3&tabela=leis&nversao=&so_miolo=.

Seguro saúde

Ana Frazão[1]

Gostaria de cumprimentar os organizadores desse congresso reiterar aqui a minha gratidão e a minha alegria por poder fazer parte deste painel, ao lado da professora Lydia [Velliscig], ao lado do professor André [Dias Pereira] e do Tiago [Moraes Gonçalves]. Quero cumprimentar especialmente as brilhantes intervenções da professora Lydia e do professor André, e aproveitar o meu espaço para tratar de um tema que o próprio professor André já adiantou, que vem apaixonando os brasileiros: a questão dos planos de saúde e de algumas dificuldades que estamos tendo para encontrar equilíbrio entre tantas variáveis que se colocam para a devida compreensão desse tipo de situação.

A gente está diante de um mercado que no Brasil é muito relevante. O meu foco aqui será exatamente nesse problema que o Tiago já adiantou, portanto, os planos de saúde que se destinam à cobertura de determinados procedimentos. Vejam que, quando estamos diante desse tipo de questão, nós vamos ter que encontrar um equilíbrio difícil, porque, afinal de contas, existe toda uma preocupação com o direito à saúde – e o professor André já colocou muito bem toda a dimensão em que esse direito se coloca – e existe uma discussão técnica relevante, porque entre reconhecermos o direito à saúde e estarmos certos ou minimamente seguros sobre que procedimentos são os mais adequados para atender a esse direito vai uma certa distância.

A gente passa para uma discussão técnica que já não é simples em situações regulares, e que se torna ainda mais complexa no atual contexto, em que muitas vezes temos visto uma certa descrença na ciência, um negacionismo, muitas discussões e controvérsias, alguns médicos ou profissionais da saúde se sentindo no direito de emitirem opiniões extremamente pessoais e que muitas vezes são contrárias a todo um corpo de evidências num determinado sentido.

1 Professora Associada de Direito Civil, Comercial e Econômico nos cursos de graduação e pós-graduação da Universidade de Brasília (UnB). Advogada.

E além de tudo, se estamos falando em procedimentos, estamos falando também em alocação de recursos, ou seja, a viabilidade econômica, o impacto desses procedimentos sobre os planos de saúde, exige uma reflexão cuidadosa, até porque ela não pode ser feita apenas a partir da perspectiva de um único segurado; ela tem que ser analisada num conjunto do mercado de plano de saúde que também atua, de certa forma, como uma espécie de complemento ao nosso sistema universal de saúde, o SUS, que por sua vez, funciona no Brasil com algumas limitações. No entanto, essas limitações não exigem que a maior parte das pessoas tenha também os seus planos de saúde para suprir os tratamentos em várias daquelas áreas nas quais o SUS não atua. Então, sempre que tomamos uma decisão no mercado de plano de saúde, obviamente ela vai poder impactar não só o próprio mercado de plano de saúde como também o SUS, porque quanto mais a gente restringe o acesso a esse mercado, ou a gente toma decisões que poderão ter como efeito a saída de pessoas desse mercado, é claro que é o sistema universal de saúde que em última análise ficará sobrecarregado.

A minha ideia aqui é tentar trazer um pouco dessa discussão brasileira.que é muito atual. O nosso Superior Tribunal de Justiça está prestes a examinar um dos pontos mais sensíveis dessa discussão, mas o meu objetivo seria trazer alguns aspectos de racionalidade econômica que, a meu ver, são extremamente importantes para que entendamos vários dos aspectos funcionais desse tipo de seguro, e como vamos poder encontrar caminhos para a correta regulação desses seguros. Então vou me permitir ver alguns argumentos econômicos, esclarecendo desde já que, aqueles que conhecem um pouco da minha preocupação, sabem que sempre trago esses argumentos econômicos na perspectiva de diálogo, jamais buscando uma colonização do argumento jurídico pelo argumento econômico, mas uma complementação, já que eu acredito que é fundamental que possamos levar em consideração também várias das repercussões econômicas desse tipo de contrato.

Então, veja: quando nós vamos analisar a problemática dos planos de saúde no Brasil, é muito importante entendermos que estamos diante de três polos cujos interesses são diversos e que não é necessariamente simples compor esses diferentes interesses. A gente tem operadoras de planos e seguros-saúde em um desses polos, a gente tem os prestadores de serviços de saúde em outro polo e nós temos os consumidores e usuários também em outro polo. Não é sem razão diante de todas essas dificuldades que nós temos no Brasil o mercado que é regulado, temos uma agência reguladora que vai procurar encontrar algumas soluções para resolver vários desses problemas, especialmente viabilizar o mutualismo, no sentido de que aqui o risco, o equilíbrio atuarial, as especificações individuais, vão depender, sim, da coletividade segurada e, consequentemente, uma série de providências terá que ser tomada nesse sentido.

A grande dificuldade que nós encontramos ao lidar com esses mercados é que de fato talvez aqui nós encontremos um exemplo de mercado no qual todas as falhas de mercado estão presentes. Mais uma vez, não estou querendo de forma alguma sugerir que a única finalidade da regulação jurídica é a solução de falhas de mercado, eu entendo a regulação e a vejo numa perspectiva muito mais ampla, principalmente quando estamos falando de um direito que é tão importante como o à saúde, mas é inequívoco que não podemos desconsiderar que uma importante função da regulação setorial em um mercado como esse é, sim, endereçar esse tipo de falha e pensar em alternativas que possam criar incentivos para que essas falhas sejam superadas.

E o que a gente percebe nesse mercado? Talvez isso tenha criado tantas confusões e gerado também visões apaixonadas, como o professor André se referiu na sua exposição, quando menciona o debate no Brasil. Em primeiro lugar, uma falha de mercado é a incerteza; essas operadoras de saúde, em vários aspectos – como estamos falando de procedimentos –, não lidam propriamente com riscos, mas sim com grandes incertezas que precisam ser minimamente controladas e convertidas em riscos calculáveis, sob pena de se inviabilizar a própria atividade econômica. Então, esse é um ponto fundamental, e daí porque o desenvolvimento e a expansão desse mercado envolvem que essas incertezas sejam, sim, transformadas em riscos minimamente calculáveis. Aliás, esse é um dos objetivos do mutualismo, e a professora Lydia muito bem nos explicou na sua palestra como esse tipo de cálculo é feito.

Aliás, hoje, principalmente diante da pandemia do coronavírus, o que temos visto inclusive é um corpo de literatura já muito interessante, mostrando como mesmo técnicas como cálculos probabilísticos podem não ser suficientes para lidar com as chamadas "incertezas radicais", com aqueles eventos que simplesmente são desconhecidos, como é o caso de uma pandemia, e isso obviamente vai impactar em toda atividade econômica, especialmente em atividades que lidam com esse risco. Porém, para além dessas preocupações, é fato que pelo menos aqueles riscos que podem ser previstos, que de alguma maneira podem ser inferidos a partir de regularidades estatísticas, tem de minimamente ser incorporados nos modelos de negócios dessas seguradoras.

Uma segunda falha de mercado: conflitos de agentes. Aqui nós vamos ter pelo menos dois grandes conflitos: o conflito entre médico e paciente, já que muitas vezes o consumidor não tem a informação, ele não tem a capacidade técnica para entender a necessidade de determinar os tratamentos ou não, então dificilmente ele vai poder controlar a ação do médico, e a outra é a relação entre médico e operadora, já que também há uma grande assimetria de informação entre esses dois polos. Vejam que enquanto os prestadores de saúde, incluindo os médicos, muitas vezes têm todos os incentivos para recomendar o maior número possível de procedimentos, as operadoras têm os incentivos opostos.

Temos uma terceira falha de mercado extremamente grave: as assimetrias de informação. Provavelmente é essa falha que potencializa os conflitos de agência. Então aqui, nesse mercado, nós vamos encontrar isso em todos os polos; as operadoras de saúde não conhecem o verdadeiro e preciso risco de cada segurado, terão muitas dificuldades para avaliar se os procedimentos demandados pelos pacientes ou prescritos pelos médicos são efetivamente necessários. Os segurados, também do seu ponto de vista, não conhecem os riscos dos procedimentos, não têm condições nem capacidade técnica para muitas vezes compreender os dispositivos do contrato, estimar ou avaliar se aquelas soluções disponíveis compreendem as suas necessidades atuais. Além disso, os médicos e os prestadores de saúde também não conhecem os impactos das suas decisões sobre as operadoras de saúde, no caso sobre as seguradoras. Eles não trabalham, portanto, com a ideia de sustentabilidade e equilíbrio financeiro atuarial quando tomam essas decisões. Então vejam que estamos aqui diante de uma situação bastante delicada.

Além disso, temos também uma quarta falha de mercado, a chamada seleção adversa. Esse é o tipo de mercado que diante da assimetria tende a atrair segurados com mais problemas de saúde e, consequentemente, maior probabilidade de usar aquele serviços do que propriamente os segurados com menores riscos. Se isso ocorre e somente as pessoas com maior risco adquirem os serviços, há um aumento do risco, consequentemente um aumento do preço do plano e se cria uma espécie de círculo que se retroalimenta, porque quanto mais caro é o serviço, mais ele tende a atrair somente os usuários com a maior propensão para utilizar os serviços e, consequentemente, a tendência é que o preço continue alto.

E vejam que essa assimetria informacional, e também a seleção adversa que dela decorre, é nefasta principalmente sob a ótica dos segurados, porque dependendo do perfil, muitos desses pretensos segurados podem simplesmente ficar excluídos desse mercado, além, é claro, das operadoras que também não têm como controlar o risco se não houver mecanismos para corrigir esse tipo de distorção. E além disso, o risco moral; esse é um ponto extremamente importante quando estamos falando de planos que se baseiam em procedimentos, como o Tiago muito bem colocou. E o que que é risco moral?

É quando alguém não está exposto ao risco da tomada da sua decisão e, portanto, tende a decidir não com o mesmo padrão de racionalidade e de cuidado daquele que, sim, está exposto ao resultado da sua decisão. Então, no caso dos planos de saúde, o que a gente observa é que os médicos e as prestadoras de serviços de saúde pouco ou nada têm a perder com decisões que aumentem a demanda pelos próprios serviços, pelo menos do ponto de vista financeiro. Alguns diriam até que eles estão sujeitos a incentivos para maximizar os seus ganhos mediante a prescrição dos mais diversos procedimentos e exames, mesmo quando eles talvez não fossem nem necessários. Da mesma maneira, o paciente que já paga uma mensalidade pouco ou nada tem a perder com a excessiva utilização dos serviços de saúde. Aliás, há até quem defenda que o simples fato de se pagar um valor fixo já seria um estímulo para o maior consumo do serviço.

Então, o grande problema do risco moral é um incentivo para comportamentos que são excessivamente oportunistas. Se a utilização do serviço de saúde pelo segurado se dá mediante um custo marginal que é zero ou próximo de zero, não há incentivos para uma racionalização da demanda, o que pode levar a uma utilização desnecessária dos serviços de saúde, alterando até mesmo a distribuição de probabilidades associadas à ocorrência desses diversos eventos indenizáveis. Também esta é uma questão fundamental para ser pensada, daí porque nesse contexto se entende que a agência reguladora, no caso a ANS, precisa de fato regular adequadamente esse mercado, a fim de tentar minimamente endereçar todas essas falhas de mercado e a ideia de que, bom, se estamos falando aqui em equilíbrio econômico atuarial em mutualismo, há necessidade de que alguns pressupostos sejam assegurados por meio dessa regulação. A probabilidade ou a necessidade de um tratamento precisa ser conhecida ou passível de ser estimada; haveremos que contornar esses problemas substantivos de seleção adversa, de risco moral e tantos outros.

Esses, portanto, são alguns pontos que eu considero extremamente importantes e é por isso que, no caso do Brasil, a nossa ANS, a agência reguladora, tem, portanto, um rol de procedimento. A grande discussão que acaba acontecendo no contexto brasileiro é que muitas pessoas vão ao judiciário para obterem procedimentos que estão além daquele rol, então enquanto as seguradoras e operadoras de planos de saúde sustentam que esse rol seria obrigatório, os consumidores vão ao judiciário entendendo que esse rol seria um piso mínimo, mas que sempre que houvesse a recomendação de um médico num outro sentido, caberia à operadora de saúde necessariamente então autorizar aquele tipo de tratamento.

Mas veja, se a atividade empresarial é assunção de riscos, é fundamental que a regulação assegure que essas incertezas inerentes ao mercado de saúde possam ser convertidas em riscos minimamente previsíveis, administráveis, controláveis, o que de certa forma se assegura quando se tem um rol obrigatório, claro, partindo da premissa de que ele funcionará adequadamente, e de que ele contém realmente um rol de procedimentos, que ele se mostre adequado, de que ele tem condições de ser atualizado com a periodicidade e os cuidados necessários. Nós estamos partindo também da premissa de que essa solução envolverá uma série de outros cuidados.

Mas vejam: se uma solução regulatória como essa passa a ser considerada exemplificativa, o resultado disso no fim das contas é a ideia de que aqueles contratos geram para os segurados uma cobertura universal e ilimitada, o que além de trazer um aumento exponencial dos custos relacionados à inclusão de diversos procedimentos, também vai impossibilitar essa previsibilidade mínima que é indispensável para os cálculos atuariais que asseguram o mutualismo. Então, a mera possibilidade de esse questionamento judicial, quando isso se torna uma prática comum – e aqui eu abro um parênteses: para muitos uma prática que favorece exatamente consumidores de classe média ou alta, porque normalmente são aquelas pessoas que têm o acesso mais fácil ao judiciário – também é um ponto importante a ser pensado, quando estamos pensando numa questão de saúde a partir de uma perspectiva macro.

Então, de certa forma isso é um fator que gera uma enorme imprevisibilidade nesse mercado. Aqui nós estamos falando de juízes que, muitas vezes sem entenderem os requisitos técnicos que justificam a inclusão de um procedimento ou não no rol, sem entenderem os impactos econômicos de suas decisões, no mutualismo, no equilíbrio econômico atuarial dos planos de saúde, deferem tratamentos fora desses procedimentos – em muitos casos tratamentos ainda experimentais, sem sequer uma base robusta do ponto de vista de evidências científicas – e mais do que isso, tratamentos que em muitos casos se mostram inviáveis do ponto de vista econômico, diante dos seus valores e dos impactos que isso traz para essa coletividade então de segurados.

Esse é um ponto também bastante importante, além de pensar em alguma solução que tente minimamente disciplinar esses procedimentos obrigatórios ou criar uma espécie de piso mínimo sem prejuízo de contratações específicas, quando deixarem claro que possam ampliar essa cobertura. Mas vejam que, além da previsibilidade, ele também é um tipo de proposta ou solução que vai nos ajudar a endereçar uma série de outras falhas de mercado, como já foi mencionado. Então, a partir do momento em que há uma posição do regulador sobre o que deve constar ou não obrigatoriamente de um plano de saúde, a gente mitiga consideravelmente a falha de mercado de incerteza, a falha de mercado de assimetria de informação, as falhas de mercado de conflitos de agência, de risco moral e também uma série de outros aspectos.

Então, esse é um ponto interessante, porque até no ponto de vista do consumidor, é bastante questionável se uma interferência judicial tão ampla nesse tipo de solução regulatória seria efetivamente benéfica, porque na prática ela poderia estar levando a uma igualação de todos os planos de saúde, o que também se projeta nos preços e possibilitando cada vez mais que o consumidor tenha acesso a alternativa distintas, já que com certeza os custos relacionados a esse aumento de judicialização, eles acabarão de alguma maneira refletindo também nos preços. Até do ponto de vista concorrencial – o professor André muito bem colocou que esse mercado, em muitos casos, tem dificuldades do ponto de vista concorrencial. O mercado brasileiro, pela exposição dele, é bem mais competitivo do que o mercado português, mas sem dúvida nenhuma estamos falando de um mercado com altas barreiras à entrada, então, quanto mais o judiciário interfere nos planos de saúde sem critérios macro de política pública, mais a gente impossibilita que haja uma rivalidade entre vários planos que, com base em diferentes procedimentos, também apresentaram aos seus segurados diferentes preços.

Verdade seja dita: esse é um ponto que tem sido muito explorado na jurisprudência brasileira. Quer dizer: quem tem competência para decidir isso é o médico; se o médico está prescrevendo um determinado tratamento, não cabe, portanto, à operadora de plano de saúde, discutir ou questionar esse tipo de prescrição.

Mas me parece que temos que analisar esse argumento com bastante cuidado, porque ainda que o médico, ainda que o profissional de saúde, seja muito bem intencionado, que ele tenha todo conhecimento científico necessário para suas prescrições. É claro que a avaliação isolada de apenas um profissional não pode se equiparar o resultado de um trabalho consistente e coletivo cercado de garantias procedimentais como é o rol da ANS.

Acresce que, como já foi dito anteriormente, os médicos não sofrem as consequências econômicas das suas decisões. Eles transferem as consequências econômicas totalmente para as operadoras de plano de saúde; a rigor, o médico pode até desconhecer as políticas públicas sobre o setor, pode desconsiderar que a eficiência no que se refere a custos se apresenta como uma condição essencial a própria eficácia técnica desses tratamentos, então vejam que mesmo numa situação ideal em que não houvesse nem conflito de agência e nem um potencial de risco moral, não seria aconselhável que decisões com esse impacto pudessem ser tomadas isoladamente por apenas um profissional de saúde. Com maior razão é mais complicado ainda imaginar que isso aconteça no mercado que de fato é cercado por falhas, em que os prestadores de saúde podem ter incentivos outros que não apenas o bem-estar do paciente. Então, diante de inúmeras divergências que hoje acontecem na medicina, pelo menos a meu ver, não existe nada de errado em tentarmos criar alguns parâmetros dentro dos quais a discricionariedade médica possa ser exercida. Aliás, temos discutido muito isso exatamente no que diz respeito aos remédios e aos tratamentos indicados para o caso do coronavírus. Ou seja, a autonomia médica não pode ir a ponto de desconhecer evidências científicas num determinado sentido. Da mesma forma, um raciocínio semelhante é utilizado quando estamos diante de uma solução regulatória que já tenta endereçar toda essa problemática. O que parece realmente muito complicado é que em um cenário tão complexo como é esse mercado de saúde, o médico possa ser visto como um agente cuja opinião é insuscetível de qualquer controle.

Então, repito aqui: não vai nenhuma crítica em si aos médicos, mas o fato é que, mesmo que ele disponha de plena informação, mesmo que ele não tenha nenhum incentivo que não seja o melhor atendimento do paciente e eu acredito que seja a maioria - eu acredito realmente no quase sacerdócio que os médicos exercem, nessa difícil missão que é cuidar da vida da saúde das pessoas -, mas basicamente ele não tem as informações necessárias para muitas vezes transpor uma solução regulatória, até porque ele não tem a menor ideia dos impactos que as suas decisões terão realmente sobre o equilíbrio econômico e atuarial desses planos.

E aqui, já me encaminhando para a conclusão, a gente entra naquela discussão que hoje tem dominado o cenário brasileiro: a excessiva judicialização. Então, a partir do momento que a solução regulatória é colocada em questionamento, o que a gente passa a ter é um grande casuísmo em que cada segurado, independentemente do plano que ele contratou, independentemente do rol da ANS, sente-se no direito de entrar em juízo para pedir qualquer tipo de tratamento, independentemente da questão do custo. A partir daí, dependendo do juiz com que caia esse tipo de demanda, os resultados também serão diversos e do ponto de vista macroeconômico, é claro que isso desequilibra o mercado como um todo. Então há vários estudos a respeito do mercado de planos de saúde no Brasil mostrando como de fato essa excessiva judicialização talvez seja hoje um problema tão grave que até mesmo comprometa os princípios constitucionais de universalidade, de equidade e de acesso, cria um custo adicional muito grande, impede que os planos possam ter mais opções, que possam pensar em baratear os custos e consequentemente ampliar essa base de acesso.

E basicamente, a lógica do judiciário, em muitos casos, reproduz a mesma lógica de quando um médico resolve ir contra a política regulatória. O médico sozinho, mesmo sem ter noção daquele mercado, mesmo sem ter noção dos impactos da sua decisão sobre aquele mercado, ele vai poder decidir; da mesma maneira, o juiz, no caso concreto o fará, sendo que nesses casos, diante da própria natureza dos contratos de seguro, é claro e inequívoco que aquela decisão transcende o caso concreto e pode criar um desequilíbrio extremamente grave nesses planos de saúde.

Então, a minha ideia aqui não foi propriamente apresentar soluções prontas ou defender de maneira absoluta ou incondicional a solução regulatória que já existe, mas a de mostrar que, sim, por mais que seja importante o direito à saúde, recursos são escassos. Para a estruturação de um mercado eficiente – e por que não dizer justo – de plano de saúde, há necessidade de se ter um mínimo de previsibilidade, há necessidade de se endereçar minimamente essas falhas de mercado. Então, qualquer que seja a nossa posição pessoal, nós não podemos desconsiderar os impactos econômicos de todos esses processos; nós não podemos desconsiderar essas falhas de mercado que estão aí se realmente queremos dar uma eficácia máxima a esse direito à saúde.

RESSEGURO

Veja o painel

El *fronting* y el reglamento de reaseguros de la superintendencia peruana (original)

O *fronting* e o regulamento dos resseguros da superintendência peruana (tradução)

Luis Alberto Meza Carbajal

Resseguro (transcrição)

Paulo Botti

A participação de resseguradores em regulações de sinistro

Inaê Siqueira de Oliveira

El *fronting* y el reglamento de reaseguros de la superintendencia peruana

Luis Alberto Meza Carbajal[1]

INTRODUCCIÓN[2]

Abordaré una materia que no ha recibido la atención necesaria en el Perú. Como dice el título de mi presentación, me referiré al *fronting* y al Reglamento de Reaseguros aprobado el año 2017 por la Superintendencia de Banca, Seguros y AFP.

Esta autoridad ha dispuesto que en el *fronting* con cesión al reasegurador del 100% de la cobertura, la aseguradora cedente está obligada al pago indemnizatorio solo cuando reciba los fondos del reasegurador. Para ello se debe incluir en la póliza de seguro y en el contrato de reaseguro una estipulación en tal sentido.

Esta regulación es perniciosa para el asegurado, desnaturaliza el contrato de seguro y contradice preceptos esenciales de la Ley del Contrato de Seguro (LCS) del año 2012. Las estipulaciones contractuales así introducidas son nulas de pleno derecho.

1. CONTRATACIÓN DE SEGUROS Y REASEGUROS EN EL EXTERIOR

En el Perú existe libertad para contratar seguros y reaseguros en el exterior. Así lo consagra la Ley General del Sistema Financiero y del Sistema de Seguros y Orgánica de la Superintendencia de Banca y Seguros, n. 26702 de 1996 (en adelante, Ley General):

> Artículo 10. Libertad para contratar seguros y reaseguros en el exterior. Los residentes en el país pueden contratar seguros y reaseguros en el exterior.[3]

---

1 Profesor de la Universidad de Piura, Perú.

2 La fecha de confirmación de todas las fuentes Web citadas en este artículo es el 12.11.2021. Los textos han sido traducidos por el autor.

3 En el Perú, por si hubiera alguna duda, Fonafe ha aclarado que las empresas públicas que se encuentran bajo su esfera también pueden contratar seguros en el exterior. Respondiendo una consulta para la presente

2. CONDICIONES QUE DEBEN CUMPLIR LAS REASEGURADORAS

La Resolución n. 4706-2017[4] aprobó el Reglamento para la Contratación y Gestión de Reaseguros y Coaseguros. Fue publicada el 13.12.2017 (en adelante, el Reglamento). Tiene vigencia desde el 1.6.2018.

Este Reglamento de la Superintendencia dispone:

> Artículo 3.2. (...) Las empresas de reaseguros deben cumplir con alguna de las siguientes condiciones:
>
> 1. Que estén establecidas en el país.
> 2. Que no estén establecidas en el país, pero se encuentren hábiles en el Registro correspondiente a cargo de esta Superintendencia, al que se refiere el artículo 324 de la Ley General.
> 3. Que no estén establecidas en el país, pero cuenten con clasificación de riesgo internacional considerada no vulnerable, otorgada por alguna de las empresas clasificadoras de riesgo indicadas en este Reglamento. La clasificación de riesgo internacional no puede tener una antigüedad mayor de dieciocho (18) meses a la fecha en que se efectúe el reporte de información a la Superintendencia (...).
> 4. Que las empresas cuenten con autorización excepcional de la Superintendencia para operar con un reasegurador extranjero, en un ramo y por un plazo específico.

---

investigación, mediante correo electrónico del 8.11.2021 el Fondo Nacional de Financiamiento de la Actividad Empresarial del Estado destacó la vigencia del citado artículo 10 de la Ley General, así como la Ley n. 30225, Ley de Contrataciones del Estado, cuyo artículo 5, numeral 5.1, literal f), dispone: "Artículo 5.- Supuestos excluidos del ámbito de aplicación sujetos a supervisión del OSCE (...) 5.1 Están sujetos a supervisión del Organismo Supervisor de las Contrataciones del Estado (OSCE), los siguientes supuestos excluidos de la aplicación de la Ley: (...) f) Las contrataciones realizadas con proveedores no domiciliados en el país cuando se cumpla una de las siguientes condiciones: i) se sustente la imposibilidad de realizar la contratación a través de los métodos de contratación de la presente Ley; o ii) el mayor valor de las prestaciones se realice en territorio extranjero". Además, el referido supuesto de exclusión de la norma, y en aplicación conjunta con el numeral 29.3 del artículo 29 de la Ley n. 30225, sobre Declaratoria de Desierto, se tiene las siguientes disposiciones específicas para la contratación de seguros patrimoniales de las entidades: "Artículo 29. Declaratoria de desierto (...) 29.3 Cuando se declare desierto un procedimiento de selección cuyo objeto sea la contratación de seguros patrimoniales, la Entidad puede utilizar el procedimiento que determine el reglamento para los procedimientos declarados desiertos o lo previsto en el literal f) del numeral 5.1 del artículo 5 de la presente Ley". Y concluye: "De acuerdo a los textos legales transcritos, las empresas bajo el ámbito de FONAFE, podrían, bajo los supuestos antes indicados, contratar seguros en el exterior".

4 PERÚ. Superintendencia de Banca, Seguros y Administradoras Privadas de Fondos de Pensiones. Resolución S.B.S. n. 4706 -2017. Disponible en: https://www.sbs.gob.pe/Portals/0/jer/PFRPV_NORMATIVIDAD/NUEVO/Resoluci%C3%B3n%20SBS%204706-2017.pdf.

3. EL REGLAMENTO DE REASEGUROS Y LA AUTONOMÍA DE LOS CONTRATOS DE SEGURO Y DE REASEGURO

El Reglamento señala textualmente:

Artículo 5. - Contratos de reaseguros.

5.1 Las empresas deben contar con los contratos de reaseguros suscritos por los reaseguradores participantes en cada período. Los contratos deben cubrir la totalidad (100%) del riesgo cedido. Dichos contratos deben adoptar las condiciones, formas y métodos generalmente aceptados en la práctica internacional, y establecer claramente el alcance de su cobertura. Lo convenido entre las partes del contrato de reaseguro no modifica las obligaciones que, con respecto al contratante, asegurado, beneficiario o tercero damnificado, tiene la empresa de acuerdo con lo establecido en la Ley General, la Ley del Contrato de Seguro y el contrato de seguro, con excepción de lo señalado en el artículo 7 del presente Reglamento.

(...)

Artículo 6. - Información mínima de los contratos de reaseguros.

6.1 Los contratos de reaseguros automáticos deben contener, como mínimo, la siguiente información: (...) 12. Relación de las cláusulas incorporadas en el contrato y sus respectivas condiciones, con excepción de aquellas cláusulas estandarizadas que forman parte de la práctica internacional.

6.2 En los contratos de reaseguro facultativo debe indicarse, por lo menos, el nombre del contratante de la póliza de seguro, la vigencia del contrato, las características del riesgo cubierto, las exclusiones, los límites de retención y cesión correspondientes, la prima del reaseguro y la fecha de pago, los reaseguradores participantes y sus respectivos porcentajes de participación en el contrato, así como el detalle de las cláusulas que forman parte del contrato y sus respectivas condiciones, con excepción de aquellas cláusulas estandarizadas que forman parte de la práctica internacional.

(...)

Artículo 7. - Excepción a la autonomía de los contratos de seguro y de reaseguro.

7.1 De conformidad con lo dispuesto en el segundo párrafo del artículo 322 de la Ley General, en el caso de seguros contratados bajo la modalidad de fronting, en los cuales se pacte la cesión al reasegurador de la totalidad (100%) de la cobertura contratada, se puede convenir, de común acuerdo con el asegurado, que la empresa cedente esté obligada al pago de la indemnización que corresponda, siempre que reciba los fondos determinados en la liquidación del siniestro de parte del reasegurador, de acuerdo con las condiciones establecidas en el contrato de reaseguro.

7.2 Para tal efecto, se debe incorporar en la póliza de seguro y en el contrato de reaseguro correspondiente la cláusula que establezca dicho acuerdo, indicando las obligaciones que corresponden tanto a la empresa de seguros como al reasegurador en caso de producirse el siniestro.

4. FUNDAMENTOS DEL REGLAMENTO DE REASEGUROS

¿Por qué la Superintendencia aprobó esta regulación?[5] Veamos qué nos dice la parte considerativa de la Resolución n. 4706-2017:

> Que, sobre la base de la experiencia recogida en la supervisión de las operaciones de reaseguros y la revisión del Principio Básico de Seguros N° 13 "Reaseguro y otras formas de transferencia de riesgos", desarrollado por la International Association of Insurance Supervisors (IAIS), esta Superintendencia considera necesario precisar los requisitos para la contratación de reaseguros, ampliar los componentes del Plan Anual de Reaseguros, regular otras formas de transferencia de riesgo como la contratación de reaseguro finito y el fronting, así como establecer criterios para la determinación de los límites de retención de riesgos, entre otros aspectos destinados a mejorar el control y supervisión de las operaciones de reaseguros.

5. SUPERVISIÓN DE OPERACIONES DE REASEGUROS

Al amparo de la Ley de Transparencia y Acceso a la Información Pública,[6] con carta del 31.8.2021 (Expediente n. 2021-72672) solicité a la Superintendencia copia de documentos e información relacionada a contratos de reaseguro celebrados por aseguradoras locales. Entre otras, las respuestas recibidas mediante correo electrónico del 8.9.2021 fueron:

---

5 La Resolución n. 910/2007.TC-S1 del Tribunal de Contrataciones y Adquisiciones del Estado, del 19.7.2007, cita lo expresado por la Superintendencia de Banca y Seguros a través del Oficio n. 8926-2007-SBS del 14.5.2007 (es decir, antes de la LCS), en el sentido siguiente: "... el contrato de seguro y el contrato de reaseguro son autónomos; en consecuencia, el contrato de reaseguro no subordina las relaciones que emanan del contrato de seguro. (...) el asegurador es el único responsable por las obligaciones contraídas frente a sus asegurados, lo cual se aplica también a las operaciones de "fronting" en las que la compañía de seguros cede la totalidad del riesgo asumido mediante la suscripción del contrato de seguros al reasegurador". Disponible en: https://cdn.www.gob.pe/uploads/document/file/1220151/RES910-2007-TC-S120200807-1746888-2tsh9e.pdf.

6 PERÚ. Ley de Transparencia y Acceso a la Información Pública, n. 27.806, agosto de 2002. Disponible en: https://www.peru.gob.pe/normas/docs/ley_27806.pdf.

a) "No procede entregar informes de inspección porque son de carácter reservado, así como la información que sustenta dichos informes";
b) "No se han emitido oficios, informes o pronunciamientos referidos al artículo 7.1 del Reglamento de Reaseguros, aprobado por la Resolución SBS N° 4706-2017";
c) "No procede entregar las condiciones, cláusulas o convenios que formen parte de contratos de reaseguros porque recogen la estrategia y políticas de reaseguros de las empresas; por lo que, es información que califica como secreto comercial...";
d) "...no procede entregar oficios o pronunciamientos sobre cuestionamientos contra cláusulas y condiciones de contratos de reaseguros porque dichos documentos hacen referencia a cláusulas de contratos de reaseguros que responden a la estrategia de reaseguros de las empresas; por lo que, es información que califica como secreto comercial...";
e) "No se han emitido oficios, informes o pronunciamientos sobre cláusulas de cooperación o control de reclamos, o *follow the fortunes*, de contratos de reaseguros".

Con posterioridad, solicité copia de los informes de todas las áreas de la Superintendencia que sustentaron la aprobación de la Resolución n. 4706-2017 (Carta S/N del 29.09.2021; Expediente n. 2021-81002). Como resultado, recibí el Informe n. 041-2014-DSR del Departamento de Supervisión de Reaseguros. El mensaje de la Secretaría General, del 12.10.2021, señaló: "Finalmente, debemos precisar – de conformidad con lo indicado por la Superintendencia Adjunta de Asesoría Jurídica de este Organismo Supervisor – que no se cuenta con información adicional".

El informe n. 041-2014-DSR (del 27.3.2014) se emitió cuando ya se encontraba vigente la LCS (desde el 27.5.2013). Como veremos, al referirse a determinado supuesto ("...cuando los asegurados intervienen en la designación de los reaseguradores y las condiciones del reaseguro), el informe concluye que "es necesario proteger a las empresas de seguros":

Dice la Intendencia:

> Los contratos de reaseguros deben indicar sus principales características, relativas al tipo de contrato, vigencia, riesgos cubiertos, comisiones o costos, límites de responsabilidades, importe o porcentaje de retención, límites de cesión, prima y fechas de pago, exclusiones, reaseguradores y su participación, y el detalle de las cláusulas convenidas, referidas al

Ámbito Geográfico, Ley Aplicable, Reinstalaciones, Errores y Omisiones, Cooperación y/o Control de reclamos, y otras que así se convengan con los reaseguradores.[7]

Por otro lado, es necesario regular las situaciones de excepción que se pueden aplicar a la autonomía de los contratos de seguros y reaseguros, regulada en el artículo 322 de la Ley 26702. Conforme a este artículo, el contrato de reaseguro no subordina las relaciones que emanan del contrato de seguro, y los pagos de siniestros no pueden quedar condicionados a las relaciones existentes entre las empresas de seguros y sus reaseguradores. Sin embargo, en los contratos bajo la modalidad de Fronting, cuando los asegurados intervienen en la designación de los reaseguradores y las condiciones del reaseguro, es necesario proteger a las empresas de seguros frente a problemas que puedan enfrentar para el cobro de sus respectivas participaciones. En ese sentido, se trabajó un proyecto de resolución con el Departamento de Regulación (Memorándum N° 428-2012-SAAJ) que se incorporaría a la nueva normativa de reaseguros para indicar que se consideran excepciones a la autonomía de los contratos de seguros y reaseguros, los casos en que el contratante y/o el asegurado hayan intervenido en la determinación de los reaseguradores y en las condiciones del contrato de reaseguro.[8]

24. (...) es necesario regular el Fronting como una forma de contratación, mediante la cual, un asegurador local celebra el contrato de seguro y asume un riesgo determinado pero no lo retiene o retiene una participación muy pequeña, reasegurando o cediendo la mayor parte del riesgo o su totalidad al reasegurador. El Fronting no es una cláusula sino una forma de contratación, en la que el asegurador local emite una póliza de acuerdo con las condiciones impuestas por el reasegurador, usualmente concertadas previamente con el asegurado o la empresa matriz del asegurado en el país. El asegurador cede la mayor parte o la totalidad del riesgo al reasegurador y recibe una retribución por la emisión de la póliza. En este sentido, la empresa de seguros debe tener mucho cuidado en evaluar los riesgos que le son ofrecidos en Fronting.

Casi cuatro años más tarde, la Superintendencia fue bastante más lejos. Al margen de cuál haya sido la participación del asegurado en la designación del reasegurador o en la definición de las condiciones del *fronting*, o de cualquier circunstancia o consideración fáctica, jurídica o económica en el caso específico, la regla será la misma: luego de un siniestro el asegurador está obligado a pagar siempre que reciba los fondos

---

7 PERÚ. Superintendencia de Banca y Seguros. Departamento de Supervisión de Reaseguros. Informe n. 041-2014-DSR, del 27.3.2014, pp. 5-6.

8 PERÚ. Superintendencia de Banca y Seguros. Departamento de Supervisión de Reaseguros. Informe n. 041-2014-DSR, del 27.3.2014, p. 7.

del reasegurador, de acuerdo con lo establecido en el contrato de reaseguro. Para ello, bastará con que una cláusula en la póliza de seguro y en el contrato de reaseguro que así lo establezca.

6. LOS "PRINCIPIOS BÁSICOS DE SEGUROS" DE LA IAIS

Hemos visto que la Resolución n. 4706-2017 destaca entre sus fundamentos el Principio Básico de Seguros n. 13, de la Asociación Internacional de Supervisores de Seguros – IAIS.

Sobre la IAIS, la Superintendencia informa que se trata de la organización voluntaria de supervisores y reguladores de seguros de 140 países, conformada por más de 130 observadores representantes de instituciones internacionales.

> Desarrolla los principios básicos, estándares y guías de orientación, además de proporcionar capacitación y organizar seminarios sobre materia de Seguros. La SBS es miembro del Comité Ejecutivo. Asimismo, participa también en el Comité Técnico, el Comité de Implementación y en el Grupo de Trabajo de Inclusión Financiera.[9]

Los "Principios Básicos de Seguros, Estándares, Guía y Metodología de Evaluación"[10] de la IAIS señalan:

> PBS 13. Reaseguro y otras formas de transferencia de riesgos
>
> (...)
>
> – 13.5.2. Los contratos de reaseguro no eximen de la responsabilidad legal subyacente del cedente respecto de sus asegurados, lo que significa que el cedente sigue siendo legalmente responsable de financiar todos los siniestros válidos según los contratos de seguro que haya firmado, independientemente de si están reasegurados o no. Por esta razón, un siniestro de gran envergadura o una serie de siniestros (por ej., resultantes de una catástrofe mayor) podrían originar dificultades en el flujo de efectivo, en especial, si hubo demoras en las

---

9 PERÚ. Superintendencia de Banca, Seguros y AFP. Asociación Internacional de Supervisores de Seguros – IAIS. Disponible en: https://www.sbs.gob.pe/prevencion-de-lavado-activos/Sistema-de-Lucha-Contra-el-LA-FT/Organismos-Internacionales-que-rigen-el-Sistema-Nacional-contra-el-LA-FT/Asociacion-Internacional-de--Supervisores-de-Seguros-IAIS.

10 ASOCIACIÓN INTERNACIONAL DE SUPERVISORES DE SEGUROS. *Principios Básicos de Seguros, Estándares, Guía y Metodología de Evaluación*. Disponible en: https://www.iaisweb.org/uploads/2022/01/Principos_Basicos_de_Seguros__Estandares__Guia_y_Metodologia_de_Evaluacion___ASSAL_.pdf.pdf.

liquidaciones por parte de las reaseguradoras o en la presentación de pruebas de daño a las reaseguradoras por parte del cedente.[11]

En otros apartados, indican:

19.0.2. La conducción de la actividad, incluyendo las prácticas comerciales, se encuentra estrechamente ligada a la tradición, la cultura, el régimen legal y grado de desarrollo del sector asegurador en las jurisdicciones. Por esta razón, los enfoques regulatorios con respecto a la conducción de la actividad también tienden a variar. Se deberá tener en cuenta dicha diversidad al implementar estos PBS, los estándares relacionados y las guías a fin de alcanzar un trato justo hacia los clientes. El trato justo hacia los clientes abarca conceptos tales como comportamiento ético, la buena fe y la prohibición de prácticas abusivas.[12]

***

A) Introducción 1. Es necesario un sistema regulador y de supervisión sano para mantener un sector asegurador justo, seguro y estable en beneficio y para la protección de los intereses de los asegurados, sus beneficiarios y demandantes (referidos colectivamente en este documento como los asegurados) así como para contribuir a la estabilidad del sistema financiero.[13]

7. *FRONTING* Y RIESGO CREDITICIO DEL REASEGURADOR

La IAIS tiene otros pronunciamientos sobre la mitigación del riesgo crediticio del reasegurador, en relación a los reaseguros en general y a los casos de *fronting* en particular, expresando sus preocupaciones sobre la solvencia de la empresa de seguros y la protección del asegurado.

En el documento "*Insurance Core Principles and Common Framework for the Supervision of Internationally Active Insurance Groups*" ("Principios Básicos de Seguros y el Marco Común para la Supervisión de los Grupos de Seguros Internacionalmente Activos"), actualizado al mes de noviembre de 2019, manifiesta:[14]

---

11 La versión adoptada por la IAIS el 2.11.2017 (ICP 13) reitera textualmente este principio 13.5.2.

12 ASOCIACIÓN INTERNACIONAL DE SUPERVISORES DE SEGUROS. *Principios Básicos de Seguros, Estándares, Guía y Metodología de Evaluación*, p. 290. Disponible en: https://www.iaisweb.org/uploads/2022/01/Principos_Basicos_de_Seguros__Estandares__Guia_y_Metodologia_de_Evaluacion___ASSAL_.pdf.pdf.

13 ASOCIACIÓN INTERNACIONAL DE SUPERVISORES DE SEGUROS. *Principios Básicos de Seguros, Estándares, Guía y Metodología de Evaluación*, p. 3. Disponible en: https://www.iaisweb.org/uploads/2022/01/Principos_Basicos_de_Seguros__Estandares__Guia_y_Metodologia_de_Evaluacion___ASSAL_.pdf.pdf.

14 Texto original: "*The supervisor requires ceding insurers to establish effective internal controls over the implementation of their reinsurance programme. (...) Credit risk posed by the reinsurer 13.2.3 When developing the reinsurance*

> 13.2 El supervisor requiere que las aseguradoras cedentes establezcan controles internos efectivos en la implementación de su programa de reaseguro:
> Riesgo crediticio que plantea el reasegurador (...).
> 13.2.3 Al desarrollar el programa de reaseguro, el asegurador cedente debe considerar su apetito por el riesgo crediticio del reasegurador. Los reaseguradores pueden enfrentarse a problemas de solvencia que provoquen retrasos en el pago o incumplimiento, y esto puede tener consecuencias importantes para la solvencia y liquidez del asegurador cedente.
> 13.2.4 En la práctica, las aseguradoras cedentes tienen varias opciones para mitigar el riesgo crediticio de las reaseguradoras, por ejemplo: establecer criterios sobre la solidez financiera y el historial de pago de reclamaciones de las reaseguradoras elegibles; establecer límites a los riesgos cedidos a un solo reasegurador; garantizar una distribución del riesgo entre varias reaseguradoras; incorporar la rebaja de calificación u otras cláusulas especiales de rescisión en el contrato de reaseguro; exigir a la reaseguradora que ofrezca garantías (la capacidad de exigir esto puede depender de las fortalezas comerciales relativas de la aseguradora y reaseguradora cedentes); monitorear de manera proactiva las recuperaciones de reclamaciones de reaseguro; y, retención de fondos del reasegurador.

De otro lado, el documento: "*Report of the 20th A2ii - IAIS. Consultation Call Reinsurance*" (2017) nos dice:

> *Fronting* tiende a ser un término informal que se emplea a menudo en el léxico comercial. El *Fronting* no es intrínsecamente bueno ni malo (...). Como supervisores, en lugar de etiquetar el proceso en sí, la atención debe centrarse en examinar el contrato de reaseguro para comprender el contexto y el motivo detrás del *Fronting* en relación a la estrategia de gestión de capital y riesgo de las entidades. Las disposiciones o prácticas legales varían de una jurisdicción a otra. Algunos países prohíben el *Fronting* por completo, mientras que otros establecen límites sobre cuánto se puede ceder al reasegurador. Sin embargo,

---

programme the ceding insurer should consider its appetite for reinsurer credit risk. Reinsurers may face solvency issues, leading to delayed payment or default, and this can have significant consequences for the solvency and liquidity of the ceding insurer. 13.2.4 In practice, ceding insurers have various options to mitigate reinsurer credit risk, for example: establishing criteria on the financial condition and claims payment record of eligible reinsurers; setting limits on risks ceded to a single reinsurer; ensuring a spread of risk amongst a number of reinsurers; incorporating rating downgrade or other special termination clauses into the reinsurance contract; requiring the reinsurer to post collateral (the ability to require this may depend upon the relative commercial strengths of theceding insurer and reinsurer); proactively monitoring reinsurance claims recoveries; and withholding reinsurer's funds". INTERNATIONAL ASSOCIATION OF INSURANCE SUPERVISOR - IAIS. *Insurance Core Principles and Common Framework for the Supervision of Internationally Active Insurance Groups* Actualización: Noviembre 2019, pp. 146-147. Disponible en: https://www.iaisweb.org/page/supervisory-material/insurance-core-principles-and--comframe//file/91154/iais-icps-and-comframe-adopted-in-november-2019.

lo fundamental es comprender el contrato mismo para verificar que se está transfiriendo válidamente el riesgo y que tiene un propósito genuino en la gestión del riesgo tanto de la parte cedente como del lado del reasegurador.[15]

8. PREOCUPACIONES INTERNACIONALES SOBRE EL "*FRONTING*"

Scoville, Swirski y Lyon[16] informan que en el Reino Unido no hay prohibición alguna sobre el *fronting*:

> Históricamente, los reguladores del Reino Unido han tendido a mirar desfavorablemente esta práctica, pero es posible y, de hecho, varias firmas de garantías financieras han celebrado acuerdos de fronting, en los que el negocio se suscribe en el Reino Unido y se reasegura en un 100% en la entidad matriz. A la Autoridad de Servicios Financieros (FSA), predecesora de la PRA y la FCA, le preocupaba el riesgo crediticio de la matriz del exterior y el posible riesgo de que no se les pagara a los asegurados del Reino Unido... Esta preocupación se abordó en el reglamento del regulador mediante la presunción de que el reaseguro por encima de una determinada cantidad de reservas suponía un riesgo crediticio excesivo a menos que pudiera justificarse y mitigarse, por ejemplo, mediante un colateral o garantía. En la práctica, las autoridades ahora esperarían una retención de al menos el 10% del riesgo (una estimación simple). Esta cifra también ha sido planteada más recientemente como "una buena referencia" por la Autoridad Europea de Seguros y Pensiones de Jubilación (EIOPA) en su guía Brexit.

En el Estado de Nueva York, en los Estados Unidos de América, ante la pregunta sobre si la legislación local restringe o prohíbe el *fronting*, el Departamento de Servicios Financieros manifestó:[17] "Si bajo el disfraz de reaseguro una aseguradora no autorizada se involucra en actividades que, de otro modo, requerirían una licencia bajo la Ley de Seguros de Nueva York, la aseguradora no autorizada debe obtener las licencias requeridas". Y agrega:

---

15 INTERNATIONAL ASSOCIATION OF INSURANCE SUPERVISOR – IAIS. Report of the 20th A2ii – IAIS Consultation Call Reinsurance. *Access to Insurance Initiative*, 26 jan 2017, p. 13. Disponible en: https://a2ii.org/sites/default/files/2019-07/reinsurance_consultation_call_report.pdf.

16 SCOVILLE, James; SWIRSKI, Clare; LYON, Benjamin. Debevoise & Plimpton LLP. Insurance and Reinsurance 2021. *Chambers and Partners*. Actualizado al 19.1.2021.

17 NUEVA YORK. Departamento de Servicios Financieros. Fronting Question Presented. Disponible en: https://www.dfs.ny.gov/insurance/ogco2005/rg050111.htm.

> Se debe tener presente que cualquier acuerdo o actividad que signifique ayudar a una aseguradora no autorizada, violaría la ley (N.Y. Ins. Law § 2117. McKinney, 2000), y cualquier asegurador no autorizado que hiciera negocios sustancialmente equivalentes a uno de los tipos de negocios de seguros especificados en § 1101 (b) (1), de una manera diseñada para evadir las disposiciones de la Ley de Seguros, constituyen violación del § 1102. Nuevamente, cada caso tendría que ser evaluado en base a sus propios hechos.[18]

Por su parte, la Superintendencia de Instituciones Financieras de Canadá[19] (OSFI) señaló en el año 2018:

> El término "fronting" en el ámbito del reaseguro se refiere a la práctica de asegurar un riesgo y luego reasegurar el 100 por ciento de ese riesgo con otra aseguradora. Los acuerdos de fronting entre una FRI (aseguradora con regulación federal) y una aseguradora extranjera no relacionada / no registrada (UUFI) pueden celebrarse por varias razones. Tradicionalmente, la UUFI busca acuerdos de fronting para aprovechar la experiencia y presencia de una FRI en el mercado canadiense, y para ganar experiencia y exposición en este mercado (a menudo con miras a ingresar como aseguradora autorizada). En otros casos, los acuerdos de fronting han sido una práctica común en circunstancias en que la experiencia en la suscripción de riesgos especializados y de nicho recae en el reasegurador. Algunas FRI también participan en acuerdos de fronting que involucran a la UUFI cautiva de un asegurado; por ejemplo, ocurre comúnmente cuando una gran organización comercial facilita el autoseguro estableciendo una reaseguradora cautiva en el extranjero que solo reasegura los riesgos de su matriz / grupo (que están asegurados en primera instancia por una FRI).

---

18 Texto original: "*Please be aware that any arrangement or activity that would constitute the aiding of an unauthorized insurer would violate N.Y. Ins. Law § 2117 (McKinney 2000), and any unauthorized insurer that did any business in substance equivalent to one of the specified types of insurance business in § 1101(b)(1) in a manner designed to evade the provisions of the Insurance Law would be in violation of § 1102. Again, each case would have to be evaluated on its own facts*".

19 Texto original: "*The term 'fronting"1 in the context of this reinsurance review refers to the practice of insuring a risk and then reinsuring 100 per cent of that risk with another insurer. Fronting arrangements between a FRI and an unregistered unrelated foreign insurer (UUFI) may be undertaken for a variety of reasons. Traditionally, UUFI's pursued fronting arrangements to leverage the Canadian market expertise and presence of an FRI and to gain experience and exposure to the Canadian market (often with a view to potentially entering the Canadian market in the future as a licensed insurer). In other cases, fronting arrangements have been common practice in circumstances where the underwriting expertise for niche, specialty risks rests with the reinsurer. Some FRIs are also involved in fronting arrangements involving an insured's captive-UUFI; for example, this commonly occurs when a large commercial entity facilitates self-insurance by setting up an offshore captive reinsurer that only reinsures the risks of its parent/group (which are insured in the first instance by a FRI)*". CANADA. Office of the Superintendent of Financial Institutions – OSFI. *Discussion Paper on OSFI's Reinsurance Framework*, p. 18. Junio de 2018. Disponible en: https://www.osfi-bsif.gc.ca/Eng/Docs/reins_frmwk.pdf.

Para la autoridad canadiense, todos éstos son acuerdos de *fronting* que, por lo general, son aceptables y no representan parte importante de las operaciones comerciales de la FRI, ni una exposición considerable a la UUFI:

> Más recientemente, sin embargo, la OSFI ha tomado conocimiento de otros tipos acuerdos de fronting que plantean preocupaciones prudenciales. Por un lado, algunas FRI han propuesto celebrar acuerdos de fronting: que no son razonablemente conexos al negocio existente de la FRI; para los cuales la FRI tiene poca o ninguna experiencia en suscripción interna; y, para los cuales todas (o casi todas) las actividades de seguros relacionadas con el fronting las lleva a cabo la UUFI, incluida la suscripción. Con poca o ninguna intervención en el origen y suscripción de los riesgos, es probable que la FRI no tenga un conocimiento adecuado de los riesgos que ha asegurado y de los que es responsable en primera instancia. Incluso en los casos en los que una FRI en alguna medida se involucra en el proceso de suscripción, la disciplina de la suscripción misma puede verse comprometida cuando todos los riesgos son reasegurados.[20]

Y hace la OSFI una referencia especial a las cautivas:

> Un acuerdo de fronting que involucre a la UUFI cautiva de un asegurado también podría generar preocupaciones prudenciales en la medida que el acuerdo represente una gran exposición en relación con el capital o los activos de la FRI en Canadá (es decir, planteando preocupaciones similares a las identificadas en la sección de concentración de reaseguros de este informe). Sin embargo, estas preocupaciones pueden mitigarse. Por ejemplo, en tanto que los términos contractuales de un contrato de reaseguro no obliguen a una FRI a pagar una reclamación al asegurado cuando la cautiva del mismo asegurado no haya cumplido primero con su obligación en virtud del tratado de reaseguro con la FRI.[21]

---

20 Texto original: "*More recently, however, OSFI has become aware of other types of fronting arrangements that raise prudential concerns. For one, some FRIs have proposed to enter into fronting arrangements: that are not reasonably ancillary to the FRI's existing business; for which the FRI has little or no in-house underwriting experience; and for which all (or nearly all) of the insurance-related activities related to the fronted business are carried out by the UUFI, including underwriting. With little or no involvement in the origination and underwriting of the risks, the FRI would likely have inadequate knowledge of the risks it has insured and for which it is liable in the first instance. Even in cases where a FRI is involved in the underwriting to some extent, underwriting discipline may be compromised where all of the risks are reinsured*". CANADA. Office of the Superintendent of Financial Institutions – OSFI. *Discussion Paper on OSFI's Reinsurance Framework*, pp. 18-19. Junio de 2018. Disponible en: https://www.osfi-bsif.gc.ca/Eng/Docs/reins_frmwk.pdf.

21 Texto original: "*A fronting arrangement involving an insured's captive-UUFI could also raise prudential concerns to the extent that the arrangement represents a large exposure relative to the FRI's capital or assets in Canada (i.e., raising similar concerns as those identified in the reinsurance concentration section of this paper). Such concerns*

9. LAS DIFERENTES FORMAS, APARIENCIAS Y MOTIVACIONES DEL "*FRONTING*"

Carranza-Popper[22] anota que se podría decir válidamente que el *fronting* tiene las características de un "camaleón", porque puede tomar diferentes formas y apariencias dependiendo de la motivación específica de su uso.

Agrega que:[23]

> Algunos autores ven en el fronting una forma especializada de reaseguro; sin embargo, al examinar definiciones comunes, motivaciones para su uso y propósitos habituales del reaseguro, se podría pensar en argumentos válidos contrarios a dicha opinión. Es difícil diferenciar entre el fronting y las prácticas de reaseguro tradicionales. Aun cuando normalmente se reconoce la posibilidad de que una aseguradora potencialmente transfiera "todo" el riesgo bajo una póliza determinada, se podría decir que la práctica del fronting en principio no parece ajustarse a los objetivos, tipos y propósitos del reaseguro como para calificar como una forma especializada del mismo. Por ejemplo, el propósito del fronting no parece ser la distribución de riesgos dentro de una masa determinada, sino que implica en realidad la transferencia total de un conjunto de riesgos a una reaseguradora, que parece actuar más como una aseguradora que como una reaseguradora. Más aun, el fronting normalmente implica la transferencia de deberes en el manejo de los siniestros, lo cual en el reaseguro tradicional por lo general está en manos del asegurador primario.

---

may, however, be mitigated. For example, to the extent that the contractual terms of a reinsurance arrangement do not obligate a FRI to pay out a claim to the insured when the insured's captive has not first met its obligation under the reinsurance treaty with the FRI". CANADA. Office of the Superintendent of Financial Institutions - OSFI. *Discussion Paper on OSFI's Reinsurance Framework*, p. 19. Junio de 2018. Disponible en: https://www.osfi-bsif.gc.ca/Eng/Docs/reins_frmwk.pdf.

22 CARRANZA-KOPPER, Esteban. Fronting Arrangements: Industry Practices and Regulatory Concerns. *Connecticut Insurance Law Journal*, v. 80, p. 228, 2010. Disponible en: https://opencommons.uconn.edu/cilj/80.

23 Texto original: "*Some authors conceptualize fronting as a specialized form of reinsurance.20 While by examining common definitions of reinsurance, the motivations for its use, and its usual purposes one could think of valid arguments against such conceptualization, it is difficult to differentiate between fronting and traditional reinsurance practices. Even though customary reinsurance definitions normally recognize the possibility that an insurer could potentially transfer "all" of the risk under a given policy, one could argue that the fronting practice in principle does not seem to fit with the objectives, types, and purposes of reinsurance as to qualify as a specialized form of reinsurance. For example, fronting does not seem to pursue spreading risks within a given mass but actually involves the full transfer of a set risks to a reinsurer, who seems to act more like an insurer and less like a reinsurer. Moreover, fronting normally involves the transfer of claim handling obligations, which in traditional reinsurance are normally held by the underlying insurer*". CARRANZA-KOPPER, Esteban. Fronting Arrangements: Industry Practices and Regulatory Concerns. *Connecticut Insurance Law Journal*, v. 80, pp. 230-231, 2010. Disponible en: https://opencommons.uconn.edu/cilj/80.

Destaca el autor que se puede pensar en el *fronting* como una práctica correcta cuando es elegida o al menos conocida por el asegurado, pero "ciertamente se vuelve poco ética cuando se usa con la intención de engañarlo". Y reconoce que otra preocupación común sobre el *fronting* es la potencial amenaza que representa en materia de solvencia.

> Esta preocupación involucra aspectos tales como los riesgos crediticios asociados con la práctica del fronting, la potencial insolvencia de la empresa fronting e incluso la posible insolvencia de la empresa de reaseguros o cautiva. Sobre este asunto, primero debe tenerse en cuenta que incluso cuando una empresa fronting cede todo el riesgo asociado a una póliza, sigue siendo responsable ante el asegurado directo de todos los asociados (...).[24]

Como conclusión general, encuentra Carranza-Popper que

> el fronting es una herramienta válida, útil y legal, excepto donde exista una prohibición expresa. Debido a las consecuencias negativas que también puede traer el fronting, sería apropiado contar al menos con alguna regulación que establezca reglas claras y precisas; pero no sería conveniente una prohibición general, especialmente en la industria de las cautivas.[25]

10. EL *FRONTING* Y LA AUTONOMÍA DE LOS CONTRATOS DE SEGURO Y DE REASEGURO

La relación entre los contratos de seguro y de reaseguro ha sido objeto de una especial atención de la doctrina internacional.[26]

---

24 Texto original: "*This concern involves situations such as credit risks associated with fronting practice, potential insolvency of the fronting company, and even potential insolvency of the reinsurance or captive company. On this matter, it should first be noted that even when a fronting company cedes all of the risk associated with a policy, that company still remains liable to the direct insured for all of the associated coverage*". CARRANZA-KOPPER, Esteban. Fronting Arrangements: Industry Practices and Regulatory Concerns. *Connecticut Insurance Law Journal*, v. 80, pp. 241-242, 2010. Disponible en: https://opencommons.uconn.edu/cilj/80.

25 CARRANZA-KOPPER, Esteban. Fronting Arrangements: Industry Practices and Regulatory Concerns. *Connecticut Insurance Law Journal*, v. 80, p. 251, 2010. Disponible en: https://opencommons.uconn.edu/cilj/80.

26 Puede verse, por ejemplo: BROSETA PONT, Manuel. *El Contrato de Reaseguro*. Madrid: Aguilar, 1961, pp. 23 ss.; GARRIGUES, Joaquín. *Curso de Derecho Mercantil*. 6. ed., tomo II. Madrid: Imprenta Aguirre, 1974, p. 278; URÍA, Rodrigo. *Derecho Mercantil*. 6. ed. Madrid, 1968, p. 385; HALPERIN, Isaac. *Contrato de Seguro*. Buenos Aires: Depalma, 1966, p. 62; JARAMILLO-JARAMILLO, Carlos Ignacio. Valorización y Primordiales Alcances de la Dependencia del Contrato de Reaseguro respecto del Seguro Originario. Génesis, Generalidades. Implicaciones y análisis sumario en torno a su pretendida accesoriedad. *Revista Ibero-Latinoamericana de*

La conveniencia de regular o no el *fronting*, o el sentido que debe tomar esta regulación, son temas que se discuten en el mundo desde hace varias décadas.

Halperin nos recuerda que: "Si bien nada se opone al reaseguro total, la fijación del pleno es muy importante, porque hace posible la fiscalización y selección de los riesgos, su función es idéntica a la reserva de una cuota del riesgo por el asegurado".[27]

Pregunta distinta es si la Superintendencia peruana tiene competencia para fijar excepciones a la autonomía de los contratos de seguro y de reaseguro, y si las mismas pueden reducir los beneficios que la ley reconoce al asegurado. La respuesta es negativa en ambos casos.

En materia de reaseguros, dispone la LCS:

> Artículo 138. Definición. Por el contrato de reaseguro, el reasegurador se obliga al pago, dentro de los límites acordados, de la deuda que nace en el patrimonio del reasegurado a consecuencia de la obligación asumida por este en su carácter de asegurador en un contrato de seguro.[28]
>
> Artículo 139. Autonomía. El contrato de reaseguro no subordina las relaciones que emanan del contrato de seguro. En consecuencia, el pago de un siniestro derivado del contrato de seguro no puede quedar condicionado a las relaciones existentes entre el asegurador y el reasegurador.[29]

Seguros, n. 13, pp. 163-164; CARDONA, Christopher. El contrato internacional de reaseguro facultativo. Particularidades del mercado inglés y experiencia en el mercado latinoamericano. *Revista Ibero-Latinoamericana de Seguros*. Bogotá, Colombia, v. 31, n. 18, pp. 91-106, pp. 91ss., julio-diciembre 2009.

27 HALPERIN, Isaac. *Contrato de Seguro*. Buenos Aires: Depalma, 1966, p. 64.

28 Esta definición tomó como base el artículo 77 de la Ley de Contrato de Seguro española de 1980: "Por el contrato de reaseguro el reasegurador se obliga a reparar, dentro de los límites establecidos en la Ley y en el contrato la deuda que nace en el patrimonio del reasegurado a consecuencia de la obligación por éste asumida como asegurador en un contrato de seguro". ESPAÑA. Ley 50/1980, de 8 de octubre, de Contrato de Seguro. *Boletín Oficial del Estado*, de 17 oct. 1980. Disponible en: https://www.boe.es/eli/es/l/1980/10/08/50/con.

29 Cabe destacar, en la jurisprudencia peruana, la sentencia de la Sala Civil Permanente de la Corte Suprema de Justicia (Casación del 18.1.2011), que se pronunció a favor de la autonomía entre los contratos de seguro y de reaseguro en el caso que tuvo lugar entre Popular y Porvenir Compañía de Seguros en Liquidación y "A.C.M." (Expediente n. 5099-2009): "De otro lado, la carta del dieciséis de agosto de dos mil seis que da respuesta a la carta notarial del actor, sí contiene una promesa de pago sujeta a condición suspensiva, la cual sería que la reaseguradora aprueba la gestión de reconocimiento que la apelante está efectuando ante ellos y envíe los fondos; condición que resulta irrelevante para efectos del cumplimiento de la obligación puesta a cobro, si se tiene en cuenta el mérito del artículo 322 de la Ley 26702, por la cual el contrato de reaseguro no subordina las relaciones que emanan del contrato de seguro; en consecuencia, el pago de un siniestro derivado del contrato de seguro no puede quedar condicionado a las relaciones existentes entre la empresa de seguros y el reasegurador. Por lo tanto resulta procedente el pago pretendido, no pudiendo sujetarse tal hecho a la aceptación de la reaseguradora, pues el hecho de que una determinada manera de interpretar la ley venga como costumbre no puede entenderse como vinculante, sino que los jueces y tribunales conservan su libertad para interpretar la ley con arreglo a los criterios hermenéuticos generales". Nótese que esta sentencia de la CSJ (2011) es anterior a

Estos artículos tienen carácter imperativo, por disposición del artículo I de la LCS:

> Artículo I. La presente Ley se aplica a todas las clases de seguro y tiene carácter imperativo, salvo que admita expresamente lo contrario. No obstante, se entenderán válidas las estipulaciones contractuales que sean más beneficiosas para el asegurado.

Expresa Zegarra Mulánovich sobre el reaseguro:

> Este es comúnmente reconocido por la doctrina como un verdadero contrato de seguro. Pero claramente aconsejan que su regulación sea básicamente *dispositiva y no imperativa* una serie de razones... Sin embargo, la LCS, que le dedica apenas dos artículos (arts. 138 y 139 LCS), no hace en ellos ninguna salvedad sobre el carácter imperativo de su aplicación a esta modalidad.[30]

Por su parte, dice con acierto Vercher Moll:

> El art. 1 de la Ley peruana indica que se caracteriza por su imperatividad, salvo que se disponga lo contrario. Los arts. 138 y 139 destinados al reaseguro no indican nada en contrario, es decir, que se someten a la imperatividad de la Ley, por lo que la traducción de ello se centra en que no cabe alterar ni la definición del contrato de reaseguro, ni la imposibilidad de subordinar las relaciones del contrato de seguro al del reaseguro. A nuestro juicio, ello quizá resulte lógico, pues modificar las reglas referidas supondría alterar las reglas más esenciales del contrato de reaseguro, con lo cual, se permite del mismo modo, que el resto de extremos previstos en el contrato de reaseguro peruano gocen del principio de la autonomía de la voluntad.[31]

En contraste, sobre la ley española señala Sánchez Calero que: "Las normas de la LCS han de considerarse, con carácter general, como de derecho dispositivo a la hora de su aplicación al contrato de reaseguro".[32]

---

la entrada en vigencia de la LCS (27.5.2013). PERÚ. Corte Suprema de Justicia. Expediente n. 5099-2009. Sala Civil Permanente de 18 de Enero de 2011. Disponible en: https://vlex.com.pe/vid/-472772098.

30 ZEGARRA MULÁNOVICH, Álvaro. Marco y Principios Interpretativos de la Regulación y Contratación de Seguros Privados (Artículos I a IV LCS). *In*: QUINTÁNS EIRAS, María Rocío; RAMÍREZ OTERO, Lorena Cecilia (Ed.). *Estudios sobre el Contrato de Seguro*. 1. ed. Universidad de Piura, Perú, noviembre 2017, p. 56.

31 VERCHER MOLL, Javier. La Distribución del Riesgo entre Distintos Aseguradores: El Contrato de Reaseguro. *In*: QUINTÁNS EIRAS, María Rocío; RAMÍREZ OTERO, Lorena Cecilia (Ed.). *Estudios sobre el Contrato de Seguro*". 1. ed. Universidad de Piura, Perú, noviembre 2017, p. 761.

32 SÁNCHEZ CALERO, Fernando. El Reaseguro en la Ley Española de Contrato de Seguro. *In*: AIDA SECCIÓN ESPAÑOLA *et al*. *Estudios sobre el Contrato de Reaseguro*. Madrid: Editorial Española de Seguros: MUSINI, D.L. 1997, p. 161. Y añade: "Sin embargo, a estos efectos conviene hacer algunas matizaciones...".

La imperatividad de los artículos 138 y 139 de la LCS preserva los principios tradicionales sobre la autonomía de los contratos de seguro y de reaseguro.[33]

11. EL SEGUNDO PÁRRAFO DEL ARTÍCULO 322 DE LA LEY GENERAL

Según consta en el texto mismo del artículo 7 del Reglamento de Reaseguros, para hacer excepciones a la autonomía de los contratos de seguro y de reaseguro la Superintendencia se ampara en el segundo párrafo del artículo 322 de la Ley General:

> Artículo 322. - Autonomía de los contratos de seguro y de reaseguro.[34] El contrato de reaseguro no subordina las relaciones que emanan del contrato de seguro. En consecuencia, el pago de un siniestro derivado del contrato de seguro no puede quedar condicionado a las relaciones existentes entre la empresa de seguros y el reasegurador. Por norma de carácter general, la Superintendencia puede establecer excepciones a esta disposición.

El artículo 139 de la LCS consagra la autonomía, pero a diferencia del artículo 322 de la Ley General no otorga a la Superintendencia potestad alguna para disponer excepciones. El segundo párrafo del artículo 322 de la Ley General fue "retirado" por el legislador peruano.[35]

---

33 Sostiene MUÑOZ LÓPEZ, Álvaro. Desnaturalización del Contrato de Reaseguro. *In*: AIDA SECCIÓN ESPAÑOLA *et al. Estudios sobre el Contrato de Reaseguro*. Madrid: Editorial Española de Seguros: MUSINI, D.L. 1997, p. 206: "La desnaturalización del reaseguro puede traer graves consecuencias y dificultades, tanto para los aseguradores y reaseguradores, como para los asegurados. Cada uno de los agentes económicos que intervienen en el proceso asegurador, incluidos los corredores, deben desempeñar el papel que les corresponde. La vuelta a los principios tradicionales, conforme a los cuales la autonomía de ambos contratos (seguro y reaseguro) es la regla general, parece extremadamente conveniente para la correcta explotación del negocio de seguros y la adecuada cobertura de los riesgos del asegurado". Conforme con SÁNCHEZ CALERO, Fernando. El Reaseguro en la Ley Española de Contrato de Seguro. *In*: AIDA SECCIÓN ESPAÑOLA *et al. Estudios sobre el Contrato de Reaseguro*. Madrid: Editorial Española de Seguros: MUSINI, D.L. 1997, p. 120.

34 Con la misma redacción, los Decretos Legislativos n. 637 (artículo 268) y 770 (artículo 456) consagraron la autonomía en los contratos de seguro y de reaseguro, sin incorporar un segundo párrafo para admitir excepciones como lo hizo posteriormente artículo 322 de la Ley General.

35 Vid. MEZA CARBAJAL, Luis Alberto. La nueva ley del contrato de seguro del Perú. *Revista Ibero-Latinoamericana de Seguros*. Bogotá (Colombia), v. 37, n. 21, pp. 29-60, p. 59, julio-diciembre 2012. "8.6 Reaseguro. La LCS consagra el principio de autonomía: el contrato de reaseguro no subordina las relaciones que emanan del contrato de seguro. En consecuencia, el pago de un siniestro derivado del contrato de seguro no puede quedar condicionado a las relaciones existentes entre el asegurador y el reasegurador (Artículo 139). Se ha reproducido así, textualmente, el Artículo 322 de la Ley n. 26702, si bien se ha retirado el párrafo por el cual se otorgaba a la SBS la posibilidad de establecer excepciones a dicho principio".

El artículo I de la LCS no admite dudas al disponer que: "La presente Ley ... tiene carácter imperativo, salvo que admita expresamente lo contrario...". El artículo 139 de la LCS no admite lo contrario. Y el artículo 7 del Reglamento no protege al asegurado sino al asegurador.

La LCS otorga diversas tareas y competencias a la Superintendencia;[36] sin embargo, el artículo 139 no la autoriza a incorporar excepciones a la autonomía.

El Título Preliminar del Código Civil dispone:

> Artículo I. Abrogación de la ley. La ley se deroga sólo por otra ley. La derogación se produce por declaración expresa, por incompatibilidad entre la nueva ley y la anterior o cuando la materia de ésta es íntegramente regulada por aquélla(...).

El artículo 322 de la Ley General trató una materia que ahora es íntegramente regulada por la LCS. La LCS deroga las normas que se le opongan.[37]

12. LA PROTECCIÓN DEL ASEGURADO COMO PRECEPTO DE ORDEN PÚBLICO

Señala Beaumont:[38]

> Por todos es conocido, que la razón por la cual la LCS se debe aplicar, incluso a los contratos ya celebrados, es que esta ha sido concebida para proteger al contratante, al asegurado, por su especial situación de asimetría frente a la compañía aseguradora. Esta especial situación se encuentra arreglada a la opción que le permite el art. 1355 del CC.[39] En la interpretación del contrato de seguro y en lo que atañe a la imperatividad, la segunda regla del artículo IV es francamente aplastante: "Las cláusulas contrarias a las normas de esta ley son nulas y son reemplazadas de pleno derecho por estas".

---

36 Vid. MEZA CARBAJAL, Luis Alberto. La SBS frente a la Ley del Contrato de Seguro. *Revista "Actualidad Jurídica"*, n. 229, pp. 39-41, diciembre 2012.

37 LCS. DCFM. "Décimo Tercera. Deróganse los artículos 375 a 429 y 965 del Código de Comercio; y los artículos 329, 330 y 332 de la Ley 26702; y demás normas que se opongan a la presente Ley".

38 BEAUMONT CALLIRGOS, Ricardo. Disposiciones Complementarias, Finales y Modificatorias. *In*: QUINTÁNS EIRAS, María Rocío; RAMÍREZ OTERO, Lorena Cecilia (Ed.). *Estudios sobre el Contrato de Seguro*. 1. ed. Universidad de Piura, Perú, noviembre 2017, p. 772.

39 Código Civil peruano. "Artículo 1355.- Regla y límites de la contratación. La ley, por consideraciones de interés social, público o ético puede imponer reglas o establecer limitaciones al contenido de los contratos".

De otro lado, refiriéndose al artículo I de la LCS, afirma Zegarra Mulánovich:[40]

> Aunque lo primero que hacen estas normas es aludir al carácter generalmente imperativo de la LCS, parece claro que el verdadero núcleo de la regulación que establecen, el que dota de sentido y de direccionalidad a la misma imperatividad de sus normas, y en el que por tanto me voy a centrar en este apartado, es el carácter de sujeto especial de protección que implícitamente atribuye al "asegurado". Vaya por delante la aclaración - y es lo que explica por qué el término va entre comillas - que "asegurado" se debe entender en este contexto en un sentido amplio, comprensivo también de las posiciones del "contratante" y del "beneficiario", cuando uno u otro deban ser distinguidos del asegurado en sentido estricto. Pues bien, tal consideración del "asegurado" como sujeto especial de protección se revela en la segunda frase del párr. 1 del art. I LCS reproducido: "(n) o obstante (el carácter imperativo de la Ley) se entenderán válidas las estipulaciones contractuales que sean más beneficiosas para el asegurado". En otras palabras, la Ley es imperativa en protección del asegurado, no del asegurador. Representa en realidad un supuesto de derecho necesario relativo, o normas de protección mínima, en este caso, del asegurado. En este sentido, dicha regla se ha de tomar también como un corolario del principio *pro assecurato*, al que voy a aludir en apartados posteriores de esta contribución, expresión normativa básica de la afirmación de que el asegurado es, como tal, independientemente de si tiene o no la condición de consumidor, un sujeto merecedor de la especial protección del ordenamiento.

Una característica de la LCS peruana es su acentuada preocupación por el equilibrio jurídico y la protección del asegurado. En esa línea, en adición a otras disposiciones, tenemos:

> Artículo II. El contrato de seguro se rige por los siguientes principios: a) Máxima buena fe (...).
> Artículo IV. Primera. Todas las cuestiones jurídicas se rigen por esta ley y por las que convencionalmente se acuerden, en cuanto no vulneren los principios esenciales de la naturaleza jurídica del seguro (...).
> Artículo IV. Segunda. Las cláusulas contrarias a las normas de esta ley son nulas y son reemplazadas de pleno derecho por estas.

40 ZEGARRA MULÁNOVICH, Álvaro. Marco y Principios Interpretativos de la Regulación y Contratación de Seguros Privados (Artículos I a IV LCS). *In*: QUINTÁNS EIRAS, María Rocío; RAMÍREZ OTERO, Lorena Cecilia (Ed.). *Estudios sobre el Contrato de Seguro*. 1. ed. Universidad de Piura, Perú, noviembre 2017, p. 48.

(...)

Artículo IV. Décimosegunda. Son nulas aquellas estipulaciones contractuales que amplían los derechos del asegurador o restringen los del asegurado en contravención de las disposiciones establecidas en la presente Ley.

(...)

Artículo 39. Cláusulas abusivas:

I) Las cláusulas abusivas son todas aquellas estipulaciones no negociadas que, aun cuando no hayan sido observadas por la Superintendencia, causen en contra de las exigencias de la máxima buena fe, en perjuicio del asegurado, un desequilibrio importante de los derechos y obligaciones de las partes que se deriven del contrato. Se considera que una cláusula no se ha negociado cuando ha sido redactada previamente y el contratante no ha influido en su contenido.

(...)

IV) El carácter abusivo de una cláusula subsiste aun cuando el contratante y/o asegurado la haya aprobado específicamente por escrito.

V) Las cláusulas abusivas son nulas de pleno derecho por lo que se las tiene por no convenidas.

(...)

Artículo 40. Estipulaciones prohibidas. Sin perjuicio de lo establecido en el artículo anterior, con carácter enunciativo, las empresas están prohibidas de incluir en las pólizas de seguro las siguientes estipulaciones, que serán nulas de pleno derecho: a) Cláusulas mediante las cuales los asegurados y/o beneficiarios renuncien a la jurisdicción y/o leyes que los favorezcan.... La Superintendencia identifica aquellas cláusulas abusivas de los contratos de seguros y emite normas de carácter general que prohíban su inclusión en futuros contratos. Asimismo, difunde en su portal institucional todas aquellas cláusulas abusivas identificadas.

13. LA LCS PERUANA PROTEGE TAMBIÉN AL ASEGURADO DE GRANDES RIESGOS

En virtud del artículo I de la LCS, el derecho peruano protege también con carácter imperativo a los asegurados de grandes riesgos, que, es importante recordarlo, pueden ser de los sectores privado o público.[41]

41 El 21.10.2021 solicité copia de los informes y estudios de la Gerencia Administración y Finanzas de PETRO-PERÚ, y de la Gerencia General presentados al Directorio, en materia de seguros, reaseguros y *fronting* de los

Señala Zegarra Mulánovich:[42]

> Así pues, la interpretación histórica del precepto habla claramente en contra de admitir excepciones al principio pro assecurato y, específicamente, a la relativa imperatividad de la ley en su protección; concretamente, queda claro que los llamados grandes riesgos no pueden ser considerados eximidos de ese efecto en ningún sentido, ni parece que puedan exceptuarse sin una previa declaración legal expresa con ese contenido.

También aquí el derecho español muestra diferencias.[43] Afirma Sánchez Calero, refiriéndose al contrato de seguro como presupuesto del contrato de reaseguro: "si es de los relativos a los riesgos de masa los preceptos de la LCS conservan su carácter imperativo, mientras que si estamos ante contratos de seguro referentes a grandes riesgos, las normas de la LCS no tienen tal carácter (cfr. Artículo 44.2)".[44]

Es evidente que el Reglamento de Reaseguros en materia de *fronting* perjudica especialmente a los asegurados de grandes riesgos.[45] La atención de los reclamos del tercero – víctima del daño en estos seguros también se ve afectada.

Es necesario tener presente los caminos que ha seguido la Superintendencia para llevar adelante su visión de que los seguros de grandes riesgos deben ser excluidos de los alcances imperativos de una ley que protege al asegurado.

Dicha autoridad presentó la propuesta en el proceso mismo de elaboración de la LCS en el Congreso y no prosperó. Poco después, los aseguradores volvieron sobre el tema y respaldaron el Proyecto de Ley n. 4635/2014-CR presentado al Parlamento nacional por un congresista. La Superintendencia coincidió en que estos seguros

---

años 2017, 2018, 2019, 2020 y 2021 (Código: MezaCarbajal-2021-E). Mediante correo electrónico del 5.11.2021, la respuesta fue: "... en cumplimiento de nuestra Política Corporativa de Transparencia de PETROPERÚ y la normativa de Transparencia y Acceso a la Información Pública vigente aprobado mediante Decreto Supremo n. 021-2019-JUS, se indica que no se podrá hacer entrega de la información solicitada en el punto 1 por calificar como confidencial, por estar en el supuesto de secreto comercial...".

42 ZEGARRA MULÁNOVICH, Álvaro. Marco y Principios Interpretativos de la Regulación y Contratación de Seguros Privados (Artículos I a IV LCS). *In*: QUINTÁNS EIRAS, María Rocío; RAMÍREZ OTERO, Lorena Cecilia (Ed.). *Estudios sobre el Contrato de Seguro*. 1. ed. Universidad de Piura, Perú, noviembre 2017, p. 56.

43 SÁNCHEZ CALERO, Fernando. El Reaseguro en la Ley Española de Contrato de Seguro. *In*: AIDA SECCIÓN ESPAÑOLA *et al. Estudios sobre el Contrato de Reaseguro*. Madrid: Editorial Española de Seguros: MUSINI, D.L. 1997, p. 162.

44 El segundo párrafo del artículo 44 de la ley española prevé: "No será de aplicación a los contratos de seguros por grandes riesgos, tal como se delimitan en esta Ley, el mandato contenido en el artículo 2 de la misma".

45 Cfr. RISCO EM PROSA. Locução de Ernesto Tzirulnik; Inaê Oliveira. Episódio 1. Grandes Riscos. IBDS Podcast, Sep. 2021. Disponible en: https://open.spotify.com/episode/5xFjkGsitwnMKkDGMwK7QO.

necesitan un tratamiento especial. La propuesta tampoco avanzó y el proyecto fue archivado.[46]

Posteriormente, en contra de la LCS, la Superintendencia mediante Resolución n. 3695-2019 autorizó la incorporación de cláusulas de reclamos o *claims made* en los seguros de responsabilidad civil. Lo hizo a pesar de que un Oficio de la Superintendencia Adjunta de Asesoría Jurídica, en efecto, había expresado previamente que ello era contrario al derecho peruano.[47]

14. LA SUPERINTENDENCIA DEBE FORTALECER LAS BASES TÉCNICO-ECONÓMICAS DEL SEGURO Y DEBE PROTEGER AL ASEGURADO

Es deber de la Superintendencia, en el ámbito del contrato de seguro, promover las bases técnico-económicas del seguro y proteger al asegurado. Así lo dispone la LCS con bastante claridad:

> Artículo 27. (...) La Superintendencia deberá prohibir la utilización de pólizas que se aparten de la ley o de las condiciones mínimas aprobadas y, de ser el caso, aplicará las sanciones correspondientes. Asimismo, ordenará la inclusión de cláusulas o condiciones en las pólizas que promuevan el fortalecimiento de las bases técnicas y económicas del seguro y la protección de los asegurados.
>
> (...)
>
> Artículo 40. Estipulaciones prohibidas. Sin perjuicio de lo establecido en el artículo anterior, con carácter enunciativo, las empresas están prohibidas de incluir en las pólizas de

46 Al respecto, puede verse: NÚÑEZ DEL PRADO, Alonso. La Exclusión de los Grandes Riesgos de los Beneficios de la Ley del Contrato de Seguro en el Perú: El Principio de Realidad. *Revista Ibero- Latinoamericana de Seguros*. Bogotá, Colombia. v. 44, n. 25, pp. 173-182, enero-junio 2016.

47 DUNCAN, Strachan; STOUT, Kayleigh. The Insurance and Reinsurance Law Review: Latin America Overview. *DAC Beachcroft*. 9 abr. 2021. Señalan: "En los últimos años, el Perú aprobó disposiciones para la responsabilidad personal de funcionarios en entidades públicas y privadas. Por ejemplo, una disposición tributaria de 2018 establece la responsabilidad personal de los funcionarios del sector privado que diseñan, aprueban o ejecutan acciones para evadir el pago de tributos. Este nuevo escenario de responsabilidad se considera una oportunidad atractiva para la colocación de pólizas D&O, dado el riesgo al que están expuestos los funcionarios y la demanda de cobertura de multas administrativas y costos de defensa. El regulador peruano, la Superintendencia de Banca, Seguros y Administradoras Privadas de Fondos de Pensiones (SBS), recibió presiones de aseguradoras y reaseguradoras locales e internacionales por una opinión emitida en octubre de 2018 en el sentido de que las pólizas claims made no estaban permitidas por la ley peruana y eran nulas (Oficio n. 36805-2018). La opinión se basó en una interpretación estricta de la Ley del Contrato de Seguro del Perú (n. 29946, principalmente los artículos 105 y 109) ... La SBS reconsideró su posición y el 19 de agosto de 2019 aprobó la resolución SBS No. 3695-2019...".

seguro las siguientes estipulaciones, que serán nulas de pleno derecho: (...) h) Otras que establezca la Superintendencia en protección de los intereses de los asegurados.
(...)
TERCERA DCFM. Sustitúyense los artículos 326 y 328 de la Ley 26702, Ley General del Sistema Financiero y del Sistema de Seguros y Orgánica de la Superintendencia de Banca y Seguros, por los siguientes textos: "Artículo 326. - Condiciones y Contenido de las Pólizas. Las pólizas y tarifas de seguros responden al régimen de libre competencia, con sujeción a las reglas de la presente Ley y lo dispuesto por la Ley del Contrato de Seguro. La Superintendencia aprobará expresamente, con anterioridad a su utilización, las condiciones mínimas y/o cláusulas de los contratos de seguro, conforme a lo establecido en el artículo 27 de la Ley del Contrato de Seguro. Asimismo, la Superintendencia ordenará la inclusión de cláusulas o condiciones en las pólizas que promuevan el fortalecimiento de las bases técnicas y económicas del seguro y la protección de los asegurados.

15. "SE PUEDE CONVENIR, DE COMÚN ACUERDO CON EL ASEGURADO..."

Ya vimos que, en relación al *fronting*, el artículo 7.2 del Reglamento prevé que "se debe incorporar en la póliza de seguro y en el contrato de reaseguro correspondiente la cláusula que establezca dicho acuerdo".

Sostiene Stiglitz:[48]

(...) contrariamente a lo que acontece con el contrato de reaseguro tal como es - un instrumento técnico al servicio de la dispersión o distribución del riesgo -, en que el asegurador retiene una porción del riesgo, en el Fronting desaparece el rol real del asegurador quien asume una función aparente. Y ello es así porque, frente al tomador/asegurado, si bien formalmente se hallará un asegurador, ello - como quedó expresado - es pura apariencia, es irreal pues, en los hechos (en la práctica), operará como un mero intermediario sin perjuicio que, jurídicamente, su obligación principal quede firme ante su contraparte (tomador), aun cuando sólo se haya prestado (limitado) a exponer su "fachada". Todo es tan elusivo, tan engañoso, tan falaz y desatinado que, a un texto contractual que se lo enuncia como "convenio modelo" se lo hace aparecer al asegurado requiriéndole al asegurador que

48 STIGLITZ, Rubén S. *Temas de Derecho de Seguros*. Pontificia Universidad Javeriana. Bogotá: Grupo Editorial Ibáñez, 2010, p. 278.

> transfiera el total del riesgo al reasegurador que él selecciona y que se lo identifica en el "convenio modelo":[49]
>
> Segundo, 2.1. Atento las características del seguro propuesto, el asegurado también le requirió como condición a (el asegurador que se identifica) que, de aceptarse la propuesta, ésta debía reasegurar los contratos de reaseguro que instrumentarían la póliza o pólizas que se pudieran emitir en el futuro, en un 100% con los reaseguradores indicados por el asegurado y/o sus corredores de seguro y reaseguros la firma (...) S.A., reaseguradores éstos que gozan de la plena confianza del asegurado.
>
> 2.2 Por otra parte, el asegurado aclaró y ahora lo ratifica, que no se trata de poner en duda la capacidad técnica, económica y financiera de (el asegurador que se identifica) sino que, en función de los riesgos que quiere asegurar y de las correspondientes sumas aseguradas involucradas, le resulta imprescindible contar también con el respaldo de reaseguradores de su absoluta confianza.

Igual que cuando autorizó las cláusulas *claims made*, la Superintendencia olvida que los seguros de grandes riesgos, como los seguros masivos, son contratos celebrados por adhesión.[50]

La LCS otorga a la Superintendencia la potestad de establecer nuevos supuestos de estipulaciones prohibidas "en protección de los intereses de los asegurados" (artículo 40-h). Asimismo, debe ordenar la inclusión de cláusulas o condiciones en las pólizas que promuevan el fortalecimiento de las bases técnicas y económicas del seguro y la protección de los asegurados (artículo 27). Sorprendentemente, lo que hace la autoridad con el artículo 7.2 del Reglamento de Reaseguros es imponer la inserción de cláusulas abusivas y prohibidas en determinados contratos de seguro. La conclusión no puede ser otra: estas cláusulas son nulas y son reemplazadas de pleno derecho por las normas de la LCS (artículos IV.2 y 40-a).

---

49 STIGLITZ, Rubén S. *Temas de Derecho de Seguros*. Pontificia Universidad Javeriana. Bogotá: Grupo Editorial Ibáñez, 2010, p. 278, pie de página n. 3.

50 LCS: "Artículo III. El contrato de seguro se celebra por adhesión, excepto en las cláusulas que se hayan negociado entre las partes y que difieran sustancialmente con las preredactadas.(...)
Artículo IV.3. Los términos del contrato que generen ambigüedad o dudas son interpretados en el sentido y con el alcance más favorable al asegurado. La intermediación a cargo del corredor de seguros no afecta dicha regla ni la naturaleza del seguro como contrato celebrado por adhesión.(...)
Artículo 39. II. Cláusulas abusivas. El hecho de que ciertos elementos de una cláusula o que una cláusula aislada se haya negociado no excluirá la aplicación del presente artículo al resto del contrato, si la apreciación global lleva a la conclusión de que se trata, no obstante, de un contrato por adhesión".

La Superintendencia no debe desnaturalizar el contrato de seguro en perjuicio del asegurado.[51]

16. "CLÁUSULAS ESTANDARIZADAS QUE FORMAN PARTE DE LA PRÁCTICA INTERNACIONAL"

Es necesario detenernos en lo que dispone el Reglamento (artículos 5 y 6) en torno a las cláusulas de los contratos de reaseguro.

Autorizada doctrina se ha ocupado de estudiar estas estipulaciones en el contexto internacional.

Para Muñoz López:[52]

> (...) las llamadas cláusulas de control ponen en manos del reasegurador todo el proceso de ajuste y liquidación de los siniestros. En los supuestos extremos, las cláusulas de control no solo atribuyen al reasegurador el ajuste y la liquidación de los siniestros sino que, además, ponen en sus manos la decisión de pago de los mismos, que ha de merecer su previa aprobación.

Y agrega:

> Con arreglo a estas cláusulas, el reasegurador se reserva facultades que son propias del asegurador directo según la propia naturaleza y esencia del contrato de reaseguro, conforme al cual, la gestión del riesgo y, en especial, la liquidación de los siniestros corresponde al asegurador. Ello supone una auténtica desnaturalización del contrato de reaseguro, ya que el reasegurador ocupa el lugar del asegurador – reasegurado, siendo éste un simple delegado que, en materia de siniestros, no puede actuar "ultra vires" sin la previa autorización de aquél. La consecuencia de todo ello es que el asegurador directo que acepta este tipo de cláusulas del reaseguro está indefenso ante cualquier reclamación del asegurado que no sea aceptada por el reasegurador. No solo se verá demandado en solitario a pesar de no ser el responsable de rechazar el siniestro, sino que ni siquiera podrá articular su

---

51 LCS. "Artículo 1. El contrato de seguro es aquel por el que el asegurador se obliga, mediante el cobro de una prima y para el caso de que se produzca el evento cuyo riesgo es objeto de cobertura, a indemnizar dentro de los límites pactados el daño producido al asegurado o a satisfacer un capital, una renta u otras prestaciones convenidas".

52 MUÑOZ LÓPEZ, Álvaro. Desnaturalización del Contrato de Reaseguro. *In*: AIDA SECCIÓN ESPAÑOLA *et al. Estudios sobre el Contrato de Reaseguro*. Madrid: Editorial Española de Seguros: MUSINI, D.L. 1997, p. 196.

defensa jurídica que queda, exclusivamente, en manos del reasegurador. Estas cláusulas se establecen, con frecuencia, en algunos contratos de seguro y merecen a nuestro juicio una calificación reprobable ya que son consecuencia de una abusiva posición de predominio del reasegurador que, desconfiando del reasegurador directo, quiere preservar sus intereses, en el caso de siniestros especialmente conflictivos o de importante cuantía. Cuando el reasegurador no está autorizado para operar en el país del riesgo se produce una auténtica violación de las normas de control administrativo ya que, mediante estas estipulaciones, el reasegurador adquiere de hecho la condición de asegurador directo, arrogándose unas facultades que no le corresponden.[53]

Manifiesta Sánchez Calero sobre las cláusulas de pago simultáneo en el derecho español:[54]

(...) evidentemente son lesivas para los intereses de los asegurados y de cuya licitud para los riesgos de masa -aun cuando fueran aceptados por ellos – podría dudarse al amparo de lo previsto por los artículos 2 y 3 de la LCS, en cuanto que inciden en el contrato de seguro, primitivo o directo, pero que nos parecen admisibles en los contratos de seguro relativos a grandes riesgos, sobre la base de lo dispuesto en el artículo 42.

Y sobre las cláusulas de control de reclamos, señala el jurista español:[55]

Cabe plantearse, asimismo, si la licitud de este tipo de cláusulas debe ser rechazada – fuera del ámbito de los seguros de grandes riesgos – porque supone una intromisión en las obligaciones que la LCS impone con carácter imperativo al asegurador, lo que implica la quiebra del axioma de la autonomía de los contratos y la desnaturalización del contrato de reaseguro. No obstante admitir, en ciertos supuestos, la validez de una cláusula tal, es evidente que solo es válida entre reasegurador y asegurador-reasegurado, siendo totalmente inoperante frente al asegurado del contrato principal que no conoce su existencia.

53 MUÑOZ LÓPEZ, Álvaro. Desnaturalización del Contrato de Reaseguro. *In*: AIDA SECCIÓN ESPAÑOLA *et al. Estudios sobre el Contrato de Reaseguro*. Madrid: Editorial Española de Seguros: MUSINI, D.L. 1997, pp. 196-197.

54 SÁNCHEZ CALERO, Fernando. El Reaseguro en la Ley Española de Contrato de Seguro. *In*: AIDA SECCIÓN ESPAÑOLA *et al. Estudios sobre el Contrato de Reaseguro*. Madrid: Editorial Española de Seguros: MUSINI, D.L. 1997, p. 121.

55 SÁNCHEZ CALERO, Fernando. El Reaseguro en la Ley Española de Contrato de Seguro. *In*: AIDA SECCIÓN ESPAÑOLA *et al. Estudios sobre el Contrato de Reaseguro*. Madrid: Editorial Española de Seguros: MUSINI, D.L. 1997, p. 1290.

Es evidente que este tipo de cláusula insertado en el contrato de seguro directo, fuera del ámbito de aseguramiento de grandes riesgos, sería nula. En este sentido se ha pronunciado nuestro tribunal Supremo en las sentencias de 25 de junio de 1977 y de 27 de enero de 1999.

Por su parte, afirma Hill Prados:

De los diversos tipos de cláusulas que han ido proliferando en el mercado merecen especial consideración las cláusulas de cooperación de siniestros, de control, de pago simultáneo, de insolvencia y de conexión o "cut through". De todas ellas las únicas que pueden suponer un beneficio para el asegurado de la póliza original son las de insolvencia y las de conexión. Las otras lo que hacen es autorizar al reasegurador a controlar en mayor o menor medida, lo que sucede en el contrato de seguro directo. Resulta, de entrada, dudoso que esta intervención puede redundar en beneficio del asegurado, aunque en determinadas ocasiones pueda ser así. En los casos de cooperación puede ocurrir que la mayor experiencia del reasegurador en la gestión pueda suponer una ventaja para el asegurado. En otras resulta más dudoso. A menos que aprovechando que se ha abierto la vía de comunicación entre ambos contratos, se permita, así mismo, al asegurado aprovecharla.[56]

Desde Argentina, destaca Sobrino: "(...) el fronting es la puerta de entrada (y la justificación) de innumerables cláusulas abusivas en perjuicio de la empresa asegurada". Así, "entre algunas de estas cláusulas abusivas que se incorporan con la excusa del fronting", señala: "Simultaneous payment clause"; "Claims control clause"; "Cláusula de preeminencia de condiciones" (del reaseguro, por sobre el seguro); "Cláusula de dación en pago o de cesión de derechos"; "Cláusula de reembolso" (del propio asegurado hacia la compañía de seguros); "Cláusula de traducción en versión libre" (la de la póliza original). Y añade: "Incluso, muchas veces se incorporan otras cláusulas abusivas, que si bien no están directamente vinculadas, se aprovecha la excusa de la existencia del fronting para incorporarlas". Entre ellas, menciona: "Claims made"; "Settlement clause"; "Claims series clause"; "Pay to be paid"; "Cláusulas de condiciones norteamericanas" etc.[57]

---

56 HILL PRADOS, María Concepción. Reaseguro y Coaseguro. *In*: BATALLER, Juan; VEIGA COPO, Abel (Ed.). *La Protección del Cliente en el Mercado Asegurador*. Madrid: Civitas - Thomson Reuters, 2014, p. 1287.

57 SOBRINO, Waldo. Fronting: Un gran peligro para la mayoría de las empresas aseguradas latinoamericanas. *Revista Ibero-Latinoamericana de Seguros*, n. 23, pp. 183-200. Agrega - sobre la cláusula de "pago simultáneo" (*simultaneous payment clause)*: "... esta cláusula establece que la compañía de seguros, no va a estar obligada al pago del siniestro al asegurado, hasta tanto - en forma previa - la reaseguradora no le hubiese entregado a la aseguradora los fondos pertinentes. La ilegalidad de esta cláusula choca a la vista, habida cuenta que el

El autor considera que la *claims control clause* es una muestra cabal de la desnaturalización del reaseguro:

> (...) es absolutamente nula e ilegal frente a la "empresa asegurada"... La compañía de seguros nunca podrá pretender válidamente eximirse de su responsabilidad frente al asegurado, alegando la "claims control clause"... La introducción de la "claims control clause" implica un riesgo exorbitante para la compañía de seguros, dado que mantiene intactas y vigentes todas y cada una de sus responsabilidades legales frente al asegurado; no pudiendo pretender eximirse y/o retrasarse en el pago del siniestro, alegando las pautas de la "claims control clause".[58]

Y agrega: "La nave insignia de las cláusulas abusivas derivadas del fronting es – sin hesitar – la cláusula de pago simultáneo, por medio de la cual se determina que la compañía de seguros no se encuentra obligada al pago de ninguna indemnización, hasta tanto, no le haya sido previamente remitido el dinero por la reaseguradora".[59]

A su turno, afirma Perucchi:

> En los últimos años, los mercados internacionales de reaseguro han recibido la presencia de intereses económicos no siempre deseables, que han alterado con sus prácticas el

---

asegurado puede llegar a verse perjudicado, por el no pago de un tercero con el cual no tiene vínculo contractual (v. gr. La reaseguradora). Y, así, la compañía de seguros podría escudarse en dicha circunstancia, para intentar eximirse de su responsabilidad contractual frente al asegurado. Es más, hasta puede darse el caso que la propia compañía de seguros, no hubiese cumplido con las pautas de su contrato de reaseguro (por ejemplo, no haciendo la denuncia del siniestro en tiempo propio – y que por ello, la reaseguradora, se niegue a pagar); pero que igualmente, la aseguradora podría alegar que no tiene responsabilidad frente al asegurado, porque la reaseguradora no le entregó los fondos para pagar el siniestro. Se ve claramente el carácter abusivo de esta cláusula, donde la única perjudicada es la 'empresa asegurada' (v. gr. el 'consumidor de seguros'). Es por ello, que antes hablábamos de la *contaminación del contrato de seguro*, producida por el reaseguro". En torno a la cláusula de control de reclamos: "... a través de esta cláusula, se están echando por tierra muchos de los controles que el Estado tiene que ejercer en el mercado de seguros. En efecto, si se otorga validez a las 'modernas cláusulas abusivas en los seguros' (entre ellas, 'Simultaneous Payment', 'Dación en Pago, 'Preeminencia de las condiciones del reaseguro' etc.), se va a llegar a la conclusión que absolutamente todo lo relacionado con el seguro, va a estar impuesto por las reaseguradoras. Y, si ahora agregamos la '*claims control clause*', veremos que hasta las cuestiones básicas de una compañía de seguros (*v. gr.* liquidación del siniestro, determinación de pago de las indemnizaciones, posibilidad de llegar a un acuerdo extrajudicial, etc.) van a estar en cabeza de las reaseguradoras (que son extranjeras, en su gran mayoría). Ello implicaría, en buen romance, que las *reaseguradoras* adoptarían (de hecho y de derecho), el papel de *compañías de seguros*, pero sin ser objeto de absolutamente ningún tipo de control estatal".

58 SOBRINO, Waldo. Fronting: Un gran peligro para la mayoría de las empresas aseguradas latinoamericanas. *Revista Ibero-Latinoamericana de Seguros*, n. 23, pp. 183-200.

59 SOBRINO, Waldo. Fronting: Un gran peligro para la mayoría de las empresas aseguradas latinoamericanas. *Revista Ibero-Latinoamericana de Seguros*, n. 23, pp. 183-200.

funcionamiento de la buena fe esencial para el cumplimiento del contrato de reaseguro (...). Las superintendencias de seguros han visto con frecuencia frustradas sus actividades de control de solvencia frente al incumplimiento del reasegurador, particularmente frente a la liquidación de los aseguradores, situación donde no resulta fácil el recupero de los siniestros a que debían hacer frente los reaseguradores.[60]

Añade:

(...) Desde hace unos años a esta parte ha aparecido en los mercados una cláusula - denominada de Pago simultáneo -, que suele colocarse en el contrato de seguro - no en el de reaseguro - en virtud de la cual se pretende que el asegurado no pueda exigir el pago de la indemnización total, sino solamente la que se corresponda con su retención, hasta que el asegurador-cedente reciba de su reasegurador la parte del siniestro a cargo de este último. Es más, según la cláusula, si no la llega a recibir - cualquiera fuera la causa - esa parte de la indemnización (la que económicamente está a cargo del reasegurador) nunca sería exigible por el asegurado. La cláusula mencionada contraría la más elemental noción del seguro y del reaseguro. En efecto, el reaseguro sólo produce una modificación económico--financiera, según la cual una parte del siniestro va a ser recuperada de él, pero nunca una modificación jurídica, por cuanto el asegurador siempre seguirá siendo el único deudor de la indemnización - esté reasegurado o no, sea válido o no el reaseguro contratado, o, en fin, pueda o no recuperar del reasegurador. De allí que tal nulidad deba ser efectivamente consignada en el derecho interno, de manera de no exponer a los asegurados -beneficiarios de los principios tuitivos del seguro - a semejante despojo, que puede responder, incluso, a un entendimiento fraudulento del asegurador con el reasegurador.[61]

Por otra parte, afirma Stiglitz[62] sobre la cláusula de pago simultáneo:

(...) consiste en que el asegurador subordina el pago al asegurado, a que previamente el reasegurador le suministre los fondos correspondientes a su efectiva participación. A una

60 PERUCCHI, Héctor. Incorporación de normas sobre contratos de reaseguro en las legislaciones nacionales. *Revista Ibero-Latinoamericana de seguros*. Bogotá. Pontificia Universidad Javeriana. N. 20, p. 128, septiembre 2003.

61 PERUCCHI, Héctor. Incorporación de normas sobre contratos de reaseguro en las legislaciones nacionales. *Revista Ibero-Latinoamericana de seguros*. Bogotá. Pontificia Universidad Javeriana. N. 20, p. 134, septiembre 2003.

62 STIGLITZ, Rubén S. *Temas de Derecho de Seguros*. Pontificia Universidad Javeriana. Bogotá: Grupo Editorial Ibáñez, 2010, pp. 281-282. "La distorsión del contrato de reaseguro. El fronting. Situación en Argentina".

primera visión de conjunto, pone de relieve una grave interferencia del reasegurador en una relación de la que no participa: nos referimos al contrato de seguro. Y esa intervención es de tal entidad que, en lo esencial, la obligación principal a cargo del asegurador para con el asegurado, el pago de la indemnización, queda subordinada al mero arbitrio del reasegurador en punto al suministro de los fondos para hacerla efectiva. El efecto derivado no es otro que, – en el mejor de los casos – diferir el compromiso asumido por el asegurador hasta que reciba los fondos y –en el peor de los casos –, suprimirlo, si es que no le son proveídos.

Para Stiglitz, la cláusula es ilícita en Argentina en tanto vulnera los artículos 49, 50, y 61, 159 de la Ley de Seguros. Y concluye: "Por lo demás, la cláusula es abusiva en los términos del art. 37, Ley 24240, en tanto provoca un desequilibrio significativo entre los derechos de las partes al ampliar inequitativamente los del asegurador en detrimento de los del asegurado, desnaturalizando la relación obligacional".

En el Perú, sabemos que para el Reglamento de Reaseguros los contratos de reaseguro automáticos y facultativos "deben" incorporar "cláusulas estandarizadas que forman parte de la práctica internacional".

Como se aprecia, esta fórmula es amplia y no señala límites.[63] Sin embargo, como ocurre con las cláusulas de "control de reclamos" y de "pago simultáneo", cuando las cláusulas del contrato de reaseguro en general, o sus efectos proyectados sobre el contrato de seguro, son contrarios a las normas y principios de la LCS, no tienen validez jurídica alguna para el derecho peruano.

Por el contrario, en virtud del artículo I de la LCS, la cláusula *Cut Through* es válida como una excepción a la autonomía de los contratos de seguro y de reaseguro en tanto se trata de una estipulación más favorable al asegurado.[64]

---

63 Vid. TIRADO, Ignacio. "Restatement" sobre Contrato de Seguro – Principles of Reinsurance Contract Law. *TV Comillas Edu*, 2020. Comillas Universidad Pontificia. Disponible en: https://tv.comillas.edu/media/Ignacio+Tirado/1_s96w0m5j/190063873.

64 En los Estados Unidos de América, resalta Robert M. Hall que una preocupación en la industria aseguradora con el fronting es que un asegurado pueda iniciar una acción directa contra el reasegurador en caso que la empresa emisora de la póliza se declare insolvente. Partiendo de casos de la jurisprudencia norteamericana, el autor destaca diferencias entre lo que llama un "reaseguro normal" y un "fronting extremo". Señala que "el riesgo para el reasegurador aumenta con las formas extremas de fronting, es decir, cuando la empresa emisora de la póliza no asume un riesgo de seguro neto y no suscribe, gestiona o financia siniestros". Y recuerda que, en el caso "Ario vs. Swiss Reins. Amer. Corp." (2007 Pa. Commw. Lexis 737. Com. Ct.Pa.), el tribunal declaró que los siguientes factores sirven para determinar si el asegurado debe o no tener acceso directo al reaseguro: ¿El asegurador asumió algún riesgo de suscripción o simplemente actuó como "front"? ¿El asegurador participó en la transacción para generar comisiones en lugar de ingresos por primas? ¿El reasegurador operó como un "asegurador directo" y controló el manejo de los siniestros y el proceso de financiamiento? ¿Facilitó el asegurado

Las cláusulas introducidas en la póliza de seguro y en el contrato de reaseguro conforme a lo dispuesto por el artículo 7.2 del Reglamento de Reaseguros, son nulas de pleno derecho en virtud de los artículos I, II (a), IV.1, IV.2, IV.12, 39 y 40 de la LCS.

17. NUEVOS RIESGOS PARA EL ASEGURADO ... DE GRANDES RIESGOS

El Reglamento pasa por alto la gran variedad de casos que pueden presentarse en la realidad en torno al *fronting*. Entre ellos, aquél en que el asegurador cede al reasegurador el 100% de la cobertura y el asegurado – que celebró un contrato de seguro por adhesión – no conoce de la existencia del reaseguro y no tiene la menor idea de quién es el reasegurador.

Se está exponiendo al asegurado de grandes riesgos (y al de riesgos no tan grandes) a la eventualidad de verse en graves dificultades si es que se presenta una liquidación voluntaria o forzosa del asegurador o del reasegurador, con la posibilidad de cuestionamientos a la cláusula "*cut through*",[65] o de complicaciones por multiplicidad de contratos independientes entre el asegurador y los reaseguradores,[66] o por daños causados por el corredor de reaseguros en el marco de sus relaciones con el asegurador a quien normalmente representa[67] etc.

Y algo no menos grave: se le está exponiendo a las vicisitudes de la relación asegurador – reasegurador, que como parece obvio puede tener variadas implicancias relacionadas, por ejemplo, al pago de comisiones de utilidades, al principio *follow the*

---

la participación del reasegurador? ¿Las acciones favorecen el acceso directo del asegurado al reaseguro?". HALL, Robert M. *Fronting and Direct Actions Against Reinsurers*: The Final Chapter. Disponible en: https://debrahalljd.files.wordpress.com/2018/02/frontfinalchapart.pdf.

65 Vid. CARDONA, Christopher. El contrato internacional de reaseguro facultativo. Particularidades del mercado inglés y experiencia en el mercado latinoamericano. *Revista Ibero-Latinoamericana de Seguros*. Bogotá, Colombia, v. 31, n. 18, pp. 91-106, p. 95, julio-diciembre 2009.

66 Vid. CARDONA, Christopher. El contrato internacional de reaseguro facultativo. Particularidades del mercado inglés y experiencia en el mercado latinoamericano. *Revista Ibero-Latinoamericana de Seguros*. Bogotá, Colombia, v. 31, n. 18, pp. 91-106, p. 97, julio-diciembre 2009.
Cfr. PERUCCHI, Héctor. Incorporación de normas sobre contratos de reaseguro en las legislaciones nacionales. *Revista Ibero-Latinoamericana de seguros*. Bogotá. Pontificia Universidad Javeriana. N. 20, pp. 125-145, septiembre 2003.

67 PERUCCHI, Héctor. Incorporación de normas sobre contratos de reaseguro en las legislaciones nacionales. *Revista Ibero-Latinoamericana de seguros*. Bogotá. Pontificia Universidad Javeriana. N. 20, p. 144, septiembre 2003. "Hay que tener en cuenta que, fundamentalmente en los reaseguros facultativos, las partes del contrato son lejanas y no suelen conocerse. ¿Cómo pretender que la cedente nacional se quede tranquila al haber cumplido sus obligaciones frente al bróker, que es quien se contacta con ella, si estuviera expuesta a que el bróker no lo hiciera con el reasegurador y entonces se interpretara que tal obligación no está cumplida en forma oportuna?".

fortunes[68] o a los acuerdos de reaseguro finito o financiero[69] que también regula el Reglamento.[70]

Como señala Donati:

> Por supuesto, como cualquier instrumento técnico, si se usa indebidamente por incapacidad o mala fe, el reaseguro puede causar perjuicios en lugar de beneficios: al reasegurado que, sintiéndose respaldado, puede ser inducido a asumir riesgos sin la debida cautela o lanzarse al *dumping* de tarifas o a depender de reaseguradoras no sólidas; al reasegurador que puede seleccionar mal los riesgos de su cartera o, peor aún, si el asegurador actúa de mala fe, con primas inferiores a las debidas o liquidaciones de siniestros sobrevaluadas. Por tanto, se requiere especial cautela para ambas partes, como siempre ocurre con los contratos en que el elemento "buena fe" es determinante.[71]

Para una fotografía más completa, tampoco debe olvidarse aquello que nos recuerda Carranza-Kopper:[72]

> Los acuerdos de fronting ideados por aseguradores directos y reaseguradores han sido replicados por reaseguradores y retrocesionarios en los niveles superiores de cobertura. Los reaseguradores no autorizados o no acreditados pueden recurrir a otros reaseguradores para actuar como "fronts" en contratos de reaseguro con el fin de cumplir con requisitos

---

68 Vid. TOLEDO PIZA, Paulo de. Resseguro e Princípio To Follow the Fortunes: Direito Vigente e Projetos de Lei de Contrato de Seguro". *In*: VI FÓRUM DE DIREITO DO SEGURO JOSÉ SOLLERO FILHO – IBDS. *Estudos de Direito do Seguro*. Volume XIII. I Congresso Internacional de Direito do Seguro. Conselho da Justiça Federal – Superior Tribunal de Justiça, pp. 231-247.

69 DÍAZ BRAVO, Arturo. El Reaseguro Financiero. *Revista Ibero-Latinoamericana de Seguros*, n. 13. Editorial Javegraf, Colombia, 1999, p. 139. Sostiene que la nota común a las diversas formas del reaseguro financiero "está constituida por las aportaciones que hace la cedente al reasegurador, el que se obliga a reembolsarlas a la primera, en unión de los rendimientos, para el pago de siniestros y, a falta de siniestralidad, a devolvérselas en unión de una parte de los rendimientos, pues la otra parte la retiene como remuneración por sus servicios y gastos. El reasegurador, pues, no asume por regla general riesgo de suscripción, sino solo riesgos financieros y cambiarios".

70 VILÁ, Nancy Anamaría. Actualidades del reaseguro. Reaseguro finito, financiero. *Revista Ibero-Latinoamericana de Seguros*, n 21, pp. 45-60: "Es un instrumento utilizado por los aseguradores y reaseguradores donde se crea una relación a largo plazo, basada en una muy firme confianza entre las partes y donde el reasegurador debe conocer previamente y en profundidad no solo la política asegurativa y comercial de la aseguradora sino la solvencia moral de su dirigencia, puesto que en este reaseguro no tradicional se transfiere, como en el tradicional, el riesgo de suscripción pero también prevalentemente el riesgo financiero".

71 DONATI, Antigono. *Trattato del Diritto delle Assicurazioni Private*. V. III. Milano: Dott. A. Giuffré Editore, 1954, pp. 457-458.

72 CARRANZA-KOPPER, Esteban. Fronting Arrangements: Industry Practices and Regulatory Concerns. *Connecticut Insurance Law Journal*, v. 80, p. 231, 2010. Disponible en: https://opencommons.uconn.edu/cilj/80.

legales de solvencia, seguridad u otros, permitiendo así al asegurador subyacente obtener crédito por la cobertura de reaseguro.

Lo que nos lleva a reflexionar sobre la existencia de otras formas de *fronting* o "fachadas" en relación a los ajustadores[73] y corredores de reaseguros en el mercado internacional, que "facilitan" su nombre o sirven también de "máscara" para que otros puedan actuar en tal o cual plaza. La importancia de estas otras formas o manifestaciones de *fronting* no debe ser subestimada y debe también ser estudiada.

18. "ÉSTA ES LA PRÁCTICA, DESGRACIADAMENTE..."

En una entrevista que me concedió el ilustre jurista Rubén S. Stiglitz en Medellín,[74] con ocasión de un encuentro organizado por Acoldese, le pregunté a qué se refería cuando citaba la letra del hermoso tango "Uno" que nos dice: "la lucha es cruel y es mucha". Su respuesta fue:

> (...) Yo creo que el corazón de lo que he expuesto, la desigualdad formal tanto como la desigualdad material, permanentemente requiere de una lucha no solamente inmensa sino intensa. Y hay que luchar no solamente contra los lobbies empresariales, sino que hay que luchar contra los abogados de los lobbies. Y eso en casi todos los procesos, sobre todo de grandes riesgos. En los procesos de grandes riesgos, participa un gran enemigo del asegurado, que es el reasegurador extranjero. El reasegurador extranjero tiene por misión el rechazo de los siniestros. Su rol es no pagar, y si se paga, pagar lo menos posible. Entonces uno tiene que luchar contra el asegurador local y contra el reasegurador internacional. Uno tiene que luchar contra los abogados del asegurador local y contra los abogados que

---

73 Vid. MEZA CARBAJAL, Luis Alberto. Indemnización. *In*: QUINTÁNS EIRAS, María Rocío; RAMÍREZ OTERO, Lorena Cecilia (Ed.). *Estudios sobre el Contrato de Seguro*. 1. ed. Universidad de Piura, Perú, noviembre 2017, p. 404.

74 Texto original: "*(...) Yo creo que el corazón de lo que he expuesto, la desigualdad formal tanto como la desigualdad material, permanentemente requiere de una lucha no solamente inmensa sino intensa. Y hay que luchar no solamente contra los lobbies empresariales, sino que hay que luchar contra los abogados de los lobbies. Y eso en casi todos los procesos, sobre todo de grandes riesgos. En los procesos de grandes riesgos, participa un gran enemigo del asegurado, que es el reasegurador extranjero. El reasegurador extranjero tiene por misión el rechazo de los siniestros. Su rol es no pagar, y si se paga, pagar lo menos posible. Entonces uno tiene que luchar contra el asegurador local y contra el reasegurador internacional. Uno tiene que luchar contra los abogados del asegurador local y contra los abogados que representan a los reaseguradores extranjeros. Entonces esa lucha no es solamente cruel, sino que es mucha, y mucha significa intensa*". UNIVERSIDAD DE PIURA. Entrevista al Dr. Rubén S. Stiglitz. YouTube, 29.10.2015. Disponible en: https://www.youtube.com/watch?v=nPDbMCQU5H4.

representan a los reaseguradores extranjeros. Entonces esa lucha no es solamente cruel, sino que es mucha, y mucha significa intensa.

En el Perú, decía el recordado Carlos Fisher en una conferencia organizada por AIDA Perú el 2016,[75] refiriéndose a lo que llamó la "esclavitud" de la cláusula de control de reclamos:

> Pongo el ejemplo en un cliente (en el) que a mí me tocó participar en forma directa frente a la presentación de un reclamo. El reasegurador se demoró cinco años, créanme, cinco años, en designar a su ajustador, nombrado por ellos. Y lo peor del caso, cuando lo nombró, el asegurador lo tomó como propio. Y el asegurador se olvidó que, de acuerdo a las disposiciones nacionales, los ajustadores tienen que estar inscritos en la Superintendencia para poder actuar como tal. Y aquí se produjo la colisión completa, completa. No tenía salida. Durante cinco años hubo un impasse completo. No hubo información del asegurador sobre las condiciones del reclamo. No hubo respuesta del ajustador en los seis meses posteriores a su designación por el reasegurador. Y la bola empezó a correr, y correr y correr. Y el ajustador seguía pidiendo información, y seguía pidiendo información, y seguía pidiendo información. Se trastocaron, por consiguiente, todos los principios sanos de lo que es la relación del asegurado con su asegurador y éste con su reasegurador. Ésta es la práctica, desgraciadamente (...).

El Reglamento de la Superintendencia no contribuye a la solución de importantes problemas del ámbito contractual de los seguros y reaseguros en el Perú.[76]

19. LA SUPERINTENDENCIA Y EL RESPETO A LA CONSTITUCIÓN POLÍTICA DEL PERÚ

El contenido de las resoluciones n. 4706-2017 (Reglamento de Reaseguros) y 3695-2019 (que autoriza las *claims made* en seguros de responsabilidad civil), evidencia

---

75 "...Partamos de la ley de oro, que el contrato de seguro es totalmente independiente del contrato de reaseguro...". FISHER GARCÍA, Carlos. Problemas legales y soluciones en los reaseguros en el Brasil. *In*: AIDA PERÚ 2016: Disponible en: https://youtu.be/65JNUK0W2Rg.

76 Cfr. NÚÑEZ DEL PRADO, Alonso. La supervisión del sistema asegurador. *Revista Peruana de Seguros y Reaseguros*, n. 1. Estudios en honor al profesor Francisco Javier Tirado Suárez. Perú, 2021; MEZA CARBAJAL, Luis Alberto. Transparencia, Certeza Contractual y Cláusulas Abusivas en el Mercado Peruano de Seguros. *In*: VEIGA COPO, Abel (Ed.). *Retos y Desafíos del Contrato de Seguro: del Necesario Aggiornamento a la Metamorfosis del Contrato*. Madrid: Civitas – Thomson Reuters, mar. 2020.

que la Superintendencia se ha arrogado competencias que no le corresponden y que, a mi juicio, son contrarias a normas fundamentales y/o afectan derechos que reconoce la Constitución Política del Perú:

> Artículo 2. Derechos fundamentales de la persona. Toda persona tiene derecho: (...) 14. A contratar con fines lícitos, siempre que no se contravengan leyes de orden público (...)
> Artículo 62°. – La libertad de contratar garantiza que las partes pueden pactar válidamente según las normas vigentes al tiempo del contrato. Los términos contractuales no pueden ser modificados por leyes u otras disposiciones de cualquier clase (...).
> Artículo 87°. – La Superintendencia de Banca, Seguros y Administradoras Privadas de Fondos de Pensiones ejerce el control de las empresas (...) de seguros (...).
> Artículo 102°. – Son atribuciones del Congreso: 1. Dar leyes y resoluciones legislativas, así como interpretar, modificar o derogar las existentes.
> Artículo 103°. – (...) La ley se deroga solo por otra ley (...).

CONSIDERACIONES FINALES

¿Qué posición ha adoptado la Superintendencia peruana ante el *fronting*?

Por razones que no ha explicado al país, ha decidido regularlo de una manera contraria a la LCS, en términos perniciosos para el asegurado de los sectores privado y público. Le ha trasladado el riesgo crediticio del reasegurador y los riesgos jurídicos del contrato de reaseguro, entre otros.

Preocupa que la Superintendencia incentive la antiselección de los riesgos y la transformación de los aseguradores en corredores de seguros.[77] Preocupa tanto o más que lo esté haciendo de esta manera. No parece una buena receta para la salud de nuestro sistema de seguros.

BIBLIOGRAFÍA

ASOCIACIÓN INTERNACIONAL DE SUPERVISORES DE SEGUROS. *Principios Básicos de Seguros, Estándares, Guía y Metodología de Evaluación*. Disponible en: https://www.iaisweb.org/uploads/2022/01/Principos_Basicos_de_Seguros__Estandares__Guia_y_Metodologia_de_Evaluacion___ASSAL_.pdf.pdf.

BEAUMONT CALLIRGOS, Ricardo. Disposiciones Complementarias, Finales y Modificatorias. *In*: QUINTÁNS EIRAS, María Rocío; RAMÍREZ OTERO, Lorena Cecilia (Ed.). *Estudios sobre el Contrato de Seguro*. 1. ed. Universidad de Piura, Perú, noviembre 2017, p. 772.

77 Cfr. HALPERIN, Isaac. *Contrato de Seguro*. Buenos Aires: Depalma, 1966, p. 64.

BROSETA PONT, Manuel. *El Contrato de Reaseguro*. Madrid: Aguilar, 1961.

CANADA. Office of the Superintendent of Financial Institutions – OSFI. *Discussion Paper on OSFI's Reinsurance Framework*. Junio de 2018. Disponible en: https://www.osfi-bsif.gc.ca/Eng/Docs/reins_frmwk.pdf.

CARDONA, Christopher. El contrato internacional de reaseguro facultativo. Particularidades del mercado inglés y experiencia en el mercado latinoamericano. *Revista Ibero-Latinoamericana de Seguros*. Bogotá, Colombia, v. 31, n. 18, pp. 91-106, pp. 91ss., julio-diciembre 2009.

CARRANZA-KOPPER, Esteban. Fronting Arrangements: Industry Practices and Regulatory Concerns. *Connecticut Insurance Law Journal*, v. 80, p. 251, 2010. Disponible en: https://opencommons.uconn.edu/cilj/80.

DÍAZ BRAVO, Arturo. El Reaseguro Financiero. *Revista Ibero-Latinoamericana de Seguros*, n. 13. Colombia: Editorial Javegraf, 1999, p. 139.

DONATI, Antigono. *Trattato del Diritto delle Assicurazioni Private*. V. III. Milano: Dott. A. Giuffré Editore, 1954, pp. 457-458.

DUNCAN, Strachan; STOUT, Kayleigh. The Insurance and Reinsurance Law Review: Latin America Overview. *DAC Beachcroft*. 9 abr. 2021.

FISHER GARCÍA, Carlos. Problemas legales y soluciones en los reaseguros en el Brasil. *In*: AIDA PERÚ 2016: Disponible en: https://youtu.be/65JNUK0W2Rg.

GARRIGUES, Joaquín. *Curso de Derecho Mercantil*. 6. ed., tomo II. Madrid: Imprenta Aguirre, 1974.

HALL, Robert M. *Fronting and Direct Actions Against Reinsurers*: The Final Chapter. Disponible en: https://debrahalljd.files.wordpress.com/2018/02/frontfinalchapart.pdf.

HALPERIN, Isaac. *Contrato de Seguro*. Buenos Aires: Depalma, 1966.

HILL PRADOS, María Concepción. Reaseguro y Coaseguro. *In*: BATALLER, Juan; VEIGA COPO, Abel (Ed.). *La Protección del Cliente en el Mercado Asegurador*. Madrid: Civitas – Thomson Reuters, 2014, p. 1287.

INTERNATIONAL ASSOCIATION OF INSURANCE SUPERVISOR – IAIS. *Insurance Core Principles and Common Framework for the Supervision of Internationally Active Insurance Groups*. Actualización: noviembre 2019, pp. 146-147. Disponible en: https://www.iaisweb.org/page/supervisory-material/insurance-core-principles-and-comframe//file/91154/iais-icps-and-comframe-adopted-in-november-2019.

INTERNATIONAL ASSOCIATION OF INSURANCE SUPERVISOR – IAIS. Report of the 20th A2ii – IAIS Consultation Call. Reinsurance. *Access to Insurance Initiative*, 26 jan. 2017, p. 13. Disponible en: https://a2ii.org/sites/default/files/2019-07/reinsurance_consultation_call_report.pdf.

JARAMILLO-JARAMILLO, Carlos Ignacio. Valorización y Primordiales Alcances de la Dependencia del Contrato de Reaseguro respecto del Seguro Originario. Génesis, Generalidades. Implicaciones y análisis sumario en torno a su pretendida accesoriedad. *Revista Ibero-Latinoamericana de Seguros*, n. 13, pp. 163-164.

MEZA CARBAJAL, Luis Alberto. Indemnización. *In*: QUINTÁNS EIRAS, María Rocío; RAMÍREZ OTERO, Lorena Cecilia (Ed.). *Estudios sobre el Contrato de Seguro*. 1. Ed. Universidad de Piura, Perú, noviembre 2017, p. 404.

MEZA CARBAJAL, Luis Alberto. La nueva ley del contrato de seguro del Perú. *Revista Ibero-Latinoamericana de Seguros*. Bogotá (Colombia), v. 37, n. 21, pp. 29-60, p. 59, julio-diciembre 2012.

MEZA CARBAJAL, Luis Alberto. La SBS frente a la Ley del Contrato de Seguro. *Revista "Actualidad Jurídica"*, n. 229, pp. 39-41, diciembre 2012.

MEZA CARBAJAL, Luis Alberto. Transparencia, Certeza Contractual y Cláusulas Abusivas en el Mercado Peruano de Seguros. *In*: VEIGA COPO, Abel (Ed.). *Retos y Desafíos del Contrato de Seguro: del Necesario Aggiornamento a la Metamorfosis del Contrato*. Madrid: Civitas – Thomson Reuters, mar. 2020.

MUÑOZ LÓPEZ, Álvaro. Desnaturalización del Contrato de Reaseguro. *In*: AIDA SECCIÓN ESPAÑOLA *et al. Estudios sobre el Contrato de Reaseguro*. Madrid: Editorial Española de Seguros: MUSINI, D.L. 1997, p. 206.

NUEVA YORK. Departamento de Servicios Financieros. Fronting Question Presented. Disponible en: https://www.dfs.ny.gov/insurance/ogco2005/rg050111.htm.

NÚÑEZ DEL PRADO, Alonso. La Exclusión de los Grandes Riesgos de los Beneficios de la Ley del Contrato de Seguro en el Perú: El Principio de Realidad. *Revista Ibero – Latinoamericana de Seguros*. Bogotá, Colombia. v. 44, n. 25, pp. 173-182, enero-junio 2016.

NÚÑEZ DEL PRADO, Alonso. La supervisión del sistema asegurador. *Revista Peruana de Seguros y Reaseguros*, n. 1. Estudios en honor al profesor Francisco Javier Tirado Suárez. Perú, 2021.

PERÚ. Superintendencia de Banca, Seguros y AFP. Asociación Internacional de Supervisores de Seguros – IAIS. Disponible en: https://www.sbs.gob.pe/prevencion-de-lavado-activos/Sistema-de-Lucha-Contra-el-LA-FT/Organismos-Internacionales-que-rigen-el-Sistema-Nacional-contra-el-LA-FT/Asociacion-Internacional-de-Supervisores-de-Seguros-IAIS.

PERÚ. Superintendencia de Banca, Seguros y AFP. Departamento de Supervisión de Reaseguros. Informe n. 041-2014-DSR, del 27.3.2014.

PERUCCHI, Héctor. Incorporación de normas sobre contratos de reaseguro en las legislaciones nacionales. *Revista Ibero-Latinoamericana de seguros*. Bogotá. Pontificia Universidad Javeriana. N. 20, septiembre 2003.

RISCO EM PROSA. Locução de Ernesto Tzirulnik; Inaê Oliveira. Episódio 1. Grandes Riscos. IBDS Podcast, Sep. 2021. Disponible en: https://open.spotify.com/episode/5xFjkGsitwnMKkDGMwK7QO.

SÁNCHEZ CALERO, Fernando. El Reaseguro en la Ley Española de Contrato de Seguro. *In*: AIDA SECCIÓN ESPAÑOLA *et al. Estudios sobre el Contrato de Reaseguro*. Madrid: Editorial Española de Seguros: MUSINI, D.L. 1997, p. 161.

SOBRINO, Waldo. Fronting: Un gran peligro para la mayoría de las empresas aseguradas latinoamericanas. *Revista Ibero-Latinoamericana de Seguros*, n. 23, pp. 183-200.

SCOVILLE, James; SWIRSKI, Clare; LYON, Benjamin. Debevoise & Plimpton LLP. Insurance and Reinsurance 2021. *Chambers and Partners*. Actualizado al 19.1.2021.

TIRADO, Ignacio. "Restatement" sobre Contrato de Seguro – Principles of Reinsurance Contract Law. *TV Comillas Edu*, 2020. Comillas Universidad Pontificia. Disponible en: https://tv.comillas.edu/media/Ignacio+Tirado/1_s96w0m5j/190063873.

TOLEDO PIZA, Paulo de. Resseguro e Princípio To Follow the Fortunes: Direito Vigente e Projetos de Lei de Contrato de Seguro". *In*: VI FÓRUM DE DIREITO DO SEGURO JOSÉ SOLLERO FILHO – IBDS. *Estudos de Direito do Seguro*. Volume XIII. I Congresso Internacional de Direito do Seguro. Conselho da Justiça Federal – Superior Tribunal de Justiça, pp. 231-247.

UNIVERSIDAD DE PIURA. Entrevista al Dr. Rubén S. Stiglitz. YouTube, 29.10.2015. Disponible en: https://www.youtube.com/watch?v=nPDbMCQU5H4.

URÍA, Rodrigo. *Derecho Mercantil*. 6. ed. Madrid, 1968.

VERCHER MOLL, Javier. La Distribución del Riesgo entre Distintos Aseguradores: El Contrato de Reaseguro. *In*: QUINTÁNS EIRAS, María Rocío; RAMÍREZ OTERO, Lorena Cecilia (Ed.). *Estudios sobre el Contrato de Seguro*". 1. ed. Universidad de Piura, Perú, noviembre 2017, p. 761.

VILÁ, Nancy Anamaría. Actualidades del reaseguro. Reaseguro finito, financiero. *Revista Ibero--Latinoamericana de Seguros*, n 21, pp. 45-60.

ZEGARRA MULÁNOVICH, Álvaro. Marco y Principios Interpretativos de la Regulación y Contratación de Seguros Privados (Artículos I a IV LCS). *In*: QUINTÁNS EIRAS, María Rocío; RAMÍREZ OTERO, Lorena Cecilia (Ed.). *Estudios sobre el Contrato de Seguro*. 1. ed. Universidad de Piura, Perú, noviembre 2017, p. 56.

Jurisprudencia

PERÚ. Corte Suprema de Justicia. Expediente n. 5099-2009. Sala Civil Permanente de 18 de Enero de 2011. Disponible en: https://vlex.com.pe/vid/-472772098.

Legislación

ESPAÑA. Ley 50/1980, de 8 de octubre, de Contrato de Seguro. *Boletín Oficial del Estado*, de 17 oct. 1980. Disponible en: https://www.boe.es/eli/es/l/1980/10/08/50/con.

PERÚ. Código Civil. Actualizado en 2022. Disponible en: https://lpderecho.pe/codigo-civil-peruano-realmente-actualizado/.

PERÚ. Ley de Contrataciones del Estado, n. 30225. *El Peruano* – Diario Oficial. Disponible en: https://diariooficial.elperuano.pe/pdf/0022/tuo-ley-30225.pdf.

PERÚ. Ley del Contrato de Seguro (LCS), n. 29946. *El Peruano* – Diario Oficial, 27 noviembre 2012. Disponible en: https://leyes.congreso.gob.pe/Documentos/ExpVirPal/Normas_Legales/29946-LEY.pdf.

PERÚ. Ley General del Sistema Financiero y del Sistema de Seguros y Orgánica de la Superintendencia de Banca y Seguros, n. 26702 de 1996. Disponible en:https://www2.congreso.gob.pe/sicr/cendocbib/con4_uibd.nsf/8CEF5E01E937E76105257A0700610870/$FILE/26702.pdf.

PERÚ. Ley de Transparencia y Acceso a la Información Pública, n. 27.806, agosto de 2002. Disponible en: https://www.peru.gob.pe/normas/docs/ley_27806.pdf.

PERÚ. Superintendencia de Banca, Seguros y AFP. Resolución S.B.S. n. 4706 -2017. Disponible en: https://www.sbs.gob.pe/Portals/0/jer/PFRPV_NORMATIVIDAD/NUEVO/Resoluci%C3%B3n%20SBS%204706-2017.pdf.

PERÚ. Tribunal de Contrataciones y Adquisiciones del Estado. Resolución n. 910/2007.TC-S1. Disponible en: https://cdn.www.gob.pe/uploads/document/file/1220151/RES910-2007-TC-S120200807-1746888-2tsh9e.pdf.

O *FRONTING* E O REGULAMENTO DOS RESSEGUROS DA SUPERINTENDÊNCIA PERUANA

Luis Alberto Meza Carbajal[1]

INTRODUÇÃO[2]

Abordarei aqui um tema que não recebeu a atenção necessária no Peru. Como já diz o título da minha apresentação, referir-me-ei ao *fronting* e ao Reglamento de Reaseguros, aprovados no ano de 2017 pela Superintendencia de Banca, Seguros e AFP.

Esse ente dispôs que no *fronting* com cessão a ressegurador da totalidade da cobertura, a seguradora-cedente se obrigava ao pagamento da indenização apenas quando recebia os valores do ressegurador. Para isso, deve-se incluir na apólice de seguro e no contrato de resseguro uma cláusula neste sentido.

Essa regulação, porém, é perniciosa para o segurado, desnaturalizando o contrato de seguro e contradizendo preceitos essenciais da Ley del Contrato de Seguro (LCS) de 2012. As cláusulas contratuais assim apostas são nulas de pleno direito.

1. CONTRATAÇÃO DE SEGURO E RESSEGURO NO EXTERIOR

No Peru, há liberdade para contratar seguros e resseguros no estrangeiro. Isso está consagrado na Ley General del Sistema Financiero y del Sistema de Seguros y Orgánica de la Superintendencia de Banca y Seguros, n. 26.702 de 1996 (doravante, Lei Geral):

> Artigo 10. Liberdade para contratar seguros e resseguros no estrangeiro. Os residentes no país podem contratar seguros e resseguros no estrangeiro.[3]

---

1 Professor da Universidade de Piura, Peru.

2 A data de confirmação de todas as fontes da web citadas neste artigo é 12.11.2021. Os textos foram traduzidos pelo autor.

3 Texto original: "*Artículo 10. Libertad para contratar seguros y reaseguros en el exterior. Los residentes en el país pueden contratar seguros y reaseguros en el exterior*". No Peru, caso houvesse alguma dúvida, a Fonafe esclareceu que as empresas públicas sob sua alçada também podem fazer seguros no exterior. Respondendo a

2. CONDIÇÕES QUE AS RESSEGURADORAS DEVEM CUMPRIR

A Resolução n. 4706-2017[4] aprovou o Reglamento para la Contratación y Gestión de Reaseguros y Coaseguros. Ela foi publicada em 13 de dezembro de 2017 (doravante referida como o Regulamento). Passou a viger a partir de 1º de junho de 2018.

Esse regulamento da Superintendência prevê:

> Artigo 3.2. (...) As empresas de resseguros devem cumprir uma das seguintes condições:
> 1. Estejam estabelecidas no país.
> 2. Que, não estando estabelecidas no país, estejam registradas no Registro correspondente a cargo desta Superintendência, tal como referido no art. 324º da Lei Geral.
> 3. Que, não estando estabelecidas no país, tenham uma classificação de risco internacional considerada não vulnerável, concedida por qualquer das empresas de classificação de risco indicadas nestes Regulamentos. A classificação internacional de risco não pode ter mais de dezoito (18) meses a partir da data em que a informação é comunicada à Superintendência (...).

---

uma consulta para a presente investigação, o Fondo Nacional de Financiamiento de la Actividad Empresarial del Estado, por e-mail de 8 de novembro de 2021, destacou a validade do citado art. 10 da Lei Geral, bem como da Lei n. 30.225, Lei de Contratações Públicas, cujo art. 5º, 5.1, f), dispõe: "Artigo 5. Os seguintes casos estão excluídos do âmbito de aplicação sujeitos à supervisão da OSCE (...) 5.1 Estão sujeitos à supervisão do Organismo Superior das Contratações do Estado (OSCE) os seguintes casos imunes à aplicação da lei: (...) f) Compras realizadas com fornecedores não domiciliados no país quando uma das seguintes condições se verifica: i) a impossibilidade de realizar a compra por meio dos métodos de contratação da presente lei; ou ii) o maior valor das prestações seja realizado em território estrangeiro". Além disso, no caso acima mencionado de exclusão da regra, e em aplicação conjunta com o art. 29.3 da Lei n. 30.225, sobre as declarações de deserção, temos as seguintes disposições específicas para a aquisição de seguros patrimoniais das entidades: "Artigo 29. 3 Quando um procedimento de seleção cujo objetivo seja a aquisição de seguro patrimonial é declarado nulo, a entidade pode utilizar o procedimento determinado pelo regulamento para procedimentos declarados nulos ou as disposições do parágrafo f) do número 5.1 do artigo 5 desta Lei". E conclui: "De acordo com os textos legais transcritos, as empresas sob o escopo da FONAFE, poderiam, com base nos casos acima mencionados, contratar seguro no exterior".

4 Texto original: "Artículo 3.2. (...) Las empresas de reaseguros deben cumplir con alguna de las siguientes condiciones:
1. Que estén establecidas en el país.
2. Que no estén establecidas en el país, pero se encuentren hábiles en el Registro correspondiente a cargo de esta Superintendencia, al que se refiere el artículo 324 de la Ley General.
3. Que no estén establecidas en el país, pero cuenten con clasificación de riesgo internacional considerada no vulnerable, otorgada por alguna de las empresas clasificadoras de riesgo indicadas en este Reglamento. La clasificación de riesgo internacional no puede tener una antigüedad mayor de dieciocho (18) meses a la fecha en que se efectúe el reporte de información a la Superintendencia (...).
4. Que las empresas cuenten con autorización excepcional de la Superintendencia para operar con un reasegurador extranjero, en un ramo y por un plazo específico". PERU. Superintendencia de Banca, Seguros y Administradoras Privadas de Fondos de Pensiones. Resolución S.B.S. n. 4706 -2017. Disponível em: https://www.sbs.gob.pe/Portals/0/jer/PFRPV_NORMATIVIDAD/NUEVO/Resoluci%C3%B3n%20SBS%204706-2017.pdf.

4. Que as empresas tenham autorização excepcional da Superintendência para operar com uma resseguradora estrangeira, numa sucursal e por um período específico.

3. O REGULAMENTO DE RESSEGURO E A AUTONOMIA DOS CONTRATOS DE SEGURO E RESSEGURO

O regulamento estabelece:

Artigo 5º - Contratos de resseguro.
5.1 As empresas devem ter os contratos de resseguro subscritos pelos resseguradores participantes a cada período. Os contratos devem cobrir a totalidade (100%) do risco cedido. Estes contratos devem adotar as condições, formas e métodos geralmente aceitos na prática internacional, e indicar claramente o âmbito da sua cobertura. O que foi acordado entre as partes do contrato de resseguro não modifica as obrigações que, em relação à parte contratante, segurado, beneficiário ou terceiro lesado, a empresa tem em conformidade com as disposições da Lei Geral, da Lei do Contrato de Seguro e do contrato de seguro, com exceção do disposto no art. 7 do presente Regulamento.
(...)
Artigo 6º - Informação mínima dos contratos de resseguro.
6.1 Os contratos de resseguro automático devem conter pelo menos as seguintes informações: (...) 12. uma lista das cláusulas incorporadas no contrato e as respectivas condições, com exceção das cláusulas padronizadas que fazem parte da prática internacional.
6.2 Os contratos de resseguro facultativo devem indicar pelo menos o nome do titular da apólice de seguro, o prazo do contrato, as características do risco coberto, as exclusões, os correspondentes limites de retenção e cessão, o prêmio de resseguro e a data de pagamento, os resseguradores participantes e as suas respectivas porcentagens de participação no contrato, bem como os detalhes das cláusulas que fazem parte do contrato e as respectivas condições, com exceção das cláusulas padronizadas que fazem parte da prática internacional.
(...)
Artigo 7º - Exceção à autonomia dos contratos de seguro e de resseguro.
7.1 Em conformidade com o disposto no art. 322, § 2º, da Lei Geral, no caso de seguro contratado na modalidade de fronting, em que é acordada a cessão ao ressegurador da totalidade (100%) da cobertura contratada, pode ser acordado, por mútuo acordo com o segurado, que a empresa cedente seja obrigada a pagar a indenização correspondente, desde que receba do ressegurador os valores determinados na liquidação do sinistro, em conformidade com as condições estabelecidas no contrato de resseguro.

7.2 Para tal efeito, a apólice de seguro e o contrato de resseguro correspondente devem incluir a cláusula que estabelece tal acordo, indicando as obrigações correspondentes tanto para a seguradora como para a resseguradora em caso de sinistro.[5]

4. FUNDAMENTOS DO REGULAMENTO DE RESSEGURO

Por que a Superintendência aprovou esse regulamento?[6] Vejamos o que nos dizem os *consideranda* da Resolução n. 4.706/2017:

---

5 Texto original: "*Artículo 5.- Contratos de reaseguros.*
5.1 Las empresas deben contar con los contratos de reaseguros suscritos por los reaseguradores participantes en cada período. Los contratos deben cubrir la totalidad (100%) del riesgo cedido. Dichos contratos deben adoptar las condiciones, formas y métodos generalmente aceptados en la práctica internacional, y establecer claramente el alcance de su cobertura. Lo convenido entre las partes del contrato de reaseguro no modifica las obligaciones que, con respecto al contratante, asegurado, beneficiario o tercero damnificado, tiene la empresa de acuerdo con lo establecido en la Ley General, la Ley del Contrato de Seguro y el contrato de seguro, con excepción de lo señalado en el artículo 7 del presente Reglamento. (...)
Artículo 6.- Información mínima de los contratos de reaseguros.
6.1 Los contratos de reaseguros automáticos deben contener, como mínimo, la siguiente información: (...) 12. Relación de las cláusulas incorporadas en el contrato y sus respectivas condiciones, con excepción de aquellas cláusulas estandarizadas que forman parte de la práctica internacional.
6.2 En los contratos de reaseguro facultativo debe indicarse, por lo menos, el nombre del contratante de la póliza de seguro, la vigencia del contrato, las características del riesgo cubierto, las exclusiones, los límites de retención y cesión correspondientes, la prima del reaseguro y la fecha de pago, los reaseguradores participantes y sus respectivos porcentajes de participación en el contrato, así como el detalle de las cláusulas que forman parte del contrato y sus respectivas condiciones, con excepción de aquellas cláusulas estandarizadas que forman parte de la práctica internacional. (...)
Artículo 7.- Excepción a la autonomía de los contratos de seguro y de reaseguro.
7.1 De conformidad con lo dispuesto en el segundo párrafo del artículo 322 de la Ley General, en el caso de seguros contratados bajo la modalidad de fronting, en los cuales se pacte la cesión al reasegurador de la totalidad (100%) de la cobertura contratada, se puede convenir, de común acuerdo con el asegurado, que la empresa cedente esté obligada al pago de la indemnización que corresponda, siempre que reciba los fondos determinados en la liquidación del siniestro de parte del reasegurador, de acuerdo con las condiciones establecidas en el contrato de reaseguro.
7.2 Para tal efecto, se debe incorporar en la póliza de seguro y en el contrato de reaseguro correspondiente la cláusula que establezca dicho acuerdo, indicando las obligaciones que corresponden tanto a la empresa de seguros como al reasegurador en caso de producirse el siniestro.

6 Texto original: "*Que, sobre la base de la experiencia recogida en la supervisión de las operaciones de reaseguros y la revisión del Principio Básico de Seguros N° 13 "Reaseguro y otras formas de transferencia de riesgos", desarrollado por la International Association of Insurance Supervisors (IAIS), esta Superintendencia considera necesario precisar los requisitos para la contratación de reaseguros, ampliar los componentes del Plan Anual de Reaseguros, regular otras formas de transferencia de riesgo como la contratación de reaseguro finito y el fronting, así como establecer criterios para la determinación de los límites de retención de riesgos, entre otros aspectos destinados a mejorar el control y supervisión de las operaciones de reaseguros*". A Resolução n. 910/2007.TC-S1 do Tribunal de Contrataciones y Adquisiciones del Estado, de 19 de julho de 2007, cita o que foi expresso pela Superintendência de Banca y Seguros através do ofício n. 8926-2007-SBS de 14.5.2007 (ou seja, antes da LCS), no seguinte sentido: "(...) o contrato de seguro e o contrato de resseguro são autônomos; consequentemente, o contrato de resseguro não subordina as relações que emanam do contrato de seguro. (...) a seguradora é a única responsável pelas obrigações contraídas junto a seus segurados, o que também se aplica às operações de *fronting* em que a seguradora cede à resseguradora a totalidade do risco assumido ao subscrever o contrato de seguro". Disponível

Que, com base na experiência adquirida na supervisão de operações de resseguro e na revisão do Princípio Básico de Seguros nº 13 "Resseguro e outras formas de transferência de riscos", desenvolvido pela Associação Internacional de Supervisores de Seguros (IAIS), esta Superintendência considera necessário especificar os requisitos para a contratação de resseguros, expandir as componentes do Plano Anual de Resseguro, regular outras formas de transferência de risco, tais como o resseguro finito e o fronting, bem como estabelecer critérios para a determinação dos limites de retenção de risco, entre outros aspectos destinados a melhorar o controle e a supervisão das operações de resseguro.

5. SUPERVISÃO DAS OPERAÇÕES DE RESSEGURO

Nos termos da Ley de Transparencia y Acceso a la Información Pública,[7] datada de 31 de agosto de 2021 (processo n. 2021-72672), pedi à Superintendência cópias de documentos e informações relacionadas aos contratos de resseguro celebrados por seguradoras locais. Entre outras, as respostas recebidas por correio electrónico de 8 de setembro de 2021 foram:

a) "Não é apropriado entregar relatórios de inspeção porque são confidenciais, bem como as informações em que se baseiam";
b) "Não foram emitidos ofícios, relatórios ou pronunciamentos oficiais referentes ao art. 7.1 do Regulamento de Resseguro, aprovado pela Resolução SBS n. 4706-2017";
c) "Não é apropriado entregar as condições, cláusulas ou acordos que fazem parte dos contratos de resseguro porque refletem a estratégia e as políticas de resseguro das empresas; portanto, são informações que se qualificam como segredo empresarial (...)";
d) "(...) não é apropriado entregar ofícios ou pronunciamentos oficiais sobre questionamentos em relação a cláusulas e condições de contratos de resseguro, porque estes documentos se referem a cláusulas de contratos de resseguro que respondem à estratégia de resseguro das empresas; portanto, são informações que se qualificam como segredo comercial...";

em: https://cdn.www.gob.pe/uploads/document/file/1220151/RES910-2007-TC-S120200807-1746888-2tsh9e.pdf.

7 PERU. Ley de Transparencia y Acceso a la Información Pública, n. 27.806, agosto de 2002. Disponível em: https://www.peru.gob.pe/normas/docs/ley_27806.pdf.

e) "Não foram emitidos ofícios, relatórios ou pronunciamentos sobre cláusulas de cooperação ou de controle de indenizações, ou *follow the fortunes*, dos contratos de resseguro".

Subsequentemente, pedi uma cópia dos relatórios de todas as áreas da Superintendência que apoiaram a aprovação da resolução n. 4706/2017 (carta S/N de 29.09.2021; ficheiro n. 2021-81002). Como resultado, recebi o relatório n. 041-2014-DSR da Intendencia de Supervisión de Reaseguros. A mensagem da Secretaria Geral, datada de 12 de outubro de 2021, afirmava: "Por fim, devemos esclarecer – de acordo com o que foi indicado pela Superintendência Adjunta do Conselho Jurídico deste Organismo de Supervisão – que não está disponível nenhuma informação adicional".

O relatório n. 041-2014-DSR[8] (datado de 27 de março de 2014) foi emitido quando a LCS já estava em vigor (desde 27 de maio de 2013). Como veremos, ao referir-se a um determinado caso ("... quando os segurados intervêm na designação dos resseguradores e nas condições do resseguro"), o relatório conclui que "é necessário proteger as seguradoras":

Diz a Intendência:

8 Texto original da citação: "*Los contratos de reaseguros deben indicar sus principales características, relativas al tipo de contrato, vigencia, riesgos cubiertos, comisiones o costos, límites de responsabilidades, importe o porcentaje de retención, límites de cesión, prima y fechas de pago, exclusiones, reaseguradores y su participación, y el detalle de las cláusulas convenidas, referidas al Ámbito Geográfico, Ley Aplicable, Reinstalaciones, Errores y Omisiones, Cooperación y/o Control de reclamos, y otras que así se convengan con los reaseguradores. (...)*
Por otro lado, es necesario regular las situaciones de excepción que se pueden aplicar a la autonomía de los contratos de seguros y reaseguros, regulada en el artículo 322 de la Ley 26702. Conforme a este artículo, el contrato de reaseguro no subordina las relaciones que emanan del contrato de seguro, y los pagos de siniestros no pueden quedar condicionados a las relaciones existentes entre las empresas de seguros y sus reaseguradores. Sin embargo, en los contratos bajo la modalidad de Fronting, cuando los asegurados intervienen en la designación de los reaseguradores y las condiciones del reaseguro, es necesario proteger a las empresas de seguros frente a problemas que puedan enfrentar para el cobro de sus respectivas participaciones. En ese sentido, se trabajó un proyecto de resolución con el Departamento de Regulación (Memorándum N° 428-2012-SAAJ) que se incorporaría a la nueva normativa de reaseguros para indicar que se consideran excepciones a la autonomía de los contratos de seguros y reaseguros, los casos en que el contratante y/o el asegurado hayan intervenido en la determinación de los reaseguradores y en las condiciones del contrato de reaseguro. (...)
24.(...) es necesario regular el Fronting como una forma de contratación, mediante la cual, un asegurador local celebra el contrato de seguro y asume un riesgo determinado pero no lo retiene o retiene una participación muy pequeña, reasegurando o cediendo la mayor parte del riesgo o su totalidad al reasegurador. El Fronting no es una cláusula sino una forma de contratación, en la que el asegurador local emite una póliza de acuerdo con las condiciones impuestas por el reasegurador, usualmente concertadas previamente con el asegurado o la empresa matriz del asegurado en el país. El asegurador cede la mayor parte o la totalidad del riesgo al reasegurador y recibe una retribución por la emisión de la póliza. En este sentido, la empresa de seguros debe tener mucho cuidado en evaluar los riesgos que le son ofrecidos en Fronting".

Os contratos de resseguro devem indicar as suas características principais, relativas ao tipo de contrato, prazo, riscos cobertos, comissões ou custos, limites de responsabilidade, montante ou porcentagem de retenção, limites de cessão, datas de prêmio e de pagamento, exclusões, resseguradoras e sua participação, e detalhes das cláusulas acordadas, referentes ao âmbito geográfico, lei aplicável, declarações de resseguro, erros e omissões, cooperação e/ou controle de sinistros, e outras que assim sejam acordadas com as resseguradoras.[9]
Por outro lado, é necessário regular as situações de exceção que podem ser aplicadas à autonomia dos contratos de seguro e resseguro, regulada no art. 322 da Lei 26.702. De acordo com este artigo, o contrato de resseguro não se aplica às relações decorrentes do contrato de seguro, e os pagamentos de sinistros não podem ser condicionados às relações existentes entre as seguradoras e as suas resseguradoras. No entanto, no caso de contratos de fronting, em que os segurados estão envolvidos na designação de resseguradores, bem como nos termos e condições do resseguro, é necessário proteger as seguradoras de problemas que possam enfrentar na cobrança das suas respectivas participações. A este respeito, foi elaborado um projeto de resolução com o Departamento de Regulamentação (memorando nº 428-2012-SAAJ) para ser incorporado no novo regulamento de resseguro para indicar que os casos em que a parte contratante ou o segurado tenham intervindo na determinação das resseguradoras e nas condições do contrato de resseguro são considerados exceções à autonomia dos contratos de seguro e resseguro.[10]
24....é necessário regular o fronting como forma de contratação, em que uma seguradora local celebra o contrato de seguro e assume um determinado risco, mas não o retém, ou retém uma parte muito pequena, ressegurando ou cedendo a maior parte ou a totalidade do risco à resseguradora. Fronting não é uma cláusula, mas uma forma de contratação, em que a seguradora local emite uma apólice de acordo com as condições impostas pela resseguradora, geralmente acordadas previamente com o segurado ou com a matriz do segurado no país. A seguradora cede a maior parte ou a totalidade do risco à resseguradora, recebendo uma taxa pela emissão da apólice. A este respeito, a seguradora deve ser muito cuidadosa na avaliação dos riscos que lhe são oferecidos no fronting.

Quase quatro anos mais tarde, a Superintendência foi muito mais longe. Independentemente da participação do segurado na designação do ressegurador ou na definição das condições do *fronting*, de qualquer circunstância ou consideração factual,

9 PERU. Superintendencia de Banca, Seguros y AFP. Departamento de Supervisión de Reaseguros. Informe n. 041-2014-DSR, del 27.3.2014, pp. 5 e 6.

10 PERU. Superintendencia de Banca, Seguros y AFP. Departamento de Supervisión de Reaseguros. Informe n. 041-2014-DSR, del 27.3.2014, p. 7.

jurídica ou econômica no caso específico, a regra será a mesma: após o sinistro, o segurador é obrigado a pagar enquanto receber os valores do ressegurador, em conformidade com as disposições do contrato de resseguro. Para esse efeito, bastará uma cláusula na apólice de seguro e no contrato de resseguro que o declare.

6. OS "PRINCÍPIOS BÁSICOS DE SEGUROS" DA IAIS

Vimos que a resolução n. 4706/2017 destaca, entre os seus fundamentos, o Princípio Básico de Seguros n. 13, da Associação Internacional de Supervisores de Seguros – IAIS.

Sobre a IAIS, a superintendência informa que se trata de uma organização voluntária de supervisores e reguladores de seguros de 140 países, composta por mais de 130 observadores representantes de instituições internacionais. "Ela desenvolve princípios básicos, normas e diretrizes, bem como fornece capacitação e organiza seminários sobre questões de seguros. A SBS é membro do Comitê Executivo. Participa também do Comitê Técnico, do Comitê de Implementação e do Grupo de Trabalho de Inclusão Financeira".[11]

Os "Princípios Básicos de Seguros, Padrões, Orientação e Metodologia de Avaliação"[12] da IAIS declaram:

> PBS 13: Resseguro e outras formas de transferência de riscos.
>
> – 13.5.2 Os contratos de resseguro não eximem a empresa cedente da sua responsabilidade legal em face dos seus segurados, o que significa que a empresa cedente permanece legalmente responsável pelo pagamento de todos os sinistros válidos abrangidos pelos contratos de seguro que celebrou, independentemente de estarem ou não ressegurados. Por esta razão, um grande sinistro ou uma série de sinistros (por exemplo, resultante de uma grande catástrofe) poderia causar dificuldades no fluxo de caixa, especialmente se houvesse atrasos nas liquidações pelas resseguradoras ou na apresentação pela empresa cedente da prova de danos às resseguradoras.[13]

---

11 PERU. Superintendencia de Banca, Seguros y AFP. Asociación Internacional de Supervisores de Seguros – IAIS. Disponível em: https://www.sbs.gob.pe/prevencion-de-lavado-activos/Sistema-de-Lucha-Contra-el-LA-FT/Organismos-Internacionales-que-rigen-el-Sistema-Nacional-contra-el-LA-FT/Asociacion-Internacional-de--Supervisores-de-Seguros-IAIS.

12 ASOCIACIÓN INTERNACIONAL DE SUPERVISORES DE SEGUROS. *Principios Básicos de Seguros, Estándares, Guía y Metodología de Evaluación*. Disponível em: https://www.iaisweb.org/uploads/2022/01/Principos_Basicos_de_Seguros__Estandares__Guia_y_Metodologia_de_Evaluacion___ASSAL_.pdf.pdf.

13 A versão adotada pela IAIS, em 2 de novembro de 2017 (ICP 13), reitera textualmente o principio 13.5.2.

Noutros artigos, declaram:

19.0.2. A condução dos negócios, incluindo as práticas comerciais, está intimamente ligada à tradição, cultura, regime jurídico e grau de desenvolvimento do setor dos seguros nas jurisdições. Por este motivo, as abordagens regulamentares à condução dos negócios também tendem a variar. Tal diversidade deve ser tida em conta na implementação destas PBS, dos padrões relacionados e das orientações, a fim de se conseguir um tratamento justo em face dos clientes. O tratamento justo em face dos clientes abrange conceitos como comportamento ético, boa-fé e proibição de práticas abusivas.[14]

***

A) Introdução 1. É necessário um sistema de regulação e supervisão sólido para manter um setor de seguros justo, seguro e estável em benefício e proteção dos interesses dos segurados, dos seus beneficiários e requerentes (coletivamente referidos neste documento como segurados), bem como para contribuir para a estabilidade do sistema financeiro.[15]

7. *FRONTING* E RISCO DE CRÉDITO DO RESSEGURADOR

A IAIS tem outras declarações sobre a mitigação do risco de crédito dos resseguradores, em relação ao resseguro em geral e aos casos de *fronting* em particular, expressando preocupação com a solvência da seguradora e a proteção do segurado.

No documento "*Insurance Core Principles and Common Framework for the Supervision of Internationally Active Insurance Groups*" ("Princípios Básicos de Seguros e a Estrutura Comum para a Supervisão de Grupos de Seguros Ativos Internacionais"), atualizado em novembro de 2019, afirma:[16]

---

14 ASOCIACIÓN INTERNACIONAL DE SUPERVISORES DE SEGUROS. *Principios Básicos de Seguros, Estándares, Guía y Metodología de Evaluación*, p. 290. Disponível em: https://www.iaisweb.org/uploads/2022/01/Principos_Basicos_de_Seguros__Estandares__Guia_y_Metodologia_de_Evaluacion___ASSAL_.pdf.pdf.

15 ASOCIACIÓN INTERNACIONAL DE SUPERVISORES DE SEGUROS. *Principios Básicos de Seguros, Estándares, Guía y Metodología de Evaluación*, p. 3. Disponível em: https://www.iaisweb.org/uploads/2022/01/Principos_Basicos_de_Seguros__Estandares__Guia_y_Metodologia_de_Evaluacion___ASSAL_.pdf.pdf.

16 Texto original: *The supervisor requires ceding insurers to establish effective internal controls over the implementation of their reinsurance programme. (...) Credit risk posed by the reinsurer 13.2.3 When developing the reinsurance programme the ceding insurer should consider its appetite for reinsurer credit risk. Reinsurers may face solvency issues, leading to delayed payment or default, and this can have significant consequences for the solvency and liquidity of the ceding insurer. 13.2.4 In practice, ceding insurers have various options to mitigate reinsurer credit risk, for example: establishing criteria on the financial condition and claims payment record of eligible reinsurers; setting limits on risks ceded to a single reinsurer; ensuring a spread of risk amongst a number of reinsurers; incorporating rating downgrade or other special termination clauses into the reinsurance contract; requiring the reinsurer to post collateral (the ability to require this may depend upon the relative commercial strengths of theceding insurer and reinsurer); proactively monitoring reinsurance claims recoveries; and withholding reinsurer's funds.*

> 13.2 O supervisor exige que as seguradoras cedentes estabeleçam controle interno efetivo na implementação de seu programa de resseguro:
>
> Risco de crédito apresentado pelo ressegurador (...).
>
> 13.2.3 Ao desenvolver o programa de resseguro, a seguradora cedente deve considerar sua apetência pelo risco de crédito da resseguradora. Os resseguradores podem enfrentar problemas de solvência, resultando em atrasos de pagamento ou inadimplência, e isto pode ter consequências significativas para a solvência e liquidez da seguradora cedente.
>
> 13.2.4 Na prática, as seguradoras cedentes têm várias opções para mitigar o risco de crédito das resseguradoras, por exemplo: estabelecer critérios sobre a solidez financeira e o histórico de pagamento de sinistros das resseguradoras elegíveis; estabelecer limites para os riscos cedidos a uma única resseguradora; assegurar a partilha de riscos entre várias resseguradoras; incorporar cláusulas de desclassificação ou outras cláusulas especiais de rescisão no contrato de resseguro; exigir que a resseguradora forneça garantias (a capacidade de exigir isso pode depender das forças comerciais relativas da seguradora e da resseguradora cedente); monitorar proativamente as recuperações de sinistros de resseguros; e, a retenção de fundos pela resseguradora.

Por outro lado, o documento: "*Report of the 20th A2ii – IAIS. Consultation Call Reinsurance*" (2017) afirma:

> O *fronting* tende a ser um termo informal frequentemente usado no léxico comercial. O *fronting* não é inerentemente bom ou inerentemente mau (...). Como supervisores, em vez de rotular o processo em si, o foco deveria ser examinar o contrato de resseguro para entender o contexto e a lógica por trás do *fronting* em relação ao capital e à estratégia de gerenciamento de risco das entidades. As disposições ou práticas legais variam de jurisdição para jurisdição. Alguns países proíbem totalmente o *fronting*, enquanto outros estabelecem limites sobre o quanto pode ser cedido à resseguradora. Entretanto, a chave é entender o próprio contrato para verificar se o risco está sendo transferido validamente e se há um propósito genuíno de gerenciamento de risco tanto do lado da parte cedente como do lado da resseguradora.[17]

INTERNATIONAL ASSOCIATION OF INSURANCE SUPERVISOR – IAIS. *Insurance Core Principles and Common Framework for the Supervision of Internationally Active Insurance Groups* Atualizado em novembro 2019, pp. 146-147. Disponível em: https://www.iaisweb.org/page/supervisory-material/insurance-core-principles-and-comframe//file/91154/iais-icps-and-comframe-adopted-in-november-2019.

17 INTERNATIONAL ASSOCIATION OF INSURANCE SUPERVISOR – IAIS. Report of the 20th A2ii – IAIS Consultation Call Reinsurance. *Access to Insurance Initiative*, 26 jan 2017, p. 13. Disponível em: https://a2ii.org/sites/default/files/2019-07/reinsurance_consultation_call_report.pdf.

8. PREOCUPAÇÕES INTERNACIONAIS COM O *FRONTING*

Scoville, Swirski e Lyon[18] informam que não há nenhuma proibição ao *fronting* no Reino Unido.

> Historicamente, os reguladores britânicos tendem a ser desfavoráveis a esta prática, mas ela é possível e, de fato, várias empresas de garantia financeira entraram em acordos de *fronting*, nos quais os negócios são assinados no Reino Unido e ressegurados 100% na matriz. A Autoridade de Serviços Financeiros (FSA), a predecessora da PRA e da FCA, estava preocupada com o risco de crédito da matriz no exterior e o risco potencial de que os segurados do Reino Unido não seriam pagos... Esta preocupação foi tratada nos regulamentos do regulador por uma presunção de que o resseguro acima de uma certa quantidade de reservas representava um risco de crédito excessivo, a menos que pudesse ser justificado e mitigado, por exemplo, por uma garantia. Na prática, as autoridades esperariam agora uma retenção de pelo menos 10% do risco (uma simples estimativa). Este número também foi apresentado mais recentemente como uma "boa referência" pela Autoridade Europeia de Seguros e Previdência (EIOPA) em seu guia *Brexit*.

No estado de Nova York, nos Estados Unidos, quando perguntado se a legislação local restringe ou proíbe o *fronting*, o Departamento de Serviços Financeiros declarou:[19] "Se, sob o pretexto de resseguro, uma seguradora não autorizada se envolver em atividades que de outra forma exigiriam uma licença sob a Lei de Seguros de Nova York, a seguradora não autorizada deve obter as licenças exigidas". E acrescenta:

> Deve-se ter em mente que qualquer acordo ou atividade que equivalha a ajudar uma seguradora não autorizada violaria a Lei (N.Y. Ins. Law § 2117. McKinney, 2000), e qualquer seguradora não autorizada que faça negócios substancialmente equivalentes a um dos tipos de negócios securitários especificados no § 1101(b)(1), de modo a desobedecer às disposições da Lei de Seguros, comete uma violação do § 1102. Mais uma vez, cada caso teria que ser avaliado individualmente.[20]

Fonte: https://a2ii.org/sites/default/files/2019-07/reinsurance_consultation_call_report.pdf.

18 SCOVILLE, James; SWIRSKI, Clare; LYON, Benjamin. Debevoise & Plimpton LLP. Insurance and Reinsurance 2021. *Chambers and Partners*. Atualizado em 19.1.2021.

19 NOVA YORK. Departamento de Servicios Financieros. Fronting Question Presented. Disponível em: https://www.dfs.ny.gov/insurance/ogco2005/rg050111.htm.

20 Texto original: "*Please be aware that any arrangement or activity that would constitute the aiding of an unauthorized insurer would violate N.Y. Ins. Law § 2117 (McKinney 2000), and any unauthorized insurer that did any*

Por sua vez, a Superintendência de Instituições Financeiras do Canadá[21] (OSFI) observou em 2018:

> O termo "fronting" no resseguro se refere à prática de segurar um risco e depois ressegurar 100% desse risco com outra seguradora. Acordos de fronting entre uma FRI (seguradora com regulação federal) e uma seguradora estrangeira não relacionada ou não registrada (UUFI) podem ser firmados por uma série de razões. Tradicionalmente, a UUFI busca acordos de fronting para aproveitar a experiência e presença de uma FRI no mercado canadense, bem como para ganhar experiência e presença neste mercado (frequentemente com o objetivo de entrar como seguradora autorizada). Em outros casos, os acordos de fronting têm sido uma prática comum em circunstâncias em que a experiência na subscrição de riscos especializados e de nicho recai sobre a resseguradora. Algumas FRIs também se envolvem em acordos de fronting envolvendo a UUFI cativa de um segurado; por exemplo, isso ocorre comumente quando uma grande organização comercial facilita o autosseguro estabelecendo uma resseguradora cativa no exterior que somente ressegura os riscos da sua matriz ou grupo (que são segurados, em primeira instância, por uma FRI).

Para a autoridade canadense, todos esses acordos de *fronting* são geralmente aceitáveis, não representando parte significativa das operações comerciais da FRI, nem exposição significativa à UUFI:

> Mais recentemente, porém, a OSFI tomou conhecimento de outros tipos de acordos de fronting que levantam preocupações prudenciais. Por um lado, algumas FRIs propuseram entrar em acordos de fronting que não estão razoavelmente relacionados aos negócios

business in substance equivalent to one of the specified types of insurance business in § 1101(b)(1) in a manner designed to evade the provisions of the Insurance Law would be in violation of § 1102. Again, each case would have to be evaluated on its own facts".

21 Texto original: "*The term 'fronting' in the context of this reinsurance review refers to the practice of insuring a risk and then reinsuring 100 per cent of that risk with another insurer. Fronting arrangements between a FRI and an unregistered unrelated foreign insurer (UUFI) may be undertaken for a variety of reasons. Traditionally, UUFI's pursued fronting arrangements to leverage the Canadian market expertise and presence of an FRI and to gain experience and exposure to the Canadian market (often with a view to potentially entering the Canadian market in the future as a licensed insurer). In other cases, fronting arrangements have been common practice in circumstances where the underwriting expertise for niche, specialty risks rests with the reinsurer. Some FRIs are also involved in fronting arrangements involving an insured's captive-UUFI; for example, this commonly occurs when a large commercial entity facilitates self-insurance by setting up an offshore captive reinsurer that only reinsures the risks of its parent/group (which are insured in the first instance by a FRI)*". CANADA. Office of the Superintendent of Financial Institutions – OSFI. *Discussion Paper on OSFI's Reinsurance Framework*, p. 18. Junho de 2018. Disponível em: https://www.osfi-bsif.gc.ca/Eng/Docs/reins_frmwk.pdf.

existentes da FRI; para os quais a FRI tem pouca ou nenhuma experiência interna em subscrição; e, para os quais todas (ou quase todas) as atividades de seguro relacionadas com o fronting são realizadas pela UUFI, incluindo a subscrição. Com pouca ou nenhuma participação na origem e subscrição de riscos, é provável que a FRI tenha um conhecimento inadequado dos riscos que tem segurado e pelos quais é o principal responsável. Mesmo nos casos em que uma FRI está de alguma forma envolvida no processo de subscrição, a disciplina da própria subscrição pode ser comprometida quando todos os riscos são ressegurados.[22]

A OSFI faz referência especial às seguradoras cativas:

Um acordo de fronting envolvendo a UUFI cativa de um segurado também poderia levantar preocupações prudenciais na medida em que o acordo representa uma grande exposição em relação ao capital ou ativos da FRI no Canadá (ou seja, levantando preocupações semelhantes às identificadas na seção de concentração de resseguros deste relatório). No entanto, estas preocupações podem ser mitigadas. Por exemplo, desde que os termos de um contrato de resseguro não obriguem a FRI a pagar uma indenização ao segurado quando a seguradora cativa do mesmo segurado não tenha cumprido pela primeira vez sua obrigação nos termos do tratado de resseguro com a FRI.[23]

---

22 Texto original: "*More recently, however, OSFI has become aware of other types of fronting arrangements that raise prudential concerns. For one, some FRIs have proposed to enter into fronting arrangements: that are not reasonably ancillary to the FRI's existing business; for which the FRI has little or no in-house underwriting experience; and for which all (or nearly all) of the insurance-related activities related to the fronted business are carried out by the UUFI, including underwriting. With little or no involvement in the origination and underwriting of the risks, the FRI would likely have inadequate knowledge of the risks it has insured and for which it is liable in the first instance. Even in cases where a FRI is involved in the underwriting to some extent, underwriting discipline may be compromised where all of the risks are reinsured*". CANADA. Office of the Superintendent of Financial Institutions - OSFI. *Discussion Paper on OSFI's Reinsurance Framework*, pp. 18-19. Junho de 2018. Disponível em: https://www.osfi-bsif.gc.ca/Eng/Docs/reins_frmwk.pdf.

23 Texto original: "*A fronting arrangement involving an insured's captive-UUFI could also raise prudential concerns to the extent that the arrangement represents a large exposure relative to the FRI's capital or assets in Canada (i.e., raising similar concerns as those identified in the reinsurance concentration section of this paper). Such concerns may, however, be mitigated. For example, to the extent that the contractual terms of a reinsurance arrangement do not obligate a FRI to pay out a claim to the insured when the insured's captive has not first met its obligation under the reinsurance treaty with the FRI*". CANADA. Office of the Superintendent of Financial Institutions - OSFI. *Discussion Paper on OSFI's Reinsurance Framework*, p. 19. Junho de 2018. Disponível em: https://www.osfi-bsif.gc.ca/Eng/Docs/reins_frmwk.pdf.

9. AS DIFERENTES FORMAS, APARÊNCIAS E MOTIVAÇÕES DO "*FRONTING*"

Carranza-Popper[24] observa que se pode dizer que o *fronting* tem as características de um "camaleão", pois pode assumir diferentes formas e aparências, dependendo da motivação específica para seu uso.

Ele acrescenta[25] que:

> Alguns autores veem o fronting como forma especializada de resseguro; entretanto, ao examinar as definições comuns, as motivações para seu uso e os propósitos comuns de resseguro, pode-se pensar em argumentos válidos contra tal ponto de vista. É difícil diferenciar as práticas de resseguro de fronting das tradicionais. Embora a possibilidade de uma seguradora transferir "todos" os riscos de uma determinada apólice seja normalmente reconhecida, pode-se argumentar que a prática do fronting não parece, em princípio, se ajustar aos objetivos, tipos e propósitos do resseguro para qualificar-se como uma forma especializada de resseguro. Por exemplo, o objetivo do fronting não parece ser a distribuição de riscos dentro de um determinado pool, mas, na verdade, envolve a transferência de todo um pool de riscos para uma resseguradora, que parece agir mais como seguradora que como resseguradora. Além disso, o fronting geralmente envolve a transferência dos deveres de tratamento de sinistros, que no resseguro tradicional fica normalmente nas mãos da seguradora primária.

O autor ressalta que o *fronting* pode ser considerado como uma prática correta quando é escolhido ou pelo menos conhecido pelo segurado, mas "certamente se torna antiético quando é usado com a intenção de enganar o segurado". Reconhece ainda que

---

24 CARRANZA-KOPPER, Esteban. Fronting Arrangements: Industry Practices and Regulatory Concerns. *Connecticut Insurance Law Journal*, v. 80, p. 228, 2010. Disponível em: https://opencommons.uconn.edu/cilj/80.

25 Texto original: "*Some authors conceptualize fronting as a specialized form of reinsurance.20 While by examining common definitions of reinsurance, the motivations for its use, and its usual purposes one could think of valid arguments against such conceptualization, it is difficult to differentiate between fronting and traditional reinsurance practices. Even though customary reinsurance definitions normally recognize the possibility that an insurer could potentially transfer "all" of the risk under a given policy, one could argue that the fronting practice in principle does not seem to fit with the objectives, types, and purposes of reinsurance as to qualify as a specialized form of reinsurance. For example, fronting does not seem to pursue spreading risks within a given mass but actually involves the full transfer of a set risks to a reinsurer, who seems to act more like an insurer and less like a reinsurer. Moreover, fronting normally involves the transfer of claim handling obligations, which in traditional reinsurance are normally held by the underlying insurer*". CARRANZA-KOPPER, Esteban. Fronting Arrangements: Industry Practices and Regulatory Concerns. *Connecticut Insurance Law Journal*, v. 80, pp. 230-231, 2010. Disponível em: https://opencommons.uconn.edu/cilj/80.

outra preocupação comum sobre o *fronting* é a potencial ameaça de solvência que ela representa.

> Esta preocupação envolve aspectos como os riscos de crédito associados à prática do *fronting*, a insolvência potencial da empresa do *fronting* e até mesmo a possível insolvência do resseguro ou da seguradora cativa. Sobre esta questão, deve-se notar primeiramente que, mesmo quando uma empresa de *fronting* cede todo o risco associado a uma apólice, ela ainda é responsável pelo segurado direto por todos os riscos associados (...).[26]

Como conclusão geral, Carranza-Popper acha que

> o *fronting* é uma ferramenta válida, útil e juridicamente válida, exceto quando há proibição expressa. Devido às consequências negativas que o *fronting* também pode trazer, seria apropriado ter pelo menos alguma regulamentação que estabeleça regras claras e precisas; mas uma proibição geral não seria apropriada, especialmente na indústria de seguradoras cativas.[27]

10. O *FRONTING* E A AUTONOMIA DOS CONTRATOS DE SEGURO E RESSEGURO

A relação entre contratos de seguro e resseguro tem sido objeto de atenção especial na doutrina internacional.[28]

---

26 Texto original: "*This concern involves situations such as credit risks associated with fronting practice, potential insolvency of the fronting company, and even potential insolvency of the reinsurance or captive company. On this matter, it should first be noted that even when a fronting company cedes all of the risk associated with a policy, that company still remains liable to the direct insured for all of the associated coverage*". CARRANZA-KOPPER, Esteban. Fronting Arrangements: Industry Practices and Regulatory Concerns. *Connecticut Insurance Law Journal*, v. 80, pp. 241-242, 2010. Disponível em: https://opencommons.uconn.edu/cilj/80.

27 CARRANZA-KOPPER, Esteban. Fronting Arrangements: Industry Practices and Regulatory Concerns. *Connecticut Insurance Law Journal*, v. 80, p. 251, 2010. Disponível em: https://opencommons.uconn.edu/cilj/80.

28 Veja-se, por exemplo, BROSETA PONT, Manuel. *El Contrato de Reaseguro*. Madri: Aguilar, 1961, pp. 23 ss.; GARRIGUES, Joaquín. *Curso de Derecho Mercantil*. 6. ed., tomo II. Madri: Imprenta Aguirre, 1974, p. 278; URÍA, Rodrigo. *Derecho Mercantil*. 6. ed. Madri, 1968, p. 385; HALPERIN, Isaac. *Contrato de Seguro*. Buenos Aires: Depalma, 1966, p. 62; JARAMILLO-JARAMILLO, Carlos Ignacio. Valorización y Primordiales Alcances de la Dependencia del Contrato de Reaseguro respecto del Seguro Originario. Génesis, Generalidades. Implicaciones y análisis sumario en torno a su pretendida accesoriedad. *Revista Ibero-Latinoamericana de Seguros*, n. 13, pp. 163-164; CARDONA, Christopher. El contrato internacional de reaseguro facultativo. Particularidades del mercado inglés y experiencia en el mercado latinoamericano. *Revista Ibero-Latinoamericana de Seguros*. Bogotá, Colômbia, v. 31, n. 18, pp. 91-106, pp. 91ss., julho-dezembro 2009.

A conveniência de regulamentar ou não o *fronting*, ou a direção que essa regulamentação deve tomar, são questões que vêm sendo discutidas no mundo há várias décadas.

Halperin nos lembra que: "Embora não haja nada contra o resseguro total, a fixação do valor total é muito importante, pois possibilita o controle e a seleção dos riscos; sua função é idêntica à reserva de uma parte do risco pelo segurado".[29]

Questão diversa é saber se a Superintendência peruana é competente para estabelecer exceções à autonomia dos contratos de seguro e resseguro, e se elas podem reduzir os benefícios que a lei reconhece para os segurados. A resposta é negativa em ambos os casos.

No campo do resseguro, a LCS dispõe:

> Artigo 138. Definição. Por meio de um contrato de resseguro, o ressegurador se compromete a pagar, dentro dos limites acordados, a dívida que surja no patrimônio do ressegurado como resultado da obrigação por ele assumida como segurador em virtude de um contrato de seguro.[30]
>
> Artigo 139. Autonomia. O contrato de resseguro não se aplica às relações decorrentes do contrato de seguro. Consequentemente, o pagamento de um sinistro decorrente do contrato de seguro não pode ser condicionado às relações existentes entre a seguradora e a resseguradora.[31]

---

29 HALPERIN, Isaac. *Contrato de Seguro*. Buenos Aires: Depalma, 1966, p. 64.

30 Essa definição foi baseada no artigo 77 da Ley de Contrato de Seguro espanhola de 1980: "*Por el contrato de reaseguro el reasegurador se obliga a reparar, dentro de los límites establecidos en la Ley y en el contrato la deuda que nace en el patrimonio del reasegurado a consecuencia de la obligación por éste asumida como asegurador en un contrato de seguro*" ("Pelo contrato de resseguro, o ressegurador se compromete a reparar, dentro dos limites estabelecidos na lei e no contrato, a dívida que surja no ativo do ressegurado como resultado da obrigação assumida por este último como segurador em um contrato de seguro"). ESPANHA. Ley 50/1980, de 8 de octubre, de Contrato de Seguro. *Boletín Oficial del Estado*, de 17 out. 1980. Disponível em: https://www.boe.es/eli/es/l/1980/10/08/50/con.

31 Na jurisprudência peruana, vale ressaltar a decisão da Câmara Civil Permanente da Suprema Corte de Justiça (Cassação de 18.1.2011), que decidiu a favor da autonomia entre contratos de seguro e resseguro no caso que ocorreu entre Popular e Porvenir Compañía de Seguros en Liquidación e "A.C.M." (Caso n. 5.099/2009): "*De otro lado, la carta del dieciséis de agosto de dos mil seis que da respuesta a la carta notarial del actor, sí contiene una promesa de pago sujeta a condición suspensiva, la cual sería que la reaseguradora aprueba la gestión de reconocimiento que la apelante está efectuando ante ellos y envíe los fondos; condición que resulta irrelevante para efectos del cumplimiento de la obligación puesta a cobro, si se tiene en cuenta el mérito del artículo 322 de la Ley 26702, por la cual el contrato de reaseguro no subordina las relaciones que emanan del contrato de seguro; en consecuencia, el pago de un siniestro derivado del contrato de seguro no puede quedar condicionado a las relaciones existentes entre la empresa de seguros y el reasegurador. Por lo tanto resulta procedente el pago pretendido, no pudiendo sujetarse tal hecho a la aceptación de la reaseguradora, pues el hecho de que una determinada manera de interpretar la ley venga como costumbre no puede entenderse como vinculante, sino que los jueces y tribunales conservan su libertad para interpretar la ley con arreglo a los criterios hermenéuticos generales*". ("Por outro lado, a carta de 16 de agosto de 2006, que responde à carta autenticada do requerente, contém uma promessa de

Esses artigos são obrigatórios em virtude do Artigo 1 da LCS:

Artigo I. Esta lei se aplica a todos os tipos de seguro, sendo de natureza impositiva, a menos que admita expressamente o contrário. Entretanto, cláusulas contratuais mais benéficas para o segurado serão consideradas válidas.

Zegarra Mulánovich afirma sobre o resseguro:

Ele é comumente reconhecido pela doutrina como um verdadeiro contrato de seguro. Mas é claramente aconselhável que sua regulamentação seja basicamente dispositiva e não imperativa por uma série de razões (...). Entretanto, a LCS, que lhe dedica apenas dois artigos (arts. 138 e 139, LCS), não faz nenhuma reserva quanto ao caráter obrigatório de sua aplicação a esta modalidade.[32]

Vercher Moll, por sua vez, afirma corretamente:

O artigo 1º da lei peruana indica que ela tem natureza obrigatória, salvo disposição em contrário. Os arts. 138 e 139 sobre resseguro não indicam nada em contrário, ou seja, estão sujeitos à imperatividade da lei, o que significa que nem a definição do contrato de resseguro nem a impossibilidade de se aplicar as relações do contrato de seguro ao contrato de resseguro podem ser alteradas. Em nossa opinião, isto talvez seja lógico, já que modificar as regras acima mencionadas significaria alterar as regras mais essenciais do contrato de

---

pagamento sujeita a uma condição prévia, que seria a de a resseguradora aprovar o procedimento de reconhecimento que o requerente está realizando perante eles, enviando os fundos. Esta condição é irrelevante para fins de cumprimento da obrigação cobrada, se levarmos em conta o mérito do art. 322 da Lei 26.702, pelo qual o contrato de resseguro não regula as relações decorrentes do contrato de seguro; consequentemente, o pagamento de um sinistro decorrente do contrato de seguro não pode ser condicionado às relações existentes entre a seguradora e a resseguradora. Portanto, o pagamento solicitado é apropriado e não pode estar sujeito à aceitação da resseguradora, pois o fato de que certa forma de interpretar a lei seja costumeira não pode ser entendida como vinculativa, devendo os juízes e tribunais conservar sua liberdade de interpretar a lei de acordo com critérios hermenêuticos gerais"). Observe que esse julgamento da CSJ (2011) é anterior à entrada em vigor da LCS (27.5.2013). PERU. Corte Suprema de Justicia. Expediente n. 5099-2009. Sala Civil Permanente de 18 de janeiro de 2011. Disponível em: https://vlex.com.pe/vid/-472772098.

32 Texto original: "*Este es comúnmente reconocido por la doctrina como un verdadero contrato de seguro. Pero claramente aconsejan que su regulación sea básicamente dispositiva y no imperativa una serie de razones... Sin embargo, la LCS, que le dedica apenas dos artículos (arts. 138 y 139 LCS), no hace en ellos ninguna salvedad sobre el carácter imperativo de su aplicación a esta modalidad*". ZEGARRA MULÁNOVICH, Álvaro. Marco y Principios Interpretativos de la Regulación y Contratación de Seguros Privados (Artículos I a IV LCS). *In*: QUINTÁNS EIRAS, María Rocío; RAMÍREZ OTERO, Lorena Cecilia (Ed.). *Estudios sobre el Contrato de Seguro*. 1. ed. Universidad de Piura, Peru, novembro 2017, p. 56.

resseguro, permitindo, assim, que os outros aspectos do contrato de resseguro peruano se subordinassem ao princípio da autonomia da vontade.[33]

Em contraste, Sánchez Calero assinala, com relação à legislação espanhola, que: "As regras da LCS devem ser consideradas, em geral, como tendo natureza dispositiva quando se tratar de sua aplicação aos contratos de resseguro".[34]

A natureza obrigatória dos arts. 138 e 139 da LCS preserva os princípios tradicionais da autonomia dos contratos de seguro e resseguro.[35]

11. O ART. 322, § 2º, DA LEI GERAL

De acordo com o texto atual do art. 7 do Regulamento de Resseguros, para criar exceções à autonomia dos contratos de seguro e resseguro, a Superintendência se baseia no art. 322, § 2º, da Lei Geral:

---

33 Texto original: "*El art. 1 de la Ley peruana indica que se caracteriza por su imperatividad, salvo que se disponga lo contrario. Los arts. 138 y 139 destinados al reaseguro no indican nada en contrario, es decir, que se someten a la imperatividad de la Ley, por lo que la traducción de ello se centra en que no cabe alterar ni la definición del contrato de reaseguro, ni la imposibilidad de subordinar las relaciones del contrato de seguro al del reaseguro. A nuestro juicio, ello quizá resulte lógico, pues modificar las reglas referidas supondría alterar las reglas más esenciales del contrato de reaseguro, con lo cual, se permite del mismo modo, que el resto de extremos previstos en el contrato de reaseguro peruano gocen del principio de la autonomía de la voluntad*". VERCHER MOLL, Javier. La Distribución del Riesgo entre Distintos Aseguradores: El Contrato de Reaseguro. *In*: QUINTÁNS EIRAS, María Rocío; RAMÍREZ OTERO, Lorena Cecilia (Ed.). *Estudios sobre el Contrato de Seguro*". 1. ed. Universidad de Piura, Peru, novembro 2017, p. 761.

34 SÁNCHEZ CALERO, Fernando. El Reaseguro en la Ley Española de Contrato de Seguro. *In*: AIDA SECCIÓN ESPAÑOLA *et al. Estudios sobre el Contrato de Reaseguro*. Madri: Editorial Española de Seguros: MUSINI, D.L. 1997, p. 161. E adiciona: "No entanto, nesse aspecto, algumas reservas devem ser feitas (...)".

35 Sustenta MUÑOZ LÓPEZ, Álvaro. Desnaturalización del Contrato de Reaseguro. *In*: AIDA SECCIÓN ESPAÑOLA *et al. Estudios sobre el Contrato de Reaseguro*. Madrid: Editorial Española de Seguros: MUSINI, D.L. 1997, p. 206: "*La desnaturalización del reaseguro puede traer graves consecuencias y dificultades, tanto para los aseguradores y reaseguradores, como para los asegurados. Cada uno de los agentes económicos que intervienen en el proceso asegurador, incluidos los corredores, deben desempeñar el papel que les corresponde. La vuelta a los principios tradicionales, conforme a los cuales la autonomía de ambos contratos (seguro y reaseguro) es la regla general, parece extremadamente conveniente para la correcta explotación del negocio de seguros y la adecuada cobertura de los riesgos del asegurado*" ("A desnaturalização do resseguro pode ter sérias consequências e dificuldades, tanto para seguradoras e resseguradoras, como para os segurados. Cada um dos atores econômicos envolvidos no processo de seguro, incluindo os corretores, deve desempenhar seu papel adequado. Um retorno aos princípios tradicionais, segundo os quais a autonomia de ambos os contratos [seguro e resseguro] é a regra geral, parece altamente desejável para o bom funcionamento do negócio de seguros e para a cobertura adequada dos riscos do segurado"). Em conformidade com Muñoz López: SÁNCHEZ CALERO, Fernando. El Reaseguro en la Ley Española de Contrato de Seguro. *In*: AIDA SECCIÓN ESPAÑOLA *et al. Estudios sobre el Contrato de Reaseguro*. Madri: Editorial Española de Seguros: MUSINI, D.L. 1997, p. 120.

> Artigo 322. Autonomia dos contratos de seguro e resseguro.[36] O contrato de resseguro não governa as relações decorrentes do contrato de seguro. Consequentemente, o pagamento de um sinistro decorrente do contrato de seguro não pode ser condicionado às relações existentes entre a seguradora e a resseguradora. Por uma regra geral, a Superintendência pode estabelecer exceções a esta disposição.

O art. 139 da LCS consagra a autonomia, mas, ao contrário do art. 322 da Lei Geral, não concede à Superintendência nenhum poder para prever exceções. O art. 322, § 2º, da Lei Geral foi "retirado" pelo legislador peruano.[37]

O art. 1 da LCS não admite nenhuma dúvida ao afirmar que: "Esta Lei (...) é de natureza imperativa, a menos que admita expressamente o contrário (...)". O art. 139 da LCS não admite o contrário. E o art. 7 do Regulamento não protege o segurado, mas a seguradora.

A LCS atribui várias tarefas e competências à Superintendência;[38] entretanto, o art. 139 não a autoriza a incorporar exceções à autonomia.

O Título Preliminar do Código Civil prevê:

> Artigo I. Revogação da lei. A lei é revogada apenas por outra lei. A revogação é produzida por declaração expressa, por incompatibilidade entre a nova lei e a anterior, ou quando o assunto da última é inteiramente regulado pela primeira (...).[39]

---

36 Texto original do artigo 322 da Ley General: "*Artículo 322.- Autonomía de los contratos de seguro y de reaseguro. El contrato de reaseguro no subordina las relaciones que emanan del contrato de seguro. En consecuencia, el pago de un siniestro derivado del contrato de seguro no puede quedar condicionado a las relaciones existentes entre la empresa de seguros y el reasegurador. Por norma de carácter general, la Superintendencia puede establecer excepciones a esta disposición*". Com a mesma redação, os decretos legislativos n.s. 637 (art. 268) e 770 (art. 456) consagraram a autonomia nos contratos de seguro e resseguro, sem incorporar um segundo parágrafo para admitir exceções, como foi feito posteriormente no art. 322 da Lei Geral.

37 Cf. MEZA CARBAJAL, Luis Alberto. La nueva ley del contrato de seguro del Perú. *Revista Ibero-Latinoamericana de Seguros*. Bogotá (Colombia), v. 37, n. 21, pp. 29-60, p. 59, julho-dezembro 2012. "*8.6 Reaseguro. La LCS consagra el principio de autonomía: el contrato de reaseguro no subordina las relaciones que emanan del contrato de seguro. En consecuencia, el pago de un siniestro derivado del contrato de seguro no puede quedar condicionado a las relaciones existentes entre el asegurador y el reasegurador (Artículo 139). Se ha reproducido así, textualmente, el Artículo 322 de la Ley n. 26702, si bien se ha retirado el párrafo por el cual se otorgaba a la SBS la posibilidad de establecer excepciones a dicho principio*" ("8.6 Resseguro. A LCS consagra o princípio da autonomia: o contrato de resseguro não regula as relações decorrentes do contrato de seguro. Consequentemente, o pagamento de um sinistro decorrente do contrato de seguro não pode ser condicionado às relações existentes entre a seguradora e a resseguradora [art. 139]. O art. 322 da Lei n. 26.702 foi assim reproduzido literalmente, embora o parágrafo que concede à SBS a possibilidade de estabelecer exceções a este princípio tenha sido eliminado").

38 Cf. MEZA CARBAJAL, Luis Alberto. La SBS frente a la Ley del Contrato de Seguro. *Revista "Actualidad Jurídica"*, n. 229, pp. 39-41, dezembro 2012.

39 Texto original: "*Artículo I. Abrogación de la ley. La ley se deroga sólo por otra ley. La derogación se produce por declaración expresa, por incompatibilidad entre la nueva ley y la anterior o cuando la materia de ésta es íntegramente regulada por aquélla(...)*".

O art. 322 da Lei Geral tratava de um assunto que agora é totalmente regulamentado pelo LCS.

A LCS revoga as regras que não sejam compatíveis com ela.[40]

12. PROTEÇÃO DO SEGURADO COMO PRECEITO DE ORDEM PÚBLICA

Beaumont assinala:[41]

> É bem sabido que a razão pela qual a LCS deve ser aplicada, mesmo aos contratos já celebrados, é que ela foi concebida para proteger o contratante, o segurado, devido à sua situação especial de assimetria em relação à seguradora. Esta situação especial está regulada pela opção do art. 1.355 do CC.[42] Na interpretação do contrato de seguro e no que diz respeito à sua imperatividade, a segunda regra do art. 4 não deixa margem de dúvida: 'As cláusulas contrárias às regras desta lei são nulas, sendo substituídas de pleno direito por estas'.

Por outro lado, referindo-se ao artigo 1 do LCS, Zegarra Mulánovich[43] afirma:

> Embora a primeira coisa que estas regras fazem seja aludir à natureza geralmente imperativa da LCS, parece claro que o verdadeiro núcleo da regulamentação que estabelecem, que dá sentido e direção ao próprio imperativo de suas regras, e sobre o qual, portanto, vou me concentrar nesta seção, é a natureza do tema especial de proteção que é implicitamente atribuído ao 'segurado'. Deve-se deixar claro – e é isto que explica por que o termo está entre aspas – que 'segurado' deve ser entendido neste contexto em sentido amplo, incluindo também as posições da 'parte contratante' e do 'beneficiário', quando um ou outro não se identifique com o segurado no sentido estrito do termo. Esta consideração do 'segurado'

---

40 LCS. DCFM. "13º Revogam-se os arts. 375 a 429 e 965 do Código de Comércio; e os arts. 329, 330 e 332 da Lei 26.702; e outros regulamentos incompatíveis com esta Lei são aqui revogados".

41 BEAUMONT CALLIRGOS, Ricardo. Disposiciones Complementarias, Finales y Modificatorias. *In*: QUINTÁNS EIRAS, María Rocío; RAMÍREZ OTERO, Lorena Cecilia (Ed.). *Estudios sobre el Contrato de Seguro*. 1. ed. Universidad de Piura, Peru, novembro 2017, p. 772.

42 Código Civil peruano. "*Artículo 1355.- Regla y límites de la contratación. La ley, por consideraciones de interés social, público o ético puede imponer reglas o establecer limitaciones al contenido de los contratos*" ("Artigo 1355.- Regra e limites de contratação. A lei, por considerações de interesse social, público ou moral, pode impor regras ou estabelecer limitações ao conteúdo dos contratos").

43 ZEGARRA MULÁNOVICH, Álvaro. Marco y Principios Interpretativos de la Regulación y Contratación de Seguros Privados (Artículos I a IV LCS). *In*: QUINTÁNS EIRAS, María Rocío; RAMÍREZ OTERO, Lorena Cecilia (Ed.). *Estudios sobre el Contrato de Seguro*. 1. ed. Universidad de Piura, Peru, novembro 2017, p. 48.

como sujeito especial de proteção é revelada na segunda frase do Art. 1, § 1º, LCS reproduzido acima: 'não obstante [a natureza imperativa da Lei] as estipulações contratuais mais benéficas para o segurado serão consideradas válidas'. Em outras palavras, a lei é obrigatória para a proteção do segurado, não da seguradora. Representa, de fato, um caso de lei relativamente obrigatória, ou uma regra de proteção mínima, neste caso, do segurado. Neste sentido, esta regra também deve ser tomada como corolário do princípio *pro assecurato*, ao qual me referirei em seções posteriores deste trabalho, expressão normativa básica da afirmação de que o segurado é, como tal, independentemente de ser ou não um consumidor, um sujeito merecedor de proteção especial do sistema jurídico.

Uma característica do LCS peruano é sua preocupação acentuada com o equilíbrio jurídico e a proteção do segurado. Nesta linha, além de outras disposições, nós temos:

Artigo 2. O contrato de seguro é regido pelos seguintes princípios: a) A mais estrita boa-fé (...).

Artigo 4. Primeiro. Todas as questões jurídicas são regidas por esta lei e por aquelas acordadas por contrato, na medida em que não violem os princípios essenciais da natureza jurídica do seguro (...).

Artigo 4. Segundo. Quaisquer cláusulas contrárias às disposições desta lei são nulas e substituídas de pleno direito por estas disposições.

(...)

Artigo 4. Décimo segundo. As estipulações contratuais que estendem os direitos da seguradora ou restringem os do segurado em ofensa às disposições estabelecidas na presente Lei são nulas e sem efeito.

(...)

Artigo 39. Cláusulas abusivas:

I) Cláusulas abusivas são todas aquelas estipulações não negociadas que, mesmo que não tenham sido observadas pela Superintendência, causam, contrariamente às exigências da mais estrita boa-fé, em detrimento do segurado, um desequilíbrio significativo nos direitos e obrigações das partes decorrentes do contrato. Considera-se que uma cláusula não foi negociada quando foi redigida com antecedência e a parte contratante não influenciou seu conteúdo.

(...)

(IV) O caráter abusivo de certa cláusula subsiste mesmo que a parte contratante ou o segurado a tenha aprovado especificamente por escrito.

V) As cláusulas abusivas são nulas de pleno direito e, portanto, são consideradas como não escritas.

(...)

Artigo 40. Cláusulas proibidas. Sem prejuízo das disposições do artigo anterior, de caráter exemplificativo, as seguradoras estão proibidas de incluir as seguintes cláusulas nas apólices de seguro, que serão nulas: a) Cláusulas pelas quais o segurado ou beneficiários renunciam à jurisdição ou leis que os favorecem (...). A Superintendência identifica cláusulas abusivas em contratos de seguro e emite regras gerais que proíbem sua inclusão em contratos futuros. Também divulga em seu site institucional todas as cláusulas abusivas identificadas.[44]

13. A LCS PERUANA TAMBÉM PROTEGE OS SEGURADOS CONTRA GRANDES RISCOS

Nos termos do art. 1 da LCS, a lei peruana também protege obrigatoriamente os segurados contra grandes riscos, que, é importante lembrar, podem estar tanto no setor privado como no público.[45]

---

44 Texto original: "*Artículo II. El contrato de seguro se rige por los siguientes principios: a) Máxima buena fe (...).*
Artículo IV. Primera. Todas las cuestiones jurídicas se rigen por esta ley y por las que convencionalmente se acuerden, en cuanto no vulneren los principios esenciales de la naturaleza jurídica del seguro (...).
Artículo IV. Segunda. Las cláusulas contrarias a las normas de esta ley son nulas y son reemplazadas de pleno derecho por estas.
(...)
Artículo IV. Décimosegunda. Son nulas aquellas estipulaciones contractuales que amplían los derechos del asegurador o restringen los del asegurado en contravención de las disposiciones establecidas en la presente Ley.
(...)
Artículo 39. Cláusulas abusivas:
I) Las cláusulas abusivas son todas aquellas estipulaciones no negociadas que, aun cuando no hayan sido observadas por la Superintendencia, causen en contra de las exigencias de la máxima buena fe, en perjuicio del asegurado, un desequilibrio importante de los derechos y obligaciones de las partes que se deriven del contrato. Se considera que una cláusula no se ha negociado cuando ha sido redactada previamente y el contratante no ha influido en su contenido.
(...)
IV) El carácter abusivo de una cláusula subsiste aun cuando el contratante y/o asegurado la haya aprobado específicamente por escrito.
V) Las cláusulas abusivas son nulas de pleno derecho por lo que se las tiene por no convenidas.
(...)
Artículo 40. Estipulaciones prohibidas. Sin perjuicio de lo establecido en el artículo anterior, con carácter enunciativo, las empresas están prohibidas de incluir en las pólizas de seguro las siguientes estipulaciones, que serán nulas de pleno derecho: a) Cláusulas mediante las cuales los asegurados y/o beneficiarios renuncien a la jurisdicción y/o leyes que los favorezcan.... La Superintendencia identifica aquellas cláusulas abusivas de los contratos de seguros y emite normas de carácter general que prohíban su inclusión en futuros contratos. Asimismo, difunde en su portal institucional todas aquellas cláusulas abusivas identificadas."

45 Em 21 de outubro de 2021 solicitei uma cópia dos relatórios e estudos da Administração e Gestão Financeira da PETROPERÚ, e da Administração Geral apresentados ao Conselho de Administração, referentes a seguros,

Zegarra Mulánovich[46] assinala:

> Assim, a interpretação histórica do preceito é claramente no sentido de não admitir exceções ao princípio *pro assecurato* e, especificamente, a favor do caráter imperativo relativo da lei em sua proteção; especificamente, é claro que os chamados grandes riscos não podem ser considerados isentos desse efeito em nenhum sentido, nem parece que possam constituir exceção sem uma prévia declaração legal expressa com esse conteúdo.

Aqui novamente, a lei espanhola diverge.[47] Sánchez Calero afirma, referindo-se ao contrato de seguro como um pressuposto do contrato de resseguro: "se for um daqueles relativos a riscos de massa, os preceitos da LCS mantêm sua natureza obrigatória, ao passo que, se estamos tratando de contratos de seguro relativos a grandes riscos, as regras da LCS não têm tal caráter (cf. art. 44.2).[48]

É evidente que o Regulamento de Resseguros de *fronting* é particularmente prejudicial para os segurados de grandes riscos.[49] O tratamento de indenizações de terceiros, vítimas dos danos nestes seguros, também é afetado.

É necessário ter em mente os caminhos que a Superintendência tomou para concretizar sua visão de que o seguro de grandes riscos deve ser excluído da abrangência obrigatória de uma lei que proteja o segurado.

Essa autoridade apresentou a proposta no próprio processo de elaboração da LCS no Congresso, mas não obteve sucesso. Pouco tempo depois, as seguradoras voltaram à questão e apoiaram o Projeto de Lei 4635/2014-CR apresentado ao Parlamento nacional por um congressista. A Superintendência concordou com que esses seguros

---

resseguros e *fronting* para os anos 2017, 2018, 2019, 2020 e 2021 (Código: MezaCarbajal-2021-E). Por e-mail de 5 de novembro de 2021, a resposta foi: "(...) em conformidade com a Política de Transparência Corporativa da PETROPERÚ e com a regulamentação sobre Transparência e Acesso à Informação Pública em vigor aprovada pelo Decreto Supremo nº 021-2019-JUS, indica-se que as informações solicitadas no ponto 1 não podem ser entregues porque são classificadas como confidenciais, estando sob sigilo comercial...".

46 ZEGARRA MULÁNOVICH, Álvaro. Marco y Principios Interpretativos de la Regulación y Contratación de Seguros Privados (Artículos I a IV LCS). *In*: QUINTÁNS EIRAS, María Rocío; RAMÍREZ OTERO, Lorena Cecilia (Ed.). *Estudios sobre el Contrato de Seguro*. 1. ed. Universidad de Piura, Peru, novembro 2017, p. 56.

47 SÁNCHEZ CALERO, Fernando. El Reaseguro en la Ley Española de Contrato de Seguro. *In*: AIDA SECCIÓN ESPAÑOLA *et al. Estudios sobre el Contrato de Reaseguro*. Madri: Editorial Española de Seguros: MUSINI, D.L. 1997, p. 162.

48 O segundo parágrafo do art. 44 da lei espanhola prevê: "*No será de aplicación a los contratos de seguros por grandes riesgos, tal como se delimitan en esta Ley, el mandato contenido en el artículo 2 de la misma*" ("Não será aplicado aos contratos de seguros de grandes riscos, tal como definidos nesta lei, a regra contida no art. 2 da referida lei").

49 Cf. RISCO EM PROSA. Locução de Ernesto Tzirulnik; Inaê Oliveira. Episódio 1. Grandes Riscos. IBDS Podcast, Set. 2021. Disponível em: https://open.spotify.com/episode/5xFjkGsitwnMKkDGMwK7QO.

precisam de tratamento especial. A proposta também não avançou, e o projeto de lei foi arquivado.[50]

Posteriormente, ao contrário da LCS, a Superintendência, por meio da Resolução n. 3695-2019, autorizou a incorporação de cláusulas *claims made* feitas em seguros de responsabilidade civil. Fê-lo apesar do ofício da Superintendência Adjunta de Assessoria Jurídica que havia declarado anteriormente que isso era contrário ao direito peruano.[51]

14. A SUPERINTENDÊNCIA DEVE FORTALECER A BASE TÉCNICO-ECONÔMICA DO SEGURO E PROTEGER OS SEGURADOS

É dever da Superintendência, dentro do âmbito do contrato de seguro, promover as bases técnico-econômicas do seguro e proteger os segurados. Isto está claramente estipulado no LCS:

> Artigo 27. (...) A Superintendência proibirá o uso de políticas que desviem da lei ou das condições mínimas aprovadas e, se aplicável, aplicará as sanções correspondentes. Da mesma forma, ordenará a inclusão de cláusulas ou condições nas apólices que promovam o fortalecimento das bases técnicas e econômicas do seguro e a proteção do segurado.
>
> (...)
>
> Artigo 40. Cláusulas proibidas. Sem prejuízo do disposto no artigo anterior, a título de exemplo, as empresas estão proibidas de incluir as seguintes estipulações nas apólices de seguro, que serão nulas por força da lei: (...) h) Outras estabelecidas pela Superintendência para proteger os interesses dos segurados.

---

50 A respeito, veja-se: NÚÑEZ DEL PRADO, Alonso. La Exclusión de los Grandes Riesgos de los Beneficios de la Ley del Contrato de Seguro en el Perú: El Principio de Realidad. *Revista Ibero- Latinoamericana de Seguros*. Bogotá, Colômbia. v. 44, n. 25, pp. 173-182, janeiro-junho 2016.

51 DUNCAN, Strachan; STOUT, Kayleigh. The Insurance and Reinsurance Law Review: Latin America Overview. *DAC Beachcroft*. 9 abr. 2021. Eles observam: "Nos últimos anos, o Peru adotou disposições para a responsabilização pessoal de funcionários das entidades públicas e privadas. Por exemplo, uma disposição fiscal de 2018 estabelece a responsabilidade pessoal dos funcionários do setor privado que projetam, aprovam ou executam ações para evitar o pagamento de impostos. Este novo cenário de responsabilidade é visto como uma oportunidade atraente para a emissão de apólices D&O, dado o risco ao qual os funcionários estão expostos, além da demanda por cobertura de multas administrativas e custos de defesa. O regulador peruano, a Superintendencia de Banca, Seguros y Administradoras Privadas de Fondos de Pensiones (SBS), foi pressionado por seguradoras e resseguradoras locais e internacionais para emitir um parecer em outubro de 2018 segundo o qual as apólices claims made não eram permitidas pela lei peruana, sendo nulas (oficio N° 36.805/2018). O parecer foi baseado numa interpretação estrita da Ley del Contrato de Seguro del Perú (n. 29.946, principalmente os arts. 105 e 109) (...) A SBS reconsiderou sua posição e, em 19 de agosto de 2019, aprovou a Resolução SBS n. 3695/2019 (...)".

(...)

TERCEIRO DCFM. Substituir os arts. 326 e 328 da Lei 26.702, Lei Geral do Sistema Financeiro e do Sistema de Seguros e Lei Orgânica da Superintendência de Bancos e Seguros, pelos seguintes textos: 'Artigo 326. As apólices e tarifas de seguro estão sujeitas ao regime de livre concorrência, às regras da presente Lei e às disposições da Lei de Contratos de Seguro. A Superintendência deverá aprovar expressamente, antes de sua utilização, as condições mínimas ou as cláusulas dos contratos de seguro, de acordo com as disposições do art. 27 da Lei de Contratos de Seguro. Da mesma forma, a Superintendência ordenará a inclusão de cláusulas ou condições nas apólices que promovam o fortalecimento das bases técnicas e econômicas do seguro e a proteção do segurado'.[52]

15. "PODE SER ACORDADO, POR MÚTUO CONSENTIMENTO COM O SEGURADO..."

Já vimos que, em relação ao *fronting*, o artigo 7.2 do Regulamento prevê que "a cláusula que estabelece tal acordo deve ser incorporada na apólice do seguro e no contrato de resseguro correspondente".

Stiglitz argumenta:[53]

(...) ao contrário do contrato de resseguro como ele é – um instrumento técnico para a dispersão ou distribuição do risco no qual a seguradora retém uma parte do risco –, ao fazer desaparecer o papel real da seguradora, esta assume uma função aparente. E isto porque,

---

52 Texto original: "*Artículo 27. (...) La Superintendencia deberá prohibir la utilización de pólizas que se aparten de la ley o de las condiciones mínimas aprobadas y, de ser el caso, aplicará las sanciones correspondientes. Asimismo, ordenará la inclusión de cláusulas o condiciones en las pólizas que promuevan el fortalecimiento de las bases técnicas y económicas del seguro y la protección de los asegurados.*
(...)
Artículo 40. Estipulaciones prohibidas. Sin perjuicio de lo establecido en el artículo anterior, con carácter enunciativo, las empresas están prohibidas de incluir en las pólizas de seguro las siguientes estipulaciones, que serán nulas de pleno derecho: (...) h) Otras que establezca la Superintendencia en protección de los intereses de los asegurados.
(...)
TERCERA DCFM. Sustitúyense los artículos 326 y 328 de la Ley 26702, Ley General del Sistema Financiero y del Sistema de Seguros y Orgánica de la Superintendencia de Banca y Seguros, por los siguientes textos: 'Artículo 326.- Condiciones y Contenido de las Pólizas. Las pólizas y tarifas de seguros responden al régimen de libre competencia, con sujeción a las reglas de la presente Ley y lo dispuesto por la Ley del Contrato de Seguro. La Superintendencia aprobará expresamente, con anterioridad a su utilización, las condiciones mínimas y/o cláusulas de los contratos de seguro, conforme a lo establecido en el artículo 27 de la Ley del Contrato de Seguro. Asimismo, la Superintendencia ordenará la inclusión de cláusulas o condiciones en las pólizas que promuevan el fortalecimiento de las bases técnicas y económicas del seguro y la protección de los asegurados'.

53 STIGLITZ, Rubén S. *Temas de Derecho de Seguros*. Pontificia Universidad Javeriana. Bogotá: Grupo Editorial Ibáñez, 2010, p. 278.

diante do segurado, embora formalmente se encontre uma seguradora, isso – como já expresso – é pura aparência, é irreal porque, na prática, ela operará como mera intermediária, sem prejuízo de que, juridicamente, sua obrigação principal subsista em face da sua contraparte (segurado), mesmo que ela só se tenha limitado a expor sua "fachada". É tudo tão elusivo, tão enganoso, tão falacioso e mal orientado que o texto contratual descrito como "acordo modelo" é redigido para fazer parecer ao segurado que é ele que exige que a seguradora transfira todo o risco para a resseguradora que ele seleciona e que é identificada no "acordo modelo.[54]

Em segundo lugar, 2.1. Tendo em vista as características do seguro proposto, o segurado também exigiu como condição para (a seguradora identificada) que, caso a proposta fosse aceita, ressegurasse os contratos de resseguro que implementariam a apólice ou apólices que poderiam ser emitidas no futuro em 100% com os resseguradores indicados pelo segurado ou seus corretores de seguros e resseguros, indicando a seguradora (...) S.A., resseguradora que goza da total confiança do segurado.

2.2 Além disso, o segurado deixou claro e agora confirma que não se trata de colocar em questão a capacidade técnica, econômica e financeira (da seguradora identificada), mas que, tendo em vista os riscos a serem segurados e as correspondentes somas seguradas envolvidas, é essencial que ele tenha o apoio das resseguradoras em quem confia absolutamente.

Assim como fez ao autorizar as cláusulas *claims made*, a Superintendência esquece que os seguros de grandes riscos, como o seguro de massa, são contratos de adesão.[55]

---

54 STIGLITZ, Rubén S. *Temas de Derecho de Seguros*. Pontificia Universidad Javeriana. Bogotá: Grupo Editorial Ibáñez, 2010, p. 278, nota de rodapé n. 3.

55 LCS: "*Artículo III. El contrato de seguro se celebra por adhesión, excepto en las cláusulas que se hayan negociado entre las partes y que difieran sustancialmente con las preredactadas.(...)*
Artículo IV.3. Los términos del contrato que generen ambigüedad o dudas son interpretados en el sentido y con el alcance más favorable al asegurado. La intermediación a cargo del corredor de seguros no afecta dicha regla ni la naturaleza del seguro como contrato celebrado por adhesión.(...)
Artículo 39. II. Cláusulas abusivas. El hecho de que ciertos elementos de una cláusula o que una cláusula aislada se haya negociado no excluirá la aplicación del presente artículo al resto del contrato, si la apreciación global lleva a la conclusión de que se trata, no obstante, de un contrato por adhesión". ("Artigo 3. O contrato de seguro é celebrado por adesão, exceto pelas cláusulas que foram negociadas entre as partes e que diferem substancialmente daquelas pré-redigidas.
Artigo 4.3 Os termos do contrato que geram ambiguidade ou dúvida serão interpretados no sentido e com o escopo mais favorável ao segurado. A intermediação pelo corretor de seguros não afeta esta regra ou a natureza do seguro como um contrato celebrado por adesão.
Artigo 39. Cláusulas abusivas. O fato de certos elementos de uma cláusula ou que uma cláusula separada tenham sido negociados não exclui a aplicação deste artigo ao restante do contrato se a avaliação geral levar à conclusão de que se trata, não obstante, de um contrato de adesão").

A LCS concede à Superintendência o poder de estabelecer novos casos de cláusulas proibidas "em proteção dos interesses dos segurados" (art. 40-h). Deve também ordenar a inclusão de cláusulas ou condições nas apólices que promovam o fortalecimento das bases técnicas e econômicas do seguro e a proteção dos segurados (art. 27). Surpreendentemente, o que a autoridade faz com o art. 7.2 do Regulamento de Resseguros é impor a inserção de cláusulas abusivas e proibidas em certos contratos de seguro. A conclusão não pode ser outra: estas cláusulas são nulas e substituídas de pleno direito pelas regras da LCS (Artigos IV.2 e 40-a).

A Superintendência não deve distorcer o contrato de seguro em detrimento do segurado.[56]

16. "CLÁUSULAS PADRONIZADAS QUE FAZEM PARTE DA PRÁTICA INTERNACIONAL"

É necessário refletir sobre as disposições do Regulamento (arts. 5 e 6) relativas às cláusulas dos contratos de resseguro.

Doutrina autorizada tem estudado estas cláusulas no contexto internacional.

Para Muñoz López:[57]

> (...) as chamadas cláusulas de controle colocam todo o processo de ajuste e liquidação de sinistros nas mãos do ressegurador. Em casos extremos, as cláusulas de controle não somente atribuem ao ressegurador o ajuste e a liquidação dos sinistros, mas também colocam em suas mãos a decisão de pagá-los, que deve ser aprovada por ele.

E acrescenta:

---

56 LCS. "*Artículo 1. El contrato de seguro es aquel por el que el asegurador se obliga, mediante el cobro de una prima y para el caso de que se produzca el evento cuyo riesgo es objeto de cobertura, a indemnizar dentro de los límites pactados el daño producido al asegurado o a satisfacer un capital, una renta u otras prestaciones convenidas*" ("Artigo 1º O contrato de seguro é o contrato pelo qual a seguradora se compromete, mediante o pagamento de um prêmio e em caso de ocorrência do evento cujo risco seja objeto de cobertura, a indenizar o segurado pelos danos causados dentro dos limites acordados, ou a pagar uma soma de capital, uma renda ou outros benefícios acordados").

57 Texto original: "*(...) las llamadas cláusulas de control ponen en manos del reasegurador todo el proceso de ajuste y liquidación de los siniestros. En los supuestos extremos, las cláusulas de control no solo atribuyen al reasegurador el ajuste y la liquidación de los siniestros sino que, además, ponen en sus manos la decisión de pago de los mismos, que ha de merecer su previa aprobación*". MUÑOZ LÓPEZ, Álvaro. Desnaturalización del Contrato de Reaseguro. *In*: AIDA SECCIÓN ESPAÑOLA *et al. Estudios sobre el Contrato de Reaseguro*. Madri: Editorial Española de Seguros: MUSINI, D.L. 1997, p. 196.

> Sob estas cláusulas, a resseguradora reserva para si mesma poderes que são próprios da seguradora direta, de acordo com a própria natureza e essência do contrato de resseguro, sob os quais a gestão de riscos e, em particular, a liquidação de sinistros é de responsabilidade da seguradora. Isto representa uma verdadeira distorção do contrato de resseguro, já que a resseguradora toma o lugar da seguradora-ressegurada, sendo a última mera delegada que, em matéria de sinistros, não pode agir "*ultra vires*" sem a autorização prévia do primeiro. A consequência de tudo isso é que a seguradora direta que aceita este tipo de cláusula de resseguro está indefesa contra qualquer pedido de indenização do segurado que não seja aceito pela resseguradora. Ela não só será processada sozinha, embora não seja responsável pela rejeição do sinistro, mas não poderá sequer articular sua defesa processual, que fica exclusivamente nas mãos da resseguradora. Essas cláusulas são frequentemente encontradas em alguns contratos de seguro e são, em nossa opinião, condenáveis, pois são a consequência de uma posição abusiva de predominância da resseguradora que, desconfiando da resseguradora direta, quer preservar seus interesses no caso de sinistros particularmente conflitantes ou de grande porte. Quando a resseguradora não está autorizada a operar no país do risco, há uma violação efetiva das regras de controle administrativo, pois, por meio destas estipulações, a resseguradora de fato adquire o status de seguradora direta, arrogando-se para si mesma poderes que não lhe correspondem.[58]

Sánchez Calero afirma sobre as cláusulas de pagamento simultâneo na legislação espanhola:[59]

---

58 Texto original: "*Con arreglo a estas cláusulas, el reasegurador se reserva facultades que son propias del asegurador directo según la propia naturaleza y esencia del contrato de reaseguro, conforme al cual, la gestión del riesgo y, en especial, la liquidación de los siniestros corresponde al asegurador. Ello supone una auténtica desnaturalización del contrato de reaseguro, ya que el reasegurador ocupa el lugar del asegurador – reasegurado, siendo éste un simple delegado que, en materia de siniestros, no puede actuar "ultra vires" sin la previa autorización de aquél. La consecuencia de todo ello es que el asegurador directo que acepta este tipo de cláusulas del reaseguro está indefenso ante cualquier reclamación del asegurado que no sea aceptada por el reasegurador. No solo se verá demandado en solitario a pesar de no ser el responsable de rechazar el siniestro, sino que ni siquiera podrá articular su defensa jurídica que queda, exclusivamente, en manos del reasegurador. Estas cláusulas se establecen, con frecuencia, en algunos contratos de seguro y merecen a nuestro juicio una calificación reprobable ya que son consecuencia de una abusiva posición de predominio del reasegurador que, desconfiando del reasegurador directo, quiere preservar sus intereses, en el caso de siniestros especialmente conflictivos o de importante cuantía. Cuando el reasegurador no está autorizado para operar en el país del riesgo se produce una auténtica violación de las normas de control administrativo ya que, mediante estas estipulaciones, el reasegurador adquiere de hecho la condición de asegurador directo, arrogándose unas facultades que no le corresponden*". MUÑOZ LÓPEZ, Álvaro. Desnaturalización del Contrato de Reaseguro. *In*: AIDA SECCIÓN ESPAÑOLA *et al*. *Estudios sobre el Contrato de Reaseguro*. Madri: Editorial Española de Seguros: MUSINI, D.L. 1997, pp. 196-197.

59 Texto original: "*(...) evidentemente son lesivas para los intereses de los asegurados y de cuya licitud para los riesgos de masa -aun cuando fueran aceptados por ellos- podría dudarse al amparo de lo previsto por los artículos 2 y 3 de la LCS, en cuanto que inciden en el contrato de seguro, primitivo o directo, pero que nos parecen admisibles*

(...) são obviamente prejudiciais aos interesses dos segurados e sua validade jurídica em relação aos riscos de massa – mesmo se aceitos por eles – poderia ser objeto de dúvida considerando-se as disposições dos arts. 2 e 3 da LCS, na medida em que afetam o contrato de seguro, seja ele primário ou direto; no entanto, tais cláusulas nos parecem admissíveis em contratos de seguro relativos a grandes riscos, com base nas disposições do art. 42.

E a respeito das cláusulas de controle de sinistros, o jurista espanhol[60] aponta:

É preciso considerar também se a validade jurídica deste tipo de cláusula deve ser rejeitada – fora do campo do seguro de grandes riscos – porque implica uma interferência nas obrigações que a LCS impõe à seguradora de forma imperativa, o que implica uma violação do axioma da autonomia dos contratos e a desnaturalização do contrato de resseguro. Embora admitindo, em certos casos, a validade de tal cláusula, fica claro que ela só é válida entre a resseguradora e a seguradora-ressegurada, sendo totalmente inoperante em relação ao segurado do contrato principal, que não tem conhecimento de sua existência. É evidente que este tipo de cláusula inserida no contrato de seguro direto, fora do campo do seguro de grandes riscos, seria nula e sem efeito. Nossa Suprema Corte decidiu neste sentido nos acórdãos de 25 de junho de 1977 e 27 de janeiro de 1999.

Hill Prados afirma:

Dos vários tipos de cláusulas que têm proliferado no mercado, as cláusulas de cooperação, controle, pagamento simultâneo, insolvência e "*cut through*" merecem uma consideração especial. De todas elas, as únicas que podem beneficiar o segurado da apólice original são as cláusulas de insolvência e "*cut through*". O que as outras fazem é autorizar a

---

en los contratos de seguro relativos a grandes riesgos, sobre la base de lo dispuesto en el artículo 42". SÁNCHEZ CALERO, Fernando. El Reaseguro en la Ley Española de Contrato de Seguro. *In*: AIDA SECCIÓN ESPAÑOLA *et al. Estudios sobre el Contrato de Reaseguro*. Madri: Editorial Española de Seguros: MUSINI, D.L. 1997, p. 121.

60 Texto original: "*Cabe plantearse, asimismo, si la licitud de este tipo de cláusulas debe ser rechazada – fuera del ámbito de los seguros de grandes riesgos – porque supone una intromisión en las obligaciones que la LCS impone con carácter imperativo al asegurador, lo que implica la quiebra del axioma de la autonomía de los contratos y la desnaturalización del contrato de reaseguro. No obstante admitir, en ciertos supuestos, la validez de una cláusula tal, es evidente que solo es válida entre reasegurador y asegurador-reasegurado, siendo totalmente inoperante frente al asegurado del contrato principal que no conoce su existencia. Es evidente que este tipo de cláusula insertado en el contrato de seguro directo, fuera del ámbito de aseguramiento de grandes riesgos, sería nula. En este sentido se ha pronunciado nuestro tribunal Supremo en las sentencias de 25 de junio de 1977 y de 27 de enero de 1999*". SÁNCHEZ CALERO, Fernando. El Reaseguro en la Ley Española de Contrato de Seguro. *In*: AIDA SECCIÓN ESPAÑOLA *et al. Estudios sobre el Contrato de Reaseguro*. Madri: Editorial Española de Seguros: MUSINI, D.L. 1997, p. 1290.

resseguradora a controlar, em maior ou menor grau, o que acontece no contrato de seguro direto. É duvidoso, de início, que esta intervenção possa ser em benefício do segurado, embora, em certos casos, possa ser o caso. Em casos de cooperação, é possível que a maior experiência da resseguradora em gestão possa ser vantajosa para o segurado. Em outros casos, é duvidoso. A menos que, aproveitando o fato de que o canal de comunicação entre os dois contratos tenha sido aberto, o segurado também possa tirar proveito dele.[61]

Da Argentina, Sobrino aponta: "(...) o *fronting* é a porta de entrada (e a justificativa) para inúmeras cláusulas abusivas em detrimento da companhia segurada". Assim, "entre algumas dessas cláusulas abusivas que são incorporadas sob o pretexto do *fronting*", ele aponta: "*Simultaneous payment clause*"; "*Claims control clause*"; "Cláusula de preeminência de condições" (do resseguro sobre o seguro); "Cláusula de dação em pagamento ou cessão de direitos"; "Cláusula de reembolso" (do próprio segurado perante a seguradora); "Cláusula de tradução livre" (da apólice original). Ele acrescenta: "Além disso, outras cláusulas abusivas são frequentemente incorporadas, que, embora não diretamente ligadas, aproveita-se o pretexto do *fronting* para incorporá-las". Entre elas, ele menciona: "*Claims made*"; "*Settlement clause*"; "*Claims series clause*"; "*Pay to be paid*"; "Cláusulas de condições americanas" etc.[62]

---

61 Texto original: "*De los diversos tipos de cláusulas que han ido proliferando en el mercado merecen especial consideración las cláusulas de cooperación de siniestros, de control, de pago simultáneo, de insolvencia y de conexión o "cut through". De todas ellas las únicas que pueden suponer un beneficio para el asegurado de la póliza original son las de insolvencia y las de conexión. Las otras lo que hacen es autorizar al reasegurador a controlar en mayor o menor medida, lo que sucede en el contrato de seguro directo. Resulta, de entrada, dudoso que esta intervención puede redundar en beneficio del asegurado, aunque en determinadas ocasiones pueda ser así. En los casos de cooperación puede ocurrir que la mayor experiencia del reasegurador en la gestión pueda suponer una ventaja para el asegurado. En otras resulta más dudoso. A menos que aprovechando que se ha abierto la vía de comunicación entre ambos contratos, se permita, así mismo, al asegurado aprovecharla*". HILL PRADOS, María Concepción. Reaseguro y Coaseguro. *In*: BATALLER, Juan; VEIGA COPO, Abel (Ed.). *La Protección del Cliente en el Mercado Asegurador*. Madrid: Civitas – Thomson Reuters, 2014, p. 1287.

62 SOBRINO, Waldo. Fronting: Un gran peligro para la mayoría de las empresas aseguradas latinoamericanas. *Revista Ibero-Latinoamericana de Seguros*, n. 23, pp. 183-200. Ele afirma – com relação à "cláusula de pagamento simultâneo" (*simultaneous payment clause*): "(...) esta cláusula estabelece que a seguradora não será obrigada a pagar o sinistro ao segurado até que a resseguradora tenha repassado à seguradora antecipadamente os valores correspondentes. A ilegalidade desta cláusula é óbvia, visto que o segurado pode ser prejudicado pelo não pagamento de um terceiro com o qual ele não tem relação contratual (por exemplo, a resseguradora). E, portanto, a seguradora poderia se esconder por trás desta cláusula para tentar se eximir de sua responsabilidade contratual em face do segurado. Além disso, pode até acontecer que a própria seguradora não tenha cumprido as diretrizes de seu contrato de resseguro (por exemplo, ao não comunicar o sinistro em tempo hábil e, por esse motivo, a resseguradora se recuse a pagar); mas a seguradora também poderia argumentar que não tem responsabilidade em face do segurado, porque a resseguradora não entregou os valores para pagar o sinistro. A natureza abusiva desta cláusula é clara, na qual a única parte lesada é a 'companhia segurada' (por exemplo, o 'consumidor de seguros'). É por isso que falamos antes da contaminação do contrato de seguro pelo resseguro". Com relação à cláusula de controle de sinistros: "(...) por meio desta cláusula, muitos dos controles que o Estado

O autor considera que a *claims control clause* é um exemplo perfeito da desnaturalização do resseguro:

> (...) é absolutamente nula e ilegal em relação à "companhia segurada" (...). A seguradora nunca poderá pretender validamente eximir-se da sua responsabilidade em face do segurado invocando a cláusula de "*claims control clause*" (...). A introdução da "*claims control clause*" implica um risco exorbitante para a seguradora, uma vez que ela mantém intacta e vigente cada uma de suas responsabilidades legais em face do segurado; ela não pode pretender eximir-se ou retratar-se do pagamento do sinistro, invocando as diretrizes da "*claims control clause*"(...).[63]

E acrescenta: "O carro-chefe das cláusulas abusivas derivadas do *fronting* é, sem dúvida, a cláusula de pagamento simultâneo, por meio da qual se determina que a seguradora não é obrigada a pagar nenhuma indenização até que o dinheiro tenha sido previamente remetido a ela pelo ressegurador".[64]

Por sua vez, Perucchi afirma:

> Nos últimos anos, o mercado internacional de resseguros tem sido afetado pela presença de interesses econômicos nem sempre desejáveis, cujas práticas têm alterado o funcionamento da boa-fé, que é essencial para o cumprimento do contrato de resseguro (...). As superintendências de seguros têm sido frequentemente frustradas em suas atividades de

---

tem que exercer no mercado de seguros estão sendo obviados. De fato, se as 'cláusulas modernas abusivas de seguro' (tais como '*Simultaneous Payment*', 'dação em pagamento', 'Preeminência das condições de resseguro' etc.) tiverem validade, isto levará à conclusão de que absolutamente tudo relacionado ao seguro será imposto pelas resseguradoras. E se agora acrescentarmos a '*claims control clause*', veremos que mesmo as questões básicas de uma seguradora (por exemplo, liquidação do sinistro, determinação do pagamento de indenizações, a possibilidade de chegar a um acordo extrajudicial etc.) estarão nas mãos das resseguradoras (a grande maioria das quais são estrangeiras). Isso significaria que as resseguradoras assumiriam (de fato e de jure) o papel de seguradoras, mas sem estarem sujeitas a qualquer controle estatal".

63 Texto original: "*(...) es absolutamente nula e ilegal frente a la 'empresa asegurada'... La compañía de seguros nunca podrá pretender válidamente eximirse de su responsabilidad frente al asegurado, alegando la 'claims control clause'... La introducción de la "claims control clause" implica un riesgo exorbitante para la compañía de seguros, dado que mantiene intactas y vigentes todas y cada una de sus responsabilidades legales frente al asegurado; no pudiendo pretender eximirse y/o retrasarse en el pago del siniestro, alegando las pautas de la 'claims control clause'*". SOBRINO, Waldo. Fronting: Un gran peligro para la mayoría de las empresas aseguradas latinoamericanas. *Revista Ibero-Latinoamericana de Seguros*, n. 23, pp. 183-200.

64 Texto original: "*La nave insignia de las cláusulas abusivas derivadas del fronting es - sin hesitar - la cláusula de pago simultáneo, por medio de la cual se determina que la compañía de seguros no se encuentra obligada al pago de ninguna indemnización, hasta tanto, no le haya sido previamente remitido el dinero por la reaseguradora*". SOBRINO, Waldo. Fronting: Un gran peligro para la mayoría de las empresas aseguradas latinoamericanas. *Revista Ibero-Latinoamericana de Seguros*, n. 23, pp. 183-200.

controle de solvência diante da inadimplência do ressegurador, particularmente diante da liquidação das seguradoras, situação na qual não é fácil recuperar os sinistros que as resseguradoras têm que enfrentar.[65]

Ele acrescenta:

(...) há alguns anos surgiu no mercado uma cláusula, chamada cláusula de pagamento simultâneo, que normalmente é colocada no contrato de seguro – e não no contrato de resseguro – em virtude da qual se prevê que o segurado não possa exigir o pagamento da indenização total, mas apenas a parte que corresponde à retenção da seguradora, até que a seguradora-cedente receba da sua resseguradora a parte do sinistro pela qual esta última é responsável. Além disso, de acordo com a cláusula, se não receber os valores, qualquer que seja a causa, a parte da indenização (aquela que fica economicamente às custas da resseguradora) nunca seria exigível pelo segurado. A cláusula acima é contrária à noção mais elementar de seguro e resseguro. De fato, o resseguro só produz uma modificação econômico-financeira, segundo a qual uma parte do sinistro será recuperada, mas nunca uma modificação jurídica, já que a seguradora permanecerá sempre a única devedora da indenização, quer seja ou não ressegurada, quer o resseguro contratado seja ou não válido, ou, por fim, quer possa ou não recuperar os valores em face da resseguradora. Portanto, tal nulidade deve ser efetivamente consagrada no direito interno, de modo a não expor os segurados, beneficiários dos princípios de proteção do seguro, a tal esbulho, que pode até mesmo ser o resultado de um acordo fraudulento entabulado entre a seguradora e a resseguradora.[66]

---

65 Texto original: "*En los últimos años, los mercados internacionales de reaseguro han recibido la presencia de intereses económicos no siempre deseables, que han alterado con sus prácticas el funcionamiento de la buena fe esencial para el cumplimiento del contrato de reaseguro (...). Las superintendencias de seguros han visto con frecuencia frustradas sus actividades de control de solvencia frente al incumplimiento del reasegurador, particularmente frente a la liquidación de los aseguradores, situación donde no resulta fácil el recupero de los siniestros a que debían hacer frente los reaseguradores*". PERUCCHI, Héctor. Incorporación de normas sobre contratos de reaseguro en las legislaciones nacionales. *Revista Ibero-Latinoamericana de seguros*. Bogotá. Pontificia Universidad Javeriana. N. 20, p. 128, setembro 2003.

66 Texto original: "*(...) Desde hace unos años a esta parte ha aparecido en los mercados una cláusula – denominada de Pago simultáneo –, que suele colocarse en el contrato de seguro – no en el de reaseguro – en virtud de la cual se pretende que el asegurado no pueda exigir el pago de la indemnización total, sino solamente la que se corresponda con su retención, hasta que el asegurador-cedente reciba de su reasegurador la parte del siniestro a cargo de este último. Es más, según la cláusula, si no la llega a recibir – cualquiera fuera la causa – esa parte de la indemnización (la que económicamente está a cargo del reasegurador) nunca sería exigible por el asegurado. La cláusula mencionada contraría la más elemental noción del seguro y del reaseguro. En efecto, el reaseguro sólo produce una modificación económico-financiera, según la cual una parte del siniestro va a ser recuperada de él, pero nunca una modificación jurídica, por cuanto el asegurador siempre seguirá siendo el único deudor de la indemnización – esté reasegurado o no, sea válido o no el reaseguro contratado, o, en fin, pueda o no recuperar del reasegurador. De allí que tal nulidad deba ser efectivamente consignada en el derecho interno, de manera de no exponer a los*

Por outro lado, Stiglitz[67] afirma sobre a cláusula de pagamento simultâneo:

> (...) consiste em a seguradora subordinar o pagamento ao segurado à provisão prévia pela resseguradora dos fundos correspondentes à sua participação efetiva. À primeira vista, ela configura uma grave interferência da resseguradora em uma relação da qual ele não participa: estamos nos referindo ao contrato de seguro. E esta intervenção é de tal natureza que, essencialmente, a principal obrigação da seguradora em relação ao segurado, o pagamento da indenização, está subordinada à mera discricionariedade da resseguradora no que diz respeito ao fornecimento dos fundos para torná-la efetiva. O efeito não é outro senão, no melhor dos casos, adiar o compromisso assumido pela seguradora até que ela receba os fundos e, no pior dos casos, obstá-lo, caso os fundos não sejam fornecidos.

Para Stiglitz, a cláusula é ilegal na Argentina, pois viola os arts. 49, 50, 61 e 159 da Lei de Seguros. E ele conclui: "Além disso, a cláusula é abusiva nos termos do art. 37 da Lei n. 24.240, pois causa desequilíbrio significativo entre os direitos das partes ao estender injustamente os da seguradora em detrimento dos do segurado, distorcendo a relação obrigacional".

No Peru, sabemos que o Regulamento de Resseguros estabelece que os contratos de resseguro automático e facultativo "devem" incorporar "cláusulas padronizadas que fazem parte da prática internacional".

Como se pode ver, essa fórmula é ampla e não estabelece nenhum limite.[68] Entretanto, como é o caso das cláusulas de "controle de indenizações" e de "pagamento simultâneo", quando as cláusulas do contrato de resseguro em geral, ou seus efeitos

---

asegurados –beneficiarios de los principios tuitivos del seguro – a semejante despojo, que puede responder, incluso, a un entendimiento fraudulento del asegurador con el reasegurador". PERUCCHI, Héctor. Incorporación de normas sobre contratos de reaseguro en las legislaciones nacionales. *Revista Ibero-Latinoamericana de seguros.* Bogotá. Pontificia Universidad Javeriana. N. 20, p. 134, septiembre 2003.

67 Texto original: "*(...) consiste em a seguradora subordinar o pagamento ao segurado à provisão prévia pela resseguradora dos fundos correspondentes à sua participação efetiva. À primeira vista, ela configura uma grave interferência da resseguradora em uma relação da qual ele não participa: estamos nos referindo ao contrato de seguro. E esta intervenção é de tal natureza que, essencialmente, a principal obrigação da seguradora em relação ao segurado, o pagamento da indenização, está subordinada à mera discricionariedade da resseguradora no que diz respeito ao fornecimento dos fundos para torná-la efetiva. O efeito não é outro senão, no melhor dos casos, adiar o compromisso assumido pela seguradora até que ela receba os fundos e, no pior dos casos, obstá-lo, caso os fundos não sejam fornecidos*". STIGLITZ, Rubén S. *Temas de Derecho de Seguros.* Pontificia Universidad Javeriana. Bogotá: Grupo Editorial Ibáñez, 2010, pp. 281-282. "La distorsión del contrato de reaseguro. El *fronting*. Situación en Argentina".

68 Cf. TIRADO, Ignacio. "Restatement" sobre Contrato de Seguro – Principles of Reinsurance Contract Law. *TV Comillas Edu*, 2020. Comillas Universidad Pontificia. Disponible en: https://tv.comillas.edu/media/Ignacio+-Tirado/1_s96w0m5j/190063873.

projetados no contrato de seguro, forem contrárias às regras e princípios da LCS, elas não têm validade jurídica segundo o direito peruano.

Pelo contrário, em virtude do art. 1 da LCS, a cláusula *cut through* é válida, sendo uma exceção à autonomia dos contratos de seguro e resseguro, na medida em que é uma cláusula mais favorável ao segurado.[69]

As cláusulas introduzidas na apólice de seguro e no contrato de resseguro de acordo com as disposições do art. 7.2 do Regulamento de Resseguros são nulas de pleno direito nos termos dos arts. 1, 2 (a), 4.1, 4.2, 4.12, 39 e 40 da LCS.

17. NOVOS RISCOS PARA OS SEGURADOS... DE GRANDES RISCOS

O Regulamento negligencia a grande variedade de casos que podem surgir na prática no que diz respeito ao *fronting*, que incluem casos em que a seguradora cede 100% da cobertura à resseguradora e o segurado, que celebrou um contrato de seguro por adesão, desconhece a existência do resseguro e não tem ideia de quem é a resseguradora.

O segurado de grandes riscos (e de riscos não tão grandes) está exposto à possibilidade de sérias dificuldades no caso de liquidação voluntária ou compulsória da seguradora ou resseguradora, com a possibilidade de contestação da cláusula *cut through*,[70] ou de complicações devido a múltiplos contratos independentes entre a seguradora e as

69 Nos Estados Unidos da América, Robert M. Hall ressalta que uma preocupação no setor de seguros com o *fronting* é que o segurado pode mover uma ação direta contra o ressegurador caso a empresa que emite a apólice se torne insolvente. Baseando-se em casos da jurisprudência americana, o autor destaca as diferenças entre o que ele chama de "resseguro normal" e de "*fronting* extremo". Ele assinala que "o risco para o ressegurador aumenta com formas extremas de *fronting*, ou seja, quando a empresa que emite a apólice não assume um risco líquido de seguro e não subscreve, administra ou financia os sinistros". E ele lembra que, no caso "Ario vs. Swiss Reins". Amer. Corp. (2007 Pa. Commw. Lexis 737. Com. Ct.Pa.), o tribunal declarou que os seguintes fatores servem para determinar se o segurado deve ou não ter acesso direto ao resseguro: "A seguradora assumiu algum risco de subscrição ou simplesmente atuou como um 'front'? A seguradora participou da transação para gerar comissões em vez de receitas de prêmios? A resseguradora operou como uma 'seguradora direta' e controla o processo de resolução de sinistros e financiamento? O segurado facilitou a participação da resseguradora? As ações favorecem o acesso direto do segurado ao resseguro?". HALL, Robert M. *Fronting and Direct Actions Against Reinsurers*: The Final Chapter. Disponível em: https://debrahalljd.files.wordpress.com/2018/02/front-finalchapart.pdf.

70 Cf. CARDONA, Christopher. El contrato internacional de reaseguro facultativo. Particularidades del mercado inglés y experiencia en el mercado latinoamericano. *Revista Ibero-Latinoamericana de Seguros*. Bogotá, Colômbia, v. 31, n. 18, pp. 91-106, p. 95, julho-dezembro 2009.

resseguradoras,[71] ou devido a danos causados pelo corretor de resseguros no contexto de suas relações com a seguradora que normalmente representa[72] etc.

E não menos grave: ele está sendo exposto às vicissitudes da relação entre a seguradora e a resseguradora, que, como parece óbvio, pode ter várias implicações relacionadas, por exemplo, ao pagamento de comissões de lucro, ao princípio *follow the fortunes*[73] ou aos acordos de resseguro finitos ou financeiros[74] que também são regulados pelo Regulamento.[75]

Como Donati assinala:

> É claro que, como qualquer instrumento técnico, se mal utilizado por incapacidade ou má-fé, o resseguro pode causar danos em vez de benefícios: ao ressegurado que, sentindo-se apoiado, pode ser induzido a assumir riscos sem a devida cautela ou a se envolver em *dumping* de taxas ou a confiar em resseguradoras sem solidez; à resseguradora, que pode selecionar mal os riscos de sua carteira ou, pior ainda, se a seguradora agir de má fé, com prêmios mais baixos do que os devidos ou sobrevalorizados na liquidação de sinistros.

---

71 Cf. CARDONA, Christopher. El contrato internacional de reaseguro facultativo. Particularidades del mercado inglés y experiencia en el mercado latinoamericano. *Revista Ibero-Latinoamericana de Seguros*. Bogotá, Colômbia, v. 31, n. 18, pp. 91-106, p. 97, julho-dezembro 2009.
Cf. PERUCCHI, Héctor. Incorporación de normas sobre contratos de reaseguro en las legislaciones nacionales. *Revista Ibero-Latinoamericana de seguros*. Bogotá. Pontificia Universidad Javeriana. N. 20, pp. 125-145, septiembre 2003.

72 PERUCCHI, Héctor. Incorporación de normas sobre contratos de reaseguro en las legislaciones nacionales. *Revista Ibero-Latinoamericana de seguros*. Bogotá. Pontificia Universidad Javeriana. N. 20, p. 144, septiembre 2003. "Deve-se ter em mente que, especialmente no resseguro facultativo, as partes do contrato são distantes e normalmente não se conhecem. Como a cedente nacional pode ficar tranquila de que cumpriu suas obrigações em face do corretor, que é quem a contacta, se estivesse exposta ao risco de que o corretor não o fizesse com o ressegurador e então que se considerasse a obrigação como não cumprida em tempo hábil?".

73 Cf. TOLEDO PIZA, Paulo de. Resseguro e Princípio To Follow the Fortunes: Direito Vigente e Projetos de Lei de Contrato de Seguro". *In*: VI FÓRUM DE DIREITO DO SEGURO JOSÉ SOLLERO FILHO - IBDS. *Estudos de Direito do Seguro*. Volume XIII. I Congresso Internacional de Direito do Seguro. Conselho da Justiça Federal - Superior Tribunal de Justiça, pp. 231-247.

74 DÍAZ BRAVO, Arturo. El Reaseguro Financiero. *Revista Ibero-Latinoamericana de Seguros*, n. 13. Editorial Javegraf, Colombia, 1999, p. 139. Argumenta que a característica comum das diversas formas de resseguro financeiro "consiste nas contribuições feitas pela empresa cedente ao ressegurador, que se compromete a reembolsá-las ao primeiro, juntamente com a renda, para o pagamento dos sinistros e, na ausência de sinistros, a reembolsá-los ao segundo juntamente com parte da renda, sendo a outra parte retida como remuneração por seus serviços e despesas. O ressegurador não assume, portanto, como regra, riscos de subscrição, mas apenas riscos financeiros e cambiais".

75 VILÁ, Nancy Anamaría. Actualidades del reaseguro. Reaseguro finito, financiero. *Revista Ibero-Latinoamericana de Seguros*, n 21, pp. 45-60: "É um instrumento utilizado pelas seguradoras e resseguradoras em que se cria uma relação de longo prazo, baseada numa confiança muito forte entre as partes e no qual a resseguradora tem que conhecer antecipadamente e com profundidade não só o seguro e a política comercial da seguradora, mas também a confiabilidade de sua administração, uma vez que, neste resseguro não tradicional, o risco de subscrição é transferido, tal como no resseguro tradicional, mas se transfere sobretudo o risco financeiro".

Portanto, é necessária especial cautela de ambos os lados, como sempre acontece com contratos nos quais o elemento de 'boa-fé' é decisivo.[76]

Para uma visão mais completa, também não se deve esquecer o que Carranza-Kopper[77] nos lembra:

> Acordos de *fronting* concebidos por seguradoras e resseguradoras diretas foram replicados por resseguradoras e retrocessionárias com níveis de cobertura mais altos. Resseguradoras não licenciadas ou não creditadas podem utilizar outras resseguradoras para atuar como *fronting* em contratos de resseguro a fim de atender à solvência, segurança ou outras exigências legais, permitindo, assim, que a seguradora obtenha crédito para a cobertura do resseguro.

Isso nos leva a refletir sobre a existência de outras formas de *fronting* ou "fachadas" em relação aos peritos[78] e corretores de resseguros no mercado internacional, que "simplificam" seu nome ou também servem como "disfarce" para que outros possam atuar neste ou naquele mercado. A importância dessas outras formas ou manifestações de *fronting* não deve ser subestimada, tendo também de ser estudada.

18. "ESTA É A PRÁTICA, INFELIZMENTE..."

Numa entrevista que o ilustre jurista Rubén S. Stiglitz me deu em Medelín[79] por ocasião de uma reunião organizada pela Acoldese, perguntei-lhe o que ele queria dizer quando citou a letra do belo tango *Uno*, que diz: "a luta é cruel e muita". Sua resposta foi:

> (...) acredito que o cerne do que eu disse, tanto a desigualdade formal como a desigualdade material, requerem permanentemente uma luta não só imensa, mas intensa. E você tem que lutar não só contra os lobbies empresariais, mas também contra os advogados dos lobistas. E este é o caso em quase todos os processos, especialmente em processos de

---

76 DONATI, Antigono. *Trattato del Diritto delle Assicurazioni Private*. V. III. Milão: Dott. A. Giuffré Editore, 1954, pp. 457-458.

77 CARRANZA-KOPPER, Esteban. Fronting Arrangements: Industry Practices and Regulatory Concerns. *Connecticut Insurance Law Journal*, v. 80, p. 231, 2010. Disponible en: https://opencommons.uconn.edu/cilj/80.

78 Cf. MEZA CARBAJAL, Luis Alberto. Indemnización. *In*: QUINTÁNS EIRAS, María Rocío; RAMÍREZ OTERO, Lorena Cecilia (Ed.). *Estudios sobre el Contrato de Seguro*. 1. ed. Universidad de Piura, Perú, noviembre 2017, p. 404.

79 UNIVERSIDAD DE PIURA. Entrevista al Dr. Rubén S. Stiglitz. YouTube, 29.10.2015. Disponible en: https://www.youtube.com/watch?v=nPDbMCQU5H4.

> grandes riscos. Em casos de grandes riscos, um grande inimigo do segurado é a resseguradora estrangeira. A missão da resseguradora estrangeira é rejeitar os sinistros. Seu papel é não pagar, e se pagar, pagar o mínimo possível. Portanto, é preciso lutar contra a seguradora local e contra a resseguradora internacional. Você tem que lutar contra os advogados da seguradora local e contra os advogados que representam as resseguradoras estrangeiras. Portanto, essa luta não é apenas cruel, mas é muita, e muita significa intensa.

No Peru, o saudoso Carlos Fisher disse numa conferência organizada pela AIDA Peru, em 2016,[80] referindo-se ao que ele chamou de "escravidão" da cláusula de controle de indenizações:

> Eu dou o exemplo de um cliente [com que] eu estava diretamente envolvido na apresentação de um pedido de indenização. A resseguradora levou cinco anos, acredite, cinco anos, para nomear seu perito, nomeado por eles. E o pior de tudo, quando o nomearam, a seguradora o assumiu como seu próprio segurador. E a seguradora esqueceu que, de acordo com os regulamentos nacionais, os peritos têm que ser registrados junto à Superintendência para poder agir como tal. E aqui foi a colisão completa, completa. Não havia saída. Durante cinco anos, houve um impasse completo. Não houve nenhuma informação da seguradora sobre as condições do sinistro. Não houve resposta do perito dentro de seis meses após sua nomeação pela resseguradora. Aí as coisas começaram a andar. E o perito continuava pedindo informações, continuava pedindo informações, e continuava pedindo informações. Assim, todos os princípios sólidos da relação entre o segurado e a seguradora, e desta com a sua resseguradora, foram subvertidos. Esta é a prática, infelizmente (...).

O Regulamento da Superintendência não contribui para a solução de problemas importantes no campo contratual de seguros e resseguros no Peru.[81]

80 FISHER GARCÍA, Carlos. Problemas legales y soluciones en los reaseguros en el Brasil. *In*: AIDA PERÚ 2016: Disponible en: https://youtu.be/65JNUK0W2Rg. "(...) Partamos da lei de ouro, segundo a qual o contrato de seguro é totalmente independente do contrato de resseguro (...)".

81 Cf.. NÚÑEZ DEL PRADO, Alonso. La supervisión del sistema asegurador. *Revista Peruana de Seguros y Reaseguros*, n. 1. Estudios en honor al profesor Francisco Javier Tirado Suárez. Perú, 2021; MEZA CARBAJAL, Luis Alberto. Transparencia, Certeza Contractual y Cláusulas Abusivas en el Mercado Peruano de Seguros. *In*: VEIGA COPO, Abel (Ed.). *Retos y Desafíos del Contrato de Seguro: del Necesario Aggiornamento a la Metamorfosis del Contrato*. Madri: Civitas – Thomson Reuters, mar. 2020.

19. A SUPERINTENDÊNCIA E O RESPEITO À CONSTITUIÇÃO DO PERU

O conteúdo das Resoluções n. 4706/2017 (Regulamento de Resseguros) e 3695/2019 (autorização das cláusulas *claims made* em seguros de responsabilidade civil), mostra que a Superintendência assumiu poderes que não lhe cabem e que, em minha opinião, são contrários às normas fundamentais ou afetam direitos reconhecidos pela Constituição do Peru:

> Artigo 2°. Direitos fundamentais do indivíduo. Toda pessoa tem o direito: (...) 14. de contratar para fins lícitos, desde que as leis da ordem pública não sejam violadas (...)
>
> Artigo 62° – A liberdade contratual garante que as partes possam contratar validamente de acordo com as regras em vigor no momento do contrato. Os termos contratuais não podem ser modificados por leis ou outras disposições de qualquer tipo(...)
>
> Artigo 87° A Superintendencia de Banca, Seguros y Administradoras Privadas de Fondos de Pensiones exerce o controle sobre as empresas de seguros (...).
>
> Artigo 102 – Os poderes do Congresso são: 1. promulgar leis e resoluções legislativas, assim como interpretar, emendar ou revogar as existentes.
>
> Artigo 103 – (...) A lei é revogada apenas por outra lei...

CONSIDERAÇÕES FINAIS

Que posição adotou a Superintendência peruana em relação ao *fronting*?

Por razões que ela não explicou ao país, ela decidiu regulamentá-lo de forma contrária à LCS, em termos perniciosos para o setor privado e para o público segurado. Transferiu para estes o risco de crédito do ressegurador e os riscos jurídicos do contrato de resseguro, entre outros.

É preocupante que a Superintendência esteja incentivando a seleção adversa de riscos e a transformação das seguradoras em corretoras de seguros.[82] É igualmente preocupante, se não ainda mais preocupante, que o esteja fazendo desta forma. Não parece ser uma boa receita para a saúde de nosso sistema de seguros.

82 Cf. HALPERIN, Isaac. *Contrato de Seguro*. Buenos Aires: Depalma, 1966, p. 64.

BIBLIOGRAFIA

ASOCIACIÓN INTERNACIONAL DE SUPERVISORES DE SEGUROS. Principios Básicos de Seguros, Estándares, Guía y Metodología de *Evaluación*. Disponível em: https://www.iais-web.org/uploads/2022/01/Principos_Basicos_de_Seguros__Estandares__Guia_y_Metodologia_de_Evaluacion___ASSAL_.pdf.pdf.

BEAUMONT CALLIRGOS, Ricardo. Disposiciones Complementarias, Finales y Modificatorias. *In*: QUINTÁNS EIRAS, María Rocío; RAMÍREZ OTERO, Lorena Cecilia (Ed.). *Estudios sobre el Contrato de Seguro*. 1. ed. Universidad de Piura, Peru, novembro 2017, p. 772.

BROSETA PONT, Manuel. *El Contrato de Reaseguro*. Madri: Aguilar, 1961.

CANADA. Office of the Superintendent of Financial Institutions – OSFI. *Discussion Paper on OSFI's Reinsurance Framework*. Junio de 2018. Disponível em: https://www.osfi-bsif.gc.ca/Eng/Docs/reins_frmwk.pdf.

CARDONA, Christopher. El contrato internacional de reaseguro facultativo. Particularidades del mercado inglés y experiencia en el mercado latinoamericano. *Revista Ibero-Latinoamericana de Seguros*. Bogotá, Colômbia, v. 31, n. 18, pp. 91-106, pp. 91ss., julho-dezembro 2009.

CARRANZA-KOPPER, Esteban. Fronting Arrangements: Industry Practices and Regulatory Concerns. *Connecticut Insurance Law Journal*, v. 80, p. 251, 2010. Disponível em: https://opencommons.uconn.edu/cilj/80.

DÍAZ BRAVO, Arturo. El Reaseguro Financiero. *Revista Ibero-Latinoamericana de Seguros*, n. 13. Colômbia: Editorial Javegraf, 1999, p. 139.

DONATI, Antigono. *Trattato del Diritto delle Assicurazioni Private*. V. III. Milão: Dott. A. Giuffré Editore, 1954, pp. 457-458.

DUNCAN, Strachan; STOUT, Kayleigh. The Insurance and Reinsurance Law Review: Latin America Overview. *DAC Beachcroft*. 9 abr. 2021.

FISHER GARCÍA, Carlos. Problemas legales y soluciones en los reaseguros en el Brasil. *In*: AIDA PERÚ 2016: Disponível em: https://youtu.be/65JNUK0W2Rg.

GARRIGUES, Joaquín. *Curso de Derecho Mercantil*. 6. ed., tomo II. Madri: Imprenta Aguirre, 1974.

HALL, Robert M. *Fronting and Direct Actions Against Reinsurers*: The Final Chapter. Disponível em: https://debrahalljd.files.wordpress.com/2018/02/frontfinalchapart.pdf.

HALPERIN, Isaac. *Contrato de Seguro*. Buenos Aires: Depalma, 1966.

HILL PRADOS, María Concepción. Reaseguro y Coaseguro. *In*: BATALLER, Juan; VEIGA COPO, Abel (Ed.). *La Protección del Cliente en el Mercado Asegurador*. Madri: Civitas – Thomson Reuters, 2014, p. 1287.

INTERNATIONAL ASSOCIATION OF INSURANCE SUPERVISOR – IAIS. *Insurance Core Principles and Common Framework for the Supervision of Internationally Active Insurance Groups*. Atualizado em novembro 2019, pp. 146-147. Disponível em: https://www.iaisweb.org/page/supervisory-material/insurance-core-principles-and-comframe//file/91154/iais-icps-and-comframe-adopted-in-november-2019.

INTERNATIONAL ASSOCIATION OF INSURANCE SUPERVISOR – IAIS. Report of the 20th A2ii – IAIS Consultation Call Reinsurance. *Access to Insurance Initiative*, 26 jan. 2017, p. 13. Disponível em: https://a2ii.org/sites/default/files/2019-07/reinsurance_consultation_call_report.pdf.

JARAMILLO-JARAMILLO, Carlos Ignacio. Valorización y Primordiales Alcances de la Dependencia del Contrato de Reaseguro respecto del Seguro Originario. Génesis, Generalidades.

Implicaciones y análisis sumario en torno a su pretendida accesoriedad. *Revista Ibero-Latinoamericana de Seguros*, n. 13, pp. 163-164.

MEZA CARBAJAL, Luis Alberto. Indemnización. *In*: QUINTÁNS EIRAS, María Rocío; RAMÍREZ OTERO, Lorena Cecilia (Ed.). *Estudios sobre el Contrato de Seguro*. 1. Ed. Universidad de Piura, PERU, novembro 2017, p. 404.

MEZA CARBAJAL, Luis Alberto. La nueva ley del contrato de seguro del Perú. *Revista Ibero-Latinoamericana de Seguros*. Bogotá (Colômbia), v. 37, n. 21, pp. 29-60, p. 59, julho-dezembro 2012.

MEZA CARBAJAL, Luis Alberto. La SBS frente a la Ley del Contrato de Seguro. *Revista "Actualidad Jurídica"*, n. 229, pp. 39-41, dezembro 2012.

MEZA CARBAJAL, Luis Alberto. Transparencia, Certeza Contractual y Cláusulas Abusivas en el Mercado Peruano de Seguros. *In*: VEIGA COPO, Abel (Ed.). *Retos y Desafíos del Contrato de Seguro: del Necesario Aggiornamento a la Metamorfosis del Contrato*. Madri: Civitas – Thomson Reuters, mar. 2020.

MUÑOZ LÓPEZ, Álvaro. Desnaturalización del Contrato de Reaseguro. *In*: AIDA SECCIÓN ESPAÑOLA *et al. Estudios sobre el Contrato de Reaseguro*. Madri: Editorial Española de Seguros: MUSINI, D.L. 1997, p. 206.

NOVA YORK. Departamento de Servicios Financieros. Fronting Question Presented. Disponível em: https://www.dfs.ny.gov/insurance/ogco2005/rg050111.htm.

NÚÑEZ DEL PRADO, Alonso. La Exclusión de los Grandes Riesgos de los Beneficios de la Ley del Contrato de Seguro en el Perú: El Principio de Realidad. *Revista Ibero – Latinoamericana de Seguros*. Bogotá, Colômbia. v. 44, n. 25, pp. 173-182, janeiro-junho 2016.

NÚÑEZ DEL PRADO, Alonso. La supervisión del sistema asegurador. *Revista Peruana de Seguros y Reaseguros*, n. 1. Estudios en honor al profesor Francisco Javier Tirado Suárez. Peru, 2021.

PERU. Superintendencia de Banca, Seguros y AFP. Asociación Internacional de Supervisores de Seguros – IAIS. Disponível em: https://www.sbs.gob.pe/prevencion-de-lavado-activos/Sistema-de-Lucha-Contra-el-LA-FT/Organismos-Internacionales-que-rigen-el-Sistema-Nacional-contra-el-LA-FT/Asociacion-Internacional-de-Supervisores-de-Seguros-IAIS.

PERU. Superintendencia de Banca, Seguros y AFP. Departamento de Supervisión de Reaseguros. Informe n. 041-2014-DSR, del 27.3.2014.

PERUCCHI, Héctor. Incorporación de normas sobre contratos de reaseguro en las legislaciones nacionales. *Revista Ibero-Latinoamericana de seguros*. Bogotá. Pontificia Universidad Javeriana. N. 20, setembro 2003.

RISCO EM PROSA. Locução de Ernesto Tzirulnik; Inaê Oliveira. Episódio 1. Grandes Riscos. IBDS Podcast, Set. 2021. Disponível em: https://open.spotify.com/episode/5xFjkGsitwnMKkDGMwK7QO.

SÁNCHEZ CALERO, Fernando. El Reaseguro en la Ley Española de Contrato de Seguro. *In*: AIDA SECCIÓN ESPAÑOLA *et al. Estudios sobre el Contrato de Reaseguro*. Madri: Editorial Española de Seguros: MUSINI, D.L. 1997, p. 161.

SOBRINO, Waldo. Fronting: Un gran peligro para la mayoría de las empresas aseguradas latinoamericanas. *Revista Ibero-Latinoamericana de Seguros*, n. 23, pp. 183-200.

SCOVILLE, James; SWIRSKI, Clare; LYON, Benjamin. Debevoise & Plimpton LLP. Insurance and Reinsurance 2021. *Chambers and Partners*. Atualizado em 19.1.2021.

TIRADO, Ignacio. "Restatement" sobre Contrato de Seguro – Principles of Reinsurance Contract Law. *TV Comillas Edu*, 2020. Comillas Universidad Pontificia. Disponível em: https://tv.comillas.edu/media/Ignacio+Tirado/1_s96w0m5j/190063873.

TOLEDO PIZA, Paulo de. Resseguro e Princípio To Follow the Fortunes: Direito Vigente e Projetos de Lei de Contrato de Seguro". *In*: VI FÓRUM DE DIREITO DO SEGURO JOSÉ SOLLERO FILHO - IBDS. *Estudos de Direito do Seguro*. Volume XIII. I Congresso Internacional de Direito do Seguro. Conselho da Justiça Federal - Superior Tribunal de Justiça, pp. 231-247.

UNIVERSIDAD DE PIURA. Entrevista al Dr. Rubén S. Stiglitz. YouTube, 29.10.2015. Disponível em: https://www.youtube.com/watch?v=nPDbMCQU5H4.

URÍA, Rodrigo. *Derecho Mercantil*. 6. ed. Madri, 1968.

VERCHER MOLL, Javier. La Distribución del Riesgo entre Distintos Aseguradores: El Contrato de Reaseguro. *In*: QUINTÁNS EIRAS, María Rocío; RAMÍREZ OTERO, Lorena Cecilia (Ed.). *Estudios sobre el Contrato de Seguro*". 1. ed. Universidad de Piura, Peru, novembro 2017, p. 761.

VILÁ, Nancy Anamaría. Actualidades del reaseguro. Reaseguro finito, financiero. *Revista Ibero-Latinoamericana de Seguros*, n 21, pp. 45-60.

ZEGARRA MULÁNOVICH, Álvaro. Marco y Principios Interpretativos de la Regulación y Contratación de Seguros Privados (Artículos I a IV LCS). *In*: QUINTÁNS EIRAS, María Rocío; RAMÍREZ OTERO, Lorena Cecilia (Ed.). *Estudios sobre el Contrato de Seguro*. 1. ed. Universidad de Piura, Peru, novembro 2017, p. 56.

Jurisprudência

PERU. Corte Suprema de Justicia. Expediente n. 5099-2009. Sala Civil Permanente de 18 de janeiro de 2011. Disponível em: https://vlex.com.pe/vid/-472772098.

Legislação

PERU. Código Civil. Atualizado em 2022. Disponível em: https://lpderecho.pe/codigo-civil-peruano-realmente-actualizado/.

PERU. Ley de Contrataciones del Estado, n. 30225. *El Peruano* - Diario Oficial. Disponível em: https://diariooficial.elperuano.pe/pdf/0022/tuo-ley-30225.pdf.

PERU. Ley del Contrato de Seguro (LCS), n. 29946. *El Peruano* - Diario Oficial, 27 novembro 2012. Disponível em: https://leyes.congreso.gob.pe/Documentos/ExpVirPal/Normas_Legales/29946-LEY.pdf.

PERU. Ley General del Sistema Financiero y del Sistema de Seguros y Orgánica de la Superintendencia de Banca y Seguros, n. 26702 de 1996. Disponível em: https://www2.congreso.gob.pe/sicr/cendocbib/con4_uibd.nsf/8CEF5E01E937E76105257A0700610870/$FILE/26702.pdf.

PERU. Ley de Transparencia y Acceso a la Información Pública, n. 27.806, agosto de 2002. Disponível em: https://www.peru.gob.pe/normas/docs/ley_27806.pdf.

PERU. Superintendencia de Banca, Seguros y AFP. Resolución S.B.S. n. 4706 -2017. Disponível em: https://www.sbs.gob.pe/Portals/0/jer/PFRPV_NORMATIVIDAD/NUEVO/Resoluci%C3%B3n%20SBS%204706-2017.pdf.

PERU. Tribunal de Contrataciones y Adquisiciones del Estado. Resolución n. 910/2007.TC-S1. Disponível em: https://cdn.www.gob.pe/uploads/document/file/1220151/RES910-2007-TC-S120200807-1746888-2tsh9e.pdf.

Resseguro

Paulo Botti[1]

Agradeço ao Ministro [Ricardo Villas Bôas] Cueva pela apresentação. Saúdo os meus colegas de painel, o professor [Luiz Alberto] Meza, a doutora Inaê [Siqueira de Oliveira] e meu amigo [Marcio] Coriolano, líder do nosso mercado e presidente da CNseg, meu amigo e colega de muitos anos.

Agradeço especialmente também ao meu amigo Dr. Ernesto Tzirulnik, pelo apetite de risco que ele teve ao me convidar para participar pela segunda vez desse evento. Peço desculpas antecipadamente pela linguagem coloquial e talvez pela pouca precisão jurídica que terei durante a minha exposição, principalmente na presença de tão ilustres juristas aqui conosco, do Brasil e do exterior.

Saúdo, também, todos os que acompanham esse painel em que participo com muito prazer. Provavelmente todos vocês têm familiaridade com resseguro, nós aqui do nosso painel e todos os que estão participando desse evento. Os brasileiros também têm, provavelmente, familiaridade com uma coisa que nós temos no Brasil que se chama jogo do bicho. Acho que os resseguradores não gostam muito do que eu vou dizer. O jogo do bicho é uma loteria informal, ilegal – foi criada pelo por um barão que era dono do zoológico do Rio de Janeiro como material promocional para o zoológico, e na mesma época em que foi criado o resseguro como ele é conhecido hoje.

O jogo do bicho – na realidade, o bicheiro – tem uma banca e as pessoas apostam um número nessa banca, que normalmente são associados a um bicho, e o sorteio é feito. Hoje em dia corre pela Loteria Federal. As pessoas ganham e funciona muito bem. É ilegal e informal, mas, como muitas coisas no Brasil nessas condições, funciona muito bem. O bicheiro, quando ele recebe uma aposta muito grande num determinado número – normalmente é um milhar –, ele fica preocupado e receoso de ter que pagar um valor muito grande àquele apostador que apostou com ele, então normalmente ele vai no bicheiro ao lado e eles fazem a mesma aposta, do mesmo número, de forma

1 Engenheiro Mecânico (UFMG). Sócio-fundador, CEO e membro do Conselho de Administração da Terra Brasis Resseguros (2009-2020). Foi Vice-Presidente da Federação Nacional das Empresas de Resseguro – Fenaber (2012-2020) e Presidente da Associação Nacional das Resseguradoras Locais – ANRe (2015 a 2020).

que se ele tiver que pagar, ele também recupera, pelo menos parte do que ele tem que pagar ao seu cliente.

O resseguro não é muito diferente disso. A seguradora descarrega em uma outra seguradora ou uma resseguradora o risco que ela acha que excede a sua capacidade de retenção. Então, do mesmo jeito que o bicheiro descarrega no bicheiro vizinho, a seguradora descarrega numa seguradora ou num ressegurador vizinho.

Não é uma forma muito bonita de definir o resseguro e, como eu disse, os resseguradores não gostam muito, mas, pelo menos, é uma coisa bem fácil de explicar para quem é mais leigo na operação de resseguro. Dessa forma o resseguro tem um *spread* mundial... todo mundo participa, muitas seguradoras do mundo inteiro participam quando a gente tem uma perda muito grande no mercado de seguros. É uma operação bonita, pouco conhecida do público, e, começando o que eu quero dizer para vocês, pode ser usada para o bem ou para o mal.

Me preocupa, no momento, a situação do Brasil no resseguro e eu gostaria nesse painel de compartilhar exatamente isso, essas preocupações minhas em relação ao resseguro. Resseguro é uma coisa que normalmente se acha mais sofisticada, mais charmosa, tem contatos internacionais, tem viagens e seminários no exterior, festa, ressegurador é extremamente festeiro. Mas importante para a economia de um país é o seguro, o seguro é a parte mais importante. Vocês vão se assustar um pouco com o que eu vou dizer, mas para se criar um mercado interno de seguros forte e contribuir para a economia de um país, nós temos só duas opções: ou proibir o resseguro, ou criar um monopólio de resseguro.

A Inglaterra, nos meados do século XVIII, optou pela primeira alternativa, proibir o resseguro. O resseguro foi proibido na Inglaterra por 120 anos, na realidade 118 anos, até meados do século XIX. Com isso, a Inglaterra criou o mais sofisticado mercado de seguros do mundo. As seguradoras sem capacidade de resseguro tinham que por elas próprias reter os seguros – aceitar e ter capacidade para reter os seguros. Criou-se um mercado de seguros inglês interno muitíssimo grande, consolidou-se o Lloyd's, que teve um avanço muito grande nesse período de proibição do resseguro, os atuais sindicatos do Lloyd's, que eram subscritores da época, repartiam isso entre si. Não existia resseguro para protegê-los de maneira geral, e até hoje a gente tem a dinâmica no Lloyd's, que funciona como um corretor indo e cada ressegurador e dizendo "eu quero 10%", "eu quero 5%", e você coloca o risco de seguro dessa forma.

Muito se fala do Lloyd's no resseguro, mas o Lloyd's é basicamente um mercado de seguros. A participação de resseguros no Lloyd's é pequena, talvez 20%, 20 e poucos por cento do volume de movimento do Lloyd's. Então a Inglaterra foi o berço do seguro e hoje é o país de seguro mais sofisticado, mas o Brasil e outros países escolheram outra opção, a de criar um monopólio de resseguro... assim foi a Suíça, na criação da Swiss Re, que foi criada por banqueiros suíços na época, preocupados em reter riscos de seguros no próprio país.

Foi criada a Kölnishe Rück, na Alemanha, em Colônia, e depois a Munich Re, com o mesmo objetivo de reter riscos no país, de criar um mercado de seguros no país e o IRB no Brasil, em 1939.

Na América Latina foi criada, também, no Chile, a Caja do Chile, até 10 anos antes da criação do IRB no Brasil. O Brasil, então, criou o IRB em [19]39, cem anos depois da Europa e perto de dez anos depois do Chile. Esse monopólio do IRB funcionou muitíssimo bem, nunca teve um problema. O Brasil funcionou, não teve problema de riscos complicados, não segurados, não ressegurados. Funcionou o IRB muito bem durante todos os anos em que foi monopólio. Teve sucesso de criar um fantástico mercado nacional de seguros. Nessa época, as seguradoras do Brasil, chamadas "Brasil com S", dominaram o mercado, que antes era dominado por sucursais de países estrangeiros. Companhias tipo Atlântica Boavista, Internacional, Itaú – um comentário específico: a primeira empresa do grupo foi a "seguradora-raiz" do grupo Itaú – Bamerindus, Paulista e Bandeirante eram as companhias que dominavam o mercado durante o monopólio do IRB.

O IRB em finais do dos anos 70 – 1975 para a frente – resolveu ir pra fora com o objetivo de trazer divisas pro Brasil, como outras seguradoras de outros países tinham feito também. Com isso ele entrou no resseguro internacional. As seguradoras foram junto, muitas seguradoras, juntamente com o IRB ou isoladamente, particularmente cada uma delas começaram também a aceitar riscos do exterior... e descobriram que o nosso monopólio era doméstico, isso é, as seguradoras não podiam receber resseguro de outras companhias do Brasil, mas podiam receber resseguro de companhias do exterior. E assim, tanto o IRB quanto várias seguradoras brasileiras entraram no mercado de resseguro internacional. Foi catastrófico, foi uma experiência catastrófica, foi mais de um bilhão de dólares na época que o mercado como um todo – IRB, Itaú, Bradesco, Bandeirante, todas as companhias que se envolveram nisso perderam muito dinheiro e em meados de 1980 se acabou com essa operação internacional e isso ajudou o crescimento da pressão pela abertura do mercado de resseguros. Uma pressão interna e externa.

Uma história particular rápida: em [19]84 eu fui com a minha família expatriado, a expressão que se usava na época, no meio desse furacão de insucesso do mercado brasileiro operando no exterior. Nós achávamos que o mercado ia abrir e que alguém tinha que aprender alguma coisa de resseguro. Fui então trabalhar em resseguro no exterior, numa coligada do grupo Itaú. Fiquei alguns anos fora, aprendi, a abertura não veio, eu voltei e segui minha carreira. Em 1989 nós tivemos a primeira iniciativa de abertura na América Latina, o Chile privatizou a Caja de resseguros, que era monopólio de resseguros no Chile; em 1992, a Argentina, no mesmo caminho, abriu o monopólio de resseguros, mas de forma bastante atabalhoada, de forma que o Inder, que era o equivalente ao IRB brasileiro, imediatamente quebrou. A pressão pela abertura no Brasil continuou, principalmente vinda do exterior, porque agora inclusive tínhamos exemplos claros de aberturas feitas na América Latina, e em 2007, 2008 a legislação e a regulamentação abriram o mercado de resseguros do Brasil.

As orientações que eram feitas na época eram, primeiro, de se tomar cuidado para não repetir o que aconteceu na Argentina com o Inder, então, uma preservação do IRB, uma preocupação grande. E a segunda orientação era no sentido de criar no Brasil uma indústria de resseguros, mas sem afugentar a capacidade internacional. Nós precisaríamos de capacidade internacional, mas, ao mesmo tempo, gostaríamos de ter uma indústria de resseguros brasileira.

Assim a regulamentação foi feita. Na época o nosso presidente da Fenaseg era o doutor João Elísio e superintendente da Susep era o corretor Armando Vergilio. Foi criada, então, uma regulamentação sobre coordenação da Fenaseg, eu participei do grupo que a preparou, e ela tinha algumas condições para atender esses pressupostos do governo. A primeira coisa era chamada "oferta preferencial", que até hoje funciona no Brasil. Significa que, em condições iguais, você cotando o seu resseguro no exterior, se uma resseguradora brasileira local o aceitasse naquelas condições, o mercado local tinha direito a ficar com pelo menos 40% de cada resseguro que fosse colocado fora.

O segundo item é que, com o objetivo de evitar aventureiros por uma orientação, existia a preocupação de que resseguradores e aventureiros se instalassem aqui pra tirar proveito da oferta preferencial. Então se estabeleceu um capital mínimo para a resseguradora, equivalente a quatro vezes o capital mínimo de seguradora. Na época o capital mínimo de seguradora era 15 milhões de reais, estabeleceu-se que pra resseguradora o capital mínimo seria 60 milhões de reais. Isso é uma observação interessante, porque esse número não mudou até hoje, quase 15 anos após a abertura do mercado, ainda esses números são aqueles que prevalecem para seguradora e para resseguradora.

A terceira preocupação que se tentou evitar foi o front das resseguradoras: foi determinado que as resseguradoras locais tinham que reter no mínimo 50% do prêmio anual que receberiam.

Então, essas três coisas eram os principais itens da regulamentação quando o mercado abriu. Uma semana depois do mercado abrir, nós tivemos aqui a visita do *chairman* do Lloyd's, que nos disse muito claramente num evento organizado pela Fenaseg que "a regulamentação estava muito fechada, vai dar tudo errado, nós não vamos ter capacidade do exterior e não vamos ter resseguradoras locais se instalando". Felizmente ele estava errado: em quatro meses, nós já tínhamos seis resseguradoras locais e uma grande capacidade oferecida pelo exterior. Para ser justo com ele, alguns meses depois ele voltou aqui e se desculpou por esse comentário.

A abertura foi, então, um sucesso inicial muito grande, muito animador... em poucos anos nós tínhamos mais de dez resseguradoras locais e mais de 60 grupos estrangeiros oferecendo capacidade para o Brasil.

Entretanto, algumas coisas não foram muito boas. Nesse monopólio do IRB, a tecnologia de grandes riscos de resseguros ficou muito restrita ao IRB, que tinha, na realidade, os melhores técnicos de seguros de grandes riscos e de resseguro do Brasil, excepcionais técnicos... As seguradoras do chamado Brasil com S, que eu vou explicar em seguida, sem apetite e sem tecnologia, porque isso não foi passado para eles pelos resseguradores que vieram, era uma operação burocrática... essas seguradoras do Brasil com S se concentraram no varejo, em que até hoje dominam fortemente. Saíram dos negócios chamados de grandes riscos, e as seguradoras do Brasil com Z assumem os grandes riscos.

Estamos hoje com uma situação que vou resumir em seguida, administrando ainda pressões do exterior, e passamos por momentos de calma e períodos de turbulência. A expressão "Indústria brasileira com S e com Z", eu ouvi pela primeira vez do nosso economista Gustavo Franco, se referindo a indústrias de maneira geral no Brasil. Dizia que o Brasil tinha dois tipos de companhia fortes e que tentavam operar de forma internacional: as companhias do Brasil com S, que eram companhias nacionais, mas que pela grandeza tentavam, também, operar internacionalmente, incrementando a economia dos outros países, e tinha as companhias brasileiras com Z, do Brasil com Z, que eram companhias dedicadas ao mercado brasileiro e somente dedicadas ao mercado brasileiro, companhias de origem estrangeira que vinham para o Brasil e se dedicavam exclusivamente ao Brasil. Eu achei muito interessante isso e acho que na área de seguros nós temos algo semelhante, temos companhias do Brasil com S e temos companhias do Brasil com Z.

Bom, um resumo do que falei até agora: o monopólio do IRB teve um sucesso enorme, criando um mercado nacional de seguros; as seguradoras do Brasil com S dominaram o mercado durante o monopólio nos primeiros anos de abertura do resseguro; sem apetite e sem *know-how*, as seguradoras do Brasil com S saem dos grandes riscos e se concentram no varejo, onde têm uma presença muito maior e dominam o mercado; as seguradoras do Brasil com Z assumem os grandes riscos no Brasil. Essa foi a mensagem que eu tentei trazer até agora para vocês.

Preparei um resumo do que aconteceu de 2017 até agora, 2020.

Evolução do Seguro e Resseguro Nacional 2020/2017

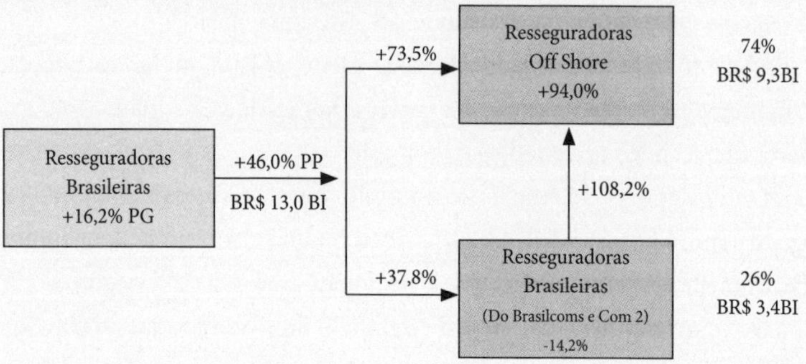

Em 2017, houve mais um fator de abertura do mercado brasileiro, que foi a liberdade de colocação, a liberdade total de colocação de resseguro na chamada "*intra-group*". As operações *intragroup* trazem duas preocupações mundiais aos reguladores. A primeira preocupação é que quando você começa a fazer operações entre empresas do mesmo grupo, o regulador, chega uma hora que ele se perde. Ele não sabe mais onde está um determinado risco, se está na companhia A, que está no Brasil, ou se está na companhia B, que está fora do Brasil ou em qualquer outro país. Uma preocupação mundial dessas operações *intragroup*.

A segunda preocupação é a competição doméstica. Se você tem muitas operações *intragroup*, existe uma preocupação grande se alguma companhia está competindo no mercado doméstico, usando condições favoráveis que são dadas a ela pela sua matriz ou por alguma outra companhia do grupo no exterior. Então essas são as duas preocupações, por isso que todo regulador se preocupa muito com as operações *intragroup*.

No Brasil, as operações estavam limitadas e em 2017 elas foram liberadas. O ano de 2020, que é um ano que a gente já tem informações completas da Susep, é complicado; não pode realmente ser um ano que meça alguma evolução, mas eu fiz, de qualquer maneira, uma comparação de 2020 com 2017.

Nas seguradoras brasileiras, com o chamado "prêmio ganho", cresceram nesse período em pouco mais de 16%, no entanto, o resseguro que elas compraram cresceu 46%. Não é uma coisa que vinha acontecendo; aconteceu, então, um incremento muito grande de compra de resseguro, sem que tenha havido um equivalente crescimento dos riscos segurados. Uma segunda coisa que se constata com os números da Susep e hoje publicado pela Austral – eram publicados pela Terra Brasis, depois pela Austral – as colocações diretas das seguradoras brasileiras em resseguradoras *offshore*, entre as seguradoras fora do Brasil, cresceram 73,5%, ao passo que as colocações das seguradoras locais cresceram 37,8%, uma diferença que também não vinha se configurando. E outra coisa muito interessante é que as retrocessões das resseguradoras brasileiras para o exterior cresceram 108%. Com isso, as participações nas cessões das seguradoras brasileiras ficara, 74% no exterior e 26% no Brasil.

Na época do IRB e no início das operações de mercado aberto, esses números eram praticamente equivalentes, 50 e 50. Hoje nós estamos em 2020 e com esse número 74 e 26. Não sei se isso se repetirá em 2021 – tenho acompanhado os números de 2021 e isso tem se mantido, mas o acompanhamento do ano de 2021 é importante para que a gente saiba se essa tendência continua.

Queria finalizar dando a minha visão do mercado brasileiro. As seguradoras do Brasil com Z, também sem tecnologia, igualmente estão saindo dos grandes riscos. Os grandes riscos estão cada vez mais colocados no exterior, mais ressegurados no exterior, isso aumenta a aceitação de riscos e a regulação de sinistros feita fora do Brasil, pelo exterior.

E depois da liberdade do *intragroup*, continuamos tendo pressão pra mais liberação. Temos, na minha opinião, um futuro desafiador e a minha preocupação maior é com o próprio mercado de seguros, com o nosso mercado de seguros, porque a indústria local de resseguros vem perdendo, na minha opinião, um sentido estratégico. Os tributos que elas incorrem aqui no Brasil são muito maiores. Se as resseguradoras locais tivessem uma decisão puramente racional, elas transfeririam suas sedes para o exterior, e eu incluo isso até o próprio IRB, que passa no momento por uma situação difícil. Com isso, o mercado brasileiro de seguros de grandes riscos pode perder muita relevância. Essa é a mensagem que eu queria passar para vocês, o motivo da minha palestra.

Por fim, a frase "*Seguro, o negócio que assume riscos que gente normal não deve assumir*" – eu não sei quem é o autor original dessa frase, que usei até num material que escrevi uma vez pra CNSEG e gosto muito. Acho que as nossas preocupações no Brasil hoje deviam ser de incentivar mais "anormais" no Brasil, ter mais anormais no Brasil, e manter uma competição justa. É uma preocupação com as operações *intragroup* pra manter uma competição justa entre as seguradoras no nosso mercado. Era isso que eu tinha a dizer.

A PARTICIPAÇÃO DE RESSEGURADORES EM REGULAÇÕES DE SINISTRO

Inaê Siqueira de Oliveira[1]

INTRODUÇÃO

1. Neste trabalho, discute-se a validade de cláusulas de cooperação ou controle em contratos de resseguro e a possibilidade de responsabilização dos resseguradores em caso de interferência lesiva na regulação de sinistro.

A relevância desses agentes econômicos, centrais à "operação de seguro",[2] é inversamente proporcional à sua visibilidade na fase mais importante da execução do contrato do seguro, a regulação de sinistro.

Resseguradores rotineiramente participam em regulações de sinistro e influenciam o processo decisório das seguradoras, suas resseguradas, mas faltam critérios para medir a regularidade da conduta e fixar os limites à atuação. Não há clareza sobre *(i)* onde termina a participação legítima de resseguradores na regulação de sinistro e *(ii)* onde começa a usurpação de atribuições das seguradoras e a interferência indevida no direito do segurado ao recebimento da indenização, bem como sobre *(iii)* quais são os remédios jurídicos cabíveis em situações de patologia.

Algumas questões exemplificam como o tema repercute na prática:

(1) O segurado tem direito de saber quais resseguradores participam da regulação de sinistro?

(2) Documentos enviados pelo segurado à seguradora podem ser compartilhados pela seguradora com os resseguradores sem autorização específica?

(3) Resseguradores podem eleger o regulador de sinistro?

(4) Resseguradores podem designar prestadores de serviço de sua confiança (*e.g.*, peritos e advogados) para acompanhar a regulação de sinistro?

---

1 Mestre em Direito Civil (USP). 1ª Secretária do Instituto Brasileiro de Direito do Seguro (IBDS). Advogada.

2 Decreto-Lei n. 73/1966, Art. 4º: "Integra-se nas operações de seguros privados o sistema de cosseguro, resseguro e retrocessão, por forma a pulverizar os riscos e fortalecer as relações econômicas do mercado."

(5) Resseguradores podem decidir a existência ou inexistência de cobertura para o sinistro, vinculando a seguradora à sua decisão?

(6) Caso a seguradora entenda que há cobertura para o sinistro, mas adie ou não faça o pagamento devido à divergência com o ressegurador, esse ressegurador tem alguma responsabilidade? Se sim, em relação a quem?

Para buscar uma resposta satisfatória, ainda que não definitiva, este trabalho está organizado em três partes.

A primeira trata das cláusulas contratuais, usualmente previstas nos contratos de resseguro, que fundamentam a participação dos resseguradores nas regulações de sinistro, as chamadas "cláusulas de cooperação e controle".

A segunda propõe critérios para delimitar como deve ser a participação dos resseguradores nas regulações de sinistro, com o objetivo de diferenciar o exercício legítimo de direito contratualmente previsto de abuso de posição.

Terceiro, e por fim, examina-se o cabimento de eventuais remédios nos casos em que a conduta dos resseguradores prejudica a seguradora e/ou o segurado.

1. ORIGEM DO DIREITO À PARTICIPAÇÃO EM REGULAÇÕES DE SINISTRO: *CLAIMS COOPERATION* E *CLAIMS CONTROL*

2. É normal que resseguradores participem da regulação de sinistro?

Resseguradores não têm, em princípio, o direito de participar na regulação do sinistro. É essa a lição que está na doutrina tradicional, coerente com o postulado de independência entre os contratos de seguro e de resseguro. Broseta Pont, por exemplo, diz que "o normal é que o ressegurador não intervenha na liquidação do sinistro" e que "a liquidação que o ressegurado faz ou aceita está prevista no contrato de seguro no qual o ressegurador não tem intervenção alguma",[3] mas que essa intervenção pode ser pactuada.

Essa permissão é amplamente exercida na prática. São raros os contratos de resseguro que não contêm cláusula de cooperação ou controle na regulação de sinistro.

Como a palavra "normal" pode significar tanto o que é *esperado* quanto o que *ordinariamente acontece*, é útil fazer essa distinção para responder à pergunta inicial. Por um lado, não é *esperado* que o ressegurador participe. A regulação de sinistro faz parte da execução do contrato de seguro, do qual o ressegurador não é parte. São

3 BROSETA PONT, Manuel. *El contrato de reasseguro*. Madri: Aguilar, 1961, p. 178.

relações jurídicas diferentes e na maioria das vezes o segurado não sabe quem são os resseguradores da sua seguradora.

Por outro lado, o que *ordinariamente acontece* é que o ressegurador participe da regulação do sinistro. Em geral, contratos de resseguro preveem cláusulas regrando a participação do ressegurador na regulação de sinistros acima de determinada quantia.

3. Como não é juridicamente necessário que resseguradores participem de regulações de sinistro, é preciso analisar por que isso é tão comum no Brasil e no exterior. Durante o período de monopólio do resseguro, o Decreto-Lei n. 73/1966 previa que a competência para liquidar sinistros era do IRB,[4] cujas decisões obrigavam as seguradoras.[5] Com o fim do monopólio, esses dispositivos foram revogados pela Lei Complementar n. 126/2007, mas no lugar antes ocupado pelo IRB *por força de norma legal*, passaram a atuar os resseguradores *por força de cláusulas contratuais*.

A hipótese mais plausível para explicar a participação dos resseguradores em regulações de sinistro é que, embora resseguradores não tenham interesse jurídico (isto é, *interesse* em sentido próprio, aquele que autoriza a intervenção no processo e o pagamento com sub-rogação, por exemplo), resseguradores têm interesse econômico relacionado ao sinistro.

Sobretudo em seguros de grandes riscos, em que se concentram os sinistros vultosos, seguradoras em regra têm retenção baixa. Na linguagem do mercado, *o risco é ressegurado*. Na linguagem do Direito, a seguradora tem vários contratos de resseguro - automático e facultativo, quota-parte e excesso de danos - que se combinam, e com base nesses contratos, que contêm cláusulas de *follow the fortune* e *follow the action*, a seguradora pode exigir que seus resseguradores lhe ressarçam a maior parte do que indenizar ao segurado. Na prática, *o capital que indeniza o sinistro vem do ressegurador*. E quanto maior a exposição financeira do ressegurador, mais incentivos econômicos ele tem para se envolver na regulação do sinistro, por mais que não exista relação jurídica entre ele e o segurado.

Em uma interessante dissertação de mestrado defendida na FGV, em 2011, foram feitas entrevistas com resseguradores, corretores de resseguro e seguradoras sobre

4 Decreto-Lei n. 73/1966, Art. 44: "Compete ao IRB: I – Na qualidade de órgão regulador de cosseguro, resseguro e retrocessão: g) proceder à liquidação de sinistros, de conformidade com os critérios traçados pelas normas de cada ramo de seguro."

5 Decreto-Lei n. 73/1966, Art. 65: "Nos casos de liquidação de sinistros, as normas e decisões do IRB obrigam as Sociedades Seguradoras."; Art. 66: "As liquidações extrajudiciais só obrigarão o IRB quando êle houver homologado o acôrdo relativo à indenização e autorizado prèviamente seu pagamento, ressalvadas as exceções de cada ramo."

esse tema. No depoimento do representante geral de uma resseguradora admitida no Brasil, há um trecho que ilustra a percepção balizada por critérios econômicos. Disse o entrevistado: "se o montante ressegurado for a maior parte, é esperado que tenhamos o controle. Se somos responsáveis pela maior fatia de um eventual sinistro, é justo que ditemos as regras."[6]

4. A participação dos resseguradores na regulação de sinistro pode se manifestar de diferentes modos. Há duas formas típicas, oriundas do mercado londrino: (a) ou os resseguradores têm o direito de serem consultados sobre as decisões tomadas, e nesse caso está-se diante de uma cláusula de cooperação (*claims cooperation*); ou (b) os resseguradores têm poder decisório, e nesse caso está-se diante de uma cláusula de controle (*claims control*).[7]

Cada uma das modalidades de participação tem características básicas.

Na *cláusula de cooperação*, a seguradora tem a obrigação de informar o sinistro, de fornecer documentos relevantes (e.g., relatórios sobre causa) e de consultar o ressegurador antes de tomar decisões, dando-lhe a oportunidade de se manifestar. Ou seja, a seguradora decide, mas o ressegurador tem o direito de ser consultado.

Discute-se muito sobre quais as consequências de eventual descumprimento do "dever de consulta". No Direito inglês, em especial, discute-se se é uma *condition precedent*, cuja implementação é necessária para que a seguradora se possa ressarcir junto aos seus resseguradores, ou se é uma obrigação contratual cujo inadimplemento pode gerar perdas e danos, mas não a perda da cobertura no resseguro.[8]

No Direito brasileiro, quase não há debate sobre o tema. A posição mais adequada é a de que a seguradora não perde a cobertura no resseguro por eventual descumprimento de uma obrigação acessória de consulta. Isso equivaleria à exceção de contrato não cumprido, prevista no art. 476 do Código Civil (CC), cuja aplicação supõe prestações correspectivas, e, no contrato de resseguro, o sinalagma existe entre *prêmio cedido e garantia*, não entre *consulta e garantia*. Caberia à resseguradora demonstrar o prejuízo decorrente da falha do dever de cooperação e indenizar-se.

A *cláusula de controle*, por sua vez, implica delegação de poder decisório sobre a regulação do sinistro ao ressegurador. Tipicamente a cláusula prevê que o ressegurador

---

6 DIAS, André Orengel. *Resseguro e desenvolvimento:* entre estado e mercado, lei e contrato. Dissertação (Mestrado em Direito) – Fundação Getúlio Vargas. São Paulo, 2011, p. 210.

7 GÜRSES, Özlem. *Reinsuring Clauses*. Londres: Lloyd's List, 2010, pp. 231-232.

8 EDELMAN QC, Colin; BURNS, Andrew. *The Law of Reinsurance*. 2.ed. Oxford: Oxford University Press, 2013, §§ 5.25-5.41.

poderá (i) indicar o regulador de sinistro e peritos, (ii) dirigir eventuais negociações (o que não implica atuar diretamente, e sim definir os termos e as condições de eventual oferta da seguradora)[9] e (iii) decidir sobre cobertura.

5. A validade das cláusulas de controle é problemática no Direito brasileiro. À primeira vista, o Direito brasileiro parece admiti-las. Em 2010, foi adicionado um parágrafo único ao art. 39 da Resolução CNSP n. 168/2007 (via Resolução CNSP n. 225/2010), dizendo:

> Art. 39. Poderá ser prevista a participação do ressegurador na regulação de sinistros, sem prejuízo da responsabilidade da seguradora perante o segurado.

Parágrafo único. Os contratos de resseguro, automáticos ou facultativos, poderão prever cláusula de controle de sinistro a favor do ressegurador local, quando este detiver maior cota de participação proporcional no risco.

Segundo a classificação desenhada pela Lei Complementar n. 126/2007, existem três tipos de resseguradores: locais, admitidos e eventuais. Para a Resolução CNSP n. 168/2007, o contrato de resseguro pode conter cláusula de *controle de sinistros* desde que sejam atendidos dois requisitos cumulativos *(i)* o ressegurador deve ser local e *(ii)* deve deter a maior cota de participação proporcional no risco.

Parece haver uma antinomia entre essa regra administrativa e os artigos 757 do Código Civil e 4º da LC 126/2007.

O parágrafo único do art. 757 do Código Civil diz que "Somente pode ser parte, no contrato de seguro, como segurador, entidade para tal fim legalmente autorizada." Dessa exigência, extrai-se uma vedação: a seguradora não se pode fazer substituir no cumprimento das obrigações inerentes à condição de parte no contrato de seguro. Ao alienar o poder de regular o sinistro ao ressegurador, a "cláusula de controle" faz isso.

Já o art. 4º da LC 126/2007 indica que o ressegurador local tem "por objeto exclusivo a realização de operações de resseguro e retrocessão". Nem a seguradora pode delegar o poder-dever de regular o sinistro, decorrente do contrato de seguro (art. 757, parágrafo único), nem o ressegurador pode receber esse poder, alheio às operações de resseguro e retrocessão. Faltaria legitimidade tanto *para dispor* (por parte da seguradora) quanto *para receber* (por parte do ressegurador).

---

9 EDELMAN QC, Colin; BURNS, Andrew. *The Law of Reinsurance*. 2.ed. Oxford: Oxford University Press, 2013, § 5.18.

6. O projeto de lei de contrato de seguro, que hoje tramita no Senado Federal como PLC 29/2017, ocupa-se desse tema no art. 78, indicando que "cabem exclusivamente à seguradora a regulação e a liquidação do sinistro". Embora não seja uma redação clara como a do PL 3.555/2004, que admitia a cooperação de resseguradoras e retrocessionárias de modo expresso (art. 87),[10] parece uma solução mais adequada, porque impede a delegação de poder decisório inerente à posição contratual de seguradora via contrato de resseguro.

7. Em síntese, desde o fim do monopólio do resseguro, regular sinistros é um poder-dever da seguradora, que deve ser por ela exercido, ainda que, para isso, contrate prestadores de serviço e interaja com seus resseguradores.

2. CRITÉRIOS PARA A PARTICIPAÇÃO EM REGULAÇÕES DE SINISTRO

8. Partindo-se da premissa de que resseguradores têm o direito de participar da regulação de sinistro desde que isso não implique usurpação de função exclusiva da seguradora, a questão seguinte é identificar os termos adequados para essa participação.

9. Em primeiro lugar, é preciso diferenciar exercício legítimo de *direito de cooperar na regulação de sinistro* (isto é, de ser informado, de ser consultado, de opinar sobre o sinistro) de *abuso de posição*. Essa diferença é dada pelo art. 187 do Código Civil, que limita o exercício de direitos à *finalidade econômico-social*, à *boa-fé* e aos *bons costumes*.

Como é típico das cláusulas gerais, há uma indeterminação natural no art. 187. É impossível fazer uma lista completa de possíveis comportamentos abusivos em regulações de sinistro, mas é possível pensar em exemplos de situações em que o ressegurador estaria abusando do direito de cooperação.

i) Se o ressegurador se opõe à decisão de reconhecimento de cobertura sem embasamento técnico, motivado por razões externas, como evitar a sua própria exposição financeira ou pressionar economicamente o segurado para que aceite acordo com desconto significativo;[11]

---

10 PL n. 3.555/2004, Art. 87. "Cabe à seguradora executar a regulação e a liquidação do sinistro. Parágrafo único. É admitida a cooperação das resseguradoras e retrocessionárias."

11 EDELMAN QC, Colin; BURNS, Andrew. *The Law of Reinsurance*. 2.ed. Oxford: Oxford University Press, 2013. § 5.43, citando o caso *Gan Insurance Co Ltd v. Tai Ping Insurance Co Ltd* (2001).

ii) Se o ressegurador atua com lentidão, ou faz solicitações frívolas de documentos adicionais, expondo a seguradora ao risco de mora, já que a regulação de sinistro tem prazo para ser concluída e documentos adicionais devem ser pertinentes e relevantes (Circular Susep n. 621/2021).

No Direito inglês, que não tem cláusula geral de conduta análoga ao art. 187, os limites conaturais à participação do ressegurador na regulação do sinistro foram determinados pelos tribunais. O poder de cooperar deve ser exercido de boa-fé e de modo racional, sem levar em conta fatores externos ao sinistro.[12]

10. A segunda questão relevante é: quais são os deveres de informação que a seguradora tem em relação segurado, no que se refere à participação dos resseguradores na regulação do sinistro?

O art. 765 do Código Civil, que exige a mais estrita boa-fé e veracidade na execução do contrato de seguro, cria, para a seguradora, o dever de informar eventual participação de resseguradores na regulação do sinistro, já que isso é uma "circunstância concernente à execução do contrato".

A densidade do art. 765 é digna de nota. No chamado "Substitutivo Comparato", de 1969, que deu origem ao Capítulo XV do Código Civil, a redação era genérica, semelhante à do art. 422.[13] Durante a tramitação legislativa, retomou-se a redação do art. 1.443 do Código Civil de 1916, que especifica que boa-fé e veracidade são necessárias em relação a *objeto*, a *declarações* e a *circunstâncias*.

Trata-se de um dever de informar expressamente alargado, que abrange condições externas ao contrato de seguro ligadas à sua execução – "*circunstâncias concernentes*", na dicção legal.

A participação de resseguradores na regulação de sinistro é uma circunstância concernente, porque diz respeito ao modo de realização de uma fase do contrato de seguro. Assim como o segurado tem direito de saber qual o prestador de serviço contratado para apurar as causas do sinistro, tem direito de saber com quais resseguradores a seguradora se consulta e compartilha informações e documentos sobre o sinistro.

---

12 Cf. *Gan Insurance Co Ltd v. Tai Ping Insurance Co Ltd* (2001); *Eagle Star Insurance Co. Ltd. v. JN Cresswell* (2004); GÜRSES, Özlem. *Reinsuring Clauses*. Londres: Lloyd's List, 2010, pp. 262-263.

13 COMPARATO, Fábio Konder. Substitutivo ao Capítulo Referente ao Contrato de Seguro no Anteprojeto de Código Civil. *Revista de Direito Mercantil, Industrial, Econômico e Financeiro*, ano XI, n. 5, pp. 143-152, 1972.

11. Um possível contraponto ao item anterior é que contratos de resseguro podem conter cláusulas de confidencialidade, em virtude da qual a seguradora estaria proibida de divulgar esse tipo de informação.

Admitindo-se, porém, que o segurado tem o direito de ser informado sobre as circunstâncias concernentes à execução do contrato, o que abrange a eventual participação de resseguradores na regulação de sinistro por força do art. 765 do CC, nenhuma cláusula do contrato de resseguro pode interferir nesse direito. Isso equivaleria a admitir que as partes de um contrato podem pactuar restrição a direito de terceiro, algo cuja proibição é tão antiga e central ao Direito Privado que existe até brocardo em latim para resumi-la (*res inter alios acta, aliis nec nocet nec prodest*).

12. Em síntese, a participação de resseguradores na regulação de sinistro deveria ser pautada pela transparência dessa participação diante do segurado, que tem o direito de ser informado sobre circunstâncias ligadas à execução do contrato do seguro.

3. CABIMENTO DE MEDIDAS JUDICIAIS

13. Sem fazer uma tipologia completa, examinam-se duas situações com repercussões práticas relevantes: (i) a pretensão de exibição de informações (ação exibitória) e (ii) a possibilidade de responsabilização por interferência lesiva (terceiro cúmplice).

14. Quanto à exibição de informações, é útil pensar por hipótese. Suponha-se que, em uma regulação de sinistro em estágio avançado, tendo a equipe de regulação eleita pela seguradora já feito vistorias e emitido relatórios preliminares sobre a causa do sinistro, sobrevém algum evento que destoa da experiência ordinária.

Por exemplo, *(a)* sem fato novo, a equipe de regulação emite um relatório que contraria os anteriores, ou *(b)* a equipe de regulação é afastada e substituída por uma nova, desconhecida no mercado. Ainda não há, porém, posicionamento sobre cobertura (na linguagem do mercado: não há nem carta de reconhecimento, nem carta de negativa).

Num cenário assim, o segurado pode recorrer ao Judiciário com base no art. 381, inciso III, do Código de Processo Civil (CPC), que positiva o Direito autônomo à prova, para requerer exibição de documentos e oitiva de testemunhas[14] a fim de conhecer circunstâncias concernentes à regulação de sinistro que lhe tenham sido omitidas.

---

14 CPC, Art. 381: "A produção antecipada da prova será admitida nos casos em que: III – o prévio conhecimento dos fatos possa justificar ou evitar o ajuizamento de ação."

Como a regulação de sinistro é um *processo* que faz parte da execução do contrato de seguro, o interesse de agir é anterior ao *resultado* da regulação. Com essa distinção entre *processo* e *resultado*, o que se quer dizer é: o direito de conhecer como é feita a regulação de sinistro não surge caso haja negativa de cobertura no final da regulação. É um direito anterior, que independe do resultado da regulação e que pode ser deduzido em ação autônoma contra todos os sujeitos envolvidos – seguradora, peritos, resseguradores porventura conhecidos.

15. Quanto à responsabilidade, usando-se como ponto de partida o mesmo cenário hipotético do item anterior, suponha-se que *(a)* foi por influência de um terceiro, um ressegurador, que a equipe de regulação emitiu novo relatório, contrariando os anteriores, sem subsídios técnicos que justificassem a mudança de posição; ou que *(b)* foi por influência desse terceiro que a equipe de regulação foi substituída por outra, sem a mesma isenção e notoriedade. Nesse cenário, existe um vício na regulação de sinistro que decorre da interferência de um terceiro, o ressegurador.

No âmbito do contrato de seguro, a discussão seria sobre cumprimento defeituoso e violação positiva. Só que essas figuras jurídicas supõem uma relação contratual, algo que não existe entre o *segurado* e o *ressegurador*.

Para explicar a responsabilidade do ressegurador por eventual interferência na regulação de sinistro, pode-se olhar para a chamada *doutrina do terceiro cúmplice*, recepcionada pelo Direito brasileiro com base no princípio da boa-fé objetiva e na cláusula geral da função social do contrato.[15] A responsabilidade do terceiro interferente inclusive já foi reconhecida em acórdãos do Superior Tribunal de Justiça – o caso mais conhecido é um recurso especial julgado pela 3ª Turma em 2014, envolvendo duas cervejarias e um famoso cantor brasileiro.[16]

Discute-se a nomenclatura – *terceiro cúmplice, tutela externa do crédito, eficácia externa da obrigação* e em *oponibilidade* –, mas a ideia subjacente é que o *terceiro* que contribui para o inadimplemento do *devedor* responde perante o *credor*.

No cenário descrito, *(i)* o devedor inadimplente seria a seguradora, que tem o poder-dever de regular o sinistro; *(ii)* o credor seria o segurado, que tem direito à

---

15 I Jornada de Direito Civil, enunciado 21: "A função social do contrato, prevista no art. 421 do novo Código Civil, constitui cláusula geral a impor a revisão do princípio da relatividade dos efeitos do contrato em relação a terceiros, implicando a tutela externa do crédito."; AZEVEDO, Antonio Junqueira de. *Estudos e pareceres de direito privado*. São Paulo: Saraiva, 2004, pp. 215-225; MARTINS, Fábio Floriano Melo. *A interferência lesiva de terceiro na relação obrigacional*. São Paulo: Almedina, 2017.

16 REsp 1.316.149/SP, Rel. Ministro Paulo de Tarso Sanseverino, 3ª Turma, julgado em 03/06/2014.

regulação célere e feita de boa-fé; e *(iii)* o terceiro cúmplice seria o ressegurador cuja conduta interfere na regulação do sinistro. A responsabilidade do terceiro cúmplice é subjetiva e extracontratual (arts. 186 e 927 do CC).

16. São dois os requisitos específicos para a responsabilidade do terceiro cúmplice, que se somam aos requisitos gerais da responsabilidade civil. O primeiro é a ciência, real ou presumida, da relação contratual na qual o terceiro está interferindo, já que não existe um sistema registral de contratos e obrigações. Quando se trata da participação do ressegurador na regulação de sinistro, esse primeiro requisito está sempre satisfeito. O ressegurador não apenas sabe da existência da relação contratual entre segurador e segurado, mas também conhece os termos dessa relação.

O segundo requisito se liga à conduta do terceiro, que estimula o descumprimento da obrigação. Ou seja, é possível interferir sem controlar: por mais haja apenas uma *cláusula de cooperação*, com base na qual o ressegurador não tem poder decisório, pode-se estimular o inadimplemento por meio de recomendações e informações.

Como nem toda ação que repercute na relação contratual alheia é ilícita, a *contribuição ao inadimplemento* deve ser culposa ou dolosa. O ressegurador pode recomendar à seguradora que faça apurações complementares, porque subsistem dúvidas razoáveis sobre a causa do sinistro. Isso repercute sobre a regulação, que levará mais tempo, mas não é uma *interferência lesiva*, por ausência do elemento subjetivo.

É raro que o propósito lesivo seja expresso: a tendência é que essa motivação seja dissimulada, ou que diversos fatores coexistam. Nesse ponto, caberia ao intérprete a tarefa de avaliar se a intenção de interferir é o fator exclusivo, preponderante ou secundário na tomada de decisão do ressegurador, diferenciando isso da participação lícita na regulação do sinistro.

17. Por fim, é preciso diferenciar a responsabilidade por interferência lesiva da responsabilidade por pagamento de indenização, que é da seguradora. O ressegurador responderá pelas consequências da interferência que porventura fizer, não pelo pagamento da indenização.

BIBLIOGRAFIA

AZEVEDO, Antonio Junqueira de. *Estudos e pareceres de direito privado*. São Paulo: Saraiva, 2004.

BROSETA PONT, Manuel. *El contrato de reasseguro*. Madri: Aguilar, 1961.

COMPARATO, Fábio Konder. Substitutivo ao Capítulo Referente ao Contrato de Seguro no Anteprojeto de Código Civil. *Revista de Direito Mercantil, Industrial, Econômico e Financeiro*, ano XI, n. 5, pp. 143-152, 1972.

DIAS, André Orengel. *Resseguro e desenvolvimento*: entre estado e mercado, lei e contrato. Dissertação (Mestrado em Direito) - Fundação Getúlio Vargas. São Paulo, 2011.

EDELMAN QC, Colin; BURNS, Andrew. *The Law of Reinsurance*. 2.ed. Oxford: Oxford University Press, 2013.

GÜRSES, Özlem. *Reinsuring Clauses*. Londres: Lloyd's List, 2010.

MARTINS, Fábio Floriano Melo. *A interferência lesiva de terceiro na relação obrigacional*. São Paulo: Almedina, 2017.

Jurisprudência

BRASIL. STJ. 3ª Turma. REsp 1.316.149/SP. Rel. Ministro Paulo de Tarso Sanseverino, julgado em 03/06/2014.

CONSELHO DA JUSTIÇA FEDERAL. I Jornada de Direito Civil. Disponível em: https://www.cjf.jus.br/cjf/corregedoria-da-justica-federal/centro-de-estudos-judiciarios-1/publicacoes-1/jornadas-cej/EnunciadosAprovados-Jornadas-1345.pdf.

EWCA Civ 1047. Gan Insurance Co Ltd v. Tai Ping Insurance Co Ltd. *Lloyd's Law Reports, Insurance & Reinsurance*, p. 291, 2001.

EWCA Civ 602. Eagle Star Insurance Co. Ltd. v. JN Cresswell. *Lloyd's Law Reports, Insurance & Reinsurance*, p. 537, 2004.

Legislação

BRASIL. Câmara dos Deputados. Projeto de lei n. 3555, de 2004. Disponível em: https://www.camara.leg.br/proposicoesWeb/fichadetramitacao?idProposicao=253500.

BRASIL. Lei n. 10.406, de 10 de janeiro de 2002. Institui o Código Civil. *Diário Oficial da União*: seção 1, Brasília, DF, ano 139, n. 8, pp. 1-74, 11 jan. 2002.

BRASIL. Lei n. 13.105, de 16 de março de 2015. Código de Processo Civil. Disponível em: http://www.planalto.gov.br/ccivil_03/_ato2015-2018/2015/lei/l13105.htm.

BRASIL. Decreto-Lei n. 73, de 21 de novembro de 1966. Dispõe sobre o Sistema Nacional de Seguros Privados, regula as operações de seguros e resseguros e dá outras providências. Disponível em: http://www.planalto.gov.br/ccivil_03/decreto-lei/del0073.htm.

BRASIL. Senado Federal. PLC 29 de 2017. Dispõe sobre normas de seguro privado; revoga dispositivos da Lei nº 10.406, de 10 de janeiro de 2002 (Código Civil); e dá outras providências. Disponível em: https://legis.senado.leg.br/sdleg-getter/documento?dm=5235535&ts=1630440577824&disposition=inline.

BRASIL. Superintendência de Seguros Privados - Susep. Circular Susep n. 621, de 12 de fevereiro de 2021. Dispõe sobre as regras de funcionamento e os critérios para operação das coberturas dos seguros de danos. Disponível em: https://www2.susep.gov.br/safe/scripts/bnweb/bnmapi.exe?router=upload/24274.

BRASIL. Superintendência de Seguros Privados - Susep. Resolução CNSP n. 168 de 2007. Dispõe sobre a atividade de resseguro, retrocessão e sua intermediação e dá outras providências. Disponível em: https://www2.susep.gov.br/safe/scripts/bnweb/bnmapi.exe?router=upload/7441.

AGRAVAMENTO DO RISCO

Veja o painel

L'aggravation de risque en droit français (original)

O agravamento do risco no direito francês (tradução)

Anne Pélissier

Agravamento intencional do risco em contrato de seguro: critérios interpretativos para a perda da garantia

Carlos Nelson Konder

La necesidad de revisar el régimen tradicional del agravamiento del riesgo (original)

A necessidade de rever o regime tradicional do agravamento de risco (tradução)

José Maria Muñoz Paredes

L'AGGRAVATION DE RISQUE EN DROIT FRANÇAIS

Anne Pélissier[1]

> Si pendant le terme convenu pour la durée de l'assurance de ses maisons et édifices, elles venaient à être habitées par des personnes exerçant des métiers, arts ou négoces, qui augmentent les dangers de l'incendie, l'assurance cessera d'être à la charge de la compagnie dès le moment de leur entrée; à moins qu'elle n'en ait été avertie par les assurés, & qu'elle n'ait convenu avec eux d'une prime d'assurance relative à ce nouveau risque.[2]

Contrairement au droit commun des contrats, où il existe un principe fort d'intangibilité du contrat une fois qu'il est conclu, le contrat d'assurance semble être conclu *rebus sic stantibus*,[3] car il repose sur un équilibre raffiné entre le risque garanti et la prime appelée. Toute déstabilisation de cet équilibre compromet la couverture intégrale de l'assuré et altère l'engagement de l'assureur, ce qui est susceptible de porter atteinte à la mutualité des assurés. L'évolution du contrat d'assurance au gré de l'évolution du risque constitue donc une mesure d'intéret commun.

Cela est d'autant plus nécessaire, s'agissant d'une relation contractuelle qui, bien qu'à terme bref le plus souvent, perdure par le biais de la tacite reconduction. Cette durée de la relation assurantielle, tant que dure l'intérêt à assurance, justifie que le contrat d'assurance suive la dynamique du risque. "L'assurance est un contrat successif, destiné à procurer de la sécurité: elle doit donc, pour remplir son but dans le temps, s'adapter aux circonstances, se modeler sur le risque".[4]

---

1 Professeur à l'Université de Montpellier, Directrice du Master Droit des assurances, Directrice du Diplôme d'établissement de Droit des obligations approfondi, Secrétaire générale de la branche française de l'Association Internationale de Droit des assurances.

2 Art. VII, Conditions de la police d'assurance de la Compagnie d'Assurance contre les Incendies, 6 nov. 1786, in D. Pouilloux, Mémoires d'assurances: recueil de sources françaises sur l'histoire des assurances du XVIème au XIXème s., Paris, Seddita, 201, p. 528, cité par BROUSSY, Charlotte. *Histoire du contrat d'assurance (XVIe – XXe s.)*: De la mer à la terre. Thèse de doctorat en Histoire du Droit. Montpellier, 2016.

3 LEDUC, F.; GROUTEL, H.; PIERRE, Philippe. *Traité du contrat d'assurance terrestre*. Paris: Litec, 2008, p. 424.

4 BESSON, André; PICARD, Maurice. *Les assurances terrestres*. 5. ed, t. I, Le contrat d'assurance. Paris: LGDJ, 1982, p. 131.

Outre ces considérations actuarielles, le fait que le contrat d'assurance soit un contrat d'extrême bonne foi,[5] d'"*uberrimae fidei*", justifie que l'assuré porte une attention particulière à l'évolution de son risque, en particulier à son aggravation, sa diminution ne risquant pas de compromettre la mutualité des assurés. Et, "à la réflexion, un contrat qui brandit si haut l'étendard de la bonne foi ne pouvait guère s'abstenir d'organiser le traitement de l'imprévision",[6] à rebours de la solution prétorienne antérieure à la réforme du droit des contrats par l'Ordonnance du 10 février 2016.[7]

Pourtant, tous les contrats d'assurance ne justifient pas cette adaptation. L'assurance vie mérite un traitement différencié puisque l'évolution du risque dans le temps, jamais fatalement vers le meilleur, est prévisible et prévue lors de la conclusion du contrat. Elle n'est donc pas soumise à l'obligation de déclaration des aggravations de risques.[8] C'est également la raison pour laquelle, en assurance santé, l'aggravation de l'état de santé[9] ne produit aucune conséquence, de même que, plus largement, en matière d'assurance prévoyance, cette aggravation ne saurait justifier une augmentation de tarif,[10] ou encore qu'en assurance emprunteur garantissant un crédit immobilier, la faculté de résiliation pour aggravation de risque est par principe supprimée,[11] à de rares exceptions près.[12] Il sera relevé que le projet de loi brésilien de 2017 n'adopte pas tout à fait la même logique puisqu'il admet, qu'en matière d'assurance vie ou d'intégrité corporelle, l'aggravation volontaire du risque autorise l'assureur à facturer une différence de prime. La règle ainsi retenue nous semble intéressante et judicieuse, d'une part parce qu'elle est générale pour toutes les assurances de personnes, d'autre part parce qu'elle ne vise que l'aggravation volontaire, ce qui laisse entendre que l'aggravation naturelle n'aura pas de conséquence. Ce traitement différencié des risques vie et intégrité corporelle, en droit français, comme en droit brésilien, fait apparaître que, même si l'obligation de déclarer les aggravations de risque est posée dans la loi du 13 juillet 1930

---

5 BROUSSY, Charlotte. *Histoire du contrat d'assurance (XVIe – XXe s.)*: De la mer à la terre. Thèse de doctorat en Histoire du Droit. Montpellier, 2016.

6 LEDUC, F.; GROUTEL, H.; PIERRE, Philippe. *Traité du contrat d'assurance terrestre*. Paris: Litec, 2008, p. 426.

7 Désormais, l'article 1195 du Code civil admet, de manière mesurée, un traitement de l'imprévision.

8 Article L. 113-2 dernier alinéa du Code des assurances.

9 Dernier alinéa de l'article L. 113-4 du Code des assurances. Ainsi, il convient de déclarer l'aggravation de l'état de santé mais aucune conséquence ne pourra en être tirée, ni rééquilibrage du contrat, ni résiliation.

10 Article 6 alinéa 2 de la loi n. 89-1009 du 31 décembre 1989, dite loi Evin.

11 Article L. 113-12-1 alinéa 3 du Code des assurances: "Pendant toute la durée du contrat d'assurance et par dérogation à l'article L. 113-4, l'assureur ne peut pas résilier ce contrat d'assurance pour cause d'aggravation du risque, sauf dans certaines conditions définies par décret en Conseil d'Etat, résultant d'un changement de comportement volontaire de l'assuré".

12 Exceptions prévues par l'article R. 113-13 du Code des assurances.

fondatrice du droit français de l'assurance,[13] puis dans le Code des assurances,[14] parmi les dispositions générales communes aux assurances de dommages[15] et de personnes, ce qui est d'ailleurs également le cas dans le Code civil brésilien et dans le projet de loi PLC 29 de 2017, la question de l'aggravation de risque se pose avec davantage d'acuité en matière d'assurances de dommages.

Néanmoins, qu'il s'agisse d'assurance de dommages ou de personnes, le rapport des droits français et brésilien à la question de l'aggravation de risque est très différent. En effet, en droit français, la jurisprudence n'est pas très abondante en matière d'aggravation de risques car ce n'est pas, contrairement au Brésil semble-t-il, un argument que les assureurs opposent fréquemment pour fonder un refus d'indemnisation.[16] La question de l'aggravation de risque n'est donc pas un sujet sensible en droit français, comme elle l'est en droit brésilien.

> Ao mesmo tempo que se tornou o feijão com arroz dos conflitos de interesse securitários, o agravamento do risco é um dos temas mais delicados do dia a dia das regulações de sinistros, na doutrina jurídica e na atividade judicante, pública ou privada.[17-18]

La raison tient sans doute au fait que le droit brésilien fait entrer dans l'aggravation de risque, deux situations que le droit français qualifie différemment. Ainsi, l'article 768 du Code civil brésilien vise l'aggravation intentionnelle de risque et la sanctionne par la perte du droit à garantie et l'article 769 vise l'aggravation non intentionnelle qui doit être déclarée à l'assureur et ne fait perdre le droit à garantie qu'en cas d'omission intentionnelle de déclaration. Nous examinerons cette distinction à la lumière du droit français, en confrontant le traitement de l'aggravation intentionnelle de risque, puis celui l'aggravation non-intentionnelle par le droit brésilien à leur traitement en droit français.

---

13 Article 15, 3°.

14 Article L. 113-2, 3° du Code des assurances.

15 A l'exclusion des assurances maritime, aérienne et aéronautique, fluviale et lacustre, sur marchandises transportées par tous modes et de responsabilité spatiale, qui connaissent une règle similaire qui leur est propre, posée à l'article L. 172-19 du Code des assurances.

16 TZIRULNIK, E. *Reflexões sobre o agravamento do risco nos seguros de danos*, 2. ed. São Paulo: Editora Contracorrente, 2021, p. 23.

17 TZIRULNIK, E. *Reflexões sobre o agravamento do risco nos seguros de danos*, 2. ed. São Paulo: Editora Contracorrente, 2021, p. 24.

18 En même temps qu'elle est devenue le haricot à riz des conflits d'intérêts en matière d'assurance, l'aggravation du risque est l'un des sujets les plus délicats dans la réglementation quotidienne des sinistres, dans la doctrine juridique et dans l'activité judiciaire, publique ou privée.

1. TRAITEMENT DE L'AGGRAVATION INTENTIONNELLE DE RISQUE

Disons d'emblée que le droit français de l'aggravation ne connait pas cette distinction entre aggravations intentionnelle et non-intentionnelle.

Dans la loi du 13 juillet 1930 figurait bien une distinction entre l'aggravation du fait de l'assuré et celle n'étant pas le fait de l'assuré, mais elle a disparu lorsque le législateur français a modifié le système de la déclaration de risque par une loi du 31 décembre 1989. En outre, l'article 17 de la loi du 13 juillet 1930 n'accordait pas du tout les mêmes effets que le droit brésilien à cette distinction. Il n'était absolument pas question de perte du droit à garantie pour l'une et d'obligation de déclaration pour l'autre. Les deux étaient soumises à obligation de déclaration mais l'aggravation du fait de l'assuré devait être déclarée à l'assureur préalablement à l'aggravation, tandis que l'aggravation n'étant pas le fait de l'assuré devait être déclarée dans un délai de 8 jours à compter du moment où l'assuré en avait pris connaissance. Dans l'un ou l'autre cas, le traitement de l'aggravation était ensuite identique: la déclaration produisait les mêmes conséquences et son omission, son inexactitude ou sa tardiveté, les mêmes sanctions.

Désormais, l'obligation de déclaration d'aggravation de risque ne connait plus cette distinction. Quelle que soit l'origine de l'aggravation, elle est soumise à déclaration.

En revanche, ce que le droit brésilien désigne sous l'expression d'aggravation intentionnelle, est qualifié différemment en droit français. Pour le droit brésilien, l'aggravation intentionnelle résulte d'un acte volontaire de l'assuré qui rend le sinistre considérablement plus probable ou plus grave au détriment de l'assureur.[19] C'est un comportement délibéré de l'assuré conscient qu'il augmente la fréquence, la probabilité de survenance du sinistre, ou la gravité des pertes.

Or, en droit français, ces comportements ne reçoivent pas la qualification d'aggravation. Ils ne reçoivent pas non de qualification unitaire. Ainsi, certains de ces comportements sont traités sous l'angle de la faute intentionnelle, tandis que d'autres sont appréhendés par la voie conventionnelle.

1.1 Traitement par la faute intentionnelle

Parmi les comportements délibérés et malveillants de l'assuré qui accroissent la probabilité de survenance du sinistre ou aggrave celui-ci, il y a ceux qui atteignent leur but.

---

19 TZIRULNIK, E. *Reflexões sobre o agravamento do risco nos seguros de danos*, 2. ed. São Paulo: Editora Contracorrente, 2021, p. 25.

C'est-à-dire, ceux qui provoquent le sinistre. Certes le risque a bien été aggravé par le comportement intentionnel de l'assuré, mais il l'a été à un point tel que le sinistre s'est produit.

C'est pourquoi, le droit français ne traite pas ce type de comportement sous l'angle du risque, de son aggravation, mais sous celui du sinistre, de son caractère volontaire. C'est la question en droit français de la faute intentionnelle ou dolosive de l'assuré, qualification légale, affectée d'une sanction légale.

Au terme de l'article L. 113-1 du Code des assurances:

> Les pertes et les dommages occasionnés par des cas fortuits ou causés par la faute de l'assuré sont à la charge de l'assureur, sauf exclusion formelle et limitée contenue dans la police. Toutefois, l'assureur ne répond pas des pertes et dommages provenant d'une faute intentionnelle ou dolosive de l'assuré.

Le droit français considère les fautes intentionnelle et dolosive comme des exclusions légales de garantie. Le sinistre intentionnellement causé ou consciemment provoqué ne sera pas garanti. Le résultat est identique en droit brésilien mais la cause est juridiquement distincte en droits brésilien et français: l'aggravation de risque pour le premier, l'exclusion de garantie de la faute intentionnelle pour le second.

La difficulté est bien sûr de savoir ce qu'il faut entendre par faute intentionnelle ou dolosive.[20]

La *faute intentionnelle* bénéficie d'une définition stable depuis les années 80.[21] Stable et restrictive dans l'intérêt de l'assuré afin que l'exclusion ne joue pas trop fréquemment. La faute intentionnelle est le fait pour l'assuré de rechercher le dommage tel qu'il est survenu. C'est le sinistre volontaire – l'assuré met le feu à son véhicule – volontaire dans sa réalisation et dans son étendue.

Pendant longtemps, les fautes intentionnelle et dolosive du texte du Code des assurances ont été confondues. Mais, la rigueur de la définition de la faute intentionnelle laissait sans sanction des comportements intentionnels des assurés qui conduisaient à la production du sinistre, sans que l'indemnité d'assurance ait été recherchée. Afin de trouver une sanction à ces comportements, la deuxième chambre civile de la Cour de cassation a accordé son autonomie à la *faute dolosive* et lui a donné une définition.[22] La faute dolosive vise désormais l'agissement délibéré de l'assuré commis avec

---

20 BIGOT, Jean; MAYAUX, Luc; PÉLISSIER Anne. Faute intentionnelle, faute dolosive, faute volontaire: le passé, le présent et l'avenir. *RGDA*, v. 3, n. 111, p. 75, fev. 2015.

21 Cass. 1re civ., 25 mars 1980, n. 78-16.137; Cass. 1re civ., 27 mai 2003, nos 01-10.478 et 01-10.747.

22 Sur cette construction: A. Pélissier, Faute intentionnelle ou dol, RDI 2021, p. 262.

la conscience qu'il rend le sinistre inéluctable.[23] Le sinistre n'est pas nécessairement voulu, l'indemnisation de l'assureur n'est pas nécessairement recherchée, mais l'assuré a conscience du fait qu'il résultera inévitablement de son comportement un sinistre. Par exemple, l'assuré laisse son immeuble périr alors qu'il sait qu'à terme il s'effondrera et produira des dommages à des tiers.

Ainsi, dans les deux cas, qu'il s'agisse de faute intentionnelle ou dolosive, "l'assuré porte délibérément atteinte à l'intérêt qu'il a assuré",[24] qu'il recherche ou pas l'indemnité d'assurance. Il influe sur le risque mais fait plus que l'aggraver puisqu'il le fait basculer de l'état de risque à l'état de sinistre. L'indemnisation sera alors exclue.

Dans la mesure où ces comportements de l'assuré conduisent au sinistre, le droit français les traite sous l'angle du sinistre, soit de l'exécution du contrat, et pas sous l'angle du risque comme en droit brésilien. C'est la raison pour laquelle, le comportement s'apprécie au regard du rôle causal entretenu avec le sinistre: le comportement est à l'origine du sinistre, le comportement a chassé l'aléa. Ce n'est pas un hasard, à notre avis, si en droit brésilien, bien que l'aggravation intentionnelle ne doive pas nécessairement être une cause du sinistre mais plutôt une modification substantielle du risque,[25] la jurisprudence majoritaire a fini par transformer le lien de causalité avec le sinistre en une exigence de l'aggravation de risque. Et pour cause, comme le relève Ernesto Tzirulnik, la jurisprudence brésilienne est habituée à n'examiner ce thème que dans les situations de sinistre.[26] C'est la raison pour laquelle elle exige le lien de causalité entre l'acte volontaire d'aggravation et la matérialisation du sinistre.

Outre cette différence de qualification, il est intéressant de constater que les droits français et brésiliens connaissent des difficultés identiques pour appréhender ces comportements de l'assuré qui concourent à la production du sinistre. En droit français, seuls les comportements qui suppriment l'aléa sont exclusifs de garantie. Les autres comportements délétères de l'assuré ne sont pas sanctionnés par l'exclusion légale, ni même par toute autre sanction légale, même s'ils rendent le sinistre plus probable ou sont susceptibles d'en aggraver les effets. Si les conditions sont réunies, ils seront soumis à l'obligation de déclaration de risque, sinon, seule une sanction conventionnelle peut-être envisagée.

---

23 Cass. 2ème civ., 20 mai 2020, 2 arrêts, nos 19-14.306 et n. 19-11.538.

24 TZIRULNIK, E. *Reflexões sobre o agravamento do risco nos seguros de danos*, 2. ed. São Paulo: Editora Contracorrente, 2021, p. 39.

25 TZIRULNIK, E. *Reflexões sobre o agravamento do risco nos seguros de danos*, 2. ed. São Paulo: Editora Contracorrente, 2021, p. 25.

26 TZIRULNIK, E. *Reflexões sobre o agravamento do risco nos seguros de danos*, 2. ed. São Paulo: Editora Contracorrente, 2021, p. 47.

1.2 Traitement par la voie conventionnelle

De quel type de comportement s'agit-il? Il s'agit des comportements volontaires de l'assuré qui vont augmenter la probabilité de survenance du sinistre ou en aggraver les effets si le sinistre se réalise, mais qui ne sont adoptés ni avec la volonté de causer un sinistre, obtenir une indemnisation, ni avec la conscience qu'un sinistre va en résulter. Par exemple, le fait de se montrer imprudent au volant en conduisant en état d'ébriété ou le fait de ne pas entretenir son bien. Dans ces hypothèses effectivement, le comportement de l'assuré aggrave le risque. Ce comportement est indépendant du sinistre, il est antérieur au sinistre et il se peut qu'aucun sinistre ne se produise jamais.

Le droit français ignore ces comportements, à moins qu'ils modifient la déclaration initiale de risque, ce qui déclenchera l'obligation de déclaration d'une aggravation de risque, mais ce sera rarement le cas, comme nous l'expliquerons.

Alors, pour permettre de sanctionner ces comportements susceptibles de nuire à la mutualité des assurés, seule la voie conventionnelle peut être utilisée. L'on peut penser à deux types de clauses en particulier, mais qui ne seront appelées à s'appliquer qu'à l'occasion d'un sinistre.

Tout d'abord, ces comportements peuvent faire l'objet d'*exclusions conventionnelles de garantie*. Toutefois, il ressort de la jurisprudence qu'il est difficile pour les rédacteurs de contrats de les décrire avec suffisamment de précision pour que les clauses répondent aux critères exigés par le Code des assurances pour être valables.[27] Ainsi, la Cour de cassation a invalidé les clauses excluant le défaut d'entretien[28] ou l'inobservation des règles de l'art,[29] jugeant ces expressions trop vagues pour permettre à l'assuré de comprendre ce qui est précisément exclu de la garantie de l'assureur.

Une autre possibilité est alors de tenter de prévenir ces comportements en introduisant dans le contrat *des obligations, d'entretien par exemple, ou d'observation de certaines normes d'action*. Un manquement à ces diligences constitue alors une faute contractuelle susceptible d'engager la responsabilité de l'assuré si l'assureur en a subi par répercussion un préjudice, en l'occurrence la production d'un sinistre qui aurait pu être évité ou d'un sinistre aggravé. De la sorte, la réparation au profit de l'assureur se compensera, pour une part ou en totalité avec l'indemnisation due à l'assuré. Le comportement de l'assuré qui a concouru à la production du sinistre réduira l'indemnisation due

---

27 L'article L. 113-1 du Code des assurances exige que les clauses d'exclusion soient formelles (c'est-à-dire claires et précises) et limitées (c'est-à-dire qu'elles ne doivent pas vider la garantie de sa substance).

28 Cass. 1re civ., 29 octobre 1984, n. 83-14.464.

29 Cass. 3ème civ., 19 septembre 2019, n. 18-19.616.

par l'assureur en proportion de son rôle causal. Toutefois, en pratique, ces obligations de droit commun sont rares. Lorsqu'elles existent, c'est le plus souvent pour imposer des mesures de prévention (faire installer un système d'alarme, des sprinklers dans une entreprise, faire contrôler périodiquement une cheminée...) et elles suscitent alors souvent des difficultés de qualification afin de savoir si la mesure de prévention est exigée à tire de condition de la garantie, d'exclusion conventionnelle, de circonstance aggravante, ou d'obligation de droit commun.

En conclusion, alors que le droit brésilien vise l'aggravation intentionnelle de risque lorsque l'assuré affecte délibérément la probabilité de survenance du sinistre ou sa gravité, le droit français distingue les comportements de l'assuré qui provoquent le sinistre constitutifs d'une exclusion légale de garantie et les comportements de l'assuré qui sont susceptibles d'aggraver le risque qui ne seront traités que si le sinistre survient et au moyen d'une sanction conventionnelle délicate à stipuler et obtenir.

En outre, s'ils en remplissent les conditions, ces comportements intentionnels de l'assuré qui aggravent le risque peuvent être soumis à déclaration d'aggravation, à l'instar de l'aggravation non intentionnelle de risque.

2. TRAITEMENT DE L'AGGRAVATION NON INTENTIONNELLE DE RISQUE

Le droit français ne connaît donc qu'un traitement de l'aggravation de risque, qu'elle soit intentionnelle ou pas, pourvu que l'aggravation ne soit pas telle qu'elle ait causé le sinistre. Ce traitement juridique est assez similaire à celui proposé par le projet de loi brésilien de 2017 à l'égard de l'aggravation non intentionnelle de risque, c'est pourquoi nous aborderons le droit français à la lumière de cette hypothèse.

En droit français, comme dans le projet de loi, une obligation légale de déclaration de l'aggravation de risque est mise à la charge de l'assuré. Nous la présenterons dans un premier temps. Si elle est exécutée, l'assureur pourra ensuite en tirer des conséquences que nous étudierons dans un second temps.

2.1 L'obligation de déclaration de l'aggravation de risque

En droit français, comme en droit brésilien,[30] la déclaration d'aggravation de risque est une obligation à la charge de l'assuré. L'article L. 113-2 du Code des assurances prévoit, dans son troisième point, que l'assuré est obligé:

30 Article 769 du Code civil.

o De déclarer, en cours de contrat, les circonstances nouvelles qui ont pour conséquence soit d'aggraver les risques, soit d'en créer de nouveaux et rendent de ce fait inexactes ou caduques les réponses faites à l'assureur, notamment dans le formulaire mentionné au 2° ci-dessus.

Cette obligation, dont nous étudierons les conditions, est assortie de sanctions légales spécifiques à la déclaration de risques, mais communes aux déclarations initiale et en cours de contrat.

2.1.1 *Conditions de la déclaration*

Déterminer ce qu'est une aggravation au sens de l'obligation légale est très certainement l'entreprise la plus délicate, quel que soit le droit considéré, mais les droits français et brésilien ne procèdent pas de la même façon. Les modalités de la déclaration, quant à elles, ne posent pas particulièrement de difficultés de compréhension mais il n'est pas certain qu'elles soient toutes opportunes.

2.1.1.1 *Détermination de l'aggravation*

Qu'est-ce qu'une aggravation? De quelle façon doit-elle être appréciée? Le texte ne donne que très peu de précisions et il suscite de nombreuses interrogations. Pour le mesurer, il est nécessaire de s'arrêter sur la notion d'aggravation, puis sur son appréciation.

2.1.1.1.1 Notion d'aggravation

Dans le texte français, l'aggravation est tout d'abord identifiée par un *critère temporel*: elle intervient "en cours de contrat". Puisqu'il s'agit d'envisager une aggravation, donc forcément une modification par rapport à un état antérieur du risque, la précision semble aller de soi, c'est peut-être la raison pour laquelle l'article 769 du Code civil brésilien, comme le projet de loi de 2017, dans son article 18, sont muets à cet égard et ils font certainement bien de l'être. En effet, l'excès de précision peut susciter des difficultés et c'est le cas avec ce critère temporel du texte français. En effet, en localisant l'aggravation "en cours de contrat", l'article L. 113-2, 3°, n'envisage pas la situation temporelle intermédiaire entre la déclaration initiale du risque et la conclusion du contrat. Quelle solution adopter lorsque le risque s'aggrave dans ce laps de temps? Le silence du texte incite à laisser cette hypothèse hors du champ d'application de l'obligation de déclaration; la bonne foi gouvernant la relation contractuelle milite au contraire pour une déclaration. En effet, pour l'assureur, l'information sur l'aggravation est tout aussi importante qu'elle ait lieu avant ou après la conclusion du contrat, le pivot de l'aggravation est davantage la déclaration initiale que la conclusion du contrat. Toutefois, la jurisprudence n'a jamais clairement conforté cette affirmation.[31] Dès lors, à cet égard, le texte français gagnerait à supprimer cette référence au cours du contrat, à l'instar du droit brésilien, la notion même d'aggravation supposant une modification par rapport à un état antérieur.

L'aggravation est ensuite définie comme *une circonstance nouvelle*, autre précision faisant défaut dans le Code civil et dans le projet de loi brésiliens. Cette circonstance nouvelle est visée de manière totalement objective par le texte: c'est son apparition qui semble être suffisante. Pourtant, dans le deuxième alinéa de ce troisième point de l'article L. 113-2 qui précise les modalités de la déclaration, il est prévu que le délai de déclaration court à compter de la connaissance de l'aggravation. Il peut donc en être déduit que seules les circonstances nouvelles connues du preneur sont sujettes à déclaration.[32] Toutefois, il est possible de se demander s'il ne serait pas possible de reprocher au preneur l'absence de déclaration d'une circonstance nouvelle dont il n'avait pas connaissance mais dont il aurait dû avoir connaissance. Autrement dit, il s'agirait d'apprécier la connaissance de la circonstance nouvelle non pas in concreto mais in abstracto. De la sorte, un manque de diligence dans la détection des circonstances nouvelles pourrait être reproché au souscripteur. Des auteurs y sont favorables,[33] sans que la Cour de cassation n'ait jamais eu l'occasion de lever cette incertitude. Apporter cette précision dans le texte nous semblerait donc bienvenu.

En outre, le critère de nouveauté n'est pas en soit particulièrement identifiant, c'est pourquoi il est assorti des effets que doit produire cette circonstance pour être qualifiée d'aggravation.

En premier lieu, *un effet sur les risques*. Ils doivent être aggravés par la circonstance nouvelle ou celle-ci doit en créer de nouveaux. L'aggravation du risque peut se comprendre comme "l'augmentation de la probabilité du risque (élévation des chances de réalisation du risque) et/ou de son intensité (accroissement de l'étendue des conséquences pour l'assureur de la réalisation du risque)".[34] C'est exactement ce que décrit

---

31 Pour un exposé de cette question et de la jurisprudence: LEDUC, F.; GROUTEL, H.; PIERRE, Philippe. *Traité du contrat d'assurance terrestre*. Paris: Litec, 2008, pp. 427ss.

32 Cass. soc., 11 juin 1942, RGAT 1942, p. 259, note M. Picard.

33 BESSON, André; PICARD, Maurice. *Les assurances terrestres*. 5. ed, t. I, Le contrat d'assurance. Paris: LGDJ, 1982, p. 128; LEDUC, F.; GROUTEL, H.; PIERRE, Philippe. *Traité du contrat d'assurance terrestre*. Paris: Litec, 2008, p. 431.

34 LEDUC, F.; GROUTEL, H.; PIERRE, Philippe. *Traité du contrat d'assurance terrestre*. Paris: Litec, 2008, p. 433.

judicieusement le projet de loi brésilien dans le premier paragraphe de l'article 18, en faisant référence à une augmentation de la probabilité de réalisation du risque ou de la gravité de ses effets. Par exemple, la conservation de produits inflammables dans un entrepôt, postérieurement à la déclaration de risques, rend le risque incendie plus probable et une renonciation à recours contre les tiers responsables du sinistre après la conclusion du contrat fera peser sur l'assureur une charge d'indemnisation plus lourde puisqu'il ne pourra pas agir par subrogation.[35] Il est en revanche plus difficile de saisir ce qu'il faut entendre par création d'un nouveau risque. Cette expression est si générale que l'on pourrait envisager de l'appliquer pour des risques qui ne sont pas initialement garantis par le contrat. Pourtant, la logique de l'aggravation de risque suppose qu'il y ait une connexité suffisante entre les risques initiaux et ce nouveau risque qui serait créé par la circonstance nouvelle.[36] Il est alors très difficile de faire le partage entre l'aggravation de risque au sens strict et la création d'un nouveau risque connexe à un risque initial.[37] L'absence de décision arrêtant cette qualification est significative. Cette précision, qui n'est apparue que par une loi du 31 décembre 1989, mériterait sans aucun doute d'être supprimée. Dans cette attente, le deuxième effet attendu de la circonstance nouvelle est peut-être de nature à circonscrire ce critère de création d'un nouveau risque.

En effet, et en second lieu, il est attendu de la circonstance nouvelle, *un effet sur la déclaration initiale de risque*. La circonstance nouvelle doit la rendre inexacte ou caduque, de telle sorte que "si les circonstances nouvelles avaient été déclarées lors de la conclusion ou du renouvellement du contrat, l'assureur n'aurait pas contracté ou ne l'aurait fait que moyennant une prime plus élevée".[38] Il s'agit ici de la façon du droit français d'exiger le caractère déterminant de l'aggravation. C'est une idée similaire qui apparaît lorsque le Code civil du Brésil vise le fait d'aggraver considérablement ou que le projet de loi de 2017, de manière plus précise, identifie comme aggravation pertinente celle qui conduit à une augmentation significative et continue de la probabilité de réalisation du risque ou de la gravité du sinistre. Ainsi, toutes les aggravations de risques n'ont pas à faire l'objet d'une déclaration mais uniquement celles qui sont suffisamment significatives. Mais, si la loi française indique la façon dont ce caractère

---

35 Pour des illustrations: KULLMANN, Jérôme *et al.* Traité de droit des assurances. *In*: BIGOT, J. (Coord.) *Le contrat d'assurance*, t. 3. Paris: LGDJ, 2014, pp. 630ss.

36 LEDUC, F.; GROUTEL, H.; PIERRE, Philippe. *Traité du contrat d'assurance terrestre*. Paris: Litec, 2008, p. 442; KULLMANN, Jérôme *et al.* Traité de droit des assurances. *In*: BIGOT, J. (Coord.) *Le contrat d'assurance*, t. 3. Paris: LGDJ, 2014, pp. 632ss.

37 Dans ce sens: LEDUC, F.; GROUTEL, H.; PIERRE, Philippe. *Traité du contrat d'assurance terrestre*. Paris: Litec, 2008, p. 442.

38 Article L. 113-4 alinéa 1er du Code des assurances.

déterminant peut être mesuré, il nous semble faire défaut au projet de loi brésilien de préciser les modalités de cette appréciation.

2.1.1.1.2 Appréciation de l'aggravation

Il convient de garder à l'esprit qu'il appartiendra à l'assuré de déterminer s'il doit ou non déclarer l'aggravation de risque et, donc, préalablement, s'il y a ou pas, aggravation de risques. Il est par conséquent nécessaire de donner à l'assuré des critères d'appréciation simples et fiables.

Le Code civil brésilien ne donne aucun critère, contrairement au projet de loi qui mesure le caractère significatif de l'aggravation à l'aune de son incidence sur le risque:[39] augmentation de sa probabilité de réalisation ou de son intensité. La précision est particulièrement bienvenue mais elle ne nous semble pas suffisante dans la mesure où il sera difficile à l'assuré de percevoir la variation de probabilité et d'intensité et d'apprécier son caractère significatif.[40]

C'est pourquoi, à cet égard, le système consacré à l'article L. 113-2, 3°, du Code des assurances français nous semble opportun. L'appréciation de l'aggravation ne se fait pas en fonction du risque mais en fonction de son influence sur l'opinion de l'assureur.

Lorsque le droit français est passé du système de la déclaration initiale spontanée, à la déclaration initiale provoquée,[41] le cadre de l'appréciation de l'aggravation a évolué.[42] Désormais, c'est par rapport aux questions posées par l'assureur avant la conclusion du contrat sur les circonstances qui sont de nature à lui faire apprécier le risque, que s'apprécie l'aggravation de risque. De la sorte, la reconnaissance d'une aggravation est strictement limitée au regard des réponses apportées par l'assuré aux questions posées par l'assureur lors de la déclaration provoquée,[43] ce qui limite l'appréciation de l'aggravation par rapport aux dites questions. Ainsi, l'appréciation par l'assuré de l'existence d'une aggravation est guidée par la déclaration initiale. Il est plus aisé pour

---

39 Article 18 § 1.

40 Dans le même sens: MAYAUX, Luc. O risco no projeto de lei brasileiro n. 29/2017: comparação com o direito francês. *In*: VII FÓRUM DE DIREITO DO SEGURO JOSÉ SOLLERO FILHO – IBDS. *Anais*. São Paulo: Roncarati, 2018, p. 167.

41 Par la loi n. 89-1014 du 31 décembre 1989.

42 Sous l'empire de la loi du 13 juillet 1930, seules devaient être déclarées "les circonstances spécifiées par la police qui ont pour conséquence d'aggraver le risque". Ainsi, le contrat d'assurance prédéterminait-il les circonstances susceptibles d'aggravation, sur lesquelles l'assuré n'avait plus qu'à entretenir une certaine vigilance afin de détecter une éventuelle aggravation. Ce système était donc assez protecteur des assurés. L'article 15, 3° devenu art. L. 113-2, 3° ancien du Code des assurances prévoyait: "L'assuré est obligé: [...] 3° De déclarer à l'assureur, conformément à l'article L. 113-4, les circonstances spécifiées dans la police qui ont pour conséquence d'aggraver les risques".

43 Cass. 2ème civ., 7 mars 2019, n. 17-31.082; Cass. 1re civ., 24 juin 1997, n. 95-17.995.

lui de mesurer s'il y a lieu ou pas à déclaration. La déclaration initiale est un étalon qui permet la mesure de l'aggravation.[44]

En raison du caractère déterminant de la déclaration initiale de risque pour l'appréciation de l'aggravation de risque, il nous semblerait logique que les textes relatifs à l'aggravation de risque soit placée à la suite de ceux relatifs à la déclaration initiale. Le droit français confond les deux au regard de l'obligation de déclaration et de sa sanction. Le projet de loi brésilien dissocie les deux, les textes relatifs à l'aggravation de risque figurent dans un chapitre consacré au risque, tandis que ceux relatifs à la déclaration initiale de risque, dans un chapitre postérieur consacré à la formation et à la durée du contrat, l'aggravation de risque étant ainsi traitée avant même la déclaration initiale. Ni l'une, ni l'autre de ces façons de procéder ne nous semble judicieuse. S'agissant de l'obligation de fixer la configuration initiale du risque puis de l'obligation de déclarer son évolution, les textes devraient selon nous se succéder.

2.1.1.2 *Modalités de la déclaration*

Contrairement aux textes brésiliens, le droit français est assez précis sur les modalités de la déclaration mais il n'est pas certain que ce soit opportun. Le troisième point de l'article L. 113-2 du Code des assurances prévoit ainsi que:

> L'assuré doit, par lettre recommandée ou par envoi recommandé électronique, déclarer ces circonstances à l'assureur dans un délai de quinze jours à partir du moment où il en a eu connaissance.

Le texte précise donc la forme que doit revêtir la déclaration et le délai dans lequel elle doit être réalisée.

2.1.1.2.1 Forme de la déclaration

Contrairement à la déclaration initiale de risques qui est une déclaration provoquée par l'assureur au moyen de questions posées à l'assuré, la déclaration d'aggravation est une déclaration spontanée, à la seule initiative du souscripteur. Il est par conséquent nécessaire qu'il se ménage la preuve de la déclaration. C'est sans doute pourquoi, la

---

44 Dans ce sens: OLIVEIRA MARTINS, Maria Inês. Defendendo o caminho mais trilhado, na demarcação entre o regime da avaliação inicial do risco e o do seu agravamento subsequente. *In*: TZIRULNIK, Ernesto (Org.). *Direito do seguro contemporâneo: edição comemorativa dos 20 anos do IBDS*, v. 1. São Paulo: Editora Contracorrente, 2021, pp. 517ss.

déclaration d'aggravation doit être réalisée par lettre recommandée ou, depuis l'ordonnance n. 2017-1433 du 4 octobre 2017,[45] par envoi recommandé électronique.

Cette référence à la lettre recommandée, qui a existé dès la loi du 13 juillet 1930, devrait pouvoir être modernisée, notamment au moyen de la notion de support durable consacrée sous l'influence du droit européen de la consommation. L'ordonnance précitée du 4 octobre 2017 a d'ailleurs introduit, dans le Code des assurances, une définition du support durable à l'article L. 111-9. Sur cette base, la loi n. 2019-733 du 14 juillet 2019 a érigé le support durable au rang des formes permettant la résiliation du contrat d'assurance à l'initiative de l'assuré.[46] Sur ce modèle, il serait opportun, dans le même souci de simplification et de modernisation, que le support durable gagne l'obligation de déclaration de l'aggravation de risques. Et cela d'autant que pour beaucoup d'auteurs, la lettre recommandée ne devrait pas être exigée comme une formalité substantielle mais simplement à titre de preuve de la déclaration.[47] Ainsi, la déclaration d'aggravation de risque devrait pouvoir être réalisée par tous moyens, charge pour l'assuré de rapporter la preuve de son exécution.

2.1.1.2.2 Délai de déclaration

En droit français, la déclaration doit avoir lieu dans un délai de 15 jours à compter de la connaissance des circonstances aggravantes. Sous l'empire de la loi du 13 juillet 1930, le délai n'était que de huit jours et il ne s'appliquait que lorsque l'aggravation n'était pas le fait de l'assuré. Au contraire, lorsque l'aggravation était volontaire, la déclaration devait avoir lieu au préalable, soit avant même que l'assuré n'aggrave le risque. Cette distinction a disparu avec la loi du 31 décembre 1989 qui a adopté un délai unique de 15 jours applicable quelle que soit l'origine de l'aggravation.

L'utilité de ce délai est à questionner. D'ailleurs, le Code civil brésilien, comme le projet de loi de 2017, ne prévoient aucun délai de déclaration et l'on serait tenté de penser que c'est une bonne chose. Pourquoi, en effet, enfermer la déclaration d'aggravation dans un délai? Est-ce à dire qu'au terme de ce délai toute déclaration ultérieure devient impossible? Est-ce à dire qu'une régularisation n'est pas envisageable après l'écoulement de ce délai, du reste très bref? De plus, comme nous le verrons, l'exigence d'un délai se traduit par l'existence d'une sanction pour le cas où il ne serait pas respecté et cette

---

45 Relative à la dématérialisation des relations contractuelles dans le secteur financier.

46 Article L. 113-14 du Code des assurances.

47 Notamment: LAMBERT-FAIVRE, Yvonne; LEVENEUR, Laurent. *Droit des assurances*. 14. ed. Paris: Dalloz, 2017, p. 287; KULLMANN, Jérôme. *Lamy Assurances*, 2021.

sanction, en droit français, créé des incohérences au sein de l'éventail des sanctions et des conséquences de la déclaration d'aggravation.

2.1.2 *Sanctions de la déclaration*

Compte tenu des conditions que nous venons d'évoquer, nous comprenons que la déclaration d'aggravation de risque sera sanctionnée si elle n'a pas eu lieu, si elle est tardive ou si elle est inexacte. Seule la sanction de la tardiveté de la déclaration est prévue par l'article L. 113-2 du Code des assurances et l'on applique à l'absence de déclaration et à la déclaration inexacte d'aggravation, les sanctions appliquées pour ces motifs à la déclaration initiale de risque. La cohérence de ce dispositif de sanction de l'aggravation nous semble douteuse et nous préférons l'isolement de la sanction de la déclaration d'aggravation proposée par le projet de loi brésilien. En revanche, si le droit brésilien sanctionne l'absence de déclaration, il ne dit mot de la sanction d'une déclaration qui aurait été faite mais serait inexacte, peut-être parce qu'il admet implicitement une possibilité de régularisation qui est malheureusement obstruée en droit français par l'existence d'un délai de déclaration.

2.1.2.1 *Sanction de l'omission ou de l'inexactitude de la déclaration*

Il n'y a pas une mais deux sanctions légales et spéciales de l'omission ou de l'inexactitude de la déclaration, communes aux déclarations initiale et d'aggravation, selon que l'assuré est de bonne ou de mauvaise foi, autrement dit selon si l'irrégularité est ou pas intentionnelle, distinction également présente dans le projet de loi brésilien.

2.1.2.1.1 En cas de mauvaise foi de l'assuré

S'il apparait que c'est de mauvaise foi que le preneur n'a pas déclaré l'aggravation ou qu'il l'a déclarée mais de manière inexacte, l'article L. 113-8 du Code des assurances permet à l'assureur de demander la nullité du contrat d'assurance et de conserver les primes. Il dispose:

> Indépendamment des causes ordinaires de nullité, et sous réserve des dispositions de l'article L. 132-26, le contrat d'assurance est nul en cas de réticence ou de fausse déclaration intentionnelle de la part de l'assuré, quand cette réticence ou cette fausse déclaration change l'objet du risque ou en diminue l'opinion pour l'assureur, alors même que le risque omis ou dénaturé par l'assuré a été sans influence sur le sinistre.

> Les primes payées demeurent alors acquises à l'assureur, qui a droit au paiement de toutes les primes échues à titre de dommages et intérêts.
> Les dispositions du second alinéa du présent article ne sont pas applicables aux assurances sur la vie.

S'agissant d'une circonstance ayant été modifiée en cours de contrat, la nullité ne rétroagira que jusqu'à l'apparition de la circonstance aggravante.[48] Le contrat aura valablement été conclu et exécuté avant cette modification de circonstances. Toutefois, la nullité est une sanction inappropriée pour un manquement de l'assuré intervenu en cours de contrat et non au moment de sa formation. En réalité, c'est davantage une résolution qui devrait avoir lieu si l'on souhaite conserver à la sanction son effet rétroactif, encore que depuis la réforme du droit des contrats en France, en février 2016, la résolution des contrats à exécution successive a perdu son caractère rétroactif et est devenue une résiliation. En outre, il est possible de s'interroger sur le caractère suffisamment déterminant de l'absence de déclaration d'une circonstance aggravante ou d'une déclaration inexacte pour remettre en cause l'ensemble d'un contrat valablement formé.

Il doit encore être précisé que la recherche de cette sanction fait peser sur l'assureur un lourd fardeau probatoire, aggravé par la jurisprudence. Le texte impose que l'assureur rapporte la preuve d'un élément matériel – l'omission ou l'inexactitude –, d'un élément intentionnel – la mauvaise foi du souscripteur qui a agi sciemment – et de l'incidence que cette omission ou inexactitude a eu sur l'opinion de l'assureur – se traduisant le plus souvent en termes d'augmentation de primes. Il n'est en outre pas nécessaire que la circonstance aggravante non ou inexactement déclarée ait eu une incidence sur le sinistre, ce qui est une précision fondée au regard de la mutualité des assurés mais sévère pour le seul assuré concerné. A cette triple exigence probatoire, une chambre mixte de la Cour de cassation est venue ajouter l'exigence que l'assureur rapporte, au préalable, la preuve qu'il a effectivement posé des questions au souscripteur,[49] ces questions devant être précises, comme cela ressort également de cet arrêt et de la jurisprudence ultérieure de la deuxième chambre civile de la Cour de cassation.[50]

Une sanction sévère donc mais qu'il ne sera pas aisé d'obtenir pour l'assureur tant le fardeau probatoire est conséquent. Pour l'ensemble de ces raisons, le choix de la perte

---

48 Dans ce sens, notamment: BESSON, André; PICARD, Maurice. *Traité général des assurances terrestres*, t. I. Paris: LGDJ, 1938, p. 345; KULLMANN, Jérôme. *Lamy Assurances*, 2021.

49 Ch. mixte 7 février 2014, n. 12-85.107.

50 Civ. 2ème, 25 juin 2020, n. 18-24.920; 25 juin 2020, n. 19-14.278; 8 mars 2018, n. 17-11.676; 29 juin 2017, n. 16-18.975; 27 avril 2017, n. 15-10.570; 4 février 2016, n. 15-10.204.

du droit à garantie en cas d'abstention intentionnelle de déclaration d'aggravation fait par le droit brésilien,[51] nous semble être une sanction plus adaptée. Le contrat survit mais, parce que l'aggravation n'a pas été déclarée, le sinistre ne sera pas garanti. En revanche, il serait utile de préciser quel est l'objet de la garantie ainsi perdue. S'agit-il de l'ensemble de la couverture de l'assureur ou se limite-t-on seulement à la perte de la garantie du risque dont l'aggravation n'a pas été déclarée? Autrement dit, doit-il y a avoir un lien de causalité entre le sinistre et la circonstance non déclarée? Il demeure des précisions à apporter sur l'étendue de la perte du droit à garantie, nous semble-t-il.

2.1.2.1.2 En cas de bonne foi de l'assuré

Lorsque le souscripteur est de bonne foi, il n'est pas certain que l'on puisse réellement parler de sanction à l'égard de ce que prévoit le droit français. L'article L. 113-9 du Code des assurances dispose, en effet:

> L'omission ou la déclaration inexacte de la part de l'assuré dont la mauvaise foi n'est pas établie n'entraîne pas la nullité de l'assurance.
> Si elle est constatée avant tout sinistre, l'assureur a le droit soit de maintenir le contrat, moyennant une augmentation de prime acceptée par l'assuré, soit de résilier le contrat dix jours après notification adressée à l'assuré par lettre recommandée, en restituant la portion de la prime payée pour le temps où l'assurance ne court plus.
> Dans le cas où la constatation n'a lieu qu'après un sinistre, l'indemnité est réduite en proportion du taux des primes payées par rapport au taux des primes qui auraient été dues, si les risques avaient été complètement et exactement déclarés.

Ainsi, l'absence de déclaration de l'aggravation de risque, ou une déclaration inexacte d'aggravation, pourra avoir pour conséquence, soit un rééquilibrage du contrat ou sa résiliation si elle est constatée avant tout sinistre, soit une réduction d'indemnité si le constat a lieu après un sinistre garanti. Il convient donc de distinguer le moment auquel l'irrégularité de la déclaration apparait, distinction qui n'est pas présente en droit brésilien.

Avant tout sinistre, si l'on découvre que la déclaration d'aggravation n'a pas eu lieu ou qu'elle est inexacte, il s'agit moins d'une sanction que de tirer les conséquences de l'évolution du risque et de son incidence sur l'opinion de l'assureur. Si l'assureur estime qu'il peut couvrir le risque aggravé, il proposera une augmentation de prime à

51 Article 769 du Code civil et article 19 du projet de loi de 2017.

la hauteur de l'aggravation de risque. Sinon, il lui est donné la possibilité de sortir de cette relation contractuelle dont les termes ont évolué depuis la conclusion du contrat. Le traitement de la découverte d'une aggravation ou de l'inexactitude d'une déclaration d'aggravation est ainsi très proche du traitement de l'aggravation correctement déclarée. En droit brésilien, alors que l'article 769 du Code civil ne propose pas de sanction en cas de bonne foi de l'assuré, le projet de loi adopte une solution pour une part similaire à celle du droit français dans le paragraphe unique de son article 19: l'assuré est tenu de payer la différence de prime. En revanche, le texte prévoit encore que si ce risque ne peut pas être garanti, l'assuré perdra son droit à indemnité. L'alternative n'est donc pas augmentation de la prime ou résiliation, mais augmentation de la prime ou perte du droit à indemnisation. Il n'est par conséquent pas mis fin au contrat.

Après un sinistre, la découverte d'un manquement dans l'obligation de déclaration va jouer sur l'indemnité d'assurance. Si la déclaration d'aggravation avait été régulière, l'assuré aurait été contraint de s'acquitter d'une prime supérieure. Il a donc payé moins de prime qu'il aurait dû pour garantir l'intégralité de son risque, il recevra donc une indemnité réduite à proportion de cette carence de prime. Si le projet de loi brésilien adopte cette sanction pour la déclaration initiale de risque,[52] elle n'est pas reprise pour la déclaration d'aggravation, à moins que le paiement de la différence de prime envisagé par le paragraphe unique de l'article 19 puisse opérer à titre de compensation une fois que le sinistre est survenu. La dichotomie relative au moment de la découverte de l'irrégularité de la déclaration, avant ou après le sinistre, nous semble pourtant didactique et éclairante à l'égard de la façon dont elle se matérialise: au niveau de la prime avant le sinistre, au niveau de l'indemnité après.

Il doit encore être observé que même si la sanction est moins sévère pour l'assuré de bonne foi, elle est presque aussi difficile à obtenir par l'assureur puisque, excepté la preuve de l'élément intentionnel, l'assureur doit rapporter les mêmes éléments de preuve que pour la sanction de la déclaration omise ou inexacte intentionnelle: preuve des questions précises, de l'inexactitude, de son incidence sur l'opinion de l'assureur. Cette rigueur nous semble totalement inopportune à l'égard de l'absence de déclaration d'aggravation ou d'inexactitude. L'assuré n'a pas besoin d'une protection particulière ici puisqu'il ne s'agit pas de le sanctionner à proprement parler mais de rééquilibrer le contrat si cela est possible ou de tirer les conséquences de son déséquilibre. La remarque vaut tant pour la déclaration initiale d'ailleurs, que pour la déclaration d'aggravation. Toutefois, à l'égard de la déclaration d'aggravation, il existe une possibilité de rattrapage

52 Article 47 § 2 du projet de loi.

permettant de contourner les exigences probatoires de la sanction de la déclaration irrégulière. Il suffit de régulariser la déclaration d'aggravation afin de basculer sur les conséquences qu'une déclaration en bonne et due forme produit, à condition que l'assureur n'oppose pas, comme il peut le faire en droit français, la tardiveté de la déclaration.

2.1.2.2 *Sanction de la tardiveté de la déclaration*

Parce que la déclaration d'aggravation de risque est enfermée dans un délai de quinze jours, l'assureur peut prétendre à une sanction si ce délai n'est pas respecté. Toutefois, il n'existe pas de sanction légale de la déclaration tardive. La sanction est conventionnelle, mais autorisée par le législateur. Il s'agit de la déchéance de garantie, c'est-à-dire la perte du droit à garantie. La présence d'une clause de déchéance pour déclaration tardive doit par conséquent figurer dans le contrat d'assurance, qui plus est en termes très apparents,[53] car il s'agit de l'une des clauses susceptibles d'être préjudiciables au souscripteur, sur lesquelles le législateur souhaite que son attention soit attirée.

Mais, bien que licite, la déchéance de garantie pour déclaration tardive de l'aggravation de risque n'en est pas moins soumise à une condition légale. L'avant-dernier alinéa de l'article L. 113-2 du Code des assurances dispose en effet que:

> Lorsqu'elle est prévue par une clause du contrat, la déchéance pour déclaration tardive au regard des délais prévus au 3° et au 4° ci-dessus ne peut être opposée à l'assuré que si l'assureur établit que le retard dans la déclaration lui a causé un préjudice. Elle ne peut également être opposée dans tous les cas où le retard est dû à un cas fortuit ou de force majeure.[54]

L'assureur ne pourra dès lors opposer la déchéance de garantie que s'il prouve que le retard dans la déclaration d'aggravation lui a causé un préjudice, ce qui s'agissant de la déclaration d'aggravation de risque ne sera pas aisé à établir. Cette exigence nous parait judicieuse dans la mesure où, comme nous l'avons précédemment expliqué, l'intérêt d'un délai nous semble douteux dans la mesure où l'absence de sanction de la déclaration tardive est de nature à permettre la régularisation de la déclaration d'aggravation et donc le rééquilibrage du contrat s'il est possible. En revanche, cette régularisation

53 Dernier alinéa de l'article L. 112-4 du Code des assurances.

54 Texto original: "*Lorsqu'elle est prévue par une clause du contrat, la déchéance pour déclaration tardive au regard des délais prévus au 3° et au 4° ci-dessus ne peut être opposée à l'assuré que si l'assureur établit que le retard dans la déclaration lui a causé un préjudice. Elle ne peut également être opposée dans tous les cas où le retard est dû à un cas fortuit ou de force majeure*".

ne devrait pouvoir avoir lieu que tant que le sinistre n'est pas survenu car, si elle était admise postérieurement au sinistre, elle deviendrait un moyen de contourner la sanction de l'absence intentionnelle de déclaration d'aggravation.[55]

Au terme de cette présentation des sanctions d'un manquement à l'obligation de déclaration d'aggravation de risque, un paradoxe apparait.[56] La sanction de la déclaration tardive, si les conditions en sont réunies bien sûr, est bien plus lourde que la sanction de l'absence de déclaration non intentionnelle. Ainsi, un assuré qui accomplit la déclaration hors délai mais qui l'accomplit néanmoins, s'expose à perdre son droit à garantie alors que s'il demeure silencieux il n'encourra qu'un rééquilibrage de son contrat s'il est possible ou une réduction de son indemnité d'assurance, du moins si l'assureur ne parvient pas à prouver sa mauvaise foi. De plus, en cas de mauvaise foi, la nullité est une sanction inadaptée à la déclaration d'aggravation. En définitive, il nous semble tout à fait opportun de bien distinguer les sanctions de la déclaration initiale de risque, de celles de la déclaration d'aggravation de risque, comme le fait le projet de loi brésilien. A l'égard de la déclaration d'aggravation, il convient encore de distinguer entre sa sanction, si la déclaration est omise, et son traitement, si la déclaration d'aggravation a lieu avant le sinistre. L'absence intentionnelle de déclaration doit recevoir un sévère sanction et la perte du droit à garantie nous parait adaptée. L'absence non intentionnelle de déclaration découverte à l'occasion d'un sinistre doit conduire à une réduction d'indemnité en proportion des primes qui auraient dû être payées si l'aggravation avait été dûment déclarée. L'aggravation qu'elle soit déclarée par l'assuré ou découverte par l'assureur nous semble devoir recueillir un traitement identique mais pas une sanction.

2.2 Les conséquences de l'aggravation de risque

Le premier effet de la déclaration d'aggravation de risque régulière est d'assurer la couverture de la circonstance nouvelle objet de la déclaration. Ainsi, le risque aggravé est couvert tant que les conséquences de l'aggravation ne sont pas arrêtées.

Pour décider le sort qu'aura l'aggravation de risque, la déclaration va permettre à l'assureur de prendre la mesure de l'évolution du risque et de se positionner sur la suite qu'il entend lui donner. La question qui se pose est celle de savoir s'il lui est possible de garantir le risque dans sa nouvelle configuration en modifiant les conditions du

55 LEDUC, F.; GROUTEL, H.; PIERRE, Philippe. *Traité du contrat d'assurance terrestre*. Paris: Litec, 2008, p. 463.
56 LEDUC, F.; GROUTEL, H.; PIERRE, Philippe. *Traité du contrat d'assurance terrestre*. Paris: Litec, 2008, p. 467.

contrat bien sûr, ou si ce n'est pas le cas, acter que la relation contractuelle ne peut pas être poursuivie.

En droit français, l'article L. 113-4 du Code des assurances expose les conséquences possibles de l'aggravation de risque. Ses dispositions doivent d'ailleurs être rappelées à l'assuré qui déclare une aggravation ou une diminution de risques.[57] Son alinéa 1er prévoit que:

> En cas d'aggravation du risque en cours de contrat, telle que, si les circonstances nouvelles avaient été déclarées lors de la conclusion ou du renouvellement du contrat, l'assureur n'aurait pas contracté ou ne l'aurait fait que moyennant une prime plus élevée, l'assureur a la faculté soit de dénoncer le contrat, soit de proposer un nouveau montant de prime.[58]

A réception de la déclaration d'aggravation de risques, une alternative s'ouvre alors à l'assureur: résilier le contrat ou proposer de le rééquilibrer. Il s'agit également de l'alternative retenue par le projet de loi brésilien, dans le deuxième paragraphe de son article 18, alors que le Code civil ne vise que la résiliation et prive ainsi, nous semble-t-il, la déclaration d'aggravation de son effet utile. Il demeure pourtant une différence entre le texte français et le projet de loi brésilien. En droit français, l'option de l'assureur est subordonnée à l'incidence de l'aggravation sur l'opinion qu'il se faisait du risque mais, une fois ce caractère déterminant avéré, l'article L. 113-4 lui ouvre les deux branches de l'alternative discrétionnairement: soit résilier, soit augmenter la prime. Le paragraphe 2 de l'article 18 du projet de loi de 2017 semble, au contraire, créer une hiérarchie entre les deux branches de l'alternative. L'assureur peut facturer la différence de prime et, ce n'est que s'il n'est pas techniquement possible de garantir le nouveau risque, que s'ouvre la voie de la résiliation. Pour l'assureur brésilien ce serait donc: augmenter la prime ou, à défaut, résilier. L'utilité du contrat et l'intérêt à assurance nous semblent militer en faveur de cette hiérarchie.

En outre, le projet de loi opère une distinction que le droit français ignore et qui réduit le domaine de l'alternative entre rééquilibrage et résiliation du contrat. Le paragraphe 5 de l'article 18 prévoit, en effet, que l'assureur ne sera pas responsable de l'acte accompli dans l'intention d'augmenter la probabilité de réalisation du risque, ce

57 Avant-dernier alinéa de l'article L. 113-4 du Code des assurances.

58 Texto original: "*En cas d'aggravation du risque en cours de contrat, telle que, si les circonstances nouvelles avaient été déclarées lors de la conclusion ou du renouvellement du contrat, l'assureur n'aurait pas contracté ou ne l'aurait fait que moyennant une prime plus élevée, l'assureur a la faculté soit de dénoncer le contrat, soit de proposer un nouveau montant de prime*".

qui revient à dire que l'aggravation de risque intentionnelle, même déclarée, recevra le même traitement que l'absence de déclaration intentionnelle de l'aggravation de risque: la perte de garantie. La prise en compte de l'évolution du risque se limite ainsi, pour le projet de loi, à la déclaration d'une aggravation non intentionnelle du risque. L'aggravation de mauvaise foi, même déclarée, est clairement écartée, ce qui ne ressort pas aussi nettement du droit français.

En droit français, *l'exercice de cette option n'est enfermé dans aucun délai*, contrairement au projet de loi brésilien qui ouvre à l'assureur un délai maximum de vingt jours sans toutefois préciser s'il convient de le computer à compter de l'envoi ou de la réception de la déclaration d'aggravation. En revanche, l'assureur français aura tout intérêt à se positionner avec diligence s'il ne veut pas qu'il soit conclu à sa renonciation à se prévaloir de l'aggravation. C'est ce que rappelle l'alinéa 3 de l'article L. 113-4 en prévoyant que:

> Toutefois, l'assureur ne peut plus se prévaloir de l'aggravation des risques quand, après en avoir été informé de quelque manière que ce soit, il a manifesté son consentement au maintien de l'assurance, spécialement en continuant à recevoir les primes ou en payant, après un sinistre, une indemnité.

Afin de ne pas se laisser enfermer dans la couverture d'un risque aggravé par rapport à celui qu'il a accepté de garantir, l'assureur aura donc tout intérêt à rapidement opter entre résiliation ou rééquilibrage du contrat, à moins que, par son silence, il donne acte à l'assuré et accepte de garantir sans surprime le risque aggravé.

2.2.1 *La résiliation du contrat*

Contrairement au projet de loi brésilien, la première branche de l'alternative offerte à l'assureur en cas de risque aggravé est la résiliation du contrat, ce qui nous semble maladroit puisque la priorité devrait être donnée à la préservation du contrat par son rééquilibrage. La première partie du deuxième alinéa de l'article L. 113-4 dispose que:

> Dans le premier cas, la résiliation ne peut prendre effet que dix jours après notification et l'assureur doit alors rembourser à l'assuré la portion de prime ou de cotisation afférente à la période pendant laquelle le risque n'a pas couru.

La déclaration d'aggravation de risques ouvre à l'assureur une faculté spéciale de résiliation en cours de contrat. Pour l'exercer, l'assureur doit notifier à l'assuré sa volonté de résilier. Aucune condition de forme n'est prévue mais, par analogie avec la résiliation pour omission ou inexactitude de la déclaration d'un souscripteur de bonne foi, il est possible de penser que l'envoi d'une lettre recommandée ou d'un envoi recommandé électronique est nécessaire.[59] Il serait néanmoins utile que le texte apporte cette précision s'agissant d'un acte qui éteint la relation contractuelle par décision unilatérale de l'assureur, c'est d'ailleurs ce que fait le paragraphe 3 de l'article 18 du projet brésilien, en exigeant une lettre recommandée avec avis de réception ou équivalent, ce qui ouvre la voie à des formes plus modernes, mais aussi fiables, de notification.

Passés dix jours à compter de cette notification, sans que l'on soit certain qu'il faille computer le délai à compter de son envoi ou de sa réception (incertitude qu'il serait opportun de lever), le contrat d'assurance s'éteint. Dans la mesure où la prime aura été payée d'avance pour la période de garantie à venir, l'assureur devra rembourser les primes pour la partie du risque qui n'a pas couru. Toutefois, aucun délai n'est prévu pour ce remboursement. Le texte gagnerait à être plus précis à cet égard.

D'ailleurs, les mêmes imprécisions affectent le projet de loi de 2017. Sur le moment de la prise d'effet de la résiliation, l'article 18 n'apporte qu'une réponse partielle, dans son quatrième paragraphe. A l'égard de l'aggravation de risque qui serait volontaire, il est prévu que les effets de la résiliation rétroagissent au jour de l'aggravation. En revanche, rien n'étant précisé à l'égard de l'aggravation qui serait indépendante de la volonté de l'assuré, il semble que l'on puisse en conclure que la résiliation prendra effet à la réception de la lettre recommandée puisqu'un accusé de réception est requis. Si c'est le cas, cela ne ménage à l'assuré aucun délai pour trouver un autre assureur, ce qui ne parait pas satisfait au regard d'un assuré qui n'a pas manqué à son obligation de déclaration d'aggravation de risque. Au regard du remboursement des cotisations au prorata temporis, le paragraphe 3 de l'article 18 permet à l'assureur d'y imputer les frais occasionnés par le contrat, mais il garde le silence, comme le droit français, sur le délai dans lequel l'assureur doit s'exécuter.

2.2.2 *Le rééquilibrage du contrat*

La deuxième partie du deuxième alinéa de l'article L. 113-4 dispose que:

---

59 Dans ce sens: LEDUC, F.; GROUTEL, H.; PIERRE, Philippe. *Traité du contrat d'assurance terrestre*. Paris: Litec, 2008, p. 450.

Dans le second cas, si l'assuré ne donne pas suite à la proposition de l'assureur ou s'il refuse expressément le nouveau montant, dans le délai de trente jours à compter de la proposition, l'assureur peut résilier le contrat au terme de ce délai, à condition d'avoir informé l'assuré de cette faculté, en la faisant figurer en caractères apparents dans la lettre de proposition.

Le rééquilibrage du contrat passe par la proposition de l'assureur d'augmenter la prime. Dans la mesure où la déclaration d'aggravation est conditionnée à l'évolution d'une circonstance significative pour l'assureur puisqu'il l'a visée en provoquant la déclaration initiale, l'aggravation du risque se traduira logiquement par une augmentation de la prime. Mais cette proposition est une proposition de modification du contrat: une offre qui doit rencontrer l'acceptation du souscripteur.

Si celui-ci accepte, le contrat sera modifié et il faudra le constater par l'entremise d'un avenant. L'article L. 113-4 envisage l'hypothèse de son refus exprès ou tacite de la proposition d'augmentation de prime, le refus tacite se constatant par l'absence de réponse dans un délai de trente jours à compter de la proposition, ce qui soulève la question de la forme de la proposition. Afin d'exactement computer ce délai, il appartient à l'assureur de se ménager la preuve de l'envoi de la proposition.

Ce n'est qu'au terme de ce délai de trente jours, que le refus soit exprès ou tacite, que l'assureur pourra en tirer les conséquences et demander la résiliation du contrat. Toutefois, cette faculté spéciale de résiliation est subordonnée à une formalité: l'information du souscripteur. La lettre de proposition de modification du contrat doit, en effet, indiquer en caractères apparents, la possibilité de cette résiliation au terme de trente jours. Cela signifie-t-il que l'effet de la résiliation sera immédiat à l'issue de ce délai ou que l'assureur bénéficie au terme de ce délai de la faculté de demander la résiliation et que s'il souhaite l'exercer, il doit alors la notifier à son assuré? Un autre motif d'incertitude.

Il est quelque peu surprenant que le projet de loi brésilien soit imprécis sur cette possibilité de rééquilibrage du contrat, même si c'est l'alternative qui est favorisée puisque la résiliation n'est ouverte qu'en cas d'impossibilité de garantir le nouveau risque. Le paragraphe 2 de l'article 18 ne fait qu'évoquer, en effet, la facturation de la différence de prime et aucune autre précision n'est apportée, ce qui ne va pas sans susciter d'interrogations. Ainsi, si l'assureur décide de facturer la différence de prime, quelle est la marge de manœuvre de l'assuré? Est-il dans l'obligation d'accepter cette augmentation dont le montant sera unilatéralement décidé par l'assureur? Si c'est le cas, le texte nous semble offrir à l'assureur un droit disproportionné par rapport au droit de l'assuré. Une modification du contrat par une augmentation de la prime, même si celle-ci est justifiée par l'aggravation du risque, doit être analysée en une offre de modification et l'accord sur la modification ne pourra intervenir que si cette offre rencontre l'acceptation de l'assuré. C'est la raison pour laquelle le texte français envisage la possibilité de refus de l'assuré face à la proposition d'augmentation de prime. L'augmentation de prime n'est pas de droit. Or, c'est le doute que laisse planer le paragraphe 2 de l'article 18 du projet de loi et cela nous semble regrettable.

Au terme de cette étude comparative de l'aggravation de risque en droit français et brésilien, il apparait que le droit brésilien a une conception beaucoup plus accueillante de l'aggravation que le droit français. Toute situation, comportement de l'assuré ou fait extérieur, qui pèse sur le risque pour le rendre plus probable, est une aggravation de risque dans les deux droits. Mais, un sort différent est réservé au comportement de l'assuré qui concourt à la production du dommage. Le droit brésilien le traite sous l'angle de l'aggravation intentionnelle de risque et le droit français sous l'angle de la production intentionnelle du sinistre. En tout état de cause, l'assuré perdra son indemnisation mais pas par le même mécanisme juridique. La voie choisit par le droit brésilien présente l'inconvénient d'hypertrophier la notion d'aggravation et de brouiller les limites entre le risque et le sinistre, à tel point qu'un contentieux abondant se développe au Brésil. A l'inverse, en France, dans la mesure où l'aggravation de risque ne concerne que la situation, antérieure au sinistre, où le risque tel qu'il a été déclaré à la conclusion du contrat devient plus important (même si c'est souvent à l'occasion d'un sinistre que l'on se rend compte que le risque avait subi une aggravation), l'hypothèse est mieux circonscrite et le contentieux est faible. L'étude montre toutefois que les deux droits connaissent des difficultés pour qualifier et sanctionner les comportements délibérés des assurés qui participent à la production du sinistre.

BIBLIOGRAPHIE

BESSON, André; PICARD, Maurice. *Traité général des assurances terrestres*, t. I. Paris: LGDJ, 1938.

BESSON, André; PICARD, Maurice. *Les assurances terrestres*. 5. ed, t. I, Le contrat d'assurance. Paris: LGDJ, 1982.

BIGOT, Jean; MAYAUX, Luc; PÉLISSIER Anne. Faute intentionnelle, faute dolosive, faute volontaire: le passé, le présent et l'avenir. *RGDA*, v. 3, n. 111, p. 75, fév. 2015.

BROUSSY, Charlotte. *Histoire du contrat d'assurance (XVI*e *– XX*e *s.)*: De la terre à la mer. Thèse de doctorat en Histoire du Droit. Montpellier, 2016.

KULLMANN, Jérôme *et al*. Traité de droit des assurances. *In*: BIGOT, J. (Coord.) *Le contrat d'assurance*, t. 3. Paris: LGDJ, 2014, pp. 629ss.

KULLMANN, Jérôme. *Lamy Assurances*, 2021.

LAMBERT-FAIVRE, Yvonne; LEVENEUR, Laurent. *Droit des assurances*. 14. ed. Paris: Dalloz, 2017.

MAYAUX, Luc. O risco no projeto de lei brasileiro n. 29/2017: comparação com o direito francês. *In*: VII FÓRUM DE DIREITO DO SEGURO JOSÉ SOLLERO FILHO – IBDS. *Anais*. São Paulo: Roncarati, 2018, p. 167.

OLIVEIRA MARTINS, Maria Inês. Defendendo o caminho mais trilhado, na demarcação entre o regime da avaliação inicial do risco e o do seu agravamento subsequente. *In*: TZIRULNIK, Ernesto (Org.). *Direito do seguro contemporâneo*: edição comemorativa dos 20 anos do IBDS, v. 1. São Paulo: Editora Contracorrente, 2021, pp. 517ss.

PÉLISSIER, Anne. Faute intentionnelle ou dol – La place du débat en assurance construction. *RDI*, n. 5, p. 262, 2021.

TZIRULNIK, Ernesto. *Reflexões sobre o agravamento do risco nos seguros de danos*, 2. ed. São Paulo: Editora Contracorrente, 2021.

Jurisprudence

FRANCE. Cour de Cassation. Chambre civile 1, du 25 mars 1980, 78-16.137. Rapporteur: M. Gollet. Disponible sur: https://www.legifrance.gouv.fr/juri/id/JURITEXT000007004915.

FRANCE. Cour de Cassation. Chambre civile 1, du 27 mai 2003, 01-10.478 01-10.747. Rapporteur: M. Gollet. Disponible sur: https://www.legifrance.gouv.fr/juri/id/JURITEXT000007049752.

FRANCE. Cour de Cassation. Chambre civile 2, 20 mai 2020, 19-14.306. Disponible sur: https://www.legifrance.gouv.fr/juri/id/JURITEXT000041995750/.

FRANCE. Cour de Cassation. Chambre civile 2, 20 mai 2020, 01-10.747. Disponible sur: https://www.legifrance.gouv.fr/juri/id/JURITEXT000041974954/.

FRANCE. Cour de Cassation. Chambre civile 1, du 29 octobre 1984, 83-14.464. Rapporteur: M. Jouhaud. Disponible sur: https://www.legifrance.gouv.fr/juri/id/JURITEXT000007014574.

FRANCE. Cour de cassation. Chambre civile 3, 19 septembre 2019, 18-19.616. Disponible sur: https://www.legifrance.gouv.fr/juri/id/JURITEXT000039156993/.

FRANCE. Cour de cassation. Chambre civile 2, 7 mars 2019, 17-31.082. Disponible sur: https://www.legifrance.gouv.fr/juri/id/JURITEXT000038238642.

FRANCE. Cour de cassation. Chambre civile 1, du 24 juin 1997, 95-17.994. Rapporteur: Mme Marc. Disponible sur: https://www.legifrance.gouv.fr/juri/id/JURITEXT000007037009/.

FRANCE. Cour de cassation. Chambre mixte, 7 février 2014, 12-85.107. Rapporteur: Mme Masson-Daum. Disponible sur: https://www.legifrance.gouv.fr/juri/id/JURITEXT000028574768/.

FRANCE. Cour de cassation. Chambre civile 2, 25 juin 2020, 18-26.770. Disponible sur: https://www.legifrance.gouv.fr/juri/id/JURITEXT000042088539?isSuggest=true.

FRANCE. Cour de cassation. Chambre civile 2, 8 mars 2018, 17-15.143.Disponible sur: https://www.legifrance.gouv.fr/juri/id/JURITEXT000036718312.

FRANCE. Cour de cassation. Chambre civile 2, 29 juin 2017, 16-18.975. Disponible sur: https://www.legifrance.gouv.fr/juri/id/JURITEXT000035082917/.

FRANCE. Cour de cassation. Chambre civile 2, 27 avril 2017, 15-10.570. Disponible sur: https://www.legifrance.gouv.fr/juri/id/JURITEXT000034552527.

FRANCE. Cour de cassation. Chambre civile 2, 4 fev. 2016, n. 15-10.204. Disponible sur: https://www.legifrance.gouv.fr/juri/id/JURITEXT000042088539?isSuggest=true.

Législation

BRÉSIL. Lei n. 10.406, de 10 de janeiro de 2002 - Código Civil. *Diário Oficial da União*: seção 1, Brasília, DF, ano 139, n. 8, pp. 1-74, 11 jan. 2002.

FRANCE. Code Civil. *Légifrance*. Disponible sur: https://www.legifrance.gouv.fr/codes/id/LEGITEXT000006070721/.

FRANCE. Code des assurances. *Légifrance*. Disponible sur: https://www.legifrance.gouv.fr/codes/texte_lc/LEGITEXT000006073984/.

FRANCE. Loi n. 89-1009 du 31 décembre 1989 renforçant les garanties offertes aux personnes assurées contre certains risques. *Légifrance*. Disponible sur: https://www.legifrance.gouv.fr/loda/id/JORFTEXT000000709057:~:text=Loi%20n%C2%B0%2089%2D1009,%2D%20L%C3%A9gifrance.

O AGRAVAMENTO DO RISCO NO DIREITO FRANCÊS

Anne Pélissier[1]

> Se, durante o prazo acordado para o seguro das suas casas e edifícios, pessoas envolvidas em ofícios, artes ou negócios que aumentem o perigo de incêndio neles habitarem, o seguro deixará de ser pago pela Companhia a partir do momento da entrada de tais pessoas, a menos que a Companhia tenha sido notificada pelos segurados e tenha contratado com eles o prêmio para o novo risco.[2]

Ao contrário do direito contratual comum, no qual vige o princípio da intangibilidade uma vez concluído o contrato, o contrato de seguro parece ser concluído *rebus sic stantibus*,[3] já que se baseia num equilíbrio refinado entre o risco garantido e o prêmio correspondente. Qualquer desestabilização desse equilíbrio compromete a cobertura total do segurado, alterando o compromisso da seguradora, o que é suscetível de minar a mutualidade dos segurados. A evolução do contrato de seguro em consonância com a evolução do risco é, portanto, uma medida de interesse comum.

Isso é ainda mais necessário no caso de uma relação contratual que, embora seja geralmente de curta duração, perdura por meio da renovação tácita. A duração da relação de seguro enquanto durar o interesse pelo seguro justifica que o contrato de seguro siga a dinâmica do risco. "O seguro é um contrato de execução continuada, destinado

---

1 Professora na Universidade de Montpellier, diretora do programa de mestrado em Direito dos Seguros, diretora do curso aprofundado de Direito das Obrigações, secretária-geral do ramo francês da Associação Internacional de Direito do Seguro.

2 Texto original: "*Si pendant le terme convenu pour la durée de l'assurance de ses maisons et édifices, elles venaient à être habitées par des personnes exerçant des métiers, arts ou négoces, qui augmentent les dangers de l'incendie, l'assurance cessera d'être à la charge de la compagnie dès le moment de leur entrée; à moins qu'elle n'en ait été avertie par les assurés, & qu'elle n'ait convenu avec eux d'une prime d'assurance relative à ce nouveau risque*". Art. VII, Conditions de la police d'assurance de la Compagnie d'Assurance contre les Incendies, 6 nov. 1786, em POUILLOUX, D. *Mémoires d'assurances*: recueil de sources françaises sur l'histoire des assurances du XVIème au XIXème s. Paris: Seddita, 2011, p. 528, citado por BROUSSY, Charlotte. *Histoire du contrat d'assurance (XVIe – XXe s.)*: De la mer à la terre. Tese de doutorado em História do Direito. Montpellier, 2016.

3 LEDUC, F.; GROUTEL, H.; PIERRE, Philippe. *Traité du contrat d'assurance terrestre*. Paris: Litec, 2008, p. 424.

a fornecer segurança: deve, portanto, para cumprir o seu objetivo ao longo do tempo, adaptar-se às circunstâncias, modelando-se sobre o risco".[4]

Para além dessas considerações atuariais, o fato de o contrato de seguro ser um contrato de extrema boa-fé,[5] de "*uberrimae fidei*", justifica que o segurado preste particular atenção à evolução do seu risco, em particular ao seu agravamento, já que a sua redução não compromete a mutualidade dos segurados. E, "refletindo-se a respeito, um contrato que brandia tão alto a bandeira da boa-fé dificilmente poderia abster-se de prever o regime jurídico da imprevisibilidade",[6] ao contrário da solução jurisprudencial anterior à reforma do direito dos contratos pelo decreto de 10 de fevereiro de 2016.[7]

No entanto, nem todos os contratos de seguro justificam esta adaptação. O seguro de vida merece um tratamento diferente, uma vez que a evolução do risco ao longo do tempo – o que, fatalmente, nunca acontece para melhor – é previsível e já prevista quando o contrato é celebrado. O segurado não está, portanto, sujeito à obrigação de declarar o agravamento do risco.[8] Essa é também a razão pela qual, nos seguros-saúde, o agravamento do estado de saúde[9] não produz nenhuma consequência, e, da mesma forma que, mais amplamente, nos seguros de previdência, esse agravamento não pode justificar um aumento do prêmio;[10] ou, ainda, no seguro de empréstimo que garante um empréstimo imobiliário, o direito de cancelamento por agravamento do risco é, em princípio, suprimido,[11] salvo raras exceções.[12] Note-se que o projeto de lei brasileiro de 2017 não adota a mesma lógica, uma vez que admite que, em matéria de seguros de vida ou de integridade física, o agravamento voluntário do risco autorize a seguradora a cobrar uma diferença no prêmio. A regra assim adotada parece-nos interessante e

---

4 BESSON, André; PICARD, Maurice. *Les assurances terrestres*. 5. ed, t. I, Le contrat d'assurance. Paris: LGDJ, 1982, p. 131.

5 BROUSSY, Charlotte. *Histoire du contrat d'assurance (XVIe – XXe s.)*: De la mer à la terre. Tese de doutorado em História do Direito. Montpellier, 2016.

6 LEDUC, F.; GROUTEL, H.; PIERRE, Philippe. *Traité du contrat d'assurance terrestre*. Paris: Litec, 2008, p. 426.

7 Agora, o art. 1.195 do Código civil francês admite, de maneira limitada, o regime jurídico da imprevisibilidade.

8 Art. L. 113-2, última alínea, do Código de seguros.

9 Última alínea do art. L. 113-4 do Código de seguros. Assim, convém que seja declarado o agravamento do estado de saúde; porém, disso não se tira nenhuma consequência, nem reequilíbrio contrato, nem resilição.

10 Art. 8, II, da lei n. 89-1009 de 31 de dezembro 1989, chamada Lei Evin.

11 Art. L. 113-12-1, III, do Código de seguros: "*Pendant toute la durée du contrat d'assurance et par dérogation à l'article L. 113-4, l'assureur ne peut pas résilier ce contrat d'assurance pour cause d'aggravation du risque, sauf dans certaines conditions définies par décret en Conseil d'Etat, résultant d'un changement de comportement volontaire de l'assuré*" ("Durante o curso do contrato de seguro e por derrogação do art. L. 113-4, a seguradora não pode resilir o contrato de seguro em razão de agravamento de risco, ressalvadas determinadas circunstâncias definidas pelo decreto do Conselho de Estado, que provém de uma mudança de comportamento voluntária do segurado").

12 Exceções previstas pelo art. R. 113-13 do Código de Seguros.

oportuna, por um lado por ser aplicável a todos os seguros de vida e de saúde, e, por outro, por visar apenas ao agravamento voluntário, o que sugere que o agravamento natural não terá consequências. Esse tratamento diferenciado dos riscos da vida e da integridade física no direito francês, tal como no direito brasileiro, mostra que, embora a obrigação de declarar o agravamento do risco esteja prevista na Lei de 13 de julho de 1930 – que é o marco fundador do direito securitário francês[13] – no Código de Seguros,[14] nas disposições gerais comuns aos seguros de danos[15] e de pessoas – o que é também o caso do Código Civil brasileiro e do Projeto de Lei n. 29 de 2017– a questão do agravamento do risco é mais aguda nos seguros de danos.

No entanto, quer se trate de seguros de danos ou de pessoa, a relação entre a legislação francesa e a brasileira sobre a questão do agravamento do risco é muito diferente. De fato, no direito francês, não há muitos julgados sobre agravamento do risco porque, ao contrário do que acontece no Brasil, parece que esse não é um argumento que as seguradoras utilizam frequentemente para justificar a recusa à indenização.[16] A questão do agravamento do risco não é, portanto, uma questão sensível no direito francês, tal como ela é no direito brasileiro.

> Ao mesmo tempo que se tornou o feijão com arroz dos conflitos de interesse securitários, o agravamento do risco é um dos temas mais delicados do dia a dia das regulações de sinistros, na doutrina jurídica e na atividade judicante, pública ou privada.[17]

A razão está provavelmente em que a lei brasileira inclui no agravamento do risco duas situações que o direito francês qualifica de forma diferente. Assim, o art. 768 do Código Civil brasileiro refere-se ao agravamento intencional do risco, sancionando-o com a perda do direito à cobertura; já o art. 769 refere-se ao agravamento involuntário que deve ser declarado à seguradora, só provocando a perda do direito à cobertura no caso de omissão dolosa de declaração. Examinaremos essa distinção à luz do direito francês,

---

13 Art. 15, 3°.

14 Art. L. 113-2, 3° do Código de Seguros.

15 Excluem-se os seguros marítimos, aéreos, aeronáuticos, fluviais e lacustres, sobre as mercadorias transportadas por todas as modalidades e de responsabilidade espacial, que são reguladas por uma regra semelhante, que lhes é própria, conforme o art. L. 172-19 do Código de Seguros.

16 TZIRULNIK, E. *Reflexões sobre o agravamento do risco nos seguros de danos*, 2. ed. São Paulo: Editora Contracorrente, 2021, p. 23.

17 TZIRULNIK, E. *Reflexões sobre o agravamento do risco nos seguros de danos*, 2. ed. São Paulo: Editora Contracorrente, 2021, p. 24.

comparando o tratamento do agravamento intencional do risco, depois o do agravamento não intencional pela lei brasileira com o seu correspondente no direito francês.

1. REGIME JURÍDICO DO AGRAVAMENTO INTENCIONAL DO RISCO

Deve-se dizer de início que o direito francês do agravamento do risco não faz essa distinção entre agravamento intencional e não intencional.

Na Lei de 13 de julho de 1930, havia uma distinção entre agravamento causado pelo segurado e agravamento não causado pelo segurado, mas ela desapareceu quando o legislador francês modificou o sistema de declaração de risco pela Lei de 31 de dezembro de 1989. Além disso, o art. 17 da Lei de 13 de julho de 1930 não deu a essa distinção o mesmo efeito dado pelo direito brasileiro. Não havia absolutamente nenhuma questão de perda do direito de garantia para um e de obrigação de declaração para o outro. Ambos estavam sujeitos à obrigação de declaração, mas o agravamento causado pelo segurado tinha de ser declarado à seguradora antes do agravamento, ao passo que o agravamento não causado pelo segurado tinha de ser declarado no prazo de oito dias a partir do momento em que o segurado tivesse conhecimento dele. Em ambos os casos, o regime jurídico do agravamento era idêntico: a declaração produzia as mesmas consequências e a sua omissão, inexatidão ou atraso, as mesmas sanções.

A partir de então, a obrigação de declarar o aumento do risco já não fazia essa distinção. Qualquer que seja a origem do agravamento, estava ele sujeito à declaração.

Por outro lado, aquilo a que a lei brasileira se refere como agravamento intencional é qualificado de forma diferente no direito francês. Para a legislação brasileira, o agravamento intencional resulta de um ato voluntário do segurado, que torna o sinistro consideravelmente mais provável ou mais grave, em prejuízo da seguradora.[18] Trata-se de um comportamento deliberado do segurado, que sabe que aumenta a frequência ou a probabilidade da ocorrência, ou, ainda, a gravidade do sinistro.

Contudo, no direito francês, tais comportamentos não são qualificados como agravantes. Também não recebem qualificação unitária. Assim, alguns desses comportamentos são tratados como dolo, enquanto outros são tratados pelas vias contratuais.

---

18 TZIRULNIK, E. *Reflexões sobre o agravamento do risco nos seguros de danos*, 2. ed. São Paulo: Editora Contracorrente, 2021, p. 25.

1.1 Tratamento como dolo

Entre os comportamentos deliberados e maliciosos do segurado que aumentam a probabilidade da ocorrência do sinistro, ou agravam-no, há aqueles que atingem o seu objetivo. Ou seja, aqueles que causam efetivamente o sinistro. É bem verdade que o risco foi agravado pelo comportamento intencional do segurado, mas foi agravado a tal ponto que o sinistro veio a ocorrer.

É por isso que o direito francês não trata esse tipo de comportamento do ponto de vista do risco ou do seu agravamento, mas do ponto de vista do sinistro, do seu caráter voluntário. Isso se liga, no direito francês, à conduta intencional ou dolosa do segurado, uma qualificação jurídica ligada a uma sanção jurídica.

De acordo com o art. L. 113-1 do Código de Seguros:

> As perdas e danos causados pelo caso fortuito ou por culpa do segurado serão de responsabilidade da seguradora, salvo se expressamente excluídas, de forma limitada, na apólice. No entanto, a seguradora não será responsável pelas perdas ou danos causados pela conduta intencional ou dolosa do segurado.[19]

O direito francês considera a conduta intencional e dolosa como causa de exclusão legal da cobertura. O sinistro intencionalmente causado ou conscientemente provocado não será coberto. O resultado é idêntico ao do direito brasileiro, mas a causa é juridicamente distinta nos direitos brasileiro e francês: agravamento do risco para o primeiro, causa de exclusão de cobertura por dolo para o segundo.

A dificuldade é, evidentemente, saber o que se entende por conduta intencional ou dolosa.[20]

A conduta intencional tem sido definida de forma estável desde os anos 80.[21] Com efeito, de forma estável e restritiva no interesse do segurado, para que a exclusão não se aplique com demasiada frequência. A conduta intencional está em o segurado perseguir o dano tal como este ocorreu. É o sinistro voluntário – por exemplo, quando o segurado ateia fogo ao seu próprio veículo: é voluntário tanto na sua ocorrência como na sua extensão.

---

19 Texto original: "*Les pertes et les dommages occasionnés par des cas fortuits ou causés par la faute de l'assuré sont à la charge de l'assureur, sauf exclusion formelle et limitée contenue dans la police. Toutefois, l'assureur ne répond pas des pertes et dommages provenant d'une faute intentionnelle ou dolosive de l'assuré*".

20 BIGOT, Jean; MAYAUX, Luc; PÉLISSIER Anne. Faute intentionnelle, faute dolosive, faute volontaire: le passé, le présent et l'avenir. *RGDA*, v. 3, n. 111, p. 75, fev. 2015.

21 Corte de Cassação. Câmara Civil 1, 25 mar. 1980, 78-16.137; Corte de Cassação. Câmara Civil 1, de 27 maio 2003, 01-10.478 01-10.747.

Durante muito tempo, a conduta intencional e dolosa do Código dos Seguros foi objeto de confusão. Contudo, o rigor da definição de conduta intencional deixou impune o comportamento intencional do segurado que levava à ocorrência do sinistro, sem que a indenização do seguro fosse solicitada. A fim de sancionar tal comportamento, a Segunda Câmara Civil da Corte de Cassação concedeu autonomia à conduta intencional, dando-lhe uma definição.[22] O termo "conduta intencional" refere-se agora à ação deliberada do segurado com o conhecimento de que torna o sinistro inevitável.[23] O sinistro não é necessariamente querido, nem a indenização da seguradora é necessariamente solicitada, mas o segurado está consciente de que o sinistro resultará inevitavelmente do seu comportamento. Por exemplo, se o segurado deixar seu imóvel perecer mesmo sabendo que ele acabará por ruir, causando danos a terceiros.

Assim, em ambos os casos, seja intencional, seja dolosamente, "o segurado prejudica deliberadamente o interesse que assegurou",[24] quer busque ou não a indenização do seguro. Ele influencia o risco, mas faz mais do que agravá-lo, uma vez que o faz passar de um estado de risco para um estado de sinistro. A indenização será então excluída.

Na medida em que esses comportamentos do segurado conduzem ao sinistro, o direito francês os trata do ponto de vista do sinistro, ou seja, da execução do contrato, e não do ponto de vista do risco, como na lei brasileira. É por isso que a conduta é avaliada em termos do papel causal desempenhado em relação ao sinistro: a conduta é a causa do sinistro, a conduta afastou a álea. Não é por acaso, na nossa opinião, que, na legislação brasileira, embora o agravamento intencional não tenha necessariamente de ser causa do sinistro, mas apenas modificação substancial do risco,[25] a jurisprudência majoritária acabou por transformar o nexo causal com o sinistro em requisito do agravamento do risco. E por uma boa razão, como salienta Ernesto Tzirulnik, a jurisprudência brasileira está habituada a examinar essa questão apenas em situações de sinistro.[26] É por isso que ela exige uma relação causal entre o ato voluntário de agravamento e a materialização do sinistro.

---

22 Sobre essa construção, cf. PÉLISSIER, Anne. Faute intentionnelle ou dol – La place du débat en assurance construction. *RDI*, n. 5, p. 262, 2021.

23 Corte de Cassação. Câmara Civil 2, 20 maio 2020. 2 acórdãos: n. 19-14.306 e n. 19-11.538.

24 TZIRULNIK, E. *Reflexões sobre o agravamento do risco nos seguros de danos*, 2. ed. São Paulo: Editora Contracorrente, 2021, p. 39.

25 TZIRULNIK, E. *Reflexões sobre o agravamento do risco nos seguros de danos*, 2. ed. São Paulo: Editora Contracorrente, 2021, p. 25.

26 TZIRULNIK, E. *Reflexões sobre o agravamento do risco nos seguros de danos*, 2. ed. São Paulo: Editora Contracorrente, 2021, p. 47.

Para além dessa diferença de qualificação, é interessante notar que as legislações francesa e brasileira têm dificuldades idênticas na apreensão do comportamento do segurado que contribui para a produção do sinistro. No direito francês, apenas o comportamento que elimina a álea é excluído da cobertura. Outros comportamentos deletérios do segurado não são sancionados pela exclusão legal, nem mesmo punidos por outra sanção legal, ainda que tornem o sinistro mais provável, ou seja, mais suscetível de agravar os seus efeitos. Se as condições se verificarem, eles estarão sujeitos à obrigação de declarar o risco; caso contrário, apenas uma sanção convencional poderá ser considerada.

1.2 Tratamento pela via contratual

Que tipo de comportamento é esse? Trata-se do comportamento voluntário do segurado, que aumenta a probabilidade de ocorrência do sinistro, ou agrava os seus efeitos se o sinistro ocorrer, mas que não é realizado com a intenção de causar um sinistro, de obter uma indenização, ou com a noção de que o sinistro resultará dele. Exemplos são a imprudência ao volante, a condução em estado de embriaguez ou negligência na manutenção do determinado bem. Nesses casos, o comportamento do segurado aumenta efetivamente o risco. Esse comportamento é independente do sinistro, sendo anterior a ele, que pode nunca ocorrer.

O direito francês ignora tal comportamento, a menos que eles modifiquem a declaração inicial de risco, o que, por sua vez, desencadeará a obrigação de declarar o agravamento do risco. No entanto, isso raramente acontece, como explicaremos.

Portanto, a fim de sancionar tal comportamento, que é suscetível de prejudicar a mutualidade do segurado, só pode ser empregada a via contratual. Dois tipos de cláusulas em particular vêm à mente, mas só se aplicarão no caso de ocorrência do sinistro.

Em primeiro lugar, tais comportamentos podem ser objeto de exclusão convencional da cobertura. Contudo, a jurisprudência mostra que é difícil para os escritores de contratos descrevê-los com precisão suficiente para que as cláusulas cumpram os critérios exigidos pelo Código dos Seguros para serem válidas.[27] Assim, a Corte de Cassação invalidou cláusulas que excluíram a falta de conservação[28] ou a inobservância

27 O art. L. 113-1 do Código de Seguros exige que as hipóteses de exclusão sejam explícitas (i.e., claras e precisas) e limitadas (i.e., elas não podem esvaziar a substância da garantia).

28 Corte de Cassação. Câmara Civil 1, 29 out. 1984, n. 83-14.464.

das boas práticas,[29] considerando essas expressões demasiado vagas para permitir ao segurado compreender precisamente o que está excluído da cobertura da seguradora.

Outra possibilidade é tentar evitar tal comportamento introduzindo certas *obrigações no contrato, tais como a de conservação ou de cumprimento de certos padrões*. O incumprimento dessas obrigações constitui um ilícito contratual que pode dar origem à responsabilidade do segurado se a seguradora sofrer um sinistro em consequência – neste caso, a ocorrência de um sinistro evitável ou de um sinistro agravado. Dessa forma, a indenização paga pela seguradora será parcial ou totalmente compensada com a indenização devida ao segurado. A conduta do segurado que contribuiu para o sinistro reduzirá a indenização devida pela seguradora na proporção do seu papel causal. Na prática, porém, tais obrigações de direito comum são raras. Quando existem, é mais frequente que se imponham medidas preventivas (tal como a instalação de um sistema de alarme, de aspersores numa empresa, a verificação periódica de uma chaminé etc.) que dão frequentemente origem a dificuldades em determinar se a medida preventiva é condição de cobertura, caso de exclusão contratual, hipótese de circunstância agravante ou obrigação de direito comum.

Em conclusão, se a lei brasileira se refere ao agravamento intencional do risco quando o segurado afeta deliberadamente a probabilidade da ocorrência do sinistro ou a sua gravidade, o direito francês distingue a conduta do segurado que causa o sinistro, constituindo caso de exclusão legal da cobertura, da conduta do segurado que é suscetível de agravar o risco, que, por sua vez, só será considerada se o sinistro ocorrer, e por meio de uma sanção contratual difícil de ser estipulada e obtida.

Além disso, se preencher tais condições, tal comportamento intencional do segurado que agrava o risco pode ser objeto de declaração de agravamento, como é o caso do agravamento não intencional do risco.

2. REGIME DO AGRAVAMENTO NÃO INTENCIONAL DO RISCO

O direito francês só aplica o regime jurídico de agravamento do risco, intencional ou não, se o agravamento não tiver causado o sinistro. Esse regime jurídico é bastante semelhante ao proposto pela lei brasileira de 2017 no que diz respeito ao agravamento involuntário do risco, razão pela qual discutiremos o direito francês à luz desta hipótese.

Tanto no direito francês como no projeto de lei, o segurado tem a obrigação legal de declarar o agravamento do risco. Iremos apresentá-la primeiro. Se tal obrigação

29 Corte de Cassação. Câmara Civil 3, 19 set. 2019, n. 18-19.616.

for cumprida, a seguradora pode então extrair certas consequências que estudaremos numa segunda fase.

2.1 A obrigação de declaração do agravamento do risco

Tanto no direito francês como no brasileiro,[30] a declaração de agravamento do risco é uma obrigação do segurado. O artigo L. 113-2 do Código dos Seguros prevê, no seu terceiro parágrafo, que o segurado é obrigado a:

> Declarar, no curso do contrato, novas circunstâncias que agravam ou criam novos riscos e tornam assim inexatas ou obsoletas as respostas dadas à seguradora, particularmente na forma mencionada no § 2° acima.[31]

Essa obrigação, cujas condições de aplicação iremos estudar, é acompanhada de sanções legais específicas à declaração de riscos, mas comuns às declarações feitas no início e no curso do contrato.

2.1.1 *Condições da declaração*

Determinar o que é o agravamento no sentido da obrigação jurídica é certamente a tarefa mais delicada, qualquer que seja o ordenamento considerado, mas as leis francesa e brasileira não procedem da mesma forma. Quanto às modalidades de declaração, não há nenhuma dificuldade particular de compreensão, mas é duvidoso que elas sejam todas apropriadas.

2.1.1.1 *Determinação do agravamento*

O que é o agravamento? Como deve ser apreciado? O texto fornece muito poucos detalhes, levantando muitas questões. Para avaliar isso, é necessário primeiro analisar o conceito de agravamento, e depois o de sua avaliação.

2.1.1.1.1 Noção de agravamento

No texto francês, o agravamento é identificado pelo critério temporal: ele ocorre "no curso do contrato". Tratando-se de prever o agravamento, e, portanto,

---

30 Art. 769 do Código Civil brasileiro.

31 Texto original: "*3° De déclarer, en cours de contrat, les circonstances nouvelles qui ont pour conséquence soit d'aggraver les risques, soit d'en créer de nouveaux et rendent de ce fait inexactes ou caduques les réponses faites à l'assureur, notamment dans le formulaire mentionné au 2° ci-dessus.*"

necessariamente a modificação do estado de risco anterior, essa constatação parece ser evidente, razão pela qual o art. 769 do Código Civil brasileiro, tal como o projeto de lei de 2017, no seu art. 18, é omisso a respeito, e têm certamente razão em ser assim. Com efeito, a pormenorização excessiva pode levar a dificuldades, o que é o caso do critério temporal do texto francês. Com efeito, ao especificar que o agravamento se dá "durante a vigência do contrato", o artigo L. 113-2, 3° deixa de considerar a situação temporal intermédia entre a declaração inicial do risco e a celebração do contrato. Qual solução deve ser adotada quando o risco se agrava durante esse período? O silêncio do texto encoraja a deixar esta hipótese fora do âmbito da obrigação de declaração; por outro lado, a boa-fé que rege a relação contratual milita pela obrigatoriedade da declaração. De fato, para a seguradora, a informação sobre o agravamento é igualmente importante, quer ocorra antes ou depois da celebração do contrato; a base do agravamento está mais na declaração inicial que a própria celebração do contrato. No entanto, a jurisprudência nunca se guiou claramente por essa afirmação.[32] Portanto, a esse respeito, seria melhor ao texto francês a eliminação dessa referência ao curso do contrato, seguindo o exemplo da lei brasileira, uma vez que a própria noção de agravamento pressupõe uma modificação em relação a um estado anterior.

Em seguida, o agravamento é definido como *nova circunstância*, outro esclarecimento que falta no Código Civil brasileiro e no projeto de lei. A essa nova circunstância o texto se refere de forma completamente objetiva: basta o seu surgimento. No entanto, na segunda alínea do terceiro parágrafo do artigo L. 113-2, que estabelece os procedimentos de declaração, está previsto que o prazo para declaração começa a correr do momento em que se tem conhecimento do agravamento. Pode-se, portanto, deduzir que apenas novas circunstâncias conhecidas do segurado estejam sujeitas à declaração.[33] No entanto, é possível questionar se o segurado não poderia ser responsabilizado por não declarar uma nova circunstância de que não tinha conhecimento, mas da qual deveria ter tido. Noutras palavras, o conhecimento da nova circunstância deve ser avaliado não em concreto, mas em abstrato. Dessa forma, a falta de diligência na detecção das novas circunstâncias poderia ser imputada ao segurado. Alguns autores são a favor disso,[34] embora a Corte de Cassação nunca tenha tido a oportunidade

---

32 Para uma apresentação desta questão e da jurisprudência, cf. LEDUC, F.; GROUTEL, H.; PIERRE, Philippe. *Traité du contrat d'assurance terrestre*. Paris: Litec, 2008, pp. 427ss.

33 Corte de Cassação. Câmara Social. 11 jun. 1942. *RGAT* 1942, p. 259, nota de M. Picard.

34 BESSON, André; PICARD, Maurice. *Les assurances terrestres*. 5. ed, t. I, Le contrat d'assurance. Paris: LGDJ, 1982, p. 128; LEDUC, F.; GROUTEL, H.; PIERRE, Philippe. *Traité du contrat d'assurance terrestre*. Paris: Litec, 2008, p. 431.

de eliminar essa incerteza. Parece-nos, portanto, uma boa ideia incluir este esclarecimento no texto. Além disso, o critério da novidade não diz muito por si só, razão pela qual ele vem acompanhado pelos efeitos que essa circunstância deve produzir para ser qualificada como agravante.

Em primeiro lugar, há um *efeito sobre os riscos*. Eles devem ser agravados pela nova circunstância ou devem criar novas circunstâncias. O agravamento do risco pode ser entendido como "o aumento da probabilidade do risco (acréscimo da chance de ocorrência do risco) ou da sua intensidade (aumento da extensão das consequências para a seguradora em caso de ocorrência do risco)".[35] Isso é exatamente o que o projeto de lei brasileira corretamente descreve no art. 18, § 1º, referindo-se ao aumento da probabilidade de ocorrência do risco ou da gravidade dos seus efeitos. Por exemplo, o armazenamento de produtos inflamáveis num armazém após a declaração de risco torna mais provável o risco de incêndio, assim como a renúncia ao recurso contra terceiros responsáveis pelo sinistro após a celebração do contrato colocará um ônus mais pesado de indenização à seguradora, uma vez que essa não poderá agir por sub-rogação.[36] Por outro lado, é mais difícil compreender o que se entende por criação de novo risco. Essa expressão é tão geral que se poderia cogitar a sua aplicação a riscos inicialmente não cobertos pelo contrato. Contudo, a lógica do agravamento do risco pressupõe que haja uma conexão suficiente entre os riscos iniciais e esse novo risco criado pela nova circunstância.[37] É, portanto, muito difícil distinguir o agravamento do risco no sentido estrito da criação de um novo risco conexo ao risco inicial.[38] A ausência de decisão fixando essa qualificação é significativa. Esse pormenor, que só constava da Lei de 31 de dezembro de 1989, deve sem dúvida ser suprimido. Entretanto, o segundo efeito esperado da nova circunstância é talvez o de limitar esse critério de criação de novo risco.

Em segundo lugar, espera-se, com efeito, que a nova circunstância tenha um *efeito sobre a declaração inicial de risco*. A nova circunstância deve torná-la inexata ou obsoleta, de modo a que "se as novas circunstâncias tivessem sido declaradas no momento da celebração ou da renovação do contrato, a seguradora não teria contratado ou

---

35 LEDUC, F.; GROUTEL, H.; PIERRE, Philippe. *Traité du contrat d'assurance terrestre*. Paris: Litec, 2008, p. 433.

36 Para consulta de exemplos, cf. KULLMANN, Jérôme *et al.* Traité de droit des assurances. *In*: BIGOT, J. (Coord.) *Le contrat d'assurance*, t. 3. Paris: LGDJ, 2014, pp. 630ss.

37 LEDUC, F.; GROUTEL, H.; PIERRE, Philippe. *Traité du contrat d'assurance terrestre*. Paris: Litec, 2008, p. 442; KULLMANN, Jérôme *et al.* Traité de droit des assurances. *In*: BIGOT, J. (Coord.) *Le contrat d'assurance*, t. 3. Paris: LGDJ, 2014, pp. 632ss.

38 Neste sentido, cf. LEDUC, F.; GROUTEL, H.; PIERRE, Philippe. *Traité du contrat d'assurance terrestre*. Paris: Litec, 2008, p. 442.

tê-lo-ia feito apenas com um prêmio mais elevado".[39] Essa é a forma jurídica francesa de referir-se à característica essencial do agravamento. É uma ideia semelhante que surge no Código Civil brasileiro ao referir-se a *agravar consideravelmente*, e o projeto de lei de 2017, de forma mais precisa, identifica como agravamento relevante aquele que conduz ao aumento significativo e contínuo da probabilidade do risco ou da gravidade do sinistro. Assim, nem todos os agravamentos de risco precisam ser declarados, mas apenas aqueles que são suficientemente significativos. Contudo, embora o direito francês indique a forma com que tal característica essencial pode ser verificada, parece-nos que o projeto de lei brasileiro não especifica a forma dessa verificação.

2.1.1.1.2 Verificação do agravamento

Deve-se ter em conta que caberá ao segurado determinar se deve ou não declarar o agravamento do risco e, portanto, se há ou não agravamento do risco. Por conseguinte, é necessário fornecer ao segurado critérios de avaliação simples e confiáveis.

O Código Civil brasileiro não prevê nenhum critério, ao contrário do projeto de lei, que mede o caráter significativo do agravamento nos termos do seu impacto no risco:[40] um aumento da probabilidade de ocorrência ou da intensidade. Esse é um esclarecimento muito bem-vindo, mas não nos parece suficiente, pois será difícil para o segurado perceber a variação de probabilidade e intensidade, verificando se é ou não significativo.[41]

É por isso que, a esse respeito, o sistema consagrado no artigo L. 113-2, 3°, do Código dos Seguros francês parece apropriado. A avaliação do agravamento não é feita de acordo com o risco, mas sim de acordo com a sua influência na perspectiva da seguradora.

Quando o direito francês passou do sistema de declaração espontânea inicial para o de declaração inicial provocada,[42] o quadro de avaliação do agravamento mudou.[43]

39 Art. L. 113-4, I, do Código de Seguros.

40 Art. 18, § 1º

41 No mesmo sentido, cf. MAYAUX, Luc. O risco no projeto de lei brasileiro n. 29/2017: comparação com o direito francês. *In*: VII FÓRUM DE DIREITO DO SEGURO JOSÉ SOLLERO FILHO – IBDS. *Anais*. São Paulo: Roncarati, 2018, p. 167.

42 Pela Lei n. 89-1014, de 31 de dezembro 1989.

43 Sob a égide da Lei de 13 de julho de 1930, deviam ser declaradas apenas "as circunstâncias especificadas pela apólice que tenham por consequência o agravamento do risco". Assim, o contrato de seguro predeterminada as circunstâncias passíveis de agravamento, a respeito das quais bastava ao segurado ter certa vigilância a fim de detectar eventual agravamento. Este sistema era bastante protetivo aos segurados. O art. 15, 3º, tornado o art. L. 113-2, 3º do antigo Código de Seguros, previa que "O segurado é obrigado: (...) 3º Declarar à seguradora, em conformidade com o art. L. 113-4, as circunstâncias especificadas na apólice que têm por consequência o agravamento dos riscos".

Doravante, é em relação às questões postas pela seguradora, feitas antes da celebração do contrato a respeito das circunstâncias suscetíveis de fazer o segurado avaliar o risco, que o agravamento do risco é avaliado. Dessa forma, o reconhecimento do agravamento é estritamente limitado às respostas dadas pelo segurado às questões postas pela seguradora no momento da declaração provocada,[44] o que limita a avaliação do agravamento em relação às referidas questões. Assim, a avaliação do segurado sobre a existência do agravamento é orientada pela declaração inicial. É mais fácil para ele avaliar se existem ou não fundamentos para uma declaração. A declaração inicial é um padrão com base no qual o agravamento pode ser medido.[45]

Devido ao caráter decisivo da declaração inicial de risco para a avaliação do agravamento do risco, parece-nos lógico que os textos relativos ao agravamento do risco sejam colocados após os relativos à declaração inicial. O direito francês confunde as duas no que diz respeito à obrigação de declaração e à sua sanção. O projeto de lei brasileiro separa os dois, iniciando com os textos relativos ao agravamento do risco num capítulo dedicado ao risco, ao passo que os relativos à declaração inicial do risco aparecem num capítulo posterior, dedicado à formação e duração do contrato, de forma que o agravamento do risco é tratado antes mesmo da declaração inicial. Nenhuma dessas abordagens nos parece fazer sentido. Quanto à obrigação de estabelecer o caráter inicial do risco e, depois, a obrigação de declarar a sua evolução, os textos devem, a nosso ver, suceder-se.

2.1.1.2 *Modalidades de declaração*

Ao contrário dos textos legislativos brasileiros, o direito francês é bastante preciso ao discorrer sobre as modalidades de declaração, mas é duvidoso que isso seja apropriado. O terceiro parágrafo do artigo L. 113-2 do Código dos Seguros prevê que:

> O segurado deve declarar estas circunstâncias à seguradora por carta registrada ou por correio eletrônico registrado no prazo de quinze dias após ter tomado conhecimento das mesmas.[46]

44 Corte de Cassação. Câmara Civil 2, 7 mar. 2019, 17-31.082; Corte de Cassação. Câmara Civil 1, 24 jun. 1997, 95-17.994.

45 Nesse sentido, OLIVEIRA MARTINS, Maria Inês de. Defendendo o caminho mais trilhado, na demarcação entre o regime da avaliação inicial do risco e o do seu agravamento subsequente. *In*: TZIRULNIK, Ernesto (Org.). *Direito do seguro contemporâneo*: edição comemorativa dos 20 anos do IBDS, v. 1. São Paulo: Editora Contracorrente, 2021, pp. 517ss.

46 Texto original: "*L'assuré doit, par lettre recommandée ou par envoi recommandé électronique, déclarer ces circonstances à l'assureur dans un délai de quinze jours à partir du moment où il en a eu connaissance.*"

O texto especifica, portanto, a forma que a declaração deve ter e o prazo em que deve ser feita.

2.1.1.2.1 Forma da declaração

Ao contrário da declaração inicial de risco, que é uma declaração provocada pela seguradora por perguntas feitas ao segurado, a declaração de agravamento é uma declaração espontânea, por iniciativa exclusiva do segurado. Por conseguinte, é necessário que ele garanta a prova da declaração. Essa é sem dúvida a razão pela qual a declaração de agravamento deve ser feita por carta registada ou, desde a *ordennance* n. 2017-1433, de 4 de outubro de 2017,[47] por carta registrada eletrônica.

Essa referência à carta registrada, que existe desde a Lei de 13 de julho de 1930, deve ser modernizada, nomeadamente por meio do conceito de suporte duradouro estabelecido sob a influência do direito consumerício europeu. A referida *ordennance* de 4 de outubro de 2017 introduziu também uma definição de suporte duradouro no Código dos Seguros no artigo L. 111-9. Com base nisso, a Lei n. 2019-733, de 14 de julho de 2019, acrescentou o suporte duradouro à lista de formas com que se permite a resilição do contrato de seguro por iniciativa do segurado.[48] Nesse modelo, seria apropriado, com a mesma preocupação de simplificação e modernização, que o suporte duradouro fosse aplicável à obrigação de declarar o aumento do risco. Para muitos autores, a carta registrada não deve ser exigida como forma substancial, mas simplesmente como prova da declaração.[49] Assim, a declaração do agravamento do risco deveria ser possível por qualquer forma, bastando ao segurado provar que a declaração foi feita.

2.1.1.2.2 Mora na declaração

Nos termos do direito francês, a declaração deve ser feita no prazo de 15 dias após o conhecimento das circunstâncias agravantes. Nos termos da Lei de 13 de julho de 1930, o prazo era de apenas oito dias, aplicando-se apenas quando o agravamento não era causado pelo segurado. Pelo contrário, quando o agravamento era voluntário, a declaração tinha de ser feita com antecedência, ou seja, mesmo antes de o segurado agravar o risco. Essa distinção desapareceu com a Lei de 31 de dezembro de 1989, que adotou o prazo único de 15 dias, aplicável independentemente da origem do agravamento.

---

47 Relativa à desmaterialização das relações contratuais no setor financeiro.

48 Art. L. 113-14 do Código de Seguros.

49 Nomeadamente, cf. LAMBERT-FAIVRE, Yvonne; LEVENEUR, Laurent. *Droit des assurances*. 14. ed. Paris: Dalloz, 2017, p. 287; KULLMANN, Jérôme. *Lamy Assurances*, 2021.

A utilidade desse prazo é questionável. Além disso, o Código Civil brasileiro, tal como a lei de 2017, não prevê nenhum limite de tempo para a declaração, de forma que seria possível sentir-se tentado a pensar que isso seja algo bom. Por qual razão a declaração de agravamento deve estar sujeita a um limite de tempo? Isso significa que, uma vez expirado o prazo, qualquer declaração subsequente se torna impossível? Isso significa que a regularização não é possível após o termo final desse prazo, mesmo tão curto? Além disso, como veremos, a exigência de prazo vem acompanhada de sanção no caso de a obrigação não ser cumprida, criando essa sanção, na lei francesa, incoerências no âmbito das sanções e consequências da declaração de agravamento.

2.1.2 *Sanções da declaração*

Dadas as condições que acabamos de mencionar, entendemos que a declaração de agravamento do risco será objeto de sanção se não tiver sido feita, se for feita tardiamente ou se for inexata. Exclusivamente a sanção da declaração tardia está prevista no artigo L. 113-2 do Código dos Seguros; já as penas aplicadas à ausência de declaração e à declaração inexata do agravamento são, por esses motivos, as aplicadas à declaração inicial de risco. A coerência desse sistema de sanções por agravamento nos parece duvidosa, de forma que preferimos a separação da sanção para a declaração de agravamento forjada pelo projeto de lei brasileiro. Por outro lado, se a lei brasileira sanciona a ausência de declaração, não diz nada sobre a sanção pela declaração feita, mas inexatamente, talvez por admitir implicitamente a possibilidade de regularização que, infelizmente, é inadmissível no direito francês pela existência de um prazo de declaração.

2.1.2.1 *Sanção pela omissão ou inexatidão de declaração*

Não há uma, mas duas sanções legais especiais por omissão ou inexatidão da declaração, comuns às declarações iniciais e de agravamento, conforme o segurado esteja de boa ou má-fé, ou seja, se a irregularidade é intencional ou não, distinção também presente no projeto de lei brasileiro.

2.1.2.1.1 Caso de má-fé do segurado

Se parecer que o segurado por má-fé não declarou o agravamento, ou declarou incorretamente, o artigo L. 113-8 do Código dos Seguros permite à seguradora solicitar a nulidade do contrato de seguro, retendo os prêmios. Assim dispõe a lei:

> Independentemente das causas ordinárias de nulidade, e sem prejuízo do disposto no artigo L. 132-26, o contrato de seguro será nulo em caso de inexistência de declaração ou de declaração intencionalmente falsa por parte do segurado, sempre que tal inexistência ou declaração intencionalmente falsa altere o objeto do risco ou o diminua, na perspectiva da seguradora, mesmo que o risco omitido ou distorcido pelo segurado não tenha tido nenhuma influência sobre o sinistro.
> Os prêmios pagos continuarão com a seguradora, que terá direito ao pagamento de todos os prêmios vencidos a título de indenização.
> O disposto na segunda alínea do presente artigo não se aplica aos seguros de vida.[50]

No caso de alteração de circunstâncias durante a vigência do contrato, a nulidade só será aplicada retroativamente até o momento de surgimento da circunstância agravante.[51] O contrato terá sido validamente celebrado e executado para o período anterior ao da alteração das circunstâncias. No entanto, a nulidade é sanção inapropriada para violação por parte do segurado durante a vigência do contrato, e não no momento da sua formação. Com efeito, é mais um caso de resolução que deve ter lugar caso se queira manter o efeito retroativo da sanção, embora desde a reforma do direito dos contratos, em fevereiro de 2016, a resolução de contratos com execução sucessiva tenha perdido o seu caráter retroativo, tornando-se rescisão. Além disso, é questionável se a omissão de declaração de circunstância agravante ou a declaração inexata é suficientemente determinante para pôr em causa a totalidade de um contrato validamente formado.

Deve-se também notar que o implemento dessa sanção impõe um pesado ônus probatório à seguradora, que foi ainda agravado pela jurisprudência. O texto exige que a seguradora prove um elemento material – a omissão ou inexatidão –, um elemento intencional – a má-fé do segurado, que agiu conscientemente – e o impacto que essa omissão ou inexatidão teve na perspectiva da seguradora – na maioria das vezes, em termos de aumento dos prêmios. Além disso, não é necessário que a circunstância agravante não declarada ou incorretamente declarada tenha tido um impacto no sinistro, o que constitui um esclarecimento oportuno no que diz respeito à mutualidade

---

50 Texto original: "*Indépendamment des causes ordinaires de nullité, et sous réserve des dispositions de l'article L. 132-26, le contrat d'assurance est nul en cas de réticence ou de fausse déclaration intentionnelle de la part de l'assuré, quand cette réticence ou cette fausse déclaration change l'objet du risque ou en diminue l'opinion pour l'assureur, alors même que le risque omis ou dénaturé par l'assuré a été sans influence sur le sinistre. Les primes payées demeurent alors acquises à l'assureur, qui a droit au paiement de toutes les primes échues à titre de dommages et intérêts. Les dispositions du second alinéa du présent article ne sont pas applicables aux assurances sur la vie.*"

51 Nesse sentido, cf. BESSON, André; PICARD, Maurice. *Traité général des assurances terrestres*, t. I. Paris: LGDJ, 1938, p. 345; KULLMANN, Jérôme. *Lamy Assurances*, 2021.

dos segurados, mas é grave apenas para o segurado em causa. Para além desse triplo requisito probatório, uma Câmara Mista da Corte de Cassação acrescentou mais um requisito, o de que a seguradora deve primeiro provar que efetivamente fez perguntas ao segurado,[52] devendo as questões terem sido específicas, como decorre também desse acórdão e da jurisprudência subsequente da 2ª Câmara Civil da Corte de Cassação.[53]

Uma sanção severa, portanto, mas que não será fácil de implementar para a seguradora, uma vez que o ônus probatório é tão pesado. Por todas essas razões, a opção feita pela perda do direito de cobertura em caso de omissão intencional de declarar o agravamento, prevista pelo direito brasileiro,[54] parece-nos uma sanção mais apropriada. O contrato permanece, mas, como o agravamento não foi declarado, o sinistro não será coberto. Por outro lado, seria útil especificar qual é o objeto da garantia assim perdida. É a cobertura total da seguradora, ou está limitado à perda da cobertura do risco cujo agravamento não foi declarado? Por outras palavras, deve haver uma relação causal entre o sinistro e a circunstância não declarada? Parece-nos que ainda há necessidade de esclarecimento quanto à extensão da perda do direito de cobertura.

2.1.2.1.2 Caso de boa-fé do segurado

Quando o segurado está de boa-fé, é duvidoso que se possa realmente falar de sanção, considerando a previsão do direito francês. O artigo L. 113-9 do Código dos Seguros prevê:

> A omissão ou declaração inexata por parte do segurado, cuja má-fé não foi comprovada, não leva à nulidade do seguro.
> Se ela for constatada antes de todo sinistro, a seguradora terá o direito quer de manter o contrato, sujeito a um aumento do prêmio aceito pelo segurado, quer de resilir o contrato dez dias após notificação ao segurado por carta registrada, devolvendo a parte do prêmio pago pelo tempo durante o qual o seguro já não se aplicou.
> No caso de a verificação só ocorrer após a apresentação do sinistro, a indenização será reduzida na proporção da taxa dos prêmios pagos em relação à taxa dos prêmios que seriam devidos se os riscos tivessem sido total e precisamente declarados.[55]

52 Câmara Mista, 7 fev. 2014, n. 12-85.107.

53 Câmara Civil 2, 25 jun. 2020, n. 18-24.920; 25 jun. 2020, n. 19-14.278; 8 mar. 2018, n. 17-11.676; 29 jun. 2017, n. 16-18.975; 27 abr. 2017, n. 15-10.570; 4 fev. 2016, n. 15-10.204.

54 Art. 769 do Código Civil brasileiro e art. 19 do projeto de lei de 2017.

55 Texto original: "*L'omission ou la déclaration inexacte de la part de l'assuré dont la mauvaise foi n'est pas établie n'entraîne pas la nullité de l'assurance. Si elle est constatée avant tout sinistre, l'assureur a le droit soit de maintenir le contrat, moyennant une augmentation de prime acceptée par l'assuré, soit de résilier le contrat dix jours après*

Assim, a não declaração do agravamento do risco, ou uma declaração inexata do agravamento, pode levar quer ao reequilíbrio do contrato ou à sua anulação, se estabelecido antes do sinistro; quer à redução da indenização, se estabelecido após um sinistro coberto. É necessário, portanto, distinguir o momento em que a irregularidade da declaração aparece, distinção que não está presente na legislação brasileira.

Antes de todo sinistro, caso se descubra que a declaração de agravamento não foi feita ou é inexata, tratar-se-á menos de uma questão de sanção do que de extrair as consequências da evolução do risco e do seu impacto segundo a perspectiva da seguradora. Se a seguradora acreditar que pode cobrir o risco agravado, proporá um aumento do prêmio para compensar o agravamento do risco. Caso contrário, é dada à seguradora a opção de desistir da relação contratual cujas condições tiverem sido alteradas após celebração do contrato. O regime jurídico da descoberta de certo agravamento ou da inexatidão da declaração de agravamento é muito semelhante ao regime jurídico do agravamento corretamente declarado. No direito brasileiro, se o art. 769 do Código Civil não propõe nenhuma sanção em caso de boa-fé por parte do segurado, o projeto de lei adota uma solução em parte semelhante à do direito francês no seu art. 19, parágrafo único: o segurado passa a ser obrigado a pagar a diferença do prêmio. Por outro lado, o texto ainda prevê que, se esse risco não puder ser garantido, o segurado perderá o direito à indenização. A alternativa não é, portanto, o aumento do prêmio ou a resilição, mas o aumento do prêmio ou a perda do direito à indenização. O contrato não é, portanto, extinto.

Após o sinistro, a descoberta da violação do dever de notificação afetará a indenização do seguro. Se a declaração de agravamento estivesse em ordem, o segurado teria sido obrigado a pagar prêmio mais elevado. Assim, pagou menos prêmio do que deveria para cobrir a totalidade do risco, razão pela qual receberá uma indenização reduzida conforme o caráter reduzido do prêmio. Embora o projeto de lei brasileiro adote essa sanção para a declaração inicial de risco,[56] ela não está prevista para a declaração de agravamento, a menos que o pagamento da diferença do prêmio, previsto no art. 19, parágrafo único, possa funcionar como compensação uma vez que o sinistro tenha ocorrido. A dicotomia relativa ao momento da descoberta da irregularidade da declaração, antes ou depois do sinistro, parece-nos didática e esclarecedora no que diz

notification adressée à l'assuré par lettre recommandée, en restituant la portion de la prime payée pour le temps où l'assurance ne court plus. Dans le cas où la constatation n'a lieu qu'après un sinistre, l'indemnité est réduite en proportion du taux des primes payées par rapport au taux des primes qui auraient été dues, si les risques avaient été complètement et exactement déclarés".

56 Art. 47, § 2º, do projeto de lei.

respeito à forma com que se materializa: em relação ao prêmio, antes do sinistro; em relação à indenização, depois.

Deve-se notar também que mesmo que a sanção seja menos severa para o segurado de boa-fé, é quase tão difícil para a seguradora implementá-la, já que, à exceção da prova do elemento intencional, a seguradora deve fornecer os mesmos elementos de prova exigidos para a sanção da declaração omitida ou intencionalmente inexata, isto é, prova da utilização de questionário pormenorizado, da inexatidão, e do seu impacto na perspectiva da seguradora. Esse rigor nos parece totalmente inadequado no que diz respeito à ausência da declaração de agravamento ou inexatidão. O segurado não necessita aqui de nenhuma proteção particular, uma vez que não se trata de o sancionar, no sentido estrito, mas de reequilibrar o contrato, se isso for possível, ou de extrair as consequências do desequilíbrio. Isso se aplica tanto à declaração inicial como à declaração de agravamento. Contudo, no que diz respeito à declaração de agravamento, existe a possibilidade de recuperação, o que permite contornar os requisitos probatórios da sanção relativa à declaração irregular. É suficiente regularizar a declaração de agravamento para passar às consequências que a declaração correta produz, desde que a seguradora não se oponha, tal como pode ocorrer no direito francês, alegando a mora da declaração.

2.1.2.2 *Sanção pela mora da declaração*

Como a declaração de agravamento do risco é limitada a um período de quinze dias, a seguradora pode aplicar sanção se este período não for respeitado. No entanto, não há nenhuma sanção legal para a mora da declaração. A sanção é convencional, mas autorizada pelo legislador. Trata-se da perda da garantia, ou seja, da perda do direito a uma garantia. Cláusulas de caducidade para mora na declaração devem, portanto, ser incluídas no contrato de seguro, e em termos muito claros,[57] pois essa é uma das cláusulas suscetíveis de prejudicar o segurado, razão pela qual o legislador deseja chamar atenção para elas.

No entanto, embora lícita, a perda da cobertura por declaração morosa de agravamento de risco está sujeita a um pressuposto legal. O penúltimo parágrafo do artigo L. 113-2 do Código dos Seguros prevê que:

> Quando for prevista por cláusula do contrato a perda do direito por declaração tardia no que diz respeito aos prazos previstos nos 3° e 4° abaixo, ela só pode ser invocada contra

57 Última alínea do art. L. 112-4 do Código de Seguros.

o segurado se a seguradora estabelecer que o atraso na declaração lhe causou prejuízo. Também não pode ser invocada nos casos em que o atraso se deva a caso fortuito ou de força maior.

A seguradora só pode, portanto, invocar a perda da cobertura se provar que o atraso na declaração do agravamento lhe causou danos, o que, no caso da declaração de agravamento do risco não será fácil de estabelecer. Essa exigência nos parece oportuna na medida em que, como já explicamos anteriormente, o interesse no atraso parece duvidoso, já que a ausência de sanção por declaração tardia é suscetível de permitir a regularização da declaração de agravamento e, portanto, o reequilíbrio do contrato, se for possível. Por outro lado, essa regularização só será possível enquanto o sinistro não tiver ocorrido, pois, se fosse admitida depois, tornar-se-ia um meio de contornar a sanção pela omissão intencional da declaração de agravamento.[58]

No final dessa apresentação das sanções por omissão da declaração de agravamento do risco, surge um paradoxo.[59] A pena por declaração tardia, se as condições forem cumpridas, é muito mais pesada do que a pena por omissão não intencional de declaração. Assim, um segurado que faz uma declaração após o prazo, mas que, contudo, a faz, está exposto à perda do direito à cobertura, ao passo que, se permanecer em silêncio, só incorrerá em reequilíbrio do contrato se isso for possível, ou em redução da indenização do seguro, ao menos se a seguradora não conseguir provar a sua má-fé.

Além disso, em caso de má-fé, a nulidade é uma sanção inadequada para a declaração de agravamento. Em suma, parece-nos que seria apropriado fazer uma distinção clara entre as sanções para a declaração inicial de risco e as sanções para a declaração de agravamento do risco, tal como é feito no projeto de lei brasileiro. No que diz respeito à declaração de agravamento, é ainda necessário distinguir entre a sua sanção, se a declaração for omitida, e o seu regime jurídico, se a declaração de agravamento for feita antes do sinistro. A omissão intencional da declaração deve ser severamente sancionada, parecendo-nos a perda do direito de cobertura medida apropriada. A omissão involuntária de declaração do agravamento descoberto no momento do sinistro deve levar à redução da indenização na proporção dos prêmios que teriam sido pagos se o agravamento tivesse sido devidamente declarado. Acreditamos que o agravamento, quer seja declarado pelo segurado ou descoberto pela seguradora, deve ser tratado da mesma forma, mas não como uma sanção.

---

58 LEDUC, F.; GROUTEL, H.; PIERRE, Philippe. *Traité du contrat d'assurance terrestre*. Paris: Litec, 2008, p. 463.

59 LEDUC, F.; GROUTEL, H.; PIERRE, Philippe. *Traité du contrat d'assurance terrestre*. Paris: Litec, 2008, p. 467.

2.2 Consequência do agravamento do risco

O primeiro efeito da declaração regular do agravamento do risco é assegurar a cobertura da nova circunstância que é objeto da declaração. Assim, o risco agravado é coberto enquanto as consequências do agravamento não tiverem sido fixadas.

Para decidir o que irá acontecer com o aumento do risco, a declaração permitirá à seguradora avaliar a evolução do risco e decidir que ação pretende tomar. A questão que se coloca é saber se é possível cobrir o risco na sua nova configuração, modificando as condições do contrato, ou, se não for possível, declarando que a relação contratual não pode prosseguir.

No direito francês, o artigo L. 113-4 do Código dos Seguros estabelece as possíveis consequências do agravamento do risco. As suas disposições devem ser lembradas ao segurado que declara aumento ou diminuição do risco.[60] O § 1º deste artigo prevê que:

> Havendo agravamento do risco durante a vigência do contrato, de tal forma que, se as novas circunstâncias tivessem sido declaradas no momento da celebração ou renovação do contrato, a seguradora não o teria subscrito ou tê-lo-ia feito apenas com prêmio mais elevado, a seguradora pode ou denunciar o contrato ou propor novo prêmio.

Ao receber a declaração de agravamento do risco, a seguradora tem duas opções: rescindir o contrato ou oferecer o reequilíbrio. Essa alternativa também é prevista pelo projeto de lei brasileiro, no art. 18, § 2º, ao passo que o Código Civil se refere apenas à resilição e, assim, segundo nos parece, priva a declaração de agravamento de efeito útil. No entanto, continua a existir uma diferença entre o direito francês e o projeto de lei brasileiro. Naquele, a opção da seguradora está subordinada ao impacto do agravamento, conforme sua perspectiva, sobre o risco, mas, uma vez estabelecida tal relação, o art. L. 113-4 deixa as duas possibilidades à sua discrição, isto é, ou resilir ou elevar o prêmio. O art. 18, § 2º, do projeto de lei de 2017 parece, pelo contrário, criar uma hierarquia entre os dois membros da alternativa. A seguradora pode cobrar a diferença do prêmio e, apenas se não for tecnicamente possível cobrir o novo risco, a opção de resilição fica em aberto. Para a seguradora brasileira, isso significa aumentar o prêmio ou, não sendo possível, resilir. A utilidade do contrato e o interesse no seguro nos parecem militar em favor desta hierarquia.

60 Penúltima alínea do art. L. 113-4 do Código de Seguros.

Além disso, o projeto de lei faz uma distinção que o direito francês ignora e que reduz o âmbito da alternativa entre o reequilíbrio e a rescisão do contrato. O art. 18, § 5º, prevê que a seguradora não será responsável pelo ato realizado com a intenção de aumentar a probabilidade de ocorrência do risco, o que significa que o agravamento intencional do risco, mesmo que declarado, receberá o mesmo tratamento que a ausência de declaração intencional de agravamento do risco: isto é, a perda da cobertura. A consideração da evolução do risco é assim limitada, no projeto legislativo, à declaração do agravamento involuntário do risco. O agravamento de má-fé, mesmo que declarado, é claramente excluído, o que já não é tão claro no direito francês.

Nos termos do direito francês, *não há prazo para o exercício dessa opção*, diferentemente da lei brasileira, que concede à seguradora um período máximo de 20 dias, sem, contudo, especificar se deve ser contado a partir da data de envio ou de recebimento da declaração de agravamento. Por outro lado, é do interesse da seguradora francesa tomar uma posição diligente se não quiser que se conclua pela sua renúncia ao agravamento. Isso é o que o § 3º do art. L. 113-4 nos lembra, ao prever que:

> Contudo, a seguradora já não pode alegar agravamento do risco quando, após ter sido informada de alguma forma, tenha dado o seu consentimento para a continuação do seguro, especialmente se continuar a receber prêmios ou pagando indenizações após o sinistro.[61]

A fim de não ficar vinculada a cobrir um risco pior do que aquele que concordou em cobrir, a seguradora terá, portanto, todo o interesse em escolher rapidamente entre resilir ou reequilibrar o contrato, a menos que, permanecendo em silêncio, reconheça e concorde em cobrir o risco maior sem prêmio adicional.

2.2.1 *Resilição do contrato*

Ao contrário da lei brasileira, a primeira possibilidade da alternativa oferecida à seguradora em caso agravamento de risco é a resilição do contrato. Isso nos parece inoportuno, uma vez que deve ser dada prioridade à preservação do contrato por meio do seu reequilíbrio. A primeira parte do § 2º do art. L. 113-4 prevê que:

61 Texto original: "*Toutefois, l'assureur ne peut plus se prévaloir de l'aggravation des risques quand, après en avoir été informé de quelque manière que ce soit, il a manifesté son consentement au maintien de l'assurance, spécialement en continuant à recevoir les primes ou en payant, après un sinistre, une indemnité*".

> No primeiro caso, a resilição só pode ter efeito dez dias após a notificação, devendo então a seguradora reembolsar ao segurado a parte do prêmio ou da contribuição relativa ao período durante o qual não correu o risco.[62]

A declaração de agravamento do risco confere à seguradora uma faculdade especial de resilição durante a vigência do contrato. Para exercê-la, a seguradora deve notificar o segurado da sua intenção de resilir. Não está previsto nenhum requisito formal, mas, por analogia com a resilição por omissão ou inexatidão da declaração de um segurado de boa-fé, é possível pensar ser necessário enviar uma carta registrada ou uma carta registrada eletrônica.[63] Seria útil, contudo, que o texto deixasse isso claro, já que se trata de um ato que extingue a relação contratual por decisão unilateral da seguradora. É isso que faz o art. 18, § 3º, do projeto brasileiro, ao exigir o envio de carta registrada com aviso de recebimento ou equivalente, abrindo assim caminho a formas de notificação mais modernas, mas igualmente confiáveis.

Após dez dias a partir da data dessa notificação - embora não seja claro se o prazo deva ser contado a partir da data de envio ou da data de recepção da notificação, incerteza que deve ser resolvida, - o contrato de seguro é extinto. Na medida em que o prêmio tenha sido pago antecipadamente para o período futuro de cobertura, a seguradora terá de reembolsar os prêmios relativos à parte do risco que não tenha corrido. No entanto, não há limite de tempo para esse reembolso. Seria melhor que o texto fosse mais preciso a este respeito.

Além disso, a mesma imprecisão afeta o projeto de lei de 2017. O art. 18, § 4º, fornece apenas resposta parcial à questão relativa ao momento em que a resilição produz efeitos. No caso de agravamento voluntário do risco, está previsto que os efeitos da resilição sejam retroativos ao dia do agravamento. Por outro lado, uma vez que nada é especificado em relação ao agravamento involuntário, pode-se concluir que a resilição terá efeito a partir do recebimento da carta registrada, uma vez que é necessário o aviso de recebimento. Se for esse o caso, não se dá tempo ao segurado para encontrar outra seguradora, o que não parece satisfatório no caso do segurado que não tenha deixado de declarar o agravamento do risco. No que diz respeito ao reembolso das contribuições numa base *pro rata temporis*, o art. 18, § 3º, permite à seguradora cobrar os custos

62 Texto original: "*Dans le premier cas, la résiliation ne peut prendre effet que dix jours après notification et l'assureur doit alors rembourser à l'assuré la portion de prime ou de cotisation afférente à la période pendant laquelle le risque n'a pas couru*".

63 Nesse sentido, cf. LEDUC, F.; GROUTEL, H.; PIERRE, Philippe. *Traité du contrat d'assurance terrestre*. Paris: Litec, 2008,p. 450.

incorridos pelo contrato, mas é omisso, tal como o direito francês, quanto ao prazo dentro do qual a seguradora deve cumprir tal obrigação.

2.2.2 *Reequilíbrio do contrato*

A segunda parte da segunda alínea do artigo L. 113-4 prevê que:

> No segundo caso, se o segurado não consentir com a proposta da seguradora, ou recusar expressamente o novo montante no prazo de trinta dias após a proposta, a seguradora pode resilir o contrato no final deste período, desde que tenha informado o segurado desta faculdade, indicando-a claramente na carta de proposta.[64]

O reequilíbrio do contrato pressupõe que a seguradora proponha o aumento do prêmio. Na medida em que a declaração de agravamento está condicionada à evolução de circunstâncias significativas para a seguradora – tendo em vista que foram consideradas pela seguradora quando foi feita a declaração inicial – o agravamento do risco resultará logicamente no aumento do prêmio. Mas esta proposta é de modificação do contrato: trata-se de oferta que deve ser aceita pelo tomador do seguro.

Se ele aceitar, o contrato será modificado, e isso terá de ser registrado por meio de um aditamento. O art. L. 113-4 prevê a hipótese da recusa expressa ou tácita da proposta de aumento do prêmio, considerando-se recusa tácita a ausência de resposta no prazo de 30 dias após a proposta – o que, por sua vez, levanta a questão a respeito da forma da proposta. Para levar em consideração esse período, a seguradora tem de apresentar provas de que a proposta foi enviada.

Só no final desse período de 30 dias, quer a recusa seja expressa, quer tácita, é que a seguradora poderá implementar as consequências, solicitando a resilição do contrato. No entanto, esse direito especial de resilição está sujeito a uma formalidade: o segurado deve ser informado a respeito. A carta que propõe a modificação do contrato deve indicar em termos claros a possibilidade de resilição após 30 dias. Isso significa que a resilição terá efeito imediato no final desse período? Ou que a seguradora tem apenas a opção de solicitar a resilição no final desse período e que, assim desejando, deve notificar o segurado? Essa é outra fonte de dúvidas.

---

64 Texto original: "*Dans le second cas, si l'assuré ne donne pas suite à la proposition de l'assureur ou s'il refuse expressément le nouveau montant, dans le délai de trente jours à compter de la proposition, l'assureur peut résilier le contrat au terme de ce délai, à condition d'avoir informé l'assuré de cette faculté, en la faisant figurer en caractères apparents dans la lettre de proposition*".

É surpreendente que o projeto de lei brasileiro seja impreciso justamente a respeito da possibilidade de reequilibrar o contrato, embora seja essa a possibilidade favorecida, uma vez que a resilição só é possível em caso de impossibilidade de assegurar o novo risco. O art. 18, § 2º, apenas se refere à cobrança da diferença do prêmio, não fornecendo outros pormenores, o que, por sua vez, levanta dúvidas. Se a seguradora decidir cobrar a diferença de prêmios, que margem de manobra tem o segurado? Ele é obrigado a aceitar esse aumento, cujo montante será decidido unilateralmente pela seguradora? Se for esse o caso, o texto parece-nos oferecer à seguradora um direito que é desproporcional em relação ao direito do segurado. A modificação do contrato por meio do aumento do prêmio, mesmo que justificada pelo agravamento do risco, deve ser analisada como oferta de modificação, de forma que o acordo sobre a modificação só pode se constituir se a oferta for aceita pelo segurado. Esta é a razão pela qual o texto francês prevê a possibilidade de o segurado recusar a proposta de aumento do prêmio. O aumento do prêmio não é um direito. No entanto, essa é a dúvida que o art. 18, § 2º, da proposta de lei deixa no ar, o que nos parece lamentável.

No final desse estudo comparativo sobre agravamento do risco no direito francês e brasileiro, parece que o direito brasileiro tem uma concepção muito mais amigável do agravamento do que o direito francês. Qualquer situação, comportamento do segurado ou fato externo, desde que pese sobre o risco, de forma a torná-lo mais provável, é tido por agravamento do risco em ambas as leis. No entanto, consequências distintas são previstas para o comportamento do segurado que contribui para a produção dos danos. A lei brasileira a trata como agravamento intencional do risco, e o direito francês como produção intencional do sinistro. Em qualquer caso, o segurado perderá o direito à indenização, mas não pelo mesmo mecanismo legal. A desvantagem da abordagem escolhida pela lei brasileira é que hipertrofia a noção de agravamento, misturando os limites entre risco e sinistro, de tal forma que vem ocorrendo um grande número de litígios no Brasil. Pelo contrário, na França, na medida em que o agravamento do risco apenas diz respeito à situação anterior ao sinistro em que o risco declarado no momento da celebração do contrato se torna mais importante (mesmo que seja frequentemente no momento do sinistro que se perceba que o risco tinha sofrido agravamento), a hipótese é melhor circunscrita, e os litígios são menos numerosos. O estudo mostra, contudo, que ambas as leis enfrentam dificuldades em qualificar e sancionar o comportamento deliberado dos segurados que participam da produção do sinistro.

BIBLIOGRAFIA

BESSON, André; PICARD, Maurice. *Traité général des assurances terrestres*, t. I. Paris: LGDJ, 1938.

BESSON, André; PICARD, Maurice. *Les assurances terrestres*. 5. ed, t. I, Le contrat d'assurance. Paris: LGDJ, 1982.

BIGOT, Jean; MAYAUX, Luc; PÉLISSIER Anne. Faute intentionnelle, faute dolosive, faute volontaire: le passé, le présent et l'avenir. *RGDA*, v. 3, n. 111, p. 75, fev. 2015.

BROUSSY, Charlotte. *Histoire du contrat d'assurance (XVI*[e] *– XX*[e] *s.)*: De la mer à la terre. Tese de doutorado em História do Direito. Montpellier, 2016.

KULLMANN, Jérôme *et al.* Traité de droit des assurances. *In*: BIGOT, J. (Coord.) *Le contrat d'assurance*, t. 3. Paris: LGDJ, 2014, pp. 629ss.

KULLMANN, Jérôme. *Lamy Assurances*, 2021.

LAMBERT-FAIVRE, Yvonne; LEVENEUR, Laurent. *Droit des assurances*. 14. ed. Paris: Dalloz, 2017.

LEDUC, F.; GROUTEL, H.; PIERRE, Philippe. *Traité du contrat d'assurance terrestre*. Paris: Litec, 2008.

MAYAUX, Luc. O risco no projeto de lei brasileiro n. 29/2017: comparação com o direito francês. *In*: VII FÓRUM DE DIREITO DO SEGURO JOSÉ SOLLERO FILHO – IBDS. *Anais*. São Paulo: Roncarati, 2018, p. 167.

OLIVEIRA MARTINS, Maria Inês de. Defendendo o caminho mais trilhado, na demarcação entre o regime da avaliação inicial do risco e o do seu agravamento subsequente. *In*: TZIRULNIK, Ernesto (Org.). *Direito do seguro contemporâneo*: edição comemorativa dos 20 anos do IBDS, v. 1. São Paulo: Editora Contracorrente, 2021, pp. 517ss.

PÉLISSIER, Anne. Faute intentionnelle ou dol – La place du débat en assurance construction. *RDI*, n. 5, p. 262, 2021.

TZIRULNIK, Ernesto. *Reflexões sobre o agravamento do risco nos seguros de danos*, 2. ed. São Paulo: Editora Contracorrente, 2021.

Jurisprudência

FRANÇA. Cour de Cassation. Chambre civile 1, du 25 mars 1980, 78-16.137. Relator(a): M. Gollet. Disponível em: https://www.legifrance.gouv.fr/juri/id/JURITEXT000007004915.

FRANÇA. Cour de Cassation. Chambre civile 1, du 27 mai 2003, 01-10.478 01-10.747. Relator(a): M. Gollet. Disponível em: https://www.legifrance.gouv.fr/juri/id/JURITEXT000007049752.

FRANÇA. Cour de Cassation. Chambre civile 2, 20 mai 2020, 19-14.306. Disponível em: https://www.legifrance.gouv.fr/juri/id/JURITEXT000041995750/.

FRANÇA. Cour de Cassation. Chambre civile 2, 20 mai 2020, 01-10.747. Disponível em: https://www.legifrance.gouv.fr/juri/id/JURITEXT000041974954/.

FRANÇA. Cour de Cassation. Chambre civile 1, du 29 octobre 1984, 83-14.464. Relator(a): M. Jouhaud. Disponível em: https://www.legifrance.gouv.fr/juri/id/JURITEXT000007014574.

FRANÇA. Cour de cassation. Chambre civile 3, 19 septembre 2019, 18-19.616. Disponível em: https://www.legifrance.gouv.fr/juri/id/JURITEXT000039156993/.

FRANÇA. Cour de cassation. Chambre civile 2, 7 mars 2019, 17-31.082. Disponível em: https://www.legifrance.gouv.fr/juri/id/JURITEXT000038238642.

FRANÇA. Cour de cassation. Chambre civile 1, du 24 juin 1997, 95-17.994. Relator(a): Mme Marc. Disponível em: https://www.legifrance.gouv.fr/juri/id/JURITEXT000007037009/.

FRANÇA. Cour de cassation. Chambre mixte, 7 février 2014, 12-85.107. Relator(a): Mme Masson--Daum. Disponível em: https://www.legifrance.gouv.fr/juri/id/JURITEXT000028574768/.

FRANÇA. Cour de cassation. Chambre civile 2, 25 juin 2020, 18-26.770. Disponível em: https://www.legifrance.gouv.fr/juri/id/JURITEXT000042088539?isSuggest=true.

FRANÇA. Cour de cassation. Chambre civile 2, 8 mars 2018, 17-15.143.Disponível em: https://www.legifrance.gouv.fr/juri/id/JURITEXT000036718312.

FRANÇA. Cour de cassation. Chambre civile 2, 29 juin 2017, 16-18.975. Disponível em: https://www.legifrance.gouv.fr/juri/id/JURITEXT000035082917/.

FRANÇA. Cour de cassation. Chambre civile 2, 27 avril 2017, 15-10.570. Disponível em: https://www.legifrance.gouv.fr/juri/id/JURITEXT000034552527.

FRANÇA. Cour de cassation. Chambre civile 2, 4 fev. 2016, n. 15-10.204. Disponível em: https://www.legifrance.gouv.fr/juri/id/JURITEXT000042088539?isSuggest=true.

Législação

BRASIL. Lei n. 10.406, de 10 de janeiro de 2002. Institui o Código Civil. *Diário Oficial da União*: seção 1, Brasília, DF, ano 139, n. 8, pp. 1-74, 11 jan. 2002.

FRANÇA. Code Civil. *Légifrance*. Disponível em: https://www.legifrance.gouv.fr/codes/id/LEGITEXT000006070721/.

FRANÇA. Code des assurances. *Légifrance*. Disponível em: https://www.legifrance.gouv.fr/codes/texte_lc/LEGITEXT000006073984/.

FRANÇA. Loi n. 89-1009 du 31 décembre 1989 renforçant les garanties offertes aux personnes assurées contre certains risques. *Légifrance*. Disponível em: https://www.legifrance.gouv.fr/loda/id/JORFTEXT000000709057:~:text=Loi%20n%C2%B0%2089%2D1009,%2D%20L%C3%A9gifrance.

AGRAVAMENTO INTENCIONAL DO RISCO EM CONTRATO DE SEGURO: CRITÉRIOS INTERPRETATIVOS PARA A PERDA DA GARANTIA

Carlos Nelson Konder[1]

INTRODUÇÃO

A alteração das circunstâncias após a celebração do contrato é problema recorrente nas relações contratuais, tradicionalmente abordado a partir da avaliação de sua imprevisibilidade para as partes por ocasião da conclusão do negócio, bem como do desequilíbrio gerado entre as obrigações de cada um. No contrato de seguro, entretanto, o impacto dessas alterações se revela ainda mais delicado, pois a modificação do risco segurado gera efeito sistêmico, atingindo a proporção não somente daquele contrato específico, mas o equilíbrio atuarial do sistema como um todo, que abrange a totalidade dos contratos integrantes daquela rede.

Com efeito, no contrato de seguro paga-se o prêmio em troca da garantia de interesse sujeito a risco: modificando-se então o risco, ao qual o interesse garantido está submetido, altera-se o equilíbrio entre ele e o valor do prêmio cobrado.[2] À luz da teoria geral dos contratos, a revisão ou resolução do contrato envolveria avaliar se essa alteração de risco gera excessiva onerosidade – isto é, o prêmio fica barato ou caro demais perante a nova dimensão do risco – e se ela era algo imprevisível por ocasião da celebração do seguro – pois, se previsível, a variação do risco era, com o perdão do trocadilho, risco assumido pelos contratantes ao concluir o negócio.

O regime em vigor para o contrato de seguro prevê especificamente obrigações de cooperação relativas à delimitação do risco, em conformidade com a especial relevância que se vem atribuindo ao princípio da boa-fé na seara securitária.[3] De início,

1 Professor do Departamento de Direito Civil da Universidade do Estado do Rio de Janeiro (UERJ) e do Departamento de Direito da Pontifícia Universidade Católica do Rio de Janeiro (PUC-Rio). Doutor e mestre em Direito Civil pela UERJ. Especialista em Direito Civil pela Universidade de Camerino (Itália). Advogado.

2 STIGLITZ, Rubén S.; STGLITZ, Gabriel A. *Contrato de seguro*. Buenos Aires, La Rocca, 1988, p. 371.

3 CC, art. 765. "O segurado e o segurador são obrigados a guardar na conclusão e na execução do contrato, a mais estrita boa-fé e veracidade, tanto a respeito do objeto como das circunstâncias e declarações a ele concernentes".

deve o segurado prestar declarações exatas sobre suas informações que interferem na delimitação do risco assumido,[4] para o qual desempenham papel fundamental os formulários relativos à cláusula perfil.[5] Entretanto, também cabe à seguradora tomar as providências adequadas para essa precisa delimitação do risco inicial, como a realização de inspeções prévias, especialmente no tocante àquelas informações que demandam conhecimento técnico, já que o comportamento colaborativo se impõe a ambas: "se o segurador não realiza o exame possível dos fatos e das condições pessoais do pretendente do seguro, não pode depois alegar que o risco está fora de proteção, ou que o fato constitui agravação do contrato".[6] Diante das informações, podem as partes ainda prever cláusulas de exclusão de certos riscos, bem como prever deveres contratuais de conduta do segurado para assegurar esse estado de coisas, realizando essa delimitação inicial de forma mais precisa.[7]

Firmado esse juízo inicial sobre o risco, será caracterizado o agravamento não pela descoberta posterior de fato preexistente, ou pelo controle de validade de cláusula excludente, mas pela superveniência de nova situação que interfira com o risco previamente delimitado. Nesse sentido, leciona Ernesto Tzirulnik:

> *não surpreende que pouco importe distinguir friamente as situações de inexistência de garantia das situações de perda de garantia anteriores à ocorrência do sinistro e estas, das concomitantes; bem como as situações legais das hipóteses convencionais de perda de*

---

4 CC, art. 766. "Se o segurado, por si ou por seu representante, fizer declarações inexatas ou omitir circunstâncias que possam influir na aceitação da proposta ou na taxa do prêmio, perderá o direito à garantia, além de ficar obrigado ao prêmio vencido. Parágrafo único. Se a inexatidão ou omissão nas declarações não resultar de má-fé do segurado, o segurador terá direito a resolver o contrato, ou a cobrar, mesmo após o sinistro, a diferença do prêmio".

5 MAIA, Roberta Mauro Medina. Notas sobre as declarações do segurado na fase pré-negocial: os efeitos da boa-fé objetiva sobre a cláusula perfil. *Revista trimestral de direito civil*, v. 23. Rio de Janeiro: 2005, pp. 77-104. Destaca-se ainda que "o que configura alteração considerável do risco resulta da interpretação do próprio contrato, tanto das cláusulas que indiquem expressamente as circunstâncias que configuram agravamento ou diminuição do risco quanto da 'cláusula perfil', constante da apólice, que prevê as circunstâncias que particularizam o risco coberto, relativas ao segurado (*e.g.*, idade, sexo, profissão, estado de saúde, hábitos e comportamento) ou ao bem segurado (*e.g.*, valor, tipo de uso, localização)". MIRAGEM, Bruno; PETERSEN, Luiza. Alteração do risco no contrato de seguro e critérios para sua qualificação: agravamento e diminuição do risco. *In*: GOLDBERG, Ilan; JUNQUEIRA, Thiago (Coord.). *Temas atuais de direito dos seguros*, tomo I. São Paulo: Thompson Reuters Brasil, 2020, p. 482.

6 AGUIAR JÚNIOR, Ruy Rosado de. Agravamento de risco: conceito e limites. *In*: VII FÓRUM DE DIREITO DO SEGURO JOSÉ SOLLERO FILHO – IBDS. *Anais*. São Paulo: Roncarati, 2018, pp. 125-126. Na mesma linha, TZIRULNIK, Ernesto. *Reflexões sobre o agravamento do risco nos seguros de danos*, 2. ed. São Paulo: Roncarati, no prelo, p. 35.

7 Sobre os deveres contratuais de conduta voltados ao controle do risco, v. MARTINS, Maria Inês de Oliveira. *A imposição contratual de condutas de controle do risco:* a experiência europeia em diálogo com o ordenamento brasileiro, vigente e prospectivo. São Paulo: Roncarati, 2019.

garantia. O resultado prático é o mesmo: não pagará nada ao segurado. Não por outra razão, a principal confusão que se extrai dos acórdãos é entre (i) agravamento do risco (causa anterior, legal) e causação intencional do sinistro (causa concomitante, legal); (ii) omissão dolosa de informações (garantia inexistente) e agravamento de risco; e (iii) cláusulas de exclusão ou de limitação de garantia (garantia inexistente) e agravamento do risco.[8]

Ocorrido o agravamento, se impõe ao segurado o dever de comunicar à seguradora qualquer alteração de risco de que teve ciência, sob pena de perder a garantia, franqueando-se então à seguradora, ante à alteração do equilíbrio contratual, resolver o contrato no prazo de quinze dias, com efeitos para depois de mais trinta dias, com a devolução proporcional do prêmio pago.[9]

Entretanto, quando o agravamento do risco se fundar em ato intencional do próprio segurado, nosso Código Civil comina enunciado normativo especialmente problemático e controverso, consistente no art. 768 do Código Civil, que determina que "o segurado perderá o direito à garantia se agravar intencionalmente o risco objeto do contrato". Imiscui-se no dispositivo a alteração superveniente do equilíbrio com uma avaliação da conduta do segurado, mas os termos talvez por demais sucintos da redação geram grande dificuldade na sua compreensão.[10]

1. A INTENCIONALIDADE DO AGRAVAMENTO RISCO

A grande dificuldade reside na compreensão do advérbio "intencionalmente". Interpretado literalmente, como a intenção dirigida ao agravamento do risco, o dispositivo somente seria aplicável quando comprovado que o segurado buscava lesar a

---

8 TZIRULNIK, Ernesto. *Reflexões sobre o agravamento do risco nos seguros de danos*, 2. ed. São Paulo: Roncarati, no prelo, p. 59. Na mesma linha, "a jurisprudência tem simplesmente submetido uma plêiade de cláusulas de exclusão de risco - por exemplo, relativas a embriaguez ao volante, falta de habilitação para a condução ou comunicação do risco - aos regimes legais que impõem condutas de controlo do risco". MARTINS, Maria Inês de Oliveira. *A imposição contratual de condutas de controle do risco:* a experiência europeia em diálogo com o ordenamento brasileiro, vigente e prospectivo. São Paulo: Roncarati, 2019, p. 66.

9 CC, art. 769. "O segurado é obrigado a comunicar ao segurador, logo que saiba, todo incidente suscetível de agravar consideravelmente o risco coberto, sob pena de perder o direito à garantia, se provar que silenciou de má-fé. §1º O segurador, desde que o faça nos quinze dias seguintes ao recebimento do aviso da agravação do risco sem culpa do segurado, poderá dar-lhe ciência, por escrito, de sua decisão de resolver o contrato. §2º A resolução só será eficaz trinta dias após a notificação, devendo ser restituída pelo segurador a diferença do prêmio".

10 Destaca Ernesto Tzirulnik: "Ao mesmo tempo que se tornou o feijão com arroz dos conflitos de interesse securitários, o agravamento do risco é um dos temas mais delicados do dia a dia das regulações de sinistros, na doutrina jurídica e na atividade judicante, pública ou privada". TZIRULNIK, Ernesto. *Reflexões sobre o agravamento do risco nos seguros de danos*, 2. ed. São Paulo: Roncarati, no prelo, p. 24.

seguradora, isto é, agiu com o fim estrito de aumentar o risco de ocorrência do sinistro.[11] Com vênia à doutrina que defende essa posição, parece que a perda da cobertura somente nessas hipóteses, mediante prova quase diabólica, seria incompatível com a relevante incidência da boa-fé no contrato de seguro, que impõe a já citada cooperação e lealdade das partes na celebração e execução do negócio.

O extremo oposto, contudo, que seria a intepretação de que se perde a cobertura por qualquer ato intencional que venha a agravar o risco – isto é, bastaria a intenção de praticar aquele ato que veio a agravar o risco – parece igualmente problemático, pois restringiria excessivamente a liberdade do segurado.[12] Sob essa perspectiva, seria levado ao extremo o princípio do absenteísmo, liberando a seguradora da assunção de certos riscos de variação que são previsíveis e intrínsecos ao objeto contratado, em um retorno ao período histórico de "delimitação intransigente do risco coberto", na expressão de Maria Inês de Oliveira Martins.[13] Esclarecem, nesse sentido, Reinig e Souza:

> *Na interpretação do art. 768, dois extremos devem ser evitados: (i) punir o segurado por todo e qualquer descuido relacionado ao objeto do contrato; e (ii) inviabilizar a aplicação do dispositivo por exigências doutrinárias ou jurisprudenciais não condizentes com a legítima finalidade da previsão legal.*[14]

O pior cenário, contudo, é a absoluta incerteza sobre o conteúdo normativo do dispositivo, pois a eficiência do seguro demanda que haja a compreensão adequada da extensão das variações de risco que estão abrangidas na cobertura, para o cálculo atuarial do prêmio que mantém o sistema em funcionamento. Nesse sentido, o Projeto

---

11 Nesse sentido, FACHIN, Luiz Edson. Contrato de seguro de vida e o agravamento do risco. *Revista Brasileira de Direito Civil – RBDCivil*, v. 3. Belo Horizonte, jan./mar. 2015, pp. 83-112.

12 Nesse sentido, afirma-se que "a previsão do requisito da intencionalidade revela uma opção do legislador, com uma clara valorização da liberdade do segurador para agir". MIRAGEM, Bruno; PETERSEN, Luiza. Alteração do risco no contrato de seguro e critérios para sua qualificação: agravamento e diminuição do risco. *In:* GOLDBERG, Ilan; JUNQUEIRA, Thiago (Coord.). *Temas atuais de direito dos seguros*, tomo I. São Paulo: Thompson Reuters Brasil, 2020, p. 479.

13 MARTINS, Maria Inês de Oliveira. *A imposição contratual de condutas de controle do risco:* a experiência europeia em diálogo com o ordenamento brasileiro, vigente e prospectivo. São Paulo: Roncarati, 2019, pp. 27-28. Destaca Úrsula Goulart Bastos: "ao taxar o prêmio o segurador já define/prevê uma certa margem para o agravamento, pois é natural que o risco sofra alterações no curso do contrato". BASTOS, Ursula Goulart. O agravamento do risco no seguro de dano. *In:* GOLDBERG, Ilan; JUNQUEIRA, Thiago (Coord.). *Temas atuais de direito dos seguros*, tomo I. São Paulo: Thompson Reuters Brasil, 2020, p. 512.

14 REINIG, Guilherme Henrique Lima; SOUZA, Viviane Isabel Daniel Speck de. Nexo causal nas relações securitárias: análise da jurisprudência do STJ sobre o agravamento do risco na hipótese de condução de veículo sob a influência de álcool. *In:* GOLDBERG, Ilan; JUNQUEIRA, Thiago (Coord.). *Temas atuais de direito dos seguros*, tomo I. São Paulo: Thompson Reuters Brasil, 2020, p. 559.

de lei da Câmara n. 29/2017 prevê uma série de especificações para serem levadas em conta pelo intérprete, de modo a diminuir a insegurança.

Enquanto a legislação não muda, doutrina e jurisprudência vêm trabalhando diuturnamente na indicação de outros requisitos e critérios que, embora não tenham sido devidamente exprimidos pelo legislador na redação desse dispositivo, decorreriam de sua interpretação sistemática, em consonância com os princípios que informam o próprio sistema. Trata-se da atividade interpretativa já impelida pela doutrina, conforme o enunciado n. 374 da IV Jornada de Direito Civil CEJ/CJF: "No contrato de seguro, o juiz deve proceder com equidade, atentando às circunstâncias reais, e não a probabilidades infundadas, quanto à agravação dos riscos". Cumpre, todavia, examinar com cuidado cada aspecto dessa atividade criativa dos intérpretes.

2. A ESSENCIALIDADE DO AGRAVAMENTO

Além da intencionalidade prevista no texto do dispositivo, afirma-se que a perda da garantia pressupõe também a *essencialidade* do agravamento do risco.[15] Em doutrina se esclarece que "o agravamento do risco deve ser essencial, de tal forma que o segurador não aceitaria o negócio, nas mesmas condições, caso tivesse conhecimento, por ocasião da celebração do contrato, do risco real".[16] Assim, reputa-se essencial o agravamento do risco que efetivamente quebra a relação de proporcionalidade entre o prêmio pago e o risco coberto. Alguma variação do risco durante a execução do contrato, seja pelo aumento ou pela diminuição, é algo esperado, previsível, portanto, somente se justificaria a extinção da cobertura se essa variação for suficientemente significativa.[17] Com efeito, como já se destacou, "o risco é um elemento em constante mutação".[18]

Nesse sentido, o PLC 29/2017, no §1º do art. 18, determina que somente será relevante o agravamento de risco que "conduza ao aumento significativo e continuado da

15 Entre todos, v. COMPARATO, Fábio Konder. Seguro de garantia de obrigações contratuais. *In*: COMPARATO, Fábio Konder. *Novos estudos e pareceres de direito empresarial*. Rio de Janeiro: Forense, 1981, p. 364.

16 TEPEDINO, Gustavo; BANDEIRA, Paula Greco. *Fundamentos do direito civil*, v. 3, 2. ed. Rio de Janeiro: Forense, 2021, pp. 480-481.

17 Explicam Miragem e Petersen: "não caracteriza alteração extraordinária o que se identifique como variação normal (ou natural) do risco, como previsível e, até mesmo, esperada pelo segurador". MIRAGEM, Bruno; PETERSEN, Luiza. Alteração do risco no contrato de seguro e critérios para sua qualificação: agravamento e diminuição do risco. *In:* GOLDBERG, Ilan; JUNQUEIRA, Thiago (Coord.). *Temas atuais de direito dos seguros*, tomo I. São Paulo: Thompson Reuters Brasil, 2020, pp. 483-484.

18 MIRAGEM, Bruno; PETERSEN, Luiza. Alteração do risco no contrato de seguro e critérios para sua qualificação: agravamento e diminuição do risco. *In:* GOLDBERG, Ilan; JUNQUEIRA, Thiago (Coord.). *Temas atuais de direito dos seguros*, tomo I. São Paulo: Thompson Reuters Brasil, 2020, p. 467.

probabilidade de realização do risco ou da severidade de seus efeitos", na linha do que já vinha sendo definido em doutrina.[19] Aponta-se que quando o ato não foi praticado com o fim específico de prejudicar o equilíbrio do contrato, "a solução dependerá da duração, da frequência e da gravidade ou intensidade dos potenciais efeitos gravosos do comportamento. Comportando-se o segurado de maneira que a realização do risco ou o aumento da intensidade dos seus efeitos se torne previsível, é de se aplicar a regra da caducidade".[20]

Entre os critérios suplementares, este oferece bastante objetividade à aferição do agravamento do risco: trata-se de avaliar se a conduta do segurado de fato aumenta significativamente o risco de o sinistro se implementar ou se está dentro de uma oscilação de risco que era previsível no momento da contratação. Pode-se aduzir, como exemplo, de um lado, os casos de condução de veículo sem habilitação: em que pese se tratar de ilícito administrativo, a ausência da habilitação não indica, por si só, que o condutor tenha menor perícia ou prudência na direção e, portanto, não configura agravamento essencial do risco, como vem sendo reconhecido em nossa jurisprudência.[21] De outro lado, a falta de manutenção adequada do veículo, além de violação aos deveres de trânsito, efetivamente aumenta as chances de acidente de forma significativa, caracterizando a essencialidade do agravamento: em exemplo jurisprudencial, se destacou que o motorista "perdeu o controle do veículo sozinho, quer porque os pneus do automotor estavam em mau estado de conservação, quer porque o sistema de freios estava parcialmente inoperante", caracterizada assim a essencialidade do agravamento que afasta a cobertura.[22]

3. A DURABILIDADE DO AGRAVAMENTO

A definição do agravamento de risco como uma nova circunstância que, "se presente ao tempo da celebração, a seguradora não teria celebrado o contrato, ou o teria, mas em outra condição",[23] permite inferir outros elementos interpretativos, além da

19 Na definição doutrinária, "agravar o risco equivale a aumentar de forma relevante e duradoura a probabilidade de ocorrência da lesão ao interesse garantido, ou a severidade dessa lesão". TZIRULNIK, Ernesto; CAVALCANTI, Flávio de Queiroz B.; PIMENTEL, Ayrton. *O contrato de seguro de acordo com o Código Civil brasileiro*, 3. ed. São Paulo: Roncarati, 2016, p. 122.

20 TZIRULNIK, Ernesto; CAVALCANTI, Flávio de Queiroz B.; PIMENTEL, Ayrton. *O contrato de seguro de acordo com o Código Civil brasileiro*, 3. ed. São Paulo: Roncarati, 2016, p. 123.

21 Por exemplo: MINAS GERAIS. Tribunal de Justiça do Estado de Minas Gerais. 14ª C.C.. AC 10000211454301001. Rel. Des. Marco Aurelio Ferenzini, j. 14/10/2021.

22 SANTA CATARINA. Tribunal de Justiça do Estado de Santa Catarina. 2ª C.C. AC 20120250011. Rel. Des. Gilberto Gomes de Oliveira, j. 03/09/2015.

23 AGUIAR JÚNIOR, Ruy Rosado de. Agravamento de risco: conceito e limites. *In*: VII FÓRUM DE DIREITO DO SEGURO JOSÉ SOLLERO FILHO – IBDS. *Anais*. São Paulo: Roncarati, 2018, pp. 127-128.

essencialidade. Entre eles se pode destacar o que vem sendo referido por permanência ou durabilidade do agravamento. Assim, não poderiam ser reputados agravamentos aquelas condutas que tenham ocorrido de forma pontual ou ocasional.

O argumento se constrói a partir da constatação de que a delimitação inicial de riscos toma por base comportamentos habituais do segurado, e não informações sobre atos que foram praticados uma única vez. Assim, exemplificativamente, se consulta o proponente sobre se reside em lugar perigoso, e não sobre se alguma vez passou a noite em lugar perigoso, se o carro possui alarme, e não sobre se alguma vez ele já esqueceu de ativar o alarme, se ele conduz o carro com diligência, e não se alguma vez realizou manobra imprudente. Diante disso, não se justificaria reputar agravamento de risco um ato do segurado que tenha ocorrido somente uma vez, ainda que naquela vez tenha justamente ocorrido o sinistro. Explica Judith Martins-Costa:

> *é positivamente impossível isentar-se de qualquer aumento dos riscos, em qualquer ocasião como, por exemplo, dirigir ocasionalmente o automóvel em bairros em que os índices de criminalidade são mais altos do que em outros; ou viajar em transporte coletivo quando há na região um aumento de doença contagiosa, como a dengue; ou mesmo circular por uma cidade quando, em razão de fortes chuvas, há alagamento nas ruas. Por consequência, cabendo ao tomador do seguro informar sobre o agravamento do risco, esse deve ter alguma permanência ou durabilidade, é dizer: não ser um fato meramente ocasional e passageiro.*[24]

Dessa forma, entende-se que o ato ocasional, se não interferiria com a decisão inicial de contratar o seguro naqueles termos (com aquela delimitação do risco e o pagamento daquele prêmio), tampouco pode ser caracterizado como agravamento de risco idôneo a afastar o direito à garantia. Explica Ênio Santarelli Zuliani:

> *Agravar o risco, intencionalmente, é proceder, de forma sistemática, contra os pressupostos da proposta condutora da aceitação do seguro, porque caso a seguradora soubesse do desenvolvimento de rotinas prenunciadoras do sinistro, não teria contratado ou exigiria prêmios diferenciados.*[25]

---

24 MARTINS-COSTA, Judith. *A boa-fé no direito privado:* critérios para a sua aplicação, 2. ed. São Paulo: Saraiva, 2018, p. 382.

25 ZULIANI, Ênio Santarelli. Art. 768. *In:* NANNI, Giovanni Ettore (Coord.). *Comentários ao Código Civil: direito privado contemporâneo.* São Paulo: Saraiva, 2018, p. 1142.

4. O PAPEL DO NEXO DE CAUSALIDADE

É praxe encontrar também referências ao *nexo de causalidade* entre o sinistro e o agravamento do risco como requisito à perda da garantia. A exigência desse elemento parece contradizer a interpretação do dispositivo, conjugada com o próprio conceito de risco, que indicaria que o seu agravamento intencional, em si mesmo, gera a perda da garantia, independentemente da efetiva causação do sinistro. Assim, a rigor, o segurado perderia a cobertura antes mesmo de que ocorresse o sinistro, o que o contraporia às hipóteses de o segurado causar intencionalmente o sinistro.

Entretanto, tem sido comum afirmar-se que a aplicação do dispositivo dependeria não somente da ocorrência do sinistro, mas também de ele ter sido causado pelo agravamento do risco, isto é, o sinistro não teria ocorrido se o risco tivesse se mantido nos padrões anteriores ao agravamento.[26] A influência desse juízo de causalidade é mais próprio das hipóteses de causação dolosa do sinistro pelo segurado, a qual não se deve confundir com o agravamento intencional do risco, como explica Ernesto Tzirulnik:

> *a hipertrofia de uma figura (a causação intencional do sinistro) a ponto de absorver todas as outras gera grandes prejuízos aos segurados, mas também afeta negativamente as seguradoras, que não dispõem, na prática, de nenhum instrumento para extinguir o contrato antes da ocorrência do sinistro, se eventualmente descobrirem qualquer alteração no estado de risco, ou forem obrigadas a provar os requisitos do "agravamento do risco" distorcido para um caso que seria simplesmente resolvido pelo contrato.*[27]

Igualmente, parece que a avaliação do nexo de causalidade é mais condizente com os casos em que se está a avaliar a violação de cláusula de conduta imposta contratualmente ao agravado do que a efetiva apreciação de descumprimento do dever legal de não agravar intencionalmente o risco.[28] A controvérsia geral sobre o tema é mapeada por Miragem e Petersen:

---

26 Para Ernesto Tzirulnik, "Talvez por recearem causar injustiças os juízes passaram a considerar o nexo entre o risco que se imputa agravado e o evento danoso ou sinistro. Haveria, assim, uma desnaturação do agravamento para evitar subjetividades". TZIRULNIK, Ernesto. *Reflexões sobre o agravamento do risco nos seguros de danos*, 2. ed. São Paulo: Roncarati, no prelo, p. 47.

27 Destaca Ernesto Tzirulnik em TZIRULNIK, Ernesto. *Reflexões sobre o agravamento do risco nos seguros de danos*, 2. ed. São Paulo: Roncarati, no prelo, p. 60.

28 MARTINS, Maria Inês de Oliveira. *A imposição contratual de condutas de controle do risco*: a experiência europeia em diálogo com o ordenamento brasileiro, vigente e prospectivo. São Paulo: Roncarati, 2019, p. 35.

São três linhas de interpretação. Uma primeira dispensa a relação de causalidade, adotando rígida separação entre os conceitos de agravamento intencional de risco e sinistro intencional. [...] Uma segunda linha, com amplo desenvolvimento na jurisprudência nacional, exige que se demonstre a relação causal entre o agravamento intencional do risco e o sinistro, adotando intepretação mais alargada do art. 768. Por fim, uma terceira concepção, desenvolvida mais recentemente na jurisprudência, admite, em determinadas hipóteses, a presunção do nexo de causalidade entre o agravamento intencional do risco e o sinistro, refutável por prova em sentido contrário.[29]

Ilustrativa dessa avaliação causal foi a mudança de entendimento da jurisprudência acerca da perda da garantia do seguro do veículo quando o condutor estava embriagado: o Superior Tribunal de Justiça firmou o pressuposto de que há evidências científicas de que a ingestão de álcool diminui a aptidão do motorista para conduzir o veículo em segurança, agravando, assim, o risco de ocorrência do sinistro.[30] O julgado instituiu, com isso, presunção de que a embriaguez contribuiu para a ocorrência do sinistro, uma vez comprovada pela seguradora a ingestão de álcool pelo condutor, mas ressalvou ao segurado a possibilidade de ilidir a presunção, comprovando que não foi a embriaguez que causou o acidente.[31]

5. DISTINÇÕES CONFORME OS INTERESSES SEGURADOS

Observa-se também que a atividade hermenêutica sobre o artigo 768 vem diferenciando os requisitos para a sua aplicação conforme o tipo de seguro que esteja em jogo. Nos seguros de pessoa, que não têm natureza indenitária e que resguardam interesses não patrimoniais, como a vida e a saúde, a interpretação do agravamento intencional de risco vem sendo mais restritiva do que nos seguros de dano. Possivelmente, por se identificar

29 MIRAGEM, Bruno; PETERSEN, Luiza. Alteração do risco no contrato de seguro e critérios para sua qualificação: agravamento e diminuição do risco. *In:* GOLDBERG, Ilan; JUNQUEIRA, Thiago (Coord.). *Temas atuais de direito dos seguros*, tomo I. São Paulo: Thompson Reuters Brasil, 2020, p. 491. Os autores defendem que "a relação causal do agravamento intencional com a ocorrência do sinistro deve ser considerada relevante para a qualificação do comportamento do segurado, com vista à aplicação da sanção, prevista no art. 768 do Código Civil, mas não um pressuposto essencial" (*ibid.*, p. 492).

30 BRASIL. Superior Tribunal de Justiça. 3ª T. REsp 1485717/SP. Rel. Min. Ricardo Villas Bôas Cueva, j. 22/11/2016.

31 REINIG, Guilherme Henrique Lima; SOUZA, Viviane Isabel Daniel Speck de. Nexo causal nas relações securitárias: análise da jurisprudência do STJ sobre o agravamento do risco na hipótese de condução de veículo sob a influência de álcool. *In* GOLDBERG, Ilan; JUNQUEIRA, Thiago (Coord.). *Temas atuais de direito dos seguros*, tomo I. São Paulo: Thompson Reuters Brasil, 2020, pp. 566-567.

que a alteração de hábitos e comportamentos do segurado é parte de sua autonomia existencial, esperada e previsível, de modo a somente justificar a perda da cobertura em situações bastante específicas: "Nessa seara importa pensar na liberdade das pessoas, cujas condutas não podem ser cerceadas em virtude da existência de um contrato de seguro".[32]

Diante disso, o PLC 29/2017 estipula um parágrafo sexto ao artigo 18, segundo o qual "nos seguros sobre a vida ou integridade física a seguradora poderá cobrar a diferença de prêmio, em caso de agravamento voluntário do risco". Afasta-se, dessa forma, a sanção mais gravosa de perda da garantia.

É ilustrativa, nesse sentido, a existência de disposições específicas, como o art. 799 do CC, que garante a cobertura mesmo diante "da utilização de meio de transporte mais arriscado, da prestação de serviço militar, da prática de esporte, ou de atos de humanidade em auxílio de outrem", bem como o art. 798, que afasta a cobertura do suicídio durante o prazo de dois anos. Quanto a este, hipótese de causação intencional do sinistro, desenvolveu-se grande controvérsia acerca do suicídio premeditado, porque o legislador abriu mão de estabelecer parâmetros para a aferição da premeditação e, em seu lugar, estabeleceu um prazo de carência, dentro do qual não há cobertura, em oposição a uma cobertura integral após o decurso desse prazo. Nossa jurisprudência, após alguma vacilação, acabou por se consolidar no sentido dessa intepretação mais objetiva desse enunciado normativo específico.[33]

No âmbito do agravamento intencional de risco, a distinção com relação aos seguros de pessoas se faz presente no tratamento conferido à embriaguez do condutor de veículo: enquanto no seguro de danos, como observado, presume-se o agravamento, no seguro de vida, ao contrário, ela não afasta o dever de pagamento da indenização.[34]

---

32 AGUIAR JÚNIOR, Ruy Rosado de. Agravamento de risco: conceito e limites. *In*: VII FÓRUM DE DIREITO DO SEGURO JOSÉ SOLLERO FILHO – IBDS. *Anais*. São Paulo: Roncarati, 2018, p. 139. Destaca também Ernesto Tzirulnik: "A exceção notável à tendência de acolhimento desmedido do agravamento do risco é o caso do seguro de vida. A forma como o STJ interpreta as regras sobre esse seguro coloca em evidência o outro extremo da confusão entre a causação e o agravamento do risco: em vez da flexibilização desordenada das hipóteses de perda da garantia, como acontece com os seguros de danos, há um enrijecimento". TZIRULNIK, Ernesto. *Reflexões sobre o agravamento do risco nos seguros de danos*, 2. ed. São Paulo: Roncarati, no prelo, p. 70.

33 BRASIL. Superior Tribunal de Justiça. 2ª S. AgRg nos EDcl nos EREsp 1076942/PR. Rel. Min. Nancy Andrighi, Rel. p/ Acórdão Min. João Otávio de Noronha, j. 27/05/2015, consolidado sobre o enunciado de súmula n. 610 do STJ: "O suicídio não é coberto nos dois primeiros anos de vigência do contrato de seguro de vida, ressalvado o direito do beneficiário à devolução do montante da reserva técnica formada". *Contra*: MARQUES, Claudia Lima. *Contrato no Código de Defesa do Consumidor*, 9. ed. São Paulo: Thomson Reuters, 2019, p. 542. Sobre o tema, v. MARTINS-COSTA, Judith. Contrato de Seguro. Suicídio do Segurado. Art. 798, Código Civil. Interpretação. Diretrizes e Princípios do Código Civil. Proteção ao Consumidor. Parecer. *Revista brasileira de direito civil*, v. 1, pp. 353-424, jul./set. 2014.

34 Súmula nº 620 do STJ: "A embriaguez do segurado não exime a seguradora do pagamento da indenização prevista em contrato de seguro de vida".

Da mesma forma, o seguro de veículo para cobertura perante terceiros vem sendo tratado de forma peculiar ao seguro que cobre o interesse exclusivo do segurado, de modo que a embriaguez não afaste a cobertura.[35] O fundamento aqui estaria na função social do contrato de seguro, tendo em vista que o interesse protegido não se referir somente ao segurado, mas também a terceiros, como a vítima do acidente.[36]

6. A CONTROVERSA AVALIAÇÃO DA CONDUTA DO SEGURADO

Por fim, exibidos os critérios que, a despeito de alguma controvérsia, são dotados de alguma objetividade, não se pode deixar de constatar que os aplicadores do art. 768 por vezes se deixam levar por certa avaliação de reprovabilidade da conduta do segurado, quase como um juízo moral acerca da sua correção ou retidão.[37] Em casos mais extremos, o debate acerca da adequada compreensão da "intencionalidade" prevista no dispositivo acaba permeado por um significativo alargamento, em que se considera agravamento intencional também aquele praticado pelo segurado em conduta que poderia ser reputada culpa grave.[38]

Com efeito, esse juízo moral de reprovabilidade imiscui-se na atividade de certa doutrina, que defende sobrepujar a clássica diferenciação entre *comportamento intencional* e *comportamento voluntário* para defender que também o agravamento culposo justificaria a perda da garantia.[39] Para essa linha de pensamento, ante a omissão do

---

35 BRASIL. Superior Tribunal de Justiça. 3ª T. REsp 1684228. Rel. Min. Nancy Andrighi. Rel. p/ Acórdão Min. Ricardo Villas Bôas Cueva, j. 27/08/2019.

36 REINIG, Guilherme Henrique Lima; SOUZA, Viviane Isabel Daniel Speck de. Nexo causal nas relações securitárias: análise da jurisprudência do STJ sobre o agravamento do risco na hipótese de condução de veículo sob a influência de álcool. *In:* GOLDBERG, Ilan; JUNQUEIRA, Thiago (Coord.). *Temas atuais de direito dos seguros*, tomo I. São Paulo: Thompson Reuters Brasil, 2020, p. 569. Sobre função social do contrato de seguro, v. RITO, Fernanda Paes Leme Peyneau. Função social nos contratos de seguro: a nova ordem contratual e sua implicação para os contratos de seguro à luz do CDC e do Código Civil. *Revista trimestral de direito civil*, v. 41. Rio de Janeiro: Padma, 2010, pp. 45-70.

37 "A perspectiva sobre o tema vem sendo crescentemente influenciada por considerações de natureza moral, indicando os efeitos deletérios de manter-se a garantia em tais situações como um estímulo a irresponsabilidade no trânsito". MIRAGEM, Bruno. Os direitos do segurado e os deveres do segurador no direito brasileiro atual e no projeto de lei do contrato de seguro (PLC 29/2017): exame crítico. *In:* VII FÓRUM DE DIREITO DO SEGURO JOSÉ SOLLERO FILHO – IBDS. *Anais*. São Paulo: Roncarati, 2018, p. 253.

38 *Contra*: TZIRULNIK, Ernesto. *Reflexões sobre o agravamento do risco nos seguros de danos*, 2. ed. São Paulo: Roncarati, no prelo, p. 44.

39 Ursula Bastos Goulart, por exemplo, defende expressamente que "Ao se referir à conduta 'intencional' do segurado para a configuração do risco, o legislador não se refere apenas ao dolo, mas também às hipóteses de culpa do segurado". BASTOS, Ursula Goulart. O agravamento do risco no seguro de dano. *In:* GOLDBERG, Ilan; JUNQUEIRA, Thiago (Coord.). *Temas atuais de direito dos seguros*, tomo I. São Paulo: Thompson Reuters Brasil, 2020, p. 510. Em linha similar, MAIA, Roberta Mauro Medina. Notas sobre as declarações do segurado

legislador quanto a uma regra específica para a conduta culposa de agravamento,[40] em lugar de se enquadrar a hipótese no artigo 769 (obrigação de comunicar), aplicar-se-ia o próprio artigo 768 do CC (perda da garantia).

Esse debate aflora especialmente no âmbito da conduta praticada por terceiro, a quem o segurado delegou o bem. Tome-se, como exemplo, o caso em que o dano ao veículo foi provocado por embriaguez do condutor, que era o filho do segurado, a quem ele confiara o veículo: a decisão do STJ cogita a perda da garantia por dolo ou mesmo por culpa, mas não a comina por reputar que não havia indícios de que o filho já estaria embriagado quando o pai lhe confiou o veículo.[41] Em caso similar, em que o sinistro se implementou porque o filho praticou "racha" com o automóvel do pai, entendeu-se pela perda da cobertura porque o pai, ao delegar o veículo, descumprira a cláusula segundo a qual o veículo não poderia ser conduzido por menor de vinte e seis anos.[42]

Parece que essa avaliação da reprovabilidade da conduta do segurado ao delegar o bem a terceiro, calcada nas ideias tradicionais de culpa *in eligendo* ou *in vigilando*, não caracteriza apenas a sugestão de critério hermenêutico para a intencionalidade, com base em interpretação sistemática, mas verdadeira superação da restrição imposta pelo dispositivo legal.[43] A figura do agravamento culposo parece decorrer da confusão já detectada em nossa jurisprudência entre, de um lado, o efetivo agravamento intencional do ricos, que enseja a perda da garantia, e, de outro lado, casos de inadimplemento de cláusulas contratuais que impunham condutas de controle do risco, que devem se submeter a um juízo de proporcionalidade para determinar a sanção adequada.[44]

Por outro lado, rejeitar a ideia do agravamento culposo como fundamento para a perda da garantia não significa afastar a relevância da boa-fé e dos usos e costumes na compreensão efetiva da intencionalidade do agravamento do risco em concreto. Nesse

---

na fase pré-negocial: os efeitos da boa-fé objetiva sobre a cláusula perfil. *Revista trimestral de direito civil*, v. 23. Rio de Janeiro: 2005, p. 100.

40 Como explica-se em doutrina: "Nota-se um hiato normativo. O artigo anterior trata do agravamento em razão de conduta intencional do segurado. O presente, de agravamento sem intenção. Os parágrafos regulamentam a hipótese de agravamento sem culpa. Constata-se a ausência de regulamento para aquelas situações em que não houve a intenção, mas sim culpa do segurado". TZIRULNIK, Ernesto; CAVALCANTI, Flávio de Queiroz B.; PIMENTEL, Ayrton. *O contrato de seguro de acordo com o Código Civil brasileiro*, 3. ed. São Paulo: Roncarati, 2016, p. 130.

41 BRASIL. Superior Tribunal de Justiça. 3ª T. REsp 1097758. Rel. Min. Massami Uyeda, j. 10/02/2009.

42 BRASIL. Superior Tribunal de Justiça. 4ª T. REsp 1368766. Rel. Min. Luis Felipe Salomão, j. 01/03/2016.

43 Em crítica, destaca-se como nessa postura interpretativa "a jurisprudência entroniza a perfilização dos seguros, e o empréstimo do carro a qualquer pessoa sempre configura culpa grave do segurado". TZIRULNIK, Ernesto. *Reflexões sobre o agravamento do risco nos seguros de danos*, 2. ed. São Paulo: Roncarati, no prelo, p. 64.

44 MARTINS, Maria Inês de Oliveira. A imposição contratual de condutas de controle do risco: a experiência europeia em diálogo com o ordenamento brasileiro, vigente e prospectivo. São Paulo: Roncarati, 2019, p. 82.

sentido, pode ser aduzido caso pitoresco da jurisprudência catarinense que ganhou notoriedade na mídia há pouco tempo, em que se entendeu que não caracterizava agravamento intencional de risco a conduta do surfista que, na condição de motorista, não tendo onde guardar as chaves do carro antes de surfar, deixou-as numa sacola plástica em um arbusto na praia (um "matinho").[45] O acórdão acolheu a sustentação do surfista, que destacou que em cidade litorânea como Florianópolis, cercada por quarenta e duas praias, esse tipo de conduta é prática costumeira entre os moradores, turistas e visitantes.

CONSIDERAÇÕES FINAIS

Com o objetivo de concluir esse panorama, a tarefa de fazer uma síntese não é simples. O cenário confuso e rico em variáveis dificulta a conciliação da proteção ao equilíbrio atuarial com a função estimulante que o seguro desempenha ao permitir ao segurado lançar-se a atividades ousadas "aliviado do peso dos riscos".[46] Parece, contudo, que a pavimentação de um caminho mais seguro depende de cuidado na utilização dos conceitos envolvidos e numa interpretação sistemática do agravamento intencional de risco.

No tocante à precisão no uso dos conceitos, é importante diferenciar o agravamento intencional de risco com o descumprimento de cláusulas de conduta de controle do risco, do controle de validade de cláusulas de exclusão e ainda das hipóteses de causação dolosa do sinistro. Quanto à interpretação sistemática, foram destacados os critérios de essencialidade e durabilidade do risco, a distinção de tratamento conforme os interesses segurados e o controverso papel do nexo de causalidade e da avaliação da conduta do segurado.

Nesse sentido, apontou-se que a intencionalidade não deve ser interpretada literalmente como a intenção dirigida à implementação do sinistro e obtenção do prêmio, mas tampouco para reputar que qualquer ato intencional que venha a agravar o risco gere a perda da cobertura. A essencialidade, por sua vez, refere-se ao agravamento do risco que efetivamente quebra a relação de proporcionalidade entre o prêmio pago e o risco coberto. A durabilidade, enfim, serve a afastar a perda da cobertura por

45 BRASIL. Tribunal de Justiça de Santa Catarina. 3ª C.D.C. AC 5005223-67.2019.8.24.0023. Rel. Des. Maria do Rocio Luz Santa Ritta, j. 31.08.2021.

46 COMPARATO, Fábio Konder. *O seguro de crédito: estudo jurídico*. São Paulo: Revista dos Tribunais, 1968, p. 13. Nesse sentido, Ernesto Tzirulnik se refere a um "princípio da audácia". TZIRULNIK, Ernesto. *Reflexões sobre o agravamento do risco nos seguros de danos*, 2. ed. São Paulo: Roncarati, no prelo, p. 29.

agravamento intencional quando se estiver diante de fato ocasional, que não interferiria com a decisão inicial de contratar o seguro naqueles termos.

Quanto à distinção conforme os interesses segurados, apontou-se que nos seguros de pessoa a interpretação do agravamento intencional de risco vem sendo mais restritiva, possivelmente por se identificar que a alteração de hábitos e comportamentos do segurado é parte de sua autonomia existencial, esperada e previsível. Nessa mesma linha, hipóteses de agravamento que afastariam a garantia do segurado não vêm sendo reputadas idôneas a afastar a cobertura de interesses de terceiros, com esteio na função social do contrato.

No tocante ao controverso requisito do nexo de causalidade, destacou-se a problemática de exigir que o sinistro tenha sido causado pelo agravamento do risco para afastar a perda da garantia. Como apontado, parece que o requisito se associa menos ao agravamento intencional de risco e mais às hipóteses de causação dolosa do sinistro pelo segurado e ao controle de cláusulas que impunham deveres de conduta ao segurado.

Por fim, observou-se que a avaliação da reprovabilidade da conduta do segurado, especialmente ao delegar o bem a terceiro, deve ser realizada com cautela, pois a relevância do princípio da boa-fé não deve implicar ignorar a restrição do legislador ao exigir a intencionalidade, admitindo uma modalidade de agravamento culposo, tampouco confundir o agravamento intencional com as hipóteses de controle de validade de cláusulas excludentes e que impõem deveres de conduta ao segurado.

BIBLIOGRAFIA

AGUIAR JÚNIOR, Ruy Rosado de. Agravamento de risco: conceito e limites. *In*: VII FÓRUM DE DIREITO DO SEGURO JOSÉ SOLLERO FILHO – IBDS. *Anais*. São Paulo: Roncarati, 2018, pp. 121-151.

BASTOS, Ursula Goulart. O agravamento do risco no seguro de dano. *In:* GOLDBERG, Ilan; JUNQUEIRA, Thiago (Coord.). *Temas atuais de direito dos seguros*, tomo I. São Paulo: Thompson Reuters Brasil, 2020, pp. 498-529.

COMPARATO, Fábio Konder. *O seguro de crédito:* estudo jurídico. São Paulo: Revista dos Tribunais, 1968.

COMPARATO, Fábio Konder. Seguro de garantia de obrigações contratuais. *In*: COMPARATO, Fábio Konder. *Novos estudos e pareceres de direito empresarial*. Rio de Janeiro: Forense, 1981, pp. 350-369.

FACHIN, Luiz Edson. Contrato de seguro de vida e o agravamento do risco. *Revista Brasileira de Direito Civil – RBDCivil*, v. 3. Belo Horizonte, jan./mar. 2015, pp. 83-112.

MAIA, Roberta Mauro Medina. Notas sobre as declarações do segurado na fase pré-negocial: os efeitos da boa-fé objetiva sobre a cláusula perfil. *Revista trimestral de direito civil*, v. 23. Rio de Janeiro: 2005, pp. 77-104.

MARQUES, Claudia Lima. *Contrato no Código de Defesa do Consumidor*, 9. ed. São Paulo: Thomson Reuters, 2019.

MARTINS, Maria Inês de Oliveira. *A imposição contratual de condutas de controle do risco*: a experiência europeia em diálogo com o ordenamento brasileiro, vigente e prospectivo. São Paulo: Roncarati, 2019.

MARTINS-COSTA, Judith. A boa-fé no direito privado: critérios para a sua aplicação, 2. ed. São Paulo: Saraiva, 2018.

MARTINS-COSTA, Judith. Contrato de Seguro. Suicídio do Segurado. Art. 798, Código Civil. Interpretação. Diretrizes e Princípios do Código Civil. Proteção ao Consumidor. Parecer. *Revista brasileira de direito civil*, v. 1, pp. 353-424, jul./set. 2014.

MIRAGEM, Bruno; PETERSEN, Luiza. Alteração do risco no contrato de seguro e critérios para sua qualificação: agravamento e diminuição do risco. *In*: GOLDBERG, Ilan; JUNQUEIRA, Thiago (Coord.). *Temas atuais de direito dos seguros*, tomo I. São Paulo: Thompson Reuters Brasil, 2020, pp. 465-496.

REINIG, Guilherme Henrique Lima; SOUZA, Viviane Isabel Daniel Speck de. Nexo causal nas relações securitárias: análise da jurisprudência do STJ sobre o agravamento do risco na hipótese de condução de veículo sob a influência de álcool. *In:* GOLDBERG, Ilan; JUNQUEIRA, Thiago (Coord.). *Temas atuais de direito dos seguros*, tomo I. São Paulo: Thompson Reuters Brasil, 2020, pp. 556-579.

RITO, Fernanda Paes Leme Peyneau. Função social nos contratos de seguro: a nova ordem contratual e sua implicação para os contratos de seguro à luz do CDC e do Código Civil. *Revista trimestral de direito civil*, v. 41. Rio de Janeiro: Padma, 2010, pp. 45-70.

STIGLITZ, Rubén S.; STGLITZ, Gabriel A. *Contrato de seguro*. Buenos Aires, La Rocca, 1988.

TEPEDINO, Gustavo; BANDEIRA, Paula Greco. *Fundamentos do direito civil*, v. 3, 2. ed. Rio de Janeiro: Forense, 2021.

TZIRULNIK, Ernesto. *Reflexões sobre o agravamento do risco nos seguros de danos*, 2. ed. São Paulo: Roncarati, no prelo.

TZIRULNIK, Ernesto; CAVALCANTI, Flávio de Queiroz B.; PIMENTEL, Ayrton. *O contrato de seguro de acordo com o Código Civil brasileiro*, 3. ed. São Paulo: Roncarati, 2016.

ZULIANI, Ênio Santarelli. Art. 768. *In:* NANNI, Giovanni Ettore (Coord.). *Comentários ao Código Civil: direito privado contemporâneo*. São Paulo: Saraiva, 2018, pp. 1142-1144.

Jurisprudência

BRASIL. Superior Tribunal de Justiça. Súmula n. 620. A embriaguez do segurado não exime a seguradora do pagamento da indenização prevista em contrato de seguro de vida. Disponível em: https://www.stj.jus.br/publicacaoinstitucional/index.php/sumstj/author/proofGalleyFile/5049/5176.

BRASIL. Superior Tribunal de Justiça. 2ª S. AgRg nos EDcl nos EREsp 1076942/PR. Rel. Min. Nancy Andrighi, Rel. p/ Acórdão Min. João Otávio de Noronha, j. 27/05/2015.

BRASIL. Superior Tribunal de Justiça. 3ª T. REsp 1684228. Rel. Min. Nancy Andrighi. Rel. p/ Acórdão Min. Ricardo Villas Bôas Cueva, j. 27/08/2019.

BRASIL. Superior Tribunal de Justiça. 3ª T. REsp 1097758. Rel. Min. Massami Uyeda, j. 10/02/2009.

BRASIL. Superior Tribunal de Justiça. 4ª T. REsp 1368766. Rel. Min. Luis Felipe Salomão, j. 01/03/2016.

MINAS GERAIS. Tribunal de Justiça do Estado de Minas Gerais. 14ª C.C. AC 10000211454301001. Rel. Des. Marco Aurelio Ferenzini, j. 14/10/2021.

SANTA CATARINA. Tribunal de Justiça do Estado de Santa Catarina. 2ª C.C. AC 20120250011. Rel. Des. Gilberto Gomes de Oliveira, j. 03/09/2015.

SANTA CATARINA. Tribunal de Justiça do Estado de Santa Catarina. 3ª C.D.C. AC 5005223-67.2019.8.24.0023. Rel. Des. Maria do Rocio Luz Santa Ritta, j. 31.08.2021.

Legislação

BRASIL. Lei n. 10.406, de 10 de janeiro de 2002. Institui o Código Civil. *Diário Oficial da União*: seção 1, Brasília, DF, ano 139, n. 8, pp. 1-74, 11 jan. 2002.

BRASIL. Senado Federal. Projeto de Lei da Câmara n. 19, de 2017. Dispõe sobre normas de seguro privado; revoga dispositivos da Lei n. 10.406, de 10 de janeiro de 2002 (Código Civil); e dá outras providências. Disponível em: https://legis.senado.leg.br/sdleg-getter/documento?dm=5235535&ts=1630440577824&disposition=inline.

La necesidad de revisar el régimen tradicional del agravamiento del riesgo

José María Muñoz Paredes[1]

1. LA ADECUACIÓN DE LAS BASES TRADICIONALES DEL CONTRATO DE SEGURO

Los estudiosos del seguro españoles estamos orgullosos de la contribución que tuvo nuestro país a la construcción jurídica del contrato de seguro. Las ordenanzas de los Consulados de comerciantes lograron, en efecto, distinguir definitivamente el seguro de la apuesta creando las bases sobre las que aún hoy descansa la institución aseguradora.

La aportación de las Ordenanzas de Barcelona, Burgos y luego Bilbao, en el seguro de daños, es un hecho contrastado y reconocido por todos cuantos se han ocupado de su evolución. La exigencia de interés, el principio indemnizatorio, la prohibición de enriquecimiento, de doblar los seguros... se debe a la inteligencia de aquellos comerciantes. Lo mismo ocurre en los de vida, con las menos conocidas Ordenanzas del Consulado de la Nación de España en Brujas de 1568, que exigen por vez primera la necesidad de un interés para poder tomar un seguro sobre la vida de una persona, aun cuando muchos sigan atribuyendo erróneamente esa primicia a la muy posterior *Gambling Act* inglesa.[2]

Ese legítimo orgullo no puede sin embargo llevarnos a ignorar que la evolución que ha sufrido la práctica del contrato de seguro, por la propia evolución de nuestra realidad social y económica, ha alterado completamente aquellas bases, hasta el punto de que alguna de ellas tiene más excepciones que supuestos de aplicación, pese a lo cual seguimos acudiendo a esos antecedentes históricos, sin atrevernos a veces a cuestionarlos. Lo mismo ocurre con otros principios que, aunque de nacimiento muy posterior, en su momento fueron básicos, y siguen citándose como tales, pese a haber quedado en ocasiones desbordados por la realidad.

---

1 Catedrático de Derecho Mercantil. Abogado. Universidad de Oviedo (España).

2 Véase mi estudio MUÑOZ PAREDES, José María. *Un capítulo pendiente en la historia del seguro:* la aportación española a la construcción jurídica del seguro de vida. Madrid: Club de Aseguradores Internacionales, 1991.

No voy a ocuparme hoy de todos esos aspectos del derecho del contrato de seguros que podríamos llamar trasnochados, sino de uno muy concreto, que es el relativo al régimen del agravamiento del riesgo y de las obligaciones del tomador cuando se da. Su problemática tiene muchos puntos en común con el deber de declarar el riesgo, pues no es más que una prolongación de ése durante la vigencia del contrato. Sin embargo, es preciso separarlos, pues pese a compartir un fundamento común, presentan singularidades que requieren un análisis diferenciado.

2. ORIGEN DEL PROBLEMA

La disciplina legal del agravamiento del riesgo tiene su razón de ser, como es sabido, en el equilibrio contractual, que en el seguro se manifiesta por la adecuación de la prima a los factores de riesgo y a las sumas o capitales asegurados. Al ser un contrato de duración, el equilibrio inicial puede verse alterado y precisa ser nuevamente adecuado. En palabras de nuestro Tribunal Supremo (STS, Sala 1ª, de 20 de julio de 2000):

> la regulación legal parte de la base de la existencia de un estado de cosas al tiempo del contrato que condicionan su configuración y que, dado su tracto continuado, puede verse alterado por circunstancias de diversa índole, las cuales, cuando implican un aumento de los riesgos, al desequilibrar, en perjuicio del acreedor, la situación inicialmente prevista, generan para el tomador del seguro o el asegurado que las conocen el deber de información expresado.

Pues bien, esa idea sencilla tiene una traslación práctica compleja, que se ha acentuado de forma exagerada en los últimos tiempos, de forma proporcional a la velocidad con que cambian nuestras propias circunstancias. La sociedad de consumo en la que vivimos permite que las circunstancias cambien continuamente. En la vida actual, en efecto, hay pocas situaciones estáticas. Los bienes – personales o empresariales – cambian continuamente: adquirimos más cosas; las que tenemos se estropean, deterioran, suben o bajan de valor a veces desproporcionadamente, a ritmo de bitcoin; las circunstancias cambian, también, de forma vertiginosa, convirtiendo un negocio estable en una aventura. Hasta las personas, obviamente, cambiamos, al igual que los riesgos a los que estamos sometidos. Lo único que se mantiene invariado es la póliza.

Esto explica, también, que en siniestros importantes – y no tan importantes – las circunstancias ligadas al agravamiento del riesgo constituyan una excusa habitual para rechazar o reducir el pago de la indemnización o prestación debida. Lo que en la fase previa al siniestro no supone problema alguno, pasa a ocupar el centro de la discusión cuando aquél se produce, ocasionando conflictos que, a la postre, cuestionan la propia finalidad de la cobertura aseguradora, pues en siniestros empresariales la demora en la percepción de la indemnización acaba frustrando las más de las veces la reconstrucción. Si ya es difícil retomar la actividad tras un siniestro, tanto más cuando entre medias se ha tramitado un procedimiento para determinar la obligación y el quantum indemnizatorio.

3. EL STATUS QUO LEGAL

Las leyes de contrato de seguro, en líneas generales, cargan sobre el tomador las consecuencias del agravamiento, lo que lleva a que, también en general, el deber de adecuar la póliza a esa variación se considere una de las cargas propias de aquél.

Dentro de esa tendencia encontramos algunos matices o diferencias relevantes:

- La distinción (o no) entre agravamientos voluntarios y ajenos a la voluntad del tomador;
- La extensión del deber al asegurado;
- La intervención de culpa en la omisión de la comunicación a la aseguradora y, dentro de ésta, de distintos grados de culpa;
- Los derechos de ésta para reaccionar ante el agravamiento, con posibilidad (o no) de resolver el contrato;
- La incidencia (o no) del agravamiento en el siniestro concreto;
- La incidencia (o no) del agravamiento en las respuestas dadas al cuestionario sometido por el asegurador;
- El conocimiento por parte del asegurador del agravamiento por otras vías.

Un breve examen de la legislación permite ver esas coincidencias y divergencias:

➢ Código civil brasileño:

Art. 768. O segurado perderá o direito à garantia se agravar intencionalmente o risco objeto do contrato.

Art. 769. O segurado é obrigado a comunicar ao segurador, logo que saiba, todo incidente suscetível de agravar consideravelmente o risco coberto, sob pena de perder o direito à garantia, se provar que silenciou de má-fé.[3]

3 Disponible en: http://www.planalto.gov.br/ccivil_03/leis/2002/l10406compilada.htm.

➢ España:

Art. 11 Ley de Contrato de Seguro: "El tomador del seguro o el asegurado deberán durante la vigencia del contrato comunicar al asegurador, tan pronto como le sea posible, la alteración de los factores y las circunstancias declaradas en el cuestionario previsto en el artículo anterior que agraven el riesgo y sean de tal naturaleza que si hubieran sido conocidas por éste en el momento de la perfección del contrato no lo habría celebrado o lo habría concluido en condiciones más gravosas".[4]

➢ Alemania:

§ 23 VVG 1) Der Versicherungsnehmer darf nach Abgabe seiner Vertragserklärung ohne Einwilligung des Versicherers keine Gefahrerhöhung vornehmen oder deren Vornahme durch einen Dritten gestatten.

(2) Erkennt der Versicherungsnehmer nachträglich, dass er ohne Einwilligung des Versicherers eine Gefahrerhöhung vorgenommen oder gestattet hat, hat er die Gefahrerhöhung dem Versicherer unverzüglich anzuzeigen.

(3) Tritt nach Abgabe der Vertragserklärung des Versicherungsnehmers eine Gefahrerhöhung unabhängig von seinem Willen ein, hat er die Gefahrerhöhung, nachdem er von ihr Kenntnis erlangt hat, dem Versicherer unverzüglich anzuzeigen. [5]

➢ Italia (Art. 1898 Codice civile – Aggravamento del rischio):

Il contraente ha l'obbligo di dare immediato avviso all'assicuratore dei mutamenti che aggravano il rischio in modo tale che, se il nuovo stato di cose fosse esistito e fosse stato conosciuto dall'assicuratore al momento della conclusione del contratto, l'assicuratore non avrebbe consentito l'assicurazione o l'avrebbe consentita per un premio piu' elevato.[6]

➢ Bélgica (Art. 81 Loi Assurances 2014):

§ 1er. Sauf s›il s›agit d›un contrat d›assurance sur la vie, d'assurance maladie ou d'assurance-crédit, le preneur d'assurance a l'obligation de déclarer, en cours de contrat, dans les

4 Disponible en: https://www.boe.es/eli/es/l/1980/10/08/50/con.

5 "(1) El tomador no puede asumir, tras aceptar el contrato, ningún agravamiento del riesgo, o permitir que lo cause un tercero, sin consentimiento del asegurador. (2) Si el tomador conoce con posterioridad que se ha producido un agravamiento del riesgo, o que lo ha asumido, habrá de notificarlo al asegurador inmediatamente. (3) Si se da un agravamiento del riesgo ajeno a la voluntad del tomador, habrá de comunicarlo al asegurador tan pronto como lo conozca". Disponible en: https://www.gesetze-im-internet.de/vvg_2008/VVG.pdf.

6 Disponible en: https://www.gazzettaufficiale.it/dettaglio/codici/codiceCivile.

conditions de l'article 58, les circonstances nouvelles ou les modifications de circonstance qui sont de nature à entraîner une aggravation sensible et durable du risque de survenance de l'événement assuré.[7]

➢ Brasil (PLC 29/2017):

Art. 18. O segurado deve comunicar à seguradora relevante agravamento do risco, tão logo tome conhecimento, inclusive o derivado de motivo alheio à sua vontade.
§ 1º Será relevante o agravamento que conduza ao aumento significativo e continuado da probabilidade de realização do risco ou da severidade de seus efeitos.[8]

Sin embargo, en el plano de las soluciones, hay más coincidencia. En general los agravamientos no comunicados por culpa del asegurado dan lugar a una reducción proporcional de la indemnización debida (regla de equidad), mientras que, concurriendo dolo, liberan del pago de la indemnización. No obstante, siguen existiendo puntos de divergencia.

➢ España (artículo 12 Ley de Contrato de Seguro):

El asegurador puede, en un plazo de dos meses a contar del día en que la agravación le ha sido declarada, proponer una modificación del contrato. En tal caso, el tomador dispone de quince días a contar desde la recepción de esta proposición para aceptarla o rechazarla. En caso de rechazo, o de silencio por parte del tomador, el asegurador puede, transcurrido dicho plazo, rescindir el contrato previa advertencia al tomador, dándole para que conteste un nuevo plazo de quince días, transcurridos los cuales y dentro de los ocho siguientes comunicará al tomador la rescisión definitiva.
El asegurador igualmente podrá rescindir el contrato comunicándolo por escrito al asegurado dentro de un mes, a partir del día en que tuvo conocimiento de la agravación del riesgo. En el caso de que el tomador del seguro o el asegurado no haya efectuado su declaración y sobreviniere un siniestro, el asegurador queda liberado de su prestación si el tomador o el asegurado ha actuado con mala fe. En otro caso, la prestación del asegurador

---

7 Disponible en: http://www.ejustice.just.fgov.be/cgi_loi/change_lg.pl?cn=2014040423&la=F&language=fr&table_name=loi.

8 Disponible en: https://www25.senado.leg.br/web/atividade/materias/-/materia/128831.

se reducirá proporcionalmente a la diferencia entre la prima convenida y la que se hubiera aplicado de haberse conocido la verdadera entidad del riesgo.[9]

➢ Alemania (§ 26 VVG):

§ 26 Leistungsfreiheit wegen Gefahrerhöhung

(1) Tritt der Versicherungsfall nach einer Gefahrerhöhung ein, ist der Versicherer nicht zur Leistung verpflichtet, wenn der Versicherungsnehmer seine Verpflichtung nach § 23 Abs. 1 vorsätzlich verletzt hat. Im Fall einer grob fahrlässigen Verletzung ist der Versicherer berechtigt, seine Leistung in einem der Schwere des Verschuldens des Versicherungsnehmers entsprechenden Verhältnis zu kürzen; die Beweislast für das Nichtvorliegen einer groben Fahrlässigkeit trägt der Versicherungsnehmer.

(2) In den Fällen einer Gefahrerhöhung nach § 23 Abs. 2 und 3 ist der Versicherer nicht zur Leistung verpflichtet, wenn der Versicherungsfall später als einen Monat nach dem Zeitpunkt eintritt, zu dem die Anzeige dem Versicherer hätte zugegangen sein müssen, es sei denn, dem Versicherer war die Gefahrerhöhung zu diesem Zeitpunkt bekannt. Er ist zur Leistung verpflichtet, wenn die Verletzung der Anzeigepflicht nach § 23 Abs. 2 und 3 nicht auf Vorsatz beruht; im Fall einer grob fahrlässigen Verletzung gilt Absatz 1 Satz 2.

(3) Abweichend von den Absätzen 1 und 2 Satz 1 ist der Versicherer zur Leistung verpflichtet,

1. soweit die Gefahrerhöhung nicht ursächlich für den Eintritt des Versicherungsfalles oder den Umfang der Leistungspflicht war oder

2. wenn zur Zeit des Eintrittes des Versicherungsfalles die Frist für die Kündigung des Versicherers abgelaufen und eine Kündigung nicht erfolgt war. [10]

---

9 Disponible en: https://www.boe.es/eli/es/l/1980/10/08/50/con.

10 "§ 26. Liberación de la prestación en caso de agravamiento del riesgo. (1) El asegurador no estará obligado al pago de la prestación si acaece el siniestro tras un agravamiento del riesgo y el tomador ha incumplido intencionadamente la obligación prevista en el § 23, pár. 1. En caso de incumplimiento por culpa grave, el asegurador estará legitimado para reducir su prestación en proporción al incumplimiento del tomador; la carga de la prueba de la concurrencia de negligencia grave corresponde al tomador. (2) En los casos de agravamiento del artículo 23, apartados 2 y 3, el asegurador no estará obligado a indemnizar si el siniestro se produce más tarde de un mes del momento en que el asegurador debería haber recibido la notificación, a menos que el asegurador tuviera conocimiento de la agravación del riesgo en ese momento. El asegurador está obligado a indemnizar si el incumplimiento del deber de información según el artículo 23, apartados 2 y 3, no fue intencionado; en caso de incumplimiento por negligencia grave, se aplica el apartado 1, inciso 2º (3) No obstante lo previsto en el párrafo 1 y en el primer inciso del párrafo 2, el asegurador estará obligado a pagar la prestación:
1. Si el agravamiento del riesgo no influyó en el acaecimiento del siniestro o en el monto de la prestación o
2. Si en el momento del siniestro hubiera transcurrido el plazo de resolución del contrato por el asegurador, sin que lo hubiera resuelto" Disponible en: https://www.gesetze-im-internet.de/vvg_2008/VVG.pdf.

➢ Bélgica (Art. 81 Loi Assurances – extracto):

§ 3. Si un sinistre survient et que le preneur d›assurance n›a pas rempli l›obligation visée au paragraphe 1er:
a) l'assureur est tenu d'effectuer la prestation convenue lorsque le défaut de déclaration ne peut être reproché au preneur d'assurance;
b) l'assureur n'est tenu d'effectuer sa prestation que selon le rapport entre la prime payée et la prime que le preneur d'assurance aurait dû payer si l'aggravation avait été prise en considération, lorsque le défaut de déclaration peut être reproché au preneur d'assurance. Toutefois, si l'assureur apporte la preuve qu'il n'aurait en aucun cas assuré le risque aggravé, sa prestation en cas de sinistre est limitée au remboursement de la totalité des primes payées;
c) si le preneur d'assurance a agi dans une intention frauduleuse, l'assureur peut refuser sa garantie.[11]

El derecho proyectado brasileño es, en este punto, más novedoso:

➢ PLC 29/2017 Brasil (Continuación del art. 18):

§ 2º Depois de ciente, a seguradora poderá, até o prazo máximo de vinte dias, cobrar a diferença de prêmio ou, não sendo possível tecnicamente garantir o novo risco, resolver o contrato.
§ 3º A resolução deve ser feita por carta registrada com aviso de recebimento ou meio idôneo equivalente, e deverá a seguradora restituir a eventual diferença de prêmio, ressalvado, na mesma proporção, o direito da seguradora às despesas realizadas com a contratação.
§ 4º No agravamento voluntário por parte do segurado ou beneficiário, a resolução por parte da seguradora produzirá efeitos desde o momento em que os riscos foram agravados.
§ 5º A seguradora não responderá pelas consequências do ato praticado com a intenção de aumentar a probabilidade ou de tornar mais severos os efeitos do sinistro.
§ 6º Nos seguros sobre a vida ou integridade física a seguradora poderá cobrar a diferença de prêmio, em caso de agravamento voluntário do risco.
Art. 19. Perde a garantia o segurado que dolosamente não comunicar o fato causador de relevante agravamento do risco.

11 Disponible en: http://www.ejustice.just.fgov.be/cgi_loi/change_lg.pl?cn=2014040423&la=F&language=fr&table_name=loi.

Parágrafo único. O segurado que culposamente não comunicar o fato causador de relevante agravamento do risco do qual tenha tomado ciência será obrigado a pagar a diferença de prêmio que for apurada ou, se a garantia for tecnicamente impossível ou o fato corresponder a tipo de risco que não é subscrito pela seguradora, não fará jus à indenização.[12]

4. DIFICULTADES COMUNES Y PROPUESTA DE REVISIÓN

Todas las normas anteriores son, en cierta medida, lógicas y comprensibles, pero ninguna de ellas es sencilla de aplicar cuando la llevamos a la práctica. No es fácil identificar los cambios, ni mucho menos saber si son de aquéllos que han de notificarse al asegurador. Tomando por ejemplo el texto del artículo 18 PLC 29/2017: ¿Cuándo un aumento de probabilidades es significativo o duradero? ¿Cuándo los efectos de un siniestro son más severos? ¿Cómo se acredita, siguiendo la norma española, la italiana o la belga, que, de haber conocido esas circunstancias, el asegurador no habría celebrado el contrato?

El primer problema surge ya para determinar si un cambio supone un agravamiento del riesgo. Muchas actividades cotidianas, como adquirir un patinete y recargar su batería en casa, o alquilar una habitación a un huésped, incrementan el riesgo, pero ¿quién es consciente de ello?

Incluso en variaciones sustanciales es complejo. El cambio de actividad de una industria, que pasa de fabricar piezas de plástico por inyección y moldes metálicos para esa inyección a realizar trabajos de reparación sobre metales ¿constituye un agravamiento del riesgo? ¿Y una reducción significativa de personal en la empresa? La respuesta a esas preguntas, tomadas de casos que llegaron a los tribunales, ni es clara, ni tampoco es válida para todas las compañías, porque no todas toman en consideración las mismas variables al tarificar el riesgo, ni parten de una misma experiencia, por lo que ocurre que, en ocasiones, lo que para unas compañías es un agravamiento, para otras, sin embargo, supone una reducción. Eso ocurrió, por ejemplo, en el caso de la fábrica de piezas de plástico que antes ponía como ejemplo: de las cinco compañías consultadas, cuatro la tenían por más gravosa que la de reparación, pero otra consideraba justo lo contrario. Lo mismo ocurría con la reducción de personal: alguna de las tarifas de prima se reducía con la disminución, pero otras aumentaban.

Pese a esa dificultad para detectar los agravamientos, todas las leyes hacen que recaiga sobre el tomador (o el asegurado en algún caso) la necesidad de identificarlos

12 Disponible en: https://www25.senado.leg.br/web/atividade/materias/-/materia/128831.

y comunicarlos, lo que, por las razones expuestas, no resulta adecuado ni en riesgos de masa ni en riesgos industriales.

4.1 Seguros con consumidores y riesgos de masa

En los seguros con consumidores y en aquellos otros que podríamos calificar como "riesgos de masa", la noción de agravamiento ha de ir siempre ligada al cuestionario, de modo que únicamente los cambios que supongan una variación en las respuestas facilitadas al completarlo pueden constituir un agravamiento (o reducción) del riesgo. Cualquier otra circunstancia no reflejada en el cuestionario resulta irrelevante a estos efectos.

La Ley española es, como vimos al transcribirla antes, una de las pocas que liga el agravamiento al cuestionario al regularlo en su artículo 11, según el cual:

> El tomador del seguro o el asegurado deberán durante la vigencia del contrato comunicar al asegurador, tan pronto como le sea posible, la alteración de los factores y las circunstancias declaradas en el cuestionario previsto en el artículo anterior que agraven el riesgo y sean de tal naturaleza que si hubieran sido conocidas por éste en el momento de la perfección del contrato no lo habría celebrado o lo habría concluido en condiciones más gravosas.[13]
> [énfasis agregado]

Lo mismo vemos en el derecho francés:

> Article L113-2
> L'assuré est obligé:
> 1° (...)
> 2° De répondre exactement aux questions posées par l'assureur, notamment dans le formulaire de déclaration du risque par lequel l'assureur l'interroge lors de la conclusion du contrat, sur les circonstances qui sont de nature à faire apprécier par l'assureur les risques qu'il prend en charge;
> 3° De déclarer, en cours de contrat, les circonstances nouvelles qui ont pour conséquence soit d'aggraver les risques, soit d'en créer de nouveaux et rendent de ce fait inexactes ou caduques les réponses faites à l'assureur, notamment dans le formulaire mentionné au 2° ci-dessus.[14]

---

13 Disponible en: https://www.boe.es/eli/es/l/1980/10/08/50/con.

14 Disponible en: https://www.legifrance.gouv.fr/codes/article_lc/LEGIARTI000035731302/.

Por ello, volviendo a España, señala la Sentencia del Tribunal Supremo (Sala 1ª) de 22 de mayo de 2003 que "El deber de declarar las agravaciones del riesgo ha de referirse a aquellos aspectos que el propio asegurador considere relevantes a la hora de valorar el riesgo, que no son otros que los reflejados en el cuestionario elaborado por el asegurador". Esa doctrina ha sido también recogida por la jurisprudencia de instancia. Así señala la SAP Baleares 116/2018 de 20 de marzo[15] que:

> A diferencia del supuesto contemplado en el artículo 10 de la Ley de Contrato de Seguro, que recoge un deber precontractual impuesto por la propia Ley, en el caso del artículo 11 dicha obligación nace directamente de la propia relación contractual ya concertada, si bien sus consecuencias jurídicas son reguladas por la Ley. La razón de ser tal precepto radica en que la agravación ulterior del riesgo con respecto al existente a la fecha de celebración del contrato produce un desequilibrio de las prestaciones contempladas, que hace quebrar el principio de equivalencia de las mismas, pues no olvidemos que ha de tratarse de circunstancias que, si hubieran sido conocidas por el asegurador, en el momento de la perfección del contrato, no lo habría celebrado o lo habría concluido en condiciones más gravosas.

La segunda consecuencia que tiene ligar el deber en examen al cuestionario estriba en que, si la aseguradora no presentó cuestionario, no existe deber alguno de comunicar agravamientos del riesgo, como señala, entre otras, la Sentencia del Tribunal Supremo (Sala 1ª) de 22 de mayo de 2003:[16]

> El artículo 11, a la hora de delimitar el deber del tomador del seguro o del asegurado de comunicar la agravación del riesgo, exige además que las circunstancias que agraven el riesgo sean...nuevas respecto al momento de la perfección del contrato y, además, relevantes". Consecuentemente habremos de concluir que no concurren en el caso de autos los presupuestos de hecho que se contemplan en dicho precepto y que hubieran justificado que la compañía Aseguradora rescindiese el contrato en el modo establecido en el artículo 12 de la Ley de Contrato de Seguro, y ello porque:
>
> a) Como se infiere del apartado 1 del artículo 11 antes transcrito el término de comparación para determinar si se ha producido o no agravación del riesgo es el que se declaró en el correspondiente cuestionario en el momento de la perfección del contrato, cuestionario que no se ha acreditado que existiese en el caso de autos.

---

15 JUR 2018/140028.

16 RJ 2003/7148.

Esa es ya una doctrina reiteradísima de nuestro Tribunal Supremo, como se ve, por citar la última recaída a la fecha de escribir estas líneas: la Sentencia n. 661/2020 de 10 de diciembre (Ponente Sr. Marín Castán):[17]

> De la doctrina de esta sala sobre el art. 10 LCS (contenida, entre otras, en las sentencias 394/2020, de 1 de julio, 390/2020, de 1 de julio, 378/2020, de 30 de junio, 345/2020, de 23 de junio, 333/2020, de 22 de junio, 7/2020, de 8 de enero, 572/2019, de 4 de noviembre, 106/2019, de 19 de febrero, 81/2019, de 7 de febrero, 53/2019, de 24 de enero, 37/2019, de 21 de enero, 621/2018, de 8 de noviembre, 562/2018, de 10 de octubre, 563/2018, de 10 de octubre, 528/2018, de 26 de septiembre, 426/2018, de 4 de julio, 323/2018 de 30 de mayo, 273/2018, de 10 de mayo, 542/2017, de 4 de octubre, 222/2017, de 5 de abril, 726/2016, de 12 de diciembre, 157/2016, de 16 de marzo, y 72/2016, de 17 de febrero) se desprende, en síntesis: (i) que el deber de declaración del riesgo ha de ser entendido como un deber de contestación o respuesta a lo que pregunte el asegurador, sobre el que además recaen las consecuencias que derivan de su no presentación.

Podemos concluir, inicialmente, que el deber de comunicar los agravamientos del riesgo está ligado al contenido y respuestas dadas al cuestionario y que, faltando éste, el tomador no tiene obligación de comunicar nada, pues desconoce por completo qué circunstancias fueron relevantes para la suscripción del contrato.

Esa previsión, aun siendo la más protectora para el tomador, no sería suficiente, porque no se le puede exigir que recuerde el contenido del cuestionario, tratándose de un contrato que, generalmente, se va renovando durante años. En mi opinión, en beneficio de ambas partes, habría que imponer al asegurador la presentación de una actualización del cuestionario cada cierto tiempo. En otro caso, podemos dar prácticamente por cierto que el contrato de seguro dejará de adecuarse a las circunstancias del riesgo, pues, como decía al principio, éstos cambian. Las leyes deberían ser conscientes de esa necesaria adaptación.

4.2 Riesgos industriales

En los riesgos industriales no deberían, sin embargo, aplicarse las mismas reglas y, pese a ello, la mayoría de las leyes no prevén ninguna diferencia: regulan de igual

---

17 Id Cendoj: 28079110012020100647.

modo el agravamiento, sin importar que hablemos de un riesgo de masa o de un riesgo industrial o empresarial.

El dato que, a mi juicio, marca la diferencia y exige una regulación distinta estriba en que la gran mayoría de riesgos industriales se suscriben bajo una inspección previa, sin cuestionario del asegurador.

En efecto, el deber de declaración del riesgo se impone, como explicara ya el maestro Garrigues,[18] cuando la compañía no puede verificarlo por sí misma: "La estimación del riesgo depende, en efecto, de las declaraciones que sobre este punto haga el asegurado, declaraciones cuya exactitud la compañía Aseguradora no puede comprobar por sí misma, dado el número enorme de propuestas de contrato que recibe normalmente".

Sin embargo, en riesgos industriales y agravados, las compañías no someten cuestionario al tomador, sino que verifican ellas mismas el riesgo. Cuando eso ocurre, en mi opinión, ha de invertirse la regla, pues el tomador no tiene referencia de cuáles son los aspectos relevantes para la compañía. Eso es lo que se deduce, como vimos, de la jurisprudencia española antes citada. La falta de cuestionario impide, lógicamente, hablar de declaración del riesgo y también de agravamiento.

El tomador tampoco habrá de declarar los agravamientos del riesgo en los casos en los que, no habiendo cuestionario, la inspección no llega a realizarse. En esa misma línea se manifiesta, por ejemplo, la Sentencia de la AP de Barcelona (Sección 16ª) núm. 348/2005 de 16 de junio:[19]

> Como ha sentado el Tribunal Supremo (sentencias de 7 de febrero de 2001 [RJ 2001, 1164], 3 de octubre [RJ 2003, 6496] y 31 de diciembre [RJ 2004, 366] de 2003), el deber precontractual impuesto al tomador en orden a la más precisa declaración de las circunstancias integrantes del riesgo, se configura más bien como un deber de respuesta de aquél a los requerimientos que le formule el asegurador, no en vano el precepto citado sanciona no un deber ilimitado de declaración del tomador, sino que lo pone en relación con el cuestionario que el asegurador le someta a tal efecto. Pues bien, no consta que Carsa Motor faltase a deber de lealtad alguno en la contratación de la póliza, pues no ocultó circunstancia específica alguna que pudiese influir en la valoración del riesgo.
>
> Como ha puesto de relieve la prueba practicada, incluida la declaración en esta segunda instancia del agente mediador de Allianz Jesus Miguel, que intervino activamente en la gestación de la póliza litigiosa y en la de otras anteriores con la misma empresa, Allianz era

18 GARRIGUES, J. *Contrato de seguro terrestre*. 2. ed. Madrid: J. Garrigues, 1983, p. 49.

19 JUR 2005\180995.

> perfecta conocedora por mediación del citado agente de la actividad mercantil de Carsa Motor (reparación y mantenimiento de maquinaria: motores de gas y gasoil generadores de electricidad y calor) y de su facturación anual estimada (1.040.000.000 de pesetas). El referido asegurador no requirió más datos a su futuro asegurado, *renunciando incluso a efectuar una inspección de la nave industrial del mismo, pese a tratarse de una práctica empleada por esa compañía cuando se trata de la concertación de pólizas sobre riesgos agravados*, como puso de relieve su agente Jesus Miguel. [énfasis agregado]

Por último, hemos de referirnos a aquellos casos en los que ambos métodos se combinan y, aun habiendo inspección, el tomador contesta un cuestionario, normalmente previo a la inspección del riesgo. En mi experiencia, la inspección prevalece sobre las respuestas del tomador, privándolas de valor a efectos de cuantificar la prima, que se basa en el resultado de aquélla. No obstante, el cuestionario sí mantiene su valor respecto de que el tomador conoce qué aspectos son relevantes para la compañía, lo que le permitiría notificar aquellos que sufran variación. De nuevo, su deber estará marcado por el contenido del cuestionario y de las respuestas facilitadas en su momento. Con todo, aun en este caso la responsabilidad por el agravamiento se divide, y la compañía debería cursar regularmente inspecciones (como de hecho se hace muchas veces) para verificar el mantenimiento de las condiciones, no siendo admisible, a mi juicio, que descanse indefinidamente en la visita girada tiempo atrás. El recurso a la inspección supone, en definitiva, una alteración de las reglas de contratación, que vuelca sobre la compañía – por voluntad suya – el deber de adecuar la póliza al riesgo.

Lo anterior no puede amparar, obviamente, actuaciones dolosas del tomador.

4.3 Condiciones de aplicación de la regla de equidad

Según apuntaba antes, la solución que se da en muchos ordenamientos en caso de que el tomador haya incumplido su deber de comunicar un agravamiento del riesgo (si, insisto, le competía de acuerdo a las pautas anteriormente expuestas) consiste en aplicar la llamada regla de equidad. Eso es también lo previsto en el PLC brasileño.

En derecho español, la regla de equidad viene recogida, como se sabe, en el art. 10,3 de la Ley de Contrato de Seguro, según el cual "Si el siniestro sobreviene antes de que el asegurador haga la declaración a la que se refiere el párrafo anterior, la prestación de éste se reducirá proporcionalmente a la diferencia entre la prima convenida y la que se hubiese aplicado de haberse conocido la verdadera entidad del riesgo." Su aplicación queda excluida cuando la eventual discrepancia responda a dolo o culpa grave del asegurado, según dispone el párrafo siguiente de dicho precepto.

De nuevo, la norma es muy sencilla y razonable, pero su aplicación práctica es todo lo contrario.

En efecto, la aplicación de la regla de equidad supone comparar la prima pagada con la que debería de haber sido pagada, pero ese cálculo ha de soportarse adecuadamente y en términos equiparables y transparentes.

Para hacerlo, la compañía tendría que facilitar la base técnica completa de la póliza, el desglose de prima por todos los conceptos y los descuentos comerciales que aplicara en su día. La primera dificultad surge porque el tomador y/o asegurado no tiene acceso a esa base técnica, ni por tanto modo de verificar que es la procedente. Está en manos de la compañía. Quien haya tenido acceso a alguna tarificación, verá que son tantos los factores que entran en juego que resulta francamente difícil, incluso para un actuario, aplicarla. A ello se une el hecho de que, al menos en la experiencia española, la prima que está pagando el tomador no es la que resulta de la tarifa. Ésta arroja un valor, pero los condicionamientos comerciales obligan las más de las veces a rebajarlo, con descuentos muy significativos que no responden a más criterio que la situación del mercado y el interés en conservar al cliente.

Así lo señala nuestra mejor doctrina:

> En fin, la dificultad existente en la práctica para hallar los términos de la proporción de la regla de equidad puede derivar de un factor externo que entra en juego sea cual sea la postura que se adopte (esto es, el tomar el seguro como un bloque o el fragmentarlo en riesgos), pues en ocasiones la Aseguradora no cobra la prima que técnicamente sería exigible, sino que aplica descuentos a sus tomadores por razones concurrenciales, luego si para aplicar la regla de equidad tenemos que poner en relación dos términos, la prima "pagada" y la prima "debida", en realidad, la prima "pagada" no es la correspondiente al riesgo mal declarado, sino una inferior, ni la prima debida con la que aquélla ha de ponerse en relación es la que resulte de la nota técnica, *pues sobre ésta la Aseguradora seguramente habría aplicado el mismo u otro descuento comercial.*[20]

Es decir, habría que comparar ambas primas teóricas o ambas primas reales, pero no la real con la teórica. Así lo señala la recentísima Sentencia del Tribunal Supremo de

---

20 MUÑOZ, M.L. "Problemas de aplicación de la regla proporcional y de la de equidad en el seguro multirriesgo". *Revista de Derecho Mercantil*, n. 283, pp. 77ss., en part. 101, 2012.

25.10.2021[21] (Sentencia 712/2021) que dice la correcta aplicación de la regla de equidad "requiere la utilización de términos homogéneos y no heterogéneos de cálculo".

¿Cómo puede, entonces, determinarse cuál es la prima que habría correspondido pagar, de haber conocido la compañía el agravamiento? La única alternativa que tiene el asegurado es conseguir cotizaciones reales. No es tarea fácil, pues tendrá que acudir a corredores que habrán de "inventarse" un cliente para conseguirlas. Eso es lo que hizo, por ejemplo, el perito que intervino en el caso resuelto por la Sentencia del Tribunal Supremo antes citada.

Los resultados de esa comparación pueden ser sorprendentes. En un caso que me ocupó recientemente, la aseguradora consideraba que existía un cambio de actividad, lo que obligaba a reducir la indemnización en casi un 70%. No logramos que facilitara la tarificación completa, lo que impedía verificar los cálculos, con lo que no hubo más alternativa que solicitar cotizaciones reales para las dos actividades (la declarada y la que según la compañía se venía ejercitando), en términos comparables. El resultado no permitió determinar cuál era la prima que se habría pagado al tiempo del supuesto agravamiento (pues habían pasado varios años) pero sí acreditar, sin lugar a dudas, que la prima comercial correspondiente a la actividad que, según la compañía, se estaba ejercitando era significativamente más barata que la aplicable a la actividad declarada. Es decir, que si fuera cierto el cambio de actividad, habría exceso, y no defecto, de prima.

A mi juicio, salvo que logremos que el contrato de seguro vuelva a ser *uberrimae fidei* para ambas partes en todos los casos, los tribunales deberían aplicar la regla de equidad únicamente en aquellos casos en los que la compañía facilite con total transparencia las bases técnicas y la tarificación completa, así como los descuentos comerciales aplicados, de modo que cualquier experto pueda verificar los cálculos.

5. AGRAVAMIENTO DEL RIESGO EN LOS SEGUROS DE VIDA

La última cuestión de la que quiero ocuparme es la relativa a los agravamientos en el seguro de vida.

La disciplina del agravamiento del riesgo se sitúa, las más de las veces, en las disposiciones generales del contrato. En el Código civil de Brasil, por ejemplo, los artículos 768 y 769 no distinguen, y establecen la pérdida del derecho a la garantía en caso de agravamiento intencional del riesgo o si, conociendo el agravamiento no intencional, no lo comunica.

21 Id Cendoj: 28079110012021100717.

¿Qué ocurre en los seguros de personas si, por ejemplo, el asegurado contrae una enfermedad que aumenta su riesgo, como hipertensión arterial o diabetes? Esos cambios no constituyen agravamientos, sino que forman parte del propio riesgo cubierto. Por eso, algunas leyes dotan de un régimen específico al seguro de vida:

- VVG alemana §158 (1): "Als Erhöhung der Gefahr gilt nur eine solche Änderung der Gefahrumstände, die nach ausdrücklicher Vereinbarung als Gefahrerhöhung angesehen werden soll; die Vereinbarung bedarf der Textform".[22]
- Ley portuguesa, Art. 190. Agravamento do risco: "O regime do agravamento do risco previsto nos artigos 93º e 94º não é aplicável aos seguros de vida, nem, resultando o agravamento do estado de saúde da pessoa segura, às coberturas de acidente e de invalidez por acidente ou doença complementares de um seguro de vida".[23]
- Ley belga, art. 81: "Aggravation du risque. § 1er. *Sauf s'il s'agit d'un contrat d'assurance sur la vie*, d'assurance maladie ou d'assurance-crédit, le preneur d'assurance a l'obligation de déclarer, en cours de contrat, dans les conditions de l'article 58, les circonstances nouvelles ou les modifications de circonstance qui sont de nature à entraîner une aggravation sensible et durable du risque de survenance de l'événement assuré".[24] [énfasis agregado].

Curiosamente, el PLC de Brasil dio un paso atrás. El artículo 18 § 6º señala lo siguiente: "Nos seguros sobre a vida ou integridade física a seguradora poderá cobrar a diferença de prêmio, em caso de agravamento voluntário do risco". En su redacción anterior, excluía la aplicación de estas reglas a los seguros de vida ("§ 4º Não se aplicarão as regras de agravação e de redução aos seguros sobre a vida ou integridade física").

La razón de ser de este cambio es evidente: también en los seguros de vida se puede agravar el riesgo (fumando tabaco, cuando se declaró que no se fumaba; practicando deportes extremos...) y, en esos casos, habría que comunicárselo a la compañía si tal circunstancia figuraba en el cuestionario. Si el PLC se aprueba como está, corresponderá a los intérpretes delimitar el concepto de agravamiento, circunscribiéndolo a los cambios voluntarios.

---

22 "Sólo se considera agravamiento del riesgo un cambio de circunstancias que esté expresamente previsto, por escrito, en el contrato". Disponible en: https://www.gesetze-im-internet.de/vvg_2008/VVG.pdf.

23 Disponible en: https://dre.pt/dre/legislacao-consolidada/decreto-lei/2008-34457275.

24 Disponible en: http://www.ejustice.just.fgov.be/cgi_loi/change_lg.pl?cn=2014040423&la=F&language=fr&table_name=loi.

BIBLIOGRAFÍA

GARRIGUES, J. *Contrato de seguro terrestre*. 2. ed. Madrid: J. Garrigues, 1983.

MUÑOZ, M.L. "Problemas de aplicación de la regla proporcional y de la de equidad en el seguro multirriesgo". *Revista de Derecho Mercantil*, n. 283, pp. 77ss., en part. 101, 2012.

MUÑOZ PAREDES, José María. *Un capítulo pendiente en la historia del seguro*: la aportación española a la construcción jurídica del seguro de vida. Madrid: Club de Aseguradores Internacionales, 1991.

Jurisprudencia

ESPAÑA. SAP Baleares n. 116, de 20 de marzo de 2018.

ESPAÑA. Sentencia de la AP de Barcelona (Sección 16ª) n. 348/2005 de 16 de junio.

ESPAÑA. Sentencia n. 661 de 10 de diciembre de 2020. Disponible en: https://www.civil-mercantil.com/sites/civil-mercantil.com/files/NCJ065227.pdf.

ESPAÑA. STS 520/2003, 22 de mayo de 2003. Disponible en: https://vlex.es/vid/asegurado-comunicacion-agravamiento-an-11-15728036.

ESPAÑA. STS 3955, de 25 de octubre de 2021. Tribunal Supremo. Sala de lo Civil. Ponente: Jose Luis Seoane Spiegelberg.

Legislación

ALEMANIA. Versicherungsvertragsgesetz – VVG. Disponible en: https://www.gesetze-im-internet.de/vvg_2008/VVG.pdf.

BÉLGICA. Loi relative aux asurances, 4 avril 2014. Disponible en: http://www.ejustice.just.fgov.be/cgi_loi/change_lg.pl?cn=2014040423&la=F&language=fr&table_name=loi.

BRASIL. Lei n. 10.406, de 10 de janeiro de 2002. Institui o Código Civil. *Diário Oficial da União*: seção 1, Brasília, DF, ano 139, n. 8, pp. 1-74, 11 jan. 2002.

BRASIL. Senado Federal. Projeto de Lei da Câmara n. 29, de 2017. Disponible en: https://legis.senado.leg.br/sdleg-getter/documento?dm=5235535&ts=1630440577824&disposition=inline.

ESPAÑA. Ley 50/1980, de 8 de octubre, de Contrato de Seguro. *Boletín Oficial del Estado*, núm. 250, de 17.10.1980. Disponible en: https://www.boe.es/eli/es/l/1980/10/08/50/con.

FRANÇA. Code des asurances. *Légifrance*. Disponible en: https://www.legifrance.gouv.fr/codes/article_lc/LEGIARTI000035731302/.

ITALIA. Codice Civile. *Gazzetta Ufficiale della Repubblica Italiana*, 04.04.1942. Disponible en: https://www.gazzettaufficiale.it/dettaglio/codici/codiceCivile.

PORTUGAL. Decreto-Lei n. 72/2008 (Regime jurídico do contrato de seguro). *Diário da República* n. 75/2008. Disponible en: https://dre.pt/dre/legislacao-consolidada/decreto-lei/2008-34457275.

A NECESSIDADE DE REVER O REGIME TRADICIONAL DO AGRAVAMENTO DE RISCO

José María Muñoz Paredes[1]

1. A ADEQUAÇÃO DOS FUNDAMENTOS TRADICIONAIS DO CONTRATO DE SEGURO

Os estudiosos de seguros espanhóis estamos orgulhosos da contribuição de nosso país para a construção legal do contrato de seguro. As ordenações das corporações comerciais conseguiram, com efeito, distinguir definitivamente o seguro dos contratos de aposta, criando as bases sobre as quais os seguros ainda hoje repousam.

A contribuição das ordenações de Barcelona, Burgos e depois Bilbao, no campo do seguro de danos, é um fato comprovado e reconhecido por todos aqueles que estudaram sua evolução. A exigência de juros, o princípio de indenização, a proibição de enriquecimento, a proibição de duplicar o seguro... tudo isso se deve à inteligência desses comerciantes. Isso também se aplica ao seguro de vida, com as menos conhecidas ordenações do Consulado de la Nación de España de Bruges, de 1568, que pela primeira vez exigiram um interesse para contratar o seguro de vida de uma pessoa, mesmo que muitos continuem a atribuir erroneamente isso ao Gambling Act inglês, muito mais tardio.[2]

Esse legítimo orgulho não pode, no entanto, nos levar a ignorar o fato de que a evolução que a prática dos contratos de seguro sofreu, devido à evolução de nossa realidade socioeconômica, alterou completamente esses fundamentos, a ponto de alguns deles terem mais exceções do que casos de aplicação. Apesar disso, continuamos a nos referir a esses antecedentes históricos sem ousar, por vezes, questioná-los. Isso se aplica a outros princípios que, embora tenham nascido muito mais tarde, eram fundamentais à época, continuando a ser citados como tal, apesar de terem sido, por vezes, superados pela realidade.

---

1 Catedrático de Direito Comercial. Advogado. Universidade de Oviedo (Espanha).

2 Cf. meu estudo: MUÑOZ PAREDES, José María. *Un capítulo pendiente en la historia del seguro:* la aportación española a la construcción jurídica del seguro de vida. Madri: Club de Aseguradores Internacionales, 1991.

Não vou lidar hoje com todos aqueles aspectos do direito securitário que poderíamos chamar antiquados, mas com um muito específico, que diz respeito ao regime de agravamento do risco e às obrigações do segurado em tal situação. Esse problema tem muitos pontos em comum com o dever de declarar o risco, pois nada mais é senão uma extensão do risco durante a vigência do contrato. Entretanto, é necessário separá-los, pois, embora compartilhem uma base comum, apresentam singularidades que exigem uma análise diferenciada.

2. ORIGEM DO PROBLEMA

A disciplina jurídica do agravamento do risco tem sua razão de ser, como é sabido, no equilíbrio contratual, que, no seguro, se manifesta pela adequação do prêmio aos fatores de risco e às somas ou valores segurados. Como se trata de um contrato de duração, o equilíbrio inicial pode ser alterado, devendo ser adaptado mais de uma vez. Nas palavras de nossa Suprema Corte (STS, 1ª Câmara, 20 de julho de 2000):

> A regulação legal se baseia na existência de um estado de coisas no momento do contrato que condiciona sua configuração e que, dado seu trato contínuo, pode ser alterado por circunstâncias de vários tipos, que, quando implicam aumento dos riscos, de forma a desequilibrar, em detrimento do credor, a situação inicialmente prevista, gera para o tomador do seguro ou para o segurado que está ciente deles o dever de informação expressa.[3]

Pois bem, essa simples ideia tem uma aplicação prática complexa, que tem sido exageradamente acentuada nos últimos tempos, na proporção em que a velocidade com que nossas próprias circunstâncias mudam. A sociedade de consumo em que vivemos permite que as circunstâncias mudem continuamente. Na vida contemporânea, de fato, há poucas situações estáticas. Os bens, pessoais ou comerciais, mudam continuamente: adquirimos mais coisas; há, ainda, as coisas que quebramos ou deterioramos; há aquelas que aumentam ou diminuem de valor, às vezes desproporcionalmente, ao ritmo do *bitcoin*. Além disso, as circunstâncias também mudam em velocidade vertiginosa, transformando um negócio estável numa aventura. Mesmo as

3 "(...) *la regulación legal parte de la base de la existencia de un estado de cosas al tiempo del contrato que condicionan su configuración y que, dado su tracto continuado, puede verse alterado por circunstancias de diversa índole, las cuales, cuando implican un aumento de los riesgos, al desequilibrar, en perjuicio del acreedor, la situación inicialmente prevista, generan para el tomador del seguro o el asegurado que las conocen el deber de información expresado*".

pessoas mudam, assim como os riscos aos quais estamos sujeitos. A única coisa que permanece a mesma é a apólice.

Isso também explica por qual razão em sinistros importantes (e também naqueles não tão importantes), circunstâncias ligadas ao agravamento do risco constituem uma escusa comum para rejeitar ou reduzir o pagamento da indenização ou da prestação devida. Aquilo que, na fase anterior ao sinistro, não é problema nenhum se torna o foco de discussão quando o sinistro ocorre, causando conflitos que, no final, questionam o próprio objetivo da cobertura do seguro, já que, nos sinistros comerciais, o atraso no recebimento da indenização acaba frustrando a reparação na maioria das vezes. Se já é difícil retomar os negócios após um sinistro, isso é ainda mais difícil quando se tem de aguardar o procedimento realizado para determinar a obrigação e o valor da indenização.

3. O *STATUS QUO* LEGAL

As leis do contrato de seguro, em termos gerais, impõem ao segurado as consequências do agravamento, o que leva a que, também em geral, o dever de adaptar a apólice a essa variação seja tido por encargo do próprio segurado.

Nessa tendência, encontramos algumas variações ou diferenças relevantes:

- A distinção (ou não) entre agravamentos voluntários e involuntários;
- A extensão do dever para os segurados;
- A intervenção de culpa na omissão em notificar a seguradora e, dentro dessa, de diferentes graus de culpa;
- Os direitos da seguradora de reagir ao agravamento, com a possibilidade (ou não) de resolver o contrato;
- O impacto (ou não) do agravamento especificamente sobre o sinistro;
- O impacto (ou não) do agravamento nas respostas dadas ao questionário apresentado pela seguradora;
- O conhecimento da seguradora sobre o agravamento por outros meios.

Uma breve revisão da legislação revela essas sobreposições e divergências:

➢ Código Civil Brasileiro:

Art. 768. O segurado perderá o direito à garantia se agravar intencionalmente o risco objeto do contrato.

Art. 769. O segurado é obrigado a comunicar ao segurador, logo que saiba, todo incidente suscetível de agravar consideravelmente o risco coberto, sob pena de perder o direito à garantia, se provar que silenciou de má-fé.[4]

➢ Espanha (Art. 11, Lei de Contratos de Seguro):

O tomador do seguro ou o segurado deve informar à seguradora o mais rápido possível durante a vigência do contrato a alteração dos fatores e circunstâncias declarados no questionário previsto no artigo anterior que agravam o risco e que são de tal natureza que, se fossem conhecidos por ela no momento da perfeição do contrato, ela não o teria concluído ou tê-lo-ia concluído em condições mais onerosas.[5]

➢ Alemanha (§ 23 VVG):

(1) O segurado não pode aumentar o risco nem permitir que o risco seja aumentado por um terceiro sem o consentimento da seguradora após sua declaração de aceitação do contrato.
(2) Se o segurado subsequentemente perceber que aumentou ou permitiu um aumento de risco sem o consentimento da seguradora, deverá ele notificar a seguradora sobre o aumento de risco sem demora.
(3) Se ocorrer um aumento de risco alheio à vontade do segurado após a emissão da declaração contratual do segurado, deverá ele notificar a seguradora do aumento de risco sem demora após tomar conhecimento.[6]

➢ Itália (Art. 1898 do Código Civil – Agravamento do risco):

O segurado é obrigado a notificar imediatamente a seguradora a respeito das mudanças que agravam o risco de tal forma que, se o novo estado de coisas tivesse existido e fosse conhecido pela seguradora no momento da conclusão do contrato, a seguradora não teria contratado o seguro ou tê-lo-ia contratado por um prêmio mais alto.[7]

➢ Bélgica. Art. 81, Lei de Seguros de 2014:

§ 1º Exceto no caso do seguro de vida, saúde ou crédito, o segurado é obrigado a declarar, durante o curso do contrato, de acordo com o art. 58, quaisquer novas circunstâncias ou

4 Disponível em: http://www.planalto.gov.br/ccivil_03/leis/2002/l10406compilada.htm.
5 Texto original disponível em: https://www.boe.es/eli/es/l/1980/10/08/50/con.
6 Texto original disponível em: https://www.gesetze-im-internet.de/vvg_2008/VVG.pdf.
7 Texto original disponível em: https://www.gazzettaufficiale.it/dettaglio/codici/codiceCivile.

mudanças em circunstâncias que possam levar a um aumento significativo e duradouro do risco de ocorrência do evento segurado.[8]

➢ PLC 29/2017 Brasil:

Art. 18. O segurado deve comunicar à seguradora relevante agravamento do risco, tão logo tome conhecimento, inclusive o derivado de motivo alheio à sua vontade.
§ 1º Será relevante o agravamento que conduza ao aumento significativo e continuado da probabilidade de realização do risco ou da severidade de seus efeitos.[9]

No que diz respeito às soluções, no entanto, há mais consenso. Em geral, o agravamento não comunicado por culpa do segurado dá origem à redução proporcional da indenização devida (regra de equidade), ao passo que, se houver dolo, fica a seguradora liberada do pagamento da indenização. No entanto, persistem pontos de divergência.

➢ Espanha (Artigo 12, Lei de Contratos de Seguro):

A seguradora pode, no prazo de dois meses a partir do dia em que o agravamento foi declarado, propor uma modificação do contrato. Nesse caso, o titular da apólice tem quinze dias a partir da recepção dessa proposta para aceitá-la ou rejeitá-la. Em caso de recusa ou silêncio por parte do segurado, a seguradora pode, após esse período, resolver o contrato após notificação ao segurado, dando-lhe um novo prazo de quinze dias para responder, após o qual e dentro dos oito dias seguintes, ela notificará o segurado a respeito do cancelamento definitivo.
A seguradora também pode cancelar o contrato notificando o segurado por escrito no prazo de um mês a partir do dia em que ele tomou conhecimento do agravamento do risco. Caso o titular da apólice ou o segurado não tenha feito sua declaração e ocorra um sinistro, a seguradora fica liberada da sua prestação se o titular da apólice ou o segurado tiver agido de má-fé. Senão, o benefício da seguradora é reduzido proporcionalmente à diferença entre o prêmio acordado e o prêmio que teria sido aplicado se a verdadeira extensão do risco tivesse sido conhecida.[10]

---

8 Texto original disponível em: http://www.ejustice.just.fgov.be/cgi_loi/change_lg.pl?cn=2014040423&la=F&language=fr&table_name=loi.

9 Disponível em: https://legis.senado.leg.br/sdleg-getter/documento?dm=5235535&ts=1630440577824&disposition=inline.

10 Texto original disponível em: https://www.boe.es/eli/es/l/1980/10/08/50/con.

➤ Alemanha (§ 26, VVG):

§ 26 Liberação da prestação devido ao aumento do risco

(1) Se o evento segurado ocorrer após um aumento do risco, a seguradora não é obrigada a indenizar se o segurado violou intencionalmente sua obrigação de acordo com o § 23 par. 1. Em caso de violação por culpa grave, a seguradora tem o direito de reduzir seu benefício proporcionalmente à gravidade da culpa do segurado; o ônus da prova da inexistência de culpa grave recai sobre o segurado.

(2) Em caso de aumento de risco de acordo com o § 23, par. 2 e 3, a seguradora não será obrigada a indenizar se o evento segurado ocorrer mais de um mês após o momento em que a seguradora deveria ter recebido a notificação, a menos que a seguradora estivesse ciente do aumento de risco naquele momento. A seguradora é obrigada a indenizar se a violação do dever de divulgação de acordo com o § 23, par. 2 e 3 não tiver sido dolosa; no caso de violação por culpa grave, aplica-se o par. 2, primeira parte.

(3) Não obstante os par. 1 e 2, primeira parte, a seguradora é obrigada a indenizar,

1. se o aumento do risco não foi a causa da ocorrência do evento segurado ou da abrangência do dever prestacional; ou

2. se, no momento da ocorrência do evento segurado, o prazo para notificar a seguradora tivesse expirado e a notificação não tivesse sido feita.[11]

➤ Bélgica (Art. 81 Lei de Seguros de 2014 – excerto):

§ 3º Se sobrevier um sinistro e o segurado não tiver cumprido a obrigação referida no § 1º:

a) a seguradora será obrigada à prestação acordada se o segurado não puder ser responsabilizado pela omissão na prestação da declaração;

b) a seguradora será obrigada a pagar somente na proporção entre o prêmio pago e o prêmio que o segurado teria de pagar se o agravamento tivesse sido levado em conta e a falta de declaração puder ser atribuída ao segurado.

Entretanto, se a seguradora provar que nunca teria segurado o risco agravado, sua prestação em caso de sinistro é limitada ao reembolso do valor total dos prêmios pagos;

c) se o segurado tiver agido com intenção fraudulenta, a seguradora pode recusar a cobertura.[12]

11 Texto original disponível em: https://www.gesetze-im-internet.de/vvg_2008/VVG.pdf.

12 Texto original disponível em: http://www.ejustice.just.fgov.be/cgi_loi/change_lg.pl?cn=2014040423&la=F&language=fr&table_name=loi.

A proposta de lei brasileira é, neste ponto, mais inovadora:

➢ PLC 29/2017 Brasil (continuação do art. 18):

§ 2º Depois de ciente, a seguradora poderá, até o prazo máximo de vinte dias, cobrar a diferença de prêmio ou, não sendo possível tecnicamente garantir o novo risco, resolver o contrato.
§ 3º A resolução deve ser feita por carta registrada com aviso de recebimento ou meio idôneo equivalente, e deverá a seguradora restituir a eventual diferença de prêmio, ressalvado, na mesma proporção, o direito da seguradora às despesas realizadas com a contratação.
§ 4º No agravamento voluntário por parte do segurado ou beneficiário, a resolução por parte da seguradora produzirá efeitos desde o momento em que os riscos foram agravados.
§ 5º A seguradora não responderá pelas consequências do ato praticado com a intenção de aumentar a probabilidade ou de tornar mais severos os efeitos do sinistro.
§ 6º Nos seguros sobre a vida ou integridade física a seguradora poderá cobrar a diferença de prêmio, em caso de agravamento voluntário do risco.
Art. 19. Perde a garantia o segurado que dolosamente não comunicar o fato causador de relevante agravamento do risco.
Parágrafo único. O segurado que culposamente não comunicar o fato causador de relevante agravamento do risco do qual tenha tomado ciência será obrigado a pagar a diferença de prêmio que for apurada ou, se a garantia for tecnicamente impossível ou o fato corresponder a tipo de risco que não é subscrito pela seguradora, não fará jus à indenização.[13]

4. DIFICULDADES COMUNS E REVISÃO PROPOSTA

Todas as regras anteriores são, até certo ponto, lógicas e compreensíveis, mas nenhuma delas é fácil de aplicar na prática. Não é fácil identificar as mudanças, muito menos saber quais devem ser notificadas à seguradora. Tomando por exemplo o texto do art. 18 PLC 29/2017: quando é que o aumento da probabilidade é significativo ou duradouro? Quando são mais graves os efeitos de um sinistro? Como se pode provar, seguindo as regras espanholas, italianas ou belgas, que, se a seguradora tivesse conhecido essas circunstâncias, não teria celebrado o contrato?

13 Disponível em: https://legis.senado.leg.br/sdleg-getter/documento?dm=5235535&ts=1630440577824&disposition=inline.

O primeiro problema surge já ao se determinar se uma mudança constitui agravamento do risco. Muitas atividades cotidianas, como comprar um patinete elétrico, recarregar sua bateria em casa ou alugar um quarto para um hóspede aumentam o risco. No entanto, quem está ciente disso?

Mesmo variações substanciais são complexas. A mudança de atividade numa indústria, que passa a fabricar peças plásticas moldadas por injeção e moldes de metal para moldagem por injeção para trabalhos de reparo em metal constitui um aumento do risco? E uma redução significativa da força de trabalho da empresa? A resposta a essas perguntas, extraída aos casos que chegaram aos tribunais, não é clara, nem é válida para todas as empresas, pois nem todas elas levam em consideração as mesmas variáveis ao fixar o preço do risco, nem partem da mesma experiência, de modo que, às vezes, o que para algumas empresas é um agravamento, para outras é uma redução. Isso aconteceu, por exemplo, no caso da fábrica de peças plásticas que dei como exemplo: das cinco empresas consultadas, quatro consideraram a atividade mais onerosa do que o conserto, mas uma outra julgou no sentido contrário. O mesmo resultado se deu em relação à redução do pessoal: algumas das taxas de prêmio foram reduzidas com a diminuição, mas outras foram aumentadas.

Apesar dessa dificuldade em detectar o agravamento, todas as leis impõem ao tomador (ou ao segurado, em alguns casos) o ônus de identificá-los e relatá-los, o que, pelas razões acima expostas, não é apropriado nem para riscos de massa nem para riscos industriais.

4.1 Seguros consumerícios e riscos de massa

Nos seguros consumerícios e outros seguros que poderiam ser descritos como "riscos de massa", a noção de agravamento deve estar sempre ligada ao questionário, de modo que somente a alteração que resulte numa mudança nas respostas fornecidas ao preencher o questionário podem constituir um agravamento (ou redução) do risco. Quaisquer outras circunstâncias não refletidas no questionário são irrelevantes para este propósito.

A lei espanhola é, como vimos na transcrição acima, uma das poucas que vincula o agravamento ao questionário, regulamentando o problema no art. 11:

> O tomador do seguro ou o segurado deve, durante a vigência do contrato, informar à seguradora, o quanto antes, a alteração dos fatores e circunstâncias declarados no questionário previsto no artigo anterior que agravam o risco e são de tal natureza que, se fossem

> conhecidos pela seguradora no momento da perfeição do contrato, ela não o teria concluído ou o teria concluído em condições mais onerosas.[14] [grifo nosso]

Vemos a mesma previsão na legislação francesa:

> Artigo L113-2
>
> O segurado é obrigado a:
>
> 1° (...)
>
> 2° Responder com precisão às perguntas feitas pela seguradora, em particular no formulário de declaração de risco pelo qual a seguradora lhe questiona, no momento da conclusão do contrato, a respeito das circunstâncias que provavelmente farão a seguradora avaliar os riscos que está assumindo;
>
> 3° Declarar, no decorrer do contrato, novas circunstâncias que agravam os riscos ou criam novos riscos e, portanto, tornam inexatas ou obsoletas as respostas dadas à seguradora, particularmente na forma mencionada no § 2° acima.[15]

Assim, voltando à Espanha, o Acórdão da 1ª Câmara da Suprema Corte, de 22 de maio de 2003, estabelece que "o dever de declarar os agravamentos do risco deve se referir aos aspectos que a seguradora considera relevantes ao avaliar o risco, não sendo outros senão aqueles constantes do questionário elaborado pela seguradora".

Essa ideia também foi adotada pela jurisprudência de primeira instância. Assim, o SAP Baleares 116/2018 de 20 de março[16] afirma que:

> Ao contrário do caso previsto no art. 10 da Lei de Contratos de Seguro, que inclui um dever pré-contratual imposto pela própria Lei, no caso do art. 11, essa obrigação surge diretamente da relação contratual já firmada, embora suas consequências jurídicas sejam reguladas pela Lei. A razão da existência desse preceito reside no fato de que o posterior agravamento do risco em relação ao existente na data de celebração do contrato produz um desequilíbrio nos benefícios contemplados, o que quebra o princípio da equivalência.

---

14 Texto original disponível em: https://www.boe.es/eli/es/l/1980/10/08/50/con.

15 Texto original disponível em: https://www.legifrance.gouv.fr/codes/article_lc/LEGIARTI000035731302/.

16 JUR 2018/140028. Texto original: "*A diferencia del supuesto contemplado en el artículo 10 de la Ley de Contrato de Seguro, que recoge un deber precontractual impuesto por la propia Ley, en el caso del artículo 11 dicha obligación nace directamente de la propia relación contractual ya concertada, si bien sus consecuencias jurídicas son reguladas por la Ley. La razón de ser tal precepto radica en que la agravación ulterior del riesgo con respecto al existente a la fecha de celebración del contrato produce un desequilibrio de las prestaciones contempladas, que hace quebrar el principio de equivalencia de las mismas, pues no olvidemos que ha de tratarse de circunstancias que, si hubieran sido conocidas por el asegurador, en el momento de la perfección del contrato, no lo habría celebrado o lo habría concluido en condiciones más gravosas.*"

> Afinal, não devemos nos esquecer de que deve se tratar de circunstâncias que, se fossem conhecidas pela seguradora no momento da perfeição do contrato, ela não o teria concluído ou o teria concluído em condições mais onerosas.

A segunda consequência de vincular o dever em exame ao questionário é que, se a seguradora não apresentou um questionário, não há obrigação de notificar agravos de risco, como foi declarado, entre outros, no Acórdão da 1ª Câmara da Suprema Corte, de 22 de maio de 2003:[17]

> O art. 11, ao definir o dever do tomador ou segurado de notificar o agravamento do risco, também exige que as circunstâncias que agravam o risco sejam (...) novas em relação ao momento da celebração do contrato e, além disso, relevantes.
>
> Consequentemente, devemos concluir que os pressupostos fáticos contemplados no referido preceito e que teriam justificado a resolução do contrato pela Seguradora da forma estabelecida no art. 12 da Lei de Contratos de Seguro não se verificam nesse caso, e isso porque:
>
> (a) Como pode ser inferido do artigo 11, § 1, acima transcrito, o termo de comparação para determinar se houve ou não agravamento do risco é aquele que foi declarado no questionário no momento da conclusão do contrato, um questionário que não se demonstrou existir neste caso.

Essa já é uma solução muito reiterada de nossa Suprema Corte, como pode ser visto, para citar a última decisão no momento da redação deste texto, no Acórdão nº 661/2020 de 10 de dezembro (Relator Sr. Marín Castán):[18]

> A respeito da interpretação deste tribunal sobre o art. 10 LCS (contida, entre outros, nos acórdãos 394/2020, de 1 de julho, 390/2020, de 1 de julho, 378/2020, de 30 de junho, 345/2020, de 23 de junho, 333/2020, de 22 de junho, 7/2020, de 8 de janeiro, 572/2019, de 4 de novembro, 106/2019, de 19 de fevereiro, 81/2019, de 7 de fevereiro, 53/2019, de 24 de janeiro, 37/2019, de 21 de janeiro, 621/2018, 8 de novembro, 562/2018, 10 de outubro, 563/2018, 10 de outubro, 528/2018, 26 de setembro, 426/2018, 4 de julho, 323/2018, 30 de maio, 273/2018, 10 de maio, 542/2017, 4 de outubro, 222/2017, 5 de abril, 726/2016, 12 de

---

17 RJ 2003/7148. Texto disponível em: https://vlex.es/vid/asegurado-comunicacion-agravamiento-an-11-15728036.

18 Id Cendoj: 28079110012020100647. Texto disponível em: https://www.civil-mercantil.com/sites/civil-mercantil.com/files/NCJ065227.pdf.

dezembro, 157/2016, 16 de março, e 72/2016, 17 de fevereiro) conclui-se, em resumo, (i) que o dever de declarar o risco deve ser entendido como dever de contestar ou responder ao que a seguradora pergunta, sobre a qual também recaem as consequências decorrentes de sua omissão.

Podemos concluir inicialmente que o dever de comunicar o agravamento do risco está ligado ao conteúdo e às respostas dadas ao questionário e que, sem isso, o segurado não tem obrigação de comunicar nada, pois não tem conhecimento das circunstâncias que foram relevantes para a assinatura do contrato.

Essa disposição, embora seja a mais protetora para o segurado, não seria suficiente, pois o segurado não pode ser obrigado a se lembrar do conteúdo do questionário num contrato que é geralmente renovado ao longo de um período de diversos anos. Na minha opinião, no interesse de ambas as partes, a seguradora deveria ser obrigada a apresentar um questionário atualizado de tempos em tempos. Caso contrário, podemos praticamente considerar como certo que o contrato de seguro não será mais adaptado às circunstâncias do risco, porque, como eu disse no início, elas mudam. As leis devem estar cientes dessa necessária adaptação.

4.2 Riscos industriais

Entretanto, não devem se aplicar aos riscos industriais as mesmas regras e, ainda assim, a maioria das leis não prevê nenhuma diferença: elas regulam o agravamento da mesma forma, independentemente de estarmos falando de um risco de massa ou de um risco industrial ou comercial.

Aquilo que, em minha opinião, marca a distinção e exige uma regulação diferente é que a grande maioria dos riscos industriais é subscrita sob inspeção prévia, sem apresentação de questionário pela seguradora.

Com efeito, o dever de declarar o risco é imposto, como o mestre Garrigues[19] já explicou, quando a empresa não pode verificá-lo ela mesma: "A estimativa do risco depende, de fato, das declarações feitas sobre esse ponto pelo segurado, declarações cuja exatidão a seguradora não pode verificar por si mesma, dado o enorme número de propostas de contrato que normalmente recebe".

Entretanto, no caso de riscos industriais, as empresas não enviam questionários ao segurado, mas verificam o risco elas mesmas. Quando isso acontece, em minha

19 GARRIGUES, J. *Contrato de seguro terrestre*. 2. ed. Madri: J. Garrigues, 1983, p. 49.

opinião, a regra deveria ser invertida, uma vez que o segurado não tem nenhuma referência sobre quais são os aspectos relevantes para a empresa. Isso é o que pode ser deduzido, como já vimos, da jurisprudência espanhola citada anteriormente. A falta de um questionário impede logicamente de que se fale numa declaração de risco e de agravamento.

O segurado tampouco tem de declarar o agravamento do risco nos casos em que, na ausência de um questionário, a inspeção não é realizada. Na mesma linha, por exemplo, o acórdão da 16ª Câmara do Tribunal de Barcelona n. 348/2005, de 16 de junho:[20]

> Como foi estabelecido pela Suprema Corte (acórdãos de 7 de fevereiro de 2001 [RJ 2001, 1164], 3 de outubro [RJ 2003, 6496] e 31 de dezembro [RJ 2004, 366] de 2003), o dever pré-contratual imposto ao tomador do seguro de fazer uma declaração mais precisa das circunstâncias do risco configura-se mais como dever de responder às questões formuladas pela seguradora. Não em vão o citado preceito não sanciona um dever ilimitado de declaração do segurado, mas o coloca em relação ao questionário que a seguradora lhe apresenta para esse fim. Pois bem, não parece que Carsa Motor tenha descumprido algum dever de lealdade na contratação da apólice, pois não escondeu nenhuma circunstância específica que pudesse influenciar a avaliação do risco.
>
> Como ficou demonstrado pelo acervo probatório, incluindo a declaração nesta segunda instância do mediador da Allianz, Jesus Miguel, que esteve ativamente envolvido na gestação da apólice contestada e de outras apólices anteriores com a mesma empresa, a Allianz estava perfeitamente ciente, por meio do referido agente, da atividade comercial da Carsa Motor (reparo e manutenção de máquinas: motores a gás e diesel gerando eletricidade e calor) e de seu faturamento anual estimado (1.040.000.000 pesetas). A seguradora acima

20 JUR 2005\180995. Texto original: "*Como ha sentado el Tribunal Supremo (sentencias de 7 de febrero de 2001 [RJ 2001, 1164], 3 de octubre [RJ 2003, 6496] y 31 de diciembre [RJ 2004, 366] de 2003), el deber precontractual impuesto al tomador en orden a la más precisa declaración de las circunstancias integrantes del riesgo, se configura más bien como un deber de respuesta de aquél a los requerimientos que le formule el asegurador, no en vano el precepto citado sanciona no un deber ilimitado de declaración del tomador, sino que lo pone en relación con el cuestionario que el asegurador le someta a tal efecto. Pues bien, no consta que Carsa Motor faltase a deber de lealtad alguno en la contratación de la póliza, pues no ocultó circunstancia específica alguna que pudiese influir en la valoración del riesgo.*

Como ha puesto de relieve la prueba practicada, incluida la declaración en esta segunda instancia del agente mediador de Allianz Jesus Miguel, que intervino activamente en la gestación de la póliza litigiosa y en la de otras anteriores con la misma empresa, Allianz era perfecta conocedora por mediación del citado agente de la actividad mercantil de Carsa Motor (reparación y mantenimiento de maquinaria: motores de gas y gasoil generadores de electricidad y calor) y de su facturación anual estimada (1.040.000.000 de pesetas). El referido asegurador no requirió más datos a su futuro asegurado, renunciando incluso a efectuar una inspección de la nave industrial del mismo, pese a tratarse de una práctica empleada por esa compañía cuando se trata de la concertación de pólizas sobre riesgos agravados, como puso de relieve su agente Jesus Miguel".

mencionada não solicitou mais informações ao seu futuro segurado, *renunciando a realizar uma inspeção das instalações industriais do segurado, apesar de ser uma prática empregada por essa empresa quando se trata da conclusão de apólices de riscos agravados*, como seu agente Jesus Miguel destacou [grifo nosso].

Finalmente, devemos passar aos casos em que os dois métodos são combinados, de forma que, mesmo havendo inspeção, o segurado responde a um questionário, em regra anteriormente à inspeção. Na minha experiência, a inspeção prevalece sobre as respostas do segurado, privando-as de valor para fins de quantificação do prêmio, que, por sua vez, baseia-se no resultado da inspeção. Entretanto, o questionário mantém seu valor na medida em que o segurado sabe quais aspectos são relevantes para a empresa, o que lhe permitiria notificar aqueles que sofrem variação. Mais uma vez, seu dever será marcado pelo conteúdo do questionário e pelas respostas fornecidas na ocasião. Entretanto, mesmo nesse caso, a responsabilidade pelo agravamento é dividida, e a empresa deve realizar inspeções regulares (como é feito frequentemente) para verificar a manutenção das condições, não sendo admissível, na minha opinião, confiar indefinidamente na inspeção realizada há algum tempo. O recurso à inspeção significa, em suma, uma alteração das regras de contratação, o que impõe à empresa, por sua própria vontade, o dever de adaptar a apólice ao risco. Isso obviamente não pode cobrir atos dolosos do segurado.

4.3 Condições para a aplicação da regra da equidade

Como já assinalei anteriormente, a solução dada em muitos sistemas jurídicos no caso de o segurado não ter cumprido o dever de comunicar o agravamento do risco (se, insisto, era de sua responsabilidade, de acordo com as diretrizes acima mencionadas) consiste na aplicação da chamada regra da equidade. Isso também está previsto no PLC brasileiro.

Na legislação espanhola, a regra de equidade é mencionada, como se sabe, no art. 10.3 da Lei de Contratos de Seguro, segundo o qual "Se o sinistro ocorrer antes de a seguradora fazer a declaração referida no parágrafo anterior, a prestação da seguradora será reduzida proporcionalmente à diferença entre o prêmio acordado e o que teria sido contratado se a verdadeira natureza do risco tivesse sido conhecida". Sua aplicação é excluída quando a eventual discrepância for devida ao dolo ou culpa grave por parte do segurado, de acordo com o parágrafo seguinte do preceito acima mencionado.

Mais uma vez, a regra é muito simples e razoável, mas sua aplicação prática é exatamente o oposto.

Com efeito, a aplicação da regra da equidade envolve a comparação do prêmio pago com o prêmio que deveria ter sido pago, mas esse cálculo deve ser devidamente fundamentado, em termos comparáveis e transparentes.

Para isso, a empresa teria que fornecer o fundamento técnico completo da apólice, a distribuição do prêmio para todos os critérios e os descontos comerciais aplicados na época. A primeira dificuldade surge porque o tomador ou segurado não tem acesso a esse fundamento técnico e, portanto, não tem como verificar se está correta. Está nas mãos da empresa. Qualquer pessoa que tenha tido acesso à tarifação verá que há tantos fatores que entram em jogo que é francamente difícil, mesmo para um atuário, aplicá-la. A isso se soma o fato de que, pelo menos na experiência espanhola, o prêmio que o segurado está pagando não é o que resulta da tarifação. Este último dá um valor, mas as condições comerciais muitas vezes obrigam a reduzi-lo, com descontos muito significativos que não são explicados por nenhum outro critério além da situação do mercado e do interesse em manter o cliente.

Isso é o que nossa melhor doutrina aponta:

> Finalmente, a dificuldade existente na prática para encontrar os termos da proporção da regra de equidade pode derivar de um fator externo que entra em jogo seja qual for a posição adotada (isto é, tomar o seguro como um bloco ou fragmentá-lo em riscos), porque, às vezes, a seguradora não cobra o prêmio que seria tecnicamente necessário, mas aplica descontos a seus segurados por razões competitivas. Portanto, se para aplicar a regra de equidade temos que relacionar dois termos, entre o prêmio "pago" e o prêmio "devido", na realidade, o prêmio "pago" não é o que corresponde ao risco mal declarado, mas um menor. Tampouco o prêmio devido com o qual ele tem que estar relacionado é o que resulta dos fundamentos técnicos, *pois a seguradora certamente teria aplicado o mesmo ou outro desconto comercial sobre ele.*[21]

Noutras palavras, ambos os prêmios teóricos ou ambos os prêmios reais devem ser comparados, mas não o real com o teórico. Isso é apontado na recente decisão da Suprema Corte de 25.10.2021 (Acórdão 712/2021),[22] que afirma que a aplicação correta da regra de equidade "requer o uso de termos de cálculo homogêneos, e não heterogêneos".

---

21 MUÑOZ, M.L. "Problemas de aplicación de la regla proporcional y de la de equidad en el seguro multirriesgo", *el seguro multirriesgo".Revista de Derecho Mercantil*, n. 283, pp. 77ss., esp. 101, 2012.

22 Id Cendoj: 28079110012021100717.

Como, então, é possível determinar que prêmio teria sido pago se a empresa tivesse sabido do agravamento? A única alternativa para o segurado é obter cotações reais. Essa não é uma tarefa fácil, pois ele terá que ir a corretores que, por sua vez, terão que "inventar" um cliente para consegui-las. Isso foi feito, por exemplo, pelo perito que interveio no caso decidido pelo Acórdão da Suprema Corte citado acima.

Os resultados de tal comparação podem ser surpreendentes. Em um caso de que tratei recentemente, a seguradora considerou que houve uma mudança de atividade, o que significa que a indenização teve de ser reduzida em quase 70%. Não pudemos fazê-los fornecer os preços completos, o que nos impediu de verificar os cálculos. Então, não tivemos outra escolha senão pedir cotações reais para as duas atividades (a declarada e a que a empresa alegava estar sendo realizada), em termos comparáveis. O resultado não permitiu determinar o prêmio que teria sido pago no momento do suposto agravamento (já que vários anos haviam se passado), mas deixou claro que o prêmio comercial correspondente à atividade que a empresa alegava estar sendo realizada era significativamente mais barato do que o aplicável à atividade declarada. Em outras palavras, se a mudança de atividade fosse verdadeira, haveria um excesso, e não uma insuficiência do prêmio.

Na minha opinião, a menos que consigamos fazer o contrato de seguro *uberrimae fidei* para ambas as partes em todos os casos, os tribunais devem aplicar a regra da equidade somente naqueles casos em que a empresa forneça com total transparência as bases técnicas e os preços completos, bem como os descontos comerciais aplicados, para que qualquer especialista possa verificar os cálculos.

5. AGRAVAMENTO DO RISCO DO SEGURO DE VIDA

A última questão que eu gostaria de abordar diz respeito ao agravamento nos seguros de vida.

A disciplina do agravamento do risco é mais frequentemente encontrada nas disposições gerais do contrato. No Código Civil brasileiro, por exemplo, os arts. 768 e 769 não distinguem, estabelecendo a perda do direito à garantia em caso de agravamento intencional do risco ou se, conhecendo o agravamento involuntário, não há comunicação.

O que acontece no seguro de pessoas se, por exemplo, o segurado contrair uma doença que aumenta seu risco, como pressão alta ou diabetes? Essas mudanças não constituem agravamento, mas fazem parte do próprio risco coberto. Por essa razão, algumas leis preveem um regime específico para os seguros de vida:

- VVG alemã §158 (1): "Considera-se aumento do risco apenas aquela alteração das circunstâncias do risco que, de acordo com convenção expressa, deva ser considerada aumento do risco. Tal convenção deve ser prevista por escrito".[23]
- Lei portuguesa, art. 190º. Agravamento do risco: "O regime do agravamento do risco previsto nos artigos 93º e 94º não é aplicável aos seguros de vida, nem, resultando o agravamento do estado de saúde da pessoa segura, às coberturas de acidente e de invalidez por acidente ou doença complementares de um seguro de vida".[24]
- Lei belga, art. 81: Agravamento de risco.

> § 1. *Exceto no caso de contratos de seguro de vida, saúde ou crédito,* o segurado é obrigado a declarar, durante o curso do contrato, de acordo com o art. 58, quaisquer novas circunstâncias ou mudanças em circunstâncias que possam levar a um aumento significativo e duradouro do risco de ocorrência do evento segurado.[25] [grifo nosso].

Curiosamente, o PLC brasileiro deu um passo para trás. O art. 18, § 6º, estabelece o seguinte: "No seguro de vida ou de integridade física, a seguradora pode cobrar a diferença do prêmio em caso de agravamento voluntário do risco". Em sua redação anterior, excluía a aplicação dessas regras ao seguro de vida.

A lógica dessa mudança é óbvia: também nos seguros de vida o risco pode ser agravado (fumar tabaco, quando se declarou não fumar; praticar esportes radicais etc.) e, nesses casos, a empresa teria que ser informada se essa circunstância fosse incluída no questionário. Se o PLC for aprovado como está, caberá aos intérpretes definir o conceito de agravamento, limitando-o a mudanças voluntárias.

BIBLIOGRAFIA

GARRIGUES, J. *Contrato de seguro terrestre*. 2. ed. Madri: J. Garrigues, 1983.

MUÑOZ PAREDES, José María. *Un capítulo pendiente en la historia del seguro*: la aportación española a la construcción jurídica del seguro de vida. Madri: Club de Aseguradores Internacionales, 1991.

23 Texto original disponível em: https://www.gesetze-im-internet.de/vvg_2008/VVG.pdf.

24 Disponível em: https://dre.pt/dre/legislacao-consolidada/decreto-lei/2008-34457275.

25 Texto original disponível em: http://www.ejustice.just.fgov.be/cgi_loi/change_lg.pl?cn=2014040423&la=F&language=fr&table_name=loi.

MUÑOZ, M.L. "Problemas de aplicación de la regla proporcional y de la de equidad en el seguro multirriesgo", el seguro multirriesgo". *Revista de Derecho Mercantil*, n. 283, pp. 77ss., esp. 101, 2012.

Jurisprudência

ESPANHA. SAP Baleares n. 116, de 20 de marzo de 2018.

ESPANHA. Sentencia de la AP de Barcelona (Sección 16ª) n. 348/2005 de 16 de junio.

ESPANHA. Sentencia n. 661 de 10 de diciembre de 2020. Disponível em: https://www.civil-mercantil.com/sites/civil-mercantil.com/files/NCJ065227.pdf.

ESPANHA. STS 520/2003, 22 de mayo de 2003. Disponível em: https://vlex.es/vid/asegurado-comunicacion-agravamiento-an-11-15728036.

ESPANHA. STS 3955, de 25 de octubre de 2021. Tribunal Supremo. Sala de lo Civil. Relator: Jose Luis Seoane Spiegelberg.

Legislação

ALEMANHA. Versicherungsvertragsgesetz – VVG. Disponível em: https://www.gesetze-im-internet.de/vvg_2008/VVG.pdf.

BÉLGICA. Loi relative aux asurances, 4 avril 2014. Disponível em: http://www.ejustice.just.fgov.be/cgi_loi/change_lg.pl?cn=2014040423&la=F&language=fr&table_name=loi.

BRASIL. Lei n. 10.406, de 10 de janeiro de 2002. Institui o Código Civil. *Diário Oficial da União*: seção 1, Brasília, DF, ano 139, n. 8, pp. 1-74, 11 jan. 2002.

BRASIL. Senado Federal. Projeto de Lei da Câmara n. 29, de 2017. Disponível em: https://legis.senado.leg.br/sdleg-getter/documento?dm=5235535&ts=1630440577824&disposition=inline.

ESPANHA. Ley 50/1980, de 8 de octubre, de Contrato de Seguro. *Boletín Oficial del Estado*, núm. 250, de 17.10.1980. Disponível em: https://www.boe.es/eli/es/l/1980/10/08/50/con.

FRANÇA. Code des asurances. *Légifrance*. Disponível em: https://www.legifrance.gouv.fr/codes/article_lc/LEGIARTI000035731302/.

ITÁLIA. Codice Civile. *Gazzetta Ufficiale della Repubblica Italiana*, 04.04.1942. Disponível em: https://www.gazzettaufficiale.it/dettaglio/codici/codiceCivile.

PORTUGAL. Decreto-Lei n. 72/2008 (Regime jurídico do contrato de seguro). *Diário da República* n. 75/2008. Disponível em: https://dre.pt/dre/legislacao-consolidada/decreto-lei/2008-34457275.

FORMAÇÃO DO CONTRATO DE SEGURO

Veja o painel

Formação do contrato de seguro (transcrição)

Paulo Mota Pinto

Formação do contrato de seguro (transcrição)

Judith Martins-Costa

Contrato de seguro formado por adesão

Maria Inês de Oliveira Martins

Formação do contrato

Paulo Mota Pinto[1]

Muito obrigado. Ministro Luis Felipe de Salomão, queria agradecer a apresentação, as palavras também amáveis que me dirigiu. Eu queria dizer que para mim é um grande gosto, uma honra participar neste congresso, num painel sob a sua presidência. Quero cumprimentar os meus colegas de painel, começando pela professora Judith Martins-Costa, dizer que é um gosto revê-la e ver também esse fundo do Instituto de Estudos Culturalistas em Canela, dá saudades quando aí estive, e é também um gosto estar consigo neste painel.

Cumprimentar também a doutora professora Maria Inês Oliveira Martins, minha colega com quem algumas vezes já tratei alguns temas de direitos de seguro, e que é uma grande especialista de direito dos seguros, queria dizer que é um gosto estar consigo também neste painel. E também com moderação do professor Paulo Toledo Piza, que não tinha o gosto de conhecer, só de nome, quero também cumprimentá-lo. Quero agradecer também ao Instituto Brasileiro de Direitos do Seguro, o professor e doutor Ernesto Tzirulnik, que foi quem me convidou para aqui estar presente.

Eu vou falar sobre a declaração tácita e o comportamento concludente na formação do contrato de seguro. Como já aqui foi dito, eu publiquei em tempos um livro, que justamente começa pelas palavras "a declaração tácita e o comportamento concludente no negócio jurídico". Quando eu digo "em tempos", já foi há mais de 26 anos, portanto já foi há bastante tempo, ainda no milênio passado. De todo modo, eu penso que a análise da teoria do comportamento concludente que nele se faz mantém alguma atualidade, e eu até diria que dados do desenvolvimento – até recentemente, nós havíamos a falar de alguns deles também no Direito brasileiro –... enfim, é sempre um gosto voltar a essa doutrina do comportamento concludente e ver como ele tem algum relevo prático também no que toca à questão da formação do contrato pelo silêncio que já referirei.

1 Professor Associado com Agregação e coordenador da Secção de Direito Civil da Faculdade de Direito da Universidade de Coimbra (UC). Juiz do Tribunal Constitucional, eleito pela Assembleia da República, de 1998 a 2007. Licenciado em Direito, Mestre e Doutor em Ciências Jurídico-Civilísticas pela Faculdade de Direito da Universidade de Coimbra.

Em primeiro lugar, gostaria de fazer uma referência ao problema da liberdade declarativa e das formas de declaração de vontade em geral. Num segundo ponto, vou aplicar ao contrato de seguro. Num terceiro ponto, vou dizer alguma coisa sobre as resoluções recentes, que já foram aqui referidas, que tratam dessa matéria na formação do contrato de seguro.

Em primeiro lugar, é um princípio estabelecido na generalidade das ordens jurídicas – o princípio da liberdade declarativa e o princípio da liberdade de forma. Por vezes, esses princípios, essas regras estão confundidas, mas, fundamentalmente, quando dizem a *liberdade declarativa* é que as partes podem comunicar entre si por qualquer modo, quer por meios diretos de expressão da vontade, declaração dita expressa, quer por meios indiretos da declaração, dita tácita – "tácito" vem de "*tacero*", de calar. Em rigor, na declaração tácita não há um *nada a fazer*, não há um *silêncio*, o que não há é um *meio direto de expressão da vontade*, mas há um ato, alguma conduta concludente, concludente porque permite *concluir* pela vontade de emitir a declaração negocial.

Fala-se aqui da liberdade declarativa. É um pouco diferente o princípio da liberdade de forma, que já diz respeito especificamente às formalidades, à forma, portanto, digamos, à roupagem externa da declaração de vontade. O Código português distinguiu essas duas vertentes no artigo 217 e no artigo 219. Há outros códigos que não distinguem. O Código brasileiro, que apenas enuncia no artigo 107 o princípio da liberdade de forma, mas manifestamente tem implícita também a ideia de liberdade declarativa, isto é, a forma entendida nesse sentido amplo inclui quer o documento formalizado da declaração, quer o modo, a forma nesse sentido de comunicação das partes entre si. Portanto, esses princípios valem na generalidade das ordens jurídicas, são a regra. Eu até diria que o princípio da liberdade de forma e também o princípio da liberdade declarativa valem pelo menos desde o momento em que se abandonou a restrição da força vinculativa do contrato a contratos formais, quando se passou a entender que a simples promessa, a simples declaração, mesmo fora dos tipos específicos ou dos contratos reais ou dos contratos formais obriga e vincula, o que é a regra.

Centrando especificamente na liberdade declarativa: há duas modalidades que normalmente se distinguem da declaração de vontade. Há diferentes posições, até doutrinais, sobre como se distingue a declaração expressa da declaração tácita, há quem diga que tem a ver com motivação subjetiva, tem a ver com a intenção, se a intenção é dirigida aquela finalidade seria expressa, se é dirigida a outra seria tácita. Há teorias objetivas, que apontam para o uso de palavras ou de meios diretos de expressão, bem... não interessa aprofundar muito isto, queria dizer que o Código português adotou esta última posição, isto é, se é feita por palavras ou meios diretos de expressão de vontade é uma declaração dita expressa, se é feita indiretamente, como que em via oblíqua, porque a declaração está pressuposta ou é implicada por outra declaração ou por outro ato, é a declaração dita tácita.

É o caso típico, por exemplo, da aceitação através de atos de execução, ou através de atos de apropriação, quando o destinatário da proposta revende ou consome a coisa sabendo que ali foi proposta a sua aquisição, ou quando executa o caso típico. Encontra-se nas fontes romanas, é, por exemplo, a cobrança de renda ou de juros para períodos posteriores ao fim do contrato, que necessariamente pressupõe a prorrogação do prazo do contrato.

Portanto, são casos em que essa declaração de prorrogação resulta indiretamente. Neste caso até pode resultar de outras declarações judiciais, isto é, o comportamento concludente que fundamenta a declaração tácita pode ser uma declaração negocial no outro sentido. Pode ser o destinatário da proposta que venda coisa ou que a revende, ou então, exemplo típico também de declaração tácita do negócio... aceitação tácita da herança, faz-se muitas vezes pela disposição sobre os bens da herança. Há aqui uma controvérsia sobre a distinção, mas fundamentalmente este é o núcleo duro da distinção.

O comportamento concludente, como já aqui foi referido, como assim eu entendo, e é esta a posição dominante da doutrina europeia, é o elemento objetivo da declaração tácita, isto é, aquela conduta que permite fazer uma ilação ou inferência no sentido de que dela resulta uma declaração de vontade. Qual é o critério para determinar se esta declaração de vontade existe? É o mesmo critério de todas as declarações de vontade, é o critério geral de interpretação da declaração negocial, isto é, é preciso ver se segundo esses critérios há um nexo ou uma ilação de concludência – por exemplo, no caso do Direito português, é o critério do destinatário normal da declaração colocado na posição do real destinatário, se ele retiraria daquela conduta a inferência de que ela necessariamente, ou com toda a probabilidade pelo menos, pressupõe ou implica uma declaração de vontade.

A lei portuguesa diz que se deduz de fatos que como toda as probabilidades a revelam. Não tem de ser uma inferência lógica e necessária, não tem de ser a única possibilidade, mas do critério – digamos do ponto de vista relevante para a interpretação – tem, em termos de uma certeza prática, de ser uma inferência, uma pressuposição relevante para essa interpretação. É algo que é apreciado objetivamente, pois podemos agora analisar o que é exatamente este nexo de concludência; o que é dizer que um ato implica ou pressupõe outro; implica analisar se é necessário, por exemplo, que o destinatário saiba que o agente sabia da proposta ou sabia que aquele comportamento poderia ser adotado, poderia ser atribuído aquele significado. O aspecto mais importante aqui, para mim, é que é preciso distinguir um comportamento concludente, comportamento objetivo, e os requisitos subjetivos da declaração negocial.

É claro que a declaração tácita, ou por comportamento concludente, também pode ser invalidada por erro na declaração, até por falta de consciência da declaração, desde que se prove isso. Se eu confundi a coisa que consumi ou que vendi a terceiro, se eu não sabia sequer da proposta como foi dirigida, é claro que eu não podia ter consciência que estava a aceitar a proposta.

Isso suscita depois uma série de outros problemas. Quero só referir que o legislador português também tratou da questão de saber se, quando é exigida uma forma para a declaração de vontade, a declaração pode ser tácita. E respondeu assim... porque era uma questão muito discutida, quando por exemplo a declaração tem sem por escrito, pode ela ser tácita? Respondeu no sentido de que, se os fatos concludentes estiverem formalizados, sim. É uma resposta com alguns problemas, não quero agora aqui aprofundá-la.

Distinta da declaração tácita e a declaração silente, porque aí não há só um nada a fazer. Há um nada a fazer, um nada a dizer, há um silêncio total. Claro que a regra aqui tem de ser um silêncio não importa aceitação, salvo se houver acordo das partes nesse sentido, norma legal nesse sentido, ou uso. É a regra do Direito português, no artigo 218, é também regra do Direito brasileiro, no artigo 111 do Código Civil, ou das circunstâncias ou uso autorizarem e não for necessário a declaração de vontade expressa. Portanto, pode acontecer que haja um uso, um uso geral ou uso até num ramo específico da atividade econômica, por exemplo na atividade da seguradora, no quadro do qual o silêncio, a falta de resposta, deve ser entendida como aceitação, claro que quem invoque esse uso tem de provar.

É um pouco distinta esta hipótese a meu ver – segundo a norma do Código português e do Código alemão, claramente distinta, no Direito brasileiro talvez não seja tão claro – da hipótese prevista no artigo 432, onde se diz que se o negócio for daqueles em que não seja costume a aceitação expressa, ou o proponente já tiver dispensado, reputar-se-á concluído o contrato não chegando a tempo a recusa. Aqui só está em causa a declaração de aceitação. E aqui o problema não é o de saber se o silêncio do destinatário da proposta, do aceitante, o vincula, isto é, não é vincular o destinatário pelo silêncio. É o problema de saber se não sendo costume, não sendo usos, se ele não expressa, bem... o proponente deve considerar o contrato celebrado, o próprio proponente, se não chegar a tempo a recusa. Não se diz o que é chegar a tempo.

Essa citação é parecida com a de uma norma do Código Civil português, o artigo 234, e de um artigo que também há no BGB, o parágrafo 155. Dizem basicamente que se a proposta ou a natureza do negócio ou os usos tornarem dispensável uma comunicação da aceitação, o contrato está concluído logo que a conduta da outra parte mostre a intenção de aceitar a proposta. Não é necessariamente uma hipótese de silêncio. São aqueles casos, por exemplo, em que se pede execução imediata, ou uma encomenda urgente, ou até casos em que os usos manifestamente tornam até dispensável a comunicação, a reserva urgente de um quarto num hotel, ou quando ele é reenviado ao destinatário da proposta ou bem, e, portanto, os atos de apropriação ou uso tornam, digamos, perfeito o negócio.

Ela é geral para os contratos, quer para o silêncio, quer para aceitação tácita - portanto artigos 217, 218 no Código português, 107, 111 no Código Civil brasileiro - quer para a proposta, artigo 432 no Código brasileiro. Conhece em geral as possibilidades de vinculação, que no silêncio é claro que é preciso provar que há uma norma nesse sentido ou que há um uso, mas isso não é algo que seja desconhecido.

Centrando agora no contrato de seguro. No contrato de seguro são aplicáveis as regras gerais da formação dos contratos, salvo se houver algo especial, uma norma especial ou algum uso. No Direito português, a Lei do Contrato de Seguro diz claramente que a validade do contrato de seguro não depende da observância de forma especial, algo que já resultaria do Código Civil.

Mas enfim, diz-se que isso é importante porque, logo no número 2, diz também que o segurador tem de formalizar num instrumento escrito, que se denomina apólice, que ela vem a ser datada e assinada pelo segurador, mas fica claro que essa obrigação não é necessária, não é um requisito necessário para a celebração do contrato. Portanto, o contrato forma-se segundo as regras gerais. Vamos ver a seguir que há uma norma que atribui valor ao silêncio do segurador, tal como aliás muitas ordens jurídicas, mas eu diria que modelo de formação do contrato mais frequente é o modelo da proposta do tomador do seguro, em que o tomador do seguro apresenta um documento, que é uma proposta, muitas vezes em um formulário até da seguradora, e que o segurador depois aceita, enviando a apólice.

Não é o único modelo. Na Alemanha, por exemplo, distingue-se o modelo do convite a contratar, *invitatio ad offerendum*, em que o tomador do seguro dirige à seguradora um convite à formulação de uma proposta, um convite não vinculativo segundo as suas necessidades. É particular naqueles seguros mais detalhados à medida. E depois a proposta é enviada pela seguradora.

E há também o modelo da apólice, em que é feita uma oferta pelo tomador do seguro, sem ter ainda sido completamente informado, mas há uma possibilidade de revogação – não quero agora estar aqui a entrar nisso –, mas o modelo mais comum é realmente o de a proposta ser enviada pelo tomador de seguro. Isto é não só assim em Portugal, mas é também o mais comum em muitos outros países europeus. Talvez por isso a lei portuguesa, e aliás, também o regime de 95 sobre transparência da atividade seguradora, tem uma norma sobre o valor do silêncio do segurador. Eu quando fui preparar esta comunicação, fui procurar até nesse livro que tinha publicado casos de contrato de seguro. Encontrei um acórdão antigo de 1980 em que estava em causa o seguinte, estava em causa o problema típico dessas questões da formação do contrato que é o de acontecer um sinistro naquele momento em que as partes não sabem que o contrato está celebrado.

Era um acórdão do Supremo Tribunal de Justiça de 17 de julho de 80 em Portugal. A entidade patronal tinha preenchido e entregue ao agente de seguros, que não tinha poderes de concluir os contratos, uma proposta de seguro relativa a um trabalhador, da qual constavam as condições do seguro. O sinistro deu-se dois dias depois da entrega dessa proposta, mas a comunicação do sinistro chega aos escritórios da seguradora ao mesmo tempo que a proposta, o agente manda as duas ao mesmo tempo. A seguradora recusou-se a considerar o contrato como celebrado, mas o Supremo decidiu que a simples apresentação por parte da seguradora da proposta de seguro ao segurado para seu preenchimento criava uma presunção de aceitação por parte da seguradora do seguro naqueles termos, e, portanto, entendeu que havia uma expressão tácita da declaração que se pretende obrigar.

No fundo, o que se quis aqui foi antecipar a conclusão do contrato, considerar o contrato logo concluído com entrega da dita proposta preenchida ao agente da seguradora, que não tinha poderes. É um problema frequente. Atualmente no Direito português vigora o artigo 27 da Lei de Contrato de Seguros sobre o valor do silêncio, que diz que para as pessoas – as pessoas singulares só –, o seguro individual tem-se por concluído nos termos propostos em caso de silêncio do segurador durante 14 dias a partir da aceitação da proposta do tomador de seguro, isto é, se a seguradora receber a proposta de uma pessoa singular e ao fim de 14 dias não responder, está concluído desde que seja feito em impresso do próprio segurador, portanto é preciso que a proposta seja feita em impresso do segurador, entende-se que ao facultar um impresso, se eu não responder, enfim, eu não posso querer manter aquela situação latente.

É claro que há aqui uma válvula de escape, porque este artigo 27 prevê, no número 4, que sem prejuízo de eventual responsabilidade civil, o segurador pode demonstrar que em caso algum se celebra contratos com aquelas características constantes da proposta, pode acontecer que na proposta haja alterações, haja modulações que seriam totalmente contrárias aquilo que aquele segurador seguraria – é artigo 27, número

4. Portanto, é verdade que em Portugal há um caso do valor partido do silêncio na formação do contrato de seguro, logo desmente até uma observação que é feita aqui na exposição de motivos desta Circular da Susep número 642, que diz que não se encontram noutras ordens jurídicas procedimentos semelhantes de aceitação tácita, ponto 7212. Onde se dizia que este modelo era praticamente exclusivo do Brasil, mas está cá "praticamente", não era necessariamente exclusivo. Mas não é só em Portugal, na Áustria também é assim por exemplo. Na lei austríaca o prisma é um pouco diferente, diz-nos que se o tomador de seguro apresentar uma proposta, um formulário também, a seguradora está obrigada a informar que só com a recepção da apólice é que se inicia a cobertura. Se a seguradora não provar que fez essa informação, então considera-se que logo a partir do momento em que foi entregue a proposta, logo a partir desse momento que começou a cobertura. É o artigo 1A da Lei do Contrato de Seguro.

Portanto, a especificidade aqui nestes casos é que no fundo a seguradora assume o papel de destinatário que aceita a proposta que lhe é endereçada. Esse mecanismo visa à tutela da confiança justificada do tomador do seguro no resultado da proposta que foi por ele enviada e recebida, quando o segurador nada faz.

Na Áustria, passa pela previsão de um dever de informação, que se não for cumprido perde efeito, em Portugal é mesmo caso do valor declarativo de silêncio, embora com essa válvula de escape, não vinculando o segurador quanto a seguros que ele nunca celebraria. No direito suíço há algo semelhante, mas é só para prorrogação ou alteração do contrato anterior. Portanto, pode haver formação pelo silêncio do contrato de seguro e pode haver evidentemente por comportamentos concludentes. Eu não quero fazer aqui uma análise exaustiva do caso concreto, mas comportamento concludente que leva à formação do contrato de seguro, do lado da seguradora aceitante, é por exemplo o envio da apólice, mesmo sem a declaração de aceitação. É de presumir-se que ela seja entendida como declaração da aceitação da proposta, ou então o pagamento de prêmios ou a cobrança do prêmio, se é enviada logo uma referência para cobrar o prêmio ou a aceitação do pagamento sem contradição, isso é também um comportamento concludente.

Também a confirmação telefônica, de cliente que está lá com um contrato celebrado, ou processamento de uma comunicação do sinistro, ou até uma declaração para terceiros da existência daquele seguro, tudo isso são comportamentos concludentes que podem implicar com toda a probabilidade, ou pressupor, aceitação do contrato de seguro, sem prejuízo evidentemente da possibilidade de invocação do erro, da falta de consideração, que competirá provar a seguradora.

No Direito brasileiro há, aliás, uma norma, o artigo 758, que permite a prova do seguro pela apólice ou pelo bilhete de seguro. Encontrei umas referências à jurisprudência, que é do Tribunal de Justiça do Rio Grande do Sul, do Supremo Tribunal de Justiça, que consideraram já que o silêncio vinculava a seguradora que deixou de exercer o direito de recusa de proposta formulada pela contratante, por exemplo um acórdão aqui de 2003 do Tribunal de Justiça do Rio Grande do Sul, ou acórdão do Supremo Tribunal de Justiça de 2014, aplicando aliás uma circular da Superintendência de Seguros Privados de 2004 que também dizia que a ausência de manifestação da seguradora no prazo de 15 dias configurava aceitação tácita da cobertura do risco. Uma solução diferente das que resultam agora dessas circulares mais recentes.

Portanto, não é algo que seja estranho no direito brasileiro, ou que fosse estranho, é algo que vale ao direito português e também vale desta forma, ou numa forma diferente, como vimos no caso austríaco através do viés de informação, e aqui ao meu ver corresponde se não ao uso estabelecido e bem radicado da atividade, pelo menos claramente a uma necessidade de proteção da confiança do segurado. No fundo visa evitar que a seguradora fique com o poder de considerar celebrado ou não o contrato consoante a sua conveniência, por exemplo de cobrar um sinistro na altura. No fundo visa também tutelar a confiança do tomador de seguro. E é nesse contexto que eu estava a dizer alguma coisa sobre as recentes restrições por via regulamentar dessa regra da liberdade declarativa no direito brasileiro, que me foram comunicadas, e eu não conhecia. Eu afirmo primeiro uma resolução do mês de março de 2021, embora essa se refira sobretudo à questão da paridade negocial, à presunção da liberdade, depois esta resolução n. 642, como já foi referido pela professora Judith Martins-Costa, contém aqui no artigo 4º uma restrição, exigência de aceitação expressa. A referência apenas ao envio da apólice como aceitação tácita, no fundo inverte a regra da liberdade declarativa, embora permitisse que as partes estipulassem a aceitação tácita, é claro.

Nisso tudo surpreendeu-me a exposição de motivos. Manifestamente eu penso que terá havido aqui uma intenção de dar alguma segurança ou desonerar até a seguradora do ônus de responder, mas alguns dos motivos que constam na exposição de motivos são ao meu ver claramente insuficientes, pelo menos a mim não me convenceram. Desde logo, quando se diz que não se identifica outra jurisdição em que o mercado de seguros seja mais desenvolvido... bem, isso depende. Não sei se em Portugal será, na Áustria talvez seja, não faço ideia, que adote procedimento semelhante à aceitação tácita, e não é bem verdade. O modelo não era praticamente exclusivo do Brasil.

Depois, quando se diz que a regra geral da legislação é a manifestação expressa. Não, a regra geral é o princípio da liberdade declarativa; há realmente um conjunto de normas onde se depois admite expressamente declaração tácita, são normas que visam reforçar isso, no caso da aceitação tácita, da renúncia da prescrição, da novação. E há outras normas onde se diz manifestação expressa, mas o princípio geral penso que continua a ser, pelo menos nos comentários que eu vi e assim o dizem, em Portugal claramente é assim, o princípio da liberdade declarativa, isto é a declaração tácita vale em regra tanto quanto a declaração expressa.

Também não acompanhei a ideia de que a possibilidade de aceitação tácita é pouco eficiente, porque imporia uma barreira à concorrência qualitativa, desonerando as seguradoras do dever de vigilância em relação à eficiência do processo de comercialização. Eu penso que ela – essa regra – obriga realmente uma vigilância sobre as propostas recebidas, que os agentes fazem chegar à seguradora, mas parece-me isso justificado de acordo com a ideia de tutela da confiança dos tomadores de seguros.

Há depois um outro conjunto de considerações que é a meu ver não são verdadeiramente procedentes. Além disso, não quero agora entrar em questões de direito constitucional brasileiro, mas em Portugal eu diria que é impossível a imposição de alterações ou extensões a uma norma legal por um regulamento. Eu penso que as normas da Susep são regulamentares, e, portanto, elas não alterariam, não teriam a virtualidade de alterar ou de restringir sequer o princípio da liberdade declarativa. É regra geral na lei a admissibilidade da declaração tácita.

Outra coisa é saber se há um uso ou não, não havendo uma norma específica, que atribua valor declarativo ao silêncio. Esses regulamentos poderão ter a utilidade, para quem entenda que isso é útil, que é correto, de contrariar esse uso, isto é, facilitar a prova de que isso não existe e portanto ou há uma norma legal – eu penso que no Direito brasileiro não existe – ou então não se formará pelo silêncio. No fundo, contrariar a prática usual anterior. A motivação de segurança da seguradora, ou até de uma das partes, não é em regra suficiente para impor declaração expressa. No Código Civil, quando se exige declaração expressa, são casos em que se exige a certeza de declaração, ou até muitas vezes pela função de aviso, requer-se que a pessoa, que o agente, saiba aquilo que está a fazer.

De todo modo, eu penso que essas soluções são inconvenientes na perspectiva da proteção dos segurados, com prejuízos para a tutela da sua confiança. Não é por acaso que essas normas existem, quer no direito português, quer no direito austríaco, quer esses usos... porque há aqui justamente um problema, como se viu naquele acórdão que se tem de 1980, de saber se já havia cobertura naquele momento em que por vezes ocorre um sinistro logo, antes ainda de haver uma aceitação expressa pela seguradora. Será que, quando ela atrasou, por exemplo, a resposta durante três semanas, um mês, será que não deve reputar-se... são casos em que o agente, o segurador, forneceu um formulário e foi feita uma proposta no formulário da seguradora, e, portanto, eu diria, a própria percepção do tomador é que em regra o contrato estaria concluído.

Os usos neste setor e o paralelo a outras legislação são indícios fortes de que há razão de ser para esta solução, e nesse sentido eu tenho dúvidas – para dizer de certa forma eufemística ou moderada – tenho dúvidas de que isso seja uma evolução positiva no Direito brasileiro. Era isso que eu tinha a dizer e penso que estou dentro do meu tempo, quero agradecer a atenção, continuo a ouvir mais uma vez. Muito obrigado.

Formação do contrato

Judith Martins-Costa[1]

Pois bem, queria dizer da minha honra e satisfação de participar desse segundo Congresso Internacional de Direito dos Seguros, com o apoio do Conselho da Justiça Federal e do Superior Tribunal de Justiça, bem como do VIII Fórum de Direito do Seguro José Sollero Filho, do qual participei em memoráveis edições anteriores. Fico mais ainda satisfeita por participar desse painel sobre a formação do contrato de seguro, sob a presidência do excelentíssimo Ministro Luís Felipe Salomão, na companhia dos caríssimos professores Maria Inês de Oliveira Martins, Paulo da Mota Pinto e Paulo Piza, professor e amigo que há tantos anos eu cultivo.

Talvez eu deva começar me desculpando por trazer aos senhores, certamente ávidos por novidades, alguns provérbios várias vezes centenários que pontuaram, fora do gabinete dos juristas, no chão muito real das ruas, das feiras, dos mercados do baixo medievo europeu, um passo decisivo na história do contrato, passo esse que vai do formalismo ao consensualismo. "Amarra-se os bois pelos chifres e os homens pelas palavras, pois mais vale o consentimento que as solenes estipulações romanas rezam deles"; "Convenções acordadas por bom costume, e não o solene aperto de mãos, fazem o mercado e o coração deve seguir a palavra"; "Convenções vencem lei". E, ainda, os muito conhecidos adágios populares "Quem cala consente"; "Quem cala nem sempre consente, embora seja certo que não negue".

A razão de trazer esses adágios tão antigos, porém, é atual e premente: diz respeito não apenas à incontestável linha histórica que vai do formalismo ao consensualismo, como à questão de saber quando e por que há vinculação jurídica obrigacional entre dois sujeitos de direito, e atine, de modo mais específico, a formação do próprio contrato de seguro.

Por meio desses antigos adágios, nós podemos refletir sobre o caráter consensual ou formal do contrato de seguro, sobre a interpretação das regras do vigente Código

1 Livre-Docente e Doutora em Direito pela Universidade de São Paulo (USP). Presidente do Instituto de Estudos Culturalistas – IEC.

Civil, sobre o papel e a força jurígena dos usos do setor, se não contrários à lei, e podemos também estar alertas quanto às transformações que recentíssima Circular da Susep, pretendendo revogar o Código Civil, os usos, a doutrina, a jurisprudência e a própria história, pretende introduzir no ordenamento brasileiro quanto à formação do contrato de seguro.

É acerca desses tópicos que eu falarei, começando pelo exame das regras legais consolidadas em modelos jurídicos jurisprudenciais e doutrinários, espelhadas no projeto de lei geral do seguro, para finalizar com o exame, ainda que muito breve, da malfadada Circular Susep 642 de 2021 que, revogando a Circular 251 de 2004, quer reintroduzir o formalismo no contrato de seguro.

Em primeiro lugar, portanto, consensualismo e seguro no direito brasileiro. A história do consensualismo, uma das mais fascinantes da história da Teoria do Direito, balança entre dois polos de uma *summa divisio*, uma privilegia o ângulo da forma, segundo a qual a aparência do consenso, a outra sublinha o ângulo do fundo, isto é, o que o constitui, substancialmente. Ambos, a rigor, se reportam à forma, pois formalismo e consensualismo não se excluem mutuamente, se tangenciam. Um se explica pelo outro.

Quais são as formas do consenso? Toda manifestação negocial é dotada de forma – escrita, verbal, solene, gestual, sonora, forma tácita, inferidas de comportamentos dotados de valor significativo no contexto dos quais ocorreram, a forma visual por signos ou sinais que não as letras do alfabeto, como por meio de imagens, desenhos, ou até por um aperto de mãos. Quando se fala em consensualismo, não se está a falar do contrato sem forma, pois liberdade de forma não é o mesmo que ausência de forma. Esta, a forma, é, dentre outras definições que lhes podem ser conotadas, todo dado sensível por meio do qual os atributos de um ser podem ser percebidos. Para o Direito Civil, especificamente para a teoria do negócio jurídico, forma é o dado pela qual a intenção revela-se, chegando ao mundo exterior, e até mesmo o silêncio pode revelar o consenso.

E este, o consenso, a intenção comum das partes, essencial à existência de um negócio contratual, chega ao mundo exterior objetivável e passível de apreensão pelos sentidos e pelo intelecto, ou por meio de formas explícitas, por exemplo, por escrito, ou por forma produzida verbalmente ou revelada por gestos explícitos de aceitação e de execução contratual, ainda que nenhuma palavra tenha sido escrita ou pronunciada, como é o caso, por exemplo, do consentimento prestado por imagens, ou quando inferido de um comportamento concludente, então se falando de forma implícita ou tácita. Evidentemente eu não arriscaria tratar desse tema na presença do Professor Paulo da

Mota Pinto, autor da mais exaustiva e profunda obra em língua portuguesa sobre o tema, *Declaração Tácita e Comportamento Concludente no Negócio Jurídico*, mas apenas recordarei, com base nas lições que colhi naquela obra, que a forma tácita é, como está em boa forma linguística no artigo 217, 1°, do Código Civil português, aquela deduzida de fatos que com toda probabilidade a revelam, isto é, uma forma objetivada e revelada por meio da conduta de um agente durante a negociação ou já na fase de execução do contrato, sendo essa conduta concludente o elemento objetivo da declaração tácita.

O comportamento concludente é uma ilação, portanto, que permite ligar, na declaração tácita, um comportamento material a um significado.

Também o silêncio pode implicar aceitação. "Quem cala consente?". Nem sempre. O silêncio importará aceitação quando as circunstâncias ou os usos assim o indicarem, como está no Código Civil, artigo 111. Esse enunciado legal deixa clara a opção do legislador no que diz respeito à teoria do silêncio adotada no direito brasileiro, isto é, aceita-se o valor jurídico do silêncio desde que presentes circunstâncias que o autorize, de modo que o Código Civil valida o silêncio circunstanciado, ou silêncio qualificado, como também se diz, como forma de anuência a uma proposição, a oferta, feita por outra.

Esses requisitos, quer a concludência, que há de ser uma inferência objetivável, quer o silêncio, que há de ser qualificado, ou significativo, já nos levam a perceber a sabedoria do adágio "Quem cala nem sempre consente, embora seja certo que não negue", mais acurado que o mero "Quem cala consente". Consentirá quando assim o disser e quando as circunstâncias e os usos permitirem essa inferência e a lei não exigir forma escrita ou qualquer outra formalidade - sublinho, a lei. Ora, esse adágio mais acurado nos alerta tanto para o valor dos usos, isto é, das práticas sociais em certo setor econômico, quanto ao valor da segurança jurídica, e assim o é porque aponta ao valor de uma conduta social, isto é, o calar com o significado primafásico de consentir resguardando porém, o "depende", essa palavra tão importante para o Direito - nem sempre consente, razão pela qual em algumas circunstâncias pode a lei exigir uma forma expressa por escrito para aceitação, especialmente para os efeitos de prova acerca do que se consentiu.

Temos, assim, convivendo e não se opondo, a liberdade de formas, que inclui a possibilidade de consentir calando - "Quem cala consente" - e a exigência de forma como elemento de prova. Isto é, não a forma como elemento essencial da existência de um contrato - hipótese muito rara no sistema, embora exista -, mas a forma escrita como um meio facilitador da prova da existência de um contrato consensual, isto é, um contrato cuja validade não depende de forma predeterminada.

Com essas referências podemos chegar ao direito vigente, isto é, ao conjunto formado pelos artigos 107, 427, 428, 429, 433. Todos, fora o 107 que é da parte geral do Código Civil, da parte geral dos contratos no Código Civil, e pelos artigos 758 e 759, também do nosso Código Civil, especificamente referentes à formação do contrato.

Está nesses artigos que referi – especialmente 107, 758 e 759 – primeiro, que a validade da declaração de vontade não dependerá de forma especial senão quando a lei expressamente exigir. Que o contrato de seguro se prova, com exibição da apólice ou do bilhete de seguro, e na falta deste por documento comprobatório do pagamento do respectivo prêmio. E que a emissão da apólice deverá ser precedida de proposta escrita com a declaração dos elementos essenciais do interesse a ser garantido e do risco.

Ora, mesmo na vigência do código de 1916, cujas regras correspondentes eram menos claras acerca da qualificação do seguro como contrato consensual, a melhor doutrina não hesitava: o contrato de seguro é um contrato consensual que admite a aceitação tácita, a citar por exemplo, Pontes de Miranda, Pedro Alvim, Waldemar Ferreira e Orlando Gomes, entre outros. Em vista do código de 2002, que explicitou ser a forma escrita mero elemento de prova – está lá, no artigo 758 –, além de ter reconhecido a força hermenêutica dos usos – artigos 113, caput, e agora também no parágrafo 1°, inciso 2º do artigo 113 –, e ter consagrado na parte geral, portanto com eficácia que se irradia sobre todo o sistema, a liberdade de formas – artigo 107 –, não mais se discute doutrina a consensualidade de contrato de seguro.

A forma escrita é exigida apenas quando a lei topicamente o determina, por exemplo, aqueles contratos pactuados com entes públicos, como está na Lei n. 8.666/93 a contratação com a Administração Pública, e agora também na lei que a substitui, a Lei n. 14.133/2021. A jurisprudência confirma a consensualidade na formação de contrato de seguro, e trago um acórdão exemplar nesse sentido: o acórdão proferido pelo Superior Tribunal de Justiça no Recurso Especial n. 1.306.367 julgado pela 4ª turma, em 20 de março de 2014, em que foi relator o nosso presidente, Ministro Luís Felipe Salomão. Conto muito rapidamente: tratava-se de determinar quando deveria ser considerado como perfeito e acabado o contrato de seguro formado por meio de manifestação tácita de vontade, o proponente segurado havia preenchido a proposta, dando autorização para pagamento do prêmio mediante débito em sua conta-corrente. Ocorreu o sinistro antes da emissão da apólice e a seguradora negou-se a pagar indenização.

Diante desse fato e analisando as provas, a decisão consignou na ementa: primeiro, que o contrato de seguro é um contrato consensual e que resta aperfeiçoado tão logo haja manifestação de vontade, independentemente da emissão da apólice, que é ato unilateral da seguradora, de sorte que a existência desse contrato não pode ficar exclusivamente à mercê da vontade de um dos contratantes, sob pena de esta conduta configurar aquela conduta puramente potestativa, que é expressamente vedada pelo Código Civil. Em segundo lugar, clareou esse acórdão, esse aresto, que o artigo 758 do Código Civil não confere à emissão da apólice a condição de requisito de existência do contrato de seguro e sequer eleva esse documento ao degrau de prova tarifada ou única capaz de atestar a celebração da avença.

Considerou, ainda, ser fato notório que o contrato de seguro é celebrado na prática entre corretores e segurados, de modo que a seguradora não manifesta expressamente sua aceitação da proposta, apenas a recusa ou emite diretamente apólice de seguro, enviando ao contratante juntamente com as chamadas condições gerais do seguro, e recordando ser essa a praxe do mercado, inclusive endossada pela então vigente circular n. 251 de 2004. Determinou-se que, havendo essa prática, que inclusive recebeu disciplina normativa do órgão regulador, aplica-se o artigo 432 do Código Civil, segundo o qual, se o negócio for daqueles em que não seja costume a aceitação expressa ou o proponente a tiver dispensado, reputa-se concluído o contrato, chegando a tempo a recusa.

Recordou, por fim, a dicção do artigo 111 do Código Civil, relativa ao silêncio, e concluiu, no caso, não havendo nenhuma indicação de fraude tendo sinistro ocorrido efetivamente após a contratação junto à corretora de seguros, ocasião em que o consumidor firmou autorização de pagamento do prêmio mediante débito em conta, se em prazo razoável não houve a recusa da seguradora – só tendo havido essa recusa muito tempo depois e exclusivamente em razão do sinistro judiciado – há de se considerar aceita a proposta e plenamente aperfeiçoado o contrato.

É firme, portanto, constante, reiterado na lei, na jurisprudência, na doutrina, o entendimento segundo o qual, na prática, o papel do proponente de um contrato de seguro costuma ser assumido ao menos de modo formal pelo candidato a tomador de seguro, que encaminha à companhia seguradora uma oferta, declaração unilateral, proposta. Ao proponente, cabe preencher isso, descrever o questionário que declara o interesse a ser segurado, descreve os riscos abrangidos pelo seguro e expressa as condições pretendidas. Portanto, nós encontramos nessa prática, nos usos do setor, antigo de décadas, a exigência da seguradora de uma manifestação expressa apenas para recusar a proposta. Isto é, se a seguradora não recusa a proposta em prazo razoável, a eficácia de vinculação contratual terá nascido da aceitação tácita derivada do comportamento concludente da seguradora, pois tanto a manifestação indireta, isto é, o comportamento concludente em sentido próprio, quanto a manifestação tácita são configurados – dizia já Pontes de Miranda – por meio de atos de omissões que se acham de interpretar conforme as circunstâncias como manifestação de vontade.

Aqui, portanto, valem aqueles adágios "Quem cala consente", "Mais vale o consentimento que as estipulações solenes", e especialmente, "Convenções acordadas por bom costume, e não o solene aperto de mãos, fazem um mercado, e o coração deve seguir a palavra". O que se pode concluir face a esse conjunto normativo – isto é, regras gerais e regras especiais que o Código Civil lida sistematicamente, doutrina, formulando modelos hermenêuticos, jurisprudência, interpretando a lei e propondo modelos jurisprudenciais, como no acórdão que a pouco referi – é que o contrato de seguro segue quanto à sua formação a regra geral dos contratos; é um contrato consensual.

A apólice é requisito para a prova, que não exclui, todavia, outros elementos probatórios em direito admitidos, como está aliás no Projeto de Lei n. 29 de 2017, que a par de explicitar que a proposta feita pelo segurado não existe para o inscrito – artigo 45 –, enuncia no artigo 55 "o contrato de seguro prova-se por todos os meios admitidos vedada a prova exclusivamente testemunhal". Mas ignorando a lei, a jurisprudência, a doutrina e a própria tradição, além de esquecer a boa técnica, os limites da própria competência e a razoabilidade, a Susep pretende inovar na formação do contrato de seguro.

Não é o caso aqui de recordar a história do formalismo, isso é exigência de uma forma determinada de antemão, como elemento de existência ao requisito de validade de um ato jurídico; aliás, história tão fascinante quanto a do consensualismo. Basta recordar que no tocante ao contrato de seguro, a exigência de forma escrita, há tanto tempo sepultada por tão poderosas escavadeiras – a lei, a jurisprudência, a doutrina, os usos – se quer ver revivida por uma circular. Para se ter em mente o despropósito dessa proposição, cabe lembrar levemente as atribuições da Susep, autarquia vinculada ao Ministério da Economia, examinando em seguida criticamente o teor da despropositada proposição.

A circular tem impropriedades formais e impropriedades substanciais. O artigo 36 do Decreto-Lei n. 73 de 1966 fixa as atribuições da Susep, órgão fiscalizador da constituição, organização, funcionamento e operações de sociedades seguradoras, porém em nenhum dos 11 incisos desse artigo há o poder de legislar, apenas o poder de fiscalizar a constituição, organização, funcionamento e operação das sociedades seguradoras; atuar para proteger a captação da poupança popular, que se efetua através de operações de seguro, previdência privada aberta, capitalização de resseguro etc. Velar também, ou zelar, melhor dizendo, pela defesa dos interesses dos consumidores dos mercados supervisionados; velar pela liquidez e solvência das sociedades que entregam o mercado; promover o aperfeiçoamento das instituições securitárias e a estabilidade dos mercados sobre a sua jurisdição; e disciplinar e acompanhar os investimentos daquelas entidades, além de exercer outras que lhe forem delegadas pelo Conselho Nacional de Seguros Privados, o CNSP, nos limites da competência desse conselho.

A Susep, portanto, não tem poder normativo, não seria competente sequer para regular a lei, mas se tivesse poder normativo, deveria se ater aos limites aos quais o poder normativo de caráter derivado ou secundário está adstrito. No entanto, é uma tentativa de legislar que se vê na circular Susep n. 642 que dispõe, como está em sua ementa, sobre a aceitação e a vigência do seguro e sobre a emissão e os elementos mínimos de documentos contratuais. Só por essa ementa, a circular deveria ser rejeitada no meu modo de ver, mas há ainda problemas de ordem substancial.

Essa muito peculiar tentativa de modificação indireta, embora frontal do Código Civil, não apenas impõe como regra a forma expressa para a própria existência, vejam, para a própria existência do contrato, quanto arrola formas taxativas para configuração do comportamento concludente, e se exige a manifestação expressa pela sociedade seguradora sobre a aceitação da proposta – artigo 5º, inciso 1º –, embora faculte a aceitação tácita no mesmo artigo 5º, inciso 3º, informando porém essa aceitação tácita e taxativamente em duas hipóteses: a emissão e o envio da apólice ou certificado individual dentro do prazo previsto no artigo 4º, isto é, o prazo previsto na proposta.

A ausência de boa técnica que costuma, aliás, revestir as proposições normativas do atual Ministério da Economia, permite supor que a manifestação expressa do inciso 1º significa, vejam bem, manifestação expressa por forma escrita, assim se pode inferir... inclusive se formos consultar a exposição de motivos que antecedeu a circular e na qual reiteradamente se confunde em passagens, até bisonhas, pueris, quando não risíveis, forma expressa com forma escrita e formas não escritas com ausência de forma, como se a forma verbal, por exemplo, fosse forma tácita, como se afirmativa contundente fosse mesmo que uma conduta concludente. Mas como sabemos, manifestação de vontade pode ser expressa por outras formas que não a escrita, e a liberdade de formas é a regra do direito contratual como está no artigo 107 do Código Civil.

A circular admite, a bem da verdade, a formação por comportamento concludente, mas só se assim for previsto nas condições contratuais – artigo 4º, inciso 2º –, deixando, portanto, à arbítrio das seguradoras aceitar a concludência, como que se entregando à raposa a chave do galinheiro, e não velando, como é de sua competência, pela estabilidade dos mercados e pela defesa dos interesses dos consumidores.

E para culminar, a circular inverte a linha do adágio circular "Quem cala, consente" para afirmar "Quem cala, recusa", como está no parágrafo 3º do artigo 4º Não entrarei nas posições acerca de motivos que possam estar subjacentes a essa drástica mudança vinda em desfavor do segurado e causadora muito provavelmente de grande insegurança jurídica, porque subverte usos assentados há décadas no mercado, e estando escrita demais em termos tão confusos que difícil é a sua interpretação. Eu concluo constatando um paradoxo: o site da Susep assegura ser sua missão "estimular o desenvolvimento dos mercados de seguros, resseguros, previdência complementar aberta e capitalização, garantindo a livre concorrência, estabilidade e respeito ao consumidor", mas a circular caminha, no meu modo de ver, na direção oposta, marchando rumo célere ao desmonte do regime jurídico dos contratos de seguro, mau que demandará décadas de reparo, como descreveram em artigo recente Ernesto Tzirulnik e Luca Giannotti.

Concluo relembrando um adágio muito, muito antigo, recolhido por Teixeira de Freitas em suas célebres regras de Direito: "Contrários, alegando-se, não se deve ouvir". Muito obrigada pela atenção de todos.

Contrato de seguro formado por adesão

Maria Inês de Oliveira Martins[1]

1. PLANO DA EXPOSIÇÃO. CONTRATOS DE ADESÃO E CLÁUSULAS CONTRATUAIS GERAIS

1. Na esmagadora maioria das vezes, o contrato de seguro forma-se pela adesão do segurado a um clausulado que lhe é apresentado pelo segurador para simples aceitação ou recusa, compondo-se das cláusulas que este usa para a cobertura de riscos da espécie em causa. Tem, pois, relevância tratar as categorias que são a moldura desse processo típico de contratação: as categorias de contrato de adesão, e de cláusula contratual geral.

Depois de assentarmos as respectivas noções, procuraremos compreender qual a realidade de mercado que retratam, e a sua razão de ser económica. Logo se tornará clara a *relação estreita* entre o recurso a *cláusulas contratuais gerais*, pré-dispostas por um profissional para dar forma à sua oferta, e o *seguro*, assente na *descrição das condições em que o segurador se obriga a prestar*. Ilustraremos essa proximidade, explicando por que se revelou de tal modo umbilical.

Poderemos então questionar a *razão de ser jurídica* dessas figuras. Trata-se de saber porque existem, afinal, *regimes próprios para os contratos de adesão ou cláusulas contratuais gerais* – e regimes que permitem inclusivamente *sindicar o conteúdo desses contratos.* A razão salta à vista: a determinação unilateral do conteúdo do contrato gera o risco de que quem o define e impõe o desequilibre excessivamente a seu favor. Tem suscitado debate saber qual a fonte exacta desse risco, e quais as suas implicações. Olharemos as duas vias de enquadramento que mantêm actualmente maior importância. O risco de desequilíbrio excessivo do contrato é explicado quer através de um problema de *assimetria informativa*,

---

1 Professora de Direito Civil e Comercial na Faculdade de Direito da Universidade de Coimbra. Membro do Instituto Jurídico da Universidade de Coimbra. Mestre em Ciências Jurídico-Económicas e Doutora em Ciências Jurídico-Empresariais pela Faculdade de Direito da Universidade de Coimbra. Principais abreviaturas utilizadas: *CESL*: Common European Sales Law; *DCFR*: Draft Common Frame of Reference: *PECL*: Principles of European Contract Law; *Princípios do Acquis*: Regras-modelo preparadas pelo *Research Group on Existing EC Private Law (Acquis Group)*. Quanto a estas figuras, cfr. o nº 18 do texto.

gerada pelo próprio recurso a cláusulas contratuais gerais; quer através de um problema de *assimetria de poder negocial* que *a possibilidade de recurso a esta forma de contratar sinaliza*. Muitas vezes, a situação concreta será caracterizada por esses dois factores. Em qualquer caso, tratando-se de práticas sistemáticas – com recurso a cláusulas contratuais gerais – o mercado é impedido de funcionar em condições de eficiência.

Salientaremos que as razões na base do regime dos contratos de adesão ou cláusulas contratuais gerais procedem também para contratos entre profissionais. Não se trata aqui de um exclusivo das relações de consumo. É assim em termos puramente racionais, bem como em termos de Direito positivo – o que ilustraremos percorrendo vários ordenamentos europeus, em que foi recentemente inscrita a aplicação desses regimes a relações entre profissionais e inserindo nesse contexto o ordenamento brasileiro. Nesse percurso, daremos a talhe de foice conta de outras vias que se abrem para sindicar situações de assimetria de poder negocial nas relações entre profissionais – o "*private enforcement*" das normas sobre abuso da posição dominante ou dependência económica, aplicadas como fundamento para a invalidação de contratos.

Terminaremos com algumas notas práticas sobre o processo de contratação descrito: o modo de identificação de cláusulas pré-formuladas e não negociadas, bem como a prova dessas características.

2. Comecemos por clarificar as noções que serão o eixo da análise. Numa formulação relativamente agnóstica e com curso na doutrina portuguesa e brasileira, os *contratos de adesão* deixam-se descrever como contratos celebrados de acordo com cláusulas pré-redigidas, e apresentadas para mera aceitação ou rejeição à contraparte.[2] Dessa noção, ressaltam três características: a da *pré-disposição* das cláusulas, que são pré-formuladas; a da sua *unilateralidade*, pois apenas uma das partes as define; e da sua *rigidez*, pois não estão abertas à negociação.[3] Essas três notas encontram-se também, por exemplo, no actual art. 1110 do *Code civil* francês,[4] no art. 3º, n. 2, da

---

2 MONTEIRO, António Pinto. O novo regime jurídico dos contratos de adesão/cláusulas contratuais gerais. *ROA*, 1, 2002, ponto 3.

3 Em Portugal, serve-se desses qualificativos. MONTEIRO, António Pinto. O novo regime jurídico dos contratos de adesão/cláusulas contratuais gerais. *ROA*, 1, 2002, ponto 3; no Brasil, por exemplo, TEPEDINO, Gustavo; BARBOZA, Heloisa Helena; MORAES, Maria Celina Bodin. *Código Civil interpretado conforme a Constituição da República*. V. II, Arts. 421 a 965, 2. ed. Rio de Janeiro: Renovar, 2012, pp. 25-26; não muito distante, ZANETTI, Cristiano de Sousa. *Direito contratual contemporâneo, a liberdade contratual e sua fragmentação*. São Paulo: Método, 2008, p. 232.

4 Art. 1110: "*Le contrat d'adhésion est celui qui comporte un ensemble de clauses non négociables, déterminées à l'avance par l'une des parties*" (Art. 1110: "o contrato de adesão é aquele que comporta um conjunto de cláusulas *não negociáveis, antecipadamente determinadas por uma das partes*" – itálicos nossos).

Directiva sobre cláusulas abusivas em contratos celebrados com consumidores,[5] ou no art. II-1:110 do DCFR.[6] Não é distante dela a noção usada pelo art. 54. do Código de Defesa do Consumidor brasileiro, embora a norma não se refira explicitamente à pré-determinação do clausulado.[7]

Essas cláusulas pré-redigidas, e apresentadas para mera aceitação ou rejeição à contraparte, podem configurar *cláusulas contratuais gerais*. Estas correspondem ao conceito homólogo alemão de "*allgemeine Geschäftsbedingungen*", que é aliás a fonte de inspiração do termo (§ 305 do Código civil alemão), ou ao conceito de "*standard terms*" usado no DCFR ou nos Princípios do *Acquis*,[8] ou ao conceito de "*general conditions of contract*" usado nos PECL.[9]

Nesse caso, serão qualificadas por mais duas características: a da *generalidade* e a da *indeterminação*. As cláusulas são preparadas *não para serem usadas num contrato em especial, com contraparte já identificada*, mas sim em vista do conjunto dos *contratos de uma certa espécie que o predisponente possa vir a celebrar* (generalidade) com *contrapartes que ainda não estão fixadas* (indeterminação). Ou seja, nesse caso, o predisponente *não só define unilateralmente as cláusulas* que serão usadas, como as *define para as utilizar numa generalidade de contratos*. Diferentemente, o aderente apenas se confronta com as cláusulas *uma única vez, ao concluir o contrato em causa*.

---

5 Directiva n. 93/13/CEE do Conselho, de 5 de abril de 1993, relativa às cláusulas abusivas nos contratos celebrados com os consumidores. Nos termos do art. 3, n. 2, "considera-se que uma cláusula não foi objecto de negociação individual sempre que a mesma tenha sido redigida previamente e, consequentemente, o consumidor não tenha podido influir no seu conteúdo, em especial no âmbito de um contrato de adesão".

6 DCFR II.-1:110, "*Terms 'not individually negotiated'*", "*(1) A term supplied by one party is not individually negotiated if the other party has not been able to influence its content, in particular because it has been drafted in advance, whether or not as part of standard terms*" (em tradução livre: art. II-1:110, "Cláusulas não especificamente negociadas", "1) Uma cláusula apresentada por uma das partes é tida como não especificamente negociada se a *outra parte não teve possibilidade de influenciar* o seu conteúdo, em especial porque foi *pré-formulado*, quer se incluísse, quer não, num conjunto de cláusulas contratuais gerais" – itálicos nossos).

7 Nos termos do art. 54., caput, "contrato de adesão é aquele cujas cláusulas tenham sido aprovadas pela autoridade competente ou estabelecidas unilateralmente pelo fornecedor de produtos ou serviços, sem que o consumidor possa discutir ou modificar substancialmente o seu conteúdo".

8 Princípios do *Acquis*, art. 6:101: "*Subject matter*", 3) e DCFR art. II.-1:109, "*Standard terms*", ambos com texto idêntico: "a '*standard term*' *is a term which has been formulated in advance for several transactions involving different parties and which has not been individually negotiated by the parties*" (em tradução livre: "uma cláusula contratual geral é uma cláusula formulada antecipadamente para vários negócios com partes diferentes e que não tenha sido objecto de negociação específica pelas partes").

9 Art. 2:209: "*Conflicting General Conditions*, 3) *General conditions of contract are terms which have been formulated in advance for an indefinite number of contracts of a certain nature, and which have not been individually negotiated between the parties*" (em tradução livre "Cláusulas gerais conflituantes, 3) Cláusulas contratuais gerais são cláusulas formuladas antecipadamente para um número indefinido de contratos de certo tipo, e que não tenham sido especificamente negociadas entre as partes").

No *contrato de adesão formado por cláusulas contratuais gerais* temos, pois, o *expoente máximo da assimetria de informação* entre as partes no contrato: o predisponente tende a *aplicar nessas cláusulas uma quantidade de recursos muito maior do que o aderente*, pois não só as define, como pretende usá-las múltiplas vezes. De resto, é nesse contexto que a contratação por adesão mostra a *sua utilidade mais característica*: de permitir a racionalização de processos de contratação massificada, por parte de ofertantes profissionais de bens e serviços.

Por isso, a expressão contratos de adesão é por vezes usada num sentido restrito, que se refere apenas a este caso da contratação *por adesão e com recurso a cláusulas contratuais gerais*.[10] Porém, em geral, embora se anote que *normalmente* esses contratos são *predispostos em vista de um número indeterminado de destinatários*,[11] não se exige que seja assim para que o regime se aplique. Sublinha-se que o contrato não deixa de ser havido como de adesão por ter sido preparado adrede.[12]

Na referência aos contratos de adesão, mostram-se, pois, centrais para a doutrina brasileira as características da *predisposição* e da *inegociabilidade* das cláusulas *unilateralmente* preparadas.[13]

---

10 Assim, GOMES, Orlando. *Contratos*. Atualização por António Junqueira de Azevedo e Francisco Paulo De Crescenzo Marino. Rio de Janeiro: Forense, 2007, pp. 138-142, que, na esteira de Genovese, considera que os contratos de adesão apenas adquirem verdadeira especificidade dogmática nesse contexto de uniformização de uma oferta dirigida a uma generalidade de contratantes futuros (cfr., GENOVESE, Anteo. Condizioni generali di contratto. *In*: ENCICLOPEDIA DEL DIRITTO, v. VIII. Milão: Giuffrè, 1961, pp. 802-807, pp. 802-804; GENOVESE, Anteo. Contratto di adesione. *In*: ENCICLOPEDIA DEL DIRITTO, v. X. Milão: Giuffrè, 1962, pp. 1-3, p. 2); o mesmo resulta das directrizes de MIRANDA, Custódio da Piedade Ubaldino. *Comentários ao Código civil.* Dos contratos em geral, Arts. 421 a 480, v. 5. São Paulo: Saraiva, 2013, pp. 88-90, quanto à interpretação destes contratos.

11 Assim, por exemplo, na noção de ASSIS, Araken de. Código civil, Art. 421. *In*: ARRUDA, Alvim; ALVIM, Thereza. (Coord.). *Comentários ao Código Civil brasileiro* – Direito das obrigações, volume V. Rio de Janeiro: Forense, 2007, pp. 3-89, p. 52.

12 ASSIS, Araken de. Código civil, Art. 423. *In*: ARRUDA, Alvim; ALVIM, Thereza. (Coord.). *Comentários ao Código Civil brasileiro* – Direito das obrigações, volume V. Rio de Janeiro: Forense, 2007, pp. 228-229; ROSENVALD, Nelson. Art. 423. *In*: PELUSO, Cezar (Coord.). *Código civil comentado.* Barueri: Manole, pp. 477-479, p. 478, 2013; TEPEDINO, Gustavo; BARBOZA, Heloisa Helena; MORAES, Maria Celina Bodin. *Código Civil interpretado conforme a Constituição da República.* V. II, Arts. 421 a 965, 2. ed. Rio de Janeiro: Renovar, 2012, pp. 25-27; noutro sentido, como referido *supra* em nota, GOMES, Orlando. *Contratos.* Atualização por António Junqueira de Azevedo e Francisco Paulo De Crescenzo Marino. Rio de Janeiro: Forense, 2007, pp. 138-142; MIRANDA, Custódio da Piedade Ubaldino. *Comentários ao Código civil.* Dos contratos em geral, Arts. 421 a 480, v. 5. São Paulo: Saraiva, 2013, pp. 88-90.

13 ASSIS, Araken de. Código civil, Art. 423. *In*: ARRUDA, Alvim; ALVIM, Thereza. (Coord.). *Comentários ao Código Civil brasileiro* – Direito das obrigações, volume V. Rio de Janeiro: Forense, 2007, p. 233; TEPEDINO, Gustavo; BARBOZA, Heloisa Helena; MORAES, Maria Celina Bodin. *Código Civil interpretado conforme a Constituição da República.* V. II, Arts. 421 a 965, 2. ed. Rio de Janeiro: Renovar, 2012, pp. 25-27; GOMES, Orlando. *Contratos.* Atualização por António Junqueira de Azevedo e Francisco Paulo De Crescenzo Marino. Rio de Janeiro: Forense, 2007, p. 139: "o traço característico do contrato de adesão reside verdadeiramente na

3. Como é claro, a expressão "contrato de adesão" não identifica um tipo contratual. A classificação refere-se ao *modo de formação do vínculo contratual*, que ocorre *por adesão* a cláusulas unilateralmente predispostas.

Os contratos de adesão não estão, por si, sujeitos a qualquer forma especial. Como disse um autor, com certo efeito estilístico, poderiam mesmo estar "escritas na parede".[14] Claro está que as normas aplicáveis ao concreto contrato em causa – em vista, vg., do seu conteúdo ou da qualidade das partes – poderão exigir a adopção de certa forma (cfr., por exemplo, o art. 108 do Cód. Civil brasileiro, ou, no ordenamento português, o art. 12º do Regime dos Contratos de Crédito a Consumidores).[15] No âmbito da regra geral da liberdade de forma (art. 107 do Cód. Civil brasileiro), as cláusulas podem ser simplesmente verbais (vg., lidas durante um atendimento telefónico). Porém, por razões de facilidade de prova, frequentemente o predisponente tenderá a fazê-las constar de um suporte escrito, analógico ou electrónico.

A realidade dos contratos de adesão, mais ainda integrados por cláusulas contratuais gerais, é típica de mercados profissionalizados e em grande medida massificados – como são aqueles que nos rodeiam. No âmbito dos bens e serviços que são a sua oferta característica, os profissionais que estruturam minimamente os seus contratos tendem servir-se de cláusulas contratuais gerais. A estandardização dos clausulados permite a própria uniformização da oferta, que é necessária quando esta é massificada. Quando não estamos perante uma oferta genuinamente massificada, ainda assim a estandardização permite a sua racionalização e controlo dos riscos associados, bem como a diminuição de custos administrativos e de custos de negociação do contrato.[16]

Esse fenómeno, que tocava já a vida da generalidade do público, tem-se tornado especialmente visível nos últimos anos, em que o sector dos serviços teve um grande crescimento. A tendência acentuou-se com digitalização de um grande número de

possibilidade de predeterminação do conteúdo da relação negocial pelo sujeito de direito que faz a oferta ao público" – mas vd. quanto se diz nas outras notas.

14 JANSEN, Nils. Chapter 6, Contents and effects; Section 2, Unfair contract terms. *In*: JANSEN, Nils; ZIMMERMANN, Reinhard (Coord.). *Commentaries on European contract laws*. Oxford: Oxford University Press, 2018, pp. 919-994, p. 968.

15 Decreto-Lei n. 133/2009, de 2 de junho.

16 KESSLER, Friedrich. Contracts of adhesion – some thoughts about freedom of contract. *Colum. L. Rev.*, n. 43, 1943, pp. 629-642, p. 631; LLEWELLYN, Karl Nickerson Recensão de The Standardization of Commercial Contracts in English and Continental Law, de O. Prausnitz. *Harvard Law Review*, v. 52, n. 4, pp. 700-705, p. 701, 1939; JANSEN, Nils. Chapter 6, Contents and effects; Section 2, Unfair contract terms. *In*: JANSEN, Nils; ZIMMERMANN, Reinhard (Coord.). *Commentaries on European contract laws*. Oxford: Oxford University Press, 2018, pp. 919-994, p. 920; BORK, Reinhard. *Allgemeiner Teil des Bürgerlichen Gesetzbuchs*. 3. ed. Tubinga: Mohr Siebeck, 2011, pp. 682-683.

actividades quotidianas – a feição contratual da "economia das plataformas" em que se desenrolam é a do contrato de adesão.

2. A RELAÇÃO UMBILICAL ENTRE O SEGURO E A CONTRATAÇÃO POR ADESÃO (ATRAVÉS DE CCG)

4. Rapidamente se percebe uma relação estreita entre os contratos de seguro e a contratação por adesão, sendo os contratos de seguro o exemplo que logo – muitas vezes, em primeiro lugar – ocorre ao autor quando se trata de ilustrar a categoria dos contratos de adesão.[17]

Na verdade, para além de destacados representantes da categoria dos contratos de adesão formados por cláusulas contratuais gerais, os seguros têm com essa uma relação genuinamente umbilical. Servem-nos alguns exemplos para ilustrar quão próximo esteve o contrato de seguro da identificação do processo da contratação por adesão como uma realidade *sui generis*.

Na verdade, a regra *contra proferentem* com o seu sentido actual teve como antecedente próximo (o problema é bem mais antigo) a análise jurisprudencial de apólices de seguro, em finais do séc. XIX, por tribunais franceses e alemães.[18] E já Otto Hagen acentuava, em 1922, que as condições gerais do contrato de seguro eram uma especificidade desse contrato, que não se fazia sentir com essa intensidade nos demais âmbitos jurídicos.[19]

---

17 Desde logo, KESSLER, Friedrich. Contracts of adhesion – some thoughts about freedom of contract. *Colum. L. Rev.*, n. 43, 1943, pp. 629-642, pp. 631ss.; LLEWELLYN, Karl Nickerson. Recensão de The Standardization of Commercial Contracts in English and Continental Law, de O. Prausnitz. *Harvard Law Review*, v. 52, n. 4, pp. 700-705, p. 701, 1939; no ordenamento brasileiro, GOMES, Orlando. *Contratos*. Atualização por António Junqueira de Azevedo e Francisco Paulo De Crescenzo Marino. Rio de Janeiro: Forense, 2007, p. 132; ASSIS, Araken de. Código civil, Art. 423. *In*: ARRUDA, Alvim; ALVIM, Thereza. (Coord.). *Comentários ao Código Civil brasileiro* – Direito das obrigações, volume V. Rio de Janeiro: Forense, 2007, p. 112; MARTINS-COSTA, Judith. *A boa-fé no Direito privado*. Critérios para a sua aplicação. São Paulo: Saraiva, 2018, p. 371.

18 VOGENAUER, Stefan. §§ 305-310, Gestaltung rechtsgeschäftlicher Schuldverhältnisse durch Allgemeine Geschäfstbedingungen, III, Auslegung und Umgehungsverbot. *In*: SCHMOECKEL, Mathias; RÜCKERT, Joachim; ZIMMERMANN, Reinhard (Coord.). *HKK*, v. II, Schuldrecht: Allgemeiner Teil, §§ 241-342. Tubinga: Mohr Siebeck, 2007, pp. 1475-1507, pp. 1496-1497; sobre as raízes antigas da estandardização dos termos do contrato, que remonta já ao Direito romano, JANSEN, Nils. Chapter 6, Contents and effects; Section 2, Unfair contract terms. *In*: JANSEN, Nils; ZIMMERMANN, Reinhard (Coord.). *Commentaries on European contract laws*. Oxford: Oxford University Press, 2018, pp. 919-994, p. 921.

19 HAGEN, Otto. VIII, 1 [Allgemeines. Rechtsformen der Versicherungsunternehmungen. Zulassung und Aufsicht. Versicherungsvertragsrecht]. *In*: EHRENBERG, Victor (Coord.). *Handbuch des gesamten Handelsrechts, mit Einschluß des Wechsel-, Scheck-, See- und Binnenschiffahrtsrechts, des Versicherungsrechts sowie des Post- und Telegraphenrechts*. Leipzig: O. R. Reisland, 1922, p. 32.

É também curioso – e sintomático – que o próprio termo "contrato de adesão" tenha sido colocado em curso na ciência jurídica anglófona em ligação com o Direito dos seguros. A origem do termo é atribuída a Saleilles,[20] na sua obra dedicada ao estudo dos preceitos da parte geral do Código Civil alemão recém-entrado em vigor. A referência surge a propósito da interpretação do acto jurídico, dizendo o autor que:

> Há *pretensos contratos que de contrato não têm senão o nome*, e cuja construção jurídica está por fazer [...] e a que, na falta de melhor termo, poderíamos chamar *contratos de adesão*, nos quais há a *prevalência exclusiva de uma única vontade, comportando-se como vontade unilateral, que dita a sua lei, não já a um indivíduo, mas sim a uma colectividade indeterminada*, e que se vincula de modo antecipado, unilateralmente, expondo-se à adesão daqueles que queiram aceitar a lei do contrato e tirar proveito desse vínculo já criado por si próprio.[21]

O conceito transitou depois para as obras de Demogue e Planiol, de onde foi mobilizado por Patterson, num escrito sobre o seguro de vida – que é a origem atribuída por Kessler para o termo "*contract of adhesion*" no pensamento jurídico anglo-saxónico.[22] Resta agora indagar o mais importante: o *porquê dessa relação umbilical.*

5. O seguro é, numa conhecida e feliz formulação, um "*produto jurídico*":[23] a atribuição característica, que o segurador coloca ao dispor do segurado na sequência da contratação, consiste num dever de prestar em certas condições, normalmente futuras. Como tal, o *valor económico* que é criado para o segurado *através do contrato de seguro* assenta na *descrição dos termos nos quais o segurador se obriga a prestar.*

---

20 Cfr., por todos, CHÉNEDÉ, François. Raymond Saleilles, Le contrat d'adhésion (1re partie). *Revue des contrats*, n. 1, pp. 241-258, 2012, *passim*, com interessante contextualização do método e estilo de Saleilles (salientando-se o seu reconhecimento de um Direito natural historicamente mutável, captado pelo Direito comparado, sem que essa realidade suprapositiva libertasse o julgador da vinculação à lei – cabendo a este antes vivificar o texto legislado por apelo aos elementos que estavam para lá dele).

21 Tradução livre de SALEILLES, Raymond. *De la déclaration de volonté*: Contribution à l'étude de l'acte juridique dans le code civil allemand (Art. 116 à 144). Paris: Pichon, 1901, p. 229; itálicos nossos (no original, "*Il y a de prétendus contrats qui n'ont du contrat que le nom, et dot la construction juridique reste à faire [...] que l'on pourrait appeler, faute de mieux, les contrats d'adhésion, dans lesquels il y a la prédominance exclusive d'une seule volonté, agissant comme volonté unilatérale, qui dicte sa loi, non plus a un individu, mais à une collectivité indéterminée, et qui s'engage déjà par avance, unilatéralement, sauf adhésion de ceux qui voudront accepter la loi du contrat et s'emparer de cet engagement déjà créé sur soi-même*").

22 PATTERSON, Edwin W. The delivery of a life-insurance policy. *Harvard Law Review*, v. 33, pp. 198-222, 1919, p. 222, cit. por KESSLER, Friedrich. Contracts of adhesion – some thoughts about freedom of contract. *Colum. L. Rev.*, n. 43, 1943, pp. 629-642, p. 632 (vd. nota 11).

23 DREHER, Meinrad. *Die Versicherung als Rechtsprodukt*: Die Privatversicherung und ihre rechtliche Gestaltung. Tubinga: Mohr Siebrek, 1991; cfr. ainda BECKMANN, Roland Michael. C. Allgemeine Versicherungsbedingungen. *In*: BAUMANN, Horst *et al.* (Coord.). *Bruck/Möller*, v. I. Berlim: De Gruyter Recht, 2008, pp. 132-230, p. 134.

Diríamos que algo de similar se passa com outros produtos ou serviços financeiros (vg., garantias bancárias, ou contratos derivados). Sendo isso verdade, é também facto que com o contrato de seguro a *densidade dos clausulados atinge o seu expoente máximo*. Aqui, a prestação do segurador está dependente da verificação de uma série de *pressupostos materiais e jurídicos*, alguns dos quais configurando condutas (materiais e jurídicas) de controlo do risco pelo segurado.

Essa densidade é bem visível na sistematização em três camadas que marca tipicamente os clausulados no ordenamento português e no brasileiro, e que os separa em condições gerais, condições especiais e condições particulares. No ordenamento brasileiro, as condições gerais fornecem a moldura geral da cobertura do risco, sendo muitas vezes da autoria da Susep; as condições especiais adaptam a cobertura ao negócio de um segurador; e as condições particulares tendencialmente referem-se ao risco concretamente coberto (vg., identificando as partes e os bens expostos ao risco, definindo o montante do prémio e das franquias, ou a duração da cobertura).[24]

Em suma: a atribuição característica do contrato de seguro *assenta criticamente numa descrição do risco tomado pelo segurador* – dos termos em que este se obriga a prestar. Como tal, torna-se *central, para o negócio do segurador, essa descrição*. É através dela que o segurador *apresenta a sua oferta pré-definida no mercado, racionalizando o negócio e prevendo com mais segurança quais os custos que terá*. De resto, como quem faça do seguro profissão preparará as suas cláusulas logo a contar utilizá-las várias vezes, tenderemos a ter aqui não apenas *contratos de adesão, mas contratos de adesão compostos por cláusulas contratuais gerais*.

6. O fenómeno da composição das apólices através de cláusulas contratuais gerais sempre esteve relativamente presente. Assim, já no final do século XV se utilizavam apólices padronizadas de seguro marítimo nas cidades do Norte da Itália.[25]

Porém, este tornou-se caracterizador do seguro quando o respectivo negócio passou a desenvolver-se em *moldes empresariais, apoiado nas regras da estatística*. A técnica seguradora passa então a assentar na aceitação de *riscos homogéneos*, cujo *comportamento conjunto* se possa prever estatisticamente. O desenho uniforme das apólices coloca-se ao serviço dessa homogeneização dos riscos.

---

24 MARTINS-COSTA, Judith. *A boa-fé no Direito privado*. Critérios para a sua aplicação. São Paulo: Saraiva, 2018, p. 371.

25 DREHER, Meinrad. *Die Versicherung als Rechtsprodukt*: Die Privatversicherung und ihre rechtliche Gestaltung. Tubinga: Mohr Siebrek, 1991, pp. 13-14.

Mesmo no caso dos *riscos dotados de relativa singularidade* – como é o caso *dos grandes riscos industriais* –, o segurador frequentemente serve-se de cláusulas contratuais gerais de que disponha e que conheça e considere adequadas à limitação do risco que toma a seu cargo. Tratando-se de seguros menos massificados, dir-se-ia que o segurador não conseguiria facilmente usar repetidamente um clausulado, de modo a diluir os custos da sua preparação especializada. Porém, também aí encontramos *condições gerais e mesmo condições especiais preparadas de antemão*, e utilizáveis em vários tipos de cobertura; adaptações surgem nas condições particulares. De resto, é muito comum que haja cláusulas uniformes pré-disponíveis, e preparadas quer por *associações do sector segurador*, quer pelo *sector ressegurador*.[26]

Com efeito, a *realidade dos riscos massificados e a realidade dos grandes riscos relativamente singulares não são estanques*. A técnica estatística não se mostra estritamente aplicável numa realidade em mudança acelerada e globalizada, dominada por situações de correlação positiva entre riscos, e potencial alcance catastrófico, assim como os riscos relativamente singulares sempre são marcados por similitude com outros riscos de idêntica envergadura ou feição. Como tal, a técnica estatística não dispensa a correcção por estimativa prudente, assim como a técnica da estimativa mobiliza dados do passado – *não há lugar nem à pura homogeneidade, nem à total singularidade*. De resto, as vantagens da pré-definição e estandardização do clausulado não são privativas dos seguros de massa, como o atesta a presença já longeva de cláusulas uniformes nesta sede.

Na verdade, o seguro mostra-se "um contrato naturalmente estandardizado":[27] um contrato que tipicamente se apresenta como um *contrato de adesão, ademais composto por cláusulas contratuais gerais*.

3. AS RAZÕES PARA UM REGIME ESPECIAL DOS CONTRATOS DE ADESÃO

7. Vimos como há bons argumentos de racionalidade económica na base do uso de clausulados estandardizados e pré-definidos, e como esses argumentos incidem na contratação de seguros. Resta ver a contraface dessa realidade.

---

26 Na Alemanha, por exemplo, são de relevo incontornável as cláusulas gerais do seguro (AVB) elaboradas pela *Gesamtverband der Deutschen Versicherungswirtschaft* (GDV), a associação do conjunto das empresas seguradoras, e, no seguro privado de saúde, as cláusulas gerais elaboradas pela *Verband der Privaten Krankenversicherung* (PK), a associação do conjunto das empresas de seguro de saúde privado.

27 ROPPO, Vincenzo. *Il contratto*. Milão: Giuffrè, 2011, Vincenzo Roppo, *Il contratto*, Giuffrè, Milão, 2011, p. 313.

É facto que esse modo de contratação não traz apenas vantagens, mas também *riscos consideráveis*. Com efeito, quem *redige unilateralmente o contrato tem a oportunidade, e geralmente o incentivo, para desequilibrar o contrato a seu favor*. Isso leva, pois, à "típica utilização de (cláusulas contratuais gerais) como instrumento de *transferência para a contraparte, sem compensação, de obrigações e riscos que não lhe cabia suportar*".[28]

Perguntar-se-ia, porém, porque é que quem não redige as cláusulas não pode reagir a esse desequilíbrio – por exemplo, porque não escolhe a oferta de outro concorrente ou, no limite, porque não recusa celebrar o contrato?

Ora, o aderente não tem essa possibilidade de resposta porque *o mercado não funciona*. E não funciona por *duas ordens de razões*, de que os autores salientam ora uma, ora outra, ora ambas.[29] Podemos dizer que, por um lado, a contratação com recurso a cláusulas contratuais gerais *gera por si só certos riscos*; por outro, que o recurso a cláusulas contratuais gerais *sinaliza e potencia outros riscos que lhe são externos*. Ambas essas razões têm potencial explicativo e estão presentes em simultâneo em alguns casos.

8. Comecemos por dar conta dos riscos *criados pela própria contratação através de cláusulas contratuais gerais*. Trata-se aqui de um problema que actualmente é descrito em termos económicos: de assimetria informativa, gerando uma falha motivacional e tendo por consequência uma falha de mercado.[30]

---

28 *Ex multis*, RIBEIRO, Joaquim de Sousa. *O problema do contrato, as cláusulas contratuais gerais e o princípio da liberdade contratual*. Coimbra: Almedina, 1999, p. 340 (itálicos nossos). Similarmente, ZANETTI, Cristiano de Sousa. *Direito contratual contemporâneo*: a liberdade contratual e sua fragmentação. São Paulo: Método, 2008, p. 230, referindo que esse mecanismo permite ao predisponente transferir ao aderente todos os riscos do negócio que não lhe interessem assumir; ROSENVALD, Nelson. Art. 424. *In*: PELUSO, Cezar (Coord.). *Código civil comentado*. Barueri: Manole, p. 479, 2013: "A própria técnica unilateral de construção do contrato de adesão propicia a incidência frequente de cláusulas excessivamente desfavoráveis aos aderentes"; TEPEDINO, Gustavo; BARBOZA, Heloisa Helena; MORAES, Maria Celina Bodin. *Código Civil interpretado conforme a Constituição da República*. V. II, Arts. 421 a 965, 2. ed. Rio de Janeiro: Renovar, 2012, pp. 26-27.

29 Para uma perspectiva do pensamento alemão sobre o tema, com os matizes da exposição do pensamento de cada autor, cfr. por todos, HELLWEGE, Phillip. *Allgemeine Geschäftsbedingungen, einseitig gestellte Vertragsbedingungen und die allgemeine Rechtsgeschäftslehre*. Tubinga: Mohr Siebeck, 2010, pp. 540ss.; mais recentemente, de modo sumário, HELLWEGE, Phillip. Die §§ 307-309 enthalten zwei Formen der Inhaltskontrolle. *JZ*, v. 70, 2015, pp. 1130-1138, pp. 1132-1134.

30 É uma linha de argumentação desenvolvida nomeadamente por KÖTZ, Hein. Der Schutzzweck der AGB-Kontrolle – Eine rechtsökonomische Skizze. JuS, pp. 209-214, 2003, pp. 211ss. (parte III); LEYENS, Patrick C.; SCHÄFER, Hans-Bernd. Inhaltskontrolle allgemeiner Geschäftsbedingungen, Rechtsökonomische Überlegungen zu einer einheitlichen Konzeption von BGB und DCFR. *AcP*, pp. 771-803, pp. 780-785, 2010; de um modo muito infuente, por BASEDOW, Jürgen. Vorbemerkung (Vor § 305). *In*: BECK, C. H. (Ed.); KRÜGER, Wolfgang (Coord.). *Münchener Kommentar zum BGB*, v. II: Schuldrecht, Allgemeiner Teil, §§ 241-432, 8. ed. Munique: 2019. Disponível em: http://beck-online.beck.de. Acesso em: 20 dez. 2021, nm. 6-8.

O facto de o predisponente se servir de *cláusulas pré-formuladas*, que *pretende usar múltiplas vezes em contratos futuros*, implica que *investiu tempo e recursos na sua preparação, ou pelo menos na sua análise*. Uma vez que o predisponente pretende utilizar essas cláusulas múltiplas vezes, poderá *amortizar o seu investimento*.

Diferentemente, o aderente teria que *investir uma quantidade de tempo desproporcionada a entender um clausulado a que se vai vincular apenas uma vez*. E mais do que isso: para verdadeiramente fazer uma escolha informada, teria que *analisar profundamente os vários clausulados presentes no mercado*, e *escolher o melhor deles*.

Ora, este seria um investimento desmesurado de recursos face ao retorno: *não se justifica ao aderente incorrer nos custos de transacção necessários para ficar a conhecer profundamente todas as ofertas existentes no mercado, escolhendo as mais vantajosas*. Tais custos são, aliás, *mais elevados quando o contrato for exterior à área de negócios do aderente*[31] – como normalmente o seguro é.

É, pois, *racional* que o aderente *não tenha motivação para ficar a conhecer o clausulado*. Em casos limite, o aderente *desinteressa-se totalmente do clausulado*, porque não faria sentido investir nisso os seus recursos (pense-se no típico "clique" pelo qual se indica que se leu e aceita as condições gerais ao aceder a um *site* ou descarregar um *software*). Em hipóteses menos extremas, pelo menos não faz sentido ao aderente investir recursos que lhe permitam *ficar a compreender verdadeiramente o clausulado* a que se vincula.

Esses factores conduzem a uma falha de mercado, ou seja, levam a que o mecanismo da concorrência, que caracteriza o mercado, deixe de funcionar. Não detendo informação bastante sobre as ofertas presentes no mercado, o aderente deixa de conhecer e de poder comparar a sua qualidade relativa. Tal gera, por sua vez, um fenómeno de *selecção adversa*, deixando ficar no mercado apenas os *piores ofertantes*. Não é racional arcar com os custos de fazer uma oferta de qualidade superior, já que os aderentes não as podem comparar entre si. Por isso, os melhores ofertantes irão saindo do mercado, verificando-se uma corrida para o fundo (*race to the bottom*) na qualidade da oferta.

9. Olhemos agora os *riscos externos às cláusulas contratuais gerais, mas sinalizados e potenciados por estas*.

---

31 RIBEIRO, Joaquim de Sousa. *O problema do contrato, as cláusulas contratuais gerais e o princípio da liberdade contratual*. Coimbra: Almedina, 1999, p. 347, em nota.

O facto de um sujeito *aparecer a contratar por adesão*, colocando os seus parceiros contratuais numa posição de "pegar ou largar", *sinaliza uma posição de poder*.[32] E, uma vez que o predisponente logre obter aderentes, essa técnica *consolida a sua posição de poder*. É dessa posição de poder que, como vimos, o predisponente se pode aproveitar para conseguir vantagens especiais.

Essa situação poderá existir mesmo em casos em que o predisponente não planeie usar o clausulado mais do que uma vez – e em que, por isso, o predisponente e o aderente tenham que investir a mesma quantidade de recursos para ficar a conhecer o clausulado. O problema aqui colocado *já não é o da assimetria informativa* – é o da verdadeira *assimetria de poder negocial*. Teremos uma tal assimetria de poder quando o predisponente é *fornecedor de bens ou serviços essenciais para o aderente*.[33]

Também aqui o mercado não funciona. Dir-se-ia que, conseguindo *informar-se sobre o conteúdo do contrato, e concluindo que este era desvantajoso*, o aderente, ainda que não tivesse possibilidade de o negociar, poderia exercer a sua liberdade contratual de outra maneira: pela *negativa, recusando-se a contratar*. Porém, essa liberdade não existirá realmente se estiver em causa um *bem essencial para o aderente*, e o mercado configurar um *monopólio*. Não é aqui exigível ao aderente que *recuse ceder ao predisponente*, abdicando de um *bem essencial*. O mesmo vale quando o mercado configurar um *oligopólio sem concorrência efectiva*, em que os vários ofertantes se sirvam de contratos de adesão. O aderente deparar-se-á com idêntica *falta de escolha* perante cada ofertante singular.

É esse fundamento que explica que possa haver aplicação do regime mesmo quando o valor do contrato possa justificar investimentos elevados de recolha de informação quanto ao clausulado; tal conhecimento não permite ao aderente alterar a sua posição, face à *falta de alternativa no acesso a um bem essencial*.

---

32 LARENZ, Karl; WOLF, Manfred. *Allgemeiner Teil des Bürgerlichen Rechts*. 8. ed. Munique: C.H. Beck, 1997, pp. 775 e 782ss.

33 ASSIS, Araken de. Código civil, Art. 421. *In*: ARRUDA, Alvim; ALVIM, Thereza. (Coord.). *Comentários ao Código Civil brasileiro* – Direito das obrigações, volume V. Rio de Janeiro: Forense, 2007, p. 52 e ASSIS, Araken de. Código civil, Art. 423. *In*: ARRUDA, Alvim; ALVIM, Thereza. (Coord.). *Comentários ao Código Civil brasileiro* – Direito das obrigações, volume V. Rio de Janeiro: Forense, 2007, p. 102, que considera mesmo que a referência a um bem essencial é nota caracterizadora do contrato de adesão; GOMES, Orlando. *Contratos*. Atualização por António Junqueira de Azevedo e Francisco Paulo De Crescenzo Marino. Rio de Janeiro: Forense, 2007, p. 141, assinalando que o que caracteriza o contrato de adesão é o facto de que o interessado em contratar não pode prescindir do contrato, pois ele satisfaz uma sua necessidade e o predisponente tem um monopólio de facto ou de direito na sua oferta. PINTO, Carlos Alberto da Mota; MONTEIRO, António Pinto; PINTO, Paulo Mota. *Teoria Geral do Direito Civil*. Coimbra: Coimbra Editora, 2005, pp. 114-115; BORK, Reinhard. *Allgemeiner Teil des Bürgerlichen Gesetzbuchs*. 3. ed. Tubinga: Mohr Siebeck, 2011, p. 683; também RIBEIRO, Joaquim de Sousa. *O problema do contrato, as cláusulas contratuais gerais e o princípio da liberdade contratual*. Coimbra: Almedina, 1999, pp. 347-348, aponta para essa ordem de razões, mostrando afinal que o fundamento que prefere é tipológico e gradativo.

Também nesse contexto de assimetria de poder é, em suma, *racional* que o aderente actue passivamente, fazendo uma comparação das características mais centrais das ofertas (preço, duração) e *resignando-se ao clausulado*. Frequentemente sem o chegar, portanto, a conhecer.[34]

Esse segundo fundamento para a existência de regras especiais para os contratos de adesão mostra-se, pois, similar ao da usura, estado de perigo ou abuso de dependência económica. Trata-se também aqui do facto de um estado de necessidade económica impedir a livre determinação do sujeito. Porém, *no caso da contratação por adesão não há que provar a falta de liberdade concreta do sujeito*: ela é *presumida* pelo facto de a *contratação ter tido lugar por adesão*.

Ou seja, cumpre aqui sublinhar uma diferença face ao que vimos acima, em que se tratava de explicar porque o regime dos contratos de adesão reage a riscos *gerados por este mesmo processo de contratação*. De modo diferente, esse segundo fundamento explica que o regime reage também a riscos *exógenos à contratação por adesão*, em que o facto de o predisponente poder colocar a sua oferta em moldes "pegar-ou-largar" assinala que *tipicamente está ali presente uma situação de poder*.

Trata-se de um processo de *reacção tipicizada*.[35] Este é similar ao que vemos noutras ordens de protecção, em que também se reage a uma *situação que caracteristicamente acarreta certos riscos para um dos contratantes*, sem que este tenha que provar que efectivamente o outro contraente explorou essas fontes de risco. É o que acontece, por exemplo no caso de negócios celebrados fora do estabelecimento comercial do prestador.[36] O seu regime, mais protectivo do consumidor, visa reagir aos riscos de o sujeito ser abordado para contratar (em lugar de a contratação provir da sua iniciativa), com diminuição da sua liberdade e capacidade de reflexão – há aqui o risco de verdadeiras situações de "atropelamento" do seu espaço de decisão.[37] Porém, para que o regime se aplique, basta provar que o negócio se celebrou fora do estabelecimento, e não que houve exploração efectiva dos riscos que tal comporta.

---

34 FABRE-MAGNAN, Muriel. *Droit des obligations*. 2. ed. Paris: Presses Universitaires de France, 2010, p. 230, considerando que, precisamente pelo facto de uma das partes não ter tido oportunidade de discutir o seu conteúdo, poderemos porventura interrogar-nos sobre se efectivamente tomou conhecimento de e quis todas as suas cláusulas.

35 Como é bem assinalado por HELLWEGE, Phillip. Die §§ 307-309 enthalten zwei Formen der Inhaltskontrolle. *JZ*, v. 70, 2015, pp. 1130-1138, p. 1312.

36 No Direito brasileiro, art. 49. do Código de Defesa do Consumidor; no Direito europeu, art. 2º, 8 da Directiva 2011/83/UE, de 25 de outubro de 2011, relativa aos direitos dos consumidores (cfr. também os arts. 6º, 7º e 9º).

37 WOLF, Manfred; NEUNER, Jörg. *Allgemeiner Teil des bürgerlichen Rechts*. 11. ed. Munique: C. H. Beck, 2016, p. 523.

10. Esses dois fundamentos são por vezes invocados em separado, mas *podem muitas vezes surgir em sobreposição.*[38] É o que acontece nos mercados de prestação *de bens ou serviços essenciais para os aderentes*, em que a oferta assenta em *clausulados complexos que estão fora da área de especialização profissional dos aderentes.*[39] Os exemplos que imediatamente ocorrem são os de contratos de acesso a plataformas digitais essenciais para a actividade profissional do aderente (vg. Airbnb, para um fornecedor de alojamento); os contratos com a Banca (vg., para prestação de garantia bancária a terceiro, ou obtenção de crédito); e, decisivamente, os contratos com seguradores. Pense-se no seguro-caução necessário para participar de licitação; no seguro D&O ou E&O necessário para captar administradores ou profissionais de qualidade; no seguro de riscos de engenharia sem o qual os riscos de construção não são comportáveis; no seguro de riscos operacionais, sem o qual os riscos de exploração industrial tão-pouco são comportáveis.

11. Em qualquer caso, a técnica do contrato de adesão, criando situações de assimetria informativa ou sinalizando situações de assimetria de poder, traz consigo um *potencial de consequências negativas*, que se colocam desde logo no plano individual – como vimos, com um potencial de desequilíbrio na distribuição de riscos contratuais.

---

38 Assim, por exemplo, RIBEIRO, Joaquim de Sousa. *O problema do contrato, as cláusulas contratuais gerais e o princípio da liberdade contratual.* Coimbra: Almedina, 1999, pp. 347-348. Exprimindo essas duas constelações, FENOUILLET, Dominique; MALINVAUD, Philippe; MEKKI, Mustapha. *Droit des obligations.* 14. ed. Paris: LexisNexis, 2017, pp. 326-327, falam aqui de duas realidades que acabam por reentrar na noção de contrato de adesão: os "contratos estandardizados cujas condições gerais são pré-redigidas e intangíveis", que são aqueles em que "o consentimento é livre, mas irreflectido" ("*où le consentement est libre mais irreflechi*") e os "contratos de dependência económica", em que "o compromisso é reflectido sem ser livre" ("*où l'engagement est reflechi sans être libre*"). Esta última hipótese retrata os casos mais extremos, em que não há assimetria informativa, mas apenas assimetria de poder. Os dois casos são acolhidos pelo legislador na noção ampla de contrato de adesão (p. 328). Cfr. ainda MEKKI, Mustapha. La notion de contrat d'adhésion: on est loin de la "haute définition"! *Revue des contrats*, n. 2, pp. 112-118, p. 115, 2019. A análise na doutrina francesa, menos analiticamente segmentada do que a da doutrina alemã, muitas vezes aponta para os dois em simultâneo. Cfr. FENOUILLET, Dominique. Le juge et les clauses abusives. *Revue des contrats*, n. 2, pp. 358-372, pp. 363-364, 2016 (cfr. ainda FABRE-MAGNAN, Muriel. *Droit des obligations.* 2. ed. Paris: Presses Universitaires de France, 2010, p. 230; MALAURIE, Philippe; AYNES, Laurent; STOFFEL-MUNCK, Philippe. *Droit des obligations.* 11. ed. Paris: LGDJ, 2020, p. 225).

39 Essa cumulação é também detectada a partir do ângulo inverso. Abaixo daremos conta das disposições do Code de Commerce francês que, *em contratos comerciais*, sancionam situações em que uma parte *submete ou tenta submeter* a outra a obrigações que criem um desequilíbrio significativo entre as partes (cfr. *infra* n. 16). É necessário que se prove a parte que actua com abuso *procurou usar de um ascendente* que detinha sobre a outra; e não é já requisito do regime que o contrato se tenha celebrado por adesão. Porém, observa-se que esses factos andam de par: as situações em que se prova que uma parte usou do seu ascendente sobre a outra para causar um desequilíbrio contratual são situações em que a primeira impôs um contrato não negociado à segunda (FENOUILLET, Dominique. Le juge et les clauses abusives. *Revue des contrats*, n. 2, pp. 358-372, pp. 362-364, 2016).

Porém, quando estamos perante situações não apenas pontuais, mas verdadeiras cláusulas contratuais gerais, tal afecta o todo do mercado, já que *a concorrência deixa de funcionar devidamente e de poder exercer o seu papel correctivo*.[40] Havendo problemas de assimetria informativa, os sujeitos deixam de conseguir comparar a qualidade do que adquirem, pelo que não há concorrência quanto ao conteúdo dos contratos, criando-se as condições para uma "*race to the bottom*". Havendo problemas de assimetria de poder na oferta de bens essenciais, os sujeitos deixam de conseguir "votar com os pés" quando a oferta no mercado não cumpre patamares mínimos de qualidade, porque não dispõem de alternativas.

Assim se compreende a articulação entre os regimes dos contratos de adesão e o Direito da concorrência. Esses regimes coadjuvam as *normas da concorrência, corrigindo situações onde ela não está a funcionar*.

Com efeito, os regimes dos contratos de adesão procuram realinhar o mercado com o que seriam as suas condições caso houvesse uma concorrência sadia. Embora, desde logo, o ordenamento da União Europeia insista frequentemente numa tutela através de deveres de informação, o que esses regimes têm de verdadeiramente específico são os seus instrumentos de *controlo do conteúdo do contrato*. Dada a falha de mercado verificada, o aderente não está em condições de se tutelar por si. Não tem sequer condições de conhecer uma cláusula desequilibrada antes de ela ser invocada contra si quando surge uma controvérsia na relação negocial. Ou, mesmo que a conheça, não tem possibilidade de a influenciar ou de recusar um contrato que a contenha.

Logo, quando os perigos inerentes à contratação por adesão se concretizam – quando há uma distribuição desproporcionada de riscos/de direitos no contrato a favor do próprio disponente –, a ordem jurídica intervém. Como o escrevia já Llewellyn, "onde a negociação está na prática ausente, as condições e cláusulas que devem ser imputadas ao negócio não são aquelas que eventualmente se encontrem impressas nas páginas não lidas, mas sim aquelas que um sujeito correcto esperaria razoavelmente encontrar nessas páginas".[41]

---

40 RIBEIRO, Joaquim de Sousa. *O problema do contrato, as cláusulas contratuais gerais e o princípio da liberdade contratual*. Coimbra: Almedina, 1999, pp. 360-361; LEYENS, Patrick C.; SCHÄFER, Hans-Bernd. Inhaltskontrolle allgemeiner Geschäftsbedingungen, Rechtsökonomische Überlegungen zu einer einheitlichen Konzeption von BGB und DCFR. *AcP*, pp. 771-803, pp. 780-785, 2010; BASEDOW, Jürgen. Vorbemerkung (Vor § 305). *In*: BECK, C. H. (Ed.); KRÜGER, Wolfgang (Coord.). *Münchener Kommentar zum BGB*, v. II: Schuldrecht, Allgemeiner Teil, §§ 241-432, 8. ed. Munique: 2019. Disponível em: http://beck-online.beck.de. Acesso em: 20 dez. 2021, nm. 6-8.

41 Tradução livre de LLEWELLYN, Karl Nickerson. Recensão de The Standardization of Commercial Contracts in English and Continental Law, de O. Prausnitz. *Harvard Law Review*, v. 52, n. 4, pp. 700-705, p. 704, 1939: "where bargaining is absent in fact, the conditions and clauses to be read into a bargain are not those which

Essa intervenção pode ser feita ainda no plano da interpretação contratual, determinando que o predisponente suporte os riscos da ambiguidade contratual, sendo cláusulas duvidosas interpretadas contra si. Mais especificamente, é feita através da expurgação de cláusulas abusivas, mantendo-se normalmente o contrato a valer na parte restante, ou sendo a lacuna preenchida por recurso às regras da integração de negócios jurídicos.

4. APLICAÇÃO ÀS RELAÇÕES ENTRE PROFISSIONAIS

12. Como decorre do exposto, estes problemas *afectam igualmente o comércio entre profissionais*, não sendo privativos das relações entre profissionais e consumidores. Também entre profissionais há *problemas de assimetria informativa* – um profissional tem *expertise* na sua área de negócios, e não em todas; e há custos muito consideráveis na contratação de consultores externos, e limites para as suas possibilidades de conhecer negócios novos ou muito específicos. E também entre profissionais há *problemas de assimetria de poder negocial*, quando o acesso a *bens essenciais depende de um mercado muito concentrado*.

Essa pertinência do regime dos contratos de adesão para as relações interprofissionais tem sido historicamente salientada em relação aos serviços financeiros, e especialmente em relação ao seguro, por ser um produto jurídico complexo, ademais frequentemente voltado à satisfação de necessidades essenciais.

Vemos isso mesmo documentado no facto de esse regime jurídico se aplicar, em vários ordenamentos, às relações entre profissionais. Veremos de seguida alguns casos exemplares. Desde logo, o do Direito português, nosso contexto de formação; depois, o de vários ordenamentos recentemente alterados a este respeito, ou propostos de raiz, contendo normas sobre contratos de adesão; a final, o do ordenamento brasileiro, que é aquele a que nos dirigimos.

4.1 Direito português

13. No ordenamento português, a matéria dos contratos de adesão é regida pelo Decreto-Lei n. 446/85, de 25 de outubro, sobre cláusulas contratuais gerais.

---

happen to be printed on the unread paper, but are those which a sane man might reasonably expect to find on that paper".

O sistema de reacção aos contratos de adesão vale tanto nas relações entre profissionais, como nas relações entre estes e consumidores, mas com diferenciações.[42] Com efeito, o regime de controlo do conteúdo dos contratos de adesão assenta numa cláusula geral de boa-fé (arts. 15º e 16º), que vale em qualquer caso. O seu funcionamento é ilustrado em listas de cláusulas absolutamente proibidas ("listas negras") e relativamente proibidas - ou seja, que apenas se podem considerar proibidas perante a valoração das circunstâncias da contratação - ("listas cinzentas"). Duas dessas listas (uma "negra" - art. 18º - e uma "cinzenta"- art. 19º) valem nas relações entre profissionais (art. 17º); quando se tratar de uma entre um profissional e um consumidor, a essas duas listas acrescem outras duas (outra "negra" - art. 21º - e outra "cinzenta" - art. 22º), valendo no total quatro listas de cláusulas proibidas (art. 20º).

Note-se que, no âmbito dos mercados de capitais, em relação aos contratos de intermediação financeira, os *investidores não profissionais* são *tratados como consumidores* para efeitos da aplicação do regime das cláusulas contratuais gerais (art. 321º, n. 3, do Código de Valores Mobiliários).[43] Ora, apenas são investidores profissionais (generalizando) empresas do sector financeiro, entidades públicas, ou empresas de muito grande porte.[44] Pelo que *a generalidade das empresas é equiparada a consumidor*, gozando do regime de protecção reforçada através de quatro listas de cláusulas proibidas.[45]

---

42 MONTEIRO, António Pinto. O novo regime jurídico dos contratos de adesão/cláusulas contratuais gerais. *ROA*, n.1, 2002. Alguns autores consideraram mesmo que o profissional actuando fora da sua área de especialidade deveria ser tratado como consumidor (PRATA, Ana. *Contratos de adesão e cláusulas contratuais gerais*. Coimbra: Almedina, 2010, pp. 343-345, pp. 476-477). Também MONTEIRO, António Pinto. O novo regime jurídico dos contratos de adesão/cláusulas contratuais gerais. *ROA*, n.1, 2002 parece, embora de modo não inteiramente claro, enfileirar nesse conjunto, já que distingue entre, por um lado, as relações entre consumidores e empresários e, por outro, as relações entre empresários que intervenham apenas nessa qualidade e no âmbito da sua actividade específica.

43 Nos termos do art. 321º, n. 3, "aos contratos de intermediação financeira é aplicável o regime das cláusulas contratuais gerais, sendo para esse efeito os investidores não profissionais equiparados a consumidores".

44 Cfr. o art. 30º do Código de Valores Mobiliários. Para explicitar o que queremos dizer com empresas de muito grande porte, releva o art. 30º, n. 1, al. k), que qualifica como investidores profissionais "pessoas coletivas cuja dimensão, de acordo com as suas últimas contas individuais, satisfaça dois dos seguintes critérios: i) Capital próprio de 2 milhões de euros; ii) Ativo total de vinte milhões de euros; iii) Volume de negócios líquido de quarenta milhões de euros".

45 Descontamos aqui o caso em que é a própria empresa a pedir para ser tratada como profissional (arts. 317º-B e 317º-C do Código de Valores Mobiliários).

4.2 Ordenamentos europeus: normas recentemente introduzidas ou propostas

14. É interessante notar algumas recentes alterações do Direito de Estados-membros da União Europeia, bem como normas modelo propostas com vista a criar regimes opcionais comuns, que especificamente regularam a a matéria dos contratos de adesão. O âmbito de aplicação do regime não foi aqui limitado às relações entre profissionais e consumidores, mas sim estabelecido para valer também nas relações entre profissionais.

a) Direito francês

15. A grande revisão do *Code civil* em 2016 visou directamente a essa matéria, tendo pela primeira vez introduzido no Código bicentenário uma definição de contrato de adesão (art. 1110), bem como um regime próprio para estes contratos (art. 1771 e 1190, segunda parte). Os arts. 1110 e 1771 foram modificados pela Lei de ratificação de 2018,[46] que colocou finalmente em vigor o regime.

Pese embora a novidade da positivação no *Code*, não se pode falar de ideias nunca antes ensaiadas no Direito francês. Pelo contrário, desde Saleilles que o conceito de contrato de adesão concitava o debate na doutrina francesa.[47] E a jurisprudência tinha já por vários caminhos procurado chegar a resultados similares aos decorrentes das novas regras, quer mobilizando a regra da interpretação no sentido mais favorável ao devedor, quer interpretando amplamente o *conceito de consumidor* para efeitos de aplicação do regime que o protege de cláusulas abusivas, quer convocando a categoria geral de *causa*, e a desnaturação do contrato por sua ausência; quer, a partir de 2008, aplicando o regime que protege profissionais contra práticas lesivas da concorrência.[48] Vejamos melhor.

---

46 Lei n. 2018-287 de 20 de abril de 2018, que ratificou a Ordenança 2016-131 de 10 de fevereiro de 2016, que reformou o Direito dos contratos e do regime geral e de prova das obrigações. A versão anterior – definindo o contrato de adesão como "aquele cujas condições gerais, subtraídas à negociação, fossem determinadas antecipadamente por uma das partes" – suscitava perplexidades várias. Desde logo, quanto ao alcance da referência às condições gerais – já que o conceito de cláusula contratual geral não tem aqui a tradição que lhe cabe no ordenamento alemão (FENOUILLET, Dominique. Le juge et les clauses abusives. *Revue des contrats*, n. 2, pp. 358-372, pp. 365-366, 2016).

47 CHÉNEDÉ, François. Raymond Saleilles, Le contrat d'adhésion (2e partie). *Revue des contrats*, n. 3, pp. 1017-1038, pp. 1019ss., 2012.

48 Sobre essa evolução, CHÉNEDÉ, François. Raymond Saleilles, Le contrat d'adhésion (2e partie). *Revue des contrats*, n. 3, pp. 1017-1038, pp. 1028ss., 2012.

Nos termos do art 1110, segundo parágrafo, o contrato de adesão é aquele que comporta um conjunto de cláusulas não negociáveis, antecipadamente determinadas por uma das partes.[49] Nos termos do art. 1171, num contrato de adesão, *toda a cláusula não negociável antecipadamente determinada por uma das partes e que crie um desequilíbrio significativo entre* os direitos e as obrigações das partes do contrato é tida por *não escrita*. A apreciação do desequilíbrio significativo não incide sobre o objecto principal do contrato nem sobre a adequação entre o preço e a prestação.[50] Segundo recomendação do legislador, deverão ser considerados os critérios já conhecidos, limados na aplicação das normas nacionais e europeias sobre cláusulas abusivas em contratos com consumidores.[51] Por sua vez, o art. 1190 acolhe a regra *contra proferentem* na hermenêutica dos contratos em causa.

O regime vale para contratos de adesão, independentemente de serem ou não formados por cláusulas contratuais gerais. E, sendo um regime de direito comum, vale *naturalmente também nas relações entre profissionais*.[52]

Na verdade, considera-se que o regime entronca em decisões jurisprudenciais já dos anos 90 (acórdão *Chronopost*, de 1996, e *Faurecia*), relativas a cláusulas de limitação da responsabilidade justamente em contratos entre profissionais. Estavam então em causa cláusulas de limitação da responsabilidade pelo incumprimento da obrigação principal do fornecedor que limitavam de tal modo a sua responsabilidade que se considerava que *esvaziavam a sua prestação de conteúdo*, e assim *retiravam a causa* para a prestação da outra parte.[53] Essa linha argumentativa deu lugar a dois regimes diferentes, ambos vigiando a existência de uma contrapartida séria, não excessivamente desfasada, para a prestação (*rectius*, atribuição) de cada uma das partes. Um deles encontra-se previsto no art. 1170, nos termos do qual toda a cláusula que prive a

---

49 Tradução livre do art. 1110: "*Le contrat de gré à gré est celui dont les stipulations sont négociables entre les parties./ Le contrat d'adhésion est celui qui comporte un ensemble de clauses non négociables, déterminées à l'avance par l'une des parties*".

50 Tradução livre do art. 1171: "*Dans un contrat d'adhésion, toute clause non négociable, déterminée à l'avance par l'une des parties, qui crée un déséquilibre significatif entre les droits et obligations des parties au contrat est réputée non écrite./ L'appréciation du déséquilibre significatif ne porte ni sur l'objet principal du contrat ni sur l'adéquation du prix à la prestation*".

51 FRANÇA. Ministère de la Justice. *Rapport au Président de la République relatif à l'ordonnance no 2016-131 du 10 février 2016 portant réforme du droit des contrats, du régime général et de la preuve des obligations*, comentário às disposições sobre o conteúdo do contrato (Livre I, Sous-Titre I, Le contrat, Chapitre II, Séction 2, Sous-section 3).

52 MALAURIE, Philippe; AYNES, Laurent; STOFFEL-MUNCK, Philippe. *Droit des obligations*. 11. ed. Paris: LGDJ, 2020, p. 250; BÉNABENT, Alain. *Droit des obligations*. 18. ed. Issy-les-Moulineaux: LGDJ, 2019, p. 170.

53 FENOUILLET, Dominique. Le juge et les clauses abusives. *Revue des contrats*, n. 2, pp. 358-372, pp. 363-364, 2016, p. 360; CHÉNEDÉ, François. Raymond Saleilles, Le contrat d'adhésion (2e partie). *Revue des contrats*, n. 3, pp. 1017-1038, pp. 1033-1034, 2012.

obrigação principal do devedor da sua substância é havida como não escrita. O outro é o constante do art. 1171, que tem por especificidade debruçar-se sobre os *contratos de adesão*, determinando, como vimos, que as cláusulas que introduzam um desequilíbrio significativo entre as posições das partes devem ser tidas por não escritas. Trata-se de um regime de ordem pública, como tal inderrogável.[54]

16. Tem também interesse referir aqui um outro regime atinente à ordem pública de protecção com *incidência específica nas relações comerciais, e não consumeristas*, e justificado por uma finalidade de *tutela da concorrência*. Trata-se de um regime introduzido já em 2008, quando a lei de modernização da economia alterou o *Code de Commerce*. O art. L442-6 I passou então a prever um regime de responsabilidade do profissional em posição de domínio pelo facto de submeter ou tentar submeter a sua contraparte a obrigações que criem um desequilíbrio excessivo entre os direitos e as obrigações das partes.[55]

Actualmente, o regime consta do Art. L442-1, muito recentemente alterado. Nos seus termos, fica obrigado a reparar o prejuízo causado na negociação comercial, na conclusão ou execução do contrato, o produtor, distribuidor ou prestador que: obtenha ou procure obter da outra parte uma vantagem não correspondente a qualquer contrapartida ou manifestamente desproporcionada em relação ao valor da contrapartida atribuída (1º), ou que submeta ou procure submeter a outra parte a obrigações que criem um desequilíbrio significativo entre os direitos e as obrigações das partes (2º).[56]

Como é patente, o regime prevê em primeira linha uma consequência de responsabilidade civil, embora de acordo com a redacção mais recente permita também à vítima requerer a eliminação judicial da cláusula (L442-4).[57] Tão-pouco é privativo dos contratos de adesão, aplicando-se em *qualquer situação marcada pela adopção de uma das condutas abusivas descritas*. Porém, é notório que o critério do *desequilíbrio*

54 FENOUILLET, Dominique. Le juge et les clauses abusives. *Revue des contrats*, n. 2, pp. 358-372, p. 364, 2016.

55 FENOUILLET, Dominique; MALINVAUD, Philippe; MEKKI, Mustapha. *Droit des obligations*. 14. ed. Paris: LexisNexis, 2017, p. 324; A. Bénabent, *Droit des obligations*, cit., p. 170.

56 Tradução livre do art. L442-1 (alterado pela Lei n°2021-1357 de 18 de Outubro de 202): "*I.- Engage la responsabilité de son auteur et l'oblige à réparer le préjudice causé le fait, dans le cadre de la négociation commerciale, de la conclusion ou de l'exécution d'un contrat, par toute personne exerçant des activités de production, de distribution ou de services: 1° D'obtenir ou de tenter d'obtenir de l'autre partie un avantage ne correspondant à aucune contrepartie ou manifestement disproportionné au regard de la valeur de la contrepartie consentie;/ 2° De soumettre ou de tenter de soumettre l'autre partie à des obligations créant un déséquilibre significatif dans les droits et obligations des parties*".

57 MALAURIE, Philippe; AYNES, Laurent; STOFFEL-MUNCK, Philippe. *Droit des obligations*. 11. ed. Paris: LGDJ, 2020, p. 249.

significativo é muito similar ao previsto na Directiva sobre cláusulas abusivas em contratos com consumidores, bem como nas normas consumeristas francesas que a transpuseram. É, aliás, também aqui o legislador a referir que os juízes que apliquem a norma comercial *podem inspirar-se nas concretizações do critério* da ocorrência de *desequilíbrio significativo pela jurisprudência nacional* e europeia em sede consumerista.[58] Essa experiência jurisprudencial prévia foi também positivamente valorada pelo *Conseil Constitutionnel*, considerando que ela era garante da previsibilidade e não arbitrariedade das decisões em sede de aplicação do regime do *Code de Commerce*.[59] Por aqui se vê, também, que as preocupações são transversais às várias relações jurídicas. Sem prejuízo, claro - o que tem vindo a ser progressivamente sublinhado - de os critérios não deverem ser linearmente transpostos, mas devidamente adaptados ao contexto consumerista ou profissional.[60]

b) Direito belga

17. Da parte do Direito belga, importam as recentes alterações trazidas ao *Code de droit économique*, pela Lei de 4 de abril de 2019,[61] que introduziu um "Título 3/1. Contratos concluídos entre empresas" (em tradução livre). Trata-se das normas contidas no art. VI.91/1 e seguintes, que proíbem *cláusulas abusivas em contratos entre empresas*. Sublinhe-se que não se trata de *reagir apenas a contratos de adesão*: reage-se a *qualquer cláusula abusiva*, independentemente do modo de contratação. Porém - novamente - interessa aqui expor um regime que protege contra abusos de poder na definição do conteúdo contratual, entrando em diálogo directo com as normas de que vimos dando conta.

O regime estrutura-se em torno de um critério geral (art. VI.91/3), que é complementado por listas de cláusulas absolutamente (art. VI.91/4) e relativamente proibidas (art. VI.91/5). Nos termos do critério geral, eixo do juízo de controlo, "toda a cláusula de contrato concluído entre empresas é abusiva desde que, por si, ou em combinação

58 FENOUILLET, Dominique; MALINVAUD, Philippe; MEKKI, Mustapha. *Droit des obligations*. 14. ed. Paris: LexisNexis, 2017, p 329.

59 Ac. n. 2010-85 QPC, de 13 de janeiro de 2011 (*Établissements Darby et fils*), n. 4 (disponível em https://www.conseil-constitutionnel.fr/decision/2011/201085QPC.htm).

60 FENOUILLET, Dominique. Le juge et les clauses abusives. *Revue des contrats*, n. 2, pp. 358-372, p. 371, 2016.

61 Lei que modifica o Código de Direito económico no que concerne ao abuso de dependência económica, às cláusulas abusivas e às práticas desleais entre empresas.

com outras cláusulas, crie um desequilíbrio manifesto entre os direitos e as obrigações das partes".[62]

Note-se que o regime não se aplica directamente aos serviços financeiros – entre eles, os seguros –, devendo ser previamente adaptado através de decreto do Rei (art. VI.91/1, §1º). Em si, como o salientou a doutrina, essa diferenciação seria dificilmente compatível com o princípio da igualdade. Porém, assevera-se nos trabalhos preparatórios da norma que o propósito não é de excluir a aplicação do regime em matéria financeira, mas simplesmente de o adaptar à especificidade e sobretudo à complexidade desse quadrante.[63]

De resto, em matéria de Direito do seguro, vale o art. 23 da *Loi des assurances*.[64] O art 23, §1º, é continuador de regras que figuravam já em Decretos reais de 1976 e de 1991.[65] Esse exige, *para todas as classes de seguros*, que as cláusulas sejam redigidas em termos claros e precisos. E proíbe ainda que os contratos de seguro *contenham qualquer cláusula que atente contra a equivalência entre os compromissos do segurador e os do tomador*. A norma é complementada pelo §2º, introduzido apenas em 2014, com a aprovação da *Loi des assurances*, que prevê que em qualquer caso, havendo dúvida quanto à interpretação de uma cláusula do contrato, prevalece a interpretação mais favorável ao tomador ou, em caso de seguro por conta de outrem, ao segurado. Ao contrário do §1º, este §2º não se aplica, porém, aos seguros de grandes riscos. Não é evidente a razão para essa diferença de tratamento, já que o §1º fiscaliza o próprio conteúdo do contrato de seguro.

Note-se que o art. 23 da *Loi des assurances* vale para *toda e qualquer cláusula de contrato de seguro, independentemente de ter havido contratação por adesão* (embora esta corresponda à normalidade dos casos). Tratando-se de contratos de seguros celebrados com consumidores, a essa regulação soma-se a protecção conferida pelas

---

62 Tradução livre do art. VI.91/3, § 1º: "*Pour l'application du présent titre, toute clause d'un contrat conclu entre entreprises est abusive lorsque, à elle seule ou combinée avec une ou plusieurs autres clauses, elle crée un déséquilibre manifeste entre les droits et obligations des parties*".

63 JAFFERALI, Rafaël. Les clauses abusives dans les contrats B2B après la loi du 4 avril 2019 ou le règne de l'incertitude (Première partie). *Journal des tribunaux*, n. 6812, pp. 273-285, 2020, p. 279.

64 Nos termos do art. 23: "*§ 1er. Les conditions générales, particulières et spéciales, les contrats d›assurance dans leur ensemble, ainsi que toutes les clauses prises séparément doivent être rédigés en termes clairs et précis. Ils ne peuvent contenir aucune clause de nature à porter atteinte à l›équivalence entre les engagements de l›assureur et ceux du preneur d›assurance.*

§ 2. En cas de doute sur le sens d›une clause, l›interprétation la plus favorable au preneur d›assurance prévaut dans tous les cas. Si le preneur d›assurance et l›assuré ne sont pas une seule et même personne, c›est l›interprétation la plus favorable à l›assuré qui prévaut. L›alinéa 1er n›est pas applicable aux contrats d›assurance relatifs à des grands risques, à l›exception des risques visés à l›article 5, 39°, point b), pour autant que le preneur d›assurance exerce une profession libérale et que le risque porte sur l›exercice de cette profession".

65 FONTAINE, Marcel. *Droit des assurances*. Bruxelas: Larcier, 2016, p. 59.

normas de protecção do consumidor contra cláusulas abusivas, de que os tribunais fazem amplo uso nesta sede.[66] O Decreto real que venha a adaptar o Título 3/1 do *Code de droit économique* aos serviços financeiros poderá também vir a fornecer protecção acrescida no caso dos seguros celebrados com profissionais.

b) Direito europeu

18. Como é sabido, a Directiva sobre cláusulas abusivas só se aplica nas relações entre profissionais e consumidores.[67] Tratando-se de uma Directiva de *harmonização mínima*, os Estados-membros foram livres de *estabelecer, ou manter*, disposições internas mais protectivas. Não levanta, de resto, dúvidas a sua liberdade de aplicar as normas sobre contratos de adesão também às relações entre profissionais – para além dos casos já referidos, é o que ocorre, vg., na Alemanha (§§305 e ss, e §310, I, *a contrario*, do Código Civil alemão), ou na Áustria (§864a e §879(3) do Código Civil austríaco).

É, pois, digno de nota que a generalidade das *normas modelo de Direito europeu dos contratos* tenha optado por fazer valer o *regime sobre cláusulas abusivas em contratos de adesão* também nas relações entre profissionais, tratando-o como um verdadeiro regime geral de Direito dos contratos.[68] Vejamos mais de perto.

Quando nos referimos a *normas modelo de Direito europeu dos contratos*, referimo-nos em primeira linha a conjuntos normativos preparados no âmbito de projectos académicos apoiados e subvencionados pela União Europeia, que procuraram propor um *Direito contratual uniforme para o espaço europeu*, de aplicação opcional. Referiremos a seguir os Princípios de Direito Europeu dos Contratos (PECL), os princípios elaborados pelo *Acquis Group* e o *Draft Common Frame of Reference* (DCFR).[69] Dentro

66 FONTAINE, Marcel. *Droit des assurances*. Bruxelas: Larcier, 2016, p. 60, em nota, e pp. 65-67.

67 Directiva 93/13/CEE do Conselho, de 5 de Abril de 1993. Crítico, alegando que os problemas em causa não são privativos de relações com consumidores, MONTEIRO, António Pinto. O novo regime jurídico dos contratos de adesão/ cláusulas contratuais gerais. *ROA*, n.1, 2002.

68 JANSEN, Nils. Chapter 6, Contents and effects; Section 2, Unfair contract terms. *In*: JANSEN, Nils; ZIMMERMANN, Reinhard (Coord.). *Commentaries on European contract laws*. Oxford: Oxford University Press, 2018, pp. 919-994, p. 930.

69 Os *Principles of European Contract Law* (PECL) resultam dos trabalhos de um grupo abrangente que se reuniu inicialmente sob a presidência de Ole Lando. Sendo o grupo fundado em 1982, foi publicando segmentos dos PECL entre 1995 e 2002. O *Research Group on Existing EC Private Law (Acquis Group)* foi fundado em 2002, sendo presidido por Hans Schulte-Nölke. Os princípios elaborados pelo grupo visaram sistematizar o Direito de fonte europeia vigente, fazendo do seu corpo disperso e fragmentário um todo expresso em normas gerais; foram publicados *online* em 2008. O *Draft Common Frame of Reference* (DCFR) visou criar um sistema uniforme na base tanto do Direito europeu vigente, como de uma análise comparatística do Direito dos Estados-membros. Teve, pois, as propostas modelo anteriores como sua base de trabalho. Foi elaborado pelo *Study Group on an European Civil Code*, fundado em 2005, sob a presidência de Christian von Bar, e publicado em

desses esforços de criação de um Direito europeu uniforme, importa também a *Proposta de Regulamento do Parlamento Europeu e do Conselho relativo a um direito europeu comum da compra e venda*, de outubro de 2011 (CESL).[70] Embora o projecto tenha sido abandonado, a verdade é que também ele cristaliza o que se entende serem as regras mais adequadas para um Direito comum dos contratos – no caso, da compra-e-venda.

Os PECL referem-se no art. 4:110 às "Cláusulas abusivas que não tenham sido especificamente negociadas". Nos termos do n. 1,

> uma parte pode pedir a exclusão de uma cláusula que não tenha sido especificamente negociada quando, em contravenção às exigências da boa-fé e em detrimento da primeira, der origem a um desequilíbrio significativo entre os direitos e obrigações das partes decorrentes do contrato, tendo em conta a natureza dos bens ou serviços que sejam objecto do contrato e mediante consideração de todas as outras cláusulas do contrato e de todas as circunstâncias que rodearam a sua celebração.[71]

Os Princípios do *Acquis* referem-se no art. 6:301 à "Abusividade das cláusulas". Nos termos do n. 2, "uma cláusula num contrato entre profissionais que não tenha sido especificamente negociada é considerada abusiva apenas se a sua utilização corresponder a um desvio manifesto em relação às boas práticas comerciais".[72]

O DCFR refere-se no art. II – 9:405 ao "Significado de 'abusivo' em contratos entre profissionais". Nos seus termos, "uma cláusula de um contrato entre profissionais é

2009. Cfr. JANSEN, Nils; ZIMMERMANN, Reinhard. General introduction, European contract laws. *In*: JANSEN, Nils; ZIMMERMANN, Reinhard (Coord.). *Commentaries on European contract laws*, Oxford: Oxford University Press, 2018, pp. 1-18, pp. 5ss. De fora ficará o *European Contract Code*, elaborado pela *Academy of European Private Lawyers* (também dita Grupo de Pavia) sob a presidência de Giuseppe Gandolfi, tendo o francês por língua de trabalho (https://www.eurcontrats.eu/acd2/general-information/). Os seus trabalhos de publicação tiveram início em 1999, estendendo-se até 2004. Ao contrário do que ocorre nas restantes normas-modelo, a regra do *European Contract Code* que proíbe cláusulas contratuais gerais introduzindo um desequilíbrio significativo apenas se aplica aos contratos entre um profissional e um consumidor (art. 30º, n. 5), embora também ele estabeleça requisitos especiais de forma para a sua introdução em contratos entre profissionais (art. 30º, n. 4), preveja limites especiais em matéria de cláusulas de limitação da responsabilidade (art. 106º, n. 3), e dote a regra da interpretação *contra proferentem* de alcance geral (art. 40, n. 3).

70 "Common European Sales Law" (CESL) – cfr. COM (2011) 635 final.

71 Tradução livre do art. 4:110: "*Unfair Terms not Individually Negotiated*", n. 1: "*A party may avoid a term which has not been individually negotiated if, contrary to the requirements of good faith and fair dealing, it causes a significant imbalance in the parties' rights and obligations arising under the contract to the detriment of that party, taking into account the nature of the performance to be rendered under the contract, all the other terms of the contract and the circumstances at the time the contract was concluded*".

72 Tradução livre do art. 6:301: "*Unfairness of terms*", n. 2: "*A term in a contract between businesses which has not been individually negotiated is considered unfair only if using that term amounts to a gross deviation from good commercial practice*".

abusiva para os efeitos da Secção (4, sobre "Cláusulas abusivas") apenas caso se trate de uma cláusula contratual geral apresentada por uma das partes for de natureza tal que a sua aplicação se desvie manifestamente das boas práticas comerciais, contrariando o princípio da boa-fé contratual".[73]

A CESL refere-se no art. 86º ao "Significado de 'abusivo' nos contratos entre profissionais". Nos termos do n. 1, "num contrato entre profissionais, uma cláusula contratual é considerada abusiva para efeitos da presente secção, se: (a) formar parte das cláusulas não especificamente negociadas na acepção do artigo 7º; e (b) for de natureza tal que a sua aplicação se desvie manifestamente das boas práticas comerciais, contrariamente ao princípio da boa-fé contratual" (citamos a versão portuguesa).

19. Procuramos agora dizer o essencial sobre os rumos deste Direito europeu uniforme. O regime dos PECL segue de perto os termos da Directiva, mas ampliando o seu escopo, uma vez que vale para *todas as cláusulas não especificamente negociadas, independentemente da qualidade das partes do contrato*. Não se exige que se trate de cláusulas contratuais gerais. Valendo de modo transversal, o regime serve-se do *mesmo critério* para aferir da abusividade em contratos entre profissionais e consumidores e em contratos exclusivamente entre profissionais. O seu critério de controlo é dado pela *cláusula geral de boa e pela existência de desequilíbrio desproporcional entre as posições das partes*.

Tal como o anterior, o critério dos Princípios do Acquis fiscaliza todas as cláusulas *não especificamente negociadas*. Porém, aqui se usa um *critério diferenciado para aferir da abusividade das cláusulas integradas em contratos entre profissionais*, sendo ele o do desvio manifesto face às *boas práticas comerciais*.

O regime do DCFR e o da CESL não se apartam substancialmente. A sua maior diferença reside no facto de o DCFR, ao contrário de todos os demais conjuntos normativos, apenas aplicar o seu *regime de controlo de conteúdo a cláusulas contratuais gerais*, e não apenas a cláusulas não especificamente negociadas. Tal como os regimes anteriores, também eles fiscalizam *contratos entre profissionais*; e, tal como os Princípios do Acquis, também eles mobilizam um *critério diferenciado para esses efeitos*. No caso de contratos entre profissionais, abdica-se de listas de cláusulas proibidas e assenta-se numa cláusula geral, que aponta para as *boas práticas comerciais*, e para *o princípio da boa-fé*, que é tido como o *critério geral de controlo*, e em todo o caso um *limite à mobilização das boas*

73 Tradução livre do art II. – 9:405: "*Meaning of 'unfair' in contracts between businesses*": "*A term in a contract between businesses is unfair for the purposes of this Section only if it is a term forming part of standard terms supplied by one party and of such a nature that its use grossly deviates from good commercial practice, contrary to good faith and fair dealing*".

práticas comerciais.[74] Contrariamente ao que fazem os Princípios do *Acquis*, entende-se que não basta a mera remissão para as boas práticas comerciais, porque podem em si ser contrárias à boa-fé, não tendo então qualquer dignidade para servir de parâmetro.[75]

4.3 Direito brasileiro

20. Também no Direito brasileiro a aplicação é transversal, e não privativa das relações de consumo.[76] No plano formal, tal decorre desde logo linearmente do facto de as normas sobre contratos de adesão estarem previstas no Código civil - arts. 423. e 424. –, pelo que se aplicam a todas as relações interprivados. E no plano material decorre do facto de os riscos colocados pela contratação por adesão se colocarem também em relações empresariais.

Assim concluiu o Conselho de Justiça Federal, na III Jornada de Direito Civil, formulando o Enunciado 172: "As cláusulas abusivas não ocorrem exclusivamente nas relações jurídicas de consumo. Dessa forma, é possível a identificação de cláusulas abusivas em contratos civis comuns, como, por exemplo, aquela estampada no art. 424 do Código Civil de 2002".

4.4 Direito alemão – breve nota sobre o estado actual de um ordenamento precursor

21. Não podemos deixar de fazer aqui referência ao direito alemão, fonte de inspiração do direito português sobre cláusulas contratuais gerais, fortemente influenciado pela *AGB-Gesetz*, de 9 de dezembro de 1976.[77]

---

74 STUDY GROUP ON A EUROPEAN CIVIL CODE/RESEARCH GROUP ON EC PRIVATE LAW (ACQUIS GROUP). *Principles, definitions and model rules of European Private Law*. Draft Common Frame of Reference (DCFR), 2010, pp. 670-671. Disponível em: http://www.transformacje.pl/wp-content/uploads/2012/12/european-private-law_en.pdf. Acesso em 19 dez. 2022.

75 JANSEN, Nils. Chapter 6, Contents and effects; Section 2, Unfair contract terms. *In*: JANSEN, Nils; ZIMMERMANN, Reinhard (Coord.). *Commentaries on European contract laws*. Oxford: Oxford University Press, 2018, pp. 919-994, p. 937.

76 Cfr., por exemplo, ASSIS, Araken de. Art. 424. *In*: ARRUDA, Alvim; ALVIM, Thereza. (Coord.). *Comentários ao Código Civil brasileiro* – Direito das obrigações, volume V. Rio de Janeiro: Forense, 2007, pp. 120-127, p. 121; ZANETTI, Cristiano de Sousa. *Direito contratual contemporâneo*: a liberdade contratual e sua fragmentação. São Paulo: Método, 2008, pp. 227-228; ROSENVALD, Nelson. Art. 423. *In*: PELUSO, Cezar (Coord.). *Código civil comentado*. Barueri: Manole, pp. 477-479, p. 478, 2013.

77 MONTEIRO, António Pinto. O novo regime jurídico dos contratos de adesão/cláusulas contratuais gerais. *ROA*, n.1, 2002.

É interessante notar como esse ordenamento, que sempre colocou a matéria das *cláusulas contratuais gerais* como uma questão geral de Direito dos contratos, e onde as normas têm um alcance prático incontroverso, se encontra actualmente numa fase reactiva.[78] Tal permite chamar a atenção para opções de aplicação do regime que não parecem de sufragar; e permite também pensar os caminhos funcionalmente contíguos que logo se abrem ao lado da via antiga, quando esta começa a mostrar-se impedida.

Efectivamente, o actual momento de questionamento está ligado a uma *aplicação muito exigente do regime das cláusulas contratuais gerais*. Essa abordagem vale em termos gerais – ou seja, quer em contratos com consumidores, quer em contratos entre empresas –; porém, leva a resultados particularmente dissonantes quando aplicada aos contratos entre empresas.

Ilustramo-lo com dois exemplos.

Em primeiro lugar, relativo a um aspecto que não tem sido muito salientado pela doutrina alemã, mas que salta sem dúvida à vista de um operador estrangeiro, que diz respeito à metodologia seguida na interpretação de cláusulas contratuais gerais, e que grandemente potencia que estas sejam consideradas desequilibradas e, como tal, excluídas. No ordenamento alemão, diferentemente do que acontece na generalidade dos ordenamentos do direito comparado mais próximo, as cláusulas são interpretadas de modo "objectivo" – ou seja, com abstracção do contexto concreto da contratação, ao modo de uma lei.[79] O que é verdadeiramente singular, porém, é a aplicação da regra *contra proferentem*, que se segue quando a cláusula se mostre ambígua (o que é entendido com bastante largueza). Aí, a interpretação ocorre em dois passos. Num primeiro passo, interpreta-se a cláusula à luz do *sentido mais desfavorável ao aderente* que ela comporte, e verifica-se se *seria nula nesse caso*. Apenas se a cláusula *sobreviver a este escrutínio* é que é então interpretada do modo mais favorável ao aderente.[80]

Ora, tal mostra-se problemático em sectores inovadores, de que o sector dos serviços digitais parece ser paradigmático. Estando em causa prestações imateriais,

---

78 Para uma panorâmica recente e aprofundada da discussão, cfr. por todos, SOMMERFELD, Antonia. *AGB-Reform und Rechtsflucht, Bedeutung der Rechtsflucht für die AGB-Reformdebatte im unternehmerischen Rechtsverkehr*. Tubinga: Mohr Siebeck, 2021, pp. 44-83.

79 O que foi defendido por SALEILLES, Raymond. *De la déclaration de volonté:* Contribution à l'étude de l'acte juridique dans le code civil allemand (Art. 116 à 144). Paris: Pichon, 1901, p. 230, no primeiro contacto com o fenómeno. Criticamente quanto a esta abordagem, HELLWEGE, Phillip. *Allgemeine Geschäftsbedingungen, einseitig gestellte Vertragsbedingungen und die allgemeine Rechtsgeschäftslehre*. Tubinga: Mohr Siebeck, 2010, pp. 520-523.

80 BASEDOW, Jürgen. Vorbemerkung (Vor § 305). *In*: BECK, C. H. (Ed.); KRÜGER, Wolfgang (Coord.). *Münchener Kommentar zum BGB*, v. II: Schuldrecht, Allgemeiner Teil, §§ 241-432, 8. ed. Munique: 2019. Disponível em: http://beck-online.beck.de. Acesso em: 20 dez. 2021, nm. 50-52.

muito dependentes da descrição do serviço através de um clausulado, e em relação ao qual ainda não haja muita experiência, há riscos consideráveis de que este possa não ser inteiramente claro. Nesse caso, o predisponente poderá ver várias das cláusulas expurgadas do contrato à luz do pior sentido que essas comportem, ainda que não tenha sequer previsto que a cláusula poderia comportar um tal sentido.

Por outro lado, devem apontar-se os excessos da jurisprudência ao *qualificar uma cláusula como abusiva por se afastar das soluções do Direito supletivo*. Como é sabido, o Direito supletivo fornece um parâmetro fundamental ao intérprete para aferição do carácter abusivo de uma cláusula. Tratando-se das normas forjadas para valer na falta de vontade das partes em sentido contrário, estas consagram as soluções que o legislador tem por mais razoáveis, sendo desejável do ponto de vista do comércio jurídico que vigorem num grande número de casos. Como tal, uma cláusula unilateralmente predisposta que divirja dessas soluções tidas por razoáveis e equilibradas fica sob a suspeita – a presunção – de abusividade.

Porém, os tribunais alemães têm tido uma visão maximalista do que se deve entender como sendo uma norma dispositiva, da qual o afastamento gere uma presunção de abusividade.

É emblemático um caso recente da jurisprudência do Tribunal Federal, relativa a um contrato entre profissionais. A norma cujo afastamento estava em causa era o § 488, I do Código Civil, que descreve as obrigações principais do contrato de mútuo. Estavam em causa três contratos de empréstimo bancário feito a um profissional, em que o banco tinha estabelecido que teria *direito a comissão pela celebração do contrato*. Ora, o § 488, I, frase 2, apenas refere, como deveres do mutuário, o dever de reembolso e o dever de pagamento de juros. Considerou o Tribunal que, como as comissões não estão ligadas ao decurso do tempo de empréstimo, não podiam ser consideradas similares a juros, pelo que estariam fora desse quadro.[81] Como tal, concluiu que *a cobrança de comissões de contratação em contratos de empréstimo bancário contraria o quadro do direito dispositivo do contrato de mútuo, e que as cláusulas que fixavam a comissão eram abusivas*. Não explicou, pois, o Tribunal, porque atribui à norma tal valor de parâmetro de justeza – e não mera descrição das notas típicas de um mútuo civil, e nem sequer bancário. De resto, no mútuo bancário, a contratação supõe normalmente um

---

81 Tratou-se do acórdão do BGH de 4 de julho de 2017, XI ZR 562/15, reproduzido com comentário crítico em TRÖGER, Tobias. Unwirksame Bearbeitungsgebühren bei Darlehensverträgen mit Unternehmern (anotação a BGH 4.7.2017 – XI ZR 562/15); *NJW*, pp. 2986-2995, 2017, pp. 2986-2995. Cfr. ainda HERRESTHAL, Carsten. *Reform der AGB-Kontrolle im B2B-Bereich:* Rechtslage – Reformdiskussion – Regelungsvorschlag. Baden-Baden: Nomos, 2020, p. 23.

serviço de *avaliação profissional do risco de crédito*, que abona directamente a favor do mutuante, mas, protegendo a sua *sustentabilidade financeira*, acaba por abonar também a *favor do conjunto do mercado*.[82]

22. Como dissemos, esse quadro permite-nos também pensar as novas vias pelas quais o sistema poderá ir prosseguindo o seu caminho. Um candidato provável para as situações em que é predisposto um clausulado manifestamente desequilibrado entre partes profissionais é a figura do *abuso de dependência económica ou mesmo, quando o poder da parte dominante se projecte sobre o todo do mercado, o abuso da posição dominante*.[83] Tratar-se-ia aqui de mobilizar essas regras de Direito administrativo como fundamento para a protecção de posições privadas. Como é sabido, sob o mote do "*private enforcement*", tal tem sido, mais do que permitido, verdadeiramente incentivado como modo tanto de protecção de interesses privados como de reforço da efectividade da protecção de interesses públicos.[84]

O *private enforcement* de normas de Direito da concorrência tem sido efectuado através do mecanismo da responsabilidade civil. Porém, para a reacção a cláusulas abusivas, parece especialmente talhada uma outra via do *private enforcement*, que se vem promovendo por ser especialmente adequada à prevenção de práticas anticoncorrenciais:[85] a da invalidação do contrato ou cláusula que contrarie a lei.

Na verdade, trata-se aqui de autonomizar um dos fundamentos do regime especial dos contratos de adesão – o da *assimetria de poder* –, e tratá-lo como um instrumento directo de reacção aos casos em que essa assimetria de poder negocial redunde na imposição de condições abusivas. Nesse caso, será já necessário provar a verificação de uma conduta de abuso de dependência económica ou de posição de mercado. Porém, em relação a mercados pouco concorrenciais, a apresentação de um clausulado fechado à negociação, desproporcionadamente desequilibrado a favor de quem unilateralmente o definiu, deixará fortemente indiciada a existência de um tal abuso.

---

82 TRÖGER, Tobias. Unwirksame Bearbeitungsgebühren bei Darlehensverträgen mit Unternehmern (anotação a BGH 4.7.2017 - XI ZR 562/15); *NJW*, pp. 2986-2995, 2017, pp. 2994-2995.

83 Cfr. SILVA, Miguel Moura e. *Direito da concorrência*. 2. ed. Lisboa: AAFDL, 2018, pp. 873ss.

84 ULLRICH, Hanns. Private enforcement of the EU rules on competition – Nullity neglected. *International Review of Intellectual Property and Competition Law*, 2021, pp. 606-635, pp. 610ss.

85 ULLRICH, Hanns. Private enforcement of the EU rules on competition – Nullity neglected. *International Review of Intellectual Property and Competition Law*, 2021, pp. 606-635, pp. 610ss.

5. IDENTIFICAÇÃO DE CLÁUSULAS PRÉ-FORMULADAS E NÃO NEGOCIADAS

23. Fechamos o círculo olhando o objecto do juízo: as cláusulas de cuja ilicitude se afere. Trata-se agora de precisar quando se entende que são *pré-formuladas por uma das partes*, e quando se entende que *não foram sujeitas à negociação*. Precisados esses requisitos, haverá que esclarecer *a quem incumbe prová-los*.

24. Para determinar se as cláusulas foram *pré-formuladas por uma das partes*, basta que seja esta a introduzi-las no processo negocial. Não tem que ter sido essa parte a redigi-las: não tem que ter sido ela o autor intelectual ou material das cláusulas.[86] É, por exemplo, comum que sejam *associações de profissionais* do sector a redigi-las. É o que acontece com as cláusulas contratuais gerais usadas no sector dos seguros (AVB) na Alemanha, ou na Holanda, desenhadas por associações de seguradores.[87] Ainda no sector segurador, é também conhecido da prática o fenómeno de as cláusulas serem desenhadas por resseguradores.[88]

E é também comum que sejam aprovadas por entidades públicas.[89] Mesmo nesse caso, estão sujeitas ao regime de *fiscalização do conteúdo* de contratos de adesão.[90] Só não será assim quando o *conteúdo do contrato* esteja definido de modo *estritamente obrigatório* por norma legal ou regulamentar, que o contrato se limite a implementar.[91]

86 FENOUILLET, Dominique; MALINVAUD, Philippe; MEKKI, Mustapha. *Droit des obligations*. 14. ed. Paris: LexisNexis, 2017, p. 327.

87 ASSIS, Araken de. Código civil, Art. 423. *In*: ARRUDA, Alvim; ALVIM, Thereza. (Coord.). *Comentários ao Código Civil brasileiro* – Direito das obrigações, volume V. Rio de Janeiro: Forense, 2007, p. 105. Cfr. supra, em nota, onde se dá conta da importância das cláusulas formuladas pela GDV ou pela PK, para a Alemanha; para a Holanda, releva a VNAB (https://eng.vnab.nl).

88 EUROPEAN COMMISSION/ ERNST&YOUNG. *Study on co(re)insurance pools and on ad-hoc co(re)insurance agreements on the subscription market*, 2014, p. 203. Disponível em: https://ec.europa.eu/competition/sectors/financial_services/KD0414707ENN.pdf.

89 ASSIS, Araken de. Código civil, Art. 423. *In*: ARRUDA, Alvim; ALVIM, Thereza. (Coord.). *Comentários ao Código Civil brasileiro* – Direito das obrigações, volume V. Rio de Janeiro: Forense, 2007, p. 105; MEKKI, Mustapha. La notion de contrat d'adhésion: on est loin de la "haute définition"! *Revue des contrats*, n. 2, pp. 112-118, p. 116, 2019.

90 É emblemático o caso do ordenamento jurídico português. Na redacção originária, o regime excluía da sua aplicação as cláusulas impostas ou expressamente aprovadas por entidades públicas com competência para limitar a autonomia privada [era o anterior art. 3º, n. 1, al c)]. Logo em 1995, o diploma foi alterado, passando então a submeter também essas cláusulas ao seu escrutínio. Mantêm-se já excluídas as cláusulas típicas aprovadas pelo legislador [art. 3º, n. 1, a)].

91 Cfr. art. 1º, n. 2, da Directiva 93/13/EEC, relativa às cláusulas abusivas nos contratos celebrados com os consumidores.

Vejamos agora quando se pode dizer que *uma cláusula não foi sujeita à negociação*. A esse respeito, perguntar-se-ia bastava que a cláusula não tivesse sido efectivamente negociada, ou se se exigiria que *não tivesse sido oferecida à negociação*. Esse segundo critério parece ser o mais acertado. De certo modo, converge com o critério preferido pelas normas-modelo europeias, que assenta em saber se *o aderente teve, ou não, possibilidade de influenciar o conteúdo das cláusulas*.

É esse o critério *seguido directamente* pela CESL (art. 7º).[92] Os Princípios do *Acquis* estabelecem uma ponte entre as duas características frisadas, considerando que "uma cláusula fornecida por uma das partes (o utilizador) é tida por não especificamente negociada se a outra parte não teve a possibilidade de influenciar o seu conteúdo dado o facto de ela sido pré-formulada, em particular por se ter incluído num contrato pré-formulado composto por cláusulas contratuais gerais" [art. 6:101, 2)].[93]

Essa ligação estrita entre as duas características foi já posta de parte no DCFR. Na verdade, uma cláusula pode ser imposta, sem possibilidade de negociação, mesmo que não tenha sido pré-formulada.[94] Assim, o DCFR passou a prever que "uma cláusula fornecida por uma das partes é tida por não especificamente negociada se a outra parte não teve a possibilidade de influenciar o seu conteúdo, em particular por ela sido pré-formulada, quer se tenha incluído, quer não, num contrato composto por cláusulas contratuais gerais" [art. II.-1:110, 1)].[95]

Por outro lado, importa salientar que a *falta da possibilidade de influenciar o conteúdo* das cláusulas só se torna relevante quando resulte da *falta de disponibilidade do utilizador ou predisponente para negociar*. Não estão aqui em causa as situações em que tal impossibilidade deriva de factores da esfera do aderente – vg., o aderente, por doença ou ausência, não tem possibilidade real de negociar.[96] Por isso, como

---

92 Nos termos do art. 7º: "Cláusulas contratuais não especificamente negociadas", n. 1, "uma cláusula contratual não é especificamente negociada se foi incorporada por uma parte e a outra parte não teve possibilidade de influenciar o seu conteúdo".

93 Tradução livre do original em inglês do art. 6:101: "*Subject matter*", "2) *A term supplied by one party (the user) is not individually negotiated if the other party has not been able to influence its content because it has been drafted in advance, in particular as part of a pre-formulated standard contract*".

94 HELLWEGE, Phillip. *Allgemeine Geschäftsbedingungen, einseitig gestellte Vertragsbedingungen und die allgemeine Rechtsgeschäftslehre*. Tubinga: Mohr Siebeck, 2010, pp. 573-574, criticando esta união dos dois critérios, já que a falta de possibilidade de influenciar o conteúdo do contrato não tem que assentar na pré-formulação das cláusulas.

95 Tradução livre do original em inglês do art. II.-1:110: *Terms "not individually negotiated*", "1) *A term supplied by one party is not individually negotiated if the other party has not been able to influence its content, in particular because it has been drafted in advance, whether or not as part of standard terms*".

96 HELLWEGE, Phillip. *Allgemeine Geschäftsbedingungen, einseitig gestellte Vertragsbedingungen und die allgemeine Rechtsgeschäftslehre*. Tubinga: Mohr Siebeck, 2010, pp. 573-574; MEKKI, Mustapha. La notion de contrat d'adhésion: on est loin de la "haute définition"! *Revue des contrats*, n. 2, pp. 112-118, p. 115, 2019.

começámos por dizer, o que releva é que as cláusulas *não tenham sido oferecidas à negociação*. Tal deve ser aferido através das regras da interpretação negocial: tudo está em saber se, *do ponto de vista de um declaratário razoável, as cláusulas foram colocadas sob negociação, ou se foram apresentadas apenas para aceitação ou rejeição*.[97]

O critério de detecção de cláusulas não sujeitas à negociação tem sido muito debatido no ordenamento alemão. A fórmula geral usada pela jurisprudência mostra-se confluente com o critério que expusemos. Exige-se que o conteúdo da cláusula seja *seriamente colocado à disposição da outra parte*, dando-lhe uma *real possibilidade de influenciar o conteúdo das cláusulas, acautelando os seus interesses*.[98] Essa colocação séria *à disposição da outra parte* tem que lhe ter sido cognoscível.

Porém, nas concretizações que dela são feitas, os tribunais mostram-se *demasiado exigentes*, atraindo a crítica justificada da doutrina. Assim, por exemplo, a jurisprudência não tem permitido que uma cláusula não negociada seja compensada com negociações quanto a outras. Para que o texto tal como proposto se mantenha sem deixar de ser considerado negociado, é necessário que o aderente "o tenha considerado materialmente justificado e o tenha tomado na sua vontade negocial". Tal levou, por exemplo, a aplicar o regime a contratos de M&A intensamente negociados.[99]

Parece-nos importante salientar esse aspecto, pois ele pode levar a tomar "a floresta pela árvore", levando a que se critique o regime dos contratos de adesão como um todo, com base no que é uma aplicação manifestamente hipertrofiada dos seus critérios. Em todo o caso, o debate alerta para a utilidade de diferenciar, e não pedir ao regime dos contratos de adesão que forneça todas as respostas para problemas de assimetria e abuso de poder. Há outros regimes vocacionados para dar resposta a essas situações – normas de direito da concorrência (*maxime*, abuso da posição dominante, ou de dependência económica), regime da usura – que, devidamente desenvolvidos pela jurisprudência, permitem que o regime dos contratos de adesão não procure dar respostas para que não está talhado.

---

97 HELLWEGE, Phillip. *Allgemeine Geschäftsbedingungen, einseitig gestellte Vertragsbedingungen und die allgemeine Rechtsgeschäftslehre*. Tubinga: Mohr Siebeck, 2010, p. 571, quanto à detecção de cláusulas não especificamente negociadas.

98 MÄSCH, Gerald. BGB § 305 Einbeziehung Allgemeiner Geschäftsbedingungen in den Vertrag. *In*: STOFFELS, Markus. (Coord.). *Staudingers Kommentar BGB*. Berlim: Sellier/ De Gruyter, 2019, nm 52; SOMMERFELD, Antonia. *AGB-Reform und Rechtsflucht, Bedeutung der Rechtsflucht für die AGB-Reformdebatte im unternehmerischen Rechtsverkehr*. Tubinga: Mohr Siebeck, 2021, pp. 19-21.

99 MÄSCH, Gerald. BGB § 305 Einbeziehung Allgemeiner Geschäftsbedingungen in den Vertrag. *In*: STOFFELS, Markus. (Coord.). *Staudingers Kommentar BGB*. Berlim: Sellier/ De Gruyter, 2019, nm. 52-57; SOMMERFELD, Antonia. *AGB-Reform und Rechtsflucht, Bedeutung der Rechtsflucht für die AGB-Reformdebatte im unternehmerischen Rechtsverkehr*. Tubinga: Mohr Siebeck, 2021, pp. 21ss.

Fazemos ainda notar que as normas, tanto europeias como dos ordenamentos nacionais, através das quais se tem desenvolvido a jurisprudência de controlo de cláusulas abusivas se referem *a cláusulas não especificamente negociadas*, e não a *contratos não especificamente negociados*. Ou seja, mesmo em ordenamentos em que tem tradição a referência aos contratos de adesão (é o caso do português), não é no plano do contrato como um todo, mas no plano das cláusulas singulares, *que se determina se houve negociação ou imposição*. Não faz sentido aplicar o regime dos contratos de adesão a cláusulas que foram especificamente negociadas, mesmo que a maioria do contrato tenha sido imposta (pense-se, por exemplo, nas condições particulares do contrato de seguro que estabeleçam o que fica incluído no objecto seguro). Do mesmo modo, uma cláusula pré-formulada e não oferecida à negociação estará em tese sujeita a esse escrutínio – embora o que normalmente sucede é que se prove que houve negociação quanto a ela, sendo esse ponto irredutível compensado por recuos noutros pontos. No ordenamento francês, a opção legal foi no sentido de referir no Código Civil a categoria dos contratos de adesão, o que vem suscitando dificuldade e perplexidade na delimitação dos casos a que se refere a norma legal.[100] Não parece que um juízo que é simultaneamente monolítico (ou o todo do contrato é qualificado como de adesão, ou nenhuma parte o é) e duvidoso deva ser colocado nas portas do regime.

25. Vejamos, por último, as questões relativas a quem deve provar que as cláusulas foram pré-formuladas e não foram sujeitas à negociação.

No ordenamento português, está definido que o ónus da prova de que uma *cláusula contratual resultou de negociação prévia* recai sobre *quem queira quem pretenda prevalecer-se do seu conteúdo* (art. 1º, n. 3, do Regime das Cláusulas Contratuais Gerais). Uma vez que será normalmente o predisponente a invocar as cláusulas que lhe são favoráveis, caberá a este provar que elas foram negociadas e por isso estão subtraídas ao regime dos contratos de adesão.

---

100 FENOUILLET, Dominique; MALINVAUD, Philippe; MEKKI, Mustapha. *Droit des obligations*. 14. ed. Paris: LexisNexis, 2017, p. 327; MALAURIE, Philippe; AYNES, Laurent; STOFFEL-MUNCK, Philippe. *Droit des obligations*. 11. ed. Paris: LGDJ, 2020, pp. 224-225. Quão negociado deverá ser um contrato, para que se não qualifique como de adesão? E deverá esse juízo será qualitativo, atendendo à importância das cláusulas negociadas, ou quantitativo, atendendo à sua proporção no todo do contrato? Dando conta de argumentos literais e teleológicos num e noutro sentido, MEKKI, Mustapha. La notion de contrat d'adhésion: on est loin de la "haute définition"! *Revue des contrats*, n. 2, pp. 112-118, pp. 114-115, 2019. Considerando que não faria sentido eximir cláusulas impostas unilateralmente ao escrutínio próprio dos contratos de adesão, alegando ter havido negociação de outras partes no contrato, FENOUILLET, Dominique. Le juge et les clauses abusives. *Revue des contrats*, n. 2, pp. 358-372, p. 365, 2016.

No ordenamento brasileiro, lendo-se apenas as primeiras palavras do art. 421º -A do Código Civil – "os contratos civis e empresariais presumem-se paritários e simétricos" –, o regime pareceria diametralmente inverso. Porém, lida a norma no seu todo, ela acaba por não se afastar significativamente do regime português, e por mostrar proximidade com as normas modelo europeias. Assim, prevê o citado art. 421º -A que "os contratos civis e empresariais presumem-se paritários e simétricos até a presença de *elementos concretos que justifiquem o afastamento dessa presunção*" (itálicos acrescentados).

Tudo está em aferir se, ponto de vista de um *destinatário razoável*, o clausulado aparece oferecido em termos de tudo ou nada. Ora e nos processos de contratação com base em cláusulas contratuais gerais, logo saltam à vista esses *elementos concretos que patenteiam que o contrato não é paritário e simétrico, mas antes unilateralmente definido*.

É assim, voltando ao nosso objecto de estudo, no caso da contratação de seguros. Há *circunstâncias típicas da contratação de seguros que inculcam que essas cláusulas não estão abertas à negociação.* Geralmente as cláusulas constam dos formulários modelo do segurador, compostos pelas *suas condições gerais e especiais*, que *é o segurador a introduzir na negociação.* O facto de as cláusulas se encontrarem pré-redigidas é tido como um índice do seu carácter não negociável.[101] Do mesmo modo, a sua *formulação genérica inculca em primeira aparência* que são *preparados para os contratos daquele tipo que o segurador venha a celebrar*, e que não cabe ao segurado contrapropor cláusulas na medida dos seus interesses, mas apenas decidir se adere ou não.[102]

Também as normas modelo europeias atendem a essas circunstâncias concretas da contratação para estabelecer *uma presunção de não negociação*. Assim, os Princípios do *Acquis* preveem que o utilizador suporta o ónus da prova da sua alegação de que uma cláusula contratual geral foi especificamente negociada [art. 6:101:4)].[103] A CESL usa termos similares, prevendo que "a parte que alegue que uma cláusula contratual incorporada a título de cláusula contratual geral foi depois especificamente negociada tem o ónus de provar esse facto" (art. 7º/ 3).

101 MEKKI, Mustapha. La notion de contrat d'adhésion: on est loin de la "haute définition"! *Revue des contrats*, n. 2, pp. 112-118, p. 116, 2019.

102 MÄSCH, Gerald. BGB § 305 Einbeziehung Allgemeiner Geschäftsbedingungen in den Vertrag. *In*: STOFFELS, Markus. (Coord.). *Staudingers Kommentar BGB*. Berlim: Sellier/ De Gruyter, 2019, nm. 78.

103 Tradução livre do art. 6:101: "Subject matter", "4) The user bears the burden of proof for its claim that a standard term has been individually negotiated".

No caso do ordenamento brasileiro, a mesma presunção decorrerá da apreciação dos factos à luz das regras comuns da experiência: será uma presunção judicial.

CONCLUSÕES

26. É bem frequente que no comércio interempresarial se encontrem processos de contratação não negociada, e com recurso a cláusulas contratuais gerais. O contrato de seguro é um exemplo destacado disso mesmo. Mas a mesma dependência pronunciada de cláusulas contratuais gerais marca outros contratos de prestação de serviços.

Sendo incontornável para a racionalização da oferta em vários sectores do mercado, este recurso a clausulados pré-determinados gera ou potencia riscos de desequilíbrio do contrato a favor de quem define o seu conteúdo. É a esses riscos que o regime dos contratos de adesão ou cláusulas contratuais gerais procura responder.

Os riscos de desequilíbrio do contrato decorrem de problemas de assimetria de informação ou de poder entre as partes negociais, que existem quer na contratação entre profissionais e consumidores, quer na contratação entre profissionais. As falhas de mercado em causa são combatidas também por outros mecanismos, como a previsão de deveres de informação, as normas jusconcorrenciais sobre abuso de dependência ou as normas civis sobre a usura. Todos esses institutos se combinam para promover tanto a tutela de interesses individuais como o funcionamento eficiente dos mercados.

O regime dos contratos de adesão não é, pois, um regime de protecção de consumidores. É um regime transversal ao Direito Civil, como se reconhece no Direito brasileiro, bem como num conjunto de ordenamentos europeus, estaduais ou de normas-modelo.

Isso assente, interessa atentar no objecto do juízo de controlo, que são cláusulas pré-formuladas por uma das partes e não sujeitas à negociação. Por cláusulas pré-formuladas, deve entender-se as cláusulas apresentadas por uma das partes, quer tenha sido ela o autor moral e material das cláusulas, quer se sirva de cláusulas preparadas por terceiro (vg., uma associação profissional, um seu fornecedor – no caso dos seguros, um ressegurador – ou uma entidade pública). Por cláusulas não sujeitas à negociação, deve entender-se as cláusulas que não foram oferecidas à negociação, não tendo sido dada ao aderente possibilidade de influenciar o seu conteúdo. Os elementos concretos dos processos de contratação de seguros – em que as cláusulas constam dos formulários modelo do segurador, compostos pelas *suas condições gerais e especiais*, que *é o segurador a introduzir na negociação* – inculcarão com simplicidade a diferença de papeis, e o desnível de poderes, entre as partes contratuais.

BIBLIOGRAFIA

ASSIS, Araken de. Código civil, Art. 421. *In*: ARRUDA, Alvim; ALVIM, Thereza. (Coord.). *Comentários ao Código Civil brasileiro* - Direito das obrigações, volume V. Rio de Janeiro: Forense, 2007, pp. 3-89.

ASSIS, Araken de. Código civil, Art. 423. *In*: ARRUDA, Alvim; ALVIM, Thereza. (Coord.). *Comentários ao Código Civil brasileiro* - Direito das obrigações, volume V. Rio de Janeiro: Forense, 2007, pp. 101-119.

ASSIS, Araken de. Art. 424. *In*: ARRUDA, Alvim; ALVIM, Thereza. (Coord.). *Comentários ao Código Civil brasileiro* - Direito das obrigações, volume V. Rio de Janeiro: Forense, 2007, pp. 120-127.

BASEDOW, Jürgen. § 305c Überraschende und mehrdeutige Klauseln. *In*: KRÜGER, Wolfgang (Coord.). *Münchener Kommentar zum BGB*, v. II: Schuldrecht, Allgemeiner Teil, §§ 241-432, 8. ed. Munique: C. H. Beck. 2019. Disponível em: http://beck-online.beck.de. Acesso em: 03 jun. 2021.

BASEDOW, Jürgen. Vorbemerkung (Vor § 305). *In*: BECK, C. H. (Ed.); KRÜGER, Wolfgang (Coord.). *Münchener Kommentar zum BGB*, v. II: Schuldrecht, Allgemeiner Teil, §§ 241-432, 8. ed. Munique: 2019. Disponível em: http://beck-online.beck.de. Acesso em: 20 dez. 2021.

BECKMANN, Roland Michael. C. Allgemeine Versicherungsbedingungen. *In*: BAUMANN, Horst *et al.* (Coord.). *Bruck/Möller*, v. I. Berlim: De Gruyter Recht, 2008, pp. 132-230.

BÉNABENT, Alain. *Droit des obligations*. 18. ed. Issy-les-Moulineaux: LGDJ, 2019.

BORK, Reinhard. *Allgemeiner Teil des Bürgerlichen Gesetzbuchs*. 3. ed. Tubinga: Mohr Siebeck, 2011.

CHÉNEDÉ, François. Raymond Saleilles, Le contrat d'adhésion (1re partie). *Revue des contrats*, n. 1, pp. 241-258, 2012.

CHÉNEDÉ, François. Raymond Saleilles, Le contrat d'adhésion (2e partie). *Revue des contrats*, n. 3, pp. 1017-1038, 2012.

DREHER, Meinrad. *Die Versicherung als Rechtsprodukt*: Die Privatversicherung und ihre rechtliche Gestaltung. Tubinga: Mohr Siebrek, 1991.

EUROPEAN COMMISSION/ ERNST&YOUNG. *Study on co(re)insurance pools and on ad-hoc co(re)insurance agreements on the subscription market*, 2014, p. 203. Disponível em: https://ec.europa.eu/competition/sectors/financial_services/KD0414707ENN.pdf.

EUROPEAN RESEARCH GROUP ON EXISTING EC PRIVATE LAW (Acquis Group). *Principles of the Existing EC Contract Law* (Acquis Principles). Disponível em: https://www.trans-lex.org/400250.

FABRE-MAGNAN, Muriel. *Droit des obligations*. 2. ed. Paris: Presses Universitaires de France, 2010.

FENOUILLET, Dominique. Le juge et les clauses abusives. *Revue des contrats*, n. 2, pp. 358-372, 2016.

FENOUILLET, Dominique; MALINVAUD, Philippe; MEKKI, Mustapha. *Droit des obligations*. 14. ed. Paris: LexisNexis, 2017.

FONTAINE, Marcel. *Droit des assurances*. Bruxelas: Larcier, 2016.

FRANÇA. Ministère de la Justice. *Rapport au Président de la République relatif à l'ordonnance no 2016-131 du 10 février 2016 portant réforme du droit des contrats, du régime général et de la preuve des obligations*. Disponível em: https://www.legifrance.gouv.fr/jorf/id/JORFTEXT000032004539.

GENOVESE, Anteo. Condizioni generali di contratto. *In*: ENCICLOPEDIA DEL DIRITTO, v. VIII. Milão: Giuffrè, 1961, pp. 802-807.

GENOVESE, Anteo. Contratto di adesione. *In*: ENCICLOPEDIA DEL DIRITTO, v. X. Milão: Giuffrè, 1962, pp. 1-3.

GOMES, Orlando. *Contratos*. Atualização por António Junqueira de Azevedo e Francisco Paulo De Crescenzo Marino. Rio de Janeiro: Forense, 2007.

HAGEN, Otto. VIII, 1 [Allgemeines. Rechtsformen der Versicherungsunternehmungen. Zulassung und Aufsicht. Versicherungsvertragsrecht]. *In*: EHRENBERG, Victor (Coord.). *Handbuch des gesamten Handelsrechts, mit Einschluß des Wechsel-, Scheck-, See - und Binnenschiffahrtsrechts, des Versicherungsrechts sowie des Post - und Telegraphenrechts*. Leipzig: O. R. Reisland, 1922.

HELLWEGE, Phillip. *Allgemeine Geschäftsbedingungen, einseitig gestellte Vertragsbedingungen und die allgemeine Rechtsgeschäftslehre*. Tubinga: Mohr Siebeck, 2010.

HELLWEGE, Phillip. Die §§ 307-309 enthalten zwei Formen der Inhaltskontrolle. *JZ*, v. 70, 2015, pp. 1130-1138.

HERRESTHAL, Carsten. *Reform der AGB-Kontrolle im B2B-Bereich:* Rechtslage - Reformdiskussion - Regelungsvorschlag. Baden-Baden: Nomos, 2020.

JAFFERALI, Rafaël. Les clauses abusives dans les contrats B2B après la loi du 4 avril 2019 ou le règne de l'incertitude (Première partie). *Journal des tribunaux*, n. 6812, pp. 273-285, 2020.

JANSEN, Nils. Chapter 6, Contents and effects; Section 2, Unfair contract terms. *In*: JANSEN, Nils; ZIMMERMANN, Reinhard (Coord.). *Commentaries on European contract laws*. Oxford: Oxford University Press, 2018, pp. 919-994.

JANSEN, Nils; ZIMMERMANN, Reinhard. General introduction, European contract laws. *In*: JANSEN, Nils; ZIMMERMANN, Reinhard (Coord.). *Commentaries on European contract laws*. Oxford: Oxford University Press, 2018, pp. 1-18.

KESSLER, Friedrich. Contracts of adhesion - some thoughts about freedom of contract. *Colum. L. Rev.*, n. 43, 1943, pp. 629-642.

KÖTZ, Hein. Der Schutzzweck der AGB-Kontrolle - Eine rechtsökonomische Skizze. *JuS*, pp. 209-214, 2003.

LANDO, Ole (Org). *The Principles of European Contract Law* (PECL). Disponível em: https://www.trans-lex.org/400200.

LARENZ, Karl; WOLF, Manfred. *Allgemeiner Teil des Bürgerlichen Rechts*. 8. ed. Munique: C.H. Beck, 1997.

LEYENS, Patrick C.; SCHÄFER, Hans-Bernd. Inhaltskontrolle allgemeiner Geschäftsbedingungen, Rechtsökonomische Überlegungen zu einer einheitlichen Konzeption von BGB und DCFR. *AcP*, pp. 771-803, 2010.

LLEWELLYN, Karl Nickerson Recensão de The Standardization of Commercial Contracts in English and Continental Law, de O. Prausnitz. *Harvard Law Review*, v. 52, n. 4, pp. 700-705, 1939.

MALAURIE, Philippe; AYNES, Laurent; STOFFEL-MUNCK, Philippe. *Droit des obligations*. 11. ed. Paris: LGDJ, 2020.

MARTINS-COSTA, Judith. *A boa-fé no Direito privado*. Critérios para a sua aplicação. São Paulo: Saraiva, 2018.

MÄSCH, Gerald. BGB § 305 Einbeziehung Allgemeiner Geschäftsbedingungen in den Vertrag. *In*: STOFFELS, Markus. (Coord.). *Staudingers Kommentar BGB*. Berlim: Sellier/ De Gruyter, 2019.

MEKKI, Mustapha. La notion de contrat d'adhésion: on est loin de la "haute définition"! *Revue des contrats*, n. 2, pp. 112-118, 2019.

MIRANDA, Custódio da Piedade Ubaldino. *Comentários ao Código civil.* Dos contratos em geral, Arts. 421 a 480, v. 5. São Paulo: Saraiva, 2013.

MONTEIRO, António Pinto. O novo regime jurídico dos contratos de adesão/ cláusulas contratuais gerais. *ROA*, n.1, 2002.

PATTERSON, Edwin W. The delivery of a life-insurance policy. *Harvard Law Review*, v. 33, pp. 198-222, 1919.

PINTO, Carlos Alberto da Mota; MONTEIRO, António Pinto; PINTO, Paulo Mota. *Teoria Geral do Direito Civil.* Coimbra: Coimbra Editora, 2005.

PRATA, Ana. *Contratos de adesão e cláusulas contratuais gerais.* Coimbra: Almedina, 2010.

RIBEIRO, Joaquim de Sousa. *O problema do contrato, as cláusulas contratuais gerais e o princípio da liberdade contratual.* Coimbra: Almedina, 1999.

ROPPO, Vincenzo. *Il contratto.* Milão: Giuffrè, 2011.

ROSENVALD, Nelson. Art. 423. *In*: PELUSO, Cezar (Coord.). *Código civil comentado.* Barueri: Manole, pp. 477-479, 2013.

ROSENVALD, Nelson. Art. 424. *In*: PELUSO, Cezar (Coord.). *Código civil comentado.* Barueri: Manole, p. 479, 2013.

SALEILLES, Raymond. *De la déclaration de volonté:* Contribution à l'étude de l'acte juridique dans le code civil allemand (Art. 116 à 144). Paris: Pichon, 1901.

SILVA, Miguel Moura e. *Direito da concorrência.* 2. ed. Lisboa: AAFDL, 2018.

SOMMERFELD, Antonia. *AGB-Reform und Rechtsflucht, Bedeutung der Rechtsflucht für die AGB-Reformdebatte im unternehmerischen Rechtsverkehr.* Tubinga: Mohr Siebeck, 2021.

STUDY GROUP ON A EUROPEAN CIVIL CODE/RESEARCH GROUP ON EC PRIVATE LAW (ACQUIS GROUP). *Principles, definitions and model rules of European Private Law.* Draft Common Frame of Reference (DCFR), 2010. Disponível em: http://www.transformacje.pl/wp-content/uploads/2012/12/european-private-law_en.pdf. Acesso em: 19 dez. 2021.

TEPEDINO, Gustavo; BARBOZA, Heloisa Helena; MORAES, Maria Celina Bodin de. *Código Civil interpretado conforme a Constituição da República*, v. II, Arts. 421 a 965, 2. ed. Rio de Janeiro: Renovar, 2012.

TRÖGER, Tobias. Unwirksame Bearbeitungsgebühren bei Darlehensverträgen mit Unternehmern (anotação a BGH 4.7.2017 – XI ZR 562/15); *NJW*, pp. 2986-2995, 2017.

ULLRICH, Hanns. Private enforcement of the EU rules on competition – Nullity neglected. *International Review of Intellectual Property and Competition Law*, 2021, pp. 606-635.

VOGENAUER, Stefan. §§ 305-310, Gestaltung rechtsgeschäftlicher Schuldverhältnisse durch Allgemeine Geschäfstbedingungen, III, Auslegung und Umgehungsverbot. *In*: SCHMOECKEL, Mathias; RÜCKERT, Joachim; ZIMMERMANN, Reinhard (Coord.). *HKK*, v. II, Schuldrecht: Allgemeiner Teil, §§ 241-342. Tubinga: Mohr Siebeck, 2007, pp. 1475-1507.

WOLF, Manfred; NEUNER, Jörg. *Allgemeiner Teil des bürgerlichen Rechts.* 11. ed. Munique: C. H. Beck, 2016.

ZANETTI, Cristiano de Sousa. *Direito contratual contemporâneo:* a liberdade contratual e sua fragmentação. São Paulo: Método, 2008.

Legislação

BÉLGICA. *Code de droit économique*, Loi du 4 avril 2019. Disponível em: https://etaamb.openjustice.be/fr/loi-du-04-avril-2019_n2019011404.html.

BRASIL. Lei n. 8.078, de 11 de setembro de 1990. Código de Defesa do Consumidor. Dispõe sobre a proteção do consumidor e dá outras providências. Disponível em: http://www.planalto.gov.br/ccivil_03/Leis/L8078.htm.

BRASIL. Lei n. 10.406, de 10 de janeiro de 2002. Institui o Código Civil. *Diário Oficial da União*: seção 1, Brasília, DF, ano 139, n. 8, pp. 1-74, 11 jan. 2002.

CONSELHO DAS COMUNIDADES EUROPEIAS. Directiva 93/13/EEC, de 5 de abril de 1993. *Jornal Oficial das Comunidades Europeias*, L 95/29. Disponível em: https://eur-lex.europa.eu/legal-content/PT/TXT/PDF/?uri=CELEX:31993L0013&from=EN.

FRANÇA. Code Civil. *Légifrance*. Disponível em: https://www.legifrance.gouv.fr/codes/id/LEGITEXT000006070721/.

PARLAMENTO EUROPEU; CONSELHO DA UNIÃO EUROPEIA. Directiva 2011/83/EU, de 25 de outubro de 2011. Jornal Oficial da União Europeia, L 304/64. Disponível em: https://eur-lex.europa.eu/legal-content/PT/TXT/PDF/?uri=CELEX:32011L0083&from=PT.

PORTUGAL. Decreto-Lei n. 446/85, de 25 de outubro de 1985. *Diário da República*, n. 246/1985, Série I de 1985-10-25, pp. 3533-3538. Disponível em: https://dre.pt/dre/detalhe/decreto-lei/446-1985-177869.

PORTUGAL. Decreto-Lei n. 133/2009, de 2 de junho de 2009. Diário da República n. 106/2009, Série I de 2009-06-02, pp. 3438-3452. Disponível em: https://dre.pt/dre/detalhe/decreto-lei/133-2009-494264.

ACADEMIA SINO-LUSÓFONA: A EXPERIÊNCIA CHINESA E OUTROS TEMAS

Veja o painel

O compliance na atividade seguradora

Pedro Maia

Panorama do Direito do Seguro em Cabo Verde

Anderson Barbosa

Chine Insurance Law (transcrição - original)

Lei de Seguros Chinesa (transcrição - tradução)

Xia Xiaoxiong

O *COMPLIANCE* NA ATIVIDADE SEGURADORA

Pedro Maia[1]

INTRODUÇÃO

O presente artigo tem um propósito modesto: identificar um conjunto de implicações que a "era do *compliance*"[2] pode (e está a) trazer à atividade seguradora. Para cumprir tal propósito, o primeiro passo consiste, naturalmente, em conhecer o conteúdo e o enquadramento do *compliance*, que, tendo sofrido uma profunda evolução na *prática* – um autêntico *agigantamento* ("*compliance is everywhere*")[3] –, permanece, todavia, relativamente ausente de trabalhos académicos e está longe de dispor de um enquadramento teórico consistente, não obstante a crescente atenção que lhe é dedicada.[4] Alguns autores referem-se mesmo a um situação de *subdesenvolvimento teórico* e *dogmático* do *compliance*,[5] muito remetido para abordagens *parciais* ou "de perspetiva":

---

1 Professor associado da Faculdade de Direito da Universidade de Coimbra. E-mail: pmaia@fd.uc.pt. ORCID: 0000-0001-6778-7766.

2 É a expressão usada por GRIFFITH, Sean J. Corporate Governance in an Era of Compliance. *William & Mary Law Review Online*, v. 57, n. 6, p. 2075, 2016.

3 Cfr. VAN ROOIJ, Benjamin; SOKOL, D. Daniel. *Introduction: Compliance as the Interaction between Rules and Behavior". In*: VAN ROOIJ, Benjamin; SOKOL, D. Daniel (Ed.). *The Cambridge Handbook of Compliance*, Cambridge University Press, Cambridge, 2021, p. 2.

4 O desenvolvimento não segue em paralelo em todas as geografias, mas, na Alemanha, existem já duas revistas dedicadas unicamente ao *compliance* (a *CCZ – Corporate Compliance Zeitschrift* e a *CB – Compliance Berater*). Para uma notícia a respeito do interesse crescente sobre a matéria, cfr. SPINDLER, Gerald. Compliance im Gesellschaftsrecht. *RW Rechtswissenschaft*, v. 4, n. 3, p. 292, 2013.

5 Cfr. GRIFFITH, Sean J. Corporate Governance in an Era of Compliance. *William & Mary Law Review Online*, v. 57, n. 6, p. 2081, 2016; HAUGH, Todd. The Power Few of Corporate Compliance. *Georgia Law Review*, v. 53, p. 181, 2018; OROZCO, David. A Systems Theory of Compliance Law. *University of Pennsylvania Journal Business Law*, v. 22, n. 2, 2020, p. 246. VAN ROOIJ, Benjamin; SOKOL, D. Daniel. *Introduction: Compliance as the Interaction between Rules and Behavior". In*: VAN ROOIJ, Benjamin; SOKOL, D. Daniel (Ed.). *The Cambridge Handbook of Compliance*, Cambridge University Press, Cambridge, 2021, p. 2 (assinalando a ausência de uma visão compreensiva da matéria).

o *compliance* enquanto aspeto da *corporate governance*, o *compliance* (interno) como instrumento de regulação externa, o *compliance* como elemento de gestão do risco etc.[6]

Não só o *ponto de observação* que se assume poder variar, como o próprio *compliance* constitui uma realidade "camaleónica", quer dizer, além de a *perspetiva* de análise não ser unívoca, o próprio objeto a analisar é plural. O *compliance* encontra-se no centro de uma complexa e multifacetada (r)evolução dos sistemas financeiros, que acompanhou não só a evolução económica dos mercados financeiros, mas também – e, talvez, sobretudo – as radicais alterações de enquadramento que emergiram, primeiro, dos escândalos do início do presente milénio e, depois, da grande crise de 2007-2008.

Uma parte importante do que se foi construindo tocou o *compliance*, alterando não só a sua *feição* – a imagem que dele se tem – mas também a sua *função* – os objetivos e os interesses que visa proteger – e também a sua *posição* – o seu lugar relativo na organização individual em que se integra e no sistema financeiro como um todo. O *compliance* passou a ser algo diferente do que era, colocado num lugar diferente do que ocupava na organização e no sistema, prosseguindo objetivos distintos dos que prosseguia até então.

Sem surpresa, uma tão relevante (r)evolução exige que se aprofunde o conhecimento da dimensão das alterações ocorridas, procure-se identificar os efeitos laterais que, em diversos domínios, poder-se-ão ter produzido e, não menos importante, afira-se a *coerência* e o *equilíbrio do sistema*.

1. TERMINOLOGIA

A doutrina, o legislador e os reguladores portugueses vão-se servindo de diferentes termos para designar a *mesma realidade*, embora, como veremos, tal realidade possa não ser em si mesma *unívoca*: recorre-se ao termo original anglo-saxónico *compliance*,[7] mas também a *cumprimento* e a *conformidade*.

No plano normativo, não se divisa uma *opção única*, encontrando-se tanto o uso do termo "cumprimento"[8] – por exemplo, na Lei n. 83/2017 e no Aviso n. 2/2018 do

6 A que corresponde uma visão fragmentada do *compliance* (a expressão é de MARTINEZ, Veronica Root. Coordinating Compliance Incentives. *Cornell Law Review*, v. 12, pp. 1010ss., 2017), que prejudica a qualidade da sua análise.

7 Cfr. INSTITUTO PORTUGUÊS DE CORPORATE GOVERNANCE – IPCG. Código de Governo das Sociedades, 2018, revisto em 2020. Disponível em: https://cam.cgov.pt/images/ficheiros/2020/revisao_codigo_pt_2018_ebook-05.11.2020.pdf.

8 Pela qual LABAREDA, João, Contributo para o estudo do sistema de controlo e da função de cumprimento ("Compliance"). *Direito dos Valores Mobiliários*, 2016, p. 285, acaba por optar, sem deixar de evidenciar os

Banco de Portugal –, como a expressão "verificação do cumprimento" – como sucede na Lei n. 147/2015 (regime jurídico de acesso e exercício da atividade seguradora e resseguradora, bem como o regime processual aplicável aos crimes especiais do setor segurador e dos fundos de pensões e às contraordenações cujo processamento compete à Autoridade de Supervisão de Seguros e Fundos de Pensões) –, por vezes, acompanhada da tradução "*compliance*"[9] – assim sucede na Lei n. 16/2015 (Regime Geral dos Organismos de Investimento Coletivo) –, e, bem assim, "conformidade" – é o que se verifica no Aviso n. 3/2020 do Banco de Portugal e nas Orientações da Eiopa sobre governação interna, cuja versão em português usa a expressão "verificação de conformidade".

Não é certo que o sentido dos conceitos coincida inteiramente.[10]

No caso do Regime da Atividade Seguradora (RAS) o termo "cumprimento" – dentro da expressão "verificação do cumprimento" (art. 74º, n. 2 e 3) – serve para identificar uma função do controlo interno. O mesmo sucede com o Regime das Instituições de Crédito e Sociedades Financeiras (RGICSF), em que o termo "*compliance*" (art. 33º-A, n. 2) indica uma função de controlo interno, a par da expressão "controlo do cumprimento das obrigações legais e regulamentares", seguida da tradução "*compliance*", *no próprio enunciado legal* (art. 115º-A, n. 5, e art. 116º-AA, n. 3). As normas citadas foram introduzidas em 2014 e 2015, respetivamente pelo Decreto-Lei n. 157/2014 (arts. 33º-A e 115º-A) e pela Lei n. 23-A/2015 (art. 116º-AA).[11] O

---

inconvenientes das traduções possíveis (tanto "conformidade" como "cumprimento"), ambas incapazes "de abarcar, na plenitude, todo o âmbito abrangido" pela expressão inglesa.

9 É o que sucede com a versão portuguesa das Orientações da Autoridade Bancária Europeia sobre governo interno (EUROPEAN BANKING AUTHORITY – EBA. *Guidelines on internal governance (revised).* Disponível em https://www.eba.europa.eu/regulation-and-policy/internal-governance/guidelines-on-internal-governance-revised-), em que se traduz a expressão "*compliance function*" da versão inglesa (disponível no mesmo link anterior) por "função de verificação do cumprimento", mas também como "conformidade" (vide o título 21 e, entre outros, os pontos 187 e 193). Também em estudos teóricos se encontra a mesma terminologia: vide BERNARDINO, Pedro. Corporate Governance no Sector Segurador: Level Playing Field das Práticas de Gestão e Controlo Interno. *In*: PINTO, José Costa. *A Emergência e o Futuro do Corporate Governance em Portugal*, v. II. Coimbra: Almedina, p. 304, 2018.

10 No caso do Banco de Portugal, pode admitir-se que o uso recente do termo "cumprimento" e "conformidade" em dois avisos — o Aviso n. 2/2018 e o Aviso n. 3/2020 — reflita âmbitos distintos: o primeiro ligado ao "cumprimento" no âmbito da lei de prevenção do branqueamento de capitais e prevenção do terrorismo e o segundo já com um alcance mais amplo, em que a conformidade respeita não só ao "cumprimento" da lei, mas também à verificação e mesmo elaboração de instrumentos de *autorregulação* interna, como o *código de conduta*.

11 O termo "compliance" foi introduzido no RGIC pela primeira vez, em 2012, pelo Decreto-Lei n. 31-A/2012. Dando sequência à linha terminológica que tem adotado recentemente, o Banco de Portugal usa unicamente a expressão "conformidade" (não acompanhada da expressão inglesa) no Anteprojeto de Código de Atividade Bancária (BANCO DE PORTUGAL. *Consulta pública do Banco de Portugal n. 6/2020 relativa ao anteprojeto de Código da Atividade Bancária (até 15 de janeiro de 2021)*. Disponível em: https://www.bportugal.pt/

mesmo sucede, a título de exemplo, com o Regulamento da CMVM n. 12/2018 sobre o exercício de atividades de intermediação financeira (em que "*compliance*" consta do enunciado normativo como tradução de "sistema de controlo de cumprimento") e os Regulamentos da CMVM n. 9/2020 (relatório de autoavaliação dos sistemas de governo e controlo interno) e n. 3/2020 (regulamentação do regime geral dos organismos de investimento coletivo), em que "*compliance*" surge como tradução de "verificação do cumprimento".

A repetida opção do legislador e de alguns reguladores pelo uso de uma tradução acompanhada do termo inglês é bem reveladora da dificuldade de encontrar na língua portuguesa uma palavra que reflita *apropriada e rigorosamente* o conceito de "*compliance*".

A terminologia, no domínio normativo, além de não ser uniforme, apresenta-se ainda relativamente *instável*.

Com certeza que qualquer das hipóteses apresenta vantagens e inconvenientes, mas, num plano teórico e doutrinal, a expressão anglo-saxónica afigura-se preferível, por diversos motivos. O primeiro deles decorre da *simplicidade* do seu uso, uma vez que algumas alternativas consistem num conjunto de palavras. O segundo, mais importante, advém do facto de as traduções na língua portuguesa serem equívocas. "Cumprimento", além de se confundir com um conceito jurídico específico do direito das obrigações, remete para uma dimensão que "*compliance*" manifestamente não tem, seja por se cingir ao "cumprimento de obrigações" – diferentemente, como veremos, o "*compliance*" abrange também o nível *meramente recomendatório*, de "*soft law*", e da *cultura da organização*, numa dimensão estritamente preventiva –, seja por induzir que o "*compliance*" se cinge ao *resultado* – ao efetivo "cumprimento" dos ditames legais, regulatórios ou outros –, quando, na realidade, a sua componente essencial reside nos *meios* criados e utilizados *com vista ao "cumprimento"* (como veremos, o *sistema*, os *processos* e os *procedimentos*): na eloquente expressão de Fischer/Schwab, "o caminho é o objetivo" ("*Der Weg ist das Ziel*").[12] O uso do termo associado ao *sujeito responsável* pela inerente função afigura-se ainda mais indesejável: o "responsável pelo cumprimento", como é designado em vários diplomas – veja-se, a título de exemplo, o Regime Geral dos Organismos de investimento coletivo –, não é, na verdade, "responsável

consultapublica/consulta-publica-do-banco-de-portugal-no-62020-relativa-ao-anteprojeto-de-codigo-da), apresentado em finais de 2020 e que visa substituir o atual RGIC.

12 Cfr. FISCHER, Carola; SCHWAB, Harmut. Tax Compliance in KMU: Hinweise der Bundessteuerberaterkammer für ein steuerliches innerbetriebliches Kontrollsystem (Steuer-IKS). *DStR*, 2018, p. 2042; e BÜRKLE, Jürgen. *Compliance in Versicherungsunternehmen*. 3. ed. Munique: C. H. Beck (Beck-online), § 1, anot. 6, 2020.

pelo cumprimento", mas sim "pela função de cumprimento" e por que esta cumpra as exigências legais, regulatórias e recomendatórias.

E também a expressão "verificação do cumprimento" (acolhida na legislação de seguros) distorce – diríamos, absolutamente – a essência do "*compliance*", que não reside numa *verificação* de que *existiu* cumprimento – verificar se ocorreram desvios ao cumprimento é um encargo principalmente de outra função de controlo interno, a função auditoria –, mas antes na criação de um sistema que *previne* a ocorrência de "incumprimento" e que prepara a organização para o cumprimento futuro de todo o acervo legal e regulatório. Literalmente, a "verificação do cumprimento" tem um carater *ex post*, ao passo que o "*compliance*" tem um pendor essencialmente *ex ante*, de feição *preventiva* e *preparatória de cumprimento futuro*. A discrepância de sentidos é muito patente, por exemplo, no art. 79º-L do Regime Geral dos Organismos de Investimento Coletivo, que, sob a epígrafe "verificação do cumprimento (*compliance*)", determina que as entidades "estabelecem, aplicam e mantêm políticas e procedimentos adequados para detetar qualquer *risco de incumprimento* dos seus deveres" (itálico nosso). Ora, esse dever das entidades sujeitas ao Regime não consiste, em rigor, numa "verificação do cumprimento", mas sim, como a própria norma esclarece, no estabelecimento de políticas e procedimentos adequados a detetar *o risco* – e, portanto, a *probabilidade de ocorrência futura*[13] – de incumprimento dos seus deveres.

Além de a expressão ser *equívoca*, o uso que o legislador lhe dá destrói absolutamente qualquer propósito de conferir a ela uma *unidade dogmática mínima*. Na verdade, por exemplo a Lei n. 83/2017 emprega a expressão "verificação do cumprimento" também para se referir às competências de organismos públicos de controlo e inspeção das entidades obrigadas à lei de prevenção de branqueamento e prevenção do terrorismo. Veja-se, a título de exemplo, o disposto nos arts. 84º e 89º Ou até para referir a verificação, pelas instituições de crédito, de que o seu cliente mantém atualizado o registo a que está obrigado no Registo Central do Beneficiário Efetivo (art. 34º, n. 2, al. d). Tudo isso é, para a lei, "verificação de cumprimento".

---

13 Temos implícita a distinção entre *risco* e *incerteza* (a obra de referência na matéria é a de KNIGHT, Frank H. *Risk, uncertainty and profit*. Boston e Nova York: Houghton Mifflin Company, 1921): o primeiro corresponde à probabilidade de um evento indesejável vir a ocorrer – sendo identificável e quantitativamente mensurável –, ao passo que a segunda consiste numa situação de desconhecimento sobre se uma asserção é verdadeira ou falsa – sendo, por isso, *identificável* mas *não mensurável*, porque o grau de incerteza não afecta a exposição à preposição cuja veracidade se desconhece. Sobre isso, cfr. VAN DER ELST, Christoph; VAN DAELEN, Marijn. Risk Management in European and American Corporate Law. *ECGI*- Law Working Paper, n. 122, p. 7, 2009. Sobre a distinção entre risco e incerteza, entre nós, vide MAIA, Pedro. *Voto e Corporate Governance*. Um novo paradigma para a sociedade anónima. Coimbra: Almedina, 2019, p. 317.

Ora, se há traço identificador do "*compliance*", como *unidade dogmática*, é o seu caráter *interno* à entidade – o que evidentemente não exclui a relevância de entidades externas tanto na sua criação, como no seu acompanhamento, conforme se verá adiante –, nada tendo que ver nem com a atividade de *regulação*, nem de *supervisão* por entidades externas: por exemplo, o exercício dos poderes do supervisor financeiro, que o art. 84º da Lei de Prevenção do Branqueamento de Capitais e do Financiamento do Terrorismo (LPBCFT) apelida de "verificação do cumprimento", não é "*compliance*", nem uma atividade de "*compliance*". Quando muito é uma verificação de que as entidades obrigadas têm um sistema de "*compliance*" conforme exigido pela lei. Mas verificar a existência de tal sistema, a sua qualidade e "efetividade" não constitui, em si, uma atividade *de* "*compliance*". É uma atividade que *versa sobre* o *compliance* da entidade supervisionada, mas não uma atividade de *compliance* da entidade supervisora.

À tradução "conformidade" não se podem dirigir as mesmas críticas. Quanto a esta, o problema não reside em ser mais específica e redutora do que "*compliance*", mas o inverso: o termo "conformidade" pode revelar-se demasiado abrangente. É, de todo o modo, uma expressão que acaba por criar algumas dificuldades de redacção e de compreensão, visto ser usada de par com a expressão "em conformidade com" – no sentido de algo estar de acordo –, mas que já não se reporta à "função de conformidade" no sentido de "*compliance*", mas a uma simples expressão linguística, que poderia ser substituída por outra sinónima (como *de acordo com*, *de harmonia com*, *conformemente a*).

É interessante notar que os diplomas cuja vocação seja mais *penal*, como sucede com a Lei n. 83/2017, tendem a servir-se do termo "cumprimento" – "cumprimento normativo" –, ao passo que o regulador bancário prefere, presentemente, o termo "conformidade". O primeiro aponta para uma visão de *observância estrita da lei* e remete para a preservação do resultado – o "cumprimento normativo" –, ao passo que o segundo se centra mais no "sistema, processo e procedimentos", isto é, nos *meios* que visam assegurar o cumprimento normativo (entendido este em sentido muito amplo, em que cabem, também instrumentos de autorregulação, como códigos de conduta, que obviamente não está, nem pode estar, abrangido em diplomas de natureza penal). Na área dos seguros, de forma um pouco desalinhada com a orientação acolhida nos outros setores do sistema financeiro – mercado de capitais e banca – usa-se a expressão "verificação de cumprimento": é o que sucede na Lei n. 147/2015 (por exemplo, no art. 5º, n. 1, al. *z)*, e no art. 74º), e no ponto 1.22 das Orientações relativas ao sistema de governação da Eiopa (*European Insurance and Occupational Pensions Authority*).

Contudo, para uso numa perspetiva de direito societário, o termo "cumprimento" acaba por se mostrar pouco expressivo do conteúdo da matéria.

Por esse conjunto de razões, preferimos a expressão *compliance*, que, não se tratando de um termo de língua portuguesa, será usado em itálico.

De notar, por fim, que a questão terminológica que acabámos de abordar não se confunde com uma outra, relativa à existência de *sub-espécies* de "*compliance*", isto é, de fracções ou parcelas que podem dar origem ao uso de expressões *compósitas*, mediante a agregação a outros termos: *compliance regulatório, compliance de PBCFT, função de compliance, sistema de gestão de compliance, organização de compliance, risco de compliance, non-compliance.*[14]

2. EVOLUÇÃO E ENQUADRAMENTO DO *COMPLIANCE*: UMA BREVÍSSIMA HISTÓRIA

As primeiras palavras a respeito da *noção* de "*compliance*" hão de ser para apontar o que a doutrina, mesmo a mais recente, qualifica de *subteorização* da matéria:[15] o *direito de compliance*[16] está ainda pouco estudado, pouco definido enquanto *unidade teórica*, acabando por ser muito determinado por intervenções legislativas ou regulatórias mais ou menos avulsas, conduzido por concretizações práticas que em cada momento vão ditando o seu conteúdo normativo.

Uma segunda nota serve para assinalar que os Estados Unidos são a "terra-mãe do *compliance*",[17] o que explica a significativa predominância da doutrina norte-americana nessa matéria (a bibliografia aqui usada é manifestação disto mesmo).

Uma certa vaguidade teórica do *compliance* pode atribuir-se à sua génese, na qual se podem encontrar duas linhas distintas de evolução: uma, de cariz *prático* e da

---

14 Cfr. GEBAUER. § 10, anot. 1 *In*: HOPT, Klaus J.; BINDER, Jens-Hinrich; BÖCKING, Hans-Joachim. *Handbuch Corporate Governance von Banken und Versicherungen*, 2. ed. Munique: C. H. Beck (Beck-online), 2020.

15 Cfr. GRIFFITH, Sean J. Corporate Governance in an Era of Compliance. *William & Mary Law Review Online*, v. 57, n. 6, p. 2081, 2016; e OROZCO, David. A Systems Theory of Compliance Law. *University of Pennsylvania Journal Business Law*, v. 22, n. 2, p. 246, 2020.

16 Não iremos aprofundar a questão de saber se o *compliance* corresponde a uma área autónoma de estudo, matéria bastante debatida. Cfr., por exemplo, SOKOL, D. Daniel. Twenty-Eighth Annual Corporate Law Center Symposium: Rethinking Compliance. *University of Cincinnati Law Review*, v. 84, n. 2, pp. 401ss., 2016 (sublinhando a extrema variedade de entendimentos a respeito do *compliance* e a dificuldade de construir uma área do direito sobre tal diversidade); MARTINEZ, Veronica Root. The Compliance Process. *Indiana Law Journal*, v. 94, p. 244, 2019; OROZCO, David. A Systems Theory of Compliance Law. *University of Pennsylvania Journal Business Law*, v. 22, n. 2, pp. 251ss., 2020.

17 Reconhecida também por autores alemães. Cfr. HAACK, Lutz-Ulrich; REIMANN, Martin C. Compliance Framing – Framing Compliance. *Working Paper Series*, n. 6, p. 2, 2012; e JÜTTNER, Markus. Behavioral Compliance statt Corporate Compliance? Zwischen gefährlichen Hal Behavioral Compliance statt Corporate Compliance? Zwischen gefährlichen Halbwahrheiten, absolutem Unsinn und aussichtsreichen Lösungsansätzen beim Versuch, Unternehmenskriminalität zu verhindern. *CCZ*, pp. 1ss., 2021.

gestão, ditada pela conveniência de instituir uma função específica de controlo interno, autonomizada dos departamentos jurídicos; outra, de *feição regulatória* ou *legislativa*, determinada pela necessidade (dos legisladores e dos reguladores) de introduzir nas organizações um corpo destinado a zelar pela observância do edifício normativo aplicável ou prevenir a transgressão nas sociedades. A primeira corresponde ao que se pode designar *vertente positiva* do *compliance* – em que o *compliance* é um instrumento ou fator de robustecimento da atividade empresarial e do seu êxito –; a segunda à sua *vertente negativa*[18] – em que o *compliance* serve para evitar ou impedir que a organização infrinja o seu contexto normativo. Essa *vertente negativa* pode, por seu turno, assumir feições muito diferentes, consoante a abordagem dos reguladores: mais *prescritiva* – impondo às entidades supervisionadas conteúdos *específicos* ao controlo interno – ou mais "flexível" – deixando às sociedades uma ampla liberdade na determinação dos seus sistemas.

A abordagem dos reguladores pode também variar no que toca à ponderação relativa das duas "vertentes", quer dizer, deixando às sociedades mais ou menos liberdade de decisão sobre concentrar o controlo interno na prossecução dos objectivos empresariais ou na prevenção de transgressões. A abordagem mais "flexível" dos reguladores nos anos 90 e começos dos anos 2000 permitiu às sociedades optarem pela vertente "positiva", descurando a vertente "negativa".[19]

A primeira linha de evolução que identificámos guia-se pelos interesses da sociedade e, emergindo de um juízo de *oportunidade* e de *conveniência da gestão*, colocava o *compliance* no domínio da *discricionariedade da gestão*, à luz da satisfação dos interesses que a sociedade prossegue, mormente dos sócios. Nessa linha, o *compliance* é ainda um instrumento ordenado à satisfação dos interesses que a sociedade prossegue e, portanto, apresenta-se em *consonância* com uma visão do interesse social – coincidente com o dos sócios (ao lucro ou à maximização do valor), se for o caso. Quer dizer, qualquer que seja a noção de interesse social,[20] o *compliance*, porque é um instrumento de aprimoramento da satisfação de tal interesse, mostrar-se-á, nessa perspetiva, conforme

18 Fazendo essa distinção, vide CUNNINGHAM, Lawrence A. The Appeal and Limits of Internal Controls to Fight Fraud, Terrorism, Other Ills. *The Journal of Corporation Law*, v. 29, pp. 267ss., 2004; e CHIU, Iris H-Y. *Regulating (From) the Inside*. The Legal Framework for Internal Control in Banks and Financial Institutions. Oxford: Hart Publishing, 2015, pp. 8s.

19 Cfr. CHIU, Iris H-Y. *Regulating (From) the Inside*. The Legal Framework for Internal Control in Banks and Financial Institutions. Oxford: Hart Publishing, 2015, pp. 8ss.

20 Sobre a matéria e as diversas posições da doutrina, cfr., por exemplo, ABREU, Jorge Manuel Coutinho de. Curso de Direito Comercial, v. II, 6. ed. Coimbra: Almedina, 2019, pp. 275ss., e SANTOS, Filipe Cassiano dos. *Estrutura associativa e participação societária capitalística contrato de sociedade, estrutura societária e participação do sócio nas sociedades capitalísticas*. Coimbra: Coimbra Editora, 2006, pp. 217ss.

(ou conformável) com o interesse social. Ainda nessa perspetiva, o *compliance* reconduz-se, afinal, à *gestão do risco empresarial*[21] – no caso, o risco de violação de lei e das consequências que de tal violação podem advir –, acabando por recobrir ou mesmo enquadrar-se no designado *risk management*: o sistema destinado ao tratamento de todos os riscos a que uma empresa se encontre exposta.[22]

Já a segunda linha de evolução, ditada por legisladores e reguladores – surgida num momento posterior, com particular intensidade a partir da crise de 2007 –, é de feição totalmente distinta. Não se trata então de o *compliance* ser um instrumento dirigido à prossecução do interesse social, mas sim de constituir uma salvaguarda de que a sociedade respeita um conjunto de ditames (legais e regulatórios): isto é, trata-se de *assegurar* que a atividade da sociedade não prejudica os interesses que tais regras visam proteger. Interesses, naturalmente, que não correspondem agora ao da própria sociedade, mas sim (também) a interesses de *terceiros*, ao *interesse público*, interesses de determinadas categorias de sujeitos.[23] Nessa outra linha de evolução, o *compliance* já não constitui um *instrumento de satisfação do interesse social* – por isso, de cariz discricionário, determinado na medida da liberdade de gestão de cada sociedade e por ela autonomamente determinado –, mas sim um instrumento de satisfação de interesses alheios à sociedade e por ela indisponíveis – por isso, de feição *imperativa* e *hetero-determinada*.[24]

Em boa verdade, além dessas duas linhas de evolução do *compliance*, pode ainda identificar-se uma terceira, mais visível em ordenamentos jurídicos como o estado-unidense. Trata-se de o *compliance* desempenhar uma função muito indirecta e

---

21 A gestão de risco empresarial pode ser definida como o processo pelo qual a administração define a estratégia e os objetivos para atingir um equilíbrio ótimo entre objetivos de crescimento, retorno e riscos relacionados. Cfr. BAINBRIDGE, Stephen M. Caremark and Enterprise Risk Management. *The Journal of Corporation Law*, v. 34, p. 967, 2008. Em sentido idêntico, pode ver-se VAN DER ELST, Christoph; VAN DAELEN, Marijn. Risk Management in European and American Corporate Law. *ECGI*- Law Working Paper, n. 122, p. 6, 2009.

22 Cfr. BAINBRIDGE, Stephen M. Caremark and Enterprise Risk Management. *The Journal of Corporation Law*, v. 34, p. 968, 2008 (defendendo que entre *risk management* e *compliance* não existe uma diferença de natureza, mas apenas de nível).

23 Defendendo a dimensão da responsabilidade social, vide RODRIGUES, Anabela Miranda. *Direito Penal Económico*: Uma Política Criminal na Era Compliance, 2. ed. Coimbra: Almedina, 2021, pp. 91s. Sustentando entendimento diferente (o *compliance* é uma função *da empresa* e *para a* empresa), mas em escrito bastante anterior às mais recentes evoluções da função, cfr. LABAREDA, João, Contributo para o estudo do sistema de controlo e da função de cumprimento ("Compliance"). *Direito dos Valores Mobiliários*, 2016, p. 364.

24 Cfr. LÖSLER, Thomas. Das moderne Verständnis von Compliance im Finanzmarktrecht. *NZG*, p. 106, 2005. WEBER-REY, Daniela. Der Aufsichtsrat in der europäischen Perspektive – Vorschläge und Ideen für eine wirksame Corporate Governance. *NZG*, p. 766, 2013 (que refere mesmo que a evolução se fez à custa da "liberdade empresarial"), GEBAUER; NIERMANN. § 48, anot. 19. *In*: HAUSCHKA, Christoph E.; MOOSMAYER, Klaus; LÖSLER, Thomas. *Corporate Compliance*. 3. ed. Munique: C. H. Beck (Beck-online), 2016; e MAIA, Pedro. Direito das Sociedades Bancárias. *Revista de Legislação e de Jurisprudência*, ano 149, n. 4023, p. 398, 2020.

instrumental, mas de grande relevância também prática, num aspeto particular: o da *responsabilidade*, sobretudo, criminal dos administradores de sociedades. Com efeito, a partir dos anos 90, a existência de uma função de *compliance* na sociedade passou a ser considerada para efeitos de responsabilidade criminal ou mesmo civil. Alguns autores identificam, aliás, como início da atual "era do *compliance*" as *Sentencing Guidelines for Organziations*, de 1991, os primeiros indicadores da relevância da existência na sociedade de um "programa de *compliance* efetivo" na redução de penas.[25] A evolução passou por duas fases distintas: a primeira, caraterizada pelo *agravamento severo* das penas caso as sociedades não tivessem em prática tais programas; a segunda, já fruto da influência (*lobbying*) das administrações das sociedades, com a previsão de *redução de penas* se tais programas de *compliance efetivo* existissem. Em vez de a sua ausência servir para *agravar* penas, a sua existência passou a servir para *redução* das penas:[26] a diferença pode parecer de mera semântica, mas não é.

Uma decisão jurisprudencial do Delaware (do juiz Allen, no processo *Caremark*),[27] proferida em 1996, também deu um importante contributo, se bem que indireto, para o reforço da adoção de programas de *compliance* pelas sociedades.[28] A inovação trazida por essa decisão consistiu no reconhecimento de um *dever*, a cargo da administração da sociedade, de implementar um sistema de controlo de reportes e de informação. "*Information and reporting systems... that are reasonably designed to provide to senior management to the board itself timely, accurate information suficient to allow management and the board, each within its scope, to reach informed judgements*

---

25 Cfr. GRIFFITH, Sean J. Corporate Governance in an Era of Compliance. *William & Mary Law Review Online*, v. 57, n. 6, p. 2084, 2016; HESS, David. Ethical Infrastructure and Evidence-Based Corporate Compliance and Ethics Programs: Policy Implications from the Empirical Evidence. *New York University Journal of Law and Business*, v. 12, p. 318, 2015; e LANGEVOORT, Donald C. Cultures of compliance. *American Criminal Law Review*, v. 54, pp. 940s., 2017; GARRETT, Brandon L.; MITCHELL, Gregory. Testing Compliance. *Law and Contemporary Problems*, v. 83, n. 4, pp. 49s., 2020. Entre nós, cfr. RODRIGUES, Anabela Miranda. *Direito Penal Económico*: Uma Política Criminal na Era Compliance, 2. ed. Coimbra: Almedina, 2021, pp. 116s. A redução da pena com base na existência de um programa efetivo de *compliance* podia cifrar-se em 95% (cfr. GADINIS, Stavros; MIAZAD, Amelia. The Hidden Power of Compliance. *Minnesota Law Review*, v. 103, 2019, p. 2146).

26 Sobre essa evolução, vide GRIFFITH, Sean J. Corporate Governance in an Era of Compliance. *William & Mary Law Review Online*, v. 57, n. 6, pp. 2085s., 2016.

27 Processo *In re Caremark Int'l Inc. Derivative litig.*

28 Não obstante as críticas contundentes de que foi objeto, por sinalizar que as sociedades poderiam se eximir a responsabilidade, bastando-lhes adotar "programas de papel" (programas propositadamente ineficientes) ou seguir "*compliance* de cosmética" (a expressão e a crítica é de KRAWIEC, Kimberly D. Cosmetic Compliance and the Failure of Negotiated Governance. *Washington University Law Review*, v. 81, n. 2, pp. 487ss., 2003). Para uma panorâmica de tais críticas, cfr. por exemplo, HESS, David. Ethical Infrastructure and Evidence-Based Corporate Compliance and Ethics Programs: Policy Implications from the Empirical Evidence. *New York University Journal of Law and Business*, v. 12, pp. 319ss., 2015; LANGEVOORT, Donald C. Cultures of compliance. *American Criminal Law Review*, v. 54, p. 941, 2017.

concerning both the corporation's compliance with law and its business performance".[29] E se o sistema sinalizar problemas – as chamadas "*red flags*" –, então a administração deve agir no sentido de apurar os factos e tomar as medidas adequadas.

Um dever e outro, sublinhe-se, foram inscritos no âmbito da *business judgment rule*,[30] pelo que os administradores apenas incorreriam em responsabilidade se a sua atuação não fosse considerada de *boa-fé*.[31]

Importa sublinhar que nesta linha do percurso evolutivo do *compliance*, embora a intervenção do poder público tenha deixado aí gravada a sua influência – em particular, o poder de acusação criminal –, o Estado não *impunha*, nem *determinava* a existência de programas societários de *compliance*. O programa de *compliance* não constituía um *dever legal* da sociedade, embora fosse conferida uma *vantagem* – um incentivo indireto – pela adoção de tais programas, atentos os benefícios que, em caso de um evento gerador de responsabilidade, adviriam para os seus administradores. Tratou-se, pois, de "incentivos explícitos" por parte do estado à adopção de programas de *compliance*.[32]

Essa evolução veio a ser complementada por um outro fator, de grande significado prático: as orientações do Departamento de Justiça norte-americano a respeito da relevância, para uma eventual acusação, da vigência de programas de *compliance* "efetivos".[33] E nos primeiros anos deste milénio, com várias fraudes e escândalos de

29 A transcrição foi colhida em ARMOUR, John; GORDON, Jeffrey N.; MIN, Geeyoung. Taking Compliance Seriously. *Yale Journal on Regulation*, v. 37, n. 1, p. 7, 2020.

30 Sobre esta, entre a vastíssima bibliografia, vide, entre nós, CORDEIRO, António Menezes. Os deveres fundamentais dos administradores das sociedades (artigo 64º/1 do CSC). *ROA*, ano 66, pp. 450ss., 2006; ABREU, Jorge Manuel Coutinho de. *Responsabilidade civil dos administradores de sociedades*. Coimbra: Almedina, 2007, pp. 36ss.; FRADA, Manuel A. Carneiro da. A Business Judgment rule no quadro dos deveres gerais dos administradores. *ROA*, v. I, ano 67, pp. 159ss., 2007. COSTA, Ricardo. A Business Judgment Rule na Responsabilidade Societária: entre a razoabilidade e a racionalidade. *In*: ANTUNES, Maria João; MARTINS, Alexandre Soveral. *Colóquio Internacional*: Governação das Sociedades, Responsabilidade Civil e Proteção dos Administradores. Coimbra: Instituto Jurídico, 2018, pp. 95ss.

31 Cfr. ARMOUR, John; GARRETT, Brandon L.; GORDON, Jeffrey N.; MIN, Geeyoung. Board Compliance. *Minnesota Law Review*, v. 104, p. 1197, 2019.

32 Cfr. ARMOUR, John; GARRETT, Brandon L.; GORDON, Jeffrey N.; MIN, Geeyoung. Board Compliance. *Minnesota Law Review*, v. 104, p. 1195, 2019; GADINIS, Stavros; MIAZAD, Amelia. The Hidden Power of Compliance. *Minnesota Law Review*, v. 103, 2019, pp. 2148ss.

33 Uma questão, que não iremos apreciar, tem suscitado especial debate: saber quais os requisitos para que um plano de *compliance* possa ser considerado "efetivo". A questão é muito relevante, por estar em causa saber se a efetividade do programa se mede pelo seu *resultado* – pela sua eficiência – ou se pode se medir apenas pela *estrutura* e pelos *meios* alocados. Alguns autores assinalam o risco (ou mesmo a constatação) de muitos programas se terem convertido num mero *box-ticking* – a simples demonstração de que algum programa de *compliance* existe –, dos quais não resultou, ou pode não ter resultado, a vantagem esperada no que toca ao *compliance* efetivo pela organização e a disseminação de uma cultura que o suporte. O que justifica, até, que se apelidem de "sempre esquivos" (ou evasivos) tais programas de *compliance* (a expressão é de MARTINEZ,

contabilidade e auditoria a despontarem, foi posto em marcha o chamado *Brooklyn Plan*: as empresas, em troca de um acordo de não acusação, pagariam coimas e adotariam programas exigentes de *compliance*.[34] Foi no âmbito de tais acordos, de *não acusação* ou de *suspensão da acusação*[35] – cujos efeitos vêm sendo muito criticados[36] –, que se tornou muito comum exigir à sociedade a implementação de um programa de *compliance*, tipicamente centrado em políticas, processos, formação e monitorização dos colaboradores.[37]

Originou-se, assim, um efeito *direto* de adoção de programas de *compliance* – sobre as sociedades que interviessem em tais acordos de *não acusação* ou de *suspensão da acusação* – e, também, simultaneamente, um efeito *indireto*: outras sociedades, conhecendo os efeitos benéficos da adoção de programas de *compliance* em sede de (eventuais) processos criminais, começaram a *antecipar* a sua implementação.[38]

Embora a emergência do *compliance* como realidade regulatória setorial já tivesse surgido anteriormente,[39] o fator que determinou o seu *significativo avanço* foi a crise

---

Veronica Root. The Compliance Process. *Indiana Law Journal*, v. 94, p. 205, 2019). Sobre a matéria, cfr., por exemplo, LANGEVOORT, Donald C. Monitoring: the behavioral economics of inducing agents' compliance with legal rules. *Georgetown University Law Center Business, Economics and Regulatory Policy, Law and Economics Research Paper*, n. 276121, pp. 933s., 2001. ARMOUR, John; GORDON, Jeffrey N.; MIN, Geeyoung. Taking Compliance Seriously. *Yale Journal on Regulation*, v. 37, n. 1, pp. 15ss., 2020. GRIFFITH, Sean J. Corporate Governance in an Era of Compliance. *William & Mary Law Review Online*, v. 57, n. 6, pp. 2105ss., 2016 (as métricas para avaliar a efetividade mensuram a *atividade* em vez do *impacto*, "demonstrando que o *compliance* deve ser ocupado mas não necessariamente eficaz"), GADINIS, Stavros; MIAZAD, Amelia. The Hidden Power of Compliance. *Minnesota Law Review*, v. 103, 2019, p. 2139; GARRETT, Brandon L.; MITCHELL, Gregory. Testing Compliance. *Law and Contemporary Problems*, v. 83, n. 4, pp. 56ss., 2020.

34 Sobre isso, cfr. GARRETT, Brandon L. *Too Big to Jail.* Cambridge: Harvard University Press, 2014, pp. 54ss., (estabelecendo uma ligação entre a evolução do *compliance* e os processos de investigação criminal a sociedades).

35 Os *Deferred Prosecution Agreements* (DPA) e os *Nonprosecution Agreements* (NPA).

36 Cfr. LANGEVOORT, Donald C. Cultures of compliance. *American Criminal Law Review*, v. 54, pp. 970s., 2017.

37 Cfr. GRIFFITH, Sean J. Corporate Governance in an Era of Compliance. *William & Mary Law Review Online*, v. 57, n. 6, pp. 2088s, 2016.

38 Cfr. GRIFFITH, Sean J. Corporate Governance in an Era of Compliance. *William & Mary Law Review Online*, v. 57, n. 6, pp. 2090s., 2016.

39 Em abril de 2005, o Comité de Supervisão Bancária de Basileia publicou o seu relatório "*Compliance and the compliance function*" e, nesse mesmo ano, o Banco de Portugal publicou a Instrução n. 20/2005, que alterou a precedente Instrução n. 72/96, discriminando expressamente o risco de "*compliance*". Curiosamente, o risco de *compliance* foi então inserido na "gestão de riscos", aí se definindo como "o risco de uma instituição incorrer em sanções de carácter legal ou regulamentar, prejuízos financeiros ou de ordem reputacional, em resultado de não ter cumprido leis, normas, regulamentos, códigos de conduta ou normas de "boas práticas" – assim se pode ler no respetivo preâmbulo. Sobre essa matéria e o progressivo acolhimento do *compliance* no sistema regulatório português, vide LABAREDA, João, Contributo para o estudo do sistema de controlo e da função de cumprimento ("Compliance"). *Direito dos Valores Mobiliários*, 2016, pp. 296ss., e, mais recentemente, BASTOS, Nuno Moraes. Corporate Governance, Compliance e a Função Compliance nos Setores Bancários e Segurador. *In*: PINTO, José Costa. *A Emergência e o Futuro do Corporate Governance em Portugal*, v. II. Coimbra: Almedina, pp. 207ss, 2018.

financeira de 2007-2008: até então, o quadro regulatório era, a este respeito, "esquelético".[40] Tendo sido identificada, como causa específica da crise, a violação de regras de funcionamento interno das instituições de crédito – regras de *governance*[41] –, os supervisores (e os legisladores) avançaram decididamente no sentido de *imporem*, ao setor financeiro, obrigações específicas no domínio do *compliance*. O que pode cunhar o novo regime do *compliance* como constituindo um "processo reativo", determinado pela ocorrência de escândalos e crises, que induzem os legisladores e os reguladores a intervirem.[42] O regime legal e regulatório dessa nova visão sobre o *compliance* – talvez melhor, dessa nova natureza do *compliance* e de uma nova relação com a *corporate governance* – veio embebido no "tsunami legislativo" ou "dilúvio regulatório" que a crise financeira de 2007-2008 desencadeou.[43] No direito europeu e português, merecem destaque a Diretiva n. 2013/36/UE (designada de CRD IV)[44] e o Regulamento (UE) n. 575/2013, que a acompanha (conhecido como CRR).[45] Embora a CRD IV não tenha praticamente versado sobre a matéria – exceção feita a uma referência indireta à função "de conformidade", na versão portuguesa do texto, no art. 92º, n. 2, al. *f)*) –, encontram-se aí lançadas as bases de regulamentação do controlo interno e de uma intervenção da EBA sobre a matéria (v. art. 74º, n. 1). Intervenção que, de resto, já havia ocorrido em 2011, com a publicação

---

40 A expressão é de CHIU, Iris H-Y. *Regulating (From) the Inside*. The Legal Framework for Internal Control in Banks and Financial Institutions. Oxford: Hart Publishing, 2015, p. 6.

41 Embora a matéria seja controvertida, confrontando-se a esse respeito duas teses: a "tese da irrelevância", que não atribui a crise a falhas de *governance*, e a "tese da causa maior", que identifica tais falhas como a principal causa. A posição correta parece estar em reconhecer que a *governance* foi *um dos* fatores da crise, embora não o *determinante* nem sequer o *mais importante*. Cfr. MAIA, Pedro. Direito das Sociedades Bancárias. *Revista de Legislação e de Jurisprudência*, ano 149, n. 4023, p. 379, 2020 (e bibliografia aí citada).

42 Nesse sentido, cfr. OROZCO, David. A Systems Theory of Compliance Law. *University of Pennsylvania Journal Business Law*, v. 22, n. 2, pp. 254ss., 2020. Mas a qualidade dos resultados dessa abordagem é muito discutível e num plano de análise teórica, em si mesma, muito criticável, sobretudo por ignorar a influência do contexto social e económico no comportamento dos indivíduos, organizações e instituições, determinantes do resultado do *compliance*. Cfr. OROZCO, David. A Systems Theory of Compliance Law. *University of Pennsylvania Journal Business Law*, v. 22, n. 2, pp. 257ss., 2020.
Para uma análise do problema da legislação reativa a crises e escândalos, vide BANNER, Stuart. What causes new securities regulation? 300 years of evidence. *Washington University Law Quarterly*, v. 75, n. 2, pp. 849ss., 1997; COFFEE JR., John C. Political Economy of Dodd-Frank: Why Financial Reform Tends to be Frustrated and Systemic Risk Perpetuated. *Cornell Law Review*, v. 97, n. 5, pp. 1020ss, 2011 (que identifica a regulação do sistema financeiro como uma "curva senoidal" – uma oscilação repetitiva e suave).

43 Cfr. MAIA, Pedro. Direito das Sociedades Bancárias. *Revista de Legislação e de Jurisprudência*, ano 149, n. 4023, p. 372, 2020 (em que se pode encontrar, em nota, uma descrição dos mais importantes instrumentos normativos em que esse *tsunami* se consubstanciou).

44 Entretanto alterada pela Diretiva (EU) n. 2019/878 do Parlamento Europeu e do Conselho, de 20 de maio de 2019 (por vezes designada de CRD V).

45 Alterado pelo Regulamento (UE) n. 2019/876 do Parlamento e do Conselho de 20 de maio de 2019 (designado de CRR II).

das *Orientações sobre Governo Interno* (GL 44),[46] ns quais expressamente se determina a existência de uma função de controlo interno *autónoma*, a função de *compliance*, que somente em instituições mais pequenas ou menos complexas pode ser conjugada com a função de controlo de riscos (vide 24.5).[47] A *função de compliance* é, depois, regulada (28ss.). As *Orientações* tiveram uma nova versão em 2018.[48]

Essa *evolução* constitui, em certa medida, uma verdadeira *transmutação do compliance*, que deixa de se inscrever na esfera de *autonomia da gestão* (do risco) da empresa e passa (ao menos, em parte) para o domínio da intervenção legislativa ou regulatória. Em termos variáveis e em medidas distintas, os legisladores e reguladores foram impondo às sociedades no sistema financeiro o dever de instituírem uma função (interna) de *compliance*. Conforme vimos, o *compliance* já recebera *impulsos externos* para o seu desenvolvimento, mas agora a sua existência passou a ser *determinada externamente*. O *compliance*, embora desenvolvido e assegurado *internamente* – não se olvide que o *compliance* é uma função *interna* de controlo –, tem, presentemente, no que toca às sociedades seguradoras, uma origem *exógena*, no sentido em que se subtraiu à gestão a liberdade, desde logo, de decidir acerca da sua existência, mas também de múltiplos aspetos da sua estrutura e funcionamento.[49] O legislador e o regulador é que o determinam. Trata-se, portanto, de uma governação *interna* à sociedade, mas imposta por fontes *externas*.[50]

Pare se compreender plenamente essa evolução do *compliance*, não se pode desatender à perspetiva, marcadamente vigente ao tempo sobretudo nos Estados Unidos, a

---

46 Importa esclarecer que as *Orientações* da EBA, apesar da sua aparente feição de *soft law*, meramente recomendatória, acabam por constituir o que alguma doutrina designa de "*hoft law*", visto ser *soft law* à partida, mas *hard law* à chegada, quando as entidades supervisoras nacionais convertem as recomendações que a EBA lhes dirige em determinações a seguir na sua relação com as entidades supervisionadas. Sobre isso, vide MAIA, Pedro. Direito das Sociedades Bancárias. *Revista de Legislação e de Jurisprudência*, ano 149, n. 4023, p. 400, 2020.

47 O facto de o *compliance* poder, em certos casos, não estar autonomizado no plano organizatório explica que o legislador e os reguladores europeus não se referem a "departamento de *compliance*", mas sim a "função de *compliance*": esta é, sem exceção, *obrigatória*, mas a sua atribuição a um *departamento autónomo* já não é. Sobre isso, cfr. GEBAUER; NIERMANN. § 48, anot. 6. *In*: HAUSCHKA, Christoph E.; MOOSMAYER, Klaus; LÖSLER, Thomas. *Corporate Compliance*. 3. Ed. Munique: C. H. Beck (Beck-online), 2016.

48 EUROPEAN BANKING AUTHORITY – EBA. *Orientações sobre governo interno*. EBA/GL/2017/11, de 21 de março de 2018. Disponível em: https://www.eba.europa.eu/sites/default/documents/files/documents/10180/2164689/151a6ca3-31ae-40b0-9f55-9d6c65b86b00/Guidelines%20on%20Internal%20Governance%20%28EBA-GL-2017-11%29_PT.pdf?retry=1.
Sobre estas, entre nós, cfr. FONSECA, Patrícia Afonso. As Novas Orientações da EBA em Matéria de Governo Interno. *In*: PINTO, José Costa. *A Emergência e o Futuro do Corporate Governance em Portugal*, v. II. Coimbra: Almedina, 2018, pp. 235ss.

49 Ressaltando o caráter *exógeno* da origem do *compliance*, que contrasta com o caráter *interno* da função, vide GRIFFITH, Sean J. Corporate Governance in an Era of Compliance. *William & Mary Law Review Online*, v. 57, n. 6, pp. 2078ss., 2016.

50 Cfr. GRIFFITH, Sean J. Corporate Governance in an Era of Compliance. *William & Mary Law Review Online*, v. 57, n. 6, p. 2079, 2016.

respeito da *corporate governance*, que devia se centrar no mercado, cabendo a este – e não a reguladores – avaliar cada sociedade e mesmo "sancioná-la", pelo mecanismo próprio do mercado que, no limite, reside na sua extinção. O mercado era o regulador. Para tanto, o que teria de se assegurar era *informação* e *transparência*, por forma a preservar a *integridade do mercado*. A *corporate governance*, como instrumento do bom funcionamento do mercado, centrava-se, então, na *produção* e *divulgação* pela sociedade de informação o mais fidedigna possível. Nesse contexto, quer o *compliance*, quer a *corporate governance* estavam dirigidos à preservação de *interesses dos sócios* (presentes e futuros, isto é, investidores potenciais), e não à prossecução de objetivos de reguladores.[51]

A orientação viria a ser ainda muito reforçada após os escândalos financeiros dos anos 2000 a 2003 – que despontaram tanto nos Estados Unidos como na Europa[52] –, dos quais resultaram evidências da má qualidade da informação revelada pelas sociedades, seja ao mercado, seja aos seus auditores. Por isso, o reforço dos sistemas de controlo interno deu-se, essencialmente, na vertente do *reporte financeiro* e dos *sistemas de gestão de risco*: havia sido nesses domínios que mais expressivamente se revelara a *incompletude* (ou mesmo a *falsidade*) de informação disponibilizada, na qual o trabalho de auditoria financeira se louvava, impondo-se assegurar, daí em diante, sistemas internos de *controlo* na preparação e divulgação de tal informação. O centro das atenções de códigos de *corporate governance* – como o *UK Corporate Governance Code* – e do *Sarbanes-Oxley Act* residia em atribuir ao controlo interno o principal desígnio de salvaguardar a *integridade do reporte financeiro e de auditoria*, acompanhada de um conjunto de medidas de *corporate governance* que, por seu turno, visavam assegurar a *impermeabilidade de tal sistema a interesses desviantes*.[53] Mesmo a evolução da legislação europeia, na sequência daqueles escândalos financeiros, centrou-se em o controlo interno garantir *transparência* e *qualidade da informação*, embora numa abordagem distinta.[54]

---

51 Cfr. CHIU, Iris H-Y. *Regulating (From) the Inside*. The Legal Framework for Internal Control in Banks and Financial Institutions. Oxford: Hart Publishing, 2015, pp. 10s.

52 Cfr., por exemplo, SCHWARZ, Christian; HOLLAND, Björn. Enron, WorldCom... und die Corporate-Governance-Diskussion. *ZIP*, n. 37, pp. 1661ss., 2002; GORDON, Jeffrey N. Governance failures of the Enron board and the new information order of Sarbanes-Oxley. *Columbia Law and Economics*, Working Paper n. 216; *Harvard Law and Economics*, Discussion Paper n. 416, pp. 1ss., 2003. STEWART, Bennett. The real reasons Enron failed. *Journal of Applied Corporate Finance*, v. 18, n. 2, pp. 116ss., 2006. FERRARINI, Guido; GIUDICI, Paolo. Financial Scandals and The Role of Private Enforcement: The Parmalat Case. *ECGI – Law Working Paper*, n. 40, pp. 1ss, 2005.

53 Nesse contexto se explica o surgimento da imposição de independentes no *board*, a identificação de um conjunto de conflitos de interesses que foram prevenidos, independência dos auditores, a sua remuneração, etc.

54 Sobre isso, vide VAN DER ELST, Christoph; VAN DAELEN, Marijn. Risk Management in European and American Corporate Law. *ECGI*- Law Working Paper, n. 122, pp. 27ss., 2009; CHIU, Iris H-Y. *Regulating (From) the*

Foi nessa fase que se iniciou, embora ainda em medida muito restrita, aquilo que passou a designar-se de "metarregulação"[55] ou "regulação da autorregulação":[56] o regulador estabelece um esboço geral, não muito prescritivo, de uma estrutura e estabelece determinados objectivos a alcançar. Por seu turno, a entidade regulada conserva a discricionariedade quanto à implementação dos sistemas e dos processos para atingir os objectivos fixados. O regulador intervém, portanto, apenas num "metanível", que reside na avaliação de planos e, posteriormente, na fiscalização do cumprimento pela entidade regulada dos planos que ela própria elaborou.

Assim emerge uma *governance colaborativa*, em que a entidade regulada é vista como um *parceiro do regulador* na prossecução de determinados objetivos, que não são exclusivamente os seus, nem revestem natureza privada. A *governance colaborativa*, que pode também ser designada de "nova governance",[57] caracteriza-se pela participação de agentes privados, pela colaboração entre o público e o privado, pela descentralização, pela não coercividade, pela adaptabilidade e pela coordenação. O *compliance* tornou-se um aspeto nuclear da *colaboração*, nesse sentido, entre regulados e regulador, justificando a expressão "new governance as regulatory governance".[58]

No domínio financeiro, a "metarregulação" difundiu-se de forma muito relevante, passando a constituir um *modelo*: exemplos como a evolução dos requisitos de capital de Basileia I para Basileia II – em vez de uma abordagem prescritiva, simples, e uniforme para todas as instituições, passou-se a um modelo de adaptação, com base num

---

Inside. The Legal Framework for Internal Control in Banks and Financial Institutions. Oxford: Hart Publishing, 2015, pp. 10s.

55 Sobre a metarregulação, cfr. COGLIANESE, Cary; MENDELSON, Evan. Meta-regulation and self-regulation. *In*: BALDWIN, Robert; CAVE, Martin; LODGE, Martin. *The Oxford Handbook of Regulation*. Oxford: Oxford University Press, pp. 146ss., 2010 (contrapondo à tradicional regulação, assente numa estrutura "comando e controlo", a "metarregulação" e a "autorregulação", cujos conceitos, não consensuais, apresentam), SCOTT, Colin. Regulating everything: From mega-to meta-regulation. *Administration*, v. 60, pp. 57ss., 2012.

56 A expressão é de PARKER, Christine. *The Open Corporation*: Effective self-regulation and Democracy. Cambridge: Cambridge University Press, 2002, pp. 245ss., obra em que defende a chamada "open corporation", a sociedade que "democraticamente se autorregula", numa fusão de gestão, democracia e direito. Vide, também, PARKER, Christine. Meta-Regulation: Legal Accountability for Corporate Social Responsibility? *In*: MCBARNET, D.; VOICULESCU, A., Campbell, T. (Ed.) *The New Corporate Accountability*: Corporate Social Responsibility and the Law. Cambridge: Cambridge University Press, 2007, p. 3.

57 Cfr. LOBEL, Orly. New governance as regulatory governance. *In*: LEVI-FAUR, David (Ed.). *The Oxford Handbook of Governance*, 2012, pp. 342ss.; LOBEL, Orly. New governance as regulatory governance. *In*: LEVI-FAUR, David (Ed.). *The Oxford Handbook of Governance*, 2012, pp. 65ss.; SIMMONS, Omari Scott. The Corporate Immune System: Governance from the Inside Out. *University of Illinois Law Review*, n. 3, pp. 1153ss., 2013.

58 Cfr. LOBEL, Orly. New governance as regulatory governance. *In*: LEVI-FAUR, David (Ed.). *The Oxford Handbook of Governance*, 2012, pp. 65ss.

processo de interacção com a própria instituição – ou a MiFid evidenciam a adesão a essa "metarregulação".[59]

Sendo inegáveis os seus méritos, a *metarregulação* tem as suas *limitações*, como só por si o facto de não ter evitado a crise financeira de 2007 já demonstra, em particular o risco de uma *excessiva procedimentalização*, que pode redundar em *box-ticking* e terminar centrando o controlo interno no *acessório*.[60] Sem pôr em causa os méritos da metarregulação, afigura-se essencial reconhecer o seu caráter "experimental por natureza", no sentido em que a sua atuação se deve sujeitar a uma permanente *avaliação* e *revisão crítica por todos os agentes que integram o sistema*.[61]

O enquadramento apresentado, embora necessariamente muito sumário e até lacunoso, permite compreender o novo contexto em que o *compliance* está colocado nas sociedades seguradoras e, em geral, nas sociedades do sistema financeiro. Uma função de controlo *interno*, atuando *dentro da sociedade*, mas que, conforme acabámos de ver, *serve propósitos que não são exclusivamente imanentes à sociedade* e, sobretudo, não se cingem aos objetivos da própria sociedade, se esta for entendida como um instrumento de prossecução do interesse dos sócios.[62]

3. NOÇÃO DE *COMPLIANCE*

A noção de "*compliance*", com o sentido de *observância da lei* (tomada em sentido amplo) – ou de "cumprimento" ou de "actuação em conformidade com a lei" –, afigura-se, à primeira vista, um mero *truísmo*:[63] com certeza que a obrigação de observância

---

59 Cfr. CHIU, Iris H-Y. *Regulating (From) the Inside*. The Legal Framework for Internal Control in Banks and Financial Institutions. Oxford: Hart Publishing, 2015, pp. 22s (com diversos exemplos).

60 Sobre as limitações e os riscos da metarregulação, analisados no contexto da crise financeira de 2007, vide BLACK, Julia. Paradoxes and Failures: New Governance Techniques and the Financial Crisis. *The Modern Law Review*, v. 75, n. 6, pp. 1037ss, 2012.

61 Cfr. CHIU, Iris H-Y. *Regulating (From) the Inside*. The Legal Framework for Internal Control in Banks and Financial Institutions. Oxford: Hart Publishing, 2015, p. 33.

62 O que afirmamos em texto não contende com a acesa discussão que se vem travando na doutrina e intensificando, mesmo no espaço público, a respeito do fim das sociedades – prosseguem apenas interesses egoísticos dos sócios e ou também outros? Quais, em que termos? –, muito dinamizada pela corrente do "propósito societário" (*corporate purpose*). Aderindo-se ou não a essa nova tendência, existem facetas do *compliance* que exorbitam dos interesses que uma sociedade prossegue. A respeito do "*corporate purpose*" e do intenso debate que tem gerado, vide, com especial relevância e posições discrepantes, MAYER, Colin. The future of the corporation: Towards humane business. *Journal of the British Academy*, v. 6, n. 1, pp. 1ss., 2018; BEBCHUK, Lucian A.; TALLARITA, Roberto. The Illusory Promise of Stakeholder Governance. *Paper SSRN*, pp. 1ss., 2020; ROCK, Edward B. For Whom is the Corporation Managed in 2020? The Debate over Corporate Purpose. *European Corporate Governance Institute* – Law Working Paper, n. 515, pp. 1ss., 2020; LIPSHAW, Jeffrey M. The False Dichotomy of Corporate Governance Platitudes. *The Journal of Corporation Law*, vol. 46, n. 2, pp. 346ss., 2021.

63 Nesse sentido, cfr. Uwe Schneider, "Compliance als Aufgabe der Unternehmensleitung", *ZIP*, 2003, p. 646.

da lei (em sentido amplo) decorre do *princípio do estado de direito* e, nessa medida, o "*compliance*" não constitui uma evolução recente,[64] nem tão-pouco assume qualquer conteúdo próprio ou específico. Todas as sociedades, por isso também as bancárias, estão obrigadas à observância da lei.

Mas não é esse o seu sentido específico, nem foi com esse sentido que surgiu.[65] Aliás, precisamente por não ser esse o seu sentido é que a função de *compliance* se foi apartando progressivamente dos *departamentos jurídicos*, para que estes justamente não a cingissem a uma estrita aferição de conformidade legal.[66]

O *compliance* pode ser definido de diferentes modos, que sobrelevam diferentes aspetos ou resultam de diferentes perspetivas.

Pode definir-se como um sistema e processos pelos quais uma organização procura assegurar que os seus colaboradores e outros responsáveis conformam a sua actuação pelas "normas", nas quais se inclui, além da lei em sentido estrito, todo o acervo regulatório e normas internas da organização, como códigos de conduta. Ou como o "conjunto de processos internos usados pela sociedade para *adaptar a atuação às normas aplicáveis*".[67] Ou reconduzindo-o "ao *esforço* para assegurar que a sociedade e os seus colaboradores adiram aos requisitos legais e regulatórios, às práticas do setor, e às políticas e regulamentos internos da sociedade.[68] Ou à "organização de sistemas e processos da empresa com o objectivo de evitar a responsabilidade civil ou criminal da organização ou dos seus órgãos"[69] (os itálicos servem para destacar elementos diferenciadores das definições).

---

64 No sentido de que o "*compliance*", enquanto dever de observância da lei, é inerente ao princípio do estado de direito, cfr. GEBAUER; NIERMANN. § 48, anot. 2. *In*: HAUSCHKA, Christoph E.; MOOSMAYER, Klaus; LÖSLER, Thomas. *Corporate Compliance*. 3. Ed. Munique: C. H. Beck (Beck-online), 2016.

65 Cfr. BÜRKLE, Jürgen. *Compliance in Versicherungsunternehmen*. 3. ed. Munique: C. H. Beck (Beck-online), § 1, anot. 4, 2020.

66 As vantagens e os inconvenientes da separação do *compliance* dos serviços jurídicos são muito debatidos. Cfr. ARMOUR, John; GARRETT, Brandon L.; GORDON, Jeffrey N.; MIN, Geeyoung. Board Compliance. *Minnesota Law Review*, v. 104, pp. 1210ss., 2019; e MCNEECE, John B. The Ethical Conflicts of the Hybrid General Counsel and Chief Compliance Officer. *Georgetown Journal of Legal Ethics*, v. 25, pp. 677ss., 2012. A matéria deve ser enquadrada no âmbito do papel dos *innkeepers* enquanto *gatekeepers* (mas trata-se de assunto em si mesmo discutível: em sentido crítico, cfr. GADINIS, Stavros; MIAZAD, Amelia. The Hidden Power of Compliance. *Minnesota Law Review*, v. 103, 2019, pp. 2154ss.). Sobre isso, vide SIMMONS, Omari Scott; DINNAGE, James D. Innkeepers: A Unifying Theory of the In-House Counsel Role. *Seton Hall Law Review*, v. 41, n. 1, pp. 77ss., 2011 (usando a expressão, eloquente, *innkeeper*, para se referir a pessoas que, encontrando-se no interior da organização, desempenham funções de *gatekeepers*).

67 Cfr. GRIFFITH, Sean J. Corporate Governance in an Era of Compliance. *William & Mary Law Review Online*, v. 57, n. 6, p. 2082. Em sentido muito próximo, BAER, Miriam Hechler. Governing Corporate Compliance. *Boston College Law Review*, v. 50, p. 958, 2009; OROZCO, David. A Systems Theory of Compliance Law. *University of Pennsylvania Journal Business Law*, v. 22, n. 2, pp. 250s., 2020.

68 Cfr. MARTINEZ, Veronica Root. The Compliance Process. *Indiana Law Journal*, v. 94, p. 205, 2019.

69 Cfr. GROH, Gunnar. Compliance. *In*: WEBER, Klaus (Ed.). *Creifelds kompakt, Rechtswörterbuch*, 5. ed. Beck-online, 2021.

Embora as diferentes definições acentuem aspetos distintos, nenhuma apresenta o *compliance* com base no *resultado*: não se trata, por conseguinte, de garantir que *a lei* é cumprida - em sentido muito amplo, incluindo disposições regulatórias, recomendatórias e normativos internos -, mas sim de *criar um sistema* (constituído por meios, processos e procedimentos) que visa, por um lado, evitar a violação do quadro normativo na sociedade e, por outro, assegurar que, em caso de violação, esta é detetada. O atual enquadramento teórico do *compliance* é essencialmente de feição *processual* e *organizatória*,[70] o que evidentemente afasta a sua definição a partir do *resultado* material.

O *compliance* está, pois, ordenado à *prevenção de risco* – "o seu objetivo é identificar riscos jurídicos"[71] – e, por conseguinte, a sua qualidade não se afere pelos casos de violação de lei (sempre em sentido amplo) que concretamente ocorram, mas sim pela *probabilidade* de ocorrerem em face do sistema e processos de prevenção existentes. Uma concreta violação ocorrida na sociedade não constitui, por si, evidência de uma fragilidade de *compliance* – nem, muito menos, uma violação do dever de *compliance*.[72] E, do mesmo modo, inversamente, a não verificação de um qualquer evento de infração normativa não significa, por si só, que não exista violação de deveres de *compliance*.

Uma vez que o *compliance* – tal como, aliás, outras funções de controlo em qualquer instituição financeira – encontra-se ligado ao *risco* e uma vez que os recursos de qualquer empresa são limitados, assistiu-se, nos últimos anos, ao que alguns autores designam de "revolução do risco" no controlo interno e externo:[73] o desenho dos sistemas de controlo interno, incluindo o *compliance*, assenta agora numa avaliação de risco e segue, depois, essa avaliação. O que é inteiramente compreensível, visto que os meios existentes, por não serem infinitos, devem ser alocados às áreas em que se detete maior risco. Essa abordagem com base no risco ("*risk-based approach*") tem o grande mérito de a sociedade se focar essencialmente nos aspetos em que resida mais risco de ocorrência do evento danoso, mas, importa reconhecê-lo, comporta, ela própria, um risco: o de assentar numa deficiente identificação do risco. Sendo esse o caso, os

70 Cfr. OROZCO, David. A Systems Theory of Compliance Law. *University of Pennsylvania Journal Business Law*, v. 22, n. 2, pp. 254s., 2020 e os recentíssimos *Principles of Law Compliance, Risk and Management, and Enforcement*, do *American Law Institut* (§3.01), e BÜRKLE, Jürgen. *Compliance in Versicherungsunternehmen*. 3. ed. Munique: C. H. Beck (Beck-online), § 1, anot. 6, 2020 (o compliance é um "processo permanente").

71 Cfr. MICHAEL; KÜBLER. § 29, anot. 61. *In*: ERDMANN, Kay Uwe; DIEHL, Frank S.; SCHRADIN, Henrich R. *BeckOK VAG*. 14. ed. Munique: C. H. Beck (Beck-online), 2019.

72 Na medida em que esse dever exista.

73 Cfr. MILLER, Geoffrey Parsons. Compliance: Past, Present and Future. *University of Toledo Law Review*, v. 48, p. 446, 2016.

sistemas, visto terem sido construídos sobre um erro, não serão idóneos para prevenir a ocorrência do evento danoso.[74]

E assume, ainda, uma outra implicação, aliás, muito relevante. Com efeito, tem repetidamente surgido no discurso – de políticos, reguladores e também de regulados – a chamada "tolerância zero" às violações de *compliance*. Ora, em si mesma, essa abordagem é *conceptualmente incompatível* com aquela outra, oficialmente assumida, de "*risk-based approach*". A "tolerância zero", *literalmente*, implicaria algo inalcançável e economicamente insustentável: a sociedade estar absolutamente certa em todos os momentos, relativamente a todos os seus atos, de não estar em violação de nenhuma nenhuma norma (em sentido amplo). Tal abordagem não só não é possível como, na verdade, seria o contrário da "*risk-based approach*", que justamente reside numa *ponderação* do risco para, em função dela, determinar em que matérias concretamente e com que meios se deve direcionar o controlo de *compliance*.[75]

4. O *COMPLIANCE* NAS EMPRESAS SEGURADORAS

O fundamento normativo da obrigatoriedade de uma função de *compliance* nas entidades seguradoras não radica no Direito interno português, mas sim no direito europeu.[76] É assim desde a Diretiva n. 2009/138/CE do Parlamento Europeu e do Conselho, de 25 de novembro de 2009, relativa ao acesso à actividade de seguros e resseguros e ao seu exercício, designada *Solvência II* (de ora em diante, abreviadamente, Solvência II). Ao invés do que a sua designação podia inculcar, a Solvência II institui um regime não só de *solvência* das empresas de seguros, mas também, diferentemente da Diretiva que a precedeu (Solvência I), um *regime sobre o sistema de governação*[77] – a que vai dedicada a Secção 2, composta por 10 artigos –, destinado a garantir a gestão sã e prudente das actividades da entidade seguradora (art. 41º, n. 1). O sistema integra,

---

74 O percurso do sistema financeiro até à crise do *sub-prime* parece constituir uma evidência não só da possibilidade de uma errada perceção do risco – aliás, de uma forma generalizada –, como da incapacidade que os sistemas de controlo, nesse caso, têm para prevenir o evento danoso. Cfr MILLER, Geoffrey Parsons. Compliance: Past, Present and Future. *University of Toledo Law Review*, v. 48,pp. 447s., 2016. Outro exemplo pode com certeza encontrar-se no risco – já concretizado – de uma crise pandémica a nível global, que manifestamente não foi identificado (embora existisse).

75 Cfr. MILLER, Geoffrey P. *Risk Management and Compliance in Banks*: The United States and Europe. Oxford (UK): European Banking Union, 2015, p. 211.

76 Em sentido idêntico, a respeito do Direito alemão, vide BÜRKLE, Jürgen. *Compliance in Versicherungsunternehmen*. 3. ed. Munique: C. H. Beck (Beck-online), § 2, anot. 19, 2020.

77 Cfr. BÜRKLE, Jürgen. *Compliance in Versicherungsunternehmen*. 3. ed. Munique: C. H. Beck (Beck-online), § 2, anot. 5, 2020.

por imposição da Diretiva, diversas "funções", que correspondem, nos termos do seu art. 13º, n. 29, "à capacidade interna de execução de tarefas práticas; o sistema de governação compreende a função de gestão de riscos, a função de verificação do cumprimento, a função de auditoria interna e a função actuarial". Antes, o Considerando (31) da Diretiva descreve a função como "uma competência administrativa para realizar determinadas tarefas de governação". Daqui pode extrair-se que uma "função" requer meios humanos e materiais.[78]

A função de *compliance* é pois definida como uma função estritamente *interna*, pelo que o responsável interno pela função – o *head of compliance* – não constitui nem um agente público (visto faltarem-lhe os poderes próprios de um agente de autoridade),[79] nem um *longa manus* do supervisor.[80]

A Diretiva Solvência II assenta no chamado "processo Lamfalussy",[81] que se destinava, inicialmente, à produção legislativa para os mercados de capitais, mas que, em 2003, se estendeu também ao setor bancário e segurador.[82] O processo de produção normativa proposto e acolhido pela União Europeia integra quatro níveis:

Nível 1 – A Comissão Europeia apresenta proposta baseada em pareceres de comités (ou grupos de peritos). Estss propostas devem assentar em *princípios*. Neste nível estaria concentrado o direito europeu secundário (diretivas e regulamentos), fundando o *enquadramento legal*;

---

78 Cfr. POHLMANN, Petra. § 2, anot. 18. *In*: KAULBACH, Detlef; BÄHR, Gunne W.; POHLMANN, Petra *et al. Versicherungsaufsichtsgesetz*. 6. ed. Munique: C. H. Beck (Beck-online), 2019.

79 Cfr. MICHAEL; KÜBLER. § 29, anot. 27. *In*: ERDMANN, Kay Uwe; DIEHL, Frank S.; SCHRADIN, Henrich R. *BeckOK VAG*. 14. ed. Munique: C. H. Beck (Beck-online), 2019. O argumento de que a função de *compliance* não prossegue interesse público, mas apenas interesses privados, respondendo (apenas) internamente perante os órgãos da empresa de seguros, não se afigura indiscutível. Mas pode sustentar-se que as normas de Direito Público determinam a existência e determinada organização da função de *compliance*, mas a sua atividade já é orientada por interesses privados. Nesse sentido (muito discutível), vide MICHAEL; KÜBLER. § 29, anot. 27. *In*: ERDMANN, Kay Uwe; DIEHL, Frank S.; SCHRADIN, Henrich R. *BeckOK VAG*. 14. ed. Munique: C. H. Beck (Beck-online), 2019.

80 Cfr. BÜRKLE, Jürgen. *Compliance in Versicherungsunternehmen*. 3. ed. Munique: C. H. Beck (Beck-online), § 2, anot. 103, 2020; e MICHAEL; KÜBLER. § 29, anot. 26. *In*: ERDMANN, Kay Uwe; DIEHL, Frank S.; SCHRADIN, Henrich R. *BeckOK VAG*. 14. ed. Munique: C. H. Beck (Beck-online), 2019.

81 Alexandre Lamfalussy presidiu ao comité que, em 1999, produziu o *Financial Services Action Plan*, onde desenhou o processo de criação e implementação normativa da regulação financeira.

82 Vide a Proposta da Comissão: COMISSÃO DAS COMUNIDADES EUROPEIAS. *Proposta de Directiva do Parlamento Europeu e do Conselho que altera as Directivas do Conselho n. 73/239/CEE, n. 85/611/CEE, n. 91/675/CEE, n. 93/6/CEE e n. 94/19/CE e as Directivas n. 2000/12/CE, n. 2002/83/CE e n. 2002/87/CE do Parlamento Europeu e do Conselho, com vista a estabelecer uma nova estrutura orgânica para os comités no domínio dos serviços financeiros*. Bruxelas, 5.11.2003. Disponível em: https://www.ecb.europa.eu/ecb/legal/pdf/com2003_0659pt01.pdf.

Nível 2 – Os aspectos técnicos que os princípios fixados no nível 1 exigem são definidos num processo normal de produção legislativa, liderado pela Comissão Europeia; neste nível podem encontrar-se também actos de direito derivado (como regulamentos ou mesmo diretivas-delegadas), *se tiverem sido expressamente previstas nos instrumentos de nível 1.*

Nível 3 – A implementação das regras específicas é desenvolvida pelo Comité dos Reguladores Financeiros Europeus ou pelas autoridades de supervisão em articulação com ele (por exemplo, a EBA e a Eiopa). Esse desenvolvimento assenta em orientações (*guidelines*), recomendações e em normas técnicas de regulamentação (*common standards*).

Nível 4 – A Comissão Europeia fiscaliza se os estados-membros cumprem todas as previsões normativas, podendo iniciar processos por incumprimento junto do Tribunal de Justiça da União Europeia.

Ao primeiro nível, integrado justamente pela Diretiva Solvência II, seguiu-se (no nível 2) o Regulamento Delegado (UE) n. 2015/35 da Comissão, de 10 de outubro de 2014, que completa a Diretiva n. 2009/138/CE do Parlamento Europeu e do Conselho relativa ao acesso à atividade de seguros e resseguros e ao seu exercício (Solvência II). Esse diploma dedica os artigos 268º a 272º às "funções" essenciais (funções-chave) que integram o sistema de governação.

Por sua vez, a Eiopa (nível 3) emitiu, primeiramente em 2013, *Orientações relativas ao sistema de governação* (Eiopa CP 13/08 PT),[83] e, já em 2015, após uma consulta pública sobre o tema, uma nova versão das *Orientações* (Eiopa-BoS-14/253 PT).[84-85] O supervisor português, a ASF, declarou o seu acolhimento a estas *Orientações* (segundo o sistema *comply or explain* vigente), pelo que se tornaram vinculativas no direito interno.

O regime de Solvência II é uma *criação europeia* (um "projeto europeu"),[86] não tendo a sua origem em instâncias internacionais, ao invés do que sucedeu, no âmbito

83 EIOPA. *Orientações relativas ao sistema de governação.* EIOPA-CP-13/08 PT. Disponível em: https://www.eiopa.europa.eu/sites/default/files/publications/eiopa_guidelines/eiopa_2013_00200000_pt_tra.pdf.

84 EIOPA. *Orientações relativas ao sistema de governação.* EIOPA-BoS-14/253 PT. Disponível em: https://www.eiopa.europa.eu/sites/default/files/publications/eiopa_guidelines/eiopa_guidelines_on_system_of_governance_pt.pdf.

85 Acerca das Orientações da EIOPA nesta matéria e do seu enquadramento normativo, vide BÜRKLE, Jürgen. *In*: KAULBACH, Detlef; BÄHR, Gunne W.; POHLMANN, Petra *et al. Versicherungsaufsichtsgesetz.* 4. ed. online. Munique: C. H. Beck (Beck-online), 2017, pp. 530ss.

86 Cfr. BIERSCHENK, Lars. Das Gesellschafts- und Aufsichtsrecht der Kreditinstitute und Versicherungsunternehmen. *Juristische Ausbildung*, n. 8, pp. 823s, 2020; e BÜRKLE, Jürgen. *Compliance in Versicherungsunternehmen.* 3. ed. Munique: C. H. Beck (Beck-online), § 2, anot. 1, 2020 (que acrescenta o facto de o impulso para a regulação desta matéria proveio de outras áreas do sistema financeiro).

da atividade bancária, com o pacote da CRD IV (composto pela Diretiva n. 2013/36, do Parlamento Europeu e do Conselho de 26 de junho de 2013, relativa ao acesso à atividade das instituições de crédito e à supervisão prudencial das instituições de crédito e empresas de investimento e pelo Regulamento (UE) n. 575/2013):[87] este foi despoletado pela aprovação, em dezembro de 2010, de normas regulamentares internacionais sobre a adequação dos fundos próprios detidos pelos bancos (regras de Basileia III) pelo Comité de Basileia de Supervisão Bancária (CBSB), surgindo a intervenção da União Europeia na sequência da aprovação a um nível internacional.

No plano legal interno, a Diretiva Solvência II foi transposta pela Lei n. 147/2015, de 9 de setembro, dispondo o art. 74º, n. 1, que as empresas de seguros e de resseguros devem dispor de um sistema de controlo interno eficaz. Esse sistema "abrange, no mínimo, procedimentos administrativos e contabilísticos, uma estrutura de controlo interno, procedimentos adequados relativos à prestação de informação a todos os níveis da empresa de seguros ou de resseguros e uma função de verificação do cumprimento" (art. 74º, n. 2).

O n. 3 do mesmo artigo dispõe que

> a função de verificação da conformidade compreende a assessoria do órgão de direcção, administração ou supervisão quanto ao cumprimento das disposições legais, regulamentares e administrativas aprovadas por força da presente diretiva. Compreende igualmente uma avaliação do possível impacto de eventuais alterações do enquadramento legal nas operações da empresa em causa e a identificação e avaliação do risco de conformidade.

Podem, por isso, identificarem-se quatro áreas de atividade da função de *compliance*:[88]

(i) uma função de *verificação* ("verificação da conformidade", art. 46º, n. 1, *in fine*);

---

87 A Diretiva n. 2013/36/UE foi alterada pela Diretiva (EU) n. 2019/878 do Parlamento Europeu e do Conselho, de 20 de maio de 2019. Essa nova Diretiva será conhecida como CRD V. Paralelamente, foi também publicado um novo Regulamento (o Regulamento (UE) n. 2019/876 do Parlamento e do Conselho de 20 de maio de 2019), que irá ser conhecido como CRR II, e que vem alterar o Regulamento (UE) n. 575/2013, conhecido como CRR.

88 A doutrina alemã não tem um entendimento consensual a esse respeito: alguns autores entendem que existe apenas uma função (atividade, que é a de *verificação* ("*Überwachungsaufgabe*"), devendo as restantes atribuições (assessoria, alerta e controlo de riscos) ser qualificadas como sub-atribuições. Para outros, ao invés, trata-se de sub-funções, *paralelas* à função de verificação. Sobre a questão, vide BÜRKLE, Jürgen. Compliance in Versicherungsunternehmen. 3. ed. Munique: C. H. Beck (Beck-online anots. 111s., 2020; e MICHAEL; KÜBLER. § 29, anot. 38s. *In*: ERDMANN, Kay Uwe; DIEHL, Frank S.; SCHRADIN, Henrich R. *BeckOK VAG*. 14. ed. Munique: C. H. Beck (Beck-online), 2019.

(ii) uma função de *assessoria* ("assessoria do órgão de direcção, administração ou supervisão", art. 46º, n. 2);

(iii) uma função de *alerta* ("avaliação do possível impacto de eventuais alterações do enquadramento legal nas operações", art. 46º, n. 2);

(iv) uma função de *controlo de riscos* ("identificação e avaliação do risco de conformidade", art. 46º, n. 2).[89]

Da redação da Diretiva (art. 46º, n. 1) e também da Lei n. 147/2015 (art. 74º) decorre que o âmbito da função de *compliance* é definido de forma não taxativa (não é exaustiva), admitindo-se que outras tarefas lhe sejam cometidas – por exemplo, e comummente, ministrar formações ou elaborar orientações internas. De resto, a fixação de um elenco fechado de tarefas contraria a própria essência da função, que ficaria impedida de cumprir o propósito geral para que é instituída.[90]

A faceta *operacional* da função de *compliance* – entendida como um conjunto de tarefas que têm de ser desempenhadas – não dispensa uma *estrutura* do ponto de vista *organizacional*: embora não seja tão claramente afirmado pelo legislador europeu, infere-se de diversos preceitos que a empresa seguradora tem de se dotar de uma estrutura que assegure o suporte necessário ao cumprimento das exigências operacionais. É o que decorre, aliás, do disposto no art. 268º, n. 1, do Regulamento Solvência II, em que se determina que as empresas de seguros "incorporam as funções e os respetivos circuitos de transmissão de informação *na estrutura organizativa* por forma a garantir que cada função é isenta de influências suscetíveis de comprometer a sua capacidade de dar cumprimento aos seus deveres com objetividade, equidade e independência" (itálico nosso).

No Direito interno, o art. 74º da Lei n. 147/2015 dispõe, de forma expressa, que "as empresas de seguros e de resseguros devem dispor de um sistema de controlo interno eficaz" (n. 1), acrescentando o n. 2 do mesmo preceito: "o sistema referido no número anterior abrange, no mínimo, procedimentos administrativos e contabilísticos, *uma estrutura de controlo interno*, procedimentos adequados relativos à prestação de informação a todos os níveis da empresa de seguros ou de resseguros e uma função de verificação do cumprimento" (itálico nosso).

---

89 Cfr. BÜRKLE, Jürgen. *Compliance in Versicherungsunternehmen*. 3. ed. Munique: C. H. Beck (Beck-online), 2020, § 2, anot 110. No Direito interno português, veja-se o disposto no art. 74º da Lei n. 147/2015, que segue muito de perto a redação da Diretiva.

90 Sobre tudo isto, cfr. POHLMANN, Petra. § 2, anot. 28. *In*: KAULBACH, Detlef; BÄHR, Gunne W.; POHLMANN, Petra *et al. Versicherungsaufsichtsgesetz*. 6. ed. Munique: C. H. Beck (Beck-online), 2019.

É discutível a *obrigatoriedade da existência* de um *compliance-officer*. Quando a empresa de seguros adota uma estrutura centralizada para a função de *compliance*, naturalmente essa estrutura exigirá a designação de um diretor, que desempenhará a função de *compliance-officer*. E mesmo nos casos de estrutura descentralizada, parece que a legislação europeia implicitamente assume que será identificado um responsável por cada função de controlo interno: veja-se o considerando 34 da Diretiva Solvência II, que pressupõe a identificação das pessoas que exerçam funções essenciais.[91]

Desse modo, as exigências regulatórias a respeito da função de *compliance* resultam da *combinação* de aspetos *operacionais* e *organizacionais*.[92] Porém, atendendo à precedência da estrutura organizatória sobre a atividade operativa, pode afirmar-se que a função de *compliance* tem, *primacialmente*, uma natureza organizatória.[93]

A função de *compliance*, atento o seu papel no sistema de governo, tem também uma importância nuclear no sistema de autorregulação cometido à empresa seguradora: a função de *compliance* é responsável pela observância das normas (internas e externas) a que a empresa de seguros se encontre sujeita, incluindo as restantes áreas de controlo interno, mesmo a auditoria interna. O *compliance*, que pertence à segunda linha de defesa, é controlado pela auditoria interna (que integra a terceira linha de defesa), mas a conformidade do quadro normativo interno dessa função com as exigências regulatórias parece estar abrangido pela função de *compliance*. Trata-se, porém, de matéria discutível.[94]

A Diretiva Solvência II impõe às empresas de seguros que instituam uma função de *compliance*, mas não regula especificamente a sua estrutura: essa abordagem com base em princípios (*principle-based approach*) seguida pela Diretiva deixa às empresas uma esfera de liberdade relevante na determinação da estrutura, da organização e dos meios com que a função é dotada. Liberdade de conformação acrescida, aliás, pelo *princípio de proporcionalidade*,[95] que permite uma adequação *individual* atendendo às

91 Cfr. POHLMANN, Petra. § 2, anot. 43. *In*: KAULBACH, Detlef; BÄHR, Gunne W.; POHLMANN, Petra *et al.* *Versicherungsaufsichtsgesetz*. 6. ed. Munique: C. H. Beck (Beck-online), 2019.

92 Neste sentido, cfr. BÜRKLE, Jürgen. *Compliance in Versicherungsunternehmen*. 3. ed. Munique: C. H. Beck (Beck-online), 2020, § 2, anot. 111.

93 Cfr. MICHAEL; KÜBLER. § 29, anot. 9. *In*: ERDMANN, Kay Uwe; DIEHL, Frank S.; SCHRADIN, Henrich R. *BeckOK VAG*. 14. ed. Munique: C. H. Beck (Beck-online), 2019 e BÜRKLE, Jürgen. *Compliance in Versicherungsunternehmen*. 3. ed. Munique: C. H. Beck (Beck-online), 2020, § 2, anot. 111.

94 Cfr., sobre a matéria, MICHAEL; KÜBLER. § 29, anot. 9. *In*: ERDMANN, Kay Uwe; DIEHL, Frank S.; SCHRADIN, Henrich R. *BeckOK VAG*. 14. ed. Munique: C. H. Beck (Beck-online), 2019, § 29, anot. 15.

95 O princípio da proporcionalidade atua como um *duplo limite* (ou uma *dupla proibição*): um limite (proibição) *para as entidades supervisoras* — que não podem estabelecer "sobre-exigências" à empresa seguradora — e um limite (proibição) *para a empresa seguradora* — que não pode instituir uma função de compliance abaixo

circunstâncias específicas – de dimensão, de risco da atividade etc. – de cada empresa seguradora. Desse modo, a organização da função de *compliance* é determinada essencialmente pela sua adequação para atingir os seus objetivos.[96]

Mas a Eiopa, através das suas Orientações, estabelece algumas concretizações. Em primeiro lugar, a função de *compliance* deve integrar-se numa base regular na atividade normal (*normal course of business*) da empresa seguradora.[97] Em segundo lugar, a função de *compliance*, como função de controlo interno que é, deve atuar em diferentes níveis da organização.[98] As atividades de controlo podem (entre outras) consistir em aprovações (o princípio dos quatro olhos), verificações, controlos físicos etc.[99]

5. DESAFIOS E INCERTEZAS

A (r)evolução do *compliance* ainda não terminou, estando em análise e discussão diversos aspetos que ditarão o seu futuro ou, pelo menos, contribuirão para moldar a função.

Um dos aspetos em apreciação respeita, desde logo, à *organização da função*, que pode, em abstrato, ser *centralizada* – caso em que a equipa se integra num departamento separado e, depois, interage com o resto da organização, através de trocas de informação e comunicações – ou *descentralizada* – a equipa de *compliance* trabalha inserida junto das unidades de negócio, dispensando apoio e monitorização na primeira linha. Também podem ser adoptados modelos mistos, acolhidos em empresas de grande dimensão.[100]

---

do adequado à sua realidade. Neste sentido, MICHAEL; KÜBLER. § 29, anot. 31. *In*: ERDMANN, Kay Uwe; DIEHL, Frank S.; SCHRADIN, Henrich R. *BeckOK VAG*. 14. ed. Munique: C. H. Beck (Beck-online), 2019.

96 Cfr. MICHAEL; KÜBLER. § 29, anot. 31. *In*: ERDMANN, Kay Uwe; DIEHL, Frank S.; SCHRADIN, Henrich R. *BeckOK VAG*. 14. ed. Munique: C. H. Beck (Beck-online), 2019.

97 Cfr. 2.181 EIOPA BoS-14/253 ("*Regular monitoring occurs in the course of normal operations and includes on-going management activities and actions taken by all personnel when performing their duties*").

98 Cfr. 2.173 EIOPA BoS-14/253 ("*An appropriate internal control system includes internal controls at different levels of the organisational and operational structures, for different time periods and with different levels of detail, as needed*").

99 Cfr 2.174 EIOPA BoS-14/253 ("*Control activities could, depending on the particular circumstances of the undertaking, include approvals, authorisations, verifications, reconciliations, management reviews, and other appropriate measures applicable to each business area and unit, physical controls, compliance checks with agreed exposure limits and operating principles or instructions and follow-up procedures on non-compliance*").
Sobre tudo isso, cfr. POHLMANN, Petra. § 2, anot. 2. *In*: KAULBACH, Detlef; BÄHR, Gunne W.; POHLMANN, Petra *et al. Versicherungsaufsichtsgesetz*. 6. ed. Munique: C. H. Beck (Beck-online), 2019.

100 Cfr. POHLMANN, Petra. § 2, anot. 42. *In*: KAULBACH, Detlef; BÄHR, Gunne W.; POHLMANN, Petra *et al. Versicherungsaufsichtsgesetz*. 6. ed. Munique: C. H. Beck (Beck-online), 2019; e BÜRKLE, Jürgen. *Compliance in Versicherungsunternehmen*. 3. ed. Munique: C. H. Beck (Beck-online), 2020, § 2, anot. 104.

A opção predominante varia: nos Estados Unidos, prevalece a descentralização, ao passo que na Europa domina a organização centralizada.[101] Entre nós, com o Aviso n. 3/2020, passou a impor-se que, nas instituições de crédito, as funções de controlo interno, incluindo a função de *compliance*, sejam estabelecidas em *unidades de estrutura organicamente segregadas* (art. 15º). Embora a *segregação* não imponha, por si só, uma organização *centralizada*, afigura-se que o aviso tinha em vista - e a prática das instituições, seguramente, também - que a segregação naturalmente assente numa organização centralizada. Para as entidades seguradoras não existe determinação idêntica, a não ser a que decorre, no âmbito do *compliance* de PBCFT, da Lei n. 83/2017.

As vantagens de tal opção são inquestionáveis: o responsável pela função mais facilmente mantém o controlo da atividade de *compliance*; a informação mais facilmente se mantém segregada; os membros da equipa ficam menos expostos a excessiva proximidade com as áreas de negócio e à inerente perda de objetividade de análise.

Contudo, não devem ser ignorados os inconvenientes apontados por vários autores à *centralização*: a função de *compliance* distancia-se da realidade da vida da instituição, fica inibida de passar uma cultura de *compliance* numa relação quotidiana, a função pode converter-se numa espécie de mero "consultor",[102] podem ser gerados muitos mais processos administrativos para a interação entre o *compliance* e as áreas de negócio, a relação com as unidades de negócio pode tornar-se mais confrontacional - podendo estas ter uma perceção de que o *compliance* é uma "unidade de polícia", o que acaba por prejudicar seja a disseminação de uma cultura de *compliance*, seja a qualidade dos fluxos de informação (as unidades de negócio tenderão a omitir informação).[103]

---

101 Cfr. CHIU, Iris H-Y. *Regulating (From) the Inside.* The Legal Framework for Internal Control in Banks and Financial Institutions. Oxford: Hart Publishing, 2015, p. 50, e bibliografia aí citada, ponderando as vantagens e os inconvenientes de cada um dos tipos de organização.

102 Sem prejuízo de, como vem sendo sublinhado, o *compliance* ter crescentes funções de aconselhamento, a juntar àquelas de controlo, identificando a doutrina nesse reforço de funções de aconselhamento um propósito de prevenção de situações de não conformidade. Cfr. GEBAUER; NIERMANN. § 48, anot. 23. *In*: HAUSCHKA, Christoph E.; MOOSMAYER, Klaus; LÖSLER, Thomas. *Corporate Compliance.* 3. ed. Munique: C. H. Beck (Beck-online), 2016.

103 Sobre esses diversos inconvenientes, vide CHIU, Iris H-Y. *Regulating (From) the Inside.* The Legal Framework for Internal Control in Banks and Financial Institutions. Oxford: Hart Publishing, 2015, pp. 56ss. Concretamente sobre os efeitos negativos da departamentalização do *compliance* no que toca à criação e à difusão de uma cultura de *compliance*, cfr. DESTEFANO, Michele. Creating a Culture of Compliance: Why Departmentalization May Not Be the Answer. *Hastings Business Law Journal*, v. 10, pp. 71ss., 2013; e GRIFFITH, Sean J. Corporate Governance in an Era of Compliance. *William & Mary Law Review Online*, v. 57, n. 6, pp. 2101ss., 2016. Para aproximar o *compliance* de todos os colaboradores começa a ser prática, nas organizações maiores, a criação de um "*compliance help desk*", por forma a estabelecer um diálogo positivo e construtivo que favoreça

A propósito da cultura de *compliance*, coloca-se um outro desafio: o de se evitar o que a doutrina designa de "dissociação" (*decoupling*). Trata-se de um fenómeno que ocorre quando uma organização é pressionada para adotar práticas que a legitimem *externamente*, mas tais práticas conflituam com outros objetivos da organização. Por isso, a organização tende a adotar as práticas – assume o "*paper program*" –, mas não as implementa plenamente,[104] dissociando materialmente o programa dos objetivos que se propõe alcançar e que projeta externamente. Note-se que a relevância da "cultura de *compliance*" – a que vem sendo dada importância crescente pelos reguladores[105] – surgiu, precisamente, num momento posterior à implementação de programas de *compliance* que se constatou não terem produzido impacto material na organização, serem apenas "papel".[106] O facto de, em muitas organizações, programas de *compliance* aparentemente robustos não terem evitado falhas muito relevantes de atuação – nos tempos recentes, os casos *Libor*[107] e *Wells Fargo* são dos mais impressionantes nesse domínio[108] – chamou para o estudo da matéria a *psicologia social* e a *psicologia comportamental*, por forma a identificar as condições que potenciam o risco de os membros de uma organização se afastarem das regras de conduta estabelecidas.[109] O avanço na

---

os níveis de "efetividade" e a adesão generalizada ao *compliance*. Nesse sentido, vide SONNENBERG, Thomas. Compliance-Systeme in Unternehmen, *JuS*, p. 921, 2017.

104 Sobre isso, cfr. HESS, David. Ethical Infrastructure and Evidence-Based Corporate Compliance and Ethics Programs: Policy Implications from the Empirical Evidence. *New York University Journal of Law and Business*, v. 12, p. 361, 2015. Vide, também, GARRITY-ROKOUS, Gates; BAKER, Harold F. Solving Ethical Decoupling: A Programmatic Approach to Ensuring Both Compliance and Ethics. *The University of Toledo Law Review*, v. 48, n. 3, pp. 453ss, 2017.

105 Sobre as origens da introdução do conceito de cultura no *compliance*, vide MCGREAL, Paul E. Caremark in the Arc of Compliance History: Evolution of a Corporate Director's Fiduciary Duty to Oversee Compliance with the Law. *Temple Law Review*, v. 90, n. 1, pp. 669, 2018.

106 Desenvolvidamente, com a apresentação das conclusões de diversos estudos empíricos, cfr. COGLIANESE, Cary; NASH, Jennifer. Compliance Management Systems: Do They Make a Difference? *In*: VAN ROOIJ, Benjamin; SOKOL, D. Daniel (Ed.). *The Cambridge Handbook of Compliance*. Cambridge: Cambridge University Press, pp. 581ss, 2021.

107 Uma apresentação e análise desse caso pode ler-se, por exemplo, em MORRISON, Alan D.; SHAPIRO, Joel D. *Governance and Culture in the Banking Sector*. Saïd Business School, 2016, pp. 9ss.

108 Sobre o *Wells Fargo* (os colaboradores do banco procederam à abertura de milhões de contas sem autorização dos clientes, forjando as respetivas assinaturas), cfr., por exemplo, GADINIS, Stavros; MIAZAD, Amelia. The Hidden Power of Compliance. *Minnesota Law Review*, v. 103, 2019, pp. 2203s.; e HAUGH, Todd. The Power Few of Corporate Compliance. *Georgia Law Review*, v. 53, pp. 132ss. em esp. pp. 170ss., 2018 (apresentando uma interessante análise).

109 Cfr., por exemplo, PAINE, Lynn Sharp. Managing for organizational integrity. *Harvard business review*, v. 72, n. 2, pp. 131ss., 1994; LANGEVOORT, Donald C. Monitoring: the behavioral economics of inducing agents' compliance with legal rules. *Georgetown University Law Center Business, Economics and Regulatory Policy, Law and Economics Research Paper*, n. 276121, pp. 1ss., 2001; LANGEVOORT, Donald C. Cultures of compliance. *American Criminal Law Review*, v. 54, pp. 933ss., 2017.
Essas novas abordagens já surgem também na Alemanha: cfr. JÜTTNER, Markus. Behavioral Compliance statt Corporate Compliance? Zwischen gefährlichen Hal Behavioral Compliance statt Corporate Compliance?

investigação nessas matérias – que se afigura muito promissor – tem revelado, por um lado, a necessidade de o *compliance* ser abordado em conjunto com uma *cultura de compliance* – sem o que a sua eficácia se arrisca a ser sempre muito reduzida – e, por outro, a dificuldade de encontrar consensos a respeito da forma como essa cultura de *compliance* melhor se introduz na organização e, sobretudo, pode-se formar e medir[110] (a métrica da cultura de *compliance* é o seu "cálice sagrado").[111] De resto, a complexidade da matéria vai ao ponto de o próprio conceito de "cultura" ser discutível,[112] embora, para esses efeitos, possa-se definir como as crenças comuns dentro de qualquer organização a respeito da importância e da legitimidade do *compliance* normativo em relação a outras pressões e objetivos.[113] A forte ligação que a cultura de *compliance* tem de assumir relativamente aos programas de *compliance* torna, por outro lado, especialmente relevante a "legitimação" desses dentro da organização:[114] se a organização não reconhecer como legítimos e adequados os programas de *compliance* não irá formar uma cultura em torno do seu cumprimento, pondo-se em risco o resultado. Por isso, a relação *programa de compliance/cultura de compliance* não é unidirecional – esta servindo como instrumento de difusão e de penetração do programa na organização –, mas bidirecional, impondo-se que a *cultura de compliance* se reflita na criação do programa, por forma a que este seja percecionado como "legítimo" pela organização.

A relevância da cultura no *compliance* é responsável por uma feição crescente de cariz ético na abordagem da matéria.[115]

Não deve, contudo, desatender-se a interessantes – muito interessantes – estudos que sinalizam um certo equívoco na abordagem que vem sendo seguida de "cultura de *compliance*" e nos programas de *compliance* que alimenta. Na verdade, tais programas

---

Zwischen gefährlichen Halbwahrheiten, absolutem Unsinn und aussichtsreichen Lösungsansätzen beim Versuch, Unternehmenskriminalität zu verhindern. *CCZ*, pp. 1ss., 2021.

110 Havendo mesmo quem sustente ser insuscetível de mensuração fiável. Sobre essa problemática, vide, por exemplo, PAINE, Lynn Sharp. Managing for organizational integrity. *Harvard business review*, v. 72, n. 2, pp. 131s., 1994.

111 A expressão é de LANGEVOORT, Donald C. Cultures of compliance. *American Criminal Law Review*, v. 54, p. 969, 2017.

112 Cfr. MORRISON, Alan D.; SHAPIRO, Joel D. *Governance and Culture in the Banking Sector*. Saïd Business School, 2016, p. 2 e pp. 4ss.

113 Cfr. LANGEVOORT, Donald C. Cultures of compliance. *American Criminal Law Review*, v. 54, p. 77, 2017.

114 Sobre a matéria, com especial importância, TREVIÑO, Linda Klebe; DEN NIEUWENBOER, Niki A.; KREINER, Glen E.; BISHOP, Derron G. Legitimating the legitimate: A grounded theory study of legitimacy work among Ethics and Compliance Officers. *Organizational Behavior and Human Decision Processes*, v. 123, n. 2, pp. 186ss., 2014; e LANGEVOORT, Donald C. Cultures of compliance. *American Criminal Law Review*, v. 54, pp. 962ss., 2017.

115 Vide MARTINEZ, Veronica Root. Coordinating Compliance Incentives. *Cornell Law Review*, v. 12, pp. 1051ss., 2017.

e o próprio conceito de cultura tendem para a *uniformização*, para uma certa *standardização*. O pressuposto implícito em que essa abordagem assenta é o de que as condutas desviantes podem ocorrer, com *idêntica probabilidade*, em qualquer ponto da organização. A assunção de que as condutas infratoras têm uma distribuição normal na organização leva a que os programas de *compliance*, embora adaptados a diferentes tipos de funções, dirijam-se *igualmente* a todos os colaboradores: afinal, estatisticamente, a má conduta pode surgir em qualquer elemento. Mas talvez tenha razão quem identifique, como causa de disseminação de má conduta, o poder que alguns (poucos) têm sobre outros (*the power few*): esse poder tanto assenta na posição hierárquica que assumem, como no carisma pessoal que tenham, como em relações sociais (extensas) com outros colaboradores. Ora, tais elementos têm a capacidade de atrair outros a mimetizar más condutas, sendo eles os pontos essenciais da rede organizacional que importa controlar. Assim se explica que, umas vezes, a má conduta seja originada no topo, mas, outras vezes, desponte numa qualquer parte da organização: nem sempre a influência vem da posição hierárquica. A ser correto esse entendimento, então a abordagem deverá consistir menos numa tentativa de disseminação generalizada de "cultura de *compliance*" e mais numa abordagem individualizada, identificando os elementos que em cada organização têm a capacidade de multiplicar uma má conduta.[116]

Mas é incontestável que, a partir da crise, os reguladores passaram a assumir a "cultura de *compliance*" como um fator determinante do sucesso dos esforços regulatórios,[117] sendo o recente Aviso n. 3/2020 uma manifestação dessa tendência, ao dedicar logo o capítulo II à cultura organizacional, impondo um extenso leque de deveres aos órgãos de administração e de fiscalização a esse respeito.

Talvez se possa afirmar que, diferentemente do *decoupling* no que respeita ao *compliance* e à cultura – que é indesejável –, deva ser ponderada, nas instituições financeiras, a conveniência do *decoupling* das matérias ditas de *compliance* regulatório e de *compliance* de PBCFT.

Embora não seja comum encontrar-se essa distinção vincada em textos académicos, na verdade o "*compliance*" no Direito dos seguros consiste em *duas coisas distintas*, tem *duas faces*: o *compliance* dito *regulatório* e o *compliance de PBCFT* (sobretudo no

---

116 Sobre isto, *vide* o interessante estudo de HAUGH, Todd. The Power Few of Corporate Compliance. *Georgia Law Review*, v. 53, pp. 129ss., 2018.

117 O que levou um autor a escrever que a cultura de *compliance* "passou de uma obsessão dos académicos para uma obsessão dos reguladores". Cfr. LANGEVOORT, Donald C. Cultures of compliance. *American Criminal Law Review*, v. 54, p. 943, 2017.

ramo vida), este muito determinado por legislação autónoma, a Lei n. 83/2017, conforme referimos anteriormente.

Apesar de inscritos num mesmo conceito, o *compliance* regulatório é, num certo sentido, *essencialmente diferente* do *compliance* PBCFT, porque aquele versa sobre a própria instituição de crédito – visa assegurar que ela cumpre (e identificar se corre o risco de não cumprir ou mesmo se não cumpre), nos seus normativos internos, nos seus sistemas, nos seus procedimentos, na sua prática, na sua cultura o regime legal (em sentido amplo)[118] – ao passo que o *compliance* de PBCFT versa (também e essencialmente) sobre *terceiros* – visa assegurar que a instituição de crédito cumpre os seus deveres de exame, de abstenção, de recusa, de comunicação de operações suspeitas de branqueamento de capitais dos seus clientes. Nesse sentido, e simplificando muito, o *compliance* regulatório está *virado para dentro*, ao passo que o *compliance* de PBCFT está *virado para fora*. O *compliance* regulatório constitui, antes de mais, um instrumento para a instituição de crédito lograr cumprir *os seus próprios deveres de funcionamento* (em sentido amplo), ao passo que o *compliance* de PBCFT é um meio (também e essencialmente) ao serviço de políticas de prevenção e combate ao crime (*obviamente públicas*). Naquele, a instituição de crédito serve (também) aos seus interesses; neste, a instituição de crédito é uma espécie de auxiliar dos órgãos de investigação criminal (embora se possa dizer, e alguns autores o digam, que também aqui prossegue um interesse próprio, designadamente reputacional e de prevenção de um risco próprio reputacional, ou que cumpre, desse modo, um dever de cidadania empresarial).[119]

A instituição de crédito presta um serviço, se assim posso dizer, à Justiça, colaborando na prevenção (quando exerce o dever de abstenção) e na investigação (quando exerce o dever de análise, de exame e de comunicação de operações suspeitas) de crime de branqueamento de capitais.[120] Sublinhe-se que não se trata de uma situação única,

118 E cujo crescimento e relevância decorre, ao menos em parte, do extraordinário crescimento do edifício normativo e das exigências regulatórias, que impõem um perramente e complexo exercício de aferição de conformidade. Nesse sentido, cfr., por exemplo, LIN, Tom C. W. Compliance, Technology, and Modern Finance. *Brook. J. Corp. Fin. & Com. L.*, v. 11, pp. 167s., 2016 (os números impressionam: o *Glasse-Steagall Act*, de 1933, tinha 37 páginas, o *Dodd-Frank Act* tem 848; neste, a "Volcker Rule" contém 964 páginas, tem 18.223 comentários. Os próprios relatórios das instituições de crédito cresceram extraordinariamente de dimensão, mais do que duplicando o seu número médio de páginas).

119 Cfr. GEBAUER. § 10, anot. 3 *In*: HOPT, Klaus J.; BINDER, Jens-Hinrich; BÖCKING, Hans-Joachim. *Handbuch Corporate Governance von Banken und Versicherungen*, 2. ed. Munique: C. H. Beck (Beck-online), 2020.

120 Por ser assim, há quem defenda que os bancos deveriam ser compensados pelos seus custos nesta matéria. Pode encontrar-se notícia desta posição em GEBAUER. § 10, anot. 4. *In*: HOPT, Klaus J.; BINDER, Jens-Hinrich; BÖCKING, Hans-Joachim. *Handbuch Corporate Governance von Banken und Versicherungen*, 2. ed. Munique: C. H. Beck (Beck-online), 2020.

constatando-se, até, o recurso crescente ao que pode designar-se de empresas privadas servindo de "agentes de políticas públicas".[121]

De modo que aquele carácter *exógeno* que identificámos no *compliance* – em virtude de a sua origem ser essencialmente externa, apesar de a função ser interna – assume aqui uma *tripla dimensão*: é *exógena a origem*, porque o *compliance* de PBCFT é ditado pelo legislador e pelo regulador; é *exógeno no seu objeto*, porque incide sobre atos de clientes e outros terceiros; não se trata de controlar se a instituição de crédito efetua *operações próprias* suspeitas de branqueamento, mas se os seus clientes o fazem. E, por fim, é *exógeno no resultado*, visto que o exercício do dever de exame, de comunicação e abstenção tem como destinatários últimos as entidades de investigação criminal.

O *compliance* de PBCFT é, por isso, diferente na sua natureza, acabando por não constituir uma atividade de controlo puramente *interno*, mas sim *híbrida*, porque visa à atividade não da própria instituição, mas de terceiros.

Essa diferente *natureza* e as diferentes *finalidades* que prossegue – a juntar ao móbil de prevenção e combate à criminalidade financeira que o determina – impõem ao *compliance* de PBCFT nas instituições de crédito um conjunto de exigências muito específicas, que *não devem irradiar para a função como um todo*. Deveres muito específicos de segregação e absoluta autonomia de decisão (vide, v.g., os arts. 13º, n. 3, al. a), 16º, n. 3 e n. 4, da Lei n. 83/2017) justificam-se em razão das características apontadas ao *compliance* de PBCFT, mas já não se justificam, ao menos nos mesmos termos e na mesma medida, no *compliance* regulatório. A heterogeneidade desses dois *compliances* justifica uma reflexão sobre a conveniência do seu *decoupling*: mesmo no que respeita à perceção no interior da organização e com vista à formação de uma *adequada cultura* de *compliance*, talvez seja desaconselhável o tratamento sob uma mesma estrutura desses dois universos de *compliance*, com idênticas linhas de reporte e monitorização, assimilando uma à outra, na perceção da organização.

A um outro nível, o *compliance* coloca assinaláveis dificuldades de alinhamento com os interesses da administração e mesmo, em certa medida, dos acionistas. Com efeito, os custos que decorrem do subinvestimento em *compliance* tendem a surgir (ou a apenas serem esperados) no longo prazo – "o *compliance* é um investimento de longo prazo"[122] –, pelo que o investimento conflitua com o *horizonte temporal* dos

121 Sobre a matéria, *vide*, com bastante interesse, VAN LOO, Rory. The New Gatekeepers: Private Firms as Public Enforcers. *Virginia Law Review*, v. 106, pp. 467ss., 2020.

122 Cfr. ARMOUR, John; GORDON, Jeffrey N.; MIN, Geeyoung. Taking Compliance Seriously. *Yale Journal on Regulation*, v. 37, n. 1, p. 5, 2020.

administradores: seja o tempo que esperam manter-se em funções, seja o momento da sua remuneração (especialmente se for variável), ambos potencialmente muito mais curtos do que o tempo expectável para o surgimento de eventos de *compliance*.[123] Remunerações com ações ou *stock options* podem exacerbar os efeitos dessa discrepância temporal.[124] E, uma vez que o valor das acções dificilmente reflete a qualidade do *compliance* da organização, seja devido à referida dificuldade de a *medir*, seja devido à sua *opacidade*,[125] pode gerar-se um problema de seleção adversa (o chamado *lemon effect*),[126] que acabe por premiar as sociedades – e, portanto, os respetivos administradores – que assumam estruturas menos custosas e de menor qualidade de *compliance*.[127]

Esse cenário que, em geral, apresenta-se ao *compliance* justifica a abordagem especial que tem merecido, com particular ênfase, no setor bancário, mas também no setor segurador: *a forte intervenção dos reguladores*.

Na verdade, a eficácia das medidas punitivas relativas a falhas de *compliance* é muito limitada no setor bancário e segurador e, por isso, insuficiente. Uma vez que essa eficácia exige que o montante das coimas exceda (de modo significativo) o benefício esperado com o subinvestimento em *compliance* – ou o seu funcionamento indevido – [128], gera-se um conflito patente entre a eficácia das medidas e a própria sustentabilidade da instituição bem como, inclusive, a estabilidade do sistema financeiro. Se as medidas

---

123 Cfr. ARMOUR, John; GORDON, Jeffrey N.; MIN, Geeyoung. Taking Compliance Seriously. *Yale Journal on Regulation*, v. 37, n. 1, pp. 21ss, 2020.

124 Cfr. ARMOUR, John; GORDON, Jeffrey N.; MIN, Geeyoung. Taking Compliance Seriously. *Yale Journal on Regulation*, v. 37, n. 1, p. 5, 2020.

125 Cfr. ARMOUR, John; GORDON, Jeffrey N.; MIN, Geeyoung. Taking Compliance Seriously. *Yale Journal on Regulation*, v. 37, n. 1, pp. 26ss., 2020.

126 Cfr. GRIFFITH, Sean J. Corporate Governance in an Era of Compliance. *William & Mary Law Review Online*, v. 57, n. 6, pp. 2129s., 2016. Alguma doutrina advoga um incremento na transparência da função de *compliance*, para que o mercado possa cumprir a sua função de avaliação (neste sentido, GRIFFITH, Sean J. Corporate Governance in an Era of Compliance. *William & Mary Law Review Online*, v. 57, n. 6, p. 2138, 2016). Mas existem riscos assinaláveis de a transparência gerar fenómenos indesejados na perceção externa quanto ao risco de cada entidade (mais investimento em *compliance* pode ser lido externamente como um sinal de que a instituição identifica mais risco de eventos de *compliance* e, por conseguinte, em vez de ser premiada pelo mercado, a instituição acabar por ser penalizada).

127 Cfr. ARMOUR, John; GORDON, Jeffrey N.; MIN, Geeyoung. Taking Compliance Seriously. *Yale Journal on Regulation*, v. 37, n. 1, p. 5, 2020.

128 Uma teorização recente sobre a matéria pode ler-se em GARRETT, Brandon L.; MITCHELL, Gregory. Testing Compliance. *Law and Contemporary Problems*, v. 83, n. 4, pp. 71ss., 2020, seguindo sobretudo o estudo pioneiro de ARLEN, Jennifer; KRAAKMAN, Reinier. Controlling Corporate Misconduct: An Analysis of Corporate Liability Regimes. *New York Law University Law Review*, v. 72, n. 4, pp. 687ss., 1997 (concluindo que, visto o risco de sanções aumentar com o reforço do *compliance*, somente um mecanismo que reduza sanções considerando a existência de tal sistema de *compliance* pode oferecer o incentivo adequado à sua adoção), ARMOUR, John; GORDON, Jeffrey N.; MIN, Geeyoung. Taking Compliance Seriously. *Yale Journal on Regulation*, v. 37, n. 1, p. 13, 2020.

sancionatórias, para serem eficazmente dissuasoras, tiverem de atingir montantes de tal modo elevados que possam pôr em causa a subsistência da instituição de crédito, o mecanismo torna-se inoperante e até totalmente indesejável.

Atentos os limitados efeitos *de prevenção* que os mecanismos sancionatórios podem oferecer, a solução reside em os reguladores atuarem, num certo sentido, como *substitutos do mercado*. Ao imporem o nível e qualidade de *compliance*, por um lado, e ao monitorizarem a sua implementação, por outro, os reguladores *substituem-se* aos órgãos de administração/fiscalização ou, melhor, acompanham em permanência eventuais desvios que tais órgãos pudessem ter no exercício das suas funções relativas ao *compliance*. Esta abordagem, que se vem intensificando, permite corrigir o desfasamento de incentivos que pode existir nos responsáveis internos pelo *compliance*.

Naturalmente, com essa evolução não se erradicam todos os problemas: nesta nova circunstância, o problema de (des)alinhamento de incentivos passa a residir no próprio regulador, cujos incentivos para intervir na matéria – e os termos e profundidade com que o faz – podem apresentar não só uma tendência para atribuir acrescida importância a determinados aspetos em função dos seus próprios interesses (nomeadamente reputacionais), como pode ter razões próprias para impor sistemas excessivamente dispendiosos.[129]

Por outro lado, a evolução do *compliance* suscita relevantes questões na sua *relação com o órgão de administração e de fiscalização*, tendo implicações na *corporate governance*.

Pode identificar-se um movimento, à primeira vista, *paradoxal*, que consiste simultaneamente num *afastamento* e numa *aproximação* da função de *compliance* ao órgão de administração.

Afastamento, porque se instituiu a independência do *compliance* – a nota definidora mais importante do *compliance*[130] –, retirando-se à administração desde logo a liberdade de não instituir, de não dotar de meios, de não organizar segregadamente uma função de *compliance*. Conforme refere alguma doutrina, ao invés do que sucede em geral com as funções de administração, que são exercidas ao abrigo de uma *delegação* – mesmo que não seja a administração a exercê-las, retém sempre o poder de revogar ou de nem sequer as delegar –, o *compliance*, tal como se encontra desenhado no setor segurador (e também bancário), *reduz a autoridade do órgão de administração*,

---

129 Cfr. GRIFFITH, Sean J. Corporate Governance in an Era of Compliance. *William & Mary Law Review Online*, v. 57, n. 6, pp. 2125s., 2016.

130 Cfr. GEBAUER; NIERMANN. § 48, anot. 6. *In*: HAUSCHKA, Christoph E.; MOOSMAYER, Klaus; LÖSLER, Thomas. *Corporate Compliance*. 3. ed. Munique: C. H. Beck (Beck-online), 2016.

porque este não mantém plena liberdade de instituir *ou não* a função, de aceitar *ou não* as suas decisões.[131] A administração não delega autoridade no *compliance*, ele *cede-a*,[132] ao menos em determinados áreas específicas.[133]

Embora a exata delimitação do conceito e do âmbito de *independência* para esses efeitos seja, em si mesma, uma questão complexa – que não iremos sequer aflorar, dados os apertados limites deste trabalho –, é seguro afirmar que ela impõe, desde logo, o acesso irrestrito, sem carecer de qualquer autorização superior, a informação dentro da organização. De resto, alguns autores identificam como aspeto essencial da função de *compliance* o *fluxo de informação*:[134] recolha, tratamento e retransmissão da informação.

Ora, uma vez na posse de informação – a respeito, por exemplo, de práticas indevidas, de práticas que gerem risco de incumprimento normativo etc. –, a função de *compliance* tem de optar entre manter reservada, apenas para si, a informação, ou repassá-la à administração. No contexto normativo atual, existe o dever de essa informação ser transmitida à administração e, para garantir que chega aos principais destinatários, determina-se o acesso direto do responsável do *compliance* a todos os órgãos.[135] Nessa vertente, consuma-se o momento de aproximação ou "entrada" no "*board*": a função afasta-se – no seu *funcionamento* – do "*board*" (estando dotada de certa autonomia), mas remete para o órgão de administração (e de fiscalização) a informação que tiver colhido, os factos que conhecer, quando esses sejam relevantes. Desse modo, *entra* no "*board*", exercendo o que já foi apelidado do seu "poder oculto": o poder de, mediante uma comunicação formal,[136] colocar na esfera de conhecimento

---

131 Cfr. GRIFFITH, Sean J. Corporate Governance in an Era of Compliance. *William & Mary Law Review Online*, v. 57, n. 6, p. 2118, 2016 (autoridade significa poder de decidir; se o órgão de administração não tem liberdade de decidir, então perde, nessa medida, autoridade em benefício do responsável pelo *compliance*).

132 Cfr. GRIFFITH, Sean J. Corporate Governance in an Era of Compliance. *William & Mary Law Review Online*, v. 57, n. 6, p. 2109, 2016.

133 É com certeza assim, por expressa imposição legal, em matéria de exercício do dever de comunicação de operações suspeitas de branqueamento de capitais e financiamento do terrorismo. Já noutras, não será assim, mas trata-se de matéria discutível. Na Alemanha, vigora o entendimento de que o *compliance* exerce funções delegadas pela administração, mantendo esta, por conseguinte, o pleno poder de dar instruções. Cfr. LÖSLER, Thomas. Das moderne Verständnis von Compliance im Finanzmarktrecht. *NZG*, p. 107, 2005; e GEBAUER; NIERMANN. § 48, anot. 67. *In*: HAUSCHKA, Christoph E.; MOOSMAYER, Klaus; LÖSLER, Thomas. *Corporate Compliance*. 3. ed. Munique: C. H. Beck (Beck-online), 2016.

134 Cfr. GRIFFITH, Sean J. Corporate Governance in an Era of Compliance. *William & Mary Law Review Online*, v. 57, n. 6, pp. 2095ss., 2016.

135 Com expressa consagração normativa no art. 14º, n. 4, al. f) do Aviso n. 3/2020. Identificando e fundamentando teoricamente a importância desses aspetos, cfr. GADINIS, Stavros; MIAZAD, Amelia. The Hidden Power of Compliance. *Minnesota Law Review*, v. 103, pp. 2150s., 2019; e ARMOUR, John; GORDON, Jeffrey N.; MIN, Geeyoung. Taking Compliance Seriously. *Yale Journal on Regulation*, v. 37, n. 1, pp. 31ss, 2020.

136 Distinguindo, para esses efeitos, comunicações "rastreáveis", comunicações "não rastreáveis", comunicações "interrompidas" e comunicações "incompletas", vide GADINIS, Stavros; MIAZAD, Amelia. The Hidden Power

da administração factos pelos quais, a partir de tal momento, esta passa a assumir responsabilidade de agir. O desconhecimento como instrumento de desresponsabilização deixa de existir,[137] obstando-se assim a uma prática de "ignorância racional".[138] O fluxo de informação assume, desse modo, uma dupla função: num primeiro momento, visa o controlo – facultando ao *compliance* o conhecimento de práticas que possam ser desviantes ou comportar riscos –, a que pode seguir-se uma *intervenção* corretiva *ou sancionatória dos respetivos autores*; num segundo momento, mediante o fluxo até aos órgãos responsáveis (de administração e/ou de fiscalização), a informação serve funções (*ex post*) de responsabilização e, reflexamente (*ex ante*), de forte estímulo à atuação dos corpos sociais.

A estrutural alteração que o regime de *compliance* vem sofrendo reside nessa plurifacetada – quase *camaleónica* – construção legal e regulatória da função: *interna*, porque sedeada nas instituições e por essas assegurada, mas ditada em grande medida *externamente*, embora em parte sob a aparência de meras recomendações regulatórias; *autónoma* da administração, dela não recebendo, em certa âmbito, instruções, mas ditando-lhe a obrigação de agir, sob pena de responsabilidade eventual dos administradores, quando esses conheçam determinadas práticas; *inscrita na sociedade*, mas visando a satisfação de interesses que não são seus (mas sim de terceiros ou mesmo públicos).

Essa arquitetura da função de *compliance* bancário permite ultrapassar debilidades e dificuldades que os sistemas de controlo de interno sempre apresentaram – no que toca, por exemplo, à sua *avaliação* e à sua *monitorização* –, com consequências de extrema gravidade no setor financeiro em tempos recentes. Ao descentrar-se o sistema – o seu centro residia nos corpos sociais, a quem competia desenhar, administrar e monitorizar com discricionariedade a função de *compliance* –, movendo-o, *no plano interno*, para o responsável (independente) pela função de *compliance* e, *externamente*, para os reguladores, foram arredadas as dificuldades relativas ao incentivo à administração/fiscalização da sociedade para instalar um *compliance* adequado. Desde logo, reforçando a *responsabilidade da administração*, embora retirando-lhe, em parte, *autoridade*. Desse modo, talvez tenha emergido o que alguns autores apelidam de "armadilha do *compliance*",[139] cuja eficiência pode enredar a sociedade numa teia de

---

of Compliance. *Minnesota Law Review*, v. 103, 2019, pp. 2142ss.

137 Cfr. GADINIS, Stavros; MIAZAD, Amelia. The Hidden Power of Compliance. *Minnesota Law Review*, v. 103, 2019, p. 2139.

138 Cfr. GARRETT, Brandon L.; MITCHELL, Gregory. Testing Compliance. *Law and Contemporary Problems*, v. 83, n. 4, p. 47, 2020.

139 Cfr. GARRETT, Brandon L.; MITCHELL, Gregory. Testing Compliance. *Law and Contemporary Problems*, v. 83, n. 4, p. 47, 2020.

factos responsabilizantes, sem nenhum poder de retrocesso. O *compliance* protege a sociedade – *quando* e *se* lograr *evitar* os eventos danosos –, mas tende a exponenciar as consequências de tais eventos se esses chegarem a ocorrer.

As implicações desse novo modelo de *compliance* – a *metarregulação* ou *new governance* – sobre a *governance* das entidades financeiras são muito relevantes e terão de ser aprofundadamente estudadas. Desde logo, a função de *Chief Compliance Officer* (CCO) é muito escassamente estudada ainda.[140]

E também se pede, diríamos, com alguma premência, uma análise à medida nacional, que pondere especificamente as diferentes estruturas organizatórias admitidas na lei portuguesa para as sociedades anónimas – modelos monista, dualista e anglo-saxónico –, assim permitindo refletir sobre o equilíbrio do modelo, mediante o confronto com os (diferentes) modelos organizatórios em que maioritariamente se inspira a generalidade dos estudos estrangeiros sobre a matéria.

Por seu turno, no plano da *governance*, questões como a *dimensão*, a *composição dos órgãos* e a *organização do funcionamento* da administração (fiscalização) deverão merecer atenção: para fazer face a esse incremento de intervenção sobre matérias de controlo interno, a dimensão ótima do órgão de administração passa a ser maior?[141] Deve (pode) o órgão atribuir a uma comissão especificamente matérias de *compliance*, assim acompanhadas especificamente e de forma mais próxima e regular?[142] Deve passar a impor-se que (pelo menos) um membro do órgão seja um *expert* em matérias de *compliance*?[143] Ou deve admitir-se um acompanhamento por um elemento *externo ao órgão*?[144]

---

140 Uma interessante e desafiante análise dos responsáveis de *compliance*, enquadrados como colaboradores (*stewards*) dos reguladores, vide D'ONFRO, Danielle. Corporate Stewardship. *Journal Corporation Law*, v. 44, pp. 439ss, 2018. Cfr. também TREVIÑO, Linda Klebe; DEN NIEUWENBOER, Niki A.; KREINER, Glen E.; BISHOP, Derron G. Legitimating the legitimate: A grounded theory study of legitimacy work among Ethics and Compliance Officers. *Organizational Behavior and Human Decision Processes*, v. 123, n. 2, pp. 186ss., 2014 (que se refere a ECO – *Ethics and Compliance Officers*).

141 Analisando a necessidade ou a conveniência de adaptar a dimensão do órgão de administração, cfr. ARMOUR, John; GARRETT, Brandon L.; GORDON, Jeffrey N.; MIN, Geeyoung. Board Compliance. *Minnesota Law Review*, v. 104, pp. 1264ss, 2019.

142 Para uma ampla análise dessa possibilidade, vide ARMOUR, John; GARRETT, Brandon L.; GORDON, Jeffrey N.; MIN, Geeyoung. Board Compliance. *Minnesota Law Review*, v. 104, pp. 1219ss. e pp. 1226ss., 2019 (com amplos dados empíricos).

143 Sobre isto, cfr. ARMOUR, John; GARRETT, Brandon L.; GORDON, Jeffrey N.; MIN, Geeyoung. Board Compliance. *Minnesota Law Review*, v. 104, pp. 1262s. e 1265s., 2019.

144 Cfr. ARMOUR, John; GARRETT, Brandon L.; GORDON, Jeffrey N.; MIN, Geeyoung. Board Compliance. *Minnesota Law Review*, v. 104, pp. 1266s., 2019. Uma certa variabilidade da posição do administrador não executivo, seja para lhe atribuir mais poder e exigir uma dedicação de tempo maior, seja para admitir circunstâncias especiais, vem sendo advogada por alguma doutrina (cfr., por exemplo, GILSON, Ronald J.; GORDON, Jeffrey N. Board 3.0: An Introduction. *The Business Lawyer*, pp. 351ss., 2019). O incremento da extensão das funções de membros não executivos levará à dissociação do binómio função não executiva/função a tempo

A função de *compliance* é o "*sistema imunitário da sociedade*": um conjunto de processos e de mecanismos desenvolvidos para sua proteção, a partir da identificação e erradicação de ameaças à sua "saúde" (o valor económico da sociedade).[145] A metáfora tem data anterior à atual pandemia, mas, com base nela e desenvolvendo-a um pouco, pode dizer-se que esse sistema imunitário assume também uma *dimensão de saúde pública*, porque a presença de sujeitos não imunes favorece a propagação de doenças e ameaça a comunidade. Por isso, o êxito da função de *compliance* em cada instituição de crédito é relevante para todo o sistema financeiro.

A nova era do *compliance* sublinha esta sua dimensão, o que torna a função muito *mais complexa* e um *espaço de tensão* entre plúrimos interesses e agentes que, apesar de se pretender que convirjam e atuem de forma *colaborativa*, prosseguem *objetivos potencialmente desalinhados*. E imporá, também, uma crescente articulação com a *corporate governance*: o *compliance* pode (deve!) ser entendido se não como uma parte da *corporate governance*,[146] pelo menos como uma abordagem distinta, mas a problemas (parcialmente) idênticos. Nessa linha, afigura-se adequado, até do ponto de vista da evolução histórica, entender o crescente relevo do *compliance* como um *instrumento* da *corporate governance*, um mecanismo de reforço da sua *efetividade*. E pode dizer-se que diferem essencialmente na perspetiva: a *corporate governance* é uma visão de "regulador" (não em sentido próprio), procurando estabelecer um quadro de organização e de funcionamento que se julga o mais adequado, trabalhando a criação de "modelos" de organização e de funcionamento, ao passo que o *compliance* é uma perspetiva de "regulado", em que se visa assegurar a observância efetiva de um conjunto de normativos (em sentido amplo), incluindo aqueles que emergem da *corporate governance*.[147] Nessa medida, o forte incremento de estruturas societárias dedicadas ao *compliance* serve (também) para que a *corporate governance* se repercuta efetivamente na atuação da sociedade: pode mesmo se dizer que a sequência histórica a que se assistiu, primeiro o desenvolvimento da *corporate governance* e, depois, do *compliance*, suporta essa relação. A necessidade de desenvolvimento do *compliance* no âmbito regulatório resultou

---

parcial, passando a existir tanto não executivos a tempo parcial, como não executivos a tempo inteiro. O que distinguirá estes dos executivos não será o *tempo* dedicado ao exercício de funções, mas as *funções* em si mesmas.

145 A expressiva imagem, bem como o trecho transcrito, pertencem a SIMMONS, Omari Scott. The Corporate Immune System: Governance from the Inside Out. *University of Illinois Law Review*, n. 3, pp. 1131ss., 2013.

146 Nesse sentido, CUNNINGHAM, Lawrence A. Deferred Prosecutions and Corporate Governance: An Integrated Approach to Investigation and Reform. *Florida Law Review*, v. 66, n. 1, p. 14, 2014 ("o *compliance* é um componente restrito da *Corporate governance*").

147 Nesse sentido, vide HAUSCHKA, Christoph E.; MOOSMAYER, Klaus; LÖSLER, Thomas. *Corporate Compliance*. 3. ed. Munique: C. H. Beck (Beck-online), 2016, § 4 (a principal diferença reside na perspetiva).

da constatação de que somente um aparelho interno dedicado a assegurar a efetiva adesão das sociedades ao edifício normativo – que reguladores e a *corporate governance* construíram – permitiria assegurar que tal edifício seria transportado para realidade de cada sociedade. Uma visão que integre e articule essas duas *visões*, respeitando a efetiva relação que têm entre si, permitirá uma abordagem mais coerente e uma reflexão mais profícua sobre a matéria.

BIBLIOGRAFIA

ABREU, Jorge Manuel Coutinho de. *Curso de Direito Comercial*, v. II, 6. ed. Coimbra: Almedina, 2019.

ABREU, Jorge Manuel Coutinho de. *Responsabilidade civil dos administradores de sociedades*. Coimbra: Almedina, 2007.

ARLEN, Jennifer; KRAAKMAN, Reinier. Controlling Corporate Misconduct: An Analysis of Corporate Liability Regimes. *New York Law University Law Review*, v. 72, n. 4, 1997.

ARMOUR, John; GARRETT, Brandon L.; GORDON, Jeffrey N.; MIN, Geeyoung. Board *Compliance*. *Minnesota Law Review*, v. 104, 2019.

ARMOUR, John; GORDON, Jeffrey N.; MIN, Geeyoung. Taking *Compliance* Seriously. *Yale Journal on Regulation*, v. 37, n. 1, 2020.

BAER, Miriam Hechler. Governing Corporate *Compliance*. *Boston College Law Review*, v. 50, 2009.

BAINBRIDGE, Stephen M. Caremark and Enterprise Risk Management. *The Journal of Corporation Law*, v. 34, 2008.

BANCO DE PORTUGAL. *Consulta pública do Banco de Portugal n. 6/2020 relativa ao anteprojeto de Código da Atividade Bancária (até 15 de janeiro de 2021)*. Disponível em: https://www.bportugal.pt/consultapublica/consulta-publica-do-banco-de-portugal-no-62020-relativa-ao-anteprojeto-de-codigo-da.

BANNER, Stuart. What causes new securities regulation? 300 years of evidence. *Washington University Law Quarterly*, v. 75, n. 2, 1997.

BASTOS, Nuno Moraes. Corporate Governance, *Compliance* e a Função *Compliance* nos Setores Bancários e Segurador. *In*: PINTO, José Costa. *A Emergência e o Futuro do Corporate Governance em Portugal*, v. II. Coimbra: Almedina, 2018.

BEBCHUK, Lucian A.; TALLARITA, Roberto. The Illusory Promise of Stakeholder Governance. *Paper SSRN*, 2020.

BERNARDINO, Pedro. Corporate Governance no Sector Segurador: Level Playing Field das Práticas de Gestão e Controlo Interno. *In*: PINTO, José Costa. *A Emergência e o Futuro do Corporate Governance em Portugal*, v. II. Coimbra: Almedina, 2018.

BIERSCHENK, Lars. Das Gesellschafts – und Aufsichtsrecht der Kreditinstitute und Versicherungsunternehmen. *Juristische Ausbildung*, n. 8, 2020.

BLACK, Julia. Paradoxes and Failures: New Governance Techniques and the Financial Crisis. *The Modern Law Review*, v. 75, n. 6, 2012.

BÜRKLE, Jürgen. *Compliance in Versicherungsunternehmen*. 3. ed. Munique: C. H. Beck (Beck-online), 2020.

CHIU, Iris H-Y. *Regulating (From) the Inside*. The Legal Framework for Internal Control in Banks and Financial Institutions. Oxford: Hart Publishing, 2015.

COFFEE JR., John C. Political Economy of Dodd-Frank: Why Financial Reform Tends to be Frustrated and Systemic Risk Perpetuated. *Cornell Law Review*, v. 97, n. 5, 2011.

COGLIANESE, Cary; MENDELSON, Evan. Meta-regulation and self-regulation. *In*: BALDWIN, Robert; CAVE, Martin; LODGE, Martin. *The Oxford Handbook of Regulation*. Oxford: Oxford University Press, 2010.

COGLIANESE, Cary; NASH, Jennifer. *Compliance* Management Systems: Do They Make a Difference? *In*: VAN ROOIJ, Benjamin; SOKOL, D. Daniel (Ed.). *The Cambridge Handbook of Compliance*. Cambridge: Cambridge University Press, 2021.

COMISSÃO DAS COMUNIDADES EUROPEIAS. *Proposta de Directiva do Parlamento Europeu e do Conselho que altera as Directivas do Conselho n. 73/239/CEE, n. 85/611/CEE, n. 91/675/CEE, n. 93/6/CEE e n. 94/19/CE e as Directivas n. 2000/12/CE, n. 2002/83/CE e n. 2002/87/CE do Parlamento Europeu e do Conselho, com vista a estabelecer uma nova estrutura orgânica para os comités no domínio dos serviços financeiros*. Bruxelas, 5.11.2003. Disponível em: https://www.ecb.europa.eu/ecb/legal/pdf/com2003_0659pt01.pdf.

CORDEIRO, António Menezes. Os deveres fundamentais dos administradores das sociedades (artigo 64º/1 do CSC). *ROA*, ano 66, 2006.

COSTA, Ricardo. A Business Judgment Rule na Responsabilidade Societária: entre a razoabilidade e a racionalidade. *In*: ANTUNES, Maria João; MARTINS, Alexandre Soveral. *Colóquio Internacional*: Governação das Sociedades, Responsabilidade Civil e Proteção dos Administradores. Coimbra: Instituto Jurídico, 2018.

CUNNINGHAM, Lawrence A. The Appeal and Limits of Internal Controls to Fight Fraud, Terrorism, Other Ills. *The Journal of Corporation Law*, v. 29, 2004.

CUNNINGHAM, Lawrence A. Deferred Prosecutions and Corporate Governance: An Integrated Approach to Investigation and Reform. *Florida Law Review*, v. 66, n. 1, 2014.

D'ONFRO, Danielle. Corporate Stewardship. *Journal Corporation Law*, v. 44, 2018.

DESTEFANO, Michele. Creating a Culture of *Compliance*: Why Departmentalization May Not Be the Answer. *Hastings Business Law Journal*, v. 10, 2013.

ERDMANN, Kay Uwe; DIEHL, Frank S.; SCHRADIN, Henrich R. *BeckOK VAG*. 14. ed. Munique: C. H. Beck (Beck-online), 2019.

EUROPEAN BANKING AUTHORITY – EBA. *Guidelines on internal governance (revised)*. Disponível em: https://www.eba.europa.eu/regulation-and-policy/internal-governance/guidelines-on-internal-governance-revised-.

EUROPEAN BANKING AUTHORITY – EBA. *Orientações sobre governo interno*. EBA/GL/2017/11, de 21 de março de 2018. Disponível em: https://www.eba.europa.eu/sites/default/documents/files/documents/10180/2164689/151a6ca3-31ae-40b0-9f55-9d-6c65b86b00/Guidelines%20on%20Internal%20Governance%20%28EBA-GL-2017-11%29_PT.pdf?retry=1.

EIOPA. *Orientações relativas ao sistema de governação*. EIOPA-CP-13/08 PT. Disponível em: https://www.eiopa.europa.eu/sites/default/files/publications/eiopa_guidelines/eiopa_2013_00200000_pt_tra.pdf.

EIOPA. *Orientações relativas ao sistema de governação*. EIOPA-BoS-14/253 PT. Disponível em: https://www.eiopa.europa.eu/sites/default/files/publications/eiopa_guidelines/eiopa_guidelines_on_system_of_governance_pt.pdf.

FERRARINI, Guido; GIUDICI, Paolo. Financial Scandals and The Role of Private Enforcement: The Parmalat Case. *ECGI – Law Working Paper*, n. 40, 2005.

FISCHER, Carola; SCHWAB, Harmut. Tax *Compliance* in KMU: Hinweise der Bundessteuerberaterkammer für ein steuerliches innerbetriebliches Kontrollsystem (Steuer-IKS). *DStR*, 2018, pp. 2040-2044.

FONSECA, Patrícia Afonso. As Novas Orientações da EBA em Matéria de Governo Interno. *In*: PINTO, José Costa. *A Emergência e o Futuro do Corporate Governance em Portugal*, v. II. Coimbra: Almedina, 2018.

FRADA, Manuel A. Carneiro da. A Business Judgment rule no quadro dos deveres gerais dos administradores. *ROA*, v. I, ano 67, 2007.

GADINIS, Stavros; MIAZAD, Amelia. The Hidden Power of *Compliance*. *Minnesota Law Review*, v. 103, 2019.

GARRETT, Brandon L. *Too Big to Jail*. Cambridge: Harvard University Press, 2014.

GARRETT, Brandon L.; MITCHELL, Gregory. Testing *Compliance*. *Law and Contemporary Problems*, v. 83, n. 4, 2020.

GARRITY-ROKOUS, Gates; BAKER, Harold F. Solving Ethical Decoupling: A Programmatic Approach to Ensuring Both *Compliance* and Ethics. *The University of Toledo Law Review*, v. 48, n. 3, 2017.

GILSON, Ronald J.; GORDON, Jeffrey N. Board 3.0: An Introduction. *The Business Lawyer*, 2019.

GORDON, Jeffrey N. Governance failures of the Enron board and the new information order of Sarbanes-Oxley. *Columbia Law and Economics*, Working Paper n. 216; *Harvard Law and Economics*, Discussion Paper n. 416, 2003.

GRIFFITH, Sean J. Corporate Governance in an Era of *Compliance*. *William & Mary Law Review Online*, v. 57, n. 6, 2016.

GROH, Gunnar. Compliance. *In*: WEBER, Klaus (Ed.). *Rechtswörterbuch* (Creifelds kompakt), 5. ed. Beck-online, 2021.

HAACK, Lutz-Ulrich; REIMANN, Martin C. *Compliance* Framing – Framing *Compliance*. *Working Paper Series*, n. 6, 2012.

HAUGH, Todd. The Power Few of Corporate *Compliance*. *Georgia Law Review*, v. 53, 2018.

HAUSCHKA, Christoph E.; MOOSMAYER, Klaus; LÖSLER, Thomas. *Corporate Compliance*. 3. ed. Munique: C. H. Beck (Beck-online), 2016.

HESS, David. Ethical Infrastructure and Evidence-Based Corporate *Compliance* and Ethics Programs: Policy Implications from the Empirical Evidence. *New York University Journal of Law and Business*, v. 12, 2015.

HOPT, Klaus J.; BINDER, Jens-Hinrich; BÖCKING, Hans-Joachim. *Handbuch Corporate Governance von Banken und Versicherungen*, 2. ed. Munique: C. H. Beck (Beck-online), 2020.

INSTITUTO PORTUGUÊS DE CORPORATE GOVERNANCE – IPCG. *Código de Governo das Sociedades*, 2018, revisto em 2020. Disponível em: https://cam.cgov.pt/images/ficheiros/2020/revisao_codigo_pt_2018_ebook-05.11.2020.pdf.

JÜTTNER, Markus. Behavioral Compliance statt Corporate Compliance? Zwischen gefährlichen Hal Behavioral Compliance statt Corporate Compliance? Zwischen gefährlichen Halbwahrheiten, absolutem Unsinn und aussichtsreichen Lösungsansätzen beim Versuch, Unternehmenskriminalität zu verhindern. *CCZ*, pp. 1ss., 2021.

KAULBACH, Detlef; BÄHR, Gunne W.; POHLMANN, Petra *et al. Versicherungsaufsichtsgesetz.* 4. ed. online. Munique: C. H. Beck (Beck-online), 2017.

KAULBACH, Detlef; BÄHR, Gunne W.; POHLMANN, Petra *et al. Versicherungsaufsichtsgesetz.* 6. ed. Munique: C. H. Beck (Beck-online), 2019.

KNIGHT, Frank H. *Risk, uncertainty and profit.* Boston e Nova York: Houghton Mifflin Company, 1921.

KRAWIEC, Kimberly D. Cosmetic *Compliance* and the Failure of Negotiated Governance. *Washington University Law Review*, v. 81, n. 2, 2003.

LABAREDA, João, Contributo para o estudo do sistema de controlo e da função de cumprimento ("*Compliance*"). *Direito dos Valores Mobiliários*, 2016.

LANGEVOORT, Donald C. Cultures of *compliance. American Criminal Law Review*, v. 54, 2017.

LANGEVOORT, Donald C. Monitoring: the behavioral economics of inducing agents' *compliance* with legal rules. *Georgetown University Law Center Business, Economics and Regulatory Policy, Law and Economics Research Paper*, n. 276121, 2001.

LIN, Tom C. W. *Compliance*, Technology, and Modern Finance. *Brook. J. Corp. Fin. & Com. L.*, v. 11, 2016.

LIPSHAW, Jeffrey M. The False Dichotomy of Corporate Governance Platitudes. *The Journal of Corporation Law*, vol. 46, n. 2, 2021.

LOBEL, Orly. New governance as regulatory governance. *In*: LEVI-FAUR, David (Ed.). *The Oxford Handbook of Governance*, 2012.

LOBEL, Orly. The Renew Deal: The Fall of Regulation and the Rise of Governance in Contemporary Leal Thought. *Minnesota Law Review*, v. 89, 2004.

LÖSLER, Thomas. Das moderne Verständnis von *Compliance* im Finanzmarktrecht. *NZG*, 2005.

MAIA, Pedro. Direito das Sociedades Bancárias. *Revista de Legislação e de Jurisprudência*, ano 149, n. 4023, 2020.

MAIA, Pedro. *Voto e Corporate Governance.* Um novo paradigma para a sociedade anónima. Coimbra: Almedina, 2019.

MARTINEZ, Veronica Root. The *Compliance* Process. *Indiana Law Journal*, v. 94, 2019.

MARTINEZ, Veronica Root. Coordinating *Compliance* Incentives. *Cornell Law Review*, v. 12, 2017.

MAYER, Colin. The future of the corporation: Towards humane business. *Journal of the British Academy*, v. 6, n. 1, 2018.

MCGREAL, Paul E. Caremark in the Arc of *Compliance* History: Evolution of a Corporate Director's Fiduciary Duty to Oversee *Compliance* with the Law. *Temple Law Review*, v. 90, n. 1, 2018.

MCNEECE, John B. The Ethical Conflicts of the Hybrid General Counsel and Chief *Compliance* Officer. *Georgetown Journal of Legal Ethics*, v. 25, 2012.

MILLER, Geoffrey P. *Risk Management and Compliance in Banks*: The United States and Europe. Oxford (UK): European Banking Union, 2015.

MILLER, Geoffrey Parsons. *Compliance*: Past, Present and Future. *University of Toledo Law Review*, v. 48, 2016.

MORRISON, Alan D.; SHAPIRO, Joel D. *Governance and Culture in the Banking Sector*. Saïd Business School, 2016.

OROZCO, David. A Systems Theory of *Compliance* Law. *University of Pennsylvania Journal Business Law*, v. 22, n. 2, 2020.

PAINE, Lynn Sharp. Managing for organizational integrity. *Harvard business review*, v. 72, n. 2, 1994.

PARKER, Christine. Meta-Regulation: Legal Accountability for Corporate Social Responsibility? *In*: MCBARNET, D.; VOICULESCU, A., Campbell, T. (Ed.) *The New Corporate Accountability*: Corporate Social Responsibility and the Law. Cambridge: Cambridge University Press, 2007.

PARKER, Christine. *The Open Corporation*: Effective self-regulation and Democracy. Cambridge: Cambridge University Press, 2002.

ROCK, Edward B. For Whom is the Corporation Managed in 2020? The Debate over Corporate Purpose. *European Corporate Governance Institute* – Law Working Paper, n. 515, 2020.

RODRIGUES, Anabela Miranda. *Direito Penal Económico*: Uma Política Criminal na Era *Compliance*, 2. ed. Coimbra: Almedina, 2021.

VAN ROOIJ, Benjamin; SOKOL, D. Daniel. Introduction: *Compliance* as the Interaction between Rules and Behavior. *In*: VAN ROOIJ, Benjamin; SOKOL, D. Daniel (Ed.). *The Cambridge Handbook of Compliance*. Cambridge: Cambridge University Press, 2021.

SANTOS, Filipe Cassiano dos. *Estrutura associativa e participação societária capitalística, contrato de sociedade, estrutura societária e participação do sócio nas sociedades capitalísticas*. Coimbra: Coimbra Editora, 2006.

SCHWARZ, Christian; HOLLAND, Björn. Enron, WorldCom... und die Corporate-Governance-Diskussion. *ZIP*, n. 37, 2002.

SCOTT, Colin. Regulating everything: From mega-to meta-regulation. *Administration*, v. 60, 2012.

SIMMONS, Omari Scott. The Corporate Immune System: Governance from the Inside Out. *University of Illinois Law Review*, n. 3, 2013.

SIMMONS, Omari Scott; DINNAGE, James D. Innkeepers: A Unifying Theory of the In-House Counsel Role. *Seton Hall Law Review*, v. 41, n. 1, 2011.

SOKOL, D. Daniel. Twenty-Eighth Annual Corporate Law Center Symposium: Rethinking *Compliance*. *University of Cincinnati Law Review*, v. 84, n. 2, 2016.

SONNENBERG, Thomas. Compliance-Systeme in Unternehmen, *JuS*, p. 921, 2017.

SPINDLER, Gerald. *Compliance* im Gesellschaftsrecht. *RW Rechtswissenschaft*, v. 4, n. 3, 2013.

STEWART, Bennett. The real reasons Enron failed. *Journal of Applied Corporate Finance*, v. 18, n. 2, 2006.

TREVIÑO, Linda Klebe; DEN NIEUWENBOER, Niki A.; KREINER, Glen E.; BISHOP, Derron G. Legitimating the legitimate: A grounded theory study of legitimacy work among Ethics and *Compliance* Officers. *Organizational Behavior and Human Decision Processes*, v. 123, n. 2, 2014.

VAN DER ELST, Christoph; VAN DAELEN, Marijn. Risk Management in European and American Corporate Law. *ECGI – Law Working Paper*, n. 122, 2009.

VAN LOO, Rory. The New Gatekeepers: Private Firms as Public Enforcers. *Virginia Law Review*, v. 106, 2020.

WEBER-REY, Daniela. Der Aufsichtsrat in der europäischen Perspektive – Vorschläge und Ideen für eine wirksame Corporate Governance. *NZG*, 2013.

Panorama do Direito do Seguro em Cabo Verde

Anderson Barbosa[1]

Bom, gostaria antes de mais, cumprimentar e agradecer o convite do IBDS e da Academia Sino-Lusófona, na pessoa do Professor Dr. João Nuno Calvão da Silva. Cumprimentar também e agradecer os demais membros da organização deste evento, os ministros Jorge Mussi e Paulo Sanseverino, Dr. Ernesto Tzirulnik e suas equipas. Para mim realmente é um gosto e um prazer enorme fazer parte deste evento, e aproveito também a oportunidade para cumprimentar os integrantes deste painel desta noite, tarde e manhã; os professores Xia Xiaoxiong, Pedro Maia, Felipe Albuquerque Matos, e de forma especial a todos os que estão a participar através de videoconferência.

No passado mês de agosto, nós fomos convidados para participar no presente congresso e, na altura, nós propusemos falar sobre o seguro obrigatório de acidentes de trabalho e doenças profissionais. Entretanto, foi-nos lançado o desafio de traçar o panorama geral do Direito dos seguros em Cabo Verde. Nós aceitamos o desafio e naturalmente nos próximos minutos estaremos a fazer um retrato breve sobre o Direito do Seguro e sobre o seguro obrigatório de acidentes de trabalho em Cabo Verde.

Falando agora do Direito do Seguro em Cabo Verde de forma geral, vou começar por falar do apontamento histórico, mas antes de avançarmos sobre o assunto, gostaria apenas de advertir que o recorte histórico apenas abarcará o período pós-independência. E de facto nós podemos dizer que a história da atividade seguradora no Cabo Verde independente acaba por acompanhar a história do país. Para quem não saiba, Cabo Verde é um pequeno país insular com cerca de 4.033km^2, situado perto da costa ocidental africana. Contando com a diáspora, nós somos cerca de um milhão, mais coisa, menos coisa, sendo que nas 9 ilhas habitadas das 10 existentes, temos apenas cerca de 545 mil habitantes, e nós no passado dia 5 de julho, completamos 46 anos de independência.

---

1 Licenciado e Mestre em Direito pela Universidade de Coimbra, com especialização na área do Direito das Empresas. Coordenador do Curso de Direito da Universidade de Santiago, Cabo Verde.

Nós herdamos um país muito frágil, de facto, para muitos um país inviável, não havia na altura recursos financeiros, nem recursos humanos, nem recursos tecnológicos e nem infraestruturas suficientes, mas de facto sempre soubemos traçar o nosso destino e realmente estamos aqui como um país que tem dado passos firmes em direção ao desenvolvimento. É certo que há muito por fazer, como de resto também acontece aqui a nível do Direito do Seguro e na atividade seguradora.

Bom, em Cabo Verde, quase três anos após a independência nacional, foram dados os primeiros passos na atividade seguradora. Recordo que a independência nacional aconteceu em 1975, e três anos depois da independência foram dados os primeiros passos da atividade seguradora no país com a criação, através do Decreto-Lei número 30/78, de 22 de abril, do então designado setor nacional de seguros, sendo na altura exclusivamente reservado ao Estado o exercício da atividade seguradora e resseguradora.

Na sequência, foi criado, através do Decreto-Lei número 39/78, de 2 de maio, o Instituto de Seguros e Previdência Social – ISPS. A instituição tinha capital exclusivamente público e tinha o objetivo de exercer atividade tanto no setor de seguros como no da previdência social. Nesse mesmo ano, o ano de 1978, foi criado um conjunto de diplomas que definiram um quadro claro da atividade seguradora no país. Volvidos 12 anos, ou seja, em 1990, reformou-se o quadro institucional da atividade seguradora, favorecendo a emergência de companhias de seguros privadas.

Ainda assim, o novo quadro jurídico, definido pelo Decreto-Lei número 52-F/90 de 4 de julho, que revogou o Decreto-Lei número 84/78 de 22 de setembro, mostrava-se muito restritivo em relação ao acesso à atividade seguradora por parte dos privados. Também em 1990 foi regulada, através do Decreto-Lei número 101-P/90 de 23 de novembro, o estatuto do mediador de seguros. Mas em 1991, impelido pelas reformas políticas e econômicas, o Instituto de Seguros e Previdência Social foi objeto de cisão. Parte do património correspondente ao setor de previdência social foi afeta à então nova entidade gestora da previdência social criada por decreto do governo, o Instituto Nacional de Previdência Social.

O Instituto de Seguros e Previdência Social, na altura empresa pública, foi transformada em sociedade de capitais públicos denominada Companhia de Seguros de Cabo Verde – SARL, conhecida hoje por Garantia, que depois acabou por ser privatizada. E de fato o Instituto de Seguros e Previdência Social foi dividido e a partir dali criou-se duas instituições: a Garantia e o Instituto Nacional de Previdência Social. Na mesma altura foi criado, através do Decreto-Lei número 132/91 de 1º de outubro, o Instituto de Seguros de Cabo Verde, ao qual coube a supervisão da atividade seguradora.

Em dezembro de 1991, nasce a primeira seguradora privada em Cabo Verde, a Ímpar, Companhia Cabo-verdiana de Seguros - SARL. Em 1996, o Decreto-Lei número 52/96, de 26 de dezembro, extinguiu o Instituto de Seguros de Cabo Verde, e realmente tal como acontece em várias latitudes, unificou-se a supervisão bancária e dos seguros. A supervisão passou a ser feita pelo Banco de Cabo Verde, que já vinha fazendo a supervisão da atividade bancária e passou também a partir desta altura a fazer a supervisão da atividade seguradora. Depois de 1996, nós podemos identificar apenas dois, três aliás, registros dignos de sinalização em matéria de atividade seguradora: o novo regime de acesso à atividade seguradora e resseguradora, aprovado pelo Decreto-Legislativo 3/2010 de 17 de maio; e o novo regime da mediação de seguros, aprovado pelo Decreto-Lei 25/2010 de 2 de agosto; e o novo regime de contrato de seguro, aprovado pelo Decreto-Lei 35/2010 de 6 de setembro, que revoga o Decreto-Lei número 48/78 de 1° de julho.

Depois de fazer esse apontamento histórico, vamos agora fazer as considerações sobre o direito dos seguros, sobre ramos e modalidades de seguros existentes em Cabo Verde. Em Cabo Verde, como de resto acontece na maioria dos espaços lusófonos, apesar de um quadro legislativo exemplar no que tange a atividade seguradora, escasseiam escritos com uma exposição sistemática sobre o direito dos seguros. Os nossos tribunais têm-se ocupado, sobretudo, com questões que tem que ver com o seguro obrigatório de responsabilidade civil automóvel e pouco mais. Os programas dos cursos de licenciatura em direito no país não contemplam o ensino da matéria dos seguros, nem mesmo pela via dos contratos comerciais.

E esse estado de coisas, em termos jurídico-científicos, é, porventura, fruto da pouca dinâmica da atividade seguradora no nosso país, apesar da tendência de crescimento e da relativa solidez da indústria seguradora demonstrada pela solvabilidade das empresas do ramo. Sim, com efeito, apesar da atividade seguradora contribuir com menos de 2% para o PIB nacional, a verdade é que a tendência de crescimento do setor é manifesto.

Em média, no período que mediou entre 2007 e 2017, o ativo total das seguradoras cresceu 132%, os prêmios brutos aumentaram 40%, as provisões técnicas brutas experimentaram um incremento de 68%, os investimentos totais aumentaram 116%, os resultados líquidos do exercício e a taxa de margem de solvência 44,4%. E nesse mesmo período houve redução da taxa de sinistralidade em quase 28% e dos custos com sinistros de seguro direto em 4%.

Essa tendência de crescimento significará, certamente, o desenvolvimento jurídico-científico do direito dos seguros em Cabo Verde. Cabo Verde conta neste momento com duas seguradoras privadas. Comparativamente à realidade chinesa, a dimensão do país também é incomparável, e realmente pela dimensão do nosso país, ter duas seguradoras privadas creio que não é mal de todo. Temos realmente duas seguradoras privadas, a Ímpar e a Garantia; nós temos 14 angariadores, temos 18 agentes, pessoas individuais, 2 agentes, pessoas coletivas e 2 corretoras.

Em Cabo Verde, desde muito cedo, o regime do contrato de seguro foi retirado do Código Comercial de 1888, passando a ter a regulação em diploma autónomo com a aprovação do Decreto-Lei número 48/78 de 1 de julho. Essa regulamentação foi reforçada pelo Decreto-Lei número 12/2003 de 14 de abril. Esses referidos diplomas depois acabaram por ser revogados pelo Decreto-Lei número 35/2010 de 6 de setembro. O novo regime trouxe precisão jurídica e vários avanços importantíssimos. Referindo-se a esse regime, ao regime jurídico geral do contrato de seguro trazido pelo diploma de 2010, o professor António Menezes Cordeiro diz que o "regime geral do contrato de seguro cabo-verdiano cobre a matéria com um nível dogmático elevado, obedecendo aos cânones em vigor na União Europeia".

Por uma questão de economia de tempo, não vamos abordar aqui os vários aspectos desse regime, remetendo-vos para o artigo que será publicado na sequência desse evento. Apesar de o legislador ter procedido à sempre difícil distinção entre o seguro de danos e o seguro de pessoas, a verdade é que os operadores da indústria seguradora no arquipélago têm utilizado na sua linguagem a classificação que divide os seguros do ramo vida e do ramo não vida. Podemos então dizer que a atividade seguradora no nosso país é integrado pelo ramo vida, que engloba os seguros de vida e os seguros de capitalização, e o ramo não vida, que engloba todos os seguros que têm por objeto bens patrimoniais e também os seguros pessoais, com exceção do seguro de vida.

Sobre as condições de acesso à atividade seguradora. Como referido supra, o regime jurídico que dá acesso à atividade seguradora e resseguradora em Cabo Verde encontra-se regulado pelo Decreto-Legislativo número 3/2010 de 17 de maio. Para o exercício da atividade seguradora em Cabo Verde, é preciso a autorização do Banco de Cabo Verde. Terá que haver então um prévio pedido de autorização, os requerentes designarão entre si um que a todos represente e vincule perante as autoridades encarregadas de apreciar o pedido de autorização, ou sobre ele se pronunciarem.

O exercício da atividade seguradora é permitido tanto a sociedades estrangeiras, como a nacionais, desde que preencham determinados requisitos definidos na lei. De fato, para o exercício da atividade seguradora, a sociedade terá de adotar a forma de sociedade anônima. Torna-se necessário dotar a sociedade com o capital social não inferior ao mínimo estabelecido para a constituição de sociedade anônimas de seguros, devendo, na data do ato da constituição, encontrar-se realizado o montante mínimo, sendo o restante, se o houver, realizado no prazo de seis meses a contar daquela data.

O capital social mínimo integralmente realizado para constituição de sociedades anónimas de seguros é de duzentos milhões de escudos, creio que dá mais ou menos onze milhões de reais qualquer coisa assim, no caso de a seguradora pretender explorar apenas o ramo não vida; cem milhões se explorar unicamente o ramo vida; ou duzentos e cinquenta milhões no caso de explorar cumulativamente os ramos não vida e o ramo vida.

O conselho de administração da sociedade terá de ser integrado por um mínimo de três membros detendo poderes bastantes para, com efetividade, determinar a orientação da atividade da seguradora. A concessão da autorização depende ainda da verificação dos seguintes requisitos: aptidão dos acionistas fundadores para garantir a gestão sã e prudente da sociedade direta ou indiretamente; adequação e suficiência dos meios humanos aos objetivos a atingir; adequação e suficiência de meios e recursos financeiros; localização de Cabo Verde da administração central da empresa de seguros; e compatibilidade entre as perspectivas de desenvolvimento da seguradora e a manutenção de uma sã concorrência no mercado.

Sobre o procedimento para obtenção da autorização, remetemos mais uma vez, e por uma questão de gestão de tempo, para o texto a publicar. A decisão de autorização ou não deve ser notificada aos interessados no prazo de seis meses a contar da recepção do requerimento ou, se for o caso, a contar da recepção das informações complementares solicitadas aos requerentes, mas nunca depois de decorridos 12 meses sobre a data da entrega inicial do pedido. A falta de notificação da decisão no prazo máximo referido, constitui presunção de deferimento tácito.

Nos termos do número 1 do artigo 17 do referido diploma, a autorização caduca se os requerentes a ela expressamente renunciarem, bem como se a empresa de seguros não se constituir formalmente no prazo de seis meses, ou não der início efetivo à sua atividade no prazo de 12 meses, contados a partir da data de publicação da autorização. O número 2 do mesmo artigo prevê a possibilidade de, em casos devidamente justificados, o Banco de Cabo Verde poder prorrogar, por uma só vez, os prazos do número 1 do artigo 17. Compete também ao Banco de Cabo Verde a verificação da constituição formal e do início da atividade dentro dos prazos referidos.

Depois de autorizadas, quaisquer alterações ao programa de atividades da seguradora carecem de autorização prévia do Banco de Cabo Verde. As alterações estão sujeitas, com as devidas adaptações, às mesmas condições que impendem sobre o programa. Nesses casos, o Banco de Cabo Verde pronunciar-se-á no prazo de 30 dias após a comunicação. A autorização poderá também ser revogada. A competência para a revogação pertence, naturalmente, à entidade que tem competência para a autorização, o Banco de Cabo Verde.

A decisão de revogação deve ser fundamentada e notificada à empresa de seguros. A revogação da autorização implica dissolução e liquidação da sociedade. A decisão de revogação deve ser publicitada convenientemente e o Banco de Cabo Verde tomará as providências necessárias para o imediato encerramento dos estabelecimentos da empresa. Poderá haver recurso da decisão de revogação, mas o recurso não suspende a eficácia da decisão pois presume-se, até prova em contrário, que a suspensão da eficácia determina grave lesão do interesse público. As causas da revogação estão também no texto e para lá vos remeto. As seguradoras estrangeiras podem criar formas de representação locais no território nacional.

O estabelecimento dessas sucursais depende de autorização, a conceder caso a caso pelo Banco de Cabo Verde, e apenas podem ser autorizadas a explorar os ramos e modalidades para as quais a empresa já se encontra autorizada no país onde tem a sua sede social. As sucursais autorizadas a exercer atividade seguradora no território nacional ficam sujeitas a toda legislação em vigor em Cabo Verde no que respeita às operações a ele referentes, sendo-lhes naturalmente aplicáveis, desde logo, o diploma que regula o regime jurídico de acesso à atividade seguradora e resseguradora, salvo no que para essas entidades for expressamente preceituado.

As atividades exercidas por essas seguradoras, ainda que previstas nos seus estatutos, não podem ser contrárias ao determinado no diploma que regula o regime jurídico de acesso à atividade seguradora e resseguradora ou às demais leis vigentes no país. Para que uma sucursal possa ser autorizada, a seguradora estrangeira terá de ter, pelo menos, cinco anos de atividades e afetar as operações da sucursal de um fundo de estabelecimento não inferior ao capital social que seria exigível para a constituição de uma empresa seguradora nacional.

Nos termos do número 2 do artigo 28 do diploma que regula o regime jurídico de acesso à atividade seguradora e resseguradora, a concessão da autorização a sucursal depende, ainda, da apreciação sobre os seguintes critérios: forma e grau de realização das ações de supervisão; coordenação e fiscalização da atividade seguradora no país ou território da qual a seguradora pertence; nível de relações econômicas e financeiras entre Cabo Verde e o país ou território de localização da sede da seguradora; indicadores econômico-financeiros da requerente; esquema adequado de resseguro para as suas operações em território cabo-verdiano.

Sobre o procedimento para a obtenção de autorização das sucursais, remeto-vos mais uma vez para o texto a publicar. Falando agora um bocadinho sobre o seguro obrigatório de acidentes de trabalho e doenças profissionais. O Decreto-Lei número 84/78 de 22 de setembro realmente instituiu o seguro obrigatório de acidentes de trabalho e doenças profissionais, e o Decreto-Lei 86/78 de 22 de setembro regulamentou a matéria, estabelecendo desde 1978 a obrigatoriedade das entidades patronais repararem as consequências dos acidentes de trabalho e doenças profissionais sofridos pelo seus trabalhadores, visando assegurar-lhes, assim como ao respectivo agregado familiar, condições adequadas de reparação dos danos emergentes de acidentes de trabalho e doenças profissionais decorrentes da prestação laboral por conta e ao serviço de uma entidade patronal. Inicialmente, o regime se encontrava no âmbito da segurança social, mais tarde passou para as empresas seguradoras privadas.

Não obstante, o seguro obrigatório de acidentes de trabalho e doenças profissionais não perdeu o seu caráter social. Trata-se, na verdade, de uma política social de proteção do trabalhador constitucionalmente tutelada e típica do estado democrático de direito. De qualquer das formas, face a reforma no setor dos seguros operado em 2010, e as novas vicissitudes das relações e do mercado laboral, impunha-se a atualização da legislação respeitante ao seguro obrigatório de acidentes de trabalho e doenças profissionais. E de fato em 2020 foi dado esse passo. Foi então aprovado, através do Decreto-Lei número 58/2020 de 29 de julho, um novo regime jurídico do seguro obrigatório de acidentes de trabalho e doenças profissionais. Entretanto, por duas vezes foi adiada a entrada em vigor do referido diploma, por causa da pandemia, ficando a sua entrada em vigor para julho de 2022. Mais uma vez os aspectos no novo regime e outras considerações ficam para o texto final a publicar.

Bom, em jeito de conclusão, de facto Cabo Verde tem uma estrutura regulatória muito boa em relação ao seguro. Existe ainda um largo espaço de crescimento do negócio segurador, quer em termos de volume, quer em termos de variedade de produtos a oferecer. Entretanto, as empresas do ramo apresentam boa margem de solvência e há uma clara tendência de crescimento.

Contudo, colocam-se ainda fortes constrangimentos à indústria, como sejam os níveis de rendimentos ainda baixos de grande parte da nossa população, os baixos índices de literacia financeira e de cultura de risco de uma parte considerável da população, a concentração do seguro no ramo automóvel, a débil dinamização do ramo vida, e a fraca capacidade da retenção dos riscos. Não obstante, há um mundo de oportunidades no setor segurador em Cabo Verde.

Era isso que eu queria compartilhar convosco, mais uma vez eu agradeço profundamente a oportunidade. Muito obrigado a todos.

Chinese Insurance Law: legislation and practice

Xia Xiaoxiong[1]

Good evening, everyone. I'm Xia Xiaoxiong from the Law Institute of the Chinese Academy of Social Sciences.

I'm very happy to share with you the development of Chinese insurance law. Due to a short time limit, I will mainly introduce the legislation, the legal sources, the key systems, and the future development of Chinese insurance law.

First, I want to introduce the development of China's insurance industry.

China's insurance industry has recovered from 1979. Now, there are a total of 235 insurance companies, a total asset of 23 trillion yuan, and a premium income of 4.53 trillion yuan. The average annual growth rate in the past 20 years is 24% and 18% respectively. China has become the second largest insurance market in the world.

Specifically, the development of China's insurance industry is divided into 4 stages. The first stage is recovery and development, from 1978 to 2000. In 1979 the country gradually resumed domestic insurance business and established several insurance companies. In 1992, the foreign insurance company AIG has established a branch company in China. The "Insurance Law" was promulgated in 1995, and the China Insurance Regulatory Commission was established in 1998 and the supervision system was initially established. In 2000, there were 33 insurance companies. The early insurance industry developed rapidly, but it was also full of chaos. In the mid-1990s, life insurance companies experienced large-scale spread losses. Problems such as low-price competition and illegal sales by insurance companies often appeared.

The second stage: fast expansion, from 2001 to 2010. Since China joined the WTO in 2001, insurance companies have grown, and some insurance intermediary companies have been established. In 2010, the total number of insurance companies reached 142. Since 2003, the China Insurance Regulatory Commission has introduced a series

1 Law Institute of the Chinese Academy of Social Sciences.

of reform measures to relax insurance investment channels. In 2006, the State Council issued the "Several Opinions on the Reform and Development of the Insurance Industry", and compulsory traffic insurance and health insurance have been developed.

However, the subprime mortgage crisis in 2008 spread to the domestic insurance industry, which had a significant impact on investment of insurance companies. Regulators began to pay attention to preventing risks and rectifying the market. In 2008, the "Regulations on the Supervision of the Solvency of Insurance Companies" introduced the regulation on capital adequacy ratio.

The third stage: loosening innovation, from 2011 to 2016.

In 2011, the insurance industry entered a difficult period of development, with negative growth in premium income. Regulators emphasized the reform of the insurance industry. In 2012, the market-oriented reform of the investment of insurance funds was promoted. In 2014, the State Council issued the "Opinions on Accelerating the Development of Modern Insurance Service Industry". So "Opinions" deploys reforms in various fields such as catastrophe insurance, agricultural insurance, commercial pensions, health insurance, and liability insurance. During this period, a group of small and medium-sized insurance companies used insurance funds to buy a lot of shares of the listed company and played the role of a hostile acquirer.

Now the fourth stage, from 2017 to present days. Since 2017, the Chinese government has emphasized the essential function of the insurance system, strengthened supervision and preventing risks has become a regulatory guide. In 2018, the China Banking and Insurance Regulatory Commission was established to integrate the responsibilities of the China Banking Regulatory Commission and the China Insurance Regulatory Commission.

The second part is the Legislation of China's Insurance Law.

After 1978, the insurance legislation made great progress. China successively promulgated some individual insurance regulations. Some of these regulations belong to the scope of insurance contract law, come belong to the scope of insurance regulation law. On November 7th, 1992, the Congress passed the Maritime Law of the People's Republic of China, for the first time, marine insurance was clearly stipulated.

On June 30th, 1995, the "Insurance Law" which was the first insurance basic law of New China. It adopts a legislative system that integrates insurance industry law and insurance contract law. It is a relatively complete and systematic insurance law.

In 2002, in accordance with China's commitment to the WTO, the Insurance Law was amended for the first time. After that, the insurance law was revised three times: in 2009, 2014 and 2015.

The amendments made in 2002 mainly include the following: emphasizing the applications of the principal of good faith in the insurance law; providing a more reasonable system for the development of the insurance industry; focused on reforming the methods of insurance industry supervision. The amendments in 2009 mainly included the following contents: revised the insurance interest system, implemented a separate insurance interest system for personal insurance and property insurance; improved the insurer's constraint mechanism for dissolving insurance contracts; strengthened the insurer's obligation of explanation; clarified the method of interpretation of standard clauses; narrows the scope of moral hazard; strengthens the protection of third parties in liability insurance.

Third, the legal source system of China's Insurance Law.

The sources of insurance law include insurance provisions in the Constitution, insurance laws, insurance administrative regulations and local regulations. Among them, I want to say the importance of the Constitutions, so yeah, the provisions of the Constitution concerning basic economic systems and fundamental rights are the constitutional basis of the insurance law, and any insurance laws and regulations must be based on the constitution and must not conflict with the constitution.

In addition, the sources of insurance law also include judicial interpretations, regulatory rules, and insurance customs, as you know in my country, the role of the Supreme People's Court is very important. The judicial interpretations of the Supreme People's Court are not legislation, but they have a binding effect on the judicial judgment activities of the People's Court. The Supreme People's Court has formulated for judicial interpretations in the field of insurance law, which have made more specific provisions on the interpretation and application of insurance law norms.

The Supreme People's Court also issued insurance guidance cases, which also have important legal source significance and are of reference significance for the handling of similar cases in practice. As you know, the China Insurance Regulatory Commission have also formulated many regulatory regulations, such as the "Administrative Measures for Insurance Companies" and the "Administrative Measures for the Use of Insurance Funds". It is an important basis for supervision and is of great significance for regulating the development of the China's insurance industry. Insurance customs or customary law in the field of insurance law is also the source of law in China. Article 10 of the Civil Code confirms this, and it can be used as a basis for dispute resolution and judicial judgment.

The fourth part is the principle of good faith under China's insurance law.

As I have said, the principle of good faith is very important in the context of China's insurance law. The insurance contract is called the contract of maximum good faith, and the principle of good faith plays a very important principle in the conclusion, performance, and termination of the insurance contract. Article 5 of the Chinese Insurance Law stipulates that the parties to insurance activities shall follow the principle of good faith in exercising their rights and fulfilling their obligations.

Under the Chinese insurance law system, the principle of good faith has been fully embodied. We can see some examples, first is the insurer's obligation to explain. We can see the Article 17 of China's Insurance Law.

> Article 17. Where an insurance contract is concluded by using the standard clauses provided by the insurer, the insurer shall provide an insurance policy with the standard clauses attached and explain the contents of the contract to the policy holder.
> For those clauses that exempt the insurer from liability in the insurance contract, the insurer shall make sufficient warning to the policy holder of those clauses in the insurance application form, the insurance policy or any other insurance certificate, and expressly explain the contents of those clauses to the policy holder in writing or orally. If the insurer fails to make a warning or explicit explanation thereof, those clauses shall not be effective.[2]

The second case: the truthful notifications of the applicant.

> Article 16. In concluding an insurance contract, the policy holder shall make an honest disclosure when the insurer inquires about the object insured or relevant circumstances concerning the insured.
> The insurer shall have the right to rescind the insurance contract if the policy holder fails to perform his or her obligation of making an honest disclosure intentionally or out of gross negligence, thereby materially affecting the insurer making a decision whether or not to provide the insurance or whether or not to increase the premium rate.[3]

The third case, where the insurer knowing the truth which the insurance applicant fails to tell enters an insurance contract with the insurance applicant, the insurer shall not rescind the contract and, if an insured incident occurs, shall be liable for paying indemnity or insurance money.

The last case, where the insurant or beneficiary lies about the occurrence of an insured incident which actually never occurs, and claims indemnity or insurance

2 Available at: http://www.npc.gov.cn/zgrdw/englishnpc/Law/2011-02/15/content_1620648.htm.

3 Available at: http://www.npc.gov.cn/zgrdw/englishnpc/Law/2011-02/15/content_1620648.htm.

money against the insurer, the insurer shall have the right to rescind the insurance contract and not to return the insurance premium. Where the insurance applicant or insurant intentionally makes an insured incident, the insurer shall have the right to rescind the insurance contract, not to undertake the liability for paying indemnity or insurance money and, subject to Article 43 of this Law, not to refund the insurance premium.

Where, after the occurrence of an insured incident, the insurance applicant, insurant or beneficiary fabricates the cause of incident or exaggerates the degree of damage by forging or altering the relevant certificates or materials or any other evidence, the insurer shall not be liable for paying indemnity or insurance money for the false part.

In the last part I wanted to talk of some new issues on China's Insurance Law.

First are regulations of Internet Insurance. In recent years, China's Internet insurance has experienced explosive growth. In 2020, the scale of the Internet Insurance market has exceeded 290 billion yuan. Among them, the cumulative scale of Internet life insurance premiums reached 211.08 billion yuan. Especially after the outbreak of the Coronavirus epidemic, the online, digital, and intelligent process of commercial insurance has accelerated significantly, but it has also brought challenges. In 2019, the China Banking and Insurance Regulatory Commission received nearly 19,900 complaints about Internet insurance consumption, mainly to misleading sales and forced tying disguise.

The regulatory authorities have successively issued a few blockbuster documents. The "Measures for the Supervision of Internet Insurance Business" revised and implemented in February 2021 will lead the supervision and development of internet insurance to a new stage.

The second: Fintech and Insurance Law.

The rapid development of financial technology represented by artificial intelligence (AI), blockchain (Blockchain), cloud computing (Cloud) and big data (Big Data) is changing the ecological pattern of the entre financial industry chain including the insurance industry. Insurtech is also the most widely used.

Data as we know is the foundation of the insurance industry. The complexity of insurance business scenarios and the comprehensiveness of big data determine that the insurance industry needs to stand in the forefront of technology and actively embrace big data, cloud computing, artificial intelligence, new technologies such as blockchain.

In this context, it is necessary to study the risks of insurance companies and investor protection in practice and initiate the revision of the insurance law.

Third, the open policy and the internationalization of the insurance industry. As you know in my country insurance industry is the most open sub-industry in China's financial industry, so, the Chinese government has adopted a series of opening reform measures from 2018 to promote the internationalization of the insurance industry, for example, the removal of foreign investment restrictions on joint venture insurance companies operating life insurance business, and the ratio of foreign investment in joint life insurance companies can reach 100% and so on.

The open policy have made foreign insurance institutions more active in China's insurance market. As we know, there are many programs and many questions we can discuss, but due to the time limit, I just wanted to present this information and to share this information to you.

Thank you very much.

LEGISLATION

CHINA. Insurance Law of the People's Republic of China. Available at: http://www.npc.gov.cn/zgrdw/englishnpc/Law/2011-02/15/content_1620648.htm.

Lei de Seguros Chinesa: legislação e prática

Xia Xiaoxiong[1]

Boa noite a todos. Eu me chamo Xia Xiaoxiong e pertenço ao Instituto de Direito da Academia Chinesa de Ciências Sociais.

Estou muito feliz em compartilhar com vocês a evolução da lei de seguros chinesa. Devido à restrição de tempo, vou apresentar sobretudo a legislação, as fontes do Direito, os principais sistemas e o desenvolvimento futuro da lei de seguros chinesa.

Primeiramente, quero apresentar o desenvolvimento da indústria de seguros da China.

A indústria de seguros da China se recuperou a partir de 1979. Atualmente há um total de 235 seguradoras, um ativo total de 23 trilhões de yuans e uma receita de prêmios de 4,53 trilhões de yuans. A taxa média de crescimento anual nos últimos 20 anos é de 24% e 18% respectivamente. A China se tornou o segundo maior mercado de seguros do mundo.

Mais especificamente, o desenvolvimento da indústria de seguros da China está dividido em quatro etapas. A primeira etapa consiste na recuperação e no desenvolvimento entre 1978 e 2000. Em 1979, o país retomou gradualmente os negócios de seguro doméstico, estabelecendo uma série de seguradoras. Em 1992, a seguradora estrangeira AIG estabeleceu uma filial na China. A Lei de Seguros foi promulgada em 1995, a Comissão Reguladora de Seguros da China foi criada em 1998, e o sistema de supervisão foi instituído. Em 2000, existiam 33 seguradoras. A indústria de seguros se desenvolveu rapidamente, mas era caótica. Em meados dos anos 90, as seguradoras de vida sofreram perdas em grande escala. Problemas como a concorrência de preços e as vendas ilegais por parte das seguradoras ocorriam com frequência.

A segunda etapa consiste na rápida expansão havida entre 2001 e 2010. Desde que a China aderiu à OMC em 2001, as seguradoras aumentaram, e algumas companhias intermediárias de seguros foram estabelecidas. Em 2010, o número total de

1 Instituto de Direito da Academia Chinesa de Ciências Sociais.

seguradoras atingiu 142. Desde 2003, a Comissão Reguladora de Seguros da China introduziu uma série de medidas de reforma para flexibilizar os canais de investimento em seguros. Em 2006, o Conselho de Estado emitiu os "Diversos Pareceres sobre a Reforma e Desenvolvimento da Indústria de Seguros", e foram desenvolvidos seguros obrigatórios de tráfego, bem como seguros de saúde.

Entretanto, a crise das hipotecas *subprime* em 2008 se estendeu ao setor de seguros domésticos, o que teve impacto significativo no investimento das seguradoras. Os reguladores começaram a prestar atenção à prevenção de riscos e à retificação do mercado. Em 2008, a "Regulamentação sobre a Supervisão da Solvência das Seguradoras" introduziu a regulamentação sobre a relação de adequação de capital.

A terceira etapa, na qual houve desaceleramento da inovação, estende-se de 2011 a 2016.

Em 2011, a indústria de seguros entrou em um período difícil de desenvolvimento, com crescimento negativo na renda dos prêmios. Os reguladores enfatizaram a reforma do setor de seguros. Em 2012, a reforma orientada para o mercado de investimentos dos fundos de seguro foi realizada. Em 2014, o Conselho de Estado emitiu os "Pareceres sobre a Aceleração do Desenvolvimento da Indústria Moderna de Serviços de Seguros". Assim, esses pareceres implementam reformas em vários campos, tais como seguro contra catástrofes, seguro agrícola, seguros previdenciários, seguro-saúde e seguro de responsabilidade civil. Durante esse período, um grupo de pequenas e médias seguradoras utilizou fundos de seguro para comprar muitas ações da empresa listada, desempenhando o papel de adquirente hostil.

Por fim, a quarta etapa se estende de 2017 até hoje. Desde 2017, o governo chinês tem enfatizado a função essencial do sistema de seguros, de forma que reforçar a supervisão e prevenir riscos se tornaram diretriz regulatória. Em 2018, a Comissão de Regulamentação Bancária e Securitária da China foi criada para integrar as responsabilidades da Comissão de Regulamentação Bancária e da Comissão de Regulamentação Securitária da China.

A segunda parte é dedicada à legislação, especialmente a Lei de Seguros da China.

Desde 1978, a legislação de seguros fez grandes progressos. A China promulgou sucessivamente algumas regulamentações individuais de seguros. Algumas dessas regulamentações pertencem ao âmbito da lei de contratos de seguro, outros da lei de regulamentação de seguros. Em 7 de novembro de 1992, o Congresso aprovou a Lei Marítima da República Popular da China, de forma que, pela primeira vez, o seguro marítimo foi claramente regulado.

Em 30 de junho de 1995, sobreveio a Lei de Seguros, que foi a primeira lei básica de seguros da Nova China. Ela adota um sistema legislativo que integra A Lei do Setor de Seguros e a Lei de Contratos de Seguros. Trata-se de uma lei de seguros relativamente completa e sistemática.

Em 2002, de acordo com o compromisso da China com a OMC, a Lei de Seguros foi alterada pela primeira vez. Depois disso, a lei de seguros foi revisada três vezes: em 2009, em 2014 e, finalmente, em 2015.

As emendas feitas em 2002 tinham por objeto, principalmente:

- enfatizar a aplicação do princípio da boa-fé à lei de seguros;
- proporcionar um sistema mais razoável para o desenvolvimento da indústria de seguros;
- enfocar a reforma dos métodos de supervisão da indústria de seguros.

As emendas feitas em 2009 incluíram principalmente os seguintes conteúdos: revisão do sistema de juros dos seguros, implementação de um sistema de juros dos seguros diferenciando seguros pessoais e de propriedade; melhora do mecanismo de restrições à resolução dos contratos de seguros pela seguradora; fortalecimento do dever de informação da seguradora; esclarecimento a respeito do método de interpretação das cláusulas-padrão; redução do âmbito do risco moral; fortalecimento da proteção de terceiros em seguros de responsabilidade civil. Em terceiro lugar, aborda-se o sistema de fontes do direito da Lei de Seguros da China.

As fontes da lei de seguros incluem disposições sobre seguros na Constituição, em leis, em regulamentos administrativos e, ainda, em regulamentos locais. Entre elas, quero ressaltar a importância das Constituições: as disposições da Constituição relativas aos sistemas econômico e de direitos fundamentais constituem a base constitucional da Lei de Seguros, e todas as leis e regulamentos de seguros devem ser baseados na Constituição, sem entrar em conflito com ela.

Além disso, as fontes do Direito relativas a seguros também incluem interpretações judiciais, normas reguladoras e costumes: como vocês sabem, o papel do Supremo Tribunal Popular é muito importante em meu país. As interpretações judiciais do Supremo Tribunal Popular não são forma de legislação, mas têm um efeito vinculante sobre os julgamentos do Tribunal Popular. O Supremo Tribunal Popular formulou interpretações judiciais no campo do direito securitário, criando regras ainda mais específicas sobre a interpretação e aplicação das normas do Direito Securitário.

O Supremo Tribunal Popular também expediu casos de orientação sobre seguros, dotados de importância jurídica e servindo de referência para o tratamento de casos semelhantes na prática. Como vocês sabem, a Comissão Reguladora de Seguros da China também expediu muitos decretos regulamentares, tais como as "Medidas Administrativas para Seguradoras" e as "Medidas Administrativas para o Uso dos Fundos Securitários". É uma fonte importante para a supervisão, dotada de grande importância para a regulamentação e o desenvolvimento da indústria de seguros da China. Os costumes ligados aos seguros, assim como o Direito Consuetudinário no mesmo campo, também são fonte do Direito na China. O art. 10 do Código Civil confirma isso, podendo ser usado como base para a resolução de disputas e julgamento judicial.

A quarta parte é dedicada ao princípio da boa-fé sob a lei de seguros da China.

Como já disse, o princípio da boa-fé é muito importante no contexto da Lei de Seguros da China. O contrato de seguro é chamado de contrato de máxima boa-fé, e o princípio da boa-fé funciona como um princípio muito importante na conclusão, execução e resolução do contrato de seguro. O art. 5 da Lei de Seguros Chinesa estipula que as partes envolvidas nas atividades de seguradoras devem seguir o princípio da boa-fé no exercício de seus direitos e no cumprimento de suas obrigações.

Sob o sistema de Direito Securitário chinês, o princípio da boa-fé foi plenamente incorporado. Podemos dar alguns exemplos: primeiro, o dever de informação da seguradora, conforme podemos ver o art. 17 da Lei de Seguros da China:

> Artigo 17. Quando um contrato de seguro é celebrado utilizando as cláusulas padrão da seguradora, esta deve fornecer uma apólice de seguro com as cláusulas padrão anexas e explicar o conteúdo do contrato ao tomador do seguro. Em relação àquelas cláusulas que isentam a seguradora de responsabilidade no contrato de seguro, a seguradora deverá advertir suficientemente o tomador de seguros sobre elas no formulário de solicitação de seguro, na apólice de seguro ou em qualquer outro certificado de seguro, explicando expressamente o conteúdo dessas cláusulas ao tomador de seguros, por escrito ou verbalmente. Se a seguradora não fizer uma advertência ou explicação expressa a respeito, essas cláusulas não serão eficazes.[2]

O segundo exemplo é dado pelas notificações verdadeiras do tomador.

> Artigo 16. Quando a seguradora fizer qualquer investigação sobre o assunto segurado ou sobre o segurado ao firmar um contrato de seguro, o tomador do seguro deverá dizer a

2 Texto oficial em inglês da Lei de Seguros da China disponível em: http://www.npc.gov.cn/zgrdw/englishnpc/Law/2011-02/15/content_1620648.htm.

> verdade. Quando o tomador do seguro não cumprir a obrigação de dizer a verdade conforme prescrito no parágrafo anterior com dolo ou culpa grave, suficiente para afetar a decisão da seguradora sobre a subscrição do seguro ou o aumento do prêmio do seguro, a seguradora terá o direito de resolver o contrato de seguro.[3]

O terceiro caso se dá quando a seguradora, sabendo da situação verdadeira que o tomador do seguro omitiu, celebra o contrato de seguro com o tomador do seguro: nesse caso, a seguradora não poderá resolver o contrato e, se ocorrer um incidente segurado, será ela responsável pelo pagamento da indenização.

O último caso se tem quando o segurador ou beneficiário mente sobre a ocorrência do evento segurado – que, na verdade, nunca ocorreu –, exigindo uma indenização da seguradora. Nesse caso, a seguradora terá o direito de resolver o contrato de seguro e de não devolver o prêmio do seguro. Quando o tomador do seguro dolosamente falseia um evento segurado, a seguradora terá o direito de resolver o contrato de seguro, não assumindo a responsabilidade pelo pagamento da indenização e, de acordo com o art. 43 dessa lei, não reembolsando o prêmio do seguro.

Quando, após a ocorrência do incidente segurado, o tomador, o segurador ou o beneficiário do seguro falsear a causa do evento ou exagerar a amplitude do dano, forjando ou alterando os materiais relevantes ou qualquer outra evidência, a seguradora não será responsável pelo pagamento de indenização à parte que mentiu.

Na última parte, eu gostaria de falar sobre algumas novas questões da Lei de Seguros da China.

O primeiro ponto são os regulamentos do seguro digital. Nos últimos anos, o seguro digital tem experimentado um crescimento explosivo na China. Em 2020, o tamanho do mercado de seguros digitais ultrapassou os 290 bilhões de yuans. Entre eles, o total acumulado de prêmios de seguro digital de vida atingiu 211,08 bilhões de yuans. Especialmente após o surto da epidemia de coronavírus, o processo on-line, digital e inteligente de seguros comerciais acelerou significativamente, mas também trouxe desafios. Em 2019, a Comissão de Regulação Bancária e Securitária da China recebeu quase 19.900 reclamações sobre o consumo de seguros digitais, principalmente em razão de vendas enganosas e vinculações forçadas.

As autoridades reguladoras emitiram sucessivamente uma série de documentos importantes. As "Medidas para a Supervisão do Negócio de Seguros Digitais", revisadas

3 Texto oficial em inglês da Lei de Seguros da China disponível em: http://www.npc.gov.cn/zgrdw/englishnpc/Law/2011-02/15/content_1620648.htm.

e implementadas em fevereiro de 2021, conduzirão a supervisão e o desenvolvimento de seguros digitais a uma nova etapa.

A segunda questão envolve as fintechs e a Lei de Seguros.

O rápido desenvolvimento da tecnologia financeira representada pela inteligência artificial, *blockchain*, computação em nuvem e grandes dados está mudando o padrão ecológico de toda a cadeia da indústria financeira, incluindo a indústria de seguros. A insurtech é também a mais utilizada.

Os dados, como sabemos, são a base do setor de seguros. A complexidade dos cenários empresariais dos seguros e a abrangência dos grandes dados levam à necessidade de a indústria de seguros estar na vanguarda da tecnologia, adotando ativamente os grandes dados, a computação em nuvem, a inteligência artificial, e novas tecnologias, como *blockchain*. Nesse contexto, é necessário estudar os riscos das seguradoras, a proteção dos investidores na prática, e iniciar a revisão da lei de seguros.

O terceiro ponto envolve as apólices abertas e a internacionalização do setor de seguros. Como vocês sabem, em meu país, a indústria de seguros é o segmento mais aberto dentre as indústrias financeiras da China. O governo chinês adotou uma série de medidas de reforma para abertura a partir de 2018, com o objetivo de promover a internacionalização da indústria de seguros. Assim, por exemplo, houve a eliminação das restrições de investimento estrangeiro em seguradoras de vida em *joint venture*, sendo que a proporção de investimento estrangeiro, nesse caso, pode chegar a 100%, e assim por diante.

A apólice aberta tornou as instituições de seguro estrangeiras mais ativas no mercado securitário da China. Como sabemos, há muitos programas e muitas perguntas que podemos discutir, mas devido ao limite de tempo, eu só queria compartilhar essas informações com vocês.

Muito obrigado.

LEGISLAÇÃO

CHINA. Lei de Seguros. Disponível em: http://www.npc.gov.cn/zgrdw/englishnpc/Law/2011-02/15/content_1620648.htm.

CONTRATO DE SEGURO DE GRANDES RISCOS

Veja o painel

L'assurance pour les grands risques: droit français et europeen (original)

O seguro para os grandes riscos: direito francês e europeu (tradução)

Luc Mayaux

Seguro de grandes riscos: disciplina jurídica no direito brasileiro atual

Bruno Miragem

Seguro de grandes riscos e desenvolvimento nacional: a ordem econômica constitucional como vetor de integração normativa

Alessandro Octaviani

L'assurance pour les grands risques: droit français et europeen

Luc Mayaux[1]

En première analyse, les grands risques sont les risques des grandes entreprises, celles que les assureurs et les courtiers appellent parfois "grands comptes" pour désigner leurs grands clients. Et l'assurance des grands risques, c'est l'assurance qui permet de couvrir de tels risques. Cela dit, est-il légitime de passer de "l'assurance *des* grands risques" à "l'assurance *pour* les grands risques"? Dans l'affirmative, cela laisserait entendre, non seulement qu'il y aurait des contrats spécifiques pour garantir ce genre de risques, mais aussi que les règles de droit qui leur sont applicables seraient elles-mêmes des règles particulières. C'est tout le sujet de cet exposé. Nous l'envisagerons sous l'angle du droit français et, derrière lui, du droit européen, tant il est vrai qu'en France, et pour ce qui est de l'assurance, le droit se crée autant à Bruxelles qu'à Paris!

Si l'on devait s'intéresser au passé et à lui seul, la réponse à la question que l'on vient de poser serait facile. Il n'y a pas d'assurance pour les grands risques car, traditionnellement, le droit français ne connaît que les souscripteurs, les assurés et les bénéficiaires de contrats,[2] sans discrimination aucune. Cet universalisme repose sur l'idée que tout assuré mérite d'être protégé, car il serait doublement en situation de faiblesse par rapport à l'assureur. Celui-ci est plus puissant que lui économiquement, et il dispose d'un niveau d'expertise que lui assuré n'a pas. L'assurance est, en effet, une matière très technique, dont la compréhension est réservée à un spécialiste que n'est pas l'assuré. Il en va d'autant plus ainsi quand le contrat a été élaboré par l'assureur. En effet, il n'y a pas meilleur connaisseur d'un produit que celui qui l'a fabriqué. Moyennant quoi, si l'on dit en France: "qui vole un œuf vole un bœuf" pour signifier que l'infraction de vol est constituée de la même manière quelle que soit la valeur de la chose volée, on pourrait

---

1 Luc Mayaux est professeur à l'Université Jean Moulin (Lyon III) et directeur de l'Institut des assurances de Lyon. Il dirige avec J. Kullmann la *Revue générale du droit des assurances* et collabore au *Traité de droit des assurances* (tomes 3, 4 et 5), dirigé par J. Bigot (éditions LGDJ).

2 V., encore aujourd'hui, *C. assur.*, art. L. 310-1, selon lequel le contrôle de l'Etat sur les entreprises d'assurances s'exerce en faveur de ces trois catégories de personnes.

dire aussi: "qui assure un œuf assure un bœuf", le contrat d'assurance étant régi par les mêmes règles, quelle que soit la valeur assurée. Naturellement, cela ne signifie pas qu'il faille assimiler un assureur à un voleur, contrairement à la croyance populaire!

Cela dit, on voit bien que les raisons justifiant la protection de l'assuré ne sont pas présentes pour les grands risques, en tout cas pas au même degré que pour les autres risques, dits aussi "risques de masse". Les grandes entreprises (comme, en France, celles du CAC 40)[3] sont, au moins pour certaines d'entre elles, plus puissantes que leurs assureurs. En outre, elles disposent, en leur sein, d'un service "assurances", dirigé par un *risk manager*, qui leur confère un haut niveau d'expertise. Et leurs contrats sont négociés, voire rédigés par des courtiers spécialisés. On n'est donc pas étonné qu'à cette spécificité des "grands risques" commence à correspondre un particularisme des règles applicables. C'est déjà le cas si l'on abandonne le passé pour le présent. Cela l'est encore plus si l'on s'intéresse à l'avenir. Notre exposé ne se limitera donc pas au droit positif (celui d'aujourd'hui). Il envisagera aussi le droit prospectif (celui de demain), en envisageant de possibles réformes.

1. LE PRÉSENT

Le droit positif est en la matière, et comme on l'a déjà indiqué, imprégné de droit européen. à une certaine époque, les Etats membres de l'Union pouvaient n'appliquer le principe de libre prestation de services qu'aux seuls grands risques.[4] Il fallait donc définir précisément ce type de risques, ce à quoi le droit européen s'est employé,[5] transposé dans l'ordre interne par la loi n. 89-1014 du 31 décembre 1989 (1.1). Toutefois, dès lors qu'aujourd'hui, la libre prestation de service s'applique à toute espèce de risque,[6] la distinction des "grands risques" et des "risques de masse" perd une partie de son intérêt. De fait, en France, les règles spécifiques aux grands risques sont peu nombreuses (1.2).

---

3 Le CAC 40 est un indice synthétique, reposant sur la capitalisation de 40 grandes entreprises cotées à la Bourse de Paris.

4 Directive 88/357/CEE, 22 juin 1988, art. 13. On précisera qu'en vertu du principe de libre prestation de services (LPS), une entreprise ayant son siège dans un Etat de l'Union européenne peut librement fournir ses services dans les autres Etats membres. En assurance, cela permet à un preneur d'assurance de souscrire des contrats auprès de tout assureur européen, supposé avoir été agréé dans son Etat d'origine (ce qu'on appelle le régime du "passeport unique").

5 Directive 88/357/CEE, précitée, art. 5.

6 Pour l'essentiel, la solution est acquise depuis la troisième directive "non-vie", n. 92/49, du 18 juin 1992, transposée en droit français par la loi n. 94-5 du 4 janvier 1994.

1.1 Notion de grand risque

En droit français, la notion de grand risque est précisée aux articles L. 111-6 (anciennement L. 351-4) et R. 111-1 (anciennement R. 351-1) du Code des assurances, issus de la loi précitée du 31 décembre 1989 et de son décret d'application du 8 août 1990. Pour simplifier, on peut distinguer deux catégories de "grands risques". Il y a d'abord les grands risques "par nature":[7] corps de véhicules ferroviaires, aériens, lacustres et fluviaux et responsabilité civile afférente, marchandises transportées, crédit-caution,[8] installations d'énergies marines renouvelables. Ceux-ci sont considérés comme "grands risques" en raison de leur nature même, sans tenir compte de l'importance de l'activité de l'entreprise souscriptrice. Ainsi, l'assurance garantissant des véhicules aériens ou ferroviaires, ou les marchandises qu'ils transportent est censée porter sur un "grand risque", même quand le transporteur est une petite entreprise. Quant aux autres risques, comme l'incendie et les éléments naturels, les autres dommages aux biens, la responsabilité civile générale ou encore les corps de véhicules terrestres à moteur et la responsabilité civile afférente, ils seront regardés comme "grands risques" au-delà d'un certain seuil d'activité du souscripteur.[9] Plus précisément, celui-ci doit au moins remplir deux des trois conditions suivantes: total de son dernier bilan supérieur à 6,2 millions d'euros, montant du chiffre d'affaires de son dernier exercice comptable supérieur à 12,8 millions d'euros, nombre de personnes employées en moyenne au cours de ce dernier exercice supérieur à 250.

On peut observer que ces seuils sont relativement faibles, d'autant plus qu'ils n'ont pas été réhaussés depuis 1994.[10] Une entreprise de taille intermédiaire (ETI, dans le jargon des économistes) sera regardée comme un grand risque. Or, elles sont nombreuses, y compris dans le secteur des services (on songe à certains grands cabinets d'avocats parisiens). Il faut ajouter qu'est visé le souscripteur et non l'assuré, qui peuvent être des personnes différentes, ce qui est le cas de l'assurance pour compte. Dans une telle hypothèse, qui est fréquente en risques d'entreprise, la société mère souscrivant très souvent une assurance pour elle-même et pour le compte de ses filiales, les seuils s'apprécieront en la personne de cette société mère et seront donc facilement dépassés. En outre, si l'intégration des filiales est telle que le groupe est soumis à une obligation de

7 V. *C. assur.*, art. L. 111-6, 1°.

8 Dans le seul cas où "le souscripteur exerce à titre professionnel une activité industrielle, commerciale ou libérale, à condition que le risque se rapporte à cette activité": *C. assur.*, art. L. 111-6, 1°, c.

9 *C. assur.*, art. L. 111-6, 2°, et R. 111-1.

10 A cette époque, antérieure à la création de l'euro, les deux premiers seuils étaient exprimés en unités de compte de la Communauté économique européenne (ECU). Mais comme, par construction, un ECU est égal à un euro, les seuils sont bien restés les mêmes.

consolidation comptable, ces mêmes seuils seront appliqués sur une base consolidée.[11] Si, en plus, on prend en compte l'existence des grands risques "par nature", on voit bien que la conception juridique des grands risques est très large, bien plus large en tout cas que la conception de la pratique. Comme on l'a dit, dans la pratique des assureurs et des courtiers, les "grands risques" sont les risques auxquels sont exposées les grandes entreprises. Ce sont eux qui justifient le recours à des assureurs spécialisés (souvent des filiales de grands groupes d'assurance) et qui sont traités par des structures spécialisées au seins des grandes sociétés de courtage. L'opposition avec les grands risques du Code des assurances est frappante et d'autant plus surprenante que celui-ci est censé protéger plus particulièrement les risques de masse. Cela aurait justifié une appréciation très large de cette dernière catégorie, au détriment de celle des grands risques. Or, c'est le contraire que l'on constate, les "grands risques" du Code des assurances étant fréquemment de "faux" grands risques au sens où la pratique entend ce dernier terme.

1.2 Régime des grands risques

Depuis que la notion de grand risque n'est plus un critère pour l'application du principe de libre prestation de service, son intérêt est devenu limité, même s'il s'accroît dans la période toute récente. Pour synthétiser, la présence d'un grand risque justifie moins d'information, mais offre plus de liberté.

1.2.1 *Moins d'information*

Est en cause ce qu'on appelle parfois l'information documentaire, c'est-à-dire délivrée par la remise de documents à l'assuré. A cet égard, l'article L. 112-2 du Code des assurances français évoque toute une série de documents: par ordre d'apparition chronologique, une "fiche d'information sur le prix et les garanties" ainsi qu'un projet de contrat ou une notice d'information qui "décrit précisément les garanties assorties des exclusions, ainsi que les obligations de l'assuré",[12] une fiche d'information décrivant le fonctionnement dans le temps des garanties de responsabilité[13] et, plus récemment, pour les seules assurances "non-vie", un "document d'information normalisé sur le produit d'assurance élaboré par le concepteur du produit, dans des conditions définies

11 *C. assur.*, art. R. 111-1, dernier alinéa.

12 Documents prévus par la loi n. 89-1014 du 31 décembre 1989.

13 Document prévu par la "loi de sécurité financière" du 1er août 2003.

par décret en Conseil d'Etat" (ce qu'on appelle l'IPID: *Insurance Product Information Document*).[14] C'est le royaume du mille-feuille, chaque loi, souvent d'origine européenne, venant ajouter sa couche supplémentaire. Fort heureusement, aucun de ces documents n'est applicable aux grands risques.[15] Cette dispense est justifiée. Non seulement le degré d'expertise des assurés "grands risques" rend inutile la remise de tels documents informatifs, mais encore le schématisme de ceux-ci interdit qu'ils puissent résumer correctement les documents contractuels qui, pour de tels risques, s'apparentent à du "sur-mesure".

1.2.2 *Plus de liberté*

Sans que les parties au contrat garantissant un "grand risque" jouissent d'une liberté totale, le carcan législatif se trouve tout de même desserré. Cela est justifié par le fait que l'assureur et l'assuré sont ici d'égale puissance ou sont du moins censés l'être. Il n'y a donc pas besoin que la loi protège le second contre le premier. Plus précisément, on peut parler d'une triple liberté:

- *Liberté dans le choix de la loi applicable*, dans un contexte international. Ce choix est très réglementé pour les risques de masse et libre pour les grands risques,[16] avec tout de même une restriction lorsque tous les éléments du contrat sont localisés au moment de ce choix sur le territoire de la République française.[17] Cette liberté tient compte du contexte de compétition entre les droits nationaux et du fait que, pour les grands risques, des garanties sont souvent cherchées auprès d'assureurs étrangers qui souhaitent que leur loi soit applicable.
- *Liberté dans le choix de la langue.* Pour des raisons similaires, l'usage d'une autre langue que le français est facilité pour les grands risques, ce qui évitera à certains assureurs étrangers d'avoir à traduire leurs polices. Quand une loi étrangère peut être choisie, les parties pourront convenir du choix d'une autre langue que le français, sans qu'une demande écrite du souscripteur ne soit nécessaire (comme c'est le cas pour les "risques de masse").[18]
- *Liberté dans le choix du contenu du contrat* ou, comme on le dit aujourd'hui, dans la conception du produit. Ainsi, l'article R. 126-2, II, du Code des

14 L'IPID est issu de la directive n. 2016/97 du 20 janvier 2016 sur la distribution d'assurances, transposée en droit français par l'ordonnance n. 2018-361 du 16 mai 2018.

15 *C. assur.*, art. R. 111-2, al. 1er et, pour l'IPID, art. L. 112-2, al. 5.

16 *C. assur.*, art. L. 181-1, 5°, al. 1.

17 Le choix pour la loi étrangère ne peut alors faire obstacle à l'application de celles des "dispositions législatives et réglementaires françaises, auxquelles il ne peut être dérogé par contrat en application de l'article L. 111-2": *C. assur.*, art. L. 181-1, 5°, al. 2.

18 *C. assur.*, art. L. 112-3, al. 2.

assurances permet, pour les grands risques de l'article L. 111-6, 2° (ceux déterminés par référence à un seuil d'activité),[19] de stipuler des franchises et plafonds spécifiques pour les dommages aux biens résultant d'actes de terrorisme (alors que pour les risques de masse, la loi impose un alignement sur les franchises et plafonds applicables à la garantie "incendie"). C'est la liberté retrouvée. Surtout, les règles nouvelles, d'origine européenne,[20] relatives à la "gouvernance des produits", qui imposent au concepteur (assureur ou distributeur) de tout produit nouveau un processus de validation, passant par la définition d'un "marché-cible", l'identification des risques pertinents liés à ce marché et la vérification de l'adéquation du produit aux besoins de celui-ci,[21] ne sont pas applicables aux grands risques.[22] On s'en félicitera. La notion de "marché-cible" n'a guère de sens pour les produits destinés aux grands risques qui, comme on l'a vu, ne sont pas standardisés. Pour ces produits, c'est le *risk manager* de l'entreprise assurée et le courtier de celle-ci qui vérifient l'adéquation du produit aux besoins de l'entreprise.

2. L'AVENIR

Si la triple liberté que l'on vient de présenter constitue déjà une avancée, faut-il aller plus loin dans le sens d'une liberté encore plus grande? C'est poser la question des réformes souhaitables dans l'avenir, en se demandant si elles sont réellement pertinentes pour tous les grands risques au sens actuel du terme, ou si une redéfinition de la notion de "grand risque" s'avère nécessaire. Quelle réforme (2.1)? Pour quels "grands risques" (2.2)? L'interrogation est double.

2.1 Quelle réforme?

On évoquera, pour commencer, le projet, en cours de finalisation, du ministère français de l'économie de favoriser le développement de sociétés d'assurance captives qui seraient domiciliées en France et non plus dans un paradis fiscal, comme c'est

---

19 En ce qui concerne les assurances des corps de véhicules ferroviaires, aériens, lacustres et fluviaux, qui sont des grands risques "par nature", elles sont carrément exclues du domaine de l'article L. 126-2 du Code des assurances, relatif à l'assurance des actes de terrorisme (pour les dommages aux biens): v. *C. assur.*, art. R. 126-2, I.

20 V. dir. 2016/97/UE, 20 janv. 2016, préc., art. 25.

21 *C. assur.*, art. L. 516-1, réd. Ord. n. 2018-361, 16 mai 2018.

22 *C. assur.*, art. L. 516-2, 1°; sur la gouvernance des produits, v. BIGOT, J.; LANGÉ, D (Ed.). *Traité de droit des assurances*, t. II, La distribution d'assurance. 3. ed. LGDJ, n. 167s., par D. Langé, 2020.

souvent le cas aujourd'hui.[23] On sait que la plupart des entreprises "grands risques", pour des raisons financières, ont créé de telles sociétés. C'est une manière de mieux gérer leurs franchises, qui sont généralement élevées, le marché de l'assurance n'intervenant que pour les lignes supérieures et donc pour des sinistres d'une certaine importance. Le projet du ministère de l'économie tend, sur le modèle luxembourgeois,[24] à simplifier les règles prudentielles et de gouvernance des sociétés captives et à ériger un nouveau cadre fiscal plus favorable que l'ancien. Cette réforme est intéressante, mais elle se situe à la périphérie de notre sujet. Le cœur de celui-ci est ailleurs, dans le contenu des polices et dans la place que devraient y occuper les dispositions d'ordre public. Faut-il les réduire au minimum, voire les supprimer, ce qui conduirait à une liberté contractuelle quasi-totale? Les Principes du droit européen du contrat d'assurance (PDECA) vont dans ce sens.[25] Pour les "grands risques", ils autorisent des dérogations à leurs propres règles en faveur de toute partie au contrat et non pas seulement du preneur d'assurance, comme pour les risques de masse.[26] L'idée est – là encore – que les deux parties étant ici sur un pied d'égalité, elles doivent pouvoir déterminer le contenu du contrat à leur guise.[27]

Cela dit, on observera que, si l'on excepte les assurances obligatoires, où le contenu des garanties est encadré par la loi, et si l'on met de côté la vie du contrat (résiliation, reconduction) qui est, elle-même, très réglementée, cette liberté contractuelle est déjà la règle, et cela pour tous les risques, grands et petits. Les deux obligations essentielles du contrat d'assurance, à savoir le paiement de la prime (pour l'assuré) et la couverture du risque (pour l'assureur) sont, en effet, abandonnées à la volonté des parties. En réalité, la faveur pour l'assuré, qui marque le droit des assurances, se manifeste seulement

---

23 Voir CARRERE, M.C. Captives d'assurance: Bercy accélère sur le nouveau cadre légal. *L'Argus de l'assurance*, 5 jul. 2021.

24 Le Luxembourg, qui compte plus de 200 captives sur son territoire, est le leader européen en la matière; v. CARRERE, M.C. Captives d'assurance: Bercy accélère sur le nouveau cadre légal. *L'Argus de l'assurance*, 5 jul. 2021.

25 Les PDECA (PEICL en anglais) trouvent leur origine dans les travaux d'un groupe d'universitaires, dit "groupe d'Innsbruck". Ils pourraient constituer un régime commun à toute l'Union européenne, que les parties au contrat pourraient adopter sur option, que celui-ci ait ou non un caractère international. Pour le texte de ces principes, voir PROJECT GROUP "RESTATEMENT OF EUROPEAN INSURANCE CONTRACT LAW". *Principes du droit européen du contrat d'assurance* (PDECA). Disponible sur: https://www.uibk.ac.at/zivilrecht/forschung/evip/restatement/sprachfassungen/peicl-fra.pdf.

26 PDECA, art. 1:103 (3).

27 On rappellera que, depuis la réforme du droit des contrats issue de l'ordonnance n. 2016-131 du 10 février 2016, le principe de liberté contractuelle est énoncé au nouvel article 1102 du Code civil. Selon ce texte, "chacun est libre... de déterminer le contenu et la forme du contrat", mais c'est "dans les limites fixées par la loi" (al. 1er), et sans pouvoir "déroger aux règles qui intéressent l'ordre public" (al. 2). La liberté n'est pas et n'a jamais été considérée comme totale.

(si l'on ose dire) par l'éradication de certaines clauses et par un principe d'interprétation contre l'assureur qui a rédigé la police. La question est de savoir si, pour les grands risques, on pourrait revenir sur ces deux solutions.

2.1.1 *Revenir sur l'éradication de certaines clauses*

Sont en cause les clauses abusives et les clauses d'exclusion, qui peuvent être réputées non écrites à certaines conditions. S'agissant des clauses abusives, qui ont pour objet ou pour effet de créer un déséquilibre significatif entre les droits et obligations des parties, au détriment de l'assuré, le sujet est (ou devrait être) théorique. En effet, pour celles sanctionnées par le Code de la consommation, elles doivent figurer dans un contrat conclu entre un professionnel et un consommateur ou un non-professionnel.[28] Or, par hypothèse, les grands risques concernent un assuré professionnel qui contracte avec un assureur, lui-même professionnel. Quant aux clauses abusives sanctionnées par le Code civil (depuis la réforme des contrats de 2016), elles ne peuvent être éradiquées que si elles figurent dans un contrat d'adhésion, c'est-à-dire un contrat "qui comporte un ensemble de clauses non négociables, déterminées à l'avance par l'une des parties" (C. civ., art. 1110, al. 2). Or, dans un contrat couvrant un "grand risque", toutes les clauses peuvent être négociées, même si elles ne le sont pas toujours effectivement. On ne peut donc parler de contrat d'adhésion. Et, retiendrait-on, malgré tout, cette qualification au motif que les conditions générales d'un contrat "grand risque" seraient imposées par l'assureur, seules les clauses non négociables pourraient être déclarées abusives.[29] Cela exclut les clauses des conditions particulières et des conventions spéciales, souvent rédigées par le courtier. Or, le cœur d'un contrat "grand risque" se trouve dans ces documents plus que dans les conditions générales. En outre, l'appréciation du déséquilibre significatif ne peut concerner la clause qui définit l'objet principal du contrat et donc qui délimite l'objet de la garantie, y compris négativement, par la présence d'exclusions. Et, pour les clauses abusives du Code civil, à la différence de celles du Code de la consommation (art. L. 212-1, al. 3), cette prohibition n'est pas levée dans l'hypothèse où la clause définissant l'objet principal du contrat ne serait pas claire et compréhensible. Même quand elle est obscure, une telle clause ne peut jamais être déclarée abusive. Il en résulte que, d'ores et déjà,

28 *C. consom.*, art. L. 212-1.

29 Cette précision, qui figure à l'article 1171, alinéa premier, du Code civil, est issue de la loi n. 2018-287 du 20 avr. 2018, qui ratifie l'ordonnance du 10 février 2016 à l'origine de la réforme des contrats.

le droit des clauses abusives n'a pas vocation à s'appliquer aux grands risques. Il n'est pas nécessaire de le préciser par voie législative.

En revanche, l'exigence, posée par l'article L. 113-1 du Code des assurances, que les clauses d'exclusion soient formelles et limitées, sous peine d'être réputées non écrites, s'applique aux contrats "grands risques" comme à la généralité des contrats d'assurance. Pourtant, l'entreprise assurée est ici un averti (du fait de ses compétences "en interne", liées à la présence d'un *risk manager*, ou parce qu'elle a été avertie par son courtier qui l'a informée des subtilités du contrat). La protection légale, constituée par l'éradication de l'exclusion, ne se justifie pas, d'autant plus qu'elle contribue à déséquilibrer le contrat au détriment de l'assureur (lequel va être tenu d'une garantie majorée en contrepartie d'une prime restée identique). Le problème principal tient à une jurisprudence, remontant à 2001, qui estime qu'une exclusion obscure, susceptible d'interprétation, ne peut être formelle au sens de l'article L. 113-1 du Code des assurances. Pour la Cour de cassation, "formelle" ne signifierait pas seulement "formalisée" ou "explicite", mais aussi "claire et précise".[30] Lors de la dernière crise du Covid-19, cette jurisprudence a fait des ravages. Elle a conduit à "passer au crible" toute exclusion opposée par l'assureur, en tirant argument de la moindre ambiguïté affectant l'un des termes pour faire annuler la clause. Il suffirait que ce terme soit défini différemment par deux dictionnaires, ou par deux experts scientifiques pour être jugé imprécis.[31] Or, cette "chasse aux exclusions" n'est pas légitime quand le chasseur est un expert et connaissait sa proie. Dans ces conditions, on proposerait volontiers, au moins pour les "grands risques", une modification de l'article L. 113-1 du Code des assurances, en précisant qu'une exclusion qui n'est pas claire et précise, et donc sujette à interprétation, peut être formelle au sens de ce texte. Ce serait une manière de "briser" la jurisprudence précitée. Une réforme plus ambitieuse serait de supprimer carrément toute référence, dans le même texte, à l'exigence d'une exclusion formelle et limitée, étant entendu que l'exclusion qui n'est pas limitée, et donc qui vide la garantie de sa substance, pourrait toujours être éradiquée sur le fondement du nouvel article 1170 du Code civil.[32]

---

30 Solution constante depuis Cass. 1re civ., 22 mai 2001, n. 99-10849: *Dalloz*. 2001, p. 2776, note B. Beignier; *RGDA* 2001, p. 944, note J. Kullmann; *Resp. civ. et assur.* 2001, chron. 19, par H. Groutel.

31 On songe à l'exclusion des dommages causés par des micro-organismes qui, selon la compréhension de cette notion, englobe ou non les virus (qui ont besoin d'un autre être vivant pour se développer). L'imprécision du terme conduit à écarter la clause sans même avoir à l'interpréter.

32 Selon lequel "toute clause qui prive de sa substance l'obligation essentielle du débiteur est réputée non écrite".

2.1.2 *Revenir sur l'interprétation en faveur de l'assuré*

On dit généralement que les clauses obscures doivent être interprétées en faveur de l'assuré. La raison est que les polices sont habituellement rédigées par l'assureur. Il est logique que ce soit lui qui supporte le risque d'une défectuosité rédactionnelle. L'interprétation *in favorem* est, en réalité, une interprétation *contra proferentem*. Il faut tout de même en relativiser la portée à trois points de vue.

- *En premier lieu*, une telle interprétation ne s'impose aux juges du fond (qui encourraient la cassation s'ils faisaient fi d'elle) que dans deux hypothèses: pour les "contrats de consommation" (c'est-à-dire ceux conclus entre un professionnel et un non-professionnel ou consommateur)[33] et, depuis la réforme du droit des contrats de 2016, pour les contrats d'adhésion[34] (encore que, pour ces derniers, aucune jurisprudence n'est venue, jusqu'à présent, confirmer que les juges du fond sont tenus de respecter la règle). Or, on a vu que les contrats garantissant les "grands risques" n'étaient ni des contrats de consommation ni des contrats d'adhésion. Pour eux, l'interprétation en faveur de l'assuré n'est qu'une faculté pour le juge.
- *En deuxième lieu*, pour recourir à cette interprétation, il ne faut pas seulement que la clause soit obscure, mais aussi que cette obscurité n'ait pu être levée par une analyse de l'intention commune des parties[35] ou, en cas d'échec, par le recours au sens qu'une personne raisonnable, placée dans la même situation qu'elles, donnerait à la clause.[36] C'est seulement dans le doute sur cette intention commune ou sur ce sens que le juge est invité à procéder (ou, pour les contrats de consommation ou d'adhésion, doit procéder) à une interprétation en faveur de l'assuré. Cela résulte clairement de l'expression "en cas de doute" figurant aux articles L. 211-1, alinéa 2, du Code de la consommation et 1190 du Code civil. Et c'est parfaitement justifié par le fait que, dans un contrat qui se définit comme un accord de volontés, la commune intention des parties doit être la référence suprême. On ne peut, sous prétexte d'une interprétation

---

33 *C. consom.*, art. L. 211-1, al. 2; le non-respect de ce texte entraîne la cassation depuis Cass. 1re civ. 21 janv. 2003, n. 00-13342 et 00-19001: RGDA 2003, p. 442, note J. Kullmann.

34 *C. civ.*, art. 1190: "dans le doute, le contrat de gré à gré s'interprète contre le créancier et en faveur du débiteur, et le contrat d'adhésion contre celui qui l'a proposé".

35 *C. civ.*, art. 1188, al. 1er: "le contrat s'interprète d'après la commune intention des parties plutôt qu'en s'arrêtant au sens littéral de ses termes".

36 Cette référence à l'opinion d'une personne raisonnable est issue de la réforme des contrats de 2016: *C. civ.*, art. 1188, al. 2.

en faveur de tel contractant, retenir un sens contraire à ce qu'il avait convenu avec son partenaire.

- *En troisième lieu*, pour savoir s'il faut appliquer la règle d'interprétation en faveur de l'assuré, il faut en revenir à sa raison d'être ou, si l'on préfère, à la *ratio legis*. Comme on l'a vu, est moins en cause une interprétation *in favorem* que *contra proferentem*, c'est-à-dire contre celui qui a déterminé le contenu du contrat. Or, en matière de grands risques, on a vu que le contrat était très souvent négocié entre les parties, voire rédigé, au moins partiellement, par le courtier représentant l'assuré. En France, la crise du Covid-19 a mis évidence la pratique des "intercalaires courtiers", voire des "contrats courtiers", où le courtier apporte à l'assureur non seulement le client mais aussi un contrat "clefs en mains", que l'assureur se borne à approuver avant de porter le risque.[37] Ce type de contrat est souvent mal rédigé, non seulement parce que le courtier n'a pas toujours l'expertise nécessaire, mais aussi parce qu'il lui arrive volontairement d'user de clauses obscures en spéculant qu'elles seront interprétées par le juge en faveur de l'assuré. Or, une telle interprétation n'est pas justifiée. Un créancier ne saurait tirer profit d'une ambiguïté qu'il a contribué à créer. On signalera, à cet égard, que, si l'article 1190 du Code civil prévoit une interprétation contre le proposant dans les contrats d'adhésion, il dispose que les contrats de gré à gré s'interprètent, pour leur part, contre le créancier et donc ici contre l'assuré, car c'est lui qui est le créancier de la garantie. Sans aller jusque-là, il convient que, pour les clauses négociables, qui sont les plus nombreuses dans les contrats couvrant des "grands risques", toute espèce d'interprétation *in favorem* soit écartée. Cela nous semble déjà être le cas en l'état actuel des textes, mais une réforme confirmant sa mise à l'écart, au moins pour les contrats "grands risques", serait opportune. La question est évidemment de savoir s'il convient ou non de faire évoluer la notion de "grand risque".

2.2 Pour quels grands risques?

Cette question est délicate. Il faut savoir où "positionner le curseur", étant entendu qu'une modification de la notion de grand risque, telle qu'elle est actuellement

37 On songe à un contrat où même les conditions générales n'émanaient pas de l'assureur, ce contrat faisant référence aux "conditions générales APSAD", qui émanaient d'une organisation professionnelle, aujourd'hui disparue (l'Assemblée Plénière des Sociétés d'Assurances de Dommages). Dans un tel contrat, pas une ligne n'avait été rédigée par l'assureur!

comprise par le Code français des assurances, ne peut se faire qu'au niveau européen. On rappellera, à cet égard, que cette notion et, en particulier, les seuils quantitatifs qui sont prévus pas le code, a directement une origine européenne.

Si l'on passe du droit à la pratique, on pourrait distinguer trois sortes d'entreprises assurées. Il y les grandes entreprises qui ont à la fois l'expertise et la puissance. Il y a les entreprises moyennes (parfois appelées Entreprises de taille intermédiaire: ETI) qui ont souvent l'expertise (particulièrement pour les risques liés à leur spécialité), mais rarement la puissance. Et il y a les petites entreprises, voire les microentreprises,[38] qui n'ont ni l'une ni l'autre. Au niveau du marché de l'assurance, ces dernières se voient offrir des contrats (dits parfois "multirisques professionnels"), dont le niveau de standardisation les rapproche des contrats du particulier. Au moins quand ils ont été rédigés par l'assureur (ce qui est généralement le cas, spécialement quand la distribution est confiée à des agents généraux), ils s'apparentent largement à des contrats d'adhésion. On ne saurait ici parler de grands risques, mais seulement de risques du professionnel.

Restent les deux autres catégories. Grossièrement, elles rentrent dans la conception des grands risques qu'a actuellement le législateur. La question est de savoir s'il faut en rester là ou s'il faut recentrer la notion de "grand risque" sur les risques des grandes entreprises, dont la taille peut d'ailleurs varier selon le secteur d'activité. La réponse dépend largement de l'importance que l'on confère à la présence d'un courtier. Surtout s'il s'agit d'un grand courtier, qui propose ses intercalaires à l'assureur et lui apporte un portefeuille important de clients, il peut donner à l'entreprise assurée, même seulement de taille moyenne, la puissance qui lui faisait défaut. L'assimilation de cette entreprise à un "grand risque", qu'opère le droit positif, paraît légitime. D'un autre côté, le courtier n'est pas tout et il est évident qu'au moment de la négociation, la grande entreprise aura plus de pouvoir que l'entreprise moyenne. En outre, elle est soumise à des problématiques spécifiques, comme la nécessité d'un programme international quand elle possède des filiales à l'étranger, ou la gestion des franchises, notamment par la création d'une société captive. En contrepartie, elle a plus facilement accès au marché mondial de l'assurance, avec le risque, pour les assureurs français, qu'elle trouve des garanties à l'étranger. Pour éviter que le mouvement ne s'amplifie dans un contexte de concurrence entre les droits, il convient, pour de tels risques, de rendre le droit français attractif, en le libérant d'un certain nombre de contraintes législatives ou réglementaires. Dans ce contexte, un régime spécifique pour les "vrais" grands risques (ceux des grandes entreprises), où la liberté contractuelle serait plus grande, peut paraître judicieux.

38 Dites respectivement PME (petites et moyennes entreprises) et TPE (très petites entreprises).

En définitive, l'évolution de la notion de "grands risques" dépend largement du degré de spécificité du régime que l'on souhaite conférer à ceux-ci. S'il s'agit d'aller très loin dans le sens de la liberté contractuelle, cette notion devrait se durcir pour ne plus concerner que les grandes entreprises. Le "curseur" se déplacerait de la position actuelle vers une position plus restrictive. Il faudrait supprimer la catégorie des grands risques "par nature" et élever les seuils d'activité actuels qui, comme on l'a dit, sont assez bas. Si, au contraire, il s'agit de tenir compte des spécificités des risques d'entreprises (technicité, compensée par la présence d'un courtier comme conseiller et rédacteur de tout ou partie des documents contractuels), en assouplissant certaines règles au-delà des aménagements existants, les seuils actuels pourraient être conservés, voire abaissés. Les risques des petites et très petites entreprises seraient seuls à être exclus de la catégorie des "grands risques". Le problème est que "l'effet de seuil" est d'autant plus fort que les seuils sont bas. Un salarié en plus ou en moins, un euro de chiffre d'affaires en plus ou en moins conduiraient à l'application de régimes différents, ce qui est artificiel. En outre, il n'est pas sûr que l'opportunité des réformes que nous avons proposées (suppression de la réglementation spécifique aux clauses d'exclusion, au moins pour les règles de fond,[39] suppression de l'interprétation des clauses en faveur de l'assuré) soit liée à un seuil d'activité. Ainsi, la question de l'interprétation *contra proferentem* des clauses des polices dépend surtout de la présence d'un contrat d'adhésion. Quant à l'évolution du régime des exclusions, elle est justifiée par des dérives (notamment jurisprudentielles) que l'on constate pour tous les risques, y compris ceux du particulier. A cet égard, écarter tel régime de faveur pour les seuls grands risques revient à le consacrer pour les autres risques, ce qui n'apparaît pas judicieux. Aussi, et si une évolution devait être envisagée, nous souhaiterions qu'elle se fasse plutôt dans l'autre direction. Restreindre la notion de "grand risque" pour lui donner un vrai régime spécifique: telle est sans doute la meilleure solution.

BIBLIOGRAPHIE

BEIGNIER, Bernard. Cour de cassation (1re Ch. civ.) 22 mai 2001, n. 99-10849. *Dalloz*, 2776, 2001.

BIGOT, J.; LANGÉ, D (Ed.). *Traité de droit des assurances*, t. II, La distribution d'assurance. 3. ed. LGDJ, 2020.

39 La condition d'une particulière lisibilité pour de telles clauses (*C. assur.*, art. L. 112-4, qui impose l'usage de caractères très apparents) pourrait être maintenue.

CARRERE, M.C. Captives d'assurance: Bercy accélère sur le nouveau cadre légal. *L'Argus de l'assurance*, 5 juil. 2021.

GROUTEL, Hubert. Cour de cassation (1re Ch. civ.) 22 mai 2001, n. 99-10849. *Resp. civ. et assur.* 2001, chron. 19.

PROJECT GROUP "RESTATEMENT OF EUROPEAN INSURANCE CONTRACT LAW". *Principes du droit européen du contrat d'assurance* (PDECA). Disponible sur: https://www.uibk.ac.at/zivilrecht/forschung/evip/restatement/sprachfassungen/peicl-fra.pdf.

KULLMANN, Jérôme. Cour de cassation (1re Ch. civ.) 21 janvier 2003, n. 00-13342 e 00-19001. *Revue générale du droit des assurances*, n. 3, p. 442, 2003.

KULLMANN, Jérôme.Cour de cassation (1re Ch. civ.) 22 mai 2001, n. 99-10849. *Revue générale du droit des assurances*, n. 4, p. 944, 2001.

Législation

CONSEIL DES COMMUNAUTÉS EUROPÉENNES. Deuxième directive 88/357/CEE du Conseil du 22 juin 1988. *Journal Officiel*, L 172 du 04/07/1988 p. 0001 – 0014. Disponible sur: https://eur-lex.europa.eu/legal-content/PT/TXT/HTML/?uri=CELEX:31988L0357&from=IT.

FRANCE. Code Civil. *Légifrance*. Disponible sur: https://www.legifrance.gouv.fr/codes/id/LEGITEXT000006070721/.

FRANCE. Code des assurances. *Légifrance*. Disponible sur: https://www.legifrance.gouv.fr/codes/texte_lc/LEGITEXT000006073984/.

FRANCE. Code de la consommation. *Légifrance*. Disponible sur: https://www.legifrance.gouv.fr/codes/id/LEGITEXT000006069565/.

FRANCE. Loi n. 89-1009 du 31 décembre 1989 renforçant les garanties offertes aux personnes assurées contre certains risques. *Légifrance*. Disponible sur: https://www.legifrance.gouv.fr/loda/id/JORFTEXT000000709057:~:text=Loi%20n%C2%B0%2089%2D1009,%2D%20L%C3%A9gifrance.

FRANCE. Loi n. 2003-706 du 1er août 2003 de sécurité financière. *Légifrance*. Disponible sur: https://www.legifrance.gouv.fr/jorf/id/JORFTEXT000000428977.

FRANCE. Ordonnance n. 2018-361 du 16 mai 2018 relative à la distribution d'assurances. *Légifrance*. Disponible sur: https://www.legifrance.gouv.fr/eli/ordonnance/2018/5/16/ECOT1734966R/jo/texte.

PARLEMENT EUROPÉEN; CONSEIL DE L'UNION EUROPÉENNE. Directive (UE) 2016/97 du 20 janvier 2016. *Journal officiel de l'Union européenne*, L 26/19. Disponible sur: https://eur-lex.europa.eu/legal-content/PT/TXT/PDF/?uri=CELEX:32016L0097&from=en.

O SEGURO PARA OS GRANDES RISCOS: DIREITO FRANCÊS E EUROPEU

Luc Mayaux[1]

INTRODUÇÃO

À primeira vista, os grandes riscos são os riscos das grandes empresas, aqueles a que as seguradoras e corretores por vezes chamam "*grands comptes*" para designar os seus grandes clientes. E o seguro de grandes riscos é aquele que cobre tais riscos. Dito isso, é legítimo passar do "seguro *de* grandes riscos" para o "seguro *para* grandes riscos"? Se assim fosse, isso implicaria não só no fato de que haveria contratos específicos para cobrir tais riscos, mas também que as próprias regras jurídicas que lhes seriam aplicáveis seriam regras especiais. Este é o tema do presente artigo. Considerá-lo-emos sob o ângulo do direito francês e, em segundo plano, sob o do direito europeu, pois é verdade que na França, no que diz respeito aos seguros, a lei é criada tanto em Bruxelas como em Paris!

Se olhássemos para o passado e apenas para o passado, a resposta à pergunta que acabou de ser feita seria fácil. Não há seguro para grandes riscos porque, tradicionalmente, a lei francesa conhece apenas os tomadores, os segurados e os beneficiários dos contratos,[2] sem qualquer discriminação. Esse universalismo baseia-se na ideia de que todos os segurados merecem ser protegidos por serem duplamente fracos em relação à seguradora. Esta última é economicamente mais poderosa que o segurado, tendo um nível de especialização que o segurado não possui. O seguro é um assunto altamente técnico, cuja compreensão é reservada a especialistas, o que o segurado não é. Isso é ainda mais verdade quando o contrato foi elaborado pela seguradora. De fato, não há melhor conhecedor de um produto do que aquele que o fez. Portanto, se dizemos na França que "quem rouba um ovo, rouba um boi" para dizer que o crime de roubo existe

1 Luc Mayaux é professor na Universidade Jean Moulin (Lyon III) e Diretor do *Institut des assurances* de Lyon. Ele dirige, conjuntamente com J. Kullmann, a *Revue générale du droit des assurances* e é colaborador da obra *Traité de droit des assurances* (tomos 3, 4 e 5), organizada por J. Bigot (ed. LGDJ).

2 Cf., ainda hoje, *C. assur.*, art. L. 310-1, segundo o qual o controle do Estado sobre as seguradoras é exercido em favor dessas três categorias de pessoas.

da mesma forma, qualquer que seja o valor da coisa roubada, poderíamos também dizer que "quem assegura um ovo, assegura um boi", já que o contrato de seguro é regido pelas mesmas regras, qualquer que seja o valor segurado. Claro que isso não significa que a seguradora deva ser equiparada a um ladrão, contrariamente à crença popular!

Dito isso, é evidente que as razões que justificam a proteção do segurado não estão presentes no caso dos grandes riscos, pelo menos não na mesma medida que para outros riscos, também conhecidos como "riscos de massa". As grandes empresas (como o CAC 40[3] na França) são, ao menos algumas delas, mais poderosas do que as suas seguradoras. Além disso, elas dispõem de departamentos de "seguros" chefiados por gestores de riscos, o que lhes confere elevado nível de especialização. Além disso, seus contratos são negociados e redigidos por corretores especializados. Não surpreende, portanto que esta especificidade dos "grandes riscos" comece a ser levada em consideração por meio da aplicação de regras particulares. Este já é o caso, se abandonarmos o passado, centrarmo-nos no presente, e ainda mais se olharmos para o futuro. A nossa apresentação não se limitará, portanto, ao direito positivo, o direito de hoje. Analisará também o direito prospectivo, o direito do amanhã, levando possíveis reformas em consideração.

1. O PRESENTE

O direito positivo nesta área é, como já mencionado, permeado pelo direito europeu. Em determinada altura, os Estados-membros da União Europeia só podiam aplicar o princípio da liberdade de prestação de serviços à categoria dos grandes riscos.[4] Era necessário, portanto, definir precisamente esse tipo de risco, tarefa cumprida pelo direito europeu[5] e depois transposto para o direito interno pela Lei n. 89-1014 de 31 de dezembro de 1989 (1.1). Contudo, uma vez que a liberdade de prestação de serviços se aplica agora a todos os tipos de risco,[6] a distinção entre "grandes riscos" e "riscos de massa" perde parte de sua relevância. De fato, na França, há poucas regras específicas para grandes riscos (1.2).

---

3 O CAC 40 é um índice sintético, que se baseia na capitalização das quarenta grandes empresas cotadas na Bolsa de Paris.

4 Diretiva n. 88/357/CEE, 22 de junho de 1988, art. 13. Deve-se esclarecer que, em virtude do princípio da livre prestação de serviços (LPS), uma empresa que tenha sua sede num Estado da União Europeia pode fornecer livremente seus serviços noutros Estados membros. Nos seguros, isso permite ao segurado subscrever contratos junto a qualquer seguradora europeia, desde que homologada no seu país de origem (o que se chama regime do "passaporte único").

5 Diretiva 88/357/CEE, *supra*, art. 5.

6 No essencial, a solução está em vigor desde a terceira diretiva "não vida" n. 92/49, de 18 de junho de 1992, transposta para o direito francês pela lei n. 94-5 de 4 de janeiro de 1994.

1.1 Noção de grandes riscos

Na lei francesa, o conceito de grandes riscos é especificado nos artigos L. 111-6 (antigo L. 351-4) e R. 111-1 (antigo R. 351-1) do Código dos Seguros, que foram promulgados pela lei supracitada de 31 de dezembro de 1989 e pelo decreto de aplicação de 8 de agosto de 1990. Para simplificar, duas categorias de "grandes riscos" podem ser distinguidas. Em primeiro lugar, há os grandes riscos "por natureza":[7] veículos ferroviários, aéreos, lacustres, fluviais e a responsabilidade civil relacionada, mercadorias transportadas, crédito-caução[8] e instalações de energia marinha renovável. Estes são considerados como "grandes riscos" devido à sua própria natureza, sem ter em conta a importância da atividade da empresa tomadora. Por exemplo, o seguro que cobre os veículos aéreos ou ferroviários, ou as mercadorias neles transportadas, é considerado como de "grandes riscos", mesmo que o transportador seja uma pequena empresa. Outros riscos, tais como incêndio, elementos naturais, danos à propriedade, responsabilidade civil em geral, veículos automóveis e responsabilidade civil conexa serão considerados como "grandes riscos" acima de um certo patamar de atividade do segurado.[9] Mais especificamente, o segurado deve satisfazer pelo menos duas das três condições seguintes: o total do seu último balanço deve ser superior a 6,2 milhões de euros, o montante do seu volume de negócios no seu último exercício financeiro deve ser superior a 12,8 milhões de euros, e o número médio de pessoas empregadas durante o último exercício financeiro deve ser superior a 250.

Pode-se observar que esses patamares são relativamente baixos, especialmente por não terem sido aumentados desde 1994.[10] Uma empresa de tamanho intermédio (ETI, no jargão dos economistas) será considerada como de grandes riscos. Há muitos deles, inclusive no setor de serviços (basta pensar nos grandes escritórios de advocacia parisienses). Deve-se acrescentar que o alvo é o tomador, e não o segurado, que podem ser pessoas diferentes, como é o caso dos seguros em favor de terceiro. Nesse caso, que é frequente nos riscos empresariais, uma vez que a matriz faz muitas vezes seguros para si própria e em nome das suas filiais, os patamares serão avaliados na pessoa da matriz, sendo, portanto, facilmente ultrapassados. Além disso, se a integração das filiais for tal

7 Cf. *C. assur.*, art. L. 111-6, 1°.

8 Apenas no caso em que "o tomador exerça, a título profissional, atividade industrial, comercial ou liberal, desde que o risco tenha relação com esta atividade". *C. assur.*, art. L. 111-6, 1°, c.

9 *C. assur.*, art. L. 111-6, 2°, e R. 111-1.

10 Nesta época, anterior à criação do euro, os dois primeiros patamares eram expressos em unidade de conta da Comunidade Econômica Europeia (ECU). Mas como, por determinação, um ECU é igual a um euro, os patamares têm permanecido os mesmos.

que o grupo esteja sujeito à obrigação de consolidação do estado financeiro, esses mesmos patamares serão aplicados numa base consolidada.[11] Se, além disso, for tida em conta a existência de grandes riscos "por natureza", é evidente que a concepção jurídica de grandes riscos é muito ampla, muito mais ampla que a concepção prática. Como já foi dito, na prática das seguradoras e corretores, os "grandes riscos" são os riscos a que as grandes empresas estão expostas. São os riscos que justificam a utilização de seguradoras especializadas (frequentemente filiais de grandes grupos seguradores) e são tratados por estruturas especializadas dentro das grandes empresas de corretagem. O contraste com os grandes riscos do Código dos Seguros é impressionante, sendo ainda mais surpreendente se se considerar que ele deveria supostamente proteger os riscos de massa em particular. Isso teria justificado uma apreciação muito ampla desta última categoria, em detrimento dos grandes riscos. Contudo, o oposto é verdadeiro, pois os "grandes riscos" do Código dos Seguros são muitas vezes "falsos" grandes riscos se comparados ao sentido em que a prática compreende este termo.

1.2 Regime dos grandes riscos

Uma vez que a noção de grandes riscos já não é um critério para a aplicação do princípio da liberdade de prestação de serviços, a sua relevância tornou-se limitada, mesmo que tenha aumentado no passado recente. Em suma, a presença de um risco elevado justifica o oferecimento de menos informação, mas oferece mais liberdade.

1.2.1 *Menos informação*

O que está em causa é por vezes é referido como informação documental, ou seja, a informação fornecida por meio da entrega de documentos ao segurado. A esse respeito, o artigo L. 112-2 do Código dos Seguros francês refere-se a toda uma série de documentos: por ordem cronológica, há uma "ficha de informação sobre preço e cobertura", bem como um projeto de contrato ou uma nota informativa que "descreve precisamente a cobertura e as exclusões, bem como as obrigações do segurado",[12] uma ficha de informação que descreve a operação ao longo do tempo da cobertura de responsabilidade civil[13] e, mais recentemente, apenas para seguros não-vida, um

---

11 *C. assur.*, art. R. 111-1, última alínea.

12 Documentos previstos pela lei n. 89-1014 de 31 de dezembro de 1989.

13 Documento previsto pela "lei de segurança financeira" de 1º de agosto de 2003.

"documento de informação padronizado sobre o produto de seguro elaborado pelo criador do produto em condições definidas por decreto do Conselho de Estado" (o chamado IPID: *Insurance Product Information Document*).[14] Esse é o reino do mil folhas, em que cada lei, muitas vezes de origem europeia, acrescenta uma camada adicional. Felizmente, nenhum desses documentos é aplicável aos grandes riscos,[15] o que é compreensível. Não só o grau de especialização dos segurados de "grandes riscos" torna desnecessária a emissão de tais documentos de informação, como a natureza esquemática destes documentos os impede de resumir corretamente os instrumentos contratuais que, para tais riscos, são semelhantes a documentos "feitos à medida".

1.2.2 *Mais liberdade*

Embora as partes de um contrato de "grandes riscos" não gozem de total liberdade, os limites legislativos são, no entanto, pouco apertados. Isso se justifica pelo fato de a seguradora e o segurado estarem, ou pelo menos supostamente estarem, em pé de igualdade. Não há, portanto, necessidade de que a lei proteja o segundo contra a primeira. Mais precisamente, pode-se falar de uma tripla liberdade:

- *Liberdade de escolha da lei aplicável* no contexto internacional. Essa escolha é altamente regulamentada para os riscos de massa, mas livre para os grandes riscos,[16] embora haja restrição quando todos os elementos do contrato estão localizados no território da República Francesa no momento da escolha.[17] Essa liberdade leva em consideração a concorrência entre os diversos direitos nacionais e o fato de que, para os grandes riscos, a cobertura ser frequentemente solicitada a seguradoras estrangeiras, que, por sua vez, desejam que a sua lei seja aplicada.
- *Liberdade de escolha da língua*. Por razões semelhantes, a utilização de uma língua que não seja o francês é facilitada para os grandes riscos, o que evita que seguradoras estrangeiras tenham de traduzir suas apólices. Quando a lei estrangeira puder ser escolhida, as partes poderão chegar a um acordo sobre

14 O IPID decorre da diretiva n. 2016/97 de 20 de janeiro de 2016 a respeito da distribuição de seguros, tendo sido transposta para o Direito francês pela *ordonnance* n. 2018-361 de 16 de maio de 2018.

15 *C. assur.*, art. R. 111-2, al. 1º e, para o IPID, art. L. 112-2, al. 5.

16 *C. assur.*, art. L. 181-1, 5°, al. 1.

17 A escolha do direito estrangeiro não pode ser obstáculo à aplicação daquelas "disposições legislativas e regulamentares francesas, as quais não podem ser derrogadas por contrato, em razão do art. L. 111-2": *C. assur.*, art. L. 181-1, 5°, al. 2.

a escolha de língua diferente do francês, sem necessidade de pedido escrito do segurado, que é o que acontece no caso dos "riscos de massa".[18]

- *Liberdade de escolha do conteúdo do contrato* ou, como dizemos hoje, da concepção do produto. Por exemplo, o artigo R. 126-2, II do Código dos Seguros permite, para os principais riscos enumerados no artigo L. 111-6, 2° (aqueles determinados por referência a um patamar da atividade),[19] estipular franquias e limites máximos específicos para os danos materiais resultantes de atos de terrorismo (ao passo que, para os riscos de massa, a lei impõe um alinhamento com as franquias e limites máximos aplicáveis à cobertura de incêndio). Trata-se da recuperação da liberdade. Além disso, as novas regras de origem europeia[20] relativas à "governança dos produtos", que impõem ao criador (seguradora ou distribuidora) de qualquer novo produto um processo de validação, incluindo a definição de um "mercado-alvo", a identificação dos riscos relevantes ligados a esse mercado e a verificação da adequação do produto às necessidades desse mercado[21] não são aplicáveis aos grandes riscos.[22] Isso é digno de elogio. A noção de "mercado-alvo" tem pouco significado para produtos destinados a grandes riscos, que, como vimos, não são padronizados. Para esses produtos, é o gestor de riscos da empresa segurada e o corretor da empresa que verificam a adequação do produto às necessidades da empresa.

2. O FUTURO

Se as três liberdades que acabamos de apresentar já são um passo à frente, será que devemos ir mais longe, no sentido de uma liberdade ainda maior? Isso levanta a questão de saber quais reformas são desejáveis no futuro, e se elas são realmente relevantes para todos os grandes riscos no sentido atual do termo, ou se é necessária uma redefinição da noção de "grande risco". Qual reforma (2.1)? Para quais "grandes riscos" (2.2)? A questão é dupla.

---

18 *C. assur.*, art. L. 112-3, al. 2.

19 No que diz respeito aos seguros de veículos ferroviários, aéreos, lacustres e fluviais que são de grandes riscos "por natureza", eles são claramente excluídos do âmbito do artigo L. 126-2 do Código de Seguros, relativo aos seguros contra atos de terrorismos (para danos sobre bens): cf. *C. assur.*, art. R. 126-2, I.

20 Cf. Dir. 2016/97/UE, 20 jan. 2016, préc., art. 25.

21 *C. assur.*, art. L. 516-1, réd. Ord. n. 2018-361, 16 maio 2018.

22 *C. assur.*, art. L. 516-2, 1°; a respeito da governança de produtos, cf. BIGOT, J.; LANGÉ, D (Ed.). *Traité de droit des assurances*, t. II, La distribution d'assurance. 3· ed. LGDJ, n. 167s., par D. Langé, 2020.

2.1 Qual reforma?

Para começar, mencionaremos o projeto, atualmente em fase de finalização, do Ministério da Economia francês, que visa encorajar o desenvolvimento de seguradoras cativas que estariam domiciliadas na França, e já não num paraíso fiscal, como é frequentemente o caso hoje em dia.[23] Sabe-se que a maioria das empresas de "grandes riscos", por razões financeiras, agem assim. Essa é uma forma de gerir melhor as suas franquias, que são geralmente diversas, uma vez que o mercado de seguros só intervém para linhas superiores e, portanto, para sinistros de certa dimensão. O projeto do Ministério da Economia tende, segundo o modelo luxemburguês,[24] a simplificar regulação prudencial e a governança das seguradoras cativas, e tende também a erigir um quadro fiscal mais favorável que o antigo. Essa reforma é interessante, mas está na periferia do nosso tema. O cerne da questão está noutro lugar, a saber, no conteúdo das políticas e no lugar que nelas devem ocupar as disposições de ordem pública. Elas devem ser reduzidas ao mínimo ou mesmo eliminadas, o que conduziria à liberdade contratual quase total? Os Princípios do Direito Europeu dos Contratos de Seguro (PEICL) apontam nesta direção.[25] Para os "grandes riscos", eles permitem derrogações às suas próprias regras em favor de ambas as partes no contrato, e não apenas em favor do segurado, como ocorre para os riscos de massa.[26] A ideia é – mais uma vez – que ambas as partes estão aqui em pé de igualdade, sendo lícito que determinem o conteúdo do contrato como desejarem.[27]

Dito isso, é de se notar que, excetuando-se o seguro obrigatório, em que o conteúdo da cobertura é regulado por lei, e o decurso do contrato (resilição, renovação),

23 Cf. CARRERE, M.C. Captives d'assurance: Bercy accélère sur le nouveau cadre légal. *L'Argus de l'assurance*, 5 jul. 2021.

24 Luxemburgo, que conta com mais de 200 seguradoras cativas em seu território, é o líder europeu neste âmbito. Cf. CARRERE, M.C. Captives d'assurance: Bercy accélère sur le nouveau cadre légal. *L'Argus de l'assurance*, 5 jul. 2021.

25 OS PDECA (PEICL em inglês) deitam raízes nos trabalhos de um grupo universitário chamado "grupo de Innsbruck". O objetivo era constituir um regime comum a toda União Europeia que pudesse ser empregado conforme opção das partes, tivesse o contrato caráter internacional ou não. Para o texto desses princípios, cf. PROJECT GROUP "RESTATEMENT OF EUROPEAN INSURANCE CONTRACT LAW". *Princípios do direito europeu do contrato de seguro* (PEICL). Disponível em: https://www.uibk.ac.at/zivilrecht/forschung/evip/restatement/sprachfassungen/peicl-por.pdf.

26 PDECA, art. 1:103 (3).

27 Lembre-se de que, desde a reforma dos direitos dos contratos promulgada pela *ordonnance* n. 2016-131, de 10 de fevereiro de 2016, o princípio da liberdade contratual é enunciado no novo art. 1.102 do *Code civil*. Segundo o texto, "todos são livres (...) para determinar o conteúdo e a forma do contrato ", mas apenas " dentro dos limites fixados pela lei" (alínea I), sem que se possa "derrogar as regras de ordem pública" (alínea II). A liberdade jamais foi tida como total.

que, por sua vez, é altamente regulado, a liberdade contratual já é a regra, aplicando-se para todos os riscos, grandes ou pequenos. As duas obrigações essenciais do contrato de seguro, nomeadamente o pagamento do prêmio (para o segurado) e a cobertura do risco (para a seguradora) são, de fato, deixadas à discrição das partes. Na realidade, o favorecimento do segurado, que é uma característica do direito dos seguros, apenas se manifesta (atrevamo-nos a dizer) na eliminação de certas cláusulas e no princípio de interpretação contrária à seguradora que redigiu a apólice. A questão está em saber se, para os grandes riscos, essas duas soluções poderiam ser invertidas.

2.1.1 *Rever a eliminação de certas cláusulas*

Trata-se de cláusulas abusivas e cláusulas de exclusão, que podem ser consideradas não escritas sob certas condições. Quanto às cláusulas abusivas, que têm por objeto ou efeito criar um desequilíbrio significativo entre os direitos e obrigações das partes, em detrimento do segurado, o assunto é (ou deveria ser) teórico. Com efeito, em relação às cláusulas sancionadas pelo Código do Consumidor, elas devem figurar num contrato celebrado entre um profissional e um consumidor ou um não profissional.[28] Ou, por hipótese, os grandes riscos devem dizer respeito ao segurado profissional que contrata com uma seguradora, que é ela mesma profissional. Quanto às cláusulas abusivas sancionadas pelo Código Civil desde a reforma contratual de 2016, só podem ser eliminadas se constarem de um contrato de adesão, ou seja, um contrato "que contenha um conjunto de cláusulas não negociáveis, determinadas previamente por uma das partes" (*C. civ.*, art. 1110, § 2º). No entanto, num contrato que cobre "grandes riscos", todas as cláusulas podem ser negociadas, mesmo que nem sempre sejam efetivamente negociadas. Não se pode, portanto, falar de contrato de adesão. E, caso essa qualificação fosse mantida apesar de tudo, com o fundamento de que as condições gerais de um contrato de "grandes riscos" seriam impostas pela seguradora, apenas as cláusulas não negociáveis poderiam ser declaradas abusivas.[29] Isso exclui cláusulas de condições especiais e de acordos especiais, frequentemente redigidas pelo corretor. No entanto, o cerne do contrato de "grandes riscos" se encontra nessas peculiaridades, e não nas condições gerais. Além disso, a avaliação do desequilíbrio significativo não pode dizer respeito à cláusula que define o objeto principal do contrato e, portanto,

---

28 *C. consom.*, art. L. 212-1.

29 Esse pormenor, que está no art. 1.171, alínea I, do *Code civil*, foi incluído pela lei n. 2018-287 de 20 de abril de 2008, que, por sua vez, ratificando a *ordonnance* de 10 de fevereiro de 2016, constitui a base da reforma do direito contratual.

delimita o objeto da cobertura, inclusive negativamente, por meio de exclusões. E para as cláusulas abusivas do Código Civil, ao contrário das cláusulas do Código do Consumidor (Art. L. 212-1, par. 3), essa proibição não é afastada caso a cláusula que define o objeto principal do contrato não seja clara e compreensível. Mesmo quando é obscura, tal cláusula nunca pode ser declarada injusta. Como resultado, a norma sobre cláusulas abusivas não se destina a ser aplicada a grandes riscos. Não há necessidade de especificar isto por lei.

Por outro lado, a exigência estabelecida no artigo L. 113-1 do Código dos Seguros, de que as cláusulas de exclusão sejam precisas e delimitadas, sob pena de serem consideradas não escritas, aplica-se aos contratos de "grandes riscos", tal como se aplica a todos os contratos de seguros. Contudo, nesse caso, o segurado é parte informada (devido às suas competências "internas", ligadas à presença de gestor de riscos, ou porque foi avisada pelo seu corretor, que a informou sobre as peculiaridades do contrato). A proteção legal, constituída pela eliminação da exclusão, não se justifica, especialmente porque contribui para o desequilíbrio do contrato em detrimento da seguradora, que, por sua vez, será obrigada a fornecer uma cobertura acrescida em troca de um prêmio que permanecerá o mesmo. O principal problema reside num julgado de 2001, que considera que a exclusão obscura, aberta à interpretação, não pode ser considerada formal na acepção do artigo L. 113-1 do Código dos Seguros. Para a Corte de Cassação, "formal" significaria não só "formalizado" ou "explícito", mas também "claro e preciso".[30] Durante a última crise de Covid-19, esse julgado causou estragos. Levou a "passar na peneira" qualquer exclusão a que a seguradora se opusesse, utilizando a menor ambiguidade nos seus termos para que a cláusula fosse anulada. Basta que o termo seja definido de forma diferente por dois dicionários ou por dois peritos para ser considerado impreciso.[31] Essa "caça às exclusões" não é legítima quando o caçador é um perito e conhece as suas presas. Nestas condições, proporíamos de bom grado, pelo menos para os "grandes riscos", uma modificação do artigo L. 113-1 do Código dos Seguros, especificando que a exclusão que não seja clara e precisa, e, portanto, sujeita à interpretação, pode ser formal no sentido empregado no texto. Essa seria uma forma de "romper" a jurisprudência acima referida. Uma reforma mais ambiciosa consistiria em eliminar completamente qualquer referência no mesmo texto à exigência de exclusão

30 Solução constante da Corte de Cassação. Câmara Civil 1, 22 maio 2001, n. 99-10849: *Dalloz* 2001, p. 2776, nota de B. Beignier; *RGDA* 2001, p. 944, nota de J. Kullmann; *Resp. civ. et assur.* 2001, cron. 19, por H. Groutel.

31 Basta pensar na exclusão de danos causados por micro-organismos que, segundo a definição desse termo, podem ou não englobar os vírus (que, por sua vez, dependem de um outro ser vivo para se desenvolver). A imprecisão do termo leva a que se descarte a cláusula antes mesmo de se tentar interpretá-la.

formal e delimitada, entendendo-se que a exclusão que não é delimitada, e que por isso esvazia a garantia da sua substância, poderia sempre ser afastada com base no novo artigo 1.170 do *Code civil*.[32]

2.1.2 *Rever a interpretação em favor do segurado*

Diz-se geralmente que as cláusulas obscuras devem ser interpretadas a favor do segurado. A razão está em que as apólices são normalmente redigidas pela seguradora. É lógico que a seguradora suporta o risco de um defeito de redação. A interpretação *in favorem* é, na realidade, uma interpretação *contra proferentem*. No entanto, o seu alcance deve ser visto sob três aspectos:

- *Em primeiro lugar*, tal interpretação só é exigida aos juízes de instrução, cujas decisões poderiam ser anuladas se a ignorassem em dois casos: nos "contratos de consumo", isto é, aqueles celebrados entre um profissional e um não profissional ou consumidor;[33] e, desde a reforma do direito contratual de 2016, nos contratos de adesão,[34] embora, para estes, nenhum julgado tenha até agora confirmado que os juízes de instrução são obrigados a cumprir tal regra. Vimos que os contratos que cobrem "grandes riscos" não são contratos de consumo nem contratos de adesão. Para eles, a interpretação a favor do segurado é apenas uma opção para o juiz.
- *Em segundo lugar*, para recorrer a essa interpretação, a cláusula não só deve ser obscura, como também essa obscuridade não deve ter sido resolvida pela consideração da intenção comum das partes[35] ou, não sendo possível, pelo recurso ao significado que o homem médio, na mesma situação, daria à cláusula.[36] Só em caso de dúvida sobre essa intenção comum ou sobre o significado é que o juiz é convidado (ou, nos casos de contratos de consumo de adesão, obrigado) a interpretar a favor do segurado. É o que se depreende com clareza da expressão "em caso de dúvida", presente nos artigos L. 211-1,

32 Segundo o qual "toda cláusula que priva a obrigação principal do devedor da sua substância é tida por não escrita".

33 *Code de la consommation*, art. L. 211-1, al. 2; para o não cumprimento desse texto, cf. Corte de Cassação. Câmara Civil 1. 21 jan. 2003, n. 00-13342 e 00-19001: *RGDA* 2003, p. 442, nota de J. Kullmann.

34 *C. civ.*, art. 1190: "em caso de dúvida, o contrato de livre negociação deve ser interpretado contra o credor em favor do devedor; já o contrato de adesão, contra o proponente".

35 *C. civ.*, art. 1188, al. 1º: "o contrato deve ser interpretado de acordo com a intenção comum das partes em detrimento do sentido literal dos seus termos".

36 Essa referência à opinião do homem médio foi promulgada pela reforma dos contratos de 2016: *C. civ.*, art. 1188, al. 2.

§ 2º, do Código do Consumidor e 1.190 do *Code civil*. E isso se justifica perfeitamente pelo fato de, num contrato que é definido como um acordo de vontades, a intenção comum das partes dever ser a referência suprema. Não se pode, sob o pretexto de interpretar em favor de determinada parte contratante, adotar significado contrário ao que havia sido acordado.

- *Em terceiro lugar*, para saber se a regra de interpretação deve ser aplicada em favor do segurado, há que voltar à sua razão de ser ou, se se preferir, à *ratio legis*. Como vimos, a questão é mais de interpretação *contra proferentem* que *in favorem*, ou seja, contra a pessoa que determinou o conteúdo do contrato. No caso dos grandes riscos, vimos que o contrato foi muitas vezes negociado entre as partes, ou mesmo redigido, pelo menos em parte, pelo corretor que representa o segurado. Na França, a crise da Covid-19 deu relevo à prática das "intercalações de corretores", ou mesmo dos "contratos de corretores", em que o corretor fornece à seguradora não só o cliente, mas também contrato pronto, que a seguradora apenas aprova antes de assumir o risco.[37] Esse tipo de contrato é muitas vezes mal redigido, não só porque o corretor nem sempre tem a perícia necessária, mas também porque, por vezes, ele faz uso deliberado de cláusulas obscuras, especulando que elas serão interpretadas pelo juiz a favor do segurado. Tal interpretação não se justifica. O credor não pode levar vantagem de uma ambiguidade que ele ajudou a criar. A esse respeito, é de se notar que, se o art. 1.190 do *Code civil* prevê a regra da interpretação contra o proponente nos contratos de adesão, ele também prevê que os contratos por mútuo acordo são interpretados contra o credor e, portanto, nesse caso, contra o segurado, porque ele é o credor da garantia. Sem ir tão longe, é apropriado que, para cláusulas negociáveis, que são as mais numerosas nos contratos que cobrem "grandes riscos", qualquer tipo de interpretação *in favorem* deva ser excluído. Isso nos parece ser o caso do estado atual dos textos legislativos, mas uma reforma que confirme o seu afastamento, pelo menos para contratos de "grandes riscos", seria apropriada. A questão está obviamente em saber se a noção de "grandes riscos" deve ou não ser alterada.

37 Basta pensar num contrato no qual nem mesmo as cláusulas gerais provêm do segurador, fazendo referência às "condições gerais APSAD", que emanam de uma organização profissional, hoje extinta (a *Assemblée Plénière des Sociétés d'Assurances de Dommages*). Num tal contrato, nem sequer uma linha havia sido redigida pelo segurador!

2.2 Para quais grandes riscos?

Essa é uma questão delicada. Precisamos saber onde pôr o limite, dado que a noção de grandes riscos, tal como é atualmente definida pelo Código dos Seguros francês, só pode ser modificada em nível europeu. A esse respeito, convém recordar que essa noção e, em particular, os patamares quantitativos previstos no Código, são de origem plenamente europeia.

Passando da lei à prática, poder-se-iam distinguir três tipos de empresas seguradas. Há as grandes empresas que têm tanto competência como poder. Há empresas de média dimensão (por vezes chamadas empresas de dimensão intermédia: ETIs) que dispõem frequentemente de perícia, sobretudo para riscos relacionados com a sua especialidade, mas raramente têm poder. E há empresas pequenas, ou mesmo microempresas,[38] que não têm nenhum dos dois. No mercado dos seguros, são oferecidos contratos, por vezes chamados "multirriscos profissionais", cujo nível de padronização os aproxima dos contratos de particulares. Pelo menos quando redigidos pela seguradora – o que é geralmente o caso, especialmente quando a distribuição é confiada a agentes gerais –, são profundamente semelhantes aos contratos de adesão. Não se pode falar aqui de grandes riscos, mas apenas de riscos profissionais.

Remanescem ainda as outras duas categorias. Grosseiramente falando, elas se enquadram no atual conceito de grandes riscos do legislador. A questão é saber se se deve deixar assim, ou se se deve reorientar a noção de "grandes riscos" para os riscos das grandes empresas, cuja dimensão pode variar de acordo com o setor de atividade. A resposta depende em grande parte da importância que é atribuída à presença de um corretor. Sobretudo se se tratar de um grande corretor, que oferece a sua intermediação à seguradora, trazendo-lhe uma grande carteira de clientes, pode dar à companhia segurada, mesmo que apenas de média dimensão, o poder que lhe faltava. A assimilação dessa empresa aos "grandes riscos", que é feito pelo direito positivo, parece legítima. Por outro lado, o corretor não é tudo, sendo óbvio que, no momento da negociação, a grande empresa terá mais poder do que a empresa de média dimensão. Além disso, ela está sujeita a problemas específicos, tais como a necessidade de um programa internacional quando há filiais no estrangeiro, ou a gestão de franquias, particularmente por meio da criação de filiais. Em troca, tem acesso mais fácil ao mercado global de seguros, com o risco, para as seguradoras francesas, de encontrar garantias no estrangeiro. A fim de evitar que o movimento aumente num contexto de concorrência entre leis, é

38 Chamadas respectivamente PME (pequenas e médias empresas) e TPE (empresas muito pequenas).

necessário, para tais riscos, tornar a lei francesa atrativa, libertando-a de certo número de restrições legislativas ou regulamentares. Nesse contexto, um regime específico para os "verdadeiros" grandes riscos (os das grandes empresas), nos quais a liberdade contratual seria maior, pode parecer oportuno.

Em última análise, a evolução da noção de "grandes riscos" depende, em grande parte, do grau de especificidade do regime que se pretende lhes conferir. Se o objetivo é ir muito longe no sentido da liberdade contratual, essa noção deve ser reforçada de modo a que apenas diga respeito às grandes empresas. O "limite" passaria da posição atual para uma posição mais restritiva. A categoria de grandes riscos "por natureza" teria de ser eliminada, e os atuais patamares de atividade, que, como já dito, são bastante baixos, teriam de ser aumentados. Se, por outro lado, se tratar de levar em consideração características específicas dos riscos comerciais (tecnicidade, compensada pela presença de um corretor como consultor e redator de todos ou parte dos documentos contratuais), ao flexibilizar certas regras para além das disposições existentes, os patamares atuais poderiam ser mantidos ou mesmo baixados. Apenas os riscos de empresas pequenas ou muito pequenas seriam excluídos da categoria dos "grandes riscos". O problema está em que quanto mais baixos forem os patamares, mais forte será o "efeito patamar". Um empregado a mais ou a menos, um euro a mais ou a menos levaria à aplicação de regime diferente, o que representa uma solução artificial. Além disso, é duvidoso que a adequação das reformas por nós propostas – isto é, abolição da regulamentação específica das cláusulas de exclusão, pelo menos para as regras substantivas[39] e abolição da interpretação das cláusulas a favor do segurado – esteja ligada a um patamar de atividade. Assim, a questão da interpretação *contra proferentem* das cláusulas constantes nas apólices depende principalmente da presença de um contrato de adesão. Quanto à evolução do regime de exclusões, ela se justifica pelos desvios, sobretudo na jurisprudência, que podem ser observados para todos os riscos, incluindo os dos particulares. A esse respeito, excluir um regime tão favorável apenas para grandes riscos equivale a consagrá-lo para outros riscos, o que não parece sensato. Portanto, se fosse o caso de se proceder a uma mudança, gostaríamos de que fosse na direção oposta. Restringir a noção de "grandes riscos" para lhe dar um verdadeiro regime específico é, sem dúvida, a melhor solução.

39 O pressuposto de particular legibilidade de tais cláusulas (*C. assur.*, art. L. 112-4, que impõe a utilização de caracteres bem visíveis) poderia ser mantido.

BIBLIOGRAFIA

BEIGNIER, Bernard. Cour de cassation (1re Ch. civ.) 22 mai 2001, n. 99-10849. *Dalloz*, 2776, 2001.

BIGOT, J.; LANGÉ, D (Ed.). *Traité de droit des assurances*, t. II, La distribution d'assurance. 3. ed. LGDJ, 2020.

CARRERE, M.C. Captives d'assurance: Bercy accélère sur le nouveau cadre légal. *L'Argus de l'assurance*, 5 jul. 2021.

GROUTEL, Hubert. Cour de cassation (1re Ch. civ.) 22 mai 2001, n. 99-10849. *Resp. civ. et assur.*, 2001, chron. 19.

PROJECT GROUP "RESTATEMENT OF EUROPEAN INSURANCE CONTRACT LAW". *Princípios do direito europeu do contrato de seguro* (PEICL). Disponível em: https://www.uibk.ac.at/zivilrecht/forschung/evip/restatement/sprachfassungen/peicl-por.pdf.

KULLMANN, Jérôme. Cour de cassation (1re Ch. civ.) 21 janvier 2003, n. 00-13342 e 00-19001. *Revue générale du droit des assurances*, n. 3, p. 442, 2003.

KULLMANN, Jérôme.Cour de cassation (1re Ch. civ.) 22 mai 2001, n. 99-10849. *Revue générale du droit des assurances*, n. 4, p. 944, 2001.

Legislação

CONSELHO DAS COMUNIDADES EUROPEIAS. Segunda Diretiva 88/357/CEE, de 22 de julho de 1988. *Jornal Oficial*, L 172 de 04/07/1988 p. 0001 - 0014. Disponível em: https://eur-lex.europa.eu/legal-content/PT/TXT/HTML/?uri=CELEX:31988L0357&from=IT.

FRANÇA. Code Civil. *Légifrance*. Disponível em: https://www.legifrance.gouv.fr/codes/id/LEGITEXT000006070721/.

FRANÇA. Code des assurances. *Légifrance*. Disponível em: https://www.legifrance.gouv.fr/codes/texte_lc/LEGITEXT000006073984/.

FRANÇA. Code de la consommation. *Légifrance*. Disponível em: https://www.legifrance.gouv.fr/codes/id/LEGITEXT000006069565/.

FRANÇA. Loi n. 89-1009 du 31 décembre 1989 renforçant les garanties offertes aux personnes assurées contre certains risques. *Légifrance*. Disponível em: https://www.legifrance.gouv.fr/loda/id/JORFTEXT000000709057:~:text=Loi%20n%C2%B0%2089%2D1009,%2D%20L%C3%A9gifrance.

FRANÇA. Loi n. 2003-706 du 1er août 2003 de sécurité financière. *Légifrance*. Disponível em: https://www.legifrance.gouv.fr/jorf/id/JORFTEXT000000428977.

FRANÇA. Ordonnance n. 2018-361 du 16 mai 2018 relative à la distribution d'assurances. *Légifrance*. Disponível em: https://www.legifrance.gouv.fr/eli/ordonnance/2018/5/16/ECOT1734966R/jo/texte.

PARLAMENTO EUROPEU; CONSELHO DA UNIÃO EUROPEIA. Diretiva (UE) 2016/97, de 20 de janeiro de 2016. *Jornal Oficial da União Europeia*, L 26/19. Disponível em: https://eur-lex.europa.eu/legal-content/PT/TXT/PDF/?uri=CELEX:32016L0097&from=en.

Seguro de grandes riscos: disciplina jurídica no direito brasileiro atual[1]

Bruno Miragem[2]

INTRODUÇÃO

O risco é o elemento que justifica a existência do seguro, integra sua causa.[3] Porque existe o risco, sobre ele se define certa garantia de interesses a serem preservados. Há seguro porque há perigo, possibilidade de dano; porque há incerteza quanto ao futuro.[4] Entre risco e seguro se verifica uma estreita relação. Nesses termos, é precisa a definição do objeto do contrato de seguro como a garantia de interesse legítimo do segurado contra riscos predeterminados, conforme previsto no art. 757 do Código Civil brasileiro.

A estrutura da relação jurídica de seguro é invariável. As posições jurídicas do segurador e do segurado protagonizam. Ao lado delas, o tomador do seguro e o beneficiário (que poderão convergir ou não, conforme o caso, na mesma pessoa do segurado). O objeto do contrato é a garantia do interesse em relação ao risco predeterminado. Por tradição e exigência prática de padronização das cláusulas do contrato, visando à homogeneização e à dispersão dos riscos, adotam-se as condições gerais do contrato, objeto de registro no âmbito do plano de seguro, pelo Estado, por intermédio do ente competente para a supervisão, mesmo secundadas por condições especiais e particulares. Daí a tradição que retira do seguro a característica que é ínsita aos contratos, da livre a ampla negociação de seus termos, pelo exercício da autonomia contratual

---

1 Esse trabalho consolida e atualiza a exposição do autor no painel "Contrato de seguro de grandes riscos" do II Congresso Internacional de Direito do Seguro do CJF-STJ/VIII Fórum José Sollero Filho, promovido pelo Instituto Brasileiro de Direito do Seguro, pelo Centro da Justiça Federal/Superior Tribunal de Justiça e pela Universidade de Coimbra, em 26 de novembro de 2021.

2 Professor da Universidade Federal do Rio Grande do Sul. Advogado e parecerista.

3 Para um exame mais amplo, sugere-se: MIRAGEM, Bruno; PETERSEN, Luiza. *Direito dos seguros*. Rio de Janeiro; Forense, 2022, pp. 41ss.

4 EWALD, François. Insurance and risk. *In*: BURCHELL, G; GORDON, C; MILLER, P. *The Foucault Effect*. Chicago: The University of Chicago Press, 1991, p. 199.

das partes, conferindo sua identificação mais comum com os contratos de adesão. Por outro lado, os riscos a que se referem a garantia contratual relacionam-se ao interesse segurável e sua dimensão. Nesse sentido, passou-se a considerar que, pela dimensão e porte econômico dos contratantes ou pela extensão do interesse, ou da garantia (e seu respectivo valor), seria próprio reconhecer diferenças na disciplina jurídica entre contratos de seguro distintos, segundo esses critérios. De fato, não é desconhecido que em muitas situações os tomadores de seguros são sociedades empresárias de grande porte, com assessoramento especializado em diversos níveis para a contratação, o que em termos práticos reduz sua exposição ao poder negocial do segurador. Ao mesmo tempo, pela natureza do risco a ser garantido, identificam-se atividades ou interesses relacionados a tomadores de seguro ou segurados de grande porte, ainda que tais circunstâncias, por si só, nem sempre indiquem, necessariamente, a existência igual poder negocial entre os contratantes.

Assim, se de um lado o advento da legislação de proteção do consumidor e a expressa previsão do seguro como serviço oferecido no mercado de consumo (art. 3º, §2º, *in fine*, do Código de Defesa do Consumidor), faz incidir em relação ao segurado que seja reconhecido como consumidor, normas de proteção aos seus interesses, presumida sua vulnerabilidade diante do segurador, a distinção dos seguros de grandes riscos visa afastar qualquer diferenciação de poder negocial entre os contratantes, reconhecendo igualdade de forças para definir o conteúdo do contrato e promover-lhe a execução.

Daí é que, como pressuposto ao exame da disciplina especial do seguro de grandes riscos, duas questões essenciais se apresentam: a) qual a razão e quais os critérios para a definição de grandes riscos (em especial no tocante a sua distinção em relação aos demais não definidos como tal); e b) qual a repercussão da qualificação do seguro de grandes riscos no âmbito da formação e execução do contrato.

A resposta a essas questões se coloca tanto no exame comparado do direito estrangeiro, quanto da recente inciativa regulatória do Conselho Nacional de Seguros Privados, ao editar a Resolução CNSP 407, de 29 de março de 2021, que "dispõe sobre os princípios e as características gerais para a elaboração e a comercialização de contratos de seguros de danos para cobertura de grandes riscos".[5] A resolução em questão

---

5 Não se desconhece, neste particular, os limites que devem ser observados no exercício da competência regulatória, em especial no tocante ao princípio da legalidade. É tautológico dizer que o exercício da competência regulatória (e nela a regulamentar) submete-se a lei. Não se restringe a repetir a lei (hipótese em que seria dispensável), mas não pode contrariá-la. Os limites dessa competência regulatória são conhecidos de outras atividades que integram o Sistema Financeiro Nacional, caso das atividades bancária e do mercado de valores

é objeto de ação direta de inconstitucionalidade perante o Supremo Tribunal Federal.[6] Todavia, em acordo com a disciplina do tipo contratual do seguro previsto no Código Civil, deverá identificar-se sua repercussão nos contratos de seguro sob sua incidência.

1. A DISCIPLINA ESPECIAL DO SEGURO DE GRANDES RISCOS

O propósito de uma disciplina própria ao seguro "grandes riscos" é o de atribuir-lhe um regime especial mediante a redução do grau de intervenção do Estado no domínio do contrato, dispensando-se o registro prévio das condições gerais contratuais junto à Susep para o fim de promover a possibilidade de negociação entre as partes (livre negociação), e alterando a qualidade e extensão de deveres das partes (em especial, deveres pré-contratuais do segurador), a partir da presunção de um menor grau de desigualdade, ou mesmo a plena igualdade entre segurador e tomador de seguro, simplificando o modo do seu cumprimento. Em outros termos, o tomador do seguro, que tradicionalmente é tomado como parte com menor poder de negociação, em razão do seu porte econômico ou pela presunção de um conhecimento especializado ou possibilidade de assessoramento para melhor dimensionamento do risco e demais condições do contrato, passa a ser considerado em posição de igualdade com o segurador.

A previsão de maior liberdade contratual também é justificada como meio de promoção à livre concorrência, diante da possibilidade de ampla formulação do conteúdo do contrato, de modo a melhor contemplar a garantia ao interesse segurado e a disposição dos seguradores de oferecê-la sob melhores condições.

---

mobiliários. No caso do seguro, há um tipo legal definido pelo Código Civil, e também modelos que formam tipos sociais (com os usos), cujo conteúdo delimita a competência regulatória para inovação da ordem jurídica. Desse modo, é imperativo distinguir o que se insere na capacidade normativa de conjuntura própria à regulação administrativa, e que excede, matéria reservada ao legislador (BRASIL. Supremo Tribunal Federal. ADI 2591/DF, Rel. Eros Grau; j. 07/06/2006, DJ 29/09/2006). No caso específico a atividade securitária, veja-se, em especial: ADI-MC 2223-7/DF, Rel. Min. Maurício Corrêa, Pleno, j. 10/10/2002, DJ 05/12/2003; e ADI-MC 6262, Rel. Min. Edson Fachin, Pleno, j. 20/12/2019, DJ 22/04/2020.

6 A ADI 7074/DF, proposta pelo Partido dos Trabalhadores em 8 de fevereiro de 2022, pretende a declaração de inconstitucionalidade da Res. CNSP 407/2021, sob os fundamentos de violação do princípio da reserva legal, bem como a inconstitucionalidade material, considerando ofensivo ao interesse público e à ordem constitucional econômica (art. 147 da Constituição da República), em especial pelo fato de um excesso de desregulamentação e pela submissão do regime de certos riscos como os relativos a atividades nucleares, aeronáuticas ou mesmo marítimas "fiquem reservadas ao entendimento dos entes privados contratantes", ou seja, sejam definidos exclusivamente segundo o exercício da autonomia privada das partes. A ação conta com pedido de concessão de medida cautelar para a suspensão de vigência da resolução até seu julgamento definitivo, não apreciada até o momento de conclusão deste artigo.

Em tese, portanto, valoriza a *função promocional do seguro*, ou o que Comparato definiu como *função estimulante*, pelo qual o segurado, aliviado dos riscos, lança-se com mais liberdade às suas atividades ordinárias.[7] Grandes riscos também poderão estar vinculados a atividades de interesse público e a políticas públicas relacionadas com elas, sempre submetidas à ordem constitucional econômica. Daí a importância de tomar-se o exame dos critérios para definição dos grandes riscos, que lhe justifique um regime especial.

1.1 Critérios para determinação da noção de grandes riscos

O exame da disciplina do seguro de grandes riscos compreende categoria desenvolvida pelo Direito do Seguro para destacar aqueles que digam respeito, pelo menos, a um dos seguintes critérios: a) a repercussão econômica dos danos a que potencialmente se refira; b) o valor da garantia contratada; c) o porte econômico do tomador do seguro. Em termos qualitativos, identificam-se na associação entre probabilidade de realização do sinistro e a extensão dos danos dele decorrentes, a certas atividades ou a características ou qualidades dos segurados.

Sua adoção pela legislação em diversos países (notadamente no âmbito europeu, por intermédio das normas comunitárias), vai privilegiar dois critérios: a) o valor da garantia contratada; b) o porte econômico do segurado/tomador do seguro.

No direito europeu, atualmente, o conceito de "grandes riscos" é definido pelo artigo 13º, n. 27, da Diretiva n. 2009/138/CE, de 25 de novembro de 2009, relativa ao acesso às atividades de seguro e resseguro e seu exercício. Conforme dispõe a regra, "grandes riscos" são os que se referem, em particular, às carrocerias dos veículos ferroviários, aéreos ou marítimos além de outros que se vinculem ao porte da empresa segurada; em seguros de crédito ou caução, o tomador do seguro exerça a título profissional uma atividade industrial, comercial ou liberal e o risco seja relativo a essa atividade; ou ainda, em seguros de riscos relativos a outros veículos terrestres, incêndio, responsabilidade civil e outras perdas relacionadas na norma, o tomador atenda a pelo menos dois de três critérios seguintes, a saber: a) balanço anual igual ou superior a 6,2 milhões de euros; b) faturamento líquido igual ou superior a 12,8 milhões de euros; ou média de 250 empregados durante o exercício financeiro. Há, portanto, a distinção

---

7 Assim a referência de Fábio Konder Comparato, relativamente ao seguro de crédito, mas em tudo extensível aos seguros em geral: *O seguro de crédito*. São Paulo: RT, 1968, p. 13.

de grandes riscos por sua própria natureza, e aqueles assim considerados em razão da atividade do tomador do seguro.

Da mesma forma, não se confundem os "grandes riscos" e os "riscos de massa", distinção que já era objeto de uma antiga Diretiva n. 78/473, relativa ao cosseguro, e admitida pela doutrina.[8] Na precisa lição de João Calvão da Silva, "na base da distinção entre 'grandes riscos' e 'riscos de massa', estão a natureza da álea e a necessidade de proteção do segurado ou tomador de seguros".[9] Nesse sentido, a classificação que conduz o direito europeu vai conferir aos grandes riscos atenção ao princípio geral de autonomia privada, "na vertente da liberdade contratual das partes, dentro dos limites da lei, da ordem pública ou dos bons costumes".[10]

Tais definições do direito Comunitário foram incorporadas aos ordenamentos jurídicos nacionais (p.ex. arts. L. 111-6 e R. 111-1 do *Code des Assurances* francês, e o §210 da *Versicherungsvertragsgesetz* alemã), levando ao reconhecimento de um "regime especial", que afasta as restrições à liberdade contratual, ademais considerando que se tratam de seguros normalmente contratados por empresas,[11] embora a jurisprudência do Tribunal de Justiça da União Europeia tenha fixado entendimento limites quanto a extensão dos efeitos da definição, ao decidir que que cláusula derrogatória de competência territorial em seguro celebrado entre o segurador e o tomador não vincula o segurado.[12]

No direito brasileiro, a Resolução CNSP n. 407, de 29 de março de 2021, buscou dispor sobre a disciplina relativa ao contrato de grandes riscos, com o propósito evidenciado de criar um regime especial, reduzindo as restrições à autonomia privada

8 BIGOT, Jean. Le droit international privé du contrat d'assurance. *In*: BIGOT, Jean (Dir.) *Traité de droit de assurances*, t. 3. Le contrat d'assurance. Paris: LGDJ, 2002, pp. 1458-1460.

9 CALVÃO DA SILVA, João. Seguro de crédito como seguro de grandes riscos: garantia indenizatória acessória ou autônoma. In: MIRAGEM, Bruno; CARLINI, Angélica (Org.) *Direito dos seguros; fundamentos de direito civil, direito empresarial e direito do consumidor*. São Paulo: RT, 2014, p. 151.

10 CALVÃO DA SILVA, João. Seguro de crédito como seguro de grandes riscos: garantia indenizatória acessória ou autônoma, p. 153.

11 BURNS, Alexander. *Privatversicherungsrecht*. Munique: C.H. Beck, 2015, p. 39.

12 Assim a decisão do Acórdão do TJUE (Sexta Seção), de 27 de fevereiro de 2020: "O artigo 15º, ponto 5, e o artigo16º, ponto 5, do Regulamento (UE) nº1215/2012 do Parlamento Europeu e do Conselho, de 12 de dezembro de 2012, relativo à competência judiciária, ao reconhecimento e à execução de decisões em matéria civil e comercial, devem ser interpretados no sentido de que a cláusula atributiva de jurisdição prevista num contrato de seguro que cobre um "grande risco", na acepção desta última disposição, celebrado pelo tomador do seguro e pelo segurador, não pode ser oposta à pessoa segurada por esse contrato, que não é um profissional do setor dos seguros, que não consentiu nessa cláusula e que tem domicílio num EstadoMembro diferente do EstadoMembro do domicílio do tomador do seguro e do segurador." UNIÃO EUROPEIA. TJUE. Acórdão (Sexta Seção), de 27 de fevereiro de 2020. Disponível em: https://curia.europa.eu/juris/document/document.jsf?text=seguro%2Bgrandes%2Briscos&docid=223851&pageIndex=0&doclang=pt&mode=req&dir=&occ=first&part=1&cid=1067457#ctx1.

(dirigismo contratual). A rigor, a definição de grandes riscos é tomada mediante sua identificação como seguro vocacionado, embora não exclusivamente, a riscos tipicamente empresariais, o que exclui *a priori* a incidência da legislação de proteção do consumidor (com exceção de situações de equiparação de terceiros beneficiários ou vítimas dos danos alcançados pela garantia securitária).

A Res. n. 407/2021 dispõe, seguindo inspiração na norma europeia, a seguinte definição de "grandes riscos" em seu art. 2º:

> Art. 2º Entendem-se como contratos de seguros de danos para cobertura de grandes riscos aqueles que apresentem as seguintes características:
> I – estejam compreendidos nos ramos ou grupos de ramos de riscos de petróleo, riscos nomeados e operacionais – RNO, global de bancos, aeronáuticos, marítimos e nucleares, além de, na hipótese de o segurado ser pessoa jurídica, crédito interno e crédito à exportação; ou
> II – demais ramos, desde que sejam contratados mediante pactuação expressa por pessoas jurídicas, incluindo tomadores, que apresentem, no momento da contratação e da renovação, pelo menos, uma das seguintes características:
> a) limite máximo de garantia (LMG) superior a R$ 15.000.000,00 (quinze milhões de reais);
> b) ativo total superior a R$ 27.000.000,00 (vinte e sete milhões de reais), no exercício imediatamente anterior; ou
> c) faturamento bruto anual superior a R$ 57.000.000,00 (cinquenta e sete milhões de reais), no exercício imediatamente anterior.
> § 1º Também poderão ser considerados seguros de danos para cobertura de grandes riscos, na forma prevista no inciso II deste artigo, aqueles seguros que tenham sido contratados, por meio de uma apólice individual, por mais de um tomador ou segurado, desde que, ao menos um dos tomadores ou segurados apresentem, pelo menos uma das características constantes das alíneas "b" ou "c" deste inciso.
> § 2º No caso do seguro garantia, o contrato também poderá ser classificado como de grandes riscos se o tomador ou segurado pertencer a um grupo econômico que atenda as disposições contidas nas alíneas "b" e "c" deste inciso, devendo constar na apólice expressa menção ao vínculo existente, de forma clara e objetiva.
> § 3º A hipótese prevista no parágrafo anterior aplica-se apenas ao tomador ou segurado que possua personalidade jurídica própria e integre grupo econômico sob controle ou direção administrativa comum ou ainda sob o mesmo controle acionário.

A definição brasileira também distingue entre "grandes riscos" por sua própria natureza e aqueles que se relacionam ao porte econômico do tomador do seguro, pessoa jurídica. Em qualquer caso, contudo, estão implícitas a extensão e o valor da garantia contratada como critérios para a determinação do conceito e a determinação de um regime especial. Registre-se, nesse particular, que embora tenha sido submetida à consulta pública, a norma editada não explicita as razões que conduziram a escolha, pelo regulador, dos ramos e dos valores que finalmente define.[13]

No caso dos ramos qualificados expressamente como grandes riscos, uma série de disposições específicas, a partir do art. 12 da Res. n. 407/2021, não apenas os nominaram, como detalharam os interesses que devem ser objeto de garantia e, em alguns casos, os riscos a que se submetem. A título de exemplo, no caso dos riscos de petróleo consideram-se sujeitos a eles "as operações, equipamentos e/ou instalações, terrestres ou marítimas, diretamente relacionadas às atividades de prospecção, perfuração, produção, armazenamento e refino de petróleo e gás". Inclui-se, ainda, nesses riscos, quando relacionados às mencionadas atividades, uma série de interesses descritos no art. 13 da Res. n. 407/2021.[14]

Em relação aos ramos que não foram expressamente previstos na norma como de "grandes riscos", a Res. n. 407/2021 adotou critérios alternativos, em relação ao valor da garantia ou de porte econômico do tomador do seguro. Nesse particular, embora restringindo a possibilidade de incidência da norma a pessoas jurídicas – de modo que, inclusive, os tomadores do seguro, obrigatoriamente, devam sê-lo – a previsão do limite máximo de garantia superior a quinze milhões de reais, desvinculado de outro critério subjetivo, não afirma, necessariamente, eventual igualdade de forças entre as partes, tampouco a proporcionalidade dos riscos ou da garantia em relação ao porte dos contratantes. Também o critério do faturamento bruto anual, ainda que fixado em valor superior a cinquenta e sete milhões de reais (art. 2º, II, "c"), não indica

---

13 Assim, por exemplo, ramos que se encontravam relacionados na proposta submetida à consulta pública, como é o caso do seguro de responsabilidade dos administradores (D & O), e que não foram mantidos quando da edição da norma. Nesse caso do seguro D & O, inclusive, a proposta deixava de considerar que, embora o tomador do seguro pudesse enquadrar-se nas condições subjetivas que permitissem ostentar certo poder negocial, o segurado em si é pessoa natural, passível inclusive de ter sua vulnerabilidade reconhecida em relação ao segurador.

14 "Art. 13. Incluem-se ainda nos riscos de petróleo, quando relacionados às atividades do artigo anterior: I – a manutenção, a conservação e a construção de unidades de prospecção, perfuração, produção e armazenamento onshore (em terra firme) e/ou offshore (ao largo da costa); II – os dutos onshore (em terra firme) e/ou offshore (ao largo da costa) utilizados como meio de transporte ou transferência; III – as embarcações de apoio, dentre as quais se incluem: as unidades de perfuração, os navios de carga pesada, os navios para lançamento de dutos submarinos, as unidades de manutenção e segurança, e os demais tipos de embarcação envolvidas no transporte de óleo ou produção de petróleo offshore (ao largo da costa) ou serviço/ instalação de oleodutos e monobóias; IV – as coberturas de responsabilidade civil; e V – as perdas financeiras."

necessariamente o grande porte de um tomador do seguro ou a equivalência do seu poder negocial com o segurador, dependendo do ramo da atividade e da margem do lucro que a caracteriza, por exemplo.

Registre-se, ainda, que em muitos casos, embora o tomador do seguro preencha as condições fixadas, firmando presunção de suficiência ou poder negocial frente ao segurador – a justificar a dispensa da intervenção estatal – essa posição poderá não ser compartilhada com os segurados do mesmo contrato, quando se trate de pessoas distintas. É o que se pode observar em seguros-garantia de certas obrigações, ou de riscos de engenharia,[15] em que os interesses atingidos por um sinistro podem não se restringir aos contratantes.

1.2 Efeitos da disciplina especial do seguro de grandes riscos

A definição de um regime especial para os seguros de grandes riscos pressupõe a capacidade do tomador do seguro de orientar seu próprio interesse, dotado de condições para dimensionar os aspectos da contratação e negociá-los com o segurador. Daí buscar se afastar sua definição como contrato de adesão e, por consequência, das normas de proteção ao aderente que são próprias do modelo.

No direito brasileiro, a Resolução n. 407/2021, do CNSP, ao dispor sobre o seguro de grandes riscos, enuncia a "liberdade negocial ampla". (art. 4º, I), assim como a prevalência das disposições de que resultem da convenção das partes em relação às disposições regulamentares (art. 4º, §1º), e a dispensa de registro prévio das condições gerais contratuais na Susep (art. 24).

A justificação para essa disciplina normativa se conforma a certa orientação contemporânea de redução da intervenção do Estado no domínio econômico, que tem na Lei n. 13.874/2019 – cognominada "Lei de Liberdade Econômica" – o marco legal mais representativo no direito brasileiro. Esse diploma legislativo, dentre outras disposições, incluiu no Código Civil o art. 421-A, definindo a presunção de paridade e simetria dos contratos civis e empresariais, nos seguintes termos:

> Art. 421-A. Os contratos civis e empresariais presumem-se paritários e simétricos até a presença de elementos concretos que justifiquem o afastamento dessa presunção, ressalvados os regimes jurídicos previstos em leis especiais, garantido também que:

15 Veja-se: TZIRULNIK, Ernesto. *Seguro de riscos de engenharia:* instrumento do desenvolvimento. São Paulo: IBDS/Roncarati, 2015, p. 161 *passim* p. 163.

I – as partes negociantes poderão estabelecer parâmetros objetivos para a interpretação das cláusulas negociais e de seus pressupostos de revisão ou de resolução;
II – a alocação de riscos definida pelas partes deve ser respeitada e observada; e
III – a revisão contratual somente ocorrerá de maneira excepcional e limitada.

Paridade e *simetria* não são termos consagrados do direito contratual brasileiro; trata-se de expressões que reconduzem à noção afirmada de *igualdade contratual*. A presunção legal da igualdade entre os contratantes se compreende como reação ao que se identifica como excesso do dirigismo contratual e intervenção do Estado sobre o contrato, do que resultaria demasiada restrição da autonomia privada – inclusive, por exemplo, com a interpretação extensiva das disposições do Código de Defesa do Consumidor. Por isso enuncia a liberdade das partes para definir parâmetros de interpretação do contrato, assim como a prevalência do que for disposto pelas declarações negociais no tocante à alocação de riscos.[16] Como decorrência lógica desta proposição resulta também o caráter excepcional e limitado de eventual revisão do contrato posterior a sua celebração.[17]

Isso não se confunde, contudo, com a disciplina conferida aos contratos de adesão, prevista nos arts. 423 e 424 do Código Civil. Aliás, a presunção dos contratos civis e empresariais como paritários não impede que, de acordo com a circunstâncias negociais, possa ser afastada, identificando-se o contrato de adesão. O caput do art. 421-A do Código Civil, expressamente admite que a presunção de paridade pode ser afastada no caso da "presença de elementos concretos que o justifiquem".

A Res. n. 407/2021, do CNSP, define os seguros de grandes riscos para o fim de assegurar a possibilidade de que as condições contratuais sejam livremente pactuadas entre os tomadores do seguro e seguradores. Em especial, pela dispensa do registro prévio das suas condições gerais, em conjunto com o plano de seguro, na Susep. Deste modo, a definição do conteúdo contratual e das bases do seguro, não será de conhecimento prévio, nem se submete a qualquer apreciação por parte da autarquia, que apenas posteriormente poderá examiná-lo, no exercício da competência de supervisão da atividade securitária.

---

16 A referência à alocação de riscos do contrato diz respeito, em geral, à previsão de situações que digam respeito à tutela do interesse dos contratantes e a demarcação das esferas de responsabilidade, conforme aduz, com precisão, PINTO MONTEIRO, António. O contrato na gestão do risco e na garantia da equidade. *In*: MONTEIRO, António Pinto (Coord.) *O contrato na gestão do risco e na garantia da equidade*. Coimbra: Instituto Jurídico, 2015, p. 15.

17 O reconhecimento da centralidade do contrato como instrumento de distribuição eficiente, sobretudo dos riscos econômicos, justifica a restrição à intervenção ou modificação nos termos do contrato, mediante a promoção de uma interpretação favor contractus, conforme: DELFINI, Francesco. *Autonomia privata e rischio contrattuale*. Milão: Giuffrè, 1999, pp. 374-375.

O art. 4º da Res. n. 407/2021, buscando afirmar a prevalência do que resulte da liberdade contratual das partes em relação à intervenção do Estado no conteúdo do contrato, inclusive, adota redação peculiar para norma regulamentar, enfatizando "liberdade negocial ampla" e relacionando princípios jurídicos que informam o contrato de seguro de grandes riscos.[18] É nessa ordem de ideias que o §1º do art. 4º, então, afirma que "o princípio da liberdade contratual de que trata o inciso I prevalece sobre as demais exigências regulamentares específicas que tratam de planos de seguros, desde que não contrariem as disposições desta Resolução, refletindo a plena capacidade de negociação das condições contratuais pelas partes". Nesses termos, nota-se que a prevalência do que for convencionado pelas partes pressupõe a existência de "plena capacidade de negociação das partes" – ao que se deve acrescentar, para boa interpretação da norma, de que deve ser *efetiva*, tomando em consideração as circunstâncias negociais concretas e o modo como se desenvolve o processo de contratação.

2. DISTINÇÕES DA DISCIPLINA DO SEGURO DE GRANDES RISCOS EM RELAÇÃO AO REGIME COMUM DOS CONTRATOS DE SEGURO

A disciplina dos seguros de grandes riscos, e o regime que dela decorre, oferece a possibilidade de que o contrato não tenha suas cláusulas predeterminadas e imodificáveis, em razão do registro junto a Susep. Como foi destacado, a dispensa do registro prévio, prevista no art. 7º da Res. 407/2021,[19] soma-se ao estímulo à liberdade

18 "Art. 4º Os contratos de seguro de danos para cobertura de grandes riscos serão regidos por condições contratuais livremente pactuadas entre segurados e tomadores, ou seus representantes legais, e a sociedade seguradora, devendo observar, no mínimo, os seguintes princípios e valores básicos: I – liberdade negocial ampla; II – boa fé; III – transparência e objetividade nas informações; IV – tratamento paritário entre as partes contratantes; V – estímulo às soluções alternativas de controvérsias; e VI – intervenção estatal subsidiária e excepcional na formatação dos produtos. § 1º O princípio da liberdade contratual de que trata o inciso I prevalece sobre as demais exigências regulamentares específicas que tratam de planos de seguros, desde que não contrariem as disposições desta Resolução, refletindo a plena capacidade de negociação das condições contratuais pelas partes. § 2º As condições contratuais do seguro deverão ser negociadas e acordadas, de forma que haja manifestação de vontade expressa dos segurados e tomadores, ou de seus representantes legais, e da sociedade seguradora. § 3º É facultada às partes contratantes a adoção das regras constantes de regulamentações específicas de seguros de danos, inclusive em relação aos conceitos e às definições técnicas." Registre-se que é incomum, e relativamente inapropriado em termos de técnica legislativa, a enunciação de princípios, que a toda vista são princípios contratuais, em norma regulamentar, quando sequer alguns deles são previstos em lei nesta qualidade ou com ao menos com a terminologia adotada.

19 "Art. 7º As condições contratuais e as notas técnicas atuariais relativas aos contratos de seguros de danos para cobertura de grandes riscos não estão sujeitas ao registro eletrônico de produtos junto Susep previamente a sua comercialização, devendo, nos termos da regulamentação específica, ser mantidas sob guarda da sociedade seguradora."

de conformação do conteúdo contratual pelas partes, ao privilegiar o que dela resulte em relação à regulamentação específica dos planos de seguros (art. 4º, I, da Res. n. 407/2021). Ainda que esteja previsto na resolução um rol de cláusulas obrigatórias a serem contempladas no contrato (art. 10),[20] assim como exigências sobre o conteúdo das disposições e o modo de sua definição.[21] Atribui-se ao segurador o dever de manter consigo os documentos relativos ao contrato, à disposição da Susep, quando solicitados, assim como o de promover sua regular execução.[22] Trata-se de saber, contudo, se a dispensa do registro, por si, ou a prevalência indicada na norma sobre o que for objeto de livre convenção das partes, em detrimento da regulamentação específica dos planos de seguro, são suficientes para afastar do seguro de grandes riscos a definição de contrato de adesão.

2.1 Autonomia privada e relação entre segurador e segurado: o seguro de grandes riscos não é um contrato de adesão?

É fundamento do direito dos contratos, a autonomia privada, segundo a qual os contratantes decidem não apenas contratar, mas também definir o conteúdo do contrato. Na precisa lição doutrinária, "a vontade das partes é fundamento e substância do contrato" (autonomia contratual).[23] Porém, sabe-se que o desenvolvimento econômico

20 "Art. 10. Deverão constar expressamente nas condições contratuais cláusulas dispondo, no mínimo, sobre: I – o âmbito geográfico das coberturas; II – o pagamento de prêmio; III – os riscos cobertos e excluídos; IV – a exata definição do início e do término das obrigações; V – o procedimento para renovação do seguro, quando for o caso; VI – o critério de alteração e atualização de valores; VII – a comunicação, a regulação e a liquidação de sinistros, incluindo a documentação mínima e o fluxo geral para regulação de sinistro; VIII – as hipóteses de extinção contratual; IX – as franquias, as participações obrigatórias do segurado, as carências e a reintegração, quando houver; X – o limite máximo de indenização (LMI) e/ou limite máximo de garantia (LMG), conforme o caso; XI – a cláusula de concorrência de apólice, quando aplicável; e XII – a perda de direitos".

21 Assim os §§ 1º a 4º, do art. 10, da Res. n. 407/2021: "§1º Além das disposições previstas no caput, as condições contratuais deverão apresentar as disposições de todas as coberturas incluídas no plano de seguro, com a especificação dos riscos cobertos, dos riscos excluídos e, quando for o caso, dos bens e interesses não compreendidos no seguro. § 2º As cláusulas que tratem dos bens e interesses não compreendidos e dos riscos excluídos deverão ter grafia destacada e ser inseridas imediatamente após a descrição dos riscos cobertos; §3º As condições contratuais poderão prever cobertura para quaisquer eventos, na forma all risks (todos os riscos), com exceção dos riscos expressamente excluídos. § 4º As condições contratuais deverão dispor sobre as conseqüências pela inadimplência do pagamento do prêmio e sobre a necessidade, ou não, de comunicação prévia dos segurados e tomadores, pela sociedade seguradora, antes da eventual extinção do contrato".

22 Assim os arts. 24 e 25 da Res. n. 407/2021: "Art. 24. Os documentos relacionados aos contratos de seguros de danos para cobertura de grandes riscos que serão mantidos sob guarda da sociedade seguradora, conforme previsto no art. 7º desta Resolução, deverão ser disponibilizados para análise e supervisão quando requeridos pela Susep. Art. 25. As sociedades seguradoras devem se responsabilizar pela adequada e correta aplicação das condições contratuais dos seguros de danos de grandes riscos".

23 ROPPO, Vincenzo. *Il contratto*. 2. ed. Milão: Giuffrè, 2011, p. 37.

deu causa ao fenômeno da massificação e padronização de certos contratos. Esse fenômeno determinou, na prática, em muitas situações, a predisposição das condições contratuais por uma das partes, conferindo à outra apenas a decisão de aceitá-las ou não, sem discutir ou influenciar seu conteúdo: definição do contrato de adesão. Essa ordem de ideias marca o contrato de adesão pela desigualdade de poder contratual entre os contratantes, de modo que aquele que predispõe o conteúdo dita a regra ao aderente, cuja decisão é limitada à aceitação ou não dos seus termos. O que fundamentou, ao longo do tempo, a intervenção do Estado para proteção do interesse geral e dos contratantes mais fracos, limitando a liberdade contratual.[24]

As características do contrato de adesão são, geralmente, assim relacionadas: a) *predisposição* de seu conteúdo por uma das partes (o predisponente), de modo unilateral e que se dê a conhecer para contratação futura;[25] como regra, a predisposição vincula o predisponente; b) *uniformidade* das condições estabelecidas, como exigência de racionalização da contratação;[26] c) *generalidade* e *abstração* dessas mesmas condições, que não se referem a um negócio específico ou a um contratante determinado, mas a todos aqueles que venham a aderir; d) *rigidez* do conteúdo, com impossibilidade de sua alteração pelo aderente.

Para que se configure o contrato de adesão, é exigido apenas que parte substancial do seu conteúdo esteja compreendido por condições gerais, não o descaracterizando a circunstância de que alguma de suas cláusulas sejam objeto de alteração. Segue impossível ao aderente discutir ou modificar de modo relevante suas disposições.

Embora o contrato de adesão seja uma técnica de contratação utilizada indistintamente no mercado, no direito brasileiro teve sua disciplina e definição originais no Código de Defesa do Consumidor, considerando sua preponderância nas relações de consumo. Dispôs o art. 54, caput, do CDC: "Contrato de adesão é aquele cujas cláusulas tenham sido aprovadas pela autoridade competente ou estabelecidas unilateralmente pelo fornecedor de produtos ou serviços, sem que o consumidor possa discutir ou modificar substancialmente seu conteúdo". Os parágrafos do mesmo artigo, de sua vez, reforçam as premissas de que "a inserção de cláusula no formulário não desfigura a natureza de adesão do contrato" (§1°), cláusulas resolutórias do contrato só se admitem

---

24 ROPPO, Vincenzo. *Il contratto*. 2. ed. Milão: Giuffrè, 2011, p. 48; ALPA, Guido. Il contrato in generale. Fonti, teorie, metodi. *In*: CICU, Antonio *et al*. *Tratatto di diritto civile e commerciale* / già diretto da Antonio Cicu, Francesco Messineo, Luigi Mengoni. Milão: Giuffrè, 2014, pp. 399ss.

25 RIBEIRO, Joaquim de Sousa, *O problema do Contrato:* as cláusulas contratuais gerais e o princípio da liberdade contratual. Coimbra: Almedina, 2003, p. 150.

26 GOMES, Orlando. *Contratos de adesão.* Condições gerais dos contratos. São Paulo: RT, 1972, p. 9.

se a escolha sobre o exercício do direito que nela se contenha pertença ao consumidor (§2º), assim como critérios para assegurar a informação e esclarecimento do consumidor (§3º), inclusive colocando em destaque as cláusulas de limitação do direito do consumidor aderente (§4º). Nessa perspectiva, a proteção do aderente se justifica, presumindo-se a ausência de domínio sobre aspectos técnicos do contrato, ou de poder para conformação do seu conteúdo.[27]

O Código Civil, de sua vez, embora não disponha sobre uma definição de contrato de adesão, prevê regras de proteção do aderente. O art. 423 define regra sobre interpretação, afirmando que "quando houver no contrato de adesão cláusulas ambíguas ou contraditórias, dever-se-á adotar a interpretação mais favorável ao aderente." O art. 424 do Código Civil, de sua vez, limita o poder de predisposição, definindo que "nos contratos de adesão, são nulas as cláusulas que estipulem a renúncia antecipada do aderente a direito resultante da natureza do negócio".

É comum, na linguagem corrente, referir-se aos contratos de adesão e, por sinonímia, às condições gerais contratuais. Em sentido técnico, todavia, deve se tomar a distinção entre o modo de contratação (por adesão ou não), e de elaboração do instrumento do contrato (do seu conteúdo), caso das condições gerais, ou também denominadas cláusulas contratuais gerais (*allgemeine Geschäftsbedigungen*), compreendidas como as elaboradas de modo prévio, uniforme e abstrato, para constituírem o conteúdo de relações individualizadas futuras.

Os seguros, como regra, caracterizam-se como contratos de adesão. A estipulação de condições gerais contratuais pelo segurador, registradas junto ao ente de supervisão

---

27 Como se sabe, os contratos de seguro não se submetem, todos, ao Código de Defesa do Consumidor, mas apenas aqueles que se caracterizem como contrato de consumo, seja porque o tomador ou o segurado sejam destinatário final do serviço (art. 2º, caput c/c art. 3º, §2º, do CDC), seja porque haja equiparação a consumidor do beneficiário (no caso das vítimas do acidente de consumo, art. 17 do CDC), ou em razão da demonstração de vulnerabilidade em concreto (art. 29 do CDC). De qualquer modo, a definição de contrato de adesão prevista no art. 54 do CDC é útil em termos dogmáticos, para a definição do contrato de adesão, que ademais, ostenta características percebidas da realidade negocial, independentemente de definição legal específica. MIRAGEM, Bruno. *Curso de direito do consumidor*. 8. ed. São Paulo: RT, 2019, p. 324 *passim* 597. Para exame do direito do consumidor e sua repercussão prática sobre diferentes aspectos da atividade securitária, veja-se: POLIDO, Walter A. *Contrato de seguro e a atividade seguradora no Brasil. Direito do consumidor*. São Paulo: Roncarati, 2015, pp. 71ss. Em relação ao seguro de grandes riscos, embora bastante improvável, não pode ser descartada completamente, em vista dos critérios atribuídos pela Res. n. 407/2021 para a definição dos "grandes riscos", a incidência das normas do CDC a determinado contrato, especialmente, em certas hipóteses de equiparação a consumidor, também a resultar da qualificação de uma situação de fato específica. Assim, por exemplo, pode ocorrer no caso em que o tomador do seguro, seja distinto do segurado ou beneficiário, e algum desses seja considerado consumidor; ou a demonstração de vulnerabilidade *in concreto* de pessoa jurídica tomadora do seguro, mas que se enquadre nas condições da resolução apenas em razão do limite máximo de garantia contratado superior a 15 milhões de reais. Em tais hipóteses, a ordem pública que caracteriza as normas de proteção do consumidor pode avançar e delimitar o conteúdo negocial.

(a Susep), tornando-as insuscetíveis de alteração pelas partes quando da contratação, limita o poder de decisão do tomador, cuja manifestação de vontade se restringe a aceitar ou não o conteúdo do contrato. As condições gerais do contrato, que são próprias do seguro, revelam-se, conforme já foi observado, como técnica de contratação em massa, também denominadas "cláusulas contratuais gerais", tanto previstas pela praxe negocial, quanto, em alguns casos pela regulação. Na exata lição doutrinária, "a empresa seguradora redige as condições gerais do seguro que integram o contrato, ao lado das cláusulas obrigatórias, destinando-se, por sua uniformidade, à aceitação inevitável de quem queira fazer o seguro. Sob esse aspecto, é inequivocamente um contrato de adesão".[28] Nos seguros, *condições gerais* são as que tem aplicação geral sobre o contrato, em relação a riscos de mesma natureza; *condições especiais* as que, presente no contrato, alteram, ampliando ou reduzindo e especializando as condições gerais; e *condições particulares* as que identificam e particularizam o interesse, o objeto e as garantias ajustadas de modo específico para um determinado contrato. A submissão a registro dos planos de seguro e respectivas apólices dão causa à tendência de uniformização das condições gerais do contrato, restringindo o poder de disposição do tomador do seguro, cujo exercício da liberdade contratual poderá ter lugar, conforme o caos, apenas em relação a certos aspectos das condições especiais e particulares do contrato.

No direito brasileiro, as características peculiares da contratação do seguro deram lugar a imprecisões e divergências terminológicas. Em obra de 1905 (*Guia Prática de seguros terrestres*), Manoel José Pereira de Novaes observava o caráter imperfeito do seguro, porquanto ao que se vinculava o segurado e o segurador era à "minuta" do contrato, representada pelas condições gerais presentes na apólice arquivada, que não era de conhecimento do segurado no momento da sua celebração, mas só depois. Isso era uma preocupação na época: a eventual diferença do conteúdo da minuta (entregue ao segurado) e a apólice, quanto às condições gerais pactuadas. Assinalava-se, com isso, a importância do registro da apólice junto ao Estado, como previsto no Regulamento de 30 de agosto de 1820, mas sobre o que o Código Comercial de 1850 não dispôs expressamente, recorrendo à analogia com o contrato de mútuo a risco, que obrigava o registro (art. 665 CCom/1850).[29]

No contrato do seguro, as condições gerais são levadas a registro no ente supervisor – caso da Susep –, acompanhando a respectiva nota técnica atuarial, providência que deve anteceder a comercialização do seguro no mercado. Compreendem as

28 GOMES, Orlando. *Contratos de adesão. Condições gerais dos contratos*. São Paulo: RT, 1972, p. 154.
29 NOVAES, Manuel José Pereira de. *Guia prática de seguros terrestres*. Rio de Janeiro: Typographia Avenida, 1903, p. 6.

condições gerais, em geral, as cláusulas que digam respeito ao objetivo do seguro e estabeleçam definições (glossário), coberturas oferecidas, sua forma de contratação e âmbito geográfico, os riscos excluídos, o modo e prazo para aceitação do risco pela seguradora, o prazo de vigência e procedimento para renovação do seguro, as disposições sobre franquias, participações obrigatórias do segurado e carências, condições para alteração e atualização de valores para pagamento do prêmio, os valores e a extensão dos eventos compreendidos pela indenização, as disposições sobre comunicação, regulação e liquidação de sinistros, as hipóteses de perda de direitos, dentre outras disposições. Tal justifica a proteção do tomador/segurado aderente.

A padronização das condições contratuais é ínsita ao seguro, e reconhecida, inclusive, como fator de progresso técnico-jurídico do contrato em si, e de sua contribuição para o direito das obrigações em geral. Conforme refere Antonio La Torre,

> a moderna técnica do contrato standard ou por adesão, que hoje é uma técnica de contratação difusa em muitos setores da economia, e quase exclusiva em alguns deles, tem seu precursor na política padrão do seguro (...) A ideia de um esquema típico aplicável a uma série indefinida de relações homogêneas, já se encontrava na política de seguros. Este é de fato o instrumento que (...) começou a ser redigido na base de condições gerais uniformes, transferidas para formas especiais, e praticamente deu início à era dos contratos de massa. E bem antes de qualquer outro setor.[30]

De fato, conforme observa a melhor doutrina, quando certas operações se tornam correntes, realizadas diariamente por milhares de pessoas, "exigências de simplificação e racionalização de custos (de tempo e pessoal) e de eficiência, celeridade e segurança na contratação, levam operadores financeiros a elaborar formulários impressos, com um conjunto de cláusulas que os clientes não estarão em condições de discutir".[31]

A padronização das condições contratuais, desse modo, justifica-se mediante exigências do tipo, de homogeneização e dispersão de riscos que caracteriza a atividade securitária, conhecidos seus antecedentes desde o final do século XVI.[32] Há razões de ordem que se ligam, contudo, não apenas à organização da operação de seguros em si, mas também na sua oferta a eventuais tomadores de seguro que, por vezes, poderão

---

30 LA TORRE, Antonio. *L'assicurazione nella storia delle idee*. 2. ed. Milão: Giuffrè, 2000, p. 272.

31 CALVÃO DA SILVA, João. *Banca, bolsa e seguros*. Direito europeu e português, t. I – Parte geral. 4. ed. Coimbra: Almedina, 2013, p. 175.

32 Assim observa John MacLeod ao indicar o percurso histórico do seguro no direito inglês, em: HELLWEGE, Phillip. *A comparative history of insurance law in Europe*, v. 1. Berlim: Duncker & Humblot, 2018, p. 160.

ter apenas um conhecimento geral de seguros e das necessidades a serem atendidas pelo contrato, carecendo de informações essenciais para uma escolha fundamentada sobre aspectos relevantes do negócio. Isso porque, em termos gerais, a customização do seguro para necessidades específicas de um determinado titular do interesse segurável (individualização do seguro) pode assumir valores que o inviabilizam economicamente. A padronização de coberturas de seguro também é relevante em vista da transferência de riscos do segurado para o segurador. A distribuição de risco na escala apenas é possível com a padronização dos termos do contrato, com redução de custos.[33]

Outra vantagem da padronização das condições contratuais no seguro é que ela permite ao tomador incapaz de definir precisamente o escopo da garantia mais adequada, contratar objeto definido segundo a praxe do mercado, segundo necessidades típicas dos tomadores, e a experiência do próprio segurador em situações semelhantes anteriores. Da mesma forma, pode ser vantajoso para tomadores sem capacidade para identificar ou produzir dados atuariais sobre o risco a que estão submetidos (tais como pequenas e médias empresas ou consumidores). As políticas definidas pelos seguradores visam atender necessidades típicas dos tomadores de seguros, auxiliando aqueles que não conseguem identificar, em um primeiro plano, suas necessidades, mediante recurso a cláusulas padronizadas; facilita, igualmente, o compartilhamento de informações sobre riscos entre os próprios seguradores. Essa estratégia também serve à intervenção do Estado sobre o contrato, uma vez que ao impor a padronização de certas garantias objeto do seguro, utiliza-se dessa prerrogativa também para a implementação de políticas públicas. Nesse sentido, pela via legislativa ou regulamentar, a previsão de certo conteúdo das garantias do seguro pode relacionar-se à realização de fins promovidos pelo Estado, revelados como de interesse público.

A padronização das condições gerais dos contratos de seguro, por sua vez, é observada com mais intensidade em determinados tipos, inclusive frente à ausência de disciplina legal específica,[34] mediante atuação, especialmente, dos seguradores – desenvolvimento de "tipos sociais".

Em termos concorrenciais, a padronização das condições gerais pode dar causa a repercussões em sentidos opostos. De um lado, a possibilidade de que a adoção de certa garantia ou estipulação por um segurador, e que se revele uma vantagem competitiva, seja logo reproduzida pelos demais. A competição, nesses termos, é uma influência

33 KEETON, Robert E.; WIDISS, Alan I.; FISCHER, James M. *Insurance law*. Saint Paul: West Academic Publishing, 2017, p. 101.

34 KEETON, Robert E.; WIDISS, Alan I.; FISCHER, James M. *Insurance law*. Saint Paul: West Academic Publishing, 2017, p. 102.

para a padronização das condições contratuais.[35] Essa mesma padronização, contudo – conforme o caso –, pode ser também percebida em sentido diverso, como fator de inibição da concorrência e incentivo à reprodução acrítica das mesmas condições contratuais pelos principais seguradores, especialmente em seguros que admitem um maior grau de uniformidade (em geral massificados, como, p. ex., os seguros de automóveis).

A eficiência econômica que resulta da padronização das condições gerais dos seguros, de sua vez, deve ser sopesada com certa exigência de flexibilidade para atendimento de necessidades específicas dos segurados, de modo que o modelo mais relevante deve equilibrar esses polos, em especial ao considerar, nas diversas situações, os interesses específicos de certos setores econômicos de tomadores de seguro ou segurados, hipótese do seguro de grandes riscos. Ainda que, mesmo nesses casos, frente à possibilidade de diferenciação entre as políticas formuladas pelos seguradores, as condições gerais preservam-se como instrumento hábil à organização da atividade e gestão do contrato, sem que se desconsidere o risco de prejuízo à concorrência diante de uma excessiva uniformização.

Nessa ordem de ideias, a dispensa do registro prévio no caso do seguro de grandes riscos e a prevalência reconhecida às disposições livremente pactuadas pelo segurador e o tomador do seguro, observando "liberdade negocial ampla" (art. 4º, I), por si, afastam sua caracterização como contrato de adesão? Registre-se, primeiramente, que dadas as características do conceito, a qualificação de um contrato como de adesão não se atribui ou afasta simplesmente pela norma – uma vez que já possuem certa compreensão assentada; supõe o exame das circunstâncias negociais e o comportamento concreto das partes em relação à participação efetiva na formação do conteúdo do contrato, ou ao menos a possibilidade efetiva de fazê-lo, ainda que possa livremente decidir não intervir (liberdade de não atuação). A paridade contratual, que se opõe à noção de contrato de adesão, resulta da possibilidade de o contratante *discutir ou modificar substancialmente seu conteúdo*. Desse modo, a simples inserção de cláusula no instrumento predisposto por uma das partes não é suficiente per se para desfigurar a natureza de adesão do contrato, sem considerar as demais circunstâncias negociais.

2.2 Repercussões da disciplina do seguro de grandes riscos

Caracterizado o seguro de grandes riscos e seu regime especial, com a dispensa do registro prévio das condições gerais e prevalência das disposições convencionadas

35 KEETON, Robert E.; WIDISS, Alan I.; FISCHER, James M. *Insurance law*. Saint Paul: West Academic Publishing, 2017, p. 103.

entre o segurador e o tomador do seguro, cumpre examinar quais outras repercussões jurídicas resultam da relação contratual estabelecida pelas partes. Em especial, no tocante a: a) formação e conteúdo do contrato; e b) interpretação de suas disposições.

2.2.1 *Formação e conteúdo do contrato*

A presunção de igualdade das partes e prevalência do convencionado pelos contratantes em relação à regulamentação específica em tese permite maior liberdade na conformação do objeto do contrato em atendimento aos interesses em causa – notadamente, no tocante à adequação da garantia ao interesse do tomador do seguro ou do segurado. Note-se que a liberdade de conformação do contrato, todavia, não é absoluta. A Res. n. 407/2021, embora não defina o conteúdo das disposições do contrato, prevê um rol de cláusulas obrigatórias (art. 10), em geral próprias do tipo contratual, sem qualquer especificidade em relação aos grandes riscos. O fato de não haver registro prévio das condições gerais na Susep pode dar causa, entretanto, a que sejam celebrados contratos que não atendam a todas as disposições exigidas pela norma regulatória. Seria o caso de provável lacuna contratual.[36] Todavia, não afeta, necessariamente, a validade do contrato – que em face do tipo contratual do Código Civil, não pode decorrer da inobservância de norma infralegal – salvo se comprometer seu objeto (art. 166, II, do Código Civil), como por exemplo, se deixar de dispor sobre o prêmio a ser pago ou os riscos cobertos (art. 10, II e III da Res. n. 407/2021).

Na formação do contrato, o regime especial dos seguros de grandes riscos pode dispensar a atenção a deveres de aconselhamento por parte dos intermediários, ou sua forma, nos sistemas que o contemplem expressamente, em face da presunção de capacidade do tomador do seguro no dimensionamento do risco e do interesse segurável e da garantia, em geral pela expertise na atividade que exerce habitualmente.[37] No direito brasileiro, isso pode ser refletir na concreção da boa-fé e do dever de informar que dela resulta na fase pré-contratual, sem prejuízo da interpretação dos deveres

36 Note-se que a definição de lacuna, nesse ponto, compreende a ausência de uma disposição de conteúdo do contrato que prejudica sua adequada execução. Não se confunde com eventual disposição genérica definida pelas partes, inclusive com o objetivo de deixar sua especificação para o futuro. Igualmente, não é percebida apenas pela ausência de previsão expressa no negócio jurídico, uma vez que se possa encontrar regra aplicável, que dote o contrato de sentido, na própria legislação ou nos usos, por exemplo. Registre-se, ainda que não se trata do mesmo, tampouco terão mesma solução, a integração de lacuna e o caso de disposições ambíguas ou contraditórias, cujo sentido se deva apreender por técnica de interpretação. Sobre o tema, útil o estudo de: NITSCHKE, Guilherme Carneiro Monteiro. *Lacunas contratuais e interpretação:* história, conceito e método. São Paulo: Quartier Latin, 2019, em especial, pp. 291ss.

37 BURNS, Alexander. *Privatversicherungsrecht.* Munique: C.H. Beck, 2015, p. 39.

legais específicos que decorrem do tipo (arts. 765 e 766 do Código Civil). Em outros termos, o que deve o segurador informar ou ser informado em relação ao tomador do seguro se define ou interpreta em acordo com as condições deste último, de melhor compreensão e atuação em vista da celebração do contrato. Verificando-se, segundo as circunstâncias negociais, a possiblidade de efetiva negociação entre segurador e tomador do seguro – portanto, afastada a caracterização do contrato de adesão –, tem lugar a presunção de igualdade e a prevalência do disposto pelas partes no tocante à alocação de riscos do contrato (art. 421-A, II, do Código Civil). Do mesmo modo, o caráter excepcional e limitado da revisão do contrato restringe a possibilidade de alteração cogente, mediante intervenção judicial, dos termos ajustados pelas partes. Sem prejuízo do exame do seu comportamento concreto, segundo parâmetros gerais (p.ex. art. 187 do Código Civil), ainda que em limites mais estritos para intervenção e modificação do que foi objeto de convenção das partes (art. 421, parágrafo único, do Código Civil).

Do mesmo modo, ainda no tocante à formação do conteúdo do contrato, a Res. n. 407/2021 vai contemplar não apenas a exigência quanto a cláusulas obrigatórias, como também o modo como devem se dar determinadas previsões. É o caso da exigência de explicitação dos riscos cobertos, dos riscos excluídos e, quando for o caso, dos bens e interesses compreendidos no seguro (art. 10, §1º). Em relação às disposições que tratem de riscos excluídos, ou de bens e interesses não compreendidos na garantia, a resolução determina forma e lugar de previsão no contrato. Nesse sentido, o art. 10, §2º, define que devem ter sua *grafia destacada* e *inseridas imediatamente após a descrição dos riscos cobertos* – de modo a prevenir eventual dificuldade de identificação ou compreensão pelo tomador do seguro.

Da mesma forma, prevê a exigência de que haja disposição sobre as consequências do inadimplemento para o segurado, e a necessidade ou não de comunicação a segurados ou tomadores sobre tal situação, como condição para extinção do contrato (art. 10, §4º). Essa previsão, contudo, não deve superar o entendimento majoritário da jurisprudência, afirmado na Súmula 616 do STJ, de 2018, que refere: "A indenização securitária é devida quando ausente a comunicação prévia do segurado acerca do atraso no pagamento do prêmio, por constituir requisito essencial para a suspensão ou resolução do contrato de seguro."

Admitirá, ainda, de modo expresso, a celebração de contratos para cobertura de quaisquer eventos, ou seja, todos os riscos – seguros *all risks* (art. 10, §3º).

Outro aspecto a ser destacado, sobretudo por sua reconhecida importância nos seguros empresariais, e em especial nos de grandes riscos, diz respeito ao disposto no art. 27 da Res. 407/2021, de que "as partes envolvidas dever o pactuar e definir formalmente, nas condições contratuais do seguro, se utilizarão a mediação, a arbitragem ou outra forma de resolução dos litígios" (disputes boards, p.ex.). No caso de previsão sobre convenção de arbitragem, por sua vez, determina que a cláusula compromissória e o compromisso arbitral deverão ser redigidos de forma clara e objetiva, "dispondo preferencialmente acerca da câmara arbitral escolhida livremente pelas partes". A disposições relativas à arbitragem, naturalmente, deverão observar os requisitos e demais condições previstas na Lei de Arbitragem (Lei n. 9.307/1996), tanto quanto à forma (p. ex. art. 4º, §1º, da Lei n. 9.307/1996), quanto a eventual submissão às regras de entidade ou órgão arbitral escolhido pelas partes. Por outro lado, a indicação da norma regulatória para que as partes disponham *preferencialmente* sobre a escolha de câmara arbitral, é previsão sem qualquer efeito prático, sendo livres os contratantes para deliberarem a respeito já na celebração do contrato ou posteriormente.

2.2.2 *Interpretação do contrato*

No tocante aos efeitos da disciplina do contrato de grandes riscos sobre a interpretação dos termos, recorde-se que pode excetuar a regra geral, que ao tomar o contrato de seguro como contrato de adesão, faz prevalecer a interpretação *contra proferentem*, ou seja, que suas disposições sejam interpretadas de modo mais benéfico em relação àquele que não as elaborou (interpretação mais favorável ao aderente). Trata-se de regra presente, como já foi registrado, no art. 423 do Código Civil: "Quando houver no contrato de adesão cláusulas ambíguas ou contraditórias, dever-se-á adotar a interpretação mais favorável ao aderente." O caráter ambíguo ou contraditório das disposições, sempre é bom mencionar, não diz respeito, exclusivamente, ao texto da cláusula em si, mas tomado em vista de todo o conjunto contratual e a natureza e finalidade do contrato.

Mais recentemente, a alteração do art. 113 do Código Civil pela Lei n. 13.874/2019, ao incluir novos critérios para interpretação do negócio jurídico, consagrou a interpretação *contra proferentem* em relação aos contratos em geral. O inciso IV do § 1º do art. 113 do Código Civil, determina interpretação do negócio jurídico no sentido que "for mais benéfico à parte que não redigiu o dispositivo, se identificável". Tal como redigida a norma, contudo, pode enfrentar dificuldades práticas para identificação, em negócios jurídicos paritários e que tenham seu conteúdo definido por negociação das partes, o responsável pela redação final da disposição, ou a relação dela com outras previstas no mesmo instrumento contratual. Em outros termos, a dificuldade em tomar o todo do dispositivo objeto de interpretação, considerando que ambas as partes tenham incluído e retirado expressões textuais, ajustado regras de redação, ou mesmo definido sua localização no texto, sistematizando, aproximando ou distinguindo de outras disposições existentes. Igualmente, pode ser que um dispositivo específico do texto, objeto de interpretação, justifique-se apenas em relação a outros que integrem o mesmo negócio jurídico, de modo que tenha sido redigido para explicitar, estender ou restringir o conteúdo ou alcance de outra disposição, ou ainda com o fim de conferir vantagem a uma das partes, em vista de outra atribuída à contraparte. As circunstâncias e a finalidade das declarações de vontade dos contratantes devem ser sopesadas, inclusive com a concorrência dos demais critérios previstos em lei ou consagradas na técnica de interpretação contratual.[38] Essas dificuldades estarão presentes na interpretação das condições contratuais nos seguros de grandes riscos.

Aliás, no seguro, as condições gerais contratuais, que definem o tipo, relacionam-se com a interpretação das condições especiais e, estas, com as condições particulares do contrato, o que se deve observar também no seguro de grandes riscos. Daí a concluir que a técnica de interpretação das disposições contratuais influencia, decisivamente, a própria execução do contrato.

CONSIDERAÇÕES FINAIS

A definição do seguro de grandes riscos, por intermédio de norma regulatória, e inspirada na experiência de outros sistemas jurídicos, compreende uma alteração sensível no regime dos contratos de seguro, que celebrados a partir de condições gerais contratuais registradas previamente na entidade de supervisão da atividade (Susep), caracterizavam-se, sem exceção, como contratos de adesão. A dispensa do registro prévio e a prevalência da liberdade contratual, ao fundar-se na possibilidade de reconhecimento de suficiência e poder negocial de certos tomadores de seguros, podem favorecer a melhor adequação da garantia aos interesses que compõe o objeto do contrato.

O destaque à liberdade contratual que funda um regime especial para o seguro de grandes riscos, todavia, não impõe sua descaracterização absoluta como contrato de adesão, e por consequência, das normas de proteção ao aderente. A tradição do uso de condições gerais contratuais como técnica de padronização do contrato e gestão do risco pelo segurador, aliada às circunstâncias negociais em cada caso, se mantêm como critérios a serem considerados na aplicação da norma regulatória e sua repercussão concreta.

---

38 MIRAGEM, Bruno. *Teoria geral do direito civil*. Rio de Janeiro: Forense, 2021, pp. 409-410.

Do mesmo modo, o disposto na Res. n. 407/2021 da Susep, que disciplina o seguro de grandes riscos, e sem prejuízo do exame de suas disposições à luz do princípio da reserva legal, deve ser interpretado e aplicado em estrita conformidade com as normas que definem o tipo legal do seguro e as relativas a formação e interpretação do contrato e dos negócios jurídicos em geral, previstas no Código Civil.

Os benefícios da intervenção regulatória para disciplina do seguro de grandes riscos, aliás, estão diretamente associados à capacidade de interpretação e aplicação de suas normas em acordo com estas premissas. Trata-se de condição para a previsibilidade e segurança jurídica necessárias ao desenvolvimento da atividade securitária, cujo propósito orienta o exercício das competências de regulação e supervisão de seguros. A definição regulatória sobre o seguro de grandes riscos, oportunizando liberdade de conformação do conteúdo do contrato, igualmente, não exclui aperfeiçoamentos ulteriores pelo regulador ou mediante interpretação das próprias partes ou do Poder Judiciário.

Deve-se, todavia, destacar que a definição de parâmetros para um regime especial do seguro de grandes riscos, via regulamentar, mas *secundum legem*, pode inovar na disciplina do contrato de seguro, admitindo condições para maior concorrência entre seguradores e a formação de garantias mais adequadas ao interesse dos segurados.

BIBLIOGRAFIA

ALPA, Guido. Il contrato in generale. Fonti, teorie, metodi. *In*: CICU, Antonio *et al. Tratatto di diritto civile e commerciale* / già diretto da Antonio Cicu, Francesco Messineo, Luigi Mengoni. Milão: Giuffrè, 2014, pp. 399ss.

BIGOT, Jean. Le droit international privé du contrat d'assurance. *In*: BIGOT, Jean (Ed.) *Traité de droit de assurances*, t. 3. Le contrat d'assurance. Paris: LGDJ, 2002, pp. 1458-1460.

BURNS, Alexander. *Privatversicherungsrecht*. Munique: C.H. Beck, 2015.

CALVÃO DA SILVA, João. Seguro de crédito como seguro de grandes riscos: garantia indenizatória acessória ou autônoma. *In*: MIRAGEM, Bruno; CARLINI, Angélica (Org.). *Direito dos seguros*: fundamentos de direito civil, direito empresarial e direito do consumidor. São Paulo: RT, 2014, p. 151.

COMPARATO, Fábio Konder. *O seguro de crédito*. São Paulo: RT, 1968.

DELFINI, Francesco. *Autonomia privata e rischio contrattuale*. Milão: Giuffrè, 1999.

EWALD, François. Insurance and risk. *In*: BURCHELL, G; GORDON, C; MILLER, P. *The Foucault Effect*. Chicago: The University of Chicago Press, 1991, p. 199.

GOMES, Orlando. *Contratos de adesão*. Condições gerais dos contratos. São Paulo: RT, 1972.

HELLWEGE, Phillip. *A comparative history of insurance law in Europe*, v. 1. Berlim: Duncker & Humblot, 2018.

KEETON, Robert E.; WIDISS, Alan I.; FISCHER, James M. *Insurance law*. Saint Paul: West Academic Publishing, 2017.

LA TORRE, Antonio. *L'assicurazione nella storia delle idee*. 2. ed. Milão: Giuffrè, 2000.

MIRAGEM, Bruno. *Curso de direito do consumidor*. 8. ed. São Paulo: RT, 2019.

MIRAGEM, Bruno. *Teoria geral do direito civil*. Rio de Janeiro: Forense, 2021.

MIRAGEM, Bruno; PETERSEN, Luiza. *Direito dos seguros*. Rio de Janeiro; Forense, 2022.

MONTEIRO, António Pinto. O contrato na gestão do risco e na garantia da equidade. *In*: MONTEIRO, António Pinto (Coord.) O contrato na gestão do risco e na garantia da equidade. Coimbra: Instituto Jurídico, 2015.

NITSCHKE, Guilherme Carneiro Monteiro. *Lacunas contratuais e interpretação*: história, conceito e método. São Paulo: Quartier Latin, 2019.

NOVAES, Manuel José Pereira de. *Guia prática de seguros terrestres*. Rio de Janeiro: Typographia Avenida, 1903.

POLIDO, Walter A. *Contrato de seguro e a atividade seguradora no Brasil*. Direito do consumidor. São Paulo: Roncarati, 2015.

RIBEIRO, Joaquim de Sousa. *O problema do Contrato*: as cláusulas contratuais gerais e o princípio da liberdade contratual. Coimbra: Almedina, 2003.

ROPPO, Vincenzo. *Il contratto*. 2. ed. Milão: Giuffrè, 2011.

TZIRULNIK, Ernesto. *Seguro de riscos de engenharia*: instrumento do desenvolvimento. São Paulo: IBDS/Roncarati, 2015.

Jurisdição

BRASIL. Supremo Tribunal Federal. ADI 2591/DF. Rel. Eros Grau; j. 07/06/2006, DJ 29/09/2006.

BRASIL. Supremo Tribunal Federal. ADI-MC 2223-7/DF. Rel. Min. Maurício Corrêa, Pleno, j. 10/10/2002, DJ 05/12/2003.

BRASIL. Supremo Tribunal Federal. ADI-MC 6262. Rel. Min. Edson Fachin, Pleno, j. 20/12/2019, DJ 22/04/2020.

BRASIL. Supremo Tribunal Federal. ADI 7074/DF. Rel. Min. Gilmar Mendes. DJE 14/02/2022.

UNIÃO EUROPEIA. TJUE. Acórdão (Sexta Seção), de 27 de fevereiro de 2020. Disponível em: https://curia.europa.eu/juris/document/document.jsf?text=seguro%2Bgrandes%2Briscos&docid=223851&pageIndex=0&doclang=pt&mode=req&dir=&occ=first&part=1&cid=1067457ctx1.

Legislação

BRASIL. Lei n. 8.078, de 11 de setembro de 1990. Código de Defesa do Consumidor. Dispõe sobre a proteção do consumidor e dá outras providências. Disponível em: http://www.planalto.gov.br/ccivil_03/Leis/L8078.htm.

BRASIL. Lei n. 10.406, de 10 de janeiro de 2002. Institui o Código Civil. *Diário Oficial da União*: seção 1, Brasília, DF, ano 139, n. 8, p. 1-74, 11 jan. 2002.

BRASIL. Ministério da Economia. Superintendência de Seguros Privados. Resolução CNSP n. 407, de 29 de março de 2021. *Diário Oficial da União*, de 31 de março de 2021. Disponível em: https://www.in.gov.br/en/web/dou/-/resolucao-cnsp-n-407-de-29-de-marco-de-2021-311650550.

Seguro de grandes riscos e desenvolvimento nacional: a ordem econômica constitucional como vetor de integração normativa

Alessandro Octaviani[1]

1. OS JURISTAS E QUESTÕES DE SEU TEMPO

Gostaria de iniciar minha exposição dizendo que, em alguns momentos da história, os juristas são chamados a se pronunciar sobre coisas importantes e realizar contribuições relevantes. Na maioria do tempo, juristas são chamados a organizar a burocracia e a rotina. Mas há alguns momentos em que os juristas vivem o privilégio de poder contribuir com processos centrais para as coletividades nas quais estão inseridos.

O caso da independência norte-americana, por exemplo, e o papel de Alexander Hamilton (pensando as estruturas do federalismo, a dívida pública norte-americana e sua acoplagem com a evolução da manufatura dos EUA, sendo todas essas construções alinhavadas pela construção da soberania econômica e militar do Estado-nação que se formava), são um exemplo de momento no qual juristas têm condições de contribuir com suas coletividades e elevá-las a um outro patamar. Os juristas que circundaram o gênio político de Napoleão logo após a consolidação da Revolução Francesa auxiliaram na formatação do Código Civil e na organização administrativa da França; com todas as mudanças e trepidações do mundo, ambos continuam, Código Civil e organização administrativa, embora obra do passado, também parte de nosso presente.

2. A QUESTÃO CENTRAL PARA O JURISTA BRASILEIRO: A DISCIPLINA JURÍDICA DO DESENVOLVIMENTO NACIONAL

A crise política e econômica com que nos deparamos no Brasil atualmente (com seus quase quarenta anos de marcada estagnação econômica, pulsões autoritárias e,

1 Alessandro Octaviani, Professor de Direito Econômico da Faculdade de Direito da USP. Este texto corresponde à transcrição, com algumas poucas mudanças, da palestra realizada no II Congresso Internacional de Direito do Seguro CJF-STJ/VIII Fórum IBDS, em 26 de novembro de 2021.

principalmente, a condição estrutural de subdesenvolvimento, nó que não conseguimos desatar) parece apontar que atravessamos um desses momentos em que os juristas, de fato, devem ter a responsabilidade de buscar realizar contribuições relevantes, que auxiliem a sociedade a alcançar um outro e superior patamar organizativo.

A missão de pensar o desenvolvimento nacional é verdadeiramente civilizacional: desenhar e consolidar a estrutura jurídica do desenvolvimento brasileiro, autorizando-nos a ser uma Nação capaz de acolher mais de 200 milhões de cidadãos e, em um mundo desorientado, que se debate entre a ausência de alternativas (em que os EUA só podem oferecer liberalismo requentado, que não incorpora as grandes populações em condições dignas de vida, e a China aponta para a supressão de liberdades políticas e criatividade pessoal como métrica de eficiência econômica), ofertar um caminho superior, que aglutine liberdade, dignidade e criatividade. Construir o Brasil é construir parte da esperança do mundo. Construir o Brasil passa, necessariamente, por organizar a disciplina jurídica de nossa economia política, de nosso desenvolvimento nacional.

3. SEGURO E DESENVOLVIMENTO NACIONAL: SEGURO IMPORTA

Quais são as categorias com as quais devemos organizar juridicamente o processo de produção, circulação e distribuição de riqueza que caracteriza o nosso desenvolvimento? Qual é a disciplina jurídica para o seguro de grandes riscos, questão central para uma economia como a nossa?

Se não organizamos adequadamente as categorias jurídicas pelas quais o seguro se desenvolverá e garantirá os interesses legítimos dos nossos investimentos em grandes riscos, certamente teremos um pedaço do nosso desenvolvimento travado ou informado por valores inadequados, como aceitar que resseguradores internacionais definam critérios jurídicos que privilegiam a fisicalidade dos bens, e não sua relação funcional para as estruturas empresariais protraídas no tempo. O seguro de grandes riscos importa porque sem ele – ou sem a perspectiva de que tenhamos garantias quando grandes riscos são assumidos – grandes riscos não serão assumidos ou serão assumidos de maneira inadequada; sem tais garantias, a infraestrutura do país não é construída, definha ou se torna obsoleta, em um jogo no qual as posições de poder na economia mundial não são estáticas, mas dinâmicas e relativas, e infraestruturas aptas e úteis em um período histórico não o são em período posterior.

4. UMA HERMENÊUTICA REALISTA PARA SUPERAR A PRÓPRIA REALIDADE

Devemos fornecer as adequadas categorias hermenêuticas para operacionalizar os critérios de decidibilidade de conflitos concretos, reais. Pensar a disciplina jurídica do nosso desenvolvimento demanda olhar para os desafios que a realidade lança ao ideal de desenvolvimento, porque os gargalos econômicos, culturais, institucionais ou jurídicos constituem a realidade. Nós juristas somos acostumados e treinados a olhar mais para pedaços de papel no qual estão escritas algumas palavras - confundindo tal amontoado de palavras com a realidade ou a totalidade da realidade - do que de fato a olhar para a realidade.

A insuficiência dessa forma tradicional de educação e socialização é notória. Quando só olhamos para o papel no qual estão escritas algumas palavras e afirmamos ser essa a totalidade da realidade ou, o que é igualmente trágico, sua mais relevante parcela, posicionamo-nos muito aquém daquilo que a sociedade brasileira demanda, como magistrados, como acadêmicos, como advogados. O advogado que olhar para o papel e disser ao seu cliente somente o que lá se encontra escrito, sem inquirir ou buscar prever como tal papel é movimentado ou movimenta as engrenagens da vida, será absolutamente dispensável, porque qualquer inteligência artificial poderia ler o conjunto de signos apostados no papel. O indispensável jurista para o desenvolvimento nacional é aquele que, lendo o papel, transcende-o, mergulha na vida e faz seu público, seus clientes ou os cidadãos brasileiros, saírem na outra ponta com mais capacidade decisória, com maior complexidade acumulada.

5. A DISCIPLINA E EXPERIÊNCIA JURÍDICAS DOS SEGUROS DE GRANDES RISCOS E POLÍTICAS DE DESENVOLVIMENTO: ENERGIA E INFRAESTRUTURA NA CHINA E NOS EUA

Tal capacidade de olhar para a vida concreta, para os desafios concretos da assunção de grandes riscos úteis e funcionais ao desenvolvimento nacional, demanda a compreensão de pelo menos duas grandes atividades econômicas: a política energética e a política de infraestrutura.

A realidade da política energética e de infraestrutura pode ser apreendida a partir de um olhar que decifre o que o mundo está fazendo, o que os pontos de maior dinâmica da economia mundial, China e Estados Unidos, estão realizando e espraiando, como exemplo de atuação estatal, de impulso aos negócios ou de disciplina e experiência jurídicas. A dinâmica de disputa entre os EUA e China vai paulatinamente envolvendo o mundo inteiro e, ao envolver o mundo inteiro, remodela opções econômicas, e, portanto, os desenhos normativos e interpretações jurídicas.

Em sua política de petróleo e de infraestrutura, EUA e China falam uma coisa e fazem outra. Um dos cruciais problemas no Brasil é a tendência a acreditar no que eles falam, e não buscar compreender o que de fato fazem.

6. CHINA E INFRAESTRUTURA: ESTADO PROPULSOR DA ECONOMIA

A China lançou uma monumental política externa fundada na infraestrutura, em torno da "Nova Rota da Seda". Basicamente, o país passou décadas vendendo produto barato com sua força de trabalho bastante achatada e sub-remunerada, obtendo enorme quantidade de reservas e fluxos financeiros a partir dessa dinâmica para, de maneira disciplinada e planejada, buscar novos patamares de complexidade econômica e mover-se na divisão social internacional do trabalho. Esse salto propicia hoje o domínio mundial de novos padrões tecnológicos, como dá exemplo a disputa em torno do 5G.

A partir desse enorme volume de recursos, advindos de uma estratégia estatal muito bem pensada, executada com luvas de pelica e determinação de ferro, a China também, agora, busca fazer o que toda a potência em ascensão sempre faz: transformar poder econômico em poder político, militar e cultural. Essa é a chave para compreender o financiamento da infraestrutura de países terceiros pelo Estado chinês, por meio da "Nova Rota da Seda", que porta uma ambiciosa pretensão de investimento colada em um mais ambicioso ainda programa de reescrita da geopolítica da Ásia, África, Américas e Europa.

Os montantes de 1 trilhão a 2 trilhões de investimento estatal em infraestrutura articulam-se, estruturalmente, a mecanismos jurídicos de expansão dos modelos contratuais e foros de julgamento chineses, em um processo de hiperterritorialização sutil – mas firme e em expansão – do direito e do poder chinês. Da mesma maneira, a pretensão mais ampla de tal programa de infraestrutura é transformar a moeda chinesa em padrão internacional, capacitada a competir com o dólar. Contratos negociados em moeda chinesa e regulados por organismos de arbitragem chineses tenderão a ter como mecanismo de compensação a moeda ou a criptomoeda chinesa.

Infraestrutura, para a China, é questão estratégica para o desenvolvimento nacional, de expansão de seu poder nacional, não meramente de Direito Privado; é questão de Direito Econômico, de Ordem Pública, de geopolítica.

7. EUA E INFRAESTRUTURA: ESTADO PROPULSOR DA ECONOMIA

No outro lado da moeda encontram-se os EUA, país aparentemente liberal, do qual sorvemos o confortável pensamento de que, quando retirarmos o Estado da economia, trouxermos segurança para os investidores, eles chegarão e, então, um dia, seremos mais ou menos como os "países desenvolvidos". Trata-se de uma fábula, em primeiro lugar porque os EUA não são liberais absenteístas, mas, pelo contrário, possuem um Estado intensamente ativista, e, em segundo, porque a "fada da confiança" nem de longe é o critério essencial para a atração de investimentos, como dá prova o caso chinês, em que, nos últimos 40 anos, gerenciada pelo Partido Comunista, trouxe, de cinco em cinco anos, nos planos quinquenais, renovações e insegurança para os investidores estrangeiros. A persistência dos investidores estrangeiros perante tal mercado permaneceu, via de regra, incólume: toparam a desconfiança porque o seu mercado potencial era enorme.

Se a fábula neoclássica da confiança não explica a decisão de investir, a própria história concreta dos EUA aponta para um padrão em muito distante da caricatura do "Estado ausente da economia". Os EUA não disciplinam a infraestrutura como questão meramente privada, como demonstra o atual presidente Joe Biden, que, tão logo declarado vitorioso contra Donald Trump, anunciou um imenso pacote público de investimentos em infraestrutura, assemelhado em magnitude de valor justamente à "Nova Rota da Seda" chinesa.

As normativas de Ordem Pública Econômica tratam de reorganização orçamentária, solução de conflitos, impulsos financeiros e tecnológicos e, em última análise, da própria disputa pelo papel dos EUA no centro da economia mundial. Infraestrutura, para os EUA, é questão estratégica para o desenvolvimento nacional, de expansão e manutenção de seu poder nacional, não meramente de Direito Privado; é questão de Direito Econômico, de Ordem Pública, de geopolítica.

8. CHINA, EUA E ENERGIA: ESTADO PROPULSOR DA ECONOMIA

O quadro sobre infraestrutura nos dois países pode ser replicado para a questão energética.

Os EUA movem sua política de desenvolvimento, desde 2001, com as chamadas "guerras do petróleo" no Oriente Médio. Com isso, garantem fornecimento físico de petróleo, ordenam preços, modelam a demanda interna e externa, e criam novos fluxos tecnológicos, com os desenvolvimentos militares em íntima relação com seu sistema financeiro. Para os EUA, energia não é mera questão de autonomia da vontade privada; é questão de Ordem Pública Econômica. A China conta, faz décadas, com três a quatro conglomerados estatais multinacionais, cuja pretensão é garantir fornecimento interno, modular preços, propiciar uma plataforma de relações políticas com o Oriente Médio e operar a mudança de padrões tecnológicos. Para a China, energia não é mera questão de autonomia da vontade privada; é questão de Ordem Pública Econômica.

9. A HERMENÊUTICA REALISTA E OS GRANDES RISCOS EM INFRAESTRUTURA E ENERGIA

O mergulho na realidade dos grandes riscos que envolvem a política de infraestrutura e energia não autoriza a ilusão de que o Direito Privado resolverá as complexidades do mundo e os desafios do Brasil, porque o mundo não opera nessa lógica; o mundo opera com a lógica da razão de Estado, do interesse do desenvolvimento nacional, da Ordem Pública Econômica.

Se nós, juristas brasileiros, chamados a resolver o problema do desenvolvimento nacional, continuarmos presos a categorias distantes da realidade, nossa contribuição será pífia, e, pior, terá o condão de ser perniciosa, como dá um caricato exemplo a Resolução CNSP 407/2021. Tal dispositivo, como bem cravaram Ernesto Tzirulnik e Inaê Oliveira, distancia-se do mundo dos fatos concretos, para labutar em pleno delírio ideológico, sendo, assim, um péssimo instrumento para o desenvolvimento nacional:

> O CNSP engendrou uma *presunção regulatória de paridade negocial entre segurados e seguradores*. Se houvesse "liberdade negocial ampla" e "tratamento paritário", como diz a Resolução (art. 4º, I e IV), o contrato não se formaria por adesão e, assim, não incidiria a regra de interpretação mais favorável ao segurado em caso de dúvida ou ambiguidade (art. 423 do Código Civil). Além disso, o CNSP previu que o seguro de grandes riscos se forma por "manifestação de vontade expressa" (art. 4º, par. 2º), contrariando os usos e costumes do mercado, que admitem a aceitação pelo silêncio da seguradora (ausência de recusa tempestiva), e o princípio de liberdade das formas que preside o moderno direito dos contratos (art. 107 do Código Civil). A Resolução cria um requisito de forma para um contrato que é consensual e, assim, viola também o art. 758 do Código Civil e ameaça a eficácia social do art. 444 do Código de Processo Civil.[2]

---

2 TZIRULNIK, Ernesto; OLIVEIRA, Inaê. O que muda com a resolução de Grandes Riscos que passa a valer hoje. *Revista Apólice*. Disponível em: https://www.revistaapolice.com.br/2021/04/o-que-muda-com-a-resolucao-de-grandes-riscos-que-passa-a-valer-hoje/#. Acesso em 09.05.2022.

Tal normativa é saturada de ideologia e sofre de inanição quanto ao pragmatismo; é desconforme à Constituição Federal e totalmente distanciada da prática real das duas principais economias do mundo contemporâneo, como visto anteriormente. Trata-se de um robusto exemplo de como não pensar e o que não fazer em matéria de desenvolvimento nacional.

10. A ORDEM ECONÔMICA E A DISCIPLINA JURÍDICA DO SEGURO DE GRANDES RISCOS: FUNCIONALIZAÇÃO AO DESENVOLVIMENTO NACIONAL

Qual é a Ordem Econômica Constitucional brasileira? O artigo 3º da Constituição Federal crava o que a doutrina classicamente chama de "cláusula transformadora", um horizonte cogente de sentido para todas as ações dos sujeitos de direito, Estado e particulares:

> Art. 3º Constituem objetivos fundamentais da República Federativa do Brasil:
> I - construir uma sociedade livre, justa e solidária;
> II - garantir o desenvolvimento nacional;
> III - erradicar a pobreza e a marginalização e reduzir as desigualdades sociais e regionais;
> IV - promover o bem de todos, sem preconceitos de origem, raça, sexo, cor, idade e quaisquer outras formas de discriminação.

A garantia do desenvolvimento nacional demanda que nossa Ordem Pública não seja mera Ordem Pública de proteção, mas sim que seja Ordem Pública Econômica, Ordem Pública de transformação, em que, nos termos do art. 219, o mercado interno integra o patrimônio nacional e será funcionalizado ao bem-estar social e desenvolvimento das capacitações tecnológicas, a mais fina camada da política de infraestrutura e de energia existente no tecido econômico.

11. ORDEM PÚBLICA ECONÔMICA DE TRANSFORMAÇÃO E PROIBIÇÃO DE CONTRATOS EROSIVOS AO DESENVOLVIMENTO NACIONAL - COMO DISCIPLINAR O SEGURO DE GRANDES RISCOS

A Ordem Pública Econômica transformadora dimana uma série de comandos para os seguros de grandes riscos, dentre os quais menciono dois: (i) a proibição do esvaziamento contratual e (ii) a proibição de reenvio do poder contratual a ator econômico e ordenamento jurídico estranhos à Ordem Econômica brasileira.

A proibição de esvaziamento de conteúdo contratual exsurge, com grande relevância, diretamente da Constituição para a regulação de contratos privados, principalmente em razão da operosidade com a qual se busca o esfarelamento das condições contratuais e, consequentemente, das próprias garantias ofertadas, como se viu acima com a breve menção à malfadada resolução do CNSP. A pitoresca notícia de encontros de ofertantes de seguro e resseguro para, anual ou bianualmente, passar em revista as principais coberturas acionadas para, daí, criar as novas exclusões, é a consagração da prática do esvaziamento contratual que, em verdade, gera um grotesco fantasma: denomina-se contrato de seguro, traz a expressão "contrato de grandes riscos", afirma-se, inclusive, "*all risks*" e, quando analisado por dentro, em seu mérito, poderia receber o nome de "*no risks*", porque nada de substancial aparece ali. Oferta-se um amontoado de cláusulas de conteúdo completamente esvaziado, em pleno desacordo com nossa Ordem Econômica.

O envio ou reenvio do poder de controle sobre a prestação ou resolução contratual a outros ordenamentos ou outras formas de interpretação do contrato que não as que direcionam nossa economia aos objetivos da Constituição também estão vedados. Há uma estrutural pressão de resseguradores e seguradores para remeter seus contratos particulares a arbitragens internacionais e também a uma teia normativa que organizará a resolução dos litígios a partir de critérios definidos pelos interesses do oligopólio mundial de resseguro, via de regra comprometidos com os lucros de curtíssimo prazo de seus acionistas investidores – e não com a concretização do desenvolvimento nacional brasileiro.

Tal quadro costuma gestar monstrengos, como, por exemplo, tomar o dano como mero dano físico (momento em que expressões como "*all risks*" se revelam notoriamente esquálidas e esvaziadas), buscando sua legitimidade na prática de outros ordenamentos, ao substituir a ideia de interesse segurado – que, incorporando em si posições jurídicas protraídas no tempo e funcionalizadas, pela incidência da Ordem Econômica, ao desenvolvimento das forças produtivas nacionais, "incentivadoras do mercado interno" – por uma canhestra ideologia da fisicalidade. O principal objetivo dessa fisicalidade é limitar, por onde der, a complexidade do funcionamento empresarial a um mero evento, pretensamente redutível a uma simplista somatória (via de regra bem raquítica) de fatores ou elementos físicos, como cimento, tijolos ou metais – como se os fatores de produção andassem separados de sua dinâmica, a parte separada do todo ou o corpo separado da mente.

12. ORDEM PÚBLICA ECONÔMICA DE TRANSFORMAÇÃO E INTERESSE NO SEGURO DE GRANDES RISCOS

O interesse na construção de uma grande obra de infraestrutura ou o interesse em uma grande plataforma de petróleo são essenciais ao nosso desenvolvimento, porque, por exemplo, sem hidrelétrica e sem petróleo não há eletricidade; sem eletricidade, não há plantação ou indústria. Sem plantação e sem indústria, não há emprego ou comida para os brasileiros. Portanto, a ideologia fisicalista, advinda do reenvio de poder jurídico aos resseguradores, que culmina no esvaziamento contratual, é incompatível com dicção expressa, para além do Código Civil, da própria Ordem Econômica Constitucional.

Para estruturar a disciplina jurídica capaz de ser útil ao desenvolvimento nacional brasileiro em um mundo em que EUA e China tomam infraestruturas, políticas energéticas e seguros de grandes riscos como centro de sua estratégia de poder, temos que mergulhar, simultaneamente, na realidade e na Constituição, e, portanto, realizar uma outra hermenêutica, que não autoriza o esvaziamento contratual e a importação de elementos culturais alienígenas que, ao fim, nos desprotegem como sociedade. Uma hermenêutica que não gere disparates saturados de ideologia e inconstitucionalidades, como a Resolução CNSP n. 407/2021.

BIBLIOGRAFIA

TZIRULNIK, Ernesto; OLIVEIRA, Inaê. O que muda com a resolução de Grandes Riscos que passa a valer hoje. *Revista Apólice*. Disponível em: https://www.revistaapolice.com.br/2021/04/o-que-muda-com-a-resolucao-de-grandes-riscos-que-passa-a-valer-hoje/. Acesso em 09.05.2022.

Legislação

BRASIL. Constituição (1988). Constituição da República Federativa do Brasil. Disponível em: http://www.planalto.gov.br/ccivil_03/constituicao/constituicao.htm.

CONTRATO DE SEGURO: PRINCÍPIO INDENITÁRIO, PRESCRIÇÃO E SUB-ROGAÇÃO

Veja o painel

Assicurazione parametrica e principio indenitário (original)

Seguro paramétrico e princípio indenitário (tradução)

Alberto Monti

A prescrição de direitos emergentes de um contrato de seguro em Portugal e no Brasil

Margarida Lima Rego

Sub-rogação nos contratos de seguro: o termo inicial do prazo de prescrição

Gustavo de Medeiros Melo

Assicurazione parametrica e principio indennitario

Alberto Monti[1]

La profondità storica del diritto delle assicurazioni, che com'è noto affonda le sue radici nel medioevo, consente di affrontare in prospettiva le più recenti evoluzioni del mercato.

Prendendo spunto da una di queste innovazioni, nota tra gli operatori specializzati come "*assicurazione parametrica*", oggi desidero condividere le mie riflessioni intorno ad alcuni principi fondamentali che reggono il diritto delle assicurazioni danni e, in particolare, al requisito *dell'interesse assicurativo* e al *principio indennitario*.

L'assicurazione parametrica mette in discussione alcuni fondamenti del diritto delle assicurazioni e la stessa riconducibilità dell'operazione alla nozione di contratto assicurativo e dunque al regime regolatorio e di solvibilità proprio delle imprese assicuratrici.

Si tratta di un contratto nel quale la prestazione a carico dell'"assicuratore" è predeterminata dalle parti in funzione di parametri fisici obiettivamente misurabili (la temperatura dell'aria, la velocità del vento, l'intensità di un terremoto) ed è dovuta al semplice verificarsi dell'evento i cui parametri di misurazione sono dedotti nel contratto, senza necessità di un accertamento *ex post* del danno effettivamente subito dall'assicurato.

Questi contratti sono utilizzati, ad esempio, per coprire il rischio di eventi naturali o climatici estremi (terremoti, uragani, ondate di calore) e garantiscono all'assicurato un pagamento rapido di una somma predeterminata, senza necessità di attendere gli accertamenti peritali.

L'ammontare del pagamento al quale l'assicuratore si obbliga viene calcolato sulla base di modelli di stima, ma potrebbe non corrispondere esattamente al danno subito dall'assicurato in dipendenza dell'evento occorso.

Da un punto di vista giuridico, come anticipato, si pone una serie di quesiti circa la qualificazione di questi contratti e la loro riconducibilità alla disciplina dell'assicurazione, sia sotto il profilo contrattuale che regolamentare.

---

1 Professore Ordinario di Diritto Privato Comparato nella Scuola Universitaria Superiore IUSS Pavia, Italia.

Per affrontare tali quesiti, occorre procedere con ordine.

Come sempre quando si discute in materia di assicurazioni, è utile partire dal *rischio*.

La nozione di "interesse assicurativo" e l'introduzione del suo requisito si legano infatti alla sussistenza in capo all'assicurato di una effettiva *esposizione al rischio* oggetto di trasferimento per mezzo del contratto di assicurazione.

Da un punto di vista comparativo, in coerenza con quanto sopra, è possibile osservare che in numerosi ordinamenti giuridici tale "interesse" non coincide affatto con la titolarità del diritto di proprietà sul bene assicurato, potendosi invece estendere sino al punto di comprendere ogni rilevante situazione nella quale l'assicurato si trova *esposto al rischio di una perdita economica al verificarsi del sinistro* e, dunque, ha un interesse contrario al suo avverarsi.

Del resto, l'*assicurazione danni* non comprende soltanto l'assicurazione delle "cose" intese come "beni materiali", bensì anche l'assicurazione del "patrimonio" inteso nel suo complesso (si pensi, ad esempio, all'assicurazione delle spese, delle perdite pecuniarie, della responsabilità civile). È chiaro, dunque, che il rischio di "danno" – oggetto del contratto di assicurazione – può prendere le forme più diverse: dal danneggiamento o perimento totale di un bene, all'assunzione di un debito per spese contingenti, all'insorgenza di una obbligazione civilistica risarcitoria, alla mancata percezione di un profitto sperato.

Nell'Inghilterra del diciottesimo secolo, due atti normativi del parlamento, riconducibili rispettivamente ai tempi in cui regnavano Giorgio II e Giorgio III, vietarono espressamente la stipulazione di assicurazioni marittime e sulla vita in assenza di un'effettiva esposizione dell'assicurato al rischio oggetto di trasferimento, motivando il divieto con la necessità di contrastare la pericolosa pratica delle "scommesse". Queste disposizioni furono sostanzialmente confermate dagli normativi in materia di assicurazione marittima promulgati in Inghilterra all'inizio del novecento, per la cui violazione furono introdotte anche conseguenze penali.

Accanto alla tendenziale opposizione alla pratica delle scommesse, sempre da un punto di vista storico-comparativo si osserva una generale preoccupazione in molti ordinamenti giuridici che, in difetto di un "interesse assicurativo" nel senso sopra precisato, l'assicurato che stipula il contratto possa essere incentivato economicamente a provocare il sinistro.

Il problema può essere inquadrato sia nell'ottica giuridica dell'*ordine pubblico* che in quella economica del c.d. *rischio morale* (*moral hazard*).

Quest'ultima nozione si riferisce, com'è noto nella *teoria microeconomica*, all'"aumento della rischiosità di un evento derivante dal comportamento opportunistico di chi ha stipulato un contratto contro il rischio e, grazie al vantaggio informativo di cui dispone, trasferisce il maggior rischio sulla parte meno informata".

Pur a fronte della successiva legalizzazione delle scommesse e della conseguente loro ammissione nel novero delle attività lecite, il requisito dell'interesse assicurativo rimane tutt'ora vigente in Inghilterra e le ripetute proposte della Law Commission di eliminarlo non hanno avuto successo.

Nel diritto italiano, viene in rilievo anzitutto la disposizione di cui all'articolo 1904 del Codice Civile ai sensi della quale: "Il contratto di assicurazione contro i danni è nullo se, nel momento in cui l'assicurazione deve avere inizio, non esiste un interesse dell'assicurato al risarcimento del danno" (art. 1904, C.C.).

Nella ricostruzione offerta dalla dottrina e dalla giurisprudenza italiane (ma così anche in altri ordinamenti giuridici), il requisito dell'interesse assicurativo è ritenuto *espressione e riflesso del principio indennitario* in base al quale l'indennizzo assicurativo deve essere commisurato all'entità del danno in concreto patito dall'assicurato e non deve rappresentare, per quest'ultimo, uno strumento per trarre vantaggi economici.

Sul piano normativo, nel codice civile italiano il principio indennitario trova collocazione agli articoli 1905 e 1908, che, per quanto qui di rilievo, così recitano: "L'assicuratore è tenuto a risarcire, nei modi e nei limiti stabiliti dal contratto, il danno sofferto dall'assicurato in conseguenza del sinistro" (art. 1905, C.C.).

> Nell'accertare il danno non si può attribuire alle cose perite o danneggiate un valore superiore a quello che avevano al tempo del sinistro.
> Il valore delle cose assicurate può essere tuttavia stabilito al tempo della conclusione del contratto, mediante stima accettata per iscritto dalle parti. (...)
> Nell'assicurazione dei prodotti del suolo il danno si determina in relazione al valore che i prodotti avrebbero avuto al tempo della maturazione o al tempo in cui ordinariamente si raccolgono. (art. 1908, C.C.).

Dal canto suo, l'articolo 1909 del Codice Civile italiano stabilisce che:

> L'assicurazione per una somma che eccede il valore reale della cosa assicurata non è valida se vi è stato dolo da parte dell'assicurato; l'assicuratore, se è in buona fede, ha diritto ai premi del periodo di assicurazione in corso.
> Se non vi è stato dolo da parte del contraente, il contratto ha effetto fino alla concorrenza del valore reale della cosa assicurata e il contraente ha diritto di ottenere per l'avvenire una proporzionale riduzione del premio.

Nessuna di queste norme, si badi, è considerata espressamente inderogabile dall'art. 1932 del Codice Civile.

Il tenore dell'articolo 1908, del resto, indica che il principio indennitario può essere soggetto a un qualche grado di flessibilità, laddove in particolare si consideri il caso della cosiddetta "*polizza stimata*", ossia il contratto di assicurazione danni nel quale il valore del bene assicurato è convenzionalmente fissato dalle parti a seguito di una perizia di stima che viene accettata da entrambe. La formula è comunemente impiegata per assicurare beni che non hanno un valore di mercato agilmente individuabile, quali ad esempio le opere d'arte, le collezioni e le automobili d'epoca.

È dibattuto in dottrina e in giurisprudenza se – proprio in virtù del principio indennitario – la stima sia contestabile o altrimenti impugnabile laddove al momento del sinistro emerga che il valore del bene era di fatto inferiore a quello stimato e accettato dalle parti. Chi si dichiara contrario alla impugnabilità afferma che la funzione della stima è proprio quella di dare certezza alla prestazione assicurativa e di evitare che si possa poi litigare sul valore del bene, sicché una stima accettata in assenza di dolo o altri vizi della volontà non può più essere messa in discussione.

Altro ambito nel quale il principio indennitario trova temperamento è quello sviluppato nella prassi delle c.d. *clausole "valore a nuovo"*, a mezzo delle quali l'indennizzo copre non solo il valore del bene allo stato d'uso, ma anche quello del suo rimpiazzo con altro bene equivalente, ma appunto nuovo. Le clausole sono ritenute efficaci dalla giurisprudenza, ma ciò anche perché nella pratica l'erogazione del differenziale di valore (tra usato e nuovo) viene fatta soggiacere all'effettiva sostituzione del bene da parte dell'assicurato.

Il principio indennitario è poi invocato dalla dottrina e dalla giurisprudenza della Suprema Corte di cassazione italiana per illustrare le funzioni dell'azione surrogatoria concessa all'assicuratore che ha pagato l'indennizzo e sino alla concorrenza del medesimo dall'articolo 1916 del Codice Civile.

In termini più distesi, all'assicurato non può essere consentito di percepire da un lato l'indennizzo assicurativo e dall'altro il risarcimento del danno in esito all'accertamento della responsabilità civile di un terzo, né del resto è opportuno che il terzo responsabile possa beneficiare dell'esistenza di un'assicurazione contratta dal danneggiato per andare esente da responsabilità, sicché è necessario che l'assicuratore possa surrogarsi nei diritti dell'assicurato sino alla concorrenza dell'importo versato.

Il tutto sul presupposto che vi sia identità di causa (o ragione giustificatrice) dell'attribuzione patrimoniale, ossia che il pagamento dovuto dall'assicuratore e quello dovuto dal terzo responsabile abbiano ad oggetto il medesimo pregiudizio subito dall'assicurato.

Analoga posizione risulta essere adottata dalla giurisprudenza francese.

Sulla scorta di queste premesse, pare utile tornare ad esaminare l'assicurazione parametrica, per svolgere qualche considerazione di sintesi.

Come anticipato, l'assicurazione parametrica consente di ottenere un pagamento al verificarsi di un evento stabilito in polizza al momento della sottoscrizione del contratto, a prescindere dalla prova di aver subito un danno in dipendenza di tale evento.

I parametri fisici che possono essere dedotti in contratto sono i più diversi tra loro:

- La caduta di un certo numero di centimetri di pioggia o di grandine;
- Un certo grado di intensità di un terremoto misurata in termini di massima accelerazione al suolo in determinate ubicazioni;
- L'assenza di un numero sufficiente di giornate di sole in un determinato arco temporale;
- Un dato numero di giorni di siccità;
- L'assenza di energia elettrica per più di un certo numero di ore;
- La mancanza della neve in un determinato periodo.

Se si verifica l'evento stabilito nel contratto l'assicurato ha il diritto di ricevere un pagamento forfettario.

Nelle forme più evolute, la misura del pagamento è determinata sulla base di modelli probabilistici elaborati al computer, atti a simulare la perdita effettiva. Sussiste, tuttavia, il rischio che l'importo della prestazione dovuta dall'assicuratore non corrisponda esattamente al pregiudizio economico subito dall'assicurato.

I contratti parametrici sono stati utilizzati in particolare per coprire alcuni effetti dannosi degli eventi catastrofali naturali (terremoti, uragani, inondazioni), nonché per sostenere l'agricoltura in relazione alle mutevoli variazioni del clima. Di questi vi sono esempi anche in Brasile nello stato del Rio Grande do Sul.

Oggi vi sono sperimentazioni in corso anche nell'ambito dei rischi relativi alle perdite di profitto delle imprese.

I vantaggi principali sono costituiti dalla certezza e dalla tempistica di erogazione del pagamento.

La semplicità del funzionamento di questi contratti ne consente anche la progressiva automazione (o semi-automazione) utilizzando nuove tecnologie informatiche quali "contratti intelligenti" e "*blockchain*", così da renderli ancora più rapidi ed efficaci a beneficio degli assicurati che possono ottenere subito il pagamento.

I c.d. "contratti intelligenti" (*smart contracts*) sono costituiti dalla incorporazione di clausole contrattuali, attraverso linguaggio informatico, in *software* o protocolli informatici. Essi possiedono la caratteristica di eseguirsi automaticamente sulla base di determinate condizioni predeterminate dalle parti.

Dal canto suo la *blockchain* è un insieme di tecnologie, in cui il registro è strutturato come una catena di blocchi contenenti le transazioni e il consenso è distribuito su tutti i nodi della rete. Tutti i nodi possono partecipare al processo di validazione delle transazioni da includere nel registro.

I "contratti intelligenti" qualora inseriti in una *blockchain*, hanno la possibilità di una esecuzione pressoché automatica ed immodificabile delle obbligazioni in essi contenute. Più in generale, hanno alcune interessanti caratteristiche:

- Certezza dell'esecuzione di obbligazioni contrattuali visibili a tutti i partecipanti della rete e non solo alle parti coinvolte;
- Trasparenza delle obbligazioni contrattuali e dei loro risultati;
- Immutabilità delle transazioni registrate;
- Introduzione di un elemento di fiducia reciproca dato dal codice informatico e dalla struttura della rete *blockchain*.

Da quanto sopra esposto appare chiaro che vi sono significativi elementi di distanza tra i contratti di assicurazione parametrica e i contratti di assicurazione tradizionale, ma questo non significa che non sia possibile strutturare le operazioni in discorso in forma compatibile con l'impianto caratterizzante l'assicurazione.

E ciò anche avuto riguardo al regime regolatorio e alla garanzia di solvibilità che presidia il mercato assicurativo attraverso i requisiti di legge e la vigilanza da parte delle autorità.

Se per i danni materiali ai beni appare difficile ammettere la riconducibilità dello schema parametrico al modello assicurativo, per l'assicurazione di perdite pecuniarie e di profitti sperati la distanza non appare incolmabile, soprattutto laddove l'accordo preveda una effettiva valutazione, sia pure prognostica, dell'impatto negativo attivo in danno all'assicurato, effettivo titolare dell'interesse esposto al rischio.

Il tutto anche al fine di consentire un'accurata stima del rischio da parte dell'assicuratore ai fini della riservazione e della solvibilità.

Ciò consente di impedire, insieme a possibili ulteriori accorgimenti negoziali, l'insorgenza dei problemi di rischio morale che il principio indennitario è diretto a eliminare.

LEGISLAZIONE

ITALIA. Codice Civile, 16 marzo 1942. *Gazzetta Ufficiale*, n. 79, 4. apr. 1942. Disponibile su: https://www.gazzettaufficiale.it/dettaglio/codici/codiceCivile.

Seguro paramétrico e princípio indenitário

Alberto Monti[1]

A profundidade histórica do direito dos seguros - que, como se sabe, deita raízes na Idade Média - permite enfrentar em perspectiva as mais recentes evoluções do mercado.

Tomando como sugestão uma dessas inovações, conhecida entre os operadores especializados como "*seguro paramétrico*", quero compartilhar as minhas reflexões a respeito de alguns princípios fundamentais que regem o direito de seguro sobre danos e, em particular, o requisito do *interesse securitário* e o *princípio indenitário.*

O seguro paramétrico põe em discussão alguns fundamentos do direito dos seguros, bem como a própria possibilidade de reconduzir as operações à noção de contrato de seguro e, portanto, ao regime regulatório e de solvência próprio das seguradoras.

Trata-se de um contrato no qual a prestação a cargo do "segurador" é pré-determinada pelas partes em função de parâmetros físicos mensuráveis objetivamente, como a temperatura do ar, a velocidade do vento, ou a intensidade de um terremoto. A prestação se torna devida pela mera verificação do evento cujos parâmetros de mensuração estejam previstos no contrato, sem que haja necessidade de uma declaração *ex post* do dano efetivamente sofrido pelo segurado.

Esses contratos são utilizados, por exemplo, para cobrir o risco de eventos naturais ou climáticos extremos (como terremotos, furações e ondas de calor), garantindo ao segurado pagamento rápido de uma quantia pré-determinada, sem que haja necessidade de aguardar a avaliação dos peritos.

O montante de pagamento a que se obriga o segurador é calculado tendo por base modelos de estimativa, mas podem não corresponder exatamente a dano sofrido pelo segurado em razão do evento ocorrido.

Do ponto de vista jurídico, como já se antecipou, põe-se uma série de questões acerca da qualificação desses contratos e da possibilidade de sua recondução à disciplina do seguro, seja sob o perfil contratual, seja sob o regulamentar.

---

1 Professor titular de Direito Privado Comparado no Instituto Universitário de Estudos Superiores de Pavia, Itália.

Para enfrentar tais questões, deve-se proceder ordenadamente.

Como sempre ocorre nas discussões em matéria de seguros, é útil partir do *risco*.

A noção de "interesse securitário" e a introdução do requisito ligam-se, com efeito, à subsistência para o segurado de uma efetiva *exposição ao risco* objeto de transferência por meio do contrato de seguro.

Sob o ponto de vista comparativo e de acordo com o que se disse acima, é possível observar que em numerosos ordenamentos jurídicos tal "interesse" não coincide, com efeito, com a titularidade do direito de propriedade sobre o bem assegurado, podendo-se, em vez disso, estendê-lo ao ponto de abranger toda situação relevante na qual o segurado se encontra *exposto ao risco de uma perda econômica com a verificação do sinistro* e, por conseguinte, tem interesse em que não ocorra.

Além disso, o *seguro de danos* não abrange apenas o seguro de "coisas" entendidas como "bens materiais", mas também o seguro do "patrimônio", entendido na sua complexidade – pense-se, por exemplo, no seguro de despesas, de perdas pecuniárias e de responsabilidade civil. É claro, portanto, que o risco de "dano" – objeto do contrato de seguro – pode tomar as mais diversas formas: da deterioração ou perda total de um bem até a assunção de uma dívida por despesas eventuais, o nascimento de uma obrigação civil de caráter ressarcitório e a não obtenção de certo lucro esperado.

Na Inglaterra do século XVIII, dois atos normativos do Parlamento, editados ao tempo dos reis George II e George III, proibiam expressamente a pactuação de seguros marítimos e seguros de vida sem que o segurado estivesse efetivamente exposto ao risco objeto da transferência. O motivo da proibição se apoiava na necessidade de distinguir o seguro da perigosa prática das apostas. Essas normas foram substancialmente confirmadas por atos normativos relativos a seguros marítimos editados na Inglaterra durante o início do século XIX, prevendo ainda consequências penais para sua violação.

Além da oposição à prática das apostas, observa-se, ainda do ponto de vista histórico-comparativo, uma preocupação geral em diversos ordenamentos jurídicos de que, na ausência de um "interesse securitário" tal como acima definido, o segurado que concluísse tal contrato poderia ser incentivado economicamente a provocar o sinistro.

A questão pode ser enquadrada tanto sob a ótica jurídica, ligada à *ordem pública*, como sob a econômica, ligada ao dito *risco moral* (*moral hazard*). Esta última noção se refere, como é sabido na *teoria microeconômica*, ao aumento do risco de um evento que deriva do comportamento oportunista daquele que concluiu um contrato contra o risco e, graças às vantagens de informação de que dispõe, transfere o maior risco à parte com menos informação.

Malgrado a legalização superveniente das apostas e malgrado a sua posterior admissão no rol das atividades lícitas, o requisito do interesse securitário permanece ainda hoje vigente na Inglaterra, de forma que as repetidas propostas da Law Commission de eliminá-lo não lograram sucesso.

No direito italiano, o que vem à tona é a disposição do art. 1904 do Codice Civile, de acordo com o qual: "O contrato de seguro contra danos é nulo se, no momento em que o seguro deva iniciar, não houver interesse do segurado no ressarcimento do dano" (art. 1904, C.C.).

Na construção feita pela doutrina e pela jurisprudência italianas – e, da mesma forma, em outros ordenamentos jurídicos – o requisito do interesse securitário é tido *como expressão e reflexo do princípio indenitário*, segundo o qual a indenização securitária deve ser proporcional ao dano concreto sofrido pelo segurado, não devendo representar, para este último, um instrumento de obtenção de vantagens econômicas.

No plano normativo, o princípio indenitário está estabelecido nos arts. 1905 e 1908 que, na parte que é relevante para o tema, rezam: "A seguradora é obrigada a ressarcir, nos modos e nos limites estabelecidos pelo contrato, o dano sofrido pelo segurado em decorrência do sinistro" (art. 1905, C.C.).

> Ao avaliar o dano, não se pode atribuir à coisa perecida ou danificada valor superior àquele que tinham ao tempo do sinistro.
> O valor da coisa assegurada pode, porém, ser estabelecido no momento da conclusão do contrato por meio de *estimativa aceita* por escrito pelas partes (...)
> No seguro de produtos do solo, o dano é determinado em relação ao valor que os produtos tinham ao tempo da maturação, ou ao tempo em que ordinariamente são colhidos" (art. 1908, C.C. - grifo nosso).

Por sua vez, o art. 1909 do Codice Civile estabelece que:

> O seguro estimado em quantia excedente ao valor da coisa assegurada não é válido se houver dolo do segurado; o segurador, se estiver de boa-fé, tem direito aos prêmios pelo período em curso do seguro.
> Não tendo havido dolo da parte do segurado, o contrato produz efeitos até a concorrência do valor real da coisa assegurada, podendo o segurado obter, para o período futuro, redução proporcional do prêmio.

Nenhuma dessas regras, note-se, é considerada expressamente inderrogável pelo art. 1932 do Codice Civile.

De resto, o teor do art. 1908 indica que o princípio indenitário pode se sujeitar a certo grau de flexibilidade, caso se considere o caso da chamada "*apólice por estimativa*", ou seja, o contrato de seguro de dano no qual o valor do bem assegurado é convencionalmente fixado pelas partes após uma perícia de avaliação aceita por ambas as partes. Seu emprego mais comum tem por objeto bens que não têm valor de mercado facilmente identificável, como, por exemplo, obras de arte, coleções e carros antigos.

Debate-se na doutrina e na jurisprudência se, precisamente em razão do princípio indenitário, a estimativa é contestável ou impugnável por outro meio caso, no momento do sinistro, verifique-se que o valor do bem era, de fato, inferior ao estimado e aceito pelas partes. Os contrários à possibilidade de impugnação afirmam que a função da estimativa é dar certeza à prestação securitária, evitando que se possa litigar posteriormente a respeito do valor do bem, de modo que a estimativa aceita sem intervenção de dolo ou outro vício da vontade não pode ser posta em discussão.

Outro âmbito no qual o princípio indenitário encontra limitação é aquele desenvolvido, na prática, pelas chamadas *cláusulas de "valor de novo"*, meio pelo qual a indenização cobra não apenas o valor do bem de acordo com seu estado de uso, mas aquele de sua troca por outro bem equivalente, porém novo. Tais cláusulas são consideradas válidas pela jurisprudência; porém, isso ocorre também porque, na prática, a concessão da diferença de valor entre o bem usado e o novo está condicionada à efetiva substituição do bem pelo segurado.

O princípio indenitário é invocado pela doutrina e pela jurisprudência da Corte de Cassação italiana para ilustrar as funções da ação de sub-rogação concedida à seguradora que pagou a indenização, e até o montante da mesma, com base no art. 1916 do Codice Civile.

Em termos mais gerais, ao segurado não se pode permitir receber, de um lado, a indenização securitária e, de outro, o ressarcimento do dano como resultado da declaração de responsabilidade civil de um terceiro. Tampouco se pode admitir que o terceiro responsável possa se beneficiar da existência da contratação de um seguro, feita pelo lesado, para ser isento de responsabilidade, de modo que é necessário que a seguradora possa se sub-rogar nos direitos do segurado até o montante da importância paga.

Isso pressupondo que haja identidade de causa (ou razão justificativa) da atribuição patrimonial, ou seja, que o pagamento devido pela seguradora e aquele devido pelo terceiro responsável tenham por objeto o mesmo dano sofrido pelo segurado. A jurisprudência francesa parece adotar posição semelhante.

Nesse contexto, parece útil tornar a examinar o seguro paramétrico para desenvolver algumas considerações de síntese.

Como mencionado anteriormente, o seguro paramétrico permite que seja feito um pagamento ao se verificar a ocorrência de um evento previsto na apólice no momento da celebração do contrato, dispensando-se a prova de que o dano sofrido guarde dependência de tal evento.

Os parâmetros físicos que podem ser previstos num contrato são os mais diversos:

- Queda de certo número de centímetros de chuva ou granizo;
- Certo grau de intensidade de um terremoto, medida em termos de máxima aceleração do solo em certos locais;
- Ausência de número suficiente de dias de sol em determinado período;
- Certo número de dias de seca;
- Ausência de energia elétrica por mais de certo número de horas;
- Ausência de neve por determinado período.

Caso venha a ocorrer o evento previsto no contrato, o segurado tem direito a receber um pagamento de certa quantia fixa.

Nas formas mais avançadas, o montante do pagamento é determinado tendo por base modelos probabilísticos, elaborados por computador, aptos a simular a perda efetiva. Subsiste, todavia, o risco de que o montante de pagamento devido pela seguradora não corresponda exatamente ao prejuízo econômico sofrido pelo segurado.

Os contratos paramétricos têm sido utilizados, em particular, para cobrir alguns efeitos danosos causados por catástrofes naturais (terremotos, furacões, inundações), bem como para promover a agricultura diante das amplas variações do clima. De casos como esses há exemplos também no Brasil, como no estado do Rio Grande do Sul.

Atualmente estão em curso tentativas de aplicação também no âmbito dos riscos relativos à perda dos lucros de empresas. As vantagens principais abrangem a certeza e o momento de realização do pagamento.

A simplicidade do funcionamento desses contratos permite ainda que sejam progressivamente automatizados (ou semiautomatizados) utilizando novas tecnologias informáticas, tais como os "contratos inteligentes" e "*blockchain*", de forma a torná-los ainda mais rápidos e eficazes em benefício dos segurados que, assim, poderão obter rapidamente o pagamento.

Os chamados "contratos inteligentes" (*smart contracts*) consistem na incorporação de cláusulas contratuais por meio da linguagem informática, em *software* ou protocolos informáticos, que têm por característica serem executados automaticamente com base em certas condições pré-determinadas pelas partes.

Por seu lado, o *blockchain* é um conjunto de tecnologias, em que o registro é estruturado como uma cadeia de blocos contendo transações, sendo o consenso distribuído sobre todos os nós da rede. Todos os nós podem participaram do processo de validação das transações a serem incluídas no registro.

Os "contratos inteligentes", quando insertos em *blockchain*, têm a possibilidade de execução quase automática e inalterável das obrigações neles contidas. De modo mais geral, eles têm algumas características interessantes:

- Certeza do cumprimento das obrigações contratuais, visíveis a todos os participantes da rede, e não apenas às partes envolvidas;
- Transparência das obrigações contratuais e dos seus resultados;
- Caráter inalterável das transações registradas;
- Introdução de um elemento de confiança recíproca dado pelo código informático e pela estrutura da rede *blockchain*.

De tudo o que se expôs acima, parece claro que há significativos elementos de diferenciação entre os contratos de seguro paramétrico e os contratos tradicionais de seguro, mas isso não significa que não seja possível estruturar as operações em comento de forma compatível com os elementos caracterizadores do contrato de seguro.

Diz-se isso também levando em consideração o regime regulatório e a garantia de solvência que rege o mercado de seguros por meio de requisitos legais e de supervisão pelas autoridades.

Se, para os danos materiais aos bens, parece difícil admitir que se possa reconduzir o esquema paramétrico ao modelo dos seguros, já para o seguro de perdas pecuniárias e de lucros esperados, a distância não parece tão grande, sobretudo se o acordo previr uma estimativa efetiva, embora prognóstica, do impacto negativo de dano ao segurado, que é o efetivo titular do interesse exposto ao risco. Isso também permite uma avaliação precisa do risco pela seguradora para efeitos de reserva e de solvência.

Torna-se possível evitar, juntamente com possíveis expedientes negociais ulteriores, a ocorrência do problema do risco moral, a cuja eliminação o princípio indenitário visa.

LEGISLAÇÃO

ITÁLIA. Codice Civile, 16 marzo 1942. *Gazzetta Ufficiale*, n. 79, 4. abr. 1942. Disponível em: https://www.gazzettaufficiale.it/dettaglio/codici/codiceCivile.

A PRESCRIÇÃO DE DIREITOS EMERGENTES DE UM CONTRATO DE SEGURO EM PORTUGAL E NO BRASIL

Margarida Lima Rego[1]

INTRODUÇÃO

Este texto corresponde à base escrita da minha intervenção no II Congresso Internacional de Direito do Seguro do Conselho da Justiça Federal e do Superior Tribunal de Justiça e VIII Fórum José Sollero Filho do Instituto Brasileiro de Direito do Seguro, de que foram coorganizadoras a Escola Nacional de Formação e Aperfeiçoamento de Magistrados, a Academia Sino-Lusófona da Universidade de Coimbra e coordenadores os Ministros Jorge Mussi (CJF), Paulo de Tarso Sanseverino (STJ), o Doutor Ernesto Tzirulnik (IBDS) e o Prof. Doutor João Nuno Calvão da Silva (ASL-UC).

Na minha intervenção, integrada em painel dedicado ao princípio indemnizatório, a prescrição e a sub-rogação, procurei analisar o instituto da prescrição e a sua aplicação aos direitos emergentes de contratos de seguro, matéria que tem sido alvo de alguma controvérsia, quer no Brasil, quer em Portugal. Na 2ª secção, traço os principais contornos da prescrição no contexto da repercussão do tempo nas relações jurídicas. Na 3ª secção, analiso as regras especiais aplicáveis aos direitos emergentes de contratos de seguro, olhando em particular para as aplicáveis à generalidade dos seguros, e tendo em particular consideração o direito à indemnização. Pela sua relevância clarificadora, teórica e prática, dedico especial atenção ao recente acórdão proferido em 22 de junho de 2021 pela 3ª Turma do Superior Tribunal de Justiça, no recurso especial n. 1.922.146/SP, de que foi relatora a Min. Nancy Andrighi.[2]

---

1 Professora associada e subdiretora da NOVA School of Law – Faculdade de Direito da Universidade Nova de Lisboa. O presente texto corresponde, em parte, a uma atualização e desenvolvimento de conceitos gerais sobre a prescrição e a caducidade, constantes de um outro texto escrito e publicado pela autora em 2017, bem como de um outro texto, desta feita já sobre matéria de seguros, escrito e publicado em 2019 em coautoria com Maria Inês de Oliveira Martins.

2 REsp n. 1.922.146/SP, do Superior Tribunal de Justiça, rel. Min. Nancy Andrighi, 3.ª Turma, j. 22.06.2021, DJ 01.07.2021.

1. O TEMPO E A SUA REPERCUSSÃO NAS RELAÇÕES JURÍDICAS, COM ESPECIAL INCIDÊNCIA NA PRESCRIÇÃO

Os direitos e outras situações jurídicas não são eternos. Alguns apenas cessam com a morte do seu titular. Outros extinguem-se, ou transmutam-se, com a verificação de uma multiplicidade de outros possíveis fatores, entre os quais é de realçar a simples passagem do tempo.

Em Portugal, houve uma evolução conceptual e de regimes, na transição entre o Código de Seabra e o atual Código Civil de 1966. É um aspeto a ter em conta na análise de doutrina portuguesa anterior, bem como nas tentativas de extrapolação entre as soluções consagradas nos ordenamentos jurídicos português e brasileiro: não obstante a proximidade histórica, jurídica e linguística, os respetivos regimes passaram por processos de maturação e consolidação, em vários aspetos, distintos. Se essa circunstância aumenta o interesse na comparação, também é motivo de especial cautela na eventual transposição das soluções encontradas em cada um destes ordenamentos jurídicos.

Atualmente, no direito português, os institutos gerais da prescrição e da caducidade encontram o seu regime geral nos arts. 298º a 333º do Código Civil de 1966. Na ordem jurídica brasileira, a prescrição e a decadência encontram a sua regulação geral nos arts. 189 a 211 do Código Civil de 2002.[3]

A lei portuguesa não define nem caducidade, nem prescrição, limitando-se a dispor que os direitos – todos os direitos subjetivos, e não apenas os direitos de crédito – estão sujeitos ao regime da prescrição, pelo seu não exercício durante um certo lapso de tempo, desde que não sejam indisponíveis ou que a lei os não declare isentos de prescrição.[4] A prescrição impõe-se, assim, como o regime-regra.[5] São imprescritíveis, em razão da sua indisponibilidade, designadamente, os direitos de personalidade e de estado, ou o direito a alimentos. A generalidade dos direitos reais de gozo também se encontra subtraída a esse regime por determinação legal, extinguindo-se pelo não uso.[6] A prescrição funda-se no princípio da não vinculação perpétua, em que, citando Vaz Serra, "confluem razões várias e se debatem interesses contraditórios, cuja conciliação

3 Anteriormente, cfr. os arts. 161 a 179 do Código Civil de 1916.

4 Art. 298º/1 do Código Civil de 1966. Cfr. SERRA, A. Vaz. Prescrição extintiva e caducidade. *Boletim do Ministério da Justiça*, n. 105, abril de 1961, pp. 5-248; n. 106; maio de 1961, pp. 45-278; n. 107, pp. 159-302; no n. 105, p. 46.

5 Inovou, neste ponto, o atual Código Civil, na senda do defendido por SERRA, A. Vaz. Prescrição extintiva e caducidade. *Boletim do Ministério da Justiça*, n. 105, abril de 1961, pp. 5-248, p. 46.

6 Art. 298º/3 do Código Civil de 1966.

não é sempre fácil".[7] Na prescrição os direitos não são intrinsecamente a prazo, e até podem tender para a infinitude, mas a ordem jurídica portuguesa atribui à generalidade dos titulares passivos um meio de defesa contra a inércia prolongada dos respetivos titulares ativos. A certa altura, no jogo de forças entre a proteção dos titulares ativos e a salvaguarda da posição dos titulares passivos, o equilíbrio começa a pender para o lado de cá, assumindo a primazia a tutela da segurança e da certeza jurídicas de quem se vê há demasiado tempo sem saber se os respetivos titulares ativos farão ou não valer os seus direitos.[8]

Além da salvaguarda da posição dos titulares passivos, há razões de ordem pública que subjazem a esse regime e justificam a sua inderrogabilidade, pois também se protege, com esse regime, a paz social e a segurança no tráfego jurídico.[9]

Já a caducidade corresponde a um modo de extinção de direitos temporários, ou a prazo. Nestes, o prazo é intrínseco, integra a sua delimitação jurídica, por força da lei ou da autonomia privada.[10] Na dúvida sobre a sua qualificação, sempre que a lei ou o negócio jurídico estabeleçam um prazo especial para o exercício de um direito, deverá ser-lhe aplicado o regime da caducidade.[11] Se o for, não se lhes aplicará o regime da prescrição. Ou seja, os regimes não são de aplicação cumulativa, estando os direitos temporários, por natureza, subtraídos ao regime da prescrição.[12]

A prescrição é um meio de defesa e apenas um meio de defesa. Não opera *ope legis*, limitando-se a permitir que o seu beneficiário ou um terceiro interessado recusem o cumprimento ou se oponham ao exercício de um direito de outrem, invocando-a.[13] Essa invocação, que é livre, embora o respetivo beneficiário nem sempre possa obviar

---

7 SERRA, A. Vaz. Prescrição extintiva e caducidade. *Boletim do Ministério da Justiça*, n. 105, abril de 1961, pp. 5-248, p. 33.

8 Cfr. o Acórdão do STJ de 12.05.2016, 6147/12.3TBVFR-A.P1.S1(Fernanda Isabel Pereira): "A prescrição tem como fundamento a negligência do credor no exercício do direito durante um período de tempo no qual seria expectável que ele o exercesse se nisso estivesse interessado. Por razões de certeza e de segurança nas relações jurídicas, atribui-se presuntivamente à inércia do credor o significado de que quis renunciar ao direito ou considera-se que este já não merece tutela, assim libertando-se o devedor do cumprimento e de possíveis dificuldades probatórias que o decurso do tempo pode acarretar".

9 VASCONCELOS, P. Pais de. *Teoria geral do direito civil*. 5. ed. Coimbra: Almedina, 2008, p. 380.

10 Art. 298º/2 do Código Civil de 1966.

11 Art. 298º/2 do Código Civil de 1966. Sobre este ponto, cfr. ANTUNES, A. F. Morais. *Prescrição e caducidade*. Anotação aos artigos 296º a 333º do Código Civil. 2. ed. Coimbra: Almedina, 2014, pp. 42-43.

12 Nesse sentido, P. Pais de Vasconcelos, cit. *supra*, p. 392; e SÁ, F. Cunha de. Modos de extinção das obrigações. *In*: CORDEIRO, António Menezes; LEITÃO, Luís Menezes; GOMES, Januário da Costa (Org.) *Estudos em homenagem ao Prof. Doutor Inocêncio Galvão Telles*, vol. I. Coimbra: Almedina, 2002, pp. 171-262, p. 244.

13 Arts. 303º, 304º/1 e 305º do Código Civil de 1966.

ao seu exercício por terceiro interessado,[14] deverá qualificar-se, na maioria dos casos, como uma defesa por exceção perentória[15] de direito material, de natureza extintiva, embora nada impeça quem tencione invocá-la de se antecipar ao titular ativo do direito em causa, fazendo-o antes sequer de este tentar exercê-lo.[16]

Neste ponto, não parecem existir diferenças a assinalar, entre os ordenamentos jurídicos português e brasileiro. A referência à exceção é explícita, no art. 190 do Código Civil brasileiro. Louvo-me, a esse respeito, nas palavras do recente acórdão da 3ª Turma do Superior Tribunal de Justiça brasileiro, de 22 de junho de 2021, de que foi relatora a Ministra Nancy Andrighi,[17] cujo § 10 passo a citar: "A prescrição, na esteira das lições de Pontes de Miranda, é a exceção de direito material, que alguém tem, contra quem não exerceu, durante certo tempo que alguma norma jurídica fixa, a sua pretensão". Ao longo deste texto revisitarei umas quantas vezes esse aresto verdadeiramente seminal, pela luz que irradia sobre um tema difícil, clarificando muitas dúvidas e simultaneamente reconciliando o instituto com as suas raízes romano-germânicas.

A caducidade, diferentemente da prescrição, é intrínseca às situações a que se aplica, podendo e devendo ser conhecida *ex officio*,[18] embora, quando invocada em resposta a uma tentativa de exercício de um direito, não deixe por isso de qualificar-se, desta feita em sentido impróprio, como uma defesa por exceção perentória de direito material, também ela de natureza extintiva. Sê-lo-á apenas em sentido impróprio, porque a sua eficácia é independente da invocação pelo respetivo beneficiário.[19] Não corresponde, assim, apenas a um meio de defesa. Ambas ocasionam, quando invocadas em juízo por quem de direito, uma absolvição do pedido, embora funcionem indistintamente em contexto, quer judicial, quer extrajudicial.

---

14 Ainda que o beneficiário renuncie à prescrição, podem os credores invocá-la, se se encontrarem reunidos os requisitos da impugnação pauliana (art. 305º/2 do Código Civil de 1966), podendo ainda os credores, se reunidos os respetivos requisitos, invocar a prescrição por via sub-rogatória (art. 606º do Código Civil de 1966). Quanto ao conceito de terceiros interessados, cfr. o Ac. STJ de 12.05.2016, Proc. n. 6147/12.3TBVFR-A.P1.S1 (Fernanda Isabel Pereira): "O conceito de terceiros com interesse legítimo na arguição da prescrição contempla aqueles que são titulares de um direito próprio que o obrigado não pode eliminar ou diminuir, de que é exemplo o terceiro que garante a obrigação constituindo hipoteca, o fiador, o vendedor obrigado a garantia pela evicção e o subadquirente".

15 Sobre estas, cfr. os arts. 571º e 576º/1 e 3 do Código de Processo Civil.

16 Nesse sentido, P. Pais de Vasconcelos, cit. *supra*, pp. 380 e 384; e A. F. Morais Antunes, cit. *supra* p. 32.

17 REsp n. 1.922.146/SP, do Superior Tribunal de Justiça, rel. Min. Nancy Andrighi, 3.ª Turma, j. 22.06.2021, DJ 01.07.2021.

18 Art. 333º/1 do Código Civil de 1966. Só assim não será se estiver em causa matéria não excluída da disponibilidade das partes, caso em que se aplicará à caducidade o disposto no art. 303º do Código Civil de 1966, *ex vi* art. 333º/2, também do Código Civil de 1966.

19 ANTUNES, A. F. Morais. *Prescrição e caducidade.* Anotação aos artigos 296º a 333º do Código Civil. 2. ed. Coimbra: Almedina, 2014, n. 10, p. 37.

A prescrição afeta a titularidade de direitos subjetivos – quaisquer direitos subjetivos de natureza patrimonial, incluindo, é claro, os direitos de crédito. Por natureza, os direitos de crédito são violáveis, pois o respetivo cumprimento consiste numa conduta voluntária da parte devedora. Tais direitos carecem, assim, de meios de tutela, *maxime* de tutela jurisdicional. É, assim, comum afirmar-se que a todo o direito corresponde uma ação destinada a fazê-lo valer em juízo.[20] Atualmente, impõe-no a garantia constitucional de uma tutela jurisdicional efetiva.[21] No entanto, o princípio da não vinculação perpétua exige, por seu lado, que a tutela não permaneça *ad aeternum* ao dispor da parte credora. Surge assim o instituto da prescrição – ou prescrição extintiva, ou negativa, que se opõe à prescrição aquisitiva, ou positiva, através da qual se adquirem direitos reais, que nesta sede não releva.

Refiro-me, é claro, à prescrição comum, e não às chamadas "prescrições presuntivas". É uma regra de ónus da prova, que determina a sua inversão. Apenas dispensa a prova, mas não a alegação do cumprimento. Funda-se na presunção de cumprimento.[22] Dispensa a prova. No entanto, a presunção pode ser ilidida, fazendo-se prova do facto contrário.[23] Não se relaciona com o tema em análise.

Em meu entender, a titularidade de direitos de crédito define-se pela faculdade de exigibilidade da prestação, para si próprio ou para outrem, e pela permissão específica do seu aproveitamento.[24] Ao definir desse modo o direito de crédito, aproximo-me de Jürgen Schmidt.[25] O autor conclui que a estrutura de todo o direito subjetivo corresponde, necessariamente, a um complexo hohfeldiano de *privilege + right*.[26] A faculdade de exigibilidade corresponderia ao seu *claim-right*. A permissão específica de aproveitamento, nesse caso, de uma prestação, corresponderia ao seu *privilege* (*liberty*).

Não sendo o cumprimento voluntário suscetível de restituição coerciva,[27] a prescrição ataca, cirurgicamente, a exigibilidade do direito de crédito, fazendo cessar a sua

20 No Brasil, já o referia o art. 75 do Código Civil de 1916.

21 No Brasil, cfr. o art. 5º, inciso XXXV, da Constituição da República Federal de 1988.

22 Art. 312º do Código Civil de 1966.

23 Art. 313º do Código Civil de 1966.

24 Cfr. REGO, M. Lima, *Contrato de seguro e terceiros*. Estudo de direito civil. Coimbra: Almedina, 2010, pp. 527-529, na senda de CORDEIRO, A. Menezes. *Direito das Obrigações*, v. I. Lisboa: AAFDL 1980, *maxime* pp. 219-221; e de M. Teixeira de Sousa, *O concurso de títulos de aquisição da prestação. Estudo sobre a dogmática da pretensão e do concurso de pretensões*, Almedina 1988, pp. 19-78.

25 SCHMIDT, J. *Aktionsberechtigung und Vermögensberechtigung. Ein Beitrag zur Theorie des subjektiven Rechtes*. Colônia: Heymann, 1969, pp. 17-53, *maxime* p. 37.

26 Cfr. HOHFELD, W. N. Os conceitos jurídicos fundamentais aplicados na argumentação judicial. *Yale Law Journal* 1913 e 1917. Trad.: M. Lima Rego. FCG, 2008, pp. 28-56.

27 O cumprimento voluntário dá azo à *condicio indebiti*, como aponta o art. 882 do Código Civil de 2002.

dimensão garantística. Nas palavras de Farias e Rosenvald, a prescrição "neutraliza a pretensão do titular de um direito subjetivo patrimonial, atacando a sua exigibilidade".[28]

> A prescrição extintiva, possam embora não lhe ser totalmente estranhas razões de justiça, é um instituto endereçado fundamentalmente à realização de objetivos de conveniência ou oportunidade. Por isso, encarsada exclusivamente numa perspetiva de justiça, foi pelos antigos crismada de *impium remedium* ou *impium praesidium*. Apesar disso, porém, sempre intervém na fundamentação da prescrição uma ponderação de justiça. Diversamente da caducidade, a prescrição arranca, também, da ponderação de uma inércia negligente do titular do direito em exercitá-lo, o que faz presumir uma renúncia ou, pelo menos, o torna indigno da tutela do Direito, em harmonia com o velho aforismo *dormientibus non sucurrit ius*.[29]

A doutrina portuguesa divide-se quanto à questão de saber se a prescrição extingue as situações jurídicas sobre as quais opera ou, distintamente, se se limita a modificá-las, designadamente, no caso dos direitos de crédito, transformando as obrigações civis em obrigações naturais.[30] A divergência não parece ter consequências práticas, de regime. Para quem entenda que as obrigações naturais não têm a natureza de verdadeiras obrigações, a prescrição conta-se entre as causas de extinção das obrigações. Mas podemos antes falar na modificação das obrigações por efeito da prescrição: no ordenamento jurídico português, como, de resto, no brasileiro, a prescrição carece de ser invocada, pelo que nada sucede se e enquanto não o for; e está vedado a quem poderia invocá-la e não o fez na altura própria socorrer-se, por exemplo, do instituto do enriquecimento sem causa para contrariar, *a posteriori*, eventuais atos de cumprimento

28 FARIAS, C. C.; ROSENVALD, N. *Curso de Direito Civil*. Parte geral e LINDB. 14. ed. Salvador: JusPodivm, 2016, p. 716.

29 PINTO, C. A. Mota; MONTEIRO, A. P.; PINTO, P. Mota. *Teoria Geral do Direito Civil*, 4. ed. Coimbra: Almedina, 2005, pp. 375-376. Cfr. ainda, no mesmo sentido, ANDRADE, M. *Teoria Geral da Relação Jurídica*, vol. II – Facto jurídico, em especial negócio jurídico. Coimbra: Almedina, 1960, pp. 445-446.

30 Defendem o efeito extintivo da prescrição, designadamente PINTO, C. A. Mota; MONTEIRO, A. P.; PINTO, P. Mota. *Teoria Geral do Direito Civil*, 4. ed. Coimbra: Almedina, 2005, pp. 373-374; e ANTUNES, A. F. Morais. *Prescrição e caducidade*. Anotação aos artigos 296º a 333º do Código Civil. 2. ed. Coimbra: Almedina, 2014, n. 10, p. 36. Contra, cfr. CORDEIRO, A. Menezes. Da caducidade no direito português. *In*: CORDEIRO, A. Menezes; ALBUQUERQUE, Ruy. *Estudos em memória do Professor Doutor José Dias Marques*. Coimbra: Almedina, 2007, pp. 7-30, p. 29; SÁ, F. Cunha de. Modos de extinção das obrigações. *In*: CORDEIRO, António Menezes; LEITÃO, Luís Menezes; GOMES, Januário da Costa (Org.) *Estudos em homenagem ao Prof. Doutor Inocêncio Galvão Telles*, vol. I. Coimbra: Almedina, 2002, pp. 171-262, pp. 174 e 246; e ainda VASCONCELOS, P. Pais de. *Teoria geral do direito civil*. 5. ed. Coimbra: Almedina, 2008, p. 381. Este último autor opõe-se, no entanto, à tese de que a prescrição transformaria as obrigações civis em obrigações naturais, defendendo que são distintas, na essência e no fundamento, as obrigações naturais e as obrigações prescritas.

de obrigações prescritas, sendo a obrigação prescrita reconhecida como causa legitimadora do enriquecimento resultante da respetiva satisfação.[31]

A suspensão de um prazo de prescrição faz com que este não comece a correr, ou que deixe de correr, para em seguida, no momento em que cessa a causa de suspensão, se iniciar ou retomar a sua contagem no exato ponto em que estava quando se deu a suspensão. Já a interrupção, quando opera, inutiliza todo o prazo já decorrido, devendo reiniciar-se a sua contagem quando cessa a sua causa. Bem se vê que a interrupção é um efeito mais drástico do que a suspensão, sendo esta, em regra, de maior interesse para as partes que pretendam resolver um litígio fora dos tribunais. E no entanto o nosso ordenamento é, em regra, avesso a tais pretensões.

As causas de suspensão dos prazos de prescrição constam dos arts. 318º e seguintes do Código Civil. Na sua maioria, trata-se de causas suspensivas do curso da prescrição: de causas que determinam que os prazos de prescrição não comecem nem corram.[32] Mas também há causas suspensivas do termo da prescrição: causas que apenas impedem que se completem os prazos de prescrição.[33] Nenhuma delas confere qualquer apoio a quem pretenda "comprar" algum tempo para negociar um acordo extrajudicial.

O mesmo se diga quanto às causas de interrupção dos prazos de prescrição, que constam dos arts. 323º e seguintes do Código Civil. Em abstrato, a figura da interrupção apresenta-se menos atrativa, neste contexto, já que o que se quer, tipicamente, quando se entra em negociações conducentes a uma transação extrajudicial, é paralisar o tempo, no exato ponto em que se está, não conferindo nem retirando quaisquer direitos às partes em litígio.

Os prazos de caducidade não se suspendem nem se interrompem a não ser nos casos em que a lei o determine. Essa conclusão resulta do disposto no art. 328º do Código Civil.[34] A proibição é mitigada pela permissão legal de estabelecimento de casos especiais de caducidade convencional, bem como de modificação do regime legal da caducidade ou de renúncia à caducidade.[35] Essa faculdade "não pode, no entanto, ser

31 Art. 304º/2 do Código Civil de 1966 e art. 882 do Código Civil de 2002.

32 Arts. 318º a 320º do Código Civil de 1966.

33 Arts. 321º e 322º do Código Civil de 1966. Sobre a distinção, cfr. ANDRADE, M. *Teoria Geral da Relação Jurídica*, vol. II – Facto jurídico, em especial negócio jurídico. Coimbra: Almedina, 1960, pp. 455-456.

34 Cfr. ANTUNES, A. F. Morais. Algumas questões sobre prescrição e caducidade. *In*: MIRANDA, Jorge. *Estudos em homenagem ao Prof. Doutor Sérvulo Correia*, vol. III. Coimbra: Almedina, 2011, pp. 35-72, pp. 61-69.

35 Art. 330º/1 do Código Civil de 1966.

invocada como suporte normativo de uma pretensa autorização para introduzir, por acordo, causas de suspensão do prazo legal de caducidade".[36]

O regime da prescrição é de ordem pública, sendo, nessa medida, absolutamente inderrogável, e sendo nulos, por conseguinte, os negócios que se arroguem modificá-lo.[37] Ainda que se invoque a permissão legal das chamadas caducidades convencionais, importa que estas não prejudiquem o funcionamento do regime da prescrição: "se a lei não permitir que convencionalmente se reduza o prazo da prescrição, não pode também permitir que convencionalmente se estabeleçam prazos de caducidade, com o que o direito poderia vir a extinguir-se antes de prescrito".[38] É a essa luz que deverá ser interpretado o disposto no art.330º do Código Civil.

2. PRAZOS PRESCRICIONAIS E SEU INÍCIO: OS DIREITOS EMERGENTES DE CONTRATOS DE SEGURO

Em Portugal, é de vinte anos o prazo ordinário da prescrição, cujo âmbito de aplicação abrange, em abstrato, a generalidade dos direitos prescritíveis.[39] Nada se dizendo, aplica-se a regra geral de que o prazo de prescrição começa a correr no momento em que o correspondente direito possa objetivamente ser exercido, independentemente do seu conhecimento pelo respetivo titular.[40] No Brasil, já foi de vinte anos, sendo agora de apenas dez o prazo ordinário da prescrição.[41]

Quer a lei portuguesa, quer a lei brasileira estabelecem ainda um conjunto de prazos mais curtos de prescrição, aplicáveis a determinadas categorias de direitos subjetivos. Em Portugal, além do prazo de cinco anos a que estão sujeitos os direitos a prestações periódicas,[42] existem vários outros prazos prescricionais, muitas vezes dispersos em legislação extravagante.

Em jeito de ilustração, refira-se o prazo de três anos a que estão sujeitos, quer o direito de indemnização fundado em responsabilidade civil delitual, quer o direito à restituição fundada em enriquecimento sem causa.[43] Uma vez que, frequentemente,

---

36 ANTUNES, A. F. Morais. Algumas questões sobre prescrição e caducidade. *In*: MIRANDA, Jorge. *Estudos em homenagem ao Prof. Doutor Sérvulo Correia*, vol. III. Coimbra: Almedina, 2011, pp. 35-72, p. 63.

37 Art. 300º do Código Civil de 1966.

38 SERRA, A. Vaz. Prescrição extintiva e caducidade. *Boletim do Ministério da Justiça*, n. 105, abril de 1961, pp. 5-248, p. 128.

39 Art. 309º do Código Civil de 1966.

40 Art. 306º/1 do Código Civil de 1966.

41 Art. 205 do Código Civil de 2002.

42 A que se refere, exemplificativamente, o art. 310º do Código Civil de 1966.

43 Cfr., respetivamente os arts. 498º e 482º do Código Civil de 1966.

tais prazos têm início em momento posterior ao prazo ordinário, a sua aplicação não afasta a aplicação daquele, podendo os prazos correr em simultâneo ou desfasadamente e prescrevendo o direito assim que cesse o primeiro de tais prazos.[44] E é importante que assim seja, pois num sistema que se assume mais ou menos explicitamente como dualista, como é o caso do sistema português, existe um prazo mais longo, que em regra tem início no momento em que o direito poderia objetivamente ser exercido, independentemente do seu conhecimento pelo respetivo titular, nele prevalecendo os valores objetivos da proteção da paz social e segurança no tráfego jurídico; convivendo esse prazo mais longo com prazos mais curtos que em regra não correm sem que o titular do direito tenha dele ciência, pois neles prevalece o valor subjetivo da proteção da parte passiva perante a parte ativa, no pressuposto básico de censurabilidade da inércia desta última.

Em matéria de seguros, dispõe o art. 121º da Lei do Contrato de Seguro[45] que o direito do segurador ao prémio "prescreve no prazo de dois anos a contar da data do seu vencimento" (n. 1), mas os restantes direitos emergentes de um contrato de seguro "prescrevem no prazo de cinco anos a contar da data em que o titular teve conhecimento do direito, sem prejuízo da prescrição ordinária a contar do facto que lhe deu causa" (n. 2). O momento inicial desse prazo é, pois, o da tomada de conhecimento de que existe um direito, designadamente um direito de que o segurado é titular perante o segurador, direito esse em cujo cerne se conta a dita faculdade de exigir uma prestação, para si ou para outrem – nos seguros de responsabilidade civil, a prestação é habitualmente recebida por outrem, a pessoa lesada.

Na ordem jurídica brasileira, o nosso ponto de partida deve ser o disposto no art. 189 do Código Civil de 2002: "Violado o direito, nasce para o titular a pretensão, a qual se extingue, pela prescrição, nos prazos a que aludem os arts. 205 e 206".

Tem havido muita discussão, na doutrina e jurisprudência brasileiras, quanto ao sentido e alcance desse preceito. De acordo com uma corrente doutrinária e

---

44 Por exemplo, o prazo de prescrição de três anos, aplicável ao direito de indemnização fundado em responsabilidade civil delitual, conta-se a partir da data em que o lesado tem conhecimento do direito que lhe compete, embora com desconhecimento da pessoa do responsável e da extensão dos danos (art. 498º/1 do Código Civil de 1966); e o aplicável ao direito à restituição fundada em enriquecimento sem causa conta-se a partir da data em que o lesado tem conhecimento do direito que lhe compete e da pessoa do responsável (art. 482º do Código Civil de 1966). Uma vez que o conhecimento das questões relevantes pode nunca ter lugar, sempre que assim seja o direito prescreve com o decurso do prazo ordinário, de vinte anos a contar, respetivamente, do facto danoso e do enriquecimento sem causa (mesmos artigos).

45 Aprovada pelo DL n. 72/2008, de 16 de abril, alterado pela Lei n. 147/2015, de 9 de setembro, e pela Lei n. 75/2021, de 18 de novembro, disponível em versão consolidada em https://data.dre.pt/eli/dec-lei/72/2008/p/cons/20211118/pt/html.

jurisprudencial com grande adesão no Brasil, a pretensão não se confundiria com a faculdade de exigibilidade inerente ao direito de crédito, porquanto pressuporia sempre a respetiva violação, fazendo-se aqui a ponte para o direito processual, em que se enquadra o direito de ação mediante a qual o credor a quem é negada a prestação demanda a sua realização coerciva, e/ou o ressarcimento dos danos decorrentes da violação.[46] Para essa conclusão aponta, inclusivamente, a letra do art. 189 do Código Civil de 2002.

Importa, no entanto, atentar que o conceito de pretensão é de origem germânica, sendo a sua paternidade reconhecida a Bernhard Windscheid. Segundo esse autor, a pretensão consistiria precisamente na faculdade de exigir algo a outrem.[47] Igualmente invocando as raízes windscheidianas do conceito, o Superior Tribunal de Justiça do Brasil esclarece, pela pena da Ministra Nancy Andrighi, que "deve-se aos estudos de Bernhard Windscheid, no séc. XIX, a demonstração de que a prescrição não atingiria a ação, mas sim a pretensão",[48] rejeitando firmemente a tese de que a prescrição atingiria o direito de ação, que apenas nasceria com o surgimento da pretensão, decorrente esta da violação do direito subjetivo – direito esse que a prescrição atingiria apenas por via oblíqua.

Referindo o § 194 do BGB, que define a pretensão como "o direito de se exigir de outrem uma ação ou omissão",[49] o aresto observa que esta pretensão de direito germânico é, na sua essência, a mesma que vamos encontrar em direito brasileiro – em direito brasileiro material, devendo ser aí que se busca a diferença entre a prescrição e a decadência. Quer a prescrição, quer a decadência seriam afinal institutos de direito material; simplesmente, a primeira atinge a pretensão, faculdade de exigibilidade inerente aos direitos subjetivos de conteúdo patrimonial, incidindo a segunda, especificamente, sobre direitos potestativos.[50]

---

46 Contra, cfr. o Enunciado 14 da I Jornada de Direito Civil promovida pelo Conselho de Justiça Federal em 2002 sob coordenação do Ministro Ruy Rosado de Aguiar; cfr. ainda, TARTUCE, F. Direito civil. Prescrição. Conceito e princípios regentes. Início do prazo e teoria da actio nata, em sua feição subjetiva. Eventos continuados ou sucessivos que geram o enriquecimento sem causa. Lucro da atribuição. Termo A Quo contado da ciência do último ato lesivo. Análise de julgamento do Superior Tribunal de Justiça e relação com eventos descritos: parecer. *Revista Magister de Direito Civil e Processo Civil*, v.12, n. 70, pp. 98-126, 2016; e CAMPANELLA, L. M. C. Prescrição e decadência no Código Civil. *Jurídico Certo*, 2014. Disponível em: https://juridicocerto.com/p/lucianocampanella/artigos/prescricao-e-decadencia-no-codigo-civil-245.

47 WINDSCHEID, B. *Die Actio des römischen Civilrechts, vom Standpunkte des heutigen Rechts*. Dusseldorf: Buddeus, pp. iii e 1-8, 1856.

48 REsp n. 1.922.146/SP, do Superior Tribunal de Justiça, rel. a e. Min. Nancy Andrighi, 3.ª Turma, j. 22.06.2021, DJ 01.07.2021, § 15.

49 REsp n. 1.922.146/SP, do Superior Tribunal de Justiça, rel. a e. Min. Nancy Andrighi, 3.ª Turma, j. 22.06.2021, DJ 01.07.2021, § 18.

50 REsp n. 1.922.146/SP, do Superior Tribunal de Justiça, rel. a e. Min. Nancy Andrighi, 3.ª Turma, j. 22.06.2021, DJ 01.07.2021, §§ 19-23.

A tese que fez vencimento nesse recente aresto do STJ corresponde também ao entendimento da doutrina e jurisprudência portuguesas. Também no ordenamento jurídico português a prescrição é entendida como algo que atinge diretamente o direito, na medida em que extingue a faculdade de exigibilidade que lhe é característica, apenas existindo divergência quanto ao modo de caracterizar esse efeito, havendo quem o veja como uma extinção da obrigação subjacente e quem nela veja a modificação de uma obrigação civil, no caso dos direitos de crédito, numa obrigação natural.

Como entender então a determinação, constante do art. 189, de que a pretensão apenas nasce com a violação do direito? O Superior Tribunal de Justiça também esclarece a questão: não existe, em termos gerais, nenhuma exigência de que o direito seja positivamente violado para que surja uma pretensão. Desde que há exigibilidade, há pretensão. A violação, nesse sentido, surgiria por ação ou por omissão, para isso bastando, pois, que haja exigibilidade e não haja satisfação.[51] A questão será, pois, em geral, a de saber quando o direito se venceu. O nascimento da pretensão pode ser, ou não, concomitante com o surgimento do próprio direito, nos casos em que a exigibilidade lhe é contemporânea. Simplesmente, há casos em que a violação – positiva, exteriorizada em ações ou declarações – torna-se necessária, sendo um desses casos o das pretensões emergentes de contratos de seguro.[52] São casos em que o direito nasce em situação estática, só posteriormente adquirindo dinamicidade, conforme também explica o Superior Tribunal de Justiça.

A pretensão surge quando o titular de um direito pode efetivamente exigir a sua satisfação, porque só a partir desse momento haveria verdadeira inércia.[53] Num sistema que não se quer formalista, importa perceber em que momento o titular de um direito pode, efetivamente, reclamar a sua satisfação.

Dispõe o art. 206 do Código Civil de 2002:

> Prescreve:
>
> *§ 1º Em um ano:*
>
> (...)
>
> II – a pretensão do segurado contra o segurador, ou a deste contra aquele, contado o prazo:

---

51 Nesse sentido, BERALDO, L. F. O termo inicial da prescrição da ação de sonegados e algumas questões práticas de ordem processual e material. *R. EMERJ*, v. 15, n. 58, pp. 190-235, p. 192, 2012.

52 REsp n. 1.922.146/SP, do Superior Tribunal de Justiça, rel. a e. Min. Nancy Andrighi, 3.ª Turma, j. 22.06.2021, DJ 01.07.2021, § 26.

53 REsp n. 1.922.146/SP, do Superior Tribunal de Justiça, rel. a e. Min. Nancy Andrighi, 3.ª Turma, j. 22.06.2021, DJ 01.07.2021, § 34.

> a) para o segurado, no caso de seguro de responsabilidade civil, da data em que é citado para responder à ação de indenização proposta pelo terceiro prejudicado, ou da data que a este indeniza, com a anuência do segurador;
> b) quanto aos demais seguros, da ciência do fato gerador da pretensão;
> (...)

No plano dos princípios, se o princípio da não vinculação perpétua impõe a consagração do instituto da prescrição, a garantia constitucional de uma tutela jurisdicional efetiva exige que esses prazos, quer pela sua curta duração, quer pelas regras aplicáveis à sua contagem e decurso, não inviabilizem na prática a proteção da parte credora e do seu crédito. Se o instituto da prescrição é a principal resposta do sistema contra a inércia da parte credora, há que deixá-lo funcionar apenas quando essa inércia inequivocamente se instalou.

Nos seguros de responsabilidade civil, a data que marca o início da contagem do prazo prescricional de um ano é a de citação do segurado para uma ação proposta pelo terceiro prejudicado ou, estando em causa um pedido de reembolso, a data em que tem lugar o pagamento ao terceiro prejudicado. O Superior Tribunal de Justiça distingue, a esse respeito,

> quatro cenários, a saber: a) aquele em que o terceiro prejudicado ajuíza ação contra o segurado, hipótese em que o termo inicial do prazo prescricional da pretensão do segurado em face da seguradora será a data da citação; b) aquele em que o segurado paga a indenização ao lesado, com anuência do segurador, hipótese em que o termo a quo do prazo prescricional será a data do pagamento; c) aquele em que o terceiro exerce sua pretensão extrajudicialmente, exigindo fora do juízo o pagamento da indenização, hipótese em que o termo inicial do prazo prescricional da pretensão do segurado em face do segurador será a data da recusa de cobertura, aplicando-se a regra geral estipulada para os contratos de seguro; e d) aquele em que o lesado nada exige do segurado, em juízo ou fora dele, hipótese em que o prazo prescricional da pretensão do segurado em face do segurador sequer terá início.[54]

---

54 REsp n. 1.922.146/SP, do Superior Tribunal de Justiça, rel. a e. Min. Nancy Andrighi, 3.ª Turma, j. 22.06.2021, DJ 01.07.2021, § 103. De notar que a pretensão do terceiro prejudicado contra o segurado, nos seguros obrigatórios de responsabilidade civil, está sujeita a um prazo prescricional de três anos, conforme o disposto no art. 206º, § 3º, inciso IX, do Código Civil de 2002. Dir-se-á que esse elenco não esgota todas as possibilidades, faltando os casos em que o terceiro prejudicado nada pede, sendo a exigência da iniciativa do próprio segurado, titular da cobertura; e os casos em que a indemnização é paga pelo segurado sem a anuência do segurador, quando, à luz da lei e do estipulado no contrato de seguro, seja infundada a recusa de anuência da seguradora. Contudo, o tema extravasa o âmbito desta exposição, pelo que não será aqui aprofundado.

Nos demais casos, o prazo começa a contar no momento da tomada de conhecimento do facto gerador da pretensão – pretensão essa que apenas nasce com o conhecimento (inequívoco) da violação do direito de crédito. Essa violação consiste tipicamente na recusa do pagamento da indemnização por parte da seguradora.

Por que essa aparente contradição sistémica? O Superior Tribunal de Justiça também o explica. Historicamente, foi-se fortalecendo a perceção de que o prazo de um ano, se contado a partir do momento da ocorrência do sinistro, seria demasiado curto para proporcionar ao seu titular uma tutela jurisdicional efetiva. Houve uma tomada de consciência de que, na realidade, após a ocorrência de um sinistro, o que se segue é não tanto a imediata exigência de satisfação do direito assim nascido, mas antes o ónus de participação da sua ocorrência ao segurador, para que apure as suas causas, circunstâncias e consequências. Na prática, ficava então nas mãos do segurador o controlo desse prazo, bastando-lhe demorar um pouco mais na resposta ao segurado para inviabilizar a sua reclamação efetiva. Surgiu então o entendimento de que a participação suspenderia o decurso do prazo prescricional de um ano, consolidado na célebre Súmula 229 do Superior Tribunal de Justiça.[55]

Eis que entra em vigor o Código Civil de 2002. Há que interpretar os preceitos mais relevantes de forma conjugada, para compreender o seu exato alcance. Antes de mais, temos a consagração legal do ónus de participação do sinistro no art. 771: "Sob pena de perder o direito à indenização, o segurado participará o sinistro ao segurador, logo que o saiba, e tomará as providências imediatas para minorar-lhe as consequências".

Temos aqui a fixação de um prazo extremamente exigente, de participação imediata da ocorrência do sinistro, prazo esse que não é fixado em número de dias, o que nem por isso o descaracteriza, pois a mensagem é clara: quando deve ter lugar a participação do sinistro? "Logo que o saiba". Além de um ónus, cujo incumprimento tem por consequência a perda do direito à indemnização, a participação corresponde ainda ao exercício de um direito potestativo, dado ser esse o meio de que o segurado dispõe para, explícita ou implicitamente, não ainda exigir mas antes *ativar* o seu direito de crédito. Daí que possamos falar, a esse propósito, em extinção desse direito por decadência, nos casos em que a inércia do seu titular é total.

Nas palavras da Ministra Nancy Andrighi, "do art. 771 extrai-se a importância da denominada *regulação do sinistro*, procedimento extrajudicial que medeia entre a comunicação do fato ao segurador e o pagamento da indenização, revelando-se

55 Súmula n. 229/STJ, de 08.09.1999, DJ 20.10.1999, aprovada sob a égide do Código Civil de 1916.

indispensável ao cumprimento do contrato de seguro, como sempre reconheceu a doutrina especializada".[56] O processo de regulação do sinistro integra, pois, o ciclo obrigacional como "momento antecedente (e obrigatório) ao da exigibilidade da prestação securitária".[57]

Em Portugal, a falta de participação não tem como consequência necessária a perda do direito à indemnização. Para que esse efeito se produza, é necessário que haja dolo do tomador do seguro ou do segurado na falta de participação, atraso na participação ou na prestação de informação incorreta aquando da participação e que o seu comportamento tenha dado causa a dano significativo para o segurador. A falta de participação negligente apenas pode motivar uma redução da indemnização, não a perda do direito à indemnização. E esse regime não é oponível aos lesados, nos seguros obrigatórios de responsabilidade civil.[58]

Nos casos em que o atraso na participação se revelar não culposo, ou não acarretar prejuízo para a seguradora, o atraso não terá consequência alguma em sede de responsabilidade civil. Nos casos em que o atraso for devido a culpa do segurado e existir prejuízo comprovado para a seguradora, a medida da sanção será aferida em função da sua gravidade.

É claro que a falta de participação atempada pode impedir ou dificultar a prova de que o sinistro aconteceu, pelo que, na prática, o direito à indemnização nem sempre prevalecerá. Se o sinistro apenas for participado ao segurador bastante tempo depois da sua ocorrência, a peritagem dificilmente logrará apurar quais os danos dele decorrentes e os que pudessem lhe preexistir ou suceder. Sem uma cabal demonstração do nexo de causalidade entre os danos e a respetiva causa, o segurado arrisca-se a não conseguir fazer valer o seu direito a uma indemnização.

No Brasil, temos ainda de ter em conta que, para os casos em que a inércia é total, em que não houve sequer um primeiro contacto junto do segurador, muito menos a violação de um direito que não chegou a ser invocado, e nessa medida *ativado*, pelo seu titular, existe um outro regime, da decadência, que não se confunde com a prescrição, constante do art. 771.[59] Exceto porventura nos seguros de responsabilidade civil

---

56 REsp n. 1.922.146/SP, do Superior Tribunal de Justiça, rel. a e. Min. Nancy Andrighi, 3.ª Turma, j. 22.06.2021, DJ 01.07.2021, § 54.

57 COSTA, J. Martins. Notas sobre o *dies a quo* do prazo prescricional. *In*: MIRANDA, D. G. de; CUNHA, L. C. da; ALBUQUERQUE JR., R. P. (Org.). *Prescrição e Decadência – Estudos em homenagem ao Professor Agnelo Amorim Filho*, Salvador: JusPodivm, 2013, p. 296. Cfr. ainda, na sua senda, MELO, G. M. Os sete erros da súmula 229 do STJ. *Migalhas*, 8 set. 2021, texto junto à n. 6.

58 Art. 101º da LCS.

59 Cfr. TZIRULNIK, E. *Ornitorrinco securitário*: a prescrição da pretensão indenizatória, junho de 2004.

na eventualidade de prevalência dos direitos de terceiros prejudicados, bem como no caso de desconhecimento não culposo do próprio segurado de que o sinistro ocorreu, a prescrição apenas releva quando a inércia não seja total, tendo ao menos existido uma participação inicial do sinistro.[60] Nesses casos, há que conjugar o disposto no art. 189, segundo o qual a pretensão só surge com a violação do direito de crédito, e o disposto na alínea b) do inciso II do § 1 do art. 206, segundo o qual o *dies a quo* do prazo prescricional do respetivo direito de crédito coincide com o momento de tomada de conhecimento do facto gerador da pretensão contra o segurador – o momento em que é recebida uma resposta negativa, de recusa de cobertura por parte do segurador.[61]

Uma vez que, no ordenamento jurídico brasileiro, a inércia total dá azo à perda do direito de crédito, sobram os casos em que essa inércia não é total: desde logo, fora o caso dos seguros de responsabilidade civil, que seguem regime especial, os casos em que a participação ocorreu, tendo o correspondente direito sido violado e nascendo, nesse momento, a pretensão a partir da qual se conta o prazo prescricional de um ano – pretensão que, citando Ernesto Tzirulnik, "só nasce quando aparece a resistência da seguradora ao pleito indemnizatório do segurado".[62]

Citando agora o Superior Tribunal de Justiça:

> § 57. Desse modo, partindo daquilo que já foi exposto acerca do conceito de pretensão e tendo em vista o disposto no art. 771 do CC/2002, é imperioso concluir que, com o sinistro, atribui-se ao segurado, tão somente, o direito à indenização, o crédito, mas ainda desprovido de *exigibilidade*. Nos termos da alínea "b", do inciso II, do § 1º, do art. 206 do CC/2002, é, em regra, a recusa da cobertura securitária pelo segurador que representa o "fato gerador da pretensão", devendo, a partir deste instante, portanto, iniciar-se o transcurso do prazo prescricional.

Neste ponto, é especialmente interessante atentar ao exemplo português, pois este, embora por um caminho não inteiramente coincidente, acaba por chegar a um

---

60 Não chegando a haver conhecimento da ocorrência do sinistro e tão-pouco ciência do facto gerador da pretensão, poderia quiçá se aplicar o prazo mais longo, de dez anos, caso se perfilhe entendimento semelhante ao que prevalece no ordenamento português, de que o prazo ordinário é de cariz objetivo (art. 205 do Código Civil de 2002).

61 REsp n. 1.922.146/SP, do Superior Tribunal de Justiça, rel. a e. Min. Nancy Andrighi, 3.ª Turma, j. 22.06.2021, DJ 01.07.2021, § 49.

62 Cfr. TZIRULNIK, E. Em respeito ao Código Civil e ao segurado, STJ deve cancelar Súmula 229. *Conjur*, 20 nov. 2019. Disponível em: https://www.conjur.com.br/2019-nov-20/ernesto=-tzirulnik-stj-cancelar-sumula229-#:~:text-Eis%20o%20enunciado%20da%20s%C3%BAmula,(STJ%2C%20S%C3%BAmula%20229).

resultado bastante similar. Segundo o n. 1 do art. 102º da Lei do Contrato de Seguro portuguesa, "o segurador obriga-se a satisfazer a prestação contratual a quem for devida, após a confirmação da ocorrência do sinistro e das suas causas, circunstâncias e consequências", determinando o art. 104º que a obrigação do segurador – de pagamento da indemnização – se vence "decorridos 30 dias sobre o apuramento dos factos a que se refere o artigo 102º".

Ou seja, a lei portuguesa atribui de forma clara e inequívoca um papel determinante ao processo de regulação do sinistro, ao deixar claro que o direito de crédito do segurado não se vence com a mera ocorrência do sinistro, nem com a respetiva tomada de consciência pelo segurado. Vence-se, sim, trinta dias após a conclusão do processo de apuramento dos factos levado a cabo pelo segurador. É um marco inusitado, uma vez que em regra só o próprio segurador saberá – mais, controlará – exatamente em que momento dá por findo esse processo. No entanto, embora neste ponto também se verifique alguma divergência na jurisprudência portuguesa, o melhor entendimento parece ser o de que não se pode contar a partir dessa data o correr do prazo prescricional, pois o seu início carece, não só do conhecimento do direito por parte do segurado, mas também da possibilidade do seu exercício, atendendo à regra geral constante do art. 306º, n. 1, do Código Civil português.[63] Ambas conjugadas, a conclusão será também a de que o prazo só tem início, as mais das vezes, trinta dias depois de a conclusão do processo lhe ser comunicada pelo segurador.

CONCLUSÃO

Se impressiona a diferença entre os prazos prescricionais aplicáveis aos direitos emergentes de contratos de seguros nos ordenamentos jurídicos português e brasileiro, pela circunstância de serem significativamente mais longos os primeiros – prazo geral de vinte anos e prazo especial de cinco anos – do que os segundos – prazo geral de dez anos e prazo especial de apenas um ano –, quanto ao mais, as diferenças parecem ser de pouca monta.

Em Portugal, sistema que se assume como dualista, o prazo mais longo, de vinte anos, começa a contar, objetivamente, a partir da data de ocorrência do facto em que o direito se funda – a ocorrência do sinistro, no caso do direito do segurado à compensação por danos dele decorrentes. É uma espécie de reação última do sistema, impeditiva

63 Nesse sentido, cfr. o Ac. RL de 13.07.2017, proc. n. 22343/16.1T8LSB.L1-6 (Nuno Sampaio). Em sentido distinto, cfr. o Ac. RP de 08.10.2019, Proc. n. 42/19.2T8ARC.P1 (José Igreja Matos).

da perpetuação de situações jurídicas que tendem para a extinção, como é o caso dos direitos de crédito. Já o prazo de cinco anos aplicável aos direitos emergentes de um contrato de seguro começa a contar, subjetivamente, da data em que o titular teve conhecimento do direito – *rectius*, do seu vencimento.[64] A doutrina e jurisprudência brasileiras não parecem ter chegado a um consenso nessa matéria, embora em abstrato se afigure que os mesmos argumentos possam justificar a adoção do sistema dualista – só o tempo dirá se esse caminho será o escolhido.

No Brasil, o prazo prescricional mais curto aplicável à generalidade dos direitos emergentes de um contrato de seguro é de apenas um ano, quando em Portugal o prazo correspondente é de cinco anos, o que à primeira vista impressiona pela diferença. No entanto, é patente que em ambos os sistemas se encontrou um ponto de equilíbrio, no jogo de forças entre a proteção dos titulares ativos e a salvaguarda da posição dos titulares passivos, dando-se vazão, quer, por um lado, ao princípio da tutela jurisdicional efetiva, quer pelo outro aos valores da paz social e da segurança no tráfego jurídico, tudo sob a égide do princípio da não vinculação perpétua a situações jurídicas passivas que naturalmente tendam para a extinção.

Em ambos os ordenamentos sobressai a importância dada ao processo de regulação do sinistro, sendo a lei portuguesa um pouco mais clara na determinação de que o direito do segurado à indemnização não se vence com a mera ocorrência do sinistro, tão-pouco se vencendo com a respetiva tomada de consciência pelo segurado. O direito à indemnização carece de ser *ativado* mediante a participação ao segurador e subsequente regulação do sinistro, para apuramento das respetivas causas, circunstâncias e consequências, só se vencendo o direito trinta dias volvidos desde a conclusão desse processo. No Brasil, a lei não é tão clara, mas é de sublinhar o importante papel clarificador do recente acórdão da 3ª Turma do Superior Tribunal de Justiça brasileiro, de 22 de junho de 2021, de que foi relatora a Ministra Nancy Andrighi.[65] Aqui lhe deixo a minha singela homenagem.

---

64 A solução assemelhava-se à que existia anteriormente no ordenamento jurídico brasileiro, embora nesse caso com um prazo de apenas um ano. Art. 178, parágrafo 6º, inciso II, do Código Civil de 1916. Cfr. TZIRULNIK, E. Em respeito ao Código Civil e ao segurado, STJ deve cancelar Súmula 229. *Conjur*, 20 nov. 2019. Disponível em: https://www.conjur.com.br/2019-nov-20/ernesto-tzirulnik-stj-cancelar-sumula-229#:~:text=Eis%20o%20enunciado%20da%20s%C3%BAmula,(STJ%2C%20S%C3%BAmula%20229).

65 REsp n. 1.922.146/SP, do Superior Tribunal de Justiça, rel. a e. Min. Nancy Andrighi, 3.ª Turma, j. 22.06.2021, DJ 01.07.2021.

BIBLIOGRAFIA

ANDRADE, M. *Teoria Geral da Relação Jurídica*, vol. II – Facto jurídico, em especial negócio jurídico. Coimbra: Almedina, 1960.

ANTUNES, A. F. Morais. Algumas questões sobre prescrição e caducidade. *In*: MIRANDA, Jorge. *Estudos em homenagem ao Prof. Doutor Sérvulo Correia*, vol. III. Coimbra: Almedina, 2011, pp. 35-72.

ANTUNES, A. F. Morais. *Prescrição e caducidade*. Anotação aos artigos 296º a 333º do Código Civil. 2. ed. Coimbra: Almedina, 2014.

BERALDO, L. F. O termo inicial da prescrição da ação de sonegados e algumas questões práticas de ordem processual e material. *R. EMERJ*, v. 15, n. 58, pp. 190-235, 2012.

CAMPANELLA, L. M. C. Prescrição e decadência no Código Civil. *Jurídico Certo*, 2014. Disponível em: https://juridicocerto.com/p/lucianocampanella/artigos/prescricao-e-decadencia-no-codigo-civil-245.

CORDEIRO, A. Menezes. Da caducidade no direito português. *In*: CORDEIRO, A. Menezes; ALBUQUERQUE, Ruy. *Estudos em memória do Professor Doutor José Dias Marques*. Coimbra: Almedina, 2007, pp. 7-30.

CORDEIRO, A. Menezes. *Direito das Obrigações*, v. I. Lisboa: AAFDL 1980.

COSTA, J. Martins. Notas sobre o dies a quo do prazo prescricional. *In*: MIRANDA, D. G.de; CUNHA, L. C. da; ALBUQUERQUE JR., R. P. (Org.). *Prescrição e Decadência* – Estudos em homenagem ao Professor Agnelo Amorim Filho, Salvador: JusPodivm, 2013, p. 296.

FARIAS, C. C.; ROSENVALD, N. *Curso de Direito Civil*. Parte geral e LINDB. 14. ed. Salvador: JusPodivm, 2016.

HOHFELD, W. N. Os conceitos jurídicos fundamentais aplicados na argumentação judicial. *Yale Law Journal*, 1913 e 1917. Trad.: M. Lima Rego. FCG, 2008, pp. 28-56.

MELO, G. M. Os sete erros da súmula 229 do STJ. *Migalhas*, 8 set. 2021.

PINTO, C. A. Mota; MONTEIRO, A. P.; PINTO, P. Mota. *Teoria Geral do Direito Civil*, 4. ed. Coimbra: Almedina, 2005.

REGO, M. Lima, *Contrato de seguro e terceiros*. Estudo de direito civil. Coimbra: Almedina, 2010.

SÁ, F. Cunha de. Modos de extinção das obrigações. *In*: CORDEIRO, António Menezes; LEITÃO, Luís Menezes; GOMES, Januário da Costa (Org.) *Estudos em homenagem ao Prof. Doutor Inocêncio Galvão Telles*, vol. I. Coimbra: Almedina, 2002.

SCHMIDT, J. *Aktionsberechtigung und Vermögensberechtigung*. Ein Beitrag zur Theorie des subjektiven Rechtes. Colônia: Heymann, 1969, pp. 17-53.

SERRA, A. Vaz. Prescrição extintiva e caducidade. *Boletim do Ministério da Justiça*, n. 105, pp. 5-248, abril de 1961.

SERRA, A. Vaz. Prescrição extintiva e caducidade. *Boletim do Ministério da Justiça*, n. 106, pp. 45-278, maio de 1961.

SERRA, A. Vaz. Prescrição extintiva e caducidade. *Boletim do Ministério da Justiça*, n. 107, junho de 1961, pp. 159-302.

TARTUCE, F. Direito civil. Prescrição. Conceito e princípios regentes. Início do prazo e teoria da actio nata, em sua feição subjetiva. Eventos continuados ou sucessivos que geram o enriquecimento sem causa. Lucro da atribuição. Termo A Quo contado da ciência do último ato lesivo. Análise de julgamento do Superior Tribunal de Justiça e relação com eventos descritos: parecer. *Revista Magister de Direito Civil e Processo Civil*, v.12, n. 70, pp. 98-126, 2016.

TZIRULNIK, E. *Ornitorrinco securitário*: a prescrição da pretensão indenizatória, junho de 2004.

TZIRULNIK, E. Em respeito ao Código Civil e ao segurado, STJ deve cancelar Súmula 229. *Conjur*, 20 nov. 2019. Disponível em: https://www.conjur.com.br/2019-nov-20/ernesto-tzirulnik-stj-cancelar-sumula-229:~:text=Eis%20o%20enunciado%20da%20s%C3%BAmula,(STJ%2C%20S%C3%BAmula%20229).

VASCONCELOS, P. Pais de. *Teoria geral do direito civil*. 5. ed. Coimbra: Almedina, 2008.

WINDSCHEID, B. *Die Actio des römischen Civilrechts, vom Standpunkte des heutigen Rechts*. Dusseldorf: Buddeus, pp. iii e 1-8, 1856.

Jurisprudência

BRASIL. Conselho da Justiça Federal. Enunciado 14. Coord. Geral: Ministro Ruy Rosado de Aguiar. I Jornada de Direito Civil. Disponível em: https://www.cjf.jus.br/enunciados/enunciado/660.

BRASIL. Superior Tribunal de Justiça. 3.ª Turma. REsp n. 1.922.146/SP. Rel. Min. Nancy Andrighi, j. 22.06.2021, DJ 01.07.2021.

BRASIL. Superior Tribunal de Justiça. Súmula n. 229 de 08 set. 1999. DJ 20.10.1999 Disponível em: https://www.stj.jus.br/publicacaoinstitucional/index.php/sumstj/article/download/5699/581.

PORTUGAL. Superior Tribunal de Justiça. Acórdão de 12 maio 2016. Processo n. 6147/12.3TBVFR-A.P1.S1. Rel. Fernanda Isabel Pereira. Disponível em: http://www.dgsi.pt/jstj.nsf/-/9B08E3684B3BBBA780257FB1004F8F39.

LISBOA. Tribunal da Relação de Lisboa. Acórdão RP de 13 jul. 2019. Processo n. 22343/16.1T8LSB.L1-6. Rel. Nuno Sampaio. Disponível em: http://www.dgsi.pt/jtrl.nsf/33182fc732316039802565fa00497eec/bfb086caeae73f97802581640059a336?OpenDocument.

LISBOA. Tribunal da Relação de Lisboa. Acórdão RP de 08 out. 2019. Processo n. 42/19.2T8ARC.P1. Rel. José Igreja Matos. Disponível em: http://www.dgsi.pt/jtrp.nsf/56a6e7121657f91e80257cda00381fdf/2fb093b2f4a1ae83802584ba0059830f?OpenDocument.

Legislação

BRASIL. Constituição (1988). Constituição da República Federativa do Brasil. Disponível em: http://www.planalto.gov.br/ccivil_03/constituicao/constituicao.htm.

BRASIL. Lei n. 10.406, de 10 de janeiro de 2002. Institui o Código Civil. *Diário Oficial da União*: seção 1, Brasília, DF, ano 139, n. 8, p. 1-74, 11 jan. 2002.

BRASIL. Lei n. 3.071, de 1º de janeiro de 1916. Código Civil dos Estados Unidos do Brasil (revogado pela Lei n. 10.406, de 2002). Disponível em: http://www.planalto.gov.br/ccivil_03/leis/l3071.htm.

PORTUGAL. Código Civil Português. Disponível em: https://www.igac.gov.pt/documents/20178/358682/C%C3%B3digo+Civil.pdf/2e6b36d8-876b-433c-88c1-5b066aa93991.

PORTUGAL. Decreto-lei n. 72, de 16 de abril de 2008. Regime jurídico do contrato de seguro. *Diário da República*, n.75/2008. Disponível em: https://dre.pt/dre/legislacao-consolidada/decreto-lei/2008-34457275.

PORTUGAL. Lei n. 41, de 26 de junho de 2013. Código de Processo Civil. Disponível em: https://www.pgdlisboa.pt/leis/lei_mostra_articulado.php?ficha=501&artigo_id=&nid=1959&pagina=6&tabela=leis&nversao=&so_miolo=.

SUB-ROGAÇÃO NOS CONTRATOS DE SEGURO: O TERMO INICIAL DO PRAZO DE PRESCRIÇÃO

Gustavo de Medeiros Melo[1]

O tema que me foi confiado envolve um instituto bastante antigo catalogado hoje no art. 786 do Código Civil brasileiro, que é o mecanismo da sub-rogação da seguradora nos contratos de seguro. Dentro dessa temática, vou tentar focar aqui uma questão específica muito relevante: a prescrição. Não é o enfoque dado pela Professora Margarida (Lima Rego), que analisa a pretensão do segurado contra a seguradora. Aqui, vai ser um pouquinho diferente. É a *pretensão* da seguradora para fins de *ressarcimento* via sub-rogação.

Todos sabem que no artigo 786 do Código Civil se diz que, uma vez paga a indenização, o segurador se sub-roga nos direitos e ações que competirem ao segurado contra o autor do dano, nos limites do valor respectivo. Essa, como vocês sabem, é uma espécie de sub-rogação *legal* prevista apenas para os seguros de danos, porque é vedada nos seguros de pessoas,[2] e que representa uma projeção específica daquela figura geral prevista no direito das obrigações. O art. 346, inciso III, do Código Civil afirma, em termos genéricos, entre outras hipóteses, que a sub-rogação se opera de pleno direito em favor do terceiro interessado que paga a dívida pela qual era ou podia ser obrigado, no todo ou em parte.

Olhando um pouco para trás na história de nossa codificação, o Código Comercial do Império do Brasil de 1850 falava em seu artigo 728 que "*Pagando o segurador um dano acontecido à coisa segura, ficará sub-rogado em todos os direitos e ações que*

1 Mestre e doutor em Direito Processual Civil (PUC-SP), professor do Curso de Especialização em Direito Processual Civil da PUC-SP (COGEAE), membro do Instituto Brasileiro de Direito Processual (IBDP), do Centro de Estudos Avançados de Processo (CEAPRO), do Instituto Brasileiro de Direito do Seguro (IBDS) e advogado em São Paulo.

2 CC, Art. 800. "Nos seguros de pessoas, o segurador não pode sub-rogar-se nos direitos e ações do segurado, ou do beneficiário, contra o causador do sinistro".

ao segurado competirem contra terceiro; e o segurado não pode praticar ato algum em prejuízo do direito adquirido dos seguradores".

Esse artigo 728 do velho Código Comercial, no entanto, estava vinculado à disciplina do seguro marítimo, sem que houvesse algum paradigma correspondente para os seguros terrestres, e o Código Civil de 1916, por sua vez, não falava nada a esse respeito em matéria de seguros.

Então, havia essa lacuna no sistema que terminou dividindo a doutrina civilista da época. Alguns juristas – como Carvalho Santos, Washington de Barros Monteiro e Miguel Maria de Serpa Lopes – sustentavam que a sub-rogação legal era um mecanismo que precisava estar expressamente previsto em lei, de interpretação estrita, e que não comportava analogia.[3]

Mas a solução encontrada nos tribunais foi mais flexível. O Supremo Tribunal Federal, em acórdãos antigos das décadas de 50 e 60 – época em que acumulava funções de controle da constitucionalidade e da legalidade em todo o território nacional, por meio de recurso extraordinário – resolveu essa dúvida entendendo que o Código Civil de 1916 continha regra ampla o suficiente para credenciar a companhia de seguros na figura do *terceiro interessado*, que paga a dívida pela qual era ou podia ser obrigado no todo ou em parte. Referia-se o STF ao artigo 985, inciso III, do Código de 1916, que corresponde hoje ao artigo 346, inciso III, do Código de 2002.

Dessa discussão brotou o enunciado que deu origem à Súmula 188 do STF, que dizia o seguinte: "O segurador tem ação regressiva contra o causador do dano, pelo que efetivamente pagou, até ao limite previsto no contrato de seguro". Interessante aqui, para quem estuda hoje a teoria dos precedentes, é que essa súmula não carregava propriamente precedentes no sentido qualitativo que se tem hoje. Não eram propriamente precedentes qualificados pela robustez de sua fundamentação ou pela autoridade do procedimento formal que os tinha gerado. Eram acórdãos simples, até muito rasos, que haviam cristalizado esse entendimento um tanto quanto cansado à época, a ponto de transformá-lo num enunciado sumular.[4]

---

3 CARVALHO SANTOS, J. M. *Código Civil Brasileiro Interpretado – Direito das Obrigações (Arts. 972-1036)*. 11ª ed. Rio de Janeiro: Freitas Bastos, 1982, v. XIII, p. 62; BARROS MONTEIRO, Washington de. *Curso de Direito Civil – Direito das obrigações*. 1ª Parte, v. 4. São Paulo: Saraiva, 2003, p. 279; SERPA LOPES, Miguel Maria de. *Curso de Direito Civil. Obrigações em Geral*. 5ª ed., v. II. Rio de Janeiro: Freitas Bastos, 1989, p. 202.

4 No RE 40.747-CE, a Corte não conheceu do recurso e, por isso, não houve discussão alguma no Colegiado (1ª Turma, Min. Henrique D'Ávila, j. 29.10.1959). No RE 48.459-SP, houve divergência, prevalecendo a posição favorável à sub-rogação (2ª Turma, rel. p/ acórdão Min. Victor Nunes Leal, j. 29.08.1961). No RE 26.989-EI/Guanabara, também não houve discussão, mas mera aplicação do entendimento então favorável à sub-rogação (Pleno, Min. Gonçalves de Oliveira, j. 19.04.1963).

Pois bem. Resolvido o cabimento da chamada "ação de regresso" a favor das companhias de seguro no âmbito marítimo e terrestre, a interpretação que prevaleceu por muito tempo foi a de que o segurador, pagando a indenização securitária, passava a *ocupar o lugar do seu segurado na relação jurídica de origem formada entre ele e o autor do dano*. Um detalhe que se enfatizava bastante era o de que a seguradora, uma vez sub-rogada, não poderia receber mais direitos do que o seu segurado já tinha.

Em interessante acórdão dos anos 90, o Min. Eduardo Ribeiro, do Superior Tribunal de Justiça, dizia que "o que importa, por conseguinte, é a relação jurídica existente entre a vítima e o responsável pelos prejuízos já que, repita-se, o segurador sub-rogou-se nos direitos daquela", ou seja, "Colocou-se em seu lugar".[5]

Na literatura brasileira, autores mais tradicionais, como Caio Mário da Silva Pereira, lembravam que existe aí um fenômeno de *substituição* no polo ativo da relação, que dá ao sub-rogado todas as vantagens do crédito e seus acessórios, mas também seus ônus, inconvenientes, suas falhas e defeitos.[6]

Era exatamente isso. A sub-rogação, em sua origem, nada mais é do que a *substituição* do credor originário pelo terceiro interessado que pagou a dívida no lugar do devedor ou lhe emprestou o dinheiro necessário para tanto. Então vejam: essa ideia de *substituição* significa, em outras palavras, que o terceiro assume a posição ativa da relação de origem, recebendo o crédito com todas as vantagens, privilégios, mas também com seus ônus e defeitos.

Estabelecida essa premissa de que o segurado é *substituído* por sua seguradora, que passa a assumir a titularidade ativa de uma dada posição de vantagem perante o autor do dano, a grande questão que se coloca é justamente essa: qual é a repercussão de tudo isso para o regime da prescrição?

Esse parece um território abandonado pela doutrina brasileira, que vem recebendo dos tribunais uma orientação cristalizada, praticamente acrítica, nos últimos anos.

Durante muito tempo, ao longo de todas essas décadas desde a primeira metade do século passado, dos anos 50 para cá, era comum os tribunais afirmarem que a seguradora, uma vez sub-rogada, submete-se ao mesmo prazo prescricional ao qual estava submetido o seu segurado perante o autor do dano. Então, se a relação jurídica é a mesma que vinculava o segurado à pessoa que lhe causou o dano, o prazo de prescrição haverá de ser o mesmo por consequência. E, de fato, isso ficou muito bem colocado.

---

5 STJ, 3ª Turma, REsp 77.397-RJ, Min. Eduardo Ribeiro, j. 26.06.1997.

6 PEREIRA, Caio Mário da Silva. *Instituições de Direito Civil: teoria geral das obrigações*. 20 ed., v. II. Rio de Janeiro: Forense, 2004, p. 228. Nesse sentido: MARTINS-COSTA, Judith. *Comentários ao novo Código Civil*. Do Direito das Obrigações, v. V, t. I. Coord. de Sálvio de Figueiredo Teixeira. Rio de Janeiro: Forense, 2003, p. 461.

Falava-se que a sub-rogação transfere ao segurador o mesmo prazo de que dispunha o segurado em sua relação jurídica originária.

Ora, dizer que se trata do mesmo prazo significa não só que o marco temporal é o mesmo, o prazo numericamente falando, mas também que o seu *termo inicial* é o mesmo que disparou a contagem para o segurado em sua relação de origem. O Supremo Tribunal Federal aplicou esse entendimento por décadas em sinistros de transporte marítimo, afirmando que o prazo da seguradora começa a correr do *fato anterior* que fez nascer a pretensão do segurado, e não do pagamento efetuado por ela, seguradora.[7]

Em 1999, a 4ª Turma do Superior Tribunal de Justiça, em precedente relatado pelo Min. Sálvio de Figueiredo Teixeira, no Recurso Especial n. 174.353-RJ, afirmou que a seguradora sub-rogada adquire o crédito com os seus acessórios e inconvenientes, não ficando desobrigada de satisfazer as exigências legais para poder usufruí-lo, até porque não terá ela mais direitos do que tinha seu segurado contra o devedor.[8]

Dez anos depois, em 2010, em outro robusto precedente – o Recurso Especial n. 705.148-PR – a 4ª Turma continuava afirmando que "a Seguradora assume o lugar de sua cliente, pois honrou integralmente com o pagamento da indenização devida. Nestes termos, recebe os mesmos direitos e deveres da sub-rogada, nos limites da sub-rogação". Nesse caso, o Tribunal calculou o prazo de prescrição que vinha correndo para o segurado.[9]

A 3ª Turma também caminhava nesse mesmo sentido, entendendo que a seguradora sub-rogada pode buscar o ressarcimento do que despendeu com a indenização securitária "dentro do prazo prescricional aplicável à relação jurídica originária", nos mesmos termos e limites que assistiam ao segurado. Isso significava ali o movimento da seguradora dentro do prazo em curso que havia iniciado sua corrida antes para o segurado.[10] Todavia, essa orientação jurisprudencial mudou nos anos de 2015 e 2016, no seio do Superior Tribunal de Justiça. A essa altura, como sabemos, o STF já não tinha há muito tempo competência para uniformar a interpretação da lei federal.

---

7 STF, 1ª Turma, RE 14.827-SP, Min. Ribeiro da Costa, j. 04.08.1952; 2ª Turma, RE 49.808-Guanabara, Min. Victor Nunes Leal, j. 25.09.1962; 3ª Turma, RE 58.915-Guanabara, Min. Eloy da Rocha, j. 03.03.1967; 2ª Turma, RE 87.581-MG, Min. Xavier de Albuquerque, j. 23.08.1977.

8 STJ, 4ª Turma, REsp 174.353-RJ, Min. Sálvio de Figueiredo Teixeira, j. 09.11.1999.

9 STJ, 4ª Turma, REsp 705.148-PR, Min. Luis Felipe Salomão, j. 05.10.2010. Nesse sentido: 4ª Turma, REsp 1.278.722-PR, Min. Luis Felipe Salomão, j. 24.05.2016.

10 STJ, 3ª Turma, AgRg no REsp 1.121.435-SP, Min. Sidnei Beneti, j. 13.03.2012; 3ª Turma, AgRg no REsp 1.169.418-RJ, Min. Ricardo Villas Bôas Cueva, j. 06.02.2014.

Em fevereiro de 2015, analisando o Agravo em Recurso Especial n. 598.619-SP, a 4ª Turma do STJ endossou um acórdão local no sentido de que o prazo começa a correr do efetivo *pagamento* realizado pela seguradora, afirmando que "esse entendimento está em harmonia com a jurisprudência desta Corte Superior, que também entende que o início da fluência do prazo prescricional é a data do efetivo pagamento da indenização securitária (pela seguradora)".[11]

Aqui, temos um probleminha de inconsistência nas remissões feitas pela fundamentação do acórdão. Foram referidos cinco julgados que, segundo o relator, são representativos da jurisprudência da Corte.[12] Entretanto, dois apresentaram solução *oposta* à que foi anunciada, porque o prazo começou a fluir do *fato anterior* que deu nascimento à pretensão do segurado. Desses dois, apenas um tratou do termo inicial de contagem. Os demais não abordaram a questão.

Problema semelhante ocorreu no ano seguinte, em maio de 2016, no julgamento do Recurso Especial n. 1.505.256-SP. Em tópico intitulado "Termo inicial do prazo prescricional", a mesma 4ª Turma afirmou que "o pressuposto lógico do direito de regresso é o pagamento dos valores ao segurado. É esse, aliás, o entendimento firmado na Terceira Turma do STJ, no julgamento do REsp n. 949.434/MT, da relatoria da Ministra Nancy Andrighi".[13]

O aresto apontado ali, da Min.ª Fátima Nancy Andrighi, não envolve sub-rogação. Era uma ação do segurado contra sua seguradora para se reembolsar do quanto havia pagado à vítima em seguro de responsabilidade civil. Simples ação de cobrança do seguro movida pelo segurado, cuja pretensão nasceu no momento em que ele pagou a última parcela do acordo celebrado junto ao terceiro lesado, sob anuência da seguradora, regra que tem assento hoje no art. 206, § 1º, II, "a", 2ª parte, do Código Civil brasileiro.

Meses depois, foi a vez da 3ª Turma enfrentar a temática do termo inicial. Em novembro de 2016, no julgamento do Recurso Especial n. 1.297.362-SP, por maioria de votos, vencido o Min. Marco Aurélio Bellizze, a Corte lançou o entendimento de que "o termo inicial do prazo prescricional para seguradora sub-rogada propor ação de regresso é a data do pagamento integral da indenização ao segurado".[14]

---

11 STJ, 4ª Turma, AgRg no AREsp 598.619-SP, Min. Luis Felipe Salomão, j. 05.02.2015.

12 STJ, 4ª Turma, Ag. Reg. no REsp 773.250-RJ, Min. Luis Felipe Salomão, j. 19.08.2010; 3ª Turma, Ag. Reg. no REsp 1.169.418-RJ, j. 06.02.2014; 3ª Turma, Ag. Reg. no REsp 1.121.435-SP, Min. Sidnei Beneti, j. 13.03.2012; 4ª Turma, REsp 982.492-SP, Min. Luis Felipe Salomão, j. 27.09.2011; 4ª Turma, REsp 705.148-PR, Min. Luis Felipe Salomão, j. 05.10.2010.

13 STJ, 4ª Turma, REsp 1.505.256-SP, Min. João Otávio de Noronha, j. 05.05.2016.

14 STJ, 3ª Turma, REsp 1.297.362-SP, Min. Ricardo Villas Bôas Cueva, j. 10.11.2016.

O voto condutor começou registrando que a discussão gira em torno do *termo inicial* do prazo prescricional para a seguradora, em ação regressiva, pleitear o ressarcimento do valor pago ao segurado por danos causados à mercadoria em transporte marítimo. Entendeu que a sub-rogação não deve ser tão extensa a ponto de transferir à seguradora até mesmo o termo inicial do prazo de prescrição:

> A sub-rogação não deve ser interpretada na extensão dimensionada pela recorrente, de modo a fazer com que, por força da transferência legal dos direitos e das ações do credor ao sub-rogado, imponha-se a observância, inclusive, do termo inicial do prazo prescricional previsto para a relação jurídica originária.[15]

Aqui, aquele mesmo problema das remissões voltou a acontecer nesse julgamento. Os dois arestos invocados não envolvem sub-rogação nos contratos de seguro. Um deles sequer trata de seguro. O problema ali era direito de regresso entre codevedores solidários em disputa de proprietários rurais sobre direito de vizinhança.[16] O outro julgado referido pelo acórdão, da Min.ª Fátima Nancy Andrighi, também não envolve sub-rogação, porque a situação era inversa, como já vimos.[17]

Ao final, a 3ª Turma concluiu que somente a partir do *pagamento* começa a contar o prazo prescricional da seguradora, porque até então ela não tinha o direito de propor ação "regressiva" contra o autor do dano.

Observem que tudo mudou de repente, e a nossa crítica reside justamente nesse ponto. O problema não foi só a solução de direito material aplicada, que coloca em xeque a natureza da sub-rogação, mas sobretudo a *forma* de mudança daquela jurisprudência até então prevalecente. A Corte mudou sem anunciar que estava mudando.

Por força desses três acórdãos, houve uma *guinada jurisprudencial* que, a nosso ver, deveria ter sido no mínimo anunciada e discutida com a comunidade jurídica. Faltou aquilo que hoje se chama de preparação para superação do precedente, ainda que sem as formalidades do Código de Processo Civil de 2015 que havia acabado de chegar naquela época entre 2015 e 2016.

Além dessa questão ligada à *forma* como foi feita a superação da jurisprudência, o ponto mais importante a merecer nossa reflexão é a afirmação já consolidada em nossa cultura de que a seguradora exerce um "direito de regresso" perante o autor do

15 STJ, 3ª Turma, REsp 1.297.362-SP, Min. Ricardo Villas Bôas Cueva, j. 10.11.2016.

16 STJ, 3ª Turma, AgRg no AREsp 599.199-SP, Min. Marco Aurélio Bellizze, j. 15.12.2015.

17 STJ, 3ª Turma, REsp 949.434-MT, Min.ª Nancy Andrighi, j. 18.10.2010.

dano. Com todo respeito, não é bem isso que acontece na realidade. Essa é uma velha discussão travada em outros países; a Professora Margarida bem conhece esse debate em Portugal, e que precisa entrar no Brasil, independentemente do resultado que ele venha a ter.

A sub-rogação não se confunde com "direito de regresso". A sub-rogação não extingue o crédito para constituir um novo, como se fosse uma "novação".[18] Ela apenas *transfere* uma *pretensão velha* a ser utilizada pelo terceiro interessado que a recebe.

No direito de regresso, diferentemente, o pagamento constitui *pretensão nova* para quem precisa se ressarcir junto ao corresponsável por aquilo que pagou além do que devia diante da sua cota de responsabilidade. Na doutrina portuguesa, é bem conhecida a diferença estabelecida por Mário Júlio de Almeida Costa entre sub-rogação e direito de regresso, afirmando que o regresso "máxime na solidariedade passiva, traduz-se num direito de reintegração do devedor que, sendo obrigado com outros, cumpre para além do que lhe cabe na perspectiva das relações internas".[19] Aqui, existe um fato jurídico que dá nascimento a uma pretensão a ser exercida perante outro codevedor para fins de reintegração por parte de quem pagou além do que devia.

Exemplo de regresso ocorre nos seguros facultativos de responsabilidade civil, quando a seguradora pode se voltar contra o segurado após descobrir que ele fraudou o sinistro ou causou o evento mediante agravamento intencional do risco devidamente configurado. Figura curiosa que representa essa pretensão de regresso está no artigo 9º da lei do seguro obrigatório de danos pessoais causados por veículos automotores de vias terrestres, a lei do seguro DPVAT.

Outro exemplo de regresso se dá quando o segurado indeniza o terceiro prejudicado e se volta contra sua seguradora, sua *corresponsável*, para se reembolsar do quanto

---

18 No passado: ESPÍNOLA, Eduardo. *Garantia e Extinção das Obrigações* – Obrigações solidárias e indivisíveis. Campinas: Bookseller, 2005, p. 43. Atualmente: TARTUCE, Flávio. *Manual de Direito Civil* – volume único. 6ª ed. São Paulo: Método, 2016, p. 423; FARIAS, Cristiano Chaves de; ROSENVALD, Nelson. *Curso de Direito Civil* – direito das obrigações. 7ª ed., v. 2. Salvador: JusPodivm, 2013, p. 524. Na literatura especializada: VASQUES, José. *Contrato de Seguro:* notas para uma teoria geral. Coimbra: Coimbra, 1999, p. 160.

19 Entre os civilistas: ALMEIDA COSTA, Mário Júlio de. *Direito das Obrigações*. 12ª ed. Coimbra: Almedina, 2016, p. 826; GALVÃO TELLES, Inocêncio. *Direito das obrigações*. 7ª ed. Coimbra: Coimbra, 1997, p. 232; ANTUNES VARELA, João de Matos. *Das obrigações em geral*. 7ª ed., vol. II. Coimbra: Almedina, 2006, p. 346. Na doutrina portuguesa securitária: MENEZES CORDEIRO, António. *Direito dos Seguros*. Coimbra: Almedina, 2013, p. 703; VASQUES, José. *Contrato de Seguro:* notas para uma teoria geral. Coimbra: Coimbra, 1999, p. 159; REGO, Margarida Lima. *Contrato de Seguro e Terceiros:* Estudos de Direito Civil. Coimbra: Coimbra, 2010, nota 225, p. 115; ROCHA, Francisco B. F. Rodrigues. Sub-rogação do segurador e prescrição – comentário ao Acórdão do Tribunal da Relação de Évora de 10 de Março de 2016, proc. n. 436/12.4TBMRA.E1. *Revista de Direito e de Estudos Sociais*. Ano LVII, N. 1-4, Janeiro-Dezembro 2016, p. 390.

pagou àquele.[20] Foi o que se passou naquele julgado que já comentamos relatado pela Ministra Fátima Nancy – o Recurso Especial n. 949.434-MT.

Outro exemplo típico de direito de regresso está no Código Brasileiro de Aeronáutica, em que se diz que prescreve em dois anos a ação (leia-se *pretensão*) de regresso, entre transportadores, pelas quantias pagas por motivo de danos provenientes de abalroamento, ou entre exploradores, pelas somas que um deles haja sido obrigado a pagar, nos casos de solidariedade ou ocorrência de culpa, a partir da data do efetivo pagamento (Lei n. 7.565/1986, art. 317, VI).

Já a sub-rogação é diferente. A seguradora não está se voltando contra um corresponsável seu para reaver o que pagou, mas sim assumindo o problema do seu cliente para perseguir a pessoa que lhe causou o dano. Calça ela os sapatos do segurado para seguir na discussão como se fosse o próprio segurado. O *pagamento* da indenização é apenas a *chave* que abre a porta de ingresso na relação jurídica alheia. Portanto, essa pretensão que se transmite é *velha*, tanto é que ela carrega as garantias, os privilégios, os encargos e os acessórios da dívida extinta. A sub-rogação transmite uma "cestinha" de situações jurídicas à seguradora que sucedeu o segurado em sua relação pretérita.

Eis aqui, a nosso ver, a raiz de todo esse problema: uma confusão entre sub-rogação e direito de regresso, institutos que geram consequências completamente diferentes.

A consequência mais terrível dessa qualificação é o esgarçamento extravagante da dívida no tempo. Vejam: se o prazo de prescrição nasce para o segurado e depois se "renova" integralmente para a seguradora, a partir do pagamento feito por ela, esse prazo pode sofrer alongamentos a ponto até de *quadruplicar*. Basta imaginar que o segurado pode interpor protesto interruptivo de prescrição e assim ganhar dois períodos sucessivos. A seguradora, por sua vez, ao pagar a indenização, pode também ajuizar protesto interruptivo de prescrição e dobrá-lo a seu favor.

Como sabemos, os prazos variam de acordo com as particularidades da relação jurídica de direito material. Em geral, pode ser o prazo de 1 ano, como ocorre muito no setor de transporte; o prazo de 3 anos, pensando aqui nas pretensões de reparação civil; ou o prazo de 10 anos, que é o prazo geral. Aliás, no passado, esse prazo geral no Código Civil de 1916 era de 20 anos.

---

20 Para análise das questões processuais que envolvem o seguro de responsabilidade civil, como a ação direta e os canais de intervenção de terceiros: MELO, Gustavo de Medeiros. *Ação direta da vítima no seguro de responsabilidade civil*. São Paulo: Contracorrente, 2016.

Não é justo submeter alguém supostamente devedor a um estado de sujeição indefinido no tempo. Diga-se "supostamente" porque o sujeito pode até não ser verdadeiramente o "devedor" da relação. Afinal, o segurado está sempre com razão? As ações de ressarcimento ajuizadas pelas companhias de seguro são sempre julgadas procedentes?

Enfim, esse estado de sujeição termina atingindo patamares normativos mais altos, como a garantia constitucional da segurança jurídica e o princípio da dignidade da pessoa humana, exigindo assim uma solução mais condizente com a *eficácia horizontal dos direitos fundamentais*, aquilo que o Tribunal Constitucional Federal alemão chama de "*irradiação dos direitos fundamentais*" no seio das relações privadas.[21]

Agora, é justo encerrar lembrando a importância do voto vencido dado naquele Recurso Especial n. 1.297.362-SP da 3ª Turma. Ali, o Ministro Marco Aurélio Bellizze apresentou longa argumentação com *distinguishing* entre o caso concreto e os julgados invocados pelo relator. Resgatou a verdadeira natureza da sub-rogação e traçou sua diferença em relação ao direito de regresso, apontando preocupação com as consequências que o nascimento de uma "nova" pretensão possa levar diante da segurança jurídica, principalmente por deixar na mão da seguradora o poder de controle sobre essa nova pretensão.

Esse voto em separado é mais do que um voto vencido. É aquilo que a doutrina estrangeira chama de "*dissenting opinion*", uma provocação e um convite à reflexão tanto para o Tribunal como para a comunidade jurídica interessada.[22]

Em linhas gerais, é essa uma proposta de reflexão que procurei fazer num livreto meu que acabou de ser publicado pela editora Contracorrente, para minha honra prefaciado pela Professora Margarida Lima Rego, e que aborda com mais detalhes toda essa discussão.[23]

Eu agradeço mais uma vez o convite do Instituto Brasileiro de Direito do Seguro, agradeço ao Ministro Antônio Carlos Ferreira, sempre presente e muito atento às questões securitárias, aos meus queridos colegas de painel e a todos os senhores e senhoras pela atenção com que me ouviram.

---

21 ALEXY, Robert. *Teoria dos direitos fundamentais*. 2ª ed. São Paulo: Malheiros, 2017, p. 529; HESSE, Konrad. Significado dos direitos fundamentais. *Temas Fundamentais do Direito Constitucional*. São Paulo: Saraiva, 2ª tiragem, 2013, pp. 60-61; SILVA, Virgílio Afonso da. *A constitucionalização do Direito* – Os direitos fundamentais nas relações entre particulares. 1ª ed. São Paulo: Malheiros, 2011, p. 75.

22 MITIDIERO, Daniel. *Precedentes:* da persuasão à vinculação. São Paulo: RT, 2016, p. 125; MARINONI, Luiz Guilherme. *Julgamento nas Cortes Supremas:* precedente e decisão do recurso diante do novo CPC. São Paulo: RT, 2015, p. 41.

23 MELO, Gustavo de Medeiros. *Sub-rogação nos contratos de seguro: o termo inicial do prazo de prescrição*. São Paulo: Contracorrente, 2021.

BIBLIOGRAFIA

ALEXY, Robert. *Teoria dos direitos fundamentais*. 2ª ed. São Paulo: Malheiros, 2017.

ALMEIDA COSTA, Mário Júlio de. Direito das Obrigações. 12ª ed. Coimbra: Almedina, 2016.

ANTUNES VARELA, João de Matos. *Das obrigações em geral*. 7ª ed., vol. II. Coimbra: Almedina, 2006.

BARROS MONTEIRO, Washington de. *Curso de Direito Civil* – Direito das obrigações. 1ª Parte, v. 4. São Paulo: Saraiva, 2003.

CARVALHO SANTOS, J. M. *Código Civil Brasileiro Interpretado* – Direito das Obrigações (Arts. 972-1036). 11ª ed., v. XIII. Rio de Janeiro: Freitas Bastos, 1982.

ESPÍNOLA, Eduardo. *Garantia e Extinção das Obrigações* – Obrigações solidárias e indivisíveis. Campinas: Bookseller, 2005.

FARIAS, Cristiano Chaves de; ROSENVALD, Nelson. *Curso de Direito Civil* – direito das obrigações. 7ª ed., v. 2. Salvador: JusPodivm, 2013.

GALVÃO TELLES, Inocêncio. *Direito das obrigações*. 7ª ed. Coimbra: Coimbra, 1997.

HESSE, Konrad. *Significado dos direitos fundamentais*. Temas Fundamentais do Direito Constitucional. São Paulo: Saraiva, 2ª tiragem, 2013.

MARINONI, Luiz Guilherme. *Julgamento nas Cortes Supremas*: precedente e decisão do recurso diante do novo CPC. São Paulo: RT, 2015.

MARTINS-COSTA, Judith. *Comentários ao novo Código Civil*. Do Direito das Obrigações, v. V, t. I. Coord. De Sálvio de Figueiredo Teixeira. Rio de Janeiro: Forense, 2003.

MELO, Gustavo de Medeiros. *Ação direta da vítima no seguro de responsabilidade civil*. São Paulo: Contracorrente, 2016.

MELO, Gustavo de Medeiros. *Sub-rogação nos contratos de seguro*: o termo inicial do prazo de prescrição. São Paulo: Contracorrente, 2021.

MENEZES CORDEIRO, António. *Direito dos Seguros*. Coimbra: Almedina, 2013.

MITIDIERO, Daniel. *Precedentes*: da persuasão à vinculação. São Paulo: RT, 2016.

PEREIRA, Caio Mário da Silva. *Instituições de Direito Civil*: teoria geral das obrigações. 20 ed., v. II. Rio de Janeiro: Forense, 2004.

REGO, Margarida Lima. *Contrato de Seguro e Terceiros*: Estudos de Direito Civil. Coimbra: Coimbra, 2010.

ROCHA, Francisco B. F. R. Sub-rogação do segurador e prescrição – comentário ao Acórdão do Tribunal da Relação de Évora de 10 de Março de 2016, proc. n. 436/12.4TBMRA.E1. *Revista de Direito e de Estudos Sociais*. Ano LVII, n. 1-4, Janeiro-Dezembro 2016, p. 390.

SERPA LOPES, Miguel Maria de. *Curso de Direito Civil*. Obrigações em Geral. 5ª ed., v. II. Rio de Janeiro: Freitas Bastos, 1989.

SILVA, Virgílio Afonso da. *A constitucionalização do Direito* – Os direitos fundamentais nas relações entre particulares. 1ª ed. São Paulo: Malheiros, 2011.

TARTUCE, Flávio. *Manual de Direito Civil* – volume único. 6ª ed. São Paulo: Método, 2016.

VASQUES, José. *Contrato de Seguro*: notas para uma teoria geral. Coimbra: Coimbra, 1999.

Jurisprudência

BRASIL. STF. 1ª Turma. R 14.827-SP. Rel.: Min. Ribeiro da Costa, j. 04.08.1952.

BRASIL.STF. 2ª Turma. RE 49.808-Guanabara. Rel.: Min. Victor Nunes Leal, j. 25.09.1962.

BRASIL. STF. 2ª Turma. RE 87.581-MG. Rel.: Min. Xavier de Albuquerque, j. 23.08.1977.

BRASIL. STF. 3ª Turma. RE 58.915-Guanabara. Rel.: Min. Eloy da Rocha, j. 03.03.1967.

BRASIL. STF. Súmula n. 188. O segurador tem ação regressiva contra o causador do dano, pelo que efetivamente pagou, até ao limite previsto no contrato de seguro. Sessão Plenária de 13.12.1963

BRASIL. STJ. 3ª Turma. AgRg no AREsp 599.199-SP. Rel.: Min. Marco Aurélio Bellizze, j. 15.12.2015.

BRASIL. STJ. 3ª Turma. AgRg no REsp 1.121.435-SP. Rel.: Min. Sidnei Beneti, j. 13.03.2012.

BRASIL. STJ. 3ª Turma. Ag. Reg. no REsp 1.121.435-SP. Rel.: Min. Sidnei Beneti, j. 13.03.2012.

BRASIL. STJ. 3ª Turma. AgRg no Resp 1.169.418-RJ. Rel.: Min. Ricardo Villas Bôas Cueva, j. 06.02.2014.

BRASIL. STJ. 3ª Turma. REsp 77.397-RJ. Rel.: Min. Eduardo Ribeiro, j. 26.06.1997.

BRASIL. STJ. 3ª Turma. REsp 949.434-MT. Rel.: Min.ª Nancy Andrighi, j. 18.10.2010.

BRASIL. STJ. 3ª Turma. Resp 1.297.362-SP. Rel.: Min. Ricardo Villas Bôas Cueva, j. 10.11.2016.

BRASIL. STJ. 4ª Turma. AgRg no AREsp 598.619-SP. Rel.: Min. Luis Felipe Salomão, j. 05.02.2015.

BRASIL. STJ. 4ª Turma. Ag. Reg. no REsp 773.250-RJ. Rel.: Min. Luis Felipe Salomão, j. 19.08.2010.

BRASIL. STJ. 4ª Turma. REsp 174.353-RJ. Rel.: Min. Sálvio de Figueiredo Teixeira, j. 09.11.1999.

BRASIL. STJ. 4ª Turma. REsp 705.148-PR. Rel.: Min. Luis Felipe Salomão, j. 05.10.2010.

BRASIL. STJ. 4ª Turma. REsp 982.492-SP. Rel.: Min. Luis Felipe Salomão, j. 27.09.2011.

BRASIL. STJ. 4ª Turma. REsp 1.278.722-PR. Rel.: Min. Luis Felipe Salomão, j. 24.05.2016.

BRASIL. STJ. 4ª Turma. REsp 1.505.256-SP. Rel.: Min. João Otávio de Noronha, j. 05.05.2016.

Legislação

BRASIL. Lei n. 556, de 25 de junho de 1850. Código Comercial do Império do Brasil. Disponível em: https://www2.camara.leg.br/legin/fed/leimp/1824-1899/lei-556-25-junho-1850-501245-publicacaooriginal-1-pl.html.

BRASIL. Lei n. 3.071, de 1° de janeiro de 1916 (revogada pela Lei n. 10.406, de 2002). Código Civil dos Estados Unidos do Brasil. Disponível em: http://www.planalto.gov.br/ccivil_03/leis/L3071impressao.htm.

BRASIL. Lei n. 7.565, de 19 de dezembro de 1986. Dispõe sobre o Código Brasileiro de Aeronáutica. Disponível em: https://legislacao.presidencia.gov.br/atos/?tipo=LEI&numero=7565&ano=1986&ato=e9ao3YE5UMBpWTede.

BRASIL. Lei n. 10.406, de 10 de janeiro de 2002. Institui o Código Civil. *Diário Oficial da União*: seção 1, Brasília, DF, ano 139, n. 8, pp. 1-74, 11 jan. 2002.

- ENCERRAMENTO -

Ernesto Tzirulnik

Min. Paulo de Tarso Sanseverino

Veja o painel

Cerimônia de encerramento do II Congresso Internacional de Direito do Seguro e VIII Fórum José Sollero Filho

Min. Paulo de Tarso Sanseverino

Boa noite a todos. Neste momento em que nós encerramos este magnífico Congresso Internacional de Direito do Seguro, restam apenas palavras de agradecimento a todos que viabilizaram a realização deste magnífico evento, certamente um dos maiores do gênero realizados no mundo este ano.

Assim, em nome do Superior Tribunal de Justiça, do Conselho da Justiça Federal, da Escola Nacional de Formação e Aperfeiçoamento de Magistrados, agradeço a todas as pessoas que contribuíram para a sua realização.

Começo pelos palestrantes, pelos debatedores, pelos presidentes de mesa. Tivemos representantes de treze países, inclusive a China, merecendo especial destaque neste ponto a decisiva colaboração da Academia Sino-Lusófona da Universidade de Coimbra, que contribuiu decisivamente para o evento, através do professor e doutor João Nuno Galvão da Silva, vice-reitor da Universidade de Coimbra.

Foram discutidas as mais diversas questões ligadas ao Direito do Seguro, partindo dos temas tradicionais até temas muito atuais, como o seguro e as mudanças climáticas, que foi objeto da palestra de encerramento que há pouco ouvimos.

Agradeço de modo muito especial a todos os ministros do Superior Tribunal de Justiça, que participaram deste evento na pessoa do nosso presidente, o ministro Humberto Martins, que desde o primeiro momento abriu as portas do nosso tribunal para a realização deste congresso.

Especial agradecimento também ao Instituto Brasileiro de Direito do Seguro (IBDS), na pessoa do seu presidente, o professor e doutor Ernesto Tzirulnik, que além de ser uma das maiores autoridades no Brasil e no mundo em Direito do Seguro, foi o grande mentor deste evento, com sua extraordinária rede de contatos em todo o mundo de professores ligados ao Direito Securitário.

Nossos agradecimentos especiais às pessoas que nos bastidores se dedicaram de corpo e alma, não apenas para a realização do evento, mas também para a preservação da sua qualidade, que se mostra ainda mais complexo em um evento dessa envergadura, todo ele realizado em formato digital.

Agradecimento à doutora Inaê Siqueira de Oliveira, à doutora Tayla Tzirulnik, do IBDS, à doutora Débora de Melo Moreira, que é a dirigente-chefe do meu gabinete, aqui no Superior Tribunal de Justiça, e aos integrantes do cerimonial do tribunal, que também tiveram uma participação fundamental para o êxito do evento.

Na abertura do congresso, eu lembrei as palavras do professor norte-americano Grant Gilmore, que em uma obra clássica sobre Direito Contratual, falava provocativamente sobre a morte do contrato. Agora, eu fiz uma comparação dizendo que hoje já se comenta sobre a morte do contrato de seguro, em função de algumas nuanças, mas principalmente em função da sua evolução nessa passagem do século XX para o século XXI. Na realidade, o nosso congresso mostrou ao Brasil e ao mundo que com certeza o contrato de seguro não morreu e nem corre o risco de morrer tão cedo. Pelo contrário, apenas a sua regulamentação está sendo renovada pelos chamados ventos da primavera, plagiando o professor Grant Gilmore, como tivemos oportunidade de conferir ao longo de todas as palestras.

Encerro com um muito obrigado a todos os senhores e até o próximo Congresso Internacional de Direito do Seguro, que deverá ser realizado dentro de dois anos.

Ernesto Tzirulnik

Inspirados nos grandes mestres Ruy Rosado de Aguiar Junior, João Calvão da Silva, José Carlos Moitinho de Almeida e Hubert Groutel, assim como nas máscaras que nos protegeram e ajudaram a sobreviver, e, chegamos ao fim do II Congresso Internacional de Direito do Seguro e VIII Fórum José Sollero Filho.

Tenho a honra de acompanhar, tanto na abertura quanto agora no encerramento, o ministro Paulo de Tarso Sanseverino, que é pela segunda vez o incansável coordenador acadêmico deste Congresso Internacional de Direito do Seguro.

Esta edição foi bem diferente das anteriores – seja do IBDS, seja do Conselho da Justiça Federal e do STJ. Ela foi toda digital e, graças a isso, nós tivemos alguns benefícios: nós conseguimos reunir muito mais gente, mas tivemos a tristeza da distância, e gostaríamos muito que os próximos eventos sejam presenciais e a gente possa utilizar as duas formas de aproximação: online com o público e aproximação presencial, o convívio com os nossos palestrantes e moderadores.

Já está programada, como disse o ministro Paulo de Tarso, a segunda edição, isso "se Deus não rir", como disse o professor Tom Baker no início do nosso encontro. Até lá certamente estaremos liberados desse afastamento que nos tem sido imposto nos últimos anos. Então, realizaremos o próximo congresso em 2023 – caso não tenhamos uma edição especial em 2022, no ano do bicentenário da Independência, como provocou o professor João Nuno Calvão da Silva, presidente da Academia Sino-Lusófona da Universidade de Coimbra e seu vice-reitor, na cerimônia de abertura.

Nós lamentamos bastante que a professora Ming Zhang e o professor Ayrton Pimentel não tenham podido comparecer como haviam programado, em razão de questões de saúde, que esperamos que se resolvam o mais prontamente e da melhor forma possível.

Tivemos desafios próprios nos tempos de pandemia, que ainda vivemos, mas também tivemos no congresso muitas alegrias. Embora o mais importante não tenha sido a quantidade de palestrantes, reunimos um grupo extraordinário com mais de cinquenta painelistas de treze países, cujas agendas dificilmente seriam conciliáveis, não fosse o congresso online.

Durante quatro dias, em três sessões, acompanhamos um rico diálogo entre ministros do Superior Tribunal de Justiça, professores, advogados, economistas, engenheiros e líderes setoriais, todos comprometidos com a reflexão séria e crítica de temas centrais do Direito do Seguro.

A todos os painelistas que dedicaram tempo e esforço a este congresso, colocando sua experiência profissional e seu conhecimento a serviço do estudo do Direito do Seguro no Brasil, renovo o agradecimento de toda a comissão organizadora.

O formato online também nos permitiu acompanhar o grande interesse do público: além dos mais de quinhentos inscritos na plataforma digital, todos os painéis e palestras puderam e continuam acessíveis no canal do YouTube do Superior Tribunal de Justiça, o Tribunal da Cidadania, que cumpre de forma exemplar a sua vocação de tornar a judicatura e o Direito acessíveis para toda a sociedade.

Literalmente, mais de trinta horas de debates de altíssimo nível já estão ao alcance de um clique, graças à iniciativa pioneira do STJ, o que agradeço na pessoa de seu presidente, o ministro Humberto Martins, que acolheu com entusiasmo a realização deste encontro e foi um dos grandes promotores da abertura para o público deste congresso. Também do nosso coordenador científico, o ministro Paulo de Tarso Vieira Sanseverino e o ministro Og Fernandes, presidente da Escola Nacional de Formação de Magistrados, assim como o professor e doutor João Nuno Calvão da Silva, vice-reitor da Universidade de Coimbra e presidente da Academia Sino-Lusófona da mesma universidade.

Agradecimentos especiais não poderiam deixar de ser feitos novamente aos que tornaram possível organizar cada detalhe para que funcionássemos tão bem; entre eles, as três líderes que eu volto a mencionar: Inaê Siqueira de Oliveira, Tayla Tzirulnik Cronin e Débora Moreira, organizando uma quantidade incrível de pessoas maravilhosas que atuaram por detrás das cortinas e puderam garantir que tudo acontecesse sem absolutamente nenhum acidente.

Do mesmo modo atuou o cerimonial do Conselho da Justiça Federal. Agradeço não apenas a eles, mas também ao fotógrafo Sebastião Salgado, que nos ofereceu obras autografadas para presentear aos homenageados e organizadores, e ao artista plástico Wojtek Kostrzewa, que desenvolveu uma maravilhosa peça de arte que é bastante simbólica e que foi presenteada a todos aqueles que se incumbiram das palestras, das presidências e das moderações.

A lição que emerge dos debates travados por nossos painelistas é que o seguro não é apenas um negócio; ele é um instrumento econômico gigantesco, poderoso e um influenciador de comportamentos individuais, e dos Estados também. Portanto, é um reitor dos contratos privados e das suas interpretações.

O tema é encantador e complexo, mas todos eles – todos os nossos palestrantes – também confirmaram que o Brasil precisa com urgência aprimorar o marco legislativo do contrato de seguro, razão pela qual é inevitável lembrar do Projeto de Lei de Contrato de Seguro de número 29 de 2017, que aguarda aprovação do Senado Federal.

Os problemas mais aflitivos do Direito do Seguro são associados à insuficiência do regramento do Código Civil, que não dedica um artigo sequer a questões de suma importância como a regulação de sinistro e o resseguro, tornando este funcional para os contratos de seguro. E que trata de um modo bastante impreciso e ultrapassado – envelhecido mesmo – institutos complexos como o agravamento de risco.

Eram essas as minhas palavras finais. Até o III Congresso Internacional de Direito do Seguro e IX Fórum José Sollero Filho, em novembro de 2023, "se Deus não rir" e se antes não acontecer o previsto pelo professor João Nuno, em um tempo, esperamos, que seja mais feliz e mais próspero e no qual já estejamos sob a égide de uma lei brasileira de contrato de seguro, pareados, assim, com os nossos vizinhos da América Latina, com os países europeus, com o Reino Unido, com a China e o tão jovem e simpático Cabo Verde. Muito obrigado a todos.

SOBRE O LIVRO

FORMATO: 16 X 23 CM

MANCHA: 11,6 X 18,6 CM

TIPOLOGIA: MINION PRO 10/15

PAPEL: PÓLEN NATURAL 80 G/M² (MIOLO)

CARTÃO SUPREMO 250 G/M² (CAPA)

EQUIPE DE REALIZAÇÃO

CONTRACORRENTE

EDITORA CONTRACORRENTE

EDIÇÃO

CAMILA ALMEIDA JANELA VALIM

GUSTAVO MARINHO DE CARVALHO

RAFAEL VALIM

SILVIO ALMEIDA

WALFRIDO WARDE

COORDENAÇÃO DE PROJETO

JULIANA DAGLIO

REVISÃO TÉCNICA

AMANDA DORTH

DOUGLAS MAGALHÃES

IMAGEM DE CAPA

WOJTEK KOSTRZEWA, *VILLAGE*

2019-2020, OIL AND TEMPERA ON PAPER

CAPA

MAIKON NERY

RONCARATI EDITORA

EDITORA RONCARATI

EDIÇÃO E COORDENAÇÃO DO PROJETO

PEDRO RONCARATI

DIAGRAMAÇÃO E ARTE

SERGIO GZESCHNIK